Internationale Standardlehrbücher der Wirtschafts- und Sozialwissenschaften

Herausgegeben von Universitätsprofessor Dr. Lutz Kruschwitz

Globales Marketing-Management

Eine europäische Perspektive

Von

Warren J. Keegan
Lubin School of Business
Pace University, New York City and Westchester, USA

Bodo B. Schlegelmilch
Internationales Marketing & Management
Wirtschaftsuniversität Wien, Österreich

Barbara Stöttinger
Internationales Marketing & Management
Wirtschaftsuniversität Wien, Österreich

R. Oldenbourg Verlag München Wien

Original English language title: Global Marketing Management 1 st European Edition by Warren Keegan and Bodo Schlegelmilch Copyright © 2000. All Rights Reserved. Published by arrangement with the original publisher, Prentice Hall Europe, a Simon & Schuster Company.

Für Donald, Mark und Tracy
(W.J.K.)

Für Irene und Roger
(B.B.S.)

Für Ernst, Marlene und Müppi
(B.S.)

Die Deutsche Bibliothek - CIP-Einheitsaufnahme

Keegan, Warren J.:
Globales Marketing-Management : eine europäische Perspektive / von Warren J.
Keegan ; Bodo B. Schlegelmilch ; Barbara Stöttinger. – München ; Wien : Oldenbourg,
2002
   (Internationale Standardlehrbücher der Wirtschafts- und
   Sozialwissenschaften)
   Einheitssacht.: Global marketing management <dt.>
   ISBN 3-486-25005-1

© 2002 Oldenbourg Wissenschaftsverlag GmbH
Rosenheimer Straße 145, D-81671 München
Telefon: (089) 45051-0
www.oldenbourg-verlag.de

Gedruckt auf säure- und chlorfreiem Papier
Gesamtherstellung: Druckhaus „Thomas Müntzer" GmbH, Bad Langensalza

ISBN 3-486-25005-1

Vorwort

Globales Marketing-Management – eine europäische Perspektive geht zurück auf das Buch **Multinational Marketing Management**, das zum Zeitpunkt seiner Veröffentlichung 1974 wegweisend im internationalen Marketing war. Die erste Ausgabe verließ den traditionellen Export als Ausgangspunkt, sondern wählte vielmehr einen strategischen Ansatz, der die wachsende Bedeutung multinationaler Unternehmen widerspiegelte. Das Buch vereinte aktuelle Forschungsergebnisse, Erfahrungen erfolgreicher Praktiker und Fallstudien, die sich im Hörsaal bereits bewährt hatten. Es war von Beginn an ein Erfolg. Seit damals hat jede überarbeitete Auflage die Veränderungen der Marketingpraxis aufgenommen und versucht, richtungsweisend vorzudenken. Das Ziel: das Buch als führendes Textbuch für Studenten und Handbuch für Praktiker im internationalen Marketing zu etablieren und diese Position zu halten.

Diese Ausgabe verfolgt dieses Ziel nicht nur konsequent, sondern stellt darüber hinaus einen völlig neuen Ansatz der Diskussion globaler Marketingproblemstellungen dar. Vieles in der Diskussion um globales Marketing und Strategie ist von der Spannung zwischen dem Wunsch nach globaler Standardisierung und dem Erfordernis lokaler Anpassung geprägt. Diese fruchtbringende Dialektik wird auch in dieser Auflage weitergetragen, indem der Text einen spezifisch europäischen Blick auf globales Marketing wirft. In der praktischen Umsetzung ist dies durch ein europäisch-amerikanisches Autorenteam erstmals gelungen. Das Ergebnis ist eine fundamentale Überarbeitung des Texts, der dem Leser zahlreiche Neuerungen und Vorteile bietet:

- In jedem Kapitel wird die Diskussion globaler Marketingaspekte durch aktuelle Zeitungsberichte, EU-Dokumente oder wissenschaftliche Veröffentlichungen angereichert. Diese Ausschnitte finden sich in zwei Formen als:
    - Globale Perspektive und
    - Europäischer Blickwinkel
- Für beide, sowohl die Globale Perspektive als auch den Europäischen Blickwinkel, finden sich im Anschluß geeignete Diskussionsfragen. Für den Leser bedeutet dies eine zusätzliche Anregung zur Reflexion der diskutierten Problemstellungen in
    - Kurzfallstudien mit Diskussionsfragen „Einfach zum Nachdenken"
- Selbstverständlich sind auch umfassendere Fallstudien erforderlich, die die unterschiedlichen Aspekte der diskutierten Marketingproblemstellungen zusammenfassen. Das vorliegende Textbuch bietet dazu Reflexion der diskutierten Problemstellungen in einer

- Vielfalt an Fallstudien unterschiedlicher Länge aus unterschiedlichen Ländern und Branchen.

- Der Lernerfolg wird weiters durch eine Vielzahl an pädagogischen Instrumenten unterstützt. Diese sind im besonderen:

  - Eine Schnittstelle zur Praxis am Beginn jedes Kapitels. Sie illustriert die wichtigsten, in weiterer Folge behandelten Aspekte und ihre Relevanz in der Unternehmenspraxis
  - Eine Liste wichtiger Konzepte und Definitionen, ebenfalls am Kapitelanfang.
  - Kurzzusammenfassungen, in denen zur Wiederholung die wichtigsten Erkenntnisse immer wieder „Auf den Punkt gebracht„ werden
  - Eine Zusammenfassung und Diskussionsfragen, die jedes Kapitel am Schluß abrunden.
  - Weiterführende Literaturhinweise, die interessierten Lesern eine Hilfestellung bieten, sich mit einzelnen Problemstellungen vertiefend auseinander zu setzen.

- In der heutigen Welt der elektronischen Medien wäre kein Buch komplett ohne Referenzen auf Informations- und Kommunikationstechnologien. Aus diesem Grund haben wir ein komplett neues Kapitel über das technologische Umfeld globaler Marketingaktivitäten entwickelt. Darüber hinaus finden sich am Ende jeden Kapitels interessante und unterhaltsame Internetlinks. Und nachdem das Internet schon längst nicht mehr nur die Domäne der Webmasters ist, werden diese Links präsentiert als

  - Webmistress's Hotspots

Das Buch ist in sechs Teile gegliedert:

Teil 1 (Kapitel 1) „Einführung und Überblick„ bietet eine allgemeine Übersicht über das Themenfeld des globalen Marketing.

Teil 2 (Kapitel 2 – 5) „Das globale Marketingumfeld„„ beschäftigt sich mit den wichtigsten Umfelddimensionen des globalen Marketing: das wirtschaftliche, soziale und kulturelle, politische, rechtliche und regulatorische, und in Zeiten wie diesen das technologische Umfeld.

Teil 3 (Kapitel 6 & 7) „Die Analyse und Nutzung globaler Marktchancen„„ beschäftigt sich mit der Identifikation von Marktchancen, Marktsegmentierung und Positionierung.

Teil 4 (Kapitel 8 – 10) konzentriert sich auf die „Globalen Marketingstrategien„ und diskutiert Aspekte wie Marktselektion und Markteintrittsalternativen, ebenso wie Wettbewerb und Strategie.

Teil 5 (Kapitel 11 – 14) „Globale Marketingprogramme„ beschäftigt sich mit dem globalen Marketingmix. Dazu gehören globale Produkt- und Dienstleistungspolitik, globale Preispolitik, globale Logistik- und Distributionsentscheidungen sowie globale Marketingkommunikation.

Teil 6 (Kapitel 15 – 17) „Die Umsetzung globaler Marketingprogramme„, beschließt
das Buch mit einem Schwerpunkt auf die operativen Marketingproblemstellungen. Dazu gehören die Organisation und das Controlling globaler Strategien. Am
Schluß steht ein Ausblick in die Zukunft des globalen Marketing.

Zusätzlich wird dieses Lehrbuch mit wertvollen Lehr- und Studienunterlagen ergänzt,
die unter folgender Website zu finden sind:

`http://www.wu-wien.ac.at/imm/GlobalesMarketing-Management/`

Für StudentInnen:

- Studienmaterial, das Ihren Lernerfolg unterstützt

Für Lehrende:

- paßwortgeschützter Zugang zu Lehrmaterialen, wie Overheadfolien, Lösungen zu
  Fallstudien, Diskussionsfragen und Einfach zum Nachdenken, eine Sammlung von
  Prüfungsfragen, die laufend erweitert und aktualisiert werden

Ein Wort des Dankes

Auf beiden Seiten des Atlantiks verdanken wir der Verwirklichung des Lehrbuchs *Globales Marketing-Management – Eine europäische Perspektive* zahlreichen engagierten Mitarbeitern, fleißigen Studenten und guten Freunden. Besonderer Dank gilt in dem Zusammenhang vor allem unseren Familien, die über diese Zeit großes Verständnis aufbringen mußten, wenn die Arbeit an diesem Buch wieder einmal Vorrang hatte. Zusätzlich zu der langen Liste von Personen, denen wir bereits im englischen Text unseren Dank ausgesprochen haben, sind wir bei der deutschen Bearbeitung vor allem Herrn DI Ernst Stöttinger zu großem Dank verpflichtet. Er hat die technische Bearbeitung des Manuskripts und die Layoutierung mit Sachverstand und fast grenzenloser Energie vorgenommen. Ohne ihn wäre dieses Buch nicht zu seiner jetzigen Form gelangt. Von allen drei Autoren hierfür ein herzliches Dankeschön.

Warren J. Keegan
Bodo B. Schlegelmilch
Barbara Stöttinger

Über die Autoren

Dr. Warren J. Keegan

Warren J. Keegan ist Fellow der Academy of International Business, Professor für International Business, Marketing und Direktor des Institute for Global Business Strategy an der Lubin School of Business, Pace University, New York City und Westchester, sowie Gastprofessor für Marketing und International Business an der ESSEC (Frankreich). Er ist Gründer von Warren Keegan Associates, Inc., ein Konsortium von internationalen Experten im Bereich globales, strategisches Marketing und Management. Das Unternehmen ist mit MarkPlus, dem führenden Marketingberatungsunternehmen in Indonesien, assoziiert.

Dr. Keegan ist Autor und Ko-Autor zahlreicher Bücher, darunter *Marketing Plans That Work: Targeting Growth and Profitability* (Butterworth Heinemann, 1997); *Principles of Global Marketing* (Prentice Hall, 1997); *Marketing* (2. Auflage, Prentice Hall, 1996); *Marketing Sans Frontiers* (InterEditions, 1994); *Advertising Worldwide* (Prentice Hall, 1991); und *Judgments, Choices, and Decisions: Effective Management Through Self-Knowledge* (John Wiley & Sons). Er hat zahlreiche Artikel in führenden internationalen Fachzeitschriften wie Harvard Business Review, Administrative Science Quarterly, Journal of Marketing, Journal of International Business Studies, und The Columbia Journal of World Business publiziert.

Dr. Keegan war MIT Fellow in Afrika, wo er als Assistant Secretary für das Ministry of Development Planning and Secretary of the Economic Development Commission der tansanischen Regierung tätig war. Er war Berater für Boston Consulting Group und Authur D. Little, sowie Vorstand von Douglas A. Edwards, einem New Yorker Immobilienunternehmen.

Dr. Keegan hat seinen M.B.A. und D.B.A. an der Harvard Business School erworben. Er war Gastprofessor an der New York University, am INSEAD (Frankreich), dem IMD (Schweiz), an der Stockholm School of Economics, am Emmanuel College der Universität Cambridge und an der University of Hawaii. Er arbeitete an der Columbia Business School, am Baruch College, und der School of Government and Business Administration der The George Washington University.

Er ist Lifetime Fellow der Academy of International Business, sowie ist oder war Direktor der S.M. Stoller Company, Inc., der Cooper Companies, Inc. (NYSE), Inter-Ad, Inc., Halfway Houses of Westchester, Inc., Wainwright House, und The Rye Arts Center.

Dr. Bodo B. Schlegelmilch

Dr. Schlegelmilch ist Professor und Ordinarius für Internationales Marketing & Management an der Wirtschaftsuniversität Wien. Er ist Akademischer Direktor des Executive MBA und des International MBA-Programms an der Wirtschaftsuniversität Wien, Fellow des Chartered Institute of Marketing und Adjunct Professor of International Business Studies an der University of Minnesota, Carlson School of Management sowie an der Kingston University, London, Großbritannien. Gegenwärtig ist er als erster Europäer überhaupt Herausgeber des *Journal of International Marketing*.

Zuvor war er als Professor an Thunderbird, der American Graduate School of International Management in Arizona, der University of Wales in Swansea, und der University of Edinburgh in Schottland. In Thunderbird arbeitete er als Professor für Marketing und war Gründer des durch die US-Regierung geförderten CIBER-Instituts für Internationale Wirtschaftsethik. U.S. An der Universität von Wales war er als British Rail Chair of Marketing, sowie an der Universität von Edinburgh als Lecturer für Marketing und International Business tätig. Während seiner Laufbahn fungierte er als Gastprofessor an der University of California in Berkeley und der University of Miami. Darüber hinaus war er bei Deutschen Bank und Procter & Gamble in Deutschland tätig.

Dr. Schlegelmilch absolvierte Lehraufträge in internationalen Marketingprogrammen in Österreich, Großbritannien, Ägypten, Frankreich, Deutschland, Neuseeland, Rußland, Thailand und den USA. Er ist Präsident von Canyon Consulting Corp. und war als Berater bzw. im Führungskräftetraining im Berich strategisches Marketing u.a. für Allied Signals, Anheuser Busch, AT&T, Baxter, BellSouth, Black & Decker, Cable & Wireless, Citibank, Degussa-Hüls, Dow Chemical, Eastman Kodak, EDS, Eli Lilly, Estée Lauder, Goldman Sachs, Goodyear, Johnson & Johnson, MCI, Merck Sharp & Dohme, Stinnes, KPMG, Philip Morris, Pharmacia & Upjohn, Samsung, Schlumberger, Sunkyong und Universal Flavors.

Dr. Schlegelmilch hat an der Fachhochschule Köln Betriebswirtschaft studiert und verfügt über einen Studienabschluß als M.Sc. und Ph.D. von der University of Manchester Institute of Science and Technology. Für seine Forschungsaktivitäten wurde Dr. Schlegelmilch als unter den 15 meistpublizierenden Autoren anerkannt. Im „Who's Who in International Business Education and Research„ wurde er ebenfalls genannt. Seine Arbeit beschäftigt sich mit unterschiedlichen Themenstellungen im globalen Marketingmanagement und -strategie. Er hat über 100 Beiträge in Fachzeitschriften publiziert und seine Forschungsaktivitäten bei zahlreichen internationalen Konferenzen und Universitäten präsentiert. Dr. Schlegelmilch war bzw. ist Mitglied im Herausgeberbeirat zahlreicher wissenschaftlicher Zeitschriften, wie dem Journal of International Business Studies, Journal of World Business, International Journal of Research in Marketing, Journal of Strategic Marketing, International Marketing Review, Journal of Marketing Management, Journal of Business Research and Marketing Zeitschrift für Forschung und Praxis.

Dr. Barbara Stöttinger

Dr. Stöttinger ist promovierte Betriebswirtin und arbeitet am Institut für Internationales Marketing und Management an der Wirtschaftsuniversität Wien. Vor ihrer Tätigkeit an der Wirtschaftsuniversität war sie in der Privatwirtschaft, u.a. als Product Group Manager bei AKG Acoustics und in einem internationalen Beratungsunternehmen tätig. Darüber hinaus verfügt Frau Dr. Stöttinger über umfangreiche Consulting- und Trainingserfahrungen in den Bereichen Banken, Investitions- und Konsumgüterindustrie, sowie in Non-Profit-Organisationen.

Frau Dr. Stöttinger ist darüber hinaus Referentin für Marketing und Internationales Marketing an zahlreichen in- und ausländischen Institutionen, u.a. in den MBA-Programmen der Texas A&M University, der Universität Budapest, der University of Tampa, Florida, und im IMBA-Programm (Best Teacher Award) der Wirtschaftsuniversität Wien sowie am Exportlehrgang der Universität Salzburg.

Ihre Forschungsinteressen liegen im Bereich Internationales Marketing mit einem Schwerpunkt auf der Internationalisierung von Klein- und Mittelbetrieben, Exporterfolg und Erfolgsfaktorenforschung, sowie im Bereich internationale Preispolitik von KMU. Ihre Forschungsarbeiten hat sie auf zahlreichen internationalen Konferenzen präsentiert und in führenden Fachzeitschriften wie dem *Journal of International Marketing, Advances in International Marketing, Management International Review, Marketing ZFP, International Business Review, Marketing Education Review* und *International Marketing Review* publiziert. Sie ist Mitglied des Herausgeberbeirats des Journal of Teaching in International Business und Gutachterin für zahlreiche wissenschaftliche Konferenzen und Zeitschriften, wie des Journal of International Marketing, des Management International Review, etc.

Inhaltsverzeichnis

Abbildungsverzeichnis

Tabellenverzeichnis

Kapitel 1

Globales Marketing – eine Einführung

Die entscheidenden Veränderer der Welt sind immer gegen den Strom geschwommen.
– WALTER JENS, DT. SCHRIFTSTELLER

Globalisierung ist heute ein unverrückbares Faktum. Es wird in Zukunft nur mehr einen Richtwert für Unternehmenserfolg geben: den Marktanteil auf internationalen Märkten. Erfolgreiche Unternehmen werden ihren Platz auf Märkten weltweit einnehmen.
– JACK WELCH, CEO GENERAL ELECTRIC

1.1 Zielsetzung des Kapitels

Nachdem Sie dieses Kapitel gelesen haben, wissen Sie mehr über:

- Die Entwicklung der Weltwirtschaft in den letzten Jahrzehnten.
- Die Auswirkungen der Globalisierung auf die Marketingdisziplin.
- Den Zusammenhang zwischen Managementorientierung und Marketingstrategie für den Weltmarkt.
- Den Unterschied zwischen ethnozentrischer, polyzentrischer, regiozentrischer und geozentrischer Orientierung und deren Auswirkung auf die internationalen Marketingaktivitäten eines Unternehmens.
- Faktoren, die die Globalisierung von Marketingaktivitäten fördern bzw. hemmen.

In welchen Situationen hilft ein besseres Verständnis dieser Inhalte?

- Sie wollen auf globalen Märkten agieren und damit Wert für die *Stakeholder* des Unternehmens generieren.
- Sie schätzen das Potential ein, wie Sie für Ihre internationalen Kunden überlegenen Kundennutzen schaffen können.
- Sie wollen beurteilen, inwieweit Ihr Unternehmen reif für die globale Arena ist.

1.2   Konzepte & Definitionen

Globales Marketing ist die Entwicklung des Marketingprogramms für den Weltmarkt, wobei die Koordination und Integration von Marketingaktivitäten simultan in mehreren Ländermärkten erfolgen.

EPRG-Schema: Die Einstellungen des Managements beeinflussen die Art und Weise, wie Unternehmen auf globalen Märkten agieren. Das EPRG-Schema beschreibt unterschiedliche Managementorientierungen in Verbindung mit globalen Marktaktivitäten.

- Ethnozentrisch: ausländische Geschäftsbeziehungen sind zweitrangig. Auf dem Heimmarkt erfolgreiche Konzepte werden unangepaßt in anderen Ländermärkten übernommen.

- Polyzentrisch: jedes Land ist einzigartig, und das muß berücksichtigt werden! Marketingaktivitäten werden autonom in den Ländermärkten entwickelt und eingesetzt.

- Regiozentrisch: Regionen werden als zusammengehörige Einheit betrachtet und mit einer integrierten, regionalen Strategie bearbeitet.

- Geozentrisch: die Welt wird als ein Markt gesehen. Es wird nach einer globalen Strategie gesucht, die lokale Wünsche und Bedürfnisse ebenso befriedigt.

Fördernde und hemmende Faktoren der Globalisierung von Marketing:

Fördernde Faktoren:

- Technologie
- Regionale Wirtschaftsabkommen
- Marktbedürfnisse und -wünsche
- Verbesserungen im Bereich Transport und Kommunikation
- Produktentwicklungskosten
- Qualität
- Weltwirtschaftliche Trends
- Nutzung nationaler Unterschiede: *Leverage*
- Das globale/transnationale Unternehmen

Hemmende Faktoren:

- Kurzsichtigkeit des Managements und heimmarktorientierte Organisationskultur
- Länderspezifische Vorschriften und Barrieren

1.3 Schnittstelle zur Praxis

Wir leben in einem globalen Markt. Während Sie dieses Buch lesen, sitzen Sie möglicherweise in einem Stuhl, der in Brasilien hergestellt wurde, oder vor einem Schreibtisch aus Dänemark. Vielleicht haben Sie diese Möbelstücke bei IKEA gekauft, dem weltweit tätigen Möbelhaus aus Schweden. Der Computer auf Ihrem Schreibtisch könnte entweder ein preisgünstiger PC-Klone aus Taiwan oder aber auch ein in den USA entwickelter und in Irland gefertigter Apple Macintosh sein. Ihre Schuhe sind vermutlich aus Italien, und der Kaffee, der Sie munter macht, wurde in Lateinamerika oder Afrika angepflanzt und verarbeitet. Dazu hören Sie vielleicht gerade die neueste CD der Wiener Philharmoniker, die in der New Yorker Met unter einem italienischen Dirigenten das Werk eines russischen Komponisten spielen. Die Technologie für Ihren CD-Wechsler stammt aus einem Gemeinschaftsprojekt zweier Unternehmen – einem japanischen und einem niederländischen. Ihr Pullover stammt aus der letzten Kollektion von Benetton. Wie spät ist es bei Ihnen? Die Uhr auf Ihrem Handgelenk ist *„Made in ..."* Japan, Hongkong, Singapur, den Philippinen oder der Schweiz. Willkommen im neuen Jahrtausend! Marketingphantasien von gestern sind heute Realität geworden: die Welt hat sich zum globalen Dorf gewandelt. In den letzten 150 Jahren haben tiefgreifende Veränderungen das Leben von Menschen und Unternehmen neu gestaltet. Bis zur Mitte des 19. Jahrhunderts besaßen Studenten selten etwas, was nicht im Umkreis ihres Heimatortes hergestellt worden war – mit einer möglichen Ausnahme – den Büchern, die sie studieren mußten. Dennoch gab es einige Länder, allen voran Großbritannien, die im internationalen Handel sehr aktiv tätig waren. Seit dem 2. Weltkrieg hat jedoch eine ungeahnte Expansion globaler Marketingaktivitäten stattgefunden. Unternehmen, die bislang nur Konsumenten in ihrem Heimatland bedienten, sind in neue – ausländische – Märkte vorgedrungen. Während vor zwanzig Jahren das Konzept des globalen Marketing nicht einmal existierte, hat es einen fixen Stellenwert in Unternehmen von heute, um ihnen das gesamte wirtschaftliche Absatzpotential zu erschließen. Globales Marketing hat den Grundstein dafür gelegt, daß Sie einige der oben genannten Produkte besitzen, gleichgültig ob Sie in Asien, Europa, Nord- oder Südamerika leben. Doch es gibt einen noch entscheidenderen Grund, warum Unternehmen globale Marketingstrategien einsetzen müssen: ihr wirtschaftliches Überleben! Ein Unternehmen, das es verabsäumt, global zu denken und zu handeln, setzt sich der Gefahr aus, den Heimmarkt an Mitbewerber zu verlieren, die geringere Kosten, mehr Erfahrung und bessere Produkte bieten.

1.4 Marketing: Eine universale Disziplin

Die Basis für ein erfolgreiches globales Marketingprogramm ist ein fundiertes Verständnis für die Grundlagen des Marketing. Marketing ist jener Prozeß, in dem Unternehmensressourcen und -ziele auf Marktchancen und -bedürfnisse abgestimmt und fokussiert werden. Der erste und fundamentale Aspekt dabei ist, daß Marketing eine universale Disziplin ist. Marketinggrundsätze sind in Argentinien oder den USA ebenso anwendbar wie in Japan oder Südafrika. Marketing umfaßt eine Reihe von Konzepten, Instrumenten, Theorien, Techniken und Vorgehensweisen, sowie Erfahrung. Obwohl Marketing universal anwendbar ist, variiert die Marketingpraxis von einem Ländermarkt zum anderen. Jeder Mensch ist einzigartig, ebenso wie jedes Land. Unterschiede bewirken, daß wir Erfahrungen von einem Land in ein anderes nicht immer direkt übertragen können. Wenn Konsumenten, Mitbewerber, Vertriebskanäle und die Medienlandschaft unterschiedlich sind, dann kann dies auch Änderungen und Anpassungen in den Marketingplänen erfordern.

Der Marketingbegriff

In den vergangenen drei Jahrzehnten hat sich das Verständnis von Marketing dramatisch verändert. In den Anfängen lag der Schwerpunkt der Marketingaktivitäten auf der Erstellung „besserer" Produkte, wobei „besser" an unternehmensinternen Standards und Wertmaßstäben gemessen wurde. Das Ziel war Gewinn, und die Mittel zur Zielerreichung waren Verkauf bzw. die Überzeugung potentieller Konsumenten, ihr Geld für ein Produkt des Unternehmens zu tauschen.

Das neue Marketingverständnis und die 4 P's

Das „neue" Marketingkonzept, das sich seit den 60er Jahren entwickelt hat, verlagert den Fokus von der Produkt- zur Kundenorientierung. Das oberste Ziel war weiterhin der Gewinn, jedoch wurden die Mittel, um dieses Ziel zu erreichen, ausgeweitet und beinhalteten den gesamten Marketing-Mix oder die 4 P's, wie sie auch genannt werden: Produkt, Preis, Kommunikation (*promotion*) und Distribution (*place*).

Das strategische Marketingverständnis

In den 90er Jahren wurde immer deutlicher, daß das „neue" Marketingkonzept überholt und ein neuer strategischer Zutritt erforderlich war. Das strategische Marketingverständnis verlagerte den Schwerpunkt weg vom Konsumenten oder dem Produkt hin zum Kunden und seinem externen Umfeld. Damit war ein Meilenstein in der Entwicklung der Marketingphilosophie gesetzt. In der Marketingwelt von heute reicht es nicht mehr aus, alles über Konsumenten zu wissen, was es zu wissen gibt. Um erfolgreich zu sein, muß der Marketer seinen Kunden in seinem Umfeld sehen, das durch Wettbewerb, politische und rechtliche Rahmenbedingungen, ökonomische und soziale Kräfte beeinflußt und geformt wird.

Eine weitere dramatische Veränderung im strategischen Marketingkonzept ergibt sich aus der geänderten Zielsetzung von Marketing – weg vom Gewinn hin zum Nutzen für *stakeholders*. *Stakeholders* sind Personen oder Institutionen, die ein Interesse an den Aktivitäten und Vorgängen in einem Unternehmen haben. Dazu gehören Mitarbeiter und Management des Unternehmens, Kunden und Aktionäre, Banken oder die Gesellschaft, um nur die wichtigsten zu nennen. Mittlerweile herrscht die weitverbreitete Meinung, daß Gewinne eine Anerkennung für Leistung sind, wobei Leistung als Befriedigung von Kundenwünschen und -bedürfnissen in einer sozial verträglichen und verantwortungsvollen Art verstanden wird. Um im Markt von heute bestehen zu können, ist es für Unternehmen unerläßlich, ein Team von Mitarbeitern zu haben, das sich kontinuierlicher Innovation und der Herstellung hoch qualitativer Produkte verschreibt. In anderen Worten, Marketing hat heute zwei zentrale Aufgaben: (i) es muß sich auf den Kunden konzentrieren und dabei sein externes Umfeld berücksichtigen, und (ii) es muß Wert schaffen, indem es Nutzen sowohl für Kunden als auch andere *stakeholders* erzeugt. Wer den wichtigsten Beitrag zum *stakeholder value* liefert, beantworteten amerikanische, japanische und europäische Manager folgendermaßen: mehr als die Hälfte der Befragten waren der Meinung, daß die *shareholder* den wichtigsten Beitrag leisten. Ähnlich viele Interviewpartner nannten die Mitarbeiter als wesentlichen Einfluß, 22% beurteilten die Lieferanten und 10% die Gesellschaft als entscheidenden Faktor. Der Spitzenplatz, was den Einfluß auf den *stakeholder value* betrifft, wurde mit überwältigender Mehrheit dem Kunden zugeschrieben.[1]

EUROPÄISCHER BLICKWINKEL

STAKEHOLDER VALUE – NEU IN EUROPA?

Stakeholder Value heißt der strategische Marketingansatz der Stunde. Die Interessentengruppen eines Unternehmens wie Kunden, Lieferanten, Mitarbeiter und Aktionäre wollen in ihren Ansprüchen befriedigt werden. Vielen europäischen und auch japanischen Unternehmen wird dieser Ansatz jedoch beinahe wie „Alter Wein in neuen Schläuchen" erscheinen.

Wie Hermann Simon, Universitätsprofessor und Unternehmensberater aus Deutschland, in seinem Buch „Die heimlichen Gewinner" dokumentiert, setzen deutsche Unternehmen seit Jahren jene Ideen um, die im anglo-amerikanischen Raum als *stakeholder value* populär sind.

Mittelständische Unternehmen, wie Steiner Optik mit 80% Weltmarktanteil bei militärischen Feldstechern oder Krones, Hersteller von 70% aller weltweit verkauften Flaschenetikettiermaschinen, begründen ihre Marktpräsenz seit Jahren auf die ausgewogene Balance der Interessen von Unternehmen und den verschiedenen Anspruchsgruppen.

Langjährige Zusammenarbeit mit Zulieferern garantiert den Kunden gleichbleibende Produkt- und Dienstleistungsqualität auf höchstem Niveau und den Lieferanten wirtschaftliche Stabilität. Statt Personalpolitik nach dem „Hire-and-Fire"-Prinzip bieten diese Unternehmen ihren Mitarbeitern langfristig ausgerichtete Beschäftigungschancen. Diese Sicherheit schafft auch einen höheren Anreiz für die Mitarbeiter, sich spezifische Fähigkeiten und Kenntnisse anzueignen, die innerhalb des Unternehmens wichtig und erforderlich sind, aufgrund ihrer Spezialisierung aber von anderen Arbeitgebern nur wenig gebraucht werden. Durch die Berücksichtigung der Arbeitnehmerinteressen erreichen Unternehmen Loyalität und Engagement, das zu Spitzenleistungen in allen Unternehmensbereichen und letztlich zu überzeugendem Kundennutzen führt.

In Deutschland ist die Wahrung von Mitarbeiterinteressen durch die Arbeitnehmervertretung im Aufsichtsrat auch gesetzlich verankert. Dort erlangen Mitarbeiter Zugang zu Managemententscheidungen und können ihre Interessen einbringen. Der moderne Begriff dafür – *stakeholder value*!

Fortsetzung auf der nächsten Seite

STAKEHOLDER VALUE – NEU IN EUROPA? (Fortsetzung)

Quellen: „Valuing Companies: A Star to Sail by?", *The Economist*, 344 (8028), 2. August 1997; „Survey of Business in Europe (6): Taking the Pledge – So Much to Do, so Little Time." *The Economist*, 341 (7993), 23. November 1996; „Management Focus: German Lessons." *The Economist*, 340 (7974), 13. Juli 1996; „Stakeholder Capitalism: Unhappy Families." *The Economist*, 338 (7952), 10. Februar 1996; Hermann Simon, *Die heimlichen Gewinner*, (Frankfurt: Campus Verlag, 1996); Peter Gomez, „Stakeholder Value schlägt Shareholder Value ... nach Punkten!" *Thexis*, 2, 1998, 62-63.

Profitorientierung wird in diesem strategischen Konzept nicht vergessen, denn es ist ein wesentliches Mittel, um Nutzen für die *Stakeholder* zu generieren. Als Werkzeug zur Umsetzung des strategischen Marketingverständnisses dient das strategische Management, welches Marketing mit anderen Managementfunktionen verknüpft. Eine der Aufgaben des strategischen Management ist es, finanzielle Mittel für Investitionen in geschäftliche Aktivitäten oder zur Remuneration von Aktionären und Mitarbeitern zu erzielen. Daher ist Gewinn immer noch entscheidender Maßstab für Marketingerfolg, aber nicht mehr ein Ziel an sich. Ziel des Marketing ist es, Nutzen für *Stakeholders* zu generieren, wobei der wichtigste *Stakeholder* der Kunde ist. Wenn sich Ihre Kunden von Ihrem Konkurrenten größeren Nutzen erwarten, weil Ihr Mitbewerber bereit ist, ein geringeres Maß an Profit für Investoren und Management zu akzeptieren, wird Ihr Kunde Ihren Mitbewerber wählen, und Sie werden ihn verlieren. Der spektakuläre Vorstoß, der „PC-Klones" in das Personal Computer-Geschäft von IBM gelungen ist, illustriert, daß sogar die größten und wirtschaftlich mächtigsten Unternehmen durch Mitbewerber, die effizienter arbeiten und eher bereit sind, reduzierte Gewinnspannen in Kauf zu nehmen, herausgefordert werden können.

Eine dritte entscheidende Veränderung hat im Marketingverständnis Platz gegriffen. Der Fokus hat sich vom Paradigma einer mikroökonomischen Maximierung zum Management von strategischen Partnerschaften und zur Positionierung des Unternehmens entlang der Wertkette zwischen Verkäufer und Konsument verschoben. Ziel ist es, Nutzen für den Konsumenten zu stiften. Dieses erweiterte Marketingkonzept wurde von Jack Welch, dem Geschäftsführer von General Electric, auch als – *boundaryless* – grenzenloses Marketing bezeichnet.

🎈 **AUF DEN PUNKT GEBRACHT**

- In den letzten 30 Jahren hat sich das Marketingverständnis von einer reinen Produkt- und Kundenorientierung zu einer strategischen Orientierung gewandelt. Die strategische Zielsetzung von Marketing geht weg vom reinen Gewinnstreben zum optimalen Nutzen für die *Stakeholder*.

- Als *Stakeholder* bezeichnet man dabei jene Personen oder Institutionen, die ein Interesse an den Aktivitäten und Vorgängen im Unternehmen haben.

- Zu den *Stakeholder* gehören Mitarbeiter und das Management des Unternehmens, Kunden, Aktionäre, Banken oder die Gesellschaft als ganzes.

Zusätzlich dazu, daß Marketing ein Konzept und eine Philosophie ist, kann man es auch als eine Summe von Aktivitäten und einen geschäftlichen Prozeß verstehen. Die Marketingaktivitäten werden auch wie bereits erwähnt unter den 4 P's zusammenge-faßt: Produkt, Preis, Kommunikation (*promotion*) und Distribution (*place*): Diese 4 P's können um ein fünftes P – „*probe*", d.h. Marktforschung, ergänzt werden. In jüngerer Zeit wurde dieser Ansatz um zusätzliche 3 P's erweitert, vor allem um den Spezifika des Dienstleistungsmarketings Rechnung zu tragen. Dazu zählen *physical evidence*, d.h. die Umgebung, in der die Leistungsverrichtung stattfindet, *participants*, d.h. die Personen, die an der Leistungserstellung mitwirken, und *process*, der die Dramaturgie bzw. den Ablauf der Leistungserstellung zum Inhalt hat.[2] Der Prozeß des Marketingmanage-ment hat die Aufgabe, Ressourcen und Ziele der Organisation auf die Chancen in der Unternehmensumwelt abzustimmen.

1.5 Die drei Kernelemente des Marketing

Marketing basiert auf drei fundamentalen Grundsätzen. Der erste Grundsatz – die Wertgleichung – befaßt sich mit dem Zweck und den Aufgaben des Marketing, für den Kunden Wert zu erzielen. Der zweite Grundsatz – Differenzierung gegenüber dem Wettbewerb – beschäftigt sich mit der unternehmerischen Realität, in der Marketing-aufgaben erfüllt werden müssen. Der dritte Grundsatz – Fokussierung – bietet einen Ansatzpunkt, wie die ersten beiden Grundsätze eingehalten werden können.

Die Wertgleichung

Die Aufgabe des Marketing ist es, für den Konsumenten Nutzen zu generieren, der grö-ßer als jener der Mitbewerber ist. Die Wertgleichung (siehe Abbildung 1.1) kann dabei als Hilfestellung dienen. Wie in der Gleichung dargestellt, kann der Wert für den Kon-sumenten erhöht werden, indem man Produkt- oder Dienstleistungsvorteile ausweitet oder verbessert, indem man den Preis verändert oder durch eine Kombination dieser Elemente. Unternehmen, die sich einen Kostenvorteil aufgebaut haben, können den Preis als Waffe gegen den Wettbewerb einsetzen. Wissen über den Kunden kombiniert mit Innovation und Kreativität können zu einem für den Kunden wertvolleren Gesamt-angebot führen. Wenn die Vorteile groß genug sind und von den Kunden entsprechend geschätzt werden, muß ein Unternehmen nicht notwendigerweise den niedrigsten Preis bieten, um Kunden zu gewinnen.

Differenzierung gegenüber dem Wettbewerb

Das zweite wichtige Marketingprinzip ist der Wettbewerbsvorteil. Um gegenüber Kon-kurrenten einen Wettbewerbsvorteil zu erlangen, muß ein Unternehmen in den Augen der Kunden über eine Reihe von Vorteilen, Fähigkeiten und Möglichkeiten verfügen. Von einem Wettbewerbsvorteil spricht man dann, wenn diese spezifischen Vorteile in einer bestimmten Branche zur Erreichung eines bestimmten Marktsegments eingesetzt werden. Ansonsten sind Wettbewerbsvorteile nicht über eine längere Zeit zu halten. Entscheidend dabei ist, daß ein Unternehmen jene Stärken einsetzt, über die es bereits verfügt, und nicht jene, über die es gerne verfügen möchte. Eine Qualitätsstrategie zu

Abbildung 1.1: Die Wertgleichung

$$W = N / P$$

W=Wert
N = wahrgenommener Produkt-/Service nutzen — wahrgenommene Kosten*
P = Preis

* z.B. Kosten, die durch einen Produktwechsel entstehen

verfolgen, ohne über die Fähigkeiten zum Design und zur Produktion von Qualitäts-produkten zu verfügen, kann nicht erfolgreich sein. Der deutsche Automobilherstel-ler BMW hat sich seine herausragende Marktposition durch ein Produktionssystem, das im Marktsegment ‚Limousine' eindeutige Vorteile aufweist, und durch eine Marke, die die Wünsche und Ansprüche der Zielgruppe anspricht, erarbeitet. Der Wettbe-werbsvorteil kann in einer gegenüber der Konkurrenz deutlich besseren Produkt- oder Servicequalität, in der technischen Überlegenheit, in der Breite der Produktlinie, oder einem effizienten Distributionssystem zu finden sein.[3] Wettbewerbsvorteile sind meist nicht auf einen geographischen Markt beschränkt, sondern eignen sich zur Internatio-nalisierung. Honda eroberte den US-amerikanischen Motorradmarkt mit dem gleichen Wettbewerbsvorteil, der dem Unternehmen die Marktdominanz in Japan eingebracht hat – die Fähigkeit, ein innovatives, aber einfaches Produkt zu geringen Kosten zu produzieren.[4]

Fokussierung

Das dritte Marketingprinzip ist die Fokussierung, d.h. die Konzentration der Unter-nehmensaktivitäten auf Kundenbedürfnisse und -wünsche. Durch diese Fokussierung kann ein Nutzen für den Kunden und damit ein Wettbewerbsvorteil erzeugt werden. Alle erfolgreichen Unternehmen haben dieses Prinzip verstanden. IBMs Erfolg beruhte eindeutig darauf, daß es besser auf Konsumentenwünsche und -bedürfnisse einging als andere Unternehmen in der Datenverarbeitungsbranche. Die Krise, in die IBM zu Be-ginn der 90er Jahre schlitterte, ist ebenfalls in der Fokussierung begründet. Nur daß es in diesem Fall IBMs Mitbewerber wesentlich besser gelungen ist, sich auf Konsumenten-wünsche und -bedürfnisse zu konzentrieren! Dell und Compaq verkauften ihren Kunden hohe Rechnerleistung zu geringen Preisen, während IBM das gleiche Produktpaket zu einem deutlich höheren Preis anbot.

Doch nicht nur große Unternehmen haben diese Strategie internalisiert. Wie die fol-genden Beispiele zeigen, ermöglicht Fokussierung gerade kleineren und mittleren Unter-nehmen, eine dominante Weltmarktstellung zu erlangen. *Clean Concept*, ein deutscher Hersteller eines berührungsfreien Toilettensystems, zieht seine Stärke daraus, alle Fähigkeiten und Kenntnisse auf den Bereich Hygiene zu fokussieren. Ein Mitarbeiter des Unternehmens formulierte dies so: „Wir wollen eine Sache wirklich gut machen. Hygiene ist, was wir liefern. Wir machen Hygiene pur."[5] Mit konsequenter Fokussierung auf das Kerngeschäft hat das österreichische High-Tech-Unternehmen Frequentis innerhalb weniger Jahrzehnte die weltweite Technologieführerschaft bei digitalen Flugsicherungssystemen erreicht. Mit einem Exportanteil von über 90% findet man österreichische Flugsicherungssysteme von Mexiko bis China.[6] Schon länger – seit über 100 Jahren – glänzen synthetische Schmucksteine und Kristallfiguren von Swarovski weltweit. Durch Konzentration auf die eigenen Stärken finden sich Swarovskis Produkte mittlerweile auf Abendroben von Versace oder Schuhen von Gian Franco Ferré.[7]

Ein klarer Fokus auf die Wünsche und Bedürfnisse der Kunden und ein wettbewerbsfähiges Angebot sind Grundlagen dafür, um gegenüber der Konkurrenz einen Wettbewerbsvorteil zu erhalten. Dies kann nur erreicht werden, wenn alle Ressourcen und Anstrengungen auf den Kunden und das Produkt, das seine Wünsche und Bedürfnisse zufriedenstellt, konzentriert werden.

GLOBALE PERSPEKTIVE

MCDONALD'S – EINE FAST-FOOD-LEGENDE EROBERT DIE WELT!

In über 115 Ländern freuen sich mehr als 24.500 Fast-Food-Restaurants mit den berühmten goldenen Bögen auf über 14 Mrd. Kundenbesuche pro Jahr. Warum hat man die Expansion ins Ausland gewagt, wenn McDonald's auf dem Heimmarkt USA mit über als 12.000 Restaurants mehr Umsatz als seine drei Hauptkonkurrenten zusammen erzielt? Der Grund ist darin zu suchen, daß in den USA die Wachstumsraten in der Fast-Food-Branche deutlich zurückgegangen sind. Waren es in den 70er Jahren noch durchschnittlich 7,1% pro Jahr, so sind die jährlichen Zuwächse in den 90er Jahren auf weniger als 5% gesunken.

Die Antwort darauf: globale Expansion! Während in den letzten zehn Jahren der U.S.-Umsatz pro Jahr um durchschnittlich 5% gewachsen ist, stiegen die Umsätze der Restaurants außerhalb der USA um ca. 16% pro Jahr. Als Antwort darauf hat McDonald's die Expansion in Ländermärkte außerhalb der USA forciert. Verfügte McDonald's 1991 über 3.355 Restaurants in 53 Ländern, waren es 1994 bereits mehr als 5.400 und Ende 1997 über 12.000. Obwohl diese Restaurants nur ca. 40% aller Standorte ausmachten, erzielten sie ungefähr die Hälfte des Umsatzes und über 60% des Betriebsergebnisses.

Am 31.1.1990, nach 14 Jahren der Verhandlungen und Vorbereitungen, wurde der erste „Bolshoi Mac" in der ehemaligen Sowjetunion eröffnet. Der Moskauer McDonald's befindet sich am Pushkinplatz, nur wenige Straßen entfernt vom Kreml. Bei der Gründung verfügte er über 700 Sitzplätze und weitere 200 Plätze im Gastgarten. Er beschäftigte 800 Mitarbeiter, die an einer 70-Fuß-langen Theke mit 27 Kassen arbeiten. Dies entspricht einer Größe von 20 McDonald's Restaurants der Standardkategorie. Im Restaurant wurden bis zu 18.000 Bestellungen von Pommes frites, 12.000 Big Macs und 11.000 Apfeltaschen pro Tag verkauft.

Fortsetzung auf der nächsten Seite

McDonald's – eine Fast-Food-Legende erobert die Welt! (Fortsetzung)

Um den konstanten Nachschub mit Ausgangsprodukten zu gewährleisten, errichtete McDonald's einen großen Produktionsbetrieb in der Umgebung von Moskau, der eng mit den örtlichen Landwirten der Umgebung kooperiert. Trotz der Turbulenzen, die im Zuge der Auflösung der Sowjetunion und den politischen Unruhen im Herbst 1993 entstanden sind, wurden weitere McDonald's Restaurants in Moskau eröffnet. Über 140 Mio. Kunden wurden seit dem Markteintritt von McDonald's bedient.

Die Expansionsbestrebungen wurden in der Zwischenzeit auch auf Zentraleuropa ausgedehnt. Mehr als 350 neue Restaurants sollen in Kroatien, der Slowakei, Rumänien und anderen Ländern eröffnet werden. Das Produktangebot in Moskau, wo Kartoffeln und Fleisch zum täglichen Speiseplan gehören, bietet die gleichen Grundprodukte wie in den USA: In anderen Ländern hat McDonald's jedoch sein Produktangebot angepaßt, um dem lokalen Konsumentengeschmack entgegenzukommen. Dazu gehören Teriyaki Burger in Japan, Bananenkuchen in Lateinamerika, Kiwi Burgers (serviert mit roter Rübensauce) in Neuseeland, Bier in Deutschland, McSpagetti Nudeln auf den Philippinen und Chilisauce zu den Pommes frites in Singapur. In Indien mußte zuerst ein Ersatzprodukt für das Rindfleisch im Burger gefunden werden, da der Hinduismus den Verzehr von Rindfleisch untersagt. Man führte einen „Maharaja Mac" ein, der mit Lammfleisch zubereitet wurde. In manchen Ländern sah sich McDonald's damit konfrontiert, auch die Zubereitungsart der Speisen zu ändern. In Singapur und Malaysien müssen Rinder gemäß den muslimischen Ritualen geschlachtet werden.

Nach den erfolgreichen Schritten zur Marktentwicklung in Rußland expandierte McDonald's auch nach China. Das erste Restaurant in China öffnete Mitte 1992 im Herzen von Peking, unweit des Tiananmenplatzes. Mittlerweile sind daraus über 180 Restaurants geworden.

Trotz des internationalen Erfolgs gab es gelegentlich auch Schwierigkeiten im Feldzug für die Verbreitung von Fast-Food über den Globus. 1991 wurde in holländischen Restaurants ein Plakat angebracht, das in Frankreich helle Aufregung erzeugte. Das Plakat zeigte fünf Küchenchefs, die einen Berg bratfertigen Hühnerfleischs untersuchen. Der Titel erläuterte, die Küchenchefs würden gerade von Big Macs träumen. Dieses Plakat wurde als Beleidigung der französischen Haute Cuisine gewertet, denn es erzeugte in zweifacher Hinsicht Aufregung: Einer der fünf Küchenchefs war Paul Bocuse, ein legendärer französischer Haubenkoch, und die Hühner wurden einer französischen Region zugeschrieben, die für ihr Geflügel bekannt ist. Mit dem Entschuldigungsschreiben an Paul Bocuse geriet McDonald's jedoch in noch schlimmere Schwierigkeiten: Man argumentierte, der Fehler sei passiert, weil Bocuse in Holland nicht sehr bekannt sei.

Ungeachtet solcher internationaler Zwischenfälle ist McDonald's auf Expansionskurs. Als weltweit bekannteste Marke ist McDonald's in den Worten eines Branchenexperten vergleichbar mit Coca-Cola vor 10 Jahren. Es ist an der Kippe zum globalen Giganten, der die USA als seinen Hauptmarkt betrachtet, wo die treibenden Kräfte für das Unternehmenswachstum jedoch aus Übersee kommen.

Fortsetzung auf der nächsten Seite

McDonald's – eine Fast-Food-Legende erobert die Welt! (Fortsetzung)
Einfach zum Nachdenken:

- Warum ist Ihrer Meinung nach McDonald's so erfolgreich? Was muß ein Unternehmen wie McDonald's können, um langfristig international erfolgreich zu sein?
- Welches Maß an Anpassung an den lokalen Geschmack ist erforderlich, wenn McDonald's international expandiert?
- Ab wann besteht Ihrer Meinung nach die Gefahr, daß die lokale Anpassung zu weit geht?

Quellen: Robert Johnson, „Fast Food Leader: McDonald's Combines a Dead Man's Advice With Lively Strategy." *The Wall Street Journal,* 18. Dezember 1987, A1; Steven Greenhouse, „McDonald's Tries Paris, Again." *New York Times,* 12. Juni 1988, 1; Barbara Dietrich, „Cohon Launches 'Big Mac Attack' on USSR." *Drake University Update,* Summer 1990, S.13; Eben Shapiro, „Overseas Sizzle for McDonald's", *The New York Times,* 17. April 1992, S.C1; „Broad, Deep, Long and Heavy: Assessing Brands. The World's Best Brands", *The Economist,* 341 (792), 1996, 72-75; „Johannesburgers and Fries", *The Economist,* 344 (8036), 27. September 1997, 75-76.

1.6 Globales Marketing: Was es ist und was nicht

Obwohl die Marketingdisziplin universal ist, unterscheiden sich Märkte und Konsumenten doch deutlich von einander. Das bedeutet, daß die Marketingpraxis von einem Ländermarkt zum anderen variiert. Diese Unterschiede führen dazu, daß man Marketingerfahrung aus einem Land nicht ungeprüft in ein anderes übertragen kann. Wenn Kunden, Wettbewerber, Medienlandschaft und Distributionssysteme unterschiedlich sind, muß dies auch Konsequenzen für den Marketingplan haben. Dies schlägt sich natürlich auch in dem Wissen nieder, über das ein internationaler Marketer verfügen sollte. S. Tamer Cavusgil unterscheidet in diesem Zusammenhang drei Wissensdomänen, die ein internationaler Marketer beherrschen sollte (siehe Abbildung 1.2).

Unternehmen, die länderspezifischen Unterschieden keine Bedeutung beimessen, bekommen die negativen Folgen eines unkritischen Transfers von Marketingkonzepten von einem Land in ein anderes deutlich zu spüren. Nestlé wollte sein in Europa erfolgreiches Kaffeesortiment mit vier Geschmacksrichtungen in die USA transferieren. Die amerikanischen Mitbewerber zeigten sich hocherfreut: Der Transfer endete in einem Verlust von Marktanteilen von 1% im US-Markt.[8] Ein wesentlicher Aspekt im globalen Marketing ist es, zu erkennen, wieweit Marketingpläne und -programme weltweit ausgedehnt oder adaptiert werden müssen.

Ein großer Teil der Kontroversen um globales Marketing geht zurück auf Theodore Levitts richtungsweisenden Artikel „*The Globalization of Markets.*"[9] Levitt argumentierte, daß Marketer heute mit einem homogenen, globalen Dorf konfrontiert seien. Er riet Organisationen, standardisierte, überlegene und global vermarktbare Produkte zu kreieren, und diese weltweit mit einer standardisierten Kommunikations-, Preis- und Distributionspolitik zu verkaufen. Einige prominente Fehlschläge, wie jene von Parker Pen und anderer Unternehmen, die Levitts Vorschlag gefolgt sind, ließen Zweifel über diese Thesen aufkommen. Carl Spielvogel, Vorsitzender der Werbeagentur *Backer Spielvogel Bates Worldwide*, brachte seine Kritik pointiert auf den Punkt. In einem Interview mit dem *Wall Street Journal* bemerkte er, daß „Theodore Levitts Kommentare,

Abbildung 1.2: Die Wissensdomänen für internationale Manager

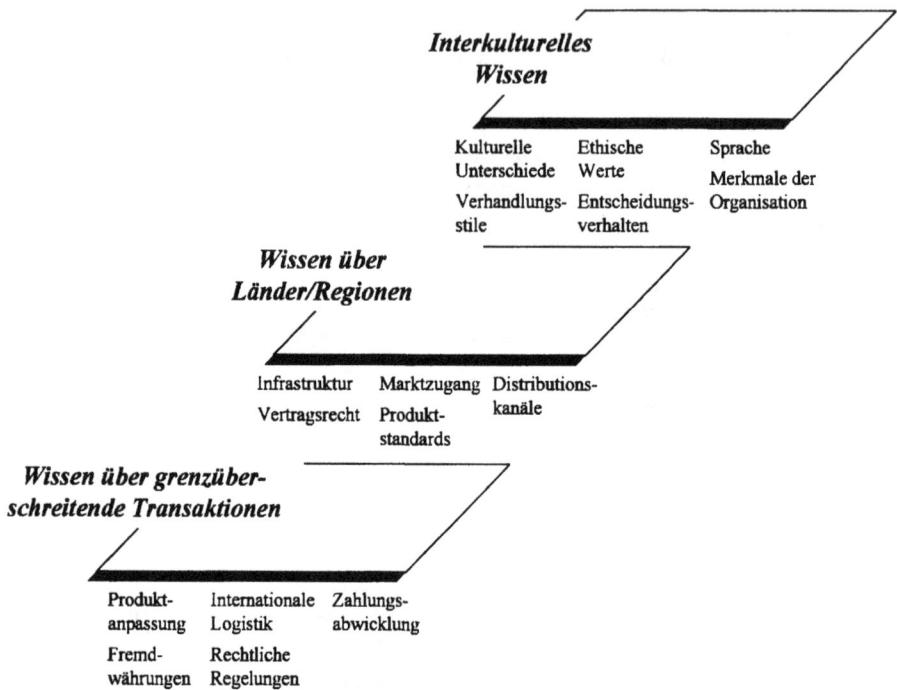

Interkulturelles Wissen

| Kulturelle Unterschiede | Ethische Werte | Sprache |
| Verhandlungsstile | Entscheidungsverhalten | Merkmale der Organisation |

Wissen über Länder/Regionen

| Infrastruktur | Marktzugang | Distributionskanäle |
| Vertragsrecht | Produktstandards | |

Wissen über grenzüberschreitende Transaktionen

| Produktanpassung | Internationale Logistik | Zahlungsabwicklung |
| Fremdwährungen | Rechtliche Regelungen | |

Quelle: adaptiert von S. Tamer Cavusgil, „Knowledge Development in International Marketing", Journal of International Marketing, 6,2 (1998): 105.

die Welt werde immer homogener, nicht zutreffen. Es gäbe zwei Produkte, die sich für globales Marketing eigneten, eines davon sei Coca-Cola."[10]

In der Tat war es das globale Marketing, das Coca-Cola zu seinem weltweiten Erfolg führte. Coca-Colas Erfolg war jedoch nicht auf einer totalen Standardisierung der Elemente des Marketing-Mix begründet, wie Kenichi Ohmae in seinem Buch „*The Borderless World*" beschreibt. So konnte der Markterfolg in Japan nur erreicht werden, indem viel Zeit und Geld investiert wurde, den Markt kennenzulernen. Auf der Basis dieses Wissens errichtete das Unternehmen eine ausschließlich lokale Vertriebsinfrastruktur mit einer Verkaufsmannschaft und der Installation von Automaten. Coca-Colas Erfolg in Japan war das Ergebnis von globaler Integration und nationaler Anpassung, d.h. der Fähigkeit, das globale Marketingkonzept aufgrund genauer Marktkenntnis soweit wie nötig an den jeweiligen Markt anzupassen und soweit wie möglich die Vorteile eines globalen Unternehmens zu nutzen.

Was bedeutet das Schlagwort „globale Lokalisierung" eigentlich? Kurz gefaßt heißt es, daß ein erfolgreicher globaler Marketer die Fähigkeiten besitzen muß, „global zu denken und lokal zu agieren!" Wie wir im Verlauf des Buches noch vielfach sehen werden, kann „globales" Marketing eine Kombination von standardisierten (z.b. das eigentliche Produkt) und nicht standardisierten (z.b. Distribution oder Verpackung) Ansätzen beinhalten. Ein „globales Produkt" kann auf der ganzen Welt das gleiche und doch „verschieden" sein. Globales Marketing erfordert vom Marketer, sich in gewissem Sinn global *und* lokal zur gleichen Zeit zu verhalten, um auf Ähnlichkeiten und Unterschiede der Märkte einzugehen.

Wie Coca-Cola eindrucksvoll gezeigt hat, kann die Fähigkeit, global zu denken und lokal zu handeln, einen Wettbewerbsvorteil erzeugen. Durch die Anpassung von Verkaufsförderung, Vertrieb und Kundendienst an die lokalen Erfordernisse etablierte Coca-Cola eine derart starke Markenpräferenz, daß es einen Marktanteil im japanischen Markt für alkoholfreie Getränke von 70% erreichte. Zuerst verstanden Coca-Colas Manager das japanische Distributionssystem nicht. Mit einer signifikanten Investition von Zeit und Geld konnten sie in Japan jedoch auch eine ähnlich erfolgreiche Verkaufsmannschaft wie in den USA etablieren. Heute generiert Coca-Cola Japan höhere Gewinne als der US-Markt. Um die Umsätze von Coca-Cola zu ergänzen, hat das japanische Management eine Vielzahl neuer Produkte speziell für den japanischen Markt entwickelt, wie Kaffee Georgia in Dosen.[11]

Coca-Cola ist ein Produkt, das sowohl globale als auch lokale Marketingaspekte auf sich vereint. In diesem Buch schlagen wir nicht vor, einen vollkommen standardisierten Marketingzutritt als „Wunderwaffe" einzusetzen. Vielmehr sehen wir den zentralen Ansatzpunkt für weltumspannendes Marketing darin, globale Marketingkonzepte so maßzuschneidern, daß sie zu einem bestimmten Produkt oder einer bestimmten Branche passen.[12]

Abschließend ist es notwendig zu verstehen, daß globales Marketing *nicht* bedeutet, jeden Markt dieser Erde zu bearbeiten. Globales Marketing heißt vielmehr Geschäftsbeziehungen auszuweiten, nachdem man Chancen und Risiken abgewogen hat. Die Entscheidung, Märkte außerhalb des Heimmarktes zu bearbeiten, hängt stark von den Ressourcen, der Managementphilosophie des Unternehmens und den Rahmenbedingungen in der Branche ab. Coca-Colas Produkte werden in über 195 Länder der Erde verkauft. Dies spiegelt sich auch in einem der letzten Jahresberichte wider, der unter dem Titel „A Global Business System Dedicated to Customer Service" stand. Coke ist eine der weltweit bekanntesten und zugkräftigsten Marken der Welt. Diese beneidenswerte globale Vormachtstellung ist zu einem Großteil das Ergebnis von Coca-Colas Entschlossenheit und Fähigkeit, ihr Hauptprodukt mit starken lokalen Marketinganstrengungen zu unterstützen.

Viele andere Unternehmen haben erfolgreich globale Marketingstrategien verfolgt, indem sie starke globale Marken kreierten. Philip Morris entwickelte Marlboro zur stärksten Zigarettenmarke weltweit. In der Automobilindustrie hat Mercedes Benz sein Markenzeichen, den Stern, zu einem weltweit bekannten Symbol gemacht. Globale Marketingstrategien können jedoch auch auf einem Produkt, einer Produktlinie, einer Positionierung, der Verpackung, einem Vertriebssystem, dem Kundenservice oder auf Beschaffungsüberlegungen basieren. McDonald's hat ein Restaurantsystem entwickelt, das an jedem Ort dieser Erde implementiert werden kann. Ähnlich wie Coca-Cola hat McDonald's jedoch sein Produktangebot an die lokalen Eßgewohnheiten angepaßt. Cisco Systems, ein Unternehmen, das LAN (local area network) routers herstellt, die die Kommunikation von Computern miteinander ermöglichen, entwickelt neue Produkte, die so programmiert werden können, daß sie unter vielfältigen Bedingungen weltweit operieren können.[13]

💡 **AUF DEN PUNKT GEBRACHT**

- Generell gesprochen stützt sich Marketing auf drei fundamentale Grundsätze: die Wertgleichung, Differenzierung gegenüber dem Wettbewerb und Fokussierung.

- Die Wertgleichung bildet kurzgefaßt die Grundlage von Kaufentscheidungen aus Kundensicht und bietet einen Ansatzpunkt für das Nutzenangebot eines Herstellers. Der Wert für den Konsumenten kann im Vergleich zur Konkurrenz erhöht werden, indem man die Produktvorteile ausweitet, den Preis verändert oder eine Kombination dieser beiden Handlungsparameter erzielt.

- Unter Differenzierung versteht man jene einzigartige Position eines Unternehmens im Vergleich zu seinen Mitbewerbern, die sich aus einer Reihe von spezifischen Vorteilen, Fähigkeiten und Möglichkeiten ergibt.

- Fokussierung bedeutet Konzentration der Unternehmensaktivitäten auf Kundenbedürfnisse und -wünsche. Durch eine Fokussierung bietet sich dem Unternehmen eine Chance auf einen Wettbewerbsvorteil gegenüber der Konkurrenz.

- Durch die unterschiedlichen Bedingungen auf verschiedenen Märkten kann eine erfolgreiche Umsetzung dieser drei Grundsätze allerdings nur dann erfolgen, wenn man das Prinzip der *„globalen Lokalisierung"* anwendet. Dies bedeutet, daß *globale* Marketingkonzepte an *lokale* Besonderheiten angepaßt werden.

Unilever wirbt in verschiedenen Märkten der Welt mit einem Teddybären, um den Produktnutzen seines Weichspülers zu kommunizieren. Volkswagen hat seinen globalen Marketingerfolg, den „Käfer" mit seinem charakteristischen Design und seinen von „Käfer-Aficionados" geliebten Eigenheiten verjüngt wieder auf den Markt gebracht. Gillette verwendet weltweit die gleiche Verpackung für das Hauptprodukt, den Sensor-Rasierer. Benetton stützt sich auf ein ausgeklügeltes Vertriebssystem, um so rasch die neueste Mode in sein weltweites Vertriebsnetz zu bringen. Der Eckpfeiler des weltweiten Erfolgs von Caterpillar ist ein Netzwerk von Vertretern, die ein 24-Stunden-Teile- und Reparaturservice bieten. IKEA, der schwedischen Möbelhersteller, begeistert seine Kunden mit schickem Design zu günstigen Preisen, damit auch kleinere Brieftaschen sich geschmackvolles Wohnen leisten können. Möglich wird dies durch ein globales Beschaffungssystem, mit dem in Ländern mit niedrigerem Lohnniveau Möbel nach schwedischen Entwürfen erzeugt werden.

Der Zutritt, den ein Unternehmen zu globalem Marketing hat, hängt von den Bedingungen in einer Branche und den eigenen Wettbewerbsvorteilen ab. Wäre es für Harley-Davidson vernünftig, Motorräder in einem Niedriglohnland wie Mexiko zu erzeugen? Werden Amerikaner weiterhin nach Toyotas „Made in the U.S." greifen? Sollte The Gap Geschäfte in Japan eröffnen? Die Antwort auf diese Fragen lautet, „das hängt davon ab." Nachdem Harleys Wettbewerbsvorteil zum Teil auf der Positionierung „Ma-

Tabelle 1.1: Beispiele für globales Marketing

Globale Marketingstrategien	Unternehmen/Heimmarkt
Marke	Daimler Chrysler (Deutschland/USA)
	Philip Morris (USA)
	Coca-Cola (USA)
Produktgestaltung	McDonald's (USA)
	Volkswagen (Deutschland)
	Hennes & Mauritz (Schweden)
Produktpositionierung	Nestlé (Schweiz)
	Unilever (Großbritannien/ Niederlande)
	Harley-Davidson (USA)
Verpackung	Gillette (USA)
Vertrieb	Benetton (Italien)
Kundenservice	Caterpillar (USA)
Beschaffung	IKEA (Schweden)

de in the U.S." basiert, wäre eine Verlegung der Produktionsstätten außerhalb der USA nicht ratsam. Toyotas Erfolg in den USA läßt sich teilweise darauf zurückführen, daß weltweit erstklassige Produktionsfertigkeiten nach Amerika transferiert werden konnten, während die Werbung betonte, daß der Camry von Amerikanern mit amerikanischen Teilen gebaut wurde.

EUROPÄISCHER BLICKWINKEL

HENNES & MAURITZ – AUF DER GLOBALEN ÜBERHOLSPUR

1997 feierte man stolz das 50-jährige Bestehen des Unternehmens. Mit Recht, denn die Bilanz der letzten 50 Jahre kann sich sehen lassen! Gegründet 1947 in Schweden hat Hennes & Mauritz heute über 500 Outlets in 12 Ländern. Etwa alle fünf Jahre hat sich der Umsatz verdoppelt, das Betriebsergebnis ist in den letzten 10 Jahren jährlich um ca. 22% gestiegen. Der Grundstein des Erfolgs sind das globale Produktkonzept und seine konsequente Umsetzung. Bei H & M ist man fest davon überzeugt, daß ein Trend die Bekleidungsindustrie beherrscht: „global fashion!". Satelliten-TV, die internationale Film- und Musikindustrie und das Internet haben die Welt der MTV-Generation von Japan bis Großbritannien zusammenrücken lassen. Dies äußert sich in der sinkenden Bedeutung nationaler Grenzen, auch was den Geschmack für Mode und Bekleidung betrifft. Diesem Trend wird Rechnung getragen. Für ganz Europa entwirft die eigene Designabteilung Kollektionen zu wettbewerbsfähigen Preisen, die rasch gewechselt und angepaßt werden. Nichts bleibt länger als einen Monat im Regal. So werden Kunden ermutigt, öfter vorbeizukommen und rasch zuzugreifen.Unterstützt wird der Erfolg durch ein perfektes Marketingpaket rund um das Produkt.

Fortsetzung auf der nächsten Seite

HENNES & MAURITZ – AUF DER GLOBALEN ÜBERHOLSPUR (Fortsetzung)

Die Outlets sind dabei das Herzstück, ihnen wird von der hauseigenen Designabteilung besonderes Augenmerk gewidmet. Das Ladenkonzept ist normiert und wird in jedem Ländermarkt implementiert. Schließlich sollen sich die Kunden rasch im Geschäft orientieren können und Produkte, Größen und Preise auf einen Blick finden. Dies geht bis zu genauen Vorschlägen für die Präsentation der Produkte. Ein Rollkragenpullover aus Wolle soll in Göteborg genauso wie in Zürich positioniert werden!

Der internationale Erfolg kann sich sehen lassen. Über 500 Outlets gibt es bereits in Europa und laufend kommen neue dazu. Und seit 1994 hat Deutschland den Heimmarkt Schweden bereits umsatzmäßig überholt und ist zu H & Ms größtem Markt avanciert! In Frankreich hat H & M unter Beweis gestellt, daß das Produktkonzept auch über den skandinavischen und deutschsprachigen Raum hinaus erfolgreich ist. Auf dem Expansionsprogramm des schwedischen Unternehmens für die nächsten Jahre stehen Spanien, Italien, Japan und die USA. Dort wird Hennes & Mauritz einem der Hauptkonkurrenten – The Gap – auf dessen Heimmarkt Paroli bieten müssen.

Einfach zum Nachdenken:

- Vergleichen Sie die internationale Expansion von Hennes & Mauritz mit jener von „The Gap". Wo lassen sich Gemeinsamkeiten und Unterschiede erkennen?
- Sind Ihrer Meinung im internationalen Modegeschäft nationale Grenzen weiterhin bedeutsam?
- Wenn ja, warum? Wenn nein, warum nicht?

Quellen: Mary Krienke, „Hennes & Mauritz", *Stores*, 75 (2), 1993, S.34-37; „Der Schwede mit den goldenen Hosen", *Süddeutsche Zeitung*, 9. November 1996, 37; „Jeden Tag etwas Neues.", *Die Welt*, 11. Juni 1997, S.18; http://www.hm.com/ (31. Juli 1998); „Knickers to the Market: Hennes & Mauritz", *The Economist*, 346 (8057), 28. Februar 1998, 68-69; „H & M to expand after 32% lift", *Financial Times*, S. 5. Februar 1998, S.21; Greg McIvor, „Companies & Finance: Hennes & Mauritz", *Financial Times*, 23. September 1998; Tim Burt, „Buoyant H & M to expand into U.S.", *Financial Times*, 17. April 1999.

1.7 Die Bedeutung des globalen Marketing

Für Unternehmen sind heute Aktivitäten auf internationalen Märkten von eminenter Bedeutung für die Erreichung ihres maximalen Wachstumspotentials. Nimmt man beispielsweise die USA her, so repräsentieren sie mit ca. 25% des gesamten Weltmarktes für Produkte und Dienstleistungen den größten nationalen Markt der Welt. Wollen amerikanische Unternehmen jedoch ihr maximales Absatzpotential ausschöpfen, so müssen sie global aktiv werden, denn 75% des Weltmarktpotentials befinden sich außerhalb ihres Heimmarktes. Japanische Unternehmen haben eine noch größere Motivation, ihre Marktchancen jenseits des Heimmarkts zu suchen. Obwohl der Dollarwert des Heimmarktes Japan für japanische Unternehmen der zweitgrößte in der freien Welt (nach den USA) ist, liegen 85% des Weltmarktpotentials außerhalb des Heimmarktes. Für europäische Länder ergibt sich ein noch drastischeres Bild. Obwohl Deutschland der größte Markt Europas ist, befinden sich 94% des Weltmarktpotentials für deutsche Unternehmen außerhalb des Heimatmarktes.

Abbildung 1.3: Konsolidierungstendenzen in der Automobilindustrie

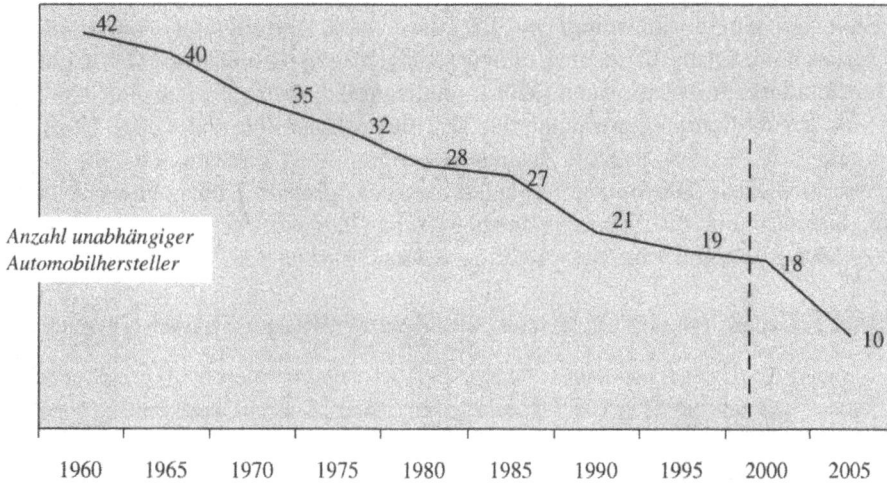

Tabelle 1.2: Rangliste der Automobilhersteller nach Absatz
und Marktanteil

Unternehmen (Land)	Absatz (in Mio. Fahrzeuge)	Marktanteil (in %)
General Motors	6,8	16,2
Ford	6,9	12,9
Toyota	4,8	9,0
Volkswagen	4,6	7,9
Daimler/Chrysler	4,0	7,4
Fiat	2,9	5,3
Chrysler	2,9	5,3
Nissan	2,8	5,2
Peugeot Citroen	2,1	3,9
Honda	2,0	3,8
Mitsubishi	1,9	3,6
Renault	1,9	3,5
Suzuki	1,8	3,4
Hyundai	1,2	2,3
BMW	1,2	2,2
Daimler-Benz	1,1	2,1

Quelle: „Automotive News", *New York Times*, 7. Mai 1998, S.D-5.

Viele Unternehmen haben die Bedeutung von globalen Aktivitäten schon erkannt.
Branchen, die noch vor wenigen Jahren streng auf den lokalen Markt beschränkt waren, werden heute von einer Handvoll globaler Unternehmen dominiert. Der Aufstieg
des globalen Unternehmens findet seine Parallele im Aufstieg nationaler Unternehmen
am Ende des vorigen Jahrhunderts, die aus lokalen Unternehmen entstanden sind.
Die Automobilbranche bietet sich dabei als plakatives Beispiel an. Zu Beginn unseres Jahrhunderts gab es Tausende Automobilhersteller weltweit, mehr als 500 allein in
den USA. Heute dominieren weniger als 20 Unternehmen den weltweiten Markt (siehe
Abbildung 1.3). In den meisten Branchen werden jene Unternehmen, die überleben
und bis ins nächste Jahrhundert gedeihen werden, globale Unternehmen sein. Diejenigen, die nicht auf die Herausforderungen und Chancen der Globalisierung setzen,
werden von dynamischeren Unternehmen ersetzt werden und vom Markt verschwinden.

Diese Tatsache läßt sich am Beispiel des Mergers zwischen Daimler-Benz und Chry-

Tabelle 1.3: 25 der Top 100 Unternehmen, nach Marktkapitalisierung gereiht

Rang 1997	Rang 1996	Unternehmen (Land)	Marktkapitalisierung (Mio. €)
1	1	General Electric (USA)	251,159
2	6	Microsoft (USA)	226,533
3	3	Coca-Cola (USA)	179,101
4	2	Royal Dutch/Shell (NL/UK)	159,279
5	5	Exxon (USA)	148,147
6	7	Merck (USA)	135,614
7	18	Pfizer (USA)	120,379
8	19	Wal-Mart Stores (USA)	115,427
9	4	Nippon Telegraph & Telephone (Japan)	111,859
10	8	Intel (USA)	106,645
11	12	Procter & Gamble (USA)	103,589
12	17	Bristol-Myers Squibb (USA)	97,043
13	49	Lucent Technologies (USA)	92,583
14	27	Berkshire Hathaway (USA)	92,180
15	14	IBM (USA)	91,834
16	20	Glaxo Wellcome (UK)	91,569
17	11	Novartis (Schweiz)	87,119
18	23	American International Group (USA)	86,651
19	15	Johnson & Johnson (USA)	84,410
20	9	Toyota Motor (Japan)	83,753
21	10	Philip Morris (USA)	81,145
22	56	Cisco Systems (USA)	80,951
23	30	AT & T (USA)	78,707
24	29	Unilever Group (NL/UK)	72,531
25	22	British Petroleum (UK)	72,017

Quelle: „The World's 100 Largest Public Companies", Wall Street Journal, 28. September 1998,
S. R 18.

sler im Jahre 1998 gut demonstrieren. Mit € 30 Milliarden handelte es sich um den
größten Firmenzusammenschluß der Geschichte. Daimler-Chrysler rückte damit vom
6. bzw. 15. Platz der Rangliste der weltgrößten Automobilhersteller auf die 5. Stelle vor. Thomas Middelhoff von Bertelsmann kommentierte die Entwicklungen so: „Es
gibt keine deutschen oder amerikanischen Unternehmen, sondern nur erfolgreiche und
erfolglose."[14]

Tabelle 1.3 zeigt 25 der Top 100 Unternehmen (*The Wall Street Journal*), gereiht
nach ihrer Marktkapitalisierung, d.h. dem Wert aller im Umlauf befindlichen Akti-
en eines Unternehmens. Tabelle 1.4 zeigt eine unterschiedliche Perspektive: die Top
25 Unternehmen der Fortune-500-Unternehmen nach Einnahmen. Im Vergleich dieser
beiden Tabellen fällt auf, daß während GE den höchsten Marktwert aufweist, es nur
an 12. bzw. an 2. Stelle hinsichtlich der Umsätze und des Gewinns liegt. Ein Unternehmen, das in beiden Kategorien weit vorne gereiht ist, ist Nippon Telegraph & Telephone

Tabelle 1.4: Die Fortune Global 500: die größten globalen Unternehmen nach Umsätzen
und Gewinnen

Rang 1997	Rang 1996	Unternehmen	Land	Umsätze (Mio.€)	Gewinne (Mio.€)	Rang (Ertrag)
1	1	General Motors	USA	151,145	5,682	6
2	2	Ford Motor	USA	130,322	5,870	5
3	3	Mitsui	Japan	121,042	0,227	336
4	4	Mitsubishi	Japan	109,365	0,329	287
5	6	Royal Dutch/Shell	UK/NL	108,702	6,581	3
6	5	Itochu	Japan	107,421	0,656	484
7	8	Exxon	USA	103,814	7,177	1
8	11	Wal-Mart Stores	USA	101,201	2,991	25
9	7	Marubeni	Japan	94,264	0,119	288
10	9	Sumitomo	Japan	86,862	0,177	360
11	10	Toyota Motor	Japan	80,705	3,140	21
12	12	General Electric	USA	77,060	6,959	2
13	13	Nissho Iwai	Japan	69,470	0,020	443
14	15	IBM	USA	66,598	5,169	8
15	14	NTT	Japan	65,305	2,003	56
16	78	AXA	F	65,212	1,151	109
17	20	Daimler-Benz	D	60,705	3,935	12
18	24	Daewoo	Südkorea	60,675	0,446	253
19	18	Nippon Life Insurance	Japan	60,558	1,797	62
20	21	British Petroleum	UK	60,393	3,432	16
21	16	Hitachi	Japan	58,165	0,024	441
22	23	Volkswagen	D	55,418	0,655	198
23	22	Matsushita	Japan	54,529	0,646	202
24	25	Siemens	D	54,083	1,211	101
25	26	Chrysler	USA	51,871	2,379	45

Quelle: „Global 500", *Fortune,* 3. August 1998, S. F-1.

(NTT): Es nimmt den 4. Platz in bezug auf Marktkapitalisierung, den 14. hinsichtlich
der Umsätze, jedoch den 100. in bezug auf Erträge ein.

Tabelle 1.4 streicht einige der japanischen Unternehmen heraus, die Mitte der 90er
Jahre in Schwierigkeiten geraten sind. Die japanischen Unternehmen Mitsui und Mitsubishi sind umsatzmäßig an 3. bzw. 4. Stelle gereiht. In bezug auf ihre Profitabilität
liegen sie jedoch nur an 336. bzw. 287. Stelle. Zurückzuführen ist diese Diskrepanz
teilweise auf den im Verhältnis zu den Währungen in Hauptabsatzmärkten starken
Yen.

1.8   Managementorientierung und globales Marketing

Die Art und Weise, wie ein Unternehmen auf die Herausforderungen globaler Märkte
reagiert, hängt wesentlich von den bewußten und unbewußten Annahmen und Einstellungen des Managements ab. Die Weltanschauungen der Mitarbeiter können als ethnozentrisch, polyzentrisch, regiozentrisch oder geozentrisch beschrieben werden, wobei
Entwicklungen von einer bestimmten Orientierung zu einer anderen häufig auch bewußt
vollzogen werden können.[15] Die Ausrichtungen, die auch als EPRG-Schema bekannt
sind, sind in Abbildung 1.4 zusammengefaßt.

1.8.1   Ethnozentrismus

Eine Person, die davon ausgeht, daß ihr Heimatland dem Rest der Welt überlegen ist,
verfügt über eine ethnozentrische Orientierung. Eine ethnozentrische Ausrichtung bedeutet, daß Mitarbeiter nur die Ähnlichkeiten zwischen verschiedenen Märkten sehen
und annehmen, daß im Heimatmarkt erfolgreiche Produkte und Geschäftspraktiken
aufgrund ihrer Überlegenheit am Heimmarkt auch überall anders erfolgreich sein werden. Diese ethnozentrische Orientierung geht bei einigen Unternehmen sogar soweit,
daß sie Marktchancen außerhalb ihres Heimatlandes ignorieren. Solche Unternehmen
werden auch oft als „domestic companies" oder inlandsbezogene Unternehmen bezeichnet. Unternehmen mit einer ethnozentrischen Orientierung, die Geschäftsbeziehungen
außerhalb des Heimmarktes unterhalten, werden als „international companies" oder
internationale Unternehmen bezeichnet. Sie gehen von der Einstellung aus, daß Produkte, die sich am Heimmarkt durchgesetzt haben, aus diesem Grund auch auf allen
anderen Märkten ohne Anpassung erfolgreich sein werden.

In einem ethnozentrischen, internationalen Unternehmen werden ausländische Geschäftsbeziehungen als zweitrangig und dem Heimmarkt untergeordnet angesehen. Ein
ethnozentrisches Unternehmen operiert unter der Annahme, daß auf dem nationalen
Markt „erprobtes und bewährtes" Wissen und organisatorische Fähigkeiten in anderen Teilen der Welt eingesetzt werden können. Während diese Haltung manchmal zum
Vorteil für das Unternehmen gereichen kann, wird wertvolles Managementwissen und
-erfahrung auf dem lokalen Markt völlig ausgeblendet. Für ein produzierendes Unternehmen mit ethnozentrischer Orientierung bedeutet ein Auslandsengagement einen
Weg, um Überkapazitäten in der Produktion abzubauen. Pläne für ausländische Märkte
werden entwickelt, indem man die gleichen Verfahren und Grundsätze wie am Heimmarkt ansetzt. Außerhalb des Heimatmarktes werden keine systematischen Marktfor-
schungsanstrengungen und keine tiefgreifenden Produktveränderungen unternommen.

Abbildung 1.4: Unternehmen und Managementorientierung

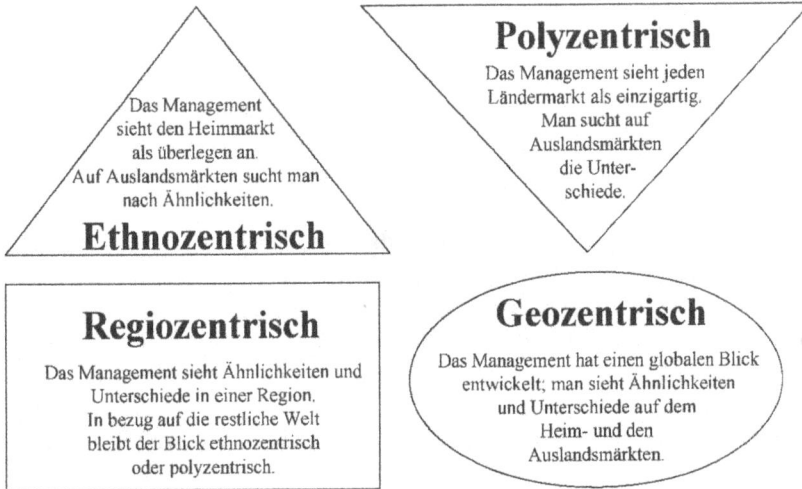

Das Management sieht den Heimmarkt als überlegen an. Auf Auslandsmärkten sucht man nach Ähnlichkeiten.

Ethnozentrisch

Polyzentrisch

Das Management sieht jeden Ländermarkt als einzigartig. Man sucht auf Auslandsmärkten die Unterschiede.

Regiozentrisch

Das Management sieht Ähnlichkeiten und Unterschiede in einer Region. In bezug auf die restliche Welt bleibt der Blick ethnozentrisch oder polyzentrisch.

Geozentrisch

Das Management hat einen globalen Blick entwickelt; man sieht Ähnlichkeiten und Unterschiede auf dem Heim- und den Auslandsmärkten.

Auch wenn sich auf internationalen Märkten Konsumentenwünsche und -bedürfnisse von jenen am Heimmarkt unterscheiden, werden sie von der Firmenleitung nicht beachtet.

In den ersten Jahren ihres Engagements auf ausländischen Märkten hat Nissans ethnozentrische Orientierung die Marketingaktivitäten stark belastet und den Markterfolg deutlich gefährdet. Die Pkws und Lkws, die für milde japanische Winter entwickelt wurden, waren in kälteren Gebieten der Welt nur schwer in Gang zu setzen. Da in den nördlichen Regionen Japans viele Autobesitzer Planen über die Motorhauben ihrer Autos breiteten, lag für die japanische Konzernzentrale die Vermutung nahe, daß Konsumenten in anderen Ländern dies ebenso handhaben würden. Bis in die 80er Jahre operierte auch Eli Lilly als ethnozentrisches Unternehmen, in dem Firmenaktivitäten außerhalb der USA streng von der Firmenleitung kontrolliert wurden und man sich auf den Verkauf von ursprünglich für den amerikanischen Markt entwickelten Produkten konzentrierte.[16]

Während die meisten Unternehmen bis vor 50 Jahren sehr erfolgreich mit ihrer ethnozentrischen Einstellung am Markt agieren konnten, ist eine ethnozentrische Haltung zu Marketingaktivitäten zu einer der größten internen Bedrohung für Unternehmen geworden.

GLOBALE PERSPEKTIVE

DIE GLOBALE ARENA: DER REST DER GESCHICHTE

Wie zu Beginn dieses Kapitels ausgeführt werden globale Marketingaktivitäten von
Unternehmen in verschiedenen Ländern unterschiedlich ausgelegt und gehandhabt.
Es ist jedoch nicht lange her, daß einige internationale Wirtschaftsexperten und -
journalisten vorhersagten, daß amerikanische Unternehmen den Welthandel bald do-
minieren würden. In seinem Bestseller „The American Challenge" warnte J.J. Servan-
Schreiber 1967, daß innerhalb von 15 Jahren amerikanische Unternehmen, die in
Europa aktiv sind, wie IBM oder GM, die drittgrößte Wirtschaftsmacht nach den
Vereinigten Staaten und der Sowjetunion darstellen würden. Aus dieser Marktdo-
minanz prognostizierte er bittere Konsequenzen für Europa, indem er schrieb:
„Die Amerikaner haben ihre europäischen Unternehmen reorganisiert. Überall errichten sie gesamteuropäische Zentralen, die für das kontinentale Geschäft verant-
wortlich und mit einem überdurchschnittlichen Maß an Entscheidungsbefugnis über
Ländergrenzen hinweg ausgestattet sind."
Er warnte davor, daß die europäische Industrie eventuell eine untergeordnete Rolle
gegenüber den USA spielen könnte. Wie zielgenau waren seine Visionen? Die Sowjetunion, der in Servans Szenario eine bedeutende Rolle zugekommen ist, hat als solches aufgehört zu existieren. Was die vorausgesagte Entwicklung der amerikanischen
Konzerne betrifft, so bestätigten sich seine Annahmen. Unternehmen wie Union Car-
bide, CPC International, Celanese, American Express, IBM und GM haben sich seit
Mitte der 60er Jahre sehr gut entwickelt. Während es jedoch zum Zeitpunkt des
Erscheinens des Buches üblich war, daß die Konzernzentralen großer Unternehmen
jeden Aspekt der Unternehmensstrategie unter strikter Kontrolle behielten, prak-
tizieren heute dieselben Unternehmen globales Marketing. In ihrem unterschiedlichen Fokus, ihrer Orientierung, Strategie, Struktur, den operative Komponenten
und Kommunikationsmustern unterscheiden sie sich deutlich von dem Szenario, das
Servan-Schreiber vor drei Jahrzehnten in seiner Zukunftsprognose beschrieben hat.
Auch ihre Vorgehensweise in bezug auf Forschung und Entwicklung, Personalmanagement, Finanzen, Beschaffung, Neuproduktentwicklung und Investitionen hat sich
drastisch verändert.
Entgegen den Prognosen ist das globale Unternehmen von heute keine ausschließlich
amerikanische Erfindung. Viele Branchen entwickeln sich auch in Europa hervorragend. Zahlreiche globale Konzerne, wie Nestlé, Philips, Volkswagen oder Unilever
haben ihren Firmensitz in Europa und sind bei weitem nicht so bedeutungslos, wie
Servan Schreiber befürchtete. Im Gegenteil, amerikanische Unternehmen mußten in
vielen Bereichen ihre Vormachtstellung an europäische oder japanische Unternehmen
abgeben. So akquirierte beispielsweise Thomson, ein Hersteller von Unterhaltungselektronik mit Sitz in Frankreich, das Geschäftsfeld TV-Geräte von GE und RCA.
Zusammenfassend läßt sich sagen, daß einige der wichtigsten Herausforderungen für
Europa und die USA heute von Unternehmen in Japan, Südkorea oder anderen
asiatischen Staaten kommen.

Fortsetzung auf der nächsten Seite

DIE GLOBALE ARENA: DER REST DER GESCHICHTE (Fortsetzung)

Einfach zum Nachdenken:

- Haben europäische Unternehmen Ihrer Meinung nach einen Standortnachteil gegenüber U.S.-amerikanischen Unternehmen?
- Hat in Zeiten von e-commerce die Standortwahl tatsächlich noch jene Bedeutung wie früher?
- Warum findet man viele e-commerce-Unternehmen gerade im Großraum Seattle?

Quelle: J.J. Servan-Schreiber, *The American Challenge* (New York: Atheneum, 1968): S.4.

1.8.2 Polyzentrismus

Eine polyzentrische Ausrichtung ist einer ethnozentrischen diametral entgegengesetzt. Der Ausdruck „polyzentrisch" beschreibt die Anschauungen oder Einstellungen des Managements, daß jedes Land, in dem man aktiv ist, einzigartig ist. Diese Orientierung führt daher dazu, daß dem lokalen Management im jeweiligen Ländermarkt eine hohe Bedeutung zukommt. Man geht davon aus, daß weitgehend selbständig agierende Tochtergesellschaften in den einzelnen Auslandsmärkten aufgrund ihrer lokalen Marktkenntnis und durch ihre eigenständigen, auf die nationalen Besonderheiten abgestimmten Unternehmens- und Marketingstrategien erfolgreicher sind als andere Organisations- und Managementstrukturen. Der Begriff „multinationales Unternehmen" wird oft zur Erklärung einer derartigen Struktur verwendet. Unternehmen wie Henkel, Unilever oder internationale Werbeagenturen haben in der Vergangenheit mit dieser Philosophie ihre Kunden in vielen Ländern hervorragend bedient. Bis vor kurzem wurden Citicorps Finanzdienstleistungen weltweit nach diesem Orientierungsmuster vermarktet. James Bailey, ein Manager bei Citicorp, beschrieb das Unternehmen folgendermaßen: „Wir befanden uns in einem mittelalterlichen Zustand. Es gab einen König und seinen Hofstaat, und sie gaben den Ton an, richtig? Nein, es war der Landadel, der die Geschäfte führte. Der König und sein Hof haben vielleicht das eine oder andere erklärt, aber der Landadel setzte sich darüber hinweg und handelte nach den eigenen Vorstellungen."[17] Als er realisierte, daß sich die Branche für Finanzdienstleistungen globalisieren würde, versuchte der Geschäftsführer John Reed, ein höheres Maß an Integration zwischen der Konzernzentrale und den Ländergesellschaften zu erreichen.

1.8.3 Regiozentrismus und Geozentrismus

In einem Unternehmen mit regiozentrischer Orientierung sieht das Management ähnliche Ländermärkte als eigenständige Regionen an und versucht daher integrierte regionale Strategien zu entwickeln. Ein europäisches Unternehmen, das den deutschen Sprachraum oder die skandinavischen Länder zu einer Region zusammenfaßt und für diese Regionen Marketingprogramme entwickelt, geht von einer regiozentrischen Orientierung aus. Eine regiozentrische Orientierung streben Unternehmen wie Procter & Gamble, Volkswagen oder japanische Autohersteller an. Im Gegensatz dazu sehen Unternehmen mit einer geozentrischen Ausrichtung die gesamte Welt als potentiellen Absatzmarkt und trachten danach, integrierte, weltweit gültige Strategien zu entwikkeln. Ein Unternehmen, dessen Management regiozentrisch oder geozentrisch orientiert ist, wird meist auch als globales oder transnationales Unternehmen bezeichnet.[18]

Eine geozentrische Ausrichtung kann auch als Synthese von Ethno- und Polyzentrismus interpretiert werden. Diese Orientierung erfordert einen „globalen Blick", mit dem man Ähnlichkeiten und Unterschiede zwischen Ländern und Märkten erkennt und nach einer globalen Strategie sucht, die lokale Wünsche und Bedürfnisse ebenso befriedigt. Ein regiozentrischer Manager kann auch dargestellt werden als einer, der einen Weltblick auf regionaler Ebene hat. Das Zitat von Jack Welch zu Beginn dieses Kapitels, daß Globalisierung in den 90er Jahren als gegeben hingenommen werden muß, zeigt, daß zumindest einige Manager eine geozentrische Orientierung aufweisen. Forschungsergebnisse deuten jedoch darauf hin, daß viele Unternehmen versuchen, zuerst ihre regionale Wettbewerbsfähigkeit zu stärken statt direkt globale Strategien für veränderte Wettbewerbsbedingungen zu entwickeln.[19]

AUF DEN PUNKT GEBRACHT

- Die bewußten und unbewußten Annahmen und Einstellungen des Managements zu internationalen Aktivitäten beeinflussen die Verhaltensweisen und den Erfolg eines Unternehmens in der globalen Arena entscheidend.

- Die unterschiedlichen Managementausrichtungen sind im sogenannten EPRG-Schema theoretisch dargelegt.

- Je nachdem, welche Einstellungen das Management eines Unternehmens aufweist, wird es die internationalen Aktivitäten eines Unternehmens auch gestalten. Ist die Einstellung des Managements ethnozentrisch dominiert, so wird der Heimmarkt als wichtigster Markt bewertet. Auslandsmärkten wird eine nachrangige Priorität zugeordnet. Am anderen Ende des Kontinuums befinden sich geozentrisch orientierte Unternehmen. Sie agieren weltweit und sehen den Heimmarkt lediglich als einen Markt von vielen, dem keine eindeutige Priorität zukommt.

In bezug auf ihr Marketingmanagement agieren ethnozentrische Unternehmen zentral, polyzentrische dezentral, und regio- und geozentrische Unternehmen sind auf regionaler oder globaler Ebene integriert. Der entscheidende Unterschied zwischen den Orientierungen liegt in der zugrundeliegenden Sicht der Dinge und den Vorstellungen und Annahmen des Managements. Eine ethnozentrische Orientierung basiert auf der Annahme, daß das Heimatland anderen Ländern überlegen ist, während ein polyzentrischer Zutritt eine Vielzahl von kulturellen, ökonomischen und Unterschieden im Marketingumfeld erkennt, der den unkritischen Transfer von Erfahrungen über Ländergrenzen unmöglich und wertlos macht.

1.9 Positive und negative Einflußfaktoren auf die globale Integration und globales Marketing

Das erstaunliche globale Wirtschaftswachstum der letzten 50 Jahre ist geprägt durch die dynamische Interaktion von positiven und negativen Einflußfaktoren. Während dieser Periode haben Unternehmen aus unterschiedlichsten Teilen der Welt und unterschiedlichsten Branchen erfolgreich ihre internationalen, multinationalen oder globalen Strategien umgesetzt. Das traditionelle wirtschaftliche Umfeld hat sich in den 90er Jahren deutlich verändert und stellt neue Herausforderungen an die Unternehmen. Die Antriebskräfte der Globalisierung forcieren die zunehmende Bedeutung von globalem Marketing und globaler Integration. Einflußfaktoren, die diese Entwicklung fördern bzw. behindern, finden sich in Abbildung 1.5.

Abbildung 1.5: Positive und negative Einflußfaktoren auf die globale Integration

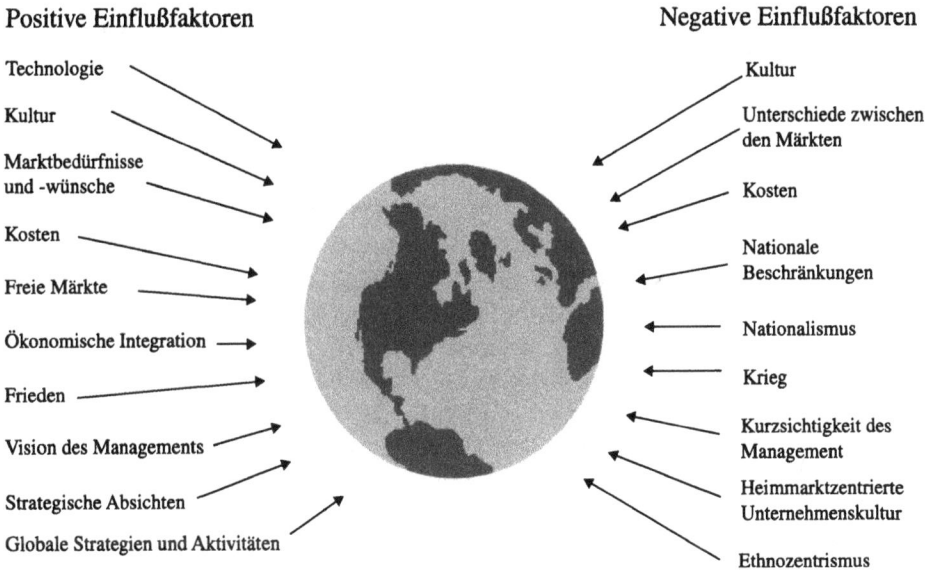

Positive Einflußfaktoren

- Technologie
- Kultur
- Marktbedürfnisse und -wünsche
- Kosten
- Freie Märkte
- Ökonomische Integration
- Frieden
- Vision des Managements
- Strategische Absichten
- Globale Strategien und Aktivitäten

Negative Einflußfaktoren

- Kultur
- Unterschiede zwischen den Märkten
- Kosten
- Nationale Beschränkungen
- Nationalismus
- Krieg
- Kurzsichtigkeit des Management
- Heimmarktzentrierte Unternehmenskultur
- Ethnozentrismus

EUROPÄISCHER BLICKWINKEL

EINE VERÄNDERUNG IM MUSTER

Rasches Handeln war angesagt bei Stoll, Europas größtem Hersteller von Strickmaschinen. Das deutsche Unternehmen sah sich zunehmendem Wettbewerbsdruck aus Asien ausgesetzt. Shima Seiki, der japanische Konkurrent, hatte den europäischen Markt im Visier, um hier seine Produkte an die Modeindustrie zu verkaufen.
Im Gegensatz zu Stoll, das ein eingesessenes Familienunternehmen mit Tradition ist, wurde Shima erst 1962 gegründet und produzierte seine erste Strickmaschine 1978.

Fortsetzung auf der nächsten Seite

EINE VERÄNDERUNG IM MUSTER (Fortsetzung)

Durch die ausgefeilte Elektronik, die zur Steuerung der Maschinen eingesetzt wurde, gelang Shima ein rascher Markteinstieg in Europa. Für Stoll war dies um so schmerzlicher, als 90% der Umsätze im Export und hier vorwiegend in Europa erzielt wurden.

Man reagierte rasch und analysierte schrittweise alle Unternehmensbereiche auf Verbesserungspotential. Die Ergebnisse können sich sehen lassen: die Produktivität wurde verdoppelt, die Investitionen in Forschung und Entwicklung deutlich gesteigert. Mittlerweile arbeiten zehnmal so viele Softwareentwickler im Unternehmen wie zuvor, um die Steuerungstechnik der Maschinen zu optimieren.

Auf den Märkten sind diese Erfolge bereits sichtbar. Über einen Börsegang zur Erhöhung der Kapitalbasis wird derzeit nachgedacht.

Quelle: Peter Marsh, „Changing the Pattern", *Financial Times*, 12. Juli 1999, 8.

1.9.1 Positive Einflußfaktoren

Immer ähnlicher werdende weltweite Marktbedürfnisse und -wünsche, Technologievorteile, der Kosten- und Qualitätssteigerungsdruck, die Verbesserung in der Kommunikations- und Transporttechnologie, globales Wirtschaftswachstum und Chancen für Synergien repräsentieren wichtige treibende Kräfte der Globalisierung. Jede Branche, die derartigen Trends unterliegt, ist ein potentieller Kandidat für Globalisierung.

Technologie

Technologie überwindet als wahrhaft „staatenloser", universaler Faktor alle nationalen und kulturellen Barrieren, welche die Anwendung limitieren. Hat sich eine Technologie einmal entwickelt, wird sie rasch weltweit verfügbar. Dieses Phänomen unterstützt Levitts Prognose hinsichtlich des Entstehens globaler Märkte für standardisierte Produkte. In seinem richtungsweisenden Artikel in der *Harvard Business Review* sagte er die Revolution in der Kommunikation voraus, die in der Tat zu einer Antriebskraft für globales Marketing geworden ist.[20] Satellitenantennen, globale TV-Netzwerke wie CNN oder MTV, und das Internet sind nur einige technologische Faktoren, die das Entstehen eines wahren globalen Dorfes beeinflussen. In regionalen Märkten wie Europa haben der zunehmende Werbeoverflow über nationale Grenzen und die Mobilität der Konsumenten Vermarktungsmöglichkeiten für paneuropäische Produkte geschaffen.

Regionale Wirtschaftsabkommen

Eine Vielzahl multilateraler Wirtschaftsabkommen hat die Geschwindigkeit der globalen Integration noch erhöht. Vereinbarungen wie NAFTA (North American Free Trade Agreement), ebenso wie die Verträge zum Zusammenschluß zur Europäischen Union (EU) haben die Handelsbeziehungen in diesen Regionen intensiviert. Die Welthandelsorganisation WTO hat sich die Förderung des freien Welthandels zum Ziel gesetzt. Das von mehr als 120 Ländern weltweit ratifizierte Regelwerk der WTO beinhaltet Vorschriften zum freien Warenverkehr, die sich vor allem auf GATT (General Agreement on Tariffs and Trade) stützen, und eigene Richtlinien für den Handel mit Dienstleistungen.[21]

Marktbedürfnisse und -wünsche

Wenn man Märkte weltweit vergleicht, wird man sowohl kulturelle Gemeinsamkeiten als auch Unterschiede entdecken. Die Gemeinsamkeiten der menschlichen Natur bieten eine Grundlage dafür, globale Märkte zu kreieren und zu bedienen. Das Wort „kreieren" ist bewußt gewählt, denn die meisten globalen Märkte existieren nicht von Natur aus, sondern müssen durch Marketingaktivitäten gezielt kreiert werden. Beispielsweise benötigt niemand zur Deckung seines Flüssigkeitsbedarfes alkoholfreie Getränke, dennoch übersteigt in einigen Ländern der Verbrauch von alkoholfreien Getränken jenen von Wasser. Marketing hat diese Verhaltensänderungen betrieben, und heute ist die Getränkeindustrie wahrhaft global. Dies nährt die Tatsache, daß Konsumentenbedürfnisse und -wünsche wie nie zuvor weltweit immer stärker konvergieren. Daraus ergeben sich Möglichkeiten für globales Marketing. Multinationale Unternehmen, die eine Strategie der Produktanpassung verfolgen, riskieren, jenen globalen Mitbewerbern zum Opfer zu fallen, die Möglichkeiten entdeckt haben, den globalen Konsumenten zu bedienen.

Marlboro ist ein Beispiel einer extrem erfolgreichen Marke, die sich auf Raucher in städtischen Regionen weltweit konzentriert. Symbolisiert durch den Cowboy in einer Umgebung wie aus einem Western spricht die Marke das Bedürfnis nach Freiheit, Unabhängigkeit und den Weiten Amerikas an. Die angesprochenen Wünsche sind universal, was zu einer ebenfalls universal angelegten Positionierung und kommunikationspolitischen Umsetzung führte. Philip Morris, dem Konzern hinter Marlboro, ist ein globales Unternehmen, das bereits vor Jahren erkannt hat, wie dieselben Grundbedürfnisse weltweit mit einem globalen Zutritt vermarktet werden können.

Verbesserungen im Bereich Transport und Kommunikation

Zeit- und Kostenbarrieren, die mit zunehmender Distanz einhergehen, haben über die letzten 100 Jahre dramatisch abgenommen. Das Düsenflugzeug hat die Kommunikation revolutioniert, indem es Reisen um die Welt in weniger als 48 Stunden ermöglichte. Der Tourismus läßt Menschen viele Länder erleben und die neuesten Produkte auf der ganzen Welt sehen. Direkte und persönliche Kommunikation zwischen Mitarbeitern, zwischen dem Unternehmen und seinen Kunden sind zu einem wesentlichen Charakteristikum effektiven Wirtschaftens weltweit geworden. Ohne die modernen Transportmittel wäre eine derartige Kommunikation nicht aufrecht zu erhalten. Kommunikationstechnologien, wie e-mail, Fax oder Videokonferenzen erlauben es Managern und Kunden, sich virtuell von jedem Teil der Erde zu einem Bruchteil der Reisekosten kurzzuschließen.

Eine ähnliche Revolution hat sich in der Logistik ergeben. Physischer Transport ist kostengünstiger geworden; auch die Transportdauer wurde deutlich reduziert. Ein Brief von China nach New York wird heute innerhalb von acht Tagen befördert – schneller als so mancher Inlandsbrief in vielen Ländern. Der Preis für die Schiffsfracht von Autos aus Japan und Korea in die USA mittels spezieller Transportschiffe ist geringer als der Überlandtransport von Detroit an die Ost- oder Westküste der Vereinigten Staaten.

EUROPÄISCHER BLICKWINKEL

MOROCUTTI GOES GLOBAL

Seit 1928 verdient das Wiener Familienunternehmen Morocutti sein Geld mit Messern und Scheren aller Art. Der Verkaufsraum in Wien-Liesing bietet ein breites Sortiment, das bei Bedarf auch vor Ort nachgeschliffen werden kann. Was daran besonders ist? Im Grunde nichts, ein traditioneller Wiener Handwerksbetrieb mit vier Mitarbeitern – alle aus der Familie –, der sich einem selten gewordenen Gewerbe widmet. Seit drei Jahren ist jedoch alles anders. Mit einer Homepage im World Wide Web gelangt das Angebot in Sekundenschnelle in alle Welt – Messer und Scheren von Morocutti werden nicht nun nur in Wien, sondern in die ganze Welt geliefert. Vor allem aus den USA treffen immer neue Bestellungen ein, vorwiegend für Qualitätstaschenmesser aus Deutschland und der Schweiz. Die europäischen Kunden sind eher an Nachahmungen historischer Säbel und Schwerter interessiert, wie sie von Robin Hood, in Excalibur oder von Samurai-Kämpfern in zahlreichen Hollywood-Filmen verwendet werden.

Mittlerweile findet sich auf der Homepage alles, was mit Schneiden zu tun hat. Das einzige, was Kunden vergeblich suchen werden, sind Messer aus der Zeit des Dritten Reiches. Weitere Neuerungen sind geplant: Kunden aus dem Ausland sollen in Zukunft den Preis für das jeweilige Produkt nicht mehr nur in €, sondern in der jeweiligen Landeswährung vorfinden. Inklusive Steuern und Transportkosten versteht sich. Und einen Anreiz für potentielle Kooperationspartner soll es auch demnächst geben: versieht jemand seine Homepage mit einem Link zu Morocuttis Webseite, dann gibt es für jeden Auftrag, der zusätzlich einlangt, Provision – eine Idee mit der Amazon.com bereits weltweit erfolgreich war.

Das Ergebnis: in drei Jahren hat sich der Umsatz um 400% erhöht – Tendenz stark steigend!

P.S. Sollten Sie auf der Suche nach einem echten Highlander-Schwert mit einer Gesamtlänge von 72 cm und einem Griff aus Elfenbeinimitat sein, versuchen Sie es unter `http://www.knifeshop.com/`!

Einfach zum Nachdenken:

- Welche Probleme könnten Morocutti durch die rasche internationale Expansion entstehen?

- Welche Risiken und Chancen bietet das Internet kleinen Unternehmen wie Morocutti, die e-commerce als Basis für ihre internationale Expansion nutzen wollen?

Quelle: Monika Bachhofer, „Alle reden vom Internet, aber nur wenig tun es wirklich.", *Der Standard*, 17./18. Juli 1999, S.28.

Produktentwicklungskosten

Der Druck der Globalisierung ist enorm, wenn neue Produkte größere Investitionen und lange Entwicklungszeiten benötigen. Die pharmazeutische Industrie ist ein eindrucksvolles Beispiel für diesen Globalisierungsdruck. Während sich die Entwicklungskosten für ein neues Medikament 1976 auf € 46 Mio. und 1982 bereits auf € 74 Mio. beliefen, erreichten sie 1993 € 305.[22] Derartige Kosten können nur mehr auf dem Weltmarkt verdient werden, weil kein einzelner nationaler Markt groß genug ist, um derartige Investitionen zu rechtfertigen. Wie an anderer Stelle bereits angeführt bedeutet globales Marketing nicht notwendigerweise, auf allen Ländermärkten tätig zu sein. Für die pharmazeutische Industrie gilt, daß 75% der Umsätze in sieben Ländermärkten generiert werden.

Qualität

Globale Marketingstrategien können höhere Rückflüsse und größere Deckungsbeiträge einbringen, die wiederum dem Design und der Fertigungsqualität zugute kommen. Wenn ein globales und ein nationales Unternehmen jeweils 5% ihres Umsatzes für Forschung und Entwicklung ausgeben, dann erhält das globale Unternehmen wesentlich höhere Rückflüsse als das lokal tätige Unternehmen, da es den Weltmarkt bedient. Daraus wird leichter nachvollziehbar, wie Nissan, Daimler Chrysler, Caterpillar und andere globale Unternehmen Qualität von Weltklasse erzeugen. Globale Unternehmen setzen Standards für alle Mitbewerber einer Branche, denn wenn ein globales Unternehmen ein bestimmtes Qualitätsniveau erreicht hat, müssen die Mitbewerber rasch mit eigenen Verbesserungen reagieren, um gleichzuziehen. Globaler Wettbewerb hat alle Unternehmen gezwungen, ihre Qualität zu verbessern. Bei globalen Produkten kann der einheitliche, weltweite Auftritt Forschungs-, Technik-, Design- und Produktionskosten reduzieren. Qualität, Standardisierung und Kostenreduktion waren beispielsweise die Antriebskräfte hinter der Entwicklung des „Weltautos" von Ford, das in den USA als Ford Contour und Mercury Mystique und in Europa als Mondeo verkauft wird.

Weltwirtschaftliche Trends

Es gibt drei Gründe, warum wirtschaftliches Wachstum als Antriebskraft der Expansion der internationalen Wirtschaft und des globalen Marketings gilt. Zum einen hat das Wachstum Marktchancen generiert, die wesentliche Anreize für Unternehmen darstellen, global zu expandieren. Geringes Marktwachstum am Heimmarkt kann daher ein Anlaß sein, um jenseits der Grenzen Regionen mit hohen Wachstumsraten und Marktchancen zu suchen.

Zweitens hat das wirtschaftliche Wachstum Widerstände reduziert, die sich ansonsten als Antwort auf den Markteintritt ausländischer Firmen auf dem Heimmarkt ergeben hätten. Wenn ein Land rasch wächst, dann betrachten die nationalen, politischen Entscheidungsträger den Eintritt ausländischer Unternehmen oft positiver. Ein florierender Ländermarkt bedeutet genügend Marktchancen für jeden. Es wird damit möglich, daß ein ausländisches Unternehmen in einen Ländermarkt eintritt, ohne die wirtschaftliche Basis der heimischen Unternehmen zu reduzieren. Ohne dieses wirtschaftliche Wachstum würde die Situation anders aussehen. Heimische Unternehmen würden Regierungsinterventionen fordern, um ihre lokale Position zu behaupten. Die weltweite Rezession Anfang der 90er Jahre hat in vielen Ländern Druck erzeugt, um den Zugang für ausländische Unternehmen zu unterbinden.

Der weltweite Trend in Richtung Deregulierung und Privatisierung ist eine weitere Antriebskraft. Privatisierungen öffnen traditionell geschlossene Märkte. Wenn beispielsweise das nationale Telekom-Unternehmen ein staatliches Monopol besitzt, kann
es wesentlich leichter dazu gezwungen werden, nur von nationalen Herstellern zu kaufen.
Ein unabhängiger, privater Betreiber wird viel eher geneigt sein, nach dem günstigsten
Angebot zu suchen – unabhängig von der nationalen Herkunft des Lieferanten. Die laufende Privatisierung von Telefongesellschaften in vielen Ländern weltweit hat Chancen
und Risiken für Unternehmen dieser Branche generiert.

Nutzung nationaler Unterschiede (Leverage)

Ein globales Unternehmen besitzt die einzigartige Möglichkeit, nationale Unterschiede
zu nutzen. Als *Leverage* bezeichnet man dabei einen Vorteil, der durch Geschäftsbeziehungen in mehr als einem Land entsteht. Die vier wichtigsten Arten von *Leverage*
sind der Transfer von Erfahrung und Know-how, Degressionseffekte, gemeinsame Res-
sourcennutzung und globale Strategieentwicklung.

Transfer von Erfahrung und Know-how

Ein globales Unternehmen kann seine Erfahrungen in jeden Markt weltweit transferieren. Es kann dabei auf erfolgreiche Managementpraktiken, Strategien, Produkte, kom-
munikationspolitische Ansätze oder verkaufsfördernde Ideen für andere Ländermärkte
zurückgreifen.

Schwedens Asea Brown Boveri (ABB), ein Unternehmen mit 1.300 Unternehmen
in 140 Ländern, hat viel Erfahrung mit einem bewährten Managementmodell, das es
über Ländergrenzen hinweg transferiert. Das Unternehmen mit Sitz in Zürich hat die
Erfahrung gemacht, daß eine Konzernzentrale mit wenig Personal betrieben werden
kann. Als ABB ein finnisches Unternehmen akquirierte, reduzierte es die Belegschaft
in der Zentrale zwischen 1986 und 1989 von 880 auf 25. Die Zentrale des deutschen
Standorts wurde zwischen 1988 und 1989 von 1.600 auf 100 verringert. Nach dem Kauf
von *Combustion Engineering* (einem amerikanischen Unternehmen, das Heizkessel für
Kraftwerke herstellt), wußte ABB aus Erfahrung, daß eine Unternehmensleitung mit
einer Mitarbeiterzahl über 800 Personen drastisch reduziert werden kann, obwohl CE
für jede einzelne Position in der Zentrale eine Rechtfertigung liefern konnte.

Degressionseffekte

Ein globales Unternehmen kann aus einem größeren Produktionsvolumen Vorteile ziehen. Fertigprodukte können produziert werden, indem Komponenten aus verschiedenen
größeneffizienten, internationalen Produktionsstätten integriert werden. Matsushita ist
ein klassisches Beispiel dafür, denn es hat Größeneffekte mit der Ausfuhr von Videorecordern, TV-Geräten und anderen Produkten der Unterhaltungselektronik erzielt,
die in nur einer auf den Weltmarkt ausgerichteten Produktionsstätte in Japan erzeugt
wurden. Die Bedeutung von Größeneffekten in der Produktion hat sich in jüngster Zeit
etwas durch flexible Produktionstechniken und Produktionsstätten außerhalb des Heimatlandes verringert. Für den Erfolg japanischer Unternehmen in den 70er und 80er
Jahren waren Größeneffekte jedoch der Grundstein.

Größeneffekte sind jedoch nicht nur auf die Produktion beschränkt. Ebenso wie ein heimisches Unternehmen kann ein globales Unternehmen Degressionseffekte beim Personalstand erzielen, indem Doppelgleisigkeiten nach einer Firmenakquisition eliminiert werden. Auch durch Zentralisierung funktionaler Aktivitäten kann ein ähnliches Ergebnis erreicht werden. Darüber hinaus bietet die globale Geschäftstätigkeit auch Chancen zur Qualifikationssteigerung von Mitarbeitern.

Nutzung von Ressourcen

Eine wesentliche Stärke eines globalen Unternehmens ist die Fähigkeit, weltweit Personal, finanzielle Ressourcen und Rohmaterialien zu akquirieren, um sich eine globale Wettbewerbsfähigkeit zu sichern. Dies gilt sowohl für etablierte Unternehmen als auch für Neugründungen. Die britische *Biotechnology Group*, die 1986 gegründet wurde, akquirierte € 42,4 Mio. von Investoren aus den USA, Japan und Großbritannien. Weiters ist es für ein globales Unternehmen nicht so problematisch, wenn der Kurs der Heimatwährung steigt oder fällt, weil es für ein derartiges Unternehmen so etwas wie Heimatwährung eigentlich nicht gibt. Aus der Vielfalt an Währungen kann ein globales Unternehmen weltweit nach den besten Konditionen für finanzielle Ressourcen suchen. Im Gegenzug setzt es diese Mittel weltweit dort ein, wo die besten Chancen auf Gewinn gegeben sind.

Globale Strategie

Der größte Vorteil für ein globales Unternehmen besteht in einer globalen Strategie. Eine globale Strategie basiert auf einem Informationssystem, welches das wirtschaftliche Geschehen weltweit überwacht, um Chancen, Trends, Risiken und Ressourcen zu identifizieren. Wenn sich Chancen herauskristallisieren, kann das globale Unternehmen die vorhin genannten Vorteile ausspielen. Es nutzt Synergieeffekte, die sich aus den Fähigkeiten seiner Mitarbeiter ergeben, und fokussiert die Ressourcen, um den Nutzen für Kunden zu erhöhen und damit einen Wettbewerbsvorteil zu erzielen. Zudem eröffnet eine globale Strategie Möglichkeiten im weltweiten Wettbewerb aktiv zu agieren, um Märkte vor aggressiven Markteintritts- und -bearbeitungsstrategien der Konkurrenz zu schützen. Mit den finanziellen Ressourcen, die in einem Teil der Welt generiert werden, können Märkte in einem anderen Teil gestützt werden. Der französische Hersteller von Autoreifen, Michelin, hat in den frühen 70er Jahren die Gewinne aus dem europäischen Markt genutzt, um Good Year auf seinem (US-amerikanischen) Heimmarkt anzugreifen. Diese Quersubventionen stellen kein Dumping dar, da ja nicht zu Preisen unterhalb des Preisniveaus des Heimmarktes verkauft wird. Quersubvention erlaubt einem globalen Unternehmen vielmehr, durch finanzielle Mittel Märkte zu unterstützen, in denen der Wettbewerb besonders stark ist.[23]

Das globale/transnationale Unternehmen

Das globale/transnationale Unternehmen oder jedes geschäftliche Vorhaben, das globale Ziele verfolgt, indem es weltweite Ressourcen für die sich am Weltmarkt bietenden Chancen einsetzt, ist eine Organisation, die auf die positiven und negativen Einflußfaktoren und Rahmenbedingungen in der Welt reagiert hat. Es muß Rücksicht auf das um-

fassende Regelwerk nehmen, das im Rahmen von internationalen Organisationen und
Vereinigungen mit den zahlreichen Mitgliedsstaaten weltweit akkordiert wurde. Darüber hinaus verstehen es solche Organisationen, innerhalb internationaler finanzieller
Rahmenbedingungen zu agieren, und Nutzen aus den sich rasch weiterentwickelnden
Kommunikationstechnologien zu ziehen, um Marktchancen zu nutzen und Konsumentenbedürfnisse und -wünsche weltweit zu befriedigen. Das globale Unternehmen hat
sowohl auf Marktchancen als auch auf Bedrohungen geantwortet, indem es sich global ausgedehnt hat. Damit ist es gleichzeitig selber zur Antriebskraft einer verstärkten
Globalisierung geworden.

1.9.2   Negative Einflußfaktoren

Trotz der beschriebenen positiven Einflußfaktoren bestehen auch einige negative, die
Globalisierungsbestrebungen von Unternehmen behindern können. Die drei wesentlich-
sten Faktoren sind die Kurzsichtigkeit des Managements, eine heimmarktorientierte
Organisationskultur und nationale Beschränkungen. Wie wir gesehen haben, sind in
unserer Welt jedoch die positiven Einflußfaktoren dominierend, was letztlich auch zur
ständig wachsenden Bedeutung globalen Marketings führt.

**Kurzsichtigkeit des Managements und heimmarktzentrierte Organisations-
kultur**

In vielen Fällen ignoriert das Management einfach Chancen im globalen Marketing. Ein
Unternehmen, das kurzsichtig und ethnozentrisch ist, wird nicht geographisch expandieren. Kurzsichtigkeit ist auch der Schlüssel für Mißerfolge am Markt, wenn die Unternehmensleitung diktiert, anstatt zuzuhören. Globales Marketing funktioniert nicht
ohne ein starkes Team vor Ort, das Informationen über die lokalen Marktbedingungen liefern kann. Manager bei Parker Pen versuchten, Marketingstrategien von oben
herab zu implementieren, und ignorierten dabei die Erfahrungen der lokalen Marktre-
präsentanten. Kostspielige Mißerfolge am Markt hatten Parkers Buy-Out durch das
Management der britischen Niederlassung zur Folge. In weiterer Folge erwarb Gillette
das Unternehmen.

   In Unternehmen, wo das lokale Management „alles weiß", gibt es keinen Platz für
Visionen von der Unternehmensspitze. In Unternehmen, wo die Unternehmensleitung
allwissend ist, gibt es keinen Raum für lokale Initiativen oder fundiertes Wissen über
lokale Wünsche und Bedürfnisse. Führungskräfte und Manager erfolgreicher globaler
Unternehmen haben gelernt, wie man globale Visionen und Perspektiven mit lokalen
Marktinitiativen und -input verbindet. Dieses Spannungsfeld wurde auch in Interviews
der Autoren mit erfolgreichen globalen Unternehmen deutlich bestätigt. Globaler Erfolg kann durch Respekt für lokale Initiativen und Input durch die Konzernleitung,
sowie Beachtung der Visionen der Konzernleitung durch die lokalen Manager positiv
beeinflußt werden.

Länderspezifische Vorschriften und Barrieren

Jedes Land schützt lokale Wirtschaftsbestrebungen und -interessen, indem es den
Marktzugang in wenig und stark technologieintensiven Branchen reguliert. Derartige

Beschränkungen reichen vom Tabakmonopol, zu staatlich kontrollierten Rundfunkanstalten bis zu regulierten Telekom-Märkten. Zollbarrieren sind in entwickelten Märkten durch Abkommen wie GATT, NAFTA und andere heute zum Großteil ausgeräumt. Nicht tarifäre Handelshemmnisse machen es jedoch nach wie vor ausländischen Unternehmen schwer, auf nationalen Märkten zu reüssieren. Globale Unternehmen können diese Barrieren nur überkommen, indem sie mit jedem Land und den wichtigsten Entscheidungsträgern dort vertraut werden, in das sie expandieren wollen. Französische Energieversorgungsunternehmen sind beispielsweise dafür bekannt, daß sie Angebote von ausländischen Herstellern einholen, um dann doch den nationalen Lieferanten mit der Erstellung zu beauftragen. Dies könnte bei entsprechenden Vorbereitungen und Kontaktpflege zu umgehen sein. Auch die Akquisition oder Etablierung einer lokalen Tochtergesellschaft helfen, ‚Insider‘ in einem lokalen Markt zu werden.

AUF DEN PUNKT GEBRACHT

- Aktivitäten auf globalen Märkten werden durch positive und hemmende Faktoren beeinflußt.

- Zu den positiven Einflußfaktoren gehören Technologie, wie weltumspannende Fernsehanstalten oder das Internet, regionale wirtschaftliche Integration, wie innerhalb der EU oder der NAFTA, und sich weltweit annähernde Konsumtrends. Verbesserungen bei Transport und Kommunikation, steigende Produktentwicklungskosten, weltweite Qualitätsstandards und die globale Integration fördern das Entstehen von transnationalen oder globalen Unternehmen ebenfalls.

- Auf der anderen Seite gibt es aber auch Faktoren, die globale wirtschaftliche Aktivitäten behindern. Die Kurzsichtigkeit des Managements und ethnozentrische Ansichten darüber, wie Unternehmensaktivitäten gestaltet werden sollen, beschränken die globale Expansion. Der Fokus auf den Heimmarkt verhindert die Realisierung von Chancen auf internationalen Märkten. Nationale Beschränkungen und Kontrollen, die zum Schutz der heimischen Wirtschaft eingesetzt werden, sind ebenfalls Hemmfaktoren der Globalisierung.

1.10 Zusammenfassung

Globales Marketing ist der Prozeß, der Ressourcen und Ziele eines Unternehmens auf globale Marktchancen konzentriert. Unternehmen engagieren sich aus zwei Gründen im globalen Marketing: um die Chancen für Wachstum und Expansion zu nutzen, und um zu überleben. Unternehmen, denen es nicht gelingt, globale Chancen wahrzunehmen, werden über kurz oder lang ihren Heimmarkt ebenfalls verlieren, weil sie von stärkeren und wettbewerbsfähigeren, globalen Konkurrenten aus dem Markt verdrängt werden. Dieses Buch stellt Theorie und Praxis der universalen Disziplin Marketing und ihre Anwendung auf die globalen Chancen der Weltmärkte dar.

Die grundlegenden Marketingziele sind es, durch fokussierte Marktbearbeitung Kundennutzen und damit Wettbewerbsvorteile zu erzeugen. Das Management von Unternehmen kann hinsichtlich seiner Auslandsorientierung folgendermaßen beschrieben werden: als ethnozentrisch, polyzentrisch, regiozentrisch und geozentrisch. Eine ethnozentrische Orientierung charakterisiert lokale und internationale Unternehmen. Internationale Unternehmen verfolgen Marktchancen außerhalb des Heimmarktes, indem sie die verschiedenen Marketing-Mix Elemente des Heimmarktes ungefiltert und unangepaßt auf den Auslandsmarkt ausdehnen. Eine polyzentrische Sicht der Welt dominiert ein multinationales Unternehmen, in dem der Marketing-Mix von den jeweiligen nationalen Managern autonom an die örtlichen Gegebenheiten angepaßt wird. Manager von globalen oder transnationalen Unternehmen weisen eine regiozentrische oder geozentrische Orientierung auf. Sie verfolgen sowohl Erweiterungs- als auch Anpassungsstrategien auf globalen Märkten.

Die Bedeutung des globalen Marketings ergibt sich aus dem Zusammenspiel von positiven und negativen Einflußfaktoren. Erstere beinhalten Marktbedürfnisse und -wünsche, Technologie, Verbesserungen in der Logistik, Kosten, Qualität, Weltfrieden, weltwirtschaftliches Wachstum und das Erkennen von Chancen, um durch globale Aktivitäten Synergieeffekte zu erzeugen. Negative Einflußfaktoren beinhalten Marktunterschiede, Kurzsichtigkeit des Managements, eine auf den Heimmarkt zentrierte Organisationskultur und staatliche Beschränkungen.

1.11   Diskussionsfragen

1. Welche grundlegenden Ziele werden im Marketing verfolgt? Sind diese Ziele relevant für globales Marketing?

2. Was versteht man unter dem Begriff „globale Lokalisierung"? Ist Coca-Cola ein globales Produkt? Begründen Sie Ihre Aussage!

3. Beschreiben Sie einige globale Marketingstrategien, die Unternehmen zur Verfügung stehen. Geben Sie Beispiele von Unternehmen, die diese verschiedenen Strategien einsetzen.

4. Worin unterscheiden sich die globalen Marketingstrategien von Harley-Davidson und Toyota?

5. Beschreiben Sie die Unterschiede zwischen ethnozentrischer, polyzentrischer, regiozentrischer und geozentrischer Managementorientierung.

6. Identifizieren und beschreiben Sie kurz einige der Kräfte, die zur zunehmenden globalen Integration und zur wachsenden Bedeutung von globalem Marketing geführt haben.

7. Definieren Sie *Leverage* und beschreiben Sie die verschiedenen Typen von *Leverage*, die von Unternehmen mit weltweitem Aktionsradius eingesetzt werden.

1.12   Webmistress's Hotspots

Homepage von McDonald's
Lust auf die neuesten Neuigkeiten aus ‚Mac-Country'? Hier gibt's ein Update!
`http://www.mcdonalds.com/`

Homepage von Hennes & Mauritz
Summer is here – so get dressed? In Swimwear von Hennes & Mauritz
`http://www.hm.com/`

Homepage von Coca-Cola
... looking for some place cool!
`http://www.coca-cola.com/`

Homepage von Morocutti
das Highlander-Schwert mit Griff aus Elfenbeinimitat
`http://www.knifeshop.com/`

Wechselkurse der EU-Währungen in €
die festgesetzten Wechselkurse für alle Währungen der EU im Verhältnis zum €
`http://www.europa.eu.int/eurobirth/rates.html`

Die „Global 500" von Fortune
wenn Sie wissen wollen, wer die Liste der „Global 500"-Unternehmen anführt
`http://cgi.pathfinder.com/fortune/fortune500/`

1.13   Weiterführende Literatur

Bannister, Geoffrey, C.A. Primo Braga und Joe Petry. „Transnational Corporations, the Neo-Liberal Agenda and Regional Integration: Establishing a Policy Framework." *Quarterly Review of Economics & Finance*, 34, Summer (1994): S.77-99.

Barnet, Richard, J. und John Cavanagh. *Global Dreams: Imperial Corporations and the New World Order*. New York: Simon & Schuster, 1994.

Bassiry, G.R. und R.H. Dekmejian. „America's Global Companies: A Leadership Profile." *Business Horizons*, 36, 1 (Jänner-Februar) (1993): S.47-53.

Collins, Robert S. und William A. Fischer. „American Manufacturing Competitiveness: The View from Europe." *Business Horizons*, 35, Juli-August (1992): S.15-23.

Doz, Yves L. und K. Asakawa. *The Metanational Corporation*. Fontainebleau: INSEAD, 1997.

Franko, Lawrence G. „Global Corporate Competition II: Is the Large American Firm an Endangered Species?" *Business Horizons*, 34, November-Dezember (1991): S.14-22.

Halal, William E. „Global Strategic Management in a New World Order:." *Business Horizons,* 36, November-Dezember (1993): S.5-10.

Hu, Tao-Su. „Global or Stateless Corporations are National Firms with International Operations." *California Management Review,* 34, 2 (1992): S.107-126.

Johansson, J.K. und I. Nonaka. *Relentless, The Japanese Way of Marketing.* New York: Harper Business, 1997.

Khanna, T. und K. Palepu. „Why Focused Strategies May Be Wrong for Emerging Markets." *Harvard Business Review,* 75, 4 (1997): S.41-51.

Kogut, Bruce und Udo Zander. „Knowledge of the Firm and the Evolutionary of the Multinational Corporation." *Journal of International Business Studies,* 26, 2 (1993): S.625-646.

Li, Jiatao und Stephen Guisinger. „How Well do Foreign Firms Compete in the United States." *Business Horizons,* 34 (1991): S.49-53.

Malnight, T.W. „Globalization of an Ethnocentric Firm: An Evolutionary Perspective." *Strategic Management Journal,* 16, 2 (1995): S.125.

McHardy Reid, David. „Perspectives for International Marketers on the Japanese Market." *Journal of International Marketing,* 3, 1 (1995): S.74.

Miles, Gregory L. „Tailoring a Global Product." *International Business,* März (1995): S.50.

Miller, L.K. *Transnational Corporations: A Selective Bibliography.* New York: United Nations, 1992.

Morrison, Allen, David A. Ricks und Kendall Roth. „Globalization Versus Regionalization: Which Way For the Multinational?" *Organizational Dynamics,* 13, 3 (1991): S.17-29.

Ohmae, Kenichi. *The End of the Nation State: The Rise of Regional Economies.* New York: Free Press, 1995.

Rao, T.R. und G.M. Naidu. „Are the Stages of Internationalization Empirically Supportable." *Journal of Global Marketing,* 1, 2 (1992): S.147-170.

Reich, Robert, B. *The Work of Nations.* New York: Vintage Books, 1992.

Smith, Paul M. und Cynthia D. West. „The Globalization of Furniture Industries/ Markets." *Journal of Global Marketing,* 7, 3 (1994): S.103-132.

Stahl, M.J., Bounds, G.M. *Competing Globally Through Customer Value: The Management of Strategic Suprasystems.* Westport: Quorum Books, 1991.

Tahija, Julius. „Swapping Business Skills for Oil." *Harvard Business Review,* 71, 5 (1993): S.64-77.

Tiglao, Rigoberto. „Is This the Next Nestlé." *Far Eastern Economic Review,* 30. Dezember 1993, S.54-55.

Wendt, Henry. *Global Embrace: Corporate Challenges in a Transnational World.* New York: Harper Business, 1993.

Yip, George S. „Global Strategy as a Factor in Japanese Success." *The International Executive,* 38, 1 (1996): S.145-167.

Literaturverzeichnis

[1] Peter Stippel. „Stakeholder Value: Kunde schlägt Shareholder." *Absatzwirtschaft*, 4 (1998): S.14-17.

[2] David A Collier. „New Marketing Mix Stresses Service." *Journal of Business Strategy*, 12, 2 (1991): S.42-45, Mohammed Rafiq, und Pervaiz K Ahmed. „Using the 7Ps as a Generic Marketing Mix: An Exploratory Survey of UK and European Marketing Academics." *Marketing Intelligence & Planning*, 13, 9 (1995): S.4-15, Valarie A. Zeithaml, und Mary Jo Bitner. *Services Marketing*. New York: McGraw-Hill, 1996.

[3] David Aaker. *Strategic Market Management*. New York: Wiley & Sons, 1995.

[4] John Kay. *Foundations of Corporate Success*. New York: Oxford University Press, 1993.

[5] Hermann Simon. *Die heimlichen Gewinner*. Frankfurt: Campus Verlag, 1996., S.62

[6] Hermann Herunter. „Frequentis: Spitzenleistungen aus Wien." *Trend*, 1999, S.74-75, „Frequentis peilt US-Markt an." *Der Standard*, 19. Februar 1999.

[7] „Alloy Formation." *Footwear News*, 8. März 1999, S.14+, „Donatella de Paris." *Women's Wear Daily*, 16. Juli 1998, S.4+.

[8] Interview mit Raymond Viault, Vice Chairman von General Mills, Inc.

[9] Theodore Levitt. „The Globalization of Markets." *Harvard Business Review*, Mai - Juni (1983): S.92.

[10] Joanne Lipman. „Ad Fad: Marketers Turn Sour on Global Sales Pitch Harvard Guru Makes." *The Wall Street Journal*, 12. Mai 1988, S.1.

[11] David McHardy Reid. „Perspectives for International Marketers on the Japanese Market." *Journal of International Marketing*, 3, 1 (1995): S.74.

[12] John A. Quelch, und Edward J. Hoff. „Customizing Global Marketing." *Harvard Business Review*, Mai - Juni (1986): S.59.

[13] Gregory L. Miles. „Tailoring a Global Product." *International Business*, März (1995): S.50.

[14] „Global Mall." *The Wall Street Journal,* 7. Mai 1998, S.1.

[15] adaptiert von Howard Perlmutter. „The Torturous Evolution of the Multinational Corporation." *Columbia Journal of World Business,* Jänner-Februar (1969):
S.9-18.

[16] T.W. Malnight. „Globalization of an Ethnocentric Firm: An Evolutionary Perspective." *Strategic Management Journal,* 16, 2 (1995): S.125.

[17] Saul Hansell. „Uniting the Feudal Lords at Citicorp." *The New York Times,*
16. Jänner 1994, S.3-1.

[18] Obwohl diese Definitionen wichtig sind, um Verwirrungen zu vermeiden, verwenden wir den Begriff „globales Marketing", wenn wir generelle Aktivitäten von globalen Unternehmen beschreiben. Weiters sei festgehalten, daß die Begriffe „international", „multinational" und „global" vielfältig verwendet werden. Aufmerksame
Leser der Wirtschaftspresse werden hier Inkonsistenzen bemerken; die Verwendung
geht nicht immer konform mit den oben angeführten Definitionen. Speziell Unternehmen, die (in den Augen der Autoren sowie zahlreicher anderer Wissenschafter)
als global gelten, werden oft als multinationale Unternehmen bezeichnet. Die UNO
zieht daher den Begriff „transnationales Unternehmen" dem „globalen Unternehmen" vor. Wenn wir uns auf „internationales oder multinationales Unternehmen"
beziehen, dann folgen wir der begrifflichen Unterscheidung im Text.

[19] Allen Morrison, David A. Ricks, und Kendall Roth. „Globalization Versus Regionalization: Which Way For the Multinational?" *Organizational Dynamics,* 13, 3
(1991): S.17-29.

[20] Theodore Levitt. „The Globalization of Markets." *Harvard Business Review,* Mai
- Juni (1983): S.92.

[21] http://www.wto.org/wto/inbrief/, (14. Juli 1999).

[22] T.W. Malnight. „Globalization of an Ethnocentric Firm: An Evolutionary Perspective." *Strategic Management Journal,* 16, 2 (1995): S.125.

[23] Gary Hamel, und C.K. Prahalad. „Do you really have a Global Strategy." *Harvard
Business Review,* July-August (1985): S.139-148, David Aaker. *Strategic Market
Management.* New York: Wiley & Sons, 1995.

Kapitel 2

Wirtschaftliche Rahmenbedingungen des globalen Marketing

Wirtschaftliche Zusammenarbeit funktioniert dann am Besten, wenn man weiß wie der Partner lebt, denkt und spricht.
– RICHARD VON WEIZSÄCKER

2.1 Zielsetzung des Kapitels

Nachdem Sie dieses Kapitel gelesen haben, wissen Sie mehr über:

- Die Unterschiede, durch die sich wirtschaftliche Systeme weltweit auszeichnen
- Die Art und Weise, wie Länder aufgrund ihrer Marktentwicklung eingeteilt werden
- Wie man die Handelsmuster verschiedener Länder verstehen lernt
- Die wichtigsten Elemente einer Handelsbilanz
- Die Entwicklung und Struktur weltweiter Handelsmuster
- Den Einfluß politischer und wirtschaftlicher Systeme auf Handel und Investitionen
- Die bedeutendsten regionalen Handelsabkommen

In welchen Situationen hilft ein besseres Verständnis dieser Inhalte:

- Sie sollen Märkte und Regionen hinsichtlich ihres Potentials für eine erfolgreiche Einführung Ihrer Produkte und Dienstleistungen analysieren.
- Sie sollen das Für und Wider der Gründung einer neuen Tochtergesellschaft in einem anderen wirtschaftlichen System bewerten.

- Sie sollen entscheiden, ob die Handelsbilanz eines bestimmten Landes zum Problem werden kann, wenn Sie Ihre Produktionsgewinne zurück ins Stammland transferieren wollen.

2.2   Konzepte & Definitionen

Gemeinsamer Markt: Auf einem gemeinsamen Markt kommen zur Freihandelszone und der Zollunion (siehe unten) auch noch der freie Fluß an Arbeit und Kapital hinzu.

Zollunion: In einer Zollunion fallen nicht nur die internen Barrieren für den Handel – wie in einer Freihandelszone (siehe unten). Die Mitglieder einer solchen Zollunion grenzen die gemeinsame Zone durch Handelsbarrieren nach außen ab.

Wirtschaftliche Gemeinschaft: Die höchste Entwicklungsstufe regionaler Vereinbarungen. Sie bezieht die Entwicklung einer Zentralbank, eine gemeinsame Währung sowie die Übernahme gemeinsamer politischer Grundsätze mit ein. Die Europäische Union ist derzeit dabei, diese Voraussetzungen für eine wirtschaftliche Gemeinschaft zu schaffen.

Freihandelszone: Das Abkommen einer Gruppe von Ländern, untereinander jegliche Handelsbarrieren und -grenzen zu beseitigen. Allgemeines Zoll- und Handelsabkommen (GATT; General Agreement on Tariffs and Trade). Abkommen von 125 Ländern, deren Regierungen den gegenseitigen Handel fördern wollen.

Bruttoinlandsprodukt: Das Bruttoinlandsprodukt bezieht sich auf den Wert aller Produkte und Dienstleistungen, die von der ansässigen Bevölkerung eines Landes innerhalb eines Jahres produziert werden. Das Bruttoinlandsprodukt unterscheidet sich vom Bruttosozialprodukt durch den Abzug sämtlicher vom Ausland stammender Nettofaktoren, wie zum Beispiel Dividenden, Zinsen und Tantiemen.

Bruttosozialprodukt (BSP): Das Bruttosozialprodukt bezieht sich auf den Geldwert aller Endprodukte und Dienstleistungen, die von einer Wirtschaft innerhalb eines Jahres produziert werden. Mit anderen Worten handelt es sich um die Summe (1) der Ausgaben für den persönlichen Konsum, (2) der privaten Bruttoinlandsinvestitionen, (3) der Staatsausgaben für Produkte und Dienstleistungen und (4) der Nettoexporte, d.h. der Exporte abzüglich der Importe.

Kaufkraftparität: Der Vergleich von Gütern und Dienstleistungen, die mit lokaler Währung in unterschiedlichen Ländern erworben werden können.

Die Triade umfaßt die Regionen Nordamerika, Westeuropa und Japan.

2.3   Schnittstelle zur Praxis

Für viele von uns ist ein Leben unter harten wirtschaftlichen Bedingungen schwer vorstellbar. In einem Bericht über lukrative Ölgeschäfte der aserbaidschanischen Regierung mit Unternehmen, die im Kaspischen Meer Bohrungen durchführen wollen, schrieb der *Economist* folgendes über die dort herrschenden Zustände:[1]

Ungefähr die Hälfte der 7 Millionen Einwohner des Landes lebt unter der Armutsgrenze. Bei 850.000 davon handelt es sich um Flüchtlinge aus der von Armeniern bevölkerten Gebirgsregion von Nagorno-Karabach. Laut der internationalen Gesetzgebung gehört dieses Gebiet zu Aserbaidschan, wurde jedoch vor drei Jahren durch das benachbarte Armenien erobert. Staatliche Gehälter und Pensionen sind mitleiderregend niedrig. Rund ein Viertel der Azuren hat keine Arbeit. Bauern erwirschaften kaum genug zum Leben.

Nach der Öffnung der Sowjetunion 1991 brach die Wirtschaft völlig zusammen. Straßen und Bahnverbindungen sind desolat. Außerhalb von Baku ist die Versorgung mit Gas und Elektrizität bestenfalls lückenhaft. Trotz des schneebedeckten Kaukasusgebirges, welches nur einige Stunden nordwestlich von Baku liegt, leidet die Stadt häufig unter Wassermangel. Letzten Winter mußte die zweitgrößte Stadt des Landes, Ganje, mit nur zwei Stunden elektrischem Strom am Tag auskommen. Hunderte, über das gesamte Land verteilte Fabriken sind zum Anhalten ihrer Produktionsanlagen gezwungen.

Ansässigen Geschäftsleuten, die versuchen ihre Tätigkeit in der postkommunistischen Ära fortzusetzen, sind durch Korruption und Papierkrieg die Hände gebunden. Trotz ihres Rufes als Goldgräberstadt verfügt Baku über nur zwei annehmbare Hotels und gerade mal eine ausländische Bank. Große ausländische Unternehmen, darunter auch Steuerberater wie Arthur Andersen und KPMG, müssen Monate lang auf eine Lizenz warten.

Das folgende Kapitel wird sich mit den Hauptcharakteristika des wirtschaftlichen Umfelds befassen, um die Auswirkungen auf die Gestaltung globaler Marketingprogramme einschätzen zu können. Im Folgenden werden unterschiedliche wirtschaftliche Systeme, unterschiedliche Stufen der Marktentwicklung, Handelsmuster und andere wichtige Punkte des wirtschaftlichen Umfelds besprochen. Das Kapitel schließt mit einer näheren Betrachtung der Regionalisierung der Märkte.

2.4 Die Weltwirtschaft – Ein Überblick

Auch wenn die meisten von uns nie auf die Idee kämen, unter den oben beschriebenen Bedingungen zu leben, so sind es doch gerade diese Länder, die vielversprechende Geschäftsmöglichkeiten bieten. Wie wir später noch sehen werden, weisen die am Anfang ihrer wirtschaftlichen Entwicklung stehenden Systeme das schnellste Wachstum auf. Heute, anders als in früheren Zeiten, ist wirtschaftliches Wachstum nicht mehr alleine Ländern mit hohem Einkommensniveau vorbehalten. Zum ersten Mal in der Geschichte des globalen Marketings stellt jeder regionale Markt ein potentielles Ziel für nahezu jedes Unternehmen dar; dabei kommt es nicht darauf an, ob dieses Unternehmen aus einer technologisch hoch oder niedrig entwickelten Branche kommt oder wie sein Angebotsspektrum aussieht. Die wirtschaftlichen Dimensionen des Weltmarktes sind daher von besonderer Bedeutung für Überlegungen zu den Elementen des Marketingprogramms.

Im Laufe der letzten 50 Jahre hat sich die Weltwirtschaft entscheidend gewandelt.[2] Die Entstehung globaler Märkte gehört wohl zu den grundlegendsten Veränderungen; lokale Unternehmen wurden kontinuierlich durch die globale Konkurrenz ersetzt, die auf diese neuen Marktchancen reagierten. Gleichzeitig hat die wirtschaftliche Integration der Welt beträchtlich zugenommen. Am Anfang des 20sten Jahrhunderts betrug die wirtschaftliche Integration 10 Prozent. Heute sind es an die 50 Prozent. Vor allem in zwei Regionen wird das Fortschreiten der Integration besonders deutlich. Es handelt sich dabei um die Europäische Union und die Freihandelszone NAFTA in Nordamerika. Im Laufe dieses Kapitels wird auf die Regionalisierung der Märkte detailliert eingegangen werden.

Vor nur 25 Jahren war die Integration noch in weitaus geringerem Maße vorhanden als heute.[3] Nehmen Sie nur einmal die Autoindustrie als Beispiel: Europäische Autos wie Renault, Citroen, Peugeot, Morris, Volvo und viele andere unterschieden sich grundlegend vom amerikanischen Chevrolet, Ford oder Plymouth sowie von japanischen Modellen wie Toyota oder Nissan. Es wurden sozusagen „lokale" Autos von lokalen Herstellern gebaut, die zumeist für lokale oder regionale Märkte bestimmt waren. Heute sind Autos von Toyota, Nissan, Honda oder Ford für den Weltmarkt konzipiert. Mit der Veränderung der Produkte geht auch eine organisatorische Veränderung einher: Die größten Autoanbieter der Welt haben sich zu globalen Unternehmen entwickelt. Große transatlantische Zusammenschlüsse wie derjenige von Daimler Benz und Chrysler sind ein Beweis dafür, daß die Globalisierung dieser Industrie noch weiter anhält.

Innerhalb des letzten Jahrzehnts haben weitere beträchtliche Veränderungen der Weltwirtschaft stattgefunden, die wichtige Implikationen für das Geschäftsleben nach sich ziehen. Viele dieser Veränderungen sind von dramatischer und paradigmatischer Natur und gehen einher mit Fortschritten in der Informations- und Kommunikationstechnologie. Einzelne Kapitel beschäftigen sich mit diesen Entwicklungen. Hier begegnen wir im Besonderen vier Realitäten der Weltwirtschaft:

- Kapitalbewegungen haben den Handel als treibende Kraft der Weltwirtschaft abgelöst.
- Produktion und Arbeit sind nicht mehr länger in einem Zusammenhang zu sehen.
- Die Weltwirtschaft dominiert das Geschehen. Die Makrodimensionen eines bestimmten Landes bestimmen nicht mehr länger dessen wirtschaftliche Ergebnisse.
- Der 75 Jahre während Kampf zwischen Kapitalismus und Sozialismus hat ein Ende gefunden.

Betrachtet man sich den ersten Punkt etwas genauer, so schafft der Vergleich zwischen dem Volumen an Kapitalbewegungen und dem Dollarwert des Welthandels eine äußerst interessante Perspektive. Der Handel mit Produkten und Dienstleistungen erwirtschaftet derzeit an die € 3,4 Trillionen pro Jahr; ein Wert, der alle bisherigen Ergebnisse bei weitem übertrifft. Zum Vergleich bewegt der Londoner Markt für Eurodollar täglich (Werktag) mehr als € 340 Milliarden.[4] Pro Jahr beläuft sich der Wert auf € 85 Trillionen – das 25fache des Welthandels. Darüber hinaus laufen täglich ausländische Wechseltransaktionen in der Höhe von ungefähr € 0,85 Trillionen weltweit ab, was sich auf € 212 Trillionen pro Jahr beläuft – das 40fache Volumen des Handels an Produkten und Dienstleistungen.[5] Der Schlußfolgerung aus diesen Daten kann man sich nicht entziehen: Globale Kapitalbewegungen übertreffen bei weitem das globale Handelsvolumen. Diese Tatsache erklärt zum Beispiel auch die bizarre Kombination des nordamerikanischen Handelsdefizits und des kontinuierlich ansteigenden Dollarkurses. Noch vor kurzem wäre im Falle eines Defizits in der Handelsbilanz eines Landes dessen Währung abgewertet worden. Heute wird der Wert einer Währung durch Kapitalbewegungen und -handel bestimmt.

Abbildung 2.1: Faktorproduktivität: EU versus USA

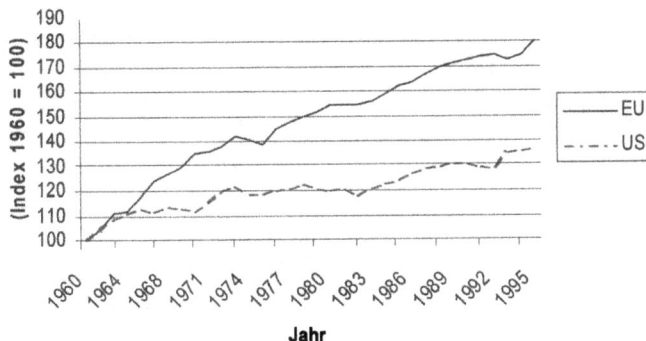

Quelle: Adaptiert aus Europäische Wirtschaft, Generaldirektion Wirtschaft und Finanzen Nr. 63, Bruxelles, European Commission 1997, S.65.

Abbildung 2.2: Beschäftigung: EU versus USA

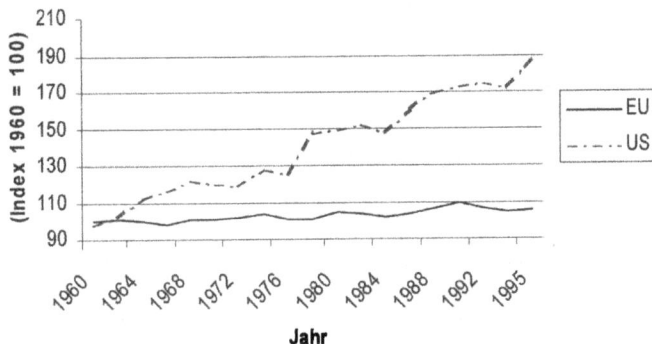

Quelle: Adaptiert aus Europäische Wirtschaft, Generaldirektion Wirtschaft und Finanzen Nr. 63, Bruxelles, European Commission 1997, S.65.

Abbildung 2.3: Entwicklung europäischer Beschäftigungs- zahlen nach Schlüsselindustrien

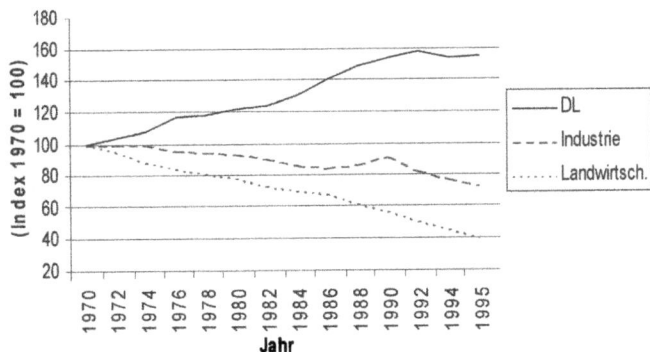

Quelle: Adaptiert aus Europäische Wirtschaft, Generaldirektion Wirtschaft und Finanzen Nr. 63, Bruxelles, European Commission 1997, S.49.

Die zweite Veränderung betrifft das veränderte Verhältnis zwischen Produktivität und Arbeit. Obwohl die Beschäftigungszahlen in den letzten 35 Jahren in Europa mehr oder weniger stabil waren, zeichnet sich die Produktivität durch ein bedeutend stärkeres Wachstum als in den USA aus. Der Vergleich mit den USA (Abbildung 2.1 und Abbildung 2.2) ist bemerkenswert: In Europa wurden die meisten Produktivitätszuwächse durch den Einsatz von Kapital für Arbeit erreicht. Anders in den USA, wo ein beträchtliches Wachstum in den Beschäftigungszahlen zu verzeichnen ist. Ein Blick auf die langfristige Entwicklung der Europäischen Beschäftigungszahlen (Abbildung 2.3) zeigt einen abfallenden Trend in den Sektoren Landwirtschaft und Produktion, wohingegen im Dienstleistungssektor eine steigende Entwicklung zu verzeichnen ist. Dieses Muster findet sich in allen großen Industrienationen wieder. Es läßt sich also feststellen, daß nicht die Produktion abnimmt, sondern die Beschäftigungszahlen in der Produktion.[6]

Die dritte große Veränderung bezieht sich auf das Auftreten der Weltwirtschaft als dominante wirtschaftliche Einheit. Unternehmensvorstände und Staatsoberhäupter, die diese Tatsache erkennen, haben die größte Chance auf Erfolg. Diejenigen, denen diese Erkenntnis fehlt, werden mit Rückschritten und geschäftlichem Konkurs oder politischem Sturz konfrontiert sein. Keine Unternehmung und kein Staat hat genügend Macht, um wirtschaftliche Entscheidungen unabhängig von den weltweiten wirtschaftlichen Entwicklungen zu treffen. In Europa wurde durch die Einführung des Euro die Entscheidungsfreiheit individueller Regierungen in Bezug auf die nationale Wirtschaftspolitik noch weiter eingeschränkt. Durch die Vorgabe von Geldausgabevolumen, Wechselkursen und Zinssätzen sind die Möglichkeiten der Einflußnahme weiter reduziert.

Die letzte Veränderung stellt die Beendigung des Kalten Krieges dar. Der Erfolg des kapitalistischen Marktsystems hat zum Verwerfen des Kommunismus als wirtschaftlichem und politischem System geführt. Die überragend bessere Leistung der Marktwirtschaften dieser Welt hat sozialistische Länder dazu gebracht ihre Ideologie zu überdenken. Eine der nachhaltigen Veränderungen in diesen Ländern war die Erkenntnis, daß der Versuch, eine nationale Wirtschaft mit Hilfe eines einzigen zentralen Plans lenken zu wollen, unmöglich ist. Die unterschiedlichen Arten wirtschaftlicher Systeme werden im folgenden Abschnitt gegenübergestellt.

2.5 Wirtschaftliche Systeme

Es gibt drei Arten wirtschaftlicher Systeme: das kapitalistische System, das sozialistische System und eine Mischform. Diese Klassifikation wurde aufgrund der vorherrschenden Methode der Ressourcenallokation vorgenommen: *Markt-Allokation, Macht-Allokation* oder *zentraler Plan* und *gemischte Allokation.*

2.5.1 Markt-Allokation

Das System der Markt-Allokation ist dadurch gekennzeichnet, daß es sich bezüglich der Ressourcen-Allokation auf den Konsumenten verläßt. Die Konsumenten „schreiben" den wirtschaftlichen Plan, indem sie entscheiden, was von wem produziert wird. Das Marktsystem ist eine wirtschaftliche Demokratie – Bürger haben das Recht, die

Produkte ihrer Wahl zu kaufen. Die Rolle des Staates in einem solchen Marktsystem besteht darin, den Wettbewerb zu unterstützen und die Konsumenten zu schützen. Westeuropäische Länder, die Vereinigten Staaten und Japan (die Triade, welche für drei Viertel des weltweiten Bruttosozialprodukts verantwortlich ist) stellen Beispiele vorwiegend marktwirtschaftlicher Systeme dar. Die deutliche Überlegenheit solcher Markt-Allokationssysteme in der Bereitstellung von Gütern und Dienstleistungen, die die Konsumenten brauchen und wollen, hat zur Übernahme dieses Systems durch viele frühere sozialistische Nationen geführt.

2.5.2   Macht-Allokation

In einem Macht-Allokationssystem besitzt der Staat große Handlungsfreiheit und Macht, um dem Interesse der Öffentlichkeit zu dienen. Diese Rechte beinhalten auch die Entscheidung, welche Produkte wie hergestellt werden sollen. Die Konsumenten können ihr Geld nach eigenem Gutdünken ausgeben, jedoch sind nur solche Produkte am Markt vorhanden, die von den staatlichen Planungsstellen freigegeben werden. Da die Nachfrage das Angebot bei weitem übersteigt, werden die Elemente des Marketing-Mix nicht als strategische Variablen eingesetzt.[7] Produktdifferenzierung und Werbung kommen kaum zur Anwendung; der Vertrieb wird von staatlicher Seite gehandhabt, um die Profitgenerierung durch Mittelsmänner weitestgehend zu unterbinden. Drei der Länder mit dem größten Bevölkerungsanteil, nämlich China, die ehemalige UdSSR und Indien haben lange Zeit nach einem zentralen Plan gewirtschaftet. Heute befindet sich jeder einzelne dieser drei Staaten in einem Reformprozeß, um sein Land in eine Marktwirtschaft zu führen. Die Vorhersage, der Kapitalismus stehe kurz vor seinem Ende, welche vor fast einem halben Jahrhundert von Indiens Jawaharlal Nehru gemacht wurde, ist damit widerlegt. Marktreformen und das weltweite Anwachsen des Kapitalismus haben globalen Unternehmen ungeahnte Möglichkeiten für groß angelegte Investitionen eröffnet. Tatsächlich kehrte Coca-Cola 1994 wieder auf den indischen Markt zurück, nachdem es nur zwei Jahrzehnte zuvor von der dortigen Regierung vertrieben wurde. Eine neue Gesetzgebung, die die 100%ige Eigentümerschaft durch ausländische Unternehmen zuläßt, hilft dabei, den Weg zu ebnen.

GLOBALE PERSPEKTIVE

RUSSLAND IN ZAHLEN UND FAKTEN

Im heutigen Rußland ist es nicht nur die Bevölkerung, die mit den schnellen und revolutionären wirtschaftlichen Veränderungen kaum Schritt halten kann; auch die staatlichen Statistiker können kaum mithalten. Die Ergebnisse sind ungenau, unpassend, verzerrt und durch die Statistiker selbst beeinflußt. Die wichtigste Quelle für wirtschaftliche Daten in Rußland stellt die Agentur „Goskomstat" dar – das russische Komitee für Staatliche Statistiken. Das grundlegende Problem bei den Statistiken, die von Goskomstat erstellt werden, hängt mit der ursprünglichen Intention zusammen: seit Beginn seiner Tätigkeit mißt Goskomstat die Staatswirtschaft der Sowjetunion; Statistiken, die heute nicht mehr adäquat sind, da sie aufgrund des Überganges von einer Plan- zur Marktwirtschaft nicht mehr gebraucht werden. Goskomstat fährt jedoch unbeirrt fort, Daten zu sammeln und die Produktion derjenigen Sektoren zu messen, die am wenigsten einträglich sind; es handelt sich dabei um Industrien, die bisher noch nicht privatisiert wurden und landwirtschaftliche Betriebe, die immer noch dem Staatseigentum angehören. Wenn diese Statistiken durch äquivalente Zahlen aus dem privaten Sektor ausgeglichen würden, hätte dies nicht (wie derzeit) eine absolute Unterschätzung des russischen Bruttosozialproduktes zur Folge. Das wachsende Maß an Joint Ventures, Handelsunternehmen und Dienstleistern sowie privater Banken in Rußland wird von den Medien peinlich genau dokumentiert, nicht jedoch durch Goskomstat.

Ein Problem der Datensammlung in Bezug auf Unternehmensgründungen im privaten Sektor liegt auch darin, daß diese Firmen nicht in die Statistiken aufgenommen werden wollen, da sie mögliche steuerliche Konsequenzen fürchten. Darüber hinaus liegen aufgrund ungeeigneter Techniken Tausende von Eigentums-, unternehmerische und Handelsfirmen sowie informelle, schwarze und graue Märkte außerhalb von Goskomstats Reichweite.

Sogar die Daten, die im immer kleiner werdenden staatlichen Sektor erhoben werden, sind ungenau. Dies liegt daran, daß Unternehmen, die auf der staatlichen Gehaltsliste stehen, kein Interesse daran haben, Produktivitätszuwächse auszuweisen, was einen Verlust staatlicher Subventionen nach sich ziehen könnte. Die Ironie liegt darin, daß zu Zeiten der Sowjetära staatliche Unternehmer dazu gezwungen waren ihre Produktionszahlen künstlich aufzublähen, da staatliche Vorgaben eingehalten werden mußten.

Was ist aber die Konsequenz der von Goskomstat erhobenen und verzerrten Zahlen? Die fehlerhaften Zahlen haben weltweite Auswirkungen. So zum Beispiel auf andere Institutionen, die von dieser ungenügenden Quelle für wirtschaftliche Statistiken abhängen. Zu nennen wäre hier die Weltbank, der Internationale Währungsfonds, die US Handelskammer, der CIA, ganz abgesehen von zahllosen Analytikern in Banken, Investmenthäusern oder in der Industrie. Auf jeden Fall aber werden durch diese Statistiken, Produktivitätszahlen absolut unterschätzt, vor allem in Bezug auf den privaten Sektor. Das Ausmaß der Abweichung wird auf 25 bis 60 Prozent geschätzt, wobei die Mehrheit der Experten von 45 Prozent ausgeht.

Fortsetzung auf der nächsten Seite

RUSSLAND IN ZAHLEN UND FAKTEN (Fortsetzung)

Solche Unsicherheiten führen zu einem verlangsamten Wachstum, da risikoarme Investoren abgeschreckt werden.

Einfach zum Nachdenken:

- Unternehmen beschweren sich oft über den staatlichen „Hunger" nach Daten und die damit verbundenen administrativen Aufwände. Andererseits benötigen Unternehmen diese Daten, wenn sie ihren Markteinstieg oder -expansion in internationale Märkte planen. Sind Sie der Meinung, daß zu viele oder zuwenig Informationen von staatlichen Stellen gesammelt werden?
- Welche Informationen sollten aus Ihrer Sicht gesammelt werden?
- Welchen Effekt hat das Fehlen oder die mangelnde Verläßlichkeit statistischer Daten für ein britisches Unternehmen, das nach Rußland expandieren will?

Quellen: S. Frederick Starr, The 'Glass if Half Full' Case For Russia," *The International Economy* März/April, 1995, 46, 46+; Judy Shelton, *The Coming Soviet Crash: Gorbachev's Desperate Pursuit Of Credit in Western Financial Markets* (New York: Free Press, 1989).

2.5.3 Gemischte Systeme

In Wirklichkeit wird man unter den verschiedenen Wirtschaftssystemen weltweit keines finden, das eine reine Form der Markt- bzw. Planwirtschaft darstellt. Jedes marktwirtschaftliche System hat einen planwirtschaftlichen Sektor und umgekehrt; die Systeme sind gemischt. In einer Marktwirtschaft stellt jener Anteil des Bruttoinlandsproduktes, der vom Staat besteuert und ausgegeben wird, die Macht-Allokation dar. Die 24 OECD-Mitgliedsstaaten rangieren dabei in einem Bereich von 32 Prozent des Bruttoinlandsproduktes der USA bis zu 64 Prozent in Schweden.[8] In Schweden werden also 64 Prozent der Ausgaben vom Staat kontrolliert; damit ähnelt das System mehr einer Plan- als einer offenen Marktwirtschaft. Im Gegensatz dazu war es den Bauern vieler sozialistischer Staaten traditioneller Weise erlaubt, ihre Produkte am freien Markt anzubieten. China hat zum Beispiel Unternehmen und Personen der Provinz Guangdong vielfältige Freiheiten eingeräumt, um ein Agieren innerhalb eines marktwirtschaftlichen Systems zu ermöglichen. Dennoch stellt Chinas privater Sektor gerade einmal ein bis zwei Prozent der nationalen Wertschöpfung dar.[9] Eine erst kürzlich erschienene Studie der in Washington DC ansässigen Heritage Foundation hat mehr als 100 Länder nach dem Grad wirtschaftlicher Freiheit bewertet. Dabei wurden 10 wirtschaftliche Schlüsselvariablen für die Auswertung herangezogen: Handelspolitik, Steuerpolitik, staatlicher Konsum an wirtschaftlicher Wertschöpfung, Kapitalfluß und ausländische Investitionen, Bankenpolitik, Lohn- und Preiskontrollen, Eigentumsrechte, Regulationen und der Schwarzmarkt. Die Skalenattribute rangierten von „Frei" bis „Unterdrückt" mit den Zwischenwerten „Weitestgehend Frei" und „Weitestgehend Unfrei"; Hongkong rangiert dabei als Nummer 1 im Sinne wirtschaftlicher Freiheit – im Gegensatz zu Kuba und Nordkorea, die am anderen Ende der Skala zu finden sind.[10] Es fragt sich jedoch, ob Hongkong diese Position auch weiterhin behaupten kann, nachdem es von Großbritannien an China zurückgegeben worden ist. Die Ergebnisse der Studie finden Sie in Tabelle 2.1.

Tabelle 2.1: Index der wirtschaftlichen Freiheit

Frei	26. Belize	52. Sambia	81. Albanien
1. Hongkong	27. Kolumbien	53. Israel	82. Rumänien
2. Singapur	28. Panama	54. Algerien	83. Belarus
3. Bahrain	29. Paraguay	55. Honduras	84. Jemen
4. USA	30. Slowakei	56. Nigeria	85. Guyana
5. Japan	31. Griechenland	57. Pakistan	86. Indien
6. Taiwan	32. Ungarn	58. Bolivien	87. China
7. Großbritannien	33. Jamaika	59. Ecuador	88. Äthiopien
	34. Portugal	60. Elfenbeinküste	89. Bangladesch
Weitestgehend	35. Sri Lanka	61. Malta	90. Kongo
Frei	36. Argentinien	62. Polen	91. Nicaragua
8. Kanada	37. Tunesien	63. Brasilien	92. Ukraine
9. Deutschland	38. Costa Rica	64. Fiji Inseln	93. Sierra Leone
10. Österreich	39. Jordanien	65. Ghana	
11. Bahamas	40. Marokko	66. Philippinen	**Unterdrückt**
12. Tschechien	41. Swaziland	67. Mongolei	94. Moldawien
13. Südkorea	42. Uruguay	68. Guinea	95. Haiti
14. Malaysien	43. Uganda	69. Indonesien	96. Sudan
15. Australien		70. Dominikan. Rep.	97. Angola
16. Irland	**Weitestgehend**	71. Malawi	98. Mosambique
17. Estland	**Unfrei**	72. Peru	99. Vietnam
18. Frankreich	44. Südafrika	73. Rußland	100. Kuba
19. Thailand	45. Türkei	74. Bulgarien	101. Nordkorea
20. Chile	46. Venezuela	75. Kamerun	
21. Italien	47. Botswana	76. Ägypten	
22. Spanien	48. Gabun	77. Madagaskar	
23. El Salvador	49. Guatemala	78. Mali	
24. Oman	50. Kenia	79. Tansania	
25. Schweden	51. Mexiko	80. Simbabwe	

2.6 Stufen der Marktentwicklung

Globale Ländermärkte stehen derzeit auf unterschiedlichen Entwicklungsstufen. Das Bruttosozialprodukt pro Kopf stellt eine gute Variable dar, um diese Länder zu gruppieren. Auf der Basis des Bruttosozialproduktes können globale Märkte in fünf verschiedene Kategorien eingeteilt werden. Obwohl die Definition des Einkommens für jede Stufe willkürlich getroffen wurde, weisen die Länder der fünf Kategorien ähnliche Charakteristika auf. Auf diese Weise stellen die verschiedenen Stufen eine brauchbare Basis für die globale Marktsegmentierung dar. Die Kategorien sind in Tabelle 2.2 dargestellt.

Tabelle 2.2: Stufen der Marktentwicklung

Einkommensgruppen nach BSP pro Kopf	BSP 1997 (Mio. €)	BSP/Kopf 1997 (€)	BSP (Welt) %	Bevölkerung 1997 (Mio. €)
Länder mit hohem Einkommen (BSP/Kopf > € 7.960)	19.196,5	20.998,8	81,39	914
Länder mit mittlerem Einkommen/ oberer Bereich (€ 2.575 < BSP/Kopf < € 7.960)	1.807,3	3.347,4	7,66	540
Länder mit mittlerem Einkommen/ unterer Bereich (€ 650 < BSP/Kopf < € 2.575)	1.278,2	1.174,9	5,42	1.088
Länder mit niedrigem Einkommen (BSP/Kopf < € 650)	1.303,9	393	5,53	3.317,7

2.6.1 Länder mit hohem Pro-Kopf-Einkommen

Länder mit hohem Einkommen, auch bekannt als fortschrittliche, industrialisierte, post-industrialisierte oder Erste-Welt-Länder, definieren sich gegenwärtig durch ein Bruttosozialprodukt pro Kopf von über € 7.960. Von ein paar wenigen Nationen abgesehen, die durch Ölgeschäfte über hohes Einkommen verfügen, haben die Länder, die dieser Kategorie angehören, das derzeitige Einkommensniveau durch stetes Wirtschaftswachstum erreicht.

Der Ausdruck „post-industrialisierte Nationen" wurde als erstes von Daniel Bell (Harvard) verwendet, um die USA, Schweden, Japan und andere fortschrittliche Gemeinschaften mit hohem Einkommen zu beschreiben. Bell schlägt vor, eine Unterscheidung zwischen industrialisierten und post-industrialisierten Nationen vorzunehmen, da diese Einteilung über reine Einkommensüberlegungen hinausgeht. Bells Hypothese geht davon aus, daß die Kodifizierung theoretischen Wissens in post-industrialisierten Gesellschaften in zunehmendem Maße für Innovationen verantwortlich ist. Innovation beruht also nicht mehr auf zufälligen Entdeckungen. Andere Eigenschaften sind die Bedeutung des Dienstleistungssektors (mehr als 50 Prozent des Bruttosozialproduktes), die Schlüsselstellung von Informationstransfer und -austausch und die Vormachtstellung von Wissen gegenüber Kapital als kritischer strategischer Ressource, die Vorherrschaft intelligenter Technologie gegenüber maschineller Technologie sowie die Vormachtstellung von Wissenschaftlern und Professoren gegenüber Ingenieuren und angelernten Arbeitern. Auch die zukunftsgerichtete Orientierung und die Bedeutung zwischenmenschlicher Beziehungen im Funktionsgefüge stellen Charakteristika der post-industriellen Gesellschaft dar.

Neue Möglichkeiten in Bezug auf Produkte und Märkte hängen im Vergleich zur industrialisierten Gesellschaft in weitaus höherem Grad von Innovation ab. Der Besitz von langlebigen Konsumgütern ist in den meisten Haushalten extrem hoch. Organisationen, die ein bestimmtes Wachstumsziel verfolgen, sehen sich bei der Erringung neuer Marktanteile in bereits existierenden Märkten mit großen Schwierigkeiten konfrontiert. Gegebenenfalls können diese Unternehmen versuchen, einen neuen Markt zu erschaffen. So haben globale Unternehmen kommunikationsbezogener Industrien in den 1990er Jahren versucht, neue Märkte für interaktive Formen der elektronischen Kommunikation zu schaffen.

2.6.2   Länder mit mittlerem Pro-Kopf-Einkommen/oberer Bereich

Länder mit mittlerem Einkommen im oberen Bereich, auch bekannt als industrialisierte Nationen, zeichnen sich durch ein Bruttosozialprodukt pro Kopf in der Höhe von € 2.575 bis € 7.960 aus. In diesen Ländern schrumpft zusehends jener Bevölkerungsanteil, der in der Landwirtschaft tätig ist. Dies ist darauf zurückzuführen, daß ein immer größerer Teil der Bevölkerung in den Industriesektor abwandert und der Grad der Urbanisierung ständig steigt. Viele dieser Länder, als Beispiel wäre Malaysien zu nennen, weisen eine rasch zunehmende Industrialisierung auf. Weiters sind diese Länder durch ein hohes Lohnniveau bei vergleichsweise geringeren Lohnkosten als in den post-industrialisierten Nationen gekennzeichnet. Ein hoher Anteil der Bevölkerung ist des Schreibens und Lesens mächtig und besitzt eine überdurchschnittlich gute Ausbildung. Länder dieser Entwicklungsstufe entwickeln sich oft zur beachtlichen Konkurrenz und erleben rasches, durch Export vorangetriebenes wirtschaftliches Wachstum.

2.6.3   Länder mit mittlerem Pro-Kopf-Einkommen/unterer Bereich

Länder mit mittlerem Pro-Kopf-Einkommen im unteren Bereich, auch als Entwicklungsländer bezeichnet, sind solche, deren Bruttosozialprodukt pro Kopf über € 650 liegt, jedoch € 2.575 nicht übersteigt. Diese Länder befinden sich noch in den Kinderschuhen der Industrialisierung. Fabriken versorgen einen wachsenden nationalen Markt mit Kleidung, Batterien, Autoreifen, Baumaterialien und anderen Konsumgütern. Hier werden Produktionsanlagen errichtet, um standardisierte Produkte oder solche in der Reifephase, wie zum Beispiel Kleidung, für den Export in andere Märkte herzustellen.

Der Markt für privaten Konsum ist in diesen Ländern im Wachstum begriffen. Entwicklungsländer stellen insofern eine immer ernstzunehmende Bedrohung als Konkurrenz dar, da sie eine relativ billige, im höchsten Maße motivierte Arbeiterschicht mobilisieren, um weltweit Zielmärkte zu beliefern. Sie besitzen einen gewaltigen Wettbewerbsvorteil, wenn es um reife, standardisierte und arbeitsintensive Produkte, wie zum Beispiel Sportartikel, geht. Ein gutes Beispiel für ein solches Entwicklungsland im Aufbruch stellt Indonesien dar, das größte nichtkommunistische Land in Südostasien. Das Pro-Kopf-Einkommen stieg hier von € 212 (1985) auf mehr als € 933 (1997). Eine Reihe von Fabriken ist mit der Produktion von Sportschuhen für Nike beschäftigt.

2.6.4   Länder mit niedrigem Einkommen

Länder mit niedrigem Einkommen, bzw. vorindustrielle Länder, wie sie auch genannt werden, weisen ein Einkommen von nicht mehr als € 650 pro Kopf aus. Folgende Eigenschaften weisen nahezu alle diese Länder auf:

1. Begrenzte Industrialisierung; ein großer Bevölkerungsanteil ist in der Landwirtschaft und Subsistenzwirtschaft beschäftigt
2. Hohe Geburtenraten
3. Hohe Analphabetenrate
4. Große Abhängigkeit von ausländischer Hilfe
5. Politische Instabilität und Unruhen
6. Konzentriert in Afrika südlich der Sahara zu finden

Im Normalfall stellen diese Märkte nur ein begrenztes Potential für den Verkauf von Produkten jeglicher Art dar. Auch zählen sie nicht unbedingt zu derjenigen Konkurrenz, vor der man sich wirklich in Acht nehmen müßte. Jedoch auch hier bestätigt die Ausnahme wieder einmal die Regel: In Bangladesh, wo das Pro-Kopf-Einkommen bei ungefähr € 212 liegt, erfreut sich die Bekleidungsindustrie florierender Exporte. Der monetäre Wert dieser Exporte übersteigt den durch Verkauf von Jute, Tee und anderen landwirtschaftlichen Produkten erzielten Wert.[11]

2.6.5 Spezialfälle

Als Spezialfälle werden jene Länder bezeichnet, die wirtschaftliche, soziale oder politische Probleme in einem solchen Ausmaß aufweisen, daß der Markt für jegliche Investitionen oder geschäftliche Aktivitäten unattraktiv wird. Einige dieser Spezialfälle sind Länder mit niedrigem Einkommen und quasi keinem wirtschaftlichen Wachstum wie zum Beispiel Äthiopien oder Mozambique, die von einem Desaster in das nächste fallen. Andere Fälle, die ehemals gesundes Wachstum und wirtschaftlichen Erfolg vorzuweisen hatten, sind durch politische Kämpfe entzweit. Das Ergebnis sind öffentlicher Aufruhr, fallende Einkommen und oft nicht zu vernachlässigende Gefahren für die Bevölkerung. Das ehemalige Jugoslawien stellte Mitte der 1990er Jahre einen solchen Spezialfall dar.

Eine interessante Situation hat sich in den erst seit kurzem unabhängigen Ländern der ehemaligen UdSSR ergeben: in vielen dieser Regionen zeichnen sich ein fallendes Einkommensniveau und harte wirtschaftliche Umstände ab. Es stellt sich nun die Frage, ob diese Länder unter die Kategorie Spezialfälle fallen oder ob gerade sie attraktive Möglichkeiten bieten und auf dem Weg zur Kategorie ,hohes Einkommen' sind? Die Lebenserwartung ist beispielsweise im Gegensatz zum Rest der Welt fallend. Zwischen 1990 und 1994 fiel die Lebenserwartung für russische Männer und Frauen drastisch von 63,8 und 74,4 auf 57,7 und 71,2 Jahre.[12] Auf der anderen Seite ist in Rußland und den anderen GUS-Staaten eine, zu 95 Prozent im Untergrund agierende oder nicht erfaßte, wachsende Privatwirtschaft vorhanden.

Die Wahrheit ist, daß in Rußland eine wachsende wohlhabende Schicht vorhanden ist, die von der Privatisierung wirtschaftlicher Aktivitäten profitiert hat, wohingegen die Armut ständig steigt und immer größere Anteile der Bevölkerung unter die Armutsgrenze fallen. Hier geht es vor allem darum festzustellen, ob man die mögliche Chance beim Schopf packen sollte oder ob man sich dabei in eine Falle begibt. Diese Länder stellen eine Risiko/Gewinn-Abwägung dar. Während sich einige Unternehmen in das Wagnis gestürzt haben, ist der Großteil noch dabei die Risiken abzuwägen. Wichtig ist vor allem der richtige Zeitpunkt; das Risiko wird nicht vermeidbar sein.

2.7 Einkommen und Kaufkraftparität

Wenn sich Unternehmen mit dem Vorhaben tragen auf globalen Märkten zu expandieren, müssen sie oft feststellen, daß für die meisten Produkte das Einkommen als wirtschaftliche Variable die bei weitem größte Rolle spielt. Nach wie vor werden Märkte immer noch als Gruppe von Personen definiert, die bereit und willig ist, ein bestimmtes Produkt zu kaufen. Für manche Produkte, vor allem solche, deren Einzelkosten sehr niedrig sind, zum Beispiel Zigaretten, stellt das Marktpotential jedoch einen besseren Schätzwert dar als das Einkommen. Nichtsdestotrotz stellt das Einkommen für die meisten Produkte und Dienstleistungen am internationalen Markt auch heute noch die bedeutendste Variable dar.

Idealerweise sollten das Bruttosozialprodukt und andere Meßwerte des nationalen Einkommens auf Basis von Kaufkraftparitäten (d.h., was die Währung in dem jeweils zur Diskussion stehenden Land kaufen kann) oder durch direkten Vergleich aktueller Preise für bestimmte Produkte in Euro (bzw. der eigenen nationalen Währung) umgewandelt werden. Diese Vorgehensweise würde zu einem aktuellen Vergleich der unterschiedlichen Lebensstandards in verschiedenen Ländern der Erde führen. Unglücklicherweise ist solches Datenmaterial in herkömmlichen Statistiken nicht zu finden. Durch das gesamte Buch hindurch verwenden die Autoren daher Euro-Wechselkurse. Der Leser muß sich jedoch bewußt sein, daß Wechselkurse bestenfalls die Preise international gehandelter Produkte und Dienstleistungen gleichsetzen. Dies steht jedoch oft in keinem Verhältnis zu den Preisen von Produkten und Dienstleistungen, die nicht international gehandelt werden; diese Gruppe macht aber immer noch den Großteil des Sozialprodukts der meisten Länder aus. Besonders landwirtschaftliche Produkte und Dienstleistungen werden im Vergleich zur industriellen Wertschöpfung in Entwicklungsländern oft mit niedrigeren Preisen angesetzt als in Industrienationen. Darüberhinaus macht die Landwirtschaft in Entwicklungsländern den weitaus größten Anteil aus. Auf diese Weise tendieren Wechselkurse dazu, Unterschiede im realen Einkommen zwischen Ländern unterschiedlicher Entwicklungstufe überzubewerten. Tabelle 2.3 reiht die 10 führenden Länder in Bezug auf das Bruttosozialprodukt pro Kopf von 1997. In den letzten beiden Spalten sind diese Zahlen an die Kaufkraftparitäten adaptiert.

Neben der Verzerrung durch die Wechselkurse, welche Tabelle 2.3 deutlich darstellt, kommt es zu einer weiteren Verzerrung durch Geld als Indikator für das Wohlergehen eines Staates und den dortigen Lebensstandard. Ein Besuch einer Lehmhütte in Tansania wird einiges zu Tage bringen, was käuflich zu erwerben ist: Radios, ein eisernes Bettgestell, ein Dach aus Wellblech, Bier und Erfrischungsgetränke, Fahrräder, Schuhe, Fotos und Rasierklingen. Die Tatsache, daß die dortigen Bewohner anstelle von Rechnungen für Versorgungsbetriebe das lokale Wohlergehen und die Sonne haben, wird durch das Pro-Kopf-Einkommen von € 212 nicht widergespiegelt. Anstelle von Pflegeheimen stellen Tradition und Bräuche sicher, daß sich die Familie um das Wohlergehen der Alten kümmert. Anstelle teurer Ärzte und Krankenhäuser nimmt man die Dienste von Heilern und Hexenmeistern in Anspruch. Ein großer Teil des Einkommens in industrialisierten Nationen wird für Produkte und Dienstleistungen aufgewendet, die in ärmeren Ländern kostenlos zu erhalten sind. So gesehen ist der Lebensstandard in einigen Ländern höher, als es Daten in Bezug auf das Einkommen zunächst reflektieren.

Tabelle 2.3: Die 10 führenden Nation in bezug auf Bruttosozialprodukt pro Kopf und Kaufkraftparität

BSP pro Kopf 1997, (in €)		BSP in bezug auf Kaufkraftparitäten 1997, (in €)	
1. Luxemburg	30.208	1. Luxemburg	27.299
2. Schweiz	29.355	2. USA	19.960
3. Japan	24.590	3. Schweiz	18.609
4. Norwegen	23.211	4. Kuwait	17.122
5. Dänemark	22.158	5. Hongkong	16.530
6. Singapur	21.646	6. Singapur	16.405
7. Deutschland	20.312	7. Japan	15.919
8. Österreich	20.085	8. Norwegen	15.792
9. USA	19.960	9. Belgien	15.593
10. Belgien	18.570	10. Kanada	15.511

Quelle: Warren J. Keegan, Global Income and Population: 1997 and Projections to 2000 and 2010.

Auffallend ist die Konzentration des Einkommens in der Triade (Nordamerika, Westeuropa und Japan). Die Triade steht für 74 Prozent des weltweiten Einkommens (1997), jedoch befinden sich hier nur 14 Prozent der Weltbevölkerung. Mit Ausnahme von China und Brasilien befinden sich die führenden 10 Länder 1997 in den Gebieten der Triade (siehe Tabelle 2.4).

Keiner weiß, was die Zukunft bringen wird, aber die ausgewiesenen Werte der Wachstumskurve bis zum Jahr 2010 bringen interessante Ergebnisse, die in Tabelle 2.5 wiederzufinden sind. Die Vereinigten Staaten, Japan und Deutschland bleiben weiterhin auf den drei Spitzenpositionen. China setzt sich vor Frankreich, Großbritannien und Italien. Südkorea scheint zum ersten Mal auf der Liste auf und steigt gleich vor Brasilien und Kanada ein. Diese Ergebnisse suggerieren, daß China mit seiner Kombination

Tabelle 2.4: Liste der nach dem BSP führenden Nationen (Top 10 – 1997)

Land	BSP (in Millionen €)
USA	6,303,177
Japan	3,665,674
Deutschland	1,980,065
Frankreich	1,280,656
UK	960,505
Italien	956,551
China	754,887
Kanada	513,881
Brasilien	500,726
Spanien	477,233

Quelle: Warren J. Keegan, Global Income and Population: 1997 and Projections to 2000 and 2010.

Tabelle 2.5: Liste der nach dem BSP führenden
Nationen – Vorhersage für 2010

Land	BSP (in Millionen €)
USA	10,464,772
Japan	5,899,056
Deutschland	3,186,407
China	2,487,995
Frankreich	2,060,887
Großbritannien	1,590,023
Italien	1,444,444
Südkorea	1,042,144
Kanada	984,709
Brasilien	897,401

Quelle: Warren J. Keegan, Global Income and Population:
1997 and Projections to 2000 and 2010.

von einem starken Wachstum des realen Einkommens und einem relativ geringen Bevölkerungswachstum ein Kandidat für die Führungsposition unter den Mächtigen der
Weltwirtschaft ist.

Eine Untersuchung der Vermögensverteilung innerhalb der Nationen zeigt ein Muster der Einkommenskonzentration – vor allem in den weniger entwickelten Ländern
außerhalb des ehemaligen Ostblocks. Adelman und Morris[13] fanden heraus, daß in
eben diesen Ländern der durchschnittliche Anteil des Einkommens, der an die ärmsten
20 Prozent der Bevölkerung geht, nur 5,6 Prozent beträgt im Vergleich zu 56 Prozent,
die von den oberen 20 Prozent in Anspruch genommen werden. Bei einer absoluten
Gleichverteilung des Einkommens stände den untersten 20 Prozent etwa das 4fache des
Betrages zu. Die Studie legt nahe, daß das Verhältnis zwischen dem Einkommensan-
teil der untersten 20 Prozent der Bevölkerung und der wirtschaftlichen Entwicklung je
nach Entwicklungsstufe variiert. Ein Anstieg des Einkommensanteils der untersten 20
Prozent wird nur dann mit wirtschaftlicher Entwicklung assoziiert, wenn bereits eine
relativ hohe Stufe der wirtschaftlichen Entwicklung erreicht wurde. In einem frühen
Stadium der wirtschaftlichen Entwicklung wirkt sich diese zu einem relativen Nachteil
für die untersten Einkommensgruppen aus. Brasilien ist zum Beispiel zur Gesellschaft
mit der größten Ungleichverteilung geworden. Die oberen 5 Prozent verdienen 65 Prozent des nationalen Einkommens verglichen mit 3 Prozent in den untersten 5 Prozent.
Brasiliens Beispiel stellt laut Messungen der Weltbank das Extrem der Ungleichverteilung dar und übertrifft damit noch Bangladesh.[14] Auch China hat mit der gleichen
Art von Ungleichverteilung zu kämpfen. Wie ein Politiker anmerkte: „Wirtschaftliche
Reformen verändern nicht nur wirtschaftliche Systeme, sondern bringen auch eine Revolution der Gedanken mit sich."[15]

Auch wenn das Thema in industrialisierten Ländern noch nicht aus der Welt geschafft ist, so haben Nationen mit homogener Bevölkerung und fortschrittlichem sozialem Gewissen die Armut doch in umfangreichem Maße reduziert. Die Lücke zwischen
den reichsten und ärmsten Ländern wird jedoch immer größer. 1960 betrug der Einkom-
mensunterschied zwischen oberstem und unterstem Fünftel der Weltbevölkerung noch
30:1; heute liegt das Verhältnis bei 75:1. 1998 entsprach der Vermögenswert von Bill

Gates, Vorstandsvorsitzender von Microsoft, dem Sultan von Brunei und der Familie Walton, Besitzer von Wal-Mart, dem Einkommen der 43 ärmsten Nationen.[16]

Zwischen 1850 und 1992 wuchs der Anteil der industrialisierten Nationen am Welteinkommen von 39 auf 75 Prozent an. Während dieser Zeit haben jährliche Wachstumsraten der gesamten Wertschöpfung von 2,7 Prozent und 1,8 Prozent der Pro-Kopf-Wertschöpfung die Verteilung des Welteinkommens grundlegend verändert. Die Ausmaße dieser Veränderung verglichen mit den vergangenen 6.000 Jahren des menschlichen Bestehens sind enorm; im letzten Jahrhundert wurden ein Drittel des realen Einkommens und ungefähr zwei Drittel der industriellen Wertschöpfung durch Bewohner industrieller Nationen generiert. Machen Sie sich bewußt, daß *eine relativ geringe durchschnittliche Wachstumsrate pro Jahr die geographische Landschaft der Weltwirtschaft grundlegend verändert hat.* Das Werk der industrialisierten Nationen ist eine Systematisierung des Wirtschaftswachstums; sie haben einen Prozeß kontinuierlicher und gradueller Veränderungen in Gang gesetzt.

Ergebnissen einer Studie zufolge könnte Indien, eines der ärmsten Länder der Welt, das nordamerikanische Einkommensniveau erreichen, wenn es, in realen Zahlen gesprochen, jährlich fünf bis sechs Prozent Wachstum zu verzeichnen hat; und das über einen Zeitraum von 40 bis 50 Jahren. Bei dieser Zeitspanne handelt es sich um nicht mehr als die durchschnittliche Lebenserwartung eines Inders. Japan war das erste Land ohne europäisches Erbe, das den Status des hohen Einkommens erreicht hat. Dieses Ergebnis wurde durch anhaltend hohes Wachstum und die Ansammlung von Wissen, zunächst durch die Kopie von Produkten mit anschließenden Verbesserungen erreicht. Wie das Beispiel Japan deutlich gezeigt hat, ist dies eine mögliche Vorgehensweise, um den Vorsprung der industrialisierten Nationen aufzuholen und das Niveau einer führenden Nation zu erreichen.

Heute, mehr als noch vor 2.000 Jahren, konzentrieren sich Wohlhaben und Einkommen regional, national und innerhalb von Nationen. Die Implikationen dieser Realität sind entscheidend für den globalen Marketer. Das Unternehmen, das sich geographisch ausweiten will, kann dieses Ziel erreichen, indem es seine Aktivitäten auf eine Hand voll Nationen konzentriert.

💡 AUF DEN PUNKT GEBRACHT

- Es gibt drei grundlegende Typen wirtschaftlicher Systeme: Markt-Allokation, Macht-Allokation und gemischte Systeme.
- Unterschiedliche Stufen der Marktentwicklung werden normalerweise durch den Vergleich des Pro-Kopf-Einkommens eruiert.
- Ein etwas genaueres Maß für die unterschiedlichen Lebenstandards stellt die Kaufkraftparität dar.
- Ein weitverbreitetes Klassifikationsschema für Ländermärkte ist: Länder mit hohem Pro-Kopf-Einkommen, Länder mit mittlerem Pro-Kopf-Einkommen/oberer Bereich, Länder mit mittlerem Pro-Kopf-Einkommen/unterer Bereich, Länder mit niedrigem Einkommen und Spezialfälle.

2.8   Bevölkerungszahl und -dichte

Wie schon zuvor angemerkt konzentrieren sich 74 Prozent des Welteinkommens auf die
Triade (Nordamerika, Westeuropa und Japan). 1997 standen die 10 führenden Nation
in Bezug auf die Bevölkerungsdichte für 51 Prozent des Welteinkommens und die fünf
größten hatten einen Anteil von 34 Prozent (siehe Tabelle 2.6). Die Konzentration des
Einkommens auf diejenigen Länder mit hohem Einkommen und großem Bevölkerungsanteil bedeutet, daß ein Unternehmen global agieren kann, wobei sich seine Aktivitäten
auf 10 oder weniger Länder beschränken. Die Umsätze werden dabei in Ländern unterschiedlichster Entwicklungsstufe generiert.

Tabelle 2.6: Die 10 führenden Länder in Bezug auf die Bevölkerungsdichte: 1997 mit
Prognose für 2010

Globales Ein-kommen und Bevölkerung	Bevölke-rung, (1997, in Tsd.)	in % der Welt-bevölke-rung	Geschätz-te Bevöl-kerung 2010	BSP, (1997, in Mio. €)	Pro-Kopf-Einkom-men (€)	in % des BSP weltweit
Welt (Total)	5,859,548	100.0	7,192,935	23,585,880	—	100,0
1. China	1,231,650	21.0	1,438,249	754,887	613,321	3,2
2. Indien	965,009	16.5	1,220,483	298,962	309,630	1,27
3. USA	267,876	4.6	297,998	6,303,177	23,530,145	26,7
4. Indonesien	199,904	3.4	246,446	187,057	935,675	0,79
5. Brasilien	164,358	2.8	200,047	500,726	3,046,245	2,12
6. Russische Föderation	149,086	2.5	156,558	255,208	1,711,869	1,08
7. Pakistan	137,816	2.4	197,914	55,255	401,246	0,23
8. Japan	126,455	2.2	133,190	3,665,733	28,988,108	15,5
9. Bangladesh	124,607	2.1	159,619	26,291	211,227	0,11
10. Nigeria	117,820	2.0	169,199	26,117	221,406	0,11

Quelle: Warren J. Keegan, Global Income and Population: 1997 and Projections to 2000 and 2010.

Für Produkte, deren Preis niedrig ist, stellt die Bevölkerungszahl im Vergleich zum
Einkommen die wichtigere Variable zur Bestimmung des Marktpotentials dar. Auch
wenn die Bevölkerungsgröße nicht die gleiche Konzentration aufweist wie das Einkommen, so läßt sich doch in Bezug auf die Größe einer Nation ein beachtliches Konzen-
trationsmuster feststellen. Die 10 Länder mit der größten Bevölkerungsdichte machen
heute allein 60 Prozent der Weltbevölkerung aus.

Der Mensch bewohnt die Erde seit über 2,5 Millionen Jahren. Die Anzahl menschlicher Wesen war während dieser gesamten Zeitspanne relativ gering. Zu Lebzeiten
Christi waren es ungefähr 300 Millionen Menschen, die die Erde bevölkerten; gerade mal ein Viertel der heutigen Bevölkerung Chinas. Während des achtzehnten und
neunzehnten Jahrhunderts stieg diese Zahl dann schlagartig an; 1850 wurde bereits
die Milliardengrenze erreicht. Zwischen 1850 und 1925 verdoppelte sich diese Zahl auf
2 Milliarden und erhöhte sich bis 1960 um eine weitere Milliarde. Heute beträgt die
Weltbevölkerung zirka 6 Milliarden Menschen. Wahrscheinlich wird sich diese Zahl

noch zu Lebzeiten der meisten dieses Buch verwendenden Studenten ein weiteres Mal verdoppeln (siehe Abbildung 2.4).

Es besteht eine negative Wechselbeziehung zwischen der Wachstumsrate der Bevölkerung und dem Pro-Kopf-Einkommen. Je geringer das Pro-Kopf-Einkommen, desto höher die Wachstumsrate der Bevölkerung. Einem Bericht der Vereinten Nationen zufolge werden 97 Prozent dieses Bevölkerungswachstums in den unterentwickelten und Entwicklungsländern stattfinden.[17]

Abbildung 2.4: Weltweites Bevölkerungswachstum

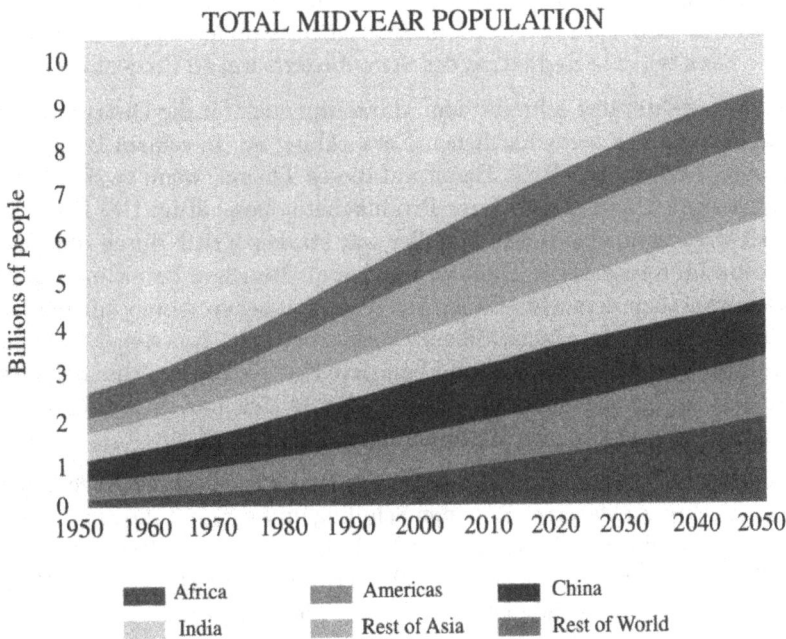

TOTAL MIDYEAR POPULATION

Africa Americas China
India Rest of Asia Rest of World

Quelle: 'Like herrings in a barrel', *The Economist*, 31. Dezember 1999, S.13.

2.9 Marketing und die wirtschaftliche Entwicklung

Eines der wichtigsten Themen im Bereich des Marketings ist die Frage, ob diese Disziplin eine Bedeutung für den wirtschaftlichen Entwicklungsprozeß hat. Einige sind davon überzeugt, daß dieses Fach nur in wohlhabenden, industrialisierten Nationen Relevanz besitzt. Es gilt hier, die Ressourcen einer Gesellschaft in die richtigen Bahnen zu lenken, um durch sich ständig ändernde Wertschöpfung und Produktion den Ansprüchen eines dynamischen Marktes gerecht zu werden. Hingegen geht es in weniger entwickelten Gebieten vor allem darum, knappe Ressourcen entsprechend notwendiger Produktionserfordernisse zu verteilen. Die Bemühungen sollten sich hier vor allem auf die Produktion und Ausweitung der Wertschöpfung als auf Kundenbedürfnisse und -wünsche richten.

Dem kann natürlich entgegengesetzt werden, daß der Marketingprozeß der Ausrichtung der unternehmerischen Ressourcen auf sich ergebende Möglichkeiten universelle Relevanz besitzt. Die Rolle des Marketings, die Bedürfnisse und Wünsche der Kunden zu identifizieren und individuelle sowie Bemühungen von Organisationen zur Befriedigung dieser Bedürfnisse zu unterstützen, ist in Ländern mit niedrigem wie auch mit hohem Einkommen gleich. Als Beispiel kann die zunehmende Nutzung alternativer Energiequellen wie Wind- oder Solarenergie dienen. Zum einen passiert dies, um die immer knapper werdenden Kohleressourcen vieler Länder zu kompensieren, zum anderen steht natürlich auch die Sorge um die zunehmende Erwärmung der Erdatmosphäre hinter diesem Vorgehen. Diese Sorge hat unter anderem in Indien zur Installation solarbetriebener Straßenlaternen geführt. In ähnlicher Weise wurden solarbetriebene Wassererhitzer in Gaborone, der Hauptstadt von Botswana, eingeführt. Damit konnte für tausende Familien eine Reduktion des Strombedarfs um 40 Prozent erreicht werden.

Die Wirtschaftsliteratur schreibt dem Marketing auch für die Distribution eine sehr bedeutende Rolle in der wirtschaftlichen Entwicklung zu. In seinem Buch *Westafrikanischer Handel* bezieht sich P. T. Bauer auf dieses Thema, wenn er sich mit der Zahl der dort ansässigen Händler und ihrer Produktivität beschäftigt.[18] Die Anzahl und Vielfältigkeit der westafrikanischen Händler war starker Kritik durch offizielle und inoffizielle Beobachter ausgesetzt. Händler wurden als Betrüger bezeichnet und für hohe Margen verantwortlich gemacht. Bauer hat diese kritischen Anmerkungen untersucht und festgestellt, daß sie auf einem Mißverständnis beruhen. Aus seiner Sicht sparte das westafrikanische System an Kapital und benutzte eine reichlich vorhandene Ressource, nämlich Arbeit. Daher argumentierte Bauer, daß es sich um ein produktives System nach rationalen, wirtschaftlichen Kriterien handelt.

Ein einfaches Beispiel hilft die Sichtweise von Bauer zu veranschaulichen. Ein Händler kauft eine Packung Zigaretten für einen Schilling und verkauft die Zigaretten für zwei Cent das Stück bzw. die ganze Packung für 2 Schilling. Hat diese Person die Gesellschaft um 1 Schilling betrogen oder handelt es sich hier um eine wertvolle Dienstleistung? In einer Gesellschaft, in der es möglich ist, nur eine Zigarette zu einem bestimmten Zeitpunkt zu rauchen, hat der Händler eine nützliche Dienstleistung angeboten, indem er Arbeit gegen Kapital eintauscht. In diesem Falle wäre Kapital die Anhäufung eines Zigaretten-Bestands durch den Konsumenten. Der Besitz eines Schillings ist die erste kritische Barriere für diese Anhäufung. Selbst wenn der Konsument die Summe von einem Schilling aufbringen könnte, würde es ihm sein Lebensstil nicht erlauben, diese zwanzig Zigaretten schnell genug zu verbrauchen, ohne daß die Qualität des Produktes darunter leiden würde. Selbst wenn er sich die Ausgabe von einem Schilling leisten könnte, würde ihm am Ende nur eine Packung vergilbter Zigaretten bleiben. In diesem Fall bietet der Händler, indem er die Packung öffnet, ein Produkt, das für den Konsumenten erschwinglich ist und eine attraktive Qualität aufweist. Sobald das Einkommensniveau steigt, wird der Käufer öfters zur Zigarette greifen und auch bald in der Lage sein, eine ganze Packung zu erwerben. Durch diesen Prozeß wird das Ausmaß lokaler Ressourcen durch die Distribution immer geringer werden und der Lebensstandard wird ansteigen. Mittlerweile stellt die Verfügbarkeit dieser Distributionsfunktion in Entwicklungsländern, in denen Arbeit eine reichlich vorhandene und billige Ressource darstellt und Kapital knapp ist, eine brauchbare und rationale Nutzung der gesellschaftlichen Quellen dar. Darüber hinaus stellen die Erfahrungen, die dadurch im

Distributionssektor gemacht werden können, einen wertvollen Faktor dar, indem unternehmerische Talente gefördert werden, deren Chancen auf ein gleichwertiges Training ansonsten sehr beschränkt sind.

🔆 **AUF DEN PUNKT GEBRACHT**

- Ungefähr ein Drittel des weltweiten Einkommens konzentriert sich auf die Triadeländer in Nordamerika, Westeuropa und Japan.
- Marketing spielt eine wichtige Rolle in der wirtschaftlichen Entwicklung eines Landes.
- Die Bevölkerung der Erde hat sich seit 1960 verdoppelt und hält derzeit bei zirka 6 Milliarden Menschen. Bei der gegenwärtigen Wachstumsrate geht man von zirka 10 Milliarden in der 6. oder 7. Dekade dieses Jahrtausends aus.

2.10 Zahlungsbilanzen

Zahlungsbilanzen stellen eine Auflistung aller wirtschaftlichen Transaktionen zwischen der Bevölkerung einer Nation und dem Rest der Welt dar. Zur Illustration werden in Tabelle 2.7 und Tabelle 2.8 Auszüge aus den deutschen und britischen Zahlungsbilanzstatistiken für den Zeitraum 1989 bis 1996 dargestellt. Beachten Sie, daß sich der Detailliertheitsgrad von Land zu Land unterscheidet. Großbritannien zum Beispiel stellt keine Zahlen zu Kapitalaufzeichnungen bereit. Der Internationale Währungsfonds vermerkt hier lediglich, daß „Schätzungen derzeit nicht verfügbar sind".[19] Die hier verwendete Darstellung lehnt sich an jene des *Balance of Payments Yearbook* an, herausgegeben vom Internationalen Währungsfonds, welches die wirtschaftlichen Aktivitäten der Länder dieser Erde darstellt.[20]

Die Zahlungsbilanzen sind unterteilt in die sogenannte „aktuelle" und die „Kapital"-Bilanz. Die aktuelle Bilanz stellt eine Auflistung der periodischen Handelszahlen für Waren und Dienstleistungen, private Schenkungen und öffentliche Hilfstransaktionen zwischen den Ländern dar. Die Kapitalbilanz enthält die Zahlen langfristiger direkter Investitionen, der Portfolioinvestitionen und anderer kurz- und langfristiger Kapitalflüsse. Ein Minuszeichen kennzeichnet abfließendes Geld. Rücklagen, netto Fehler und Auslassungen sind die Zuflüsse, die die Zahlungsbilanz ausgleichen. Im Allgemeinen baut ein Land Rücklagen auf, wenn die Nettobilanzsumme aus aktueller und Kapitalbilanz einen Überschuß aufweist; bei einem Defizit werden Rücklagen abgebaut. Der wichtige Punkt, den man hier beachten muß, ist die Tatsache, daß die gesamte Zahlungsbilanz ständig ausgeglichen ist. Ungleichgewichte ergeben sich nur in den Unterbereichen der gesamten Zahlungsbilanz. Das aktuelle Bilanzkonto stellt zum Beispiel eine häufig verwendete Bilanz dar. Tabelle 2.9 stellt diese Bilanzen für den Zeitraum 1990 bis 1996 für ausgewählte Länder dar. In diesem Zusammenhang wirft ein Vergleich der durchgehend hohen Verschuldung der USA mit den Überschüssen Japans interessante Aspekte auf.

Tabelle 2.7: Zahlungsbilanz, Deutschland, 1989-1996 (in Milliarden US-$)

Zahlungsbilanz	1989	1990	1991	1992	1993	1994	1995	1996
A. Leistungsbilanz	56.73	48.11	-17.88	-19.39	-14.12	-21.23	-23.53	-13.07
1. Produkte:								
Exporte f.o.b.	340.01	410.92	403.37	430.48	382.68	430.58	523.60	519.44
Importe f.o.b.	-264.73	-341.88	-383.45	-402.28	-341.49	-379.65	-458.52	-448.22
Produktbilanz	75.28	69.04	19.92	28.20	41.19	50.93	65.08	71.21
2. Dienstleistungen:								
Guthaben	51.83	66.57	68.56	68.96	64.64	66.00	81.50	84.64
Verbindlichkeiten	-64.34	-83.78	-89.66	-99.70	-97.76	-105.89	-127.29	-128.06
Produkt- & DL-Bilanz	62.77	51.84	-1.18	-2.53	8.07	11.04	19.29	27.79
B. Kapitalkonto	.08	-1.33	-.65	.60	.49	.15	-.65	-.02
3. Kapitalkonto:								
Guthaben	.39	.41	.77	1.12	1.38	1.56	1.68	2.71
Verbindlichkeiten	-.32	-1.73	-1.41	-.52	-.89	-1.42	-2.33	-2.74
Summe aus A & B	56.81	46.78	-18.53	-18.79	-13.63	-21.08	-24.19	-13.09
C. Finanzkonto	-59.08	-54.78	5.22	51.80	16.21	29.32	46.12	14.18
4. Direktinvestitionen im Ausland	-15.26	-24.20	-23.72	-19.67	-15.26	-17.18	-38.53	-27.79
5. Direktinvestitionen in Deutschland	7.15	2.53	4.11	2.64	1.95	1.68	11.96	-3.18
6. Portfolioinvestitionen								
- Aktiva	-26.63	-15.17	-17.96	-48.06	-32.66	-53.99	-22.08	-38.15
- Passiva	24.40	13.44	42.25	80.00	152.39	23.06	59.10	90.68
Summe aus A bis C	-2.27	-8.00	-13.31	33.01	2.58	8.24	21.93	1.08
D. Fehler und Auslassungen	5.12	15.26	7.12	4.17	-16.78	-10.27	-14.71	-2.28
Summe aus A bis D	2.86	7.25	-6.18	37.18	-14.20	-2.04	7.22	-1.20
E. Reserven u.a.	-2.86	-7.25	6.18	-37.18	14.20	2.04	-7.22	1.20
Wechselkurs DM:US$	1.8800	1.6157	1.6595	1.5617	1.6533	1.6228	1.4331	1.5048

Quelle: Adaptiert aus Balance of Payments Statistics Yearbook, Part 1: Country Tables, 1997, Washington, D.C.: International Monetary Fund, S.296.

Tabelle 2.8: Zahlungsbilanz, Großbritannien, 1989-1996 (in Milliarden US$)

Zahlungsbilanz	*1989*	*1990*	*1991*	*1992*	*1993*	*1994*	*1995*	*1996*
A. Leistungsbilanz	**-36.66**	**-32.50**	**-14.26**	**-18.35**	**-15.51**	**-2.34**	**-5-86**	**-.45**
1. Produkte:								
Exporte f.o.b.	150.70	181.73	182.58	188.45	182.06	206.45	241.53	259.91
Importe f.o.b.	-191.24	-214.47	-200.85	-211.88	-202.30	-223.41	-259.84	-279.38
Produktbilanz	-40.54	-32.74	-18.27	-23.43	-20.24	-16.95	-18.31	-19.47
2. Dienstleistungen:								
Guthaben	47.93	56.23	54.32	62.17	.58.61	64.30	73.52	79.39
Verbindlichkeiten	-42.40	-49.67	-47.99	-53.53	-50.38	-56.99	-62.68	-68.15
Produkt- & DL-Bilanz	-35.02	-26.18	-11.94	-14.79	-12.00	-9.64	-7.47	-8.23
B. Kapitalkonto	...	...	...	...	...	...	...	...
3. Kapitalkonto:								
Guthaben	...	...	...	...	...	...	...	...
Verbindlichkeiten	...	...	...	...	...	...	...	...
Summe aus A & B	-36.66	-32.50	-14.26	-18.35	-15.51	-2.34	-5.86	-.45
C. Finanzkonto	**22.47**	**29.20**	**18.51**	**1.12**	**23.39**	**-3.60**	**2.30**	**-3.53**
4. Direktinvestitionen im Ausland	-35.48	-19.32	-16.31	-18.99	-26.58	-33.80	-44.09	-44.59
5. Direktinvestitionen in GB	30.55	32.43	16.21	16.14	15.54	9.18	22.50	32.35
6. Portfolioinvestitionen								
- Aktiva	-63.12	-32.43	-55.56	-51.09	-132.45	34.85	-64.16	-91.92
- Passiva	28.71	24.82	14.78	25.92	43.06	55.00	61.37	64.75
Summe aus A bis C	-14.19	-3.30	4.25	-17.23	7.88	-5.94	-3.56	-3.98
D. Fehler und Auslassungen	**6.16**	**3.34**	**.46**	**10.56**	**-2.44**	**7.42**	**2.70**	**3.53**
Summe aus A bis D	-8.03	.04	4.70	-6.67	5.44	1.48	-.85	-.45
E. Reserven u.a.	**8.03**	**-.04**	**-4.70**	**6.67**	**-5.44**	**-1.48**	**.85**	**.45**
Wechselkurs DM:US$	.61117	.56318	.56702	.56977	.66676	.65343	.63367	.64096

Quelle: Adaptiert aus *Balance of Payments Statistics Yearbook, Part 1: Country Tables*, 1997, Washington, D.C.: International Monetary Fund, S.840.

Tabelle 2.9: Aktuelle Leistungsbilanz für ausgewählte Länder (in Millionen €)

Leistungsbilanzen	*1990*	*1991*	*1992*	*1993*	*1994*	*1995*	*1996*
USA	-77,907,02	-4,942,96	-48,057,04	-76,833,08	-112,764,52	-109,593,57	-126,164,27
Jap	37,391,37	57,856,61	95,496,52	111,667,67	110,495,32	94,198,63	55,889,40
A	989,12	51,75	67,02	-515,77	-1,873,89	-4,106,62	-3,564,56
F	-8,435,50	-5,529,22	3,302,43	7,626,22	5,966,09	13,948,60	17,399,48
D	40,809,17	-15,169,30	-16,448,54	-11,978,84	-18,010,26	-19,963,89	-11,088,98
I	-14,414,31	-20,994,58	-25,526,20	7,022,22	11,206,89	21,321,17	34,814,23
UK	-27,569,75	-12,096,76	-15,566,31	13,157,13	-1,985,02	-4,971,04	-381,74
NL	7,821,33	6,648,13	6,291,84	11,474,11	15,374,59	20,099,62	17,371,20
China	10,177,06	11,258,64	5,429,97	-9,847,91	5,860,06	1,375,55	6,144,24
RUS	...	...	...	...	9,096,32	8,464,34	9,669,77

Quelle: Adaptiert aus *Balance of Payments Statistics Yearbook*, 1997, Washington, D.C.: International Monetary Fund, 10.

2.11 Handelsmuster

Seit dem Ende des zweiten Weltkrieges ist der Warenhandel schneller gewachsen als die Produktion. Mit anderen Worten hat das Wachstum der Importe und Exporte die Wachstumsrate des Bruttosozialprodukts überholt. Darüber hinaus wachsen direkte Auslandsinvestitionen seit 1983 mit der fünffachen Geschwindigkeit des Welthandels und zehnfachen Geschwindigkeit des Bruttosozialprodukts.[21] Die Struktur des Welthandels wird in Abbildung 2.5 dargestellt. Große Bedeutung wird den Ländern der Triade beigemessen: Nordamerika, Westeuropa und Japan stehen für zwei Drittel der weltweiten Exporte und Importe. Die industrialisierten Nationen haben ihren Anteil am Welthandel durch vermehrten Handel untereinander vergrößert und gegenüber dem Rest der Welt reduzierten.

Abbildung 2.5: Welthandel, 1997 (in Milliarden €)

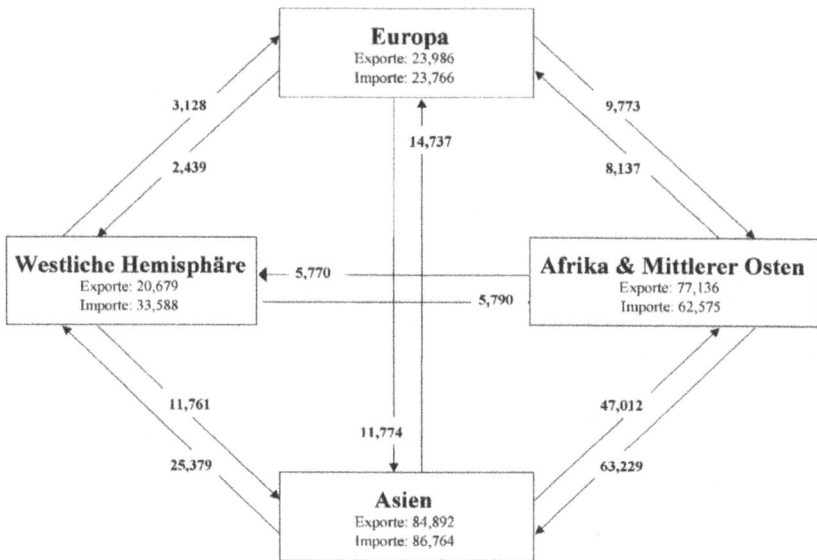

Europa
Exporte: 23,986
Importe: 23,766

3,128   9,773

2,439   8,137

14,737

Westliche Hemisphäre
Exporte: 20,679
Importe: 33,588

5,770

5,790

Afrika & Mittlerer Osten
Exporte: 77,136
Importe: 62,575

11,761   47,012

11,774

25,379   63,229

Asien
Exporte: 84,892
Importe: 86,764

Quelle: Adaptiert aus *Direction of Trade Statistics Yearbook*, 1998, Washington, D.C.: International Monetary Fund.

Laut der Organisation für Wirtschaftliche Zusammenarbeit und Entwicklung (OECD), hat sich der Anteil der nordamerikanischen Handelsexporte am Weltaufkommen in geringfügigem Ausmaß erhöht. Das US-Handelsvolumen ergab ungefähr 11 Prozent des gesamten Exporthandels in den Jahren 1985 bis 1987. Von 1993 bis 1995 war es mehr als 12 Prozent. Während dieser Zeitspanne fiel der Anteil der übrigen OECD-Länder (Nationen einer gewissen Entwicklungsstufe) von 62 Prozent auf 60 Prozent und der Anteil der Nicht-OECD-Länder stieg von 27 Prozent auf 28 Prozent. Trotz des wachsenden Handelsdefizits der USA haben sich die weltweiten Handelsimporte in den letzten zehn Jahren verringert. Zwischen 1985 und 1995 fiel die Importrate von 18 auf 16 Prozent. In ähnlicher Weise fiel der Anteil der anderen OECD-Länder von 57 auf 54

Abbildung 2.6: Anteil der Exporte am Bruttoinlandsprodukt

in %

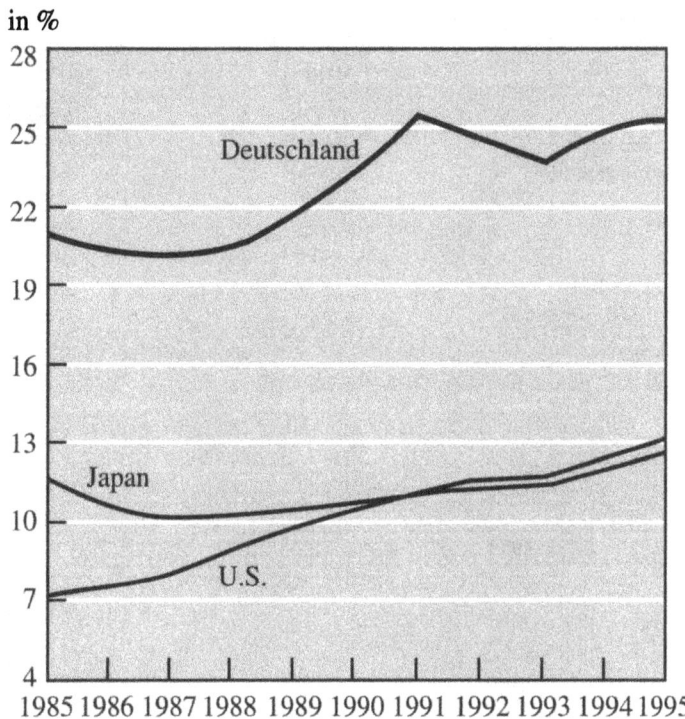

Quelle: http://www.clev.frb.org/research/feb96et/wortrd.htm#1c, 26. Juli 1999.

Prozent. Der Anteil der Entwicklungsländer entwickelte sich dem entgegengesetzt von 25 auf beinahe 30 Prozent.

Da die USA einen großen Anteil des Weltmarktes innehaben, wird der Export für ihre wirtschaftliche Leistung immer wichtiger. 1995 stellten die Exporte 13,2 Prozent des amerikanischen BSP dar; 1985 waren es nur 7,5 Prozent. Dies stellt die USA auf eine vergleichbare Ebene mit Japan, wo Exporte 12,5 Prozent der totalen Wertschöpfung darstellen. Nordamerika liegt damit jedoch noch hinter Deutschland, welches eine Exportrate von 25 Prozent des BSP aufweist.[22]

2.11.1 Warenhandel

Tabelle 2.10 zeigt die weltweiten Handelsstrukturen. 1997 betrug der Eurowert des Welthandels ungefähr € 5,5 Milliarden. 65 Prozent der Weltexporte werden durch industrialisierte Nationen abgewickelt. Die restlichen 35 Prozent stammen aus Entwicklungsländern. 1988 hielt Westeuropa bei 44 Prozent. Der Nachfragezuwachs in Westeuropa in diesem Jahr steht im Kontrast zu einer weltweit schwachen wirtschaftlichen Lage. Dies führte zu einer Ausweitung der Importe in einem Ausmaß, welches zum ersten Mal seit 1992 die Wachstumsrate dieser Region überstieg. Westeuropa stellte 1998 die einzige große Region dar, die ein Wachstum des Exportwertes zu verzeichnen hatte.[23]

Tabelle 2.10: Weltweite Exporte und Importe an Waren, von und nach Regionen und Ländergruppen gelistet (1997, in Milliarden €)

Regionen	Exporte nach (1997)	Importe aus (1997)
Weltweit	5,528	5,626
Industrienationen	3,616	3,620
Entwicklungsländer	1,909	2,001
Afrika	109	128
Asien	1,043	1,072
Europa	264	272
Mittlerer Osten	202	175
Westliche Hemisphäre	291	354

Quelle: Direction of Trade Statistics Yearbook, 1998, Global Income and Population: 1997 and Projections to 2000 and 2010.

Tabelle 2.11: Struktur der EU Exporte – Teil I

	Exporte von											
	B/L		DK		D		EL		E		F	
nach	1958	1994	1958	1994	1958	1994	1958	1994	1958	1994	1958	1994
B/L	-	-	1.2	1.9	6.6	6.7	1.0	1.6	2.1	2.8	6.3	8.5
DK	1.6	0.9	-	-	3.0	1.8	0.2	0.8	1.7	0.6	0.7	0.9
D	11.6	20.8	0.0	23.0	-	-	20.5	21.1	10.2	13.4	10.4	17.7
EL	0.8	0.6	0.3	0.7	1.3	0.8	-	-	0.1	0.9	0.6	0.7
E	0.7	2.9	0.8	1.8	1.2	3.2	0.2	2.2	-	-	1.6	6.9
F	10.6	19.3	3.0	5.6	7.6	12.0	12.8	5.4	10.1	19.0	-	-
IR	0.3	0.4	0.3	0.5	0.3	0.5	0.4	0.3	0.3	0.4	0.2	0.6
I	2.3	5.2	5.3	4.0	5.0	7.6	6.0	13.9	2.7	8.7	3.4	9.8
NL	20.7	3.0	2.2	4.3	8.1	7.5	2.0	2.5	3.2	3.6	2.0	4.5
P	1.1	0.8	0.3	0.5	0.9	0.9	0.3	0.4	0.4	7.4	0.8	1.4
GB	5.7	8.3	25.9	8.8	3.9	8.0	7.6	5.9	15.9	7.6	4.9	9.8
in												
andere EU-Länder	55.4	72.1	59.3	51.2	37.9	48.9	50.9	54.2	46.8	64.5	30.9	60.7
europ. OECD-Länder	8.7	5.8	16.6	22.2	22.7	16.9	10.3	8.1	12.4	5.8	9.0	7.8
USA	9.4	4.9	9.3	5.5	7.3	7.9	3.6	4.8	10.1	4.6	5.9	7.0
Kanada	1.1	0.4	0.7	0.5	1.2	0.6	.3	0.5	1.3	0.5	0.8	0.7
Japan	0.6	1.3	0.2	4.0	0.9	2.6	1.4	1.0	1.7	1.1	0.3	1.9
Aus	0.5	0.3	0.3	0.6	1.0	0.7	0.1	0.4	0.3	0.4	0.5	0.4
LDC*	18.0	11.3	9.3	10.9	20.9	12.7	7.2	17.2	18.4	20.7	46.9	8.0
Davon												
- OPEC	3.3	1.7	2.3	1.8	4.8	2.6	0.9	4.0	2.6	3.0	21.3	3.7
- andere	14.7	9.6	7.0	9.1	16.1	10.1	6.3	13.2	15.8	17.7	25.6	14.3
Rest der Welt	6.3	3.9	4.3	5.1	8.1	9.7	16.2	13.8	9.0	2.4	5.7	3.5
Welt (- EU)	44.6	27.9	40.7	48.8	62.1	51.1	49.1	45.8	53.2	35.5	69.1	39.3
Welt (+ EU)	100	100	100	100	100	100	100	100	100	100	100	100

* Less Developed Countries, wirtschaftlich weniger entwickelte Länder

Betrachtet man die Exporte der EU-Länder im Detail, so zeigt sich, daß sich die Exportrate in diesem Raum von 1958 bis 1994 von 37,2 auf 58,4 Prozent erhöht hat. Dazu steht kontrastierend der fallende Exportanteil in Entwicklungsländer. Hier zeichnete sich eine Verminderung von 27,4 auf 14,2 Prozent ab. Der Exportfluß in die USA blieb mehr oder weniger stabil (siehe Tabelle 2.11).

Die zehn führenden Export- und Importländer (nach dem Bericht des Internationalen Währungsfonds) sind Tabelle 2.13 zu entnehmen. Die drei ersten Plätze gehen an die Vereinigten Staaten, Deutschland und Japan. Diese Länder sind in Bezug auf Exporte als auch auf Importe führend. China zeigt, verglichen mit 1990, eine spektakuläre Wachstumsrate der Exporte (293 Prozent) als auch der Importe (311 Prozent).

Tabelle 2.12: Struktur der EU Exporte – Teil II

							Exporte von				
	IR		I		NL		P		UK		EUR
nach	1958	1994	1958	1994	1958	1994	1958	1994	1958	1994	1958	1994
B/L	0.8	3.9	2.2	3.0	15.0	13.9	3.7	3.7	1.9	5.5	4.8	6.0
DK	0.1	1.1	0.8	0.8	2.6	1.6	1.2	2.3	2.4	1.4	2.0	1.3
D	2.2	14.1	14.1	19.0	19.0	28.6	7.7	18.7	4.2	12.9	7.6	13.6
EL	0.1	0.5	1.9	1.8	0.6	1.0	0.5	0.5	0.7	0.7	0.8	0.9
E	0.8	2.3	0.7	4.6	0.8	2.5	0.7	14.3	0.8	3.8	1.0	3.8
F	0.8	9.2	5.3	13.1	4.9	10.6	6.6	14.7	2.4	10.2	4.7	10.5
IR	-	-	0.1	0.3	0.4	0.6	0.3	0.5	3.5	5.4	1.1	1.1
I	0.4	3.9	-	-	2.7	5.5	4.3	3.3	2.1	5.1	3.1	6.1
NL	0.5	5.5	2.0	2.9	-	-	2.5	5.2	3.2	7.1	5.3	5.7
P	0.1	0.4	0.7	1.3	0.4	0.8	-	-	0.4	1.0	0.8	1.3
GB	76.8	27.5	6.8	6.5	11.9	9.6	11.3	11.7	-	-	5.9	7.7
in												
andere EU-Länder	82.4	70.0	34.5	53.4	58.3	74.7	38.9	75.1	21.7	54.1	37.2	58.4
europ. OECD-Länder	0.9	6.9	18.9	11.3	11.9	6.7	5.1	8.1	9.1	8.2	13.7	10.7
USA	5.7	8.1	9.9	7.8	5.6	4.0	8.3	5.3	8.8	12.0	7.9	7.3
Kanada	0.7	0.9	1.2	0.9	0.8	0.4	1.1	0.7	5.8	1.4	2.3	0.7
Japan	0.0	3.1	0.3	2.1	0.4	1.0	0.5	0.8	0.6	2.3	0.6	2.1
Aus	0.1	0.6	0.8	0.7	0.7	0.4	0.6	0.3	7.2	1.4	2.4	0.7
LDC*	1.6	6.7	26.2	17.1	17.6	8.3	42.3	7.9	33.6	16.4	27.4	14.2
Davon												
- OPEC	0.2	1.4	7.5	3.8	4.5	1.8	2.0	0.8	7.0	3.6	7.6	2.9
- andere	1.4	5.3	18.7	13.3	13.1	6.5	40.3	7.1	26.6	12.8	19.8	11.3
Rest der Welt	8.6	3.7	8.2	6.7	4.7	4.5	3.2	1.8	13.2	4.2	8.5	5.9
Welt (- EU)	17.6	30.0	65.5	46.6	41.7	25.3	61.1	24.9	78.3	45.9	62.8	41.6
Welt (+ EU)	100	100	100	100	100	100	100	100	100	100	100	100

* Less Developed Countries, wirtschaftlich weniger entwickelte Länder
Quelle: Adaptiert aus *Europäische Wirtschaft*, Generaldirektion Wirtschaft und Finanzen, Nr. 67, Bruxelles, European Commission, 1997, 166.

Tabelle 2.13: Führende Export- und Importländer, 1996 (in Milliarden €)

Führende Exporteure	1996	Veränderter Anteil in % 1990/96	Führende Exporteure	1996	Veränderter Anteil in % 1990/96
1. USA	520.84	158	1. USA	681.38	161
2. D	440.64	126	2. D	380.23	131
3. Jap	339.56	142	3. Jap	268.67	149
4. F	232.49	131	4. UK	236.99	130
5. UK	220.48	143	5. F	219.67	117
6. I	212.79	147	6. I	161.19	112
7. Can	174.58	158	7. Can	149.08	145
8. NL	148.92	135	8. NL	131.98	132
9. B	130.99	140	9. Korea	121.82	221
10. China	128.16	293	10. China	111.59	311

Quelle: Adaptiert aus *Balance of Payments Statistics Yearbook Part 2: World and Regional Tables*, Washington, DC (International Monetary Fund, 1997), *20*.

2.11.2 Der Handel mit Dienstleistungen

Der wahrscheinlich am schnellsten wachsende weltweite Handelssektor ist der Dienstleistungssektor. Dienstleistungen umfassen die Bereiche Reisen und Unterhaltung, Ausbildung, Dienste wie zum Beispiel das Ingenieurwesen, Buchführung, rechtliche Beratung sowie die Zahlung von Tantiemen und Lizenzgebühren. Leider sind die Statistiken und Daten in Bezug auf den Handel mit Dienstleistungen nicht im selben Maße umfassend und ausführlich wie jene für den Warenhandel. So gibt es zum Beispiel Tausende von unterschiedlichen statistischen Kategorien, welche auf Exporte und Importe physischer Produkte angewandt werden. Im Vergleich dazu muß sich das Berichtswesen für den Handel mit Dienstleistungen mit weniger als 50 Kategorien begnügen.

Viele Länder (vor allem solche mit einem niedrigen Einkommensniveau) gehen sehr sorglos mit der Förderung des internationalen Copyrights um, welches das geistige Eigentum und Patentgesetzgebungen schützen soll. Als eine Folge dieses Verhaltens erleben viele Länder, die Dienstleistungen wie Software oder Videounterhaltung exportieren, große Einkommensverluste. Laut der Software Publishers Association betragen die jährlichen weltweiten Verluste aufgrund von Softwarepiraterie an die € 5,8 Milliarden. Man nimmt an, daß mehr als 95 Prozent aller in China und den Ländern der ehemaligen Sowjetunion gehandelten Software für PCs Raubkopien sind.

Tabelle 2.14 zeigt die Exporte und Importe von Dienstleistungen durch ausgewählte Industrienationen in den Jahren 1990 und 1996. Beachten Sie, daß die Vereinigten Staaten und, in einem geringeren Ausmaß, Großbritannien, Frankreich und die Schweiz ein Plus mit dem Handel an Dienstleistungen generieren. Anders Japan und Deutschland, die sich beachtlichen Defiziten gegenüber sehen.

Tabelle 2.14: Exporte und Importe ausgewählter Länder
(in Millionen €)

	Exporte		Importe	
Land	**1990**	**1996**	**1990**	**1996**
USA	125.00	199.09	99.79	129.59
Kanada	16.29	24.19	24.01	30.34
Japan	35.10	57.45	71.49	110.25
Österreich	19.74	20.62	12.05	19.04
Belgien-Luxemburg	24.11	30.82	22.55	28.68
Frankreich	64.86	75.41	51.79	61.15
Deutschland	56.47	71.80	71.07	108.63
Italien	42.25	59.30	42.46	57.21
Niederlande	26.23	41.73	25.62	38.80
Schweiz	16,03	22.25	9.50	13.06
Großbritannien	47.70	67.35	42.14	57.81
China	4.97	17.47	3.69	19.16
Korea	9.51	22.74	9.56	27.27

Quelle: Adaptiert aus *Balance of Payments Statistics Yearbook Part 2: World and Regional Tables*, Washington, DC (International Monetary Fund), 1997, S.22.

AUF DEN PUNKT GEBRACHT

- Die Zahlungsbilanz stellt einen Bericht über sämtliche wirtschaftliche Transaktionen der Einwohner eines Landes mit dem Rest der Welt dar.
- In der Kapitalbilanz werden alle langfristigen Direktinvestionen, Portfolioinvestitionen und kurzfristigen sowie langfristigen Kapitalflüsse aufgelistet.
- Die aktuelle Bilanz umfaßt sämtliche Handelstransaktionen in Bezug auf Waren, Dienstleistungen, private Schenkungen und öffentliche Unterstützung zwischen den Ländern.
- Seit dem Ende des zweiten Weltkrieges wuchs der Handel mit Dienstleistungen schneller als die Produktion. Damit wurde sogar die Wachstumsrate des Bruttosozialprodukts übertroffen.
- Den am schnellsten wachsenden weltweiten Handelssektor stellt der Handel mit Dienstleistungen dar.

2.12   Die Regionalisierung der Märkte

Die Zeit nach dem zweiten Weltkrieg zeichnet sich durch ein enormes Interesse für wirtschaftliche Kooperationen aus. Dieses Interesse wurde noch durch die Erfolge der Europäischen Union gefördert. Wirtschaftliche Kooperationen sind in den unterschiedlichsten Formen vorhanden. Die Bandbreite zieht sich von Vereinbarungen zwischen zwei und mehr Ländern, um Handelsbarrieren zu reduzieren, bis hin zur allumfassenden wirtschaftlichen Integration ganzer Wirtschaftssysteme. Die wohl bekannteste Vereinbarung des 20. Jahrhunderts stellt das britische Commonwealth-Präferenzsystem dar. Dieses System war die Basis für den Handel zwischen Großbritannien, Kanada, Australien, Neuseeland, Indien und weiteren ausgewählten Kolonien in Afrika, Asien und dem Mittleren Osten. Die Beitrittsentscheidung Großbritanniens zur Europäischen Union führte zur Auflösung dieses Systems. Darüber hinaus veranschaulicht dieses Beispiel deutlich die sich in ständiger Weiterentwicklung befindliche Natur solcher international ausgerichteter wirtschaftlicher Kooperationen. Tabelle 2.15 zeigt vier verschiedene Stufen wirtschaftlicher Kooperation und Integration.

Tabelle 2.15: Stufen internationaler wirtschaftlicher Integration

Stufe der Integration	Beseitigung von Zöllen und Quoten	Gemeinsame Zoll- und Quotensysteme	Beseitigung von Beschränkungen in Bezug auf Faktorbewegungen	Harmonisierung von Wirtschaft, Sozialwesen und Legislative
Freihandels- zone	Ja	Nein	Nein	Nein
Zollunion	Ja	Ja	Nein	Nein
Gemeinsamer Markt	Ja	Ja	Ja	Nein
Wirtschaftliche Union	Ja	Ja	Ja	Ja

2.12.1   Wirtschaftliche Zusammenarbeit und Integration

Freihandelszone

Eine Freihandelszone besteht aus einer Gruppe von Ländern, die sich auf die Beseitigung aller Handelsgrenzen innerhalb dieser Vereinigung verständigt haben. Länder, die dieser Freihandelszone angehören, können eine unabhängige Handelspolitik mit Drittländern führen. Dies wird in der Regel auch so gehandhabt. Um die Umlenkung des Handels zu Gunsten von Niedrigzoll-Ländern zu verhindern, wird ein System der Kennzeichnung des Ursprungslandes angewandt. Dieses System soll dem Transport von Gütern über Niedrigzoll-Länder in solche mit hohen Zöllen entgegenwirken. Zollinspektoren überwachen diesbezüglich die Grenzen zwischen den Mitgliedern dieser Zone. Die Europäische Wirtschaftszone umfaßt die 15 Nationen der Europäischen Union sowie Norwegen, Liechtenstein und Island. Die Freihandelszone Kanada-USA wurde formal

1989 ins Leben gerufen. 1992 wurden die Gespräche zwischen den Vereinigten Staaten, Kanada und Mexiko in Bezug auf das North American Free Trade Agreement (NAFTA) aufgenommen.

Zollunion

Die Zollunion geht als logische Konsequenz aus einer Freihandelszone hervor. Zusätzlich zur Beseitigung interner Grenzen einigen sich die Mitgliedsstaaten auf die Errichtung gemeinsamer externer Grenzen. Der Gemeinsame Mittelamerikanische Markt, der Southern Cone Common Market (Mercosur) sowie die Andean Gruppe sind Beispiele für eine Zollunion.

Gemeinsame Märkte

Ein gemeinsamer Markt geht über die Beseitigung interner und die Entwicklung gemeinsamer externer Grenzen hinaus. Die nächste Stufe bezieht sich auf die Beseitigung von Barrieren in Bezug auf den freien Fluß an Faktoren, sprich Arbeit und Kapital, innerhalb dieses Marktes. Auf diese Weise wird ein gemeinsamer Markt nicht nur für Produkte, sondern auch für Dienstleistungen und Kapital geschaffen.

Wirtschaftliche Union

Die vollständig entwickelte Form dieser Stufe würde die Bestellung einer gemeinsamen Zentralbank, die Verwendung einer einheitlichen Währung sowie eine einheitliche Gesetzgebung in Bezug auf Landwirtschaft, Sozialwesen, regionale Entwicklung, Transportwesen, Besteuerung, freien Wettbewerb und Firmenzusammenschlüsse, Konstruktion und Bau und vieles mehr beinhalten. Eine vollständig entwickelte wirtschaftliche Union bedarf einer einheitlichen politischen Grundlage; damit ähnelt eine solche Union schon nahezu einer Nation. Die nächst höhere Stufe wäre dann die Einrichtung einer zentralen Regierung, die unabhängige politische Staaten in ein Rahmenwerk zusammenfassen würde.

Die Europäische Union (EU) nähert sich diesem Ziel einer vollständig entwickelten wirtschaftlichen Union immer mehr an, jedoch bestehen immer noch enorme Schwierigkeiten. Eine einheitliche Währung stellt eine dieser Schwierigkeiten dar. Die Mitgliedsstaaten der EU realisieren zwar, daß eine Vielzahl von Währungen einen „Hemmschuh" für die Wirtschaft darstellt, jedoch ist ihnen auch bewußt, daß sie sich durch eine einzige gemeinsame Währung einem wirtschaftlichen Risiko aussetzen, das bisher nicht gegeben war. Auch zeigt sich immer deutlicher, daß die Währung ein Schlüsselelement der nationalen Kontrolle darstellt und am Ende den Unterschied zwischen einer Nation und einer subnationalen Einheit einer politischen Organisation ausmacht. Staaten besitzen eine eigene Währung, wohingegen Bundesländer oder Provinzen nicht darüber verfügen. Diejenigen EU-Mitglieder, welche eine einheitliche Währung übernehmen, verlieren gleichzeitig die Kontrolle über Inflation und Zinssätze; zwei Grundelemente der Geldpolitik, die wiederum einen Schlüssel für die souveräne Kontrolle des wirtschaftlichen Schicksals eines Landes darstellt.

2.12.2   Die Welthandelsorganisation und das Allgemeine Zoll- und Handelsabkommen

Der Prozeß hin zu stärkerer, internationaler wirtschaftlicher Integration ist eng verknüpft mit zwei Initiativen: dem allgemeinen Zoll- und Handelsabkommen (GATT, General Agreement on Tariffs and Trade) und der Welthandelsorganisation (WTO, World Trade Organisation). GATT stellt ein Abkommen zwischen 125 Nationen dar, die zumindest prinzipiell übereingekommen sind, den Handel untereinander zu fördern. Der Gedanke hinter diesem Abkommen war eine multilaterale, globale Initiative und man kann durchaus sagen, daß die Verhandlungspartner zur Liberalisierung des weltweiten Warenhandels beigetragen haben. Während ihres Bestehens von einem halben Jahrhundert schlichtete der GATT 300 Streitfragen in Bezug auf den Handel. Bei vielen dieser Konflikte handelte es sich um den Nahrungsmittelbereich. Jedoch hatte der GATT selbst keine Durchsetzungskraft (die verlierende Partei hatte das Recht die Regelungen zu ignorieren). Dadurch zogen sich die Konflikte oft über Jahre hin.

Die Nachfolge des GATT wurde ab dem 1. Januar 1995 von der Welthandelsorganisation angetreten. Von ihrem Sitz in Genf aus stellt die WTO eine Form für handelsbezogene Verhandlungen dar. Eine ihrer wichtigsten Aufgaben umfaßte die Überwachung der Verhandlungen in Bezug auf das Allgemeine Abkommen für den Handel mit Dienstleistungen. In diesem Abkommen machten 76 Unterzeichner bindende Zugeständnisse in den Bereichen Bankwesen, Wertpapiere und Versicherungen. Die Mitarbeiter der Welthandelsorganisation sind durchwegs neutrale Handelsexperten, die auch als Vermittler in weltweiten Handelskonflikten auftreten. Ihrer ersten großen Herausforderung sah sich die WTO bei der Schlichtung von Handelsstreitigkeiten zwischen den USA und Japan gegenüber. Die Vereinigten Staaten warfen Japan unfaire Handelspraktiken vor, die die Einfuhr von amerikanischem Autozubehör begrenzte. Seit 1947 führten die Mitgliedsstaaten des GATT acht Verhandlungsrunden in Bezug auf multilateralen Handel durch. Als ein Resultat wurden die durchschnittlichen 40 Prozent an Zollabgaben im Jahre 1945 bis heute auf nur 5 Prozent reduziert. Damit stand einem unglaublichen Wachstum des Handels nichts mehr im Wege: Zwischen 1945 und 1975 wuchs das Volumen des Welthandels um die 500 Prozent.[24] Die siebte Verhandlungsrunde nahm ihren Anfang in Tokyo und dauerte von 1973 bis 1979. Das Ergebnis war eine weitere 30-prozentige Reduzierung der Abgaben von € 127 Milliarden auf Industrieprodukte, sodaß sich die verbleibenden Zölle auf durchschnittlich 6 Prozent einpendelten. In Bezug auf den Handel mit landwirtschaftlichen Produkten zeigte sich eine deutliche Kluft zwischen den Vereinigten Staaten und den protektionistischen europäischen und japanischen Märkten. Diese Auseinandersetzung brachte die amerikanischen Landwirte, die weltweit effizientesten Produzenten, gegen die hohe Kosten verursachenden, aber politisch sehr starken Landwirte in Europa und Japan auf. Aufgrund von tief verwurzelten unterschiedlichen Sichtweisen änderte auch die siebte Gesprächsrunde nur wenig in diesem Bereich. Das wohl bemerkenswerteste Kennzeichen der Tokyorunde war jedoch nicht die Reduzierung der Zölle, sondern vielmehr die Entwicklung von neun neuen Abkommen in Bezug auf nicht-tarifäre Handelsbarrieren.

Große Aufmerksamkeit wurde auch der Dienstleistungsindustrie durch die Funktionäre des GATT geschenkt. Hier kam vor allem den Markteintrittsbarrieren in den Bereichen Bankwesen, Versicherungen, Telekommunikation und anderen Sektoren große Bedeutung zu. Das Thema Dienstleistungen wies eine solche Brisanz auf, daß die Eröffnung der Uruguayrunde von 1982 auf 1986 verschoben werden mußte. Diese Runde beschäftigte sich darüber hinaus mit den oben schon angesprochenen nicht-tarifären Barrieren, welche den Handel, wenn nicht überhaupt unterbanden, so doch nachhaltig reduzierten. Darunter fallen die landwirtschaftliche Handelspolitik, der Schutz des geistigen Eigentums und die Einschränkungen für ausländische Investitionen.[25]

Landwirtschaftliche Subventionen und Quoten die außerhalb des multilateralen Rahmenwerks entwickelt wurden, wurden ebenfalls zu einem Thema, das für Uneinigkeit sorgte. Wohlhabende Länder beschützten und subventionierten die landwirtschaftliche Produktion. Während einheimische Käufer hohe Preise bezahlen mußten, wurde die Überproduktion zu künstlichen Niedrigstpreisen an das Ausland verkauft. Frankreich beabsichtigt zum Beispiel seine Subventionierung des landwirtschaftlichen Sektors auch weiter beizubehalten. Laut OECD belaufen sich die Gesamtkosten dieser Subventionen für die Steuerzahler und Konsumenten solcher Länder auf über € 170 Milliarden pro Jahr. Dies bedeutet jedoch gleichzeitig, daß ärmere Länder (vor allem auch in Osteuropa) ein natürlicher Weg aus der Armut über den Export von Nahrungsmitteln verschlossen bleibt.[26] Die Uruguayrunde wurde eingestellt, nachdem im Dezember 1990 30.000 Landwirte auf die Straßen von Brüssel gingen, um für eine 30prozentige Reduktion der landwirtschaftlichen Exportsubventionen zu demonstrieren. Erst nach einigen Monaten wurden die Verhandlungen wieder aufgenommen und mündeten in einer endgültigen Einigung im Dezember 1993. Durch die Übereinkunft Frankreichs und der EU, Reduktionen vorzunehmen, wurde ein Weg aus der Sackgasse gefunden. Jedoch bietet die landwirtschaftliche Gesetzgebung noch genügend Anlaß für weitere Auseinandersetzungen. Als Beweis hierfür nehme man nur die Streitigkeiten zwischen den USA und der Europäischen Union in Bezug auf hormonbehandeltes Fleisch (siehe hierzu auch die Globale Perspektive).

GLOBALE PERSPEKTIVE

GRÜNES LICHT FÜR HANDELSSANKTIONEN

Die Welthandelsorganisation autorisierte gestern die USA, Handelssanktionen gegen Produkte der Europäischen Union zu erlassen. Dies soll quasi einen Gegenschlag für das Einfuhrverbot hormonbehandelten Fleisches in die EU darstellen. Ab dem 29. Juli werden die USA Importe aus der EU mit 100 Prozent Strafzoll belegen. Davon betroffene Produkte sind Delikatessen wie Gänseleber, Trüffel und Roquefortkäse sowie auch Rind- und Schweinefleisch, Dosentomaten und Senf.

US-Funktionäre ließen letzte Woche verlautbaren, daß die Sanktionen im Wert von € 99 Millionen vor allem gegen Frankreich, Deutschland, Italien und Dänemark gerichtet seien, da diese eine besondere Rolle in Bezug auf die Aufrechterhaltung des 10 Jahre alten Hormonfleisch-Verbots gespielt haben. Dies ist schon das zweite Mal in diesem Jahr, daß die Welthandelsorganisation US-Sanktionen gegen die EU bewilligt hat. Im April gab die WTO ihr Einverständnis für Sanktionen im Wert von beinahe € 170 Millionen gegen europäische Importe.

Fortsetzung auf der nächsten Seite

GRÜNES LICHT FÜR HANDELSSANKTIONEN (Fortsetzung)

Damals ging es um einen Gegenschlag für die unterlassene Einwilligung der Europäischen Union in den WTO-Schiedsspruch gegen das Bananenimportregime. Rita Hayes, die amerikanische Botschafterin für die WTO, pries die gestrige Entscheidung als einen Sieg. „Wir verfügen nun über eine Kombination aus Rindfleisch- und Bananen-Vergeltung gegen die Europäische Union im Wert von € 255 Millionen." Zudem wurde gestern auch Kanada mit dem Recht zu Handelssanktionen im Wert von C\$ 11.3 Millionen (€ 6,4 Millionen) jährlich in Zusammenhang mit der Hormondiskussion befähigt. Kanada kündigte an, bis Monatsende jene Produkte zu verlautbaren, die mit Strafzoll belegt würden, obwohl man für Gespräche über Kompensationen bereit wäre.

Die Welthandelsorganisation tritt deshalb in dieser Weise gegen das Rindfleischverbot auf, da sie der Meinung ist, daß die EU keinen ausreichenden wissenschaftlichen Beweis für die gesundheitsschädigende Wirkung hormonbehandelten Fleisches vorgebracht hätte, wie das die Handelsgesetze verlangen. Brüssel wurde aufgefordert, in das WTO-Urteil bis Mitte Mai einzuwilligen, beschloß jedoch, das Verbot aufrecht zu erhalten bis die wissenschaftlichen Studien über das gesundheitliche Risiko abgeschlossen seien. Der Endbericht der Studie soll Ende dieses Jahres vorliegen. Ein viel diskutierter Zwischenbericht bestätigt schon jetzt, daß eines der sechs von US-Landwirten verwendeten Hormone krebserregend sein kann.

Einfach zum Nachdenken:

- Sollte die EU selbst das Recht haben darüber zu entscheiden, welche Produkte sie aus Sicherheits- oder Gesundheitsgründen importiert? Warum wird hier die WTO eingeschaltet?
- Sollten einzelne EU-Staaten rechtlich in der Lage sein, Handelssanktionen gegen andere Mitgliedsstaaten einzusetzen (z.B. wie die weithin publizierte Sanktion gegen britisches Rindfleisch)?

Quelle: Financial Times, 27. Juli 1999, S.1

Konkurrenzfähige Unternehmen werden von der Reduktion bzw. vollständigen Eliminierung der Zölle profitieren. Die Nationen der Triade sind übereingekommen, die Zölle auf pharmazeutische Produkte, Baumaterialien, landwirtschaftliches und medizinisches Zubehör, Scotch Whiskey, Möbel, Papier und Eisen aufzuheben. In der Unterhaltungsindustrie bleiben auch weiterhin einige Themen ungelöst; Frankreich bestand auf Präferenzzöllen und Subventionen für französische Produzenten von Fernsehprogrammen und Filmen, um zu limitieren, was als „kultureller Imperialismus" empfunden wird. Die Anstrengungen, Restriktionen für die Übertragung amerikanischer Filme und Programme in Europa zu erreichen, blieben erfolglos.[27]

Zusätzlich zu den multilateralen Initiativen des GATT und WTO versuchen viele Länder, die Barrieren innerhalb ihrer Region abzubauen. Der nun folgende Abschnitt dieses Kapitels beschreibt kurz die großen regionalen Abkommen.

2.13 Bedeutende regionale Abkommen

2.13.1 Die Europäische Union – EU

Die Europäische Union (früher: Europäische Gemeinschaft) wurde im Januar 1958 durch den Vertrag von Rom begründet. Zu den ursprünglichen sechs Mitgliedern gehörten Belgien, Frankreich, Holland, Italien, Luxemburg und die ehemalige BRD. 1973 traten dann auch Großbritannien, Dänemark und Irland dem Abkommen bei, gefolgt von Griechenland 1981 und Spanien sowie Portugal 1986. Mit dem 1. Januar 1995 kamen schließlich noch Finnland, Schweden und Österreich hinzu. (In Norwegen führte eine Volksabstimmung im November 1994 zur Ablehnung der Mitgliedschaft.) Heute umfassen die 15 Nationen der EU 379 Millionen Einwohner, ein gemeinsames Bruttosozialprodukt von € 7,5 Trillionen und einen Anteil von 39 Prozent des weltweiten

Abbildung 2.7: EU Mitgliedsstaaten

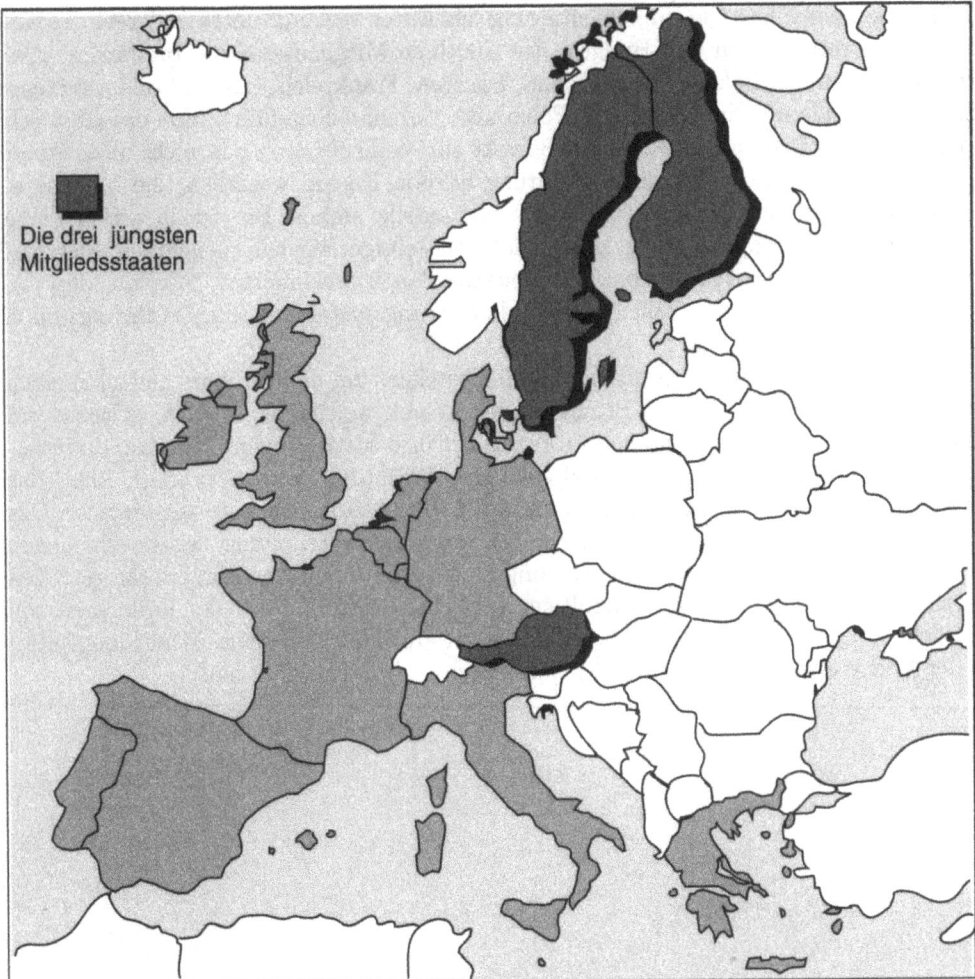

Die drei jüngsten Mitgliedsstaaten

Exports. Abbildung 2.7 zeigt die Mitgliedsstaaten der EU; die dunkler gekennzeichneten Länder repräsentieren die drei jüngsten Mitglieder.

Zu Beginn des Jahres 1987 gingen die damaligen 12 Mitgliedsstaaten die schwierige Aufgabe an, einen einheitlichen Markt für Produkte, Dienstleistungen und Kapital zu schaffen. Eine der großen Errungenschaften der EU war die Schaffung eines solchen einheitlichen Marktes bis Ende des Jahres 1992; der EU-Ministerrat erließ 282 Gesetze und regulierende Maßnahmen, um diesen Markt Wirklichkeit werden zu lassen. Heute können die Einwohner der Mitgliedsstaaten ungehindert die ehemaligen Grenzen innerhalb der EU passieren. Ein weiteres großes Thema stellt die Erweiterung der EU dar. Die Tschechoslowakei, Ungarn und Polen wurden im Dezember 1991 durch die sogenannten „Europäischen Abkommen" zu außerordentlichen Mitgliedern. Die baltischen Staaten Lettland, Litauen und Estland hoffen derzeit auch auf eine Mitgliedschaft und versuchen sich immer mehr dem Einfluß Rußlands zu entziehen.

Unter Berücksichtigung des Maastrichter Vertrages arbeitet die EU im Moment an der Schaffung einer einheitlichen Wirtschafts- und Währungsunion; darunter fällt auch der Aufbau einer europäischen Zentralbank und die Schaffung einer einheitlichen Währung, dem Euro. Die Implementierung des Euros verlangt unter anderem die Koordination von Steuern und Budgets der einzelnen Mitgliedsstaaten. Im Januar 1999 wurde der Euro in Belgien, Deutschland, Spanien, Frankreich, Irland, Italien, Luxemburg, den Niederlanden, Österreich, Polen und Finnland eingeführt. Man erwartet sich aber auch von Großbritannien einen Beitritt zur Währungsunion in nicht allzu ferner Zukunft. Durch eine einheitliche Währung werden Kosten wegfallen, die in Zusammenhang mit Währungstausch und Wechselkursrisiko stehen. Bis jedoch wirklich eine einheitliche Währung bestehen kann, sind noch einige Hürden zu nehmen. Der Europäische Blickwinkel veranschaulicht deutlich den komprimierten Zeitplan, der von der EU für den Übergang von einem Multiwährungssystem zu einer Währungsunion ausgearbeitet wurde.

Während der gesamten Geschichte ihres Bestehens hat die Europäische Union einen enormen Zuwachs erfahren; in Bezug auf das Gebiet, welches sie umfaßt, in Bezug auf die politische Bedeutung als auch in Bezug auf ihre Institutionen. Die Gründungsabkommen wurden insgesamt drei Mal geändert: 1987 (der Einheitsvertrag), 1992 (das Abkommen der Europäischen Union) und 1997 (das Abkommen von Amsterdam). Das erklärte Ziel der EU ist eine immer enger werdende Vereinigung der verschiedenen Völker in Europa, in der die Entscheidungen mit größtmöglicher Bürgernähe getroffen werden; ausgeglichener und nachhaltiger wirtschaftlicher und sozialer Fortschritt soll erreicht werden, ebenso wie die Schaffung einer europäischen Identität auf internationaler Ebene und die Einführung der europäischen Staatsbürgerschaft.

EUROPÄISCHER BLICKWINKEL		
FAHRPLAN FÜR DIE EINFÜHRUNG DES EURO		
Zeit	**Aktivität**	**Verantwortung**
Frühling 1998	Entscheidung in Bezug auf die Teilnehmerstaaten	Europäischer Rat
	Entscheidung in Bezug auf das Vorhandensein bzw. Nichtvorhandensein eines umfassenden Defizits in jedem einzelnen Mitgliedsstaat. Empfehlungen jener Mitgliedsstaaten, die die Voraussetzungen für die Annahme des € erfüllt haben.	Ministerrat für Wirtschaft und Finanzen (ECOFIN)
	Außerordentliche Sitzung des Europa-Parlaments in Bezug auf die Empfehlungen der ECOFIN	Europa-Parlament
	Entscheidung hinsichtlich derjeniger Mitgliedsstaaten, die von Anbeginn an der Währungsunion teilnehmen werden.	Staatsoberhäupter und Regierungen
	Durchführung aller verbleibenden Schritte zur Einführung des Euro	
	Festlegung der bilateralen Kurse der involvierten Währungen; Empfehlungen für die Positionen des Präsidenten und des Vorstandes der Europäischen Zentralbank. Nominierung gegen Ende Mai durch Staatsoberhäupter und Regierungen nach Absprache mit dem Parlament und dem Europäischen Ministerrat.	
	Übernahme des Gesetzestextes; Festlegung des € als einheitliche Währung für die teilnehmenden Mitgliedsstaaten; technische Spezifikation der Münzprägung und Gesetzgebung für Europäische Zentralbank.	Ministerrat für Wirtschaft und Finanzen (ECOFIN)
Im Laufe des Jahres 1998	Schaffung der Europäischen Zentralbank und Bestellung des Vorstands	Rat (nur diejenigen Staaten, welche an der Währungsunion teilnehmen)

Fortsetzung auf der nächsten Seite

FAHRPLAN FÜR DIE EINFÜHRUNG DES EURO (Fortsetzung)		
	Start der Produktion von Banknoten und Münzen.	Rat und Mitgliedsstaaten
	Übernahme notwendiger Sekundärgesetzgebung	Vorschlag durch Kommission, Beschluß durch EU-Rat
1.1.1999	Wechselkurse werden unwiderruflich fixiert und verschiedene Gesetze, vor allem in Bezug auf den legalen Status des Euro, treten in Kraft.	
	Definition und Ausführung der einheitlichen Währungspolitik.	Europäische Zentralbank (EZB)
	Ausländische Wechseltransaktionen werden in Euro durchgeführt.	
	Öffentliche Verschuldung findet in Euro statt.	Mitgliedsstaaten, Europäische Bank für Investitionen, Kommission
1.1.1999 bis 1.1.2002	Übernahme des Euro durch die Banken und Finanzierungsindustrie.	
	Unterstützung bei der ordnungsgemäßen Überführung der gesamten Wirtschaft.	Mitgliedsstaaten, Europäische Bank für Investitionen, Kommission
1.1.2002	Beginn der Zirkulation der €-Banknoten.	Kommission und Mitgliedsstaaten
	Beginn der Zirkulation der €-Münzen.	Mitgliedsstaaten
	Ganzheitliche Überführung der öffentlichen Administration.	Mitgliedsstaaten
1.7.2002	Auflösung des legalen Status nationaler Banknoten und Münzen.	Mitgliedsstaaten, Europäische Zentralbank

Quelle: Adaptiert von `http://europa.eu.int/euro/html/calendrier5.html` 26. Juli 1999.

Die hauptsächlichen Ziele der Union für die kommenden Jahre stellen die Implementierung des Amsterdamer Vertrages (der die neuen Rechte für Staatsbürger, die Bewegungsfreiheit, Arbeit und die Stärkung der Institutionen beinhaltet), die Ausweitung der EU, die Involvierung der Anwärter aus Mittel- und Osteuropa (Agenda 2000) und – natürlich – die Einführung des € dar.

2.13.2 Das Nordamerikanische Freihandelsabkommen (NAFTA)

1988 unterzeichneten die Vereinigten Staaten und Kanada ein Freihandelsabkommen (U.S.-Kanada-Freihandelsabkommen oder CFTA), welches 1993 auf Mexiko ausgeweitet wurde. Die daraus resultierende Freihandelszone umfaßte 1995 eine Bevölkerung von 381 Millionen und ein Bruttosozialprodukt von € 5,5 Trillionen.

Die Regierungen der drei Länder fördern das wirtschaftliche Wachstum durch eine Ausweitung des Handels und der Investitionen. Die Vorteile eines kontinentalen Handelsabkommens werden es den Mitgliedern ermöglichen, sich den Herausforderungen der Zukunft zu stellen. Die allmähliche Beseitigung der Barrieren für den Warenverkehr, Dienstleistungen und Investitionen bei gleichzeitigem, intensivem Schutz des geistigen Eigentums (Patente, Handelsmarken und Urheberrechte) werden Unternehmen, Arbeitern, Landwirten und Konsumenten zugute kommen. Kanada und Mexiko stehen an erster und dritter Stelle der bedeutendsten Handelspartner der Vereinigten

Abbildung 2.8: Mitgliedsstaaten der NAFTA

Staaten (Japan rangiert an zweiter Stelle). Die Mitgliedsstaaten der NAFTA sind in Abbildung 2.8 zu sehen.

2.13.3 APEC – Asian-Pacific Economic Cooperation

Jeden November treffen sich die Vertreter der 18 an den pazifischen Ozean grenzenden Länder, um die Möglichkeit einer Liberalisierung des Handels zu diskutieren. Gemeinsam stehen die Mitgliedsländer der APEC für 40 Prozent des Welthandels, 38 Prozent der Weltbevölkerung und 52 Prozent der weltweiten Wertschöpfung. Die APEC stellt ein Diskussionsforum für leitende Angestellte aus Forschung und Wirtschaft, Minister und Staatsoberhäupter dar. Einige kleine asiatische Länder sehen die APEC als willkommenes Mittel, um die Vereinigten Staaten als Gegengewicht zu den ansonsten die Region dominierenden Ländern China und Japan zu nutzen. Wie im Economist zu lesen war: „Es ist noch nicht allzu lange her, daß der Gedanke als alles andere denn großartig bezeichnet wurde, daß Südkorea, Indonesien und ganz zu schweigen von China etwas mit der Vision des freien Handels zu tun haben."

1993, während des fünften APEC-Forums in Seattle, hofften die Vereinigten Staaten den Handel mit dem schnell wachsenden pazifischen Raum anzukurbeln. Dies sollte durch die Herabsetzung von Zöllen, eine Übereinkunft in Bezug auf die Wettbewerbspolitik und die Beseitigung von Subventionen bewerkstelligt werden. Tatsächlich bewirkten sie ein Treffen der Staatsoberhäupter, das die Ankündigung eines gemeinsamen Einsatzes für die Vision des freien Handels nach sich zog.

Ein Großteil der Diskussionen unter den Mitgliedern der APEC bezieht sich auf die Frage, ob es möglich sein wird, sämtliche Barrieren im asiatischen Raum bis zum Jahr 2020 zu beseitigen. Es hat sich gezeigt, daß sowohl Politiker als auch Landwirte in Südkorea, China und Japan nach wie vor Subventionen im Agrarbereich unterstützen. Sowohl die Hersteller landwirtschaftlicher Produkte in den USA, als auch diejenigen Kanadas und Australiens beabsichtigen Nahrungsmittel vermehrt in Asien abzusetzen. Obwohl die japanische Regierung 1993 das Verbot von Reisimporten aufhob, ist der Marktzugang nach wie vor eingeschränkt. Besonders Australien hat sich bemüht neue Reisvarianten zu entwickeln, um den hohen Ansprüchen der japanischen Konsumenten zu entsprechen. Ein Mitglied der Kooperation der australischen Reisproduzenten stellt es so dar: „Die Japaner sind echte Reiskenner. Wenn wir unsere Produkte in Japan verkaufen können, dann wird das auch weltweit möglich sein. Nun bedarf es nur noch der Öffnung des Marktes."

1997 sah sich die APEC bei ihrer Versammlung in Vancouver, Britisch-Kolumbien, einer unerwarteten Herausforderung gegenüber: der asiatischen Finanzkrise, die in Thailand ihren Ausgang nahm und sich rasch auf Malaysien, Indonesien, Korea und sogar Japan ausbreitete. Die Krise, die durch sorglose Kreditvergabepraktiken im privaten Sektor der Länder ausgelöst wurde, führte zu einem Vertrauensrückgang der Investoren in Wertpapierwerte. Als Folge kollabierten die Preise im Aktienmarkt, ein beträchtlicher Verfall der Währungen fand statt und Exporte aus der Region in die USA nahmen in großem Umfang zu. Den Rest der Welt traf diese Krise völlig unerwartet, was ein weiteres Indiz dafür ist, daß die Kreditvergabepraktiken in den besagten Gebieten sehr locker gehandhabt wurden. Die Welt mußte erkennen, daß das asiatische Wunder einige Mängel aufwies, die dringend beseitigt werden mußten. Diese Krise stellte eine Herausforderung für die gesamte Weltwirtschaft dar: Wie könnte diese Krise behoben werden, ohne daß sich der „Virus" auf den Rest der Welt ausbreitet. Wirtschaftsexperten war klar, daß eine Regeneration Asiens möglich sei, solange die wirtschaftlich führenden Länder mit hohem Einkommen die angesammelte Nachfrage auf ihren Märkten nicht kollabieren ließen und keine Handelsbarrieren aufgestellt würden. Dies würde eine Beendigung der traditionell engen Beziehung zwischen der Wirtschaft und Politik vieler Länder nach sich ziehen. Vielmehr würde ein rigoroseres System im privaten Sektor entstehen, welches die Verantwortung für Investitionsentscheidungen tragen würde.

2.13.4 Verband der Südostasiatischen Nationen – ASEAN

Der Verband der Südostasiatischen Nationen (ASEAN) ist eine Organisation für wirtschaftliche, politische, soziale und kulturelle Zusammenarbeit zwischen zehn Mitgliedsstaaten: Brunei, Kambodscha, Indonesien, Laos, Malaysien, Myanmar, die Philippinen, Singapur, Thailand und Vietnam. Der ASEAN wurde 1967 mit der Unterzeichnung der Bangkok-Deklaration ins Leben gerufen (siehe Abbildung 2.9).

Abbildung 2.9: Mitgliedsstaaten der ASEAN

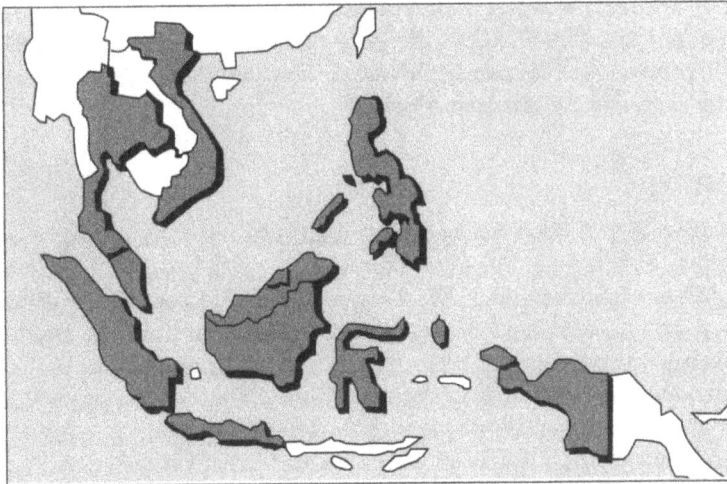

Den Vertretern des ASEAN wird immer mehr bewußt, daß allgemeine Ziele und Wahrnehmungen nicht ausreichen, um einen Verband am Leben zu erhalten. Die notwendige Voraussetzung einer Übereinstimmung unter den Mitgliedern – bevor etwaige weitere Schritte unternommen werden – stellt ein ständig vorhandenes Problem dar. Auch wenn die Mitgliedsstaaten des ASEAN geographisch gesehen nahe beieinander liegen, so unterscheiden sie sich grundlegend im geschichtlichen Werdegang. Einer der Gründe, warum der Verband auch heute noch besteht, ist seine Untätigkeit. Es zeichnet sich jedoch ein Umschwung ab; 1994 beschlossen die Wirtschaftsminister der Mitgliedsstaaten, eine ASEAN-Freihandelszone (AFTA) bereits 2003 in Kraft treten zu lassen –

fünf Jahre früher als ursprünglich geplant. Durch diese Übereinkunft werden Zölle von 20 oder mehr Prozent auf null bis fünf Prozent reduziert werden.[28]

2.13.5 Weitere regionale Kooperationen

Neben den zuvor besprochenen Initiativen bestehen eine Reihe weiterer Zusammenschlüsse, die die Reduktion von Handelsbarrieren in den verschiedensten Regionen der Erde zum Ziel haben. Die wichtigsten werden in Folge kurz beschrieben.

Ein gemeinsamer zentralamerikanischer Markt

Zentralamerika versucht den gemeinsamen Markt, der in den 1960ern zum Tragen kam, erneut aufleben zu lassen. Der Zusammenbruch kam 1969 bei Ausbruch des Krieges zwischen Honduras und El Salvador. Die fünf Mitgliedsstaaten Honduras, El Salvador, Guatemala, Nicaragua und Costa Rica beschlossen im Juli 1991 den gemeinsamen Markt erneut ins Leben zu rufen.

Das Sekretariat für wirtschaftliche Integration in Zentralamerika (SIECA) umfaßt die Minister für wirtschaftliche Integration und regionale Entwicklung. Die SIECA ist damit beauftragt worden, die Entwicklung eines gemeinsamen zentralamerikanischen Marktes zu unterstützen. Sie dient als Sekretariat für eine Gruppe von Zollexperten, die gegenwärtig die Zollabgaben im zentralamerikanischen Raum überarbeiten. Mit Wirkung vom 1. April 1993 verpflichteten sich alle Mitglieder des gemeinsamen zentralamerikanischen Marktes (CACM) die gemeinsamen externen Zölle (CET) für einen Großteil der Güter auf fünf bis zwanzig Prozent zu senken; viele dieser Zölle überstiegen bis kurz davor noch die 100-Prozent-Marke.

Die Andengruppe

Die Andengruppe wurde 1969 ins Leben gerufen, um die Entwicklung der Mitgliedsstaaten Bolivien, Kolumbien, Ecuador, Peru und Venezuela durch wirtschaftliche und soziale Integration voranzutreiben. Die Mitglieder beschlossen die Zölle innerhalb der Gruppe zu senken und entscheiden gemeinsam, welches Land welche Produkte produziert. Gleichzeitig wurde versucht, die Gruppe von fremdländischen Gütern und Unternehmen so weit wie möglich freizuhalten. Ein bolivianischer Bürger beschrieb das unglückliche Ergebnis dieser Wettbewerbsunterbindung folgendermaßen: „Wir hatten uns folgendermaßen geeinigt: Ihr kauft unsere überpreisten Produkte und wir eure."[29] 1988 unternahm die Gruppe einen erneuten Anlauf. Anfang 1992 beschlossen die Unterzeichnerstaaten des Andenpakts die erste subregionale Freihandelszone Lateinamerikas zu formieren.

Der gemeinsame Markt der südlichen Halbkugel

Argentinien, Brasilien, Paraguay und Uruguay wiesen 1997 eine Bevölkerung von 200 Millionen Menschen und ein Bruttosozialprodukt von € 763 Milliarden auf. Im März 1991 kamen diese vier Staaten überein, eine Zollunion zu bilden, die als Gemeinsamer Markt der südlichen Halbkugel bekannt ist (auf Spanisch Mercado del Sur oder Mercosur genannt). Am 5. August 1994 beschlossen die Präsidenten der vier Staaten die

Synchronisierung ihrer Zollreformen ab 1. Januar 1995. Interne Zölle wurden beseitigt, und externe Zölle über 20 Prozent wurden angepaßt. Rund 15 Prozent des Handels, darunter Elektronik- und Kapitalgüter sind durch diese Übereinkunft nicht abgedeckt.[30] Seit 1990 hat der Handel innerhalb der Region um 250 Prozent zugenommen.

Die karibische Gemeinschaft und der gemeinsame Markt – (CARICOM)

Der gemeinsame Markt der karibischen Gemeinschaft (CARICOM) wurde 1973 ins Leben gerufen, um die Einheit in der Karibik zu fördern. Die CARICOM trat an die Stelle der karibischen freien Handelsgemeinschaft (CARIFTA), die 1965 gegründet worden war. Zu den Mitgliedsstaaten zählen Antigua, Barbuda, die Bahamas, Barbados, Belize, die Dominikanische Republik, Grenada, Guyana, Jamaika, Montserrat, Sankt Christopherus, Nevis, Santa Lucia, Saint Vincent, die Grenadines, Trinidad und Tobago. Die Bevölkerung der dreizehn Mitglieder umfassenden karibischen Gemeinschaft zählt sechs Millionen Menschen.

Der Europäische Wirtschaftsraum

Im Oktober 1991, nach 14 Monaten dauernden Verhandlungen, beschlossen die damalige Europäische Gemeinschaft und die sieben Nationen umfassende Europäische Freie Handelsgemeinschaft (EFTA) einen europäischen Wirtschaftsraum mit Januar 1993 zu schaffen. Obwohl auch hier das Ziel ein freier Fluß an Gütern, Dienstleistungen, Kapital und Arbeit ist, stellt der Europäische Wirtschaftsraum eine Freihandelszone dar und nicht eine Zollunion mit externen Zöllen. Da Österreich, Finnland und Schweden nunmehr auch zur Europäischen Union gehören, verbleiben nur mehr Norwegen, Island und Liechtenstein als die einzigen Mitglieder der EFTA ohne EU-Mitgliedschaft (die Schweiz hatte sich entschlossen, nicht am Europäischen Wirtschaftsraum teilzunehmen). Der Europäische Wirtschaftsraum stellt den weltweit größten Handelsblock dar; mit 384 Million Konsumenten, einem Bruttosozialprodukt von € 6,8 Trillionen und nahezu 50 prozentigem Anteil am Welthandel[31].

Das Lomé-Abkommen

Die EU unterhält eine Übereinkunft mit 70 Ländern aus dem afrikanischen, karibischen und pazifischen Raum. Die Lomé Konvention wurde ins Leben gerufen, um den gegenseitigen Handel zu fördern und ärmere Länder mit finanzieller Hilfe aus dem europäischen Entwicklungsfonds zu unterstützen. Seit kurzem führen Budgetengpässe bei einigen Mitgliedern der EU zur Kürzung der Lomé-Unterstützung.

Central European Free Trade Association

Der Übergang vom kommunistischen System zur Marktwirtschaft in Zentral- und Osteuropa brachte im Juni 1991 auch die Stillegung der Vereinigung für gegenseitige wirtschaftliche Unterstützung mit sich. COMECON (oder CMEA, wie sie auch genannt wurde) stellte einen Zusammenschluß kommunistischer Ostblockstaaten mit der Sowjetunion dar. Seit der Beendigung des COMECON wurden zahlreiche Vorschläge für die multilaterale Zusammenarbeit eingebracht. Unter anderem wurde auch die Idee einer Nachfolgeorganisation geboren, die sogenannte Organisation für Internationale Wirtschaftliche Zusammenarbeit (OIEC). Letztlich scheiterte die Umsetzung vieler Vorschläge am Widerstand möglicher Mitgliedsstaaten. Die Oberhäupter dieser Staaten fürchteten durch einen erneuten regionalen Zusammenschluß eine Verringerung ihrer Chancen zum EU-Beitritt. Im Dezember 1992 unterzeichneten Ungarn, Polen und die Tschechoslowakei eine Vertrag, der zur Bildung des zentraleuropäischen Freihandelsverbandes (CEFTA) führte. Die unterzeichnenden Staaten beeideten die Zusammenarbeit auf verschiedenen Gebieten. Die Kooperation bezieht sich unter anderem auf die Bereiche Infrastruktur, Telekommunikation, subregionale Projekte, zwischenbetriebliche Zusammenarbeit, Tourismus und Warenhandel[32]. Rumänien und Slowenien sowie die beiden durch die Teilung der Tschechoslowakei entstandenen Staaten, die Tschechische Republik und die Slowakei, stellen ebenfalls Mitglieder der CEFTA dar. Mittlerweile entwickelt sich langsam die wirtschaftliche Integration der ehemaligen sowjetischen Republiken. Im Mai 1995 kamen die Regierungen Rußlands und Belarus' überein, eine Zollunion zu gründen und die Grenzposten zwischen den beiden Ländern zu beseitigen.

Vereinigung zur Zusammenarbeit der arabischen Golfstaaten – GCC

Diese Organisation wurde 1981 von sechs arabischen Staaten ins Leben gerufen: es handelt sich dabei um Bahrain, Kuwait, Oman, Quatar, Saudi-Arabien und die Vereinigten arabischen Emirate. Dieser Zusammenschluß gehört zu den drei Kooperationen jüngerer Zeit. 1989 wurden zwei weitere Kooperationen gegründet. Marokko, Algerien, Mauretanien, Tunesien und Libyen vereinigten sich zur Arabischen Maghreb Union (AMU); Ägypten, Irak, Jordanien und der Nordjemen schlossen sich zur Arabischen Vereinigung für Zusammenarbeit (ACC) zusammen. Viele arabische Bürger sehen die neuen regionalen Gruppierungen als Keimzellen wirtschaftlicher Gemeinschaften, die die Entwicklung des Handels und der Investitionen innerhalb des arabischen Raums fördern werden. Die Organisationen jüngeren Datums sind vielversprechender als der Arabische Bund, welcher aus 21 Mitgliedsstaaten besteht und dessen Verfassung die Einstimmigkeit für Entscheidungen verlangt[33].

Die Wirtschaftsgemeinschaft westafrikanischer Staaten

Das Abkommen von Lagos, das im Mai 1975 unterzeichnet wurde, führte zur Bildung der Wirtschaftsgemeinschaft westafrikanischer Staaten (ECOWAS) und umfaßt 16 Staaten. Das Ziel dieser Gemeinschaft ist die Förderung des Handels, die Zusammenarbeit und die Selbständigkeit in Westafrika. Zu den Mitgliedern gehören: Benin, Burkina Faso, Kap Verde, Gambia, Ghana, Guinea, Guinea-Bissau, die Elfenbeinküste, Liberia, Mali, Mauretanien, Niger, Nigeria, Senegal, Sierra Leone und Togo. 1980 einigten sich die Mitgliedsstaaten zum Aufbau einer Freihandelszone für unverarbeitete, landwirtschaftliche Produkte und Kunsthandwerk. Auch die Zölle auf Industriegüter sollten beseitigt werden. Es kam jedoch zu einer Verzögerung in der Umsetzung. Bis zum Januar 1990 wurden 25 in ECOWAS-Mitgliedsstaaten produzierte Güter von der Zollbelastung befreit.

Konferenz für südafrikanische Entwicklung und Zusammenarbeit

Die Konferenz für südafrikanische Entwicklung und Zusammenarbeit (SADCC) wurde von den regionalen Staaten unter farbiger Führung 1980 ins Leben gerufen, um Handel und Zusammenarbeit zu fördern. Angola, Botswana, Lesotho, Malawi, Mozambique, Namibia, Swaziland, Tansania, Sambia und Simbabwe stellen die Gründerstaaten dar. Die große Armut in diesen Regionen war der eigentliche Beweggrund für die Gründung der SADCC. Laut Weltbank beläuft sich das gemeinsame Bruttosozialprodukt aller 10 Länder 1997 auf gerade einmal € 28 Milliarden; eine Zahl, die ein Drittel des finnischen BSP und ein Viertel des südafrikanischen darstellt.

AUF DEN PUNKT GEBRACHT

- Es gibt viele unterschiedliche Formen wirtschaftlicher Zusammenarbeit zwischen Staaten. Die bedeutendsten stellen die Freihandelszonen, Zollunionen, der gemeinsame Markt und die wirtschaftliche Union dar.

- Die EU, NAFTA und die ASEAN gehören zu den bedeutendsten derzeit bestehenden Zusammenschlüssen.

- Die Welthandelsorganisation (WTO) wurde 1995 als Nachfolger des GATT ins Leben gerufen. Sie dient als Vermittler für globale Streitigkeiten in Bezug auf den Handel und stellt einen möglichst reibungslosen, vorhersagbaren und freien Fluß des Handels sicher.

2.14 Zusammenfassung

Das wirtschaftliche Umfeld stellt einen bedeutenden Bestimmungsfaktor des globalen Marktpotentials und globaler Geschäftschancen dar. Die weltweit vorhandenen Wirtschaftssysteme können in drei Gruppen eingeteilt werden: das Marktsystem, planwirtschaftliche Systeme und gemischte Systeme. Es zeichnet sich jedoch in den letzten Jahren ein eindeutiger Trend hin zur freien Marktwirtschaft ab. Viele der ehemals zentral geplanten Systeme befinden sich derzeit an der Schwelle zur freien Marktwirtschaft. Verschiedene Länder können nach der Stufe ihrer wirtschaftlichen Entwicklung kategorisiert werden: Demnach gibt es Länder mit niedrigem Einkommen, Länder mit mittlerem Einkommen im unteren und solche im oberen Bereich sowie Länder mit hohem Einkommen. Dazu kommen noch sogenannte Spezialfälle. Jede Entwicklungsstufe kann mit einem bestimmten Nachfragetypus in Verbindung gebracht werden. Da für viele Produkte das Einkommen den ausschlaggebenden Faktor darstellt, besteht ein erster Schritt darin, Länder nach ihrem gesamten oder Pro-Kopf-Einkommen zu bewerten.

Das Marktpotential für ein Produkt kann durch die Bestimmung des Marktsättigungsniveaus vor dem Hintergrund des Einkommensniveaus erhoben werden. Im Allgemeinen erscheint es angemessen, Sättigungsniveaus in Ländern oder Marktsegmenten zu vergleichen, die über ein ähnliches Einkommen verfügen. Auch Zahlungsbilanzen stellen einen bedeutenden, wirtschaftlichen Betrachtungsgegenstand dar. Eine Analyse dieser Bilanzen ermöglicht eine Aussage über den Fluß an Gütern, Dienstleistungen und Kapital in und aus dem jeweiligen Land.

Besonderes Interesse kommt der Formierung wirtschaftlicher Kooperationen zu. Eine Unterscheidung kann hier zwischen Freihandelszonen, Zollunionen, gemeinsamen Märkten und wirtschaftlichen Einheiten getroffen werden. Das Kapitel beschäftigt sich mit den bedeutendsten dieser wirtschaftlichen Kooperationen; unter anderem mit der EU, der NAFTA, APEC und der ASEAN.

2.15   Diskussionsfragen

1. Erklären Sie den Unterschied zwischen einem Marktsystem, einem planwirtschaftlichen System und einem wirtschaftlichen System?

2. Welches sind die verschiedenen Stufen der nationalen Marktentwicklung?

3. Welcher Anteil des Welteinkommens kann mit der jeweiligen Entwicklungsstufe in Bezug gesetzt werden?

4. Wie schaut die Einkommensverteilung heutzutage weltweit aus?

5. Wie sieht das Einkommensniveau der jeweils oberen und unteren 20 Prozent der Bevölkerung in Ländern mit niedrigem Einkommen im Vergleich zu Ländern mit hohem Einkommen aus?

6. Sind Einkommen und Lebensstandard ein und dasselbe? Was drückt der Begriff „Lebensstandard" aus?

7. Beschreiben Sie Ähnlichkeiten und Unterschiede einer Freihandelszone, einer Zollunion, eines gemeinsamen Marktes und einer wirtschaftlichen Union. Geben Sie jeweils ein konkretes Beispiel.

8. Zählen Sie die bedeutendsten Charakteristika der regionalen Märkte der Welt auf. Welche dieser Regionen weist das größte Wachstum auf? Und warum?

2.16   Webmistress's Hotspots

Homepage der Welthandelsorganisation
Die Homepage bietet dem Besucher einen Überblick über handelsbezogene Themen, unterschiedliche Quellen (inklusive diverser Handelsstatistiken) und vor kurzem erschienene Presseberichte. Eine großartige Quelle für aktuelle Informationen in Bezug auf den weltweiten Handel.
`http://www.wto.org/wto/`

Homepage der NAFTA
Die Homepage enthält eine Einführung über den Auftrag der NAFTA und beschreibt den Prozeß der Beschlußfassung.
`http://www.nafta-sec-alena.org/english/index.htm`

Offizielle Homepage der Europäischen Union
Diese Seite bietet mehr Informationen zur Europäischen Union, als Sie sich denken können. Sie ermöglicht Ihnen sogar das Abspielen der europäischen Hymne! Unter anderem weist sie auch gute Links zu europäischen Institutionen auf wie Parlament, Rat, Kommission, Europäischem Gerichtshof oder Zentralbank.
`http://www.europa.eu.int/index.htm`

Eurostat: Europäische Statistiken
Die Aufgabe des Eurostat besteht darin, offizielle Statistiken zur EU, ihren Institutionen, zu Handel und Industrie, zu privaten oder öffentlichen Institutionen, zu Universitäten, zu den Medien uvm. bereitzustellen. Sollten Sie gute und aktuelle Statistiken mit Europa-Bezug benötigen, dann stellt diese Seite ein Muß für Sie dar.
`http://www.europa.eu.int/en/comm/eurostat/serven/part1/1som.htm`

Die offizielle Seite des US State Department
Hier werden Sie zahlreiche Informationen zur amerikanischen Politik, Regionen und Ländern finden. Hier können Sie sich auch darüber informieren, wie Sie Diplomat werden können – vorausgesetzt natürlich, Sie sind US-Staatsbürger.
`http://www.state.gov/www/regions.html`

Graphik: Entwicklung der Weltbevölkerung
Diese Graphik zeigt die Entwicklung der Weltbevölkerung und ist in deutscher Sprache angemessen kommentiert. Ein Zähler zeigt jeweils die aktuellsten Schätzungen zur Weltbevölkerung. Was brauchen Sie noch, um eine Familie zu gründen?
`http://neuro.biologie.uni-freiburg.de/Skriptum/Gentechnik/Bevoelkexpl.html`

Graphik: Entwicklung der Weltbevölkerung nach Regionen
Eine weitere Grafik und einige Zahlen zur Entwicklung der Weltbevölkerung nach Regionen.
`http://people.delphi.com/rd100/worldpop.html`

Homepage der Vereinten Nationen
Eine großartige Seite mit den aktuellsten Informationen zu den Vereinten Nationen. Sie erlaubt Ihnen den Zugang zu einer Vielzahl an Dokumenten und verfügt über eine praktische Suchmaschine.
`http://www.un.org`

2.17 Weiterführende Literatur

Ardrey, William J., Anthony Pecotich und Clifford J. Schultz. „American Involvement in Vietnam, Part 11: Prospects for US Business in a New Era." *Business Horizons,* 38, (März/April 1995): S.21-27.

Drucker, Peter. „Marketing and Economic Development." *Journal of Marketing,,* (Jänner 1958): S.252-259.

Enghold, Christopher. *Doing Business in Asia's Booming China Triangle "*. Upper Saddle River, NJ: Prentice Hall, 1994.

The European Community- Survey. *The Economist,* 11. Juli 1992, S.5-30.

Galbraith, John Kenneth. *The Nature of Mass Poverty.* Cambridge, MA: Harvard University Press, 1979.

Gilder, George F. *Microcosm: the Quantum Revolution in Economics and Technology.* New York: Simon & Schuster, 1989.

Golden, Peggy A., Patricia M. Doney, Denise M. Johnson, and Jerald R. Smith. „The Dynamics of a Marketing Orientation in Transition Economies: A Study of Russian Firms." *Journal of International Marketing,* 3, 2 (1995): S.29-49.

Isaak, Robert A. *International Political Economy.* Upper Saddle River, NJ: Prentice Hall, 1991.

Johansson, J.K. und M. Hirano. „Japanese Marketing in the Post-Bubble Era." *The International Executive,* 38 (Jänner/Februar 1996): S.33-51.

Kennedy, Paul. *The Rise and Fall of Great Powers.* New York: Random House, 1987.

Porter, Michael E. *The Competitive Advantage of Nations.* New York: The Free Press, 1990.

Prowse, Michael. „Is America in Decline?" *Harvard Business Review,(* Juli-August 1992): S.36-37.

Shapiro, Alan C. *Multinational Finance Management.* 3.Aufl. Boston: Allyn & Bacon, 1989.

Thurow, Lester. *Head to Head: The Coming Economic Battle Among Japan, Europe and America.* New York: William Morrow and Company, 1992.

Yan, Rick. „To Reach China's Consumers, Adapt to Guo Qing." *Harvard Business Review,*(September-Oktober 1994): S.66-74.

Literaturverzeichnis

[1] „Wretchedly oil-rich Azeris," *The Economist*, 11. Juli 1998, S.34.

[2] Siehe Peter F. Druckers exzellenten Artikel: „The Changed World Economy," *Foreign Affairs* (Frühjahr 1986) und verschiedene Ausgaben von *The Economist*. z.B. „The European Community – Survey," *The Economist*, 11. Juli 1992, oder „When China Wakes," *The Economist*, 28. November 1992.

[3] Wie der Wirtschaftswissenschafter Paul Krugman hervorstreicht, ist der Trend zur globalen Integration, der in den 70er Jahren einsetzte, tatsächlich der zweite in diesem Jahrhundert; die erste Integrationswelle endete mit dem Ausbruch des 1. Weltkriegs. Krugman hat umfassend zum Thema Globalisierung geschrieben, was jedoch häufig mit kritischen Kommentaren zur globalen Integration verbunden war. Siehe z.B. „A Global Economy is Not the Wave of the Future," *Financial Executive*, (März-April 1992): S.10-13.

[4] Ein Eurodollar ist ein US-Dollar, der außerhalb der USA zirkuliert. US-Dollars unterliegen den amerikanischen Bankbestimmungen; Eurodollars hingegen nicht.

[5] Alan C. Shapiro, *Multinational Finance Management*, 3. Auflage, (Boston: Allyn and Bacon, 1989): S.116.

[6] Einige Unternehmen haben die Zahl der Beschäftigten heruntergesetzt, indem sie Aktivitäten wie Datentransfer, Reinigungs- und Versorgungsleistungen, die nicht direkt mit der Produktion in Zusammenhang stehen, außer Haus gegeben haben.

[7] Peggy A. Golden, Patricia M. Doney, Denise M. Johnson und Jerald R. Smith, „The Dynamics of a Marketing Orientation in Transition Economies: A Study of Russian Firms," *Journal of International Marketing*, 3, 2 (1995): S.29-49.

[8] *OECD Economic Outlook*, 50, Dezember 1991 (Paris: OECD, 1991): S.206.

[9] Jack Goldstone, „The Coming Chinese Collapse," *Foreign Policy*, (Sommer 1995): S.35-52.

[10] Kim R. Holmes, „In Search of Free Markets," *The Wall Street Journal*, 12. Dezember 1994, S.A17.

[11] Marcus W. Brauchli, „Garment Industry Booms in Bangladesh," *The Wall Street Journal*, 6. August 1991, S.A9.

[12] Francis C. Notzon, Yuri M. Komarov, Sergei P. Ermakov, Christopher T. Sempos, James S. Marks und Elena V. Sempos, „Causes of Declining Life Expectancy in Russia," *Journal of the American Medical Association,* (März 1998): S.279, 793-800.

[13] Irma Adelman und Cynthia Taft Morris, *Comparative Patterns of Economic Development, 1850-1914,* (Baltimore: Johns Hopkins University Press, 1988); Irma Adelman und Cynthia Taft Morris, *Economic Growth and Social Equity in Developing Countries* (Stanford, CA: Stanford University Press 1973).

[14] Jim Rohwer, „Empurrar Com a Barriga," *The Economist,* 7. Dezember 1991, S.S6-S7.

[15] Marcus W. Brauchli, „Great Wall: As the Rich in China Grow Richer, the Poor are Growing Resentful," *The Wall Street Journal,* 4. Jänner 1994, S.A1.

[16] Georg Hoffmann-Ostenhof, „Im Schatten des Fortschritts: Wie die Kluft zwischen Arm und Reich geschlossen werden kann," *Profil,* 19. Juli 1999, S.71.

[17] James Cook, „The Ghosts of Christmas Yet to Come," *Forbes,* 22. Juni 1992, S.92-95.

[18] Peter T. Bauer, *West African Trade,* (London: Routledge and K. Paul, 1963).

[19] Balance of Payments Statistics Yearbook, Teil 3, Methodologies, Compilation Practices and Data Sources, 1997, Washington D.C.: International Monetary Fund, S.312.

[20] Daten zu Zahlungsbilanzen sind von verschiedenen Quellen verfügbar, die jedoch leicht differieren.

[21] „Who Wants to Be a Giant?," *The Economist,* 24. Juni 1995, Survey, S.1.

[22] Dieser Abschnitt wurde adaptiert übernommen von: http://www.clev.frb.org/research/feb96et/wortrd.htm#1c, 26. Juli 1999.

[23] http://www.wto.org/statis/i06e.htm

[24] „GATT's Last Gasp," *The Economist,* 1. Dezember 1990, S.16.

[25] Joseph A. McKinney, „How Multilateral Trade Talks Affect the U.S.," *Baylor Business Review,* (Herbst 1991): S.24-25.

[26] „Free Trade's Fading Champion," *The Economist,* 11. April 1992, S.65.

[27] Bob Davis, and Lawrence Ingrassia, „Trade Acceptance: After Years of Talks, GATT Is a Last Ready to Sign Off on a Pact," *The Wall Street Journal,* 15. Dezember 1993, S.A1, A7.

[28] „ASEAN Economic Ministers Agree to Accelerate AFTA.", ASEAN Business Report, 5, 9 (September 1994): S.1,6.

[29] „NAFTA Is Not Alone," *The Economist,* 18. Juni 1994, S.47-48.

[30] „Four into One Might Go," *The Economist,* 13. August 1994, S.57-58.

[31] „European Economic Area: E Pluribus Unum," *The Economist,* 8. Jänner 1994, S.49-50.

[32] Bob Jessop, „Regional Economic Blocs, Cross-Border Cooperation, and Local Economic Strategies in Postsocialism," *American Behavioral Scientist,* 38, (März 1995): S.689-690.

[33] „A Survey of the Arab World," *The Economist,* 12. Mai 1990, S.3, 19.

Kapitel 3

Soziale und kulturelle Rahmenbedingungen des globalen Marketing

Kultur ist Einheit des künstlerischen Stils in allen Lebensäußerungen eines Volkes.
– FRIEDRICH WILHELM NIETZSCHE, 1844-1900

3.1   Zielsetzung des Kapitels

Nachdem Sie dieses Kapitel gelesen haben, wissen Sie mehr über:

- Die Bedeutung kultureller und sozialer Unterschiede für die globale Marketing-praxis
- Grundlegende Konzepte, die einem besseren Verständnis von Kultur dienen
- Das Konfliktpotential, das in internationalen Geschäftsbeziehungen auftreten kann
- Die Auswirkungen kultureller Unterschiede auf die Vermarktung von Produkten und Dienstleistungen.
- Unterschiedliche Ansätze, wie internationale Unternehmen mit kulturellen Unterschieden umgehen

In welchen Situationen hilft ein besseres Verständnis dieser Inhalte?

- Sie stehen vor der Frage, ob der Marketing-Mix für Ihre Produkte oder Dienstleistungen an einen fremden Kulturkreis angepaßt werden soll oder nicht.
- Ihr Auftreten bei Verhandlungen kann einen entscheidenden Einfluß auf Erfolg oder Mißerfolg der Gespräche haben. Sprachkenntnisse allein werden Ihnen nicht weiterhelfen. Die Kenntnis über Umgangs- und Kommunikationsformen in anderen Ländern machen den entscheidenden Unterschied.

- Strategische Allianzen stellen in einem komplexen und dynamischen Geschäftsumfeld eine sehr gute Möglichkeit für Unternehmen dar, wettbewerbsfähig zu bleiben. Damit verbunden ist oft die Zusammenführung unterschiedlicher Kulturen innerhalb von Organisationen genauso wie auf nationaler Ebene. Eine beiderseitige Bereitschaft, andere Kulturen zu verstehen und von ihnen zu lernen, stellt eine wichtige Voraussetzung für eine erfolgreiche Zusammenarbeit dar.

3.2 Konzepte & Definitionen

Kultur umfaßt das Wissen, den Glauben, die Kunst, die Gesetzgebung, die Moral, die Bräuche und alle nur erdenklichen Fähigkeiten oder Angewohnheiten, die von den Mitgliedern einer Gruppe oder Gesellschaft geteilt werden.

Bedürfnispyramide nach Maslow: Nach Maslow können die vielfältigen Motive, die menschliches Handeln beeinflussen, in fünf hierarchisch angeordnete Motivklassen unterteilt werden. Die fünf Ebenen sind: physiologische Bedürfnisse, das Bedürfnis nach Sicherheit, soziale Bedürfnisse, das Bedürfnis nach Wertschätzung sowie das Bedürfnis nach Selbstverwirklichung, welches die Spitze der Pyramide darstellt.

Kulturdimensionen nach Hofstede: Hofstede führte eine empirische Studie mit IBM-Mitarbeitern in 50 Ländern durch. In seiner Analyse identifizierte er vier Dimensionen, hinsichtlich derer sich Kulturen auf nationaler Ebene unterscheiden: Machtdistanz (Umgang mit hierarchischen Strukturen), maskuline versus feminine Kulturen, Individualismus versus Kollektivismus und Unsicherheitsvermeidung. Eine spätere Studie in Asien legte eine weitere Dimension offen, welche Hofstede als konfuzianische Dynamik bezeichnet.

Das Kriterium der Selbstreferenz: Das Kriterium der Selbstreferenz stellt den unbewußten Bezug zu den eigenen kulturellen Werten dar. Es repräsentiert ein Instrument, welches es dem Individuum ermöglicht, mit neuen Situationen umzugehen. Darüber hinaus ist das Selbstreferenzkriterium jedoch auch für viele Komplikationen in der internationalen Geschäftswelt verantwortlich, da die eigenen Werte oft nicht auf andere Kulturen übertragen werden können.

Diffusionstheorie: Der Diffusionsprozeß stellt die Art und Weise der Verbreitung von Innovationen innerhalb eines Marktes dar, wobei der Markt die gesamte Gesellschaft umfassen oder sich ausschließlich auf bestimmte Zielgruppen beziehen kann. Unabhängig von der Art der Innovation verläuft dieser Prozeß nach einem bestimmten Muster: Die anfängliche Periode des langsamen Wachstums ist gefolgt von rapidem Wachstum, welches sich gegen Ende des Prozesses wieder verlangsamt. Dadurch ergibt sich eine S-förmige Diffusionskurve.

3.3 Schnittstelle zur Praxis

Das Eröffnungszitat von Friedrich Nietzsche wirft die Frage auf, was gemeint ist, wenn man von Kultur spricht. Kultur stellt seit jeher eine Quelle der Uneinigkeit und der

Mißverständnisse dar. Wie Sie bald sehen werden, unterscheidet sich das Kulturverständnis eines globalen Marketers deutlich von der Auffassung Nietzsches, der sich in seiner Aussage wohl eher auf bildende und darstellende Kunst, Literatur und vielleicht Musik bezieht. All diese Elemente der „hohen" und „niedrigen" Kultur sind wichtig, aber wie globale Marketer wissen, umfaßt Kultur bei weitem mehr als nur Kunst. Auf jeden Fall hat Kultur einen großen Einfluß auf Marktaktivitäten.

Volkswagen ist eines der Unternehmen, das diesen Einfluß sehr deutlich zu spüren bekommen hat. Während sich der VW Golf in Europa nach wie vor großer Beliebtheit erfreut, konnte sich das Auto – bekannt unter dem Namen Rabbit – nie wirklich auf dem amerikanischen Markt durchsetzen. Ganz anders der neue Beetle!

Viele von uns erinnern sich nach wie vor an den VW Käfer, der in den USA zum ersten Mal 1949 auf den Markt kam.[1] 1973 war der Käfer das weltweit beliebteste Auto. Obwohl nach seiner Einführung der VW Golf die Aufmerksamkeit auf sich zog, wurde die Produktion des Käfers in Mexiko nie eingestellt. Eine Art Wiederauferstehung feierte der Käfer bei der Vorstellung eines Prototypen des New Beetle auf der Detroit Motor Show 1994.[2] Obwohl die Produktion des Autos ursprünglich nicht hätte realisiert werden sollen, rechtfertigen die Verkaufszahlen in Amerika die Umsetzung des Konzeptes. Von der für 1998 vorgesehenen Produktionskapazität von 120.000 Fahrzeugen waren ursprünglich lediglich 50.000 für den amerikanischen Markt vorgesehen. Trotz der Erhöhung des Kontingents war der New Beetle nach 60.000 verkauften Stück in Amerika und Kanada 1998 restlos ausverkauft.

Steve Wilhite, Verkaufs- und Marketingleiter von Volkswagen in den USA, bezeichnete den amerikanischen Markt als hervorragende Plattform, um den New Beetle auf den Weltmarkt zu bringen, obwohl das in der Geschichte von VW nie zuvor der Fall gewesen war. Seiner Meinung nach neigen amerikanische Konsumenten dazu, emotionaler auf Produkte zu reagieren als Konsumenten anderswo. Mit einer genau darauf ausgerichteten Werbekampagne und der außergewöhnlichen Form des Autos eroberte der Beetle die amerikanischen Herzen quasi im Flug[3] und löste eine richtiggehende „Beetlemania" aus.[4] Auch die Situation in Europa sah, zumindest was die Zahl der Vorbestellung von 200.000 Stück betraf, sehr vielversprechend aus.[5] Allerdings erwiesen sich diese Verkaufsprognosen als wenig zuverlässig. Der Beetle paßte nicht zu den herkömmlichen Marktsegmenten oder Käuferschichten.[6] Zudem wurde der Preis des New Beetle mit ca. € 18.500 in Europa als extrem hoch angesehen. Für ein nach wie vor in Mexiko produziertes Fahrzeug erschien dieser Preis vielen Konsumenten nicht gerechtfertigt.[7] Insgesamt gesehen muß man die Einführung des New Beetle in Europa als enttäuschend bezeichnen. Nachdem nicht einmal 75.000 New Beetle verkauft werden konnten, sind die Pläne einer eigenen Produktionsanlage in Wolfsburg auf Eis gelegt.[8]

Die große Akzeptanz des Beetle in Amerika zeigt, daß viele Produkte gerade außerhalb des Heimatmarktes und der dort vorherrschenden Kultur erfolgreich sein können. Dieses Kapitel beschäftigt sich mit wesentlichen Unterschieden zwischen internationalen Märkten und den nicht weniger bedeutsamen Ähnlichkeiten in Form universeller Kulturphänomene. Um diese Unterschiede und Gemeinsamkeiten besser erfassen zu können, werden verschiedene Ansätze zur Analyse von „Kultur" vorgestellt, wie sie die Bedürfnispyramide von Maslow, Hofstedes Kulturtypologie, der Effekt der Selbstreferenz sowie die Diffusionstheorie darstellen. Das Kapitel liefert Beispiele, welchen

Einfluß Kultur und Gesellschaft auf die Vermarktung von Konsum- und Industriegütern haben. Zum Abschluß wird darauf eingegangen, wie man interkulturelle Probleme
vermeiden bzw. durch Training aktiv umgehen kann.

3.4   Grundlegende gesellschaftliche und kulturelle Aspekte

Anthropologen und Soziologen definieren Kultur als „Lebensweisen, die von einer Gruppe von Menschen entwickelt und von einer Generation zur nächsten weitergegeben werden." In diesem Sinne manifestiert sich Kultur in sozialen Institutionen wie Familie, Erziehung, Religion, Staat und Unternehmen. Kultur beinhaltet sowohl bewußte, als auch
unbewußte Werte, Ideen, Einstellungen und Symbole, die das menschliche Verhalten
formen und von einer Generation zur nächsten übertragen werden. Dies bedeutet, daß
Kultur keine einmalige Lösung für allgemeine Probleme bietet oder Modeerscheinungen durchläuft. Wie vom niederländischen Organisationsanthropologen Geert Hofstede
beschrieben, definiert sich Kultur als „die kollektive Programmierung des Denkens, die
Mitglieder einer Kategorie von Menschen von anderen unterscheidet".[9]

Darüber hinaus sind sich die meisten Anthropologen über folgende weitere Eigenschaften von Kultur einig: Kultur ist erlernt und nicht angeboren, die verschiedenen
Dimensionen und Facetten von Kultur stehen zueinander in Beziehung und beeinflussen sich gegenseitig. Kultur definiert auch die Grenzen zwischen unterschiedlichen
Gruppen, da sie von den Mitgliedern einer bestimmten Gruppe geteilt wird.[10]

Kultur besteht aus erlernten Reaktionen auf wiederkehrende Situationen. Je früher diese Lösungsschemata erlernt wurden, desto schwerer ist es, diese zu verändern.
Geschmack und Präferenzen für bestimmte Speisen und Getränke zum Beispiel stellen
erlernte Reaktionen dar, die von Kultur zu Kultur deutlich variieren und einen großen
Einfluß auf das Konsumverhalten haben. Auch die Bedeutung von Farben ist kulturell
beeinflußt. Während in muslimischen Ländern die Farbe Grün hoch geschätzt wird,
wird sie in einigen asiatischen Ländern mit Krankheit in Verbindung gebracht. Die
Farbe Weiß hat in Asien ebenfalls eine negative Bedeutung, weil sie Tod und Verder-
ben symbolisiert, während Weiß in westlichen Staaten mit Reinheit und Sauberkeit
assoziiert wird. Rot ist in den meisten Teilen der Erde sehr beliebt (oft wird es in
Zusammenhang mit vollem Geschmack, Leidenschaft oder Männlichkeit gebracht); in
einigen afrikanischen Ländern wird dies genau gegenteilig wahrgenommen.[11] Natürlich besitzt keine Farbe nur eine ihr innewohnende Eigenschaft; alle Assoziationen und
Wahrnehmungen in bezug auf bestimmte Farben beruhen auf der jeweiligen Kultur.

Auch die Haltung gegenüber einzelnen Produktklassen unterliegt kulturellen Ein-
flüssen. So zeigt sich zum Beispiel, daß europäische Kunden großen Wert auf speziellen
Sitzkomfort im Auto legen und bereit sind, Zusatzkosten dafür in Kauf zu nehmen.
Im besonderen spielen hier Sicherheits-, Gewichts- und Komfortaspekte eine spezielle
Rolle.[12]

Wie schon im letzten Kapitel gezeigt, werden das Verhalten und die Einstellungen
von Konsumenten auch durch das verfügbare Einkommen bestimmt. Eine grundlegende
Frage, die man beantworten muß, wenn man Verhalten verstehen und vorhersagen will,
lautet: „In welchem Grad beeinflussen soziale und kulturelle Faktoren das Konsumentenverhalten *unabhängig* vom jeweiligen Einkommensniveau?" Manchmal ist der Ein-

fluß sehr groß. Europäische Konsumenten lehnen die in den USA beliebten sogenannten *sports utility vehicles* (SUVs), d.h. große, für den Straßenverkehr angepaßte Geländefahrzeuge mit Vierradantrieb, ab. Ihr in Europa vergleichsweise niedriger Marktanteil hat die Entwicklung kleinerer Automobile dieser Klasse angeregt. Unternehmen wie Renault mit seinem *Minivan Mégane* und Ford Europa haben in ihrer Marktbearbeitung diese Konsumentenbedürfnisse ebenso berücksichtigt, wie die in Europa deutlich höheren Benzinpreise als in den USA.[13]

Doch auch ökonomische Faktoren beeinflussen die Entscheidung, ob auf kulturelle Unterschiede eingegangen werden kann. Ein Beispiel dafür ist der Musikmarkt in der ehemaligen Tschechoslowakei. Obwohl bevölkerungsmäßig halb so groß wie die Tschechische Republik lagen die Pro-Kopf-Ausgaben für Musik-CDs u.ä. in der Slowakei bei lediglich 10% mit € 7,5 Mio. Den großen Musikkonzernen erschien es daher trotz der bestehenden kulturellen Unterschiede ökonomisch nicht ratsam, auf die kulturellen Spezifika einzugehen.[14]

Insgesamt gesehen zeigt die Nachfrage nach Fertiggerichten, Luxusgütern, elektronischen Produkten oder alkoholfreien Getränken in Amerika, Europa, Asien, Afrika und dem Mittleren Osten, daß die meisten Konsumgüter universale Bedürfnisse ansprechen. Die zunehmende Vernetzung der Welt durch die neuen Kommunikations- und Informationstechniken verstärkt den Trend zusätzlich, daß immer mehr Produkte global vermarktet und konsumiert werden. Dies wiederum impliziert, daß eine wichtige Eigenschaft von Kultur, die Definition von Grenzen zwischen Menschen, die globale Tätigkeit von Unternehmen offensichtlich nicht einschränkt. Dies bedeutet selbstverständlich nicht, daß Unternehmen kulturelle Aspekte ignorieren können. Die Tatsache, daß ein globaler Markt für ein Produkt vorhanden ist, heißt nicht, daß die gleiche Marketingstrategie in allen Ländern anwendbar ist. Vielmehr macht die Sensibilität für kulturelle Spezifika den entscheidenden Unterschied für globalen Erfolg oder Mißerfolg aus.

3.4.1 Die Suche nach universellen Kulturmustern

Über Kulturgrenzen hinweg gleiche Verhaltensmuster bei Konsumenten stellen für das internationale Marketing eine hervorragende Möglichkeit dar, Marketingprogramme international in Teilaspekten oder insgesamt zu standardisieren. Dazu gilt es vorab allerdings einmal, derartige universelle Kulturmuster zu entdecken. In seiner Studie hat der Anthropologe George P. Murdock folgende Lebensbereiche als universal identifiziert: athletische Sportarten, Körperpflege, Kochen, Werben, Tanzen, dekorative Kunst, Erziehung, Ethik, Etikette, Familienfeste, Sprache, Ehe, Essenszeiten, Medizin, Trauer, Musik, Eigentumsrechte, religiöse Rituale, Aufenthaltsregeln, Statusunterschiede und Handel.[15] Was auf den ersten Blick also als fundamentaler, kultureller Unterschied erscheint, erweist sich bei näherer Betrachtung für globale Marketer nicht selten als bloß unterschiedlicher Weg zum gleichen Ziel.

Als Beispiel kann die Musik herangezogen werden. Musik spielt in jeder Kultur eine wichtige Rolle als Form der künstlerischen Ausdrucksweise und Quelle der Unterhaltung. In der Musik gibt es jedoch viele verschiedene Stilrichtungen. Während Hintergrundmusik bei Rundfunk- oder Fernsehwerbung eine Werbebotschaft noch effektiver wirken lassen kann, ist der eingesetzte Musikstil kulturabhängig. Was in einem Teil der Welt Gefallen findet, muß anderswo nicht unbedingt akzeptiert werden. Ein

Werbejingle in Lateinamerika wird wahrscheinlich durch Bossa Nova-Rhythmen besonders effektiv, während in den USA Rockmusik mehr Anklang findet. Musik stellt also ein kulturübergreifendes Phänomen dar, das jedoch nach wie vor an kulturelle Präferenzen in verschiedenen Ländern und Regionen angepaßt werden sollte.

Dieses Spannungsfeld zwischen Universalität und kulturellen Unterschieden hat der deutsche Musiksender VIVA für seine internationale Expansion ausgenutzt. Das grundlegende Sendungskonzept wurde beibehalten, bei der Umsetzung wurde allerdings auf lokale Besonderheiten eingegangen. So wurde für Polen das Programm nicht nur in polnischer Sprache ausgestrahlt, sondern durch Einsatz lokaler Moderatoren auf die lokale Musikszene abgestimmt. Erweist sich diese Vorgehensweise als Erfolg, werden ähnliche Projekte auf dem ungarischen, spanischen und italienischen Markt implementiert.[16] Wie an diesem Beispiel gut zu erkennen, ist der Prozeß der Wertschöpfung derselbe, allerdings mit Anpassungen an den lokalen Markt.

Zunehmende Mobilität und intensivere Kommunikation sind dafür verantwortlich, daß lokal geprägte Einstellungen in bezug auf Kleidung, Musikgeschmack oder Eßgewohnheiten immer mehr verschwimmen. Diese Vereinheitlichung der Kultur haben sich viele Unternehmen für globale Marketingaktivitäten zunutze gemacht und sogar entscheidend beschleunigt. Coca-Cola, Pepsi, Levi's, McDonald's, IBM, Heineken, Benetton und Gillette sind nur einige Unternehmen, die bei der Eroberung neuer Märkte über kulturelle Barrieren hinwegsteigen. Ein weiteres Beispiel für das Verschwinden von lokalen Konsumgewohnheiten ist die Verbreitung von Kreditkarten. Neue Gesetze und veränderte Einstellungen bei Konsumenten gegenüber dem Gebrauch von Kreditkarten eröffnen neue globale Marktchancen. Chipkarten sind ein fester Bestandteil nicht nur des europäischen Alltags geworden. Sie finden vom Telefonat bis hin zur Pferdewette Anwendung. Auch in das Gesundheitswesen haben sie Eingang gefunden. Derzeit besitzen ca. 200 Million Europäer medizinische Chipkarten. Die Europäische Kommission arbeitet mit den Regierungen zusammen, um ein einheitliches, europaweit vernetztes System zu gewährleisten. Für die beteiligten Unternehmen wie Gemplus, Groupe Bull, Schlumberger oder Siemens bietet ein in Europa grenzüberschreitendes Projekt große Chancen, vor allem wenn der Sprung auf den amerikanischen Markt und damit der Ausbau zu einem globalen Netzwerk gelingt.[17]

3.4.2   Der Standpunkt der Anthropologen

Wie schon Ruth Benedict in ihrem Klassiker *The Chrysanthemum and the Sword* sagt, stehen die Gedanken, Gefühle und Handlungen einer Person in engem Zusammenhang zu bisherigen Erfahrungen. Dabei ist es unerheblich, ob (normale) Handlungen und Einstellungen von Außenstehenden als absonderlich angesehen werden. Wollen globale Marketer die Marktkräfte außerhalb des eigenen Landes verstehen, müssen sie menschliche Erfahrungen von einer lokalen Perspektive aus betrachten und kulturelles Einfühlungsvermögen zeigen.[18]

Jede Beobachtung eines neuen Marktes verlangt eine Kombination aus Zielorientierung und Toleranz. Wertschätzung für die Lebensweise von anderen kann man nur dann entwickeln, wenn man seinen eigenen Lebensstil nicht als einzig wahren annimmt. Selbstbewußtsein gegenüber der eigenen Kultur und Tradition darf deshalb nicht fehlen. Es bedarf darüber hinaus jedoch einer gewissen Großzügigkeit, die Integrität und den Wert anderer Lebensweisen und Standpunkte anzuerkennen und die Vorurteile zu überwinden, die letztlich ein Ergebnis eines menschlich verständlichen Ethnozentrismus sind. Wenn jemand sich beklagt, daß Amerikaner, Japaner, Franzosen, Briten, Chinesen oder wer auch immer überheblich, herablassend und arrogant sind, so sind derartige Aussagen häufig durch den eigenen Ethnozentrismus geprägt. Als globaler Marketer muß man jedoch, um erfolgreich zu sein, einen objektiven Standpunkt entwickeln, der einem hilft, Unterschiede zu erkennen und deren Ursprung zu verstehen.

3.4.3 Kulturen mit hohem und niedrigem Formalisierungsgrad

Edward T. Hall beschreibt das Konzept des Formalisierungsgrades – von „high" und „low context cultures" – als einen Weg, um Kulturunterschiede besser zu verstehen.[19] In einer Kultur mit hohem Formalisierungsgrad *(low context cultures)* transportiert der verbale Anteil einer Kommunikationssequenz den entscheidenden Teil einer Botschaft. Wörter dienen als – explizite – Träger der Information. Hingegen enthält der verbale Teil der Botschaft bei Kulturen mit niedrigem Formalisierungsgrad *(high context cultures)* nur begrenzt Informationen. Letztere erwachsen – implizit – aus dem Kontext der Kommunikation, welcher den Hintergrund, Assoziationen und grundlegende Werte des Senders beinhaltet. Allgemein läßt sich sagen, daß in Kulturen mit niedrigem Formalisierungsgrad bei weitem weniger gesetzliche Regelungen als notwendig erachtet werden. Japan, Saudi-Arabien und andere Kulturen mit niedrigem Formalisierungsgrad messen den Werten und der gesellschaftlichen Stellung einer Person große Bedeutung bei. Die Vergabe eines Kredites hängt stärker davon ab, wer man ist, als von formalen Analysen finanzbezogener Dokumente. Hingegen zählen in den USA, der Schweiz oder Deutschland bei einem Geschäftsabschluß oder einem Kreditvertrag Informationen über Charakter, Hintergrund und Werte der Beteiligten nur geringfügig im Vergleich zu schriftlichen Vereinbarungen und Unterlagen über die finanzielle Situation.

Bei niedriger Formalisierung ist eine Person durch ihr Wort gebunden. Berücksichtigung von Eventualitäten und Vorsorge durch rechtliche Absicherung sind hier nur in geringem Maße zu finden, da persönliche Verbindlichkeit und Vertrauen in diesem kulturellen Kontext vorherrschen. Unpersönliche rechtliche Sanktionen werden hier durch die gemeinsamen Werte der Verbindlichkeit und Ehre ersetzt. Vor diesem Hintergrund lassen sich auch lange, schleppende Verhandlungen erklären, die nie auf den Punkt zu kommen scheinen. Der Sinn, der zumindest teilweise hinter solchen Gesprächen steht, ist es, den potentiellen Geschäftspartner besser kennenzulernen.

Komplikationen können zum Beispiel im Fall einer Ausschreibung in Kulturen mit hohem Formalisierungsgrad entstehen. Während in Kulturen mit niedrigem Formalisierungsgrad der Auftrag an diejenige Person vergeben wird, die die beste Arbeit leisten wird, am vertrauenswürdigsten erscheint und am leichtesten zu kontrollieren ist, wird der Auftraggeber in Kulturen mit hohem Formalisierungsgrad den Vertrag bis ins kleinste Detail spezifizieren, um den Auftragnehmer mit möglichen rechtlichen Sanktionen zur einwandfreien Ausführung des Auftrages zu zwingen. Wie bei Hall beschrieben würde ein japanischer Bauunternehmer wahrscheinlich mit folgenden Worten reagieren: „Was hat dieses Stück Papier mit unserem Geschäft zu tun? Wenn wir einander nicht vertrauen können, was hat eine Fortsetzung der Zusammenarbeit dann noch für einen Sinn?"

Obwohl Länder insgesamt gesehen nach dem Formalisierungsgrad kategorisiert werden können, können sich in Subkulturen innerhalb eines Landes Abweichungen ergeben. Diese Tatsache müssen auch Unternehmen, die mit diesen Subkulturen in direktem Kontakt stehen, berücksichtigen. WEA Deutschland, ein Unternehmen, das in der
Musikindustrie angesiedelt ist, arbeitet zum größten Teil mit neuen Interpreten, die
Subkulturen und Untergrundstrukturen entspringen. Um in einem Land, daß einen
hohen Formalisierungsgrad aufweist, dieser Kundengruppe gerecht zu werden, wurde eine Umstrukturierung der Unternehmung vorgenommen. Dadurch sollten kürzere
Kommunikationswege und direkter Austausch von Wissen und Motivation gefördert
werden, sowie die Fähigkeit entwickelt werden, auf neue Trends und Distributionssy-
steme schneller reagieren zu können. Vor allem stand jedoch die Notwendigkeit eines
hohen Grades an Spezialisierung und Wissen in Bezug auf diese „Nischen" hinter der
Umstrukturierung. Die Vorteile dieser Vorgehensweise wurden bereits in den ersten
Kooperationen der Neuformierung mit dem Frankfurter Technolabel Eye-Q oder dem
Berliner Dub- und Jungle-Spezialisten Downbeat offensichtlich.[20]

Tabelle 3.1 zählt einige Eigenschaften auf, in denen sich Kulturen hohen und niedrigen Formalisierungsgrades unterscheiden.

Tabelle 3.1: Kulturen mit hohem und niedrigem Formalisierungsgrad
(Low- and High-Context Kultur)

Faktoren/ Dimensionen	Niedriger Formalisierungsgrad	Hoher Formalisierungsgrad
Anwälte	Geringe Bedeutung	Große Bedeutung
Das persönliche Wort	Er oder sie ist an das eigene Wort gebunden	Man verläßt sich nicht auf das Wort des anderen; es gilt nur das geschriebene Wort
Die Verantwortung für Fehler in der Unternehmung	... wird vom Top-Management übernommen	... wird auf die niedrigste Position abgewälzt
Persönlicher Raum	Persönlicher Raum sehr gering	Personen behalten sich eine gewisse Privatsphäre vor und schätzen es nicht, wenn jemand anderer versucht darin einzudringen
Zeit	Polychron – alles zu seiner Zeit	Monochron – Zeit ist Geld; Linear – nicht alles gleichzeitig
Verhandlungsführung	Zeitintensiv – dient unter anderem dazu, sich gegenseitig kennenzulernen	Rasches Vorgehen
Ausschreibungen	Eher selten	Weitverbreitet
Beispielhafte Länder/ Regionen	Japan, Mittlerer Osten	USA, Nordeuropa

Es wäre einfach, angesichts von Schwierigkeiten, die sich in der Zusammenarbeit mit anderen Kulturen ergeben, zu kapitulieren. Dabei besteht das größte Hindernis in der eigenen Einstellung. Wenn man wirklich bereit ist, etwas über andere Kulturen zu lernen, wird man feststellen, daß andere Menschen auf dieses Interesse reagieren werden, indem sie Unterstützung bei der Wissensgenerierung anbieten. Hingegen sind Probleme und Unverständnis zu erwarten, wenn man arrogant auftritt und glaubt, nur die eigene Einstellung sei die einzig Richtige. Das beste Gegenmittel für die Fehlinterpretation einer Situation ist ständige Wachsamkeit und das Bewußtsein, daß Irren menschlich ist. Mit Hilfe dieses Bewußtseins soll Offenheit und Klarsicht geschaffen werden. Jeder globale Marketer sollte danach trachten, Wertungen zu unterlassen und statt dessen Fakten einfach zu hören, zu beobachten und wahrzunehmen.

3.4.4 Kommunikation und Verhandlungsführung

Die Fähigkeit in unserer eigenen Sprache zu kommunizieren, ist, wie die meisten von uns sicher bereits festgestellt haben, keine leichte Aufgabe. Wechselt zudem die Sprache und Kultur, zeigen sich zusätzliche Herausforderungen. Zum Beispiel finden die Worte „Ja" und „Nein" in der japanischen Sprache eine grundlegend andere Anwendung als in den westlichen. Dies hat schon einige Verwirrung gestiftet und Mißverständnisse nach sich gezogen. Im Deutschen werden die Antworten „Ja" oder „Nein" verwendet, wenn einer Frage zugestimmt bzw. sie verneint wird. Im Japanischen ist dies nicht so. Hier mag die Antwort „Ja" oder „Nein" ein Hinweis darauf sein, ob der Frage zugestimmt wird oder nicht. Stellt man zum Beispiel die Frage „Mögen Sie kein Fleisch?" so wird man die Antort „Ja" im Sinne von „Ja, ich mag kein Fleisch" erhalten. Das Wort *wakarimashita* kann sowohl die Bedeutung „ich verstehe" haben, als auch „ich stimme zu" heißen. Um Mißverständnisse zu verhindern, müssen westliche Manager unterscheiden lernen, welche Interpretation in welchem Zusammenhang richtig ist. In der „Globalen Perspektive" finden sich weitere Beispiele dafür, wie interkulturelle Kommunikation in die Irre führen kann.

Die Herausforderungen, die sich bei nonverbaler Kommunikation ergeben, sind noch gewaltiger. So sollten westliche Manager, die Geschäfte mit dem Mittleren Osten machen, darauf achten, nicht ihre Schuhsohlen zu zeigen oder Dokumente mit der linken Hand zu überreichen. In Japan stellt die Verbeugung eine Art der nonverbalen Kommunikation mit vielen Nuancen dar. Menschen, die im Westen aufgewachsen sind, tendieren, im Gegensatz zu solchen aus dem Osten, mehr zu verbaler Kommunikation. Daher wird es nicht überraschen, daß viele asiatische Gesprächspartner höhere Erwartungen bezüglich der nonverbalen Hinweise und des intuitiven Verständnisses unausgesprochener Worte haben.[21] Westliche Manager müssen bei Geschäften mit solchen Kulturen nicht nur darauf achten, was sie hören, sondern besonders auch darauf, was sie sehen.

Wissen und Verständnis für kulturelle Unterschiede sind vor allem bei Verhandlungen von großer Bedeutung. Verhandlungen bringen Gesprächspartner mit unterschiedlichem kulturellen Hintergrund an einen Tisch; eine Herausforderung für beide Seiten, die Barrieren der verbalen als auch der nonverbalen Kommunikation zu überwinden. Tabelle 3.2 listet einige für Franzosen bzw. Briten typische Geschäftsgebaren auf. Auch enthalten die Textabschnitte Hinweise auf adäquates Verhalten, sollte man in diesen

Kulturkreisen geschäftlich tätig werden bzw. sein. Natürlich handelt es sich hierbei um Typisierungen, die nicht blindlings übernommen werden dürfen. Jedoch besitzen solche Verallgemeinerungen oft einen wahren Kern und können zumindest als Richtlinien verwendet werden.

Tabelle 3.2: Darstellung der französischen und britischen Geschäftsgebaren[22]

	Französischer Stil	Britischer Stil
Die Geschäftssprache	Obwohl die meisten Franzosen Deutsch und Englisch sprechen, ist Französisch die Geschäftssprache. Geschriebene Texte sollten auf jeden Fall auf Französisch sein. Auch wenn die Franzosen sehr sensibel sind, was die richtige Verwendung ihrer Sprache angeht, sollten es Nicht-Franzosen trotzdem versuchen. Ihre Bemühungen werden honoriert werden.	Wenige Briten sprechen eine Fremdsprache bzw. ist das Niveau für Geschäftsverhandlungen in einer anderen Sprache als Englisch nicht ausreichend. Sollten Sie nicht über ausreichende Englischkenntnisse verfügen, ist die Hinzuziehung eines Dolmetschers ratsam.
Der erste Kontakt	Beziehungen zählen in Frankreich sehr viel. Handelsmessen stellen eine gute Möglichkeit dar, erste Kontakte zu knüpfen. Allerdings bedarf es einer formellen Vorstellung. Bitten Sie zum Beispiel den in Frankreich tätigen Botschafter Ihres Landes um Hilfe. Frankreich ist eindeutig ein Land der Beziehungen. Sie können viele Dinge bei weitem effizienter über interne Kontakte, als über offizielle Kanäle erledigen. Die Franzosen werden vieles über Sie wissen wollen, bevor geschäftliche Belange zur Sprache kommen. Für den Beziehungsaufbau bedarf es allerdings bei weitem weniger Smalltalk verglichen mit anderen Kulturen. Die Kenntnis französischer Geschichte, Kunst oder Literatur ist dem Beziehungsaufbau oft sehr förderlich.	In Großbritannien, ein Land in dem Beziehungsnetzwerke schon in der Schule entstehen, sind Zeugnisse und Empfehlungen äußerst nützlich. Kündigen Sie sich mit einer in Englisch verfaßten Kurzinformation über Ihr Unternehmen und seine Produkte an. Anschließend fassen Sie telefonisch nach und bitten um einen Termin innerhalb der nächsten zwei bis drei Wochen. Lassen Sie sich Zeit und Ort von Ihrem Verhandlungspartner vorschlagen.
Zeit	Das Geschäftsverhalten tendiert dazu polychron zu sein, auch wenn von Besuchern erwartet wird, daß sie annähernd pünktlich zu Verhandlungen erscheinen. Geschäftstermine laufen normalerweise nicht nach einer festgesetzten Agenda ab. Eher nehmen sie eine Form der freien Diskussion an, bei der jeder Anwesende sein Anliegen vorbringen kann.	Auch wenn man mit der Pünktlichkeit der Besucher rechnet, kann es vorkommen, daß sich der Gastgeber um einige Minuten verspätet. Im Gegensatz zu vielen arabischen, afrikanischen oder südasiatischen Kulturen sind die Briten aber geradezu fanatisch, was die Pünktlichkeit betrifft.

Hierarchie und Status	Der Status in Frankreich wird durch das Ausbildungsniveau in Verbindung mit familiärem Hintergrund und Wohlstand festgelegt. Die Unternehmen werden mit autoritärem Stil geführt. Von den Managern wird hohe Kompetenz gefordert. Oft wird Verantwortung nur widerwillig abgegeben.	Der Status wird in Großbritannien vornehmlich durch die Herkunft, die soziale Klasse, den familiären Hintergrund und den Akzent bestimmt. Persönliche Errungenschaften zählen demgegenüber sehr wenig. Die dadurch entstehenden sozialen Unterschiede bedingen auch einen eher förmlichen Umgang. Die Briten ziehen es vor, sich mit „Herr" und „Frau", zumindest bei den ersten Treffen, anzureden. Allerdings zeichnet sich hier bei der jüngeren Generation eine gewisse Lockerung der formalen Umgangsweise ab.
Verbale Kommunikation	Obwohl Franzosen den verbalen Konflikt geradezu genießen, wollen sie kein Thema direkt zur Sprache zu bringen. Sie tendieren zu subtiler, indirekter Sprache und schmücken ihren Standpunkt durch elegante Satzkonstruktionen und verbale Stilblüten aus. Dies ist auch der Grund, warum Französisch als Geschäftssprache vorgezogen wird, da in einer anderen Sprache die Möglichkeit sich in dieser Art und Weise auszudrücken, oft verloren geht.	Der britische Stil ist abhängig von der gesellschaftlichen Stellung. Briten aus höheren sozialen Schichten bevorzugen einen vagen, indirekten Sprachstil. Besucher sollten aber auch auf direkte Ansprache vorbereitet sein.
Nonverbale Kommunikation	Im Gegensatz zu den Briten bedienen sich die Franzosen gerne ihrer Hände und Arme, um ihre Gedanken zu unterstreichen. Auch begrüßen und verabschieden sie sich in einer Sitzung durch Handschlag.	Die Briten gestikulieren vergleichsweise wenig mit Händen und Armen. Auch ist der Blickkontakt weniger direkt als in ausdrucksstarken Kulturen wie zum Beispiel Italien. Oft wird man zwei britische Geschäftsmänner während einer Unterredung im 90-Grad-Winkel zueinander stehen sehen. Direkter Blickkontakt kann als unhöflich und aufdringlich aufgefaßt werden.
Dress Code	Im Geschäftsleben ist formale Kleidung der Standard, natürlich mit besonderem Stil und Eleganz getragen, für den die Franzosen bekannt sind. Männliche Geschäftsleute sollten einen dunklen Anzug wählen. Für Frauen ist eine geschmackvolle, ins Konservative tendierende Garderobe angebracht.	Männer sollten mit einem dunklen Anzug, weißem Hemd, konservativer Krawatte und polierten, schwarzen Schuhen zu Geschäftsterminen erscheinen. Gestreifte Krawatten sollten möglichst vermieden werden, da sie als Imitation der Regimentskrawatten angesehen werden könnten. Auch Frauen sollten sich eher konservativ kleiden, wobei schreiende Farben und zu viel Schmuck vermieden werden sollten.

Begrüßung	Der Handschlag sollte moderat und von ständigem Blickkontakt begleitet sein. Unter Männern sollte der erste Schritt dem älteren oder dem Ranghöheren vorbehalten sein. Frauen jeder Position können selbst entscheiden, ob sie ihre Hand anbieten oder nicht.	Während Männer sich mit einem leichten, moderaten Handschlag begrüßen, sollten sie immer abwarten, ob eine Frau ihre Hand anbietet.
Ansprache	Der Titel wird ohne Nennung des Namens benutzt. Beachten Sie die Unterscheidung zwischen dem formalen „Sie" und informellen „Du" im Französischen.	Der Titel sollte so lange benutzt werden, bis das Gegenüber den Verzicht darauf und simplen Gebrauch der Namen vorschlägt.
Verkaufspräsentationen	Versuchen Sie von harten Verkaufstaktiken sowie übertriebenem oder leichtfertigem Humor Abstand zu nehmen. Sollte Uneinigkeit bezüglich eines oder mehrerer Punkte bestehen, argumentieren Sie mit Fakten und Zahlen. Heftiger Widerspruch bedeutet nicht unbedingt Desinteresse.	Den Stil der Untertreibung gewohnt, reagieren britische Käufer oft negativ auf übertriebene Behauptungen. Präsentationen sollten daher geradeheraus und mit Fakten unterlegt sein. Humoristische Einwürfe werden akzeptiert, allerdings sollte man sich bewußt sein, daß Übersetzung die Intention oft zunichte macht.
Verhandlungsstil	Stellen Sie sich auf lange, relativ unstrukturierte Sitzungen ein, in denen Sie häufig zur Rede gestellt werden. Ihr Gegenüber wird auch den Ihrer Verhandlungsposition zugrundeliegenden Denkprozeß hinterfragen. Franzosen sind sehr stolz auf ihre logische Denkweise und finden Gefallen daran, die Logik anderer in Frage zu stellen. Gehen Sie davon aus, daß der Entscheidungsfindungsprozeß mehr Zeit beansprucht als im angel-sächsischen Raum.	Briten können eine jahrhundertelange Erfahrung in weltweiter Verhandlungsführung vorweisen. Daher tendieren sie auch dazu, sich einen weiten Spielraum zu Beginn einer Verhandlung einzuräumen, um Freiraum für spätere Zugeständnisse zu lassen. Der zeitliche Aufwand im Entscheidungsfindungsprozeß entspricht dem des deutschsprachigen Raums. Stellen Sie sich darauf ein, daß rechtlichen Aspekten und dem Kleingedruckten besondere Aufmerksamkeit gewidmet werden wird.

Quelle: Gesteland, Richard R. Cross-Cultural Business Behaviour: Marketing, Negotiating and Managing across Cultures (1999), Copenhagen, Copenhagen Business School Press.

3.4.5 Soziales Verhalten[23]

Es gibt eine Reihe von sozialen Verhaltensweisen und Aussagen, die in unterschiedlichen Kulturen unterschiedliche Bedeutung haben. So wird in westlichen Unternehmen davon ausgegangen, daß über verschiedene Abteilungen und Ebenen hinweg unterschiedliche Auffassungen zu bestimmten Themen vorhanden sind. In japanischen Unternehmen, die eine Art Familie darstellen, geht man davon aus, daß Harmonie vorherrscht. Man wird als westlicher Unternehmer versuchen, kollektive Entscheidungsfindung zu fördern und die Kommunikation zu verbessern, wohingegen in japanischen oder auch chinesischen Unternehmen die Bemühungen dahin gehen, die geschaffene Harmonie zu bewahren.[24]

Die Unkenntnis anderer sozialer Verhaltensweisen kann sich für den internationalen Geschäftsreisenden als Nachteil erweisen. So wird die Frage nach dem Wohlbefinden des Ehepartners, das Zeigen der Schuhsohlen oder das Berühren von Menschen oder Gegenständen mit der linken Hand in Saudi-Arabien als Beleidigung empfunden. In Korea sollten zum Überreichen eines Objektes beide Hände verwendet werden, und es wird als unhöflich empfunden über Politik, Kommunismus oder die Japaner zu diskutieren. Auch ist hier eine formelle Vorstellung sehr wichtig. Sowohl in Japan als auch in Korea sind Rang und Titel zu verwenden, wann immer über andere gesprochen wird. Außer in ausgewählten Bereichen wie Militär oder Medizin lassen sich hingegen in Amerika hierfür keine klaren Regeln finden. In Indonesien zeigt man nicht mit dem Finger auf andere Personen, ersatzweise kann der Daumen oder eine Geste mit dem Kinn verwendet werden.

Bei der Begrüßung ist ein Handschlag in den meisten Ländern üblich. In manchen Ländern ist das Begrüßungsritual jedoch noch weiter ausgestaltet. So folgt dem Handschlag in Japan eine Verbeugung, die sich bezüglich der Länge und dem Verneigungsgrad am Alter der Person orientiert. Auch in Brasilien, Korea, Indonesien, China und Taiwan ist eine leichte Verbeugung angebracht.

Noch kontaktreicher gestaltet sich die Begrüßung zum Beispiel in Venezuela. Gute Freunde begrüßen einander hier mit einer Umarmung und einem herzlichen Schlag auf den Rücken; in Indonesien ist ein sozialer Kuß und die Berührung zuerst der rechten und dann der linken Wange gebräuchlich, während man sich die Hände schüttelt. In Österreich, vor allem in seiner Hauptstadt Wien, dient ein „Bussi" auf die linke und rechte Wange zur Begrüßung unter Freunden. In Malaysien gebrauchen gute Freunde beide Hände beim Handschlag; und in Südafrika wendet die schwarze Bevölkerung zunächst einen Handschlag gefolgt von einer Umklammerung des Daumens des anderen an; dieses Ritual wird mit einem weiteren Handschlag vollendet.

In den meisten Ländern wird die Anrede als Mr., Mrs., Miss oder Ms. akzeptiert, allerdings ist diese Art der Anrede nicht universell. Monsieur, Madame und Mademoiselle werden in Frankreich, Belgien, und Luxemburg bevorzugt, wohingegen Senor, Senora, und Senorita die Norm in Spanien und dem Spanisch sprechenden Lateinamerika darstellt. Manchmal findet Konversation schon während der Begrüßung statt. In Schweden wählt man die Begrüßung „goddag"; in den Niederlanden bedient man sich des „pleased to meet you"; in den UK ist es das „how do you do"; und in Israel „shalom". Die Begrüßung gestaltet sich von Land zu Land unterschiedlich. Wie auch in Tabelle 3.2 beschrieben ist es in vielen Ländern nicht üblich, daß Männer die Hand einer Frau schütteln, bevor diese ihre Hand nicht anbietet. In Indien grüßen sich Frauen untereinander bzw. Männer und Frauen, indem sie ihre Handballen gegeneinander drücken und sich leicht verbeugen; und in Mexiko mit einer einfachen Verbeugung. In manchen Ländern, wie zum Beispiel Indien, ist es für Männer nicht angebracht, alleine mit einer Frau zu sprechen oder sie zu berühren.

Obwohl viele der angesprochenen sozialen Verhaltensweisen sich von der Norm des eigenen Heimatlandes unterscheiden, dürfen sie nicht als negativ bewertet werden. Wenn es darum geht, die vergleichsweise langwierigen Vertragsverhandlungen zu erklären, müssen die eigenen Vorgesetzten verstehen lernen, daß Teetrinken, Zusammenkünfte und das Knüpfen von Beziehungen wichtige Bestandteile bei der Erreichung global gesteckter Ziele darstellen.

Neben speziellen Höflichkeitsformen, persönlichen Freiräumen, der Sprache und anderen Kommunikationsformen sowie sozial unterschiedlichen Verhaltensweisen bestehen eine Reihe gesellschaftlicher Verhaltensweisen, die der internationale Manager kennen sollte. Eine Kultur verstehen bedeutet, die Angewohnheiten, Vorgehensweisen und Gründe zu kennen, die hinter einem gewissen Verhalten stecken. Es wäre ein Fehler, aufgrund eigener Erfahrungen Annahmen darüber aufzustellen, was aus kultureller Sicht richtig oder falsch ist. In den USA zum Beispiel ist es üblich, daß sich Badewanne und Toilette im selben Raum befinden. Dies wird auch von den Amerikanern als allgemeine Norm angesehen. In anderen Kulturen hingegen, wie zum Beispiel in Japan, wird dies als unhygienisch betrachtet. Es gibt sogar Kulturen, die es aus hygienischen Gründen ablehnen, die Klobrille zu benutzen. In anderen wieder ist die Verwendung von Toilettenpapier nicht die Regel. So müssen Besucher der indonesischen Regierung in Jakarta feststellen, daß kein Toilettenpapier vorhanden ist, ganz im Gegensatz zum dortigen Hotel Intercontinental.

Den internationalen Geschäftsreisenden müssen nicht alle Aspekte einer Kultur bekannt sein, aber sie müssen sie akzeptieren und sich ihnen anpassen, während sie sich in dem jeweiligen Land aufhalten. Sich der Kultur, die man besucht oder in der man arbeitet, bewußt zu werden, zahlt sich aus.

Oft ist man sich jedoch der eigenen Kultur nicht bewußt. Diese Erfahrung mußten Studenten unterschiedlichster Nationalitäten machen, die an einem Kurs für globales Marketing teilnahmen. Ihre Aufgabe bestand darin, die Eigenheiten aller in der Gruppe vertretenen Kulturen zu sammeln und die Unterschiede zu diskutieren. In Tabelle 3.3 sind einige Ergebnisse dieser Arbeitsgruppen zu finden. Besonders solchen Studenten, die einige Zeit im Ausland verbracht hatten, fiel es bei weitem leichter die Gastkultur als die des eigenen Landes zu beschreiben.

Die Herausforderung für den globalen Marketer besteht darin, daß kulturelle Faktoren häufig nicht offensichtlich sind. Da Kultur erlernt ist und von Generation zu Generation weitergegeben wird, ist sie für den unerfahrenen Beobachter oft nur schwer zu ergründen. Als globaler Manager muß man lernen, von kulturellen Annahmen Abstand zu nehmen. Gelingt dies nicht, ist ein richtiges Verständnis der Inhalte und Bedeutungen von Aussagen und Verhaltensweisen von Geschäftspartnern aus anderen Kulturen nicht gewährleistet.

Die folgenden Beispiele zeigen deutlich, wie falsche Annahmen oder Wahrnehmungen bezüglich einer bestimmten Kultur zu einer kostspieligen Angelegenheit für Unternehmen werden können.

Das holländische Bauunternehmen Fomabo war eine strategische Allianz mit zwei malaysischen Unternehmen eingegangen, um Fertigteilhäuser in Indonesien zu bauen. Trotz zahlreicher gesetzlicher Barrieren, die es zu überwinden galt, konnte die erste Gruppe von Häusern in Produktion gehen. Die gewünschten Verkaufszahlen stellten sich jedoch nicht ein. Bald schon erkannte man auch den Grund für diesen Mißerfolg. Malaysische Häuser bestehen traditionell aus Holz, anders als die Fomabo-Bauten, die aus Stahlbeton hergestellt werden. Das Aufhängen von Bildern und anderen Objekten gestaltete sich daher in den neuen Fertigteilhäusern äußerst schwierig. Die Dekoration ihres Heims und das damit assoziierte Gefühl der Gemütlichkeit ist jedoch ein wichtiger Bestandteil der malaysischen Kultur. Hinzu kam noch, daß durch das Vorhandsein billiger Arbeitskräfte, der Kostenvorteil durch die Fertigteiltechnologie obsolet und nicht als zusätzlicher Nutzen wahrgenommen wurde. Fomabo war schließlich gezwungen, den malaysischen Markt aufzugeben.

Tabelle 3.3: Kulturelle Unterschiede

Finnland	Spanien
Unpersönlicher Umgang untereinander Privatsphäre wird hoch geschätzt Hohes nationales Bewußtsein Großes Umweltbewußtsein Freizeit wird hoch geschätzt	Sozialer Umgang von großer Bedeutung Essen hat besondere Bedeutung Fast-food ist wenig beliebt Geringes Umweltbewußtsein Arbeit und Freizeit bilden eine Einheit (die Arbeit ist mein Hobby)
China	**USA**
Starke kulturelle Identität Konservativ Lebensstil im Wandel, vor allem in der jüngeren Generation Image und Status haben besondere Bedeutung Starker Generationenkonflikt Unterschiedliche Sprachen und Regulationen	„Fast-food"-Kultur Fokus auf die bequemen und annehmlichen Dinge des Lebens Zukunftsorientierung, weniger konservativ Serviceorientierung, große Macht des Konsumenten Work hard, play hard „Schmelztiegel"
Belgien	
Vielfältigen Einflüssen ausgesetzt Essen ist von besonderer Bedeutung und wird ausgiebig zelebriert Unterschiedliche Sprachen (Französisch/Holländisch) Internationale Orientierung Markt mit geringen Eingangsbarrieren	

Während der Fußballweltmeisterschaft 1994 war eine bekannte nordeuropäische Brauerei in eine spezielle Werbeaktion involviert. Neben anderen Aktivitäten wurden die Flaggen sämtlicher teilnehmender Nationen unterhalb des Korkens auf die Flaschen der führenden Marke des Unternehmens gedruckt. Unter anderem war auch die Flagge von Saudi-Arabien eingebunden, welche einen Vers aus dem Koran, der heiligen moslemischen Schrift, beinhaltet. Die Tatsache, daß der heilige Vers in Verbindung mit einem alkoholischen Getränk gebracht wurde, erregte weltweit den Ärger der Moslems. Die Brauerei mußte sämtliche bedruckte Flaschen vom Markt nehmen und aus der Werbekampagne aussteigen.

Ein weiteres Beispiel stellt Suppenpulver von Knorr dar. Obwohl die Marktuntersuchungen zur Akzeptanz am amerikanischen Markt positive Ergebnisse brachten, lagen die Verkaufszahlen weit hinter den Erwartungen zurück. Es zeigte sich, daß die amerikanischen Konsumenten trotz des Geschmacks nicht bereit waren, 15 bis 20 Minuten am Herd zu verbringen.[25]

Um kulturelle Kurzsichtigkeit und Ethnozentrismus zu überwinden, müssen Ma-

nager lernen, kulturelle Unterschiede zu erkennen und zu verinnerlichen. Es gibt eine
Reihe von Richtlinien, die dazu beitragen können, die kulturelle Sensibilität zu steigern:

Der Anfang aller Weisheit besteht hier darin, die Tatsache zu akzeptieren, daß wir
uns selbst und vor allem andere nie vollständig verstehen werden. Menschliche Wesen
sind zu komplex, um je vollständig verstanden zu werden. Aber wie Goethe schon sagte
sind „Verwirrungen und Mißverständnisse. . . die Quellen des tätigen Lebens und der
Unterhaltung."[26]

Unser Wahrnehmungssystem ist extrem limitiert. Wir „sehen" so gut wie nichts.
Unser Nervensystem baut auf dem Prinzip des negativen Feedbacks auf. Das Kontrollsystem kommt nur dann ins Spiel, wenn die ankommenden Signale sich von dem
unterscheiden, was wir erwartet haben.

Den Großteil unserer Energie verwenden wir dazu, Wahrnehmungen zu verarbeiten.

Wenn wir die Ansichten und Werte eines bestimmten kulturellen Systems oder
einer Gesellschaft nicht verstehen, mögen uns Dinge, die wir sehen und erfahren, bizarr
vorkommen.

Wenn wir in einer anderen Kultur effizient arbeiten möchten, müssen wir versuchen,
die Ansichten, Motive und Werte dieser Kultur zu verstehen. Dies setzt eine offene
Einstellung voraus, die uns erlaubt, die Grenzen unserer Wahrnehmung, die aufgrund
unserer eigenen Kultur zustande kommen, zu überschreiten.

AUF DEN PUNKT GEBRACHT

- Das Kaufverhalten der Konsumenten wird nachhaltig durch die eigene Kultur
  beeinflußt.

- Auch wenn Vorlieben und Geschmäcker in verschiedenen Märkten sehr unterschiedlich ausfallen, sollte der internationale Manager immer darauf bedacht
  sein, kulturübergreifende Eigenschaften aufzuspüren. Zu solchen Eigenschaften können Musik, religiöse Rituale und die Sprache gezählt werden.

- Manager, die im Ausland tätig sind, sollten sich über die Art der Gastkultur (hoher oder niedriger Formalisierungsgrad) im klaren sei. Darüber hinaus
  müssen sie sich an das Geschäftsgebaren, den Kommunikationsstil wie auch
  das typische soziale Verhalten des jeweiligen Landes anpassen. Das richtige
  Auftreten entscheidet oft über den geschäftlichen Erfolg oder Mißerfolg.

- Der internationale Manager muß sich fremder Kulturen bewußt sein und ihnen
  gegenüber eine gewisse Sensibilität entwickeln. Um international tätig zu sein,
  muß die Bereitschaft vorhanden sein, das eigene Verhalten und Auftreten an
  lokale Bedingungen anzupassen.

GLOBALE PERSPEKTIVE

ÜBERSETZUNG MIT HINDERNISSEN

Eine auf dem brasilianischen Markt operierende, amerikanische Fluggesellschaft, mußte feststellen, daß ihr Angebot einer *Rendezvous Lounge* ungewollt gegen die Sitten des guten Anstandes verstieß. Unter diesem Ausdruck werden in der portugiesischen Sprache Stundenhotels angeboten. Fresca, ein Softdrink, stellt im Mexikanischen einen anderen Ausdruck für lesbisch dar. In Deutschland wurde der Pepsi Slogan „Come alive with Pepsi" als „Entsteigen Sie dem Grab mit Pepsi" übersetzt. Diese Beispiele können kaum als einzigartig bezeichnet werden, aber sie zeigen die Bedeutung von Sprache und Übersetzung für Personen und Unternehmen, die über nationale Grenzen hinweg Geschäfte machen. Insbesondere in Osteuropa haben sich häufig Übersetzungsprobleme aufgrund der Unkenntnis oder Unübersetzbarkeit vieler westlicher Ausdrücke ergeben.

Manchmal führen Übersetzungsfehler zu Resultaten, die eher harmlos und lustig sind. Hier ein Sortiment von Hotelschildern, die rund um die Welt ins Englische übersetzt wurde:

Paris: „Please leave your values at the front desk"; Japan: „You are invited to take advantage of the chambermaid"; Zürich: „Because of the impropriety of entertaining guests of the opposite sex in the bedroom, it is suggested that the lobby be used for this purpose." Rumänien: „The lift is being fixed for the next day. During that time we regret that you will be unbearable."

In Japan findet man einige Konsumgüter mit englischer, französischer oder deutscher Aufschrift, auch solche, die nicht importiert wurden, um den Produkten ein populäres Image und westliches Aussehen zu verleihen. Mancher Besucher aus dem Westen wird sich jedoch wundern, welche Botschaft damit eigentlich vermittelt werden soll. So lautete eine Aufschrift für City Original Coffee in englischer Sprache „Ease Your Bossoms. This coffee has carefully selected high quality beans and roasted by our all the experience." Die beabsichtigte Botschaft sollte folgende sein: „Drinking the coffee provides a relaxing break and takes a load off your chest."

Andere Produkte, wie Freizeit- und Sportbekleidung, werden ebenfalls mit zusammengestückelten Botschaften ausgeschmückt. Folgende Worte fand man auf dem Rücken einer Jacke: „Vigorous throw up. Go on a journey." Eine Sporttasche trug die Botschaft: „A drop of sweat is the precious gift for your guts."

Ein weiteres Beispiel wäre die Botschaft, die auf dem Gehäuse eines Notebooks zu finden war: „Be a man I recommend it with confidence as like a most intelligent stationary of basic design." Ein Experte für japanisches Englisch ist davon überzeugt, daß Botschaften dieses Stils den Unterschied zwischen der japanischen und anderen Sprachen ausmachen. Vielen westlichen Sprachen fehlt es an der Vielfalt und an den Bedeutungen, die japanische Wörter beinhalten. Im Japanischen lassen sich Gefühle sprachlich viel besser ausdrücken. Die Aufschrift des Notebooks sollte nichts anderes als das spezifische männliche Design zum Ausdruck bringen.

Fortsetzung auf der nächsten Seite

ÜBERSETZUNG MIT HINDERNISSEN (Fortsetzung)

Dies wird auch durch die Erklärung des englischsprachigen, japanischen Verfassers dieser Zeilen deutlich: „Ich wollte mit dieser Aufschrift meinen Stolz darüber zum Ausdruck bringen, dieses Produkt vermarkten zu können, da es ein einfaches, männliches Image besitzt." Während westliche Manager Zweifel hegen mögen, ob der Verfasser bei seiner Mission erfolgreich war, scheinen die japanischen Händler diese Botschaft in keiner Weise für ‚Geschwafel‘ zu halten. Wie eine Händlerin erklärt, geht es darum, dem Produkt durch eine englische, französische oder deutsche Aufschrift ein bestimmtes, populäres Image zu verleihen und damit den Verkauf des Produktes zu fördern. „Ich gehe nicht davon aus, daß die Aufschrift wirklich gelesen wird."

Einfach zum Nachdenken:

- Fallen Ihnen weitere Beispiele ein, wo die Sprache oder die Übersetzung internationalen Marketingmanagern Probleme bereiteten?
- Vor dem Hintergrund, daß die englische Sprache nahezu von allen gebildeten Europäern verstanden wird, sollte Werbung für PCs, Mobiltelefone oder Palmtops in englisch geschaltet werden?

Quelle: Del I. Hawkins, Roger Best und Kenneth Coney, „Consumer Behaviour – Building Marketing Strategy" (1998) Boston, McGraw-Hill; Yumiko Ono „A Little Bad English Goes a Long Way in Japan's Boutiques" *The Wall Street Journal*, 20. Mai 1992, S.A1, A6; Charles Goldsmith, „Look See! Anyone Do Read This and It Will Make You Laughable" *The Wall Street Journal*, 19. November 1992, S.B1

3.5   Analytischer Zugang zu kulturellen Spezifika

3.5.1   Die Bedürfnispyramide nach Maslow

A. H. Maslow entwickelte eine überaus brauchbare Theorie über menschliche Motivation, die zur Erklärung kulturübergreifender Eigenschaften herangezogen werden kann.[27] Er nahm an, daß menschliche Bedürfnisse fünf Hierarchiestufen zugeordnet werden können. Sind die Bedürfnisse eines Individuums auf einer Ebene befriedigt, so steigt es in das nächsthöhere Niveau auf (siehe Abbildung 3.1). Sobald die psychologischen, Sicherheits- und sozialen Bedürfnisse befriedigt sind, gewinnen die zwei Bedürfnisse höherer Ordnung an Bedeutung. Als erstes sei hier das Wertschätzungsbedürfnis genannt. Dieses Bedürfnis nach Respekt und Achtung sowohl durch die eigene Person als auch durch andere stellt die treibende Kraft hinter dem Konsum von Produkten dar, die als Statussymbole gelten. Das Statussymbol zieht sich durch die verschiedenen, in Kapitel 2 beschriebenen Entwicklungsstufen der Länder.

Heutzutage ist dieses Verhalten bereits bei Jugendlichen festzustellen. In Dänemark, Schweden und auch Norwegen hat die Plattenfirma Universal ihre neue Compilation „Hits for Kids" mit denselben Interpreten besetzt wie diejenige für Erwachsene. Dadurch kann den Bedürfnissen der Kinder bzw. Jugendlichen nach gleichwertiger Behandlung und Anerkennung durch die Erwachsenenwelt nachgekommen werden. Ein weiteres Beispiel wären Frauen aus Ostafrika, die als Zeichen dafür, daß es ihnen möglich ist, sich Büstenhalter zu leisten, deren Träger immer zur Schau trugen. Oder asia-

Abbildung 3.1: Bedürfnispyramide nach Maslow

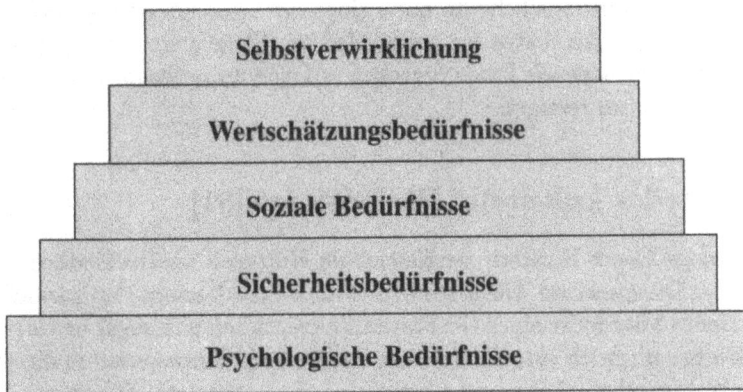

tische Frauen, die das Rauchen – mit besonderer Präferenz für westliche Marken – als ein Symbol ihres verbesserten Status und Einflusses beginnen.

Die letzte Stufe der Pyramide nimmt das Bedürfnis nach Selbstverwirklichung ein. Die hierunter fallenden Bedürfnisse nach Realisierung und Weiterentwicklung der eigenen Fähigkeit und damit auch die Entwicklung der nur latent vorhandenen Potentiale werden auch als Defizit-Motive bezeichnet.[28] Sind alle Bedürfnisse nach Nahrung, Sicherheit, Freundschaft und Wertschätzung durch andere befriedigt, wird sich erneut Unzufriedenheit und Ruhelosigkeit einschleichen, solange das jeweilige Individuum sich nicht selbst verwirklicht hat. Ein Musiker muß komponieren, ein Künstler muß kreativ sein, ein Dichter muß schreiben, ein Architekt muß Bauten planen; die Liste ließe sich unendlich fortsetzen.

Die Bedürfnispyramide nach Maslow ist natürlich eine sehr vereinfachte Darstellung des komplexen menschlichen Verhaltens. So haben andere Forscher herausgefunden, daß kein reibungsloser Übergang der menschlichen Bedürfnisse von einer Stufe in die nächste stattfindet. Gerade bei wirtschaftlich besser entwickelten Gesellschaften, welche zusehends über das Internet aktiv sind, zeigt sich zum Beispiel ein steigendes Sicherheitsbedürfnis. Der Schutz von Computernetzwerken vor unbefugtem Zugriff und den damit verbundenen finanziellen Verlusten gewinnt in der heutigen Zeit immer mehr an Bedeutung.[29] Aus dem Modell folgt jedoch, daß in wirtschaftlich entwickelten Ländern, mehr Mitglieder der jeweiligen Gesellschaft auf dem Niveau des Wertschätzungsbedürfnisses bzw. auf der darüberliegenden Ebene agieren. Der Grund: Die Bedürfnisse der ersten drei Hierarchien sind bereits ausreichend befriedigt. Grundsätzlich ermöglicht Maslows Pyramide jedoch, Konsumentenverhalten mit grundlegender menschlicher Bedürfnisbefriedigung in Bezug zu setzen. Der große Nutzen der Maslowschen Hierarchie zeigt sich in ihrer Allgemeingültigkeit.[30]

Auch das Bedürfnis nach Selbstverwirklichung beeinflußt das Kaufverhalten in zunehmendem Maße. So zeigt sich zum Beispiel in Ländern mit hohem Einkommen eine wachsende Tendenz gegen Materialismus. Vor allem junge Leute wenden sich immer mehr von materiellen Besitztümern ab. Dieser Trend ist natürlich nicht nur auf Länder mit hohem Einkommen beschränkt. In Indien ist das Streben nach Bewußtsein bzw. Selbstverwirklichung traditioneller Weise nicht als letztes, sondern als erstes Ziel im Leben angesiedelt. Wiederum zeigt sich, daß jede Kultur unterschiedlich ist. In Deutschland ist das Auto auch heute noch eines der vorherrschenden Statussymbole. Die Deutschen lassen ihren Autos ein hohes Maß an Pflege angedeihen, wobei sie sogar soweit gehen, am Wochenende lange Strecken auf sich zu nehmen, um ihre Autos mit frischem Quellwasser zu reinigen.

3.5.2   Hofstedes kulturelle Dimensionen[31]

Der Anthropologe Geert Hofstede vergleicht die Kulturen unterschiedlicher Nationen anhand von vier Dimensionen. Die erste – *Machtdistanz* – bezieht sich darauf, inwieweit niedriger gestellte Mitglieder einer Gesellschaft akzeptieren und sogar erwarten, daß die Machtverhältnisse ungleich verteilt sind. George Orwells Kommentar zu diesem Thema lautet, daß alle Menschen gleich sind, aber einige eben „gleicher". Die zweite Dimension reflektiert den Grad der Integration einzelner Individuen einer Gesellschaft in Gruppen. In einer *individualistischen Kultur* sind die Mitglieder der Gesellschaft vornehmlich mit sich selber und ihren eigenen Interessen bzw. denen des engeren Familienkreises beschäftigt. In *kollektivistischen Kulturen* sind die einzelnen Gesellschaftsmitglieder in engen In-Gruppen integriert. *Maskulinität*, die dritte Dimension, beschreibt eine Gesellschaft, in der von den Männern erwartet wird, selbstsicher, konkurrenzfähig und materialistisch zu sein, wohingegen die Frauen die Rolle der Erzieherin übernehmen und sich um Dinge wie das Wohlergehen der Kinder kümmern. *Feminine* Gesellschaften können anhand der sich vielfach überlappenden geschlechterspezifischen Rollen beschrieben werden. Keines der beiden Geschlechter tut sich mit auffallend ehrgeizigem oder konkurrierendem Verhalten hervor. Nach Hofstede beziehen sich die ersten drei Dimensionen auf das erwartete soziale Verhalten; die vierte Dimension stellt, wie es Hofstede ausdrückt, „die Suche nach der Wahrheit" dar. *Unsicherheitsvermeidung* beschreibt den Umgang der Gesellschaftsmitglieder mit unklaren, zweideutigen oder unstrukturierten Situationen. Bei manchen Kulturen drückt sich eine starke Unsicherheitsvermeidung durch aggressives, emotionales und intolerantes Verhalten aus; diese Kulturen sind durch einen unerschütterlichen Glauben an die Wahrheit charakterisiert. Nachdenkliches, realitätsnahes und tolerantes Verhalten stellt ein Anzeichen für einen geringen Unsicherheitsvermeidungsgrad einer Gesellschaft dar.

Aufgrund seiner Nachforschungen ist Hofstede davon überzeugt, daß die vier Dimensionen, wenn sie auch interessante und brauchbare Interpretationen ermöglichen, keine neuen Erkenntnisse für eine mögliche kulturelle Grundlage des wirtschaftlichen Wachstums liefern. Hofstede stößt sich auch an der Tatsache, daß die Fragebögen, die für diese Studie verwandt wurden, von westlichen Soziologen entwickelt wurden. Da viele Wirtschaftsexperten die explosive wirtschaftliche Entwicklung Japans und die der sogenannten „Tiger" – Südkorea, Taiwan, Hongkong und Singapur – nicht vorhersahen, vermutete Hofstede, daß einige kulturelle Dimensionen in Asien von der Untersuchung ausgelassen wurden. Dabei war der Ausgangspunkt die Überlegung, daß nicht nur Manager und ihr Verhalten von der Kultur geprägt, sondern auch Forscher und ihre Arbeit durch den jeweiligen kulturellen Hintergrund beeinflußt werden. Zusammen mit dem Kanadier Michael Bond führte er daher eine neue Studie über Einstellungen und Wertsysteme von Studenten durch. Um dabei dem westlichen Einfluß zu entgehen, ließen sie den Fragebogen von chinesischen Kollegen entwickeln. Der sogenannte Chinesische-Werte-Fragebogen (CVF) wurde zur weiteren Verwendung vom Chinesischen in westliche Sprachen übersetzt.

Es zeigte sich, daß die Umfrage die ersten drei Dimensionen unterstützte, jedoch die 4. Dimension der *Unsicherheitsvermeidung* nicht nachgewiesen werden konnte. Vielmehr trat eine neue Dimension auf, die sich aus Attributen zusammensetzte, welche sich auf die Lehre des Konfuzius stützen und daher auch nicht im ursprünglichen IBM-Fragebogen vorhanden waren. Hofstede bezeichnet diese 5. Dimension als *langfristige versus kurzfristige Orientierung*. Bei der langfristigen Orientierung findet man zukunftsgerichtete Werte wie Sparsamkeit und Beharrlichkeit. Die kurzfristige Orientierung bezieht sich dagegen auf die Vergangenheit bzw. Gegenwart. Hier findet man Werte wie die Anerkennung von Traditionen und die Erfüllung sozialer Verpflichtungen.[32]

Um den Einfluß der Kultur auf das Management- sowie auch auf das Forschungsverhalten zu verdeutlichen, wird im Folgenden ein von Hofstede gewähltes Beispiel angeführt, welches sich mit den Dimensionen der *Machtdistanz* und der *Unsicherheitsvermeidung* befaßt. Hofstede beschreibt die Erfahrungen von Professor Owen Stevens von der INSEAD Business School, der eine Gruppe von Studenten (vornehmlich Franzosen, Deutsche und Briten) einen Fall bearbeiten ließ, der sich mit dem Konflikt zwischen zwei Abteilungsleitern eines Unternehmens befaßt. Die Bewertung des Falles fiel wegen der gemischten Nationalitäten der Studenten sehr unterschiedlich aus.

Die französischen Studenten sahen das Problem in der Nachlässigkeit des Vorgesetzten der beiden Abteilungsleiter. In ihren Augen wäre es seine Aufgabe, den Konflikt zu lösen und Richtlinien für die Zukunft zu setzen. Diese Interpretation unterstützt das französische Unternehmensbild einer Menschenpyramide mit dem Vorgesetzten der Abteilungsleiter an der Spitze. Das Modell einer Organisation mit hoher Machtdistanz, in der die Entscheidungsmacht der Führungsebene zufällt. Durch die Forderung von Regeln für zukünftiges Verhalten kommt die Neigung der Franzosen zum Vorschein, Unsicherheit vermeiden zu wollen.

Die deutschen Studenten sahen das Problem eher in einer mangelhaften Unternehmensstruktur. Ihrer Meinung nach würde eine klare Kompetenzzuweisung zur Lösung des Konflikts beitragen. Durch die Hinzuziehung eines Beraters, Bildung einer Arbeitsgruppe oder Intervenieren des Vorgesetzten sollten Prozeduren für die Zukunft geschaffen werden. Auch hier zeigt sich wieder eine große Neigung zur Unsicherheitsvermeidung, jedoch ist die deutsche Kultur durch ein geringeres Maß an Machtdistanz gekennzeichnet. Dies kommt deutlich durch den Wunsch zum Ausdruck, den einzelnen Positionen ihre Kompetenzen zuzuweisen.

Ein völlig anderer Standpunkt wurde von den britischen Studenten eingenommen. Sie sahen das Problem eher im Bereich des Arbeitsverhältnisses. Ihrer Meinung nach fehlte es beiden Abteilungsleitern an Verhandlungsgeschick. Durch ein diesbezügliches Training wäre eine Lösung des Konflikts in ihren Augen möglich. Dieser Ansatz spiegelt das Unternehmensbild der Briten wieder, in dem weder Hierarchie noch Richtlinien, sondern alleine die Anforderungen der gegenwärtigen Situation entscheidend für die weitere Vorgehensweise sind. Eine Verfahrensweise, die von wenig Machtdistanz und geringer Neigung zur Unsicherheitsvermeidung zeugt.[33]

3.5.3   Das Kriterium der Selbstreferenz

Wie gezeigt wurde, steht die persönliche Wahrnehmung der Bedürfnisse des Marktes stark unter dem Einfluß der eigenen kulturellen Erfahrungen. James Lee entwickelte einen theoretischen Rahmen, mit dessen Hilfe Wahrnehmungsblockaden und -störungen systematisch reduziert werden konnten und veröffentlichte es 1966 in der Harvard Business Review.[34] Lee nannte den unbewußten Bezug zu den eigenen kulturellen Werten das *Selbstreferenzkriterium* oder SRC. Um kulturelle Kurzsichtigkeit reduzieren oder ganz eliminieren zu können, schlug er eine systematische vierstufige Vorgehensweise vor.

1. Definition des Problems oder des Ziels in Bezug auf kulturelle Eigenschaften, Gewohnheiten und Normen des Heimatlandes.

2. Definition des Problems oder des Ziels in Bezug auf die kulturellen Eigenschaften, Gewohnheiten und Normen des Gastlandes. Wertende Beurteilungen sollten nicht abgegeben werden.

3. Isolation des Einflusses des SRC und genaue Untersuchung desselben, um seinen Beitrag zum Problem einschätzen zu können.

4. Erneute Definition ohne Einbeziehung des SRC Einflusses und Lösung des Problems in Bezug auf die Marktsituation im Gastland.

Die Euro Disney-Fallstudie stellt eine hervorragende Möglichkeit dar, das SRC verständlich zu machen. Was hätte von den Disney Managern anders gemacht werden sollen, als sie in den französischen Markt eintraten?

- Schritt 1. Die Disneymanager gingen davon aus, daß auf der ganzen Welt eine nahezu unbegrenzte Nachfrage nach kulturellen Exporten aus Amerika vorhanden ist. Als Beweis dienten Erfolge von McDonald's, Coca-Cola, Hollywood Filmen und amerikanischer Rockmusik. Disney hatte einen kristallklaren Leistungsnachweis für den erfolgreichen Export ihres Managementsystems und Unternehmensstils: Tokyo Disneyland, ein Ebenbild des Parks in Anaheim, Kalifornien, war ein überwältigender Erfolg. Die Disney-Regeln verbieten den Verkauf sowie den Verzehr von Alkohol auf dem gesamten Gelände des Parks.

- Schritt 2. Europäer im allgemeinen und Franzosen im besonderen sind sehr sensibel gegenüber dem Imperialismus der amerikanischen Kultur. Der Konsum von Wein zum Mittagessen ist eine lang gepflegte Tradition. Europäer besitzen ihre eigenen realen Schlösser und Burgen und viele der Disney Charaktere stammen ursprünglich aus europäischen Volkserzählungen.

- Schritt 3. Die signifikanten Unterschiede, die beim Vergleich von Schritt 1 und 2 deutlich werden, zeigen, daß die Bedürfnisse, auf denen die Parks in Japan und Amerika aufbauen, auf Frankreich nicht zutreffen. Eine Modifizierung der Ausgestaltung war erforderlich, um auch in Europa erfolgreich zu sein.

- Schritt 4. Dies würde eine Gestaltung eines Parks, aufbauend auf französischen und europäischen kulturellen Normen bedeuten.

Aufgrund des SRC können wir erkennen, wie wichtig eine unvoreingenommene Wahrnehmung für den globalen Marketer ist. Die Fähigkeit, eine Kultur so zu sehen, wie sie ist, stellt eine kritische Fertigkeit dar. Auch wenn diese Fähigkeit sowohl daheim als auch im Ausland von großem Wert ist, hat sie aufgrund der weitgestreuten Tendenz zum Ethnozentrismus und dem Gebrauch des Selbstreferenzkriteriums gerade für den globalen Marketer eine besondere Bedeutung. Das Selbstreferenzkriterium kann in Bezug auf die globale Geschäftätigkeit eine mächtige, negative Kraft darstellen und es zu übersehen, kann zu Mißverständnissen und Mißerfolg führen. Während der Planung von Euro Disney waren der Vorstandsvorsitzende Michael Eisner sowie auch die übrigen Vorstandsmitglieder von einer Mischung aus früheren Erfolgen und eigenem Ethnozentrismus geblendet. Um das SRC zu vermeiden, muß man bereit sein, Annahmen zu verwerfen, die auf früheren Erfahrungen und Erfolgen basieren, und neues Wissen über menschliche Verhaltensweisen und Motivationen aufzunehmen.

3.5.4 Umfeldsensitivität

Umfeldsensitivität beschreibt das nötige Ausmaß an Produktadaption in Bezug auf die jeweiligen, kulturspezifischen Bedürfnisse unterschiedlicher, nationaler Märkte. Ein brauchbarer Ansatz ist die Betrachtung von Produkten innerhalb eines Sensitivitätskontinuums. Kulturinvariante Produkte, die keiner nennenswerten Anpassung an unterschiedliche Weltmärkte bedürfen, befinden sich an einem Ende des Kontinuums. Produkte, die auf die unterschiedlichen Umfeldfaktoren sehr sensibel reagieren, sind am entgegengesetzten Pol zu finden. Unternehmen, die kulturinvariante Produkte vertreiben, werden nur in relativ geringem Maße spezifische und einzigartige Eigenschaften lokaler Märkte berücksichtigen, da ihre Produkte nahezu universell sind. Je sensibler ein Produkt auf sein Umfeld reagiert, desto mehr Bedeutung werden Manager wirtschaftlichen, gesetzlichen, technischen, sozialen und kulturellen Umfeldfaktoren beimessen müssen.

Abbildung 3.2: Der Zusammenhang zwischen Umfeldsensitivität und Produktanpassung an ausgewählten Beispielen

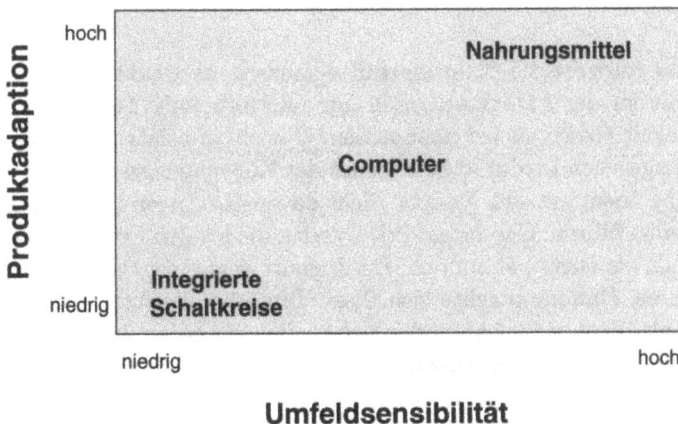

Die Sensibilität von Produkten kann auf einer zweidimensionalen Skala wie in Abbildung 3.2 dargestellt werden. Die horizontale Achse beschreibt die Umfeldsensitivität, die vertikale Achse das notwendige Ausmaß der Produktanpassung. Produkte, die ein niedriges Niveau an Umfeldsensitivität aufweisen, befinden sich in der linken unteren Ecke der Graphik.

Da Computer-Chips überall auf der Welt in einheitlicher Form verwendet werden, war es Intel möglich, mehr als 100 Millionen standardisierte Mikroprozessoren zu verkaufen. Je weiter man auf der horizontalen Achse nach rechts geht, desto höher wird sowohl das Sensitivitätsniveau als auch der Grad der Anpassung. Computer sind durch ein eher moderates Niveau an Umfeldsensitivität gekennzeichnet; allein die unterschiedlichen Volterfordernisse verschiedener Länder machen geringfügige Veränderungen notwendig. Zusätzlich sollte auch die Dokumentation der Computer Software in der jeweiligen Landessprache erfolgen. Im rechten oberen Bereich der Abbildung 3.2 befinden sich jene Produkte, die einen hohen Grad an Umweltsensibilität aufweisen. Teilweise fallen Nahrungsmittel in diese Kategorie. Der Bierverbrauch pro Kopf in Abbildung 3.3 läßt die Umfeldsensitivität dieses Produkts gut erkennen.

Abbildung 3.3: Bierverbrauch pro Kopf in ausgewählten Ländern 1996

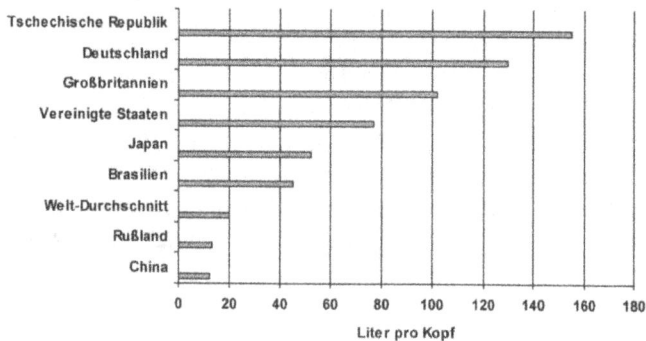

Quelle: Carolyn Pfaff, „Die Welt trinkt wieder Heineken – Interview mit Karl Vuursten", Outlook, 1.Heft 1998, S.14-17.

Danone, der französische Nahrungsmittelkonzern, verdankt seinen weltweiten Erfolg unter anderem der Fähigkeit, rasch auf internationale Trends zu reagieren und Produkte an lokale Geschmäcker anzupassen. Obwohl in asiatischen Ländern Milch als unverdaulich angesehen wird und 80 Prozent der Konsumenten Schwierigkeiten haben, Laktose aufzunehmen, hat sich Danone nicht davon abbringen lassen, auch dort seinen Trinkjoghurt einzuführen. Geschmacklich wurden die lokalen Früchte Orangen, Ananas und Mandarinen als Basis genommen. Da Joghurt gegärt ist, verursacht es keine Verdauungsprobleme. Danone machte sich diese Tatsache zunutze und vermarktete sein Milchprodukt als „dessert for happy digestion". Heute werden Joghurts von Danone im Pazifischen Raum in Thailand, Singapur, Japan, Südkorea, Australien sowie Shanghai produziert.[35]

AUF DEN PUNKT GEBRACHT

- Es gibt eine Reihe von theoretischen Konzepten, die das Verständnis für kulturelle Unterschiede und kulturübergreifende Eigenschaften unterstützen.
- Maslow entwickelte die sogenannte Bedürfnispyramide, die sich im Zusammenhang mit der Erklärung kulturübergreifender Eigenschaften als sehr nützlich erwiesen hat.
- Hofstede entdeckte vier bzw. fünf kulturelle Dimensionen, die zum Vergleich unterschiedlicher Kulturen herangezogen werden können. Es handelt sich dabei um: Machtdistanz, Individualismus versus Kollektivismus, Maskulinität versus Femininität, Unsicherheitsvermeidung und die Konfuzianische Dynamik.
- Das Selbstreferenzkriterium kann zum Verständnis und zur Akzeptanz kultureller Unterschiede bei internationalen Managern beitragen.
- Die Umweltsensitivität eines Produktes oder einer Dienstleistung bestimmt den Grad der notwendigen Anpassungen bzw. der möglichen Standardisierungen.

EUROPÄISCHER BLICKWINKEL

EINE SACHE DER KULTUR: „HOCHACHTUNGSVOLL"

Obwohl es wahr sein mag, daß „die Kürze die Seele des Verstands" darstellt, gehen die Franzosen, wenn sie einen Geschäftsbrief unterzeichnen, doch weit über das einfache ‚Hochachtungsvoll', welches in deutschen Briefen als vollkommen ausreichend angesehen wird, hinaus. Folgend sind die 10 beliebtesten Möglichkeiten aufgelistet, einen Brief im Französischen zu beenden:

Nous vous prions d'agréer, Monsieur, l'expression de nos sentiments dévoués. Wortgetreu: „Wir bitten Sie, mein Herr, den Ausdruck unserer treuen Gefühle zu empfangen."

Agréez, Monsieur, l'assurance de mes meilleurs sentiments. Wortgetreu: „Akzeptieren Sie, mein Herr, die Versicherung meiner besten Wünsche."

Je vouz prie d'agréer, Monsieur le Directeur, mes meilleures salutations. Wortgetreu: „Ich bitte Sie, Herr Direktor, meine besten Grüße zu akzeptieren."

Veuillez croire, Messieurs, à l'assurance de ma haute considération. Wortgetreu: „Bitte, meine Herren, schenken Sie meiner Versicherung des höchsten Respekts Glauben."

Recevez, Messieurs, mes sincères salutations. Wortgetreu: „Nehmen Sie, meine Herren, meine ernsthaften Grüße in Empfang."

Je vous prie d'agréer, Monsieur, l'expression de mes sentiments les meilleurs. Wortgetreu: „Ich bitte Sie, mein Herr, den Ausdruck meiner besten Gefühle zu akzeptieren."

Fortsetzung auf der nächsten Seite

EINE SACHE DER KULTUR: „HOCHACHTUNGSVOLL" (Fortsetzung)

Je vous prie d'agréer, Mademoiselle, mes respectueuses salutations. Wortgetreu: „Ich bitte Sie, mein Fräulein, meine respektvollen Grüße zu akzeptieren."

Veuillez agréer, Monsieur, l'expression de mes sentiments distingués. Wortgetreu: „Bitte akzeptieren Sie, mein Herr, den Ausdruck meiner hochachtungsvollen Gefühle."

Veuillez agréer, Messieurs, avec mes remerciements anticipés, l'expression de mes sentiments distingués. Wortgetreu: „Ich bitte Sie, mein Herr, mit meinem vorweggenommenen Dank, den Ausdruck meiner hochachtungsvollen Gefühle zu akzeptieren."

Einfach zum Nachdenken:

- Wie würden Sie die Art, wie Franzosen Briefe beenden, beschreiben? Sind Sie einfach nur höflicher als beispielsweise Briten, Deutsche oder Amerikaner?
- Wie wichtig ist Ihrer Meinung nach die Kenntnis von Fremdsprachen für einen internationalen Marketingmanager? Macht es einen Unterschied, ob seine Muttersprache englisch ist oder nicht?

3.6 Der Umgang mit kulturellen Unterschieden

3.6.1 Auswirkungen sozialer und kultureller Rahmenbedingungen auf die Vermarktung industrieller Produkte

Kulturelle Faktoren können einen wichtigen Einfluß auf die weltweite Vermarktung von Industriegütern ausüben. Bei der Erstellung eines globalen Marketingkonzepts müssen diese Faktoren auch bei industriellen Produkten Berücksichtigung finden. Industriegüter können sowohl ein geringes Niveau an Sensibilität aufweisen, wie zum Beispiel Computer-Chips, als auch eine hohe Umweltsensibilität, wie zum Beispiel Turbinengeneratoren, wenn staatliche Intervention ausländische Unternehmen bei Ausschreibungen benachteiligt.

Die gegenwärtigen wirtschaftlichen Turbulenzen im asiatischen Raum haben unter anderem auch zu Veränderungen in den Geschäftsgepflogenheiten der Japaner geführt. Dies müssen auch Exporteure, die auf dem japanischen Markt Fuß fassen wollen, berücksichtigen. Um Hilfestellung zu leisten, wurde 1996 z.B. die sogenannte Pacific Rim Electronics Business Association (Preba) gegründet. Sie hat die Aufgabe, britische Ersatzteillieferanten bei der Nutzung von Geschäftsmöglichkeiten in den dortigen Märkten, zu unterstützen. Vom Vorgänger der Preba, der Japan Electronics Business Association, wurde ein Leitfaden zur Vorgehensweise bei Geschäftstätigkeiten in Japan entwickelt. Darüber hinaus werden vom Britischen Industriezentrum in Yokohama preisgünstige Büroräume sowie ortskundiges Hilfspersonal angeboten.[36] Der zeitliche und monetäre Aufwand ausländischer Geschäftstätigkeit verlangt, daß ein expandierendes Unternehmen weiß, wann Unterstützung von ortskundigen Organisationen notwendig ist.

3.6.2 Auswirkungen sozialer und kultureller Rahmenbedingungen auf die Vermarktung von Konsumgütern

Studien haben gezeigt, daß Kultur unabhängig von sozialer Klasse und Einkommen einen signifikanten Einfluß auf das Konsumverhalten und den Besitz von Gebrauchsgütern hat.[37] Konsumgüter sind wahrscheinlich noch sensibler in Bezug auf kulturelle Unterschiede als Industriegüter. Hunger stellt ein fundamentales, physiologisches Bedürfnis in der Maslowschen Hierarchie dar; jeder Mensch muß essen, aber die Geschmäcker sind stark von der jeweiligen Kultur beeinflußt. EU-weit lassen sich hier bestimmte Trends feststellen. Auch wenn immer angenommen wird, skandinavische Länder würden sich vornehmlich von Fisch ernähren, so sind sie doch mit Abstand die größten Abnehmer von Teigwaren. In bezug auf den Konsum von Fisch liegen Spanien und Portugal vorne, und die Griechen zeigen eine besondere Vorliebe für tierische Produkte. 68 Prozent ihres gesamten Nahrungsmittelkonsums besteht aus Milch, Käseprodukten und Fleisch.[38]

Wie schon bei Nahrungsmitteln zeigt sich jedoch auch bei Getränken ein deutlicher, kulturbedingter Einfluß auf die jeweiligen Vorlieben. Kaffee stellt eine Getränkekategorie dar, die diesen Punkt deutlich macht. In Großbritannien nimmt Löskaffee rund 90 Prozent des gesamten Kaffeemarktes ein, wohingegen in Schweden Fertigkaffee nur einen Marktanteil von 15 Prozent aufweist. Alle anderen europäischen Länder liegen zwischen diesen Extremen. Der hohe Anteil in Großbritannien kann auf die Tatsache zurückgeführt werden, daß es historisch gesehen ein Land der Teetrinker war. Erst in der letzten Zeit sind die Briten in bezug auf Fertigkaffee auf den Geschmack gekommen. Die Zubereitung von Fertigkaffee ist der von Tee bei weitem ähnlicher als die

Tabelle 3.4: Jährlicher Kaffeekonsum

Land	Jährlicher Pro-Kopf-Verbrauch (kg)
Schweiz	8,72
Finnland	8,21
Schweden	7,23
Luxemburg	7,00
Norwegen	6,85
Österreich	6,22
Dänemark	6,17
Deutschland	5,42
Singapur	5,31
Niederlande	4,86
Kanada	4,54
Belgien	4,42
USA	4,18
Frankreich	3,56
Griechenland	3,31

Quelle: Consumers go for more exotic teas or coffees. *Newsletter, Euromonitor,* Oktober 1998.

frische Zubereitung. Daher ist es nicht überraschend, daß die Briten sich eher für die
Fertigvariante entschieden haben, kommt sie doch ihren bisherigen Erfahrungen entgegen. Einen weiteren Grund für die Vorliebe der Briten stellt die Gewohnheit dar, den
Kaffee mit viel Milch zu trinken, da so das Kaffeearoma an Stärke verliert. Die unterschiedlichen Geschmacksrichtungen werden damit verdeckt, so daß das Aroma selbst
an Bedeutung verliert. In Schweden dagegen stellt Kaffee die erste Wahl bei heißen
Getränken dar. Die Schweden konsumieren Kaffee nur mit einer geringen Menge an
Milch, wodurch der Geschmack selbst deutlicher zum Vorschein kommt. Daher wird in
Schweden frisch aufgebrühter Kaffee bevorzugt.[39]

1997 hat die Schweiz, wie aus Tabelle 3.4 ersichtlich, die Führung bezüglich des
Konsums von Kaffee übernommen.

Aber nicht nur in bezug auf heiße, sondern auch auf Erfrischungsgetränke weist
das Konsumverhalten weltweit auffallende Unterschiede auf. In Frankreich und Italien
wird pro Kopf 30 bis 40 mal soviel Wein getrunken wie in den USA. Auch bevorzugen die Franzosen ganz im Gegensatz zu den Amerikanern Mineralwasser gegenüber
kohlensäurehältigen Erfrischungsgetränken. In Deutschland wird bei weitem mehr Bier
getrunken als in Amerika.

Es stellt sich nun die Frage, ob alleine die Kultur diese unterschiedlichen Vorlieben bedingt. Die Antwort lautet „Nein". Eine Reihe von Variablen, darunter auch die
Kultur, sind dafür verantwortlich. In der folgenden Gleichung wird dies verdeutlicht:

C = f (A, B, C, D, E, F, G)

Wobei

C = Konsum von Erfrischungsgetränken

f = Funktion von

A = Einfluß von Preis, Qualität und Geschmack anderer Marken

B = Werbeausgaben und -wirkung, für alle Getränkekategorien

C = Distributionsquoten

D = kulturelle Elemente, Tradition, Bräuche, Verhaltensweisen

E = Verfügbarkeit von Rohmaterialien (vor allem bei Wasser)

F = Klima, Temperatur und relative Luftfeuchtigkeit

G = Einkommen

Auch wenn Kultur die Nachfrage nach Softdrinks beeinflußt, so ist sie doch lediglich eine von vielen Variablen. Benutzt ein Erfrischungsgetränkeanbieter ein aggressives Marketingprogramm (niedrige Preise, erhöhte Distributionsquoten und intensive Bewerbung), so kann man davon ausgehen, daß sich der Gebrauch erhöhen wird.
Nichtsdestotrotz wird man kulturelle Einflüsse aufgrund von Traditionen, Bräuchen
und Konkurrenz anderer verfügbarer Getränke nicht beseitigen können. In diesem Fall
stellt Kultur eine störende Kraft dar, die u. U. jedoch aufgrund des raschen kulturellen
Wandels überwunden werden kann.

Dies läßt sich gut am Konsum von in Flaschen abgefülltem Trinkwasser darstellen.
So wurden 1994 in Großbritannien durchschnittlich nur 9 Liter pro Person konsumiert, im Gegensatz zu Frankreich mit durchschnittlich 110 und Deutschland 94 Liter
pro Kopf. Auch in den USA war das Trinken von abgefülltem Wasser bis vor kurzem
kein Bestandteil der amerikanischen Kultur. „Warum für etwas zahlen, das man auch
umsonst haben kann?" lautete die allgemeine Einstellung. Dennoch beschloß das französische Unternehmen Source Perrier SA den US-Markt zu erobern. Dem neuen Mann,

Bruce Nevin, einem erfahrenen amerikanischen Marketer, wurde bei der Ausarbeitung einer kreativen Strategie völlig freie Hand gelassen.

Nevin beschloß Perrier von einem teuren, importierten Wasser (welches ein Amerikaner, der etwas auf sich hält, nie anfassen würde) zu einem Erfrischungsgetränk mit geringem Kaloriengehalt und wettbewerbsfähigem Preis zu repositionieren. Um diese neue Positionierung des Produkts zu kommunizieren, ließ Nevin eine gewaltige Werbekampagne durchführen, verringerte die Preise und vertrieb das Produkt als Erfrischungsgetränk – anders als in Europa, wo Perrier auf dem Gourmetmarkt zu finden ist. Die angewandte Strategie läßt sich auf die Veränderung dreier Elemente des Marketing-Mix herunter rechnen: Preis, Kommunikation und Vertrieb. Einzig das Produkt blieb unverändert.

Das Ergebnis der Kampagne übertraf sogar die kühnsten Erwartungen und führte schließlich zur Bildung eines völlig neuen Marktes. Mitte der 1980er Jahre stellte der Markt für abgefülltes Wasser mit einem Marktvolumen von € 1,9 Milliarden das am schnellsten wachsende Segment der amerikanischen Erfrischungsgetränkeindustrie dar. Perriers jährliche Umsätze in den USA stiegen von € 34 Milliarden auf € 679 Milliarden, und mit einem Marktanteil von 80 Prozent führte das Unternehmen den US-Markt für abgefülltes Wasser an. Der Erfolg dieser Strategie wurzelt in zwei unwiderlegbaren Tatsachen: zum einen war der amerikanische Markt bereit für abgefülltes Wasser, zum anderen wurde die Taktik brillant durchgeführt. Der Erfolg illustriert deutlich, wie eine kreative, auf Marktmöglichkeiten basierende Marketingstrategie hinderliche kulturelle Kräfte bezwingen kann.[40]

Auch in Großbritannien hat man das große Potential dieser Marktnische entdeckt. Hier zeichnet sich deutlich ein wachsender Trend zur Individualität ab. Der Konsument wird nicht nur individueller in seiner Wahl, auch will er sich durch die Produkte, die er verwendet, selbst darstellen. Als das in Flaschen vertriebene Wasser in Großbritannien eingeführt wurde, trug es das Image eines Produktes für besondere Gelegenheiten. Heute wird es sogar schon als Alternative zu herkömmlichem Leitungswasser gesehen.[41]

Auch Produktinnovationen wie Liptons Eistee mußten zunächst an britische Geschmäcker angepaßt werden. Das Produkt bekam eine neue Formel, eine neue Verpackung und zielte mit Hilfe einer frischen Werbekampagne auf ein neues, jüngeres Publikum ab.[42]

3.7 Kulturbedingte Komplikationen und Lösungsvorschläge

Globale Marketingaktivitäten finden in einem sich kontinuierlich ändernden Umfeld aus ökonomischen, kulturellen und sozialen Kräften statt. Es sollte an dieser Stelle jedoch nicht unerwähnt bleiben, daß dies nicht nur für den globalen Kontext gilt: Auch wenn beide Handelsparteien derselben Gesellschaft mit hohem Formalisierungsgrad angehören und die Geschäftsbedingungen schwarz auf weiß niedergelegt sind, so ist ein einheitliches Verständnis der jeweiligen Verbindlichkeiten nicht garantiert.

Geschäftsbeziehungen zwischen unterschiedlichen Kulturen und/oder Nationalitäten sehen sich zusätzlichen Schwierigkeiten gegenüber. Parteien verschiedener Länder sind oft aufgrund unterschiedlicher Gesetzgebung mit komplizierteren Vertragsverhandlungen sowie erschwertem Vollzug über Ländergrenzen hinweg konfrontiert. Unabhängig vom Inhalt des Vertrages wird ein Rechtsstreit wegen Vertragsbruchs meist im Lande des Angeklagten ausgetragen, was dieser Partei einen unbezahlbaren Heimvorteil verschafft.

Vertragsverhandlungen in Kulturen mit geringem Formalisierungsgrad können sich besonders schwierig gestalten, da unterschiedliche Vorstellungen bezüglich der formalen Geschäftsbedingungen und -verpflichtungen aufeinandertreffen. Auf Märkten außerhalb der Triade Westeuropa, Japan, USA ist das Geschäftsklima auch häufig durch zusätzliche unwirtliche Faktoren beeinflußt: Katastrophen, ausgelöst durch Mensch oder Natur, politische Probleme, eine nicht konvertierbare Währung, stark schwankende Wechselkurse, Rezessionen und wechselnde nationale Prioritäten in Wirtschaft und Tarifgesetzgebung. Daher stellen gegenseitiges Vertrauen, persönliche Beziehungen und Einfühlungsvermögen kritische Faktoren in Geschäftskontakten außerhalb des eigenen Landes dar; diese Faktoren repräsentieren eine Grundvoraussetzung für den Aufbau lang anhaltender Geschäftsbeziehungen. Die Ernennung eines einheimischen Verkaufsleiters ist keine Garantie für den Erfolg. Andererseits läuft ein Unternehmen, das sein internationales Personal ständig hin- und herschiebt, Gefahr, die Entwicklung einer informellen Subkultur zwischen Mitarbeitern des Stammhauses und der ausländischen Gesellschaften zu behindern. Dies wiederum nimmt dem Unternehmen die Möglichkeit, effektiv mit Geschäftskrisen umzugehen, die sich unweigerlich einstellen werden.

Die mexikanische Regierung führte während einer Finanzkrise strenge Restriktionen in Bezug auf ausländische Devisen ein. Unternehmen, die ihre Produkte oder Dienstleistungen an mexikanische Kunden ohne Akkreditiv verkauften, mußten auf Zahlungen in US-Dollars oder anderen harten Währungen geraume Zeit warten. Jene mexikanischen Firmen, die von Rohmaterialien, Ersatzteilen oder anderen ausländischen Lieferungen abhängig waren, mußten mit rationierten Devisen für die Zahlungen ihrer Forderungen umgehen lernen. In dieser Situation ersetzten persönliche Beziehungen vertragliche Verpflichtungen. So wurden in manchen Fällen Behörden davon überzeugt, daß bestimmte Transaktionen absolute Priorität genossen. Einige ausländische Lieferanten akzeptierten Zahlungen in Form von mexikanischen Produkten oder Pesos, welche in Mexiko investiert werden mußten. Mit solchen Eventualitäten müssen globale Unternehmen immer rechnen. Lösungen entstehen oft durch individuelle Initiative; persönliche Kontakte schaffen für beide Seiten Möglichkeiten, eine Geschäftsbeziehung aufrecht zu erhalten.

Indien ist ein wichtiger Lieferant von land- und forstwirtschaftlichen Roh- und Fertigprodukten für den Weltmarkt. Kleine Familienunternehmen sammeln, verarbeiten und verkaufen diese Produkte. Typischerweise müssen die Verkäufer Lieferverträge mit ausländischen Käufern schon Monate vor der Einbringung der Ernte abschließen. Die Käufer wiederum gehen vertragliche Langzeitverpflichtungen mit ihren Kunden ein. Den indischen Firmen ist es nicht möglich, sich für diese im voraus gemachten Käufe abzusichern; für solche Produkte gibt es keinerlei regulierte Warenbörse. Auch den Landwirten und Forstarbeitern fehlen die Mittel, um sich gegen die Verluste einer fehlgeschlagenen Ernte abzusichern. Während der Anbauperiode sind die Landwirte zumeist mit großen Problemen konfrontiert: Naturkatastrophen oder unzureichende Anpflanzung führen zu Ernteausfällen. Streiks, Energieknappheit oder das Fehlen von Ersatzteilen resultieren in umfangreichen, zeitlichen Verschiebungen der Lieferung und reduzierten Kapazitäten.

Fehlgeschlagene Geschäfte oder unerwartete Veränderungen der geforderten Liefermenge können Käufer veranlassen, die Bitte – oder sogar Forderung – nach reduzierten Preisen oder Zurückhaltung von Lieferungen, zu äußern. Dies bedeutet natürlich große finanzielle Verluste für die Lieferanten. Manchmal ist es dem Lieferanten unmöglich, die Vertragsbedingungen einzuhalten; in solchen Fällen kommt es vor, daß dem Kunden eine Ersatzlieferung (gewöhnlich ohne Vorwarnung) in der Hoffnung geschickt wird, der Käufer möge zahlen, bevor der Tausch bemerkt wird, und widerwillig dem Handel ohne größere Änderungen zustimmen.

Daß trotz dieser Umstände der Handel zwischen Indien und den globalen Kunden anhält, ist sicherlich auf gemeinsame Interessen zurückzuführen, dennoch wäre er ohne persönliche Beziehungen kaum möglich. Falsche Gerüchte, Lieferantenversäumnisse und Kundenabsagen sind an der Tagesordnung. Hier kommt einer umfassenden Vertrauensbasis zwischen Geschäftspartnern, deren kulturbedingte Wahrnehmungen verstanden werden und vorhersagbar sind, wohl die größte Bedeutung zu. Dies scheint besonders schwierig, da die indische Gesellschaft an die ethische und kulturelle Vielfalt Europas mit Leichtigkeit heranreicht.

Caroline International, eine britische Plattenfirma, vertreibt ihre Produkte vor allem in Asien. Korea, Taiwan, China, Thailand und Indonesien stellen nur einige ihrer Märkte dar. Das Unternehmen sah sich während seiner langjährigen Tätigkeit in diesem Raum immer wieder durch regionale Gesetzgebungen eingeschränkt. So mußte man zum Beispiel in Korea mit scharfer Zensur und Importlizenzen zu kämpfen. Jonathan Gilbride, Geschäftsführer bei Caroline International, identifizierte schnellen und effizienten Service, guten Informationsfluß, Besuche und vor allem die Entwicklung persönlicher Beziehungen als wichtige Bestandteile einer erfolgreichen Strategie. Das Unternehmen weist eine Rechnung über € 153.900 pro Monat nur für Faxe nach Asien auf. Doch die Mühe lohnt sich: Asien repräsentiert heute einen der wichtigsten, noch immer wachsenden Märkte des Unternehmens.[43]

Training kulturübergreifender Kompetenzen

Persönliche Beziehungen sind ein kritischer Bestandteil eines international tätigen Managers. Internationale Manager sollten adäquates Training erhalten und Bereitschaft zeigen, sich an das Geschäftsgebaren anderer Kultur anpassen zu wollen. Der Einsatz ist hoch: Experten schätzen, daß Aufträge im Wert von € 1,7 bis € 2,1 Milliarden jedes Jahr aufgrund von kulturellem Fehlverhalten verloren gehen.[44]

Große multinationale Unternehmen wie BP, Thomson Corporation und Marks & Spencer sind sich darüber einig, daß die Aufgabe eines internationalen Managers kontinuierlich an Komplexität zunimmt: große Sensibilität und kulturelles Bewußtsein stellen wichtige Voraussetzungen dar. Die Zahl der Topmanager, die ihre Fähigkeiten zwischen Märkten hin und her transferieren können, ist relativ gering. Beispiele wie Lindsay Owen Jones, Vorsitzender von L'Oreal, Alex Trotman, Vorstandsvorsitzender bei Ford oder Graham Morris, Vorstandsmitglied bei Audi, sind eher Ausnahmen.

Dementsprechend gewinnt die Ausbildung von Managern, die in unterschiedlichen Kulturen agieren können, immer mehr an Bedeutung für internationale Unternehmen.[45]

Das Training von Managern verfolgt hohe Ziele: Zunächst soll die Fähigkeit verbessert werden, effektiv mit Konsumenten, Lieferanten, Vorgesetzten und Angestellten anderer Nationalitäten umzugehen. Manager müssen lernen, ihre eigenen Vorstellungen zu hinterfragen, das Kriterium der Selbstreferenz zu überwinden und sich an die Art und Weise der Kommunikation, der Problemlösung und sogar Entscheidungsfindung anzupassen. Ebenso müssen rudimentäre Managementthemen wie Führung, Motivation und Teamwork und vor allem die eigene Einstellung dazu, laufend hinterfragt und neu bewertet werden; dies bedeutet eine intensive Beschäftigung mit tiefgreifenden und persönlichen Einstellungssystemen. Schließlich ist auch der Umgang mit Stereotypen in Bezug auf andere Rassen und Religionen von äußerster Wichtigkeit. Internationale Manager müssen dabei nicht nur mit ihrem eigenen Verhalten umgehen lernen, sondern auch mit Stereotypen, die andere vielleicht von ihnen besitzen.

Einige Unternehmen bieten global expandierenden Organisationen Unterstützung beim Training im kulturellen Bereich an: Als Beispiel wäre hier Waterbridge International in Großbritannien zu nennen. Das Unternehmen bietet unter anderem Training und Beratung für britische Unternehmen an, die auf japanischen Märkten operieren, ebenso wie für japanische Unternehmen, die sich in Großbritannien angesiedelt haben. British Telecom, Cable and Wireless, ICI, Unilever, Toshiba u.v.m. gehören zu den Kunden von Waterbridge International.[46]

Ein weitverbreiteter Zugang zur Sensibilisierung der Mitarbeiter ist die Durchführung von Workshops, die Einbeziehung von Fallstudien sowie von Rollenspielen. Verschiedene Übungen sollen dem Teilnehmer eine Konfrontation mit einer relevanten Situation ermöglichen, wobei sich dieser mit seinen eigenen möglichen Gedanken und Aktionen auseinandersetzen muß und nach eingehender Analyse aus seinen Erfahrungen lernen kann. Voraussetzung ist, daß die Teilnehmer fähig sind, eigene Motive und Zugänge zu verstehen und zu bewerten. Oft ermöglichen Rollenspiele die Offenlegung von Gedanken und Gefühlen, die sonst unberücksichtigt geblieben und verkannt worden wären. Das Center for International Briefing in Farnham Castle, Surrey, bedient sich zweier Zugänge bei seinem Training internationaler Manager. Zum einen bietet das Unternehmen Training in Bezug auf das jeweilige Geschäftsgebaren, zum anderen setzt es sich jedoch auch intensiv mit der sozialen Etikette des jeweiligen Landes auseinander und übermittelt seine 40 Jahre lange Erfahrung an internationale Manager. Das Angebot besteht aus Trainingsprogrammen für mehr als 150 Länder und wird durch eine intensive Unterweisung in 25 verschiedenen Sprachen ergänzt. Im besonderen bietet das Unternehmen, wie sein Name schon sagt, Briefings an, die entweder direkt beim Kunden stattfinden oder in einer neutralen Umgebung, wie etwa einem Hotel oder Konferenzgebäude. Es ist sogar möglich diese Briefings per Telefon, Fax oder E-mail durchzuführen. Je nach Wunsch nehmen ganze Gruppen oder Individuen an diesen Sitzungen teil. Normalerweise beinhalten die Briefings Unterricht und Workshops zu folgenden Themenbereichen: Geschäfts- und Arbeitsumfeld, Lebensumstände, Sprache und Kommunikation, kulturelle Anpassung, Ethik und Religion, Nahrungsmittel, frauenbezogene Themenbereiche, Gesundheit und Sicherheit sowie finanzielle Ratschläge und Verhandlungsgeschick.[47]

Internationale Anpassung und kulturelles Bewußtsein sollten Bestandteil der Persönlichkeit eines jeden sein, der danach trachtet, global tätig zu sein. Professor Nigel Nicholson von der London Business School identifizierte folgende Charaktereigenschaften, die ein Individuum zu einem potentiellen Kandidaten für erfolgreiche Auslandstätigkeit machen: es handelt sich dabei um extrovertierte, autonome, energische und ehrgeizige Persönlichkeiten, die ein besonderes Interesse und hohe Sensibilität für andere Kulturen aufweisen. Zusätzlich verfügen diese Personen noch über gute kommunikative Fähigkeiten und eine schnelle Auffassungsgabe.[48]

Eine passende Persönlichkeit allein ist jedoch nicht ausreichend. Entsprechende Investitionen in Training durch die jeweiligen Firmen sind ebenfalls notwendig. A&C Export, ein kleines Unternehmen in Spalding, Lincolnshire, hat dies erkannt. Der Erfolg setzte ein, nachdem das Unternehmen seinen Mitarbeitern Sprachtraining angedeihen ließ. Darüber hinaus nimmt das Unternehmen besondere Rücksicht auf Wünsche seiner Klienten, die auf unterschiedlichen kulturellen Hintergrund zurückzuführen sind. Das Ergebnis kann sich sehen lassen. A&C Export war das erste britische Unternehmen, welches direkt mit italienischen Supermärkten handelte. Unter den Kunden finden sich führende italienische Handelsketten wie La Standa und Pam. In Deutschland konnte das Unternehmen seine Exporte in nur einem Jahr verdoppeln.[49] Trotzdem bleibt das Thema einer entsprechenden Vorbereitung und Unterstützung durch Unternehmen in Deutschland und England noch weitestgehend unberücksichtigt. Die Auswahl der Kandidaten für einen Auslandstransfer wird zumeist nur auf der Grundlage der technischen Fähigkeiten des einzelnen getroffen. Nur 16 Prozent deutscher Firmen und 20 Prozent britischer Unternehmen bewerten zusätzlich das Potential der Kandidaten bezüglich deren internationaler Anpassungsfähigkeit.[50]

Sollte die Zeit oder Möglichkeit zu einem formalen Training oder einem Orientierungsprogramm nicht gegeben sein, so stellt die Lektüre von geschriebenem, vertontem oder visuellem Material über das zu besuchende Land eine Mindestanforderung dar. Die Brigham Young Universität veröffentlicht unter dem Titel „Kulturgramm" eine Reihe über mehr als 140 Regionen dieser Erde. Das Kulturgramm stellt eine allgemeine Einführung in die Kultur einer Region oder eines Landes dar, und beinhaltet sowohl Kommentare von Einheimischen als auch Expertenanalysen.[51]

AUF DEN PUNKT GEBRACHT

- Kultur war von jeher eine Quelle für Mißverständnisse und Uneinigkeiten. Vor allem im Geschäftsleben kann dies zu kostspieligen Mißerfolgen führen.

- Immer mehr Unternehmen weltweit erkennen die Notwendigkeit, das kulturelle Bewußtsein ihrer Angestellten zu unterstützen und zu trainieren.

- Eine Reihe von Unternehmen bietet professionelle Unterstützung und Beratung für Unternehmen an, die in ausländische Märkte expandieren wollen. Durch Workshops, Fallstudien, Rollenspiele oder Sprachkurse kann das kulturelle Bewußtsein und die kulturelle Sensibilität internationaler Manager weiter ausgebildet werden und die Zahl der erfolgreichen Auslandstätigkeiten angehoben werden.

3.8   Zusammenfassung

Kultur als Gedankengut einer Gesellschaft hat sowohl einen bewahrenden als auch
einen verändernden Einfluß auf das nationale Marktumfeld. Globale Marketer müssen
diesen kulturellen Einfluß erkennen und die Fähigkeit besitzen, entweder darauf zu
reagieren oder ihn zu ändern. Das menschliche Verhalten ist eine Funktion sowohl der
eigenen individuellen Persönlichkeit, als auch der Interaktion mit den kollektiven Kräften der jeweiligen Gesellschaft oder Kultur, in der das Individuum lebt. Eine Reihe
von Konzepten und Erklärungsansätzen ermöglicht eine eingehende Betrachtung kultureller Problemstellungen. Nationen können in Kulturen mit hohem oder niedrigem
Formalisierungsgrad eingeteilt werden; die Art und Weise der Kommunikation sowie
das Verhalten bei Geschäftsverhandlungen kann sich von einem Land zum anderen
stark unterscheiden.

Die Bedürfnishierarchie nach Maslow, Hofstedes Kulturdimensionen und das Selbstreferenzkriterium können Erklärungsansätze für kulturelle Unterschiede und Ähnlichkeiten bieten.

Das globale Marketing hat weltweit eine wichtige, ja sogar führende Rolle bei der
Beeinflussung des kulturellen Wandels gespielt. Dies trifft insbesondere auf Nahrungsmittel zu, läßt sich aber praktisch in fast jeder Branche, vor allem im Konsumgüterbereich, beobachten. Waschmittelhersteller sehen sich veränderten Waschgewohnheiten
gegenüber, die Elektronikindustrie beschäftigt sich mit veränderten Trends in der Unterhaltung, Modeerscheinungen prägen die Kleidungsindustrie; diese Beispiele könnten
noch endlos fortgesetzt werden. Obwohl Kultur auch einen direkten Einfluß auf die
Vermarktung von industriellen Produkten ausüben kann, spielt sie im Vergleich zu
Konsumgütern eine bei weitem weniger wichtige Rolle. Vor allem beeinflussen kulturelle Faktoren die Art und Weise, wie Geschäfte abgewickelt werden. Globale Marketer
haben gelernt, sich bei ihren Aktivitäten auf Leute zu verlassen, die mit lokalen Bräuchen und Einstellungen vertraut sind. Auch nehmen viele Manager, deren potentielle
Geschäftspartner einer anderen Kultur entstammen, die Möglichkeit eines interkultu-
rellen Trainings wahr, um mögliche Komplikationen zu vermeiden.

3.9   Diskussionsfragen

1. Was ist Kultur? Sind allgemeingültige, kulturübergreifende Merkmale überhaupt
   vorhanden? Wenn ja, dann bringen Sie einige Beispiele! Wenn nein, dann erläutern Sie Ihren Standpunkt.

2. Können Hofstedes Kulturdimensionen ein besseres Verständnis anderer Kulturen
   bei globalen Marketern unterstützen? Erläutern Sie Ihren Standpunkt.

3. Erklären Sie das Selbstreferenzkriterium. Bringen Sie Beispiele von geschäftlichen
   Fehlschlägen, die durch Berücksichtigung des SRC hätten vermieden werden können.

4. Erklären Sie den Unterschied zwischen Kulturen mit hohem und niedrigem Formalisierungsgrad. Nennen Sie ein Land für jeden der beiden Typen, und belegen
   Sie Ihre Aussage.

5. Betrachten Sie die Gleichung C = f (A, B, C, D, E, F), wobei C für den Konsum von Erfrischungsgetränken steht und D die Variable für kulturelle Elemente darstellt. Auf welche Weise kann diese Gleichung das Verständnis für die Nachfrage nach Erfrischungsgetränken auf globalen Märkten fördern?

3.10   Webmistress's Hotspots

Der Maslowsche Leseraum
Hier finden Sie das gesamte „Politics 3 Paper" sowie Links zu anderen Maslow-Materialien. Auch werden wertvolle Hinweise auf verwandte Literatur gegeben.
`http://www.nidus.org/`

Die Maslowsche Bücherliste
Eine Liste von Maslows Büchern samt Bestellhinweisen wird präsentiert.
`http://www.wynja.com/personality/bookstore/maslow/maslowbc.html`

Die Kulturdimensionen nach Hofstede
Hofstedes vier Kulturdimensionen sowie Indizes zu einzelnen Dimensionen sind hier zu finden.
`http://omni.cc.purdue.edu/~stohl/Hofstede.html`

Spaß mit und Information zum Beetle (Offizielle Homepage von VW)
„Hier bin ich", der neue Beetle zeigt sich von seiner besten Seite. Sie finden Fakten und Daten sowie nützliche Informationen rund um das Auto.
`http://www.beetle.de/`

Heineken Homepage
Die Heineken Homepage in neuester Auflage. Lernen Sie die erste weltweite Kette von virtuellen Bars kennen, erkunden Sie neue Nachrichten, nehmen Sie am klassischen Reisespiel teil, und lernen Sie Musik und Sport mit Heineken kennen.
`http://www.heineken.com/`

Danone Homepage
„Everyday, we bring you better foods, more varied flavors, more healthy pleasures." Lernen Sie das Danone-Netzwerk kennen, holen Sie sich Informationen über das Unternehmen und mögliche Karrierechancen, seine Marken und die letzten Neuigkeiten.
`http://www.danonegroup.com/`

Lipton Homepage
„Life's A Little Better with Lipton Tea" Erleichtern Sie sich das Leben, indem Sie die Lipton-Küche besuchen, wo Tausende von Rezepten, Präsentationen und Artikel auf Sie warten.
`http://www.lipton.com/`

Perrier Homepage
„Die Kunst der Erfrischung!" Genießen Sie prickelnde Unterhaltung. Erkundigen Sie

sich über das Perrier-Tennismatch, und lassen Sie sich durch den „Gayots-Restaurant-Guide" führen.
`http://perrier.com/`

3.11   Weiterführende Literatur

Benedict, Ruth. *The Chrysanthemum and the Sword.* Rutland: Charles E. Tuttle, 1972.

Bonvillian, Gary und William A. Nowlin. "Cultural Awareness: An Essential Element of Doing Business Abroad." *Business Horizons,* 37, 6 (1994): S.44.

DiBenedetto, Anthony C., Miriko Tamate und Rajan Chandran. "Developing Strategy for the Japanese Marketplace." *Journal of Advertising Research,* (Jänner-Februar 1992): S.39-48.

Ferro, Charles. "Universal Denmark Launched Compilation Album Targeted at Children." *Billboard,* 54, 7. November 1998.

Hall, Edward T. *Beyond Culture.* Garden City, New York: Anchor Books, 1977.

Hofstede, Geert und Michael Harris Bond. "The Confucius Connection: From Cultural Roots to Economic Growth." *Organizational Dynamics,,* (Frühjahr 1988): S.5-21.

Jung, C.G. *Critique of Psychoanalysis, Bollingen Series XX.* Princeton, NJ: Princeton University Press, 1975.

Lee, James A. "Cultural Analysis in Overseas Operations." *Harvard Business Review,,* (März-April 1966): S.106-114.

Lublin, Joann S. "Companies Use Cross-Cultural Training to help Their Employees adjust Abroad." *The Wall Street Journal,,* 4. August 1992: S.B1.

Maslow, A. H. "A Theory of Human Motivation." In *Readings in Managerial Psychology,* herausgegeben von Harold J. Levitt und Louis R. Pondy. Chicago: University of Chicago Press, 1964.

Murdock, George P. "The Common Denominator of Culture." In *The Science of Man in the World Crisis,* herausgegeben von Ralph Linton. New York: Columbia University Press, 1945.

Schaninger, Charles M., Jacques C. Bourgeois und Christian W. Buss. "French-English Canadian Subcultural Consumption Differences." *Journal of Marketing,* (Frühjahr 1985): S.82-92.

Still, Richard R. und John S. Hill. "Multinational Product Planning: A Meta Market Analysis." *International Marketing Review,* (Frühjahr 1985): S.60.

Summers, Diane. "Heat Dividend for the Soft Drink Business." *Financial Times,,* 24. August 1995.

Literaturverzeichnis

[1] "Return of the Beetle," *The Economist,* 346, 10. Jänner (1988): S.54.

[2] http://homepage.eurobell.co.uk/howardsw/bughist2.htm, (7. August 1996).

[3] Jean Halliday, "Auburn, Michigan: Steve Wilhite, Volkswagen," *Advertising Age International Supplement,* 14. Dezember 1998, S.12.

[4] Ralph Kisiel, "Volkswagen stirs up Beetlemania with New Equipment, Models," *Automotive News,* 29. März 1999, S.3.

[5] Dagmar Mussey und Laurel Wentz, "Der New Beetle storms into Europe; will it succeed?," *Advertising Age,* 23. November 1998, S.10.

[6] Edmund Chew, "New Beetle Enters into the Unknown," *Automotive News Europe,* November (1998): S.12.

[7] Dagmar Mussey und Laurel Wentz, "Der New Beetle storms into Europe; will it succeed?," *Advertising Age,* 23. November 1998, S.10.

[8] Dorothee Ostle und Ralph Kisiel, "VW rethinks Beetle Strategy in Europe," *Automotive News Europe,* 12. April 1999, S.9.

[9] Geert Hofstede und Michael Harris Bond, "The Confucius Connection: From Cultural Roots to Economic Growth," *Organizational Dynamics,* Spring (1988): S.5-21.

[10] Edward T. Hall, *Beyond Culture,* (Garden City, New York: Anchor Books, 1977).

[11] Richard R. Still und John S. Hill, "Multinational Product Planning: A Meta Market Analysis," *International Marketing Review,* Spring (1985): S.60.

[12] Edmund Chew, "New Beetle Enters into the Unknown," *Automotive News Europe,* November (1998): S.12.

[13] Heidi Dawley, "Autos: Do you have that in Small? Caremakers Hope Little 4x4s will Rev up Europe's Market," *Business Week,* 1997, S.21.

[14] Ibid., S.21

[15] George P. Murdock. "The Common Denominator of Culture." In *The Science of Man in the World Crisis*, herausgegeben von Ralph Linton. New York: Columbia University Press, 1945.

[16] Scott Roxborough, "VIVA is speaking in Tongues," *Hollywood Reporter*, 8. Dezember 1998, S.87.

[17] Inka Resch, "Medical Care on a Card," *Business Week*, 14. September 1998, S.85.

[18] Ruth Benedict, *The Chrysanthemum and the Sword*, (Rutland: Charles E. Tuttle, 1972).

[19] Edward T. Hall, *Beyond Culture*, (Garden City, New York: Anchor Books, 1977).

[20] Wolfgang Spahr, "WEA Germany splits Four Ways," *Billboard*, 14. Jänner 1995, S.107.

[21] Anthony C. DiBenedetto, Miriko Tamate und Rajan Chandran, "Developing Strategy for the Japanese Marketplace," *Journal of Advertising Research*, Jänner/Februar (1992): S.39-48.

[22] Richard R. Gesteland, *Cross-Cultural Business Behavior: Marketing, Negotiating and Managing across Cultures*, (Copenhagen: Copenhagen Business School Press, 1999).

[23] Adaptiert übernommen von Gary Bonvillian und William A. Nowlin, "Cultural Awareness: An Essential Element of Doing Business Abroad," *Business Horizons*, 37, 6 (1994): S.44.

[24] David J. Hickson und Derek S. Pugh, *Management Worldwide*, (London: Penguin Books, 1995).

[25] Tevfik Dalgic und Ruud Heijblom, "Educator Insights: International Marketing Blunders Revisited - Some Lessons for Managers," *Journal of International Marketing*, 4, 1 (1996): S.81-91.

[26] Bodo Harenberg, *Harenberg Lexikon der Sprichwörter & Zitate*, (Dortmund: Harenberg Kommunikation, 1997).

[27] A. H. Maslow. "A Theory of Human Motivation." In *Readings in Managerial Psychology*, herausgegeben von Harold J. Levitt and Louis R. Pondy. Chicago: University of Chicago Press, 1964.

[28] Henner Schierenbeck, *Grundzüge der Betriebswirtschaftslehre*, (München: Oldenburg Verlag, 1993).

[29] "Smart Cards Fill a Network Safety Need," *Newsletter*, März (1999): S.1.

[30] Bezüglich der Aussage, Maslows Hierarchie sei universell, herrscht keine Übereinstimmung. Dr. Rajah V. Komaran, Lektor der Abteilung für Marketing an der National Universität von Singapur, argumentiert zum Beispiel im Rahmen einer privaten Unterhaltung mit Warren Keegan (25. Juni 1996), daß Maslows Hierarchie nicht für das Verständnis der asiatischen Psyche geeignet sei.

[31] Geert Hofstede und Michael Harris Bond, "The Confucius Connection: From Cultural Roots to Economic Growth," *Organizational Dynamics,* Frühjahr (1988): S.5-21.

[32] Geert Hofstede, "Cultural Constraints in Management Theories," *Academy of Management Executive,* 7, 1 (1993): S.81-93.

[33] Geert Hofstede, "Management Scientists are Human," *Management Science,* 40, 1 (1994): S.4-13.

[34] James A. Lee, "Cultural Analysis in Overseas Operations," *Harvard Business Review,* März/April (1966): S.106-114.

[35] Miller - Freeman plc, "Danone pushes East," *Food Manufacture International,* 1995, S.18+.

[36] Miller-Freeman plc, "Eastern Opportunity Knocks," *Electronics Times,* 22. Juni 1998, S.

[37] Charles M. Schaninger, Jacques C. Bourgeois und Christian W. Buss, "French-English Canadian Subcultural Consumption Differences," *Journal of Marketing,* Frühjahr (1985): S.82-92.

[38] Eurostat Statistics, "Household Consumption in the EU," *European Economic Digest,* 1, 2 (1998)

[39] "Consumers Go for more Exotic Teas and Coffees.": Euromonitor, 1998.

[40] Unglücklicherweise führte die schlechte Handhabung einer PR-Krise durch Perrier 1990 zu einem Rückgang der Verkäufe um 50 Prozent, von denen sich das Unternehmen erst erholen mußte.

[41] Simone Cave, "Soft Drinks Find a Niche," *Food Manufacture,* 37, 3 (1995).

[42] Diane Summers, "Heat Dividend for the Soft Drink Business," *Financial Times,* 24. August 1995.

[43] Miller Freemann plc., "Caroline International," *Musik Week Midem Asia,* 11. Mai 1996.

[44] Joann S. Lublin, "Companies Use Cross-Cultural Training to help Their Employees adjust Abroad," *The Wall Street Journal,* 4. August 1992, S.B1.

[45] Vanessa Houlder, "Cultural Exchange - Roving Executives with Truly Transportable Skills are in Short Supply," *Financial Times,* 5. April 1995.

[46] Joanna Pitman, "When a Nod can Lead to a Contract," *The Times,* 2. März 1995.

[47] "Learning to Cope with Corporate Culture Clashes," *Irish Independent,* 20. März (1998).

[48] John W. Hunt, "Go Abroad, Young Manager: Learning how to do Business in a Foreign Culture comes from First-hand Experience, not Training Seminars," *Financial Times*, 8. Oktober 1998.

[49] Alison Thomas, "Exporter enjoys the Fruits of learning Foreign Languages," *The Sunday Times*, 3. November 1996.

[50] Vanessa Houlder, "Foreign Culture Shock," *Financial Times*, März 1996.

[51] Für Bestellung oder Katalogzusendung rufen Sie bitte 800-528-6279.

Kapitel 4

Politische und rechtliche Rahmenbedingungen des Globalen Marketing

In Rom muß man wie die Römer leben.
– FRANZ. SPRICHWORT

Außer dem Licht wird auf Erden nichts so oft gebrochen wie das Recht.
– ALFRED POLGAR, ÖSTERR. SCHRIFTSTELLER UND KRITIKER

Es gibt politische Notwendigkeiten, die so zwingend sind, daß sie sich auf lange Sicht durchsetzen müssen.
– KONRAD ADENAUER, DT. POLITIKER

4.1 Zielsetzung des Kapitels

Nachdem Sie dieses Kapitel gelesen haben, wissen Sie mehr über:

- Die Bedeutung des politischen Umfelds für globale Marketingaktivitäten
- Die Auswirkungen unterschiedlicher Rechtssysteme (Fallrechtssystem vs. kodifiziertes Rechtssystem)
- Den Einfluß politischer und rechtlicher Rahmenbedingungen auf spezifische globale Unternehmenstätigkeiten, wie Unternehmensgründung, Eigentümerstruktur, Markenschutz
- Möglichkeiten der gerichtlichen und außergerichtlichen Konfliktlösung bei internationalen Streitfällen
- Bedeutende internationale Organisationen und ihren Einfluß auf das politische Umfeld globaler Marketingaktivitäten

In welchen Situationen hilft ein besseres Verständnis dieser Inhalte?

- Sie kommen auf internationalen Märkten mit unterschiedlichen Rechtssystemen in Kontakt und sollen für Ihr Unternehmen optimale Entscheidungen treffen.

- Sie konnten ein internationales Handelsgeschäft mit Ihrem mexikanischen Vertragspartner nicht zu Ihrer Zufriedenheit vollenden und suchen nun nach Möglichkeiten diesen Streitfall effizient zu lösen.

- Sie wollen mehr Information darüber gewinnen, welchen Einfluß internationale Organisationen durch ihre Beschlüsse und Aktivitäten auf Ihre internationale Tätigkeit besitzen.

4.2 Konzepte & Definitionen

Staatliche Souveränität bedeutet, daß dem Staat auf seinem Hoheitsgebiet die höchste Entscheidungsgewalt zuerkannt wird; Dies schließt auch die Unabhängigkeit des Staates von anderen ein. Die staatliche Souveränität ermöglicht ungeteilte Rechtsprechung über Personen und Sachgüter ohne Einmischung von außen.

Politisches Risiko bezeichnet das Risiko eines Wechsels in der Regierungspolitik, der Unternehmensaktivitäten negativ beeinflussen würde. Je geringer das politische Risiko, desto höher die Investitionsbereitschaft in einem Land; je geringer der ökonomische Entwicklungsstand eines Landes ist, desto höher ist zumeist auch das politische Risiko.

Fallrecht vs. kodifiziertes Recht: Fallrecht stützt sich auf Tradition und Präzedenzfälle, die aus früherer Rechtsprechung entstammen. Im Gegensatz dazu basiert kodifiziertes Recht auf schriftlichen Normen in Form von Gesetzestexten (Kodizes), die durch Entscheidungen der Gerichte ergänzt werden.

Cybersquatting beschreibt die Tatsache, daß jemand eine Internet-Domain wählt, die einem „berühmten Namensvetter" (für Konsumenten) zum Verwechseln ähnlich lautet. Von Cybersquatting spricht man, wenn der Inhaber einer Domain keine Rechte oder berechtigte Interessen an diesem Namen hat, oder der Domain-Name aus zweifelhaften Gründen registriert und verwendet wurde.

Außergerichtliche Einigung ist die Möglichkeit, internationale Streitfälle außerhalb der ordentlichen Gerichtsbarkeit in einem Schiedsgerichtsverfahren zu regeln. Zahlreiche unabhängige, internationale Organisationen bieten derartige Dienstleistungen an.

4.3 Schnittstelle zur Praxis

Während Regierungen in vielen Ländern nach und nach begannen, sich mit Umweltfragen, wie etwa dem Recycling, auseinanderzusetzen, ging Deutschland mit der sogenannten *Verpackungsverordnung* bereits einen Schritt voraus. Mit dieser rechtlichen Regelung zielte die deutsche Bundesregierung darauf ab, die Industrie mit den Kosten der Abfallentsorgung zu belasten. Durch diese Maßnahme sollten Hersteller bewogen werden, die Verwendung von nicht wieder verwertbaren Materialien einzuschränken und statt dessen innovative Ansätze in der Produktion und Verpackung von Produkten zu fördern. Trotz der damit verbundenen Kosten zeichneten sich nach kurzer Zeit bereits signifikante Fortschritte ab. Unternehmen entwickelten neuartige Verpackungen, die einen geringeren Materialverbrauch und einen höheren Anteil an Recyclingmaterial aufweisen.

Die deutsche Verpackungsverordnung ist nur ein Beispiel, welche Auswirkungen das politische und rechtliche Umfeld auf Marketingaktivitäten haben kann. Jede Regierung ist bestrebt, die Handels- und Wirtschaftsbeziehungen mit anderen Ländern zu regeln und den Zugang ausländischer Unternehmen zu den eigenen Ressourcen zu kontrollieren. Viele Staaten haben eigene Gesetze und rechtliche Vorschriften, um den grenzüberschreitenden Handel mit Produkten, Dienstleistungen, Arbeitskraft, Kapital und Know-how zu regulieren. Internationale Unternehmen müssen daher stets bestrebt sein, ihre Aktivitäten mit den spezifisch nationalen – manchmal sogar regionalen – rechtlichen Rahmenbedingungen in Einklang zu bringen, was angesichts sich häufig ändernder und nicht immer widerspruchsfreier rechtlicher Regelungen nicht einfach ist.

In diesem Kapitel werden die grundlegenden Bausteine des politischen und rechtlichen Umfelds globaler Marketingaktivitäten dargestellt. Spezifische Regelungen, wie rechtliche Rahmenbedingungen für Ex- und Import, Gesundheits- und Sicherheitsstandards sowie gesetzliche Vorschriften in bezug auf Verpackungsgestaltung, Produktkennzeichnung oder Werbung und Verkaufsförderung werden in den entsprechenden Kapiteln gesondert behandelt.

4.4 Das politische Umfeld

Globale Marketingaktivitäten erfolgen in einem Umfeld aus staatlichen Institutionen, politischen Parteien und Organisationen, die den Willen ihres Staatsvolkes repräsentieren. Jedes Unternehmen, das außerhalb seines Heimmarktes aktiv wird, sollte daher die politischen Strukturen im Zielland genau analysieren und die Diskussion zu tagespolitischen Fragen aufmerksam beobachten. Dazu gehört auch die Position staatstragender Parteien zu Fragen wie staatlicher Souveränität, politischem Risiko, Steuern, der Eigenkapitalstruktur von Unternehmen oder Enteignung.

4.4.1 Der Staat und seine Souveränität

Staatliche Souveränität läßt sich als oberste und unabhängige politische Autorität definieren. Es bezeichnet die Eigenschaft des Staates, der zufolge der Staat die höchste Entscheidungsgewalt auf seinem Hoheitsgebiet darstellt. Dies schließt auch die Unabhängigkeit des Staates von anderen ein. Ein Staat hat daher auf seinem Hoheitsgebiet ungeteilte Rechtsprechung über Personen und Sachgüter und regelt innerstaatliche Angelegenheiten ohne Einmischung von außen.[1]

Zwei wesentliche Faktoren prägen diese staatlichen Handlungen: der Entwicklungsstand, sowie das politische und ökonomische System eines Landes. Viele Regierungen in wirtschaftlich weniger entwickelten Ländern steuern die ökonomische Entwicklung in ihrem Heimatland mit Hilfe von protektionistischen Gesetzen und rechtlichen Regelungen. Ihr Ziel ist es, den Aufbau und die Entwicklung strategisch wichtiger Industrien im Heimatland vor wirtschaftlichen Interessen des Auslands zu schützen. In wirtschaftlich entwickelten Volkswirtschaften nehmen Regierungen genau entgegengesetzte Positionen ein: sie erklären, daß, – zumindest auf dem Papier – Geschäftsgrundsätze oder -praktiken, die den freien Handel einschränken, unzulässig sind. Gesetze und rechtliche Regelungen gegen die Bildung von Kartellen werden erlassen, um den fairen Wettbewerb zu fördern. Weiters schützt der Gesetzgeber in solchen Ländern auch die soziale Ordnung, indem er politische, kulturelle und sogar intellektuellen Aktivitäten und soziale Belange regelt. In Frankreich beispielsweise bestehen rechtliche Regelungen, welche die Verwendung von Fremdwörtern, wie Computer oder Marketing, in offiziellen Dokumenten untersagen. Um dem übermäßigen Kontakt junger Franzosen mit amerikanischem Fast Food Einhalt zu gebieten, haben französische Institutionen, die sich der Bewahrung französischer Traditionen verschrieben haben, ein Unterrichtsfach über französische Küche und „guten Geschmack" für die Grundschule entwickelt.[2]

Während die meisten wirtschaftlich entwickelten Volkswirtschaften einen Ausgleich zwischen staatlichen Eingriffen und freier Marktwirtschaft schaffen, reicht die politische Macht einer Regierung in einer zentralen Planwirtschaft deutlich weiter in das ökonomische Leben eines Landes. Ein globales Phänomen zeigt sich interessanterweise unabhängig davon, ob es sich um eine zentrale Planwirtschaft oder eine marktwirtschaftlich orientierte Volkswirtschaft handelt: der Trend zu Privatisierung. Privatisierung bedeutet, daß der Staat seine direkte Beteiligung am Wirtschaftsleben als Hersteller von Gütern und Dienstleistungen reduziert. Anders gesagt verringert jede Privatisierungsmaßnahme den Anteil an zentralem Einfluß auf das Wirtschaftsleben eines Landes. In Europa wird eine der letzten Branchen, in denen der Staat als Unternehmer auftritt, privatisiert: die Energiewirtschaft. Die Europäische Kommission hat ihre Mitgliedsstaaten aufgefordert, 1999 23% ihres Energiemarktes für private Anbieter zu öffnen. Bis 2005 soll ein Drittel des Marktes liberalisiert sein. Während diese Deregulierung in Großbritannien und weiten Teilen Skandinaviens bereits erfolgt ist, sind andere Mitgliedsstaaten erst am Beginn dieser Entwicklungen.[3] Auch in wirtschaftlich weniger entwickelten Ländern wie Mexiko, wo die Regierung früher über 1.000 staatsnahe Betriebe kontrollierte, ist der Trend zu „weniger Staat" deutlich zu beobachten. Die meisten dieser Unternehmen wurden verkauft, u.a. die zwei mexikanischen Fluglinien, Bergwerksgesellschaften, Banken und andere Unternehmen. Auch Rußland wurde von der Privatisierungswelle erfaßt: im Zuge der Privatisierungsinitiativen wurden zwischen 1992 und 1995 30 Mio. Russen zu Aktienbesitzern von mehr als 75.000 kleineren und 14.000 Großunternehmen.[4]

Einige Beobachter meinen, daß durch die Globalisierung die Souveränität des einzelnen Staates ausgehöhlt wird. Der Wirtschaftsberater Neal Soss kommentiert dies folgendermaßen: „Die letzte Ressource einer Regierung ist ihre Macht, und wir haben wiederholt gesehen, wie diese Macht durch den Druck, der von Märkten ausgehen kann, gebrochen wird."[5] Dieser Trend wird von vielen als beunruhigend empfunden. Gleichzeitig gibt es jedoch Kommentare, die diese – möglicherweise bewußt geschürten – Befürchtungen als *„globaloney"* abtun. Der Journalist David Selbourne sieht den oft zitierten Machtverlust nationaler Regierungen als willkommene Legitimation für das Versagen, soziale oder wirtschaftliche Probleme im eigenen Land zu lösen. Oft fällt es einigen Politikern nur allzu leicht, diese Probleme als außerhalb ihres Einflusses zu qualifizieren. Selbourne bringt dazu folgendes Beispiel: weltweit einhellig wird die Erwärmung der Atmosphäre als drängendes – globales – Problem gesehen. Geht es um Maßnahmen, die Abhilfe schaffen sollen, ist es mit einer einheitlichen Sichtweise vorbei. Nicht selten erweisen sich nationale Regierungen als lax, wenn es darum geht, Emissions- und Abgasbestimmungen durchzusetzen. Mit dem Hinweis auf den „globalen Charakter" des Problems, wird die Lösung ausgelagert nach dem Motto „Sollen sich die darum kümmern, die für die globalen Probleme zuständig sind."[6]

Betrachtet man die Entwicklungen aus Marketingsicht, so könnte man einen Vergleich zum Konzept der Austauschbeziehungen anstellen: ein Staat ist möglicherweise bereit, einen Teil seiner staatlichen Souveränität abzugeben, wenn er dadurch einen bestimmten Nutzen, wie etwa einen höheren Anteil am Weltmarkt oder ein steigendes Bruttosozialprodukt zieht. Unter diesen Voraussetzungen haben die Mitgliedsstaaten der Europäischen Union auf einen Teil ihrer souveränen Rechte verzichtet, um im Gegenzug einen besseren Zugang zu einem größeren, gemeinsamen Markt zu erreichen.

4.4.2 Politisches Risiko

Politisches Risiko – d.h., das Risiko eines Wechsels in der Regierungspolitik, der Unternehmensaktivitäten negativ beeinflussen würde – kann Unternehmen davon abhalten, im Ausland zu investieren. Je geringer das wahrgenommene Risiko in einem Land, desto eher wird dieses Land Investitionen anziehen. Der Grad des politischen Risikos ist umgekehrt proportional zum wirtschaftlichen Entwicklungsstand eines Landes. Grob gesprochen gilt: je weniger wirtschaftlich entwickelt ein Land, desto größer das politische Risiko. In Ländern der Triade, wie den USA, Westeuropa oder Japan, ist das politische Risiko wesentlich geringer als in einem wirtschaftlich weniger entwickelten Land in Afrika, Lateinamerika oder Asien.

Die Veränderungen in Zentral- und Osteuropa, sowie der Zerfall der ehemaligen Sowjetunion haben die Risiken und Chancen politischer Umwälzungen klar vor Augen geführt. Das gegenwärtige politische Klima in Osteuropa ist durch ein hohes Maß an Unsicherheit gekennzeichnet. Seitdem die starren Regeln des Kommunismus beseitigt sind, unterliegt diese Region einem substantiellen politischen Risiko, welches das wirtschaftliche Umfeld binnen kürzester Zeit drastisch verändern könnte. Angesichts dieser prekären Situation ist es beispielsweise für Geschäftsleute in Rußland unabdingbar, sich über die Bildung und weitere Entwicklung politischer Parteien, vor allem solcher mit ultranationalistischer (d.h. anti-westlicher) Ausrichtung, zu informieren.[7]

GLOBALE PERSPEKTIVE

ÖKONOMISCHER NATIONALISMUS UND GLOBALES MARKETING

Viele Länder versuchen den grenzüberschreitenden Verkehr von Waren, Dienstleistungen, Kapital, Personen, Technologie und Rechten zu kontrollieren. Aus historischer Sicht ist dieses Verhalten auch nachvollziehbar, denn früher war die Generierung von Einnahmen durch die Einhebung von Zöllen und Gebühren ein wichtiges, staatliches Ziel. Heute haben staatliche Institutionen zusätzliche Motive für die Kontrolle grenzüberschreitender Transaktionen, wie den Schutz der lokalen Industrie. Derartige politisch motivierte Eingriffe bezeichnet man auch als Protektionismus oder ökonomischen Nationalismus.

Fortsetzung auf der nächsten Seite

ÖKONOMISCHER NATIONALISMUS UND GLOBALES MARKETING (Fortsetzung)

Verschiedene ökonomische und politische Ziele, sowie unterschiedliche Wertesysteme sind die Hauptgründe für Protektionismus. Die Barrieren zwischen den westeuropäischen Staaten, den USA und den kommunistischen Ländern des ehemaligen Ostblocks zu Zeiten des Eisernen Vorhangs sind beispielsweise auf unterschiedliche Ziel- und Wertesysteme zurückzuführen.

Landwirte auf der ganzen Welt, egal ob aus Japan, Europa oder den USA, sind bestrebt, möglichst umfassenden Schutz von ihrer lokalen Regierung zu erhalten. Aufgrund des politischen Einflusses der Agrarlobby in den einzelnen Ländern verzerren Handelsbeschränkungen bei Agrarprodukten nach wie vor die wirtschaftliche Effizienz in diesem Sektor und wirken sich kontraproduktiv auf die ökonomische Integration aus.

Der Preis für diese Protektion ist sehr hoch. Zum einen zahlen die Konsumenten die Rechnung: Wenn ausländische Produzenten mit Zugangsbeschränkungen zu kämpfen haben statt frei am Markt zu agieren, so ist das Ergebnis ein höherer Preis für heimische Konsumenten und eine Reduktion des Lebensstandards. Zum anderen wirkt sich dieser Protektionismus negativ auf die Wettbewerbsfähigkeit der heimischen Unternehmen aus. Unternehmen, die vor der Konkurrenz geschützt sind, lassen die Motivation zu ständigen Verbesserungen vermissen. Nur wenn ein Unternehmen dem weltweiten Wettbewerb ausgesetzt ist, wird es Wege finden, eine Marktnische besser als jedes andere Unternehmen auf der Welt zu bedienen, oder überlegen, wie es im direkten Konkurrenzkampf bestehen kann.

Einfach zum Nachdenken:

- Fallen Ihnen Situationen ein, in denen Sie Protektionismus für gerechtfertigt halten? Überlegen Sie sich diese Fragestellung aus der Perspektive Ihres eigenen Landes sowie eines wirtschaftlich weniger entwickelten Landes.
- Kann (temporärer) Protektionismus die Wettbewerbsfähigkeit der lokalen Industrie erhöhen? Warum? Warum nicht?

4.4.3 Steuern

Es ist nicht ungewöhnlich für ein Unternehmen an einem Ort amtlich registriert zu sein, an einem anderen Geschäfte abzuwickeln und den Sitz der Unternehmensleitung an einem dritten Ort zu haben. Diese geographische Streuung von Unternehmensaktivitäten erfordert besondere Aufmerksamkeit im Hinblick auf die Steuergesetzgebung. Viele Unternehmen versuchen, ihre Steuerlast zu minimieren bzw. Steuern zu umgehen, indem sie den Ort der Gewinnbesteuerung verändern. So wurde beispielsweise ermittelt, daß in den USA das Ausmaß an entgangenen Steuereinnahmen durch Steuerumgehung ausländischer Unternehmen bei mehreren Milliarden US-$ pro Jahr liegt. Eine Möglichkeit der Gewinnminderung besteht beispielsweise darin, daß ausländische Unternehmen ihren U.S.-amerikanischen Niederlassungen Darlehen gewähren statt Direktinvestitionen vorzunehmen. Die U.S.-amerikanische Niederlassung kann die Zinszahlung auf derartige Darlehen steuerlich geltend machen und reduziert damit die Abgabenlast.

Weltweit einheitliche Gesetze, welche die Einhebung von Steuern im grenzüberschreitenden Waren- und Dienstleistungsverkehr regeln, gibt es nicht. Damit es zu keinen Doppelbesteuerungen von Einkommen kommt, haben die meisten Regierungen bilaterale Steuerabkommen abgeschlossen. 1977 hat die OECD, die Organisation für wirtschaftliche Entwicklung und Zusammenarbeit, ein Musterabkommen zur Vermeidung der Doppelbesteuerung auf dem Gebiet von Einkommen und Vermögen verabschiedet, um bilaterale Verhandlungen zwischen den Staaten zu erleichtern. Generell werden ausländische Unternehmen im Gastland bis zu jener Höhe besteuert, die auch im Heimatland zur Anwendung kommen würde, um so die Gesamtsteuerlast für das Unternehmen gleich zu halten.

4.4.4 Staatlicher Einfluß auf Kapitalverhältnisse in Unternehmen [8]

Politischer Druck und staatliche Kontrolle gehören vor allem in wirtschaftlich weniger entwickelten Ländern zu den Rahmenbedingungen globaler Unternehmensaktivitäten. Zentrales Ziel dieses staatlichen Einflusses ist es, nationale Souveränität in allen Bereichen des Wirtschaftslebens zu bewahren. Nicht selten versuchen die Regierungen des Gastlandes daher, die Besitzverhältnisse ausländischer Unternehmen in ihrem Land zu beeinflussen. Oft werden durch politischen Druck lokale Partner in ausländische Unternehmen aufgenommen.

Obwohl gesetzliche Regelungen, die eine derartige Veränderung der Eigenkapitalstruktur bewirken, in Vorstandsetagen nie sonderlich populär sind, sind die Auswirkungen derartiger Vorschriften oft erstaunlich positiv. Dennis J. Encarnation und Sushil Vachani untersuchten die Reaktionen von Unternehmen auf Indiens *Foreign Exchange Regulation Act* (FERA) aus dem Jahr 1973, der die Beteiligung ausländischer Firmen an lokalen Unternehmen auf 40% des Eigenkapitals beschränkte. Sie identifizierten vier mögliche Reaktionsweisen von Unternehmen, die mit dieser Situation konfrontiert waren:

1. *Den gesetzlichen Bestimmungen bis ins Detail Folge leisten.* Colgate Palmolive (Indien) beschritt diesen Weg und wurde in ein indisches Unternehmen umgewandelt. Dadurch gelang es, die Vormachtstellung im Wachstumsmarkt Indien für die Zukunft abzusichern.

2. *Das Land verlassen.* Nach einigen Jahren der Verhandlungen entschied sich IBM, daß der unter den neuen Bedingungen entstehende Kontrollverlust höher als die Gewinne aus den gemeinsam weitergeführten Unternehmensaktivitäten sein würden, und verließ den Markt. 1991 trat IBM jedoch wieder in den indischen Markt ein und formierte ein 50:50 Joint Venture mit Tata Information Systems Limited (TISL), einem der größten Industrieunternehmen. Heute hat das gemeinsame Joint Venture seinen Sitz in Indiens „Silicon Plateau", Bangalore, und unterhält Standorte in allen größeren Städten.[9]

3. *Verhandeln unter den neuen Rahmenbedingungen.* Einige Unternehmen nutzten die geänderten Rahmenbedingungen, um Kapital für Wachstum und Diversifikation zu generieren. In den meisten Fällen geschah dies durch die Eigenkapitalzufuhr lokaler Investoren. Ciba-Geigy erhöhte die Eigenkapitalquote um 27% auf € 15

Mio. und handelte Produktionssteigerungen aus, die die Umsätze in Hindustan verdoppelten.

4. *Vorbeugend handeln.* Einige ausländische Unternehmen haben nicht erst auf die Regelungen, wie sie in FERA vorgesehen, gewartet, sondern haben proaktiv gehandelt. Sie konzentrierten sich auf die Diversifikation von Unternehmensaktivitäten, um Investitionsförderungen in Anspruch zu nehmen, auf die schrittweise Entwicklung zu einem „indischen" Unternehmen sowie auf ständige technologische Erneuerung und die Intensivierung von Auslandsengagements.

Encarnations und Vachanis' Untersuchung eröffnet wichtige Erkenntnisse für Unternehmen in dieser Situation:

1. *Zuerst alle zur Verfügung stehenden Möglichkeiten prüfen.* Meist gibt es nicht eine beste Lösung. Jedes Unternehmen sollte seine eigene und die Situation des Landes evaluieren, bevor über die weitere strategische Richtung entschieden wird.

2. *Unternehmen sollten die Gesetze für ihre eigenen Ziele einsetzen.* Die Erfahrungen vieler Unternehmen zeigen, daß es möglich ist, von Regierungen Zugeständnisse, Unterstützung und Entgegenkommen zu erhalten, wenn man die Ansprüche der lokalen Regierung erfüllt.

3. *Veränderungen in der Regierungspolitik antizipieren.* Proaktive Unternehmen sind auf Änderungen vorbereitet und in der Lage, eine für beide Seiten fruchtbringende Übereinkunft zu erzielen. Veränderungen kosten Zeit. Dementsprechend sind Unternehmen, die staatliche Initiativen und Einschränkungen antizipieren, schneller in der Lage, die Pläne für ihr eigenes Unternehmen abzustimmen und die Ziele des jeweiligen Landes zu unterstützen.

4. *Auf das lokale Management hören.* Lokale Manager sollen ermutigt werden, staatliche Vorhaben zu erkennen und produktive Lösungsvorschläge für das eigene Unternehmen zu entwickeln. Lokale Manager haben ein fundiertes Verständnis für das politische Umfeld in ihrem Heimatland. Sie können daher auch am besten abschätzen, wann bestimmte Fragen auftauchen werden, und wie man nachteilige Regelungen durch kreative Antworten ins Positive verkehren kann.

Die Gefahr einer Verwässerung der Eigenkapitalstruktur veranlaßt viele Unternehmen auch dazu, in Gastländern über Joint Ventures oder strategische Allianzen aktiv zu werden. Diese Alternativen bergen jedoch spezifische rechtliche Probleme. Vertragliche Vereinbarungen sollten daher Klauseln enthalten, wie nach einer Beendigung der Kooperation mit Patenten, Markenrechten, Lizenzen oder Technologien, die aus einem gemeinsamen Unternehmen entstanden sind, umgegangen wird.

4.4.5 Enteignung

Die Enteignung stellt die drastischste Form der Bedrohung von Unternehmen durch eine lokale Regierung dar. Als Enteignung wird jene staatliche Handlung bezeichnet, mit der einem Unternehmen oder einem Investor das Eigentumsrecht entzogen wird. Unter diesen Begriff fällt neben dem vollständigen Entzug des Eigentumsrechts auch die Belastung oder Beschränkung des Eigentums in wesentlichen Aspekten.[10] Zwar wird in vielen Fällen eine Kompensation eingeräumt, diese erfolgt jedoch nur selten den internationalen Standards entsprechend „unverzüglich, effektiv und angemessen". Gehen Liegenschaften oder finanzielle Mittel in das staatliche Eigentum des jeweiligen Landes über, so spricht man von Verstaatlichung. Wird dafür keine Kompensation angeboten, dann bezeichnet man dies auch als Konfiskation.[11]

Eine Vorstufe zur offenen Enteignung oder Verstaatlichung stellt die „schleichende Enteignung" dar. Sie ist in Form von Einschränkungen bei der Rückführung von Gewinnen, Dividenden, Lizenzgebühren oder dem Entgelt für technische Hilfeleistungen bei lokalen Investitionen und Technologieprojekten zu beobachten. Weitere Restriktionen betreffen einen erhöhten Grad an lokaler Wertschöpfung, Quoten für die Beschäftigung einheimischer Arbeitnehmer, Preiskontrollen und andere Regelungen, die den Ertrag aus Investitionen verringern. Globale Unternehmen haben nicht zuletzt unter diskriminierenden Zöllen und nichttarifären Handelshemmnissen, sowie unter einseitigen Gesetzen für Patente und Markenrechte zu leiden.

Mitte der 70er Jahre mußten Johnson & Johnson und andere ausländische Investoren in Indien eine Fülle an rechtlichen Bestimmungen einhalten, um die Eigenkapitalmehrheit an ihren Unternehmen behalten zu können. Viele dieser Regelungen wurden später zur Gänze oder teilweise in weiteren, wirtschaftlich weniger entwickelten Ländern wie Malaysia, Indonesien, den Philippinen, Nigeria oder Brasilien eingeführt. Ende der 80er Jahre nach einer Dekade „verpaßter Chancen" revidierten Gesetzgeber, z.b. in Lateinamerika, viele dieser restriktiven und diskriminierenden Gesetze. Unter dem Eindruck hoher Staatsverschuldung und niedrigem Bruttosozialprodukt wollte man nun ausländische Direktinvestitionen und dringend benötigte westliche Technologie anziehen. Verstärkt wurden diese Bestrebungen noch durch das Ende des Kalten Krieges und die damit verbundenen Veränderungen politischer Allianzen.[12]

Wenn Regierungen ausländisches Eigentum enteignen, sind die Möglichkeiten rechtlicher Aktivitäten dagegen eingeschränkt. Vertreter enteigneter Unternehmen können jedoch Rekurs über das Investment Dispute Settlement Center der Weltbank (International Centre for Settlement of Investment Disputes, ICSID) fordern. Darüber hinaus besteht die Möglichkeit, Versicherungen gegen Enteignungen bei einer privaten Versicherungsgesellschaft abzuschließen.

4.5 Internationales Recht

Internationales Recht kann man als Summe an Regelungen und Grundsätze definieren, zu denen sich Nationen verpflichten. Dabei unterscheidet man zwei Kategorien internationalen Rechts: öffentliches Recht, das von den einzelnen Staaten erlassen wird, und internationales Handelsrecht.

Die Wurzeln des modernen, internationalen Rechts lassen sich auf das frühe Mittelalter und später den Frieden von Westfalen im 17. Jh. zurückführen. Frühe Ansätze waren mit der Behandlung kriegerischer Auseinandersetzung, der Etablierung von Frieden oder anderen politischen Fragen wie diplomatischer Anerkennung neuer Staaten und Regierungen befaßt. Nach und nach wurden diese Ansätze weiterentwickelt und behandelten u.a. den Status neutraler Staaten. Die Entstehung von Handelsgesetzen erfolgte auf bilateraler Basis. Heute hat internationales Recht nach wie vor die Funk-

tion, Ordnung aufrecht zu erhalten, wenn auch in einem weitergehenden Sinn als dem
ursprünglichen, der Friedenserhaltung nach einem Krieg. Während sich rechtliche Regelungen früher vorwiegend mit dem Staat als Rechtssubjekt befaßten, entstanden durch
die Zunahme des internationalen Handels auch Gesetzeswerke, die sich auf Unternehmen im grenzüberschreitenden Verkehr bezogen.

Parallel zur immer größeren Zahl an internationalen Rechtsfällen im 20. Jahrhundert, entwickelten sich neue internationale rechtliche Institutionen, die zur Etablierung
eines ganzheitlichen internationalen Rechts beitrugen. Dazu gehören der Internationale
Gerichtshof (ICJ, International Court of Justice), welcher 1946 als juristischer Arm der
Vereinten Nationen im Artikel 7 der U.N. Charta etabliert wurde. Streitigkeiten zwischen Staaten sind Angelegenheiten des internationalen öffentlichen Rechts und werden
vor dem Internationalen Gerichtshof in Den Haag behandelt. Artikel 38 des ICJ Statuts
betrifft anerkannte Quellen internationalen öffentlichen Rechts:

Der Gerichtshof, dessen Funktion darin besteht, in Übereinstimmung mit dem Internationalen Recht Streitfälle zu behandeln, soll folgende Grundlagen heranziehen:

- internationale Konventionen, sowohl genereller als auch besonderer Natur, deren
  Regeln ausdrücklich von den Streitparteien anerkannt werden
- internationale Sitten und Gebräuche, als Ausdruck einer als Gesetz anerkannten
  generellen Praxis
- die allgemeinen Rechtsgrundlagen, die von zivilisierten Staaten anerkannt werden
- unter den Voraussetzungen des Artikels 59, juristische Entscheidungen und Lehr-
  meinungen der angesehensten Juristen der verschiedenen Nationen, als Hilfsmittel
  zur Auslegung von Gesetzestexten

Für den Fall, daß ein Staat eine Klage beim Internationalen Gerichtshof gegen sich
zuläßt und ein abschlägiges Urteil nicht akzeptiert, kann die klagende Partei Rekurs
beim höchsten politischen Gremium der Vereinten Nationen, dem U.N. Sicherheitsrat,
suchen. Dieser kann seine gesamte Machtfülle dazu nutzen, dieses Urteil durchzusetzen.

Fallrecht vs. kodifiziertes Recht

Betrachtet man Rechtssysteme in unterschiedlichen Ländern, so zeigen sich zwei grundsätzlich verschiedene Ansätze: Rechtssysteme, die auf Fallrecht (*case law*) beruhen,
und solche, die sich auf kodifiziertes Recht (*code law*) stützen. Kodifiziertes Recht
basiert auf schriftliche Normen in Form von Gesetzestexten (Kodizes), die durch Entscheidungen der Gerichte ergänzt werden. Fallrecht hingegen stützt sich auf Tradition
und Präzedenzfälle, die aus früherer Rechtsprechung entstammen. Unter kodifiziertem
Recht wird zwischen Zivil-, Handels- und Strafrecht unterschieden. Handelsrecht hat
seine eigene administrative Struktur, die den Vollzug der rechtlichen Vorschriften übernimmt. Eigentumsrechte beispielsweise werden durch eine formelle Registrierung des
Eigentums bei Handelsgerichten begründet. Im Fallrecht hingegen wurde Handelsrecht
nicht als eigenständiges Gebiet anerkannt. Ein weiterer Unterschied besteht u.a. in der
Definition des Begriffs „Höhere Gewalt". Im Fallrecht kann sich dieser Begriff nur auf
Überschwemmungen, Stürme und andere Naturgewalten beziehen, außer der Geltungs-
bereich wird vertraglich ausgeweitet. In Ländern, wo man sich auf kodifiziertes Recht
beruft, gelten auch jene Schäden als „höhere Gewalt", die aus Gründen, die außerhalb

der Kontrolle der Vertragsparteien liegen, und die auch mit angemessener Sorgfalt nicht hätten verhindert werden können.[13] In Ländern mit kodifiziertem Recht müssen Ansprüche auf geistiges Eigentum registriert werden, während in Ländern mit Fallrecht einige Ansprüche auf geistiges Eigentum, wie auf Markenzeichen (nicht jedoch Patente) allein durch Nutzung in der Vergangenheit entstehen. Trotz der Unterschiede in den Systemen gibt es drei Formen von Recht, die allen Staaten gemein sind. Recht, das auf Gesetzestexten basiert, und auf nationaler oder regionaler Ebene entsteht, administrative Vorschriften, die von Gebietskörperschaften erlassen werden, und Entscheidungen gerichtlicher Verfahren.

Wie bereits erwähnt haben sich Rechtssysteme in verschiedenen Ländern historisch unterschiedlich entwickelt. Die USA, Kanada, Großbritannien und die früheren britischen Kolonien (Australien, Neuseeland, Indien, Hongkong und die früheren afrikanischen Kolonien) haben ihr Rechtssystem auf ein Fallrecht begründet. Die Rechtsgebäude der meisten europäischen Staaten sind durch das Römische Recht und später durch den Code Napoléon – kodifiziertes Recht – geprägt. Die asiatischen Länder sind in dieser Hinsicht geteilt: Indien, Pakistan, Malaysia, Singapur und Hongkong – alle frühere britische Kolonien – verfahren nach Fallrecht, Japan, Korea, Thailand, Vietnam, Taiwan, Indonesien, und China nach kodifiziertem Recht. Heutzutage stützt sich die Mehrheit der Staaten auf ein Rechtssystem, das auf den Traditionen kodifizierten Rechts basiert, obwohl auch immer mehr hybride Systeme entstehen.

Durch die politischen Veränderungen in vielen Ländern Ost- und Zentraleuropas ist in der postkommunistischen Ära ein Tauziehen entstanden, welches der Rechtssysteme nun übernommen werden soll. Viele Länder Zentraleuropas, wie Polen, Ungarn und die Tschechische Republik, blicken auf eine deutsche Tradition zurück und haben daher kodifiziertes Recht übernommen. Dies ist beispielsweise auch der Grund dafür, daß Banken nicht wie in anderen Ländern nur im Kreditgeschäft tätig sind, sondern auch Wertpapiere kaufen und verkaufen. In Osteuropa – speziell in Rußland –, wo der Einfluß der USA größerer ist, hat sich das amerikanische Rechtssystem durchgesetzt. Deutschland beschuldigte darauf hin die USA, ein Rechtssystem zu forcieren, das so komplex ist, daß es eine Heerschar von Rechtsanwälten benötigt. In der Replik der USA hieß es, daß das deutsche System veraltet sei.[14] Abgesehen von diesen Diskussionen erzeugt die unablässige Flut an Gesetzen und Dekreten von Präsident Boris Yelzin unübersichtliche und unberechenbare, rechtliche Rahmenbedingungen. Fachzeitschriften, wie der *Russian and Commonwealth Business Law Report*, stellen wichtige Ressourcen für jedes Unternehmen dar, das in Rußland oder den GUS-Staaten aktiv ist.

AUF DEN PUNKT GEBRACHT

- Die internationalen Aktivitäten eines Unternehmens werden durch das politische und rechtliche Umfeld auf den Zielmärkten stark beeinflußt. Insbesondere Aspekte, wie die steuerliche Situation, Kontrollmöglichkeiten von Unternehmen im Ausland oder Enteignung beeinflussen das politische und rechtliche Klima auf Auslandsmärkten.

- Das politische und rechtliche Umfeld erfordert permanente Beobachtung, da es sich rasch verändern kann und umgehende Reaktion des Unternehmens erfordert.

- Um rechtliche Unsicherheiten zu beseitigen, haben sich internationalen Organisationen wie die Vereinten Nationen zum Ziel gesetzt, allgemein anerkannte völkerrechtliche Regelungen zu schaffen.

- Betrachtet man das Rechtssystem in verschiedenen Ländern, so gibt es zwei entgegengesetzte Systeme: kodifiziertes Recht, das sich auf schriftliche Gesetzestexte stützt, und Fallrecht, das auf Tradition und Präzedenzfällen basiert.

4.6 Wege zur Vermeidung rechtlicher Probleme

Die globalen rechtlichen Rahmenbedingungen sind sehr dynamisch und komplex. Aus diesem Grund erscheint es höchst sinnvoll, auf die Unterstützung durch Experten zurückzugreifen. Nichtsdestotrotz kann ein proaktiver Marketer einen Großteil an Konflikten von vornherein vermeiden, vor allem im Hinblick auf Unternehmensgründung, Gerichtsstand, Patente und Warenzeichen, Kartellrecht, Geheimhaltung und Bestechung.

4.6.1 Geltungsbereich rechtlicher Regelungen

Um Handelsbeziehungen aufzubauen, müssen Staatsbürger eines Landes sichergehen können, daß sie in einem anderen Land fair behandelt werden. In der Europäischen Union sichert die Schaffung des gemeinsamen Marktes, daß Bürger eines Mitgliedslandes eine faire Behandlung in bezug auf unternehmerische Aktivitäten in jedem anderen Mitgliedsland erwarten können.

Die meisten Staaten der Erde haben bilaterale Freundschafts-, Handels- und Verkehrsabkommen abgeschlossen. Diese Verträge sichern ihren Staatsbürgern das Recht auf Gleichbehandlung bei Handelsaktivitäten, Unternehmensgründung und Investitionen zu. Handelsverträge statten ein Individuum mit dem Privileg – nicht dem Recht – aus, in einem anderen als dem Heimatland tätig zu werden.[15] Dies kann zu Problemen für Manager führen, deren Aktivitäten nach wie vor heimischer Rechtsprechung unterliegen, auch wenn sie sich außer Landes befinden. U.S.-Bürgern beispielsweise ist es im Rahmen des *Foreign Corrupt Practices Act* verboten, Bestechungsgelder an Vertreter ausländischer Regierungen oder politische Parteien zu zahlen, auch wenn derartige Praktiken im jeweiligen Land zu den üblichen Geschäftssitten zählen.

4.6.2 Gerichtsbarkeit

Mitarbeitern, die im Ausland arbeiten, sollte klar sein, inwieweit sie der lokalen Rechtsprechung des Gastlandes unterliegen. In den USA unterliegen Mitarbeiter ausländischer Unternehmen beispielsweise dann der U.S.-amerikanischen Rechtsprechung, wenn das Unternehmen im jeweiligen Bundesstaat wirtschaftliche Aktivitäten setzt. Das jeweilige Gericht ist berechtigt zu untersuchen, ob das ausländische Unternehmen ein Büro oder Unternehmensaktivitäten unterhält, Bankkonten führt, Immobilien besitzt oder Repräsentanten in diesem Bundesstaat beschäftigt. Beispielsweise brachte der amerikanische Konzern Revlon Inc bei einem amerikanischen Gericht eine Klage gegen das britische Unternehmen United Overseas Ltd. (UOL) wegen des Vertragsbruches ein, weil UOL nicht wie vereinbart bestimmte Spezialshampoos abgenommen hatte. UOL ersuchte das Gericht den Fall wegen Unzuständigkeit abzuweisen. Revlon entgegnete mit dem Argument, daß UOL der Rechtsprechung des Gerichts unterliege, da es an einer New Yorker Firma mit 50% beteiligt sei. Das Gericht bestätigte diese Ansicht und wies die Beschwerde von UOL zurück.[16]

Üblicherweise unterliegen alle wirtschaftlichen Aktivitäten innerhalb eines Landes den nationalen Gesetzen. Sobald es zu einer grenzüberschreitenden Aktivität kommt, stellt sich die Frage, welches Recht nun zur Anwendung kommt. Wenn die nationale Gesetzgebung im Land X in bezug auf eine einfache grenzüberschreitende Aktivität von der Regelung im Land Y abweicht, welches Recht kommt dann zur Anwendung? Welche Regelungen gelten zum Beispiel für ein Akkreditiv, das zur Finanzierung eröffnet wurde? Die beteiligten Parteien müssen zu einer Einigung gelangen, welche nationale Rechtsgrundlage zur Anwendung gelangt, und sollten dies vertraglich verankern. Dazu gibt es unterschiedliche Möglichkeiten: es kann das Heimatland einer der beiden Parteien oder jenes Land, in dem die Unternehmensaktivitäten hauptsächlich stattfinden, bzw. der Vertrag abgeschlossen oder erfüllt wurde, gewählt werden. Wenn die Parteien die Wahl des Gerichtsstandes verabsäumen, muß im Fall von Streitigkeiten eine unabhängige Partei, wie ein Gericht oder eine Schiedsgericht, gehört werden, um eine Entscheidung über die rechtliche Zuständigkeit zu fällen.[17]

4.6.3 Geistiges Eigentum: Patente und Markenzeichen

Patente und Markenzeichen, die in einem Land geschützt sind, sind dies nicht notwendigerweise auch in anderen Ländern. Aus diesem Grund sollte ein Marken- und Patentschutz in allen Ländern, in denen ein Unternehmen wirtschaftlich aktiv ist, vorgenommen werden. In Frankreich wurde dem Designer Yves Saint-Laurent untersagt, ein neues Luxusparfum unter dem Namen „Champagne" zu vermarkten, da dieser Name nach französischem Recht ausschließlich den in der Region Champagne hergestellten Schaumweinen vorbehalten ist. Saint-Laurent lancierte das Produkt dennoch unter dem Namen „Champagne" in Ländern wie den USA, Großbritannien, Deutschland und Belgien, in denen geographische Bezeichnungen nicht geschützt sind. In Frankreich selbst wurde das Parfum ohne Namen verkauft.[18]

1991 erhielt das deutsche Unternehmen Bayer AG vom russischen Patentamt die Genehmigung „Aspirin" als Marke zu registrieren. Mitbewerber wie die französische Laboratoire UPSA waren darüber in höchstem Maße verärgert, denn diese Entscheidung schloß sie de facto vom russischen Markt mit über 150 Mio. Konsumenten aus.

Ein Unternehmenssprecher dazu: „Dieser Name hätte nicht registriert werden dürfen, denn er gilt weithin als Begriff für das Produkt an sich." An diesen Streitfall schloß sich eine lange Serie von Klagen und Berufungsverfahren vor dem russischen Patentamt an. Bayer hat sich nun an ein internationales Schiedsgericht gewandt, um die widersprüchlichen Entscheidungen des russischen Patentamts endgültig zu klären.[19]

Verletzungen des Marken- und Urheberrechts stellen ein schwerwiegendes Problem im globalen Marketing dar, das unterschiedliche Formen annehmen kann. So werden für nachgeahmte Produkte Produktnamen verwendet, die sich nur unwesentlich von einer bekannten Marke unterscheiden. Bei den Konsumenten sollen Assoziationen zum echten Produkt entstehen. Weiters werden urheberrechtlich geschützte Waren ohne Genehmigung reproduziert und veröffentlicht. Diese Form der Fälschungen schädigt vor allem die Unterhaltungs- und Softwareindustrie, da Computersoftware, Video- und Audiokassetten sowie CDs besonders einfach illegal zu kopieren sind. Da die Herstellung und der Handel mit gefälschten Produkten illegal ist und sich daher der öffentlichen Kontrolle entzieht, sind die entgangenen Umsätze nur schwer zu quantifizieren. Es wird angenommen, daß die U.S.-amerikanische Musikindustrie pro Jahr geschätzte Einnahmen von € 255 Mio. im Heimmarkt und € 1,7 Mrd. weltweit aufgrund von Raubpressungen verliert. Der Softwareindustrie entstehen pro Jahr Verluste in der Höhe von € 10 bis 14 Mrd. durch Raubkopien, was ca. 40% aller Softwareeinnahmen entspricht. In manchen Ländern sind bis zu 90% aller Softwareprodukte illegale Kopien. Auch das Internet eröffnet neue Möglichkeiten für Markenpiraten: Unternehmen sichern sich Namen bekannter Markenhersteller als Internet-Domain und verwenden den hohen ideellen Wert und die Werbewirkung dieses Namens/Adresse für ihre eigenen Produkte. Die Originalhersteller sehen sich dann oft veranlaßt, für ihren Auftritt im Internet ihren eigenen Namen um Beträge zwischen € 5.000 und 12.000 zurückkaufen zu müssen.[20]

GLOBALE PERSPEKTIVE

CYBERSQUATTING

Daß Markenpiraten sich den Namen bekannter Markenhersteller als Internet-Domain sichern und den hohen ideellen Wert und die Werbewirkung für ihre eigenen Produkte nutzen, soll in Zukunft nicht mehr vorkommen. Zumindest, wenn es nach Francis Gurry geht, dem stellvertretenden Direktor der *World Intellectual Property Organisation* (WIPO), die sich als Institution der Vereinten Nationen den Schutz geistigen Eigentums zur Aufgabe gemacht hat. Um das Vertrauen der Konsumenten in das Internet als sicheren Ort, wo geschäftliche Transaktionen getätigt werden können, zu erhalten, hat WIPO sich mit der Frage des *Cybersquatting* und, wie man es verhindern kann, auseinandergesetzt.

Von *Cybersquatting* spricht man, wenn jemand im Internet die Identität von anderen unrechtmäßig verwendet. Anders formuliert versteht man darunter, daß findige Personen einen Internet-Domain Namen so wählen, daß er mit einem „berühmten Namensvetter" verwechselt werden kann.

Fortsetzung auf der nächsten Seite

CYBERSQUATTING (Fortsetzung)

Ein Beispiel: Seit der Sohn des früheren amerikanischen Präsidenten George Bush, George W. Bush Jr. seine Präsidentschaftskandidatur bekanntgegeben hat, gab es 39 Registrierungen für diesen Namen als Domain. Nur um im Anschluß möglicherweise viel Geld vom rechtmäßigen Träger des Namens zu verlangen, sollte er seine Homepage im Zuge des Wahlkampfs auch entsprechend bezeichnen wollen. Der Automobilhersteller Porsche sieht sich 126 Internetadressen gegenüber, die zum Verwechseln ähnlich nach dem deutschen Sportwagen benannt sind – die Mehrzahl von ihnen Webseiten mit höchst eindeutig zweideutigem Inhalt.

Die WIPO schlägt in ihrem Bericht nun Gegenmaßnahmen vor. Zum einen wurde genauer definiert, was man unter Mißbrauch zu verstehen hat. Gemäß den Richtlinien der WIPO spricht man dann von Mißbrauch, wenn

- der Domain-Name ident oder irreführend in bezug auf einen bestehenden Markennamen ist, oder
- der Inhaber der Domain keine Rechte oder berechtigte Interessen an diesem Namen hat, oder
- der Domain-Name registriert und für unlautere Zwecke verwendet wird.

In diesem Fall soll es zu einer raschen Sperre der Internet-Domain kommen bzw. die Registrierung gelöscht werden. Zu einem ähnlichen Verfahren wird in Zukunft auch gegriffen, wenn der Inhaber einer Domain aufgrund mangelhafter oder fehlender Information nicht identifiziert werden kann. Darüber hinaus hat die WIPO für Streitfälle ein genaues Prozedere entworfen, wie betroffene Personen und Unternehmen zu einer für sie zufriedenstellenden Lösung kommen können.

Einfach zum Nachdenken:

- Werden die Versuche der WIPO, Cybersquatting im Internet zu verhindern, zu einem eigenen regulierten Internet führen?
- Wird e-commerce die Bedeutung von Marken erhöhen oder verringern?

Quelle: `http://wipo2.wipo.int/process/eng/processhome.html` *(21. Juli 1999)*

Microsoft reagierte erstaunlich gelassen angesichts der Schadenssummen von € 850 Mio., die das Unternehmen in den letzten 10 Jahren in China durch Raubkopien von Software erlitten hatte. Während es der amerikanischen Regierung Mitte der 90er Jahre durch intensives Lobbying gelang, gegen Unternehmen vorzugehen, die illegale Raubkopien von Software auf CD-Rom herstellten, verhielt sich Microsoft trotz sich verdoppelnder Verluste ruhig. Nun wird klar, warum: zu Beginn des Jahres gewann Microsoft zwei Prozesse gegen chinesische Unternehmen, die Software zur Verwendung im eigenen Unternehmen kopiert hatten. Während man sich im ersten Fall keine Unterstützung durch die chinesischen Behörden erwarten konnte, da diese mit Hilfe der raubkopierten CDs die Verbreitung von PCs in China zu fördern glaubte und damit zur wirtschaftlichen Entwicklung beitragen wollte, sieht Microsoft in dem nun ergangenen Gerichtsurteil mehr Potential zur Eindämmung der Verluste. Zwar wird auch weiterhin der Mißbrauch von raubkopierter Software auf Unternehmensseite schwer aufzudecken sein, die empfindlichen Strafen, die nun erstmals gerichtlich ausgefochten werden konnten, stellen jedoch eine deutliche Abschreckung dar. Die Botschaft wird verstanden werden.[21]

Unter den vielen internationalen Vereinbarungen zum Patentrecht ist das wichtigste die *International Convention for the Protection of Industrial Property*, bekannt auch unter dem Namen *Paris Convention*. 1974 wurde die Konvention in *World Intellectual Property Organization* (WIPO) umbenannt und als Institution in die Vereinten Nationen integriert. Seit 1996 besteht ein Kooperationsabkommen mit der *World Trade Organization* (WTO).[22] Diese Konvention, die 1883 von über 100 Ländern unterzeichnet wurde, erleichtert die Patentierung in mehreren Ländern insofern, als eine Eintragung ins Patentverzeichnis eines Signatarstaates ein „Vorzugsrecht" in den anderen Unterzeichnerstaaten für die Dauer eines Jahres nach der ursprünglichen Eintragung einräumt. Sollte dies nicht erfolgen, besteht das Risiko, die Patentrechte im Ausland zu verlieren.[23]

Zwei weitere Übereinkommen sollten in diesem Zusammenhang erwähnt werden. Der *Vertrag über die Zusammenarbeit auf dem Gebiet des Patentwesens (The Patent Cooperation Treaty*, PCT) wurde von zahlreichen Staaten unterzeichnet (u.a. Australien, Brasilien, Frankreich, Deutschland, Japan, Nordkorea, Südkorea, die Niederlande, die Schweiz, Rußland und die USA).[24] Die Mitgliedsstaaten nutzen eine gemeinsame Vorgangsweise, die bestimmte technische Dienstleistungen und Unterstützung in bezug auf die Einreichung, Suche und Prüfung von Patentansuchen in allen Mitgliedsländern bietet. Am 1.1.1994 wurde China offizieller Signatarstaat des PCT. Das europäische Patentbüro administriert Anfragen in bezug auf das *Europäische Patentübereinkommen (EPÜ)*, das in der EU und der Schweiz Gültigkeit besitzt. Der Vorteil besteht darin, daß eine Patentanmeldung für alle Staaten eingereicht werden kann und sich der Patentierungsvorgang dadurch drastisch verkürzt. Während nationales Patentrecht unter diesem System weiter in Geltung bleibt, sind approbierte Patente vom Datum der Einreichung in allen Mitgliedsstaaten für einen Zeitraum von 20 Jahren geschützt. In Tabelle 4.1 findet sich eine Übersicht über die Patentanmeldungen beim Europäischen Patentamt in den letzten Jahren. Wie aus den Zahlen zu erkennen ist, haben die verbesserten rechtlichen Regelungen und die vereinfachten Registrierungsprozeduren zu einer Zunahme der Anmeldungen geführt.

In den USA werden Markenzeichen durch den *Trademark Act*, dem sogenannten *Lanham Act*, aus dem Jahr 1946 geschützt. Durch einen Zusatz im Jahr 1988 wurde die Registrierung von Markenrechten weiters deutlich vereinfacht, was sich in einer stark steigenden Zahl an Registrierungen niederschlug. In bezug auf das Patentrecht gab es zwischen den USA und Japan immer wieder Spannungen. Nach Jahren der Diskussion einigte man sich jedoch darauf, Veränderungen vorzunehmen. So sagte die japanische Regierung zu, Patentprüfungsverfahren deutlich zu verkürzen, Hürden im Verfahren zu eliminieren und Patentanträge in englischer Sprache zuzulassen. Seit dem 7. Juni 1995, in Übereinstimmung mit dem *General Agreement on Tariffs and Trade* (GATT), werden neue U.S. Patente für einen Zeitraum von 20 Jahren ab dem Zeitpunkt der Einreichung geschützt. Zuvor erstreckte sich dieser Schutz auf 17 Jahre ab dem Zeitpunkt der Zuerkennung. Durch diese Änderung entspricht das U.S. Patentrecht nun jenem in der EU und Japan. Trotz dieser Änderungen sind Patente in Japan enger definiert als jene in den USA. Dies hatte zur Folge, daß es Unternehmen wie Caterpillar nicht gelungen ist, kritische Innovationen in Japan zu schützen, da selbst Produkte mit

Tabelle 4.1: Europäisches Patentamt – eingereichte Anmeldungen
nach Ursprungsland

Land	1997	1998
Belgien	877	1038
Dänemark	531	579
Deutschland	13846	16117
Finnland	746	854
Frankreich	5091	5644
Griechenland	23	47
Großbritannien	3991	3972
Irland	119	182
Italien	2485	2845
Liechtenstein	122	141
Luxemburg	82	121
Monaco	14	28
Niederlande	3292	3504
Österreich	643	762
Portugal	21	18
Schweden	1455	1742
Schweiz	2786	3159
Spanien	386	432
Japan	12856	13813
USA	20497	23502
Andere	3041	3582
Summe	**72904**	**82087**

Quelle: Europäisches Patentamt – Jahresberichte 1997, 1998

großer Ähnlichkeit zu jenem amerikanischen Hersteller ohne Einschränkung in Japan
patentiert werden konnten.[25]

4.6.4 Kartellrecht

Kartellgesetze bekämpfen restriktive Geschäftspraktiken und fördern den freien Wettbewerb. Die Europäische Kommission untersagt Absprachen und Praktiken, die Wettbewerb verhindern, beschränken oder verzerren. In den Römischen Verträgen findet sich ein Passus über zwischenstaatliche Handelsaktivitäten mit Drittländern, wonach Unternehmen verpflichtet sind, auch das Verhalten von Tochtergesellschaften zu überprüfen. Die Kommission hat bestimmte Kartelle von den Art. 85 und 86 der Römischen Verträge ausgenommen, um Wachstum in wichtigen Bereichen zu stärken, und um europäischen Unternehmen die gleichen Mittel an die Hand zu geben, wie japanischen oder amerikanischen Unternehmen.

In fast allen Ländern Europas regelt nationales Recht bestimmte Marketingaktivitäten, wie den selektiven oder exklusiven Vertrieb von Produkten. Allerdings hat Gemeinschaftsrecht in solchen Fragen Priorität. Das französische Unternehmen Consten verfügte über die exklusiven Import- und Vertriebsrechte für Produkte aus dem Bereich Unterhaltungselektronik des deutschen Unternehmens Grundig. Consten verklagte eine andere französische Firma, da sie Grundig-Produkte illegal parallel nach Frankreich importierte. Anders gesagt beschuldigte Consten den Mitbewerber, Grundig-Produkte von verschiedenen ausländischen Lieferanten ohne das Wissen von Consten gekauft und in Frankreich auf den Markt gebracht zu haben. Obwohl Constens Beschwerde von zwei französischen Gerichten unterstützt wurde, setzte das Pariser Berufungsgericht das Urteil aus und erbat eine Entscheidung der Europäischen Kommission, ob die Vereinbarung zwischen Grundig und Consten die Artikel 85 und 86 verletze. Die Kommission entschied gegen Consten mit der Begründung, daß „Gebietsschutz sich als besonders kontraproduktiv bei der Realisierung des Gemeinsamen Marktes erweist."[26]. Der Grundsatz, der durch diese Vereinbarung verletzt wurde, war der des freien Güterverkehrs aus den Artikeln 24 bis 30 der Römischen Verträge.

Ein größerer Fall von Kartellrecht ist jener der Europäischen Gemeinschaft gegen IBM während der 70er und 80er Jahre. IBM war vor allem in Großbritannien, Frankreich und Deutschland sehr aktiv und hielt die Marktführerschaft bei Mainframe-Computern mit einem mengenmäßigen Marktanteil von 55% im Jahr 1983. Vier spezifische Verletzungen des Artikels 86 wurden IBM vorgeworfen: das Versäumnis, Mitbewerbern zeitgerecht Informationen über Schnittstellen zukommen zu lassen, Computer zu verkaufen, ohne die Speicherkapazität im Preis zu inkludieren, Computer ohne die notwendige Software zu verkaufen, sowie die Lieferung von IBM-Software an jene Kunden zu verweigern, bei denen Produkte von Mitbewerbern im Einsatz waren. Unabhängig davon brachte das amerikanische *Department of Justice* zur gleichen Zeit eine Klage wegen Kartellbildung gegen IBM in den USA ein, mit dem Ziel, das Unternehmen zu teilen (dieses Verfahren wurde 1982 nach Jahren des Rechtsstreits eingestellt). Die Initiative der Europäischen Gemeinschaft jedoch war ein Versuch, IBM zum Vorteil von IBMs europäischen Lieferanten zur Preisgabe von geschützter Technologie zu zwingen.[27] In jüngster Vergangenheit waren Microsoft und Intel Ziel von kartellrechtlichen Untersuchungen in den USA und Europa. Intel wird vorgeworfen, seine Dominanz auszunutzen, um den Wettbewerb einzuschränken. Der Hauptvorwurf lautet dabei, daß Intel seinen Hauptkunden Informationen zur Entwicklung von Schnittstellen zu anderen Produkten verweigert hatte, nachdem ein Hauptkunde einen Patentrechtsstreit gegen Intel angestrengt hatte. Die Marktmacht von Intel, so der Vorwurf, würde Kunden davon abhalten, Schritte gegen Intel zu unternehmen, um eigene Unternehmensaktivitäten nicht zu gefährden. Dies sei untragbar. Intel hingegen argumentierte, mit seinem Marktanteil von 97% im Segment für hochqualitative Mikrochips sehe es sich keineswegs als Monopolist, verglichen mit den Mitbewerbern AMD und Cyrix, die die niedrigpreisigen Segmente ähnlich dominierten. Außerdem sei ein charakteristisches Merkmal eines Monopolisten, daß er durch seine Marktmacht in der Lage sei, Preise zu erhöhen. Intel hingegen hätte routinemäßig das Gegenteil gemacht – Preise gesenkt. Das Urteil werden letztlich die Gerichte zu treffen haben.[28]

4.6.5 Lizenzvergabe und der Umgang mit Geschäftsgeheimnissen

Die Lizenzvergabe ist eine vertragliche Vereinbarung, in der der Lizenzgeber dem Lizenznehmer zusagt, Patente, Markenzeichen, geschützte Technologie oder andere immaterielle Werte im Gegenzug gegen die Zahlung von Lizenzgebühren oder anderen Formen der Kompensation zu nutzen. Dabei gibt es weltweit unterschiedliche, gesetzliche Handhabungen. Im Gegensatz zur EU, Australien und Japan gibt es z.b. in den USA keine Gesetze, die die Lizenzvergabe *per se* regeln. Die Dauer der Lizenzvereinbarung und das Ausmaß der Lizenzgebühren, die ein Unternehmen erhält, werden hier als Angelegenheit unternehmerischer Verhandlungen zwischen Lizenznehmer und Lizenzgeber angesehen. Es gibt daher keine staatlichen Beschränkungen hinsichtlich der Lizenzgebühren aus dem Ausland. In vielen Ländern werden diese Elemente der Lizenzierung jedoch durch staatliche Stellen geregelt.

Wesentliche Entscheidungen in bezug auf die Lizenzvergabe beinhalten die Überlegungen, welche Werte ein Unternehmen zur Lizenzierung anbieten kann, wie diese Werte in Geldeinheiten quantifizierbar sind, oder ob lediglich das Recht auf „Herstellung" des Produkts oder auf „Verwertung" und „Verkauf" gewährt werden soll. Das Recht auf die Vergabe von Sublizenzen ist ebenfalls ein wesentlicher Aspekt. Wie auch mit anderen Vertriebsvereinbarungen muß im Falle einer Lizenzierung geklärt werden, ob Vertriebsrechte exklusiv vergeben werden, bzw. welchen Umfang ein Gebietsschutz für den Lizenznehmer umfaßt.

Um den Lizenznehmer davon abzuhalten, die lizenzierte Technologie in direktem Wettbewerb mit dem Lizenzgeber zu verwenden, wird letzterer versuchen, das Vertriebsgebiet auf den Heimmarkt des Lizenznehmers zu beschränken. Der Lizenzgeber wird möglicherweise auch versuchen, den Lizenznehmer dazu zu verpflichten, die Verwendung der Technologie nach Ablauf des Vertrages einzustellen. In der Praxis jedoch machen die rechtlichen Rahmenbedingungen im Gastland, wie etwa kartellrechtliche Bestimmungen, derartige Vereinbarungen nahezu unmöglich. Lizenzvergabe birgt daher die große Gefahr, daß der Lizenzgeber sich damit seinen eigenen Mitbewerber heranzieht. Aus diesem Grund sollten Lizenzgeber bestrebt sein, durch ständige Innovation die eigene Wettbewerbsposition zu erhalten. Wenn man Lizenzen für Technologie und Know-how vergibt, ohne sie weiterzuentwickeln, dann ist es nur eine Frage der Zeit, bis der Lizenznehmer zum Mitbewerber wird, und dies nicht mit der ursprünglich lizenzierten Technologie oder Know-how, sondern mit seinen eigenen Verbesserungen.

Wie bereits angemerkt können Lizenzvereinbarungen unter kartellrechtliche Kontrolle fallen. Ein Beispiel liefert ein Fall, bei dem die Bayer AG das exklusive Lizenzrecht für ein Insektenvertilgungsmittel für den Hausgebrauch an S.C. Johnson & Sons vergeben hat. Die Entscheidung, das Produkt in Lizenz zu vergeben statt selbst zu produzieren, wurde nicht zuletzt mit dem langwierigen, über dreijährigen Zulassungsverfahren durch die U.S.-Umweltbehörden (*Environmental Protection Agency*) begründet. Bayer kam zu dem Schluß, es wäre unternehmerisch gesehen sinnvoller, eine amerikanische Firma den Behördenkontakt übernehmen zu lassen im Gegenzug für eine Lizenzgebühr von 5% des Umsatzes. Gegen die beiden Unternehmen wurde jedoch eine Klage eingebracht mit der Begründung, der Lizenzvertrag würde Johnson eine Monopolstellung auf dem amerikanischen Markt verschaffen. Darauf hin schaltete sich das U.S. Justizministerium ein und befand den Lizenzvertrag für wettbewerbsbehindernd. In einem Kommentar sagte Anne Bingaman, Vorsitzende des Kartellausschusses im Justizministerium: „Die Vereinbarung zwischen Bayer und Johnson ist in einem stark konzentrierten Markt nicht zu akzeptieren." Bayer stimmte darauf hin zu, die Lizenz an andere Interessenten zu vergeben, allerdings zu besseren als den mit Johnson vertraglich vereinbarten Konditionen. Johnson erklärte sich bereit, in Zukunft die U.S. amerikanische Regierung von exklusiv angebotenen Lizenzrechten im Bereich von Insektenvertilgungsmitteln für Haushalte zu informieren. Für den Fall, daß Bayer ein Partner in einer derartigen Vereinbarung wäre, behielt sich das Justizministerium ein Vetorecht vor. Die Reaktion aus Juristenkreisen zu dieser Angelegenheit war – wenig überraschend – negativ. Ein Washingtoner Rechtsanwalt, der auf Rechtsstreitigkeiten um den Schutz geistigen Eigentums spezialisiert ist, meinte, dieser Fall torpediere die traditionellen Praktiken bei der Lizenzvergabe. Melvin Jager, Präsident der *Licensing Executives Society*, erklärte, „Eine exklusiv vergebene Lizenz ist ein sehr wertvolles Instrument, geistiges Eigentum zu verbreiten und auf den Markt zu bringen."[29]

Ein weiterer sensibler Punkt ist der Umgang mit Geschäftsgeheimnissen, von denen der Lizenznehmer durch die Lizenzvergabe Kenntnis erlangt. Geschäftsgeheimnisse sind vertrauliche Informationen oder Wissen, das einen kommerziellen Wert hat, aber nicht öffentlich verfügbar ist, und das willentlich und aktiv geheimgehalten wird. Geschäftsgeheimnisse beinhalten u.a. Fertigungsprozesse, Rezepturen, Designs und Konstruktionsunterlagen oder Kundendaten. Um die Veröffentlichung zu verhindern, sollte die Lizenzierung von nicht patentierten Geschäftsgeheimnissen an Vertraulichkeitserklärungen mit jedem Mitarbeiter geknüpft sein, der Zugang zu geschützter Information hat.

In den 90er Jahren wurden umfangreiche Verbesserungen in der Gesetzeslage zu Geschäftsgeheimnissen erzielt. Zahlreiche Länder haben zum ersten Mal derartige Regelungen verabschiedet. Mexiko beispielsweise unterzeichnete am 28. Juni 1991 das erste Statut zum Schutz von Geschäftsgeheimnissen, China am 1.12.1993. In beiden Ländern waren diese Schritte Teil größerer Reformaktivitäten auf dem Gebiet des Schutzes geistigen Eigentums und damit auch von Geschäftsgeheimnissen. Japan, Korea und viele Länder in Zentral- und Osteuropa haben ihre Rechtssituation diesbezüglich ebenfalls verbessert. Eines der ersten internationalen Handelsabkommen, das Vorkehrungen zum Schutz von Geschäftsgeheimnissen vorsah, war das nordamerikanische Freihandelsabkommen NAFTA (*North American Free Trade Agreement*), das am 1.1.1994 in Kraft trat. Eine Weiterentwicklung stellt das *Agreement on Trade-Related Aspects of Intellectual Property Rights* (TRIPs) dar, das in der sogenannten Uruguay-Runde des GATT ausgehandelt wurde. TRIPs verpflichtet die Signatarstaaten, den gegen die guten Sitten im Wirtschaftsverkehr verstoßenden Erwerb, Veröffentlichung und Verwendung von Geschäftsgeheimnissen zu sanktionieren.[30] Ungeachtet dieser formalen, rechtlichen Entwicklungen ist der entscheidende Angelpunkt die Durchsetzung in der Praxis. Aus diesem Grund sollten Unternehmen, die Geschäftsgeheimnisse international transferieren, sich nicht ausschließlich auf rechtlichen Schutz verlassen, sondern auch über die möglichen Folgen einer eventuell laxen Durchsetzung im klaren sein.

4.6.6 Bestechung und Korruption: Rechtliche und ethische Fragen

Die Historie berichtet nicht über einen internationalen Aufschrei, als Charles M. Schwab der Geliebten des Neffen von Zar Alexander eine mit Diamanten besetzte Perlenkette im Wert von € 170.000 zukommen ließ. Im Gegenzug für diese Aufmerksamkeit erhielt Bethlehem Steel den Zuschlag, Schienen für die transsibirische Eisenbahn zu liefern.

Auch heute noch gehen die Meinungen darüber auseinander, was ethisch vertretbare Geschäftsgrundsätze sind und was nicht. Wo genau liegen beispielsweise die Grenze zwischen einem kleinen Gastgeschenk und einer Bestechung? Liegt bereits eine Bestechung vor, wenn man Geschäftspartner zu einem Abendessen einlädt? Was, wenn das Abendessen mit einem Flug ans Meer und einem Wochenende in einem Hotel verbunden wird? Macht es einen Unterschied, wer der Empfänger einer Zuwendung ist: ein Regierungsbeamter oder ein privater Geschäftspartner?

Da Praktiken und Gebräuche von Land zu Land sehr unterschiedlich sind, haben diese und ähnliche ethische Fragen mit zunehmender Globalisierung an Bedeutung gewonnen.[31]. Gesetze und Regeln, die versuchen das dornige Thema der internationalen Geschäftsethik in den Griff zu bekommen, gibt es auf nationaler Ebene (z.b. der *Foreign Corrupt Practices Act* in den USA), auf der Ebene offizieller internationaler Organisationen (z.b. die *Anti-Bribery Resolution* der OECD), auf der Ebene von internationalen Privatinitiativen (z.b. *Transparency International*) und letztlich auch auf Unternehmensebene in Form von Kodizes zu ethischen Geschäftspraktiken (*Corporate Codes of Ethics*). Im folgenden soll auf diese unterschiedlichen Regelwerke kurz eingegangen werden.

In den USA wurde der *Foreign Corrupt Practices Act (FCPA)* 1977 eingeführt, nachdem im Zusammenhang mit der Watergate Affäre entdeckt wurde, daß über 300 amerikanische Unternehmen hochrangige ausländische Regierungsbeamte bestochen hatten. Ziel war es, zu einer Begriffsklärung von ethischen und rechtlichen Geschäftspraktiken beizutragen und Zahlungen von Bestechungsgeldern sowie Geschenken einzudämmen. Da Bestechungen und Schmiergelder in vielen Ländern zum normalen Geschäftsleben gehören, *erlaubt* der FCPA Zahlungen an wenig einflußreiche Beamte (*low ranking officials*), soweit solche Schmiergelder ordnungsgemäß aufgezeichnet werden. Interessant ist dabei der Versuch des Gesetzes, eine Unterscheidung zwischen einer Bestechung (*bribe*) und einer Schmiergeldzahlung (*facilitating payment*) zu machen. Schmiergeldzahlungen an unbedeutende Beamte beinhalten Gelder für die Ausführung von Routinearbeiten wie das Abstempeln von Visa oder das Bearbeiten von Zollpapieren. In Gegensatz dazu werden Bestechungen als Zahlungen definiert, die einem Unternehmen eine bevorzugte Behandlung gegenüber Wettbewerbern verschaffen. Die angedrohten Strafen für eine Bestechung sind hart: für Unternehmen Strafen bis zu € 850.000, für die verantwortlichen Manager € 8.500 und/oder bis zu fünf Jahren Haft.[32]

Durch den FCPA sind amerikanische Unternehmen weltweit mit einer der schärfsten Gesetzgebungen bezüglich der Zahlung von Bestechungsgeldern konfrontiert. Um zu verhindern, daß amerikanische Unternehmen aufgrund dieser Gesetzgebung Nachteile gegenüber Wettbewerbern aus anderen Ländern erwachsen, hat die U.S.-Regierung seit 1994 bemüht, die 29 Mitgliedsländer der *Organization for Economic Cooperation and Development* (OECD) zu bewegen, ähnliche Regeln zu adoptieren. Im April 1996

verabschiedete die OECD schließlich eine Empfehlung, daß an ausländische Beamte
gezahlte Bestechungsgelder nicht mehr als steuermindernd anerkannt werden sollten.
Für Beobachter war es überraschend, daß die OECD diese Empfehlung verabschiedete,
da in der Diskussion im Vorfeld wenig Übereinstimmung bezüglich der Handhabung
von Bestechungszahlungen bestand. Inzwischen besteht jedoch die Hoffnung, daß die
OECD in Kürze eine weitere Resolution verabschieden wird, die das Zahlen von Bestechungsgeldern zu einem kriminellen Akt macht.[33]

Bei den zahlreichen internationalen Privatinitiativen ist insbesondere *Transparency
International* (TI) hervorzuheben. Diese Organisation wurde 1993 von dem ehemaligen
Direktor der Weltbank Peter Eigen ins Leben gerufen und hat inzwischen Vertretungen
in über 40 Ländern. Mit Hauptsitz in Berlin bemüht sich TI vor allem darum, weltweit
rechtliche Reformen einzuleiten und zu unterstützen, die sich der Bekämpfung von
Korruption in Unternehmen und Regierungen widmen.[34] Entsprechend ist es nicht
Ziel von TI, spezifische Bestechungs- und Korruptionsfälle aufzudecken, sondern das
politische Bewußtsein hinsichtlich dieser Problematik zu erhöhen und Industrielle und
Politiker in ihrem Kampf gegen Korruption und Bestechung zu unterstützen.

Darüber hinaus haben die meisten international tätigen Unternehmen verschiedene
Maßnahmen ergriffen, um ein ethisches Geschäftsgebaren ihrer Mitarbeiter zu gewährleisten. Zu nennen sind in diesem Zusammenhang beispielsweise Ethiktraining, Ethik-
komitees und die sogenannten Ethikkodizes oder Ethikkredos[35]. Diese Kodizes oder
Kredos geben Aufschuß über das Verhalten, das Unternehmen von seinen Mitarbeitern
bezüglich Geschenken, Zahlungen an Kunden bzw. von Lieferanten, Interessenkonflik-
ten, u.ä. erwartet. In vielen Unternehmen werden diese Dokumente von den Rechts-
abteilungen erstellt und müssen von den Mitarbeitern unterschrieben werden. Es ist
jedoch anzumerken, daß die überwiegende Anzahl der Kodizes sehr allgemein formuliert
ist, und daß länder- und branchenspezifische Unterschiede hinsichtlich der inhaltlichen
Ausgestaltung bestehen.[36] Die meisten dieser Ethikkodizes wurden bisher von Unternehmen in den USA eingeführt, gefolgt von japanischen Unternehmen. Am wenigsten
weit verbreitet sind die Kodizes noch immer in europäischen Unternehmen.

Wenn Unternehmen ohne rechtliche Beschränkungen heimischer Gesetze im Ausland aktiv werden, steht ihnen eine Bandbreite an Entscheidungen in bezug auf Un-
ternehmensethik zur Verfügung. An einem Ende der Skala können sie die ethischen
Standards ihres Heimatlandes ohne Anpassung an lokale Gegebenheiten aufrechterhalten. Auf der anderen Seite können sie ihre im Heimatland praktizierten, ethischen
Grundsätze gänzlich aufgeben und sich ganz den lokalen Umständen anpassen. Zwischen diesen Extrempositionen besteht noch die Möglichkeit, heimische Standards bis
zu einem gewissen Ausmaß beizubehalten und gleichzeitig an lokale Erfordernisse anzupassen.

Bestechungen als fester Bestandteil des internationalen Wirtschaftslebens werden
nicht über Nacht verschwinden, weil Regierungen diese Praxis nicht gutheißen. Wie
sollte nun ein Unternehmen auf Bestechungsversuche eines Konkurrenten reagieren?
Das Gesamtangebot des Unternehmens muß genauso gut oder besser als jenes des Mitbewerbers sein, das die Bestechung inkludiert. Um den durch den Bestechungsversuch
des Konkurrenten entstandenen Wettbewerbsnachteil auszugleichen, ist es vielleicht
möglich, zu günstigeren Konditionen ein besseres Produkt mit einem besseren Ver-
triebsapparat und effektiverer Kommunikation zu verkaufen. Ein überlegenes Produkt

ist die beste Verteidigung gegen derartige Praktiken von Mitbewerbern. In diesem Fall wird Bestechung die Kaufentscheidung nicht beeinflussen. Alternativ dazu kann eine Überlegenheit im Service oder in der lokalen Repräsentanz das Zünglein an der Waage darstellen.

4.7 Rechtsstreitigkeiten und Konfliktlösung

Die Art und Weise, wie in verschiedenen Ländern mit Konflikten umgegangen wird, ist stark unterschiedlich. Belegen läßt sich dies anhand der Anzahl praktizierender Rechtsanwälte bezogen auf die Einwohnerzahl in verschiedenen Ländern. Die eindeutige Spitzenposition halten die USA als wohl „streitsüchtigste" Nation der Welt (siehe Tabelle 4.2). Zum Teil läßt sich dies auf die Kommunikationskultur in den USA zurückführen, die von einem Geist des aggressiven Wettbewerbs und dem Fehlen eines wesentlichen Prinzips des kodifizierten Rechts geprägt sind, nämlich daß der Verlierer die Prozeßkosten aller beteiligten Parteien trägt. Ein Musterbeispiel, was die Konfliktlösung und die Harmonisierung unterschiedlicher Rechtssysteme betrifft, ist die EU, während andere regionale Organisationen deutlich weniger Fortschritte gemacht haben.

Tabelle 4.2: Anzahl der Rechtsanwälte im internationalen Vergleich

Land	Rechtsanwälte auf 100.000 Einwohner
USA	227
Deutschland	199,4
Australien	157,2
Großbritannien	121,4
Frankreich	99,2
Ungarn	73,9
Japan	11,4
Korea	4,7

Quelle: Ota Shoza und Kahei Rokumoto, „Issues of the Lawyer Population: Japan" Case Western Reserve Journal of International Law (Frühjahr 1993).

In der Geschäftswelt ist die Entstehung von Konflikten nichts Außergewöhnliches, insbesondere wenn unterschiedliche Kulturen aufeinander treffen, um Transaktionen abzuwickeln, Joint Ventures zu errichten, auf den Märkten zu konkurrieren oder zu kooperieren. Viele Unternehmen wählen als Gerichtsstand ihr Heimatland, wo das Unternehmen und die Anwälte „Heimvorteil" genießen, denn rechtliche Streitigkeiten vor ausländischen Gerichten sind deutlich komplexer. Dies ist auf die unterschiedliche Sprache, das Rechtssystem, die Währung, traditionelle Geschäftssitten und -praktiken oder die unterschiedliche Vorgehensweise in der Zulassung von Beweismitteln zurückzuführen. Erschwert wird die Sache noch dadurch, daß ausländische Gerichtsurteile im Heimatland oft nicht durchsetzbar sind. Aus den genannten Gründen bevorzugen viele Unternehmen den Versuch einer außergerichtlichen Einigung vor einem anerkannten Schiedsgericht, bevor sie den Weg zur Justiz antreten.

Möglichkeiten zur außergerichtlichen Einigung [37]

Außergerichtliche, alternative Wege bieten oft einen schnelleren, einfacheren und weniger teuren Weg, um wirtschaftliche Streitigkeiten zu beseitigen. Diese Art der Konfliktlösung basiert auf einer jahrhundertelangen Tradition. Als sich der Handel zwischen verschiedenen Regionen und Staaten immer stärker entwickelte, waren Handelskammern damit betraut, Streitigkeiten anzuhören und zu regeln. Heutzutage stehen dafür verschiedene Möglichkeiten zur Verfügung. Ein formelles Schiedsgericht, um internationale Streitfälle außerhalb des Gerichtssaales zu klären, ist eine Alternative. Ein meist aus drei Personen bestehendes Schiedsgericht hört die Streitparteien an, nachdem man sich im vorhinein auf die Einhaltung des Schiedsspruches geeinigt hat. Derartige Schiedsgerichte existieren seit langem in London und Zürich. Auch die Internationale Handelskammer (*International Chamber of Commerce*, ICC) mit Sitz in Paris bietet seit Jahren Schiedsgerichtsverfahren an. Allerdings ist die Wartezeit auf eine Entscheidung vor der ICC relativ lang, da sich aufgrund des hohen Bekanntheitsgrades dieser Institution ein Rückstau an anhängigen Verfahren gebildet hat. Eine weitere Alternative stellt die *United Nations Convention on the Recognition and Enforcement of Foreign Arbitral Awards,* auch bekannt als *New York Convention,* dar. Mehr als 50 Unterzeichnerstaaten haben sich zur Einhaltung der Schiedssprüche verpflichtet.

Schiedsgerichtsverfahren können aufgrund der Vielzahl an zu beachtenden Aspekten zum Minenfeld werden. Wenn beispielsweise die Parteien in einer Patentvereinbarung im Rahmen der Schiedsgerichtsklausel festhalten, daß das Patent nicht angefochten werden kann, ist eine derartige Vereinbarung möglicherweise in manchen Ländern nicht einklagbar. Damit stellt sich die Frage, welches Länderrecht nun zur Anwendung kommt.

Ginge man dieser Frage in jedem Land einzeln nach, wäre das über Gebühr zeitintensiv. Darüber hinaus gibt es die Frage der Anerkennung. Während nach amerikanischem Recht ein amerikanisches Gericht den Schiedsspruch in Patentstreitigkeiten anerkennen muß, ist dies in anderen Ländern nicht der Fall. Um Verzögerungen zu vermeiden, raten Experten, die Schiedsgerichtsklauseln im Vorfeld so genau als möglich zu definieren. So sollten Patentrichtlinien in den verschiedenen Ländern angesprochen werden, oder man vereinbart, daß Patentstreitigkeiten nach heimischem Recht beurteilt werden. Man könnte auch vorsehen, daß die Streitparteien keine separaten rechtlichen Schritte in anderen Ländern unternehmen dürfen. Ziel dieser genauen Regeln ist es, die expliziten Intentionen der Streitparteien, die bei Vertragsabschluß bestanden, in einem Schiedsgerichtsverfahren berücksichtigen zu können.[38]

Neben der Internationalen Handelskammer (ICC) gibt es noch andere internationale Schlichtungsstellen wie die *American Arbitration Association* (AAA) oder das *Swedish Arbitration Institute* der Stockholmer Handelskammer. Letztere vermittelte früher häufig im Streit zwischen westlichen und sozialistischen Ländern und hat sich durch ihre Unparteilichkeit einen unzweifelhaften Ruf erworben. In den letzten Jahren haben sich noch weitere Institutionen in Vancouver, Hongkong, Kairo, Kuala Lumpur, Singapur, Buenos Aires, Bogotá, und Mexiko Stadt herausgebildet. In New York wurde das *World Arbitration Institute* gegründet, in Großbritannien hat das *Advisory, Conciliation, and Arbitration Service* (ACAS) große Erfolge bei der Schlichtung wirtschaftlicher Streitigkeiten erzielt. Darüber hinaus wurde das *International Council for Commercial Arbitration* (ICCA) etabliert, um die weitreichenden Aktivitäten von Schiedsgerichtsinstitutionen zu koordinieren. Das ICCA tagt alle vier Jahre an verschiedenen Orten der Welt.

Die *U.N. Commission on International Trade Law* (UNCITRAL), ein ständiger Ausschuß der U.N.-Vollversammlung, war ebenfalls eine entscheidende Kraft auf dem Gebiet der Schiedsgerichtsbarkeit.[39] Ihre Regeln sind mittlerweile zum Standard geworden, nachdem viele Organisationen sie mit einigen Veränderungen adoptierten. Viele wirtschaftlich weniger entwickelte Länder hegten lange Zeit Zweifel an ICC, AAA, und anderen Organisationen der Ersten Welt. Man vermutete, daß diese Institutionen überwiegend zugunsten multinationaler Unternehmen entscheiden würden, und bestanden daher darauf, Streitigkeiten bei nationalen Gerichten zu regeln, was wiederum für multinationale Unternehmen untragbar war. Dies traf speziell auf Lateinamerika zu, wo die Calvo-Doktrin eine Regelung von Streitigkeiten mit ausländischen Investoren bei nationalen Gerichten unter nationalem Recht vorschrieb. Der wachsende Einfluß von ICCA und UNCITRAL und die steigende Anzahl an regionalen Schiedsgerichtsstellen haben jedoch zu einem Meinungswandel hin zu einer verstärkten Inanspruchnahme von internationalen Schiedsgerichten auch in den wirtschaftlich weniger entwickelten Ländern geführt.

AUF DEN PUNKT GEBRACHT

- Ein zentraler Aspekt in internationalen Handelsbeziehungen ist die Frage des anwendbaren Rechts. Wenn Handelsbeziehungen zur Zufriedenheit der beiden Vertragspartner ablaufen, wird diese Frage kaum auftreten. Um so schmerzlicher wird sie dann in Erinnerung gerufen, wenn Handelsgeschäfte nicht reibungslos verlaufen. Die Frage des Gerichtsstandes erhält eine völlig neue Dimension, wenn sich Unternehmen vor einem ausländischen Gericht – womöglich noch jenem des Heimatlandes des Vertragspartners – wiederfinden. Und das, weil verabsäumt wurde, den Gerichtsstand klar festzulegen.
- Geistiges Eigentum genießt seit Jahren eine hohe Priorität auf der Agenda internationaler Unternehmen und Organisationen. Auch wenn Patente und Markenzeichen in einem Land geschützt sind, bedeutet das nicht notwendigerweise, daß dies auch in anderen der Fall ist. Die unrechtmäßige Verwendung von geistigem Eigentum wird daher international laufend diskutiert. Die Vereinten Nationen und ihre Unterorganisation, die World Intellectual Property Organization, suchen daher nach einem gemeinsamen Verständnis und international anerkannten Regelungen zur Vermeidung derartiger Probleme.
- Bestechung und Schmiergelder sind ein nicht zu übersehendes Problem in der internationalen Arena, da sie die Wettbewerbsbedingungen stark verzerren. Aus diesem Grund haben sich Regierungen, wie jene der USA, internationale Organisationen und private Initiative, wie Transparency International, zum Ziel gesetzt, rechtliche Grundlagen und internationale Vereinbarungen gegen Bestechung und Korruption zu verabschieden.

Fortsetzung auf der nächsten Seite

- Da internationale Gerichtsverfahren sehr zeit- und kostenintensive sein können, bieten zahlreiche internationale Organisationen alternative Wege zur Konfliktlösung an. Institutionen wie die Internationale Handelskammer und andere
  haben Schiedsgerichte eingerichtet, die von international tätigen Unternehmen
  angerufen werden können.

Tabelle 4.3: Internationale wirtschaftliche Organisationen mit ord-
nungspolitischem Einfluß auf das globale Marketing

Abkürzung	Bezeichnung
APPA	African Petroleum Producers' Association
ATPC	Association of Tin Producing Countries
CAEU	Council of Arab Economic Unity
CARICOM	Caribbean Economic Community
CCASG	Cooperation Council for the Arab States of the Gulf
ECCAS	Economic Community of Central African States
EEA	European Economic Area
EFTA	European Free Trade Association
EU	European Union
FAO	Food and Agricultural Organization
GATT	General Agreement on Tariffs and Trade (jetzt WTO)
IBRD	International Bank for Reconstruction and Development (Weltbank)
ICAO	International Civil Aviation Organization
IDA	International Development Agency
IEA	International Energy Agency
IFC	International Finance Corporation
IMF	International Monetary Fund
ITPA	International Tea Promotion Association
MIGA	Multilateral Investment Guarantee Agency
OECD	Organization for Economic Cooperation and Development
OPEC	Organization of Petroleum Exporting Countries
UNCTAD	United Nations Conference on Trade and Development
UNIDO	United Nations Industrial Development Organization
UNITAR	United Nations Institute for Training and Research
WACU	West African Customs Union
WHO	World Health Organization
WMO	World Meteorological Organization
WTO	World Trade Organization (früher GATT)

Quelle: adaptiert von Sergi A. Voitovich, „Normative Acts of International Economic Organizations in International Law Making." Journal of World Trade, 24,4 (August 1990),
S.21-38

4.8 Internationale Institutionen und ihre politische Rolle

Neben politischen und rechtlichen Rahmenbedingungen üben auch noch eine Reihe von staatlichen und nicht staatlichen Institutionen ordnungspolitische Aufgaben aus, die globale Marketingaktivitäten beeinflussen. Diese Institutionen überprüfen die Einhaltung der Gesetze oder entwerfen Richtlinien für unternehmerische Handlungen. Sie beschäftigen sich mit einer Bandbreite an Marketingfragen wie Preiskontrolle, Bewertung von Im- und Exporten, Geschäftspraktiken, Kennzeichnungsvorschriften, Lebensmittelrecht, Arbeitsvorschriften, Ausschreibungen, Werberichtlinien, Wettbewerbspraktiken, usw. Die Entscheidungen dieser internationalen wirtschaftlichen Organisationen sind verpflichtend und werden von den Mitgliedsstaaten überwacht. In Tabelle 4.3 findet sich eine Übersicht.[40]

EUROPÄISCHER BLICKWINKEL

„GRÜN"DENKEN IN DEUTSCHLAND

Eines der Ziele der deutschen Verpackungsverordnung ist es, Abfall zu reduzieren. Von den gesetzlichen Vorschriften sind verschiedene Materialien betroffen. Transportverpackungen wie Paletten oder Kisten verursachen gewichtsmäßig ein Drittel des Abfalls. Die meisten Hersteller zahlen einen bestimmten Betrag an die Händler für die Sammlung und das Recycling des Materials. Papier, Plastik, Karton und andere Primärverpackungen machen zwei Drittel des gesamten Verpackungsmaterials in Deutschland aus. Diese Materialien – Milchpackungen, Dosen und andere Verpackungen für Haushaltsprodukte – fallen unter eine Verordnung, die auch unter dem Namen „Der Grüne Punkt" bekannt ist.

Diese Verordnung spezifizierte ursprünglich zwei separate Mechanismen für die Wiederverwertung von Primärverpackung. Zum einen wurden Einzelhändler verpflichtet, Schachteln, Kartons und ähnliches zurückzunehmen; der Erfolg dieser Rücknahme basierte auf der freiwilligen Mitarbeit der Konsumenten. Weiters verlangte die Verordnung, daß Konsumenten eine Abgabe auf wieder verwertbare Getränkeverpackungen, Waschmittel und Farbdosen bezahlen. Der deutsche Gesetzgeber ließ die Möglichkeit alternativer Vorschläge offen: die deutsche Wirtschaft schuf als Antwort darauf eine Organisation, mit der Bezeichnung Duales System Deutschland (DSD), die für die Sammlung und das Recycling von Materialien verantwortlich ist. Einzelhändler zahlen dem DSD eine Lizenzgebühr als Gegenleistung für das Recht, den Grünen Punkt auf der Verpackung anzubringen. Diese Vereinbarung enthebt den Konsumenten von der Zahlung einer Abgabe. DSD stellt Sammelstellen für Verpackungsmaterial mit dem „Grünen Punkt" zur Verfügung.

Der Resonanz auf dieses Programm war so überwältigend, daß die Menge des gesammelten Materials Deutschlands Recyclingkapazitäten überforderte. In den ersten beiden Jahren reduzierte der „Grüne Punkt" die Menge an Verpackungsmüll um 600 Mio. Tonnen. Viele Einzelhändler weigerten sich, Produkte zu führen, die keinen „Grünen Punkt" hatten.

Fortsetzung auf der nächsten Seite

„GRÜN"DENKEN IN DEUTSCHLAND (Fortsetzung)

Ironischerweise führte der Erfolg des „Grünen Punkts" zu erheblichen Mehrkosten als vom DSD erwartet. Folglich mußte die Gebührenstruktur angepaßt werden, um die wahren Aufwendungen für verschiedene Arten von Verpackung zu berücksichtigen. Dazu Horst-Henning Wolf, Leiter des Recyclingprojekts bei BMW: „Es gibt nichts gratis. Irgend jemand zahlt immer." Dennoch meinte der Umweltminister Clemens Stroetmann: „Dies ist unbestritten eine sensible Angelegenheit. Deutschland hat keinen Platz mehr für Deponien, und die natürlichen Ressourcen gehen zu Ende. Deshalb müssen wir zunehmend unsere wertvollen Ressourcen bewahren."

Einfach zum Nachdenken:

- Welche Rolle spielen Gesetze bei der Abfallvermeidung? Würde man ähnliche Ergebnisse durch Selbstkontrolle der Industrie oder Aufrufe zur freiwilligen Selbstbeschränkung erreichen?
- Sollten Unternehmen ihr umweltbewußtes Verhalten in Werbung und PR betonen? Welche Chancen bzw. Gefahren würden sich daraus ergeben?

Quellen: Lester B. Lave, Chris Hendrickson und Francis C. Mc.Michael, „Recycling Decisions and Green," *ES&T*, 28, 1, S.18A-24A; Ferdinand Protzman, „Germany's Push to Expand the Scope of Recycling", *New York Times*, 4. Juli 1993, Sec.3, S.8; Bette Fishbein, Germany, Garbage, and the Green Dot: Challenging the Throwaway Societey, (New York: INFORM, 1994); Ada S. Rousso und Shvetank P.Shaw, „Packaging Taxes and Recycling Incentives: The German Green Dot Program", *National Tax Journal*, XLVII, 3. September 1994, S.689-701; Gene Bylinsky, „Manufacturing for Reuse", *Fortune*, 6. Februar 1995, S.102-104.

4.8.1 Die Rolle der Europäischen Union im Internationalen Handelsverkehr

Die Römischen Verträge etablierten die Europäische Wirtschaftsgemeinschaft (EWG), den Vorläufer der EU. Der Vertrag umfaßt Hunderte von Paragraphen, von denen einige direkt auf globale Unternehmen und deren Aktivitäten anwendbar sind. Die Artikel 30 bis 36 enthalten die generellen Grundlagen wie den „freien Waren, Personen- und Kapitalverkehr" zwischen den Mitgliedsländern. Artikel 85 und 86 enthält Wettbewerbsregeln, die durch weitere Zusätze der EU Kommission ergänzt wurden. Diese Artikel und Direktiven konstituieren das Recht der Gemeinschaft.

Der Europäische Gerichtshof mit Sitz in Luxemburg befindet über Streitigkeiten zwischen den 15 EU-Mitgliedsländern in den Bereichen Unternehmenszusammenschlüsse, Monopole und Handelsbarrieren. Der Gerichtshof ist auch berechtigt, Konflikte zwischen nationalem und EU-Recht zu regeln. In den meisten Fällen hat letzteres Vorrang vor dem nationalen Recht der europäischen Staaten. Dennoch müssen sich Marketer bewußt sein, daß in vielen Bereichen nach wie vor nationales Recht gilt. Es ist in manchen Fällen sogar rigider als EU-Recht, wie im Bereich von Wettbewerbs- und Kartellrecht. EU-Recht soll soweit als möglich nationale Gesetzgebungen harmonisieren, um die Prinzipien der Artikel 30 bis 36 zu unterstützen. Ziel ist es dabei, weniger rigide Rechtsvorschriften mancher Mitgliedsstaaten auf ein Mindestniveau zu heben.

Ein Beispiel aus Deutschland zeigt, daß nationales Recht in manchen Fällen strenger sein kann. Ein deutsches Gericht befand, daß Pronuptia, ein französischer Hersteller und Händler von Hochzeitskleidern, seine deutschen Franchisenehmer nicht dazu

verpflichten kann, alle ihre Waren vom Mutterunternehmen zu beziehen. Pronuptia
wandte sich an das Europäische Berufungsgericht, das auch Empfehlungen an den EU
Gerichtshof abgibt. Wäre das auf der Basis kartellrechtlicher Bestimmungen gefällte,
deutsche Urteil aufrecht geblieben, so hätten alle Franchisegeber, die in Europa aktiv
sind, wie McDonald's, Midas, Kentucky Fried Chicken oder Pizza Hut, die Möglichkeit
verloren, ihre Franchisekonzepte in der EU vollständig umzusetzen. Für den Franchisenehmer verpflichtende Vorschriften wie Unternehmenslogos, Geschäftsraumgestaltung
oder externe Lieferanten wären damit null und nichtig. Nach intensivem Lobbying
durch die International Franchising Association gelangte der Gerichtshof zu einem Urteil, das grundsätzlich günstig für Franchisegeber ist. Dennoch untersagen die neuen
Regelungen den Franchisegebern, vom Franchisenehmer den Verkauf von bestimmten
Markenprodukten eines externen Lieferanten zu verlangen. Das heißt, während Mc-
Donald's sich das Recht vorbehalten kann, Lieferanten für Rohstoffe wie Fleisch und
Kartoffel vorzuschreiben, kann es Franchisenehmer nicht wie in den USA dazu ver-
pflichten, ausschließlich Coca-Cola in den Restaurants zu verkaufen.[41]

4.8.2 Die Grundsätze der World Trade Organization (WTO) und ihre Auswirkungen auf den internationalen Handel

Als sich 1948 23 Länder in einem gegenseitigen Abkommen unter dem Titel *General Agreement on Tariffs and Trade* (GATT) darauf verständigten, ihre Importzölle
zu reduzieren, war ein Meilenstein in den wirtschaftlichen Beziehungen gesetzt. GATT
basiert auf drei Prinzipien. Das erste betrifft die Nichtdiskriminierung: jedes Mitgliedsland muß die anderen Mitgliedsländer gleichwertig behandeln. Das zweite Prinzip ist
jenes der offenen Märkte, die der GATT durch das Verbot von Marktzugangsbeschrän-
kungen (ausgenommen Zölle) erreichen will. Fairer Handel ist das dritte Prinzip, das
die Zuteilung von Exportstützungen bei Investitionsgütern untersagt und auf landwirtschaftliche Produkte einschränkt. In der Realität ist keines dieser Prinzipien voll
verwirklicht, obwohl große Fortschritte im Rahmen der Uruguay Runde erzielt wurden. Zu den wesentlichen Fragen, die in dieser Uruguay-Runde einer Lösung näher-
gebracht werden konnten, zählen die Reduzierung nicht-tarifärer Handelshemmnisse,
der Schutz geistigen Eigentums und staatliche Zuschüsse. Ein weiterer entscheidender
Verhandlungserfolg konnte erzielt werden: die Gründung der *World Trade Organization* (WTO). Im Gegensatz zu GATT, das eher lose organisiert war, wurde die WTO
als permanente Organisation mit deutlich mehr Entscheidungsbefugnis in Streitfällen
ausgestattet. Diese erweiterten Kompetenzen haben bereits sichtbare Konsequenzen gezeigt. Während in den 50 Jahren des Bestehens von GATT aufgrund der mangelnden
Durchsetzbarkeit lediglich 300 Beschwerden über internationale Handelsfragen eingebracht wurden, erreichte die Zahl seit Einsetzung der WTO im Jahr 1995 bereits 132.
Die *World Trade Organisation* kann auf einen erfolgreichen Start verweisen. Seit ihrem Bestehen hat sich die Zahl der Mitglieder auf mehr als 130 erhöht, und über
30 Staaten, darunter auch China und Rußland, haben ihr Interesse an einem Beitritt
bekundet.[42]

EUROPÄISCHER BLICKWINKEL

„EUROPE GOING BANANAS"

Seit Jahren werden zwischen der EU und den USA heiße Gefechte um ein scheinbar unwichtiges Thema ausgetragen: Bananen. Begonnen hat alles schon vor einigen
Jahrzehnten mit dem sogenannte Lomé-Abkommen. 1957 einigten sich eine Gruppe
von Staaten aus Afrika, der Karibik und dem pazifischen Raum mit ihren ehemaligen
Kolonialherren auf ein Abkommen über die Lieferungen von Bananen nach Europa. Demnach sollten den Africa-Caribbean-Pacific – kurz ACP-Ländern der Status
eines bevorzugten Importeurs zukommen, was mit zahlreichen Maßnahmen, wie Importzöllen und -kontingenten auch abgesichert wurde. Im Zuge der europäischen Integration erwiesen sich derartige Vereinbarungen in zunehmendem Maße konfliktär
mit der Intention, Handelsbarrieren abzubauen. Druck kam verstärkt von den USA
und ihren großen Obstvermarktungskonzernen wie Del Monte oder Chiquita und
einigen lateinamerikanischen Bananenproduzenten, die ihren Zugang zum europäischen Markt dadurch drastisch beschränkt sahen. Statt die Einfuhrbestimmungen
für Bananen in die EU grundlegend zu reformieren, wurde 1993 die Bananenmarktordnung, das sogenannte „EU Banana Regime", eingeführt. Diese Regelung sieht ein
Gesamtkontingent für den Bananenimport in die EU in Höhe von 2,5 Mio. Tonnen
pro Jahr vor. Die Aufteilung dieses Kontingents auf die Produzentenländer sollte
mittels Einfuhrkontingentierung und unterschiedlichen Zollsätzen erfolgen. In der
Praxis wirkte sich diese Regelung folgendermaßen aus: Während der Zollsatz auf
Bananen aus den ACP-Staaten mit € 75 pro Verpackungs- bzw. Gewichtseinheit
betrug, wurden Bananen aus anderen Ländern mit einem Zoll von € 850 belegt, was
einem Handelsverbot gleichkam.

Offiziell rechtfertigte die EU diese Begünstigung als wirtschaftliche Unterstützung
für die wirtschaftlich weniger entwickelten ACP-Länder, die sie vor dem Einfluß
amerikanischer Großkonzerne schützen wollte. Bei genauerer Betrachtung trug diese Bevorzugung nicht ganz die „Handschrift von Robin Hood". Im Gegenzug für
die günstigen Importkonditionen verpflichteten sich die ACP-Länder, Abkommen
über wirtschaftliche Zusammenarbeit mit der EU zu unterzeichnen, die europäischen Exporteuren einen besseren Marktzugang in ihren Ländern ermöglichen sollten. Den europäischen Steuerzahler kostete diese Regelung € 1,7 Mrd. pro Jahr,
was ca. 42,4 Cent per Kilo entspricht. Die Hälfte dieses Betrages ging dabei an Zwischenhändler, während den „unterstützungsbedürftigen" Bananenproduzenten selbst
lediglich € 130 Mio. pro Jahr blieben. Nachdem politischer Druck augenscheinlich
zu keinen maßgeblichen Veränderungen führte, verklagten 1995 die USA, Ecuador,
Guatemala, Honduras und Mexiko die EU vor dem Schiedsgericht der World Trade
Organisation (WTO), die ihrer Beschwerde 1997 stattgab. Die EU reagierte auf diesen Beschluß allerdings nur sehr schleppend und mit geringfügigen Veränderungen,
denn, so wurde argumentiert, eine sofortige Abschaffung hätte für die ACP-Staaten
fatale Folgen. Bis Ende 1998 sollten die Regelung geändert werden. Nachdem Änderungen nicht abzusehen war, ersuchten die USA die WTO um Unterstützung.

Fortsetzung auf der nächsten Seite

„Europe going bananas" (Fortsetzung)

Der amerikanische Plan sah vor, auf Importe aus 14 ausgewählten Produktkategorien aus der EU in die USA einen Zoll in der Höhe von 100% aufzuschlagen. Zu den betroffenen Produkten gehörten u.a. Kekse, Kerzen, Lüster, Bekleidung aus Kaschmir, Kaffeeprodukte und Handtaschen. Von diesen Vergeltungsmaßnahmen wären französische und britische Produkte am stärksten betroffen, da aus diesen beiden Staaten der größte Widerstand gegen eine Reform im Bananenhandel ausging. Nachdem die WTO seit 1995 die EU insgesamt dreimal aufgefordert hatte, die Bananenmarktordnung zu ändern, stimmte sie den amerikanischen Sanktionen zu. Diese Entscheidung war insofern von historischer Tragweite, als es sich um die erste von der WTO autorisierte Vergeltungsaktion seit dem 50-jährigen Bestehen des GATT und dessen Nachfolgeorganisation WTO handelte. Anfang März traten die Sanktionen in Kraft. Importzölle in der Höhe von € 163 Mio. durften eingefordert werden. Als Reaktion darauf kündigte die EU an, man werde sich mit den Handelspartnern in Verbindung setzen, um die kontroverse Sache zu einem Ende zu bringen. Eine Lösung würde jedoch noch weitere Monate in Anspruch nehmen. Ein Ende des Handelskonflikts ist nach wie vor nicht abzusehen. Für den Fall, daß der Bananenimport in die EU geregelt werden sollte, stehen weitere „Schauplätze" wie hormonbehandeltes Fleisch oder genmanipuliertes Gemüse und Getreide aus den USA zur Verhandlung an. Geschadet hat die Kontroverse vor allem jenen europäische Exporteuren, die nichts mit Bananen zu tun haben. Sie werden ebenso darunter leiden, wie amerikanische Konsumenten, die auf Prosciutto aus Italien oder Kaschmirwesten aus Schottland verzichten müssen.

Nachsatz: Auch die Bananenhersteller in den ACP-Staaten werden sich zur Wehr setzen. Durch geänderte Importregelungen für Bananen in die EU werden wesentliche wirtschaftliche Nachteile für diese Staaten erwartet. Doch auch sie haben eine Lösung für ihr Problem gefunden: 1997 hatte Präsident Clinton einigen ACP-Staaten Handelserleichterungen für den Fall angeboten, daß sie sich im Kampf gegen Drogenschmuggel mit den Amerikanern verbünden. An diese Zusagen wird man in den USA in den nächsten Monaten wohl wieder erinnert werden ...

Einfach zum Nachdenken:

- Ist das „EU Banana Regime" im Interesse der Konsumenten? Warum? Warum nicht?
- Kann die WTO ein fairer Richter sein? Welche Länder / Interessengruppen haben in der WTO den meisten Einfluß?

Quellen: „Expelled From Eden", *The Economist*, 345 (8048), 20. Dezember 1997, S.35-38; Frances Williams, „EU accepts Ruling on the Banana Regime", *Financial Times*, 26. September 1997; Frances Williams, „U.S. wins Formal Authorisation for Sanctions", *Financial Times*, 13. April 1999; Neil Buckley, Guy de Jonquieres und Frances Williams, „U.S. unveils Final Hitlist in EU Banana Trade Dispute", *Financial Times*, 22. Dezember 1998; Richard Wolffe, „EU Plea for Delay in Banana Sanctions", *Financial Times*, 19. Dezember 1998; „Schiedsgericht zwingt EU zur Änderung der Bananenordnung", *Der Standard*, 8. April 1999, S.21; „Fruitless but not Harmless: The Banana Trade Row", *The Economist*, 10. April 1999; „Stealing from the Poor: The EU's Lomé Convention", *The Economist*, 24. April 1999; Daniel Birchmeier, „Krumme Geschäfte ohne Bananen", *Der Standard*, 8. April 1999, S.9; Wolfgang Böhm, „Der krumme Weg einer Marktordnung", *Die Presse*, 8. April 1999, S.11; Nancy Dunne, „U.S. Lists Sanctions over Bananas", *Financial Times*, 10. April 1999; Frances Williams, „The EU ‚needs 8 months' to End Banana Crisis", *Financial Times*, 20. April 1999

4.9 Zusammenfassung

Das politische Umfeld globaler Wirtschaftsaktivitäten setzt sich aus einer Vielzahl staatlicher Institutionen, politischer Parteien und Organisationen zusammen. Jeder, der in globale Marketingaktivitäten involviert ist, sollte daher ein grundlegendes Verständnis für die Bedeutung der Souveränität nationaler Regierungen besitzen. Das politische Umfeld ist von Staat zu Staat unterschiedlich, was eine individuelle Risikoabschätzung notwendig macht. Außerdem ist es wichtig, bestimmte staatliche Aktivitäten in bezug auf Steuergesetzgebung, Verwässerung der Eigenkapitalkontrolle oder Enteignung zu verstehen.

Das rechtliche Umfeld besteht aus Gesetzen, Gerichten, Rechtsanwälten und Rechtssitten und -praktiken. Grob gesprochen kann man die Länder der Erde unterteilen in solche, die nach Fallrecht urteilen, und solche mit einem kodifizierten Rechtssystem. Während die meisten europäischen Staaten kodifiziertes Recht einsetzen, verwenden die USA, Großbritannien und die Staaten des Commonwealth, wie Kanada, Australien und Neuseeland Fallrecht. Einige der wichtigsten rechtlichen Angelegenheiten für Marketer betreffen Unternehmensgründungen, rechtliche Zuständigkeiten (Gerichtsbarkeit), Patent- und Markenschutzregelungen, Lizenzvergaben, Kartellrecht und Bestechung. Wenn ein Konflikt entsteht, können Unternehmen den Weg zu Gericht beschreiten oder ein Schiedsgericht anrufen.

Neben rechtlichen und politischen Rahmenbedingungen beeinflussen auch zahlreiche staatliche und nicht staatliche Institutionen globale Marketingaktivitäten, indem sie Rechte durchsetzen oder Richtlinien für das internationale Geschäftsleben entwerfen. In Europa beispielsweise erläßt die EU Gesetze, die nationales Recht der Mitgliedsstaaten beeinflussen. Auf globaler Ebene agiert die *World Trade Organisation* (WTO). Obwohl die politischen und rechtlichen Rahmenbedingungen sehr komplex sind, müssen sich proaktive Marketer mit ihnen vertraut machen, um Konflikte, Mißverständnisse oder krasse Rechtsverletzungen zu vermeiden.

4.10 Diskussionsfragen

1. Was versteht man unter Souveränität? Warum spielt dieser Begriff des politischen Umfelds für globale Marketingaktivitäten eine große Rolle?

2. Beschreiben Sie kurz einige rechtliche Unterschiede zwischen einem Staat, der auf ein Fallrechtssystem aufbaut, und einem, der sich auf kodifiziertes Recht stützt.

3. Globale Marketer können rechtliche Konflikte vermeiden, wenn sie die Auslöser eventueller Konflikte verstehen. Skizzieren Sie einige rechtliche Aspekte, die im internationalen Handel zu Konflikten führen können.

4. Mit Ihrem österreichischen Paß begeben Sie sich auf Geschäftsreise nach Afrika. Als Sie aus Land X ausreisen wollen, teilt Ihnen der Grenzbeamte am Flughafen mit, daß die „Grenzformalitäten" etwa eine Stunden dauern werden. Sie erklären ihm darauf hin, daß Ihr Flugzeug bereits in 30 Minuten starten wird, und daß der nächste Flug erst wieder in drei Tagen planmäßig abgehen würde. Sie erklären ihm auch, wie wertvoll Ihre Zeit ist (mindestens € 255 pro Stunde), und daß Sie unter allen Umständen diesen Flug erreichen müßten. Der Grenzbeamten

hört Ihren Ausführungen aufmerksam zu und weist darauf hin, daß ein Beitrag von € 850 die Grenzformalitäten „beschleunigen" könnte. Außerdem wäre dieser Betrag angesichts des hohen Wertes Ihrer Zeit ohnehin eine Bagatelle. Würden Sie seinem Vorschlag folgen und den vorgeschlagenen Betrag zahlen? Wenn ja, warum? Wenn nein, warum nicht? Wenn Sie dem Vorschlag nicht folgen, was würden Sie tun? Wenn Sie dem Vorschlag folgen, haben Sie damit gegen ein Gesetz verstoßen? Wäre der Fall anders zu beurteilen, wenn es sich bei der geforderten Summe um € 20 handeln würde? Erklären Sie Ihren Standpunkt!

5. „Wir sehen uns vor Gericht" ist eine Antwort darauf, wie man mit rechtlichen Differenzen umgehen kann. Welche anderen Möglichkeiten wären sonst noch denkbar?

6. Sollte ein international tätiges Unternehmen einen standardisierten Verhaltenskodex einhalten, oder sollte es sich an lokale Bedingungen anpassen?

4.11 Webmistress's Hotspots

Zielsetzungen und Aufgaben der World Intellectual Property Organization
Sie sind von Ihrer neuesten Erfindung einer Teetasse für Linkshänder so begeistert, daß Sie diese international schützen lassen wollen? Auf dieser Seite finden Sie Informationen, was man unter einer „Erfindung" versteht, und welche Möglichkeiten es gibt, diese international schützen zu lassen.
http://www.wipo.org/

Homepage des Europäischen Patentamts
Wenn Sie wissen wollen, wer das weltweite Patent auf das Pflaster hat, mit dem man Aspirin über die Haut aufnehmen kann? (übrigens sind es die Herren William Byrne und Dermot McCafferty, und die Patentnummer lautet WO9704759).
http://www.european-patent-office.org/

Transparency International
Hier können Sie sich über die Zielsetzungen und Möglichkeiten der internationalen Privatinitiative zur Bekämpfung von Bestechung und Korruption in internationalen Wirtschaftsangelegenheiten informieren.
http://www.transparency.de/

Möglichkeiten zur außergerichtlichen Streitschlichtung durch die Internationale Handelskammer
Hier finden Sie, was die Internationale Handelskammer in Streitfällen im Rahmen außergerichtlicher Einigung für internationale Unternehmen tun kann.
http://www.iccwbo.org/

Rechtsseite der Vereinten Nationen
Hier finden Sie einen Überblick, wie die Vereinten Nationen in internationalen völker- und handelsrechtlichen Agenden agiert und agieren kann.
http://www.un.org/law/

Der Internationale Gerichtshof in Den Haag
Auf dieser Seite erhalten Sie einen guten Überblick über aktuelle internationale Rechts-
fragen, ebenso wie über historische Entscheidungen, die vor dem Internationalen Gerichtshof ausgetragen wurden.
http://www.icj-cij.org/

4.12   Weiterführende Literatur

Akhter, Syed H. und Yusuf A. Choudhry. "Forced Withdrawal from a Country Market:
Managing Political Risk." *Business Horizons, 36, 3* (1993): S.47-54.

Albright, Katherine und Grace Won. "Foreign Corrupt Practices Act." *American Criminal Law Review,,* Frühjahr (1993): S.787.

Bagley, Jennifer M., Stephanie S. Glickman und Elizabeth B. Wyatt. "Intellectual Property." *American Criminal Law Review, 32,* Winter (1995): S.457-479.

Basu, K. und A. Chattopadhyay. "Marketing Pharmaceuticals to Developing Nations:
Research Issues and a Framework for Public Policy." *Canadian Journal of Administrative Sciences, 12.* Dezember (1995): S.300-313.

Braithwaite, John. "Transnational Regulation of the Pharmaceutical Industry." *Annals
of the American Academy of Political & Social Science, 525,* Jänner (1993): S.12-
30.

Chukwumerige, Okezie. *Choice of Law in International Commercial Arbitration.* Westport, CT: Quorum Books, 1994.

Epstein, M.J. und M.-J. Roy. *Strategic Learning through Corporate Environmental
Management: Implementing the ISO 14001 Standard.* Fontainebleau: INSEAD's
Center for the Management of Environmental Resources, 1997.

Fishbein, Bette K. *Germany, Garbage, and the Green Dot: Challenging the Throwaway
Society.* New York: Inform, 1994.

Garg, R. und G. Kumra. "Four Opportunities in India's Pharmaceutical Market."
McKinsey Quarterly, 4 (1996): S.132-145.

Gillespie, Kate. "Middle East Response to the U.S. Foreign Corrupt Practices Act."
California Management Review, 29 (1987).

Graham, John L. "The Foreign Corrupt Practice Act: A New Perspective." *Journal of
International Business Studies, 4* (1984): S.107-121.

Jacoby, Neil H., Peter Nehmenkis und Richard Eells. *Bribery and Extortion in World
Business.* New York: McMillan, 1977.

Kaikati, Jack und Wayne A. Label. "The Foreign Antibribery Law: Friend or Foe."
Columbia Journal of World Business, Frühjahr (1980): S.46-51.

Katsh, Salem M., und Michael P. Dierks. "Globally, Trade Secrets Law Are All Over
the Map." *The National Law Journal,* 8. Mai 1995, S.C12-C14.

Nash, Marian Leich. "Contemporary Practice of the United States Relating to International Law." *American Journal of International Law,* 88, Oktober (1994): S.719-765.

Neimanis, G.J. "Business Ethics in the Former Soviet Union: A Report." *Journal of Business Ethics,* 16, 3 (1997): S.357-362.

Ohmae, Kenichi. *The Borderless World.* New York: Harper Perennial, 1991.

Ohmae, Kenichi. "Putting Global Logic First." *Harvard Business Review,* 73, 1 (1995): S.119-125.

Ortego, Joseph und Josh Kardisch. "Foreign Companies Can Limit the Risk of Being Subject to U.S. Courts." *National Law Journal,* 19. September 1994, S.C2-C3.

Pines, D. "Amending the Foreign Corrupt Practices Act to Include a Private Right of Action." *California Law Review,* Jänner (1994): S.185-229.

Robock, S.H. und K. Simmonds. *International Business and Multinational Enterprises.* Homewood, IL: Irwin, 1989.

Rodgers, Frank A. "The War is Won, but Peace is not." *Vital Speeches of the Day,* 14. Mai 1991, S.430-432.

Roessler, Frieder. "The Scope, Limits and Function of the GATT Legal System." *World Economy,* September (1985): S.287-298.

Root, F.R. *Entry Strategies for International Markets.* New York: Lexington Books, 1994.

Samuels, Barbara C. *Managing Risk in Developing Countries: National Demands and Multinational Response.* Princeton, NJ: Princeton University Press, 1990.

Slomanson, William R. *Fundamental Perspectives on International Law.* St. Paul, MN: West Publishing, 1990.

Sohn, Louis B. *Basic Documents of the United Nations.* Brooklyn: The Foundation Press, 1968.

Spero, Donald M. "Patent Protection or Piracy: A CEO Views Japan." *Harvard Business Review,* 68, 5 (1990): S.58-62.

Vagts, D. *Transnational Business Problems.* Mineola, NY: The Foundation Press, 1986.

Vernon, Raymond. "The World Trade Organization: A New Stage in International Trade and Development." *Harvard International Law Journal,* 36, Frühjahr (1995): S.329-340.

Vogel, David. "The Globalization of Business Ethics: Why America Remains Distinctive." *California Management Review,* 35, Herbst (1992): S.30-49.

Voitovich, S.A. "Normative Acts of International Economic Organizations in International Law Making." *Journal of World Trade,* August (1990): S.21-38.

Literaturverzeichnis

[1] C. Creifelds. *Creifelds Rechtswörterbuch*. 14. Aufl. München: Beck'sche Verlags-buchhandlung, 1997.

[2] J. Valente. "The Land of Cuisine Sees Taste Besieged by 'Le Big Mac." *The Wall Street Journal*, 25. Mai 1994, S.A1.

[3] T. Peterson, M. Larner, W. Echikson und A. Robinson. "Energy: The Walls Come Tumbling Down." *Business Week*, 1. Juni 1998, S.36-37.

[4] "A Decade of Privatisation." *The Financial Times*, 27. Dezember 1995.

[5] K. Pennar. "Is the Nation-State Obsolete in a Global Economy?" *Business Week*, 17. Juli 1995, S.80.

[6] David Selbourne. "Tony, you're Talking Globaloney." *The Times*, 28. April 1999.

[7] D. Yergin, und T. Gustafson. *Russia 2010 and What It Means for the World*. New York: Vintage Books, 1995.

[8] Dieser Abschnitt basiert auf D.J. Encarnation, und S. Vachani. "Foreign Ownership: When Hosts Change the Rules." *Harvard Business Review*, September-Oktober (1985): S.152-160.

[9] `http://www.ibm.com/ibm/emerging/linkind.html` (zitiert 4. Februar 1999)

[10] C. Creifelds. *Creifelds Rechtswörterbuch*. 14. Aufl. München: Beck'sche Verlags-buchhandlung, 1997.

[11] F.R. Root. *Entry Strategies for International Markets*. New York: Lexington Books, 1994.

[12] R. Radway. "Legal Dimensions of International Business." In *International Encyclopedia of Business and Management*, herausgegeben von M. Warner. London: Thomson, 1996.

[13] *Law & Commercial Dictionary*. München: Beck'sche Verlagsbuchhandlung, 1985.

[14] M.M. Nelson. "Two Styles of Business Vie in East Europe." *The Wall Street Journal*, 3. April 1995, S.A14.

[15] S.H. Robock, und K. Simmonds. *International Business and Multinational Enterprises*. Homewood, IL: Irwin, 1989.

[16] Joseph Ortego, und Josh Kardisch. "Foreign Companies Can Limit the Risk of Being Subject to U.S. Courts." *National Law Journal*, 19. September 1994, S.C2-C3.

[17] R. Radway. "Legal Dimensions of International Business." In *International Encyclopedia of Business and Management*, herausgegeben von M. Warner. London: Thomson, 1996.

[18] K. Vermeulen. "Champagne Perfume Launched in United States but Barred in France." *Wine Spectator*, 31. Oktober 1994, S.9.

[19] M. Fogel. "Bayer Trademarks the Word 'Aspirin' in Russia, Leaving Rivals Apoplectic." *The Wall Street Journal*, 29. Oktober 1993, S.A13, "Bayer verliert Exklusivrechte in Russland." *Die Welt*, 10. Juni 1994, S.15, "Bayer and UPSA Clash over Aspirin in Russia." *Marketletter*, 24. Februar 1997.

[20] "U.S. Record Industry Loses $ 300 Million Annually to Piracy." *Security*, 1996, S.18, C. Baum. "Counteracting Piracy." *Security*, 1996, S.14-18, "Chaos abstellen: Gegen Markenpiraterie im weltweiten Datennetz Internet können sich Unternehmen wehren." *Wirtschaftswoche*, 46 (1996): S.154-155, Bodo B. Schlegelmilch, und Barbara Stöttinger. "Der Kauf gefälschter Markenprodukte: die Lust auf das Verbotene." *Marketing ZfP*, 3 (1999): S.196-208.

[21] "The Politics of Piracy." *The Economist*, 20. Februar 1999, S.74.

[22] http://www.wipo.org/eng/main.html, [1. September 1999].

[23] F.R. Root. *Entry Strategies for International Markets*. New York: Lexington Books, 1994.

[24] H. Collin. *Internationale Patentsysteme und -praxis*. Wien: Orac, 1992.

[25] J. Carey. "Inching toward a Borderless Patent." *Business Week*, 5. September 1994, S.35.

[26] D. Vagts. *Transnational Business Problems*. Mineola, NY: The Foundation Press, 1986.

[27] D. Sanger. "IBM's European Accord: Concessions End a Decade of Debate." *The New York Times*, 3. August 1984, S.38.

[28] S.B. Garland, A. Reinhardt, und P. Burrows. "Now, It's Intel in the Dock." *Business Week*, 1. März 1999, S.28-29.

[29] B. McMenamin. "Eroding Patent Rights." *Forbes*, 24. Oktober 1994, S.92.

[30] S.M. Katsh, und M.P. Dierks. "Globally, Trade Secrets Laws Are All over the Map." *The National Law Journal*, 8. Mai 1995, S.C12.

[31] Bodo B. Schlegelmilch. *Marketing Ethics: An International Perspective.* London: International Thomson Publishing, 1998.

[32] G.A. Pitman und J.P. Sanford. "The Foreign Corrupt Practices Act Revisited: Attempting to Regulate 'Ethical Bribes' in Global Business." *International Journal of Purchasing and Materials Management,* 30, 3 (1994): S.15-24.

[33] C. Van Haste. "Corruption, Bribery, and US Law: A Deck Stacked against US Developers." *Electrical World,* 210, 5 (1996): S.37-39.

[34] S. Kaltenhauser. "When Bribery is a Budget Item." *World Business,* 2, 2 (1996): S.11.

[35] D. Robertson und Bodo B. Schlegelmilch. "Corporate Institutionalization of Ethics in the United States and Great Britain." *Journal of Business Ethics,* 12, 4 (1993): S.301-312.

[36] Bodo B. Schlegelmilch und D. Robertson. "The Influence of Country and Industry on Ethical Perceptions of Senior Executives in the US and Europe." *Journal of International Business Studies,* 26, 4 (1995): S.859-881.

[37] "29 Nations Agree to Outlaw Bribing Foreign Officials." *The New York Times,* 11. November 1997, S.1, D-2.

[38] J.M. Allen, Jr. und B.G. Merritt. "Drafters of Arbitration Clauses Face a Variety of Unforeseen Perils." *National Law Journal,* 17. April 1995, S.C6-C7, B. Londa. "An Agreement to Arbitrate Disputes Isn't the Same in Every Language." *Brandweek,* 26. September 1994, S.18.

[39] J. Schwappach. *EU-Rechtshandbuch für die Wirtschaft.* München: Beck'sche Verlagsbuchhandlung, 1996.

[40] S.A. Voitovich. "Normative Acts of International Economic Organizations in International Law Making." *Journal of World Trade,* August (1990): S.21-38.

[41] P. Revzin. "European Bureaucrats Are Writing the Rules Americans Will Live By." *The Wall Street Journal,* 17. Mai 1989, S.A1, A12.

[42] "GATT at 50: Fifty Years On." *The Economist,* 16. Mai 1998.

Kapitel 5

Technologische Rahmenbedingungen des globalen Marketing

Daß die Technologie ganze Industrien verwandeln kann, muß die Denkweise in den Vorstandsetagen von Unternehmen verändern.
- GEORGE SHAHEEN, MANAGING PARTNER & CEO, ANDERSEN CONSULTING

Die Technologie schreitet so schnell voran, daß das Brandneue von heute am nächsten Tag überholt sein kann... Sie verändert alles – wie wir unser Geschäft strukturieren, wie und wo unsere Angestellten arbeiten, und wie wir unsere Kunden bedienen. Sicher ist nur, daß Ihr Geschäft nicht weniger, sondern immer mehr von Informationstechnologie abhängen wird. Und Sie werden sie nicht nur wie bisher zur Kostenreduktion benötigen, sondern um sich einen grundlegenden Wettbewerbsvorteil zu schaffen.
- JAMES UNRUH, VORSITZENDER UND CEO, UNISYS

5.1 Zielsetzung des Kapitels

Nachdem Sie dieses Kapitel gelesen haben, wissen Sie mehr über:

- Informations- und Kommunikationstechnologien als treibende Kraft der Globalisierung
- Die Rolle des Internet als Plattform für E-Commerce
- Wie sich die neue technologische Umwelt auf globale Marketingaktivitäten auswirkt.
- Die Komponenten der elektronischen Wertschöpfungskette

In welchen Situationen hilft ein besseres Verständnis dieser Inhalte?

- Sie sollen das Potential für ein neues Auktionsservice analysieren, das Ihr Unternehmen im Internet realisieren will.

- Sie sollen die Bedeutung von Mittelsmännern beim Verkauf Ihres Produkts über das Internet prüfen.

- Sie sollen eine passende Strategie zur Marktdurchdringung für ein innovatives Web-Service entwerfen.

5.2 Konzepte & Definitionen

E-Commerce: Handel mit Waren und Dienstleistungen über das Internet sowohl im Geschäft mit Endkonsumenten (business-to-consumer) als auch mit Firmenkunden (business-to-business). Letzteres wird manchmal auch E-Business genannt.

Extranet ist ein Netzwerk, das zwei oder mehrere Unternehmen verbindet und auf dem technischen Standard des Internet aufbaut. Es im Gegensatz zum Internet nicht öffentlich zugänglich und geht im Vergleich zu einem Intranet über die Unternehmensgrenzen hinaus.

Internet: Das größte Computernetzwerk der Welt, das über 130 Millionen Menschen weltweit verbindet. Für 2003 erwartet man einen Zuwachs auf bis zu 350 Millionen Benutzern, von denen 35% aus Nordamerika, 30% aus Europa, 21% aus Asien/pazifischer Raum, 9% aus Südamerika und etwa 5% aus dem Rest der Welt stammen.

Portale sind Kontextlieferanten, die Millionen von Internet-Surfern mit einem breit gestreuten Angebot an Informationen, Suchmaschinen, e-mail-Service und Chat-Rooms anziehen. Unter den wichtigsten Kontextlieferanten sind Internet-Online-Dienstleister wie America Online, Web-Browser wie der Netscape Communicator und Suchmaschinen wie Yahoo.

Web Browser: Software, mit der man über die Hyperlinks navigieren kann, die das World Wide Web ausmachen.

World Wide Web: Erleichterte den Internetzugang und machte ihn auch für Laien möglich. In technischer Hinsicht ein System aus Hypermedia, das Text, Grafik, Ton und Video auf Computern rund um die Welt verbindet.

Virtual Reality: Imaginierte "Welten", geschaffen durch Computertechnologie auf dem neuesten Stand. Durch das Tragen helmähnlicher Sets kann man beispielsweise den Eindruck bekommen, durch ein Haus zu spazieren und sieht und „erlebt" die Räume, bevor das Haus wirklich gebaut ist.

5.3 Schnittstelle zur Praxis

Technologie und technologische Veränderungen waren immer bedeutende Themen. Stellen Sie sich vor, Sie wären eine Weberin im England des späten 18. Jahrhunderts. Sie arbeiten in einer kleinen Hütte und verweben dort die Wolle, die Ihre Cousine am Spinnrad herstellt. Ihren Webstuhl hat Ihr Großvater gebaut. Sie sind eine tüchtige Handwerkerin, der Arbeitsablauf ist seit Generationen erprobt, und die Technologie ist verläßlich. Sie weben Kleidung für den Landadel, der die meisten Ländereien in der Umgebung besitzt.

In wenigen Jahren wird es die Welt, wie Sie sie kennen, nicht mehr geben. Maschinen werden Textilien in unvorstellbarer Geschwindigkeit und Beschaffenheit verarbeiten. Ihre Söhne und Töchter werden in schnell wachsenden Städten Arbeit suchen, wo Unternehmer Kapital in riesige Fabriken investieren. Der verarmte Adel, verpflichtet zur Aufrechterhaltung der alten Ordnung, wird schäbige Kleidung tragen und versuchen seinen Wohlstand zu retten.

Heute befinden wir uns in einer ähnlichen Situation: Wie die Dampfmaschine das Leben der englischen Weber revolutionierte, so verändern Computernetzwerke unsere Umwelt. Wieder vollziehen sich die Veränderungen nicht in kleinen überschaubaren Schritten, sondern sind turbulent, unberechenbar und oft äußerst unbequem. Um die dramatische und paradigmatische Natur der Veränderungen zu illustrieren, die die Informations- und Kommunikationstechnologie (ICT) mit sich gebracht hat, greifen Forscher zu Metaphern: Sie ziehen Parallelen zur Entdeckung der Elektrizität, zur Erfindung der Dampfmaschine oder gar der Erfindung des Rades. Deighton[1] stellte fest, daß der „Technologieschock" Marketing völlig umgestalten wird. Was globales Marketing betrifft, wird ICT sich als die treibende Kraft der Globalisierung herausstellen und die immer wieder proklamierte Umwandlung der Welt zum globalen Dorf fördern.

In diesem Kapitel untersuchen wir die grundlegenden Elemente der neuen technologischen Umwelt und erörtern, wie sich die Veränderungen, die wir erleben, auf globale Marketingaktivitäten auswirken. Zu Beginn dieses Kapitels betrachten wir die treibenden Kräfte der ICT-Revolution, hauptsächlich das Internet. Darauf folgend diskutieren wir den Einfluß dieser fundamentalen Veränderungen auf Wettbewerbsstrategien. Das Kapitel schließt mit Überlegungen, welche Auswirkungen die veränderte technologische Umwelt auf die Struktur der globalen Wertschöpfungskette hat.

5.4 Im Zeitalter der technologischen Diskontinuität

5.4.1 Der Preisverfall als Indiz für das Tempo des technologischen Fortschritts

Was sind nun die treibenden Kräfte der technologischen Revolution, deren Zeugen wir sind? Die Veränderungen mit drastischster Auswirkung auf die Globalisierung haben wohl auf zwei Gebieten stattgefunden: Transportwesen und Kommunikation. Dicken[2] bezieht sich auf diese beiden Gebiete als 'ermöglichende Technologien'. Im Transportwesen wurden bedeutende Fortschritte bei Flugreisen, im Containerverkehr und bei der schnelleren Be- und Entladung gemacht. In der Kommunikation ist die Preisreduktion bei Ferngesprächen am bemerkenswertesten. Heute kostet ein 3-Minuten-Telefonat zwischen New York und London ungefähr € 1,5. 1930 hätte man nach heutigen Werten dafür etwa € 220 bezahlt. Die Liberalisierung der Märkte sollte die internationalen Tarife in den nächsten fünf Jahren weiter bis zu 80% senken.[3] Das Cambridge Strategic Management Institute sagt für 2005 voraus, daß ein transatlantisches Bildtelefonat nur mehr „ein paar Cent die Stunde" kostet.[4] Bereits jetzt entfallen zwei Drittel aller Telefonneuanmeldungen auf Mobiltelefone. In den Industrieländern liegt dieser Anteil gar bei 75%.[5]

Eine zweite wichtige Kostenreduktion betrifft den schwindelerregenden Preisverfall bei der Leistung von Mikroprozessoren: diese kosten heute nur mehr 1% von dem, was man noch in den frühen 1970ern bezahlen mußte. Anders gesagt: „Wenn sich Autos im selben Tempo wie Mikroprozessoren entwickelt hätten, würde ein typischer Mittelklassewagen heute weniger als € 4 kosten und mit ca. 4 Liter 250.000 Meilen fahren."[6] Diese Preisreduktionen spiegeln die atemberaubende Geschwindigkeit der technologischen Veränderungen wider, denn tatsächlich konnte man nie zuvor einen derartigen dramatischen Preisverfall beobachten.

5.4.2 Technologische Konvergenz und die Allgegenwart von Technologie

In der Informations- und Kommunikationstechnologie ist es nicht nur die erhöhte Arbeitsgeschwindigkeit und Verläßlichkeit der Geräte, die die schnelle technologische Veränderung herbeigeführt hat, sondern auch die Annäherung zwischen der Übertragung und der Verarbeitung von Information. Darüber hinaus erwartet man in den nächsten Jahren eine Konvergenz der verschiedenen Typen von Informations- und Kommunikationstechnologien auf einen einheitlichen Internet-Standard. Abbildung 5.1 zeigt diese Entwicklung.

Abbildung 5.1: Konvergenz der Informations- und Kommunikationstechnologien

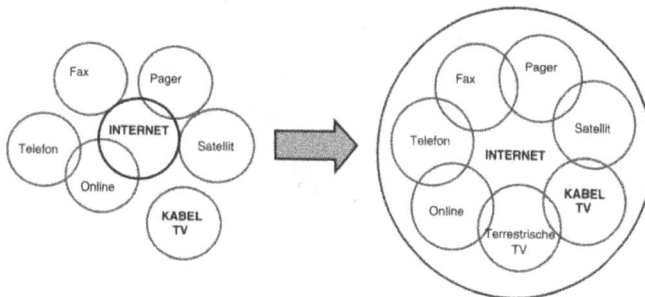

Eine zweite Entwicklung hat man die technologische Allgegenwart genannt. Andersen Consulting beschreibt dies als „eine Welt, in der die Informationstechnologie ein integraler Bestandteil von allem ist, das wir an unserem Arbeitsplatz und zu Hause sehen und tun."[7] Somit wird jedes Küchengerät, jedes Auto und jeder Heimtrainer mit einfach zu bedienender Elektronik vollgepackt sein, die dem Produkt durch Möglichkeiten der individuellen Einstellungen, Fernbedienung etc. zusätzlichen Wert verleihen wird.

5.4.3 Das explosive Wachstum des Internet

Das Internet repräsentiert wohl eine der stärksten Triebkräfte der technologischen Revolution, weil es zu einer absolut neuen Form unternehmerischer Aktivitäten geführt hat – dem sogenannten E-Commerce. Die Geschichte des Internet geht zurück auf das

Jahr 1969, als das US-amerikanische Verteidigungsministerium das sogenannte ARPA-
NET vorstellte. Abgesehen vom Zugriff auf örtlich entfernte Computer erlaubte das
Netz bereits die Übermittlung elektronischer Nachrichten (e-mail).[8] Zu diesem Zeit-
punkt waren die Benutzer auf einige wenige militärische Forscher beschränkt.

Obwohl in den folgenden Jahren die Zahl der User zunahm und vergleichbare Netze aufgebaut wurden – unter anderem durch eine Kooperation zwischen NASA, IBM
und MCI – muß man den wahren Durchbruch mit dem Jahr 1992 ansetzen. Damals
führte Tim Berners-Lee vom Conseil Européen pour la Recherche Nucléaire (CERN),
einem europäischen Forschungsinstitut in der Schweiz, das World Wide Web (WWW)
ein. Zum ersten Mal erlaubte dieses Protokoll grafische Darstellung von Information im Internet. Im Zusammenspiel mit den Web-Browsern, die man zum Navigieren
im Netzwerk der Hyperlinks verwendet, die das Internet erst ausmachen, wird diese
Entwicklung weitgehend als der Ursprung des explosiven Wachstums des Internet angesehen. Heute wird das World Wide Web oft als Synonym für das gesamte Internet
bezeichnet, obwohl letzteres auch traditionelle Internet-Dienste wie Telnet, Gopher und
FTP beinhaltet.[9] Abbildung 5.2 zeigt die Entwicklung des Internet im Zeitverlauf und
Abbildung 5.3 die geographische Verteilung der User.

Abbildung 5.2: Wachstum der Internet-Hosts

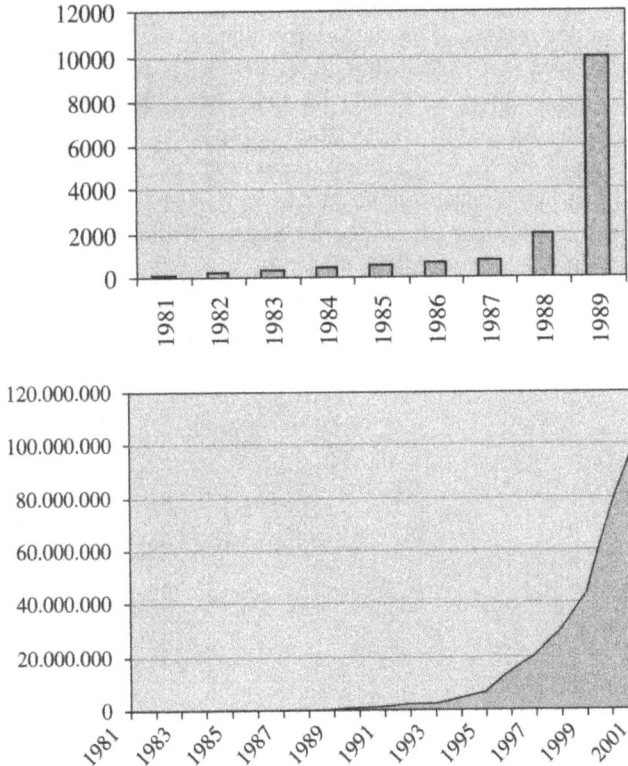

Quelle: Adaptiert aus http://www.mids.org/mapsale/data/trends/trends-199907/sld004.htm,
30. August 1999.

Abbildung 5.3: Geographische Verteilung der Internet-User

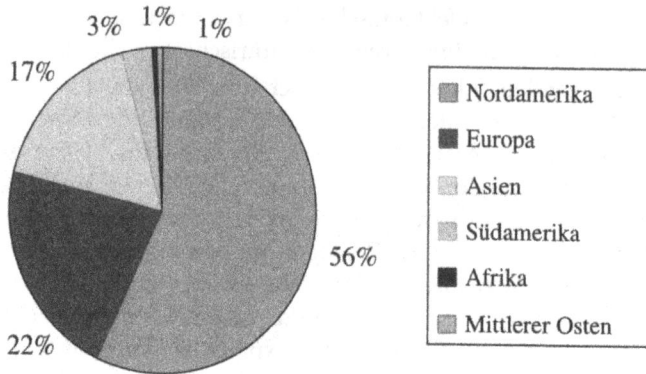

Quelle: http://www.nua.ie/surveys/graphs_charts/1998graphs/location.html,30.August 1999

Aus Sicht eines globalen Marketers ist es wichtig zu wissen, daß es einen uneinge-
schränkten Webzugang vorwiegend in Industrieländern gibt. In etlichen anderen Ländern wird lediglich die E-mail-Funktion des Internet zugelassen, während der Informa-
tionszugang beschränkt ist.[10] Trotz der derzeitigen Entwicklungen und Wachstumsraten, insbesondere in China und Südamerika, die das Ungleichgewicht in der geographischen Verteilung der Nutzer etwas entschärft haben, bestehen weiterhin Bedenken.
Der Verfasser des letzten UN-Entwicklungsberichts, Richard Jolly, merkte an,[11] daß
Technologie eine zweischneidige Sache ist, die vielen Menschen neue Türen öffnet, aber
vielen auch den Zugang versperrt: Als Beispiel dafür führt er an, daß ein Computer in
Bangladesch und damit die technische Voraussetzung für einen Zugang zum Internet
beispielsweise das achtfache eines durchschnittlichen Jahreseinkommens kostet.

Technologische Veränderung als solche ist natürlich nichts Neues. Bemerkenswert
ist heutzutage aber die Geschwindigkeit dieser Veränderung. Während z.B. das Radio
38 Jahre und das Telefon 25 Jahre benötigten, um 50 Millionen US-Konsumenten zu
erreichen, benötigte das Fernsehen für den selben Schwellenwert 13 Jahre und Kabel-
TV nur 10 Jahre. Das Internet mit World Wide Web erreichte die gleiche Verbreitung
in weniger als 5 Jahren (Abbildung 5-4). Weltweit gesehen verbreitete sich das Internet
um 2000 Prozent in der letzten Dekade und verdoppelt seine Reichweite alle 6 bis 10
Monate.[12] Für 2003 erwartet man 350 Millionen User in Nordamerika (35 Prozent),
Europa (30 Prozent), Asien/pazifischer Raum (21 Prozent), Südamerika (9 Prozent)
und im Rest der Welt (etwa 5 Prozent). Andere Prognosen lassen erwarten, daß das
Internet 2008 die 1-Milliarden-Marke an Usern erreichen wird. Um die Größenordnung
dieses Wachstums vergleichen zu können: das Telefon erreichte die Milliardenmarke
erst 1999.[13] Sobald der Internetzugang von den Einschränkungen durch Computer-
tastaturen befreit ist und über Mobiltelefone u.ä. möglich ist, wird dieses Wachstum
um so rasanter vor sich gehen.

Die nächste technologische Revolution steht unmittelbar bevor: Spracherkennung.
Sie wird Tastaturen weitgehend überflüssig machen und schließlich die Science Fiction-
Idee verwirklichen, Maschinen mit der menschlichen Stimme zu steuern. Diese Tech-
nologie wird die Verwendung von Computern dramatisch beschleunigen und ICT zu

Abbildung 5.4: Entwicklungszyklen unterschiedlicher Technologien

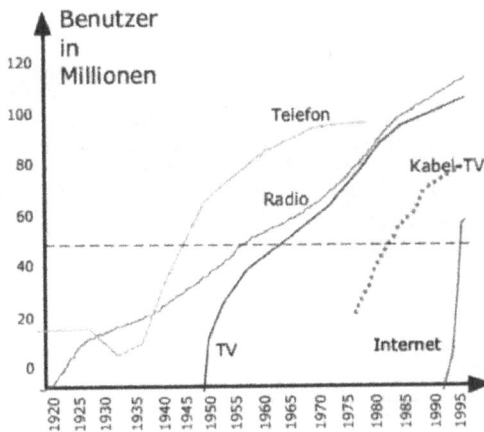

Quelle: Morgan Stanley, *The Internet Advertising Report.*

völlig neuen Anwendungen bringen: Objekte, mit denen wir gehen und fahren, die wir berühren oder tragen.[14]

5.4.4 Die Entwicklung des E-Commerce

Technologie, und insbesondere die Informations- und Kommunikationstechnologie (ICT), ist mehr als nur ein Mittel zum Zweck. Sie wurde Grundlage für ein völlig neues Geschäftsmodell. Beginnend mit dem Austausch elektronischer Daten hat das Internet eine Verwandlung durchgemacht: von einem Medium, das zunächst für die Bewerbung eines Produkts oder einer Dienstleistung verwendet wurde, hin zu einer Plattform für E-Commerce, die Information, Transaktion, Dialog und Austausch verbindet.

Kurz gesagt hat das Internet ein vollkommen neues Geschäftsmodell ins Leben gerufen und völlig neue Möglichkeiten für globales Marketing eröffnet. Das deutsche Beratungsunternehmen Roland Berger & Partner illustriert diese Entwicklung folgendermaßen:

Das Ausmaß der Entwicklungen durch die neuen Technologien ist beträchtlich. Nehmen Sie beispielsweise den bekannten Online-Buchhändler Amazon.com. Mit der Verwendung eines virtuellen Netzwerks, das Lieferanten und Kunden nahtlos verbindet, hat das Unternehmen die Art, wie Bücher verkauft werden, entscheidend verändert. Mehr als 30.000 „assoziierte Web-Sites" empfehlen das Unternehmen für Bestellungen und stellen Links zur Amazon-Site her. Natürlich bietet Amazon nicht nur Bücher an, sondern informiert auch über Neuerscheinungen und motiviert die Leser, Buchbesprechungen einzusenden. Chatrooms und virtuelle Treffen mit Autoren pflegen die Lebendigkeit der Amazon-Gemeinde. Bereits jetzt betreibt Amazon mehr als die Hälfte seines Geschäfts mit Stammkunden.

Ein anderes Beispiel für Unternehmen, die ihr Geschäft mit den Möglichkeiten des E-Commerce entwickelt haben, ist Dell Computers, dessen Wachstumsraten im Vergleich zu anderen Computerherstellern sich mit 4 multiplizieren, oder E*Trade,

Abbildung 5.5: Die Evolution des Electronic Commerce

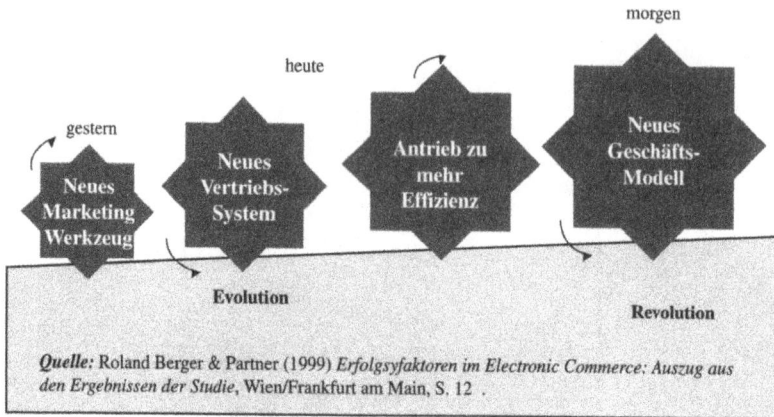

Quelle: Roland Berger & Partner (1999) *Erfolgsyfaktoren im Electronic Commerce: Auszug aus den Ergebnissen der Studie,* Wien/Frankfurt am Main, S. 12 .

ein Online-Broker mit jährlichen Zuwächsen von 200 Prozent, und eBay, ein Online-Auktionshaus mit einem jährlichen Transaktionsvolumen von mehr als € 255 Mio. Bei eBay gestalten die Kunden die Inhalte, beginnend bei den Waren, die sie versteigern wollen, bis zu den Chatrooms, wo sie Hintergrundinformation über ihre Angebote geben.

Während sich die Aufmerksamkeit der Medien auf den Einsatz des Internet für das Marketing gegenüber Endkunden konzentriert (business-to-consumer), wird die große Mehrheit der Internetaktivitäten im Geschäftskundenbereich (business-to-business) generiert. Forester Research setzt das Verhältnis von business-to-business zum business-to-consumer-Geschäft im E-Commerce mit 5 : 1 an.[15]

Die rapide technologische Veränderung beeinflußt aber nicht nur jene High-Tech-Unternehmen, die ein „E" in ihrem Namen führen. Michael Hruby[16] hat ein „handfestes" Produkt wie Sportschuhe dafür als Beispiel genannt. Vor 30 Jahren waren sie aus Leinen, in zwei Designs und drei Farben, und deutlich billiger. Heute hat auch hier die Hochtechnologie Einzug gehalten mit aufblasbaren Luftkissen und Geleinlagen. Sie werden in unzähligen Stilen, Farben und Materialien produziert und unterscheiden sich natürlich je nach Sportart. Sie sind keine Athletikschuhe mehr, sondern Equipment. Und sie sind nicht billig. Darüber hinaus hat die Informations- und Kommunikationstechnologie in den Herstellungsprozeß eingegriffen. Namhafte Unternehmen, wie Nike, stellen nicht einen einzigen Schuh selbst. Sie haben ihre Schuhfabriken in Niedriglohnländer verlagert und koordinieren den Warenfluß mittels modernster ICT. Selbst konzentrieren sie sich auf das, was sie am besten können: globales Marketing.

Für den globalen Marketer hat der schnelle technologische Fortschritt im allgemeinen und die bislang vorher nie da gewesene Geschwindigkeit der Veränderungen bei Informations- und Kommunikationstechnologien im besonderen zu einer Reihe neuer Herausforderungen geführt: virtuelle Organisationen, symbiotische Beziehungen, elektronische Märkte, neue Arten der Ko-Optionen, nicht mehr klar zu definierende Unternehmensgrenzen und flachere Unternehmenshierarchien gehören zu den wichtigsten.[17] Während diese Herausforderungen völlig neue Geschäftsmöglichkeiten eröffnen, stellen sie für etablierte Organisationen auch fundamentale Bedrohungen dar. Firmen müssen mit einem hohen Grad an Unbeständigkeit leben lernen. John Stopford von der London Business School hat auf den gesunkenen Wert etablierter Machtpositionen hingewiesen.[18] Firmen, die noch vor wenigen Jahren für Erfolgsgeschichten gut waren, kämpfen plötzlich ums Überleben; Westinghouse oder DEC fallen einem hier ein. Auf der anderen Seite stehen Firmen, die praktisch über Nacht entstanden sind. In diesem Zusammenhang prägte einer der Autoren den Begriff der „mushroom companies".[19] Ein bekanntes Charakteristikum von Pilzen ist, daß sie über Nacht wachsen und dann aber auch genauso schnell wieder verschwinden. Yahoo Inc. stellt heute die größte Suchmaschine des Internet bereit. Sein Mitbegründer, David Filo, war wenige Jahre zuvor noch ein armer Student. Heute führt sein Online-Service, sowohl was die Besucherzahlen als auch die Werbeeinnahmen betrifft. Während Internet-Suchmaschinen wie Yahoo, Infoseek, Lycos und Excite durch Börsegänge 1996 noch € 145 Mio. lukrieren konnten, wurden Suchmaschinen mittlerweile zu Gebrauchsartikeln. Jetzt gibt es hundert Arten Information im Web zu finden. Das Such"geschäft" im Netz, wo eine ganze Reihe an Suchmaschinen um den Pool Werbetreibender kämpft, wird bald seine Opfer fordern. Yahoo wird wohl überleben. Sein Marktanteil ist dreimal so groß wie jener seiner Konkurrenten, und Yahoo hat den Vorteil, erster am Markt gewesen zu sein.

Ein weiteres Beispiel ist Netscape, das 1994 als Mosaic Communications gegründet wurde. Ein Jahr danach stellte es die erste Version seines Internet-Navigators vor und erreichte im ersten Quartal 1997 einen Höhepunkt in der Unternehmensgeschichte mit einem erzielten Jahresüberschuß von € 130 Mio. Seit Oktober 1997 verliert Netscape an Börsenwert wegen der Befürchtung, es könnte im Browser-Krieg gegen Microsofts Internet Explorer der große Verlierer sein.

Sieht man sich diese dramatischen Business-Geschichten an, dann überrascht die angebliche Aussage von Microsofts CEO Bill Gates nicht: "Wir sind vom Scheitern immer zwei Jahre entfernt", und Intels CEO Andy Grove prägte das Motto: „Nur die Paranoiden überleben"

AUF DEN PUNKT GEBRACHT

- Die Geschwindigkeit der technologischen Veränderung hat dramatisch zugenommen.
- Unsere Umwelt ist heute geprägt von technologischer Konvergenz und Allgegenwart.
- Das Internet ist wohl die stärkste Triebkraft der technologischen Veränderungen.

Fortsetzung auf der nächsten Seite

> • Für den globalen Marketer haben die Veränderungen in ICT eine Reihe neuer
>   Herausforderungen gebracht; virtuelle Organisationen, symbiotische Beziehun-
>   gen, elektronische Märkte, neue Arten der Ko-Optionen, nicht mehr klar zu
>   definierende Unternehmensgrenzen und flachere Unternehmenshierarchien ge-
>   hören zu den wichtigsten.

5.5   Veränderung der Wettbewerbsregeln durch neue Technologien

Zusätzlich zur gestiegenen Unbeständigkeit ist der globale Marketer durch die Entwicklung von der industrialisierten zum post-industriellen e-business mit neuen Regeln
konfrontiert. Lang eingeführte Prinzipien, wie die Bedeutung des Standorts eines Einzelhändlers, sind passé. Warum sollte eine vielbeschäftigte leitende Angestellte ihre
kostbare Zeit damit verbringen, sich durch den Verkehr zu kämpfen, um für ihre Kinder Bücher und Videos in der Stadt zu besorgen? Sie kann das viel bequemer von zu
Hause aus über's Internet tun. Arvind Rangaswamy[20] von der Penn State University
hat die durch das neue E-Business geänderten Geschäftsprinzipien untersucht und in
Tabelle 5.1 zusammengefaßt:

Tabelle 5.1: Die Weiterentwicklung von Geschäftsprinzipien in Zeiten von E-Commerce

VON	ZU
Marktanteil	Strategische Kontrolle
Technologie als Mittel zum Zweck	Technologie als treibende Kraft
Verkaufszentrierter Markt	Einkaufszentrierte Märkte
Physische Vorteile	Wissensvorsprünge
Vertikale Integration durch Größe	Vertikale Integration durch Geschwindigkeit
Sinkende Skalenerträge	Steigende Skalenerträge
Firmenzentrierte Marketingstrategien	Netzwerkzentrierte Marketingstrategien

Quelle: Adaptiert aus Arvind Rangaswamy, „Toward a Model of eBusiness Performance", Präsentation
bei der American Marketing Association Summer Educators' Conference, San Francisco, August 7-10,
1999.

In einer vergleichbaren Untersuchung hat Andersen Consulting[21] festgestellt, daß
das neue Wirtschaften die Firmen zwingen wird, neue Spielregeln zu entwerfen. Unter
den wichtigsten sind:

• schnellstmögliche Sicherung einer dominanten Marktposition
• Allianzen bilden im Hinblick auf potentiellen Marktzugang und Synergien

- hohe Anfangsinvestitionen erkennen
- Positionen durch permanente Innovationen verteidigen
- In Folge werden wir einige dieser Punkte näher betrachten.

5.5.1 Die Bedeutung dominanter Marktpositionen

In der industriellen Umwelt haben Skalengewinne ihre Grenzen. Das bezieht sich auch auf sinkende Skalenerträge. Während eine große Fabrik kosteneffizienter sein mag als eine kleine, gibt es einen Punkt, wo zusätzliche Kapazität am selben Ort sich als unökonomisch erweisen wird. Die Kosten weiterer Arbeitskraft und zusätzlichen Materials werden die höheren Erträge übersteigen. Dieser Effekt erlaubt es kleineren Wettbewerbern gegen jene mit höherem Marktanteil anzutreten, vorausgesetzt sie erreichen Produktionsgrößen, die optimale Effizienz erbringen. Unter der neuen technologischen Ordnung gilt die Regel sinkender Skalenerträge nicht mehr universell. In vielen Fällen ist die optimale Leistung nicht mehr durch die Größe der Fabrik bestimmt, sondern hängt vom Punkt der Marktsättigung ab. Das kann man vor allem in Märkten beobachten, wo die Fixkosten bedeutend höher sind als die variablen. Beispiele dafür sind Computersoftware oder pharmazeutische Produkte, die einen hohen Grad an geistigem Faktoreinsatz verlangen. Das gleiche gilt für Produkte oder Dienstleistungen, die an Wert gewinnen, wenn sie von mehr Menschen verwendet werden, wie beispielsweise Produkte, die sich zu einem Standard entwickeln und vom oft erwähnten Netzwerkeffekt profitieren. Microsoft Office ist ein Beispiel für die Nützlichkeit eines Produkts, das von vielen anderen Menschen ebenfalls verwendet wird. In allen diesen Fällen verringern sich die Erträge nicht durch die steigenden Marktanteile, sondern wachsen! Eine Umkehr des „Gesetzes" der sinkenden Erträge. Abbildungen 5.6 und 5.7 illustrieren dieses Argument.

In einer solchen technologischen Umwelt ist es für Unternehmen von Bedeutung,

Abbildung 5.6: Sinkende Skalenerträge

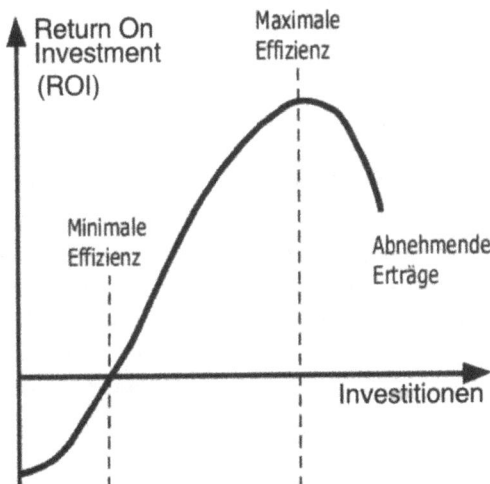

Abbildung 5.7: Steigende Skalenerträge

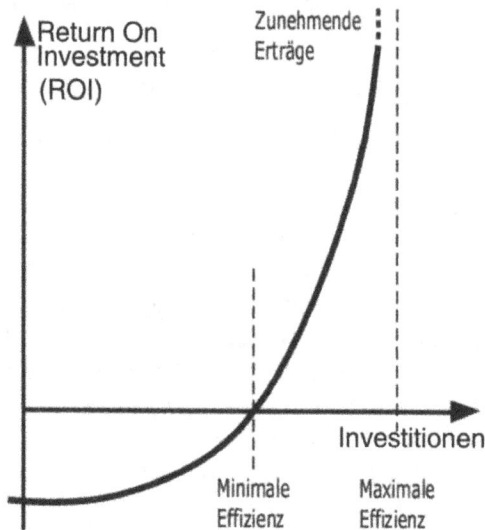

Quelle: Diane D. Wilson und Paul F. Nunes, „*eEconomy: Ein Spiel mit neuen Regeln*", Sonderteil eCommerce: Wege zum Erfolg in der elektronischen Wirtschaft, *Outlook*, Andersen Consulting, Heft 1, 1998, S.49.

daß sie schnell Marktanteile erringen und, wie Rangaswamy feststellt, auch strategische Kontrolle übernehmen. Deswegen vertreibt America Online (AOL) seine Disketten über alle verfügbaren Medien, z.B. eingeklebt in Zeitschriften und verteilt in Supermärkten. Neue Abonnenten werden mit unwiderstehlichen Testangeboten angelockt. Netscape verfolgte eine andere Strategie. Es verschenkte sein Produkt in der Hoffnung auf Folgegeschäfte. Marktanteile zu erringen ist in der neuen technologischen Umwelt wichtiger denn je geworden. Umgekehrt kann es sich der globale Marketer nicht mehr leisten, selbst kleine Angriffe von Konkurrenten zu tolerieren, sondern muß auf die energische Verteidigung seiner Marktposition vorbereitet sein.

GLOBALE PERSPEKTIVE

SURFEN IM INTERNET – ALL INCLUSIVE!

Der Preis eines Personal Computers fällt so tief er kann: auf Null. In Anlehnung an übliche Geschäftsgepflogenheiten von Telekomanbietern übernehmen Internet-Provider wie America Online, Prodigy und Microsofts MSN die Kosten für die für den Netzzugang erforderlichen PCs, vorausgesetzt, die Kunden sind bereit langfristige Verträge abzuschließen. Ein Rabatt von $400 (€340) bei Vertragsabschluß reduziert den Kaufpreis des PCs von $399 (€338) auf beinahe Null.

Fortsetzung auf der nächsten Seite

SURFEN IM INTERNET – ALL INCLUSIVE! (Fortsetzung)

Einige solcher Geschäfte im Detail: Der Elektronikhändler Best Buy bietet einen € 340-Rabatt auf die meisten Desktopcomputer für jene Kunden, die sich für drei Jahre um € 16,90/Monat an Prodigy Internet unterschreiben. Für zwei- bzw. einjährige Bindungen gibt es Preisnachlässe von € 212 bzw. € 85.

Bei Circuit City können Kunden einen Preisnachlaß von $ 400 (€ 340) bekommen, wenn sie sich für drei Jahre bei CompuServe, dem Online-Service von AOL, verpflichten. Die monatliche Gebühr beträgt € 18,60.

Microsoft bietet € 340-Gutscheine bei PC-Käufen für Staples-Kunden, die für drei Jahre bei MSN Internet Access um monatliche € 16,90 unterschreiben.

Üblicherweise kostet ein PC in der Grundausstattung zwischen € 338 und € 678. Für Bildschirme, Drucker und Peripheriegeräte ist mit weiteren € 255 zu rechnen.

„Wir sehen die nächste Welle von Kunden, die sich ins Internet stürzen wollen", sagt AOL-Pressesprecherin Wendy Goldberg. „Denen wollen wir wieder innovative und attraktive Angebote machen."

Diese Angebote locken nicht nur neue Kunden an, sondern binden sie gleichzeitig an bestimmte Provider. „Wenn man mit einer durchschnittlichen Fluktuationsrate von 4% bis 6% im Monat rechnen muß, dann hat die Garantie, daß jemand sich zwei bis drei Jahre verpflichtet, einen hohen Wert", meint Don LaVigne, CEO von Free-PC. Sein Unternehmen bietet Gratis-PCs und Internetzugang für Kunden, die im Gegenzug an sie gerichtete Werbung in Kauf nehmen. AOL und andere Internetunternehmen versuchen auch andere billige Internetzugangsgeräte zu subventionieren, wie etwa den sogenannten „iToaster" von Microworkz um € 169.

Die „Strafen" für Aussteiger sind hart: Kunden, die ihre Verträge frühzeitig beenden, müssen mit Pönalezahlungen rechnen, und bestehende Kunden müssen neue Verträge abschließen, um in den Genuß weiterer Rabatte zu kommen, sagt Goldberg.

Einfach zum Nachdenken:

- Entwerfen Sie mittels einer Tabellenkalkulation drei verschiedene Szenarien für die Vermarktung des iToasters. Nehmen Sie jeweils einen anderen Deckungsbeitrag für das Gerät und eine jeweils unterschiedliche Bindungsdauer für die Kunden an. Wie sieht die Geschäftsentwicklung in diesen Szenarien über einen Zeitrahmen von drei Jahren aus?
- Welche Preisgestaltung würden Sie einem neuen Internet-Provider unter den gegenwärtigen Wettbewerbsbedingungen empfehlen?

Quellen: Adaptiert aus S. Booth, „A free PC!" *Adweek*, 40, 6. September 1999; E. Foster, „What's behind a free PC? A whole lot of trouble and a substandard warranty", *InforWorld*, 21, 15. November 1999, S.155; L. Armstrong, „The free PC game: Lur 'em in and lock 'em up", *Business Week*, 19. Juli 1999, S.80.

5.5.2 Die Bedeutung strategischer Allianzen

Das postindustrielle E-Business ist immer mehr durch die Auflösung der traditionellen Unternehmensstrukturen und -grenzen zugunsten einer Bewegung hin zu symbiotischen Allianzen und externen Partnern gekennzeichnet. Unternehmen involvieren gesetzlich und wirtschaftlich unabhängige Firmen, um unterschiedliche Aufgaben zu erfüllen. Technologie ist in diesem Kontext bedeutungsvoll, da der Einsatz von ICT zu einer Reduktion der Transaktionskosten geführt hat und die Marktorientierung und die Synergieeffekte aus Allianzen zwischen Unternehmen vorantreibt.[22] Videokonferenzen, elektronischer Datenaustausch (EDS), Extranets etc. bieten Unternehmen in Allianzen kosteneffiziente Mittel der Kommunikation.

Drei Arten von Allianzen zeichnen sich ab. Vertikale Kooperationen beschreiben Partnerschaften zwischen Unternehmen, die sich in verschiedenen Stadien der Wertschöpfungskette befinden, wie etwa die Zusammenarbeit zwischen einem Hersteller und einem Händler beim Marketing eines innovativen Produkts. Horizontale Kooperationen verbinden Unternehmen der selben Industrie, wie etwa Forschungs- und Entwicklungszusammenarbeit von zwei oder mehreren Unternehmen in der Mikroelektronik. Diagonale Kooperationen antworten schließlich auf Situationen, in denen Unternehmen unterschiedlicher Industrien zusammenarbeiten.

Während Kooperationen und Allianzen an sich kein neues Phänomen sind, haben die Veränderungen in der technologischen Umwelt das Management von Allianzen zwischen Ländern leichter gemacht und auch die Motivation zu Allianzen beeinflußt. Neben dem Wunsch, die Effizienz zu erhöhen, will man jetzt über Kooperationen auch Marktzugang und Marktanteil gewinnen. Ausschlaggebend für die Kooperation zwischen der American Broadcasting Company (ABC), der New York Times und America Online (AOL) war beispielsweise der Wunsch, Netzwerkeffekte zu nützen und Synergien bei Produkten und Dienstleistungen zu erreichen. Für den Zugang zu seinen Kunden konnte AOL den anderen beiden Unternehmen € 850 Mio. in Rechnung stellen.[23] Fluglinien können als weiteres Beispiel strategischer Allianzen dienen. Durch das sogenannte „code sharing" erlaubt E-commerce den Fluglinien, ihr Markenzeichen bei Online-Reservierungen einzusetzen. Dies wiederum resultiert letzten Endes in größeren Marktanteilen für die Partnerlinien im globalen Netzwerk.

🌐 GLOBALE PERSPEKTIVE

'HÄNDE WEG' VON CODE SHARING

Eine blühende Praxis, Flüge zu teilen oder zu kombinieren, bekannt als „code sharing", erlaubt den Fluglinien Marktallianzen zu schaffen, die den Passagieren nahezu nahtloses Reisen rund um den Globus gestattet. Beim code sharing kauft eine Fluglinie blockweise Tickets einer anderen Linie und listet den Flug in seinem Reservierungssystem unter eigenem Namen oder „Code". Die Tickets sehen aus, als würde der Passagier mit einem US-Flugzeug reisen, aber in Wirklichkeit wird er auf ein Flugzeug einer anderen Linie transferiert. Würde jemand beispielsweise heute nacht von Dallas nach Taipei zunächst mit American Airlines Flug 691 nach San Francisco fliegen und dort American Airlines Flug 6123 nehmen, dann ist es das, was auf seinem Ticket steht. Doch in Zeiten von code-sharing ist American Airlines Flug 6123 in Wirklichkeit der von China Airlines ausgerichtete Flug 3.

Die Passagiere werden darüber angeblich in Kenntnis gesetzt, aber viele werden erst darauf aufmerksam, wenn sie beim Gate stehen und ein Flugzeug mit einer anderen Farbe besteigen.

Fortsetzung auf der nächsten Seite

'HÄNDE WEG' VON CODE SHARING (Fortsetzung)

Code sharing ist interessant für die Fluglinien, weil es den Zubringerverkehr auf den einheimischen Routen erhöht und den Eindruck der internationalen Reichweite einer Fluglinie erhöht.

Doch die intensiven Bemühungen um Partnerschaften in Regionen wie Asien und Afrika mit einigen der weltweit unsichersten Fluggesellschaften hat einige leitende Angestellte von Fluglinien und staatliche Stellen beunruhigt.

China Airlines in Taiwan ist z.B. code sharing-Partner von American Airlines und Continental Airlines. Airclaims Ltd. in London, ein Unternehmen, das Flugunfälle verfolgt, hat in den letzten zehn Jahren drei Abstürze von China Airlines mit 465 Toten verzeichnet. Ein Condé Nast-Bericht aus dem Jahr 1996 führt China Airlines mit 11,43 tödlichen Unfällen pro 1 Million Flüge seit Bestehen der Airline – im Vergleich zu 0,15 bei American Airlines und 0,29 bei Continental Airlines. Offizielle Sprecher sagen, daß American Airlines in den letzten Monaten hinter den Kulissen an Sicherheitsrichtlinien mit der taiwanesischen Linie zu arbeiten begonnen hat.

Einfach zum Nachdenken:

- Welche Faktoren zwingen Fluglinien zu strategischen Allianzen?
- Machen Sie eine Checkliste, die einer Fluglinie bei der Suche eines passenden strategischen Partners helfen kann.

Quelle: Adaptiert aus Don Phillips „U.S. Airlines ‚Handoffs' Raise Safety Concerns: Foreign Partners Come Under Scrutiny", *The Washington Post*, 7. März 1999, S. A01.

5.5.3 Die Bedeutung der Erkenntnis hoher Anfangsinvestitionen

Steigende Skalenerträge in vielen E-Businesses erfordern hohe Anfangsinvestitionen, um die angepeilten Marktanteile erreichen zu können. Ein substantieller Teil der Investitionen muß geleistet werden, bevor die Einnahmen tatsächlich die Kosten überschreiten. AOL mußte beispielsweise jährlich € 430 Mio. in Marketing und Verkauf investieren, bevor es seine jetzige Position als Marktführer erreichte.[24] Toys 'R' Us Inc. gab unlängst bekannt, daß es einen Update seiner Website als eigenständiges Unternehmen plane, um den Kampf im wachsenden Wettbewerb der Spielzeugindustrie im Web gewinnen zu können. Die erwarteten Kosten für dieses Update liegen bei $80 Millionen[25]. Viele dieser auf e-commerce basierenden Unternehmen benötigen die Unterstützung etablierter und finanzkräftiger Unternehmen oder sind gezwungen, an die Börse zu gehen, um das benötigte Kapital zu erhalten. Die zeitweise hohen Börsennotierungen der sogenannten Internetpapiere im Vergleich zu traditionellen Unternehmen zeigen, daß dieser Markt im Gegensatz zu seinem Ruf nicht zu kurzfristig orientiert ist, sondern eine langfristige Sicht entwickeln möchte. Tabelle 5.2 belegt dies.

5.5.4 Die Bedeutung permanenter Innovationen

In der traditionellen technischen Umwelt waren Innovationen primär ein Mittel, um ein paar Prozentpunkte an Marktanteil zu gewinnen. Es kam selten vor, daß Konsumenten scharenweise den Anbieter wechselten. Information über Waren und Dienstleistungen

Tabelle 5.2: Unternehmensbewertung aus unterschiedlichen Perspektiven

Bewegungen digitaler Wirtschaft			Bewegungen digitaler Wirtschaft		
Unternehmen	Jährliche Einnahmen (in € Mio.)	Markt- kapitalisierung (in € Mio.)	Markt- kapitalisierung (in € Mio.)	Jährliche Einnahmen (in € Mio.)	Unternehmen
AOL	2,205.0	127,075	127,075	12,470	Pfizer
Yahoo	172.4	29,266	29,436	12,809	Allied Signal
ebay	40.2	20,359	20,613	15,608	J.P. Morgan
Amazon	517.5	23,000	19,510	13,148	Alcoa
Priceline	35.2	19,510	15,014	13,487	Fed Ex
@Home	29.9	14,251	14,336	22,310	Lockheed Martin
E*trade	241.8	10,943	11,452	16,287	AMR
CMGI	77.6	9,500	9,670	7,040	Ingersoll Rand
RealNetworks	54.9	4,835	4,665	9,501	Toys "R" Us

Quelle: Fortune, 26. April, 24. Mai 1999; Hoover.com; Arvind Rangaswamy, „Toward a Model of eBusiness Performance", Präsentation bei der American Marketing Association Summer Educators' Conference, San Francisco, August 7-10, 1999.

wurde vergleichsweise langsam verbreitet, und es gab signifikante Unterschiede in der Aufnahme von Technologie zwischen den führenden Industrienationen und den wirtschaftlich weniger entwickelten Ländern.

In der heutigen technologischen Umwelt hat sich die Situation drastisch verändert. Es hat nicht nur die Geschwindigkeit der Verbreitung bedeutend zugenommen 70 Prozent der Einnahmen der Computerindustrie stammen beispielsweise von Produkten, die es zwei Jahre zuvor nicht gab.[26] Es folgen die Strafen auch schnell und hart, wenn man hinter dem letzten technologischen Weltklasse-Standard zurückbleibt. Word-Perfect war etwa für lange Zeit das weltweit führende Textverarbeitungsprogramm. Sein Niedergang war drastisch, als Microsoft mit Word einen zeitgemäßeren technologischen Standard anbot.

Die zunehmende Verwendung von ICT führt zu größerer Effizienz in allen Stadien des Entwicklungsprozesses neuer Produkte. Viele Unternehmen ermutigen ihre Angestellten, Kunden und Lieferanten über interaktive Web-Sites oder e-mail, Ideen für neue Produkte oder Verbesserungen einzubringen. Toyota sammelte beispielsweise allein von seinen Angestellten mehr als 2 Millionen Vorschläge für Verbesserungen.[27] Nachdem die neuen Ideen entwickelt sind, können sie durch Expertensysteme evaluiert werden. Im Designstadium beschleunigen diesen Vorgang Computer-Aided-Design (CAD) und Designteams, die daran parallel in verschiedenen Zeitzonen arbeiten. ICT-Applikationen wie virtuelle Realität unterstützen den Entwicklungsprozeß. Um ein Produkt besser auf die Kundenbedürfnisse abzustimmen, werden die Kunden vermehrt in den Designprozeß eingebunden. Der Smart kann beispielsweise vom Kunden im Internet im gewünschten Design gestaltet werden.[1]

Business- und Marketinganalysen, die gleichlaufend mit der technischen Entwicklung neuer Produktideen durchgeführt werden, können ICT zur Datensammlung ver-

---

[1] (http://mitglied.tripod.de/~smartinfo/new2.htm)

wenden, um festzustellen, ob es eine wahrscheinliche Nachfrage für das neue Produkt von bestehenden Kunden geben kann. Schließlich beschleunigen simulierte Testmärkte den Entwicklungsprozeß neuer Produkte. Diese Methoden arbeiten mit mathematischen Modellen aus Marketing-Mix-Daten, um die Erfolgswahrscheinlichkeit eines neuen Produkts zu ermessen, und machen einen realen Testmarkt überflüssig.

AUF DEN PUNKT GEBRACHT

- Netzwerkeffekte und Fixkosten, die dramatisch höher sind als die variablen Kosten, haben die Bedeutung des Marktanteils weiter verstärkt.

- Die postindustrielle E-Wirtschaft ist immer mehr durch die Auflösung der traditionellen Unternehmensstrukturen und -grenzen zugunsten einer Bewegung hin zu symbiotischen Allianzen und externen Partnern gekennzeichnet.

- Viele e-Industrien benötigen hohe Anfangsinvestitionen, um den gewünschten Marktanteil zu erreichen.

- Die zunehmende Verwendung von ICT führt zu größerer Effizienz in allen Stadien des Entwicklungsprozesses neuer Produkte. Zeit als Wettbewerbsfaktor verstärkt die Notwendigkeit zu permanenter Innovation.

5.6 Komponenten der elektronischen Wertschöpfungskette

Für globale Marketer ist eine der dramatischsten und relevantesten Auswirkungen der technologischen Veränderungen der „Tod der Distanz". Wie Frances Cairncross[28] vom Economist meinte: „Der Tod der Distanz als Determinante der Kommunikationskosten wird möglicherweise die einzige und bedeutendste wirtschaftliche Kraft sein, die die Gesellschaft in der ersten Hälfte dieses Jahrhunderts formt. Sie wird auf eine Art, die erst schwach vorstellbar ist, die Entscheidungen modifizieren, wo Menschen arbeiten und leben, das Konzept nationaler Grenzen und die Muster internationalen Handels abändern. Die Auswirkungen werden so durchschlagend sein wie jene der Entdeckung der Elektrizität. Einige Auswirkungen kommen bereits in Form der Umgestaltung der Wertschöpfungskette auf uns zu."[29] Abbildung 5.8 zeigt, daß ICT Organisationsstrukturen erlaubt, wo nicht alle Teile der Wertschöpfungskette *physisch* im jeweiligen Land vorhanden sein müssen, auch wenn sie aus der Perspektive der Lieferanten und Kunden als *virtuell* anwesend wahrgenommen werden.

Ein Großteil der Attraktivität und Dynamik der neuen technologischen Umwelt stammt von der Fähigkeit, die Wertschöpfungskette in kleine und ausgeprägt kundenorientierte Prozesse zu 'modularisieren', 'segmentieren' oder 'fragmentieren'. ICT erleichtert die Koordination zwischen diesen Modulen in weitestgehend nicht-hierarchischen Systemen und erweitert den Spielraum für das Outsourcing spezifischer

Abbildung 5.8: Standorte der Wertschöpfungskette über Länder verteilt

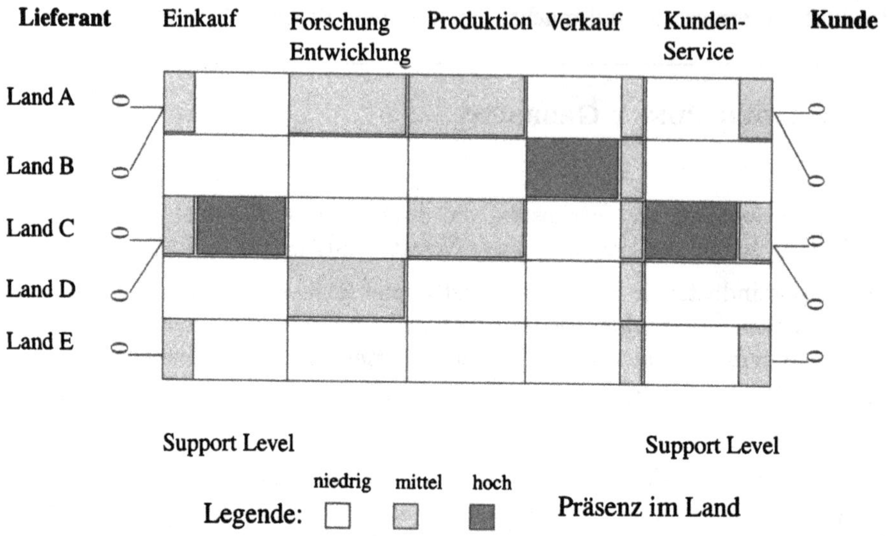

Quelle: Adaptiert aus J. Griese, *Auswirkungen globaler Informations- und Kommunikationssysteme auf die Organisation weltweit tätiger Unternehmen*, in W.H. v. Staehle und P. Conrad (Hrsg.) Managementforschung 2, (Berlin / New York), de Gruyter, 1992, S 423.

Abbildung 5.9: Mittelsmänner als Netzwerkspezialisten

Quelle: Adaptiert aus Paul F. Nunes und Brian S. Pappas, „Der Vermittler auf der Suche nach Reichtum und Glück", *Outlook*, Andersen Consulting, Heft 1, 1998, S.55.

Module.[30] Der Modulierung innerhalb von Unternehmen nah verwandt ist die Umwandlung linearer Wertschöpfungsketten in multidimensionale Netzwerke. Für den Kunden ist oft nicht transparent, welcher Teil der Transaktion von welchem speziellen Mitglied des Netzwerks durchgeführt wird. Zum Beispiel weiß der Kunde üblicherweise nicht, welches Reservierungssystem ein Reisebüro für die Flugbuchung verwendet. Meistens kümmert es ihn auch nicht, solange die benötigte Ware oder Dienstleistung wie verlangt geliefert wird. Unter dem neuen technologischen Regime beginnt ein Netzwerk von Spezialisten aufzutreten, das den Teilnehmern erlaubt, sich auf ihre jeweiligen Hauptwerte zu konzentrieren. Abbildung 5.9 illustriert diesen Punkt.

5.6.1 Kontextlieferanten

Kontextlieferanten, oder *Portale*, unterstützen die Verwendung elektronischer Kanäle auf Seiten der Kunden und der Lieferanten. In ihren Schlüsselfunktionen bieten sie Zugang und reduzieren die Komplexität der elektronischen Umwelt. Unter den wichtigsten Kontextlieferanten sind Online-Services wie America Online, Web-Browser wie Netscape Communicator und Microsoft Explorer oder Suchmaschinen wie Yahoo und Lycos. 1998 produzierten die 9 führenden Portale etwa 15 Prozent des gesamten Internet-Verkehrs. Ihr Wachstum scheint jedenfalls abzunehmen. Es wird für 2003 erwartet, daß der Internet-Verkehr durch die 9 Top-Portale sich bei 20 Prozent einpendeln wird[31].

5.6.2 Verkaufsvermittler

Diese Unternehmen unterstützen Lieferanten durch ihr Angebot an hoch qualitativen Adreßdatenbanken potentieller Kunden. Metromail dient hier als Beispiel. Es offeriert Lieferanten sorgfältig gesichtete Adreßbestände potentieller Kunden, die üblicherweise auch ein Gutteil an Information über Kundenvorlieben, demographische Merkmale etc. beinhalten. Das neueste Service nennt sich „Glühwürmchen-Technik“. Es unterstützt Unternehmen bei der Suche nach Zielgruppen und liefert spezielle Produktangebote, die anhand von Leserprofilen und Musikgewohnheiten erstellt wurden.[32]

5.6.3 Einkaufsvermittler

Auf der Kundenseite helfen elektronische Einkaufsvermittler dem Internet-Shopper die gewünschten Waren oder Dienstleistungen zu finden. Auto-By-Tel unterstützt beispielsweise den Kunden bei der Suche nach dem richtigen Auto zum richtigen Preis. In ähnlicher Weise bieten Suchroboter wie PriceSCAN den Konsumenten die Möglichkeit, Bestpreisangebote aus Tausenden von Computer-Hard- und Software-Produkten zu identifizieren. Derartige Programme bewegen sich automatisch im Web und sammeln Daten aus Anzeigen in Magazinen, Katalogen von Zwischenhändlern etc. Web-Roboter werden auch als Web-Crawler oder Spinnen bezeichnet. Unternehmen wie BizBots entwickeln einen „Echtzeit-24-Stunden-7-Tage-pro-Woche-Markt-der-Märkte“ und verbinden verschiedene Sites aus unterschiedlichen Produktbereichen, um Käufern und Verkäufern absolute Transparenz zu bieten.[33]

5.6.4 Market Makers

Market makers sind Vermittler, die Käufer und Verkäufer zusammenbringen und damit die Markteffizienz steigern. Typische Beispiele sind die zahlreichen Auktions-Sites, die im Web aufgeblüht sind. Onsale hat nach eigenen Angaben täglich mehr als 160.000 Besucher und 1,100.000 registrierte User[34]. Die Notwendigkeit für Innovation ist auch in diesem Abschnitt der Wertschöpfungskette spürbar. eBay[35] ist mit rund 5,6 Millionen registrierten Usern die weltweit größte private Online-Handelsgemeinschaft und hat unlängst Pager mit „eBay a-go-go" vorgestellt. Die User werden über Neuigkeiten von ihren eBay-Auktionen via Pager informiert. PlasticNet.com für Plastikprodukte, Metals.com im Stahlbereich und verschiedene andere Sites verbinden Käufer und Verkäufer in Business-to-business-Märkten.

5.6.5 Zahlungs- und Logistikspezialisten

Einer der größten Stolpersteine für elektronische Märkte ist immer noch der Zahlungsverkehr über das Internet. Die Entwicklung effizienter elektronischer Zahlungssysteme macht rasche Fortschritte. Für 2005 wird erwartet, daß etwa 30% des Zahlungsverkehrs von Konsumenten über digitale Zahlungssysteme abgewickelt werden.[36] Bis dahin übernehmen traditionelle Kreditkartenfirmen wie VISA den Zahlungsverkehr und die damit verbundenen Risiken. Der folgende „Europäische Blickwinkel" bringt Einblicke, wie ein britisches Unternehmen eine der letzten Hürden der papierlosen Geschäftskultur gemeistert hat, nämlich das Unterschriftsproblem.

Physischer Vertrieb über das Internet ist nur für Softwareprodukte und Informationsdienstleistungen, wie Investoren-, Börsen- und Datenbankinformationen, möglich. Alle anderen Waren müssen über traditionelle Wege versandt werden. Dennoch bieten Internet und WWW völlig neue Aussichten für die traditionellen Vertriebsfunktionen. Während physischer Vertrieb eine Kernfunktion des traditionellen Handelssystems war, kann dieser Bereich aufgeteilt und an internationale Vertriebsexperten wie etwa UPS outgesourct werden. Mehr denn je werden die logistischen Funktionen an Logistikprofis und Software-Firmen outgesourct.

EUROPÄISCHER BLICKWINKEL

PENOP: UNTERSCHREIBEN FÜR E-COMMERCE

Eine der letzten Hürden bei der Einführung von E-Commerce und der papierlosen Geschäftskultur ist die Notwendigkeit von Unterschriften auf Verträgen, bei Krediten und offiziellen Formularen oder Anträgen. PenOp, ein britisches Unternehmen, hat mit seiner elektronischen Unterschriftstechnologie, die rechtlich verbindlich handgeschriebene digitale Unterschriften elektronisch dokumentiert, beträchtlichen Erfolg erzielt. PenOp kann weltweit 60.000 Anwender vor allem in den USA aufweisen.

Fortsetzung auf der nächsten Seite

PENOP: UNTERSCHREIBEN FÜR E-COMMERCE (Fortsetzung)

Die Gruppe der Anwender reicht von Zulassungsbehörden für Lebens- und Arzneimittel über Richter bis hin zu Versicherungsverkäufern. PenOps Software wird entweder direkt auf den PC überspielt oder in Kombination mit externen Geräten wie PalmTops u.ä. eingesetzt. Wenn ein Manager auf dem Unterschriftsfeld unterzeichnet, merkt sich PenOp 30 verschiedene physische Aspekte davon, wie Druck des Stifts und die Neigung der Schrift. Mit einem Takt von 100 pro Sekunde wird die Aktion wie auch die exakte Symmetrie in den Schriftkurven aufgezeichnet. Das elektronische Profil der Unterschrift ist damit perfekt verschlüsselt. Um Betrug vermeiden zu können, wird auch Datum und Uhrzeit festgehalten. „Dieses Element gibt der Unterschrift Beweiskraft", sagt Christopher Smithies, der das Unternehmen mit Jeremy Newman gegründet hat, „und kann bei späteren Buchungskontrollen oder gerichtlichen Untersuchungen dienen."

Die Software enthält auch eine „ceremony box", die den Unterzeichner daran erinnert, daß er nach bürgerlichem Recht eine verbindliche Handlung setzt. Darüber hinaus schützt PenOps Software den Inhalt des Dokuments, sodaß er nach Unterschrift nicht mehr verändert werden kann. Robert Levin, PenOps Finanzchef, sagt: „Die Sicherheit unserer Technologie ist größer als die von Papier ...

Bei Papier kann ein Käufer im nachhinein die Bestellung aus welchem Grund auch immer ableugnen, aber bei einer gesicherten und unwiderlegbaren elektronischen Unterschrift ist das nicht so leicht." In den USA werden jede Minute geschätzte 2,8 Millionen Unterschriften auf Papier geleistet. Die Kosten vom Druck bis zum Postversand können bis € 40 pro Stück betragen. Die FDA (Food & Drug Administration, US-Zulassungsbehörde für Lebens- und Arzneimittel) hat mit PenOp Online-Formulare für Medikamentenversuche erstellt, die den Weg zu einem rein elektronischen Antragsprozeß für pharmazeutische Unternehmen eröffnete.

In Gwinnett County, Georgia, sind die Entfernungen groß, und Richter, die früher von Polizeibeamten persönlich besucht werden mußten, um Haftausgangsbestätigungen oder Hausdurchsuchungsvollmachten zu unterschreiben, sind jetzt mit ihren PCs zu den lokalen Polizeistationen verbunden. „Eine Videokonferenz ermöglicht es dem Richter, die Vollmacht zu besprechen, und wenn er einverstanden ist, unterzeichnet er sie mit dem PenOp-System, an dem sich niemand auf der Polizeistation zu schaffen machen kann", sagt Levin. In Tennessee bietet die First American Bank in ihren Filialen Versicherungen an und verwendet PenOp Software, um die Unterschriften zu verifizieren.

Eine lokale Versicherungsgruppe mit 7000 Vertretern verwendet PenOp, um die Unterschriften der Polizzenanträge zu sammeln. American General und der Versicherer Accident haben mit diesem System € 1,7 bis 2,5 Mio. Kosten gespart, ihre Fehlerrate auf Null verringert und die Ausgabe ihrer Polizzen beschleunigt. Da die Preise eines peripheren Digitalisiergeräts von € 170 auf nur mehr € 25 gefallen sind, glaubt PenOp, daß der Markt in Kürze explodieren wird. „Es ist die Lösung, um Papier absolut zu entfernen," sagt Levin. „Wir denken, daß es der ‚letzte Mosaikstein' ist, um E-Commerce zu ermöglichen."

Fortsetzung auf der nächsten Seite

PENOP: Unterschreiben für E-Commerce (Fortsetzung)

Unlängst schuf man die Kompatibilität zur Windows CE-Technologie. In Großbritannien setzte das DSS-Büro in Liverpool PenOp ein, um Betrug mit falschen Identitätskarten zu bekämpfen. „Als drei Antragsteller auf Sozialhilfe sahen, daß sie am Computer unterschreiben sollten, verließen sie das Büro sehr schnell," so Smithies. PenOp erwartet, daß die Digitalisierungsgeräte auch für die Überprüfung von Unterschriften im Zuge von Kreditkartentransaktionen sich rasch ausbreiten werden. „Kreditkartenunternehmen verrechnen den Händlern mehr, wenn es bei der Transaktion keine Unterschrift gibt," sagt Smithies. „Und im Gegensatz dazu liefert die Identifikation über Smart Card keinen Absichtsbeweis, wie dies bei uns der Fall ist." Im Herbst wird PenOp ein zweites patentiertes Produkt auf den Markt bringen, das seine Technologie mit der von IriScan, einem US-Unternehmen, kombiniert. James Cambier, technologischer Direktor von IriScan, kündigte an, daß sein System eine Bestätigung der Identität liefern wird, während PenOp den legalen Absichtsbeweis des Unterzeichners erbringen und die Unterschrift am Dokument „versiegeln" wird. Durch die Rationalisierung des Unterschriftsprozesses – im Internet, in Intranets und Extranets – möchte PenOp eine große und unnötige Barriere bei der Entwicklung von E-Commerce beseitigen.

Einfach zum Nachdenken:

- Nehmen Sie an, Sie sind der internationaler Marketingmanager bei PENOP. Stellen Sie eine Liste an Faktoren auf, die der neuen Technologie vorrangige Marktchancen schaffen.
- Welche potentiellen Barrieren wirken sich auf die Anpassung des neuen Produkts aus, und wie könnten sie überwunden werden?

Quelle: Marcus Gibson, „Signing up for E-commerce", *Financial Times*, 7. Juli 1999, S.XV.

Auf den Punkt Gebracht

- Die Informations- und Kommunikationstechnologie hat länderübergreifend gravierende Auswirkungen auf die Gestaltung der Wertschöpfungskette.
- Die neue E-Commerce-Umwelt formt traditionelle Wertschöpfungsketten in ein Netzwerk von Spezialisten um, die sich auf ihre jeweiligen Kernwerte fokussieren.
- Schlüsselkomponenten der elektronischen Wertschöpfungskette sind Kontextlieferanten, Verkaufsvermittler, Einkaufsvermittler, Market Makers sowie Zahlungs- und Logistik- Spezialisten.

5.7 Zusammenfassung

Die schnellen Fortschritte in der Informationstechnologie haben gravierende Auswirkungen auf die Durchführung globalen Marketings. Die globale und sofortige Erreichbarkeit von Kunden hat nicht nur zusätzliche Vertriebs- und Kommunikationskanäle eröffnet, präzise Zielgruppendefinition, Kundenbetreuung und Interaktion ermöglicht, sondern hat auch grundlegend neue Geschäftsmodelle entstehen lassen. Technologische Veränderungen haben den Kunden über mehr Transparenz zu mehr Macht verholfen und ermöglichen ihnen, die Preise selbst festzulegen[37], sowie über Plattformen wie Auktions-Sites miteinander direkten Handel zu betreiben. Dieses Kapitel hat einige paradigmatische Veränderungen in der technologischen Umwelt aufgezeigt und ihre Auswirkungen auf die etablierten Wettbewerbsregeln vorgestellt. Dazu gehören die Notwendigkeit, eine dominante Marktposition kurzfristig zu erreichen, der Wechsel von firmenfokussierten Strategien zu strategischen Allianzen und Netzwerken, hohe Anfangsinvestitionen und die erhöhte Wichtigkeit permanenter Innovationen. Schließlich haben wir die Komponenten der elektronischen Wertschöpfungskette näher betrachtet, um die unterschiedlichen Rollen von globalen Marketers im E-Commerce aufzuzeigen.

5.8 Diskussionsfragen

1. Was sind die Schlüsselrollen in der elektronischen Wertschöpfungskette, und welche Funktionen üben sie aus?

2. Was sind die Hauptmerkmale von Konsumenten, die im Internet einkaufen, und wie unterscheiden sie sich von „gewöhnlichen" Konsumenten?

3. Welche Auswirkungen hat der sogenannte „Netzwerk-Effekt" auf strategisches Marketing?

4. Wie kann die Informations- und Kommunikationstechnologie zu kürzeren Entwicklungszeiten von neuen Produkten beitragen? Bringen Sie Beispiele.

5. Welche Auswirkungen haben die beschriebenen technologischen Veränderungen auf die Organisationsstruktur bei länderübergreifenden Unternehmensaktivitäten und auf die Grenzziehung zwischen Unternehmen?

6. Das Internet soll neue Geschäftsmodelle entstehen lassen. Stimmen Sie dem zu? Begründen Sie Ihre Position für oder gegen diese Behauptung.

5.9 Webmistress's Hotspots

Internet Trends
Diese Site informiert mit neuesten Zahlen über Trends und Wachstum des Internet. Sie zeigt auch, wieviele .com, .edu, .org, etc. es weltweit gibt.
`http://www.mids.org/mapsale/data/trends/trends-199907/index.htm`

Build a Smart
Falls Sie Ihren eigenen froschgrünen oder gelben Smart mit austauschbaren Konsolen designen wollen...
`http://mitglied.tripod.de/~smartinfo/new2.htm`

Shopping Agents
Wollen Sie einen neuen Computer kaufen und einen Shopping Agent den besten Preis finden lassen? Hier ist Ihre Site: eSmarts hat Shopping Agents für Computer intensiv getestet und sie auf einer Skala von 1 bis 5 bewertet.
`http://www.esmarts.com/computers/computers_shopping_agents.html`

Onsale.Com
Onsale ist eines der größten und ältesten Online-Auktionshäuser. Jede Woche werden mehrere große Auktionen mit umfangreichem Angebot zu Themen wie Computer, Sport & Fitneß, Heim & Büro oder Reisen veranstaltet.
`http://www.onsale.com/`

VirtualVineyard.com
Sollten Sie unbedingt einen 1997 Pinot Noir von Martinborough in Neuseeland kaufen und sich die Anreise sparen wollen, dann müssen Sie hier einkaufen. Der Pinot Noir ist wirklich absolut umwerfend und Indikator dafür, was ein hervorragendes Weingut in Neuseeland leisten kann. Reif, vollmundig und gehaltvoll.
`http://www.virtualvin.com/`

5.10   Weiterführende Literatur

"Going Digital: How New Technology is Changing our Lives." *The Economist,* 1998, S.19.

"Special Report: Let's Talk." *Business Week,* 23. Februar 1998, S.44-56.

"This Toy War is no Game." *Business Week,* 9. August 1999, S.54.

Afemann, Uwe. "Verschärfung bestehender Ungleichheiten." *Forum Wissenschaft,* Heft 1 (1996): S.21-26.

Browning, John. *Pocket Information Technology.* London: The Economist Books, 1997.

Cairncross, Frances. "The Death of Distance." *Economist: Special Report on Telecommuniations,* 30. September 1995, S.SS5.

Deighton, John. "Commentary on Exploring the Implications of the Internet for Consumer Marketing." *Journal of the Academy of Marketing Science,* 24, No. 4 (1997): S.347-351.

Dicken, Pl. *Global Shift. The Internationalization of Economic Activity.* London: Paul Chapman Publishing, 1992.

Griese, J. "Auswirkungen globaler Informations und Kommuniktionssysteme auf die Organisation weltweit tätiger Unternehmen." In *Managementforschung 2*, herausgegeben von W.H. V. Staehle und P. Conrad, 163-175. Berlin: de Gruyter, 1992.

Komenar, Margo. *Electronic Marketing.* New York: John Wiley & Sons, Inc., 1996.

Picot, Arnold, Ralf Reichwald und Rolf T. Wigand. *Die grenzenlose Unternehmung: Information, Organisation und Management.* 2. Aufl. Wiesbaden: Gabler Verlag, 1996.

Picot, A., T. Ripperger und B. Wolff. "The Fading Boundaries of the Firm." *Journal of Institutional and Theoretical Economics,* (1996): S.65-72.

Römer, Marc. *Strategisches IT-Management in internationalen Unternehmungen.* Wiesbaden: Gabler, 1997.

Schlegelmilch, Bodo B. und R. Sinkovics. "Marketing in the Information Age – Can we Plan for an Unpredictable Future?" *International Marketing Review,* 14, 3 (1998): S.162-170.

Sivadas, E., Grewel R. und J. Kellaris. "The Internet as a Micro Marketing Tool: Targeting Consumers through Preferences Revealed in Music Newsgroup Usage." *Journal of Business Research,* 41, 3 (1998): S.179-186.

Wilson, Diane D. und Paul F. Nunes (Hrsg.) *eEconomy: Ein Spiel mit neuen Regeln.* Sonderteil eCommerce: Wege zum Erfolg in der elektronischen Wirtschaft, Vol. 1, *Outlook*: Andersen Consulting, 1998.

Literaturverzeichnis

[1] John Deighton, "Commentary on Exploring the Implications of the Internet for Consumer Marketing," *Journal of the Academy of Marketing Science,* 24, 4 (1997): S.347-351.

[2] P. Dicken, *Global Shift. The Internationalization of Economic Activity,* (London: Paul Chapman Publishing, 1992): S.103.

[3] "The World in 1998," *The Economist,* (London, 1997): S.90.

[4] "Going Digital: How New Technology is Changing our Lives," *The Economist,* (London, The Economist Newspaper Ltd., 1998): S.19.

[5] "Economic Indicators," *The Economist,* (London, 28. März): S.112.

[6] "Going Digital: How New Technology is Changing our Lives," *The Economist,* (London, The Economist Newspaper Ltd., 1998): S.19.

[7] "Technology Visioning Workshop." (Andersen Consulting, Sophia Antipolis, Juli 1999).

[8] Robert Zakon: `http://info.isoc.org/guest/Internet/History/HIT.html#Growth`, 29. August 1999.

[9] John Browning, *Pocket Information Technology,* (London: The Economist Books, 1997): S.97-99.

[10] Uwe Afemann, "Verschärfung bestehender Ungleichheiten," *Forum Wissenschaft,* 1, (1996): S.21-26.

[11] "UN-Entwicklungsbericht: Technik vergrößert Not vieler Menschen," *Kölner Stadt-Anzeiger,* 13. Juli 1999, S.7.

[12] Donna L. Hoffmann und Thomas P. Novak, "Marketing in Hypermedia-Computer-Mediated Environments: Conceptual Foundations," *Journal of Marketing,* 60, (Juli 1996): S.50-68.

[13] Jerry Wind und Vijay Mahajan. "Digital Marketing." , unveröffentlichtes Working Paper, Wharton School, University of Pennsylvania, 1999, S.7.

[14] "Special Report: Let's Talk," *Business Week,* 23. Februar 1998, S.44-56 und "Smitten with the Written Word," *Financial Times,* 12. Februar 1998, S.21.

[15] "E-Business: What Every CEO Needs to Know," *Business Week*, 22. März 1999, S.10.

[16] Michael F. Hruby, *Technoleverage: Using the Power of Technology to Outperform the Competition*, (New York: AMACOM, 1999).

[17] Für eine exzellente, tiefergehende Analse dieser Aspekte siehe: Arnold Picot, Ralf Reichwald und Rolf T. Wigand, *Die grenzenlose Unternehmung: Information, Organisation und Management*, (Wiesbaden: Gabler Verlag, 1996).

[18] John Stopford. "Global Strategies for the Information Age." Präsentation bei der 23. EIBA-Konferenz "Global Business in the Information Age", Stuttgart, 14.-16. Dezember 1997.

[19] Bodo B. Schlegelmilch und R. Sinkovics, "Marketing in the Information Age – Can we Plan for an Unpredictable Future?," *International Marketing Review*, 14, 3 (1998): S.162-170.

[20] Arwind Rangaswamy. "Toward a Model of eBusiness Performance." Präsentation bei der American Marketing Association Summer Educators' Conference, San Francisco, 7.-10. August 1999.

[21] Diane D. Wilson und Paul F. Nunes, (Hrsg.) *eEconomy: Ein Spiel mit neuen Regeln.* Sonderteil eCommerce: Wege zum Erfolg in der elektronischen Wirtschaft, *Outlook*: Andersen Consulting, 1, 1998, S.45-50.

[22] A. Picot, T. Ripperger und B. Wolff, "The Fading Boundaries of the Firm," *Journal of Institutional and Theoretical Economics*, (1996): S.65-72.

[23] Diane D. Wilson und Paul F. Nunes (Hrsg.) *eEconomy: Ein Spiel mit neuen Regeln.* Sonderteil eCommerce: Wege zum Erfolg in der elektronischen Wirtschaft, *Outlook*: Andersen Consulting, 1, 1998, S.45-50.

[24] Diane D. Wilson und Paul F. Nunes, (Hrsg.) *eEconomy: Ein Spiel mit neuen Regeln.* Sonderteil eCommerce: Wege zum Erfolg in der elektronischen Wirtschaft, *Outlook*: Andersen Consulting, 1, 1998, S.45-50.

[25] This Toy War is no Game", *Business Week*, 9. August 1999, S.54.

[26] *"Going Digital: How New Technology is Changing our Lives,"* The Economist, 1998, S.19.

[27] John O'Conner und Eamonn Galvin, *Marketing & Information Technology: The Strategy, Application and Implementation of IT in Marketing*, (London: Pitman Publishing, 1997).

[28] Frances Cairncross, "The Death of Distance," *Economist: Special Report on Telecommuniations*, 30. September 1995, S.SS5.

[29] J. Griese. "Auswirkungen globaler Informations und Kommuniktionssysteme auf die Organisation weltweit tätiger Unternehmen." In *Managementforschung 2*, herausgegeben von W.H. V. Staehle und P. Conrad, Berlin: de Gruyter, 1992, S.163-175.

[30] Arnold Picot, Ralf Reichwald und Rolf T. Wigand, *Die grenzenlose Unternehmung: Information, Organisation und Management,* (Wiesbaden: Gabler Verlag, 1996).

[31] "Portals are Mortal after All," *Business Week,* 21. Juni 1999, S.66-67.

[32] E. Sivadas, Grewel R. und J. Kellaris, "The Internet as a Micro Marketing Tool: Targeting Consumers through Preferences Revealed in Music Newsgroup Usage," *Journal of Business Research,* 41, 3 (1998): S.179-186.

[33] Jerry Wind und Vijay Mahajan. "Digital Marketing.", unveröffentlichtes Working Paper,: Wharton School, University of Pennsylvania, 1999, S.6.

[34] http://www.ebay.com/index.html, (30. August 1999).

[35] http://www.ebay.com/index.html, (30. August 1999).

[36] Georg Kristoferitsch, *Digital Money, Electronic Cash, Smart Cards: Chancen und Risiken des Zahlungsverkehrs via Internet,* (Wien: Überreuter, 1998).

[37] Zum Beispiel Priceline.com.

Kapitel 6

Analyse globaler Marktchancen – globale Marktforschung

Die wahren Veränderer dieser Welt sind immer gegen den Strom geschwommen.
– WALTER JENS, DT. SCHRIFTSTELLER

Im Umfeld der 1990er Jahre muß Globalisierung als selbstverständlich angesehen werden. Für den Unternehmenserfolg wird es nur einen Standard geben: internationalen Marktanteil. Jene Unternehmen werden gewinnen, die weltweit Märkte finden können.
– JACK WELCH, CEO VON GENERAL ELECTRIC

6.1 Zielsetzung des Kapitels

Nachdem Sie dieses Kapitel gelesen haben, wissen Sie mehr über:

- Die wichtigsten Informationsbedürfnisse eines globalen Unternehmens.
- Die Auswirkung der Globalisierung auf die Marketingforschung.
- Wie sich Umweltunterschiede auf Primär- und Sekundärforschung auswirken.

In welchen Situationen hilft ein besseres Verständnis dieser Inhalte?

- Sie sollen den Ablauf einer globalen Marketingforschung organisieren.
- Sie sollen relevante Information für einen Markteintritt oder eine Markterweiterung bereitstellen.
- Sie sollen ein globales Marketinginformationssystem entwickeln.

6.2 Konzepte & Definitionen

Herausforderungen der globalen Marketingforschung: Auch wenn die Zielsetzung der Marketingforschung jeweils die gleiche ist, unterscheidet sich die internationale Marketingforschung im Ablauf grundlegend von einer im Inland durchgeführten. Die drei grundlegenden Eigenarten sind die Anzahl der unterschiedlichen Variablen, die man mit einzubeziehen hat, der stärkere Wettbewerb und Infrastrukturprobleme in einigen Ländern.

Globale Informationsbedürfnisse: Für globale Marketingentscheidungen benötigt das Management Daten zur allgemeinen Geschäftsumwelt eines Landes. Die zu untersuchenden Aspekte betreffen:

- Wirtschaft und Wettbewerb
- Technologie
- Politik
- Regulative Bestimmungen
- Gesetze
- soziale und kulturelle Umwelt

Globale Marketing-Informationssysteme: Der Zweck eines globalen Marketinginformationssystems (MIS) ist es, Entscheidungsträger mit einem kontinuierlichen Informationsfluß über Märkte, Kunden und Konkurrenten zu versorgen. Ein MIS stellt ein Instrument dar, mit dem relevante Daten über Kunden, Vertriebskanäle, Verkauf und Konkurrenten gesammelt, analysiert und berichtet werden können.

Marketingforschung ist die Funktion, die den Konsumenten, den Kunden und die Öffentlichkeit durch Information mit dem Marketer verbindet. Information wird für die Identifikation und Definition von Marktchancen und -risiken, zur Schaffung, Verfeinerung und Evaluierung von Marketingaktionen, zur Beobachtung des Marketingerfolgs benötigt, und um unser Verständnis von Marketing als einem Prozeß zu verbessern.

Primärmarktforschung: Der Ablauf der Datensammlung und Aufbereitung zu nützlicher Information kann in fünf grundlegende Schritte aufgeteilt werden:

- Schritt I: Identifikation des Forschungsproblems
- Schritt 2: Entwicklung des Forschungsplans
- Schritt 3: Datensammlung
- Schritt 4: Analyse der Forschungsdaten
- Schritt 5: Präsentation der Ergebnisse

6.3 Schnittstelle zur Praxis

Informationen oder nützliche Daten sind das Rohmaterial für die Aktivitäten von Entscheidungsträgern. Dabei ist der globale Marketer bei der Informationssammlung mit einem zweifachen Problem konfrontiert. In Ländern mit hohem Einkommen übersteigt die verfügbare Information bei weitem das Ausmaß, das ein Individuum oder eine Organisation aufnehmen kann. Das Informationsproblem besteht im absoluten Überfluß, nicht im Mangel. Während sich die Industrieländer im Mittelpunkt der Informationsexplosion befinden, gibt es in wirtschaftlich weniger entwickelten Ländern nach wie vor einen Mangel an verwertbaren Informationen über diese Märkte.

Der globale Marketer ist somit mit dem Problem des Informationsüberflusses und Informationsmangels gleichermaßen konfrontiert. Man muß daher wissen, wo man Informationen einholen kann, welche Fragestellungen beantwortet werden müssen, und welche Probleme bei der Informationssammlung entstehen können. Sobald die Informationen eingeholt sind, müssen sie auf effiziente und effektive Art verarbeitet werden.

Club Med Inc., das französische Reise- und Freizeitunternehmen, das „das Gegengift zur Zivilisation" anbietet, unternahm eine Repositionierung weg vom Sexy-, Swinging-Single-Image, das seinen frühen Erfolg ausmachte. Insbesondere versuchte das Unternehmen seinen Anreiz für Amerikaner zu erhöhen, die etwa 20% aller Clubgäste ausmachen. Die unberechenbarsten Kunden sind dabei jene potentiellen Interessenten, die noch nie einen Club Med-Urlaub gemacht haben. Club Meds kreative Werbung produziert eine große Anzahl an telefonischen Anfragen beim Reservierungszentrum des Unternehmens in Scottsdale, Arizona. Namen, Adressen und Telefonnummern der Anrufer werden in die Datenbank aufgenommen. Allerdings wurden diese Informationen jahrelang nur dann weiter verwendet, wenn der Anrufer auch wirklich einen Club Med-Urlaub buchte.

Die Club Meds Führungskräfte erkannten, daß die 150.000 potentiellen Interessenten in ihrem Informationssystem eine wahre Goldmine darstellten. Diese Interessenten hatten in den vergangenen fünf Jahren auf Anzeigen reagiert und Informationsmaterial angefordert, ohne jedoch Club Med wirklich ausprobiert zu haben. Sie wurden als mögliche Kunden mit höchstem Potential angesehen, nun einen Urlaub zu buchen. Das Unternehmen entschied sich dafür, ein externes Unternehmen, Gannett TeleMarketing Inc., zu engagieren, um diese Haushalte zu kontaktieren und weitere wichtige Informationen einzuholen, wie ein Familienprofil, die Liste an Aktivitäten, die die Familien schätzten, und Hinweise auf jene Aktivitäten, die Club Med ihnen anbieten könnte.

Die Aktionen von Club Med kombinieren Elemente eines Marketinginformationssystems mit Marktforschung. Generell müssen globale Marketer wissen, woher sie Information erhalten können, welche Information und Fragestellungen sie interessieren, auf welche verschiedenen Arten die Informationen beschafft werden können, und mit welchen unterschiedlichen Mitteln die Daten analysiert werden.

Dieses Kapitel beginnt mit einer Betrachtung der globalen Informationsbedürfnisse und der zentralen Besonderheiten der globalen Marketingforschung. Darauf folgend werden Äquivalenzbedingungen in der globalen Marketingforschung untersucht. Die Rolle und der Gebrauch von sekundären und primären Informationsquellen werden beschrieben. Das Kapitel endet damit, wie man Marketinginformationssysteme und Marketingforschung effizient und effektiv betreibt.

6.4 Globale Informationsbedürfnisse

Wenn man von Informationen für globale Marketingentscheidungen spricht, so geht es dabei meist um Daten zur allgemeinen Geschäftsumwelt eines Landes, wie zur politischen Situation und der regulativen Umwelt. Während diese Information im Heimmarkt als gegeben angesehen werden kann, muß sie auf internationaler Ebene eingeholt werden und ist von herausragender Bedeutung, um die attraktivsten Marktchancen zu identifizieren. Abbildung 6.1 zeigt die verschiedenen Dimensionen, die man in einer globalen Umwelt untersuchen muß.

Abbildung 6.1: Dimensionen der Marketingumwelt

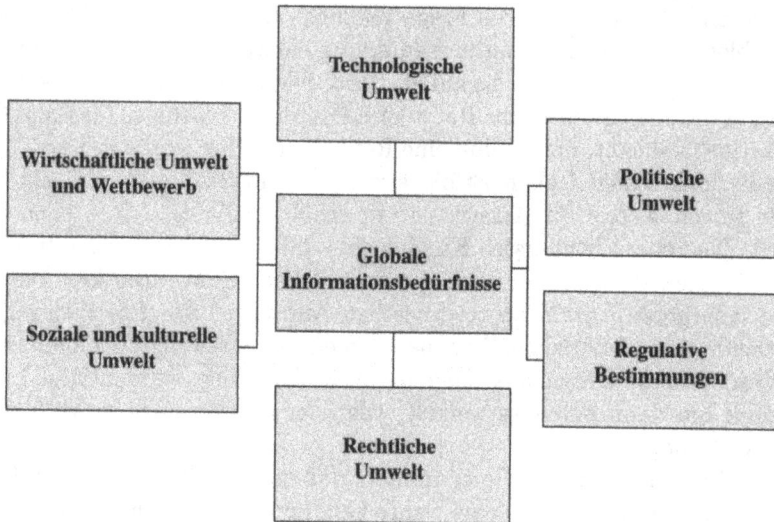

6.4.1   Wirtschaftliche Umwelt und Wettbewerb

Die Makrodimensionen der Umwelt sind Wirtschaft, soziale und kulturelle Aspekte, Politik, Bestimmungen und Gesetze sowie das technologische Umfeld. Globale Marketingforschung muß sicherstellen, daß alle für das Management relevante Informationen jede dieser Dimensionen vorhanden sind. Jede Dimension ist von Bedeutung, aber man könnte mit Recht behaupten, daß das wichtigste Charakteristikum der globalen Marketingumwelt die wirtschaftliche Dimension ist. Die Existenz und Stärke von Mitbewerbern in einem bestehenden Markt sind natürlich ebenfalls von großer Bedeutung.

6.4.2   Technologische Umwelt

Die Bedeutung der technologischen Umwelt hängt von der spezifischen Produktkategorie ab. Marktforscher in Unternehmen, die technologisch hochwertige Geräte herstellen, haben sich mit technischem Fachwissen und mit dem Ausbildungsstand des jeweiligen Landes zu beschäftigen.[1]

6.4.3   Politische Umwelt

Die politische Umwelt des globalen Marketings beschreibt das Zusammenspiel aus Regierungsinstitutionen, politischen Parteien und Organisationen, das sich jede Nation selbst gibt. Wer auch immer im globalen Marketing tätig ist, sollte grundlegendes Verständnis für die Bedeutung der Souveränität nationaler Regierungen aufbringen. Die politische Umwelt ist von Land zu Land verschieden und für die Risikobewertung entscheidend. Man muß auch ein Verständnis entwickeln, wie sich die Aktivitäten einer Regierung auf Steuern, Abschwächung der Eigenkapitalsteuerung und Enteignung auswirken.

6.4.4 Regulative Bestimmungen

Die regulative Umwelt basiert auf den Aktivitäten von Organen auf Regierungs- und Nichtregierungsebene, die Gesetze ausführen oder Richtlinien zur deren Durchführung erstellen. Globale Marketingaktivitäten können durch eine Reihe internationaler oder regionaler wirtschaftlicher Organisationen beeinflußt werden. In Europa nimmt beispielsweise die EU Einfluß auf rechtliche Regelungen innerhalb der Mitgliedsstaaten. Weltweit gesehen wird die WTO in den kommenden Jahren starken Einfluß auf globale Marketingaktivitäten haben. Obwohl diese Umwelten komplex sind, müssen Marketingforscher den Marketingentscheidungsträgern Informationen beschaffen, die eine entsprechende Planung ermöglichen und Situationen vermeiden helfen, die zu Konflikten, Mißverständnissen oder Gesetzesbrüchen führen könnten.

6.4.5 Rechtliche Umwelt

Die rechtliche Umwelt besteht aus Gesetzen, Gerichten, Rechtsbevollmächtigten und gesetzlichen Bräuchen und Praktiken. Die Länder können zunächst in Rechtssysteme nach Fallrecht *(case law)* und kodifiziertem Recht *(code law)* eingeteilt werden. Die USA, Großbritannien, die Länder des britischen Commonwealth mit Kanada, Australien und Neuseeland sowie die früheren britischen Kolonien in Afrika und Indien sind Länder mit Fallrechtssystem; andere Staaten richten sich nach kodifiziertem Recht. Globale Marketingforschung ist verantwortlich für die Informationsbeschaffung zu den wichtigsten legalen Aspekten betreffend Rechtsprechung, Patente, Handelsmarken, Lizenzen, Kartellgesetzen oder Bestechung.

6.4.6 Soziale und kulturelle Umwelt

Anthropologen und Soziologen definieren Kultur als „Lebensart, die von einer Gruppe von Menschen aufgebaut und von einer zur nächsten Generation weitergegeben wird". Kultur beinhaltet sowohl bewußte als auch unbewußte Werte, Ideen, Einstellungen und Symbole, die das menschliche Verhalten formen.

Globale Marketingforschung muß den kulturellen Einfluß für Manager analysieren, um entweder auf kulturelle Unterschiede antworten oder sie beeinflussen zu können. Menschliches Verhalten ist eine Funktion sowohl der eigenen einzigartigen Persönlichkeit als auch der Interaktion mit den kollektiven Kräften der jeweiligen Gesellschaft und Kultur, in der man lebt.

GLOBALE PERSPEKTIVE

INTERNATIONALE MARKETINGFORSCHUNG – ABER RICHTIG!

Ohne entsprechende Informationen können Marketer keine effektiven Marketingstrategien entwickeln. Information ist der kritische Punkt, wenn ein Unternehmen auf internationalen Märkten tätig wird, internationale Operationen ausweitet oder globale Aktivitäten rationalisieren will. Wie das folgende Beispiel zeigt, entstehen viele Fehler, wenn Unternehmen die Informationserfordernisse ignorieren.

Fortsetzung auf der nächsten Seite

INTERNATIONALE MARKETINGFORSCHUNG – ABER RICHTIG! (Fortsetzung)

Nachdem sie erfahren hatten, daß es in Japan kein Ketchup gibt, soll ein US-Unternehmen große Mengen seines populären Markenketchups nach Japan geliefert haben. Unglücklicherweise stellte das Unternehmen nicht zuerst fest, warum Ketchup in Japan noch nicht vermarktet wurde. Der große und finanziell attraktive japanische Markt stellte eine derartige Versuchung dar, daß das Unternehmen befürchtete, jede Verzögerung würde es der Konkurrenz erlauben, die Gelegenheit beim Schopf zu packen und den Markt zu besetzen. Ein Markttest hätte den Grund für die mangelnde Verfügbarkeit von Ketchup offenbart: Sojasauce war die bevorzugte Würze! Trotz des mangelnden Markterfolges machte das betroffene Unternehmen das beste aus der Situation: es importierte japanische Sojasauce für den profitablen Wiederverkauf in die USA.

Kentucky Fried Chicken hat sich Berichten zufolge in einer ähnlichen Situation befunden, als es den brasilianischen Markt betreten wollte. Man wollte etwa 100 Geschäfte eröffnen und begann mit zwei Filialen in Sao Paulo. Der Umsatz blieb aber unter den Erwartungen. Das Unternehmen hatte die mögliche Konkurrenz nicht genügend untersucht. Es gab eine Vielzahl an billigen Holzkohlengrills, die Huhn an nahezu jeder Ecke der Stadt anboten. Da den Einheimischen diese Hühnergerichte besser schmeckten als jene nach Rezept des Colonels, änderte Kentucky Fried Chicken seine Pläne schnell und bot Hamburger, mexikanische Tacos und Enchiladas an. Damit waren die Probleme des Unternehmens aber nicht beseitigt, denn diese Produkte waren in Brasilien so gut wie unbekannt und trafen auf wenig Nachfrage.

Ein bekannter US-Softdrink-Konzern sah einen großen Markt für sein Produkt in Indonesien. Diese Vorhersage wurde jedoch aufgrund einer fehlerhaften Marktforschungsstudie gemacht. Die Studie wurde in den großen indonesischen Städten durchgeführt und ihre Ergebnisse auf die gesamte Bevölkerung umgelegt. Jedoch gibt es große Unterschiede zwischen den ländlichen und städtischen Gebieten Indonesiens. Weiters wurde das Ergebnis der Untersuchung durch die vielen ausländischen Besucher verzerrt, die in den Städten den Softdrink kauften. Nachdem das Unternehmen aus der Untersuchung geschlossen hatte, daß ein großer Markt bestünde, eröffnete es große Abfüll- und Vertriebssysteme, konnte in der Realität aber nur begrenzt an Städtetouristen verkaufen. Die Konsequenz daraus: bei Markttests ist es von großer Wichtigkeit festzustellen, wer das Produkt kauft, und wie repräsentativ diese Käuferschicht für die gesamte Bevölkerung sein kann.

CPC International stieß auf einigen Widerstand, als es erstmals versuchte, Instant-Suppen von Knorr in den Vereinigten Staaten zu verkaufen. Das Unternehmen hatte einen Markttest durchgeführt, bei dem Passanten eine kleine Portion der Suppe angeboten wurde. Nach dem Geschmackstest wurden die Personen zum Produktkauf befragt. Die Untersuchung zeigte bestehendes Interesse. Nachdem die Produkte in den Supermärkten erhältlich waren, blieben die Verkäufe deutlich hinter den Erwartungen zurück. Genauere Nachforschungen brachten zutage, daß die Markttests nicht darauf eingegangen waren, daß es sich bei den Produktproben um zubereitete Instant-Suppen handelte. Derartige Produkte wurden von den amerikanischen Konsumenten generell nicht besonders hochgeschätzt.

Fortsetzung auf der nächsten Seite

INTERNATIONALE MARKETINGFORSCHUNG – ABER RICHTIG! (Fortsetzung)

Hätten sie erfahren, daß die Suppe in Pulverform verkauft wird und deren Zubereitung etwa 15 bis 20 Minuten sowie gelegentliches Umrühren erfordert, dann hätte sie das Produkt weit weniger interessiert. In diesem Fall war die Art der Suppenzubereitung für die Konsumenten besonders wichtig und die Unterlassung des Unternehmens, diesen bedeutenden Produktunterschied herauszustreichen, resultierte in einer wenig erfolgreichen Markteinführung.

Marketingforschung kann aber auch die Produktentwicklung für einen ausländischen Markt steuern. Ein US-Unternehmen führte einen neuen Kuchenmix in England ein. Da man dachte, daß den Hausfrauen/Hausmännern eine aktive Beteiligung an der Zubereitung des Kuchens wichtig sei, wurde der Kuchenmix so konzipiert, daß man ein Ei hinzufügen mußte. Der bestehende Erfolg am US-Markt stimmte die Marketer hinsichtlich der Produkteinführung in England zuversichtlich. Das Produkt erwies sich als Flop, weil die Briten die aufwendigen amerikanischen Kuchen nicht mochten. Sie bevorzugen Kuchen vor, die von festerer Konsistenz sind und damit besser zum Nachmittagstee passen. Der Umstand, daß man zum Kuchenmix ein frisches Ei benötigte, konnte die grundlegenden kulturellen Unterschiede offensichtlich nicht auflösen!

Einfach zum Nachdenken:

- Welche potentiellen Fehlerquellen muß man bei einem internationalen Marktforschungsprojekt in Betracht ziehen, die es bei einem Projekt am Heimmarkt nicht gibt?
- Welche Kriterien würden Sie für die Auswahl einer internationalen Marktforschungsagentur heranziehen?

Quellen: David A. Ricks, *Blunders in International Business*, *(Cambridge, Mass.: Blackwell Publishers Inc., 1993)*; David. A. Ricks, *Big Business Blunders*, (Homewood, Ill.: Dow-Jones-Irwin, 1983); Tevfik Dalgic und Ruud Heijblom, „Educator Insights: International Marketing Blunders Revisited – Some Lessons for Managers", *Journal of International Marketing* 4, 1 (1996), S.81-91.

6.5 Besonderheiten der globalen Marketingforschung

Auch wenn die Ziele die gleichen sein mögen, so unterscheiden sich die Techniken und Werkzeuge einer internationalen Forschung grundlegend vom Marktforschungsprozeß am Heimmarkt. Drei wesentliche Unterschiede werden im folgenden angeführt:

6.5.1 Faktorkomplexität

Wenn ein Unternehmen die nationalen Grenzen überschreitet, ist es mit Einflußfaktoren konfrontiert, die in der Marketingforschung am Heimmarkt nicht existieren. Marketer müssen die verschiedenen Aspekte der ausländischen Marktumwelt wie oben beschrieben kennenlernen. Eine Firma, die bislang ihr Geschäft nur im Heimmarkt betrieben hat, wird wenig oder keine Erfahrung mit diesen Anforderungen und Bedingungen haben. Informationen müssen daher über alle oben genannten Aspekte eingeholt werden, damit das Management die richtigen Geschäftsentscheidungen treffen kann.[2]

6.5.2 Wettbewerb

Da immer mehr Firmen sich entscheiden, in globale Märkte einzutreten, gewinnt der Wettbewerb an Profil und resultiert in neuen Risiken und Gefahren. Zusätzlich zum Wettbewerb mit etablierten multinationalen Unternehmen und inländischen Firmen, die auf ihren jeweiligen Produkt- und Dienstleistungsmärkten gut verwurzelt sind, haben es Unternehmen in Schwellenländern und in früher geschützten wirtschaftlich weniger entwickelten Ländern mit verschärftem Wettbewerb zu tun.[3] Daher muß ein Unternehmen die Intensität und Ausdauer der Wettbewerber bestimmen und deren Auswirkung auf die eigenen Aktivitäten evaluieren.

6.5.3 Infrastrukturprobleme

In wirtschaftlich weniger entwickelten Ländern ist die Forschungsinfrastruktur nicht so gut organisiert wie in industrialisierten Ländern. Wenn keine verläßlichen Forschungs-organisationen vorhanden sind, muß sich das Management auf die wenigen vorhandenen und nicht immer absolut zuverlässigen sekundären Daten stützen oder kann gezwungen sein, seine eigenen Forschungsfähigkeiten zu entwickeln.

Nachdem die mangelnde Infrastruktur auch die eigenen Marktforschungsaktivitäten von Unternehmen nicht gerade begünstigen, kann es dazu kommen, daß das Management in diesen Ländern Entscheidungen treffen muß, die sich auf weniger verläßliche Information stützen als im Heimmarkt typischerweise verfügbar.

AUF DEN PUNKT GEBRACHT

- Die Durchführung einer globalen Marketingforschung kann sich grundlegend vom Forschungsablauf im Heimmarkt unterscheiden. Marketer müssen die verschiedenen Aspekte einer fremden Marktumwelt kennenlernen.

- Dabei sind sie mit breiterem Wettbewerb, unterschiedlichen Variablen und mangelhafter Forschungsinfrastruktur konfrontiert.

6.6 Äquivalenz in der globalen Marketingforschung

Marketer, die globale Forschungsprojekte durchführen, sind mit speziellen Problemen und Bedingungen konfrontiert, die ihre Aufgabe von der des Marktforschers am Heim-markt unterscheidet. Anstatt einen einzelnen nationalen Markt zu analysieren, muß der globale Marktforscher viele nationale Märkte untersuchen, von denen jeder unver-wechselbare Charakteristika hat. Es ist auf jeden Fall wichtig, daß die gewonnenen Daten die selbe Bedeutung haben und Interpretation zulassen, den selben Grad an Ge-nauigkeit, Präzision der Messung und Verläßlichkeit aufweisen. Die Notwendigkeit der Datenkompatibilität in der globalen Marketingforschung läßt eine Reihe an Themen aufkommen. Abbildung 6.2 illustriert die verschiedenen Aspekte der Äquivalenz:

Auf der Stufe der Problemdefinition repräsentiert die Äquivalenz der Forschungsge-

Abbildung 6.2: Äquivalenz in der globalen Marketingforschung

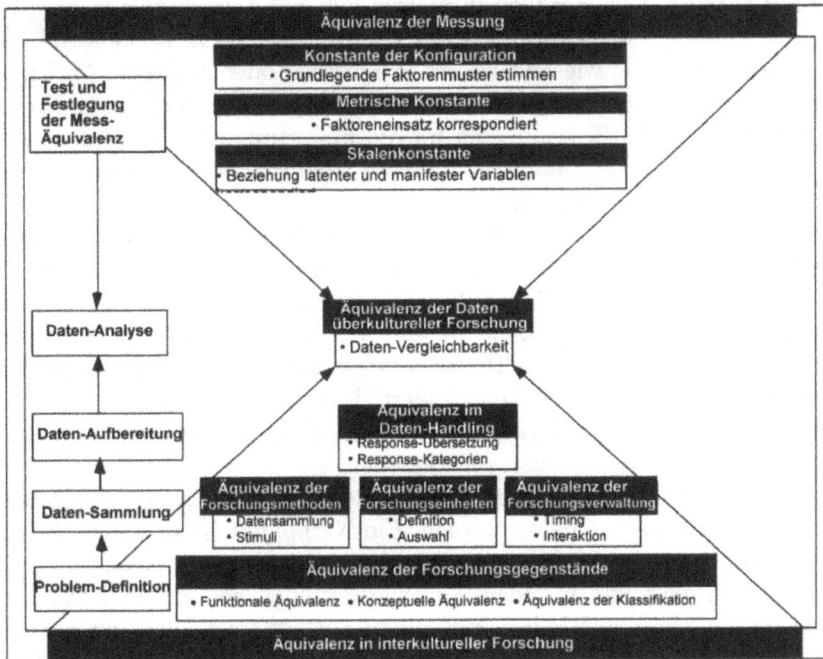

Quelle: Salzberger T., Sinkovics R., Schlegelmilch B.B.: Data Equivalence in Cross-cultural Research: A Comparison of Classical Test Theory and Latent Trait Theory Based Approaches", *Australasian Marketing Journal*, Vol. 7, Nr. 2, 1999, S. 3.

genstände die Minimalanforderung für interkulturelle Forschung. Bei der Untersuchung der Äquivalenz der Forschungsgegenstände muß als erstes bedacht werden, daß die untersuchten Konzepte, Objekte oder Verhaltensweisen nicht notwendigerweise funktionale Äquivalenz aufweisen. Das heißt, sie spielen nicht die gleiche Rolle oder haben nicht die gleiche Funktion in den untersuchten Ländern.[4]

Während zum Beispiel in den USA Fahrräder vorwiegend zur Erholung genutzt werden, stellen sie in den Niederlanden oder China ein Transportmittel dar. Das impliziert, daß das Wettbewerbsumfeld unterschiedlich definiert werden muß. In den USA wird es weitere freizeitbezogene Produkte beinhalten wie Tennisschläger oder Golfausrüstung, während man für die Niederlande oder China alternative Transportarten wie den öffentlichen Verkehr mitbedenken wird.[5]

Die konzeptionelle Äquivalenz befaßt sich mit den Begriffen, die zur Identifikation der ‚Aktivitäts-Funktions-Beziehungen' in den untersuchten Märkten benötigt wird. Es wird angenommen, daß viele Begriffe kulturell bedingt und daher für die Forschung in den untersuchten Ländern ungeeignet sind. Zum Beispiel ist die Definition von Produktqualität höchstwahrscheinlich für einen europäischen Konsumenten unterschiedlich zu der eines Konsumenten in den wachsenden Märkten Osteuropas oder Chinas.[6] Ein anderes bekanntes Beispiel sind die grundlegend anderen Arten der Entscheidungsfindung in Japan und in der westlichen Welt.[7]

Der dritte Typ der Äquivalenz behandelt die Kategorien, in die Objekte und andere Stimuli eingeteilt werden. Die Definition von Produktkategorien kann von Land zu Land anders angelegt sein. Am Getränkemarkt gibt es beispielsweise in verschiedenen Kulturen die größten Abweichungen in der Auffassung von einem Softdrink oder den Abarten eines Softdrinks, wie Sodawasser in Flaschen oder in Dosen, Mineralwasser, Fruchtsäfte, Eistee, Fruchtkonzentrate in flüssiger oder in pulverisierter Form. Dazu kommt, daß die von den Konsumenten für die Bewertung eines Produkts oder einer Produktklasse als bedeutend wahrgenommenen Charakteristika sich von einem Land zum anderen erheblich unterscheiden.[8]

Nachdem die Äquivalenz der Forschungsgegenstände festgestellt ist, müssen als nächstes die Äquivalenzaspekte der Datensammlung bedacht werden. Zum Beispiel kann die Verläßlichkeit in der Anwendung verschiedener Stichproben- und Datengewinnungsverfahren von Land zu Land verschieden sein. Während in den meisten industrialisierten Ländern zuverlässige Telefonverzeichnisse weithin verfügbar sind, gibt es in wirtschaftlich weniger entwickelten Ländern derartige Grundlagen zur Stichprobenwahl nicht. Man muß daher auf andere Mittel und Wege, wie etwa die Auswahl ganzer Häuserblocks zur Datengewinnung, zurückgreifen.

Auf der Ebene der Datenaufbereitung muß sichergestellt sein, daß die Daten in der gleichen Art und Weise behandelt werden. Ein Kernpunkt ist in diesem Zusammenhang die Übersetzung des Meßinstrumentariums, so daß es in verschiedenen Ländern gleich verstanden wird und in jedem Forschungskontext die gleiche Bedeutung hat. Bei Forschungsprojekten in Ländern mit verschiedenen Sprachen kommt der inhaltlich richtigen Übersetzung der Fragebögen eine wesentliche Bedeutung zu.

Das oberste Ziel quantitativer interkultureller Forschung liegt in der Äquivalenz der Daten, die nur empirisch nachgewiesen werden kann. Dazu gibt es einschlägige statistische Verfahren. Das Ergebnis, daß die Daten interkulturell nicht vergleichbar sind, erzeugt bei Forschern eine gewisse Zurückhaltung, derartige Verfahren einzusetzen. Dies ist insofern bedauerlich, da auch „Nicht-Äquivalenz" an sich einen hohen Erkenntniswert für zukünftige Forschungsprojekte in dem untersuchten Bereich darstellen.

Interkulturelle Marketingforschung kann zwei fundamental unterschiedliche Annäherungen zur Untersuchung der Meßäquivalenz benützen. Die erste basiert auf der *sogenannten Multiple-Group-Confirmatory-Factor-Analysis (CFA)*, während sich die zweite auf das Paradigma der Latent-Trait-Theorie (LTT) stützt und allgemein auch Item-Response-Theorie (IRT) genannt wird. Kernidee des CFA-Zugangs ist die strukturelle Gleichheit des Konstrukts, das zwischen den Kulturen gemessen werden soll, was für Mittelwertsvergleiche notwendig und hinreichend ist. In diesem Zusammenhang können drei zunehmend stringentere Ebenen von interkultureller Invarianz ausgemacht werden: konfigurale, metrische und skalare Invarianz. Für eine genauere Beschreibung dieser Äquivalenzniveaus und ihrer Prüfung durch die CFA- bzw. die Latent-Trait-Theorie-Zugänge wird auf die einschlägige Fachliteratur verwiesen. Das wichtigste, was ein Forscher tun könnte und sollte, ist es, daß er jene Äquivalenzbedingungen, die nur qualitativ überprüft werden können, wie beispielsweise die Äquivalenz der Untersuchungsgegenstände, sowie der Datensammlung und -aufbereitung genau beachtet.[9]

AUF DEN PUNKT GEBRACHT

- Der globale Marktforscher hat viele nationale Märkte zu analysieren, von denen jeder seine eigene Charakteristik aufweist. In verschiedenen Ländern gewonnen Daten müssen daher auf jeden Fall die selbe Bedeutung haben oder Interpretation zulassen, auf der selben Stufe der Genauigkeit, Präzision der Messung und Verläßlichkeit stehen.

- Die Notwendigkeit von Datenkompatibilität in der globalen Marketingforschung eröffnet eine Reihe an Fragestellungen in bezug auf die Problemdefinition bis hin zur Phase der Datenanalyse.

6.7 Sekundärquellen in der globalen Marketingforschung

Ein kostengünstiger Einstieg in die Marketingforschung beginnt mit der sogenannten „Forschung vom Schreibtisch aus" *(desk research)*. Regierungen, internationale Organisationen und Handelsvereinigungen sind nur einige wenige Datenquellen, die mit geringem Aufwand benützt werden können. Aus diesen Quellen stehen sogenannte Sekundärdaten zur Verfügung. Sekundärdaten – im Gegensatz zu Primärdaten – werden sie deshalb genannt, weil sie nicht für das anstehende spezifische Projekt gesammelt wurden. In Folge werden die wichtigsten Quellen eingehend betrachtet.

6.7.1 Nationale Behörden

Behörden und Ämter verfügen über die größte Bandbreite an wirtschaftlichen, demographischen und gesellschaftlichen Daten. Diese Informationsquellen sind oft auch über Botschaften und Konsulate zugänglich. Die meisten industrialisierten Länder haben auch nationale statistische Ämter, die Jahrbücher und anderes statistisches Material veröffentlichen. Nicht selten werden diese Jahrbücher manchmal nur in der Landessprache veröffentlicht.

Üblicherweise behandelt die von Regierungen bereitgestellte Information makro- und mikroökonomisch relevante Fragestellungen. Makroinformationen beinhaltet z.B. Trends hinsichtlich des Bevölkerungswachstums, allgemeine Handelsentwicklung und landwirtschaftliche Produktion. Mikroinformation beinhaltet etwa Material zu spezifischen Branchen eines Landes, ihre Wachstumsraten und ihre Außenhandelsaktivitäten.

6.7.2 Internationale Organisationen

Internationale Organisationen halten einen beträchtlichen Anteil an relevanten Daten für globale Marketingaktivitäten bereit. Das Statistische Jahrbuch der Vereinten Nationen beinhaltet beispielsweise internationale Handelsdaten über Produkte und gibt länderweise Auskunft über Exporte und Importe. Die Weltbank ist eine andere wichtige Quelle für wirtschaftliche, soziale Indikatoren, sowie Informationen zu natürlichen Ressourcen für mehr als 200 Länder und Gebiete der Welt. Die Europäische Kommission veröffentlicht eine große Zahl an statistischen Daten und Berichten in Zusammenhang mit der Europäischen Union. Hier werden grundlegende Statistiken und Vergleiche zu den wichtigsten Handelspartnern der Union berücksichtigt. Die Organisation für wirtschaftliche Entwicklung und Zusammenarbeit (OECD) veröffentlicht nicht zuletzt quartalsweise und jährlich Handelsdaten über alle ihre Mitgliedsstaaten.

6.7.3 Handelsorganisationen

Die meisten Organisationen wie die Internationale Handelskammer sammeln und veröffentlichen detaillierte Informationen zur internationalen Konjunktur und den Trends, die die internationalen Märkte beeinflussen.[10] Nützliche Informationen kann man auch von Branchenvereinigungen erhalten. Diese Gruppen, die zunächst Industriesegmente repräsentieren sollten, stellen zumeist eine bunte Vielfalt an Daten von ihren Mitgliedern zusammen, die sie dann in komprimierter Form veröffentlichen. Die verfügbare Information ist wegen der großen Unterschiedlichkeit der bedienten Klientel oft allgemeiner Natur. Dennoch kann man auf diese Art oft wertvolle erste Einsicht in internationale Märkte gewinnen.[11]

6.7.4 Branchenverzeichnisse

Jede sorgfältige Marketingstrategie verlangt ein Verständnis der bestehenden und potentiellen Konkurrenten und Kunden. Über Verzeichnisse lassen sich derartige Informationen über Kunden- und Konkurrenzunternehmen finden. Handelsregister liefern eine Vielzahl an Information über Einzelunternehmen samt Adressen, Namen der leitenden Angestellten, Produktbereich und Markennamen. Die Qualität der Verzeichnisse hängt natürlich von der Qualität der Eingabe und der Frequenz der Datenwartung ab.

6.7.5 Elektronische Datenbanken

Eine Suche in gedruckten Bibliographien, Verzeichnissen und Indexsystemen kann sehr zeitaufwendig sein. Die jüngsten Fortschritte in der Informationstechnologie haben zu effizienten Methoden der Katalogisierung, Lagerung und Abfrage veröffentlichter Daten geführt.

Diese Datenbanken bieten globale Marketinginformation von den letzten Entwicklungen im internationalen Handel über neueste wissenschaftliche Veröffentlichungen bis hin zu den jüngsten internationalen Statistiken.

Durch ständige Verbesserungen und den Fortschritt in der Telekommunikation und Computerisierung wird die Verwendung solcher Datenbanken in Zukunft noch mehr zunehmen. Tabelle 6.1 bringt einige Beispiele zu Datenquellen aus dem WorldWide-Web.

Tabelle 6.1: Beispiele sekundärer Datenquellen

Kategorie	Quelle	Inhalt	Homepage
Regierungen	International Trade Administration	Die ITA hilft Exportmärkte durch Industrie- und Länder-analysen bestimmen	`www.ita.doc.gov`
	STAT-USA	Nationale Handelsdatenbank der USA	`www.stat-usa.gov`
	FedWorld	135 „Schwarze Bretter"	`www.fedworld.gov`
	US Agency for International Development (USAID)	Information zur inter-nationalen Entwicklung	`www.info.usaid`
Internationale Organisa-tionen	OECD	Wichtige wirtschaftliche Indikatoren Nationale Bilanzen	`www.oecd.org`
	Weltbank	Weltwirtschaftliche Basisindikatoren Indikatoren zur sozialen Ent-wicklung unterschiedlicher Regionen	`www.worldbank.org`
	Vereinte Nationen	Statistisches Jahrbuch	
	Europäische Kommission	Statistiken zur Europäischen Union	`www.europa.eu.int`
	Electronic Embassy	Verzeichnis der Botschaften	`www.embassy.org`
Handelsver-einigungen	Japan Export Trade Organisation (JETRO)	Internationale Investitionsaktivitäten	`www.jetro.go.jp`
	Tradefair International	Über 500 Handelsbilanzen	`www.tradefair.com`
Elektronische Datenbanken	Euromonitor	Europäische Marketingdaten	`www.euromonitor.com`
	Economist Intelligence Unit	Internationale Marktinformation	`www.eui.com`
	ESOMAR	Europäische Gesellschaft für Marketingforschung	`www.esomar.nl`

💡 AUF DEN PUNKT GEBRACHT

• Sekundäre Datenquellen können mit geringem Aufwand und Kosten verwendet werden, da sie bereits vorhanden sind und daher nicht für ein spezifisches Forschungsprojekt gesammelt wurden.

Fortsetzung auf der nächsten Seite

- Die wichtigsten sekundären Datenquellen sind Regierungen, internationale Organisationen, Handelsvereinigungen, Branchenverzeichnisse und elektronische Datenbanken.
- Die Qualitätskriterien für die Verwendung sekundärer Datenquellen sind Genauigkeit, Verfügbarkeit, Aktualität, Kosten und Vergleichbarkeit der Daten.

6.8 Primärforschung im globalen Marketing

Der Prozeß der Datensammlung und Umwandlung in nützliche Information kann in fünf grundlegende Schritte aufgeteilt werden: Identifikation des Forschungsproblems, Entwicklung des Forschungsplans, Datensammlung, Analyse der Forschungsdaten und Präsentation der Ergebnisse. Die einzelnen Schritte werden folgend im Detail vorgestellt.

6.8.1 Identifikation des Forschungsproblems

Die folgende Geschichte illustriert den ersten Schritt in einem formalisierten Marketingforschungsprozeß.

Die finanz- und marketingverantwortlichen Entscheidungsträger einer Schuhfirma reisten um die Welt, um das Marktpotential für ihre Produkte einzuschätzen. Sie kamen in ein sehr armes Land und stellten beide sofort fest, daß keiner der einheimischen Bewohner Schuhe trug. Der Finanzvorstand sagte: „Wir können gleich wieder ins Flugzeug steigen. Es gibt in diesem Land keinen Markt für Schuhe." Der Marketingvorstand antwortete: „Was für eine Gelegenheit! Jeder in diesem Land ist ein potentieller Kunde!"

Der potentielle Markt für Schuhe war in den Augen des Marketingspezialisten enorm. Um seinen Instinkt formal zu bestätigen, würde es einiger Forschung bedürfen. Wie diese Geschichte zeigt, wird Forschung oft dann betrieben, wenn sich ein Problem oder eine Chance ergibt. Vielleicht versucht ein Konkurrent in einen oder mehrere wichtige Märkte einzudringen oder ein Unternehmen will wie in der obigen Geschichte bestimmen, ob ein spezielles Land oder ein regionaler Markt über ein gutes Wachstumspotential verfügt. In der Marktforschung hat sich folgender Grundsatz bewahrheitet, daß „ein gut definiertes Problem ein halb gelöstes Problem ist". Gleichgültig aus welcher Situation nun die Forschungsanstrengung begonnen hat, die ersten beiden Fragen, die ein Marketer stellen sollte, sind: „Welche Information benötige ich?", „Warum benötige ich diese Information?"

Ein häufiges Forschungsproblem ist die Einschätzung von Marktchancen. Dies hängt wiederum davon ab, ob der zu beobachtende Markt bereits besteht oder als potentieller Markt angesehen werden kann. In bestehenden Märkten werden Kundenbedürfnisse bereits von einem oder mehreren Unternehmen abgedeckt. In vielen Ländern sind Daten über die Größe des existierenden Marktes – in Geldeinheiten oder Stückzahlen – gut greifbar. Information Resources Inc. und Nielsen Marketing Research, die größten Forschungsorganisationen ihrer Art (siehe Abbildung 6.2), tragen umfassende Verkaufsdaten für die verschiedensten Produktkategorien weltweit zusammen. Daten über die asiatischen Märkte sind bei Survey Research Group mit Sitz in Hongkong erhältlich. In Ländern, in denen solche Daten nicht verfügbar sind, muß ein Unternehmen mit Blick auf existierende Märkte zuerst die Marktgröße, d.h. die Nachfrage bzw. den aktuellen Verbrauch, abschätzen.

Ein zweites Forschungsziel bei existierenden Märkten kann die Bewertung der generellen Wettbewerbsstärke des Unternehmens in Hinblick auf Produktgestaltung, Preispolitik, Vertrieb und Kommunikationseffizienz und -effektivität sein. Forscher können Schwächen im Konkurrenzprodukt aufzeigen oder ein latentes, vernachlässigtes Marktsegment identifizieren. Ein latenter Markt ist seinem Wesen nach ein unentdecktes Segment. In diesem Markt materialisiert sich die Nachfrage, sobald ansprechende Produkte verfügbar werden. In einem latenten Markt ist die Nachfrage gleich Null, bevor das Produkt angeboten wird. Im Fall von existierenden Märkten besteht die größte Herausforderung darin zu erkennen, inwieweit der Wettbewerb die Konsumbedürfnisse vollständig abdeckt. In latenten Märkten basiert der Erfolg eines Unternehmens nicht unbedingt auf seiner Wettbewerbsfähigkeit, sondern darauf, als erster auf einem Markt aktiv zu sein. Damit kann ein Unternehmen Marktchancen mit einem geeigneten Marketingprogramm für sich nutzen und latent vorhandenes Nachfragepotential für sich nutzen. Nicht immer ist die traditionelle Marketingforschung das geeignete Mittel um Marktchancen zu identifizieren. Wie Peter Drucker aufzeigt, kann das Scheitern amerikanischer Unternehmen in der erfolgreichen Vermarktung von Faxgeräten – einer amerikanischen Innovation – auf Marktforschungsergebnisse zurückgeführt werden, die keine potentielle Nachfrage für dieses Produkt gesehen haben. Nach Druckers Ansicht entstand das Problem durch eine in der traditionellen Marktforschung typischen Fragestellungen, die hier jedoch nicht für einen existierenden, sondern latenten Markt eingesetzt wurde. Nehmen Sie an, ein Forscher fragt: „Würden Sie ein Telefonzusatzgerät kaufen, das mehr als € 1.200 kostet und es Ihnen ermöglicht, für € 1 die selbe Seite zu senden, die die Post für 40 Cent zustellt?" Allein nach der wirtschaftlichen Überlegung werden die meisten Befragten höchstwahrscheinlich mit „Nein" antworten.

Drucker sieht den Grund, daß japanische Unternehmen heute führend im Verkauf von Faxgeräten sind, in ihrem Verständnis des Marktes, das sich nicht auf Umfragen stützte. Statt dessen analysierten sie die Anfänge von Großrechnern und anderen Informations- und Kommunikationsprodukten. Die Japaner erkannten, daß sich die Markterfolge dieser Produkte erst dann in beeindruckendem Ausmaß einstellten, als die Kunden zur tatsächlichen Verwendung der Produkte bewegt werden konnten. Diese Erkenntnis führte die Japaner dazu, den Markt aus der Perspektive der von Faxgeräten erzielten Vorteile zu beurteile und nicht aus der Sicht der Geräte an und für sich. Bei der Untersuchung des Erfolgs von Kurierdiensten wie Federal Express erkannten die Japaner, daß der Markt für Faxgeräte eigentlich schon existierte.[12]

Darüber hinaus gibt es potentielle Märkte, die sich durch aufgestaute Nachfrage kennzeichnen lassen. Auf solchen Märkten beginnt die Nachfrage zuzunehmen, wenn ein bestimmter wirtschaftlicher, technologischer, politischer oder soziokultureller Aufschwung anhält. Nachdem sich dieser Aufschwung manifestiert, wird die Nachfrage Realität werden.

Tabelle 6.2: Honomichl Global 25 – Die 25 weltweit größten Marktforschungsunternehmen (Einnahmen in € Mio.)

Reihung 1998	Reihung 1999	Unternehmen	Land	Zahl der Länder mit bestehenden Filialen	Vollzeit-beschäf-tigte	Einnahmen (in € Mio.)
1	1	ACNielsen Corp.	USA	80	20,700	1,209,2
2	-	IMS Health Inc.	USA	74	8,000	919,6
3	3	The Kantar Group Ltd.	GB	1	4,347	572,5
		Research International	GB	24	1,770	278,2
		Millward Brown	USA	15	1,377	192,1
		Other Kantar	GB	14	1,200	102,1
4	4	Taylor Nelson Sofres plc.	GB	35	4,500	465,5
5	5	Information Resources Inc.	USA	17	4,600	433,7
6	9	NFO Worldwide Inc.	USA	32	3,100	359,9
		NFO Worldwide Inc.	USA	21	2,180	212,4
		Infratest Burke AG	D	12	920	147,5
7	-	Nielsen Media Research	USA	2	2,486	340,9
8	6	GfK Group AG	D	33	3,111	299,4
9	12	IPSOS Group S.A:	F	20	1,538	192,0
10	7	Westat Inc.	USA	1	1,203	174,2
11	10	The Arbitron Co.	USA	2	609	165,0
12	11	United Information Group Ltd.	GB	5	1,058	154,1
13	13	Maritz Marketing Research Inc.	USA	3	720	143,4
14	15	The NPD Group Inc.	USA	13	970	117,5
15	14	Video Research Ltd.	Jap	2	343	116,6
16	16	Market Facts Inc.	USA	2	915	115,8
17	18	Marketing Intelligence Corp.	Jap	2	366	68,0
18	25	IBOPE Group	Bra	7	1,400	61,5
19	25	J.D. Power and Associates	USA	5	475	55,0
20	19	Audits & Surveys Worldwide Inc.	USA	4	241	49,5
21	24	Opinion Research Corp. International	USA	5	422	49,4
22	23	Dentsu Research Inc.	Jap	1	118	46,8
23	-	Burke inc.	USA	3	239	44,5
24	-	Sample Institut GmbH & Co. KG	D	6	346	44,0
25	-	Roper Starch Worldwide Inc.	USA	3	344	43,5

Quelle: „Honomichl Global 25", *Marketing News,* 16. August 1999, S.H1.

6.8.2 Entwicklung des Forschungsplans

Nachdem das zu untersuchende Problem definiert oder die entsprechende Fragestellung gefunden wurde, muß der Marketer neue Fragen stellen. Wieviel ist mir diese Information in €($, Yen etc.) wert? Was gewinnen wir mit der Sammlung dieser Daten? Wie hoch sind die Kosten, wenn die Daten nicht in brauchbare Information konvertiert werden können? Forschung verlangt Investitionen in Form von Geld und Zeit. Daher muß vor weiteren Schritten eine Kosten-Nutzen-Analyse durchgeführt werden.

In manchen Fällen wird ein Unternehmen den eingeschlagenen Kurs ungeachtet der Forschungsergebnisse weiterverfolgen. Selbst wenn mehr Information benötigt wird, um eine qualifizierte Entscheidung abzusichern, kann die realistische Kostenschätzung einer formalen Studie ergeben, daß die Durchführung einer derartigen Aktivität zu teuer ist. Wie erwähnt kann man auf eine große Menge an Sekundärdaten zurückgreifen, der Einsatz gegenüber einer großen Primäruntersuchung nicht selten erhebliche Einsparungen bringt. In jedem Fall müssen in der Planungsphase Methoden, Budgets und zeitliche Parameter durchgegangen werden. Erst wenn der Plan vollständig ist, sollte der nächste Schritt in Angriff genommen werden.

6.8.3 Datensammlung

Wenn keine Informationen über veröffentlichte Statistiken oder Studien zugänglich sind, muß eine Primärdatenerhebung durchgeführt werden. Unter Primärdaten versteht man Informationen, die spezifisch auf das Marktforschungsproblem zugeschnitten sind und zu diesem Zweck gesammelt werden. Umfragen, Interviews und Fokusgruppen sind einige Instrumente, um primäre Marktdaten zu erheben. Persönliche Interviews, d.h. Einzel- oder Gruppengespräche, erlauben dem Forscher, nach dem „Warum" zu fragen und dann die Antworten darauf zu gewinnen. Eine Fokusgruppe ist ein Gruppeninterview unter der Leitung eines geschulten Moderators, der die Diskussion über ein Produktkonzept, eine Werbelinie, soziale Entwicklungen oder andere Themen erleichtert. Coca-Cola berief zum Beispiel in Japan, England und den USA Fokusgruppen ein, um die mögliche Reaktion der Konsumenten auf den Prototyp einer größeren Aluminiumdose für Softdrinks herauszufinden.

In einigen Fällen schreiben die Produktcharakteristika den Ort für eine primäre Datensammlung vor. Die Case Corporation benötigte z.B. die Meinung von Landwirten zum Kabinendesign einer neuen Traktorengeneration. Case vermarktet Traktoren in Nordamerika, Europa und Australien, aber die neuen Prototypen waren zu teuer und sensibel, um verschickt zu werden. In Zusammenarbeit mit einem Marketingforschungsunternehmen in Iowa lud Case 40 Landwirte in die Konstruktionsanlage bei Chicago ein, um Interviews und Reaktionen zum Design der Kabinen und Kontrollinstrumente zu erhalten. Die Landwirte wurden auch gebeten, Traktoren der Konkurrenten zu testen und sie nach mehr als 100 verschiedenen Designelementen zu beurteilen. Mitarbeiter von Case aus Frankreich und Deutschland waren anwesend, um als Dolmetscher assistieren zu können.[13]

Umfragen umfassen oft Datenerhebung mittels Fragebogen bei Kunden oder anderen definierten Gruppen. Umfragen können auf quantitative Datenerhebung ausgerichtet sein („Wie oft würden Sie... kaufen?"), auf qualitative Aspekte („Warum würden

Sie... kaufen?") oder auf beides. Umfragen bedeuten generell die Administration von Fragebögen per Post, Telefon, e-mail oder durch geschulte Interviewer. Details zur Fragebogengestaltung und -administration finden sich in einschlägigen Lehrbüchern zur Marketingforschung.

Stichprobenwahl

Die Stichprobenwahl oder Sampling ist die Auswahl einer Teilmenge oder Gruppe der Bevölkerung, die für die gesamte Bevölkerung repräsentativ ist. Die beiden grundlegenden Samplingmethoden sind wahrscheinlichkeitsgesteuerte und nicht-wahrscheinlichkeitsgesteuerte Verfahren. Bei einem wahrscheinlichkeitsgesteuerten Sampling hat jeder ausgewählte Proband eine bekannte Wahrscheinlichkeit, in die Stichprobe aufgenommen zu werden. In einer Zufallsstichprobe, einer Unterart des wahrscheinlichkeitsgesteuerten Samplings, hat jede Einheit die gleiche Chance auf Auswahl. Die Ergebnisse einer wahrscheinlichkeitsgesteuerten Stichprobe können mit statistischer Zuverlässigkeit auf die gesamte Bevölkerung projiziert werden. Diese statistische Zuverlässigkeit gilt nicht für die Ergebnisse eines nicht-wahrscheinlichkeitsgesteuerten Samplings.

Der Nachteil einer wahrscheinlichkeitsgesteuerten Stichprobe liegt in der Schwierigkeit, Elemente der Gesamtheit auf zufälliger oder wahrscheinlicher Basis auszuwählen. Die Quotenstichprobe, eine nicht-wahrscheinlichkeitsgesteuerte Stichprobe, benötigt keine Auswahl auf Wahrscheinlichkeitsbasis und ist daher viel einfacher anzuwenden. Ihr Hauptnachteil liegt in der möglichen Verzerrung der Stichprobe durch unzutreffende vorherige Annahmen über die Bevölkerung oder durch unbekannte Verzerrung in der Auswahl der Fälle durch die Feldforscher.

Eine Form der nicht-wahrscheinlichkeitsgesteuerten Stichprobe ist das sogenannte *Convenience-Sample.* Wie der Name impliziert, wählen die Forscher Leute aus, die einfach zu erreichen sind. Für eine Studie zum Vergleich von Einkaufsgewohnheiten in den USA, Jordanien, Singapur und der Türkei wurden die Daten für die letzten drei Länder durch Convenience-Stichproben über Bekanntschaften der Forscher erhoben. Während derartig erhobene Daten keine statistischen Schlußfolgerungen zulassen, können sie für die in Schritt 1 besprochene Problemfindung dienen. In dieser Studie konnten die Forscher beispielsweise einen klaren Trend zu kultureller Übereinstimmung in den Einkaufsgewohnheiten feststellen und Angewohnheiten ausmachen, die sich gleichermaßen durch moderne und aufkommende industrialisierte Länder sowie wirtschaftlich weniger entwickelte Länder ziehen.[14]

6.8.4 Analyse der Forschungsdaten

Es gibt eine ungeheure Anzahl verschiedener Zugänge zur Datenanalyse. Welche Art von Analyse durchgeführt wird, hängt nicht allein vom Ziel der Studie ab, sondern auch von der Größe der Stichprobe, dem Skalenniveau der Variablen (z.B. ein metrisches Skalenniveau, wie bei Alter der Konsumenten, oder einem nichtmetrischen Skalenniveau, wie der Rangreihung von Produkten) und anderen Faktoren. Auch hierzu gibt es gute Fachbücher zur Marketingforschung, die durch den Prozeß der Datenanalyse führen.[15] Im folgenden werden einige Techniken näher beschrieben, die für internationale Zusammenhänge besondere Relevanz haben.

Analyse von Nachfragemustern

Industrielles Wachstum gibt Einblick in die Marktnachfrage. Da sie im allgemeinen Konsummuster offenlegen, sind Produktionszahlen hilfreich bei der Bewertung von Marktchancen. Zusätzlich dazu zeigen Trends in der Produktion potentielle Märkte für Zulieferunternehmen. In den frühen Wachstumsstadien eines Landes, wenn das Pro-Kopf-Einkommen niedrig ist, konzentriert sich die Herstellung auf lebenswichtige Produkte, wie Ernährung und Getränke, Kleidung und andere Formen der Leichtindustrie. Wenn das Einkommen steigt, nimmt die relative Wichtigkeit dieser Industrien ab, und die Schwerindustrie beginnt sich zu entwickeln. Bei weiterhin steigendem Einkommen überholt die Dienstleistungsbranche die Produktion an Bedeutung.

Messung der Einkommenselastizität

Einkommenselastizität beschreibt die Beziehung zwischen der Nachfrage nach Waren und Veränderungen im Einkommen. Studien zur Einkommenselastizität bei Konsumgütern zeigen, daß Bedarfsgüter wie Lebensmittel und Kleidung durch eine unelastische Nachfrage gekennzeichnet sind. Anders gesagt steigen die Ausgaben für Produkte in diesen Kategorien, jedoch prozentuell langsamer als die Einkommen. Dies ist die logische Schlußfolgerung des Engelschen Gesetzes, daß bei steigendem Einkommen kleinere Anteile des absoluten Einkommens für Lebensmittel aufgebracht werden. Die Nachfrage für langlebige Konsumgüter, wie Möbel und Haushaltsgeräte, tendiert dazu einkommenselastisch zu sein. Sie steigt vergleichsweise schneller an als die Einkommen.

Markteinschätzung durch Analogien

Die Einschätzung der Marktgröße auf der Basis verfügbarer Daten ist eine herausfordernde analytische Aufgabe. Wenn die Daten nicht verfügbar sind, wie es sowohl in weniger entwickelten als auch in industrialisierten Ländern häufig der Fall ist, ist Einfallsreichtum gefragt. Eine Technik ist der Analogieschluß. Es gibt zwei Möglichkeiten, diese Technik anzuwenden. Eine ist der Querschnittsvergleich, eine andere die Längsschnitt- oder Zeitreihenanalyse. Der Querschnittsvergleich geht von der Annahme aus, daß es im Verhältnis zwischen einem bestimmten Faktor und der Nachfrage für ein bestimmtes Produkt Ähnlichkeiten/Analogien zwischen zwei Ländern gibt. Das kann am besten folgendermaßen erklärt werden:

Nehmen Sie

X_A = Nachfrage für Produkt X in Land A

X_B = Nachfrage für Produkt X in Land B

Y_B = Faktor, der mit der Nachfrage für Produkt X in Land A in Zusammenhang steht, Daten von Land B

Wenn wir annehmen, daß

$$\frac{X_A}{Y_A} = \frac{X_B}{Y_B}$$

und wenn X_A, Y_A und Y_B bekannt sind, können wir X_B folgendermaßen auflösen:

$$X_B = \frac{(X_A)(Y_B)}{Y_A}$$

Im Grunde läuft die Einschätzung durch Analogie auf den Gebrauch eines Einzelfaktorindex mit einem Korrelationswert hinaus, den man von einem Land erhalten hat, und der auf den Zielmarkt angewandt wird. Dies ist eine einfache, aber besonders effektive Methode für eine grobe Schätzung immer dann, wenn Daten zumindest von einem potentiell analogen Markt vorhanden sind.

Längsschnittanalysen sind eine hilfreiche Methode zur Marktanalyse, wenn Daten für zwei Märkte auf unterschiedlichem Entwicklungsstand vorhanden sind. Diese Methode basiert auf der Annahme, daß es eine Analogie zwischen Märkten zu verschiedenen Zeitpunkten gibt, oder anders gesagt, daß die fraglichen Märkte die selben Entwicklungsstufen der Marktentwicklung durchmachen. Die Methode läuft auf die Annahme hinaus, daß das Nachfrageniveau für Produkt X in Land A in der Zeitspanne 1 am selben Stand war wie die Nachfrage in Zeitspanne 2 in Land B. Dies kann folgendermaßen illustriert werden:

Nehmen Sie

X_{A1} = Nachfrage für Produkt X in Land A in der Zeitspanne 1

Y_{A1} = Faktor verknüpft mit Nachfrage für Produkt X in Land A in der Zeitspanne 1

X_{B2} = Nachfrage für Produkt X in Land B in der Zeitspanne 2

Y_{B2} = Faktor oder Faktoren in Beziehung mit Nachfrage für Produkt X in Land A und Daten von Land B für die Zeitspanne 2

Nehmen wir an, daß

$$\frac{X_{A1}}{Y_{A1}} = \frac{X_{B2}}{Y_{B2}}$$

Wenn X_{A1}, Y_{A1} und Y_{B2} bekannt sind, können wir X_{B2} wie folgt auflösen:

$$X_{B2} = \frac{(X_{A1})(Y_{B2})}{Y_{A1}}$$

Die Zeitreihenanalyse verlangt von einem Marketer die Einschätzung, wann zwei Märkte sich auf ähnlichen Entwicklungsebenen befinden. Der Markt für Polaroidkameras kann in Rußland Mitte der 1990er Jahre beispielsweise vergleichbar zum Sofortbildmarkt in den USA Mitte der 60er Jahre sein. Erhält man Daten zu den Faktoren in bezug auf die Nachfrage nach Sofortbildkameras in den USA 1964 und in Rußland 1994 sowie die aktuelle US-Nachfrage, könnte man das gegenwärtige Potential am russischen Markt einschätzen. Das Beispiel zeigt jedenfalls auch die Gefahr dieser Annäherung. Da Mitte der 1960er Jahre in den USA keine Videorecorder und keine Digitalkameras erhältlich waren, ist die Analogie fehleranfällig. Tatsächlich gibt es heute keinen Markt für Polaroidkameras, der Analogien zu Märkten wo auch immer in der Welt in den 1960er- oder 1970er-Jahren hätte, da damals keine der uns heute bekannten elektronischen Bildtechnologien verfügbar waren.

Einige Punkte sollte man beachten, wenn man Einschätzungen durch Analogien vornimmt:

Ähneln sich die beiden Länder, für die Analogien aufgestellt werden, wirklich? Um diese Frage in bezug auf Konsumgüter zu beantworten, muß der Analytiker die kulturellen Ähnlichkeiten und Unterschiede der beiden Länder kennen. Wenn der Markt für ein Industrieprodukt untersucht wird, ist die Kenntnis der speziellen nationalen Technologiegrundlagen erforderlich.

Haben technologische und soziale Entwicklungen in eine Situation geführt, in der die Nachfrage nach einem bestimmten Produkt ganze Wachstumsstufen überspringt, die in wirtschaftlich entwickelten Ländern aufgetreten sind? Zum Beispiel übersprang der Verkauf von Waschmaschinen in Europa die Absatzmuster der Vereinigten Staaten.

Wenn es Unterschiede bei Aspekten wie Verfügbarkeit, Preis, Qualität und anderen Variablen in Zusammenhang mit dem Produkt in zwei Märkten gibt, wird sich die potentielle Nachfrage im Zielmarkt nicht in tatsächliche Produktverkäufe zu entwickeln, da die Marktbedingungen nicht vergleichbar sind.

Vergleichende Analyse

Eine der einzigartigen Gelegenheiten in der globalen Marketinganalyse besteht darin, Vergleiche zwischen Marktpotential und Marketingerfolg in verschiedenen Ländermärkten zum selben Zeitpunkt zu ziehen. Eine Form der vergleichenden Analyse besteht zwischen Unternehmen verschiedener Nationalität. Zum Beispiel können allgemeine Marktbedingungen im Land X (gemessen am Einkommen oder dem Grad der Industrialisierung) ähnlich denen im Land Y sein. Wenn es eine signifikante Abweichung bei den Pro-Kopf-Verkäufen eines bestimmten Produkts in den beiden Ländern gibt, kann der Marketer vernünftigerweise versuchen herauszufinden, ob hier Aktivitäten gesetzt werden müssen. Bald nachdem George Fisher CEO bei Kodak wurde, bat er um eine Aufstellung der Marktanteile bei Farbfilmen nach einem Länderschlüssel. Fisher war geschockt, als er sah, daß Kodaks Marktanteil in Japan nur 7% im Vergleich zu 40% in den meisten anderen Ländern betrug. Die Situation motivierte Fisher zu einer Petition an den US-Handelsbeauftragten, in der er um Aufhebung der vorgeblich wettbewerbsfeindlichen Barrieren in Japan ersuchte.[16]

Eine zweite Form der vergleichenden Analyse untersucht nationale und intranationale Märkte. Tabelle 6.3 zieht Vergleiche zwischen Frankreich, einem nationalen Markt, und Kalifornien, einem intranationalen Markt. Die beiden Märkte unterscheiden sich grundlegend in Begriffen wie Bevölkerung und Einkommen. Frankreichs Bevölkerung ist fast doppelt so groß wie die von Kalifornien, obwohl sie bedeutend langsamer wächst. Frankreichs Bruttosozialprodukt beträgt das doppelte von Kalifornien. Ungeachtet dieser Unterschiede gibt es verblüffende Ähnlichkeiten beim Konsum vieler Produkte. Für viele Produkte wie Mikrowellenherde und Geschirrspüler ist Kalifornien tatsächlich ein größerer Markt als Frankreich.

Tabelle 6.3: Nationale/Intranationale Marktvergleiche, 1995

	Frankreich	Kalifornien	Kalifornien in % von Frankreich
Bruttosozialprodukt (BSP)	€ 1,1 Mrd.	€ 553,1 Mrd.	48
BSP pro Kopf	€ 19.510,9	€ 22.055,8	113
Bevölkerung	58,344.000	31,589.000	54
Bevölkerungswachstum (1990 – 1995)	0.6 %	6.27 %	1,045
Bevölkerungsdichte (1995; in Quadratmeilen)	273	202.5	75
Hauptstadt	Paris	Los Angeles	
Bevölkerung der größten Stadt	8,589.000	9,150.000	107
Fahrzeugzulassungen (1994)	28,500.000	22,339.000	78

Quelle: Daten vom US Bureau of the Census, 1996, S.116. Ausgabe (Washington DC, 1996), Tabelle zusammengestellt von Prof. Warren Keegan.

Clusteranalyse

Das Ziel einer Clusteranalyse ist es, Objekte (z.B. Menschen, Haushalte, Firmen) in Gruppen zusammenzufassen, in denen Ähnlichkeiten innerhalb und Unterschiede zwischen den Gruppen maximal sind. Die Clusteranalyse ist ein zur globalen Marketing-forschung gut geeignetes Instrument, weil Ähnlichkeiten und Unterschiede zwischen lokalen, nationalen und regionalen Märkten der Welt ausgemacht werden können. Zum Beispiel benützt Claritas/NPDC geodemographische Daten, um Stadtregionen in Cluster zu gruppieren. Claritas hat begonnen, US-Städte mit ihren „Zwillingen" in Kanada zu vergleichen.[17]

6.8.5 Präsentation der Ergebnisse

Der Bericht über die erzielten Forschungsergebnisse muß in eine für das Management zur Entscheidungsfindung nützliche Form gebracht werden. Gleichgültig ob der Bericht in geschriebener Form, mündlich oder elektronisch präsentiert wird, er muß sich klar auf das Forschungsproblem, wie in Schritt 1 definiert, beziehen. Viele Manager fühlen sich im Forschungsjargon und bei komplexen quantitativen Analysen nicht sehr wohl. Aus diesem Grund müssen die Ergebnisse klar und übersichtlich dargestellt werden, um als Grundlage für Managemententscheidungen dienen zu können. Andernfalls wird der Bericht in der Schublade enden, Staub ansammeln und als Mahnmal für verlorene Zeit und verschwendetes Geld dienen. Da Daten eines Unternehmensinformationssystems und von Marketingforschung in steigendem Maß auf weltweiter Basis zugänglich werden, wird es möglich, Marketingaufwendungen und ihre Effektivität über nationale Grenzen hinweg zu analysieren. Manager können danach entscheiden, wo sie den größten Grenznutzen für ihre Marketingaufwendungen sehen und ihre Ausgaben dementsprechend ausrichten.

AUF DEN PUNKT GEBRACHT

- Wenn Sekundärquellen nicht die erforderlichen Informationen liefern, wird direkte Datensammlung oder Primärforschung notwendig.

- Der Prozeß der Datensammlung und -aufbereitung in nützliche Information kann in fünf Schritte aufgeteilt werden: Identifikation des Forschungsproblems, Entwicklung des Forschungsplans, Datensammlung, Analyse der Forschungsdaten und Präsentation der Ergebnisse.

- Die beiden grundlegenden Samplingmethoden sind die wahrscheinlichkeitsgesteuerte und die nicht-wahrscheinlichkeitsgesteuerten Stichproben. Der wichtigste Vorteil einer wahrscheinlichkeitsgesteuerten Stichprobe ist, daß ihre Ergebnisse statistisch meßbare Zuverlässigkeit haben.

EUROPÄISCHER BLICKWINKEL

WENN SICH EUROPÄISCHE KONSUMENTEN UNTERHALTEN,...

... hört Whirlpool zu. Die Whirlpool Corporation mit Hauptquartier in Benton Harbor, Michigan, ist einer der größten Haushaltsgerätehersteller weltweit. Das Unternehmen verkauft jedes Jahr in der ganzen Welt Weißware im Wert von fast € 7,6 Milliarden.

Der Erfolg ist zum Teil auf das Produktangebot in drei unterschiedlichen Preisgruppen zurückzuführen: am oberen Ende stehen die Kitchen Aid-Geräte, im mittleren Preissegment befinden sich die Whirlpool- und Sears Kenmore-Linien, und am unteren Ende rangieren Roper und Estate. Konfrontiert mit einem langsam wachsenden inländischen Markt hat Whirlpool begonnen, aggressive Einkaufspläne in Übersee zu fassen.

Der europäische Markt ist mit seinen über 100 Mitbewerbern in der Haushaltsgeräteindustrie stark fragmentiert und damit wettbewerbsintensiv. In Westeuropa liegt Whirlpool hinter Electrolux an zweiter Marktposition. Whirlpool stützt sich stark auf Marktforschung, um diese Position zu halten. „Die Marktforschung sagt uns, daß die Trends, Vorlieben und Neigungen der Konsumenten von Land zu Land eher ähnlicher werden als unterschiedlicher." sagte Hank Bowman, Präsident von Whirlpool Europe BV. Jedes Jahr versendet das Unternehmen seine *Standardised Appliance Measurement Satisfaction* (SAMS)-Umfrage an 180.000 Haushalte und bittet die Menschen, alle ihre Haushaltsgeräte nach Dutzenden von Kriterien zu beurteilen. Wenn das Produkt eines Konkurrenten höher liegt, nehmen es die Techniker von Whirlpool auseinander, um den Grund dafür zu finden.

Fortsetzung auf der nächsten Seite

WENN SICH EUROPÄISCHE KONSUMENTEN UNTERHALTEN,... (Fortsetzung)

Das Unternehmen bezahlt Hunderte von Konsumenten, damit sie an computersimulierten Produkten im Testlabor spielen, während ihre Reaktionen auf Video aufgezeichnet werden. Was Kunden wollen, ist nicht immer offensichtlich, sagt der für Marketing zuständige Vorstand, John Hamann: „Der Konsument spricht in Codes." SAMS zeigte beispielsweise, daß die Menschen saubere Kühlschränke wünschen. Bedeutete das Kühlschränke, die einfach zu reinigen sind? Nach der Datenanalyse und weiteren Fragen entschied Whirlpool, daß die meisten Konsumenten ihre Kühlschränke mit einem Minimum an Aufwand sauber aussehen lassen wollen. Das neueste Modell hat marmorierte Fronten und Seitenteile, die Fingerabdrücke weniger sichtbar machen.

CEO David Whitwham wettet, daß die Forschungsaktivitäten von Whirlpool sich in den Wachstumsmärkten außerhalb der USA in Geld verwandeln werden. Das Unternehmen hat zum Beispiel beim Verkauf von Mikrowellenherden in Europa bereits Gewinne erzielt. Bis vor kurzem hatte gerade ein Drittel der europäischen Haushalte einen solchen. Doch Marktforschungsuntersuchungen ergaben, daß mehr Menschen Mikrowellenherde kaufen würden, wenn sie sich wie konventionelle Herde verhielten. Ende 1991 stellte Whirlpool den VIP Crisp vor, ein Modell mit einer Heizspirale für Oberflächenbräunung und einem einzigartigen Geschirr, das Speisen von unten anbraten kann. Resultat: ein Herd, der in England Bacon & Eggs ebenso braten kann wie knusprige Pizzen in Italien. Crisp ist jetzt Europas meist verkaufter Mikrowellenherd.

Einfach zum Nachdenken:

- Welche Faktoren müssen Sie bei Ihrer Entscheidung, ob Weißware für unterschiedliche europäische Ländermärkte standardisiert oder angepaßt werden soll, zu treffen?
- Welche potentiellen Probleme bestehen, wenn man Erhebungen wie SAMS in verschiedene Länder oder Kulturen zu transferieren versucht?

Quellen: Solo Sally, „How to Listen to Consumers", *Fortune,* 11. Jänner 1993, S.77-79; Jancsurak Joe „Big Plans for Europe's Big Three", *Appliance Manufacturer,* April 1995, S.26-30; Elkin Tobi, „Product Pampering", *Brandweek, S.* 16. Juni 1997, S.28-40; http://www.whirlpoolcorp.com/ (30. November 1999); Cutler Gale, „Asia Challenges Whirlpool Technology", *Research-Technology Management,* Sep./Okt. 1998, S.4-6; Triplett Tim, „Brand Personality must be Managed or it will Assume a Life or its Own", *Marketing News,* 9. Mai 1994, S.9; Rose Robert L., „Whirlpool is Expanding in Europe Despite the Slump", *The Wall Street Journal,* 27. Jänner 1997, S.B4.

6.9 Organisation eines globalen Marketingforschungsprozesses

6.9.1 Festlegung der Forschungsverantwortlichkeiten

Eine wichtige Entscheidung für ein global tätiges Unternehmen ist jene, wo die Marketingforschungsaktivitäten organisatorisch angesiedelt werden sollen. Zwischen einem multinationalen, polyzentrischen Unternehmen und einem geozentrischen ist dabei erheblich. In einem multinationalen Unternehmen wird die Verantwortung für Marketingforschung an die jeweiligen Tochtergesellschaften abgegeben. Ein geozentrisches

Unternehmen delegiert die Forschungsverantwortlichkeit an die damit befaßte Tochtergesellschaft, behält sich aber die zentrale Verantwortung und Kontrolle über die Forschungsaktivitäten des Gesamtunternehmens als Konzernfunktion vor. In der Praxis bedeutet das, daß das globale Unternehmen sicherstellen will, daß die Gestaltung und Durchführung der Forschungsaktivitäten vergleichbare Informationen hervorbringen.

Vergleichbarkeit verlangt, daß Skalenniveaus, Fragen und die Forschungsmethoden standardisiert sind. Um dies zu erreichen, muß das Unternehmen eine Kontrollebene einrichten und die Marketingforschung auf globaler Ebene nachprüfen können. Der Entscheidungsträger mit der globalen Verantwortung für die Marketingforschung muß auf lokale Bedingungen ebenso eingehen, wie auf die Verwertbarkeit auf globaler Basis zu achten. Höchstwahrscheinlich wird dies zu einer Zahl von Forschungsprojekten führen, die für Ländercluster maßgeschneidert sind.

Der global verantwortliche Marktforschungsmanager sollte nicht nur die Forschungsbemühungen auf lokaler Ebene dirigieren. Sein oder ihr Job ist es vielmehr sicherzustellen, daß das Unternehmen weltweit maximale Ergebnisse aus dem Einsatz aller Forschungsressourcen erzielt. Dies wird erreicht, indem sich die Marktforschungsverantwortlichen in jedem Land bewußt sind, welche Forschungsaktivitäten weltweit durchgeführt werden und sie sowohl bei dem für ihr Land spezifischen und den globalen Aktivitäten eingebunden werden. Schließlich besteht die globale Verantwortlichkeit für Marketingforschung darin, Inputs weltweit zu sammeln und zu einer koordinierten Forschungsstrategie zu formulieren, die die für globale Verkaufs- und Gewinnziele erforderlichen Informationen generiert.

6.9.2 Design eines globalen Marketinginformationssystems

Zweck eines globalen Marketinginformationssystems (MIS) ist es, Entscheidungsträger mit einem kontinuierlichen Informationsfluß über Märkte, Kunden, Mitbewerber und Unternehmensaktivitäten zu versorgen. Das MIS sollte die Instrumente zur Sammlung, Analyse, Klassifizierung, Lagerung, Abfrage und Bericht über relevante Daten bereitstellen. Das MIS eines Unternehmens sollte auch wichtige Aspekte der weiteren Unternehmensumwelt abdecken. Zum Beispiel müssen Unternehmen in allen Industrien besonders auf Regierungserlässe, Fusionen, Übernahmen und Allianzen achten. Die angepeilte Übernahme von MCI durch British Telecommunications (BT) gegen Ende 1996 ist ein Beispiel für eine Entwicklung, die AT&T vom anerkannten globalen Marktführer über Nacht zum Verlierer im Krieg um Marktanteile in der globalen Telekommunikation werden ließ.

Schlechte Betriebsergebnisse können oft auf mangelhafte Daten und Information über Ereignisse innerhalb und außerhalb des Unternehmens zurückgeführt werden. Als beispielsweise in der amerikanischen Tochtergesellschaft der Adidas AG ein neues Managementteam eingesetzt wurde, waren nicht einmal Daten über die übliche Warenumschlagsgeschwindigkeit erhältlich. Ein neues Berichtswesen deckte auf, daß die Erzrivalen Reebok und Nike einen Lagerumschlag von 5 pro Jahr hatten, verglichen mit einem Kennwert von 2 pro Jahr bei Adidas. Diese Information wurde genützt, um den Marketingschwerpunkt auf die sich am besten verkaufenden Adidas-Produkte zu lenken.

Die Herausforderung, globale Marketinginformation, Forschungsstrategien und – programme zu organisieren, zu implementieren und zu überwachen, muß in einer schlüssigen Art koordiniert werden, die der gesamten strategischen Ausrichtung einer Organisation zuarbeitet. Das MIS und die Forschungstätigkeit müssen relevante Informationen zeitgerecht, kosteneffizient und verwertbar zur Verfügung stellen.

Erweiterte globale wirtschaftliche Integration, der Niedergang des Kommunismus, Wechselkursschwankungen und andere Faktoren erhöhen die Nachfrage nach glaubwürdigen weltweiten Unternehmens- und politischen Informationen. Die heutige wirtschaftliche und politische Umwelt verlangt weltweit nach täglich aktualisierter Information. Geozentrische, globale Unternehmen haben üblicherweise Nachrichtensysteme, die diese Herausforderung meistern. Das Personal für diese Systeme kommt meist aus den Abteilungen für strategische Planung oder Marktforschung. Sie verteilen die Information an das Topmanagement und die Entscheidungsträger in der gesamten Organisation.

Eine detailliertere Ausführung über die Funktionsweise eines innerbetrieblichen MIS würde die Zielsetzung dieses Buches verfehlen. Die folgende Erörterung konzentriert sich auf die tatsächliche Informationsbeschaffung, die mittels kontinuierlicher Beobachtung oder gezielter Suche bewältigt werden kann.

GLOBALE PERSPEKTIVE

KUNDENINFORMATIONEN AUF KNOPFDRUCK

Amerikanische Konsumenten tendieren dazu, neue Zahnbürsten nur dann zu kaufen, wenn sie Hunderte davon in den Supermarktregalen sehen. Konsumenten im Mittleren Westen der USA bevorzugen Shampoo in großen Flaschen, während Männer und Frauen von der Ostküste Toilettenartikel durchgehend in kleineren Packungsgrößen kaufen.

Noch vor einem Jahrzehnt hätte es mehrere Wochen und Hunderte von Marktforschern gebraucht, um solche Trends festzustellen. Heute sind Kaufmotive und Konsumentengewohnheiten dank der ungeheuren Datenmengen, die von Informationssystemen der globalen Marketingfirmen bereitgestellt werden, in wenigen Tagen analysiert. In der € 7,6 Milliarden schweren Körperpflegeindustrie hängt Gewinn oder Verlust ganz stark davon ab, schnell auf diese Muster zu reagieren. Daher automatisieren viele Unternehmen die Art, wie sie Einzelhandelsdaten verfolgen und analysieren, um verkaufsfördernde Aktionen von der Seife bis zum Rasierschaum zu steuern.

Durch die Analyse von Scannerdaten konnte Procter & Gamble feststellen, daß ältere Frauen die loyalsten Kunden der „Oil-of-Olaz"-Produktlinie sind. Um neue Käufer anzuziehen, startete P&G eine Werbekampagne, die speziell auf Teenager und junge Frauen ausgerichtet wurde. Dank der täglich an die Zentrale gesandten Berichte der mit Laptops ausgestatteten Verkaufsmannschaft kann P&Gs Marketingabteilung nun auch die Effekte der Preisgestaltung und Marketingaktivitäten sehen, und zwar innerhalb von Tagen oder Wochen und nicht mehr wie bisher innerhalb von Monaten. Im Winter 1992 analysierte P&G beispielsweise wöchentlich die Einzelhandelsdaten in Zusammenhang mit den regionalen Wetterverhältnissen, um zu messen, ob das Wetter die Verkäufe von Produkten gegen Erkältungen beeinflussen würde.

Fortsetzung auf der nächsten Seite

KUNDENINFORMATIONEN AUF KNOPFDRUCK (Fortsetzung)

Bei wöchentlicher Betrachtung der Daten konnten die Auswirkungen sehen, die Husten-/Verkühlungs- und Grippezeiten auf die Produktpalette haben. Ein verantwortlicher Manager sagte dazu: „Wenn wir das erkennen, antworten wir darauf mit geeigneten Verkaufsförderungsprogrammen." Diese Programme können Sonderverkäufe oder Gutscheinaktionen in den kalten Regionen sein.

Bevor P&G Marketinginformationssysteme einsetzte, erhielt es die Verkaufsdaten zweimonatlich von A.C. Nielsen Corp. und Information Resources, Inc. Jetzt "haben wir alle Daten für ganz gleich welche Woche am Ende der Woche. Dieses System verschafft unbezahlbare Marketingintelligenz. Wir können damit die regionalen Unterschiede in den Kaufgewohnheiten besser verstehen", der zuständige Marketingchef.

Einfach zum Nachdenken:

- Welche Art von Marktforschungsinformationen kann durch Scannerkassen, durch Konsumentenforen oder durch Konsumentenbefragungen eingeholt werden? Geben Sie Beispiele für jede dieser Methoden zur Datensammlung im Zusammenhang mit Oil-of-Olaz.
- Beeinflußt der weitverbreitete Einsatz von Scannerdaten die relative Macht von Einzelhändlern bzw. Herstellern im Vertrieb?

Quellen: Robert L. Scheier, „Procter & Gamble Growth Push may Centralise IT", *Computerworld*, 32, 7. September 1998, S.4; Christopher Koch, „Value Judgements", *CIO*, 11, 1. Februar 1998, S.30-38; http://www.pg.com; Karen M. Carrillo, „Document-management Deals", *Informationweek*, 11. August 1997, S.103-105; Eldon Y. Li et al., „Marketing Information Systems in the Fortune 500 Companies: Past, Present and Future", *Journal of Management Information Systems*, Vol. 10, Summer 1993, S.165-192; Eldon Y. Li, „Marketing Information Systems in Small Companies", *Information Resources Management Journal*, Winter 1997, S.27-35; Michael M. Masoner, Andreas I. Nicolaou, „An Empricial Examination of Information Systems Development Strategies in Organisational Contexts", *The Mid-Atlantic Journal of Business*, 4. Oktober 1996, S.206-219; Julia King, „Coral Lipstick? It Sells Big in Florida", *Computerworld*, 26, 11. Mai 1992, S.117-118.

6.9.3 Laufende Datenaktualisierung

Grundsätzlich bieten sich zwei Möglichkeiten bei der laufenden Datenaktualisierung. Einerseits können sich Marketingmanager auf informelle Art und Weise Informationen beschaffen. Global orientierte Marketingmanager sind immer auf Suche nach Informationen über potentielle Chancen und Risiken in den verschiedenen Teilen der Welt. Sie wollen alles über die Branche, das eigene Geschäft, den Markt und die Konsumenten wissen. Diese Sensibilität äußert sich in der Art, wie sie ihre Ohren und Augen auf Hinweise, Gerüchte, Bruchstücke von Information und Einblicke aus den Erfahrungen anderer Entscheidungsträger abgestimmt haben. Sie blättern in Zeitungen und Magazinen oder surfen im Internet, um damit regelmäßige Informationsversorgung sicherzustellen. Vielleicht gewöhnen sie sich auch an, Nachrichtenprogramme über Satelliten-TV aus aller Welt zu verfolgen. Wenn eine Nachricht spezielle Bedeutung für ihr Unternehmen hat – zum Beispiel den Eintritt eines neuen Konkurrenten in Branche, sagen wir Samsung in die Autoindustrie – dann werden Marketer in der Autoindustrie und in verwandten Branchen sowie alle Mitbewerber von Samsung besonders aufmerksam werden und die weitere Entwicklung der Geschichte verfolgen.

Dann gibt es eine stärker formalisierte Möglichkeit, Informationen zu sammeln. Diese Suche ist charakterisiert durch das gezielte Aufspüren spezifischer Information. Eine Alternative ist beispielsweise die Suche von Informationen in Büchern oder Branchenzeitschriften oder das Suchen im Internet nach einem spezifischen Thema oder einer speziellen Veröffentlichung. Doch es kann sich auch um ein formell organisiertes Bestreben um spezifische Information für einen bestimmten Zweck.

Eine Studie hat ergeben, daß nahezu 75% der Information, die Führungskräfte in amerikanischen Konzernzentralen einholen, von einer informellen Suche stammen. Um effektiv zu sein, muß ein Informationssystem sicherstellen, daß die Organisation jene Gebiete beobachtet, wo sich Entwicklungen ergeben, die für das Unternehmen wichtig sein könnten. Innovationen in der Informationstechnologie haben die Geschwindigkeit, mit der Information übertragen wird, erhöht und gleichzeitig die Dauer ihres Nutzens für das Unternehmen verkürzt. Technologische Fortschritte haben der globalen Firma mit der geschrumpften Reaktionszeit auf erhaltene Information auch neue Anforderungen gestellt. In einigen Fällen wird es ratsam sein, eine eigene Abteilung zu schaffen, um Informationen kontinuierlich zu beobachten und zu sammeln. Damit ist diese Abteilung auch zuständig für die Leitung und Stimulierung des Informationsprozesses, sowie der Verbreitung von strategischer Information.

AUF DEN PUNKT GEBRACHT

- Ein globales Unternehmen muß ein effizientes und effektives System entwickeln, um Publikationsquellen und Zeitschriften zu durchleuchten und aufzuarbeiten sowohl im Land der Unternehmenszentrale als auch in allen Märkten, in denen das Unternehmen agiert oder Kunden hat.

- Die meisten großen Unternehmen beschäftigen sich täglich mit der Suche, dem Übersetzen, Aufarbeiten, der Zusammenfassung und der Eingabe relevanter Informationen in ein computerunterstütztes Informationssystem. Trotz der Fortschritte in der globalen Informationstechnologie, erfolgt ihre Übersetzung und elektronische Erfassung nach wie vor meistens manuell. Dies wird besonders in den Entwicklungsländern für die nächsten Jahre auch so bleiben.

- Globale Marketer müssen ihre Informationsbeschaffung von ihrem Stützpunkt auf andere Regionen der Welt ausdehnen.

6.10 Zusammenfassung

Information ist einer der grundlegendsten Bestandteile einer erfolgreichen Marketingstrategie. Für Entscheidungen im globalen Marketing benötigt das Management Daten über unterschiedlichste Umfeldbedingungen.

Globale Marketingforschung sieht sich einer Reihe von Herausforderungen gegenüber. Erstens kann Forschung auf mehreren verschiedenen Märkten notwendig sein, von denen einige so klein sind, daß nur bescheidene Forschungsaufwendungen gemacht werden können. Weitere Probleme können von der großen Anzahl an Faktoren kommen und von einer mangelhaften Infrastruktur für Marketingforschung im Untersuchungsgebiet. Datenkompatibilität und Äquivalenz können die globalen Marketingforschungsanstrengungen weiter komplizieren.

Oft ist formale Marktforschung nötig, bevor Entscheidungen zu spezifischen Problemen oder Chancen getroffen werden können. Nach der Entwicklung eines Forschungsplans werden die Daten entweder aus primären oder sekundären Quellen gesammelt. Für die Datenanalyse gibt es eine Reihe verschiedener Techniken, wie Analyse von Nachfragemustern, Messungen der Einkommenselastizität, Markteinschätzung durch Analogien, vergleichende Analyse und Clusteranalyse. Die Forschungsergebnisse müssen klar und transparent präsentiert werden, um die Entscheidungsfindung zu ermöglichen.

Ein letzter Punkt ist die Frage, wieviel Kontrolle die Unternehmenszentrale über die Forschung und das gesamte Management des Informationssystems eines Unternehmens haben soll. Marketinginformationssysteme sollen sicherstellen, daß Unternehmen die Umwelt beobachten, um mit dem Gegenstand ihres Interesses durch informelle oder formelle Suche nach Information in Kontakt zu bleiben.

6.11 Diskussionsfragen

1. Was sind die wichtigsten globalen Informationsbedürfnisse?

2. Was sind die größten Herausforderungen in der globalen Marketingforschung?

3. Beschreiben Sie die verschiedenen Dimensionen der Äquivalenz und Datenkompatibilität, beginnen Sie mit der Problemdefinition, und schließen Sie mit der Phase der Datenanalyse.

4. Skizzieren Sie die grundlegenden Schritte eines Marketingforschungsprozesses.

5. Was ist der Unterschied zwischen existierender, latenter und aufgeschobener Nachfrage? Wie können diese Unterschiede die Gestaltung eines Marketingforschungsprojektes beeinflussen?

6. Nehmen Sie an, der Ihr Chef fordert Sie auf, ein formales Informationssystem zur Beobachtung des Unternehmensumfeldes zu entwickeln. Was würden Sie empfehlen?

6.12 Webmistress's Hotspots

Homepage der AC Nielsen Corp.
Hier finden Sie Informationen über eines der größten globalen Marktforschungsunternehmen.
`http://www.acnielsen.com`

Homepage des Internationalen Währungsfonds
Der IMF bietet eine Auswahl an Statistiken über seine 182 Mitgliedsstaaten.
`http://www.imf.org`

Institute for Agriculture and Trade Policy
Diese Homepage bietet unterschiedliche internationale Daten wie Handelsnachrichten,
Strategien und Fakten.
`http://www.iatp.org/`

Virtual Africa Homepage
Diese Homepage informiert über Geschäfte und gibt internationale Handelsinformatio-
nen über Afrika. Es gibt Richtlinien für Investoren, Kontakte und Forschungsberichte
zu Südafrika.
`http://africa.com`

Whirlpool Corporation
Willkommen bei der Whirlpool Corporation im World Wide Web.
`http://www.whirlpoolcorp.com/`

6.13 Weiterführende Literatur

Backhaus, K. und B. Erichson. *Multivariate Analysemethoden.* 7. Auflage, Berlin: 1994.

Bauer, E. *Internationale Marktforschung* Oldenbourg, 1995.

Berekoven, Ludwig. *Marktforschung.* Wiesbaden: Gabler, 1996.

Cavusgil, S. Tamer. "Qualitative Insights into Company Experiences in International
    Marketing Research." *Journal of Business and Industrial Marketing,* Sommer
    (1987).

Craig, C. Samuel und Susan P. Douglas. *International Marketing Research* 1999.

Crossen, Cynthia. *Tainted Truth: Manipulation of Fact in America.* Upper Saddle river,
    NJ: Simon & Schuster, 1994.

Czinkota, M. R. und I. A. Ronkainen. "Market Research for Your Export Operations,
    Teil I." *International Trade Forum,* 3 (1994): S.22-33.

Czinkota, M. R. und I. A. Ronkainen. "Market Research for Your Export Operations,
    Teil II." *International Trade Forum,* 31 (1995): S.16-21.

Davidson, Lawrence S. "Knowing the Unknowable." *Business Horizons,* 32 (1989):
    S.2-8.

Diamantopoulos, Adamantios und Bodo B. Schlegelmilch. *Taking the Fear out of Data
    Analysis.* London: The Dryden Press, 1997.

Glazer, Rashi. "Marketing in an Information-Intensive Environment: Strategic Impli-
    cations of Knowledge as an Asset." *Journal of Marketing,* (1991): S.1-19.

Green, Robert und Eric Langeard. "A Cross-National Comparison of Consumer Habits
    and Innovator Characteristics." *Journal of Marketing,* Juli (1975): S.34-41.

Hüttner, Manfred. *Gründzüge der Marktforschung.* München: Oldenbourg, 1999.

Kelly, John M. *How to Check Out Your Competition: A Complete Plan for Investigating Your Market.* New York: Wiley, 1987.

King, W. R. und V. Sethi. "Developing Transnational Information Systems: A Case Study." *Omega,* Jänner (1993): S.53-59.

Meffert, Heribert. *Internationales Marketing-Management.* Stuttgart: Kohlhammer, 1998.

Mullen, Michael R. "Diagnosing Measurement Equivalence in Cross-national Research." *Journal of International Business Studies,* 26 (1995): S.573-596.

Naumann, Earl, Jr., Donald W. Jackson und William G. Wolfe. "Comparing U.S. and Japanese Market Research Firms." *California Management Review,* Sommer (1994): S.49-49.

Stanat, Ruth. "Tracking Your Global Competetion." *Competitive Intelligence Review,* Frühjahr (1991): S.17-19.

Wasilewski, Nikolai. "Dimensions of Environmental Scanning Systems in Multinational Enterprises." *Pace University, Working Papers No. 3,* Mai (1993).

Weekly, James K. und Mark K. Cary. *Information for International Marketing: An Annotated Guide to Sources.* New York: Greenwood Press, 1986.

Literaturverzeichnis

[1] Susan P. Douglas und C. Samuel Craig, *Global Marketing Strategy*, McGraw-Hill, Inc., 1995.

[2] Michael R. Czinkota und Ilkka A. Ronkainen, *Global Marketing*, Harcourt Brace College Publishers, 1996).

[3] C. Samuel Craig und Susan P. Douglas, "Responding to the Challenges of Global Markets," *Columbia Journal of World Business*, Winter, (1996): S.6-17.

[4] J. W. Berry, "On Cross-Cultural Comparability," *International Journal of Psycology*, 4, (1969): S.119.

[5] C. Samuel Craig und Susan P. Douglas, *International Marketing Research*, 1999.

[6] Harold Chee und Rod Harris, *Global Marketing Strategy*, Financial Times Pitman Publishing, 1998.

[7] Brian Toyne und Peter G. P. Walters, *Global Marketing Management: A Strategic Perspective*, (Boston: Allyn and Bacon, 1989).

[8] C. Samuel Craig und Susan P. Douglas, *International Marketing Research*, 1999).

[9] Thomas Salzberger, Rudolf Sinkovics und Bodo B. Schlegelmilch, "Date Equivalence in Cross Cultural Research: A Comparison of Classic Test Theory and Latent Trait Theory Based Approaches", Australasian Marketing Journal, 7, 2, 1999.

[10] Jr. Gilbert A. Chruchill, *Marketing Research: Methodological Research*, Harcourt Brace College Publishers, 1995).

[11] Michael R. Czinkota und Ilkka A. Ronkainen, *Global Marketing*, Harcourt Brace College Publishers, 1996).

[12] Peter F. Drucker, "Marketing 101 for a Fast-Changing Decade," *The Wall Street Journal*, (1990): S.A17.

[13] Jonathan Reed, "Unique Approach to International Research," *Agri Marketing*, (1995): S.10-13.

[14] Eugene H. Fram und Riad Ajami, "Globalization of Markets and Shopping Stress: Cross Country Comparisons," *Business Horizons*, (1994): S.17-23.

[15] Adamantios Diamantopoulos und Bodo B. Schlegelmilch. *Taking the Fear out of Data Analysis,* London: The Dryden Press (1997).

[16] Wendy Bounds, "George Fisher pushes Kodak into Digital Era," *The Wall Street Journal,* (1995): S.B1.

[17] Claudi Montague, "Is Calgary Denver's Long-Lost Twin," *American Demographics,* (1993): S.12-13.

Kapitel 7

Marktsegmentierung und -positionierung

Ein Geist, der mit verschiedenen Geschäften umgeht, kann sich nicht sammeln.
– Martin Luther, Tischreden

Was vernünftig ist, das ist wirklich; und was wirklich ist, das ist vernünftig.
– Georg Wilhelm Friedrich Hegel; Grundlinien der Philosophie des Rechts

7.1 Zielsetzung des Kapitels

Nachdem Sie dieses Kapitel gelesen haben, wissen Sie mehr über:

- Sinn und Zweck globaler Marktsegmentierung

- Verschiedene Ansätze der globalen Marktsegmentierung, die unterschiedliche Kriterien zur Definition der Zielgruppen heranziehen.

- Bewertungskriterien zur Selektion von Zielgruppen für die globale Marktbearbeitung

- Unterschiedliche Möglichkeiten der Positionierung von Produkten auf globalen Märkten

In welchen Situationen hilft ein besseres Verständnis dieser Inhalte?

- Sie wollen die Zielgruppen und ihre Merkmale für effektive Marketingaktivitäten definieren.

- Wenn mehrere Zielgruppen zur Auswahl stehen, Ihre Ressourcen erfordern aber eine Konzentration.

- Sie überlegen, wie Sie Ihr Produktangebot am besten gestalten sollen, um aus Sicht Ihrer Zielgruppen gegenüber Ihren Konkurrenten hervorzustechen.

7.2 Konzepte & Definitionen

Globale Marktsegmentierung: Darunter versteht man die Aufteilung eines globalen Marktes in verschiedene Teilmärkte, auch Marktsegmente oder Zielgruppen genannt. Jedes dieser Marktsegmente kann mit einer spezifisch dafür zugeschnittenen Marketingstrategie bearbeitet werden, die auf die spezifischen Ansprüche und Bedürfnisse dieses Segments eingeht.

Segmentierungsansätze: Zur Segmentierung globaler Märkte stehen verschiedene Ansätze zur Verfügung: von *geographischer* Segmentierung spricht man, wenn Märkte in derselben geographischen Region zu einer Zielgruppe zusammengefaßt werden. Bei der *demographischen* Segmentierung verwendet man demographische Merkmale wie Alter oder Einkommen, um Kundengruppen zu klassifizieren. Bei der *psychographischen* Segmentierung teilt man Konsumenten auf der Basis ihrer Einstellungen, Werte und ihres Lebensstils in Zielgruppen ein. Werden Konsumenten auf der Basis ihres Verwendungsverhaltens zu Segmenten zusammengefaßt, dann spricht man von *verhaltensorientierter* Segmentierung. Nutzenbasierte Segmentierung geht davon aus, daß unterschiedliche Zielgruppen unterschiedliche Nutzenerwartungen an ein Produkt stellen.

Bewertungskriterien zur Auswahl von globalen Zielgruppen: Die Wahl, welches oder welche Marktsegmente nun bearbeitet werden, kann aufgrund folgender Kriterien getroffen werden: gegenwärtige Größe und Wachstumspotential, das das Marktsegment verspricht; Konkurrenzintensität und potentielle neue Konkurrenten, sowie die Kompatibilität und Machbarkeit, was die Ziele und Ressourcen im Unternehmen betrifft.

Globale Marktbearbeitungsstrategien: Zur Bearbeitung der ausgewählten Zielgruppen bieten sich folgende drei Strategien an: (i) standardisierte, globale Marktbearbeitung, bei der derselbe Marketing-Mix für alle Zielgruppen angewandt wird; (ii) differenzierte Marktbearbeitung, wobei Marketingmaßnahmen zielgruppengerecht maßgeschneidert werden, und (iii) konzentrierte Marktbearbeitung, die den Marketing-Mix auf ein einzelnes, globales Marktsegment fokussiert.

Globale Produktpositionierung: Unter Produktpositionierung versteht man die Verankerung des Produktprogramms im Gedächtnis des Konsumenten. Ob eine globale Positionierungsstrategie möglich ist, hängt von der Produktkategorie ab, der das zu positionierende Produkt zuzuordnen ist. Besonders geeignet für eine global einheitliche Produktpositionierung sind dabei Produkte, die sich an den Enden des sogenannten High-Touch/High-Tech-Kontinuums befinden. Sie zeichnen sich durch ein hohes Involvement der Konsumenten und durch eine von potentiellen Konsumenten geteilte „Sprache" aus.

High-Tech-Positionierung: Technische Produkte, wie Computer oder Chemikalien, Produkte, die speziellen Interessen dienen (z.B. Sportgeräte), und selbsterklärende Produkte (z.B. Polaroid-Kamera) eignen sich gut für eine weltweit einheitliche Positionierung. Der Grund liegt darin, daß die Käufer vorwiegend an konkreten Produktmerkmalen interessiert sind und bereits über ein hohes Produktwissen verfügen.

High-Touch-Positionierung: Im Falle von High-Touch-Produkten liegt der Schwerpunkt auf der Vermittlung eines bestimmten Images, während spezialisierte Informationen in den Hintergrund treten. Zu dieser Produktkategorie zählen Produkte, die ein alltägliches Problem lösen (z.B. Getränke), sogenannte „kosmopolitische" Produkte, wie Kosmetika oder Mode, und Produkte, die universal gültige Themen berühren.

7.3 Schnittstelle zur Praxis

Jeden Nachmittag um 14 Uhr läßt Mike Sullivan, VW-Händler in Santa Monica, Kalifornien, die Rolläden seines Schauraums herunter. Nicht etwa, um abzuschließen, sondern um neugierige Blicke von außen abzuschirmen – auf sein neuestes Produkt abzuschirmen, den New Beetle von Volkswagen. Der Andrang an neugierigen ist so groß, daß seine Verkäufer nicht mehr in der Lage sind, Kaufinteressenten gut zu beraten. Begibt er sich mit dem neuen Gefährt gar auf die Straße, kommt es noch dicker! „Man kann kaum die Spur wechseln, so nahe kommen einem andere Autofahrer, nur um einen besseren Blick auf den New Beetle zu werfen".

Der Erfolg kann sich sehen lassen: im Vergleich zu 49.533 verkauften Fahrzeugen erreichte Volkswagen 1998 eine Zahl von 200.000, was zum Großteil auf die hervorragenden Verkaufszahlen beim New Beetle zurückzuführen ist. Obwohl das den USA zugedachte Verkaufskontingent 1998 von 50.000 auf 60.000 Stück erhöht wurde, fand der Markt damit kein Auslangen. Der New Beetle war buchstäblich ausverkauft!

Neben einem gelungenen Produktkonzept geht der Erfolg des New Beetle in den USA aber vor allem auf das Konto der damit befaßten Marketingexperten. Seit 1995 hat man an der Definition der Kernzielgruppen und an der Positionierung im Wettbewerbsumfeld gearbeitet. Liz Vanzura von Arnold Communications der beauftragten Werbeagentur, beschreibt das erfolgreiche Konzept folgendermaßen: aus den Erfahrungen mit dem klassischen „VW Käfer" hatte man gelernt, daß herkömmliche demographische Zielgruppendefinition zu kurz greift. Käfer-Fans waren über alle Alters-, Einkommens- und Ausbildungsschichten zu finden. Für den New Beetle ging man von ähnlichen Prämissen aus. Man entwickelte daraufhin unterschiedliche, kreative Werbeaktivitäten, die den Marketern eine zielgruppengerechte Abstimmung der Medienbudgets erlaubten. Man arbeitete an einem neuen Media-Mix, zu dem auch Zeitschriften wie Architectural Digest und GQ gehörten.

Während die potentiellen Käufer sich hinsichtlich der demographischen Kriterien durchaus unterscheiden würden, sollten ihre Motive, den New Beetle zu kaufen, doch sehr ähnlich sein. Die Kommunikationsstrategie ist daher an psychographischen bzw. nutzenorientierten Kriterien orientiert und weniger an demographischen. Im Vergleich zur Konkurrenz, sollte sich der New Beetle folgendermaßen positionieren: während in den meisten Werbespots das Erlebnis der Ruhe im Innenraum des fahrenden Autos für den Fahrer im Mittelpunkt stand, geht VW den entgegengesetzten Weg: der New Beetle ist ein Auto, bei dem man als Fahrer das Fenster herunterläßt, die heißen Rhythmen aus dem Autoradio genießt und sich vom Fahrtwind Kühlung holt. Nicht mehr Abschirmung, sondern Verbindung zur Welt steht im Mittelpunkt. Mit dem zentralen Slogan „*On the road of life, there are passengers and drivers. Drivers Wanted.*" verfolgte man die Zielsetzung, eine Sehnsucht zu wecken und gleichzeitig mit einer Einladung zu verbinden, zu den „Drivers", d.h. den Innovatoren, zu gehören und nicht zu jenen, die folgen.

Ob der New Beetle seinen in den USA angetretenen Siegeszug in Europa fortsetzen wird können, darüber sind Experten noch skeptisch. „Es gibt keine mechanische Segmentierung für dieses Auto", sagt VW-Marketing-Chef, Berthold Krüger. „Mit diesem Auto sind sehr viele Emotionen verbunden, die nicht unbedingt in herkömmliche Lebensstilkategorien passen." Zu den Fragezeichen gehört vor allem die Positionierung. Während der Beetle in den USA vor allem als Auto für breite Bevölkerungsschichten positioniert wurde, ist es aufgrund des deutlich höheren Preises in Europa eher ein Nischenprodukt. Zudem wird die Kommunikationskampagne weniger auf Nostalgie setzen. Doch in Anlehnung an das einzigartige Design, gehen viele davon aus, daß „auch in Europa die Welt bald wieder rund sein wird!"[1]

7.4 Globale Marktsegmentierung

Unter Marktsegmentierung versteht man...

... den Prozeß der Aufteilung eines Marktes in verschiedene Gruppen oder Segmente von Konsumenten. Innerhalb eines Segments sind Konsumenten in bezug auf ihr Konsumverhalten und ihre Bedürfnisse homogen. Zwischen den Segmenten bestehen größtmögliche Unterschiede. Jedes dieser Marktsegmente kann mit einer spezifisch dafür zugeschnittenen Marketingstrategie bearbeitet werden. Die Gruppierung in Segmente basiert auf den unterschiedlichen Ansprüchen und Bedürfnissen der Konsumenten in bezug auf das Produkt. Sie manifestieren sich in unterschiedlichem Kauf- und Verwendungsverhalten, Nutzenerwartungen, Präferenzen oder Markentreue.[2]

Unter globaler Marktsegmentierung versteht man die Teilung des Weltmarkts in spezifische Kundengruppen, die sich ähnlich verhalten oder ähnliche Bedürfnisse haben. Bei den Segmenten kann es sich um Länder- oder Konsumentengruppen handeln, die als potentielle Käufer in Frage kommen und ein ähnliches Kaufverhalten an den Tag legen.[3] Das Interesse an globaler Marktsegmentierung besteht bereits seit einigen Jahrzehnten. In den späten 60er Jahren zeigten Untersuchungen, daß man den europäischen Markt in drei große Gruppen von Konsumenten teilen kann, je nachdem, wie sie auf einen bestimmten Werbespot reagieren: Kosmopoliten, eingeschränkt international orientierte Konsumenten und provinzielle Konsumenten.[4] Ein anderer Autor wies darauf hin, daß Aspekte, wie der Wunsch, schön, gesund oder schmerzfrei zu sein, oder die Liebe zwischen Mutter und Kind universal sind und daher in der Werbung weltweit eingesetzt werden können.[5]

In den 80er Jahren postulierte Theodore Levitt in seinen Thesen, daß Konsumenten in verschiedenen Ländern zunehmend Abwechslung suchen. Es sei daher zu erwarten, daß sich darauf aufbauend neue Zielgruppen herauskristallisieren, die über Ländergrenzen hinweg beobachtbar sind. Aus diesem Grund wären regionale Gerichte wie Sushi, griechischer Salat oder Hamburger überall auf der Welt nachgefragt. Levitt bezeichnet diese Entwicklung als „Pluralisierung des Konsums" und „Gleichzeitigkeit der Segmente". Diese Trends bieten Unternehmen die Möglichkeit, bestimmte Marktsegmente weltweit auf verschiedenen Ländermärkten zu bearbeiten.[6] In der Folge werden Ansätze zur internationalen Marktsegmentierung angeführt und erläutert.

7.4.1 Geographische Segmentierung

Im Rahmen der geographischen Segmentierung teilt man die Welt entsprechend der geographischen Entfernung zueinander. Der Vorteil ist, daß Märkte, die aufgrund der geographischen Kriterien zu einem Segment zusammengefaßt wurden, räumlich näher sind und daher leichter im Rahmen einer Geschäftsreise oder eines Telefonats in derselben Zeitzone erreicht werden können. Geographische Segmentierung hat jedoch auch entscheidende Nachteile: die bloße Tatsache, daß Märkte in derselben geographischen Region liegen, macht sie nicht notwendigerweise ähnlich. Japan und Vietnam liegen beide in Südostasien. Während Japan eine reiche, postindustrielle Gesellschaft ist, ist Vietnam ein wirtschaftlich weniger entwickeltes, vorindustrielles Land. Die Unterschiede zwischen den Märkten in diesen beiden Ländern übersteigen die Ähnlichkeiten bei weitem. Simon fand in seiner Auswahl der „geheimen Champions", daß Geographie den geringsten Stellenwert bei der Marktsegmentierung aus Sicht der Unternehmen hat (s. Abbildung 7.1).

Abbildung 7.1: Die Bedeutung unterschiedlicher Marktsegmentierungskriterien aus unternehmerischer Sicht

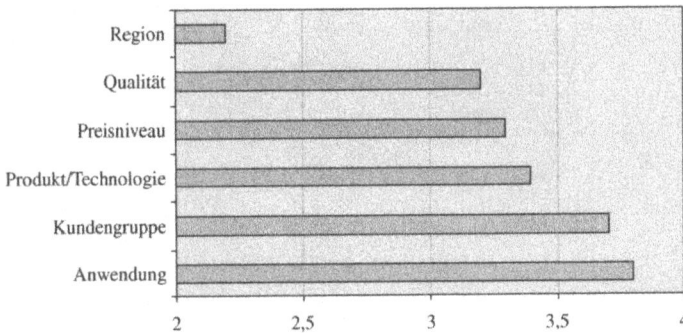

fIm In *Quelle:* Hermann Simon, Hidden Champions: Lessons from 500 of the World's Best Unknown Companies (Boston, MA: Harvard Business School Press, 1996), S.4.

7.4.2 Demographische Segmentierung

Demographische Segmentierung basiert auf quantitativ meßbaren Charakteristika einer Bevölkerung, wie Alter, Geschlecht, Einkommen, Ausbildung und Beruf. Zahlreiche demographische Trends, wie weniger verheiratete Paare, weniger Kinder, die sich wandelnde Rolle der Frau, sowie höhere Einkommen und ein steigender Lebensstandard, legen das Entstehen globaler Segmente nahe.[7]

Für die meisten Konsum- und Investitionsgüter ist das Einkommensniveau in einem Land eine kritische Segmentierungsvariable und ein Indikator für das Marktpotential. Das jährliche Pro-Kopf-Einkommen variiert deutlich zwischen den Märkten – von € 76 in Mozambique zu € 36.000 in Luxemburg. Der traditionelle, demographische Segmentierungsansatz besteht in der Gruppierung von Ländern in Gruppen mit hohem, mittlerem und niedrigem Einkommen, wobei sich Unternehmen meist auf jene Märkte mit hohem Einkommensniveau konzentrieren.

Der amerikanische Markt mit einem Pro-Kopf-Einkommen von € 23.500, einem Volkseinkommen von mehr als € 6 Trillionen (1997) und mehr als 267 Millionen Einwohnern ist enorm. Es scheint daher nur allzu verständlich, daß die USA einer der interessantesten Märkte sind, denn trotz vergleichbarer Pro-Kopf-Einkommen sind andere Industrienationen relativ klein in bezug auf das gesamte Volkseinkommen. In Schweden beträgt das Bruttonationalprodukt (BNP) pro Kopf € 20.000. Aufgrund der niedrigeren Einwohnerzahl von 8,9 Mio. erzielt Schweden jedoch nur ein Volkseinkommen von € 180 Milliarden. Würde ein Unternehmen als einzige demographische Segmentierungsvariable das Einkommen heranziehen, dann könnte es damit die wohlhabendsten Märkte in den sogenannten Ländern der Triade – der Europäischen Union, USA und Japan – ansprechen, wo etwa 75% des weltweiten BNP erzielt wird.

Viele globale Unternehmen erkennen jedoch auch, daß für Produkte mit niedrigeren Preisen wie Zigaretten, Getränke u.a. die Bevölkerungszahl von größerer Bedeutung als das Einkommen ist. Aus diesem Grund gelten China und Indien mit Einwohnerzahlen von 1,2 Mrd. bzw. 965 Mio. als attraktive Märkte. In einem Land wie China, wo das BNP pro Kopf bei nur € 610 liegt, besteht die Herausforderung in der erfolgreichen Bearbeitung dieses Massenmarktes mit günstigen Konsumgütern. Procter & Gamble, Unilever, Kao, Johnson & Johnson und andere Konsumgüterhersteller entwickeln und bearbeiten den chinesischen Markt. Die Chance, daß mehr als 100 Mio. chinesische Konsumenten wohlhabend genug sind, z.B. € 1 für ein Fläschchen Shampoo auszugeben, besitzt eine unwiderstehliche Anziehungskraft.[8]

Segmentierungsentscheidungen können dadurch erschwert werden, daß es sich bei den Zahlen zum Pro-Kopf-Einkommen um Durchschnittswerte handelt. Sowohl in China als auch in Indien gibt es große, rasch wachsende Zielgruppen, die über ein beträchtliches Einkommen verfügen. In Indien gehören 100 Millionen Konsumenten mit ihrem Durchschnittseinkommen von mehr als € 1.200 der „oberen Mittelschicht" an. Diese Klassifizierung ist jedoch genau zu überprüfen, denn die Quantifizierung dieses Segments geht von wenigen bis zu 250 Millionen Konsumenten. Der Grund für diese abweichenden Schätzung liegt bei den angenommenen Trennkriterien. Definiert man „Mittelschicht" als Personen, die einen Kühlschrank besitzen, dann erhält man eine Zahl von 30 Millionen Konsumenten. Wäre der Besitz eines Fernsehgeräts das Kriterium, so würde sich diese Zahl auf 100 – 125 Millionen Personen erhöhen.[9] Daraus läßt sich erkennen, daß Durchschnittswerte mit Bedacht heranzuziehen sind.

Ebenso sagen die erwähnten Durchschnittswerte nichts über den Lebensstandard in diesen Ländern aus. Um den Lebensstandard in einem Land zu ermitteln, ist es notwendig, die Kaufkraft der lokalen Währung zu ergründen. In Ländern mit niedrigem Einkommen kann die tatsächliche Kaufkraft der lokalen Währung deutlich höher sein als durch den Wechselkurs impliziert. In Indien zahlt man für einen Arztbesuch und die entsprechenden Medikamente 30 Rupien oder € 1.

Das Alter ist ebenfalls eine hilfreiche demographische Variable. Ein globales Segment, das aufgrund des Alters gebildet werden kann, ist jenes der Teenager – junge Leute zwischen 12 und 19.[10] Teenager mit ihrem Interesse an Mode, Musik und jugendlichem Lebensstil zeigen ein Konsumverhalten, das über Ländergrenzen hinweg bemerkenswert konsistent ist. Junge Konsumenten halten sich nicht an kulturelle Normen, ja rebellieren sogar dagegen. Diese Tatsache in Verbindung mit den universalen Bedürfnissen, Sehnsüchten und Vorstellungen (in bezug auf Marken, Neuheiten, Unterhaltung und dem Zeitgeist entsprechende Produkte) ermöglichen es, das Segment der Teenager weltweit mit einem einheitlichen Marketingprogramm anzusprechen. Dieses Segment mit ca. 1,3 Mrd. Konsumenten ist nicht nur in bezug auf die Größe attraktiv, sondern auch aufgrund der enormen Kaufkraft. Coca-Cola, Benetton, Swatch und Sony sind nur einige der Unternehmen, die das weltweite Segment der Teenager ansprechen. Die weltweite Revolution in der Telekommunikation hat die Entstehung dieser Zielgruppe entscheidend geprägt, denn globale Medien wie MTV sind perfekte Instrumente, um dieses Segment zu erreichen. Satelliten wie AsiaSat I bringen westliche Programme und Werbung in Millionen von Haushalten in China, Indien und anderen Ländern.

Sorgfalt scheint jedoch angebracht, wenn man sich an das globale Segment der Jugendlichen wendet. Teens 2000, eine Untersuchung österreichischer Jugendlicher im Alter zwischen 15 und 19 Jahren der Werbeagentur Grey, zeigte doch deutliche Unterschiede im Lebensstil. Mit rund 8,2% Anteil an Österreichs Gesamtbevölkerung und einem frei verfügbaren Einkommen von € 1 Mrd. stellen sie einen beträchtlichen Wirtschaftsfaktor dar. In bezug auf Lebensstil und Markenpräferenz zeigten sich deutliche Unterschiede innerhalb der Altersgruppe. Den sogenannten *Fun-Freaks* ist der Freundeskreis wichtiger als die Familie, denn sie leben in der Gegenwart. Ihre Freizeit verbringen sie mit Trendsportarten, Action-Filmen, Horror und Comedies. Zu den bevorzugten Marken zählen Burtin, Cannondale, Vision oder Stüssy. Die *Sorglosen* leben nach dem Motto „Hoffentlich gibt es nie wieder Krieg, und ich darf auf's nächste Konzert der Backstreet Boys gehen". Nike, Swatch und Chiemsee sprechen diese jugendliche Zielgruppe am ehesten an. *Outlaws* zeigen die extremsten Verhaltensmuster. Ständig auf der Suche nach Innovationen, nur nicht als mainstream gelten scheint die Devise zu sein. Kleine Labels und Szene-Marken, die rasch wechseln, werden bevorzugt. Der klassische Teenager aus der Sicht der Eltern ist das *Spielkind*, das sich die Eltern zum Vorbild nimmt und Comics liest. Zu den Marken, die von dieser Zielgruppe nachgefragt werden, zählen Sony, adidas und Oilily.[11]

Ein weiteres globales Segment ist die sogenannte Elite: ältere, wohlhabende Konsumenten, die weitgereist und bereit sind, Geld für prestigeträchtige Produkte mit exklusivem Image auszugeben. Die Bedürfnisse und Wünsche dieses Segments beziehen sich auf verschiedene Produktkategorien: langlebige Konsumgüter (Luxusautomobile), Lebensmittel (hochwertige Getränke wie seltene Weine und Champagner) und Finanzdienstleistungen (Kreditkarten). Der technologische Wandel in der Telekommunikation macht es einfacher, dieses Segment zu erreichen. Globales Telemarketing ist eine gute Möglichkeit, nachdem AT&T International 800 Nummern in mehr als 40 Ländern verfügbar sind. Erstaunliche Ergebnisse konnten auch durch den Einsatz hochwertiger Versandkataloge von Unternehmen wie Harrods, Laura Ashley und Ferragamo erzielt werden.

Im Investitionsgüterbereich bieten sich als demographische Kriterien Variablen wie die Branche oder die Unternehmensgröße an. Zieht man beispielsweise Computerhersteller heran, so haben ihre Kunden je nach Branche unterschiedliche Ansprüche an die Produkte. In Versicherungen oder Banken fallen große Datenmengen an, die zuverlässig und sicher bearbeitet werden müssen. In Bildungsinstitutionen steht die Benutzerfreundlichkeit bzw. die Nutzung durch Verwender mit unterschiedlichstem Wissensstand im Vordergrund. Branchennummern dienen hier als Klassifikationsmerkmale.

Weiters kann die Eigentümerstruktur ein wichtiges Trennkriterium für Zielgruppen sein. Die Anforderungen einer öffentlichen Institution (langwierige Angebotsverfahren, Budgetbeschränkungen, rechtliche Vorgaben) unterscheiden sich von Unternehmen in privatem Besitz. Ein großer internationaler Konzern, der in der medizinischen Bildverarbeitung (z.B. Röntgenbilder, computertomographische Scans oder Magnetresonanzbilder) tätig ist, entschied sich dafür, den globalen Markt nach unterschiedlichen Institutionen zu segmentieren: nationale Forschungs- und Lehrspitäler, staatliche Spitäler usw. In der Folge wurde eine regionale, nationale und schließlich globale Kampagne eingesetzt, die auf diese unterschiedlichen Institutionen Bezug nahm. Dieser horizontale Segmentierungsansatz hat in vielen Ländern gut funktioniert.[12]

Auch die Unternehmensgröße bietet sich als Segmentierungsvariable an. Kleinere Unternehmen haben meist andere Bedürfnisse als größere. Sie benötigen geringere Mengen, verfügen über geringere Budgets und nehmen meist mehr externe professionelle Unterstützung in Anspruch als große Unternehmen, die diese Ressourcen intern vorhalten.[13]

7.4.3 Psychographische Segmentierung

Psychographische Segmentierung teilt Konsumenten auf der Basis ihrer Einstellungen, Werte und ihres Lebensstils in Gruppen ein. Als Lebensstil bezeichnet man dabei das Konsumverhalten, das die Zielperson an den Tag legt, in Verbindung mit den Werten und Einstellungen, die dazu geführt haben. Der Lebensstil ist daher immer in Bezug zu bestimmten Produktkategorien zu sehen. Erhoben werden Lebensstile mittels umfangreicher Itembatterien, die Aktivitäten (*activities*), Interessen (*interests*) und Meinungen (*Opinions*; AIO-Ansatz). Zu den am weitesten verbreiteten Erhebungsinstrumenten gehören jene des Research Institute of Social Change (RISC), des Centre de Communication Avancé (CCA) und die Values and Life Styles (VALS) von SRI International.[14]

Die Porsche AG, der deutsche Hersteller von Sportwagen, beschäftigte sich intensiv mit psychographischen Merkmalen, nachdem man beobachtete, daß die weltweiten Verkäufe zwischen 1986 und 1993 von 50.000 auf 14.000 zurückgingen. Die amerikanische Niederlassung, Porsche Cars North America, hatte bereits ein klares, demographisches Bild der Konsumenten: Männer von 40 Jahren aufwärts, mit einem Hochschulabschluß und einem Jahreseinkommen über € 170.000. Eine psychographische Studie zeigte, daß abgesehen von der demographischen Segmentierung, Porsche-Käufer in fünf unterschiedliche Kategorien eingeteilt werden konnten (siehe Tabelle 7.1). „Top Guns" kaufen einen Porsche, um damit aufzufallen. Für den „stolzen Besitzer" und den „Phantasten" ist eine derartige „öffentliche" Wirkung uninteressant. Porsche will diese Profile einsetzen, um eine für jeden Typ maßgeschneiderte Kommunikationskampagne zu entwickeln. Richard Ford, bei Porsche für Verkauf und Marketing verantwortlich, meinte dazu: „Wir haben unser Produkt an Kunden verkauft, deren Profile diametral entgegengesetzt waren. Der ‚Elitäre' würde sich wohl kaum begeistert zeigen, würde man ihm sagen, wie gut ihm sein Porsche steht, oder wie schnell er damit fahren kann." Die ersten Ergebnisse sind vielversprechend: die Verkaufszahlen sind in den USA 1994 um fast 50% gestiegen.[15]

Tabelle 7.1: Psychographische Profile amerikanischer Porsche-Kunden

Segment	% der Kunden	Beschreibung
Top Guns	27%	Zielorientiert und ehrgeizig; sind an Macht und Kontrolle interessiert, fordern Aufmerksamkeit
Der Elitäre	24%	Seit Generationen wohlhabend; ein Auto – auch ein sehr teures – ist nur ein Auto und nicht eine Erweiterung der eigenen Persönlichkeit
Der stolze Besitzer	23%	Besitz ist, was zählt; das Auto wird als Trophäe gehandelt, als Lohn für harte Arbeit. Aufmerksamkeit anderer ist dabei nicht so wichtig.
Der Lebemann	17%	Kosmopolitischer Jetsetter, der nach dem ultimativen Kick sucht; das Auto erhöht die Spannung und den Reiz
Der Phantast	9%	Das Auto stellt eine Form der Flucht dar. Es geht nicht darum, andere zu beeindrucken, man fühlt sich möglicherweise sogar schlecht, weil man ein Auto besitzt.

Eine frühe Anwendung psychographischer Merkmale außerhalb der USA erfolgte in einer Studie, in der die unterschiedlichen Werthaltungen von Konsumenten in Großbritannien, Frankreich und Deutschland vergleichen wurden. Obwohl die Studie nur in einem kleinen Rahmen durchgeführt wurde, kamen Wissenschafter zu dem Schluß, daß „die zugrundeliegenden Werthaltungen in jedem Land ausreichend viel Ähnlichkeit hatten, um dieselbe Kommunikationsstrategie in diesen Ländern einzusetzen."[16] SRI International hat kürzlich psychographische Analysen des japanischen Marktes durchgeführt. Auch verschiedene, weltweit tätige Werbeagenturen wie Backer, Spielvogel & Bates Worldwide (BSB), D'arcy Massius Benton & Bowles (DMBB), oder Young & Rubicam (Y&R) haben umfassende Untersuchung dieser Art erstellt.[17] Diese Analysen ermöglichen ein tiefgreifendes Verständnis unterschiedlicher Kundensegmente wie jenes der globalen Teenager oder der Elite, wie sie oben diskutiert wurden.

Backer Spielvogel & Bates' Global Scan

Der Global Scan ist eine Untersuchung, die 18 Länder vorwiegend aus der Triade umfaßt. Um Einstellungen zu erfassen, die das Kaufverhalten für bestimmte Produktkategorien erklären und vorhersagen können, haben Wissenschafter Konsumenteneinstellungen und -werthaltungen, ebenso wie Mediennutzung, Kaufverhalten und Produktnutzung untersucht. Derartige Studien versuchen, sowohl länderspezifische als auch global gültige Einstellungen zu identifizieren. Dabei werden Fragestellungen wie „Dem Tüchtigen gehört die Welt" oder „Ich habe nie genug Zeit und Geld" eingesetzt. Die

Summe dieser Länderstudien mündete in einer Segmentierung, die auch unter dem Namen *Target Scan* bekannt ist. Es handelt sich dabei um die Beschreibung von fünf, weltweit gültigen, psychographischen Segmenten, die nach Angaben von BSB auf 95% aller Erwachsenen in den 18 untersuchten Ländern zutrifft (siehe Abbildung 7.2). BSB hat die Segmente als Strivers, Achievers, Pressured, Traditionals, and Adapters bezeichnet.

Abbildung 7.2: Die Zielgruppen aus BSBs Global Scan

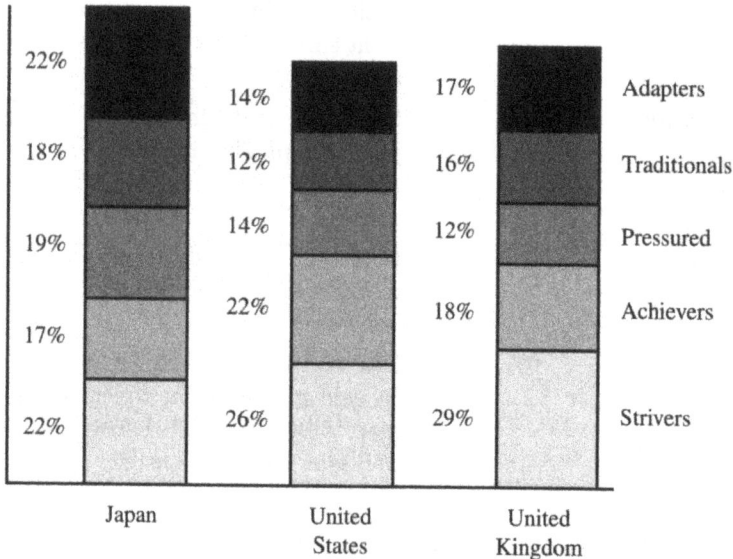

Strivers (26 %): Diese Zielgruppe besteht aus jungen Leuten um die 30, die ein hektisches und bewegtes Leben führen. Für sie steht der Erfolg im Mittelpunkt, sie suchen materialistische Genüsse, für die sie allerdings wenig Zeit und Geld besitzen.

Achievers (22 %). Sie sind älter als die Strivers, selbstsicher und wohlhabend. Sie haben bereits einigen Erfolg erzielt. Achievers sind sehr statusbewußte Konsumenten, für die Qualität ein wichtiger Faktor ist.

Pressured (13 %). Das Segment der „pressured" umfaßt größtenteils Frauen in allen Altersgruppen und läßt sich aufgrund der ständigen finanziellen und familiären Zwangslagen beschreiben. Die Probleme des Lebens scheinen Konsumenten dieser Zielgruppe zu überwältigen.

Adapters (18 %). Dieses Segment besteht aus älteren Konsumenten, die mit ihrem Leben zufrieden sind. Sie sind in der Lage, an ihren Werten festzuhalten und dennoch offen gegenüber Veränderungen.

Traditionals (16 %). Diese Zielgruppe ist in der Vergangenheit verwurzelt und bezieht sein Selbstwertgefühl stark aus dem kulturellen Erbe und der Tradition des Landes.

Global Scan ist hilfreich, um Ähnlichkeiten und Unterschiede im Konsumentenverhalten über Ländergrenzen hinweg zu identifizieren. In den USA beispielsweise sind die

75 Mio. Babyboomers in den Reihen der *Strivers* und *Achievers* zu finden und machen ungefähr die Hälfte aller Konsumenten aus. In Deutschland jedoch ist das Segment der *Strivers* älter und enthält einen geringeren Anteil der Gesamtbevölkerung. *Global Scan* hat auch entscheidende Unterschiede zwischen Amerikanern und Kanadiern herausgefiltert, die oft als Teil des gleichen geographischen Segments Nordamerika gesehen werden.

Mittels *Global Scan* deckte auch die unterschiedlichen Lebensbedingungen auf, in denen sich Strivers in verschiedenen Ländern wiederfinden. In den USA sind *Strivers* von chronischem Geld- und Zeitmangel gequält, während japanische *Strivers* über genügend finanzielle Ressourcen verfügen. Diese Unterschiede können in unterschiedlichen Konsumentenpräferenzen ihren Niederschlag finden. Amerikanische *Strivers* kaufen Autos, die Spaß machen, optisch ansprechend sind und ein gutes Preis-/Leistungsverhältnis aufweisen; japanische *Strivers* sehen Autos als Erweiterung ihres Wohnraums und statten sie mit luxuriösen Accessoires aus, wie Vorhängen und einer High-End Stereo-Anlage. Dies bedeutet, daß unterschiedliche Kommunikationsansätze erforderlich sind, wenn man *Strivers* in diesen beiden Ländern ansprechen will.

D'arcy Massius Benton & Bowles' Euroconsumer Study

Das Forschungsteam von DMBB konzentrierte sich auf Europa und erstellte eine 15 Länder umfassende Studie mit dem Titel „Der Euroconsumer: Marketing- Mythos oder kulturelle Gewißheit?" Die Wissenschafter identifizierten vier Gruppen von Lebensstilen: *Successful Idealists, Affluent Materialists, Comfortable Belongers*, und *Disaffected Survivors*. Die beiden ersten Gruppen umfassen die Elite, die letzten beiden die breite Masse der Europäer.

Successful Idealists. Dazu gehören zwischen 5% und 20% der Bevölkerung. Dieses Segment besteht aus Personen, die beruflichen und materiellen Erfolg erzielt haben und dennoch gleichzeitig an abstrakten oder sozialen Idealen festhalten.

Affluent Materialists. Diese statusbewußten Aufsteiger—viele von ihnen sind im Wirtschaftsleben erfolgreich—verwenden öffentlichen Konsum, um ihren Erfolg anderen zu dokumentieren.

Comfortable Belongers. Diese Zielgruppe umfaßt etwa ein Viertel bis zur Hälfte der Gesamtbevölkerung eines Landes. Sie läßt sich als konservativ und zufrieden in ihrem eigenen Heim, mit der Familie, Freunden und der Nachbarschaft beschreiben. Sicherheit bedeutet für sie die gewohnte Umgebung.

Disaffected Survivors. Ihnen fehlt es an Macht und Wohlstand. Dieses Segment hat wenig Hoffnung auf Aufstieg und ist eher resignativ. Diese Zielgruppe findet sich in städtischen Gebieten, die von hoher Kriminalitätsrate geplagt sind. Trotz des fehlenden Status in der Gesellschaft, haben die Einstellungen der *Disaffected Survivors* dadurch einen Einfluß auf den Rest der Gesellschaft.

DMBB hat jüngst eine psychographische Studie Rußlands erstellt. Die Studie teilt die russische Bevölkerung in fünf Kategorien basierend auf ihre Zukunftsperspektiven, ihr Verhalten und Einstellung gegenüber westlichen Produkten. Die Kategorien umfassen *kuptsy, Kossaken*, Studenten, Manager und „*Russische Seelen*". Die größte Gruppe von Konsumenten, die „kuptsy" (der Titel kommt vom russischen Wort für Kaufmann) bevorzugt im Prinzip russische Produkte. Sie schätzen jedoch die schlechte Qualität der Massenprodukte nicht besonders. *Kuptsys* bewundern Autos und Stereoanlagen aus

Ländern mit einem guten technischen Ruf, wie Deutschland oder Skandinavien. Nigel Clark, der Autor der Studie, meinte dazu, daß sich Segmentierung und zielgruppengerechte Ansprache in Rußland durchaus geeignet ist, obwohl der Massenmarkt nach wie vor in den Kinderschuhen steckt. „Wenn man es mit einem so verschiedenen Markt wie dem russischen zu tun hat, dann sollte man auch bei einer Massenmarktstrategie daran denken: Welche Zielgruppe ist für meine Marke am ehesten zu begeistern? Wo ist das natürliche Zentrum der Schwerkraft?"[18]

Young & Rubicam's Cross Cultural Consumer Characterizations (4Cs)

Young & Rubicam's 4Cs gingen aus einer 20-Länder-Studie hervor, in der man Ziele, Motive und Werthaltungen von Konsumenten erfaßte, um Wahlentscheidungen von Konsumenten nachzuvollziehen. Die Untersuchung basiert auf der Annahme, daß „die grundlegenden Prozesse menschlichen Verhaltens frei von kulturellen Einflüssen und so fundamental sind, daß sie auf der ganzen Welt identifiziert werden können."[19]

Drei große Gruppen von Konsumenten können nochmals in insgesamt sieben Seg-

Tabelle 7.2: Young & Rubicams 4 C

Einstellungen	Beruf	Lebensstil	Kaufverhalten
Resigned Poor			
Unglücklich	Arbeiter	Zurückgezogen	Massenprodukt
Mißtrauisch	Hilfskraft	Fernsehen	Preisbewußt
Struggling Poor			
Unglücklich	Arbeiter	Sport	Preisbewußt
Unzufrieden	Handwerker	Fernsehen	Diskonter
Mainstreamers			
Glücklich	Handwerker	Familie	Gewohnheit
Besitzen	Lehrer	Garten	Markentreue
Aspirers			
Unglücklich	Verkauf	Trendsportarten	Öffentlicher Konsum
Ehrgeizig	Angestellter	Modemagazine	Auf Kredit
Succeeders			
Glücklich	Managementebene	Reisen	Luxusgüter
Umtriebig	Freiberuflich tätig	Außer-Haus-Konsum	Qualität
Transitionals			
Rebellierend	Student	Kunst und Handwerk	Impulskäufe
Liberal	Gesundheitswesen	Fachzeitschriften	Einzigartige Produkte
Reformers			
Inneres Wachstum	Freiberuflich tätig	Lesen	Ökologie
Weltverbesserer	Unternehmer	Kulturelle Ereignisse	Hausgemachtes

mente unterteilt werden: *Constrained* (Resigned Poor und Struggling Poor), *Middle Majority* (Mainstreamers, Aspirers und Succeeders), und *Innovators* (Transitionals und Reformers). Die Ziele, Motive und Werthaltungen dieser Segmente reichen von „Überleben" und „Aufgeben" (Resigned Poor) zu „sozialem Aufstieg", „sozialem Gewissen", und „sozialem Altruismus" (Reformers). Tabelle 7.2 zeigt einige Charakteristika in bezug auf Einstellungen, Lebensstil, Arbeit und Kaufverhalten der sieben Gruppen.

Die Kombination der Ergebnisse der 4Cs für ein bestimmtes Land mit anderen Daten ermöglicht Y&R die Vorhersage des produkt- und produktgruppenbezogenen Kaufverhaltens für die verschiedenen Segmente. Ebenso wie bereits bei der Diskussion von Global Scan besprochen muß sich ein Unternehmen jedoch davor hüten, eine Strategie oder ein Werbekonzept einzusetzen, um ein bestimmtes Segment über Ländergrenzen hinweg zu nützen. Wie ein Mitarbeiter von Y&R es ausdrückte: „Je näher man in die operative Umsetzung kommt, desto sensibler muß man auf kulturelle Unterschiede bedacht nehmen. Am Beginn des Planungsprozesses ist es jedoch extrem wertvoll, an Konsumenten denken zu können, die ähnliche Werte über Kulturgrenzen hinweg teilen."[20]

Eurostyles

Die Eurostyles, die vom Centre de Comunication Avancé (CCA) entwickelt wurden, wird heute als länderübergreifende, europäische Lebensstiltypologie von der Europanelgruppe angeboten. Seit 1989 werden in 15 europäischen Staaten konsumentenbezo-

Abbildung 7.3: Die Eurostyles von Europanel

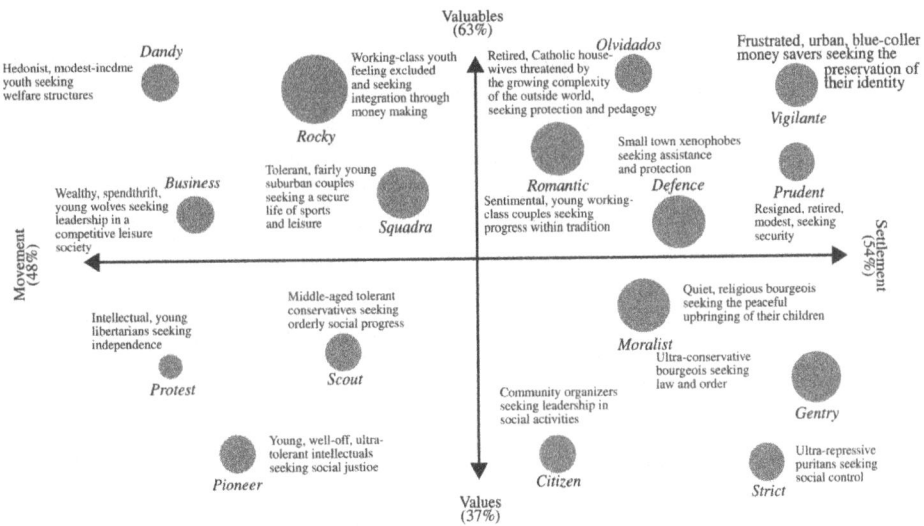

Quelle: adaptiert von Josef Mazanec, „Exporting Eurostyles to the USA," International Journal of Contemporary Hospitality Management, 5,4 (1993): S.4.
* Die Prozentsätze in Klammern geben den Anteil der europäischen Bevölkerung im jeweiligen Quadranten an.

gene Informationen zu folgenden Themenbereichen erhoben: demographische Merkmale und aktuelles Verhalten, Einstellungen und Motivationen, Stimmungen und Emotionen. Aus diesem Datenpool wurden 16 Typen von Konsumenten identifiziert, die in den untersuchten Ländern ident sind. In der Abbildung 7.3 findet sich eine Übersicht über die 16 Eurostyle-Typen entlang der beiden Dimensionen Werte vs. Wert(gegenstände) und Bewegung vs. Seßhaftigkeit. Unter der Dimension *Seßhaftigkeit* sind Werte wie Bewahrung der eigenen Position, Erhaltung des eigenen sozialen Status oder Festhalten an Tradition und Gewohnheiten zusammengefaßt. Im Gegensatz dazu bedeutet *Bewegung* Werte wie Dynamik, Kritikbereitschaft, Skepsis gegenüber Autorität und Gesetz. Die Dimension Wert wird zum einen als an materiellen Werten orientiert und zum anderen an immateriellen Dingen orientiert gesehen.[21]

Die Größe der einzelnen Segmente variiert jedoch in den einzelnen Ländern. Am häufigsten findet man in Europa den Typ des Rocky (13,5%), den Defence (8,5%) und den Romantiker (7,8%) Während Rockies in Ländern wie Holland, Großbritannien, Frankreich und der Schweiz sehr stark vertreten sind, erreichen der Moralist und der Romantiker in Deutschland, Österreich, Belgien und der Schweiz einen hohen Bevölkerungsanteil.

Auch im Investitionsgütermarketing werden psychographische Merkmale herangezogen. Dabei geht es nicht nur um die Persönlichkeitsmerkmale der am Entscheidungsprozeß beteiligten Mitarbeiter, sondern um die Zusammensetzung und das Zusammenspiel des Buying Centers an sich.[22]

🌐 GLOBALE PERSPEKTIVE

GOING GLOBAL – WIE MARKTFORSCHER IHREN KUNDEN FOLGEN

Nicht nur die Hersteller von Produkten und Dienstleistungen beschäftigen sich damit, wie sie Kunden weltweit ansprechen können. Auch Unternehmen, die ihnen die dazu erforderliche Datenbasis liefern, folgen diesem Beispiel. Nachdem sich Lebensstil und andere verbraucherbezogene Daten als unabdingbar für zielgruppengerechte Marketingaktivitäten herausgestellt haben, wollen viele Hersteller auch bei ihren internationalen Geschäften nicht mehr darauf verzichten.

Aus diesem Grund suchen auch Marktforschungsunternehmen nach neuen Zielmärkten für ihre Dienstleistungen. Um die lukrativen Märkte ist mittlerweile ein heißer Kampf entbrannt. Namen wie Experian, Claritas oder CACI, die amerikanischen Konsumenten geläufig sind, lösen bei europäischen Kunden nur Achselzucken aus. Doch diese Zeiten werden bald vorbei sein. Das Marktforschungsunternehmen Experian hat sich den australischen Markt ausgesucht. Eine entsprechende Datenbank, die über Lebensstil und Konsumentenverhalten von 3,5 Mio. Haushalten Auskunft gibt, wurde bereits angegangen. Von Australien erwartet man sich einen guten Einblick in weitere Märkte des Pazifischen Raums.

Der europäische Markt gilt als weiterer großer Hoffnungsmarkt für Lifestyle-Daten.

Fortsetzung auf der nächsten Seite

GOING GLOBAL – WIE MARKTFORSCHER IHREN KUNDEN FOLGEN (Fortsetzung)

Claritas, dessen Produkt Prizm in den USA weitverbreitet ist, hat u.a. in Frankreich, Holland, der Schweiz und Schweden entsprechende Datenbanken aufgebaut. Der italienische und der spanische Markt werden gerade aufgebaut. Experian bietet konsumentenbezogene Informationen in Frankreich, Deutschland, Griechenland oder Dänemark an, um nur einige zu nennen. Equifax Europa hat in Spanien sein Produkt MicroVision auf den Markt gebracht, mit dem es die 38 Mio. Spanier in 11 Haupt- und 32 Untergruppen in bezug auf den Lebensstil unterteilen kann. Diese Typen reichen von „unternehmerischer Elite" bis zu „Kleinagrariern" (einem Typ, der übrigens in Großbritannien nicht existiert, in Frankreich und Südeuropa jedoch häufig zu finden ist). Die britische Niederlassung des amerikanischen Unternehmens CACI (das die in den USA häufig zitierte Lifestyle-Typologie Acorn entwickelt hat; nähere Details findet man unter `http://www.demographics.caci.com/Databases/ACORN.html`) bietet eine ähnliche Dienstleistung für Großbritannien an mit seinen „Lifestyles UK". 44 Mio. Konsumenten können anhand von 300 Lebensstilvariablen in Segmenten zusammengefaßt werden. Zu den Variablen zählen u.a. der Besitz von Kreditkarten, das Urlaubs- und Reiseverhalten, die Verwendung von Computerspielen und Telefoniergewohnheiten.

Doch der Markteinstieg in Europa ist für Marktforschungsunternehmen mit Hindernissen verbunden. Eines davon sind die restriktiven Datenschutzgesetze in Europa. Streitpunkt ist dabei die schriftliche Zustimmung der betroffenen über die kommerzielle Verwertung ihrer persönlichen Daten. Doch auch die Datenverarbeitung stößt auf Mißfallen bei europäischen Rechtsexperten. Um die Eingabe der enormen Datenmengen effizient zu gestalten, werden Fragebögen üblicherweise in Niedriglohnländer wie die Philippinen zur Erfassung geschickt. Europäische Datenschützer sind alles andere als begeistert. Sollten sie sich mit ihrer Haltung durchsetzen, müßten Marktforschungsunternehmen mit einer erheblichen Verteuerung ihrer Leistungen rechnen.

Eine immer häufigere Anwendung in der Marktsegmentierung ist die Verknüpfung von lebensstilbezogenen und geographischen Daten der Konsumenten. Diese Kombination eröffnet ein breites Handlungsfeld für Direkt-Marketing. In den Niederlanden baute Experian eine Datenbank aus öffentlich zugänglichen Daten wie über Fahrzeugbesitz und Informationen zum Lebensstil und Konsumentenverhalten auf. Zudem wurden diese Daten in Beziehung zu den 280.000 Postbezirken (durch Postleitzahlen identifizierbar) gesetzt. Pro Postleitzahl sind im Durchschnitt 16 Haushalte zusammengefaßt.

Auch hier erwartet die Marktforscher kein einfaches Feld! Nicht überall ist das System der Postleitzahlen so stark ausdifferenziert. Während in Großbritannien 1,6 Mio. Postleitzahlen die Zuordnung erleichtern, gibt es in Frankreich lediglich 3000. Auch die Aktualität öffentlich verfügbarer Daten kann zum Problem werden. In Deutschland werden wichtige Verbraucherdaten im Rahmen des Mikrozensus nur alle 10 Jahre erhoben. Zudem ist der Mikrozensus in Deutschland Ländersache, was dazu führt, daß die Datenerhebung in den einzelnen Ländern alles andere als einheitlich ist. Private Anbieter sehen sich daher gezwungen, ihre eigenen Systeme aufzubauen, was mitunter teuer zu stehen kommt.

Fortsetzung auf der nächsten Seite

GOING GLOBAL – WIE MARKTFORSCHER IHREN KUNDEN FOLGEN (Fortsetzung)

Doch auch staatliche Institutionen sehen ihre Chance gekommen, am lukrativen Geschäft mit konsumentenbezogenen Informationen zu partizipieren. In Schweden entschloß sich das statistische Zentralamt, Informationen direkt an Interessenten zu verkaufen. Für den privaten Anbieter CACI rechneten sich eigene Aktivitäten bei einer Marktgröße von nur 9 Mio. Einwohnern nicht mehr, und man zog sich aus dem Markt zurück.

Einfach zum Nachdenken:

- Ist es für Unternehmen im Dienstleistungssektor schwieriger zu internationalisieren als für jene im Investitionsgüterbereich? Wie würden Sie diese Frage vor dem Hintergrund der Erfahrungen von Experian beantworten?
- Warum haben Informationen über den Lebensstil von Konsumenten, alleine oder in Kombination mit Konsumgewohnheiten oder geographischen Daten, eine derartige Bedeutung für Konsumgüterhersteller?

Quellen: David Reed, „LifestyleData: Desperately Seeking a Lifestyle Data Currency," Precision Marketing, 20. Oktober 1997. http://www.experian.com/, http://www.wigeogis.at/, http://www.caci.co.uk/

7.4.4 Verhaltensorientierte Segmentierung

Verhaltensorientierte Segmentierung konzentriert sich darauf, ob Konsumenten ein Produkt kaufen und nutzen, ebenso wie oft und mit welcher Intensität sie es nutzen. Konsumenten können aufgrund ihres Nutzungsverhaltens in verschiedene Kategorien eingeteilt werden. Auch kann man Konsumenten aufgrund ihres aktuellen Nutzungsverhaltens in potentielle Verwender, Nicht-Verwender, ehemalige, regelmäßige und erstmalige Verwender, ebenso wie Verwender von Konkurrenzprodukten einteilen. Der Suppenhersteller Campbell wandte sich dem Zielmarkt China zu mit der einfachen Begründung, weil Chinesen den höchsten Pro-Kopf-Verbrauch an Suppe in der Welt haben.[23] Aus ähnlichen Gründen sind Zigarettenkonzerne in China tätig, da Chinesen einen hohen Zigarettenkonsum aufweisen.

1993 lancierte Tambrands Inc., Hersteller von Tampons, eine €17-Millionen-Kampagne in den USA, Ost- und Westeuropa, Lateinamerika und in Asien. Die Kampagne verfolgte zwei strategische Ziele, die mit der Verwendungshäufigkeit und dem Verwenderstatus in Verbindung standen. Eine Anzeige zeigte Frauen, neue Anlässe und Wege, Tampons zu verwenden. Sie beinhaltete den Rat von Gynäkologen, daß Tampons auch in der Nacht sicher eingesetzt werden können. Diese kreative Umsetzung basierte auf Konsumentenstudien, die zeigten, daß zwei Drittel der Verwenderinnen Tampons nicht in der Nacht einsetzen. Die andere kreative Umsetzung zeigte modische Frauen, die über Damenbinden anderer Hersteller nichts Gutes zu berichten haben. Diese Botschaft sollte besonders wirkungsvoll in Märkten außerhalb der USA sein, wo generell weniger Tampons verwendet werden.[24]

Auch Telekommunikationsdienstleister wenden verstärkt verhaltensorientierte Ansätze zur Segmentierung ihrer Konsumenten an. Routinemäßig wird eine Unmenge an Daten, wie Anzahl und Dauer der Gespräche, Gesprächsaufkommen zu unterschiedlichen Tageszeiten, Zahlungsverhalten und Lebensstilindikatoren erhoben. Nicht selten lag dieses Potential brach, bis man auf die Idee kam, durch Data Mining unterschiedliche Ansprüche der einzelnen Zielgruppen herauszufiltern. Teilte man früher Konsumenten lediglich in gewerbliche und private Kunden ein, ermöglichen die gesammelten Informationen eine wesentlich detailliertere und zielgenaue Analyse. Das Ergebnis sind besserer Service, neue Produkte und maßgeschneiderte Tarifsysteme, und am Ende eine Stärkung der Kundenbeziehung. Besorgte Datenschützer versucht Olivier Suard, Berater bei Kenan Systems, zu beruhigen, indem er die Bedeutung aggregierter Daten für Marketingaktivitäten unterstreicht. Er meint: „Es hilft zu wissen, daß beispielsweise der Großteil der Handybenutzer unter 25 gerne die integrierte Voice-Mail-Box benutzt. Aber ich bin nicht sicher, daß jemand wissen will, wen Fritz Meier angerufen hat, vor allem wenn man bedenkt, welche Kosten das verursachen würde."[25]

7.4.5 Nutzenbasierte Segmentierung

Globale, nutzenbasierte Segmentierung basiert auf dem Parameter „W" (Wert) der in Kapitel 1 näher beschriebenen Wertgleichung (W = N/P). Da heutzutage die Grundbedürfnisse durch Produkte gedeckt werden, wollen Konsumenten weitere Ziele mit ihrem Konsum erreichen und erwarten sich daher Zusatznutzen aus ihrer Konsumentscheidung. Der schwedische Automobilhersteller Volvo erfüllt – wie andere Hersteller auch – den Grundnutzen, den ein Auto bieten soll – Fortbewegung. Doch Fortbewegung ist nicht der einzige Nutzen, den Konsumenten aus ihrem Volvo ziehen können. Volvo spricht jene Zielgruppe an, für die persönliche Sicherheit und die der Familie im Vordergrund stehen. Konsumenten, die sich von hoher Motorleistung und Status angesprochen fühlen, werden z.B. zu BMW tendieren. Schwierig wird die Segmentierung dann, wenn Nutzenattribute, die früher zu einzigartigen Produktangeboten führten, mittlerweile als Standard vorausgesetzt werden. Mit dieser Situation hatte Volvo vor allem in den USA zu kämpfen, wo die Umsätze stark zurückgingen. Auch Apple Computers, die den Konsumenten Benutzerfreundlichkeit als hervorstechendes Kaufargument präsentierten, sahen sich mit der mächtigen Konkurrenz durch Microsoft konfrontiert, das ebenfalls mit diesem Produktvorteil warb.

Man kann in zunehmendem Maß beobachten, daß Konsumenten Markenprodukte kaufen, um eine Vielzahl von Zielen zu erreichen. Dies ist nicht zuletzt durch die unterschiedlichen – mit unter auch konfliktäre - Rollen und Rollenerwartungen begründet, die heutige Konsumenten erfüllen müssen. Harley-Davidson erschloß mittels nutzenbasierter Segmentierung neue Zielgruppen für seine Produkte. Um ihre beruflichen Ziele zu erreichen, entsprechen Manager der Rollenerwartung eines zielorientierten Konformisten. Dazu drängen sie ihr Streben nach Individualität und Freiheit während der Woche zurück. Am Wochenende können sie (manchmal auch als „Rolex Riders" bezeichnet) dann ihrer vernachlässigte Individualität und ihrem rebellischen Geist durch eine Ausfahrt mit ihrer Harley freien Lauf lassen. Dieser Nutzen wird in der Kommunikationspolitik auch konsequent und zielgruppengerecht umgesetzt. Um die temporäre Veränderung vom Button-Down-Kragen zum Hells Angel zu komplettieren, finden sich unter den Accessoires aufklebbare Tattoos und mit Nieten verzierte Lederjacken. Nach ähnlichen Mustern haben auch Hersteller von Geländeautos wie Rover oder Chrysler (sports utility vehicles) ihre Zielgruppen segmentiert.[26]

Dieser Ansatz bewirkt einen durchschlagenden Erfolg, indem er das Problem, welches ein Produkt löst, oder den Nutzen, den es für den Konsumenten bringt, genau versteht. Beide Aspekte können über Ländergrenzen hinweg aktuell sein. Nestlé erkannte beispielsweise, daß Katzenbesitzer in vielen Ländern ähnliche Einstellungen in bezug auf Katzenfutter haben. Als Antwort darauf wurde eine europaweite Werbekampagne für Friskies Trockenfutter konzipiert. Die Botschaft dahinter war, daß Trockenfutter dem Drang der Katze nach Unabhängigkeit viel besser entsprechen würde.

EUROPÄISCHER BLICKWINKEL

SEGMENTING AND TARGETING À LA VIENNOISE!

Nicht nur in Marketingabteilungen beschäftigt man sich intensiv mit der Definition von Zielgruppen, ihren Ansprüchen, und wie man das eigene Produkt im Wettbewerbsumfeld dazu entsprechend positionieren kann. In Wiens Kaffeehäusern wird bereits seit dem 17. Jahrhundert intensiv an diesen Themenstellungen gearbeitet. Begonnen hat alles am 12. August 1683, als Georg Franz Kolschitzky durch seine Botendienste den Österreichern zum Ende der Türkenbelagerung verhelfen konnte. Als Belohnung erbat er sich die von den Türken zurückgelassenen Säcke Kaffee und die Erlaubnis, diese zu rösten und aufgekocht den Wienern als Kaffee ausschenken zu dürfen. Seitdem üben sich Generationen von Kellnern und Kellnerinnen in der Kunst der Zielgruppendefinition und der maßgeschneiderten Positionierung ihres Angebots, d.h. ihrer Bedienung. Über die demographischen Merkmale, die Motive und den Nutzen, den sich Kaffeehauskunden erwarten, sowie ihr Nutzungsverhalten ist durch die jahrhundertelange Beschäftigung ein fundiertes Wissen entstanden. Im folgenden ein Auszug aus der Typologie der Wiener Kaffeehauskonsumenten:

Der *Zaghafte*: sein Verhalten ist durch lange Überlegungen und Diskussionen charakterisiert, das der Auswahl von Speisen und Getränken zuvorgeht. Meist kommt er allein oder zu zweit. Die Bestellung tätigt er meist kaum hörbar. Für den Kellner eine Herausforderung! Um den Gast zufriedenzustellen, muß er einiges erahnen. Verläßt er sich auf sein Gehör, können ihm leicht Fehler unterlaufen. Erhält der Zaghafte statt des (bei der Bestellung gehauchten) Einspänners eine Mélange, wird er dem „Hersteller" nicht mit Wutausbrüchen, sondern mit Sanktionen anderer Art sein Mißfallen kundtun – er rächt sich beim Trinkgeld.

Der *geschwätzige Genießer*: auf den ersten Blick erscheint er pflegeleicht – mit allem und jedem zufrieden – overall happiness! Doch dieses Glück will geteilt werden. Der geschulte Kellner begegnet diesem Kundentyp mit Empathie. Um das Glück des Kunden herzustellen bzw. zu verlängern, wird ausführlich über die Speisekarte beraten, die einmal aufgegebene Bestellung mehrfach revidiert. Am Ende ist der Gast über die perfekte Beratung und hervorragende Wahl beglückt und revanchiert sich mit einer Belohnung – entsprechendem Trinkgeld und Stammkundschaft.

Der *Gentleman*: hier hat man es als Kellner mit Profis zu tun. Ihre Anforderung sind angemessene Höflichkeit, rasche Bedienung und akzeptable Kaffeequalität – Effizienz mit einem Wort. Hier wird der geübte Kellner mit Tempo und mit keinem Wort zuviel seine Kunden rundum zufriedenstellen können.

Fortsetzung auf der nächsten Seite

SEGMENTING AND TARGETING À LA VIENNOISE! (Fortsetzung)

Für interessierte Marketingexperten gibt es jedoch noch viel mehr Zielgruppen zu entdecken. Eine Forschungsreise nach Wien würde sich daher durchaus lohnen...

P.S.: Die beschriebene Typologie läßt sich selbstverständlich sowohl auf männliche als auch weibliche Kaffeehausbesucher anwenden. Denn seit Ende des 18. Jahrhunderts, seit Jovanni Milani als erster sein Kaffeehaus der Damenwelt öffnete, herrscht auf diesem Gebiet Gleichberechtigung!

Einfach zum Nachdenken:

- Entwerfen Sie eine ähnliche Typologie für die Kunden von Mikrobrauereien. Welche Ähnlichkeiten und Unterschiede werden sich zur Typologie der Wiener Kaffeehausbesucher finden lassen?
- Welche empirischen Daten benötigen Sie, um eine derartige Typologie zu erstellen? Wie würden Sie diese Daten gewinnen?

Quellen: Hildegard Heczko, „Die Gunst des Kellners", *Der Standard*, 13./14. März 1999, S.A16; http://www.tourist-net.co.at/coffee/coffee3.htm.

AUF DEN PUNKT GEBRACHT

- Bevor konkrete Marketingaktivitäten gesetzt werden, steht die Auswahl der anzusprechenden Zielgruppen im Mittelpunkt. Diesen Vorgang nennt man Marktsegmentierung.

- Wie auch im nationalen Kontext kann man zur internationalen Marktsegmentierung, d.h. zur Aufteilung des globalen Marktes in einzelne Zielgruppen, verschiedene Verfahren heranziehen.

- Geht man nach dem geographischen Segmentierungsansatz vor, dann werden Länder entsprechend ihrer geographischen Nähe oder Distanz zueinander zu Zielgruppen zusammengefaßt.

- Die demographische Segmentierung basiert auf quantitativ meßbaren Charakteristika einer Bevölkerung, wie Alter, Geschlecht, Einkommen, Ausbildung oder Beruf. Handelt es sich um Investitionsgüter, dann wird man die Kunden nach Unternehmensgröße, Branche oder Eigentümerstruktur kategorisieren.

- Die psychographische Segmentierung teilt Konsumenten auf der Basis ihrer Einstellungen, Werte und ihres Lebensstils in Zielgruppen ein.

- Wendet man den Ansatz der verhaltensorientierten Segmentierung an, dann werden jene Konsumenten zu einem Marktsegment zusammengefaßt, die ein Produkt in ähnlicher Weise und in ähnlicher Intensität kaufen und nutzen.

- Der nutzenbasierte Ansatz geht davon aus, daß Konsumenten am besten dadurch zusammengefaßt werden, wenn man sich ansieht, welchen Nutzen sie sich von einem Produkt erwarten.

7.5   Globale Selektion von Zielgruppen

Wie bereits an anderer Stelle diskutiert bedeutet Segmentierung, daß Gruppen von Konsumenten identifiziert werden, die ähnliche Bedürfnisse und Wünsche haben. Die Ansprache von Zielgruppen – Targeting – ist ein Prozeß, bei dem die identifizierten Zielgruppen bewertet und verglichen werden, und bei dem dann das eine oder mehrere Segmente ausgewählt werden, die das höchste Potential aufweisen. Dann wird der Marketing-Mix darauf abgestimmt, der dem Unternehmen größtmöglichen finanziellen Rückfluß und dem Kunden größtmöglichen Nutzen bringt.

7.5.1   Bewertungskriterien

Die drei Kriterien, die zur Bewertung globaler Marktsegmente verwendet werden, sind dieselben wie auf einem nationalen Markt: gegenwärtige Größe des Marktsegments und prognostiziertes Wachstum, Konkurrenz und die Kompatibilität mit den Unternehmenszielen und die Fähigkeit zur zielgruppengerechten Ansprache.

Gegenwärtige Größe und Wachstumspotential

Es stellt sich die Frage, ob das Marktsegment gegenwärtig groß genug ist, um dem Unternehmen Gewinnchancen zu bieten. Ist es heute nicht groß oder gewinnträchtig genug, hat es möglicherweise ein hohes Wachstumspotential für die Zukunft, so daß es für eine langfristige Bearbeitung attraktiv ist. Der Vorteil bei der Ansprache eines globale Segments im Vergleich zu einem nationalen ist, daß ein Segment in einem Land zu klein sein kann. Durch die globale Ansprache kann selbst ein schmales Segment gewinnträchtig mit einem standardisierten Produkt bearbeitet werden, wenn das Segment in mehreren Ländern besteht.[27] Das zahlreiche Millionen an Konsumenten zählende Segment der „MTV Generation" stellen einen großen Markt dar, der aufgrund seiner Größe extrem attraktiv für viele Unternehmen ist.

China stellt einen einzelnen geographischen Markt dar, der attraktive Möglichkeiten für viele Branchen bietet. Wenn man die Wachstumschancen im Bereich der Finanzdienstleistungen betrachtet, so sind diese beachtlich. Gegenwärtig befinden sich lediglich 3 Millionen Kreditkarten im Umlauf, die vorwiegend von Unternehmen genutzt werden. Ein geringer Sättigungsgrad läßt sich auch bei PCs erkennen. Derzeit kommt ein Computer auf 6000 Einwohner. In den USA lautet dieses Verhältnis 1:4. Die Möglichkeiten für Automobilhersteller sind noch größer. China hat 1,2 Mio. Autos, d.h. 1 Auto für 20.000 Chinesen. Lediglich 60.000 dieser Autos sind in privatem Besitz.

Die Gruppe der Besitzer von Geländeautos ist in den USA ein Schulbeispiel für ein wachsendes Segment. Die Umsätze in diesem Segment stiegen zwischen 1990 und 1994 um beinahe 35%. Ende 1997 kauften amerikanische Familien mehr Geländeautos, Minivans und Pickups als herkömmliche Autos. Zum ersten Mal überholten die Umsätze mit diesen Fahrzeugen jenen mit herkömmlichen Autos. Ein Industrieexperte sagte voraus, daß diese Art von Fahrzeugen im Jahr 2002 55% aller Familienautos ausmachen würden. Zusätzlich zu den drei großen amerikanischen Automobilherstellern drängen Mitbewerber aus Japan, Europa, Korea und sogar China auf den Markt. Das Segment der Geländewagen wächst auch außerhalb der USA. Chrysler baut aus diesem Grund Versionen seines Jeep Cherokee für den Linksverkehr am japanischen Markt. 1994 verkaufte Chrysler 10.000 Cherokees nach Japan, mehr als doppelt soviel wie 1993.[28]

Konkurrenzintensität und neue, potentielle Konkurrenten

Ein Markt oder ein Marktsegment, das durch starken Wettbewerb charakterisiert, ist vermutlich wenig attraktiv. Jedoch, Kodaks Marktführerschaft im amerikanischen Markt für Farbfilme mit einem Marktvolumen von mehr als € 2 Mrd. hielt Fuji nicht davon ab, eine Offensive zu starten. Zusätzlich zu den herkömmlichen 35 mm-Filmen zu einem niedrigeren Preis als Kodak führte Fuji rasch eine Reihe von neuen Produkten ein, die sich an den „erfahrenen Fotoamateur" wandten, und die bislang von Kodak nicht beachtet wurden. Trotz der anfänglichen Erfolge liegt der Marktanteil von Fuji in den USA nach zwei Jahrzehnten zwischen 10 und 16%. Ein Teil des Problems ist Kodaks starke Position in der Distribution: während Kodak in Supermärkten und Drogerien stark verankert ist, mußte sich Fuji gegen andere Neueinsteiger wie Konica und Polaroid durchsetzen. Zudem hat Kodak Vereinbarungen mit Dutzenden von amerikanischen Vergnügungsparks, die sicherstellen, daß nur Filme von Kodak verkauft werden. Fuji entwickelt auch einen Markt in Europa, wo Kodak „nur" 40% des Farbfilmmarktes dominiert. Gegenwärtig hält Fuji in Europa einen Marktanteil von 25%, im Vergleich zu 10% vor 10 Jahren. In der Zwischenzeit hat Kodak in Japan eine halbe Milliarde Dollar investiert, um auf dem zweitgrößten Markt der Welt für fotografische Produkte einen Marktanteil von 10% zu erreichen.[29]

Kompatibilität und Machbarkeit

Wenn ein globaler Markt als groß genug eingeschätzt wird, und wenn starke Mitbewerber fehlen oder als überwindbar erscheinen, dann muß die endgültige Entscheidung getroffen werden, ob ein Unternehmen einen Markt angehen kann oder soll. In vielen Fällen benötigt die Entscheidung, ein globales Marktsegment anzugehen, beachtliche Ressourcen wie Ausgaben für Distribution und Reisebudgets. Eine weitere Frage ist, ob die Bearbeitung eines bestimmten Segments mit den Unternehmenszielen und dem Wettbewerbsvorteil des Unternehmens vereinbar ist. Obwohl Pepsi am russischen Markt fest verankert war und ihn seit 1972 bearbeitete, wartete Coke 15 Jahre, um den ersten Schritt nach Rußland zu tun, und 20 Jahre, bevor es größere Investitionen tätigte. Zur Zeit des Markteintritts von Coke deckte Pepsi 100% des russischen Marktes ab. Es schien eine schwierige Herausforderung zu sein, doch die umfangreichen Investitionen und die gelungene Umsetzung in Rußland brachten Coke zu 50% Marktanteil bis 1996.[30]

7.5.2 Auswahl einer geeigneten globalen Marktbearbeitungsstrategie

Nachdem die verschiedenen Zielgruppen in bezug auf die genannten Kriterien beurteilt wurden und die Entscheidung gefallen ist, muß eine geeignete Strategie entwickelt werden. Es gibt drei grundlegende Strategien: standardisierte, konzentrierte und differenzierte Marktbearbeitung.

Standardisierte, globale Marktbearbeitung

Eine standardisierte, globale Marketingstrategie entspricht der Bearbeitung des Massenmarktes in einem nationalen Markt. Es bedeutet, daß derselbe Marketing-Mix für einen breiten Markt an potentiellen Käufern entwickelt wird. Diese Strategie erfordert eine intensive Distribution in einer maximalen Anzahl an Handelsgeschäften. Der Vorteil einer standardisierten Strategie liegt auf der Hand: ein größeres Absatzvolumen, geringere Produktionskosten und höhere Profitabilität. Dasselbe gilt für standardisierte, globale Kommunikationsstrategien: geringere Produktionskosten und, wenn es gelingt, höhere Qualität und größere Effektivität.

Manager bei Revlon International setzen jüngst eine standardisierte Strategie ein, als sie ihre Absicht ankündigten, Revlon zu einer globalen Marke zu machen. Paul Block erklärte: „Alle Kommunikationskampagnen für Revlon-Produkte, egal ob Kosmetik, Haut- und Haarpflege oder Almay, in den USA eingesetzt werden, werden nun auch weltweit zum Einsatz gelangen."[31] Das globale Thema dreht sich um die „Shake Your Body"-Kampagne. Revlons Strategie setzt auf die Entwicklung großer Märkte, die in Zentral- und Osteuropa, wie Ungarn oder die ehemaligen Sowjetrepubliken umfaßt.

Konzentrierte Marktbearbeitung

Die zweite Möglichkeit der Marktbearbeitung besteht darin, einen Marketing-Mix zu entwickeln, der auf ein einzelnes, globales Marktsegment zugeschnitten ist. In der Kosmetik wurde diese Strategie erfolgreich durch Estée Lauder, Chanel und andere eingesetzt, die sich auf das Prestigesegment im Markt konzentrierten. Dies ist auch die Strategie, die von den „geheimen Champions" des globalen Marketing eingesetzt werden. Es handelt sich dabei um Unternehmen, von denen die meisten noch nicht einmal gehört haben. Diese Unternehmen definieren ihre Märkte sehr eng. Sie gehen eher in Richtung globale Tiefe denn Breite. Winterhalter, ein deutsches Unternehmen, ist ein heimlicher Champion im Markt für Geschirrspüler. Dabei hat das Unternehmen nicht auch nur einen Geschirrspüler an einen Konsumenten verkauft. Es verkauft auch nicht an Spitäler, Schulen, Unternehmen oder andere Organisationen. Winterhalter fokussiert sich einzig auf Geschirrspüler für Hotels und Restaurants. Es bietet Geschirrspüler, Wasseraufbereiter, Spülmittel und Service an. Jürgen Winterhalter kommentierte den Ansatz des Unternehmens: „Diese Konzentration auf ein schmales Marktsegment war die wichtigste strategische Entscheidung, die wir je getroffen haben. Sie ist die Basis unseres Erfolges des letzten Jahrzehnts."[32]

Differenzierte Marktbearbeitung

Die dritte strategische Alternative ist eine Variante der konzentrierten Marktbearbeitung. Es umfaßt die Bearbeitung von zwei oder mehreren unterschiedlichen Marktsegmenten mit einem unterschiedlichen Marketing-Mix. Diese Strategie erlaubt dem Unternehmen eine größere Marktabdeckung. Im Markt für Geländewagen hat Rover beispielsweise das hochpreisige Marktsegment mit dem Range Rover um € 42.500 abgedeckt. Mit einer reduzierten Version, dem Land Rover Discoverer, um weniger als € 30.000 steht es in direkter Konkurrenz zum Jeep Grand Cherokee. Dies sind zwei unterschiedliche Marktsegmente, und Rover wendet eine konzentrierte Strategie für jedes der beiden Segmente an.

GLOBALE PERSPEKTIVE

DER AMERIKANISCHE KLASSIKER FÜR ABENTEURER

Geschicktes Auslandsmarketing hat die Umsätze bei Harley Davidson in den letzten Jahren erfreulich hoch ansteigen lassen. Von 3.000 verkauften Motorrädern 1983 konnte man sich auf 15.000 im Jahr 1990 steigern. 1996 wurden mehr als € 340 Mio. im Ausland erzielt – im Vergleich zu € 100 Mio. 1989. Von Australien bis Schweden oder Mexiko zahlen Motorradenthusiasten bis zu € 22.000 für ein Motorrad „Made in USA". In vielen Ländern müssen Händler gar Wartelisten mit einer Wartefrist von bis zu 6 Monaten führen, um alle interessierten Käufer zu befriedigen.

Der internationale Erfolg von Harley Davidson kommt nach Jahren der Heimmarktorientierung, bei der man die Auslandsmärkte komplett vernachlässigte. Im Anlaßfall betrieb man reinen Exportverkauf, was sich auch an der wenig entwickelten Händlerstruktur zeigte. Die internationalen Anzeigenkampagnen waren lediglich wörtliche Übersetzungen der U.S.-Kampagnen. Nachdem man in den späten 80er Jahren in Japan und den wichtigsten europäischen Märkten Händler rekrutierte, entdeckte das Management ein Basisprinzip des globalen Marketing: think global act local! Man begann den internationalen Marktauftritt anzupassen, um den lokalen Gegebenheiten stärker entgegenzukommen.

In Japan beispielsweise hat Harley das Image eines hochqualitativen, robusten Produkts, was es zum erfolgreichsten, ausländischen Motorrad machte. Dennoch war Toshifumi Okui, Leiter von Harleys japanischer Tochtergesellschaft, noch nicht zufrieden. Er hatte Bedenken, daß der zentrale Leitsatz aus den U.S.-Anzeigen – „die einzige Konstante in einer sich ständig ändernden Welt" – die japanischen Käufer nicht wirklich ansprechen würde. Okui überzeugte schließlich das U.S. Management, in Japan eine eigene Kampagne zu lancieren. Dieser Werbeauftritt verwendete bewußt gegensätzliche Traditionen aus den USA und Japan, wie einen amerikanischen Motorradfahrer, der eine Geisha auf der Rikscha überholt. Weiters errichtete man zwei Geschäfte, in denen motorradgemäße Bekleidung und Accessoires verkauft wurden, nachdem die Wünsche der japanischen Kunden eindeutig in diese Richtung tendierten.

In Europa entdeckte Harley, daß „am Abend auszugehen" eine unterschiedliche Bedeutung im Vergleich zu den USA besaß. Das Unternehmen finanzierte ein Motorradtreffen in Frankreich, bei dem Bier und Live-Musik bis Mitternacht geboten wurden. Die teilnehmenden Fans zeigten sich erstaunt „ob des frühen Endes, wo doch der Abend erst begonnen hätte." Man überzeugte die Band daher, noch weiterzuspielen, und hielt die Bar bis 3 oder 4 Uhr morgens geöffnet. Nach wie vor sind Motorradtreffen in Europa weniger populär als in den USA. Die Harley-Händler werden daher angehalten, in ihren Verkaufsräumlichkeiten Treffen zu organisieren. Zudem beobachtete man, daß europäische Motorradfahrer häufig deutlich über 130 km/h fahren. Darauf hin begann man, Änderungen vorzunehmen, die ein angenehmeres Fahren bei schnelleren Geschwindigkeiten ermöglichen. Außerdem führte man Zubehör ein, das dem Schutz der Motorradfahrer dienen sollte.

Fortsetzung auf der nächsten Seite

DER AMERIKANISCHE KLASSIKER FÜR ABENTEURER (Fortsetzung)

Trotz der großen Nachfrage beschränkt das Unternehmen bewußt das Angebot, um die verbesserte Qualität aufrecht erhalten zu können und den Nachfragesog beizubehalten. Man bemüht sich weiterhin, heimische Kunden bevorzugt zu bedienen. Aus diesem Grund gehen auch nicht mehr als 30% der Produkte in den Export. Diese künstliche Verknappung scheint Harley gut zu tun. James H. Patterson von Harley Davidson kommentiert dies folgendermaßen: „Genügend Motorräder sind schon zu viele Motorräder."

Einfach zum Nachdenken:

- Welche Bedeutung hat der Produktionsstandort USA für Harley-Davidson? Wie sollte das Management in Milwaukee auf den japanischen Vorschlag reagieren, die Motorräder in Asien zu bauen?
- Welche Herausforderungen entstehen für das Management von Harley-Davidson dadurch, daß nun auch Kleidung und Accessoires in Japan angeboten werden sollen?

Quellen: Kevin Kelly und Karen Lowry Miller, „The Rumble Heard Round the World: Harleys," *Business Week*, 24. Mai 1993, S.58,60; Robert L.Rose, „Vrooming Back: After Nearly Stalling, Harley-Davidson Finds New Crowd of Riders," *Wall Street Journal*, 31. August 1991, S.A1,A6. John Holusha, „How Harley Outfoxed Japan with Exports," *New York Times*, 12. August 1990, S.F5; Robert C. Reid, „How Harley Beat Back the Japanese," *Fortune*, 25. September 1989, S.155+; Harley-Davidson 1996 Annual Report.

Ein Weltmeister der differenzierten Bearbeitung des Weltmarketes ist der Schweizer Uhrenhersteller SMH. SMH bietet Uhren, vom Preisbereich einer Swatch um € 43 zur Blancpain um € 85.000. Obwohl Forschung und Entwicklung ebenso wie Fertigung bei SMH integriert sind und der gesamten Produktlinie dienen, wird jede SMH-Marke durch eine komplett getrennte Organisation gemanagt, die ein konzentriertes, schmales Segment im globalen Markt bearbeiten.

In der Kosmetikindustrie setzen Unilever und Cosmair differenzierte Marktbearbeitungsstrategien ein, indem sie beide Enden des Parfummarktes ansprechen. Unilever spricht mit Calvin Klein und Elizabeth Taylors Passion den Luxusmarkt an; Wind Song und Brut sind Unilevers Marken für den Massenmarkt. Cosmair verkauft Trésor und Giorgio Armanis Gio an das obere Marktsegment und Gloria Vanderbilt an das untere. Unternehmen wie Procter & Gamble – Hersteller, der mit Old Spice und Incognito den Massenmarkt bedient – setzt nun ebenfalls auf diese Strategie. 1991 erwarb man Revlons EuroCos und vermarktete damit Hugo Boss und Laura Biagiottis Parfum Roma. Nun lanciert P&G das neue Prestigeparfum Venezia in den USA und neun europäischen Ländern.[33]

AUF DEN PUNKT GEBRACHT

- Im Anschluß an die Definition potentieller globaler Zielgruppen steht die Auswahl jener Marktsegmente, die in weiterer Folge bearbeitet werden.

Fortsetzung auf der nächsten Seite

- Als Bewertungskriterien kann man – wie im nationalen Kontext – gegenwärtige Größe und Wachstum des jeweiligen Marktsegments, Konkurrenzintensität und potentielle neue Konkurrenten und die Kompatibilität und Machbarkeit im Hinblick auf Unternehmensziele und -ressourcen heranziehen.
- Sind die attraktivsten Segmente ausgewählt, stellt sich die Frage nach der geeigneten Marktbearbeitungsstrategie.
- Geht ein Unternehmen mit einer standardisierten, globalen Marktbearbeitungsstrategie auf den Markt, so bedeutet dies, daß ein weltweit standardisierter Marketing-Mix für alle Zielgruppen verwendet wird.
- Bei einer differenzierten Marktbearbeitungsstrategie wird der Marketing-Mix für die jeweilige globale Zielgruppe maßgeschneidert.
- Fokussiert ein Unternehmen seinen Marketing-Mix auf ein einzelnes, globales Marktsegment, so spricht man von einer konzentrierten Marktbearbeitungsstrategie.

7.6 Globale Produktpositionierung

Unter Positionierung versteht man die Verankerung eines Produkts im Gedächtnis des Konsumenten. Es handelt sich dabei um eines der mächtigsten Instrumente des Marketing, das ein Unternehmen jedoch nur bedingt beeinflussen kann. Positionierung findet im Kopf des Konsumenten statt. Die Position, die ein Produkt im Kopf des Konsumenten besetzt, hängt von einer Vielzahl an Faktoren ab. Viele davon kann ein Unternehmen kontrollieren.

Um diesen Wahrnehmungsraum der Konsumenten bildlich darzustellen, bietet sich die Positionierungsmatrix an. In diesem zweidimensionalen Koordinatensystem ordnen die Konsumenten am Markt befindliche Produkte danach ein, inwieweit diese Produkte die beiden Hauptanforderungen aus Konsumentensicht erfüllen. Das folgende Beispiel (siehe Abbildung 7.4) zeigt eine Positionierungsmatrix von amerikanischen Fast-Food-Restaurants. Als Dimensionen – wichtige Kriterien für die Kaufentscheidung – wurden die Anzahl der Standorte und die Sauberkeit der Restaurants genannt.[34]

Nachdem der globale Markt segmentiert und ein oder mehrere Marktsegmente ausgewählt wurden, ist es erforderlich, einen Plan zur Bearbeitung dieser Segmente zu entwickeln. Um dieses Ziel zu erreichen, setzen Marketer die Positionierung ein. Im heutigen globalen Marktumfeld sehen es Unternehmen als zunehmend wichtig an, eine einheitliche globale Positionierungsstrategie zu haben. Chase Manhattan hat eine globale Werbekampagne um € 64 Mio. lanciert, die um das Thema „Gewinn durch Erfahrung" zentriert ist. Die Privat- und Firmenkunden von Chase Manhattan sind weltweit tätig und reisen auch in der ganzen Welt. Ihnen kann daher auch nur ein Bild von Chase im Gedächtnis bleiben. Warum sollte man die Kunden daher verwirren.

Es stellt sich die Frage, ob eine globale Positionierung für alle Produkte wirkt. Eine Untersuchung zeigt, daß eine globale Positionierungsstrategie am effektivsten für Pro-

Abbildung 7.4: Positionierung amerikanischer Fast-Food-Restaurants im Wahrnehmungsraum der Konsumenten

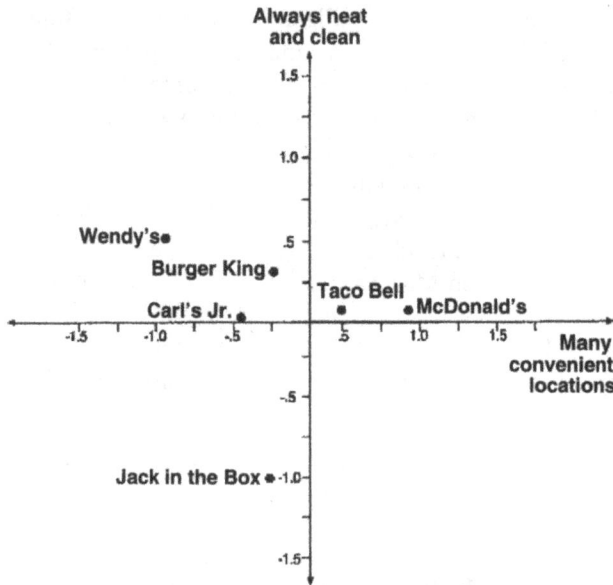

Quelle: übernommen und angepaßt aus James H. Myers, *Segmentation and Positioning for Strategic Marketing Decisions* (American Marketing Association, Chicago, 1996.)

duktkategorien sind, die sich an einem Ende des „High Touch/High Tech"-Kontinuum sind.[35] Beide Enden des Kontinuums sind durch ein hohes Niveau an Involvement bei den Konsumenten und eine gemeinsam geteilte „Sprache" charakterisiert sind.

7.6.1 „High-Tech"-Positionierung

PCs, Video- und Stereoanlagen und Autos sind Beispiele für Produktkategorien, in denen sich eine High-Tech-Positionierung als effektiv erwiesen hat. Derartige Produkte werden häufig auf der Basis konkreter Produktmerkmale gekauft, obwohl das Image eines Produkts ebenso wichtig sein kann. Die Käufer besitzen typischerweise bereits oder suchen nach umfassender technischer Information. High-Tech-Produkte können in drei Kategorien geteilt werden: technische Produkte, Produkte, die speziellen Interessen dienen, und Produkte, die selbsterklärend sind.

- *Technische Produkte*: Computer, Chemikalien, Autoreifen und Finanzdienstleistungen sind nur Beispiel von Produktkategorien, wo Käufer spezialisierte Bedürfnisse haben, wo sie viel Produktinformation verwenden und eine gemeinsame „Sprache" teilen. Computerkäufer in Rußland und den USA wissen gleichermaßen Bescheid, wenn es um „Mikroprozessoren, Festplatten und RAMs (random access memory) geht." Die Kommunikationspolitik für High-Tech-Produkte sollte informativ sein und die Produktmerkmale in den Vordergrund stellen.

- *Produkte für spezielle Interessen*: obwohl es sich bei diesen Produkten um weniger technisch und mehr freizeitorientierte Produkte handelt, können sie ebenfalls durch gemeinsame Erfahrungen und hohes Involvement der Konsumenten charakterisiert werden. Gemeinsame Sprache und Symbole, die mit diesen Produkten assoziiert werden, können Sprach- und Kulturgrenzen überwinden. Fahrräder von Schwinn, Sportartikel von Adidas und Kameras von Canon sind Beispiele erfolgreicher Produkte für spezielle Interessen.

- *Selbsterklärende Produkte*: diese Produkte sprechen für sich selbst! Dies gilt für die Bewerbung von Produktmerkmalen und Nutzenaspekte. Die Sofortbild-Kamera von Polaroid ist ein Beispiel eines sich selbst erklärenden und sehr erfolgreichen globalen Produktes.

7.6.2 „High-Touch"-Positionierung

Um High-Touch–Produkte zu vermarkten, wird großes Augenmerk auf die Vermittlung des Images eines Produktes gelegt, während spezialisierte Information in den Hintergrund tritt. Wie auch bei High-Tech-Produkten zeigen die Konsumenten bei High-Touch-Produkten ein hohes Involvement. Die Käufer derartiger Produkte teilen ein gemeinsames Kommunikationsmuster und eine Reihe von Symbolen in bezug auf Reichtum, Materialismus und Romantik. Die drei Kategorien von High-Touch-Produkten sind Produkte, die ein alltägliches Problem lösen, sogenannte kosmopolitische Produkte" und Produkte, die ein universales Thema berühren.

- *Produkte, die ein alltägliches Problem lösen*. Am anderen Ende des Preiskontinuums von High-Tech-Produkten stiften Produkte dieser Kategorie Nutzen, der mit den „kleinen Momenten des Lebens" in Verbindung steht. Werbesujets zeigen Freunde, die bei einer Tasse Kaffee im Kaffeehaus sitzen oder bei einem Tag am Strand mit einem Limonadegetränk ihren Durst stillen. Sie stellen das Produkt in das Zentrum einer alltäglichen Situation und vermitteln den Nutzen des Produkts in einer Art und Weise, die weltweit verstanden wird.

- *Kosmopolitische Produkte:* Parfums von Chanel, Bekleidung aus Designerhand, Mineralwasser und Pizza sind Beispiele für Produkte, die in ihrer Positionierung weltweit gleichermaßen verankert sind. Parfums und Mode werden mittlerweile weltweit verkauft – als Resultat eines global zunehmenden Interesses an hochqualitativen, öffentlich sichtbaren, hochpreisigen Produkten, die den eigenen sozialen Status anreichern.
  Auf globalen Märkten kann es vorkommen, daß Produkte allein aufgrund ihres Herkunftslandes für Konsumenten attraktiv sind. Das amerikanische Element von Levis, Marlboro und Harley-Davidson steigert die Attraktivität bei kosmopolitischen Konsumenten weltweit. Im Bereich Unterhaltungselektronik ist der Name Sony ein Synonym für japanische Qualität; im Automobilsektor verkörpert Mercedes legendäre deutsche Ingenieurskunst.

- *Produkte, die universal gültige Themen berühren.* Wie vorhin gesagt, gibt es Werbesujets und Darstellungen von Produkten, die als grundlegend genug gesehen werden, daß man sie als transnational bezeichnen kann. Dazu gehören u.a. Konzepte wie Materialismus (die sich als Bilder von Wohlstand oder Status manifestieren), Heldentum (was in Form von abenteuerlustigen Menschen dargestellt wird), Spiel (Freizeit/Erholung) und Fortpflanzung (Bilder von Romantik).

An dieser Stelle ist anzumerken, daß einige Produkte nicht exklusiv einer Kategorie zugeordnet werden können. Sie lassen sich an mehreren Stellen des High-Tech – High-Touch-Kontinuums positionieren. Eine technisch anspruchsvolle Fotokamera könnte einerseits als technisches andererseits als Produkt für spezielle Freizeitinteressen positioniert werden. Andere Produkte, wie z.B. Unterhaltungselektronik von Bang & Olufsen, können aufgrund der Eleganz und des Designs sowohl als High-Touch-Produkt positioniert werden, als auch als High-Tech-Produkt aufgrund seiner technischen Daten.

AUF DEN PUNKT GEBRACHT

- Unter Positionierung versteht man die Verankerung eines Produktes oder Produktangebots im Wahrnehmungsraum des Konsumenten. Ist ein Unternehmen in der globalen Arena aktiv, dann stellt sich die Frage, ob eine globale, d.h. weltweit einheitliche, Produktpositionierung möglich ist. Dies ist der Fall, wenn sich das Produkt an einem Ende des sogenannten High-Tech/High-Touch-Kontinuums befindet.

- Während bei der Positionierung von High-Tech-Produkten die technischen Produktmerkmale im Vordergrund stehen, kommt es bei High-Touch-Produkten auf das transportierte Image an.

- Beide Produktarten zeichnen sich durch das hohe Involvement der Konsumenten und den gemeinsam geteilten Sprachgebrauch im Bezug auf diese Produkte aus.

7.7 Zusammenfassung

Bevor ein Unternehmen die Expansion in neue geographische Märkte angeht, muß es das globale Umfeld, in dem diese Aktivitäten stattfinden, analysieren. Mit Hilfe der globalen Marktsegmentierung können Ähnlichkeiten und Unterschiede im Kaufverhalten potentieller Konsumenten identifiziert werden. Auf der Basis demographischer, psychographischer Kriterien, Verhaltens- und Nutzenmerkmale lassen sich Konsumenten weltweit zu Marktsegmenten zusammenfassen. Nachdem Marktsegmente identifiziert wurden, erfolgt die Selektion der Zielgruppen. Die Marktsegmente werden bewertet und verglichen. Das oder die Segmente mit dem höchsten Potential werden ausgewählt. Verschiedene Bewertungskriterien können dazu herangezogen werden: Größe des Segments, Wachstumspotential, Wettbewerb, Kompatibilität und Durchführbarkeit. Im nächsten Schritt muß über die geeignete Bearbeitungsstrategie entschieden werden. Drei grundlegende Zutritte bieten sich an: standardisierte, konzentrierte und differenzierte Marketingstrategien. Am Ende steht die Positionierung des Produktangebots eines Unternehmens im Wahrnehmungsraum der Zielgruppen. Als geeignete strategische Alternativen bieten sich hier „High-Tech"- und „High-Touch"-Positionierung an.

7.8   Diskussionsfragen

1. Was versteht man unter einem globalen Marktsegment? Wählen Sie einen Markt aus, den Sie gut kennen, und beschreiben Sie die globalen Segmente in diesem Markt.

2. Identifizieren Sie die wichtigsten geographischen und demographischen Segmente globaler Märkte.

3. Gillette hat kürzlich sein neues Rasiersystem Mach III auf den Markt gebracht. Beschreiben Sie die globale Strategie, die Gillette bei Mach III anwendet.

4. Nissan hat ein neues Modell in Europa auf den Markt gebracht. Die Werbebotschaft lautet folgendermaßen: dieses Auto wurde in Japan entworfen und gefertigt, auf Amerikas Straßen getestet und an die besonderen Ansprüche amerikanischer Kunden angepaßt. Wie würden Sie die Positionierung dieses neuen Modells in Europa beschreiben?

7.9   Webmistress's Hotspots

Homepage von Volkswagen
Hier erhalten Sie einen Überblick über die aktuellen TV-Spots, die in den USA gerade über den Beetle und andere VW-Produkte zu sehen sind.
http://www3.vw.com/vwworld/museum.htm

Homepage von Georgia Tech
Das Graphic, Visualization, & Usability Center der amerikanischen Universität Georgia Tech führt seit 10 Jahren internetbasierte Umfragen zum Nutzungsverhalten des Internets durch. Hier finden Sie das Profil eines typischen Internet-Verwenders.
http://www.cc.gatech.edu/gvu/user_surveys/

Homepage des Marktforschungsunternehmens SRI International
Wenn Sie wissen wollen, welche unterschiedlichen VALS-Typen es gibt, und welches Profil zu den einzelnen Typen gehört.
http://future.sri.com/vals/valsindex.html

Homepage von Claritas
Auf dieser Seite finden Sie Unternehmensbeispiele, wie die Lifestyle-Datenbanken von Claritas für Marketingzwecke eingesetzt wurden.
http://www.claritas.co.uk/v4/index.htm

7.10   Weiterführende Literatur

Alster, Judith und Holly Gallo. "Corporate Strategies for Global Competitive Advantage." Reader's Digest Association Conference Board, Working Papers Nr. 996, 1992.

Garland, Barbara C. und Marti J. Rhea. "American Consumers: Profile of an Import Preference Segment." *Akron Business and Economic Review*, 19, 2 (1988): S.20-29.

Green, Paul E., und Abba M. Krieger. "Segmenting Markets with Conjoint Analysis." *Journal of Marketing*, 55, 4 (Oktober 1991): S.20-31.

Hassan, Salah S. und Roger D. Blackwell. Global Marketing. Orlando, FL: The Dryden Press, 1994.

Hout, Thomas, Michael E. Porter und Eeleen Rudden. "How Global Companies Win Out." *Harvard Business Review* (September/Oktober 1982): S.88-108.

Miles, Gregory L. "Think Global, Go Intermodal." International Business (März 1993): S.61.

Morwitz, Vicki G. und David Schmittlein. "Using Segmentation to Improve Sales Forecasts Based on Purchase Intent: Which 'Intenders' Actually Buy?" *Journal of Marketing Research*, 29, 4 (November 1992): S.391-405.

Piirto, Rebecca. Beyond Mind Games: The Marketing Power of Psychographics. Ithaca, NY: American Demographics Books, 1991.

Prokesch, S. E. "Competing on Customer Service: An Interview with British Airways' Sir Colin Marshall." *Harvard Business Review* (November/Dezember 1995): S.100-116.

Raju, P. S. "Consumer Behavior in Global Markets: The A-B-C-D Paradigm and Its Application to Eastern Europe and the Third World." *Journal of ConsumerMarketing*, 12, 5 (1995): S.37-56.

Simon, Herman. Hidden Champions: Lessons from 500 of the World's Best Unknown Companies. Boston, MA: Harvard Business School Press, 1996.

Sonnenberg, Frank K. Marketing to Win: Strategies for Building Competitive Advantage in Service Industries. New York: HarperBusiness, 1990.

Taylor, William. "Message and Muscle: An Interview with Swatch Titan Nicolas Hayek." *Harvard Business Review*, 71 (März-April 1993): S.99-110.

Trout, Jack und Steve Rivkin. The New Positioning: The Latest on the World's #1 Business Strategy. New York: McGraw-Hill, 1996.

Wolfe, Bonnie Heineman. "Finding the International Niche: A 'How to' for American Small Business." *Business Horizons*, 34, 2 (1991): S.13-17.

Womack, James P., Daniel T. Jones und Daniel Roos. The Machine That Changed the World. New York: HarperCollins, 1990.

Literaturverzeichnis

[1] Greg Farrell, "Getting the Bugs Out," *Brandweek*, 6. April 1998, S.30+. "VW's U.S. Comback Rides on Restyled Beetle," *Wall Street Journal*, 6. Mai 1997, S.B 1. Dagmar Mussey und Laurel Wentz, "The New Beetle Storms Europe: Will it Succeed?," *Advertising Age*, 23. November 1998, S.10. Edmund Chew, "New Beetle Enters into the Unknown," *Automotive News Europe*, 9. November 1998, S.12. Jean Halliday, "Auburn, Michigan: Steve Wilhite, Volkswagen," *Advertising Age International Supplement*, 14 December 1998, S.12. Andreas Stockinger, "Und plötzlich ist die Welt wieder rund!," *Der Standard*, 15. Februar 1999, S.32.

[2] Peter Bennett, D., *Dictionary of Marketing Terms*, (Chicago: American Marketing Association, 1995).

[3] Salah S. Hassan und Lea Prevel Katsanis, "Identification of Global Consumer Segments: A Behavioral Framework," *Journal of International Consumer Marketing*, 3, 2 (1992): S.17.

[4] John K. Jr. Ryans, "Is it Too Soon to Put a Tiger in Evey Tank?," *Columbia Journal of World Business*, März-April (1969): S.73.

[5] Arthur C. Fatt, "The Danger of Localĩnternational Advertising," *Journal of Marketing*, Jänner (1967).

[6] Theodore Levitt, "The Globalization of Markets," *Harvard Business Review*, Mai - Juni (1983): S.92.

[7] Teresa J. Domzal und Lynette Unger, "Emerging Positioning Strategies in Global Marketing," *Journal of Consumer Marketing*, 4, 4 (1987): S.26-27.

[8] Valerie Reitman, "Enticed by Visions of Enormous Numbers, More Western Marketers Move into China," *Wall Street Journal*, 12. Juli 1993, S.B1, B6.

[9] John Bussey, "India's Market Reform Requires Perspective," *Wall Street Journal*, 8. Mai 1994, S.A1. Miriam Jordan, "In India, Luxury is within Reach of Many," *Wall Street Journal*, 17. Oktober 1995, S.A1.

[10] Marcus W. Brauchli, "Star Struck: A Satellite TV System is Quickly Moving Asia into the Global Village," *Wall Street Journal*, 10. Mai 1993, S.A1, A8.

[11] Fritz Luger, "Statt Rebellion zählt nur Lust am Konsum," *Der Standard*, 11./12. Oktober 1997, S.25.

[12] Interview mit Nicholas F. Rossiello, Vice President Marketing and Sales, AFP Imaging corporation, Elmsford, NY, 30.10.1996

[13] James H. Myers, *Segmentation and Positioning for Strategic Marketing Decisions,* (Chicago: American Marketing Association, 1996).

[14] Karen Brunso und Klaus G. Grunert, "Cross-Cultural Similarities and Differences in Shopping for Food," *Journal of Business Research,* 42 (1998): S.145-150.

[15] Alex III Taylor, "Porsche Slices up its Buyers," *Fortune,* 16. Jänner 1995, S.24.

[16] Alfred S. Boote, "Psychographic Segmentation in Europe," *Journal of Advertising Research,* 22, 6 (1982): S.25.

[17] Die folgenden Ausführungen basieren auf dem Beitrag von Rebecca Piirto, *Beyond Mind Games: The Marketing Power of Psychographics,* (Ithaca: American Demographics Books, 1991).

[18] Stuart Elliot, "Figuring out the Russian Consumer," *New York Times,* 1. April 1992, S.C1, C19.

[19] Rebecca Piirto, *Beyond Mind Games: The Marketing Power of Psychographics,* (Ithaca: American Demographics Books, 1991). S.161

[20] Rebecca Piirto, *Beyond Mind Games: The Marketing Power of Psychographics,* (Ithaca: American Demographics Books, 1991). S.165

[21] Josef Mazanec, "Exporting Eurostyles to the USA," *International Journal of Contemporary Management,* 5, 4 (1993): S.3-9. Ralph Kreutzer, "Länderübergreifende Segmentierungskonzepte – Antwort auf die Globalisierung der Märkte," *Jahrbuch der Absatz- und Verbrauchsforschung,* 37, (1991): S.4-27. S. Kramer, *Europäische Life-Style-Analysen zur Verhaltensprognose von Konsumenten,* (Hamburg: Kovacs, 1991). Europanel, "Eurostyles – Eine europaweite Landkarte mit 16 soziokulturellen Typen," *Marketing Journal,* 22, (1989): S.106-111.

[22] Peter J. LaPlaca, "Contributions to Marketing Theory and Practice from *Industrial Marketing Management,*" *Industrial Marketing Management,* 38, (1997): S.179-198.

[23] Adam Heller, "A Recipe For Success?," *China Business Review,* Juli-August (1993): S.30.

[24] Laura Bird, "Tambrands Plans Global Ad Campaign," *Wall Street Journal,* 22. Juni 1993, S.B8. Dyan Machan, "Will the Chinese Use Tampons?," *Forbes,* 16. Jänner 1995, S.86.

[25] George Cole, "Operators are Getting to Know All about You," *The Economist,* 18. November 1998.

[26] Gregory Carpenter und Alice Tybout, "Meeting the Challenge of the Postmodern Consumer," *Financial Times,* 5. Oktober 1998.

[27] Michael E. Porter, "The Strategic Role of International Marketing," *Journal of Consumer Marketing*, 3, 2 (1986): S.21.

[28] Andrew Pollack, "Jeep is giving Chrysler a Success Story in Japan," *New York Times*, 26. April 1994, S.C1.

[29] Clare Ansberry, "Uphill Battle: Eastman Kodak Co. Has Arduous Struggle to Regain Lost Edge," *Wall Street Journal*, 2. April 1987, S.1,12.

[30] Interview mit Oleg Smirnoff, ehem. Marketing Manager bei PepsiCola Int'l, New York, 31.10.1996

[31] Pat Sloan, "Revlon Eyes Global Image," *Advertising Age*, 1. Jänner 1993, S.1.

[32] Hermann Simon, *Die heimlichen Gewinner*, (Frankfurt: Campus Verlag, 1996).

[33] Gabriella Stern, "Procter Senses Opportunity in Posh Perfume," *Wall Street Journal*, 9. Juli 1993, S.B1, B5.

[34] James H. Myers, *Segmentation and Positioning for Strategic Marketing Decisions*, (Chicago: American Marketing Association, 1996). S.187.

[35] Teresa J. Domzal und Lynette Unger, "Emerging Positioning Strategies in Global Marketing," *Journal of Consumer Marketing*, 4, 4 (1987): S.26-27.

Kapitel 8

Die Selektion von Auslandsmärkten, Markteintrittsalternativen – Export

Der Handel hat noch keine Nation in den Untergang getrieben.
– BENJAMIN FRANKLIN

Die Welt kann verändert werden. Zukunft ist kein Schicksal.
– ROBERT JUNGK

8.1 Zielsetzung des Kapitels

Nachdem Sie dieses Kapitel gelesen haben, wissen Sie mehr über:

- Unterschiedliche Kriterien zur Auswahl von Auslandsmärkten

- Die systematische Analyse und den Einsatz dieser Kriterien

- Alternativen Formen des Markteintritts auf ausländischen Märkten und Rahmenbedingungen, unter denen auf die einzelnen Markteintrittsalternativen zurückgegriffen wird

- Verschiedenen Formen des Exports

- Wann man sich eher für direkten als indirekten Export entscheiden sollte

- Den Einfluß staatlicher Regelungen und Vorschriften auf die Form des Markteintritts

- Exportgeschäfte als langfristigen Entwicklungsprozeß

- Verschiedene Exportfinanzierungsmöglichkeiten und Zahlungsmodalitäten

In welchen Situationen hilft ein besseres Verständnis dieser Inhalte?

- Sie suchen nach einer geeigneten Methode, um systematisch die Vor- und Nachteile der unterschiedlichen Märkte zu analysieren und eine leichtere Marktauswahl treffen zu können.

- Nachdem Sie sich für den Export als die passende Markteinstiegsstrategie entschieden haben, wollen Sie mehr über mögliche staatliche Unterstützung und Exportfinanzierung wissen

- Sie wissen nicht, welche Exportform für Sie die beste ist.

8.2   Konzepte & Definitionen

Marktselektion: Bei der Marktselektion geht es um die Auswahl des geeigneten Auslandsmarktes. Dabei sollte man seine Entscheidung anhand einiger Kriterien treffen, die den Absatz und die Gewinne beeinflussen. Zu diesen Kriterien zählen das Marktpotential, Zölle und Abgaben, nichttarifäre Handelshemmnisse und Transportkosten, um nur ein paar zu nennen. Die Auswahl der besten Märkte wird durch einen Filterprozeß unterstützt, indem man die oben erwähnten Kriterien verwendet. Um die Entscheidung weiter zu systematisieren, kann man Punktbewertungsmodelle zur Bewertung der Kriterien und der Länder anwenden.

Zölle und Abgaben werden beim Einführen von Waren in einen fremden Zielmarkt auferlegt. Es gibt drei Arten von Zöllen. Einerseits können sie als Prozentsatz vom Wert der Handelsware berechnet werden (ad valorem-Zoll), oder sie werden in einer fixen Höhe aufgeschlagen, oder als Kombination von beiden.

Das harmonisierte System ist eine Konvention, die von den meisten WTO Mitgliedern unterzeichnet wurde. Sie zielt auf ein standardisiertes Klassifikationssystem für alle Produkte ab.

Meistbegünstigungsklausel: Diese Klausel sieht vor, daß die günstigsten Tarife auf jene Länder Anwendung finden, die unter diese Klausel fallen.

Nichttarifäre Handelshemmnisse (NTH): Jede Maßnahme, die ein Hindernis für den Verkauf einer Ware im Ausland darstellt und nicht die Form eines Zolles hat, wird als nichttarifäres Handelshemmnis bezeichnet. NTH treten in folgenden Formen auf:

Quoten: von der Regierung bestimmte Maximalmenge an Produkten oder Produktkategorien, die höchstens importiert werden dürfen.

Diskriminierende Bestimmungen bei der Beschaffung: Administrative Regelungen, die vorsehen, daß nur dann auf importierte Ware zurückgegriffen werden darf, wenn gleichwertige heimische Produkt zu knapp oder zu teuer sind.

Restriktive Zollformalitäten: Zollformalitäten, denen sehr schwer zu entsprechen ist, und die den Import erheblich erschweren.

Selektive monetäre Beschränkungen: um Importe zu beschränken, verlangen manche Länder eine Geldhinterlegung in der Höhe des Betrages der importierten Waren.

Restriktiv administrative und technische Bestimmungen: Sicherheits-
oder technische Bestimmungen können so festgelegt sein, daß sie den Import
von ausländischen Produkten erschweren.

Determinanten bei der Wahl von Markteintrittsalternativen: Nach der Auswahl des Marktes muß man die Entscheidung über die Art des Markteintrittes
treffen. Dabei stehen Export, Lizenzen, Franchising, Joint Ventures und Niederlassungen zur Auswahl. Welche Markteintrittsalternative gewählt wird, hängt von
drei Faktoren ab: (1) den erforderlichen Investitionen, (2) den Kontrollmöglichkeiten der Unternehmens- und Marketingaktivitäten im Auslandsmarkt, sowie
(3) der gewünschten Marktpräsenz.

Indirekter Export: Bei indirektem Export bedient sich der Hersteller eines externen Partners, wie einer Exportfirma, um diese Tätigkeit zu übernehmen. Diese Exportfirma agiert gleichzeitig als „Exportabteilung" für mehrere Unternehmen. Speziell für Unternehmen mit wenig Exporterfahrung schafft der indirekte
Export eine einfache Möglichkeit im internationalen Marketing tätig zu sein.
Die benötigten Ressourcen, Investitionen und das auftretenden Risiko halten
sich relativ gering. Nichtsdestoweniger kann der Hersteller die Aktivitäten am
Auslandsmarkt kaum selbst steuern und muß auf seine dortige Präsenz verzichten.

Direkter Export: Im Gegensatz zu indirektem Export kann der Hersteller hier weit
mehr Kontrolle ausüben und hat mehr Präsenz am Zielmarkt, allerdings zu höheren Kosten. Direkter Export kann in drei Ausprägungen auftreten: (1) unternehmenseigene Vertreter im Auslandsmarkt, (2) unabhängige Vertriebsorgane, die der Hersteller im Zielmarkt engagiert, und (3) Huckepacksystem, wo ein
Hersteller den Vertrieb seiner Produkte über das Vertriebssystem eines anderen
Herstellers vornimmt.

Born globals werden in der Literatur auch als global-startups, international new ventures oder global gegründete Unternehmen bezeichnet. Es handelt sich dabei um
kleine, meist sehr innovative Unternehmen, die in ihrer Internationalisierung nicht
dem herkömmlichen Stufenmodell zunehmender Auslandsaktivitäten folgen, sondern relativ rasch nach ihrer Gründung bereits einen überdurchschnittlichen Um-
satzanteil auf Auslandsmärkten realisieren.

8.3 Schnittstelle zur Praxis

Für Deutschlands 2,5 Millionen Klein- und Mittelbetriebe (KMU) gehören Auslands-
aktivitäten zum Unternehmensalltag. KMUs erwirtschaften zwei Drittel des deutschen
Bruttonationalprodukts und generieren etwa 30% der Exporte. Unternehmen wie
J. N. Eberle, Hersteller von Spezialstahl, das Maschinenbauunternehmen Trumpf oder
J. Eberspächer, Produzent von Autoabgassystemen, erzielen mehr als 40% ihres Um-
satzes im Export. Mittelständische Unternehmen gründen ihren Erfolg auf globale Ni-

schenstrategien, indem sie auf Qualität, Innovation sowie Forschung und Entwicklung setzen. Barth, ein Unternehmen, das Röstanlagen für Kakaobohnen herstellt, investierte € 1,7 Mio. in Infrarot-Technologie, um die Temperaturschwankungen in den Röstanlagen zu reduzieren. Der Weltmarktanteil des Unternehmens liegt bei 70% , was einer Verdreifachung über die letzten 10 Jahre gleichkommt. Zu den Kunden zählen Firmen wie Ghirardelli Chocolate oder Hershey Foods. Bei ABM Baumüller, einem Hersteller von Baukränen, ermöglicht eine neue Technologie die maßgeschneiderte Fertigung auf der Basis spezieller Kundenwünsche. Die dafür nötige neue, automatisierte Produktionstechnologie erlaubt Veränderungen der Maschineneinstellungen innerhalb von Sekunden. Zwei Drittel aller weltweit hergestellten Briefkuverts werden auf Maschinen von Winkler & Dünnebier produziert. Das deutsche Unternehmen entwickelt komplexeste Maschinen, die pro Sekunde 25 Kuverts in bis zu 22.000 Varianten erzeugen. Nicht nur Briefkuverts zählen zum Geschäft von Winkler & Dünnebier. Das Unternehmen ist ebenfalls Weltmarktführer in der Herstellung von Maschinen für Hygieneprodukte auf Papierbasis.[1] Unzählige Beispiele lassen sich in jeder Branche finden, die belegen, daß der deutsche Mittelstand Weltspitze im Auslandsgeschäft ist.[2]

Diese Erfolge dokumentieren und erinnern daran, wie wichtig Exportaktivitäten für die Wirtschaft eines Landes sein können. Sie zeigen aber auch den Unterschied zwischen internationalem Verkauf und internationalem Marketing auf. Beim internationalen Verkauf wird lediglich ein standardisiertes Produkt ohne entsprechende preisliche und kommunikative Maßnahmen erstellt. Das einzige Marketing-Mix-Element, das sich vom Auftritt am Heimmarkt unterschiedet, ist die Distribution oder der Ort, an dem das Produkt verkauft wird. Dieser Zutritt eignet sich möglicherweise für Produkte und Dienstleistungen, die einzigartig und international konkurrenzlos sind. Auch Unternehmen, die erst am Beginn ihrer internationalen Aktivitäten stehen, wenden häufig den Ansatz des reinen Verkaufes an. Jene Unternehmen allerdings, die sich am Weltmarkt bereits etabliert haben oder sich einer scharfen Wettbewerbssituation gegenüber sehen, erkennen die Notwendigkeit, internationales *Marketing* zu betreiben.

Internationales Marketing zielt auf Konsumenten in ihrem Marktumfeld ab. Dies bedeutet, daß Produkte nicht „so wie sie sind" verkauft werden. Vielmehr stellt das Produkt in der Form, wie es am Heimmarkt angeboten wird, lediglich den Ausgangspunkt dar. Es wird angepaßt und modifiziert, um die Kundenbedürfnisse am Weltmarkt zu befriedigen. Nach einem ähnlichen Muster werden auch Preise festgesetzt und nicht einfach vom Heimmarkt übernommen. Trotz der Kosten in der Vorbereitung, im Transport oder der Finanzierung muß ein international wettbewerbsfähiger Preis zustande kommen. Auch Distributions- und Kommunikationsaktivitäten müssen an die internationalen Marktbedürfnisse angepaßt werden. Oft sind unterschiedliche Kommunikationsauftritte notwendig, um Kunden in verschiedenen Märkten optimal anzusprechen. Ein im Export erfolgreicher Manager formulierte es folgendermaßen: „Wir müssen internationale Märkte mit Unterstützung der Marketing- nicht der Verkaufsliteratur angehen."

Internationales Marketing ist ein integrierter Marketingansatz für Produkte und Dienstleistungen, die für Kunden auf internationalen Märkten bestimmt sind. Exportmarketing erfordert:

1. ein Verständnis für das Marktumfeld im Zielmarkt

2. den Einsatz von Marktforschung und die Identifikation von Marktpotential
3. Entscheidungen in bezug auf den Marketing-Mix: Produkt-, Preis-, Distributions-
   und Kommunikationspolitik

Die beiden ersten Punkte wurden bereits in den vorangegangenen Kapiteln behandelt, der internationale Marketing-Mix folgt in den nächsten Kapiteln. Das Ziel dieses Abschnitts ist es, unterschiedliche Kriterien und Hilfsmittel aufzuzeigen, um potentielle Auslandsmärkte zu identifizieren. Nachdem vielversprechende Zielmärkte ausgewählt sind, muß ein Unternehmen entscheiden, wie es in den neuen Markt eintreten will. Grundsätzlich stehen zwei Optionen zur Wahl: Das Auslandsgeschäft vom Heimmarkt aus zu organisieren oder eine Niederlassung im Ausland zu etablieren. Abhängig von den strategischen Zielen, an denen sich die Auslandsaktivitäten orientieren, wird sich das Unternehmen für die eine oder andere Variante entscheiden. Ebenfalls in diesem Abschnitt wird Export in seinen verschiedenen Ausprägungsformen als Markteintrittsalternative beleuchtet.

8.4 Selektion geeigneter Auslandsmärkte

Die Entscheidung, in welche Märkte man exportieren will, sollte sich an ein paar Kriterien orientieren: mögliches Marktpotential, Eignung des Produktes für den Zielmarkt, zusätzlich entstehende Kosten, um nur einige zu nennen. Jedes Kriterium sollte sorgfältig abgewägt werden, da es für den Eintritt in einen neuen Markt entweder förderlich oder hinderlich sein kann. Die Marktselektionskriterien, deren Wertigkeit je nach Markt und Unternehmen unterschiedlich ist, können grob in fünf Gruppen geteilt werden: (1) marktbezogene Charakteristika, wie Produkteignung, Marktgröße und -marktpotential, (2) zusätzliche Kostenaspekte, (3) gesetzliche Vorschriften und Regelungen und damit das politische Umfeld, (4) Abgaben und Zölle, sowie (5) Nichttarifäre Handelshemmnisse.

Auf die Frage, welche Kriterien man zur Marktselektion heranziehen soll, gibt es einige empirische Befunde. Grundsätzlich hängt die Wahl der Kriterien stark von der jeweiligen Unternehmenssituation, was die Ausstattung mit Ressourcen und Fähigkeiten betrifft, sowie von den mit der Internationalisierung angestrebten Zielsetzungen ab. Allgemein gesprochen legen Unternehmen zumeist auf marktbezogene Selektionskriterien, gefolgt von Kostenaspekten und gesetzlichen Regelungen und Vorschriften wert. Letztlich soll auch erwähnt werden, daß die Bedeutung der Kriterien in einzelnen Branchen unterschiedlich ist. Eine generelle Empfehlung, welche Kriterien heranzuziehen sind, ist daher mit größter Vorsicht zu sehen.[3] Abgesehen von diesen Einschränkungen, sollte der Selektionsprozeß mit einem Produkt-Markt Profil beginnen, d.h. einer Aufstellung von Schlüsselfaktoren, die den Absatz und die Gewinnchancen des betrachteten Produktes beeinflussen.

8.5 Auswahlkriterien für Auslandsmärkte

Wenn ein Unternehmen das erste Mal international tätig ist, wird das Produkt-Markt-Profil auf den Erfahrungen im Heimmarkt aufgebaut sein. Folgende neun Fragen können als Entscheidungshilfe dienen:

1. Wer kauft unser Produkt?
2. Wer kauft unser Produkt nicht?
3. Welchen Nutzen oder Funktion hat unser Produkt?
4. Welche Probleme löst unser Produkt?
5. Welches Produkt kaufen die Konsumenten im Moment, um jene Bedürfnisse zu befriedigen, die unser Produkt anspricht?
6. Welchen Preis bezahlen sie dafür?
7. Wann wird unser Produkt gekauft?
8. Wo wird unser Produkt gekauft?
9. Warum wird unser Produkt gekauft?

Jedes Unternehmen muß sich diesen kritischen Fragen stellen, wenn es auf Exportmärkten erfolgreich sein will. Jede Anwort dient als Hinweis für operative Marketingmix-Entscheidungen, denn generell gilt international eine ähnliche Regel wie am Heimmarkt. Um in einem Markt erfolgreich zu sein, muß man den Konsumenten entweder einen größeren Nutzen, einen geringeren Preis als die Konkurrenten oder eine Kombination aus beiden Faktoren bieten. Nachdem ein Produkt-Markt-Profil erstellt wurde, erfolgt die Selektion potentieller Auslandsmärkte. Dabei können folgende Kriterien angesetzt werden: Marktpotential, Beschränkungen im Marktzugang durch Zölle und Abgaben, aber auch nichttarifäre Handelshemmnisse, Transportkosten oder die Eignung des Produktes für den Zielmarkt.

8.5.1 Bewertung des Auslandsmarktpotentials

Wie hoch ist das Marktpotential für ein Produkt? Um diese Frage zu beantworten, lohnt sich der Gang in eine Bibliothek oder die Suche im Internet. Zahlreiche internationale und nationale Organisationen, wie die Vereinten Nationen, die OECD oder die EU veröffentlichen einschlägige Publikationen und Statistiken. Hilfreich sind auch Recherchen bei den jeweiligen nationalen Statischen Ämtern, wie dem amerikanischen Census Bureau, dem deutschen Statistischen Bundesamt oder dem europäischen EUROSTAT.

Welche Informationsquelle man auch verwendet, das oberste Ziel ist es, jene Faktoren zu quantifizieren, die die Nachfrage nach einem Produkt bestimmen. Mit den im vorigen Kapitel vorgestellten Methoden und der entsprechenden Datenbasis gelangt man zu einer groben Einschätzung des Marktpotentials für ein Produkt in einem oder mehreren Märkten. Das Pro-Kopf-Einkommen in einem Land ist oft ein guter Ausgangspunkt, auf den man für Nachfrageschätzungen aufbauen kann. Zusätzliche Indikatoren ermöglichen eine Verfeinerung der Schätzung. Will man beispielsweise die Nachfrage nach Autoreifen quantifizieren, so läßt sich dies anhand der Zahl der im Land zugelassenen Fahrzeuge erreichen. Diese Information in Kombination mit dem Treibstoffverbrauch ergeben einen Anhaltspunkt für die Anzahl der gefahrenen Kilometer im Zielmarkt. Verknüpft mit der Lebensdauer eines Reifens läßt sich dann rasch eine Nachfrageschätzung für den Bedarf an Autoreifen vornehmen.

8.5.2 Zölle und Abgaben

Auch wenn das Potential im Zielmarkt vielversprechend erscheint, so muß ein weiterer wichtiger Faktor für die endgültige Entscheidung in Betracht gezogen werden: der Zugang zum Markt. Ob ein Markt frei zugänglich ist, läßt sich an der Art und Zahl der nationalen Bestimmungen ermitteln, die beim Export von Produkten und Dienstleistungen in den Auslandsmarkt eingehalten werden müssen. Diese Bestimmungen können die Form von Zöllen und Abgaben, nichttarifären Handelshemmnissen, wie Importbeschränkungen und -quoten, Devisenbestimmungen oder Vorzugsklauseln annehmen. Im folgenden findet sich eine Beschreibung der wichtigsten Zugangsbeschränkungen.

Zölle und Abgaben stellen einen wichtigen Aspekt der rechtlichen Bestimmungen dar, die in einem Auslandsmarkt gelten. Sie beeinflussen daher entscheidend die Attraktivität von Auslandsmärkten. Vor dem 2. Weltkrieg war das Zoll- und Abgabenwesen in vielen Ländern Europas und Lateinamerikas extrem komplex. Zwischen 1959 und 1988 wurde die Zollverwaltung durch die sogenannte Brüsseler Nomenklatur deutlich vereinfacht. Diese Nomenklatur wurde von einem internationalen Expertenkommittee unter der Aufsicht des Customs Co-Operation Council – der heutigen World Customs Organization (WCO) – 1955 erarbeitet und 1959 in Kraft gesetzt.

Die Bestimmungen dieser Konvention wurden später auch von den meisten Mitgliedsstaaten des GATT (General Agreement of Tariffs and Trade) übernommen, bis das Harmonisierte System (HS) 1989 verabschiedet wurde. Unterzeichnet von mehr als 65 Staaten, sieht das Harmonisierte System ein standardisiertes Klassifikationssystem für alle Produkte vor.[4] Es erleichtert sowohl dem internationalen Käufer als auch dem Verkäufer die Klassifikation der Produkte für den grenzüberschreitenden Verkehr.

Trotz der erzielten Vereinfachungen stellt die Zollabwicklung nach wie vor hohe administrative Anforderungen. Mitarbeiter, die Im- und Exporte handhaben, müssen sich mit den verschiedenen Klassifikationssystemen und ihrer Anwendung vertraut machen. Auch ein Zollkodex, der mehrere tausend Produkte enthält, kann nicht jedes auf der Welt gehandelte Produkt exakt beschreiben. Die Einführung neuer Produkte und Materialien im Produktionsprozeß bedeutet nicht selten neue Probleme. Um den genauen Zolltarif für ein bestimmtes Produkt zu ermitteln, können der spätere Verwendungszweck oder die Hauptbestandteile des Produktes herangezogen werden. Nicht selten müssen zwei oder mehr unterschiedliche Klassifikationen bedacht werden.

Die Einordnung eines Produkts in ein Zolltarifschema kann einen wesentlichen Unterschied für den anzuwendenden Zolltarif bewirken. Nach dem Brüsseler Zolltarifschema war es fallweise möglich, eine günstigere Klassifikation zu wählen, um die Abgaben im Importland zu minimieren. Ein Importeur von Halbfertigerzeugnissen konnte sich z.b. eine niedrigere Steuerklasse sichern, indem er sein Produkt als Pumpengehäuse – ein Gehäuse mit einigen Teilen – anstatt als Pumpe bezeichnete. Unter dem Harmonisierten System gelten strengere Regeln. Nach dieser Regelung ist ein Pumpengehäuse ein Gehäuse mit einer geringeren Anzahl an Teilen (als sie für eine komplette Pumpe erforderlich). Die restlichen Teile müssen im Importland in das Produkt einfließen und damit lokale Wertschöpfung generieren. Erst in diesem Fall kann der Hersteller den niedrigeren Zolltarif für Pumpengehäuse zur Zolltarifberechnung ansetzen.

Zollsystem und Zollwertermittlung

Grundsätzlich sieht ein Zollsystem für jedes Produkt entweder einen einzigen Zollsatz für alle Länder, oder zwei und mehr Tarife, die auf unterschiedliche Länder und Ländergruppen angewandt werden, vor. Zolltarife werden üblicherweise in drei Kategorien unterteilt: Einspalten-, Zweispaltentarife und Vorzugszölle. *Einspaltentarife* sind die einfachste Form von Zöllen. Sie bestehen aus einer Liste, in der alle Tarifabstufungen enthalten sind, die in gleicher Weise auf Exporte aus allen Ländern angewandt werden.

Von einem *Zweispaltentarif* spricht man, wenn der ursprüngliche Einspaltentarif um eine zweite Spalte erweitert wird. Diese zweite Spalte enthält reduzierte Tarife für jene Länder, mit denen wechselseitige Zolltarifabkommen bestehen. Diese reduzierten Tarife werden auf alle Länder angewandt, mit denen eine sogenannte Meistbegünstigungsklausel im Rahmen der WTO vereinbart wurde. Die WTO sieht vor, daß die günstigsten und niedrigsten Tarife mit einigen Ausnahmen all jenen Staaten zugute kommen sollen, die Mitgliedsstaaten der WTO sind. Die Meistbegünstigungsklausel ist daher eher ein politisches, als ein ökonomisches Instrument. Die USA drohten China aufgrund der zahlreichen Verletzungen der Menschenrechte mit der Aberkennung der Meistbegünstigungsklausel. Der Verlust dieser Begünstigung hätte einen signifikanten Effekt auf den Handel mit den USA. Die Exportpreise chinesischer Produkte würden sich um 60-100% verteuern und die Produkte damit aus dem amerikanischen Markt gedrängt werden. Die nachstehende Tabelle illustriert, welche Veränderungen sich ergeben könnten.

Tabelle 8.1: Zollsätze und die Auswirkungen der Meistbegünstigungsklausel

	Meistbegünstigungsklausel	
	mit	ohne
Goldschmuck	6,5%	80%
Schrauben, Dichtungsringe und andere Stahl-/Metallteile	5,8%	35%

Quelle: U.S. Zollbehörden

Ein *Präferenzzoll* ist ein reduzierter Zoll, der auf die Importe aus bestimmten Ländern anwendbar ist. Die WTO untersagt derartige Präferenzzölle mit drei wesentlichen Ausnahmen: nicht unter diese Regelung fallen historische Präferenzvereinbarungen wie das britische Commonwealth oder ähnliche Vereinbarungen, die bereits vor der WTO existierten. Weiters werden Ausnahmen gewährt, wenn formale, wirtschaftliche Integrationsverträge, wie eine Freihandelszone oder ein gemeinsamer Markt bestehen. Ausgenommen sind weiters jene Industrienationen, die Unternehmen aus wirtschaftlich weniger entwickelten Ländern einen bevorzugten Zugang zu ihren Märkten einräumen.

Die im Rahmen der WTO vereinbarten Regelungen sehen als Basis für die *Zollwertermittlung* primär den Transaktionswert vor. Wie der Name sagt, definiert sich der Transaktionswert als jener Wert, der im Rahmen der individuellen Transaktion zwischen Verkäufer und Käufer ausgehandelt und bezahlt wird. Für den Fall, daß Käufer und Verkäufer in Beziehung zueinander stehen (z.b. wenn ein Teile zwischen internationalen Tochtergesellschaften eines Unternehmens gehandelt werden), haben die

Zollbehörden das Recht, die Transferpreise auf ihre Marktkonformität zu überprüfen. Läßt sich kein Transaktionswert festsetzen, gibt es verschiedene Methoden, um den Zollwert zu ermitteln. Diese resultieren nicht selten in einer höheren Warenwert und damit auch einer höheren Zollast.

Arten von Zöllen

Zölle werden in zwei Kategorien unterteilt. Sie können einerseits als Prozentsatz des Warenwertes (Wertzoll), als spezifischer Betrag pro Stück (spezifischer Zoll) oder als Kombination beider Methoden festgesetzt werden.

Wertzölle werden als Prozentsatz des Warenwertes ausgedrückt. Was man unter dem Warenwert versteht, variiert von Land zu Land. Es empfiehlt sich daher, Informationen über die Praxis der Wertfeststellung im jeweiligen Zielland einzuholen. Eine einheitliche Basis zur Feststellung des Warenwertes wurde von dem *Customs Cooperation Council* in Brüssel erarbeitet und 1953 verabschiedet. Jene Länder, die der HTS Konvention beigetreten sind, ziehen als Zollwert den „C.I.F. landed"-Wert[5] am Eingangshafen heran.

Spezifische Zölle werden als spezifischer Betrag pro Gewichts-, Volums-, Längeneinheit oder anderen Meßgrößen berechnet. Spezifische Zölle sind üblicherweise in der Landeswährung des Importlandes festgesetzt. Ausnahmen gibt es jedoch in Ländern, die unter nachhaltiger Inflation leiden.

Im Falle *alternativer Zölle* werden sowohl Wert- als auch spezifische Zölle für ein Produkt vorgesehen. Normalerweise wird in der Folge jener Zollsatz vorgeschrieben, der die höheren Einnahmen bringt. Fallweise wird jedoch auch der geringere Wert angesetzt. *Kombinierte Zolltarife* sehen eine Kombination aus Wert- und spezifischen Zöllen vor, die auf dasselbe Produkt eingehoben werden.

Um Dumping, d.h. den Export von Gütern zu derartig niedrigen Preisen, daß sie der heimischen Wirtschaft schaden, zu verhindern, wurden *Anti-Dumping-Zölle* eingeführt. Diese Zölle nehmen die Form einer zusätzlichen Importabgabe in der Höhe der Preisdifferenz an.

Ausgleichszölle sind zusätzliche Zölle, die eingehoben werden, wenn im Exportland Exportförderungen gewährt wurden. Gerade dem Bereich der Zuschüsse und Ausgleichszölle wurde während der Uruguay-Verhandlungen des GATT besondere Aufmerksamkeit geschenkt.

Einige Länder, darunter Schweden und andere Mitglieder der EU, heben *variable Importabgaben* auf bestimmte Kategorien importierter Agrarprodukte ein. In jenen Fällen, in denen die importierten Produkte die heimischen preismäßig unterbieten würden, wird durch die variable Importabgabe der Preis des ausländischen Produkts jenem des inländischen angeglichen. Einen ähnlichen Zweck verfolgen *zeitlich begrenzte Importaufschläge*, die die heimische Industrie zusätzlich schützen und Zahlungsbilanzdefizite abbauen sollen.

Theoretisch gesehen entsprechen diese Steuern zahlreichen nationalen Steuern, wie der Mehrwert- oder Umsatzsteuer. Derartige Steuern dürfen gemäß den WTO-Richtlinien nicht zu einem zusätzlichen Schutz heimischer Produzenten oder ihrer internationalen Aktivitäten führen. Auch im Rahmen der Uruguay-Runde des GATT wurde dem ungehinderten Marktzugang, der nicht selten durch prohibitive Zölle erschwert wird, große Aufmerksamkeit geschenkt. Zölle bewirken nicht selten, daß ausländische

Produkte sich oft drastisch verteuern und damit nicht mehr konkurrenzfähig bleiben. Bei den Verhandlungen wurde vieles erreicht, doch mehr muß noch getan werden. Für zahlreiche Produktkategorien wurden die Zölle deutlich reduziert oder eliminiert. Im Rahmen dieser Vereinbarungen wurden Importe elektronischer Produkte in die EU, die ursprünglich mit einem Zoll von 14% auf Halbleiter und 4% auf Computerteile belegt waren, vom Zoll befreit. Dennoch besteht weiterhin Handlungsbedarf. Selbst in wirtschaftlich hoch entwickelten Ländern wie der EU oder der USA werden nach wie vor hohe Zölle eingehoben. Lastkraftwagen unterliegen in der EU einem Zollsatz von 22%, in den USA von 25%. Zu den Spitzenreitern, was die Zollsätze betrifft, gehören landwirtschaftliche Produkte, die in vielen Ländern besonderen Schutz genießen. In der EU werden Zölle auf Fruchtsäfte in Höhe von 46% bis 215% eingehoben; die USA belegen Erdnußbutter mit einem Zoll von 132%.[6]

Während Zölle während der GATT-Verhandlungen einer eingehenden Behandlung und Kontrolle unterzogen wurden, bewähren sich Anti-Dumping Bestimmungen nach wie vor als Schutz für die heimische Industrie. Dies um so mehr, als die WTO Anti-Dumping-Zölle unter bestimmten Umständen zuläßt: wenn ein Produkt (a) billiger als im Heimatmarkt verkauft wird, (b) zu einem Preis unter den Produktionskosten verkauft wird, oder (c) wenn Konkurrenten nachweisen können, daß sie einen erheblichen Schaden (z.b. Absatzrückgang) erleiden. Somit werden Anti-Dumping-Maßnahmen zu einem legalen und sehr flexiblen Instrument. Anti-Dumping-Zölle haben sich als sehr beständig erwiesen, da sie trotz dynamischer Marktentwicklung meist nur alle fünf Jahre angepaßt werden. Gleichzeitig erhöhen sie die Preise importierter Waren beträchtlich. In der Europäischen Union führen Anti-Dumping-Zölle zu einem durchschnittlichen Preisaufschlag von 29 %. Die amerikanischen Konsumenten müssen im Durchschnitt gar einen 57% -igen Aufschlag tragen. Im Fall von Supercomputern des japanischen Herstellers NEC addierten die amerikanischen Behörden einen Anti-Dumping-Zoll von 454% (!). Wenn es darum geht neue Anti-Dumping-Zölle einzuführen, so sind die USA Spitzenreiter. Allein im Jahr 1998 wurden 25 neue Fälle im Verhältnis zu 16 im Jahr 1997 registriert. Die EU liegt jedoch nicht weit zurück. Gegenwärtig sind 13 Fälle gegen Stahlproduzenten aus Slowenien bis Südkorea anhängig. Unternehmen aus Bereichen wie die Unterhaltungselektronik, Textilfabrikation und Forstwirtschaft wollen ebenfalls Dumping-Klagen gegen ausländische Konkurrenten einbringen.[7]

8.5.3 Nichttarifäre Handelshemmnisse

Als nichttarifäre Handelshemmnisse oder versteckte Handelsbarrieren, wie sie auch oft genannt werden, bezeichnet man Maßnahmen, die als Abschreckung oder Hindernis für den Verkauf von Produkten auf Auslandsmärkten gedacht sind. Die fünf wichtigsten Maßnahmen werden in der Folge behandelt.

Exportkontingente und Handelsbeschränkungen

Exportkontingente sind staatlich verordnete, stückzahlen- oder wertmäßige Importbeschränkungen auf bestimmte Produkte oder Produktkategorien. Die Verzerrung, die durch diese Beschränkung entsteht, ist drastischer als jene durch Zollbestimmungen. Sobald das Einfuhrkontingent erschöpft ist, wird der Marktmechanismus von Angebot,

Nachfrage und freier Preisbildung außer Kraft gesetzt. Unter Handelsbeschränkungen versteht man die Praxis, den Handel für bestimmte Grundstoffe zu monopolisieren. Beispielsweise war in der früheren Sowjetunion die gesamte Grundstoffindustrie in staatlicher Hand. Doch auch in nicht kommunistischen Ländern existieren derartige Regelungen. Die schwedische Regierung beschränkt den Import von alkoholischen Getränken und Tabak, die französische Regierung den Import von Kohle. Erst unlängst wurde die ukrainische Stahlindustrie von derartigen Handelsbeschränkungen massiv getroffen. Nachdem die EU die Einfuhr von ukrainischem Stahl auf 233.000 t pro Jahr beschränkt hatte, reduzierten 1997 auch die USA das Einfuhrkontingent auf 500.000 t, was einem Drittel der im Jahr zuvor exportierten Menge entspricht. Diese Maßnahme wurde getroffen, da der Marktanteil der ukrainischen Stahlhersteller in den USA bereits 10% betrug und sich die heimische Industrie durch die ausländische Konkurrenz bedroht fühlte.[8]

Zusätzlich zu staatlichen Importbeschränkungen haben sich sogenannte *voluntary restraints* oder „freiwillige Selbstbeschränkungen" etabliert. In derartigen Vereinbarungen erklären sich Importeure „freiwillig" bereit, nicht mehr als eine festgelegte Menge eines Produktes zu importieren. Einige Staaten Südostasiens oder der sogenannten Dritten Welt haben derartige Beschränkungen für den Export ihrer Textilprodukte in die USA akzeptiert. Japan verpflichtete sich ebenfalls zu einer Beschränkung der Importe von Autos und TV-Geräten in die USA. Kritiker sehen jedoch in der Popularität derartiger Vereinbarungen alles andere als eine Förderung des freien Handels.

Diskriminierende Bestimmungen im Beschaffungswesen

Staatliche Beschaffungsrichtlinien können dazu führen, daß inländische ausländischen Produkten vorgezogen werden. So sieht der „Buy American Act" aus dem Jahr 1933 vor, daß amerikanische Regierungsbehörden in den USA hergestellte Produkte kaufen müssen. Ausnahmen bestehen lediglich für den Fall, daß diese Produkte auf dem Heimmarkt nicht verfügbar oder zu teuer sind, oder der Kauf des ausländischen Produkts im öffentlichen Interesse liegt. Nicht nur staatliche Stellen, sondern auch Unternehmen sehen nicht selten derartige Richtlinien vor, um gegen ausländische Lieferanten zu diskriminieren.

Restriktive Zollformalitäten

Die Regeln und Bestimmungen für die Klassifikation von Produkten als Basis für die Zolleinstufung können so ausgelegt werden, daß eine Einhaltung schwierig und teuer wird. Während ein Produkt vom amerikanischen Handelsministerium unter einer bestimmten Zolltarifnummer klassifiziert wird, könnten die kanadischen Zollbehörden dies anders sehen. Ein amerikanischer Exporteur müßte in diesem Fall an einer Anhörung der kanadischen Behörden teilnehmen, um zu einer Einigung zu gelangen. Derartige Verzögerungen kosten Zeit und Geld, sowohl dem Importeur als auch dem Exporteur.

Monetäre Beschränkungen und diskriminierende Wechselkurspolitik

Diskriminierende Wechselkurspolitik kann den Handel in ähnlicher Weise verzerren wie selektive Importzölle und Exportzuschüsse. Viele Länder verlangen von Importeuren von Zeit zu Zeit eine zinslose Kaution in Höhe des Gegenwerts der importierten Güter. Diese Bestimmungen erhöhen den Preis für ausländische Produkte um die Zinskosten der Kaution.

Restriktive administrative und technische Bestimmungen

Unter diesem Titel lassen sich Beschränkungen, wie Anti-Dumping-Bestimmungen, sowie Bestimmungen über Abmessungen, Sicherheitsvorschriften oder Gesundheitsschutz subsumieren. Nicht selten wird derartigen Regelungen nachgesagt, sie dienen dem Zweck, ausländische Produkte vom Markt fernzuhalten, und damit heimische Interessen zu unterstützen. Während tarifäre Handelshemmnisse (z.b. Zölle) in zahlreichen Verhandlungsrunden des GATT und durch die WTO reduziert werden konnten, erfreuen sich Anti-Dumping-Bestimmungen besonderer Beliebtheit. Wie in einem der vorangegangenen Abschnitte ausgeführt, stellen sie nicht selten einen indirekten Weg zur Verteuerung von ausländischen Importen dar. Zu den restriktiven administrativen Bestimmungen zählen auch Vorschriften, wie Sicherheits- und Abgasbestimmungen für Autos. Sie wurden zwar beinahe ausschließlich mit der Sorge um die Sicherheit auf Autobahnen oder im Kampf gegen die Umweltverschmutzung begründet. Gleichzeitig hatten diese Bestimmungen jedoch auch den Effekt, daß dies die Herstellung von Autos deutlich verteuerte und einige Produzenten bestimmte Modelle vom Markt nahmen. Volkswagen beispielsweise verkaufte in den USA aus diesem Grund keine Dieselfahrzeuge mehr. Trotz der Vereinbarungen des GATT hinsichtlich technischer Handelsbarrieren nutzte Japan technischen Standards, die sich nicht unmittelbar auf die Leistungen des Produkts bezogen, um forstwirtschaftliche Produkte aus den USA von japanischen Märkten fernzuhalten.

Ein weiteres Beispiel für restriktive technische Regulierung läßt sich in Deutschland finden. Eine Bestimmung sieht vor, daß Futtermittel nicht mehr als 5% Fett enthalten dürfen. Der amerikanische Hersteller Wellens & Company produziert Futtermittel mit einem Fettanteil von 10% . Wellens entschloß sich darauf hin, nicht nach Deutschland zu exportieren, denn die Reduktion des Fettanteils auf 5% hätte die Verwendung von Spezialmaschinen erfordert und den Produktionsprozeß verteuert. Die Kosten stünden in keinem Verhältnis zu den potentiellen Erträgen. Bei Wellens erwartet man sich, daß auch einige andere europäische Staaten diese Regelung in naher Zukunft übernehmen werden, obwohl aus veterinärmedizinischer Sicht keine Indikation für den reduzierten Fettanteil besteht.

Wie bereits in den vorangegangenen Kapiteln diskutiert, gibt es einen wachsenden Trend, derartige restriktive Regelungen zu reduzieren. Die Schaffung der Europäischen Union (EU) stellt in dieser Hinsicht einen wesentlichen Fortschritt dar. Eine Zielsetzung der EU ist es, einheitliche Standards für Lebensmittel- und Produktqualitätskontrollen, Sicherheitsvorschriften, pharmazeutische und chemische Zertifizierungen, Berufszulassungen u.ä. zu schaffen, um Handel und Wirtschaftsbeziehungen zu erleichtern. Auch die Errichtung der Nordamerikanischen Freihandelszone (NAFTA) zwischen den USA, Kanada und Mexiko ist ein Beispiel für den Versuch, Handelsschranken abzubauen. Im Gegensatz zur EU sieht NAFTA jedoch keine Harmonisierung der rechtlichen und administrativen Bestimmungen in den drei Ländern vor.

8.5.4 Sonderkosten des Exports

Sonderkosten des Exports, wie die Kosten im Zuge der Vorbereitungen internationaler Aktivitäten oder zusätzlicher Transportkosten, können das Marktpotential eines Produktes beeinflussen. Wenn ein ähnliches Produkt im Zielmarkt bereits hergestellt wird, verteuern die Sonderkosten des Exports das importierte Produkt. In der Folge ist es nicht mehr wettbewerbsfähig. Es ist daher wichtig, Möglichkeiten zur Produktdifferenzierung zu finden, um einen Preisnachteil auszugleichen.

8.5.5 Eignung des Produktes für den Zielmarkt

Mit den Informationen über das Marktpotential, die Marktbearbeitungskosten und den lokalen Wettbewerb wird im nächsten Schritt festgestellt, ob das Produkt den Markterfordernissen entspricht. Diese Frage kann positiv beantwortet werden, wenn (1) das Produkt die Konsumenten im Zielmarkt ansprechen könnte, (2) das Produkt keine, ökonomisch nicht mehr vertretbaren Änderungen erfordert, (3) Importrestriktionen und/oder hohe Zölle das Produkt nicht vom Markt ausschließen oder derartig verteuern, daß eine effektive Bearbeitung des Zielmarktes nicht mehr möglich ist, (4) Sonderkosten des Exports einen wettbewerbsfähigen Preis nicht verhindern, und (5) die Kosten zur Erstellung von Verkaufs- und technischen Unterlagen vor dem Hintergrund des Marktpotentials zu rechtfertigen sind. Der letzte Aspekt ist vor allem beim Verkauf technischer Produkte von großer Bedeutung.

8.6 Punktbewertungsmodelle zur Auswahl von Auslandsmärkten

Nachdem die relevanten Kriterien zur Marktselektion identifiziert und die entsprechenden Informationen gesammelt sind, geht es in einem nächsten Schritt darum, die Zahl der potentiellen Auslandsmärkte auf jenen Markt oder jene Märkte zu reduzieren, die am meisten versprechen.

Dazu kann die Methode der mehrstufigen Länderselektion herangezogen werden. In jeder Stufe des Filterprozesses wird die Anzahl der möglichen Zielmärkte langsam eingeschränkt. Während dieses Vorgangs werden die Kriterien immer strenger. Am Ende des Selektionsprozesses bleiben daher nur jene Länder als Zielmärkte übrig, die allen Anforderungen entsprechen. Abbildung 8.1 stellt diese Methode graphisch dar.

Punktbewertungsmodelle können ebenfalls zur systematischen Länderselektion herangezogen werden. Aufbauend auf ihrer internationalen Erfahrung und auf der Kenntnis über die Zielmärkte entwickeln Manager eine Entscheidungsmatrix aufstellen. Abbildung 8.2 zeigt ein Beispiel. Auf der einen Seite finden sich die gewählten Selektionskriterien, die zudem nach ihrer Bedeutung für das jeweilige Geschäft gewichtet werden. Auf der anderen Seite findet sich eine Liste potentieller Zielmärkte. Im nächsten Schritt wird bewertet, inwieweit die Selektionskriterien in den einzelnen Ländern erfüllt werden. Durch Multiplikation dieser Bewertungen mit der jeweiligen Gewichtung, sowie durch Aufsummieren der Ergebnisse erhält für jedes Land einen Punktwert. Jenes Land mit dem höchsten Punktwert kann als der vielversprechendste ausländische Zielmarkt gelten.[9] Trotz der objektiv nachvollziehbaren Vorgehensweise, darf bei dem Ergebnis

Abbildung 8.1: Mehrstufiger Selektionsprozeß

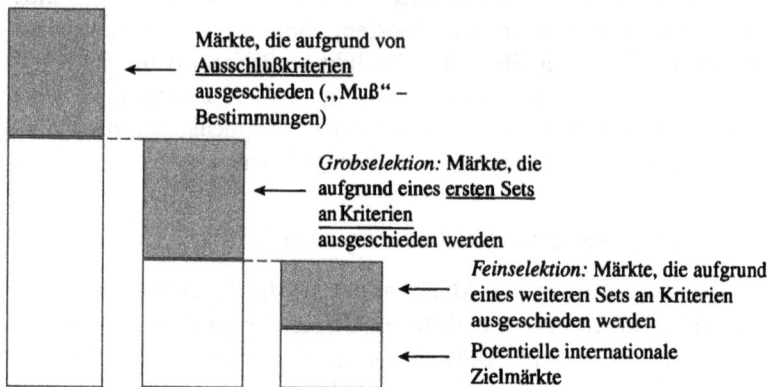

Ca. 150 Länder

Märkte, die aufgrund von <u>Ausschlußkriterien</u> ausgeschieden („Muß" – Bestimmungen)

Grobselektion: Märkte, die aufgrund eines <u>ersten Sets</u> an Kriterien ausgeschieden werden

Feinselektion: Märkte, die aufgrund eines weiteren Sets an Kriterien ausgeschieden werden

Potentielle internationale Zielmärkte

Quelle: übernommen und angepaßt von D.J.G. Schneider und R.U. Müller, *Datenbankgestützte Markt-selektion: Eine methodische Basis für Internationalisierungsstrategien*, Stuttgart, 1989

Abbildung 8.2: Punktbewertungsmodell zur internationalen Marktselektion

Selektions-kriterium	1 Markt-potential		2 Zölle		3 Nicht-tarifäre Hemmnisse		4 Produkt-eignung		5 Sonder-kosten		Gesamt-summe	Rang-reihung
Gewichtung	G = 15		G = 5		G = 17		G = 25		G = 16			
Länder	E	G × E	E	G × E	E	G × E	E	G × E	E	G × E	max 400P.	
Dänemark	2	30	2	10	1,5	25	3,5	87	3,5	56	219	4
Schweden	3,5	52	4	20	3,5	59	25	62	3	48	285	2
Norwegen	2	30	3	15	2	34	3,5	87	2,5	40	228	3
Finnland	4	60	4	20	3,5	59	3	75	1,5	29	326	1
Portugal	0	0	3	15	1	17	0,5	12	2	32	120	5
Deutschland												
Österreich												
Spanien												
•												

G = Gewichtung der Selektionskriterien
E = Einschätzung (0 = äußerst schlechte Bedingungen; 1 = schlechte Bedingungen;
2 = akzeptable Bedingungen; 3 = günstige Bedingungen; 4 = äußerst günstige Bedingungen)
G × E = gewichtete Einschätzung

nicht vergessen werden, daß es z.t. auf subjektiven Schätzungen beruht. Um dennoch zu einer validen Aussage zu kommen, empfiehlt es sich, möglichst viele Sekundärdaten einfließen zu lassen und mehrere Personen in die Bewertung einzubinden.

In dem in Abbildung 8.2 dargestellten Beispiel wäre Finnland jener Auslandsmarkt, der für dieses fiktive Unternehmen am erfolgversprechendsten ist.

8.7 Ein Besuch im Zielmarkt

Nachdem nun potentielle Auslandsmärkte identifiziert sind, kommt man um einen persönlichen Besuch vor Ort nicht herum. Dabei stehen Eindrücke aus erster Hand und die Entwicklung des endgültigen Marketingprogramms im Vordergrund. Mit dem Besuch im Auslandsmarkt werden die Annahmen über das Marktpotential bestätigt oder entkräftet. Weiters können noch fehlende Informationen eingeholt werden. Dieser Schritt ist erforderlich, da man an bestimmte Informationen nicht herankommt. Ein Exportoder internationaler Manager hat von offizieller Seite möglicherweise eine Liste potentieller Distributoren erhalten. Mit diesen Distributoren wird der Kontakt aufgenommen und eine Vorstellung entwickelt, ob sie den Anforderungen des Unternehmens entsprechen. Es ist jedoch schwierig, eine passende Vereinbarung mit einem internationalen Distributor zu treffen, ohne in einem persönlichen Gespräch beide Seiten abklären zu können. Ein dritter Grund für einen Besuch vor Ort ist die Entwicklung des Marketingplans mit dem Agenten oder Vertriebspartner. Es sollte eine Übereinkunft über notwendige Produktveränderungen, Preise, Werbeausgaben und den Vertriebsplan erzielt werden. Wenn dieser Plan Investitionen erfordert, dann muß auch eine Vereinbarung über die Kostenteilung erreicht werden.

Ein Weg, einen potentiellen Markt zu besuchen, ist über eine Messe oder eine organisierte Handelsmission. Hunderte von Messen, die überlicherweise im Zeichen einer bestimmten Produktkategorie oder Aktivität stehen, werden jährlich in den wichtigsten Märkten abgehalten.

Durch die Teilnahme an Messen und Handelsmissionen können Mitarbeiter eines Unternehmens eine Markteinschätzung vornehmen, ihr Absatzgebiet entwickeln oder erweitern, neue Distributionspartner finden oder mögliche Endkunden identifizieren. Ein weiterer wesentlicher Aspekt von Messen ist die Gelegenheit, die sich dabei bietet, viel über Technologien, Preise oder Marktpenetration der Mitbewerber zu lernen. Während man durch die Ausstellungshallen schlendert, kann man Produktunterlagen sammeln, die oft strategisch verwertbare technologische Informationen beinhalten. Die Manager oder Vertriebsmitarbeiter eines Unternehmens gewinnen dadurch einen guten, allgemeinen Eindruck vom Marktgeschehen und vermarkten gleichzeitig ihre eigenen Produkte.

🎈 AUF DEN PUNKT GEBRACHT

- Die richtigen Auslandsmärkte zu selektieren ist eine der Hauptaufgaben bei der Internationalisierung eines Unternehmens.

Fortsetzung auf der nächsten Seite

- Die Entscheidung soll sich dabei an bestimmten Kriterien orientieren, wie z.b. der potentiellen Marktgröße, der Eignung des Produktes für den Zielmarkt, der Konkurrenz oder Sonderkosten des Exports.
- Die Reihung und die Gewichtung, die einem Selektionskriterium zugeordnet werden, sind abhängig von der Branche, in welcher die Firma tätig ist.
- Um den Entscheidungsprozeß zu systematisieren können Punktbewertungmodelle verwendet werden. Sie gestatten eine Schritt-für-Schritt-Entscheidung und reduzieren so die Komplexität der Länderselektion.
- Nachdem geeignete Märkte ausgewählt wurden, sollten die internationalen Anbieter den neuen Markt besuchen. Besuche während Firmenmessen oder Handelsreisen erlauben eine zweite Überprüfung der sekundären Information und ermöglichen persönliche Kontakte mit möglichen Partnern im Ausland.

8.8   Markteintrittsstrategien im Überblick

Nachdem Unternehmen den Entschluß gefaßt haben, sich international zu betätigen, müssen sie entscheiden, in welcher Form sie auf neuen Zielmärkten aktiv werden. Die Entscheidung für eine bestimmte Markteintrittsalternative ist dabei von drei zentralen Einflußfaktoren geprägt: (1) den erforderlichen Investitionen, (2) den Kontrollmöglichkeiten über Unternehmens- und Marketingaktivitäten und (3) der erzielbaren Marktkenntnis.[10]

Will oder kann ein Unternehmen nur begrenzte Ressourcen für den Auslandseinsatz bereitstellen, bietet sich an, die im Inland hergestellten Produkte zu exportieren und unter Einsatz beispielsweise eines selbständigen Handelsvertreters im Ausland zu vertreiben. Der Vorteil besteht darin, daß von seiten des Herstellers nur geringe Investitionen in den Auslandsmarkt erforderlich sind, da man sich der bestehenden Infrastruktur und Kontakte des Vertreters bedienen kann. Der Nachteil liegt jedoch darin, daß der Hersteller keine eigene Präsenz im Markt aufbauen kann, und die Kontrolle der Marketingaktivitäten am Auslandsmarkt schwierig ist. Darüber hinaus kann die Zusammenarbeit mit ausländischen Handelsvertretern auch teurer werden als geplant, denn eine etwaige Beendigung eines Vertretungsabkommens zieht nicht selten eine Klage des Vertreters auf entgangene Gewinne und Schadenersatz nach sich. Auch ein schriftlicher Vertrag, der eine Kündigung ohne Angabe von Gründen vorsieht, ist keine Garantie für einen Verzicht auf Schadenersatzleistung.

Will ein Unternehmen seine Auslandsaktivitäten stärker kontrollieren oder mehr Marktkenntnis erlangen, sollte es Markteintrittsalternativen wählen, die dies gewährleisten, wie eigene Tochtergesellschaften, Joint Ventures oder strategische Partnerschaften. Mit der verbesserten Marktkenntnis und der erhöhten Kontrollmöglichkeit gehen aber auch höhere Kosten, wie zusätzliche Lohn-, Grundstücks- oder Transportkosten, einher.

Beschließt ein Unternehmen, lokal zu produzieren, hat es die Wahl zwischen dem Kauf, der Errichtung oder der Anmietung von Produktionsstätten, einem Joint Venture oder einem Lizenznehmer. Ein Lizenznehmer kann bestehende Produktionskapazitäten möglicherweise kostengünstiger erweitern als ein Hersteller.

In vielen wirtschaftlich weniger entwickelten Ländern werden Markteintrittsalternativen stark durch staatliche Eingriffe beschränkt, die einen gewissen lokalen Wertschöpfungsanteil vorschreiben. Will ein Unternehmen auf solchen Auslandsmärkten aktiv werden, muß es sich gezwungenermaßen für eine Produktion im Ausland entscheiden. In den meisten Industrieländern ist dieser lokale Wertschöpfungsanteil nicht erforderlich. Die Wahl der Markteintrittsalternative liegt daher im Ermessen des Unternehmens. Viele Unternehmen kombinieren diese Markteintrittsalternativen auf Auslandsmärkten auch. Soll in einem Markt möglichst hohe lokale Präsenz und Kontrolle über die Marktbearbeitung erzielt werden, wird man sich für ein Tochterunternehmen entscheiden. In einem anderen Ländermarkt hingegen nutzt man aus Effizienzgründen die Kostenvorteile eines Handelsvertreters. In weiterer Folge werden mögliche Markteintrittsalternativen genauer vorgestellt. Die lokale Präsenz eines Unternehmens kann eine wesentlich bessere Kommunikation zu regionalen Gesellschaften und dem Stammhaus gewährleisten. Damit schöpft ein Unternehmen seine Möglichkeiten zur Durchführung einer globalen Strategie mit lokaler Anpassung optimal aus. Abbildung 8.3 bietet eine Übersicht über mögliche Markteintrittsalternativen.

Abbildung 8.3: Die wichtigsten Markteintrittsalternativen im Überblick

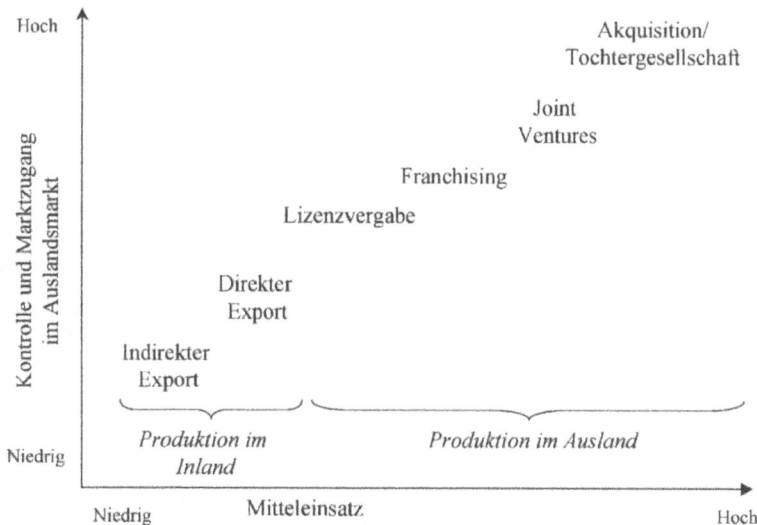

Quelle: Übernommen und angepaßt von Günther Müller-Stewens und Christoph Lechner, „Unternehmensindividuelle und gastlandbezogene Einflußfaktoren der Markteintrittsformen", in: Klaus Macharzina und Michael-Jörg Oesterle (Hrsg.), *Handbuch Internationales Management*, Gabler, Wiesbaden, 1997, S.237; Gunter Stahr, Auslandsmarketing, Vol. 1, Kohlhammer, Stuttgart, 1979, S.162.

EUROPÄISCHER BLICKWINKEL

DIE WELT VON WOLFORD

Begonnen hat alles in Bregenz auf der österreichischen Seite des Bodensees. Von hier hat die Wolford AG, ein Hersteller von Strumpfwaren und Textilien der Luxusklasse, ihren Siegeszug um die Welt angetreten. Mittlerweile werden mit mehr 1.000 Mitarbeitern und über 200 Boutiquen weltweit Umsätze an die € 150 Mio. erzielt. Ein entscheidender Erfolgsfaktor dabei: die Auslandsaktivitäten des Unternehmens. Schon früh erkannte man, daß der österreichische Markt für die exklusiven Produkte der Wolford AG zu klein war, und wandte sich neuen Märkten zu. Mittlerweile werden 90% der Umsätze des Unternehmens im Ausland getätigt. Für den Markteintritt in neue Märkte werden unterschiedliche Ansätze gewählt. Auf Märkten, auf denen man einen weniger prononcierten Auftritt plant, bzw. wo Geschäftschancen noch eher ungewiß sind, wird auf die Erfahrung und das Know-how von Generalimporteuren vertraut. Diese Markteintrittsalternative wurde in Brasilien gewählt, wo man 1998 einen Generalimporteur mit der Exklusivvertretung der Produkte betraute. Auf jenen Märkten, die aus Sicht des Unternehmens von strategischer Bedeutung sind, wie Deutschland oder Großbritannien, gründete man eigene Tochtergesellschaften. Mittlerweile finden sich Wolford-Töchter in der Schweiz, Deutschland, Frankreich, Großbritannien, Spanien, Italien, Japan und den skandinavischen Ländern. Für die Marktbearbeitung in China und den Niederlanden sind Tochtergesellschaften bereits in Gründung.

Wolford dient jedoch auch als Beispiel dafür, daß im Laufe der Entwicklung verschiedene Marktbearbeitungsalternativen zum Einsatz gelangen können. Die Marktbearbeitungsstrategie in den USA dokumentiert Wolfords schrittweises Vorgehen sehr deutlich. Als Wolford in den USA aktiv wurde, sah man sich mit der Situation konfrontiert, daß amerikanische Konsumentinnen dem Produktbereich wenig Interesse entgegenbrachten, und – was für einen Hersteller von Luxusprodukten ebenfalls von entscheidender Bedeutung war – nicht bereit waren, viel Geld für exklusive Strumpfwaren auszugeben. Wolford widmete sich daher konsequent der Aufklärung und Schulung, um das Bewußtsein von Konsumentinnen zu erhöhen. Wie in Brasilien begann Wolford sein Engagement in den USA mit der Wahl eines Generalvertreters – Easton International –, um die Investitionskosten gering zu halten, und um sich des vorhandenen Marktknow-hows zu bedienen. Nachdem sich der amerikanische Markt immer stärker als Hoffnungsträger herauskristallisierte, beendete man 1996 die Kooperation mit dem Generalimporteur und entschied sich für ein Distributionssystem mit besseren Kontroll- und Zugriffsmöglichkeiten: eigene Distributionsorgane und Franchisenehmer. Der Wechsel zu stärker kontrollierbaren Vertriebsorganen – unternehmenseigene Standorte und Franchisenehmer – sicherte eine konsequente, einheitliche Kommunikationsstrategie, die zum Aufbau einer starken Luxusmarke führte. Die Kontrollmöglichkeiten sorgten aber auch dafür, daß dieses Image nicht durch preispolitische Maßnahmen unabhängiger Distributoren konterkariert werden konnte.

Fortsetzung auf der nächsten Seite

Die Welt von Wolford (Fortsetzung)

Die Erfolge können sich sehen lassen: 1997 erzielte man in den USA mit € 10 Mio. bereits 6% des Konzernumsatzes mit Aussicht auf deutliche Steigerungen in den kommenden Jahren. Allerdings hat Wolfords Erfolg auch amerikanische Konkurrenten wie Donna Karan oder Calvin Klein dazu veranlaßt, in dieses Segment einzusteigen.

Einfach zum Nachdenken:

- Stellen Sie sich vor, Sie sind mit der internationalen Expansion von Wolford betraut. Welche Vor- und Nachteile hat ein lokaler Distributionspartner, Franchisenehmer, eine Tochtergesellschaft für Sie?
- Welche Gefahren birgt ein stufenweiser Markteintritt wie jener in die USA?

Quellen: „Wolford", *Advertising Age (International Supplement)*, Dezember 1996: S.i4; „Wolford", *Euromarketing*, 23. April 1996: S.5; „Wolford to Start U.S. Unit", *Women's Wear Daily*, 29. April 1996: S.18. „Wolford plans Giant Strides in the U.S.", *Women's Wear Daily*, 6. Jänner 1997: S.11. „Wolford Keeps Opening New Doors", *Women's Wear Daily*, 10. Februar 1998: S.4. „Europe's Second Act in Hosiery", *Women's Wear Daily*, 28. Dezember 1998: S.10. „Wolford to Step Downtown this Fall", *Women's Wear Daily*, 24. August 1998: S.6+.

8.9 Export

Wenn ein Unternehmen seine Produkte im Inland herstellt und von hier in internationale Märkte verkauft, dann hat es zwei Alternativen für die Marktbearbeitung im Ausland: indirekten und direkten Export. Wie oben ausgeführt wird die Entscheidung von drei wesentlichen Kriterien beeinflußt: den notwendigen Investitionen, der Marktpräsenz und -kontrolle.

8.9.1 Indirekter Export

Viele Unternehmen, die am Beginn ihres Auslandsengagements stehen, entscheiden sich der Einfachheit halber für den indirekten Export ihrer Produkte. Will das Unternehmen die Auslandsaktivitäten auslagern, dann gibt es zahlreiche Exportdienstleister, die diese Aufgaben erfüllen können. Diese beinhalten Exporthandelsgesellschaften, Exportkommissionäre, oder Gemeinschaftsexportunternehmen. Da diese Bezeichnungen in der Praxis oft inkonsistent verwendet werden, sollte man sich genau über die angebotenen Dienstleistungen dieser Unternehmen informieren.

Eine typische Exporthandelsgesellschaft agiert als Exportabteilung für verschiedene Unternehmen, die selbst nicht über genügend Auslandserfahrung verfügen. Sie erfüllt eine Vielzahl von Leistungen wie Marktforschung, die Auswahl der Vertriebspartner, die Finanzierung und den Transport einschließlich der erforderlichen Dokumentation. Wie eine Studie zeigt, bestehen die wichtigsten Aufgaben in der Informationssuche, der Kommunikation mit den Märkten, der Preisfestsetzung und der Lieferfähigkeit von Ersatzteilen. Gefragt nach den größten Schwierigkeiten im Export rangierten die Analyse des politischen Risikos, Vertriebsaufgaben, Preisfestsetzung und Finanzinformationen unter den vorrangig genannten Kriterien. Hier sahen die Befragten auch Ansatzpunkte für Unterstützung durch offizielle Stellen.[11]

8.9.2   Direkter Export

Eine weitere Alternative, den Vertrieb der Produkte im Ausland zu organisieren, ist der direkte Export. Im Gegensatz zum indirekten Export ist diese Variante mit höheren Investitionskosten verbunden, gewährleistet andererseits aber bessere Kontrolle der Marketingaktivitäten und eine bessere Marktkenntnis. Die grundlegende Entscheidung ist dabei: in welchem Ausmaß sich das Unternehmen auf einen direkten Marktauftritt, d.h. eigene Vertreter im Exportzielmarkt, im Gegensatz zur Vertretung durch unabhängige Absatzmittler stützt.

Unternehmenseigene Vertriebsorgane

Zwei Vorteile sprechen für ein direktes Vertriebssystem: die Kontrolle und die Kommunikation mit den Kunden. Ein direkter Vertrieb erleichtert die Festlegung des Marketingprogramms, der Ressourcenallokation oder von Preisänderungen. Ist ein Produkt am Markt noch nicht etabliert, dann ist ein überdurchschnittliches Engagement erforderlich. Bedient man sich eines unabhängigen Repräsentanten, werden derartige Anstrengungen oft nicht oder nicht im erforderlichen Ausmaß erbracht. Oft gibt es nicht genügend Anreiz für den unabhängigen Vertreter, signifikante Zeit- und Geldressourcen in die Vertretung eines Produkts zu investieren. Der weitere große Vorteil unternehmenseigener Vertriebsorgane ist die verbesserte Möglichkeit, an Feedback und Marktinformationen für das Stammhaus zu gelangen. Dies kann Exportmarketingentscheidungen in bezug auf Produkte, Preis, Kommunikation und Distribution entscheidend verbessern.

Ein direktes Vertriebssystem bedeutet aber nicht, daß der Exporteur direkt an den Endkunden verkauft. In vielen Fällen verkauft der Hersteller an einen Groß- oder Einzelhändler. Die großen Automobilhersteller Deutschlands oder Japans bedienen sich in den USA beispielsweise direkter Vertretungen. Diese Vertretungen verkaufen die Produkte dann an autorisierte Vertragshändler.

Unabhängige Vertreter

In kleineren Märkten oder für kleine Hersteller in großen Märkten ist es üblicherweise wenig sinnvoll, eigene Vertretungen zu errichten, da die Umsätze die damit verbundenen Kosten nicht rechtfertigen. Ist das zu erwartende Umsatzvolumen gering, empfiehlt sich der Einsatz eines unabhängigen Vertreters. Der Schlüssel zum Exporterfolg liegt dann in der Auswahl eines geeigneten Repräsentanten.

Das Huckepacksystem

Das Huckepacksystem ist eine Art des internationalen Vertriebs, die in den letzten Jahren viel Aufmerksamkeit bekommen hat. Es handelt sich dabei um eine Vereinbarung, bei der ein Hersteller den Vertrieb seiner Produkte über das Vertriebssystem eines anderen Herstellers vornimmt. Beide Seiten haben dadurch Vorteile. Der aktive Distributionspartner kann sein Distributionssystem besser ausnutzen und seine Einnahmen dadurch erhöhen. Der Hersteller, der das Huckepacksystem in Anspruch nimmt, hat mit deutlich geringeren Kosten zu rechnen als bei einem selbständigen Engagement.

Voraussetzungen für den Erfolg sind jedoch, daß die beiden Produktlinien komplementär zueinander sind. Ein praktisches Beispiel ist die Kauai Kookie Kompany. Man stellte fest, daß japanische Touristen vor ihrem Abflug aus Hawaii große Mengen an Keksen einkauften. Heute werden die Kekse in einem Huckepacksystem von Reisebüros in Japan verkauft. Die Kekse können nach der Ankunft in Japan per Katalog bestellt werden und reduzieren so das Reisegepäck.[12]

8.9.3 Export als Entwicklungsprozeß

Wissenschaftliche Untersuchungen zeigen, daß Exportaktivitäten als Entwicklungsprozeß gesehen werden können, die verschiedene Phasen durchlaufen:[13]

1. Das Unternehmen zeigt keine Ambitionen in Richtung Export. Auf Anfragen aus dem Ausland wird nicht eingegangen. Dies kann auf einen Mangel an Ressourcen, Desinteresse oder Unkenntnis zurückgeführt werden.

2. Das Unternehmen beantwortet Anfragen aus dem Ausland, bemüht sich aber nicht aktiv um Aufträge aus dem Ausland. Ein derartiges Unternehmen könnte man auch – im Sinne der oben ausgeführten Unterschiede zwischen Exportverkauf und Exportmarketing – als internationalen Verkäufer ansehen.

3. Das Unternehmen wägt aktiv den Nutzen von Exportaktivitäten ab (Phase 2 kann möglicherweise dabei übersprungen werden)

4. Das Unternehmen exportiert probeweise in einen oder mehrere Märkte.

5. Das Unternehmen ist ein erfahrener Exporteur in einem oder mehreren Märkten.

6. Aufgrund der bisherigen Erfahrung strebt das Unternehmen eine länder- oder regionenzentrierte Marketingstrategie an. Die Marktselektion basiert auf bestimmten Kriterien wie sprachlichen Gegebenheiten oder Transportbedingungen.

7. Das Unternehmen überprüft sein globales Marktpotential, bevor es die erfolgversprechenden Märkte auswählt. Alle Märkte – national und international – werden dabei als gleichwertig in die Überlegungen miteinbezogen.

Die Wahrscheinlichkeit, daß ein Unternehmen den Schritt von einer Phase in die nächste schafft, hängt von verschiedenen Faktoren ab. Der Wechsel von Phase 2 zu 3 ist eng mit der Einstellung des Managements in bezug auf die Attraktivität von Exportaktivitäten und mit dem Vertrauen in die Fähigkeiten des eigenen Unternehmens, am Weltmarkt zu reüssieren, verknüpft. Engagement und Entschlossenheit sind jedoch die wichtigsten Aspekte der internationalen Orientierung eines Unternehmens. Bevor die 4. Stufe erreicht werden kann, muß ein Unternehmen Exportaufträge annehmen und abwickeln. Die Qualität und Dynamik des Managements ist ein wesentlicher Grundstein für solche Aufträge. Erfolg in Phase 4 wird ein Unternehmen in Richtung Phase 5 und 6 leiten. Ein Unternehmen, das die höchste Stufe erreicht hat, ist eine reife, geozentrische Firma, die ihre globalen Ressourcen zur Nutzung globaler Chancen einsetzt. Um dieses Stadium zu erreichen, ist ein Management mit Vision und Entschlossenheit erforderlich.

GLOBALE PERSPEKTIVE

BORN GLOBAL?

Die sogenannten „born globals" folgen nicht dem traditionellen, soeben beschriebenen Entwicklungsprozeß der Auslandsaktivitäten. Viele Begriffe wurden für Unternehmen dieser Kategorie in den letzten Jahren geprägt: global start-ups, international new ventures, global gegründete Unternehmen oder globale Neugründungen. Eines haben jedoch alle gemeinsam: es handelt sich um kleine Unternehmen, die bereits in einem sehr frühen Stadium ihrer Existenz internationale Märkte bearbeiten. „Born globals" sind innovationsfreudig und nutzen bahnbrechende, neue Technologien, um ihren Kunden herausragende Leistungen zu bieten. Charakteristisch für „Born globals" ist, daß sie die Welt als einen großen Markt verstehen und spätestens zwei Jahre nach ihrer Gründung mehr als ein Viertel ihres Umsatzes im Ausland erzielen.

Geht man von den herkömmlichen Vorstellungen aus, daß Globalisierung mit zunehmender Unternehmensgröße und den daraus erzielbaren Skaleneffekten einhergeht, dürften „Born Globals" eigentlich nicht existieren. Kleinen Unternehmen wird oft zugeschrieben, daß sie aufgrund ihrer mangelnden Ressourcen eingeschränkt und daher kaum den Herausforderungen globaler Unternehmenstätigkeiten gewachsen sind.

Die britische ComponentSource ist ein typischer „Born Global". Das Unternehmen ist auf den Vertrieb von Software-Komponenten spezialisiert. Bereits von Beginn der Unternehmenstätigkeit an realisierte man, daß Globalisierung der Geschäftstätigkeit für das Unternehmen eine absolute Notwendigkeit war. Die Kunden des Unternehmens – Softwareentwickler aus aller Welt – erwarteten schlichtweg, daß ihre Produkte ebenso wie sie weltweit zum Einsatz gelangen und vertrieben werden. Der Erfolg kann sich sehen lassen. Heute finden sich die Produkte, CD-ROMS mit Softwaretools entwickelt von ComponentSource-Kunden, in Microsofts Visual Basic Development Tool Box.

Bei Wave System, einem Pionierunternehmen, das Zähler für die Benutzungsdauer von Datenbanken entwickelt, stellt sich die Frage nach Globalisierung nicht. Ein Manager des Unternehmens formulierte es folgendermaßen: „Für uns ist Globalisierung ganz normal. Im Gegenteil, die Frage, ob wir uns auf lokale Aktivitäten beschränken, ist für uns einfach absurd. Unsere Kunden und die neuen Kommunikations- und Informationstechnologien zwingen uns, global tätig zu werden."

Unabhängig von der Branche, in der „Born Globals" tätig sind, zeichnen sich diese Unternehmen durch eine hervorstechende Eigenschaft aus: sie verfolgen von Beginn an eine globale Vision, die ihre Aktivitäten leitet.

Fortsetzung auf der nächsten Seite

Born Global? (Fortsetzung)

Einfach zum Nachdenken:

- Sind alle Unternehmen, die ihre Produkte oder Dienstleistungen über das Internet verkaufen, automatisch globale Unternehmen? Warum? Warum nicht?
- Es stellt sich die Frage, ob man ein österreichisches Softwareunternehmen, das vor zwei Jahren gegründet wurde, und das mittlerweile 25% seines Umsatzes in Deutschland erzielt, ein „born global" nennen kann. Wie würden Sie den Begriff „born global" operationalisieren? Welche Kriterien müßte Ihrer Ansicht nach ein Unternehmen erfüllen, um diese Bezeichnung „zu verdienen"?

Quellen: Katherine Campbell, „The Global Company", *Financial Times*, 24. Oktober 1997; Tage Koed Madsen und Per Servais, „The Internationalization of Born Globals – An Evolutionary Process?", *International Business Review*, 6 (1997), S.561-583. Gary A.Knight und S.Tamer Cavusgil, „The Born Global Firm: A Challenge to Traditional Internationalization Theory", *Advances in International Marketing*, Jai Press, 1996; Benjamin M.Oviatt und Patricia McDougall, „Global Start-Ups: Entrepreneurs on a Global Stage", *Academy of Management Executive*, 9, 2 (1995): S.30-44.

Eine andere Untersuchung zeigt, daß Erfahrungen in der operativen Abwicklung von Exportaktivitäten und ausreichende Unternehmensressourcen für erfolgreiche Auslandsaktivitäten erforderlich sind. Es ist interessant, daß selbst erfahrene Exporteure ihren Wissensstand in bezug auf exportrelevante Aspekte, wie Transport- und Zahlungsbestimmungen, für ausbaufähig halten. Als wichtigster Nutzen der Auslandsak-

Tabelle 8.2: Exportbezogene Probleme

Logistik	Service
1. Transportmittel wählen	12. Lieferfähigkeit bei Ersatzteilen gewährleisten
2. Festsetzung des Aufschlags für den Transport	13. Reparaturservice bereitstellen
3. Dokumentation	14. Technische Hilfestellungen bieten
4. Finanzielle Informationen einholen	15. Lagerhaltung organisieren
5. Koordinierung der Verteilung	**Verkaufsförderung**
6. Verpackung	16. Werbung
7. Versicherungsschutz	17. Verkaufsanstrengungen
Rechtliche Vorschriften	18. Marketinginformationen
8. Bürokratischer Aufwand	**Wissen über Auslandsmärkte**
9. Produkthaftung	19. Identifikation von potentiellen Zielmärkten
10. Lizenzvergabe	20. Handelsbeschränkungen
11. Zölle/Einfuhrabgaben	21. Konkurrenz im Zielmarkt

tivitäten wurde von exportierenden Unternehmen der Beitrag zum finanziellen Erfolg des Unternehmens bezeichnet. Darüber hinaus wurden weitere Vorteile wie erhöhte Flexibilität und die Möglichkeit, Umsatzschwankungen am Heimmarkt auszugleichen, genannt. Während Untersuchungen einen gewissen Zusammenhang zwischen Exportaktivitäten und Unternehmensgröße nachweisen, gibt es keinen Beleg dafür, daß die Exportintensität, d.h. die Exportquote im Verhältnis zum Gesamtumsatz, positiv mit der Größe des Unternehmens korreliert. Tabelle 8.2 faßt einige exportbezogene Probleme zusammen, denen Unternehmen in der Praxis begegnen.[14]

8.9.4   Staatliche Regelungen für Ex- und Importe

Exporte sind für die Weltwirtschaft und die einzelnen Volkswirtschaften von eminenter Bedeutung. Seit den 50er Jahren hat sich der weltweite Austausch von Gütern um das 16-fache erhöht. Der Anteil der weltweiten Exporte am BIP hat sich in dieser Zeit von 7% auf 15% erhöht.[15] 1997 verzeichnete die WTO einen Zuwachs von 9,5% bei den weltweiten Exporten von Gütern. Damit wurde die zweithöchste Wachstumsrate der letzten zwanzig Jahre erzielt. Insgesamt wurden weltweit Exporte von Produkten und Dienstleistungen in der Höhe von € 5,5 Trillionen erzielt. Tabelle 8.3 gibt einen Überblick über die führenden Export- und Importnationen.[16]

Tabelle 8.3: Überblick über führende Export- und Importnationen

Exporteure	Wert (in Mrd.€)	Anteil in % an den weltweiten Exporten	Importeure	Wert (in Mrd.€)	Anteil in % an den weltweiten Importen
1 USA	584,4	12,6	USA	762,8	16,1
2 Deutschland	434,1	9,4	Deutschland	374,5	7,9
3 Japan	357,2	7,7	Japan	287,1	6,0
4 Frankreich	244,2	5,3	Großbritannien	307,2	5,5
5 Großbritannien	237,6	5,1	Frankreich	260,6	4,8
6 Italien	202,7	4,4	HK, China	177,1	3,7
7 Kanada	181,9	3,9	Italien	177,1	3,7
8 Niederlande	164,1	3,5	Kanada	170,5	3,6

An erster Stelle sowohl bei den Einfuhren als auch bei den Ausfuhren im Welthandel stehen die USA vor Deutschland und Japan.[17] Trotz, oder vielleicht wegen deren enormer Bedeutung ist die Politik vieler Staaten gegenüber Exporten und Importen in einem Wort zusammengefaßt schizophren. Über Jahrhunderte haben Staaten im Bezug auf den grenzüberschreitenden Verkehr von Produkten und Dienstleistungen zwei konträre Positionen verfolgt. Exporte fördert man durch direkte Zuschüsse oder indirekte Maßnahmen wie Steuerabschläge oder Förderprogramme. Den Warenfluß in die andere Richtung – Importe – schränkt man allgemein ein. Maßnahmen wie Zölle, Importbeschränkungen oder eine Vielzahl von nichttarifären Handelshemmnissen werden verwandt, um den Warenstrom ins Land zu unterbinden. Die internationale Situation stellt sich daher als gleichzeitige Förderung von Exporten und Restriktion von Importen dar.

Die Einfuhr von ausländischem Käse in die USA stellt ein klassisches Beispiel für Importbeschränkungen dar. Um die US-amerikanische Landwirtschaft vor Importen zu schützen, darf ausländischer Käse nur dann importiert werden, wenn der Importeur dies auch bereits in der Vergangenheit getan hat. Gleichzeitig werden die beschränkten Einfuhrkontingente unter den Importeuren verlost. Ausländische Käseimporte werden damit nahezu unmöglich gemacht. Andererseits setzten sich die USA in Japan massiv dafür ein, die Reismärkte für amerikanische Importe zu öffnen – seit 1993 mit Erfolg.

Welche herausragenden Ergebnisse eine von der Regierung unterstützte Exportoffensive erzielen kann, läßt sich an Japan, Singapur, Korea und dem sogenannten Chinesischen Dreieck – der Volksrepublik China, Taiwan und Hongkong – ermessen. In knapp drei Jahrzehnten hat sich Japan vollständig von den Schäden des 2. Weltkriegs erholt und sich zu einer wirtschaftlichen Supermacht entwickelt. Dieses Wachstum wurde durch Exporte japanischer Unternehmen mit tatkräftiger Unterstützung des Ministeriums für Handel und Industrie (MITI) unterstützt. Die vier Tigerstaaten Singapur, Korea, Taiwan und Hongkong gingen, vom Vorbild Japan inspiriert, einen ähnlichen Weg. China – der „fünfte Tiger" mit einem 10%-igen Wirtschaftswachstum und einer geringen Inflationsrate – hat enorme Summen an ausländischen Investitionen aus den Industrieländern und von Auslandschinesen angezogen. Damit werden neue Produktionsstätten finanziert, die sowohl den lokalen Bedarf als auch die Produktion für den Weltmarkt ermöglichen.

8.9.5 Staatliche Exportförderungsprogramme

Jede Regierung, die mit Handelsbilanzdefiziten zu kämpfen hat, sollte ihr Augenmerk auf die Unterstützung von Unternehmen, die bislang nicht im Export aktiv gewesen sind, legen. Dies kann auf nationaler, regionaler und lokaler Ebene erfolgen. Üblicherweise unterscheidet man drei verschiedene Ansatzpunkte öffentlicher Exportförderung. *Steuerliche Anreize*: in diesem Fall werden Erträge aus Auslandsgeschäften durch niedrigere Steuersätze oder Steuergutschriften bevorzugt behandelt. Steuervorteile beinhalten außerdem verschiedene Spielarten der Steuerbefreiung oder des Steueraufschubs auf Auslandseinkünfte. Auch vorzeitige Abschreibungen gehören zum Repertoire. In vielen Fällen ist die steuerliche Praxis der Behandlung von exportbezogenen Einkünften noch deutlich günstiger, als die rechtlichen Regelungen dies vorsehen.

Regierungen unterstützen Exporterfolge auch durch *direkte Subventionen*, wie direkte oder indirekte finanzielle Zuwendungen, die dem Hersteller zugute kommen. Exportunterstützungen können Handelsbeziehungen entscheidend beeinflussen, wenn weniger wettbewerbsfähige, jedoch subventionierte Produkte wettbewerbsfähige Produkte auf den Weltmärkten verdrängen. Aus diesem Grund versucht die World Trade Organization (WTO) in zunehmendem Maß, Exportstützungen für landwirtschaftliche Produkte zu reduzieren. Eine dritte Förderungsmaßnahme stellen *offizielle Unterstützungen durch Beratung* für Exporteure dar. Auch unterstützen Regierungen die Unternehmen durch Messen oder Handelsmissionen mit dem Ziel, Geschäftsbeziehungen zu ausländischen Kunden aufzubauen und zu vertiefen.

AUF DEN PUNKT GEBRACHT

- Nachdem ein Unternehmen einen potentiellen Auslandsmarkt ausgewählt hat, muß es überlegen, auf welche Art es in den Markt eintreten will.

- Markteintrittsentscheidungen werden von drei Faktoren beeinflußt: (1) wie viele Ressourcen und welche Investitionen werden für den Markteintritt benötigt, (2) wieviel Kontrolle will man im Auslandsmarkt haben, und (3) wieviel Marktkenntnis kann der Hersteller durch den jeweiligen Markteintritt erlangen.

- Wenn ein Unternehmen nicht viele Investitionen im Ausland tätigen will, dann könnte es in den Markt durch Export aus dem Heimatmarkt eindringen. Wenn es allerdings mehr Kontrolle über die Aktivitäten haben will oder mehr Marktpräsenz erlangen will, kann es aus verschiedenen Alternativen, wie die Gründung von Niederlassungen, Joint-Ventures oder strategische Allianzen wählen.

- Auf Grund der geringen Verfügbarkeit von Ressourcen, stellt der Export eine gute Möglichkeit des Markteintritts für Firmen dar, die erst seit kurzem im internationalen Geschäft sind. Firmen mit mehr Erfahrung hingegen wählen Alternativen, die kostenintensiver sind.

- Bei indirektem Export übernimmt ein inländischer Partner, wie z.b. eine Exporthandelsfirma oder eine Exportmanagementfirma, alle notwendigen Arbeiten, die für aus dem Exportieren resultieren. Dieser Partner arbeitet wie eine externe Exportabteilung.

- Bei direktem Export bedient sich das Unternehmen entweder unternehmenseigener Vertriebsorgane oder unabhängiger Vertreter oder Distributoren. Bei direktem Export hat ein Unternehmen mehr Kontrolle und Marktpräsenz im Auslandsmarkt, dies ist allerdings mit höheren Kosten verbunden.

- Die sogenannten *born globals* sind Firmen, die nicht dem traditionellen Entwicklungsprozeß der Auslandsaktivitäten folgen. Typischerweise sind *born globals* eher kleine Unternehmen, die bereits in einem sehr frühen Stadium ihrer Existenz internationale Märkte bearbeiten. Für sie ist die Internationalisierung nicht nur eine Option, sondern ein absolutes Muß.

8.10 Exportfinanzierung und Zahlungsmodalitäten

Die Entscheidung über die Zahlungsmodalitäten für Auslandsgeschäfte ist von grundlegender Bedeutung. Eine Vielzahl von Faktoren, wie die Verfügbarkeit von Devisen im Zielland, die Kreditwürdigkeit des Käufers und das Verhältnis zwischen Käufer und Verkäufer, muß dabei berücksichtigt werden. Während Finanzmanager in Unternehmen mit geringer Auslandserfahrung der Finanzierung von Exportgeschäften mit Skepsis begegnen, sehen erfahrene Exporteure die Abwicklung von Auslandsgeschäften oft einfacher als die Realisierung von Forderungen im Inland. Der Grund ist einfach:

wie im nächsten Punkt beschrieben kann ein Akkreditiv zur Absicherung der Zahlungsleistung für Produkte herangezogen werden. Inlandsumsätze hingegen werden hauptsächlich gegen offene Rechnung abgeschlossen, was sie von der Kreditwürdigkeit des Käufers abhängig macht. Wenn Exporteur und Importeur nach einiger Zeit eine gute Basis gefunden haben und das Vertrauen in die Finanzkraft des Käufers gestiegen ist, kann man auch im internationalen Geschäft auf ein Dokumenteninkasso oder auf offene Rechnung übergehen.

Unterschiedliche Möglichkeiten zur finanziellen Abwicklung von Auslandsgeschäften sind in Abbildung 8.4 dargestellt.

Abbildung 8.4: Methoden der Exportfinanzierung

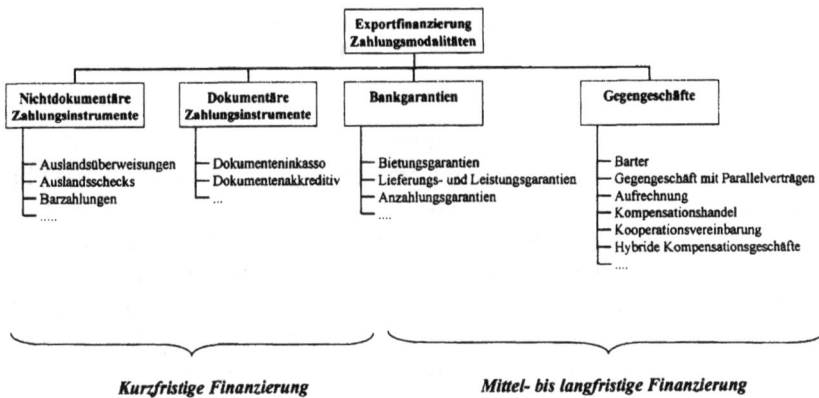

8.10.1 Nichtdokumentäre Zahlungsinstrumente

Es gibt eine Zahl von Bedingungen, unter denen ein Exporteur die direkte Zahlung des Kaufpreises in voller Höhe oder zum Teil in Bargeld einfordert, bevor die Lieferung abgegangen ist. Diese Vorgehensweise wird gewählt, wenn das Kreditrisiko im Exportland zu hoch ist, wenn die Devisenbestimmungen in diesem Land die Zahlung der Gegenleistung deutlich verzögern würden oder, wenn der Exporteur aus einem anderen Grund die Vorfinanzierung übernehmen will. Aufgrund des Wettbewerbs und der Beschränkung von Barzahlungen in vielen Ländern wird nur selten auf diese Finanzierungsvariante zurückgegriffen.

Der Verkauf auf offene Rechnung

Ein Verkauf auf offene Rechnung wird dann vorgenommen, wenn keine Devisenbeschränkungen bestehen und beide Handelspartner auf eine langfristige Geschäftsbeziehung zurückblicken können. Auch zwischen Zweigstellen oder Tochtergesellschaften wird diese Zahlungsabwicklung verwendet. Das größte Risiko bei einer derartigen Vereinbarung ist das Fehlen einer Schulderklärung. Wird ein Wechsel ausgestellt, so kann er als Basis für rechtliche Schritte herangezogen werden. Im Falle einer offenen Rechnung ist ein derartiges Vorgehen komplizierter.

Der Verkauf auf Kommissionsbasis

Wie beim Verkauf auf offene Rechnung gibt es beim Verkauf auf Kommissionsbasis keinen verwertbaren Schuldschein. In Ländern mit Freihandels- oder Zollfreihäfen kann vorgesehen werden, daß die Ware in einem Zollager auf den Namen einer ausländischen Bank gelagert wird. Die Verkäufe werden von einem Agenten erledigt. Die Ware wird dann gegen übliche Zahlungskonditionen abgegeben. Die Produkte werden nicht vor einem effektiven Verkauf verzollt.

8.10.2   Dokumentäre Zahlungsinstrumente

Wenn die Geschäftsverbindung zwischen dem internationalen Käufer und Verkäufer noch nicht lange anhält, empfiehlt sich eine sicherere Zahlungsmodalität als die Zahlung im Voraus.

Dokumenteninkasso

Ein Dokumenteninkasso ist eine Zahlungsform, bei der ein Wechsel verwendet wird. Ein Wechsel ist ein begebbares Instrument, das von einer Partei auf eine andere übergehen kann. In seiner einfachsten Form ist er eine schriftliche Anweisung, bei der eine Partei eine andere anweist, eine bestimmte Summe an eine dritte Partei zu zahlen.

Der Dokumentenwechsel ist ein wichtiges Instrument bei einem Exportgeschäft. Bei einem Dokumentenwechsel werden die Dokumente und Urkunden, die zur Zolldeklaration, zum Eigentumsübergang und zum Transport erforderlich sind, an die Bank des Käufers im Importland geschickt. Sie werden dem Importeur ausgehändigt, sobald er die Waren bezahlt hat.

Das Dokumentenakkreditiv

Akkreditive sind als Zahlungsmodalität im internationalen Warenverkehr weit verbreitet. Abgesehen von einer Begleichung des Kaufpreises im Voraus, bietet das Akkreditiv dem Exporteur die beste Versicherung, daß ins Ausland verkaufte Produkte auch bezahlt werden. Diese Sicherheit entsteht dadurch, daß im Rahmen eines Akkreditivs die Zahlungsverpflichtung bei der Bank des Käufers und nicht beim Käufer selbst liegt.

Ein Akkreditiv ist im wesentlichen eine Zusage, in der die Bank ihre Kreditwürdigkeit mit jener des Käufers ersetzt. Das Akkreditiv kann als bedingte Garantie der Bank des Käufers zugunsten des Verkäufers gesehen werden, vorausgesetzt der Verkäufer erbringt die im Akkreditiv vorgesehenen Leistungen. Für den Importeur ist das Akkreditiv meist teurer, weil er möglicherweise die Kaufsumme bei der Bank hinterlegen muß, um den Kreditrahmen zu sichern. Wenn ein Akkreditiv zur Finanzierung eingesetzt wird, erhält der Exporteur die Zahlung üblicherweise zu dem Zeitpunkt, an dem die Versanddokumente der Bank, die die Abwicklung im Land des Verkäufers übernommen hat, zugegangen sind. Abbildung 8.5 zeigt schematisch die einzelnen Schritte, die bei der Ausstellung eines Dokumentenakkreditivs durchlaufen werden müssen. (1) der Exporteur und der Importeur gehen das Geschäft ein, (2) der Importeur bittet seine Bank, ein Akkreditiv einzurichten, (3) die Bank des Importeurs benachrichtigt die Bank des Exporteurs, daß ein Akkreditiv eingerichtet wurde, (4) die Bank des Exporteurs benachrichtigt den Exporteur über die Einrichtung des Akkreditivs, (5) der Exporteur übergibt die Ware an das Transportunternehmen und erhält die notwendigen Dokumente (z.b. Konnossement), (6) die Waren werden an den Zielort gebracht, (7) der Exporteur übergibt die Eigentumspapiere an seine Bank, (8) diese Dokumente werden an die Bank des Importeurs überreicht, (9) der Importeur erhält die Eigentumspapiere, sobald er das Geld in der Höhe des Akkreditivs hinterlegt hat, oder die Bank ihm in dieser Höhe einen Kreditrahmen gewährt hat, (10) im Besitz der Eigentumspapiere kann der Importeur seine Ware am Zielort abholen.

Abbildung 8.5: Das Dokumentenakkreditiv – ein Ablaufdiagramm

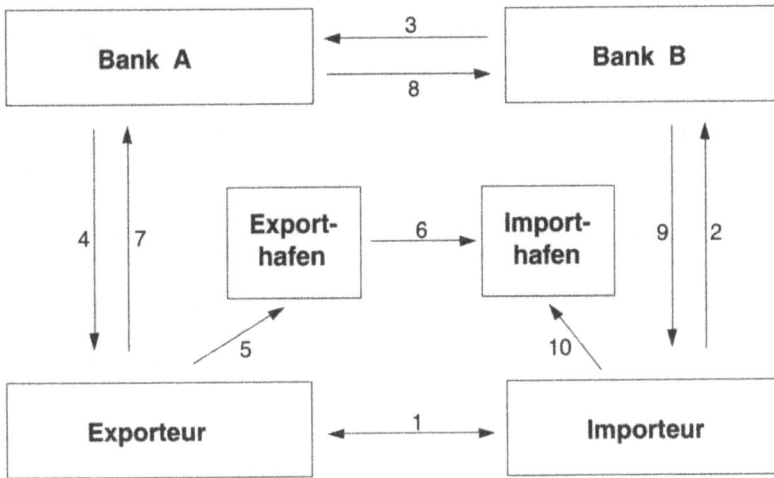

8.10.3 Bankgarantien

Wenn man längerfristige Verträge eingeht, sind Bankgarantien eine geeignete Methode der Exportfinanzierung. Ein langfristiger finanzieller Zeitrahmen ist besonders in der Investitionsgüterindustrie üblich. Bankgarantien dienen im wesentlichen zum Schutz vor Schäden, die zum Beispiel dadurch entstehen, daß sich ein Vertragspartner nicht an Vereinbarungen hält. Es gibt verschiedene Arten von Bankgarantien. Zwei Arten werden näher beschrieben. Eine Ausschreibungsgarantie ist eine Bankgarantie, bei der eine Bank dem ausländischen Hersteller versichert, daß ihr Kunde den Kauf tätigen wird, sobald der Hersteller die entsprechende Ausschreibung gewonnen hat. Bei einer Liefer- oder Leistungsgarantie versichert die Bank, daß ihr Klient eine vertraglich festgelegte Leistung erbringen wird. Die Garantie beläuft sich dabei auf eine Höhe von 10 bis 20% der Vertragssumme.

In vielen Ländern, die Handelsbeziehungen mit dem Ausland haben, statten staatliche Einrichtungen Exporteure mit ähnlichen Garantien aus. Diese staatlichen Garantien helfen besonders Klein- und Mittelbetrieben, die andernfalls Probleme bei der Finanzierung von Exportgeschäften haben könnten.[18]

8.10.4   Gegengeschäfte[19]

Einige Exporteure finanzieren ihre internationalen Transaktionen, indem sie die gesamte oder einen Teil der Gegenleistung in anderen Werten als Geld entgegennehmen. Eine Zahl an alternativen Finanzierungsmethoden ist weithin im Einsatz. In einem Gegengeschäft fließt ein Warenstrom in Richtung des Käufers und ein anderer zum Verkäufer. Derartige Geschäfte werden üblicherweise von einem Verkäufer einer Industrienation mit einem Käufer in einem wirtschaftlich weniger entwickelten Land abgeschlossen. Früher haben die Staaten des ehemaligen Ostblocks intensiv mit derartigen Finanzierungsmethoden gearbeitet. Mitte der 80er Jahre erreichte diese Zahlungsform ihren Höhepunkt. Man schätzte, daß damals 25-30% des gesamten Welthandels über derartige Vereinbarungen abgewickelt wurden. Heute hat die Bedeutung von Gegengeschäften abgenommen, das gehandelte Volumen liegt deutlich unter den in den 80er Jahren erzielten Werten. Gegengeschäfte eignen sich dann sehr gut zur Finanzierung, wenn harte Währung knapp ist. Devisenbeschränkungen können es Unternehmen untersagen, Gewinne ins Heimatland zu transferieren. Der Verkäufer sieht sich dann gezwungen, das Geld im Importland für Produkte auszugeben, die dann exportiert und in Drittländern verkauft werden.

Im folgenden werden zwei Kategorien von Gegengeschäften näher diskutiert: eine Kategorie beinhaltet den Naturaltausch (Bartergeschäft). Die andere Kategorie enthält Mischformen des Gegengeschäfts wie Gegengeschäfte mit Parallelverträgen, Aufrechnung, Kompensationshandel und andere Kooperationsformen. Der wesentliche Unterschied zwischen den beiden Kategorien ist, daß im Gegensatz zum Naturaltausch Geld oder Kreditfinanzierungsmethoden involviert sind.

Bartergeschäft oder Naturaltausch

Bei einem Bartergeschäft oder Naturaltausch handelt es sich um einen direkten Austausch von Gütern und Dienstleistungen zwischen zwei Parteien. Obwohl kein Geld involviert ist, kreieren beide Partner einen fiktiven Preis für die Warenflüsse in jede Richtung. General Electric (GE) verkaufte zum Beispiel Ende der 70er Jahre einen Generator nach Rumänien. Als Gegenleistung akzeptierte man die Lieferung von Chemikalien, Metallen, Nägeln und anderen Produkten im Gegenwert von € 130 Mio., würde man sie am Weltmarkt verkaufen. Ein politisch bemerkenswertes Tauschgeschäft ist jenes von PepsiCo, welches das Unternehmen mit der früheren Sowjetunion abgeschlossen hat. Rußland und andere Nationen der Gemeinschaft unabhängiger Staaten (GUS) bezahlten PepsiCo für das Sirupkonzentrat zur Herstellung von Pepsi-Cola mit Stolichnaya Wodka, der dann in die USA exportiert wurde. Die Tochtergesellschaft PepsiCo Wines & Spirits vermarktete dann den Wodka.

Gegengeschäfte mit Parallelverträgen

Diese Form der Gegengeschäfte wird auch als Parallelhandel oder Paralleltauschgeschäft bezeichnet. Sie unterscheidet sich von anderen Formen, daß jede Lieferung gegen Barzahlung ausgetauscht wird. Rockwell International verkaufte eine Druckerpresse für € 7 Mio. nach Simbabwe. Das Geschäft kam jedoch nur unter der Bedingung zum Abschluß, daß Rockwell sich verpflichtete, als Gegenwert Chromeisen und Nickel aus Simbabwe abzunehmen, welches in weiterer Folge am Weltmarkt verkauft wurde.

Das Rockwell–Simbabwe Geschäft illustriert die unterschiedlichen Aspekte eines Gegengeschäfts mit Parallelverträgen. Die Produkte, die der ausländische Vertragspartner als Gegenleistung bietet, haben keinen Bezug zur Geschäftstätigkeit des Exporteurs und können daher nicht von ihm selber verwertet werden. Bei den meisten derartigen Vereinbarungen werden zwei getrennte Verträge unterschrieben. In einem verpflichtet sich der Exporteur, seine Produkte für einen finanziellen Gegenwert zu verkaufen (=eigentlicher Kaufvertrag); in einem weiteren Vertrag stimmt der Exporteur zu, Produkte, die nicht mit dem ursprünglichen Geschäft in Verbindung stehen, zu kaufen und zu vermarkten (= Parallelvertrag). Der Kaufsumme im Parallelvertrag beträgt einen gewissen Prozentsatz oder manchmal auch die volle Höhe des im Kaufvertrag erzielten Wertes. Wenn der Exporteur die Produkte aus dem Parallelvertrag verkauft hat, dann schließt sich der Transaktionskreislauf vollständig.

Aufrechnung

Unter Aufrechnung versteht man den Vorgang, bei dem die Regierung des Importlandes versucht, große Mengen an Hartwährung zurückzuerhalten, die für umfangreiche Kaufverträge wie den Kauf von militärischem Gerät oder Kommunikationssystemen bezahlt werden. Der Standpunkt einer Regierung läßt sich sinngemäß folgendermaßen formulieren: „wenn ihr wollt, daß wir Staatsgelder in eure Produkte investieren, dann müßt ihr Produkte aus unserem Land exportieren."[20] In manchen Fällen enthält ein Aufrechnungsvertrag auch Kooperationsvereinbarungen in bezug auf Produktionsleistungen oder andere Formen von Technologietransfer. Der ausländische Vertragspartner kann so vorsehen, daß Subaufträge lokal vergeben werden müssen, oder daß die Endmontage oder Fertigung im gleichen Ausmaß oder einem Prozentsatz des Vertragswertes lokal erfolgen muß.

Aufrechnung kann von Gegengeschäften mit Parallelverträgen unterschieden werden, da letztere durch einen geringeren Auftragswert und eine kürzere Laufzeit charakterisiert sind.[21] Eine weitere wesentliche Unterscheidung zwischen Aufrechnung und anderen Formen des Gegengeschäfts ist, daß die Vereinbarung nicht durch einen offiziellen Vertrag festgehalten ist, sondern als gemeinsame Absichtserklärung verfaßt ist, die den Warenwert der aufzurechnenden Produkte und den Zeitraum für die Geschäftsabwicklung vorsieht. Darüber hinaus gibt es keine Sanktionen für den Exporteur, falls er den Verpflichtungen nicht nachkommt. Einige heißumkämpfte internationale Geschäfte sehen sogar Aufrechnungen vor, die 100% der ursprünglichen Kaufvertragssumme deutlich überschritten.

Kompensationshandel

Diese Form des Gegengeschäfts wird auch als Rückkauf bezeichnet und enthält zwei getrennte, parallele Verträge. In einem Vertrag verpflichtet sich der Exporteur eine Industrieanlage zu errichten oder Teile, Patente und Lizenzen, technische, Management- oder Vertriebsunterstützung zur Verfügung zu stellen. Zum Zeitpunkt der Lieferung erhält er dafür eine Anzahlung in harter Währung. In einem weiteren Vertrag verpflichtet sich der Exporteur, die Gegenleistung in Form von Produkten, die aus der Industrieanlage hervorgehen, zu akzeptieren. Die Höhe entspricht dabei dem Kaufpreis, der Zahlungszeitraum geht dabei oft bis zu 20 Jahren.

Im wesentlichen hängt der Erfolg dieser Kompensationsvereinbarung von der Bereitschaft der beiden Vertragspartner ab, sowohl Verkäufer als auch Käufer zu sein. In Ägypten wurde durch eine derartige Vereinbarung ein Aluminiumwerk finanziert. Das Schweizer Unternehmen Alusuisse errichtete die Anlage und exportierte Betriebsstoffe nach Ägypten. Als Teilzahlung für die Errichtungskosten wurden von Alusuisse Aluminiumlieferungen aus dem ägyptischen Werk akzeptiert. Der österreichische Mineralölkonzern OMV realisierte den Aufbau von Ölförderanlagen mit Geschäftspartnern in Vietnam und Kasachstan über einen Kompensationshandel. Im Gegenzug gegen Ausrüstung und Know-how werden Öllieferungen aus diesen Gebieten in OMVs Raffinerien verarbeitet und weiterverkauft.[22] Wie diese Beispiele zeigen, unterscheidet sich der Kompensationshandel von Gegengeschäften mit Parallelverträgen dadurch, daß die Technologie oder das zur Verfügung gestellte Kapital in Verbindung mit dem produzierten Output steht.[23]

Kooperationsvereinbarungen

Kooperationsvereinbarungen unterstützen westliche Firmen bei Geschäften mit Unternehmen aus nicht-marktwirtschaftlich organisierten Ländern. Was diese Vereinbarungen von anderen unterscheidet, ist die Beschränkung des westlichen Unternehmens auf entweder die Rolle des Verkäufers oder des Käufers. Grundsätzlich werden drei Kooperationsvereinbarungen mit zunehmendem Komplexitätsgrad unterschieden: Kooperationen und einfache Tauschgeschäfte (Dreiecksgeschäfte); Kooperationen und Gegengeschäfte mit Parallelverträgen und Kooperationen, Gegengeschäfte mit Parallelverträgen und Bankkrediten.

Hybride Kompensationsgeschäfte

Hybride Formen von Gegengeschäften werden immer bedeutsamer. Die Bindung von Investitionsvorhaben in wirtschaftlich weniger entwickelten Ländern an ein Aufrechnungsabkommen wäre so eine hybride Vereinbarung. Länder wie Brasilien, Mexiko oder sogar Kanada machen die Zustimmung zu Investitionsvorhaben von der Zustimmung des Investors zu Exportaktivitäten abhängig. Weiters werden immer häufiger Vereinbarungen getroffen, in denen ein westlicher Lieferant ermutigt wird, eine größere Stückzahl und/oder eine größere Bandbreite an Produkten als im Gegengeschäft vorgesehen zu kaufen. Diese Vereinbarungen werden typischerweise beim Verkauf von Industriegütern für Erdöl aus dem Nahen Osten geschlossen.

AUF DEN PUNKT GEBRACHT

- Die Entscheidung über die richtige Exportfinanzierungsmethode ist oft eine grundlegende Kreditentscheidung.

Fortsetzung auf der nächsten Seite

- Während Inlandsgeschäfte oft auf offene Rechnung abgeschlossen werden, bedürfen Auslandgeschäfte mehr Vorsicht und Aufmerksamkeit.

- Internationale Firmen können zwischen verschiedenen Zahlungsmodalitäten wählen, wie die Zahlung im Voraus, wo der Exporteur Bargeld verlangt, Zahlung gegen Dokumente, wie das Akkreditiv oder das Dokumenteninkasso, Bankgarantien oder Kompensationshandel.

- Akkreditive kommen häufig zum Einsatz, die die Kreditwürdigkeit der Bank an die des Käufers treten lassen. Es kann als bedingte Garantie der Bank des Käufers zugunsten des Verkäufers angesehen werden, vorausgesetzt der Verkäufer erbringt die im Akkreditiv vorgesehenen Leistungen.

- Der Kompensationshandel ist eine alternative Finanzierungsform, bei welcher eine Teilzahlung oder die gesamte Zahlung in anderen Werten als Geld entgegengenommen wird. Der Kompensationshandel kann verschiedene Formen annehmen, wie der einfache Naturaltausch, Gegengeschäfte, Aufrechnung, Rückkauf, Kooperationsvereinbarungen oder hybride Formen des Gegengeschäftes. Diese Arten sind besonders beliebt, wenn harte Währung kaum vorhanden ist.

8.11 Zusammenfassung

Dieses Kapitel sollte einen Überblick darüber geben, wie Unternehmen mögliche Auslandsmärkte auswählen kann. Diese Auswahl sollte auf einer gründlichen Prüfung verschiedener Kriterien erfolgen, die den Erfolg im Ausland mitbestimmen. Zu diesen Kriterien zählen u.a. das Marktpotential, der Marktzugang, Transportkosten und die Eignung des Produktes für den Zielmarkt. Um die Entscheidungsfindung zu systematisieren, kann ein Bewertungsmodell herangezogen werden. Bevor man ein Exportprogramm konzipiert, sollte man den Auslandsmarkt besuchen.

Sobald ein Auslandsmarkt ausgewählt wurde, muß sich das Unternehmen über die Art des Markteintritts klar werden. Dabei hat es verschiedene Optionen, die wiederum von drei Faktoren abhängen: (1) wieviel Ressourcen und Investitionen benötigt man zum Markteintritt (2) wieviele Kontrolle will der Hersteller im Auslandsmarkt haben und (3) wieviel Marktkenntnisse kann der Hersteller erlangen.

Wenn ein Unternehmen nicht viele Investitionen im Ausland tätigen will, dann könnte es den Markt durch Export aus dem Heimatmarkt bearbeiten. Wenn es allerdings mehr Kontrolle über die Aktivitäten haben will oder mehr Marktpräsenz erlangen will, kann es aus verschiedenen Alternativen, wie die Gründung von Niederlassungen, Joint-Ventures oder strategische Allianzen wählen.

Auf Grund der geringen Verfügbarkeit von Ressourcen, stellt der Export eine gute Möglichkeit des Markteintritts für Firmen dar, die erst seit kurzem im internationalen Geschäft sind. Firmen mit mehr Erfahrung hingegen wählen Alternativen, die kostenintensiver sind. Bei indirektem Export übernimmt ein inländischer Partner, wie z.b. eine Exporthandelsfirma oder eine Exportmanagementfirma, alle notwendigen Arbeiten, die aus dem Export resultieren. Dieser Partner arbeitet wie eine externe Exportabteilung.

Bei direktem Export bedient sich das Unternehmen entweder unternehmenseigener

Vertriebsorgane oder unabhängiger Vertreter/Distributoren. Exporteure müssen auch ein gutes Wissen über internationale Finanzierungsinstrumente haben, d.h. sie müssen über Akkreditive, Bankgarantien und den Kompensationshandel Bescheid wissen. Der einfache Naturaltausch und Gegengeschäfte werden besonders bei Kunden angewandt, die über keine harte Währung verfügen, die aber bereit sind, mit anderen Mitteln zu zahlen.

8.12 Diskussionsfragen

1. Welche Kriterien sollten bei der Beurteilung von Auslandsmärkten besonders beachtet werden?

2. Wie kann der Staat die Exporte beeinflussen? Diskutieren Sie typische Exportförderungsmaßnahmen.

3. Auf welche Zölle und Abgaben sollten Exporteure besonders achten?

4. Wie würden Sie einen *born global* beschreiben? Welche Voraussetzungen muß ein Unternehmen erfüllen, um als *born global* zu gelten?

5. Was ist der Unterschied zwischen Naturaltausch und Gegengeschäften? Warum betreiben Unternehmen solche Tauschgeschäfte?

8.13 Webmistress's Hotspots

Homepage der Bundesstelle für Außenhandelsinformationen (BFAI)
Viele Regierungen versuchen Unternehmen, die international tätig sind, mit entsprechenden Informationen zu unterstützen. Unter der Adresse http://www.bfai.com/ können Sie sehen, welche Informationen dies sein können (z.B. ein Branchenbericht über Branche „Heizungs- und Belüftungstechnik" in Ungarn).

Homepage der Delegation der Europäischen Union in Japan
Die Meinung, daß Japan ein schwieriger Exportmarkt ist, ist weit verbreitet. Aus diesem Grund hat die EU ein Büro in Japan eröffnet, das Exporteuren aus der EU verschiedene Dienstleistungen anbietet, wie Trainingsprogramme oder umfangreiche Informationen über den Markt. Auf dieser Homepage finden Sie einige Informationen über die Aktivitäten der Delegation.
http://jpn.cec.eu.int/english/eu-relations/

Homepage des U.K. Institute of Export
Das britische Institute of Export bietet Einzelpersonen und Unternehmen umfangreiche Unterstützung. Neben Trainingsaktivitäten bietet des Institut auch das gebührenpflichtige, sogenannte Export Market Information Research Service (EMIRS). Zudem finden sich auf der Homepage weitere interessante und hilfreiche Links für Exporteure.
http://www.export.org.uk/institute/

Homepage der International Business Resources an der Michigan State University

Diese vielfach ausgezeichnete Website ist eine sehr umfangreiche Zusammenstellung von Informationen zum Themenbereich Internationale Geschäftstätigkeit. Man findet Links zu führenden internationalen Zeitschriften aus verschiedenen Teilen der Welt, Informationen über weltweite Handelsaktivitäten, zu statistischen Informationen, zu regionalen und Länderinformation, etc.

`http://ciber.bus.msu.edu/busres.html`

Homepage der DEG – Deutsche Investitions- und EntwicklungsGmbH

Die DEG, ein staatsnahes Beratungsunternehmen, unterstützt Unternehmen bei ihren Auslandsaktivitäten, vor allem in wirtschaftlich weniger entwickelten Ländern. Sie bietet Projektmanagement und finanzielle Unterstützung an. Wenn Sie mehr über dieses Service wissen wollen, besuchen Sie diese Website!

`http://www.deginvest.de/german/flash/1/`

8.14 Weiterführende Literatur

Aulakh, P. und M.Kotabe. „Antecedents and Performance Implications of Channel Integration in Foreign Markets." *Journal of International Business Studies*, 28 (1. Quartal 1997): S.145-175.

Bello, D.C. und R.Lohtia. „Export Channel Design: The Use of Foreign Distributors and Agents." *Journal of the Academy of Marketing Science*, 23, 2 (1995): S.83-93.

Bilkey, Warren J. „Attempted Integration of the Literature on the Export Behavior of Firms", *Journal of International Business Studies*, 8, 1 (1978): S.33-46.

Bonaccorsi, Andrea. „What Do We Know About Exporting by Small Italian Exporting Firms?" *Journal of International Marketing*, 1, 3 (1993): S.49-76.

Bonaccorsi, Andrea. „On the Relationship Between Firm Size and Export Intensity." *Journal of International Business Studies*, 23, 4 (4. Quartal 1992): S.605-636.

Branch, Alan E. Elements of Export Marketing Management. London: Chapman and Hall, 1990.

Cavusgil, S.Tamer und V.H.Kirpalani. „Introducing Products into Export Markets: Success Factors." *Journal of Business Research*, 27, 1 (Mai 1993): S.1-15.

Cavusgil, S.Tamer, Shaoming Zou und G.M. Naidu. „Product and Promotion Adaptation in Export Ventures: An Empirical Investigation." *Journal of International Business Studies*, 24, 3 (3. Quartal 1993): S.449-464.

Chae, M.S. und J.S. Hill. „The Hazards of Strategic Planning for Global Markets." *Long Range Planning*, 29, 6 (1996): S.880-891.

Chan, T.S. „Emerging Trends in Export Channel Strategy: An Investigation of Hong Kong and Singaporean Firms." *European Journal of Marketing*, 26, 3 (1992): S.18-26.

Craig, C.S., and S.P. Douglas. „Developing Strategies for Global Markets: An Evolutionary Perspective." *Columbia Journal of World Business*, 1 (Frühjahr 1996): S.70-81.

Das, M. „Successful and Unsuccessful Exporters from Developing Countries." *European Journal of Marketing*, 28, 12 (1994): S.19-33.

Davis, Edward W. „Global Outsourcing: Have U.S. Managers Thrown the Baby Out with the Bath Water?" *Business Horizons*, 35, 4 (Juli-August 1992): S.58-65.

Dominguez, Luis V. und Carlos G. Gequeira. „Strategic Options for LDC Exports to Developed Countries." *International Marketing Review*, 8, 5 (1991): S.27-43.

Gilmore, W.S. und J.C. Camillus. „Do Your Planning Processes Meet the Reality Test?" *Long Range Planning*, 29, 6 (1996): S.869-879.

Gordon, John S. Profitable Exporting: A Complete Guide to Marketing Your Products Abroad. New York: Wiley, 1993.

Holden, A.C. „The Repositioning of Ex-Im Bank." *Columbia Journal of World Business* (Frühjahr 1996): S.82-93.

Holden, A.C. und J. DiLorenzo-Aiss. „State Agencies Link with Eximbank to Overcome the Difficulty of Obtaining Adequate Export Finance." *Multinational Business Review*, IV, 2 (1996): S.13-20.

Howard, Donald G. „The Role of Export Management Companies in Global Marketing." *Journal of Global Marketing*, 8, 1 (1994): S.95-110.

Iansiti, M. und A. MacCormack. „Developing Products on Internet Time." *Harvard Business Review* (September-Oktober 1997): S.108-117.

Johnson, Thomas E. Export/Import Procedure and Documentation. New York: AMACOM, 1991.

Katsikeas, Constantine S. „Perceived Export Problems and Export Involvement: The Case of Greek Exporting Manufacturers." *Journal of Global Marketing*, 7, 4 (1994): S.95-110.

Katsikeas, Constantine S. und Nigel F. Piercy. „Long-Term Export Stimuli and Firm Characteristics in a European LDC." *Journal of International Marketing*, 1, 3 (1993): S.23-48.

Kim, C.K. und J.Y. Chung. „Brand Popularity, Country Image and Market Share: An Empirical Study." *Journal of International Business Studies*, 28, 2 (1997): S.361-386.

Koh, Anthony C., James Chow und Sasithorn Smittivate. „The Practice of International Marketing Research by Thai Exporters." *Journal of Global Marketing*, 7, 2 (1993): S.7-26.

Korth, Christopher M. „Managerial Barriers to U.S. Exports." *Business Horizons*, 34, 2 (März/April 1991): S.18-26.

Kostecki, Michel M. „Marketing Strategies between Dumping and Anti-Dumping Action." *European Journal of Marketing*, 25, 12 (1992): S.7-19.

Kotabe, Masaaki und Michael R. Czinkota. „State Government Promotion of Manufacturing Exports: A Gap Analysis." *Journal of International Business Studies*, 23, 4 (4. Quartal 1992): S.637-658.

Leonidou, Leonidas C. „Empirical Research on Export Barriers: Review, Assessment, and Synthesis." *Journal of International Marketing*, 3, 1 (1995): S.29-44.

Leonidou, L.C. und C.S. Katsikeas. „The Export Development Process: An Integrative Review of Empirical Models." *Journal of International Business Studies*, 27 (September 1996): S.517.

Liang, N. und A. Parkhe. „Importer Behavior: The Neglected Counterpart of International Exchange." *Journal of International Business Studies*, 28 (3. Quartal 1997): S.495-530.

Louter, Pieter J., Cok Ouwerkerk und Ben A. Bakker. „An Inquiry into Successful Exporting." *European Journal of Marketing*, 25, 6 (1991): S.7-23.

Maggiori, Herman J. How to Make the World Your Market: The International Sales and Marketing Handbook. Los Angeles: Burning Gate Press, 1992.

Mahone, Charlie E., Jr. „Penetrating Export Markets: The Role of Firm Size." *Journal of Global Marketing*, 7, 3 (1994): S.133-148.

Murray, Janet Y., Masaaki Kotabe, and Albert Wildt. „Strategic and Financial Performance Implications of Global Sourcing Strategy: A Contingency Analysis." *Journal of International Business Studies*, 26, 1 (1995): S.181-202.

Namiki, Nobuaki. „A Taxonomic Analysis of Export Marketing Strategy: An Exploratory Study of U.S. Exporters of Electronics Products." *Journal of Global Marketing*, 8, 1 (1994): S.27-50.

Parke, David. „U.S. National Security Export Controls: Implications for Global Competitiveness of U.S. High-Tech Firms." *Strategic Management Journal*, 13, 1 (Jänner 1992): S.47-66.

Pattison, Joseph E. Acquiring the Future: America's Survival and Success in the Global Economy. Homewood, IL: Dow Jones–Irwin, 1990.

Rao, C.P., M. Krishna Erramilli und Gopala K. Ganesh. „Impact of Domestic Recession on Export Marketing Behavior." *International Marketing Review*, 7, 2 (1990): S.54-65.

Raven, Peter V., Jim M. McCullough und Patriya S. Tansuhaj. „Environmental Influences and Decision-Making Uncertainty in Export Channels: Effects on Satisfaction and Performance." *Journal of International Marketing*, 2, 3 (1994): S.37-60.

Raynauld, Andre. Financing Exports to Developing Countries. Paris: Development Centre of the Organization for Economic Cooperation and Development, 1992.

Reich, Michael R. „Why the Japanese Don't Export More Pharmaceuticals: Health Policy as Industrial Policy." *California Management Review*, 32, 2 (Winter 1990): S.124-150.

Robock, Stefan H. „The Export Myopia of U.S. Multinationals: An Overlooked Opportunity for Creating U.S. Manufacturing Jobs." *Columbia Journal of World Business*, 28, 2 (Sommer 1993): S.24-32.

Rossen, Philip J. und Stan D. Reid, Hrsg. Managing Export Entry and Expansion. New York: Praeger, 1987.

Rynning, Marjo-Riitta und Otto Andersen. „Structural and Behavioral Predictors of Export Adoption: A Norwegian Study." *Journal of International Marketing*, 2, 1 (1994): S.73-90.

Samiee, Saeed. „Strategic Considerations of the EC 1992 Plan for Small Exporters." *Business Horizons*, 22, 2 (März-April 1990): S.48-52.

Schaffer, Matt. Winning the Countertrade War: New Export Strategies for America. New York: Wiley, 1989.

Seringhaus, F.H. Rolf. „A Comparison of Export Marketing Behavior of Canadian and Austrian High-Tech Firms." *Journal of International Marketing*, 1, 4 (1993): S.49-70.

Seringhaus, F.H. Rolf. „Export Promotion in Developing Countries: Status and Prospects." *Journal of Global Marketing*, 6, 4 (1993): S.7-32.

Singer, Thoman Owen und Michael R. Czinkota. „Factors Associated with Effective Use of Export Assistance." *Journal of International Marketing*, 2, 1 (1994): S.53-72.

Swamidass, Paul M. „Import Sourcing Dynamics: An Integrative Perspective." *Journal of International Business Studies*, 24, 4 (4. Quartal 1993): S.671-692.

Terpstra, Vern und Chow-Ming Joseph Yu. „Export Trading Companies: An American Trade Failure?" *Journal of Global Marketing*, 6, 3 (1992): S.29-54.

U.S. Department of Commerce. A Basic Guide to Exporting. Washington, DC: U.S. Department of Commerce, 1992.

U.S. Department of Commerce. Toward a National Export Strategy: U.S. Exports = U.S. Jobs: Reports to the United States Congress. Washington, DC: Trade Promotion Coordinating Committee, 1993.

Venedikian, Harry M. Export–Import Financing. New York: Wiley, 1992.

Verzariu, Pompiliu. Countertrade, Barter, and Offsets: New Strategies for Profit in International Trade. New York: McGraw-Hill, 1985.

Wichmann, H.J. „Private and Public Trading Companies within the Pacific Rim Nations." *Journal of Small Business* (Jänner 1997): S.62-65.

Yip, George S. „Global Strategy as a Factor in Japanese Success." *The International Executive*, 38, 1 (Jänner/Februar 1996): S.145-167.

Literaturverzeichnis

[1] Peter Marsh. "The Rocket Science of Innovation." *Financial Times,* 23. September 1999.

[2] Gail E. Schares und John Templeman. "Think Small: The Export Lessons to Be learned from Germany's Midsize Companies." *Business Week,* 4. November 1994, S.58-60+.

[3] Karl Heinrich Oppenländer. "Einflußfaktoren der internationalen Standortwahl." In *Handbuch Internationales Management,* herausgegeben von Klaus Macharzina und Michael-Jörg Oesterle, 210-230. Wiesbaden: Gabler, 1997.

[4] Thomas E. Johnson. *Export/Import Procedure and Documentation.* New York: AMACOM, 1991.

[5] C(ost).I(nsurance).F(reight). Landed: bedeutet, daß der Verkäufer der Ware, die im Zuge des Transports anfallenden Kosten, Transportversicherung und Fracht- kosten bis zum Bestimmungshafen übernehmen muß.

[6] "Border Battles: Conventional Trade Barriers are coming down, but not quickly enough." *The Economist,* 3. Oktober 1998, S.6-10.

[7] "Unfair protectionism: Protectionism is on the Rise in a New Guise: Anti-Dumping Cases are Multiplying in America, Europe and Around the World." *The Econo- mist,* 7. November 1998, S.75-76.

[8] "Ukraine Steel Producers Out in the Cold." *Financial Times,* 15. Jänner 1998.

[9] Hans Günther Meissner. *Strategisches Internationales Marketing.* München: Ol- denbourg, 1995.

[10] Günter Müller-Stewens und Christoph Lechner. "Unternehmensindividuelle und gastlandbezogene Einflußfaktoren der Markteintrittsform." In *Handbuch Interna- tionales Management,* herausgegeben von Klaus Macharzina und Michael-Jörg Oe- sterle, 231-252. Wiesbaden: Gabler, 1997.

[11] Donald G. Howard. "The Role of Export Management Companies in Global Mar- keting." *Journal of Global Marketing,* 8, 1 (1994): S.95-110.

[12] Jack G. Kaikati. "Don't Crack the Japanese Distribution System – Just Circum- vent It." *Columbia Journal of World Business,* 28, 2 (1993): S.41.

[13] Dieser Abschnitt nimmt Anleihen an Warren J. Bilkey. "Attempted Integration of the Literature of the Export Behavior of Firms." *Journal of International Business Studies*, 9, Frühjahr-Sommer (1978): S.33-46. Die einzelnen Phasen basieren auf dem Adoptionsprozeß von Rodgers (Everett M. Rodgers. *Diffusion of Innovations*. New York: Free Press, 1962.)

[14] Masaaki Kotabe und Michael R. Czinkota. "State Government Promotion of Manufacturing Exports: A Gap Analysis." *Journal of International Business Studies*, 23, 4 (1992): S.637-658.

[15] "Schools Brief: Trade Winds." *The Economist*, 8. November 1997.

[16] "World Trade Growth Accelerated in 1997, Despite Turmoil in some Asian Financial Markets.": World Trade Organization, 1998.

[17] "For Richer, For Poorer." *The Economist*, 18. März 1995, S.9.

[18] Hans Dietmar Sauer. "Formen der Finanzierung von Exportgeschäften." In *Handbuch Internationales Management*, herausgegeben von Klaus Macharzina und Michael-Jörg Oesterle, 421-437. Wiesbaden: Gabler, 1997.

[19] Viele Beispiele im folgenden Abschnitt basieren auf Schaffer Matt Schaffer. *Winning the Countertrade War: New Export Strategies for America*. New York: Wiley, 1989.

[20] Matt Schaffer. "Countertrade as an Export Strategy." *Journal of Business Strategy*, 11, 3 (1990).

[21] Patricia Daily und S.M. Ghazanfar. "Countertrade: Help or Hindrance to Less-Developed Countries?" *The Journal of Social, Political, and Economic Studies*, 18, 1 (1993).

[22] "OMV steckt Claims in Zentralasien ab." *Der Standard*, 17. September 1997.

[23] Patricia Daily und S.M. Ghazanfar. "Countertrade: Help or Hindrance to Less-Developed Countries?" *The Journal of Social, Political, and Economic Studies*, 18, 1 (1993).

Kapitel 9

Produktion im Ausland und strategische Allianzen

Die Welt hat sich verändert und damit auch die Art, wie Unternehmen agieren. Wir waren als Unternehmen gewohnt, nicht viel weiter als über Deutschlands Grenzen zu blicken. Die Globalisierung in unserer Branche hat jedoch eine Expansion in die USA und andere Teile der Welt erzwungen. Es gibt keine andere Wahl.
– HORST URBAN, CONTINENTAL AG

In einer komplexen und dynamischen Welt voll gefährlicher Konkurrenten geht man am besten nicht allein.
– KENICHI OHMAE

Eine Allianz als strategisches Allheilmittel wird die Mittelmäßigkeit eines Unternehmens bewahren, es aber nicht zu einer internationalen Führungsposition bringen.
– MICHAEL PORTER

9.1 Zielsetzung des Kapitels

Nachdem Sie dieses Kapitel gelesen haben, wissen Sie mehr über:

- Die verschiedenen Markteintritts- und -expansionsalternativen, die Produktion im Ausland implizieren.
- Die Vorgehensweise bei und den Einsatzbereich von Lizenzvergabe, Franchising, Joint Ventures und Tochtergesellschaften.
- Erfolgsfaktoren und Probleme bei strategischen Allianzen.
- Wesenszüge des japanischen *keiretsu* und Auswirkungen auf die Konkurrenten.
- Neue Formen strategischer Allianzen, wie z.b. virtuelle Unternehmen.

In welchen Situationen hilft ein besseres Verständnis dieser Inhalte?

- Sie haben sich dazu entschlossen, Ihr Auslandsengagement zu intensivieren, d.h. umfassende Marktpräsenz und gute Kontrollmöglichkeiten zu erzielen, und überlegen sich, welche alternativen Markteintrittsformen sich nun bieten.

- Sie sehen sich auf internationalen Märkten japanischer Konkurrenz gegenüber. Hier hilft Ihnen ein tieferes Verständnis von *keiretsu*, Aktionen und Reaktionen Ihrer japanischen Mitbewerber zu antizipieren.

- Sie suchen nach Formen internationaler Kooperation, die über die bislang häufig verwendeten Formen hinausgehen.

9.2 Konzepte & Definitionen

Produktion im Ausland: Strebt ein Unternehmen fundierte Marktkenntnis und bessere Kontrollmöglichkeiten über die Aktivitäten am Auslandsmarkt an, als dies bei Exporttätigkeit der Fall ist, dann stehen verschiedene alternative Markteintritts- bzw. -expansionsalternativen zur Verfügung. Dazu zählen Lizenzvergabe, Franchising, Joint Ventures, Tochtergesellschaften/Akquisitionen bzw. neue Formen strategischer Allianzen zur Verfügung. Die bessere Kontrolle und der intensivere Marktzugang erfordern jedoch höhere Investitionen.

Lizenzvergabe: Unter Lizenzvergabe versteht man eine vertragliche Vereinbarung, bei dem ein Unternehmen – der Lizenzgeber – einem anderen Unternehmen – dem Lizenznehmer – einen bestimmten Wert im Austausch gegen Lizenzgebühren oder eine andere Form der Kompensation zur Verfügung stellt. Dieser Wert kann ein Patent, ein Geschäftsgeheimnis oder der Firmenname sein.

Franchising ist eine Sonderform der Lizenzvergabe. Es handelt sich dabei um eine umfassendere Form des Know-how-Transfers. Der Franchisegeber stellt dem Franchisenehmer ein vollständiges Unternehmenskonzept zur Verfügung, das neben einem erfolgreichen Produkt- und Marketingkonzept auch Grundlagen zur Unternehmensführung enthält.

Joint Venture: Ein Joint Venture ist ein gemeinsames Unternehmen zwischen einem ausländischen und einem meist lokalen Unternehmen. Das Ausmaß des Einflusses eines ausländischen Partners hängt vom Ausmaß der Kapitalbeteiligung an diesem Unternehmen ab. Ein Joint Venture bietet eine gute Möglichkeit, auf lokales Markt-Know-how zurückzugreifen, um einen Markt zu bearbeiten. Zudem finden Joint Ventures oft höhere Akzeptanz bei lokalen Regierungen.

Tochtergesellschaft/Akquisition: Das umfassendste Engagement auf Auslandsmärkten ist die Tochtergesellschaft, die entweder als Neugründung oder als Akquisition eines bestehenden Unternehmens bestehen kann. Bei dieser Form des Auslandsengagements besteht vollständige Entscheidungs- und Kontrollgewalt über die Auslandsaktivitäten.

keiretsu: Das japanische *keiretsu* bezeichnet eine spezielle Form einer kooperativen, strategischen Allianz. Ausländische Konkurrenten hegen nicht selten den Verdacht, daß sich aus diesen engen Verschränkungen im wesentlichen Kartelle bilden, die den Markt dominieren und den Wettbewerb einschränken.

Virtuelle Unternehmen: Sie stellen eine Form der länderübergreifenden strategischen Allianz dar, die auf unterschiedlichen Kooperationen basiert, die nur dann eingesetzt werden, wenn sie benötigt werden. In den letzten Jahren haben die Möglichkeiten der Kommunikations- und Informationstechnologien die Entstehung derartiger Kooperationen stark gefördert.

9.3 Schnittstelle zur Praxis

Brasilien zieht seit Jahren erwartungsvolle Blicke der großen Automobilhersteller auf sich. Eine hohe Bevölkerungszahl und die wachsende Volkswirtschaft bedeuten ein attraktives Marktpotential und -wachstum im Vergleich zu den gesättigten Märkten Europas oder der USA. Beinahe 2 Mio. Fahrzeuge wurden 1996 in Brasilien verkauft, und Analysten sagen voraus, daß diese Zahl in den nächsten Jahren dramatisch erhöhen wird. Um diesen Markt auch entsprechend kostengünstig mit Produkten versorgen zu können, sind die Hersteller mit dem Aufbau und der Erweiterung ihrer Produktionskapazitäten vor Ort beschäftigt. Brasilien ist Volkswagens größter Auslandsmarkt außerhalb von Deutschland. VW do Brasil unterhält 7 Produktionsstätten, zu der auch die LKW-Fertigung in Resende gehört, die jährlich beinahe 0,5 Mio. Fahrzeuge herstellt. Das Schwesterunternehmen Audi eröffnete erst vor kurzem eines der modernsten Automobilwerke. Knapp € 600 Mio. hat die neue Anlage in Curitiba gekostet. Sie gehört zu den 10 Produktionsanlagen mit der höchsten Produktivität. In Anchieta, wo täglich 3.000 Fahrzeuge der Type VW Golf und Audi A3 vom Band rollen, denkt man intensiv an Modernisierung der Produktionsstätten. Vor mehr als 40 Jahren wurde dieser Standort im Zuge der Industrialisierungsbestrebungen Brasiliens mit staatlicher Unterstützung errichtet. Der Konkurrenzdruck ist hoch. Fiat, Brasiliens zweitgrößter Hersteller, hat € 850 Mio. ausgegeben, um das neue „Weltauto" Palio herzustellen, das seit der Einführung 1996 zu einem Verkaufsschlager geworden ist. Amerikanische Produzenten sind ebenfalls am Markt. General Motors (GM) stellt Blazers in São José dos Campos her; GM hat € 1,1 Mrd. für drei neue Fabriken in Rio Grande do Sul eingeplant, u.a. für eine € 510 Mio. teure, hoch moderne Anlage, um Kleinautos herzustellen. Ford hat mehr als € 850 Mio. in seine Fabrik in São Bernardo do Campo investiert, die die beiden Kleinautos Fiesta und Ford Ka herstellt. Chrysler unterhält eine Fertigung in Campo Largo und ist Teil eines Joint Ventures mit BMW, in dem Motoren hergestellt werden. Japanische Autohersteller waren überraschenderweise langsam bei der Marktentwicklung. Toyota spielt nur eine kleine Rolle, und Hondas € 85 Mio.-Fabrik produziert lediglich 15.000 Civics jedes Jahr. Neue Investitionen sind stehen unmittelbar vor der Realisierung oder sind für die nahe Zukunft geplant: Mercedes Benz eröffnete im April 1999 seine erste Produktionsanlage, Ford und General Motors planen neue Fabriken.[1]

Doch es tun sich neue Wege im Auslandsengagement der großen Automobilhersteller auf. Nicht mehr nur reine Tochtergesellschaften werden die Produktion übernehmen, sondern verschiedene Kooperationsformen mit externen Partnern bieten sich an. Für eine neue, € 1 Mrd. teure Fertigungsanlage plant Ford eine stärkere Einbindung von Sublieferanten. In Zukunft soll nicht mehr die gesamte Produktionsanlage von Ford gemanagt werden, sondern Teilbereiche werden von Vertragspartner am selben Standort

übernommen. Zu diesen Bereichen gehören die Fertigung der Karosserieteile oder die
Lackiererei. Volkswagen hat die Endmontage bereits erfolgreich nach diesem Prinzip
ausgelagert. Weitere Hersteller denken bereits darüber nach.[2]

In diesem Kapitel werden unterschiedliche Formen diskutiert, wie man Produktion
im Ausland organisieren und managen kann. Darüber hinaus widmet sich dieser Abschnitt den Anforderungen, die an strategische Allianzen gestellt werden. Den Abschluß
bilden Überlegungen zu den japanischen *keiretsu*, sowie zu virtuellen Unternehmen.

9.4 Produktion im Ausland

Neben der Möglichkeit, mittels Export – und damit Produktion im Inland - Auslandsaktivitäten zu betreiben, stehen internationalen Unternehmen noch andere Formen
des Markteintritts zur Verfügung. Während Export den Vorteil geringerer Investitionen besitzt, besteht der Nachteil darin, daß der Hersteller keine Unternehmenspräsenz
im Auslandsmarkt aufbauen kann und eine Kontrolle der Marketingaktivitäten schwierig ist. In vielen Ländern kombinieren Unternehmen unternehmenseigene Tochtergesellschaften mit externen Vertriebspartnern und Distributoren. Dadurch erhält man
lokale Präsenz und Kontrolle über die Marktaktivitäten. Die lokale Präsenz bewirkt
eine deutlich bessere Kommunikation mit regionalen Entscheidungszentren und der
Konzernspitze. Bei erfolgreicher Implementation läßt sich so eine globale Strategie mit
optimaler Anpassung an lokale Bedürfnisse umsetzen. Die zur Verfügung stehenden
Alternativen verlangen eine Entscheidung zwischen Eigentum, Kontrolle und erforder-
lichem Investitionskapital (s. Abbildung 9.1).

Es bestehen viele Spielarten bezüglich Eigentum und Kontrolle, die von Mana-
gementverträgen bis zu Tochtergesellschaften im 100%-igen Eigentum oder globalen,
strategischen Partnerschaften reichen. Procter & Gamble war im chinesischen Markt
beispielsweise mit einem Joint Venture sehr erfolgreich. P&G-Marketingmanager ent-

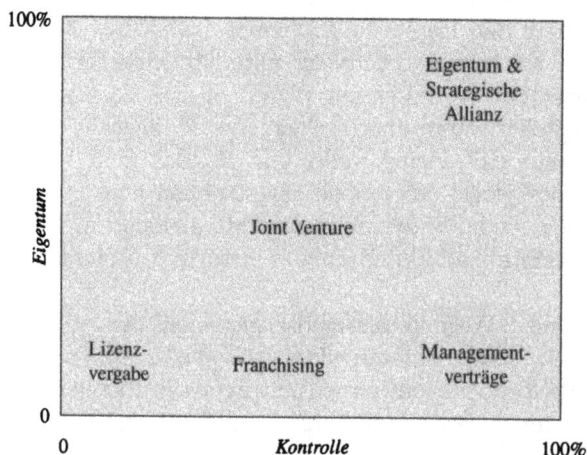

Abbildung 9.1: Eigentum und Kontrolle

wickelten vor Ort Marketingstrategien für diesen Markt und erzielten dadurch eine hervorragende Marktposition. P&Gs Marktanteil für Haarshampoo beträgt in urbanen Regionen 60% im Vergleich zu 9% des Konkurrenten Unilever. Die intensiven Investitionen in Marktforschung, Werbung, Distribution und Steuerungssysteme haben sich ebenfalls ausgezahlt: P&Gs Marke Head & Shoulders ist die am raschesten wachsende Haarpflegemarke Chinas.[3]

Obwohl es theoretisch gesehen möglich ist, Eigentum ohne Kontrolle und Kontrolle ohne Eigentum zu erzielen, ist praktisch gesehen ein höheres Maß an Eigentum auch mit stärkerer Kontrolle verbunden (siehe Abbildung 9.1). So haben Unternehmen, die 100%-ige Tochterunternehmen oder Zweigniederlassungen gegründet haben, Kontrolle über jeden Aspekt der Geschäftsaktivitäten dieser Unternehmen, wie strategische und strukturelle Entscheidungen, Personalwesen, die Finanzgebarung und alle Marketingaktivitäten. Bei einem Joint Venture ist dies nicht der Fall. Hier liegt die Kontrolle bei jedem der Eigentümer. Lizenzvergabe und Franchising ermöglichen dem Lizenz- oder Franchisegeber gute Kontrollmöglichkeiten trotz der vergleichsweise geringen Investitionserfordernisse.

9.4.1 Lizenzvergabe

Lizenzvergabe kann als vertragliche Vereinbarung definiert werden, bei dem ein Unternehmen (Lizenzgeber) einem anderen Unternehmen (Lizenznehmer) einen bestimmten Wert im Austausch gegen Lizenzgebühren oder eine andere Form der Kompensation zur Verfügung stellt.[4] Dieser Wert kann ein Patent, ein Geschäftsgeheimnis oder der Firmenname sein. Lizenzvergabe ist eine Form des globalen Markteintritts, die beachtliches Potential besitzt. Ein Unternehmen mit führender technologischer Kompetenz, spezialisiertem Know-how oder einem starken Markennamen kann Lizenzvereinbarungen nutzen, um die Ertragskraft mittels niedriger Initialkosten zu erhöhen. Lizenzvergabe kann einen attraktiven *Return on Investment* für die Dauer der vertraglichen Vereinbarung erbringen, vorausgesetzt die notwendigen Leistungsvereinbarungen sind vertraglich festgehalten. Die einzigen Kosten, die entstehen, sind die Kosten der Vertragsvereinbarung und -implementierung. Im Gegensatz zur reinen Vertragsproduktion (*contract manufacturing*) wird in der Regel keine Produktabnahmegarantie gewährt, bzw. die Vermarktung vom Lizenznehmer selbst durchgeführt.

Selbstverständlich hat eine auf den ersten Blick so attraktive Alternative auch ihre Nachteile und Risiken. Der große Nachteil liegt daran, daß Lizenzvergabe eine sehr eingeschränkte Form der Partizipation ist. Wenn Technologie und Know-how in Lizenz vergeben werden, stellen jene Dinge, in die der Lizenzgeber keinen Einblick hat, ein großes Risiko dar. Mögliche Einnahmen aus Marketing und Produktion können „verloren gehen". Zudem kann die Lizenzvereinbarung eine eingeschränkte Lebensdauer aufweisen, wenn der Lizenznehmer sein eigenes Know-how und die Fähigkeit aufbaut, Technologieführer im Bereich des lizenzierten Produkts zu sein. Lizenznehmer können damit zu Mitbewerbern und Branchenführern werden. In Japan beispielsweise vermarktete Meiji Milk im Rahmen einer Lizenzvereinbarung mit Borden, Inc. die Premium-Eiscrememarke Lady Borden. Meiji erwarb sich dabei entscheidende Kenntnisse über die Herstellung von Milchprodukten. Kurz vor Ende des Lizenzvertrags brachte Meiji dann ein eigenes Eiskreme-Sortiment auf den Markt.[5]

Möglicherweise eines der bekanntesten Fiaskos in diesem Zusammenhang geht auf die 50er Jahre zurück. Der Mitbegründer von Sony, Masaru Ibuka, erwarb die Lizenzrechte für die Herstellung von Transistoren von AT&Ts Bell Laboratories. Ibuka träumte davon, mit Hilfe der Transistoren kleine, batteriegetriebene Radios herzustellen. Die Ingenieure bei Bell sagten Ibuka, es sei unmöglich, hochfrequente Transistoren für Radios herzustellen. Sie rieten ihm, es mit Hörhilfen zu versuchen. Unbeeindruckt konfrontierte Ibuka die japanischen Entwickler mit dieser Herausforderung, die viele Monate damit verbrachten, die Qualität der Transistoren für diese Anwendung zu verbessern. Sony war jedoch nicht das erste Unternehmen, das Transistorradios vorstellte; das farbenfrohe, amerikanische Produkt „Regency" beinhaltete Transistoren von Texas Instruments. Sony unterschied sich jedoch durch hohe Qualität, einen eigenen Zugang zu Design und durch ein ausgeklügeltes Marketingkonzept, welches nicht zuletzt den weltweiten Erfolg von Sony begründete.

Aber auch eine verpaßte Chance, Lizenzen zu vergeben, kann negative Folgen haben. Mitte der 80er Jahre entschied sich John Sculley von Apple Computer gegen eine Lizenzvergabe von Apples bekanntem Betriebssystem. Ein derartiger Schritt hätte es anderen Computerherstellern erlaubt, Macintosh-kompatible Computer herzustellen. In der Zwischenzeit konnte Microsoft seine Dominanz bei Computerbetriebssystemen und -anwendungen ausweiten, auch indem es für Windows die graphische Oberfläche von Apple kopierte. Apple entschied sich mit Verspätung, das Betriebssystem zu lizenzieren, zuerst an Power Computing (1994), dann an IBM und Motorola. Die Mac-Klones wurden sehr populär: Power Computing verkaufte 1996 170.000 Macintosh-Klones. 1997 belief sich der Marktanteil der Klones am Gesamtmarkt von Macintosh-Computern bereits 25%. Trotz dieser Aktivitäten sank der Weltmarktanteil von Macintosh und Mac-Klones unter 5%. Apples Versagen, die Technologie in der Vor-Windows-Ära zu lizenzieren, kostete das Unternehmen über € 106 Mrd. (= die Marktkapitalisierung von Microsoft, jenem Unternehmen, das den Wettbewerb um das führende Betriebssystem gewonnen hat).

Wie die Geschichten von Borden oder den Transistoren klar machen, kann sich ein anfangs attraktives Lizenzabkommen, das einen geringen Initialaufwand erfordert und schnelles Geld in Form von Lizenzgebühren bringt, im nachhinein als sehr teuer herausstellen. Um den Lizenznehmer davon abzuhalten, einseitigen Nutzen aus der Vereinbarung zu ziehen, sollten die Lizenzvereinbarungen einen gegenseitigen Technologieaustausch zwischen allen beteiligten Parteien vorsehen. Als absolutes Minimum sollte vereinbart werden, daß eine vollständige, gegenseitige Lizenzvergabe angestrebt wird. Der Lizenznehmer wird damit verpflichtet, den Lizenzgeber über den aktuellen Stand seiner Entwicklungen zu unterrichten. So können Lizenzvereinbarungen den Zugang zu neuen Märkten und risikominimierenden Produktionskooperationen eröffnen. Sie können auch dazu beitragen, die Diffusion von neuen Produkten oder Technologien zu beschleunigen.

Entscheidet sich ein Unternehmen für eine Lizenzvergabe, dann sollte auch vertraglich vereinbart sein, daß eine intensivere Form der Marktbearbeitung in Zukunft nicht ausgeschlossen ist. Dies erlaubt dem Lizenzgeber, sich Optionen und Entwicklungspfade für andere Formen der Marktbearbeitung offen zu halten. Einen möglichen Weg stellt ein Joint Venture mit dem Lizenznehmer dar.

Marken und Markenzeichen können wesentlich dazu beitragen, Chancen für lukrative Lizenzverträge zu schaffen und zu bewahren.[6] Imageorientierte Unternehmen wie Coca Cola und Disney, oder Modeschöpfer wie Pierre Cardin und Calvin Klein vergeben ihre Markennamen und Logos an ausländische Hersteller in Lizenz. Die Umsätze in diesem Bereich boomen, und Top-Marken steigern ihre Einnahmen aus Lizenzgebühren um 15% und mehr jedes Jahr. Wird ein Markenzeichen lizenziert, dann besteht eine große Herausforderung in der Erhaltung und Ausweitung des Markenwertes. Das bedeutet, der Lizenznehmer muß sorgfältig ausgewählt und überwacht werden. Ein schlechter Lizenznehmer kann den Wert einer Marke stark negativ beeinflussen, indem er Produkte oder Dienstleistungen erstellt, die dem Standard der Marke nicht gerecht werden.

9.4.2 Franchising

Eine Sonderform der Lizenzvergabe ist das Franchising. Es handelt sich dabei um eine umfassendere Form des Know-how-Transfers, denn der Franchisegeber stellt dem Franchisenehmer ein vollständiges Unternehmenskonzept zur Verfügung, das neben einem erfolgreichen Produkt- und Marketingkonzept auch Grundlagen zur Unternehmensführung enthält. Franchising bietet die Möglichkeit einer raschen internationalen Expansion, die zudem für den Franchisegeber mit geringen Kosten verbunden ist. Verbunden mit dem Aufbau eines international einheitlichen Images werden dem Franchisegeber durch die spezifische Ausgestaltung der Franchiseverträge intensive Einflußmöglichkeiten eingeräumt. Dies bedeutet, daß im Rahmen von Franchisingverträgen die zur Internationalisierung erforderlichen Investitionen gering, der Grad an Kontrolle und Marktkenntnis jedoch sehr gut gewährleistet ist.

Vor allem amerikanische Unternehmen in der Gastronomie und Hotellerie haben die Möglichkeiten und Chancen von Franchising als Internationalisierungsstrategie entdeckt. Angespornt durch die Erfolge von MacDonald's oder Pizza Hut erobern weitere Gastronomieketten wie T.G.I. Friday's oder Hard Rock Café den europäischen Markt. Gemeinsam mit dem britischen Master Franchise Partner Whitbread PLC wurden mehr als 50 Restaurants in 26 europäischen Ländern eröffnet. Nach dem Debüt in London findet man Hard Rock Cafés heute in Belgien, Dänemark, Frankreich, Deutschland, Schottland, Spanien und Schweden.[7] Befragt nach ihren Erfahrungen auf dem europäischen Markt, geben die meisten U.S.-Franchisegeber an, sie hätten vor allem mit den hohen Lohn- und Immobilienpreisen zu kämpfen. Eine zentrale Erkenntnis wurde von allen geteilt: jedes Land und jeder Master-Franchisenehmer ist anders. Die kulturelle Vielfalt ist nicht zu unterschätzen und oft nicht leicht zu handhaben. Flexibilität ist daher ein wichtiger Erfolgsfaktor. Trotz der verlockenden Chancen, die Franchising in der Auslandsmarktbearbeitung bietet, raten Experten zur Vorsicht. Unternehmen, die internationalisieren, müßten sich genau im klaren sein, wieviel Engagement und Einsatz internationale Aktivitäten erfordern. Ein zweiter Problembereich betrifft die Auswahl von zukünftigen Franchisenehmern. Hier werde oft zuwenig Sorgfalt angewandt bzw. zuwenig genau recherchiert und selektiert. Schließlich sollte allen Beteiligten klar sein, daß eine internationale Beziehung zwischen Franchisenehmer und -geber Zeit benötigt, um sich entwickeln zu können. Fachleute gehen daher davon aus, daß mit einer Zeitspanne von mindestens einem Jahr zu rechnen ist, bis ein passender Franchisenehmer gefunden ist. Professionelle Unterstützung durch Banken und Außenhandelsorganisationen wird daher empfohlen.[8]

Doch auch europäische Unternehmen waren mit dem Konzept Franchising höchst erfolgreich, wenn man Benetton oder Body Shop ansieht. Das italienische Unternehmen Figurella verfügt über mehr als 120 Standorte im Stammland und expandiert auch europaweit kräftig. Ebenso erfolgreich sind die Friseure Jaques Dessange und Jean-Louis David bei ihren internationalen Expansionsplänen. Auch der traditionsreiche deutsche Spielwarenerzeuger, die Margarete Steiff GmbH, setzt für die zukünftige Expansion in ausländische Märkte auf Franchising. Im Jahr 2000 werden die Plüschtiere mit dem Knopf im Ohr in der sogenannten „Steiff-Galerie" zuerst in Österreich zu sehen und zu kaufen sein. Weitere Franchisestandorte in den USA und Großbritannien sind ebenfalls bereits in Planung.[9]

Mittlerweile erobern sogar europäische Fast-Food-Ideen den heiß umkämpften amerikanischen Markt. Zwei deutsche Franchisegeber – Prostmahlzeit mit Kartoffelgerichten und Schweinske, das sich auf Schweinefleischgerichte spezialisiert hat – haben ihre ersten Franchisenehmer in den USA akquiriert. Das spanische Unternehmen Telepizza, das in Spanien über 200 Franchisenehmer hat, verfügt über 50 Franchisenehmer im Ausland, einige davon in den USA.[10]

9.4.3   Joint Ventures

Ein Joint Venture mit einem lokalen Partner stellt die weitreichendste Form der Partizipation auf Auslandsmärkten dar. Die Vorteile dieser Strategie liegen im geteilten Risiko und in der Möglichkeit, unterschiedliche Stärken entlang der Wertkette, wie z.b. internationale Marketing- und Produktionsfähigkeiten, zu kombinieren. Hat ein Unternehmen weitreichende Kenntnisse über den lokalen Markt, ein funktionierendes Distributionssystem oder Zugang zu günstigen Rohstoffen oder Arbeitskraft, macht eine Verbindung mit einem ausländischen Partner Sinn, der technologisches Know-how, Produktions- oder Prozeßfertigkeiten einbringen kann. Unternehmen, die über zu wenig Kapital verfügen, können so nach Partnern suchen, um ein gemeinsames Projekt zu finanzieren. Manchmal ist ein Joint Venture aber auch der einzige Weg, um ein Land oder eine Region zu bearbeiten. Dies ist der Fall, wenn die Vergabe öffentlicher Aufträge vorwiegend lokale Unternehmen bevorzugt, oder wenn die gesetzliche Lage ausländische Kontrolle von Unternehmen verbietet, Joint Ventures jedoch zuläßt.

Joint Ventures bieten vor allem in einem volatilen Umfeld gute Möglichkeiten für einen Markteintritt bzw. die Marktbearbeitung. In Rußland sind es größtenteils kleinere und mittlere Betriebe, die sich an Joint Ventures beteiligen, da sie sich rasch an das nach wie vor instabile Umfeld anpassen können. Eine Untersuchung ergab, daß von den 6000 Joint Ventures, die in Rußland seit 1987 registriert wurden, 20% nach wie vor aktiv sind. Die meisten der untersuchten Joint Ventures waren von westlichen Partnern initiiert. Joint Ventures im Dienstleistungsbereich waren dabei gleichermaßen vertreten wie jene im Produktionsbereich. Einige Joint Ventures zielten konkret auf westliche Geschäftsleute in Rußland ab, wie Hotels, Messebetreiber und rechtliche Dienstleister. Andere wiederum sprachen den heimischen Markt für Computersoftware und -systeme, Telekommunikation, die Musikindustrie, Architektur oder Medizin an. Wieder andere differenzierten nicht zwischen ausländischen und russischen Kunden wie Joint Ventures im Bereich Engineering, Einzelhandel, Zahnheilkunde, Sicherheitsdienstleistungen, Banken, Bauwesen und die Vermietung von Baumaschinen. Die meisten Fertigungspartnerschaften waren ursprünglich auf Montagearbeiten beschränkt, entwickelten sich aber nach und nach in Richtung Komponentenfertigung. Einige der Joint Ventures kombinierten Produktion und Dienstleistungen. In einem Joint Venture werden Fotokameras hergestellt, dasselbe Unternehmen übernimmt auch den Verkauf und das Service der Produkte.

Ein Beispiel aus Ungarn dokumentiert, wie Joint Ventures erfolgreich zum Nutzen der beteiligten Partner eingesetzt werden können. Ein Partnerschaftsabkommen zwischen dem Computerhersteller Digital, dem ungarischen Forschungsinstitut für Physik und einer staatlich kontrollierten Computerfirma kann als Beispiel dienen. Obwohl das Joint Venture eingegangen wurde, damit Digital seine Produkte in Ungarn verkaufen und warten konnte, war das eigentliche Ziel der Unternehmung darin zu sehen, die Entwicklung weiterer Digital-Klones durch ungarische Unternehmen zu verhindern.

Aufgrund dieser klaren Vorteile sind Joint Ventures besonders in wachsenden Märkten eine sehr erfolgreiche Strategie. Dennoch gibt es auch Probleme: in China verändert sich die Situation so rapide, daß Unternehmen über Joint Ventures mit einem lokalen Partner hinaus denken und die Option einer 100%-igen Tochtergesellschaft in Erwägung ziehen sollten. Beide Unternehmensformen werden derzeit nach den gleichen Richtlinien besteuert und zur Verantwortung gezogen. Die Unterschiede sind marginal. Insgesamt gesehen sind 100%-ige Tochtergesellschaften jedoch rascher zu realisieren als ein Joint Venture und erfordern keinen Aufsichtsrat.

Heute ist in China eine Verlagerung, weg von Joint Ventures hin zu 100%-igen Tochtergesellschaften festzustellen. Der Grund liegt für Investoren in der größeren Flexibilität und Kontrolle. Zudem ist die Regierung in zunehmendem Maße daran interessiert, was ein Unternehmen im Sinne von Arbeitsplätzen, Technologie und Know-how in das Land bringt. Zunehmend weniger Aufmerksamkeit wird jedoch der Organisation dieser Aktivitäten entgegengebracht.

In China und allen anderen Märkten steht der zu erwartende Nutzen aus einer derartigen Kooperation im Vordergrund. Zwei Fragen stehen dabei im Raum: was können die Partner in die Kooperation einbringen, und welche Ziele und Interessen verfolgen sie damit. In der Realität sind Joint Ventures auch in einem stabilen Umfeld, schwer aufrecht zu erhalten, da die Partner unterschiedliche Fähigkeiten, Ressourcen, Zielsetzungen und Interessen haben. In rasch wachsenden und sich ständig ändernden Umfeldbedingungen wird die Erhaltung eines Joint Ventures daher noch schwieriger. In China schien der Marktzugang für ausländische Unternehmen durch *Guanxi*, ein weitverzweigtes Beziehungsnetzwerk, welches ausländische Investoren für einen entscheidenden Erfolgsfaktor hielten, stark eingeschränkt. In der Realität erkannten viele Investoren jedoch, daß allein aufgrund der geographischen Ausdehnung Chinas das Beziehungsnetzwerk ihrer Partner begrenzt war. Viele Investoren mußten zu ihrer Enttäuschung erkennen, daß ihr Partner nicht die nötigen Beziehungen besaß, um voranzukommen. Bedient man sich einer Tochtergesellschaft, so steht auch hier die Möglichkeit offen, Agenten und Berater zu engagieren, um Immobilien, Rohstoffe, Genehmigungen und Leistungen zu erhalten, die für Aktivitäten in China erforderlich sind.[11]

Einige wichtige Joint Ventures sind in Tabelle 9.1 aufgeführt.

Tabelle 9.1: Markteintritt und – expansion durch Joint Ventures

Beteiligte Unternehmen	Zweck des Joint Ventures
GM, Toyota	New United Motors Manufacturing, Inc. (NUMMI); Produktionsstandort in Freemont, Kalifornien
Ford, Mazda	Joint Venture (Produktion) in Flat Rock, Michigan
AT&T, NEC	AT&T stellt NEC CAD-Technologie im Gegenzug für Mikroprozessortechnik zur Verfügung
AT&T, Mitsubishi Electric	AT&T produziert und vermarktet Mitsubishis Mikroprozessoren im Gegenzug für Technologien zur Entwicklung der Chips
Texas Instruments, Kobe Steel	Joint Venture zur Herstellung von Halbleitern in Japan
IBM, Siemens AG	Forschungs-Joint Ventures im Bereich Halbleitertechnik
Bosch, Kia	Produktions-Joint Venture MOST (Motor Systems & Technology), zur Herstellung von Prüfsystemen und Sensoren für Motoren
Goodyear, Sumitomo	Joint Venture (1 Unternehmen in den USA, 1 in Europa, 2 in Japan) zur Koordination des weltweiten Beschaffungswesens und zum Technologietransfer in der Reifenproduktion

Quelle: Angepaßt von Bernard Wysocki, „Global Reach: Cross-Border Alliances Become Favorite Way to Crack New Markets", *The Wall Street Journal,* 26. März 1990, S.A1, A12; John Griffiths, „Goodyear and Sumitomo", *Financial Times,* 4. Februar 1999: Haig Simonian, „Bosch to control Kia Venture," *Financial Times,* 17. Dezember 1997.

Es ist möglich, ein Joint Venture als Beschaffungsquelle für Drittmärkte zu verwenden. Dies muß jedoch im vorhinein genau durchdacht werden. Einer der wesentlichen Gründe für die „Scheidung" eines Joint Ventures ist der Wettstreit um Drittmärkte, in denen sich die Partner als gegenwärtige oder zukünftige Konkurrenten gegenüberstehen. Um dies zu vermeiden, ist es wesentlich, einen Plan für die Bearbeitung von Drittmärkten im Joint-Venture-Vertrag vorzusehen.

Die Nachteile von Joint Ventures können dramatisch sein. Partner einer derartigen Beziehung müssen alles teilen, Einnahmen ebenso wie Risiken. Der entscheidende Nachteil dieser globalen Expansionsstrategie sind die hohen Kosten in bezug auf Kontrolle und Koordination, die in einer Partnerschaft in Kauf genommen werden müssen. Wie bereits im Rahmen der Lizenzvergabe angesprochen, kann ein dynamischer Partner eines Joint Ventures auch zu einem starken Konkurrenten werden. In einigen Fällen limitieren länderspezifische Restriktionen den Kapitalanteil ausländischer Unternehmen. Interkulturelle Unterschiede in Einstellungen und Verhalten des Management können ebenfalls eine Herausforderung darstellen.

James Rivers europäisches Joint Venture brachte 13 Unternehmen aus 10 Ländern zusammen. Das größte Problem stellten dabei die Computersysteme und Kriterien zur Effizienzmessung in der Produktion dar. Man installierte daher Gremien, um diese und andere Probleme zu lösen. So mußte man beispielsweise die Standardgröße für Servietten festlegen, die in manchen Märkten 30 × 30 cm betrug, in anderen 35 × 35 cm.[12]

GLOBALE PERSPEKTIVE

HOFFNUNGSMÄRKTE CHINA UND INDIEN
MARKTCHANCEN ODER RISIKEN

China ebenso wie Indien stellen für Automobilhersteller Märkte mit enormem Potential dar. Aus diesem Grund findet sich das „Who is Who" der Automobilindustrie in diesen Märkten wieder. Milliarden werden in Joint Ventures oder Tochtergesellschaften investiert, um eine vorteilhafte Wettbewerbsposition auf diesen vielversprechenden Märkten der Zukunft zu erringen. In Indien sind ausländische Unternehmensaktivitäten seit der Lockerung der gesetzlichen Regelungen 1991 möglich. Hersteller wie GM, Ford, Mercedes Benz, Peugeot, Fiat oder Daewoo sind mit umfassenden finanziellen Engagements in Indien vertreten. Der Großteil der am indischen Markt verkauften Autos wird nicht importiert, sondern vor Ort produziert. Oft entscheiden sich die Hersteller für Joint Ventures, d.h. Gemeinschaftsunternehmen mit lokalen Partnern. Mercedes Benz produziert das Modell E-220 in einem Joint Venture mit Indiens Tata-Gruppe, Suzuki einen Kleinwagen mit Marutl Udyog. Ein Markt von 950 Millionen Menschen bietet sich als lohnendes Ziel an.

China gilt neben Indien als zweiter großer Hoffnungsmarkt für Automobilhersteller. Die Wachstumsraten sind enorm. Gegenüber 1985 erhöhte sich der Produktionsausstoß um das 78-fache von 5.000 auf 389.000 Fahrzeuge. Derzeit gibt es rund 3 Mio. Fahrzeuge in privatem Besitz. Branchenexperten rechnen mit einem Marktvolumen von 5-6 Mio. Fahrzeuge im Jahr 2010. Damit wäre China hinter den USA, Europa und Japan der viertgrößte Automobilmarkt der Welt. Volkswagen (VW) weist derzeit das höchste und gleichzeitig erfolgreichste Engagement in China. Im Joint Venture mit Shanghai Automotive Industry Corporation (SAIC) werden pro Jahr etwa 200.000 Autos des Modells Santana hergestellt. VW stellt auch in Kooperation mit First Auto Works (FAW) das Modell Jetta in Changchun her. Chrylsers Joint Venture mit Beijing Auto Works besteht seit Beginn der 80er Jahre und produziert Jeep Cherokees. Neue Investitionen werden ständig angekündigt. GM begründete ein Joint Venture mit SAIC 1997 im Wert von mehr als € 1,3 Mrd. Im Rahmen dieser Zusammenarbeit sollen die als Regierungsfahrzeuge bestimmten Buick Sedans hergestellt werden.

Siehe dazu die Tabelle 9.2, Automobil Joint Ventures in China.

Trotz der generellen Euphorie in bezug auf China warten eine Reihe von Hindernissen und Schwierigkeiten auf jene, die den chinesischen Markt bearbeiten wollen. Die chinesische Regierung gestattet es ausländischen Unternehmen nicht, einen Mehrheitsanteil in Joint Ventures zu übernehmen, und behält sich das Recht vor, Produktionsmengen und –preise festzulegen. Offizielle Aussagen chinesischer Spitzenpolitiker können Unternehmensvertretern schon zu denken geben.

Erst jüngst äußerte sich ein Vertreter von FAW gegenüber einem staatlichen Nachrichtenmagazin: „Wir sollten nicht länger der verlängerte Arm der ausländischen Automobilindustrie sein. Was Südkoreaner und Japaner erreicht haben, können wir Chinesen auch." Die Reaktion seitens staatlicher Stellen ließ nicht lange warten.

Fortsetzung auf der nächsten Seite

HOFFNUNGSMÄRKTE CHINA UND INDIEN (Fortsetzung)

Um günstigere Importzölle auf Zulieferteile von 37,5% zu erhalten, wurde den Herstellern ein Mindestausmaß an lokaler Wertschöpfung von 40% vorgeschrieben. Geht der lokale Wertschöpfungsanteil weiter darüber hinaus, werden Importtarife entsprechend reduziert. Als Folge davon erhöhten die meisten namhaften Hersteller den lokalen Anteil auf mehr als 80%.

Die Wirtschaftslandschaft ist jedoch auch übersät mit fehlgeschlagenen Projekten: so trennte sich 1997 Peugeot von einem Joint Venture in Guangzhou. Auch Mercedes Benz blickt auf eine wechselhafte Geschichte in China zurück. Mit voller Euphorie sagte man 1994 Investitionen in der Höhe von € 680 Mio. zu, die in eine Produktionsstätte für ein chinesisches Familienauto auf der Basis der Mercedes A-Klasse fließen sollte. 1995 wurde in einem Abkommen mit dem chinesischen Präsidenten Jiang Zemin ein geplantes Joint Venture in der Höhe von € 850 Mio. gemeinsam mit Nanfang South China Motor Corporation zum Bau von Minivans und Motoren unterzeichnet. Das Abkommen wurde als Sieg für Mercedes gewertet werden, immerhin hatte man sich 1995 gegen Chrysler und GM durchgesetzt. Zwei Jahre später trat man bei der Umsetzung der Vereinbarung jedoch nach wie vor auf der Stelle. Jürgen Hubbert, Vorstandsmitglied bei Mercedes Benz, hat einige deutliche Ratschläge für Unternehmen, die in China aktiv werden wollen: „Wann immer Sie glauben, ein Projekt zu Ende gebracht zu haben, beginnen Sie eigentlich erst damit."

Einfach zum Nachdenken:

- Welches sind aus Ihrer Sicht die wichtigsten länderspezifischen Risiken in Märkten wie China oder Indien, denen sich ein Automobilhersteller gegenüber sieht?

- Erstellen Sie eine Liste von Faktoren, die herangezogen werden können, um das Marktpotential für Autos in China oder Indien zu ermitteln.

Quellen: Vasuki Rao, „India Ignites the Interest of Global Auto Industry", *Journal of Commerce*, 411 (1997): p.3A. James Harding, „Long March to Mass Market", *Financial Times* (25. Juni 1997): S.13; James Cox, „Chinese Auto Industry Stumbles", *USA Today*, 16. Dezember 1996, S.9B; John Templeman, „How Mercedes Trumped Chrysler in China", *Business Week* (31. Juni 1995): S.50–51. „Shifiting Gears – Part 2 of 2", *China Business Review*, 24 (6): S.15+. „Stalling in China: Daimler-Benz", *The Econonomist*, 347, 8064, 18. April 1998.

Schwierigkeiten wie diese sind derart gravierend, daß – wie eine Untersuchung von 170 multinationalen Unternehmen zeigte – mehr als ein Drittel ihrer 1.100 Joint Ventures instabil waren, in einer Trennung resultierten oder zu einer deutlichen Verschiebung des Kräfteverhältnisses zugunsten des amerikanischen Partners führten.[13] Eine weitere Untersuchung ergab, daß 1976 65 Joint Ventures mit japanischen Unternehmen entweder aufgelöst oder in japanisches Eigentum übergeführt wurden. Das gravierendste Problem stellten die unterschiedlichen Nutzenerwartungen dar, die von den Partnern für das Joint Venture formuliert wurden.[14]

In einem Joint Venture liegt der entscheidende Vorteil darin, von den Partnern zu lernen. Verglichen mit europäischen und amerikanischen Unternehmen schienen japanische und koreanische Firmen lange Zeit wesentlich besser darauf vorbereitet zu sein, aus diesem neu erworbenen Know-how Nutzen zu ziehen. Toyota erwarb sich aus der Partnerschaft mit General Motors umfassende Kenntnisse wie effizientes Beschaffungs-

Tabelle 9.2: Automobile Joint Ventures in China

Ausländische Automobilhersteller in China	Investitionen in €	Unternehmensanteil in %	Kapazität (in 1000)	Produktion 1997 (in 1000)
Volkswagen Shangai	288	50	250	230
Volkswagen Changchun	437	40	150	45
VW insgesamt	725			
Peugeot-Citroën Wuhan	263	25	150	28
Peugeot-Citroën Guangzhou ⋅	85	30	50	1.6
Peugeot-Citroën insgesamt	348			
General Motors Shanghai ⋅⋅	700	50	100	
General Motors Shenyang ⋅	25	30	30	0
General Motors insgesamt	725			
Chrysler Beijing (ca.) ⋅⋅⋅	132	42	100	52
Chrysler insgesamt	132			
Eingestellte Pläne				
Daimler-Benz Guangdong-Hainan	416	345	100	0
Daimler-Benz Family Car China	680	–	250	0
Daimler-Benz insgesamt	1096			

⋅ Produktionsstraßen auf Eis gelegt
⋅⋅ Schätzung auf der Basis des eingetragenen Kapitals von € 53 Mio.
⋅⋅⋅ Start für 1999 geplant
Quelle: „Stalling in China," *The Economist*, 347, 8067, 10 April 1998.

und Logistikwesen oder den Umgang mit Mitarbeitern. Dieses Wissen hat Toyota in der Folge eingesetzt, um die Fertigung für die Modellreihe „Camry" in Kentucky aufzubauen. Im Gegensatz dazu waren die amerikanischen Manager, die an diesem Joint Venture mitgewirkt hatten, der Meinung, daß GM die Vorteile daraus nicht entsprechend zu nutzen wußte. Geht man von der Berechtigung dieses Vorwurfs aus, hat GM durch diese mangelnde Fähigkeit zur Implementierung eine große Chance verpaßt. Daß die Kooperation durchaus fruchtbringend sein kann, zeigt das Beispiel Gillette. Gillette konnte das aus einem Joint Venture erworbene Wissen dazu nutzen, um seine Produkte im Nahen Osten und in Afrika auf den Markt zu bringen.

9.4.4 Tochtergesellschaft

Nachdem Unternehmen durch Export, Lizenzvergabe oder Joint Ventures Erfahrungen und Kenntnisse über Märkte außerhalb ihres Heimmarktes gesammelt haben, kommt für viele Unternehmen die Zeit, wo ein intensiveres Engagement am Weltmarkt zu den strategischen Unternehmenszielen zählt. Der Wunsch nach Kontrolle und Eigentum außerhalb des Heimmarktes bestärkt die Entscheidung zu investieren. Als ausländische Direktinvestitionen (*foreign direct investment*, FDI) bezeichnet man Investitionsflüsse von Unternehmen, die auf den Erwerb von Produktionsstätten, Anlagen oder anderen Werten außerhalb des Heimmarktes gerichtet sind. Definitionsgemäß nimmt man an,

daß der Investor die Kontrolle oder einen signifikanten Einfluß über die Investition hat.
Der Eigenkapitalanteil entspricht dabei 20% und mehr am Gesamtinvestitionsbetrag.
Gemäß Schätzungen der UNCTAD betrug das Gesamtausmaß der weltweiten FDI 1997
€ 360 Mrd., was einer Steigerung von 19% gegenüber dem Jahr zuvor gleichkam.

Tabelle 9.3 enthält eine Liste jener Unternehmen, die 1997 die meisten Direktinvestitionen getätigt haben.

Tabelle 9.3: Rangliste internationaler Unternehmen nach ihren Direktinvestitionen im Ausland

Rang	Unternehmen	Land
1	General Electric	USA
2	Shell, Royal Dutch	UK/Niederlande
3	Ford Motor Company	USA
4	EXXON Corporation	USA
5	General Motors	USA
6	IBM	USA
7	Toyota	Japan
8	Volkswagen Gruppe	Deutschland
9	Mitsubishi	Japan
10	Mobil Corporation	USA
11	Nestlé SA	Schweiz
12	Asea Brown Boveri (ABB)	Schweiz/Schweden
13	Elf Aquitaine SA	Frankreich
14	Bayer AG	Deutschland
15	Hoechst AG	Deutschland
16	Nissan Motor Co. Ltd.	Japan
17	FIAT Spa	Italien
18	Unilever	Niederlande/UK
19	Daimler-Benz AG	Deutschland
20	Philips Electronics N.V.	Niederlande

Quelle: UNCTAD, World Investment Report 1998 (New York, 1999)

United Parcel Service (UPS) gab jüngst bekannt, mehr als € 850 Mio. über die
nächsten 5 Jahre in Europa zu investieren. Ford errichtet eine Fertigungsanlage im Wert
von € 425 Mio. in Thailand; Südkoreas LG Electronics erwarb einen Anteil von 58%
an Zenith Electronics. Alle diese Beispiele stellen ausländische Direktinvestitionen dar.

Die umfassendste Form der Partizipation in globalen Märkten ist das 100%-ige Eigentum, das an einem neu gegründeten oder bereits existierenden Unternehmen bestehen kann. Eigentum erfordert zwar einen weitreichenden Einsatz von Kapital und Managementressourcen, bietet gleichzeitig aber auch die umfangreichsten Möglichkeiten,
auf einem Markt aktiv zu werden. Meist streben Unternehmen von der Lizenzvergabe
oder einem Joint Venture in Richtung Volleigentum, um eine beschleunigte Expansion,
größere Kontrolle oder mehr Gewinn aus einem Markt zu erzielen. 1991 beendete Ral-
ston Purina ein langjähriges Joint Venture mit einem japanischen Unternehmen, um
eine eigene Tochtergesellschaft für den Vertrieb von Tierfutter zu errichten. Monsanto

Company und Bayer AG haben ebenfalls ihre bisherigen Partnerschaften in Japan zugunsten von Tochtergesellschaften aufgegeben.[15] Zu berücksichtigen ist dabei, daß in vielen Ländern staatliche Restriktionen eine 100%-ige Unternehmensbeteiligung durch ausländische Unternehmen untersagen.

EUROPÄISCHER BLICKWINKEL

DER MUT ZUM RISIKO: FORD SETZT MILLIARDEN AUF JAGUAR

1989 übernahm die Ford Motor Company Jaguar PLC of Coventry, England, für € 2,2 Mrd. L. Lindsay Halstead, der Geschäftsführer von Ford Europa, nannte die Akquisition von Jaguar die Erfüllung eines „lang gehegten strategischen Ziels, in das Segment der Automobilluxusklasse mit aller Kraft einzusteigen." Bis zu diesem Zeitpunkt konnte Ford weder für den europäischen noch im amerikanischen Markt auf ein Modell der Luxusklasse zurückgreifen. Man hielt es daher für strategisch sinnvoller, einen eingeführten und renommierten Markennamen zu übernehmen. Um die Umsätze gegenüber dem gegenwärtigen Niveau anzuheben, plante man eine preislich günstigere Produktlinie anzubieten, ohne das Markenimage negativ zu beeinflussen. Man war sich wohl bewußt, daß Ford das Image einer „08/15"-Marke hatte – ganz im Gegensatz zur exklusiven Positionierung von Jaguar.

1988 verkaufte Jaguar an die 50.000 Autos weltweit und erzielte damit sein bestes Ergebnis in der Unternehmensgeschichte. Ford setzte die Latte für die Zukunft deutlich höher an: bis zum Ende des Jahrzehnts sollten 150.000 Fahrzeuge produziert und verkauft werden. Zwei Drittel davon sollten durch die neu geschaffene, preislich günstigere Sportlimousine erzielt werden. Ab 1992 erwartete man sich bei Ford einen positiven Cash Flow. Die Realität sah jedoch anders aus. Die Unternehmensakquisition erfolgte ungünstigerweise zu einem Zeitpunkt der globalen Rezession. In der Folge fielen die Umsätze in Japan, Deutschland und den USA deutlich niedriger aus. Darüber hinaus wurde in den USA eine Luxussteuer in der Höhe von 10% auf Automobile dieser Preisklasse eingehoben, was viele Konsumenten vom Kauf abschreckte. 1991 ging der Absatz bei Jaguar auf 25.676 Autos zurück.

Doch auch mit anderen Herausforderungen hatte man zu kämpfen. Obwohl das Luxusimage von Jaguar und die Vergangenheit im Rennsport von Kunden geschätzt wurden, erlangten die Autos allerdings gleichermaßen Berühmtheit durch ihre Unzuverlässigkeit. Es konnte passieren, daß sich die Gangschaltung manchmal nicht bedienen ließ, die Scheinwerfer ausfielen oder sich die Bremsen zu stark erhitzten. Ein Teil der Probleme war auf extreme Schwächen in der Produktion zurückzuführen. Zwar konnte man die enorme Zahl von 2.500 Mängel pro 100 hergestellter Fahrzeuge reduzieren. 1992 lag die Fehlerquote jedoch nach wie vor bei 500.

Nachdem Jaguar als einer der schlechtesten Autohersteller galt, mußte Ford stark in die Verbesserung und Erneuerung der Produktionsanlagen investieren. Als Richtwert legte Ford den deutschen Standard von 80 Arbeitsstunden für ein Auto an. In Japan lag derselbe Wert bei 20 Stunden. Wenn Jaguar jemals Weltklassestatus erreichen sollte, dann mußte die Fertigungszeit von 110 Stunden drastisch reduziert werden.

Fortsetzung auf der nächsten Seite

> DER MUT ZUM RISIKO: FORD SETZT MILLIARDEN AUF JAGUAR (Fortsetzung)
>
> Ironischerweise erhielten die verbesserten Fahrzeuge von Jaguar gerade von eingefleischten Jaguar-Fans, deren Unterstützung man so dringend benötigte, gemischte Kommentare.
>
> Es schien so zu sein, daß gerade die Unzuverlässigkeit von den Aficionados geschätzt wurde. Der Club der Jaguar-Besitzer in den USA vergab gar Preise wie den „Cat Bite" an jene Jaguar-Besitzer, die die beste Geschichte von einer Panne mit ihrem geliebten Gefährt erzählen konnten. Ihnen fehlte am neuen Jaguar der Ford-Ära die „Mystik".
>
> Die Vorfälle führten bei einigen Beobachtern dazu, Fords Entscheidung, Jaguar zu kaufen, zu hinterfragen. Man bezweifelte, ob Ford bei dieser Investition jemals den Break-Even-Punkt erreichen würde. Im Gegensatz zu Ford hat die japanische Konkurrenz, wie Honda, Nissan und Toyota, ihre finanziellen Ressourcen anders eingesetzt. Sie haben hohe Investitionen in neue Marken und die Aufwertung der Vertragshändler investiert. Heute ziehen Infiniti, Lexus und andere Luxusmarken durch ihre hohe Qualität, Leistung und hervorragende Händlerbetreuung immer mehr Kunden an. Ford sieht seine Entscheidung in der Öffentlichkeit jedoch nach wie vor positiv. Halstead meinte 1990 dazu: „Wir sind froh, diese Entscheidung getroffen zu haben. Es war ein langfristiges Projekt, und niemand erwartet sich Ergebnisse über Nacht. 1998 zeigten sich erste Erfolge. Zwar erreichte Jaguar mit 50.000 verkauften Autos zwar noch immer nicht die hochgesteckten Ziele, doch ein positiver Trend läßt sich erkennen.
>
> **Einfach zum Nachdenken:**
>
> - Hätte Ihrer Meinung nach Ford nicht besser in die Schaffung eigener Marken (wie Toyota) investieren sollen, statt Jaguar zu kaufen? Was spricht dafür, was dagegen?
> - Warum wollte Ford unter allen Umständen in das Luxussegment im Automobilmarkt einsteigen?
>
> *Quellen:* Joann S. Lublin und Craig Forman, „Going Upscale: Ford Snares Jaguar, but $2.5 Billion Is High Price for Prestige", *The Wall Street Journal*, 3. November 1989, S.A1, A4; Steven Prokesch, „Jaguar Battle at a Turning Point", *The New York Times*, 29. Oktober 1990, S.C1; Steven Prokesch, „Ford's Jaguar Bet: Payoff Isn't Close", *The New York Times*, 21. April 1992, S.C1; Robert Johnson, „Jaguar Owners Love Company and Sharing Their Horror Stories", *The Wall Street Journal*, 28. September 1993, S.A1. "Rough Ride: Luxury Cars were once a Cosy Money Spinner for a few Car Companies," *The Economist*, 14. November 1998.

Großzügige Direktinvestitionen in den Aufbau eines neuen Unternehmens können teuer werden und ein hohes Maß an Zeit und Energie erfordern. Die Akquisition eines bestehenden Unternehmens stellt eine dementsprechend raschere und meist auch günstigere Variante des Marktzugangs dar. Zwar fallen bei Alleineigentum erhöhte Kommunikationsaktivitäten und Interessenkonflikte weg, die im Rahmen von Joint Ventures entstehen können. Allerdings stellen Akquisitionen nach wie vor hohe Ansprüche an die Eingliederung des neuen Unternehmens in den Konzernverbund. Die Entscheidung, im Ausland zu investieren oder andere Aktivitäten zu setzen, steht gerade bei Aktiengesellschaften oft in Konflikt mit kurzfristigen Gewinnzielen. Trotz dieser Herausforderungen besteht ein wachsender Trend zu ausländischen Investitionen.

Tabelle 9.4 enthält einige Beispiele von Unternehmen – gegliedert nach Branchen, die globale Expansion mit Hilfe von Akquisition erreichen wollen. Tabelle 9.5 beleuchtet Direktinvestitionen, die nach Europa kommen bzw. von Europa aus getätigt werden gegliedert nach Ursprungs- und Zielland.

Tabelle 9.4: Markteintritt und -expansion durch Akquisitionen

Branche	Übernehmer	Übernommenes Unternehmen
Textilien, Körperpflege und Lebensmittel	Sara Lee Corp.(U.S.) Sandoz AG (Schweiz)	Douwe Egberts (Kaffee und Tee), Dim (Damenstrümpfe), weitere Unternehmen mit einem gesamten Umsatzvolumen von mehr als € 850 Mio. in sieben verschiedenen Ländern: Gerber (1994)
Autoreifen	Bridgestone Corporation (Japan) Continental AG (Deutschland) Pirelli SpA (Italien) Michelin (Frankreich)	Firestone Tire and Rubber Company (1988; € 2,5 Mrd.) General Tire (1987) Armstrong Tire (1988) Uniroyal/Goodrich (1990; € 1,3 Mrd.)
Medien und Unterhaltung	Sony (Japan) Matsushita (Japan)	CBS Records (€ 1,7 Mrd., 1987); Columbia Pictures (€ 2,9 Mrd., 1989) MCA/Universal (€ 5,6 Mrd., 1990)
Unterhaltungselektronik	Thomson SA (Frankreich)	General Electric (Unternehmenseinheit Unterhaltungselektronik), RCA, Telefunken (Deutschland)

Einige der Vorteile von Joint Ventures, wie der verbesserte Zugang zu Märkten oder die Vermeidung von Zollbeschränkungen und Einfuhrkontingenten, lassen sich auch auf Alleineigentum anwenden. Wie auch bei Joint Ventures erlaubt diese Form neu geschaffenen Tochtergesellschaften einen wichtigen Transfer von technologischer Expertise und bei Akquisition eines bestehenden Unternehmens den Zugang zu neuen Fertigungstechnologien. Stanley Works, ein Maschinenhersteller in New Britain, Connecticut, hat seit 1986 mehr als ein Dutzend Unternehmen gekauft, u.a. Taiwans National Hand Tool/Chiro, mit dessen neuer Produktionstechnologie die Produktion beschleunigt und der Ausschuß reduziert wird. Stanley verwendet diese Technologie nun auch zur Herstellung anderer Werkzeuge. Darin kann man den hohen Wert der gegenseitigen Befruchtung und des Technologieaustausches als Kernnutzen der Globalisierung erkennen.[16]

Die vorher diskutierten Markteintrittsformen, wie Lizenzvergabe, Joint Ventures und Alleineigentum zeigen ein Kontinuum an alternativen Strategien für den globalen Markteintritt und die Marktexpansion auf. In der Praxis werden die unterschiedlichen Alternativen durchaus in Kombination eingesetzt. Bei Borden ist dies der Fall: in Japan beendete man den Lizenzvertrag und das Joint Venture zur Herstellung von Lebensmitteln und errichtete eine eigene Produktion, ein eigenes Distributionsystem und eine eigene Marketingorganisation. Im Gegensatz dazu hielt man bei Non-Food-Produkten die bestehenden Joint-Venture-Beziehungen aufrecht und bezog Verpackungs- und Werkstoffe weiterhin aus dieser Kooperation.[17]

Tabelle 9.5: Direktinvestitionen – von und nach Europa gegliedert nach Ursprungs-
und Zielland (1998; in ECU Mio.)

			Direktinvestitionen IN			
1998	Weltweit	EU	Außerhalb EU	USA	Japan	Kanada
EU	-	-	191640	112470	1010	2740
B/L	20652	16712	3940	475	4	1290
DK	3454	3294	160	-667	40	13
D	74349	22635	51713	39603	131	216
E	16430	4849	11612	115	-1	625
F	34334	15753	18581	6417	60	212
IRL	1917	941	976	981	-	-
I	10787	5667	5120	1777	70	118
NL	34243	16598	17645	6821	-64	608
A	2181	1062	1119	-6	2	19
P	2394	948	1446	58	0	0
FIN	19707	18479	1228	810	17	0
SE	18887	9540	9347	2163	20	136
UK	78849	10100	68749	53922	736	-498

			Direktinvestitionen AUS			
1998	Weltweit	EU	Außerhalb EU	USA	Japan	Kanada
EU	-	-	94300	59400	2420	710
B/L	18667	12331	6336	3733	-111	136
DK	5761	1147	4614	3640	0	0
D	17766	15130	2636	2749	48	-95
E	10104	9006	1098	626	-46	2
F	24577	19684	4894	882	103	290
IRL	6247	3190	3058	3251	-	-
I	2332	2125	200	-258	69	7
NL	28477	11454	17022	13339	186	66
A	4207	3720	486	55	0	146
P	1029	485	543	201	4	2
FIN	8692	8607	85	26	48	0
SE	16812	12864	3948	683	-91	199
UK	48930	-306	49238	27469	2195	-69

Quelle: Eurostat News Release, Nr. 60/99, 1. Juli 1999

┌──┐

🎈 **Auf den Punkt Gebracht**

- Unternehmen, die fundierte Marktkenntnis und bessere Kontrollmöglichkeiten über die Aktivitäten am Auslandsmarkt anstreben, können sich verschiedener alternativer Markteintritts- bzw. -expansionsalternativen bedienen.
- Dazu zählen Lizenzvergabe, Franchising, Joint Ventures, Tochtergesellschaften bzw. neue Formen strategischer Allianzen.
- Die bessere Kontrolle und der intensivere Marktzugang erfordern jedoch gleichzeitig ein höheres Eigenkapitalengagement.

└──┘

9.5 Anforderungen an strategische Allianzen

In den vorangegangenen Kapiteln wurde eine Reihe von Optionen, wie Export, Lizenzvergabe, Joint Ventures und Alleineigentum vorgestellt, die in Anspruch genommen werden können, wenn ein Unternehmen den globalen Marktplatz zum ersten Mal betritt oder die Aktivitäten über das gegenwärtige Niveau hinaus ausdehnen will. Die jüngsten Veränderungen des politischen, ökonomischen, soziokulturellen und technologischen Umfelds hat die Bedeutung dieser Strategien für globale Unternehmen verändert. Handelsbarrieren sind gefallen, Märkte sind global geworden, Konsumentenbedürfnisse und −wünsche werden über Ländergrenzen hinweg ähnlicher. Produktlebenszyklen werden kürzer, und neue Kommunikationstechnologien sind entstanden. Obwohl diese Entwicklungen ungeahnte Marktchancen bieten, ergeben sich daraus entscheidende strategische Implikationen für die globale Organisation und neue Herausforderungen für das globale Marketing. Grenzüberschreitende Allianzen, die früher vorwiegend als Joint Ventures organisiert wurden, in denen ein dominanter Partner den Nutzen (oder die Verluste) aus der Partnerschaft erntete, haben völlig neue Formen angenommen. Motorola, ein führender Hersteller von Mobiltelefonen und Pagern, entschloß sich bei dem Projekt „Iridium", eine Kooperation mit Unternehmen einzugehen, von denen einige zu den schärfsten Konkurrenten gehören.

Jedes Unternehmen sieht sich mit einem Umfeld konfrontiert, welches durch bisher nicht gekannte Dynamik, Turbulenzen und Unvorhersehbarkeit geprägt ist. Unternehmen von heute müssen in der Lage sein, auf zunehmenden politischen und wirtschaftlichen Druck zu antworten. Gleichzeitig wurde die Reaktionszeit durch den technologischen Fortschritt deutlich reduziert. Ein Unternehmen muß bereit sein zu tun, was immer nötig ist, um für Kunden einen einzigartigen Nutzen zu schaffen und daraus einen Wettbewerbsvorteil zu kreieren.

Wie anhand von Iridium beschrieben bieten strategische Kooperationen eindeutige Vorteile. Doch nicht immer sind derartige Kooperationen vorteilhaft. Im folgenden wird daher behandelt, ob und wann ein Unternehmen kooperieren sollte, und welche Faktoren den Erfolg einer Partnerschaft gewährleisten.

Die Terminologie, die verwendet wird, um diese neue Form der Kooperation zu beschreiben, variiert in der einschlägigen Literatur. Die Begriffe, die verwendet werden, um Verbindungen zwischen Unternehmen zum Zweck der gemeinsamen Zielerreichung zu charakterisieren, reichen von Kooperationsabkommen, strategischer Allianz, internationaler strategischer Allianz zu globaler strategischer Partnerschaft. Von manchen Autoren werden auch Joint Ventures unter diesem Begriff subsumiert. Was an dieser Stelle als strategische Allianz definiert wird, läßt sich durch drei Kriterien charakterisieren:[18]

1. Die Partner bleiben nach der Bildung der Allianz weiterhin unabhängig.

2. Die Partner teilen den Nutzen aus der Allianz ebenso wie die Kontrolle über die Erreichung der zugewiesenen Aufgaben.

3. Die Partner bringen laufend ihre Technologien, Produkte und andere strategische Ressourcen in die Partnerschaft ein.

Schätzungen zufolge ist die Zahl der strategischen Allianzen seit Mitte der 80er Jahre um 20 – 30% gestiegen. Dieser Aufwärtstrend geht zum Teil auf Kosten traditioneller grenzüberschreitender Unternehmensverschmelzungen und Akquisitionen.[19]

GLOBALE PERSPEKTIVE

IRIDIUM

Bei Motorola ist man der Meinung, daß die Zukunft der Telekommunikation buchstäblich in den Sternen liegt. Das Unternehmen hat sich daher an einem ehrgeizigen Projekt namens Iridium beteiligt. Das technische Kernstück dieses Projekts ist ein Netzwerk von 66 mächtigen, „low-orbit" Satelliten. Damit wird es möglich, globale Kommunikationsdienstleistungen zu bieten, die in Zukunft das Telefonieren über Fest- und terrestrische Mobilnetze überflüssig machen sollen. Iridium spricht im ersten Schritt Geschäftsreisende an, die international viel unterwegs sind, und die Nachrichten und Daten senden und empfangen wollen, wo immer sie sich befinden. Dies könnte jedoch erst der Anfang sein, denn 90% der Weltbevölkerung haben keinen Zugang zu Telefonen, z.B. in ländlichen Regionen Süd-Amerikas, Afrikas und Asiens. Diese Vorstellung gehört jedoch noch der Zukunft an, denn Iridiums erste Kunden müssen für das neue Telefon den stolzen Betrag von € 2.500 bezahlen und mit einer Gesprächsgebühr von € 2,5 und mehr pro Minute rechnen.

Mit einem Preis von € 2,9 Mrd. ist das Projekt „Iridium" allerdings zu teuer, um von Motorola allein übernommen zu werden. Zu diesem Zweck ist Motorola Partnerschaften mit mehr als einem Dutzend Unternehmen aus allen Teilen der Welt eingegangen, die über eine spezifische Stärke verfügen. Raytheon, Martin Marietta und Siemens sind als strategische Partner beteiligt. Lockheed soll die Satelliten für das Projekt bauen.

Einige Partner sind dafür verantwortlich, die Kommunikationsverbindungen in spezifischen geographischen Regionen zu übernehmen. Die Vebacom GmbH, eine Tochtergesellschaft der deutschen Veba AG, wird diese Dienstleistung in Nord- und Westeuropa anbieten. Zu den anderen Partnern gehören Krunichev Enterprise, ein russischer Raketenhersteller, und Great Wall Industry Corporation, die mit der chinesischen Armee in Verbindung steht.

Fortsetzung auf der nächsten Seite

IRIDIUM (Fortsetzung)

Industriebeobachter sahen durchaus Hürden auf dem Weg zum Projekterfolg. Zum einen wollten sich Konkurrenten wie Globalstar oder ICO Communications diesen lukrativen Markt nicht entgehen lassen. Doch die beide Unternehmen hatten mit Problemen zu kämpfen. Globalstar mußte zusehen, wie ein Teil der Satelliten auf ihrem Weg in den Orbit in der kasachischen Wüste explodierten, und ICO Communications war weiter auf der Suche nach interessierten Investoren. Das zweite Problem bestand darin, Investoren zu finden, die bereit waren, das hohe Risiko des Projekts mitzutragen.

Im Herbst 1995 mußte Iridium ein Angebot für *junk bonds* über € 255 Mio. zurückziehen, nachdem Investoren eine Rendite von über 25% sehen wollten.

Seit 1. November 1998 ist Iridium ans Netz gegangen, und die ersten Aktivitäten waren alles andere als erfolgreich. Die Zahl der Kunden blieb mit ca. 12.000 weit hinter den von den Geldgebern geforderten 27.000 zurück. Die Schuld gab man zum einen technischen Problemen. Die Mobiltelefone von Kyocera konnten zuerst aufgrund von Schwierigkeiten in der Produktion nicht ausgeliefert werden. Dann führten Softwarefehler dazu, daß die Übertragung oft von schlechter Qualität war bzw. häufig unterbrochen wurde. Zum anderen wurden mangelnde Marketing- und Vertriebsaktivitäten für die geringe Kundenakzeptanz verantwortlich gemacht. Die über 200 Partner zeigten nicht das Engagement im Vertrieb, das man sich von ihnen erwartet hatte. Die prekäre finanzielle Situation führte dazu, daß Anfang 1999 erneut Verhandlungen mit den Banken geführt werden mußten.

Bei Iridium gibt man sich dennoch zuversichtlich. Es sei keine Frage, daß Iridium ein Erfolg werden würde, die Frage sei lediglich wann.

Einfach zum Nachdenken:

- Was sind die Gründe, warum Iridium bis heute nicht erfolgreich ist?
- Wie schätzen Sie das zukünftige Potential von Iridium ein? Würden Sie Ihr eigenes Geld in Iridium investieren?

Quellen: Jeff Cole, „Star Wars: In New Space Race, Companies Are Seeking Dollars from Heaven", *The Wall Street Journal*, 10. Oktober 1995, S.A1,A12; Harlan S. Byrne, „Far Out", *Barron's*, 19. Juni 1995: S.31-35; Joe Flowers, „Iridium, Parts I and II", *Wired*,<Herbst 1993; Quentin Hardy, „Iridium Pulls $300 Million Bond Offer; Analysts Cite Concerns About Projects", *The Wall Street Journal*, 22. September 1995, S.B5; Nancy Hass, „Preemptive Strike", *Financial World* , 4. September 1993: S.36-39; Rob Frieden, „Satellite-Based Personal Communications Services", *Telecommunications*, Dezember 1993: S.25-28; Christopher Price, „New Industry gets a Fillip after Price after Setbacks: Global Mobile," *Financial Times*, 18. November 1998. „Mobile Phone Campaign fails to Conquer World, „*The Times*, 21. Jänner 1999. Christopher Price, „Iridium wins Time on Debt," *Financial Times*, 30. März 1999. Christopher Price, „Motorola pledges Support for Iridium," *Financial Times*, 20. März 1999.

Roland Smith, Chef der British Aerospace, nennt einen einfachen Grund, weswegen ein Unternehmen eine globale strategische Allianz eingehen sollte: „Eine Partnerschaft ist eine der raschesten und günstigsten Wege, um eine globale Strategie zu verfolgen."[20] Wie auch ein traditionelles Joint Venture haben strategische Partnerschaften einige Nachteile. Jeder der Partner muß bereit sein, einen Teil der Kontrolle abzugeben. Darüber hinaus besteht die potentielle Gefahr, daß durch die Kooperation ein Mitbewerber gestärkt wird. Trotz der Nachteile sind globale strategische Allianzen aus verschiedenen Gründen attraktiv. Zum einen können hohe Produktentwicklungskosten ein Unternehmen dazu bewegen, Partner zu suchen. Durch die Kostenteilung und die Unterstützung eines japanischen Konsortiums konnte Boeing die Produktentwicklung für das neue Flugzeug, die 777, realisieren. Weiters sind die technologischen Anforderungen bei Produktentwicklungen derart gestiegen, daß ein Unternehmen allein oftmals nicht das nötige Know-how oder Kapital bereitstellen kann.[21] Gerade in der pharmazeutischen Industrie werden häufig strategische Allianzen eingesetzt, um die enormen finanziellen und Know-how-Ressourcen, die für Neuproduktentwicklungen erforderlich sind, zu erreichen. Eli Lilly ging beispielsweise eine strategische Allianz mit einem amerikanischen und einem britischen Partner ein, um ein neues Medikament zur Auflösung von Thrombosen zu entwickeln. Unabhängig von einander kommittierten sich Bristol-Myers Squibb und Rhone-Poulenc zu einer strategischen Partnerschaft mit demselben amerikanischen Unternehmen, um ein neues Kombinationspräparat zu entwickeln.[22] Zum anderen sind Partnerschaften ein hervorragendes Instrument, um sich den Zugang zu nationalen und regionalen Märkten zu sichern. Partnerschaften bieten weiters wichtige Lernchancen. Gary Hamel, Professor an der London Business School, hat festgestellt, daß jenes Unternehmen, das schneller und effizienter aus der Partnerschaft lernt, diese Beziehung auch dominiert.[23]

Globale strategische Allianzen unterscheiden sich von Joint Ventures in einigen Punkten signifikant. Traditionelle Joint Ventures sind im Prinzip Allianzen, die auf einen nationalen Markt oder ein spezifisches Problem beschränkt sind. Eine wirklich globale strategische Partnerschaft ist anders; sie unterscheidet sich durch die folgenden sechs Kriterien:[24]

1. Zwei oder mehr Unternehmen entwickeln eine langfristige gemeinsame Strategie, die darauf abzielt, eine Vormachtstellung auf dem Weltmarkt durch Kostenführerschaft, Differenzierung oder eine Kombination der beiden Strategien zu erlangen.

2. Die Beziehung ist reziprok. Jeder Partner besitzt spezifische Stärken, die er mit anderen teilt. Der Lernprozeß muß auf beiden Seiten stattfinden.

3. Die Vision der Partner und ihre Anstrengungen sind globaler Natur, weil sie über den Heimmarkt hinaus gehen.

4. Wenn die Beziehung zwischen Unternehmen auf der gleichen Wirtschaftsstufe stattfindet, dann bedarf es eines kontinuierlichen lateralen Transfers von Ressourcen, wobei die gemeinsame Nutzung von Technologie und anderen Mitteln zur Regel wird.

5. Wenn die Beziehung auf unterschiedlichen Wirtschaftsstufen entlang vertikaler Linien besteht, müssen beide Partner sich im klaren über ihre Kernkompetenzen sein. Damit sind sie in der Lage, ihre Wettbewerbsposition gegen die Möglichkeiten einer Vorwärts- oder Rückwärtsintegration durch den vertikalen Partner zu verteidigen.

6. Außerhalb jener Märkte, auf die sich die Partnerschaft bezieht, behalten die Parter ihre eigene Identität und stehen sich u.U. als Konkurrenten gegenüber.

Das Projekt „Iridium" basiert auf vielen Voraussetzungen, die Experten für Erfolgsfaktoren einer Allianz halten. Motorola bildet eine Allianz, um seine einzigartige Stärke

zu nutzen – die Position im Markt für mobile Kommunikation. Motorolas Partner verfügen ebenfalls über sehr spezifische Stärken, so daß es unwahrscheinlich ist, daß einer
der Partner die Möglichkeit oder den Wunsch hat, Motorolas Stärken zu kopieren.
Statt sich auf einen bestimmten Markt oder ein Produkt zu fokussieren, ist Iridium
eine Allianz, die auf Fähigkeiten, Know-how und Technologien basiert.[25]

Unternehmen wie Nike oder Gallo haben strategische Partnerschaften zur Meister-
schaft getrieben. Nike, der weltgrößte Produzent von Sportschuhen, stellt nicht einen
einzigen Schuh selbst her. Man konzentriert sich auf die eigenen Stärken – Marketing
und Verkauf. Gallo, der größte Weinproduzent der Welt, verfügt über keinen einzigen Weinstock, und Boeing, einer der führenden Hersteller von Flugzeugen, macht nur
wenig mehr als die Cockpits und die Flügel.[26] Während die externe Vergabe von
Produktionsleistung eine taktische Antwort auf Kostenreduktionsziele ist, ist es klar,
daß Nike, Gallo und Boeing viel Energie in die Festigung ihrer Lieferantenbeziehungen
investieren. Sie sehen diese Beziehungen als strategisch an. Nikes Fähigkeit, die Produktion an verschiedene, kostengünstige Hersteller im Fernen Osten auszulagern, war ein
kritischer Erfolgsfaktor für das Unternehmen. Obwohl diese vertikalen Vereinbarungen
entscheidend für den Erfolg eines Unternehmens sein können, kann man sie nur dann
eine Allianz nennen, wenn es sich um langfristige Beziehungen handelt. Falls dies nicht
der Fall ist, dann würde man diese Konstellation als einfache Lieferantenvereinbarung
bzw. Vertragsproduktion bezeichnen.

Auch die strategischen Allianzen von McDonald's, Disney und Coca-Cola sind von
der Vorstellung getrieben, die Kernkompetenzen der einzelnen Unternehmen zu vereinen, um in Zeiten der Globalisierung auf den Weltmärkten gemeinsam noch stärker
zu werden. 1997 gingen McDonald's und Disney für die Dauer von 10 Jahren eine
formale, strategische Allianz ein. Das erste gemeinsame Projekt war der Start der
Disney-Produktion *Flubber*, die man bei McDonald's mit speziellen Produkten und ver-
kaufsfördernden Maßnahmen unterstützte. Für *Armageddon* wurden Kinokarten und
„Astromeniis" verkauft. Im Gegensatz zur Partnerschaft mit Disney basiert die Kooperation mit Coca-Cola lediglich auf einer „gemeinsamen Vision und viel Vertrauen".
Coke beliefert McDonald's nicht nur exklusiv mit seinen Soft Drinks, sondern bietet
auch Verkaufsunterstützung in Form von überdimensionalen Coke-Flaschen, die als
Selbstbedienungsabfüllstationen für Konsumenten vorgesehen sind. Zudem gibt Coke, das in doppelt sovielen Ländern wie McDonald's vertreten ist, Unterstützung bei
der internationalen Expansion des Hamburger-Konzerns. Was die Zusammenarbeit des
Dreigespanns so erfolgreich macht, ist, daß alle drei Marktführer in ihrer Branche
sind.[27]

Ein Beispiel für eine strategische Partnerschaft entlang vertikaler Linien ist *lean
manufacturing*. Ein Hersteller von Fahrzeugen bezieht von seinen Lieferanten nicht nur
Teile, sondern kooperiert schon beim Design und der Entwicklung dieser Teile. Diese
Form der Zusammenarbeit führt zu kürzeren Entwicklungszyklen, höherer Qualität und
geringeren Kosten. Kooperation wird aber nicht stattfinden, wenn nicht das Vertrauen
bei beiden Partnern entsteht, daß man sich nicht gegenseitig Konkurrenz macht. Aus
einer derartige Zusammenarbeit gehen beide gestärkt hervor, denn sie können sich
auf ihre Kernkompetenzen konzentrieren und gewinnbringend durch jene des Partners
ergänzen.

9.5.1   Erfolgsfaktoren

Angenommen eine Allianz erfüllt die oben genannten sechs Kriterien, so muß man sich darüber hinaus jene Faktoren überlegen, die einen wesentlichen Einfluß auf den Erfolg einer globalen strategischen Partnerschaft haben.[28]

1. *Mission*: Erfolgreiche globale strategische Partnerschaften kreieren „Win-win"-Situationen, wonach die Partner Ziele verfolgen, die aufgrund einer gemeinsamen Übereinstimmung oder eines gemeinsamen Vorteils zustande gekommen sind. Trotz der Tatsache, daß die Partner in verschiedenen Bereichen gemeinsame Ziele verfolgen, müssen sie sich jedoch bewußt sein, daß sie in anderen Bereichen zu einander in Konkurrenz stehen.

2. *Strategie*: ein Unternehmen kann globale strategische Partnerschaften mit verschiedenen Partnern eingehen. Die Strategie in der jeweiligen Zusammenarbeit muß jedoch vorher festgelegt sein, um Konflikte zu vermeiden.

3. *Entscheidungsfindung*: Diskussion, Konsens und Gleichberechtigung müssen selbstverständlich sein. Harmonie ist kein Gradmesser für Erfolg, Konflikte sind systemimmanent.

4. *Kultur*: Die persönliche Beziehung ebenso wie ein von beiden geteiltes Wertesystem sind wichtig. Das Fehlschlagen der Partnerschaft zwischen General Electric und Siemens wurde zum Teil darauf zurückgeführt, daß erstere von finanzorientierten Führungskräften und letztere von Technikern geleitet wurden.

5. *Organisation*: Innovative Strukturen und Prozesse werden benötigt, um die Komplexität des multikulturellen Managements zu reduzieren.

6. *Management*: Globale strategische Partnerschaften erfordern eine unterschiedliche Art der Entscheidungsfindung. Potentielle Konfliktherde müssen im Vorfeld identifiziert werden. Klare und eindeutige Kompetenzen und Autoritäten bewirken ein *Commitment* von allen Partnern. Alle Mitarbeiter und Führungskräfte müssen verstehen, wo die Kooperation endet und der Wettbewerb beginnt. Lernen von Partnern ist ein kritischer Erfolgsfaktor.[29]

Dem Lernprozeß gebührt spezielle Aufmerksamkeit. Ein Team von Wissenschaftern ist zu folgendem Schluß gekommen:
Die Herausforderung besteht darin, eigene Kompetenzen einzubringen, um einen Vorteil gegenüber Unternehmen außerhalb der Partnerschaft zu erzielen, während man einen kompletten Transfer an den Partner verhindert. Dies ist mit Sicherheit ein Gratwanderung. Unternehmen müssen sehr genau überlegen, welche Fertigkeiten und Technologien sie an ihre Partner weitergeben. Sie müssen sich vor unabsichtlichem, informellem Informationstransfer schützen. Um die Transparenz zu beschränken, etablieren einige Unternehmen im Rahmen der Partnerschaft eine „Kooperationszone". Ähnlich einer Kommunikationsabteilung ist dieser Bereich dafür vorgesehen, als *Gatekeeper* zu fungieren, über die die Anfragen auf Zugang zu Personen und Informationen abgewickelt werden. Damit ist eine wichtige Kontrollfunktion gewährleistet, die gegen unbeabsichtigte Transfers Abhilfe schafft.[30]

Eine Studie von McKinsey beleuchtet am Beispiel von globalen strategischen Partnerschaften zwischen westlichen und japanischen Unternehmen die Probleme, die dabei entstehen können.[31] Oft hatten die Probleme zwischen den Partnern weniger mit den objektiven Erfolgen, denn mit dem Gefühl einer gegenseitigen Desillusionierung und verpaßten Gelegenheiten zu tun. Die Untersuchung identifiziert vier Problembereiche, an denen Allianzen scheitern. Das erste Problem ist, daß jeder Partner unterschiedliche Vorstellungen hat. Die japanischen Partner erwarten sich aus der Allianz, daß sie dadurch die Branchenführerschaft erreichen oder in neue Branchen eintreten und eine neue Basis für die Zukunft bauen. Die westlichen Unternehmen suchten den relativ raschen und risikofreien finanziellen Rückfluß. Ein japanischer Manager formulierte es so: „Unser Partner kam, um Gewinn zu erzielen. Das hat er bekommen. Nun beschweren sie sich, daß sie kein Geschäft aufgebaut haben. Das war aber nicht das, wonach sie zu Beginn gesucht haben."

Ein zweiter Bereich ist die Ausgewogenheit zwischen den Partnern. Jeder muß zur Allianz beitragen und sich auf den anderen bis zu einem Grad verlassen können, der es rechtfertigt, in der Partnerschaft zu bleiben. Der kurzfristig attraktivste Partner wird ein Unternehmen sein, das in seinem Bereich bereits etabliert und kompetent ist, das aber neue technologische Fertigkeiten erlangen möchte. Der beste langfristige Partner ist jedoch ein im jeweiligen Geschäftsbereich weniger kompetenter Partner, der möglicherweise sogar von außerhalb der eigenen Branche kommt.

Reibungsverluste entstehen auch durch Unterschiede in der Managementphilosophie, unterschiedlichen Erwartungen oder Vorgehensweisen. Alle Bereiche der Allianz können davon betroffen sein. Als Konsequenz wird das Ergebnis leiden. In bezug auf sein japanisches Gegenüber Partner sagte ein westlicher Geschäftsmann: „Unser Partner wollte das Projekt durchziehen und investieren, ohne sich zu überlegen, ob es auch einen Gewinn erwirtschaften wird." Die Japaner meinten dazu, daß „der ausländische Partner so lange zur Entscheidung ohnedies offensichtlicher Punkte benötigte, daß wir immer zu langsam waren." Derartige Unterschiede verursachen viel Frustration, zeitintensive Diskussionen und behindern die Entscheidungsfindung.

Schließlich ergab die Untersuchung, daß viele Unternehmen, die in der Partnerschaft kurzfristige Ziele verfolgen, auch die personellen Ressourcen für ein gemeinsames Projekt limitieren. Das führte dazu, daß Mitarbeiter dann zwei oder drei Jahre an einem Projekt beteiligt sind, danach jedoch wieder wechseln. Das Ergebnis ist, daß im Unternehmen als ganzes kein oder nur geringes Wissen entstehen kann. Auch gehen bei jedem Wechsel der beteiligten Personen die ursprünglichen Ziele des Projekts verloren.

9.5.2 Beispiele von Partnerschaften

CFM International/GE/Snecma—Eine Erfolgsgeschichte

Commercial Fan Moteur (CFM) International ist eine Partnerschaft zwischen dem General Electric (GE)-Geschäftsbereich „Düsentriebwerke" und Snecma, einem staatlich kontrollierten französischen Raumfahrtunternehmen, das oft als erfolgreiche globale strategische Partnerschaft genannt wird. GE nahm das Angebot aus dem Grund an, weil es sich dadurch einen Zugang zum europäischen Markt erhoffte, um Motoren an Airbus zu verkaufen. Auch die Entwicklungskosten von € 680 Mio. waren mehr, als GE alleine zu tragen bereit war. Während sich GE auf das Systemdesign und die Hochtechnologie konzentrierte, kümmerte sich die französische Seite um die Ventilatoren, den Antrieb und andere Komponenten. Die Partnerschaft resultierte in der Entwicklung eines äußerst erfolgreichen neuen Motors, der bis heute mehrere Milliarden € an Umsätzen mit 125 verschiedenen Kunden generiert hat.

Die Allianz startete mit viel Erfolg, weil es ein gutes persönliches Einvernehmen zwischen den Topmanagern, GEs Gerhard Neumann und General René Ravaud von Snecma, gab. Die Partnerschaft war trotz unterschiedlicher Auffassungen in bezug auf Management und Organisation fruchtbringend. Während die Amerikaner erfahrene Leute aus der Organisation in die Partnerschaft einbrachten, bevorzugten die Franzosen eher Personen von außerhalb der Branche. Die Franzosen verwendeten für ihre Entscheidungen Unmengen an Daten, während die Amerikaner eher einen intuitiven Zugang wählten.[32]

AT&T/Olivetti—Ein Fehlschlag

Auf dem Papier erschien die Partnerschaft zwischen AT&T und Olivetti ein vorprogrammierter Erfolg zu werden. Die gemeinsame Zielsetzung war, einen entscheidenden Anteil am globalen Markt für Informationsverarbeitung und Kommunikation zu erzielen.[33] Olivetti verfügte über eine starke Präsenz auf dem europäischen Büroausstattungsmarkt; AT&T, das gerade seine regionalen Telefonfirmen verkauft hatte, sah sich nach Wachstumschancen auf anderen Märkten mit einem Schwerpunkt in Europa um. AT&T versprach dem Partner € 220 Mio. und Zugang zu Mikroprozessor- und Telekommunikationstechnologie. Die Partnerschaft sah vor, daß AT&T Olivetti-PCs in den USA verkaufen würde; Olivetti hingegen würde AT&T Computer und Telefonanlagen in Europa verkaufen. Die der Partnerschaft zugrundeliegende Erwartung war, daß sich aus den verschiedenen Branchen – Kommunikation und Computer – Synergien ergeben würden.

Diese Vision stellte sich jedoch mehr als Hoffnung denn als Realität heraus. Olivetti hatte keine wirklichen Stärken im Markt für Computer und wies auch keine Erfahrung oder Fähigkeiten bei Produkten im Kommunikationsbereich auf. Die Spannungen nahmen deutlich zu, als die Umsätze nicht den erwarteten Umfang erreichten. Der Chef von AT&T, Robert Kavner, nannte Kommunikations- und kulturelle Defizite als entscheidende Faktoren, die zum Auseinanderbrechen der Allianz geführt haben. „Ich glaube nicht, daß wir oder Olivetti genug Zeit damit verbracht haben, Verhaltensmuster zu verstehen. Wir wußten, daß kulturelle Unterschiede bestehen, aber wir sind niemals wirklich durchgedrungen."[34] 1989 tauschte AT&T seinen Anteil für eine Beteiligung am Mutterkonzern Compagnie Industriali Riunite S.p.A., kurz CIR, ein. 1993 verkaufte sie auch diesen.

Boeing/Japan—Eine Kontroverse

Nicht alle Experten sehen globale strategische Partnerschaften als positiv an. Man warnt unter anderem davor, daß technische Expertise und Erfahrungen erodieren, wenn Unternehmen bei kritischen Komponenten von externen Lieferanten abhängig sind. Derartige Vorbehalte wenden sich oft an globale strategische Partnerschaften, die amerikanische und japanische Firmen involvieren. Die geplante Partnerschaft zwischen

Boeing und einem japanischen Konsortium, um ein neues, treibstoffsparendes Flugzeug, die 7J7, zu bauen, erzeugte ein großes Maß an Kontroverse. Die Projektsumme von € 3,4 Mrd. war zu hoch, um von Boeing allein getragen zu werden. Die Japaner sollten zwischen € 850 Mio. und € 1,7 Mrd. beitragen und würden im Gegenzug die Chance bekommen, Produktions- und Marketing-Know-how von Boeing zu übernehmen. Obwohl das 7J7-Projekt 1988 gestoppt wurde, entschloß man sich, das neue Großflächenflugzeug, die 777, zu entwickeln, wobei 20% der Arbeit von den japanischen Sublieferanten Mitsubishi, Fuji und Kawasaki durchgeführt wurde.[35]

Kritiker sehen ein Szenario vor sich, in dem die Japaner lernen, ihre eigenen Flugzeuge zu bauen und in direkte Konkurrenz mit Boeing zu treten. Ein Team von Wissenschaftern entwickelte einen Rahmen, der die verschiedenen Phasen bei zunehmender Abhängigkeit von Partnerschaften transparent macht.[36]

- Phase 1: Externe Vergabe von Montageleistungen, um Lohnkosten zu senken

- Phase 2: Externe Lieferanten für geringwertige Komponenten, um Produktpreise zu reduzieren

- Phase 3: Eine Vielzahl von höherwertigen Komponenten werden ins Ausland vergeben

- Phase 4: Produktions-Know-how, Produktdesign und damit verknüpfte Technologien werden ins Ausland vergeben

- Phase 5: Bereiche, die mit Qualität, Präzisionsfertigung, Kontrolle und Neuproduktentwicklung werden außer Haus vergeben

- Phase 6: Kernkompetenzen im Zusammenhang mit Komponentenfertigung, Miniaturisierung und komplexer Systemintegration werden außer Haus vergeben

- Phase 7: der Wettbewerber lernt das gesamte Spektrum an Fertigkeiten, die in Zusammenhang mit der Kernkompetenz stehen

Die nächste Phase ist offensichtlich: der Partner hat nun das gesamte Fertigungswissen und kann nun entscheiden, die Vorwärtsintegration voranzutreiben, d.h. näher an den Kunden heranzurücken, indem er seine eigene Marke am Markt plaziert.

AUF DEN PUNKT GEBRACHT

- Als strategische Allianz wird jene Form der Kooperation bezeichnet, bei der (i) die Partner nach der Bildung der Allianz weiterhin unabhängig bleiben, (ii) die Partner den Nutzen ebenso wie die Kontrolle über Zielerreichung der Allianz teilen und (iii) sie laufend ihre Technologien, Produkte und andere strategische Ressourcen in die Partnerschaft einbringen.

- Zu den Erfolgsfaktoren einer strategischen Allianz gehören u.a. gemeinsame Ziele, gemeinsame Vorteile aus der Partnerschaft, klare Abgrenzung von Kooperation und Wettbewerb, Diskussion und Konsens als wichtige Kulturmerkmale, ein gemeinsam geteiltes Wertesystem, der Wille zu Kooperation u.v.m.

9.5.3   Kooperative Strategien in Japan

keiretsu Das japanische *keiretsu* beschreibt eine spezielle Form der kooperativen Strategie. Ein *keiretsu* ist eine Allianz zwischen verschiedenen Unternehmen oder Unternehmensgruppen, die nach den Worten eines Beobachters „einem kämpfenden Clan gleichen, in dem Unternehmensfamilien gemeinsam Marktanteile erobern wollen."[37] *Keiretsus* existieren in Japan in vielen Branchen, wie dem Kapitalmarkt, der Grundstoffindustrie oder dem Komponentenmarkt.[38] *Keiretsu*-Beziehungen werden dadurch oft zementiert, daß ein großes Aktienpaket von einer Bank gehalten wird und Aktienpakete zwischen einem Unternehmen, seinen Kunden und Lieferanten getauscht werden. Zudem können Topmanager eines *keiretsu* legal im Vorstand des jeweiligen anderen Unternehmen vertreten sein. Sie dürfen Informationen austauschen und Preise hinter verschlossenen Türen koordinieren. Man könnte *keiretsu* daher im wesentlichen als Kartelle mit staatlicher Zustimmung sehen.

Einige Beobachter haben jedoch der immer wieder geäußerten Behauptung widersprochen, daß *keiretsu* einen Einfluß auf die Marktbeziehungen in Japan hat. Sie sehen darin vielmehr vorwiegend eine soziale Funktion. Andere wiederum bezeichnen diese einseitigen Handelsbeziehungen als ein Produkt der Vergangenheit und versichern, daß sich der Einfluß nun verringert. Es würde an dieser Stelle zu weit führen, die verschiedenen Aspekte im Detail zu diskutieren, aber es kann kein Zweifel bestehen, daß Unternehmen, die mit japanischen Unternehmen im Wettbewerb stehen oder den japanischen Markt bearbeiten wollen, ein grundlegendes Verständnis von *Keiretsu* besitzen müssen. Angenommen, ein deutscher Automobilhersteller (z.B. Mercedes Benz oder BMW), ein Produzent elektronischer Produkte (Siemens), ein Stahlhersteller (Thyssen) und ein Softwarehersteller (SAP oder Debis) wären miteinander verbunden, statt getrennte Unternehmen. Die Auswirkungen auf das Marktgleichgewicht wären fundamental. Globaler Wettbewerb im Zeitalter von *Keiretsu* bedeutet, daß Wettbewerb nicht nur zwischen Produkten, sondern auch zwischen unterschiedlichen Managementsystemen und Formen inner- und zwischenbetrieblicher Organisation herrscht.[39]

Einige von Japans größten und bekanntesten Unternehmen stehen im Zentrum eines *keiretsu.* So sind beispielsweise die Mitsui Group und die Mitsubishi Group um große Handelsunternehmen gruppiert. Diese beiden Unternehmen zusammen mit Sumitomo, Fuyo, Sanwa und DKB stellen das *big six keiretsu* dar. Jedes dieser Unternehmen strebt eine dominierende Position in der jeweiligen Branche an bzw. hat dieses Ziel bereits erreicht. Die jährlichen Einnahmen der Gruppe betragen mehrere 100 Milliarden €.[40] Zahlenmäßig gesehen umfassen *keiretsus* weniger als 0,01% aller japanischen Unternehmen. Sie machen jedoch 78% des Aktienwertes an der Tokioter Börse aus, d.h. ein Drittel des japanischen Unternehmenskapitals und ein Viertel aller Umsätze.[41] Diese Allianzen können sehr effektiv sein, wenn es darum geht, ausländische Lieferanten vom japanischen Markt fernzuhalten. Sie erzeugen damit zwar höhere Preise für japanische Konsumenten, aber auch gleichzeitig Unternehmensstabilität, Risikoteilung und langfristige Arbeitsplatzsicherung. Die Struktur im *keiretsu* der Mitsubishi Group findet sich in Abbildung 9.2.

Neben den *big six* haben sich auch verschiedene andere *keiretsus* in wieder neuen Konfigurationen formiert. Vertikale Lieferanten- und Distributions-*keiretsus* sind Allianzen zwischen Herstellern und Einzelhändlern. Matsushita beispielsweise kontrol-

Abbildung 9.2: Mitsubishis Keiretsu-Struktur

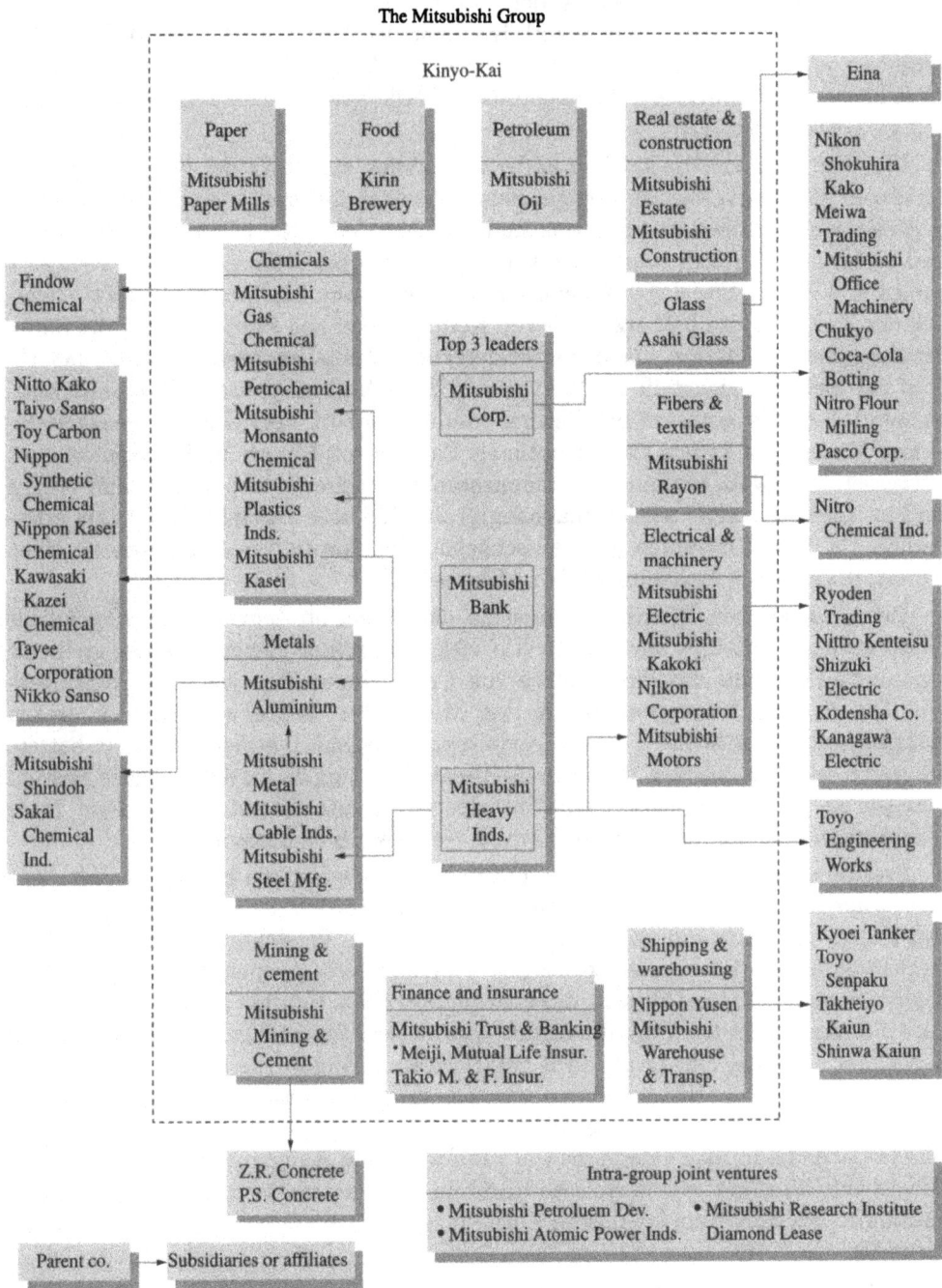

The Mitsubishi Group

Kinyo-Kai

Eina

Paper
Mitsubishi Paper Mills

Food
Kirin Brewery

Petroleum
Mitsubishi Oil

Real estate & construction
Mitsubishi Estate
Mitsubishi Construction

Nikon
Shokuhira Kako
Meiwa Trading
Mitsubishi Office Machinery
Chukyo Coca-Cola Botting
Nitro Flour Milling
Pasco Corp.

Chemicals
Mitsubishi Gas Chemical
Mitsubishi Petrochemical
Mitsubishi Monsanto Chemical
Mitsubishi Plastics Inds.
Mitsubishi Kasei

Findow Chemical

Nitto Kako
Taiyo Sanso
Toy Carbon
Nippon Synthetic Chemical
Nippon Kasei Chemical
Kawasaki Kazei Chemical
Tayee Corporation
Nikko Sanso

Glass
Asahi Glass

Top 3 leaders
Mitsubishi Corp.
Mitsubishi Bank
Mitsubishi Heavy Inds.

Fibers & textiles
Mitsubishi Rayon

Nitro Chemical Ind.

Electrical & machinery
Mitsubishi Electric
Mitsubishi Kakoki
Nilkon Corporation
Mitsubishi Motors

Ryoden Trading
Nittro Kenteisu
Shizuki Electric
Kodensha Co.
Kanagawa Electric

Metals
Mitsubishi Aluminium
Mitsubishi Metal
Mitsubishi Cable Inds.
Mitsubishi Steel Mfg.

Mitsubishi Shindoh
Sakai Chemical Ind.

Toyo Engineering Works

Mining & cement
Mitsubishi Mining & Cement

Finance and insurance
Mitsubishi Trust & Banking
Meiji, Mutual Life Insur.
Takio M. & F. Insur.

Shipping & warehousing
Nippon Yusen
Mitsubishi Warehouse & Transp.

Kyoei Tanker
Toyo Senpaku
Takheiyo Kaiun
Shinwa Kaiun

Z.R. Concrete
P.S. Concrete

Intra-group joint ventures
• Mitsubishi Petroluem Dev.   • Mitsubishi Research Institute
• Mitsubishi Atomic Power Inds.   Diamond Lease

Parent co.   →   Subsidiaries or affiliates

Quelle: Courtesy of the Mitsubishi Group, von T.M. Collins und T.L. Doorley, *Teaming Up for the 90s: A Guide to International Joint Ventures and Strategic Alliances* (New York: Deloitte & Touche, 1991).

liert eine Kette von 25.000 Einzelhandelsgeschäften in Japan, über die sie die Marken
Panasonic, Technics und Quasar verkauft. Die Hälfte von Matsushitas Inlandsumsät-
zen ist durch diese Kette abgedeckt, deren Sortiment zu 50% bis 80% aus Matsushitas
Markenprodukten besteht. Andere wichtige Hersteller von Unterhaltungselektronik wie
Toshiba und Hitachi haben ähnliche Allianzen (im Vergleich dazu ist Sonys Handelskette kleiner und schwächer). Am japanischen Markt sind die genannten Unternehmen
heftige Mitbewerber.[42]

Eine weitere Form von *keiretsu* in der Produktion außerhalb der *big six* besteht in
vertikalen Allianzen zwischen Fertigungsunternehmen, Lieferanten und Komponenten-
herstellern. Aktivitäten und Systeme sind zwischen den Unternehmen eng verknüpft,
und Lieferanten erhalten langfristige Verträge. Toyota beispielsweise hat ein Netzwerk
von ca. 175 Haupt- und 4.000 Nebenlieferanten aufgebaut. Ein Lieferant ist das Unternehmen Koito. Toyota hält etwa 20% von Koitos Aktien und kauft ungefähr die Hälfte
der gesamten Produktion. Das Resultat derartiger Vereinbarungen ist daher, daß Toyota nur mehr Fahrzeugteile im Wert von 25% des Verkaufspreises selbst produziert,
während dieser Prozentsatz bei General Motors bei 50% liegt. Produktions-*keiretus*
weisen Vorteile auf, indem sie eine optimale Balance von Käufer- und Verkäufermacht
aufweisen. Da Toyota bestimmte Komponenten von mehreren Lieferanten kauft (einige
sind im *keiretsu*, andere wieder unabhängig), ist eine hohe Disziplin im System erforderlich. Da diese Lieferanten nicht ausschließlich für Toyota arbeiten, haben sie einen
Anreiz, flexibel und anpassungsfähig zu bleiben.[43]

Die beschriebenen Praktiken führen zu der Frage, ob *keiretsus* kartellrechtliche
Bestimmungen verletzen oder nicht. Wie viele Beobachter bemerkt haben, stellt die
japanische Regierung das Wohlergehen von Unternehmen über jenes der Konsumen-
ten. Die *Keiretsu* formierten sich in den frühen 50er Jahren aus den vier großen
Konglomeraten—*zaibatsu*—, die die japanische Wirtschaft bis 1945 dominiert hatten.
Sie waren aufgelöst worden, nachdem die Besatzungstruppen kartellrechtliche Bestim-
mungen als Teil des Wiederaufbaus installierten. Heute scheint Japans *Fair Trade
Commission* eher die Harmonie als aktiven Wettbewerb zu fördern.[44]

Prestowitz gibt folgendes Beispiel, um zu demonstrieren, wie *keiretsu*-Beziehungen
amerikanische Unternehmen beeinflussen können. Zu Beginn der frühen 80er Jahre sah
sich Nissan am Markt um einen Supercomputer für das Produktdesign um. Zwei Hersteller wurden dabei in Erwägung gezogen: Cray, zu diesem Zeitpunkt Weltmarktführer
bei Supercomputern, und Hitachi, das kein gleichwertiges Produkt anbieten konnte. Als
alles auf einen Kauf bei Cray hinauslief, appellierten Topmanager bei Hitachi an die
Solidarität – sowohl Nissan als auch Hitachi waren Mitglied desselben *keiretsu*. Genaugenommen zwang Hitachi Nissan, den japanischen Hersteller zu bevorzugen, was
amerikanische Regierungsvertreter irritierte. Mittlerweile bildete sich bei Nissan selbst
eine Gruppe, die für den Computer von Cray votierten. Aufgrund des amerikanischen
Drucks auf Nissan und die japanische Regierung ging der Auftrag schließlich an Cray.
Prestowitz beschreibt die japanische Einstellung zu diesen Geschäftspraktiken folgendermaßen:

Diese Konstruktion respektiert die gegenseitige Verpflichtung, indem es einen Pol-
ster gegen Schocks vorsieht. Nissan kauft heute einen Hitachi Computer. Morgen bittet
es vielleicht um die Beschäftigung von nicht mehr benötigten Mitarbeitern. Die etwas
geringere Leistung, die es von einem Hitachi Computer erhält, hält sich die Waage

mit weitreichenderen Überlegungen. Nachdem für Hitachi die Kaufentscheidung ein Gefallen wäre, würde dies Hitachi noch enger binden und Gefolgschaft und Loyalität für Nissans Produkte bedeuten. Diese Einstellung des Zusammenhalts ist es, was die Japaner unter langfristigem Denken verstehen. Damit blieben ihnen Schocks erspart und langfristiges Überleben war garantiert.[45]

Viele ausländische Unternehmen sind besorgt darüber, daß *keiretsus* nicht nur im japanischen Markt, sondern auch darüber hinaus hohen Einfluß besitzen. Nach den Ergebnissen einer Untersuchung von Dodwell Marketing Consultants besitzen *keiretsus* in Kalifornien allein mehr als die Hälfte der Produktionsstätten in japanischem Eigentum. Tenneco Automotive, ein Unternehmen aus Illinois, das Stoßdämpfer und Auspuffsysteme herstellt, wickelt einen Großteil seines weltweiten Geschäfts mit dem Mazda-*keiretsu* ab. 1990 jedoch stoppte Mazda die Beziehung zu Tenneco als Lieferant für seine amerikanische Fertigung in Kentucky. Ein Teil des Geschäfts wurde an Tokico Manufacturing weitergegeben, einem japanischen Unternehmen und Mitglied des Mazda *keiretsu*; ein japanisches Unternehmen, das nicht in einem *keiretsu* integriert war, KYB Industries, wurde ebenfalls engagiert. Ein japanischer Manager der Autoindustrie erläuterte die Überlegungen dahinter: "Die erste Wahl fällt auf ein *keiretsu*-Unternehmen, die zweite auf einen japanischen und die dritte auf einen lokalen Lieferanten.[46]

Doch die Macht der *keiretsus* scheint nicht ungebrochen. Die jahrelange Rezession und Finanzkrise in Japan hat dazu geführt, daß viele der großen *keiretsus* in beachtliche Schwierigkeiten geraten sind. Die Mitsubishi-Gruppe, eine der größten und mächtigsten *keiretsus* in Japan, mußte deutliche finanzielle Verluste hinnehmen. Die Fuyo Gruppe wird in der japanischen Presse vornehm als „in Schwierigkeiten" bezeichnet. Ein Unternehmen der Gruppe, der Automobilhersteller Nissan, beendete das Geschäftsjahr 1998 mit einem Reingewinn, der um 80% unter dem geplanten lag. Geschadet haben den *keiretsus* letztlich ihre eigenen Stärken. Die engen Verbindungen zwischen Unternehmen haben signifikante Restrukturierungsmaßnahme verzögert, da Manager dazu angehalten sind, sich den Strategien der Gruppe anzuschließen.[47]

9.5.4 Neue Formen von Strategischen Allianzen

Das „Beziehungsunternehmen" wird als nächste Entwicklungsphase in der Evolution strategischer Allianzen bezeichnet. Firmengruppen in verschiedenen Industrien und Ländern werden durch gemeinsame Ziele zusammengehalten, die sie beinahe als ein Unternehmen handeln lassen. Cyrus Freidheim, Vice Chairman des Beratungsunternehmens Booz, Allen & Hamilton, skizzierte eine Allianz, die seiner Meinung nach repräsentativ für ein beziehungsorientiertes Unternehmen sein könnte. Er nimmt an, daß innerhalb der nächsten Jahrzehnte Boeing, British Airways, Siemens, TNT, und Snecma gemeinsam einige neue Flughäfen in China bauen könnten. Als Teil des Pakets würden British Airways und TNT bei den Landerechten bevorzugt behandelt werden. Die chinesische Regierung würde alle Flugzeuge von Boeing/Snecma kaufen, und Siemens könnte das Flugkontrollsystem bereitstellen.[48]

Mehr als die einfachen strategischen Allianzen, die wir heute kennen, werden Beziehungsunternehmen „Superallianzen" zwischen globalen Giganten sein, deren Einnahmen € 1 Trillion erreichen. Sie wären in der Lage, große Geldmengen bereitzustellen, kartellrechtliche Bestimmungen zu umgehen und mit Konzernzentralen in allen wichtigen Märkten den politischen Vorteil des „einheimischen" Unternehmens fast überall zu nützen. Diese Form der Allianz wird nicht mehr nur vom technologischen Wandel getrieben sein, sondern von der politischen Notwendigkeit, mehrere Heimmärkte zu haben.

Ein weiterer Entwicklungsschritt bei globalen kooperativen Strategien ist die Entstehung virtueller Unternehmen. Der Terminus „virtuell" ist der Computerwissenschaft entlehnt. Einige Computer verfügen über virtuelle Speicher, die ihnen erlauben, so zu funktionieren, als hätten sie mehr Speicherkapazität als tatsächlich am Speicherchip vorgesehen. Das virtuelle Unternehmen erscheint „als eine einzige Einheit mit enormen Möglichkeiten. Tatsächlich ist es jedoch das Ergebnis von zahlreichen Kooperationen, die nur dann eingesetzt werden, wenn sie benötigt werden."[49]

Auf einer globalen Ebene könnten virtuelle Unternehmen die Kompetenzen von Kosteneffizienz und Anpassung an lokale Bedürfnisse gleichzeitig einsetzen. Dies würde die Umsetzung der *think global, act local*-Philosophie einfach machen und dem Trend zu *mass customization* entsprechen. Die selben Kräfte, die zur Formierung eines *keiretsu* führen, wie rasche Kommunikationsnetzwerke, sind in virtuellen Unternehmen integriert. Wie Davidow und Malone sagten: „Der Erfolg einer virtuellen Unternehmung wird von der Fähigkeit abhängen, einen massiven Informationsfluß über alle Organisationskomponenten zu kanalisieren, zu integrieren und intelligent damit umzugehen."[50]

Warum ist das virtuelle Unternehmen auf einmal auf der Bildfläche erschienen? Früher hatten Unternehmen nicht die Technologie, um dieses Datenmanagement zu betreiben. Mit den dezentralen Datenbanken, Netzwerken und offenen Systemen wird es möglich, Datenflüsse zu bearbeiten, die in einer virtuellen Organisation erforderlich sind. Im speziellen lassen diese Datenströme *supply-chain management* zu. Ford stellt ein interessantes Beispiel dar, wie Technologie den Informationsfluß zwischen geographisch verstreuten Standorten einer Unternehmung unterstützen kann. Die € 5 Mrd. teure Entwicklung von Fords Weltauto – dem Mercury Mystique und Ford Contour, wie er in den USA heißt, oder Mondeo in Europa – wurde entwickelt, indem man ein internationales Kommunikationsnetzwerk aufbaute, das Computer-Workstations von Produktdesignern und Entwicklern auf drei Kontinenten verband.[51]

💡 AUF DEN PUNKT GEBRACHT

- Unter dem japanischen *keiretsu* versteht man eine spezielle Form einer kooperativen, strategischen Allianz, wo intensive Verflechtungen zwischen verschiedenen Unternehmen oder Unternehmensgruppen bestehen.
- Ausländische Konkurrenten stellen diese engen Verschränkungen stellen im wesentlichen Kartelle bilden, die den Markt dominieren und den Wettbewerb einschränken.
- Durch Informations- und Kommunikationstechnologien sowie die zunehmende Globalisierung haben neue Formen strategischer Allianzen hervorgebracht.
- Dazu zählen virtuelle Unternehmen, die das Ergebnis zahlreicher Kooperationen darstellen, und die nur dann eingesetzt werden, wenn sie benötigt werden.

9.6 Zusammenfassung

Unternehmen können aus einer Vielzahl von Alternativen wählen, wie sie an den Weltmärkten teilnehmen wollen. Lizenzvergabe, Franchising, Joint Ventures und Alleineigentum bzw. strategische Allianzen bringen Vor- und Nachteile. Die Wahl hängt wesentlich von der Wertekette des eigenen Unternehmens ab. Lizenzvergabe ist eine geeignete Strategie, um das gesamte Geschäftsergebnis zu erhöhen bei gleichzeitig geringem Investitionsvolumen; es ist daher eine gute strategische Wahl für ein Unternehmen mit entwickelter Technologie oder einem starken Markennamen. Joint Ventures bieten dem Unternehmen die Möglichkeit, das Risiko zu teilen und Stärken entlang der Wertekette zu kombinieren. Unternehmen, die ein Joint Venture überlegen, sollten dies sorgfältig planen und der Kommunikation mit dem Partner einen hohen Stellenwert beimessen, um eine „Scheidung" zu verhindern. Eigentum durch Unternehmensgründung oder -akquisition erfordert ein großes Engagement von Ressourcen. Akquisitionen bieten aber auch den Vorteil vollständiger Kontrolle und die Gelegenheiten, technologische Synergieeffekte zu nutzen.

Veränderungen im politischen, wirtschaftlichen, sozio-kulturellen und technologischen Umfeld haben dazu geführt, daß im globalen Wettbewerb immer häufiger auch kooperative Strategien wie globale strategische Allianzen, das japanische *keiretsu* oder virtuelle Unternehmen eingesetzt werden. Durch derartige Allianzen können Unternehmen die hohen Kosten der Produktentwicklung teilen, von Fähigkeiten und Know-how gemeinsam profitieren, Marktzugang erhalten und neue Möglichkeiten für organisationales Lernen nutzen.

9.7 Diskussionsfragen

1. Für den Fall, daß ein Unternehmen sich auf Auslandsmärkten verstärkt engagieren und die Auslandsaktivitäten auch selbst kontrollieren will, welche Alternativen des Markteintritts stehen dann zur Verfügung?

2. Der Geschäftsführer von XYZ Manufacturing Company of Buffalo, New York, kommt zu Ihnen mit einem Lizenzangebot eines Unternehmens in Osaka. Im Gegenzug für Unternehmenspatente und Knowhow, wird das japanische Unternehmen eine Lizenzgebühr von 5% des ab-Werk-Preises von allen verkauften Produkten, die unter das Lizenzabkommen fallen, bezahlen. Ihr Chef will Ihren Rat. Was sagen Sie zu dieser Idee?

3. Welche Charakteristika unterscheiden eine globale strategische Allianz von einem traditionellen Joint Venture?

4. Was versteht man unter *keiretsu*? Welche Auswirkungen hat ein derartiges Netzwerk auf das Konkurrenzumfeld?

5. Die Eingangsstatements in dieses Kapitel von Ohmae und Porter stellen gegensätzliche Standpunkte dar, was den Wert und Sinn von strategischen Allianzen betrifft. Welchem dieser Statements würden Sie eher zustimmen? Schließen sie sich aus Ihrer Sicht aus, oder sind sie vereinbar?

9.8   Webmistress's Hotspots

Homepage der International Franchise Association
In der virtuellen „Franchise Mall" findet man mehr als 1000 interessante Angebote aus
allen Teilen der Welt als Franchisenehmer tätig zu werden
`http://www.franchise.org/`

Website über Joint Ventures in China
Wenn Sie Informationen über rechtliche Regelungen im Zusammenhang mit Joint Ventures in China suchen, dann sollten Sie auf dieser Website vorbeischauen.
`http://www.chinatoday.com/law/a01.htm`

Homepage von Iridium
Hier finden Sie nähere Informationen, wie und wo Telefonieren mit Iridium funktio-
niernt. Zudem finden sich interessante Informationen über die Entwicklung dieser Kooperation unter Motorolas Führung.
`http://www.iridium.com/`

Homepage von Jaguar
Über die offizielle Jaguar-Homepage finden Sie nicht nur nähere Details zu Modellen
und Geschichte, sondern auch über die Zukunft in der Formel I.
`http://www.jaguar.com/`

Homepage von LIMA
Die International Licensing Industry Merchandisers' Association (LIMA) ist eine Non-
Profit-Organisation von Lizenzgebern, die sich weltweit für die Durchsetzung der Rechte ihrer Mitglieder einsetzt. Neben rechtlicher Unterstützung werden auch Informationen über relevante Aspekte internationaler Lizenzvergabe zur Verfügung gestellt.
`http://www.licensing.org/`

9.9   Weiterführende Literatur

Adler, Paul S. "Time-and-Motion Regained." *Harvard Business Reviews*, 71, 1 (Jän-
ner/Februar 1993): S.97-108.

Adler, Paul S. und Robert E. Cole. "Designed for Learning: A Tale of Two Auto Plants."
Sloan Management Review, 34, 3 (Frühjahr 1993): S.85-94.

Badaracco, Joseph L. Jr. "Alliances Speed Knowledge Transfer." *Planning Review*, 19,
2 (März/April 1991): S.10-16.

Bell, Brian. "Two Separate Teams Should Be Set Up to Facilitate Strategic Alliances."
Journal of Business Strategy, 11, 6 (November/Dezember 1990): S.63-64.

Bleeke, Joel und David Ernst. Collaborating to Compete. Somerset, NJ: John Wiley,
1991.

Bleeke, Joel und David Ernst. "Is Your Strategic Alliance Really a Sale?" *Harvard Business Review*, 73, 1 (Jänner/Februar 1995): S.97-105.

Bleeke, Joel und David Ernst. "The Way to Win in Cross-Border Alliances," *Harvard Business Review*, 69, 6 (November/Dezember 1991): S.127-135.

Blodgett, Linda Longfellow. "Research Notes and Communications Factors in the Instability of International Joint Ventures: An Event Historical Analysis." *Strategic Management Journal*, 13, 6 (September 1992): S.475-481.

Carter, John D., Robert Frank Cushman und C. Scott Hartz. The Handbook of Joint Venturing. Homewood, IL: Dow Jones–Irwin, 1988.

Contractor, Farok und Peter Lorange. Cooperative Strategies in International Business. Cambridge, MA: Ballinger, 1987.

Darnall, Robert J. "Inland Steel's Joint Venture From Competitive Gap to Competitive Advantage." *Planning Review*, 18, 5 (September/Oktober 1990): S.10-14.

Davidow, William H. und Michael S. Malone. The Virtual Corporation. New York: HarperBusiness, 1993.

Dyer, Jeffrey H. und William G. Ouchi. "Japanese-Style Partnerships: Giving Companies a Competitive Edge." *Sloan Management Review* (Herbst 1993): S.51-63.

Enen, Jack. Venturing Abroad: International Business Expansion Via Joint Ventures. Blue Ridge Summit, PA: Liberty Hall Press, 1991.

Erdmann, Peter B. "When Businesses Cross International Borders: Strategic Alliances and Their Alternatives." *Columbia Journal of World Business*, 28, 2 (Sommer 1993): S.107-108.

Fedor, Kenneth J. und William B. Werther, Jr. "Making Sense of Cultural Factors in International Alliances." *Organizational Dynamics*, 24, 4 (Frühjahr 1995): S.33-48.

Ferguson, Charles H. "Computers and the Coming of the U.S. Keiretsu." *Harvard Business Review*, 68, 4 (Juli/August 1990): S.55-70.

Flanagan, Patrick. "Strategic Alliances Keep Customers Plugged In." *Management Review*, 82, 3 (März 1993): S.24-26.

Frey, S. C. J. und M. M. Schlosser. "ABB and Ford: Creating Value through Cooperation." *Sloan Management Review* (Herbst 1993): S.65-72.

Fruin, Mark. The Japanese Enterprise System. Oxford: Oxford University Press, 1992.

Gates, Stephen. Strategic Alliances: Guidelines for Successful Management. New York: Conference Board, 1993.

Gerlach, Michael L. Alliance Capitalism: The Social Organization of Japanese Business. Berkeley: University of California Press, 1992.

Gillespie, Ian. Joint Ventures. London: Eurostudy, 1990.

Gomes-Casseres, Benjamin. "Joint Ventures in the Face of Global Competition." *Sloan Management Review*, 30, 3 (Frühjahr 1989): S.17-26.

Grant, Robert M., R. Krishnan, Abraham B. Shani und Ron Baer. "Appropriate Manufacturing Technology: A Strategic Approach." *Sloan Management Review*, 33, 1 (Herbst 1991): S.43-54.

Haigh, Robert W. "Building a Strategic Alliance—The Hermosillo Experience as a Ford–Mazda Proving Ground." *Columbia Journal of World Business*, 27, 1 (Frühjahr 1992): S.60-74.

Hamel, Gary, Yves L. Doz und C. K. Prahalad. "Collaborate with Your Competitors—and Win." *Harvard Business Review*, 67, 1 (Jänner/Februar 1989): S.133-139.

Jarillo, J. Carlos und Howard H. Stevenson. "Co-operative Strategies—The Payoffs and the Pitfalls." *Long Range Planning*, 24, 1 (Februar 1991): S.64-70.

Johnston, Gerald A. "The Yin and the Yang: Cooperation and Competition in International Business." *Executive Speeches*, 7, 6 (Juni/Juli 1993): S.15-17.

Jones, Kevin K. und Walter E. Schill. "Allying for Advantage." *The McKinsey Quarterly*, 3 (1991): S.73-101.

Jorde, Thomas M. und David J. Teece. "Competition and Cooperation: Striking the Right Balance." *California Management Review*, 31, 3 (Frühjahr 1989): S.25-37.

Ketelhohn, Werner. "What Do We Mean by Cooperative Advantage?" *European Management Journal*, 11, 1 (März 1993): S.30-37.

Klein, Saul und Jehiel Zif. "Global Versus Local Strategic Alliances." *Journal of Global Marketing*, 8, 1 (1994): S.51-72.

Kodama, Fumio. "Technology Fusion and the New R&D." *Harvard Business Review*, 70, 4 (Juli/August 1992): S.70-78.

Kruytbosch, Carla. "Let's Make a Deal." *International Business*, 6, 3 (März 1993): S.92-96.

Lawrence, Paul und Charalambos Vlachoutsicos. "Joint Ventures in Russia: Put the Locals in Charge." *Harvard Business Review*, 71, 1 (Jänner/Februar 1993): S.44-51.

Lei, David. "Offensive and Defensive Uses of Alliances." *Long Range Planning*, 25, 6 (Dezember 1992): S.10-17.

Lei, David und John W. Slocum Jr. "Global Strategy, Competence-Building and Strategic Alliances." *California Management Review*, 35, 1 (Herbst 1992): S.81-97.

Lewis, Jordan D. "Competitive Alliances Redefine Companies." *Management Review*, 80, 4 (April 1991): S.14-18.

Lewis, Jordan D. "The New Power of Strategic Alliances." *Planning Review*, 20, 5 (September/Oktober 1992): S.45-46.

Lewis, Jordan D. Partnerships for Profit: Structuring and Managing Strategic Alliances. New York: Free Press (1990).

Lindsey, Jennifer. Joint Ventures and Corporate Partnerships: A Step-by-Step Guide to Forming Strategic Business Alliances. Chicago: Probus, 1989.

Lodge, George und Richard Walton. "The American Corporation and Its New Relationships." *California Management Review*, 31, 3 (Frühjahr 1989), S.9-24.

Lorange, Peter. "Interactive Strategic Alliances and Partnerships." *Long Range Planning*, 29, 4 (1996): S.581-584.

Lorange, Peter und Johan Roos. "Why Some Strategic Alliances Succeed and Others Fail." *Journal of Business Strategy*, 12, 1 (Jänner/Februar 1991): S.25-30.

Luo, Yadong. "Evaluating the Performance of Strategic Alliances in China." *Long Range Planning*, 29, 4 (1996): S.534-542.

Lynch, Robert. The Practical Guide to Joint Ventures and Corporate Alliances: How to Form, How to Organize, How to Operate. New York: Wiley, 1989.

McMillan, John. "Managing Suppliers: Incentive Systems in Japanese and U.S. Industry." *California Management Review*, 32, 4 (Sommer 1990): S.38-55.

Michelet, Robert und Rosemary Remacle. "Forming Successful Strategic Marketing Alliances in Europe." *Journal of European Business*, 4, 1 (September/Oktober 1992): S.11-15.

Mowery, David C. und David J. Teece. "Japan's Growing Capabilities in Industrial Technology: Implications for US Managers and Policymakers." *California Management Review*, 35, 2 (1993): S.9-34.

Murray, Edwin A. Jr. und John F. Mahon. "Strategic Alliances: Gateway to the New Europe?" *Long Range Planning*, 26, 4 (August 1993): S.102-111.

Newman, Victor und Kazem Chaharbaghi. "Strategic Alliances in Fast-Moving Markets." *Long Range Planning*, 29, 6 (1996): S.850-856.

Niland, Powell. "Case Study—US–Japanese Joint Venture: New United Motor Manufacturing, Inc. (NUMMI)." *Planning Review*, 17, 1 (Jänner/Februar) 1989): S.40-45.

Ohmae, Kenichi. "The Global Logic of Strategic Alliances." *Harvard Business Review*, 67 (März/April 1989): S.143-154.

Olson, Philip D. "Choices for Innovation-Minded Corporations." *Journal of Business Strategy*, 11, 1 (Jänner/Februar 1990): S.42-46.

Pant, P. Narayan und Vasant G. Rajadhyaksha. "Partnership with an Asian Family Business—What Every Multinational Corporation Should Know." *Long Range Planning*, 29, 6 (1996): S.812-820.

Parkhe, Arvind. "Interfirm Diversity, Organizational Learning and Longevity in Global Strategic Alliances." *Journal of International Business Studies*, 22, 4 (4. Quartal 1991): S.579-601.

Perlmutter, H. V. und D. A. Heenan. "Cooperate to Compete Globally." *Harvard Business Review* (März/April 1986): S.136-152.

Robert, Michel. "The Do's and Don'ts of Strategic Alliances." *Journal of Business Strategy*, 13, 2 (März/April 1992): S.50-53.

Robert, Michel. Strategy Pure and Simple: How Winning CEOs Outthink Their Competition. New York: McGraw-Hill, 1993.

Spencer, William J. und Peter Grindley. "SEMATECH After Five Years." *California Management Review* (Sommer 1993): S.9-35.

Spinks, Stephen O. und Robert C. Stanley. "Joint Ventures Under EC Antitrust and Merger Control Rules: Concentrative or Cooperative?" *Journal of European Business*, 2, 4 (März/April 1991): S.29-34.

Starr, Martin Kenneth. Global Corporate Alliances and the Competitive Edge: Strategies and Tactics for Management. New York: Quorum Books, 1991.

Thakar, Manab und Luis Ma. R. Calingo. "Strategic Thinking Is Hip, but Does It Make a Difference?" *Business Horizons*, 35, 5 (September/Oktober 1992): S.47-54.

Voss, Bristol. "Strategic Federations Frequently Falter in Far East." *Journal of Business Strategy*, 14, 4 (Juli/August 1993): S.6.

Wever, Kirsten S. und Christopher S. Allen. "Is Germany a Model for Managers?" *Harvard Business Review*, 70, 5 (September/Oktober 1992): S.36-43.

Yablonsky, Dennis. "The US West/Carnegie Group Strategic Alliance." *Planning Review*, 18, 5 (September/Oktober 1990): S.18-19.

Yoshida, Kosaku. "New Economic Principles in America—Competition and Cooperation: A Comparative Study of the U.S. and Japan." *Columbia Journal of World Business*, 26, 4 (Winter 1992): S.30-44.

Yoshino, Michael Y. und U. Srinivasa Rangan. Strategic Alliances: An Entrepreneurial Approach to Globalization. Boston: Harvard Business School Press, 1995.

Literaturverzeichnis

[1] John Barham. "A Leaner, Simpler Production: Management Volkswagen." *Financial Times*, 11. Juni 1999.

[2] Tim Burt, John Griffiths und Nikki Tait. "Ford's Full Service." *Financial Times*, 9. August 1999.

[3] "Annual Report.", 10: Procter & Gamble Company, 1995.

[4] F.R. Root. *Entry Strategies for International Markets*. New York: Lexington Books, 1994.

[5] Yumiko Ono. "Borden's Breakup with Meiji Milk Shows How a Japanese Partnership Can Curdle." *Wall Street Journal*, 21. Februar 1991, S.B1.

[6] Gespräch zwischen Prof. Warren J. Keegan und E.M.Lang, Vorstand von REFAC Technology Development Corporation, 122 East 42nd Street, New York, NY.

[7] Jack Hayes. "Love American Style: European Market embraces U.S. Restaurant Chains." *Nation's Restaurant News*, 17. August 1998, S.47+.

[8] Ian Jones. "What to do (or not to do) about Going International." *World Trade*, 10, 2 (1997): S.76-78, "Going Global: Trend of the '90s." *Franchise Times*, September 1997, S.3+.

[9] Ingrid Puschautz. "Bären-Offensive mit neuen Steiff-Galerien." *Wirtschaftsblatt*, 22. September 1999, S.D5.

[10] Julie Bennett. "What's Hot Worldwide." *Franchise Times*, September 1997, S.13.

[11] Eine exzellente Behandlung des Markteintritts in China s. Wilfried Vanhonacker. "Entering China: An Unconventional Approach." *Harvard Business Review*, March - April (1997): S.130-140.

[12] James Guyon. "A Joint-Venture Papermaker Casts Net Across Europe." *Wall Street Journal*, 7. Dezember 1992, S.B6.

[13] Lawrence G. Franko. "Joint Venture Divorce in the Multinational Company." *Columbia Journal of World Business*, Mai - Juni (1971): S.13-22.

[14] W. Wright und C. S. Russell. "Joint Venture in Devloping Countries: Reality and Responses." *Columbia Journal of World Business,* Sommer (1975): S.74-80, W. Wright. "Joint Venture Problems in Japan." *Columbia Journal of World Business,* Sommer (1979): S.74-80.

[15] Yumiko Ono. "Borden's Breakup with Meiji Milk Shows How a Japanese Partnership Can Curdle." *Wall Street Journal,* 21. Februar 1991, S.B1.

[16] Louis Uchitelle. "The Stanley Works Goes Global." *New York Times,* 23. Juli 1989, S.1, 10.

[17] "Annual Report.", 13: Borden Inc., 1990.

[18] Michael A. Yoshino und U. Srinivasa Rangan. *Strategic Alliances: An Entrepreneurial Approach to Globalization.* Boston: Harvard Business School Press, 1995. Riad Ajami und Dara Khambata. "Global Strategic Alliances: The New Transnationals." *Journal of Global Marketing,* 5, 1/2 (1991): S.55-59. betrachten das Themenfeld aus anderer Perspektive.

[19] Carla Kruytbosch. "Let's Make a Deal." *International Business,* März (1993). S.92

[20] Jeremy Main. "Making Global Alliances Work." *Fortune,* 17. Dezember 1990, S.121.

[21] Kenichi Ohmae. "The Global Logic of Strategic Alliances." *Harvard Business Review,* März - April (1989): S.145.

[22] "Annual Report: Top 50 Pharmaceutical Companies." *Med Ad News,* September 1998, S.150+, "Bristol-Myers Squibb Co." *PharmaBusiness,* November 1998, S.65+.

[23] Jeremy Main. "Making Global Alliances Work." *Fortune,* 17. Dezember 1990, S.121.

[24] Howard Perlmutter und David Heenan. "Cooperate to Compete Globally." *Harvard Business Review,* März-April (1986): S.137.

[25] Übernommen von Michel Robert. *Strategy Pure & Simple: How Winning CEOs Outthink Their Competition.* New York: McGraw-Hill, 1993.

[26] James Brian Quinn. "Strategic Outsourcing." *Sloan Management Review,* Sommer (1994).

[27] "The Science of Alliance." *The Economist,* 4. April 1998.

[28] Howard Perlmutter und David Heenan. "Cooperate to Compete Globally." *Harvard Business Review,* März-April (1986): S.137.

[29] Gary Hamel, Yves L. Doz und C. K. Prahalad. "Collaborate with Your Competitors – and Win." *Harvard Business Review,* Jänner - Februar (1989). S.134

[30] Gary Hamel, Yves L. Doz und C. K. Prahalad. "Collaborate with Your Competitors – and Win." *Harvard Business Review,* Jänner - Februar (1989). S.136

[31] Kevin K. Jones und Walter E. Schill. "Allying for Advantage." *The McKinsey Quarterly*, 3 (1991): S.73-101.

[32] Bernard Wysocki. "Global Reach: Cross Border Alliances Become Favorite Way to Crack New Markets." *Wall Street Journal*, 26. März 1990, S.A 12.

[33] Howard Perlmutter und David Heenan. "Cooperate to Compete Globally." *Harvard Business Review*, März-April (1986): S.137., S.145

[34] Bernard Wysocki. "Global Reach: Cross Border Alliances Become Favorite Way to Crack New Markets." *Wall Street Journal*, 26. März 1990, S.A 12., p. A12

[35] John Holusha. "Pushing the Envelope at Boeing." *New York Times*, 10. November 1991, S.1,6.

[36] David Lei und John W. Jr. Slocum. "Global Strategy, Competence-Building and Strategic Alliances." *California Management Review*, Herbst (1992): S.81-97.

[37] Robert L. Cutts. "Capitalism in Japan: Cartels and Keiretsu." *Harvard Business Review*, Juli-August (1992): S.49.

[38] Michael L. Gerlach. "Twilight of the Keiretsu? A Critical Assessment." *Journal of Japanese Studies*, 18, 1 (1992): S.79.

[39] Ronald J. Gilson und Mark J. Roe. "Understanding the Japanese Keiretsu: Overlaps Between Corporate Governance and Industrial Organization." *Yale Law Journal*, 102, 4 (1993): S.883.

[40] Clyde V. Prestowitz. *Trading Places: How We Are Giving Our Future to Japan and How to Reclaim It.* New York: Basic Books, 1989., S.296

[41] Carla Rappoport. "Why Japan Keeps on Winning." *Fortune*, 15. Juli 1991, S.76.

[42] Die Bedeutung von Einzelhandelsketten ist im Sinken begriffen, da zunehmende Umsätze bei großen Handelsoutlets nicht unter der Kontrolle des Herstellers sind.

[43] "Japanology Inc. – Surfy." *The Economist*, 6. März 1993, S.15.

[44] Carla Rappoport. "Why Japan Keeps on Winning." *Fortune*, 15. Juli 1991, S.76., S.84

[45] Clyde V. Prestowitz. *Trading Places: How We Are Giving Our Future to Japan and How to Reclaim It.* New York: Basic Books, 1989., S.299-300. Über Jahre hinweg argumentierte Prestowitz, daß die japanische Industriestruktur – Keiretsu eingeschlossen – japanischen Unternehmen unfaire Wettbewerbsvorteile verschaffen würde. Ein etwas moderaterer Ansatzpunkt ist, daß jede Unternehmensentscheidung eine wirtschaftliche Rechtfertigung finden muß. Dies würde auch den Effekt von Keiretsu in ein anderes Licht rücken.

[46] Carla Rappoport. "Why Japan Keeps on Winning." *Fortune*, 15. Juli 1991, S.76., S.80

[47] "The Diamonds lose their Sparkle: Mitsubishi Misery." *The Economist*, 9. Mai 1998, Alexandra Harney. "Close Links – a Barrier for Predators: Japan." *The Financial Times*, 1. März 1999, Clyde Prestowitz. "The Japan that Can Say Yes." *The Financial Times*, 4. März 1999.

[48] "The Global Firm: R.I.P." *The Economist*, 6. Februar 1993, S.69.

[49] John Byrne. "The Virtual Corporation." *Business Week*, 8. Februar 1993, S.103.

[50] William H. Davidow und Michael S. Malone. *The Virtual Corporation: Structuring and Revitalizing the Corporation for the 21st Century.* New York: Harper Business, 1993., S.59

[51] Julie Edelson Halpert. "One Car, Worldwide, with Strings Pulled from Michigan." *New York Times*, 29. August 1993, S.7.

Kapitel 10

Globaler Wettbewerb und Strategie

Wettbewerb ist im Unternehmerinstinkt verankert.
– JOHN KENNETH GALBRAITH

10.1 Zielsetzung des Kapitels

Nachdem Sie dieses Kapitel gelesen haben, wissen Sie mehr über:

- Die Wichtigkeit von Unternehmensstrategien für den Gesamterfolg einer Firma

- Die Kriterien für die Auswahl, die Konzeption und die Umsetzung einer bestimmten Strategie

- Die verschiedenen Schritte bei der Analyse der Unternehmensstrategie und Wettbewerbsposition eines Unternehmens

- Warum verschiedene Firmen unterschiedliche Strategien verfolgen

In welchen Situationen hilft ein besseres Verständnis dieser Inhalte?

- Sie werden aufgefordert, die strategische Position Ihres Unternehmens mit Bezug auf den nationalen Kontext oder die Branche, in der Ihr Unternehmen tätig ist, zu analysieren.

- Sie wollen Ihr eigenes Unternehmen gründen und stehen vor der Entscheidung, welche Strategie Sie unter Berücksichtigung des internen und externen Umfelds Ihrer Firma verfolgen wollen.

- Ihr Unternehmen ist von sehr intensivem Wettbewerb bedroht. Ihre Aufgabe ist es zu entscheiden, welche Schritte zur Sicherstellung der Wettbewerbsfähigkeit Ihrer Firma unternommen werden sollen.

10.2   Konzepte & Definitionen

Der nationale "Diamant" besteht aus vier sich gegenseitig beeinflussenden Attributen: Faktorbedingungen, Nachfragebedingungen, verwandte und unterstützende Branchen und Strategie, Struktur und Wettbewerbsverhalten der Firma. Nach Porter bestimmen diese Attribute den Erfolg des Unternehmens in globalen Märkten.

Das Fünf-Kräfte-Modell: Nach Porter beeinflussen fünf Kräfte den Wettbewerb in einer Branche:

1. die Gefahr des Eintritts von neuen Wettbewerbern,

2. die Verhandlungsmacht der Zulieferer,

3. die Verhandlungsmacht der Käufer,

4. die Bedrohung durch Substitutionsgüter und Dienstleistungen sowie

5. der Wettbewerb unter den existierenden Marktteilnehmern.

Basisstrategien: Porter identifizierte grundlegende Unternehmensstrategien auf der Basis von zwei entscheidenden Wettbewerbsvorteilen: niedrige Kosten bzw. Differenzierung. Zusammen mit der Breite der bedienten Zielmärkte (eng oder breit) sowie der Breite des Produktmixes (eng oder weit) wurden folgende Strategien identifiziert: branchenweite Kostenführerschaft, branchenweite Produktdifferenzierung und Konzentration auf Schwerpunkte.

Doppelstrategie: Day argumentiert, daß die wesentlichen Quellen eines Wettbewerbsvorteils, niedrigere Kosten und Differenzierung, sich nicht unbedingt gegenseitig ausschließen. Der Autor nannte diese Doppelstrategie, in der bessere Produktqualität und besserer Wert für den Konsumenten zu niedrigeren Preisen führen, „spreading the gap".

Strategische Gruppen: Eine strategische Gruppe besteht aus einer Gruppe von Unternehmen einer Branche, die die gleiche oder eine ähnliche Strategie verfolgen.

Hyperwettbewerb: Die Bezeichnung Hyperwettbewerb beschreibt eine dynamische, kompetitive Welt, in welcher keine Aktivität oder kein Vorteil lange aufrechtzuerhalten ist. Nach D'Aveni muß eine Firma eine Reihe von nicht dauerhaften Vorteilen anstreben, um in den Bereichen Kosten-/Qualitätsverhältnis, Timing und Know-how, Eintrittsbarrieren und gute finanzielle Ausstattung wettbewerbsfähig zu sein. D'Aveni meint, daß ein flexibler und unberechenbarer Marktteilnehmer gegenüber einem unbeweglichen, gebundenen Konkurrenten einen Vorteil besitzt.

10.3   Schnittstelle zur Praxis

Vom Heimmarkt Schweden aus wurde IKEA zu einem globalen Großkonzern für Wohnraumeinrichtung mit einem Umsatz mit € 2,9. Mit 140 Märkten in 28 Ländern[1] spiegelt der Erfolg des Unternehmens die Vision seines Gründers Ingvar Kamprad wider, eine breite Palette von stilvollen und funktionellen Möbeln zu so niedrigen Preisen anzubieten, daß viele Leute sie sich leisten können. Das Äußere der Märkte ist in den schwedischen Nationalfarben hellblau-gelb bemalt. Kunden besichtigen die Möbel im Hauptgeschoß in verschiedenen realistischen Umgebungen, die in kojenartigen Schauräumen angeordnet sind. Abweichend von den üblichen Standards in der Branche heißen IKEA Möbel z.B. „Ivar" und „Sten", anstatt nur mit Modellnummern bezeichnet zu werden. Bei IKEA heißt Einkaufen in erster Linie Selbstbedienung. Nachdem die Kunden sich umgesehen haben und die Nummern der gewünschten Waren notiert haben, können sie ihre Möbel im Untergeschoß abholen. Dort finden sie Schachteln mit Möbeln zum Zusammenbauen. Eines der Kernelemente der Strategie von IKEA ist es, daß Kunden ihre Einkäufe mit ihren eigenen Fahrzeugen nach Hause transportieren und die Möbel selbst zusammenbauen. Das Untergeschoß eines typischen IKEA-Marktes beherbergt ein Restaurant, eine Lebensmittelabteilung mit schwedischen Produkten, eine beaufsichtigte Kinderspielzone und einen Babyversorgungsraum.

Das Ergebnis für IKEA ist die Schaffung von einzigartigem Wert für die Konsumenten. Anstelle von viel Verkaufspersonal, einer beschränkten Anzahl ausgestellter Möbel und einem Katalog, aus dem man bestellen kann, bietet IKEA informative Ausstellungen und Produktinformation für alle verkauften Gegenstände. In einem traditionellen Möbelgeschäft erteilt man einen Auftrag und wartet vielleicht Wochen und Monate bis zur Lieferung. Bei IKEA kauft man etwas und nimmt es sofort mit. Herkömmliche Möbel werden zusammengebaut und sind fertig zur Benützung. IKEA Möbel werden als Baukastensystem verkauft. Ein normales Geschäft bietet Verkaufspersonal oder Berater, zusammengebaute und gebrauchsfertige Produkte mit Lieferung zu höheren Preise. IKEA offeriert unüberbietbar günstig.

IKEA konzentriert sich auf junge oder jung gebliebene Kunden. Den Hauptmarkt machen Kunden mit einem beschränkten Budget aus, die das Sortiment, die Warenpräsentation und die Preise schätzen. Da IKEA die Bedürfnisse und Ansprüche dieses Marktsegments kennt, war es bei der Betreuung seiner Kunden nicht nur in Schweden, wo die Firma gegründet wurde, sondern auf der ganzen Welt erfolgreich. IKEAs grenzüberschreitender Erfolg hat wesentlich dazu beigetragen, die Möbelindustrie von einer national geprägten in eine globale Branche zu verändern.

Das Wesentliche einer globalen Marketingstrategie ist es, die Stärken einer Organisation in bezug zu ihrer Umwelt zu setzen. In dem Maße, in dem sich der Horizont von Marketingleuten vom Heimmarkt auf globale Märkte ausgeweitet haben, ist das auch mit dem Blickwinkel von Wettbewerbern geschehen. Die Realität in fast allen Branchen heißt heutzutage globaler Wettbewerb. Diese allgegenwärtige Tatsache setzt ein Unternehmen unter immer größeren Druck, Instrumente zur Durchführung von Branchen- und Wettbewerbsanalyse, zum Verständnis eines Wettbewerbsvorteils auf Branchen- und Landesebene sowie zur Entwicklung und Verteidigung eines Wettbewerbsvorteils zu beherrschen. Diese Themen werden in diesem Kapitel im Detail abgehandelt.

10.4 Dimensionen globalen Wettbewerbs

Der Erfolg eines Unternehmens in globalen Märkten wird durch die Fähigkeit bestimmt, nachhaltige Wettbewerbsvorteile zu erreichen. Wettbewerbsfähigkeit, vor allem längerfristige, kann aber nur durch die Verfolgung einer konsistenten und gut definierten Strategie erreicht werden.

Um die wichtigsten treibenden Kräfte des globalen Wettbewerbs zu verstehen, müssen verschiedene Ebenen strategischer Analysen und deren Aggregation durchgeführt werden. Zuallererst müssen Wettbewerbsanalysen sich auf die nationale Ebene konzentrieren. Diese Analysen unterstützen nicht nur die Erkennung von den die Wettbewerbsfähigkeit eines Landes ausmachenden Faktoren, sondern helfen auch beim Verständnis der Umwelt, in der Firmen in ihren globalen Branchen im Wettbewerb stehen.

Zweitens sollten die den Wettbewerb in einer Branche beeinflussenden Kräfte untersucht werden. In diesem Kontext sind Branchen definiert als Firmen, die Produkte oder Dienstleistungen herstellen, die füreinander enge Substitutionsgüter sind.

Drittens sind Analysen der Wettbewerbsposition einer Firma *innerhalb* einer bestimmten Branche wichtig. Strategische Gruppen können identifiziert und graphisch in einer Positionierungsmatrix abgebildet werden. Diese können bei der Positionierung innerhalb einer Branche behilflich sein und auch die Entwicklung und Auswahl einer bestimmten Strategie erleichtern.

Schließlich müssen die Wettbewerbsvorteile individueller Firmen berücksichtigt werden. In diesem Zusammenhang wird sich unsere Erörterung auf die Basisstrategien, auf strategische Intentionen und Hyperwettbewerb konzentrieren.

10.5   Nationaler Wettbewerbsvorteil

Das nationale Umfeld spielt eine wichtige Rolle für den Erfolg eines Unternehmens in den globalen Märkten. Warum sonst sind zum Beispiel die USA das Heimatland für die führenden Hersteller von PCs, von Software, Kreditkarten und Filmen? Warum ist Deutschland Heimat von so vielen Weltmarktführern bei Druckerpressen, Chemikalien und Luxusautomobilen? Warum sind so viele führende Pharma-, Süßwaren- und Handelsfirmen in der Schweiz ansässig? Warum haben die Weltmarktführer bei Elektrogeräten ihren Sitz in Japan?

Nach Michael E. Porter beeinflußt das Vorhandensein oder das Fehlen von bestimmten Eigenschaften in den einzelnen Ländern die Entwicklung von Branchen. Porter beschreibt diese Eigenschaften, wie Faktorbedingungen, Nachfragebedingungen, verwandte und unterstützende Branchen und Firmenstruktur sowie Wettbewerb in Form eines nationalen Diamanten (siehe Abbildung 10.1). Der Diamant formt die Umwelt, in der die Firmen in ihren globalen Branchen im Wettbewerb stehen.

10.5.1   Faktorbedingungen

Der Ausdruck Faktorbedingungen bezieht sich auf die Ausstattung eines Landes mit Ressourcen. Faktorressourcen können geschaffen oder geerbt werden. Sie gliedern sich in fünf Kategorien: menschliche und physische Faktoren, Wissen, Kapital und Infrastruktur.

Menschliche Ressourcen

Die Anzahl der verfügbaren Arbeiter, die Fähigkeiten dieser Arbeiter, das Lohnniveau sowie die Arbeitsmoral der Arbeiter bilden insgesamt den Faktor menschlicher Ressourcen. Länder mit einer reichlichen Ausstattung an Niedriglohnarbeit besitzen einen klaren Vorteil bei der laufenden Produktion von arbeitsintensiven Produkten. Dieser

Abbildung 10.1: Determinanten des Ländervorteils

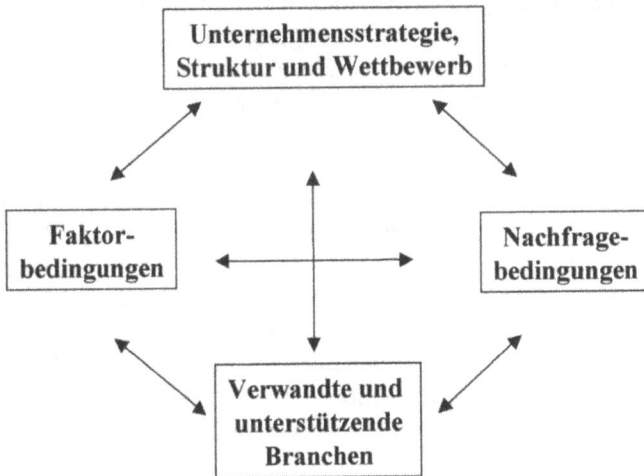

Quelle: Michael E. Porter, *The Competitive Advantage of Nations* (New York: Free Press, 1990), S.72.

Vorteil kann wegfallen, wenn die Löhne steigen und die Produktion in ein anderes Land verlagert wird. Niedriglohnländer können aber bei der Erzeugung von hochentwickelten Produkten, die hochqualifizierte Arbeitskraft erfordern im Nachteil sein.

Physische Ressourcen

Die Verfügbarkeit, die Quantität, Qualität und die Kosten von Grund, Wasser, Rohstoffen und Bodenschätzen bestimmen die physischen Ressourcen eines Landes. Die Größe und Lage eines Landes fallen ebenfalls unter diese Kategorie, da die Nähe zu den Märkten und den Lieferanten sowie Transportkosten strategische Überlegungen ausmachen. Diese Faktoren können wichtige Vor- oder Nachteile für von natürlichen Ressourcen abhängige Branchen sein.

Wissensressourcen

Die Verfügbarkeit von wissenschaftlichem, technischem und marktbezogenem Wissen bei einem beträchtlichen Teil der Bevölkerung eines Landes bedeutet, daß ein Land mit Wissensressourcen ausgestattet ist. Die Existenz dieser Faktoren ist gewöhnlich eine Funktion der bildungsmäßigen Ausrichtung einer Gesellschaft ebenso wie der Anzahl von Forschungseinrichtungen, sowie privaten oder staatlichen Universitäten in einem Land. Diese Faktoren sind wichtig für den Erfolg bei hochentwickelten Produkten und Dienstleistungen und in hoch entwickelten Märkten. Dieser Faktor erklärt etwa die Führungsrolle Deutschlands bei Chemieprodukten. Seit ungefähr 150 Jahren verfügt Deutschland über hervorragende universitäre Ausbildungsprogramme im Bereich Chemie an Universitäten, über hochentwickelte wissenschaftliche Zeitschriften und Lehrlingsausbildungsprogramme.

Kapitalressourcen

Länder unterscheiden sich in ihrer Zugänglichkeit, im Ausmaß, den Kosten und den Arten von Kapital, die einem Land zur Verfügung stehen. Die Sparrate, der Zinssatz, Steuergesetze, das Budgetdefizit und die Staatsschuld einer Nation beeinflussen die Verfügbarkeit dieses Faktors. Der Vorteil, den Branchen mit niedrigen Kapitalkosten gegenüber jenen in Ländern mit relativ hohen Kosten genießen, ist manchmal ausschlaggebend. Unternehmen mit hohen Kapitalkosten sind oft nicht in der Lage, in einem Markt tätig zu bleiben, wo die Konkurrenz aus Ländern mit niedrigeren Kapitalkosten kommt. Firmen mit niedrigen Kapitalkosten können ihre Preise niedrig halten und Unternehmen, denen dafür hohe Kosten erwachsen, zwingen, sich mit einer niedrigen Rendite ihrer Investition zu begnügen oder die Branche zu verlassen. Die Globalisierung der Weltkapitalmärkte ändert die Art des Kapitaleinsatzes. Investoren können ihr Kapital nun in Länder mit dem besten Risiko/Renditeprofil transferieren. Globale Firmen werden in verstärktem Ausmaß dem Kapital an die besten Plätze nachfolgen, anstatt in Ländern mit schwer verfügbarem oder teurem Kapital zu operieren.

Infrastrukturressourcen

Infrastruktur inkludiert das Bankensystem eines Landes, das Gesundheitswesen, Transport- und Kommunikationsnetze sowie die Verfügbarkeit und Kosten der Benützung dieser Systeme. Hochentwickelte Industrien sind abhängiger von einer ausgebauten Infrastruktur, um erfolgreich zu sein.

Alternative Kategorisierungen von Faktoren

Faktoren können weiter eingeteilt werden in entweder *Basisfaktoren*, wie natürliche Ressourcen und Arbeit, oder *weitergehende Faktoren*, wie hoch gebildete Arbeitskräfte und moderne Datenkommunikationsinfrastruktur. Basisfaktoren führen zu keinem nachhaltigen internationalen Wettbewerbsvorteil. Billige Arbeitskraft ist zum Beispiel nur ein vorübergehender Vorteil für ein Land, der in dem Ausmaß kleiner wird, in dem eine nationale Volkswirtschaft sich verbessert und das durchschnittliche Nationaleinkommen relativ zu dem anderer Länder steigt. Weitergehende Faktoren, die zu einem nachhaltigen Wettbewerbsvorteil führen, sind seltener und setzen Investitionen über einen längeren Zeitraum hinweg voraus. Das Vorhandensein von ausgebildeten Handwerkern bietet Italien die Voraussetzung für einen nachhaltigen Wettbewerbsvorteil in der Fliesenindustrie.

Eine weitere Einteilung von Faktoren unterscheidet zwischen *allgemeinen Faktoren*, wie einem passenden Autobahnsystem und *spezialisierten Faktoren*, wie einem fokussierten Bildungssystem. Allgemeine Faktoren sind Voraussetzung für einen Wettbewerbsvorteil. Ein nachhaltiger Wettbewerbsvorteil setzt aber die Entwicklung von spezialisierten Faktoren voraus. Die japanischen Automatisierungsindustrie wurde von umfassenden Automatisierungskursen an Universitäten und Trainingsprogrammen vorangetrieben.

Ein Wettbewerbsvorteil kann auch indirekt von Ländern mit ausgewählten Faktor*nachteilen* geschaffen werden. Das Fehlen von geeigneten Arbeitskräften kann Firmen zur Entwicklung von Mechanisierungen zwingen, die einen Vorteil für die Unternehmen dieses Landes bringen. Die Knappheit von Rohmaterialien kann Firmen zur Entwicklung von neuen Materialien motivieren. Die knappen Rohstoffressourcen in Japan führten zur Entwicklung einer industrieller Keramikindustrie, die in der ganzen Welt in puncto Innovation führend ist.

10.5.2 Nachfragebedingungen

Die Nachfragebedingungen für Produkte und Dienstleistungen im Heimatmarkt ist wichtig, weil sie die Geschwindigkeit und die Art von Verbesserungen und Innovationen durch die Firmen in diesem Land beeinflussen. Das sind jene Faktoren, die Unternehmen entweder für einen Weltklassewettbewerb trainieren oder es ihnen erschweren, sich genügend auf die Konkurrenz im globalen Markt vorzubereiten. Drei Eigenschaften der Nachfrage im Heimatmarkt sind besonders wichtig für die Ausprägung eines Wettbewerbsvorteils: (1) die Zusammensetzung der inländischen Nachfrage, (2) die Größe und die Art des Wachstums der inländischen Nachfrage und (3) die Art, wie die Nachfrage im Inlandsmarkt die Produkte und Dienstleistungen dieses Landes in ausländische Märkte bringt.

Die Zusammensetzung der inländischen Nachfrage legt fest, wie Firmen die Kundenbedürfnisse wahrnehmen, interpretieren und auf sie reagieren. Ein Wettbewerbsvorteil kann erreicht werden, wenn die Nachfrage im Heimatmarkt den Qualitätsstandard festlegt und lokalen Firmen einen besseren und früheren Einblick in die Bedürfnisse der Konsumenten gibt als ausländischen Konkurrenten. Dieser Vorteil erhöht sich, wenn inländische Käufer die Firmen des Landes unter Druck setzen, schnell und häufig Innovationen hervorzubringen. Die Grundlage für den Vorteil ist die Tatsache, daß Firmen dem Markt voraus gehen können, wenn sie sensibler sind für die Nachfrage im Heimatmarkt und darauf auch besser eingehen, und wenn diese Nachfrage wiederum die Weltnachfrage widerspiegelt oder antizipiert.

Die Größe und die Art des Wachstums der Nachfrage im Heimatmarkt sind nur wichtig, wenn die Zusammensetzung der inländischen Nachfrage entwickelt und der ausländischen Nachfrage voraus ist. Große Heimatmärkte bieten Möglichkeiten zur Realisierung von Größenvorteilen und zum Erlernen der Behandlung von vertrauten, nicht zu unsicheren Märkten. Es besteht keine Notwendigkeit, in große Produktionsanlagen und teure F&E-Programme zu investieren, wenn der Heimatmarkt ausreicht, die erhöhte Kapazität aufzunehmen. Wenn der Heimatmarkt ausländische Nachfrage genau widerspiegelt oder sie antizipiert, und wenn Unternehmen sich nicht damit begnügen, den Heimatmarkt zu beliefern, stellt die Existenz von groß dimensionierten Anlagen und Programmen einen Wettbewerbsvorteil gegenüber der Konkurrenz dar.

Schnelles Wachstum im Heimatmarkt ist ein anderer Anreiz, in neue Technologien zu investieren, sie schneller anzuwenden und große und effiziente Produktionsanlagen zu bauen. Das beste Beispiel dafür ist Japan, wo schnelles Wachstum im eigenen Markt Anreiz für japanische Firmen schuf, in großem Maßstab in moderne, automatisierte Produktion zu investieren. Frühe Nachfrage im Heimatmarkt, vor allem wenn sie der internationalen Nachfrage voraus ist, verschafft lokalen Firmen den Vorteil, sich in einer Branche früher als ausländische Wettbewerber zu etablieren. Genauso wichtig ist frühe Marktsättigung, die eine Firma unter Druck setzt, in internationale Märkte zu expandieren und Neuerungen vorzunehmen. Marktsättigung ist besonders wichtig, wenn sie mit schnellem Wachstum in ausländischen Märkten zusammenfällt.

Die Art, in der die Produkte und Dienstleistungen eines Landes durch In- und Ausländer in fremde Länder gebracht werden, ist der dritte Aspekt der Nachfragebedingungen. Es geht dabei darum, ob die Bevölkerung und die Firmen eines Landes dann die Produkte und Dienstleistungen dieses Landes im Ausland nachfragen. Die Autoindustrie entdeckte einen vielversprechenden Markt in Osteuropa. Unter anderem sind Marken wie Scania, Volvo, Navistar, Renault, Volkswagen und Ford in den polnischen Markt eingetreten. Das führte zu weiteren Investitionen von vielen Teilelieferanten, die ebenfalls nach Polen gingen und die auch einen bemerkenswerten und wohlfahrtssteigernden Effekt auf die Ersatzteilindustrie in diesem Land haben werden.[2]

Ein damit verbundenes Thema ist, ob Ausländer in ein Land zur Weiterbildung, zur Erholung, geschäftlich oder zu Forschungszwecken kommen. Wieder daheim ist es wahrscheinlich, daß sie die Produkte und Dienstleistungen, die sie im Ausland kennengelernt haben, nachfragen. Ähnliche Folgen können aus beruflichen, wissenschaftlichen und politischen Kontakten zwischen Staaten resultieren. Die in diesen Kontakten involvierten Personen beginnen dann, die Produkte und Dienstleistungen der anerkannten Produktführer nachzufragen. Es ist das Zusammenspiel der Nachfragebedingungen, das zu einem Wettbewerbsvorteil beiträgt.

10.5.3 Verwandte und unterstützende Industrien

Ein weiterer nationaler Wettbewerbsvorteil kann durch die spezifische Existenz von anderen Brachen entstehen. International wettbewerbsfähige Zulieferindustrien geben Inputs an Branchen in der Wertschöpfungskette weiter, die damit wiederum bei technischen Innovationen, Preis und Qualität international wettbewerbsfähig werden. Erreichbarkeit ist eine Funktion von Nähe in physischem Sinn und in kultureller Ähnlichkeit. Es sind nicht die Inputs selber, die einen Wettbewerbsvorteil bieten. Es ist der Kontakt und die Koordination mit den Zulieferern, die den Firmen die Gelegenheit bieten, die Wertschöpfungskette so zu gestalten, daß die Verbindungen optimiert werden. Diese Möglichkeiten sind für ausländische Firmen vielleicht nicht verfügbar.

Ähnliche Vorteile entstehen, wenn international wettbewerbsfähige und verwandte Industrien in einem Land die Aktivitäten der Wertschöpfungskette koordinieren und teilen. Ein Beispiel dafür sind Möglichkeiten zur Arbeitsteilung zwischen Computerhardwareproduzenten und Softwareentwicklern. Verwandte Branchen schaffen Möglichkeiten zum Transfer der Nachfrage ins Ausland, wie sie vorher beschrieben wurden. Porter merkt an, daß die Entwicklung der Schweizer Pharmaindustrie teilweise der Industrie für synthetische Färbemittel zugeschrieben werden kann. Die Entdeckung der therapeutischen Effekte von Färbemitteln führte ihrerseits zur Entwicklung von Pharmaprodukten.[3]

10.5.4 Firmenstrategie, Struktur und Wettbewerb

Unterschiedliche Managementstile, organisatorische Fähigkeiten und strategische Perspektiven schaffen Vor- und Nachteile für Firmen in verschiedenen Branchenarten, ebenso wie unterschiedliche Wettbewerbsintensität im Heimatmarkt. In Deutschland sind Firmenstruktur und Managementstil eher hierarchisch. Manager kommen tendenziell aus technischen Bereichen und sind am erfolgreichsten, wenn sie es mit Branchen zu tun haben, die sehr disziplinierte Strukturen erfordern wie Chemikalien und Präzisionsmechanik. Italienische Firmen sehen dagegen gewöhnlich wie kleine Familienbetriebe aus, die sich eher auf kundenindividuelle als auf standardisierte Produkte, lieber auf Nischenmärkte und auf erhöhte Flexibilität bei der Erfüllung der Kundennachfrage konzentrieren. In dieser Art werden sie auch geführt.

Kapitalmärkte und die Einstellung zu Investitionen sind wichtige Bestandteile des nationalen Umfelds. So ist die Mehrheit der Aktiengesellschaften in den USA im Besitz von institutionellen Investoren wie Investmentfonds und Pensionskassen. Diese Investoren kaufen und verkaufen Aktien eher, um Risiko zu minimieren und die Rendite zu steigern, als sich in der Geschäftstätigkeit einer Einzelfirma zu engagieren. Diese äußerst mobilen Investoren bringen Manager dazu, sehr kurzfristig mit Augenmerk auf Vierteljahres- und Jahresergebnisse zu operieren. Diese veränderliche Kapitalmarktstruktur stattet neue Wachstumsindustrien und schnell expandierende Branchen, in denen es Erwartungen an baldigen Profit gibt, mit Kapital aus. Andererseits fördern die US-Kapitalmärkte nicht gerade Branchen in einem späteren Entwicklungsstadium, wo die Rendite auf das eingesetzte Kapital niedriger und es notwendig ist, geduldig nach Innovationen zu suchen. Viele andere Länder haben eine gegenteilige Orientierung. Beispielsweise ist es in Japan erlaubt, daß Banken sich an Unternehmen beteiligen, denen sie Geld leihen und andere profitable Bankdienstleistungen bieten. Diese Banken sind längerfristiger orientiert als Kapitalmärkte und legen nicht soviel Wert auf kurzfristige Resultate.

Der stärkste Einfluß auf Wettbewerbsvorteile stammt möglicherweise vom Wettbewerb im Heimatmarkt. Inländischer Wettbewerb hält eine Branche dynamisch und schafft ständigen Druck für Verbesserungen und Innovationen. Lokaler Wettbewerb zwingt Firmen neue Produkte zu entwickeln, existierende zu verbessern, zu niedrigeren Kosten und Preisen, zur Entwicklung von neuen Technologien und zur Qualitäts- und Serviceverbesserung. Wettbewerb mit ausländischen Firmen ist weniger intensiv. Einheimische Firmen müssen miteinander nicht nur um Marktanteil, sondern auch um talentierte Arbeitskräfte, revolutionäre Entdeckungen in Forschung und Entwicklung und um Prestige im Heimatmarkt kämpfen. Schlußendlich wird starker heimischer Wettbewerb bewirken, daß die Unternehmen auf internationale Märkte streben, um Erweiterungsinvesitionen und F&E-Investitionen besser zu finanzieren, wie das Beispiel Japan hinreichend zeigt. Das Nichtvorhandensein eines ausreichenden Wettbewerbs schafft Überheblichkeit im Heimatmarkt und bewirkt schließlich eingeschränkte Wettbewerbsfähigkeit auf den Weltmärkten.

Wichtig ist nicht die Anzahl der einheimischen Konkurrenten, sondern eher die Wettbewerbsintensität und die Qualität der Wettbewerber. Es ist wichtig, daß eine verhältnismäßig hohe Anzahl von neuen Unternehmen gegründet wird, um neue Mitbewerber zu schaffen und zu verhindern, daß die etablierten Unternehmen sich mit ihrer Marktposition und ihren Produkten und Dienstleistungen zufriedengeben. Neueintretende Wettbewerber bringen neue Perspektiven und neue Methoden. Sie definieren häufig neue Marktsegmente, die von den existierenden Unternehmen nicht erkannt wurden, und bieten ihnen Leistungen an.

EUROPÄISCHER BLICKWINKEL

RUMÄNIEN – EIN ATTRAKTIVER STANDORT

Mit der Lockerung der gesetzlichen Beschränkungen von Auslandsinvestitionen im Jahre 1997 scheint Rumänien ein vielversprechendes Wirtschaftsumfeld für die Zukunft. Nach einer Studie des Beratungsunternehmens Roland Berger & Partner gibt es verschiedene Faktoren, die Rumänien zu einem attraktiven Standort im Vergleich mit anderen regionalen Märkten machen.

Zunächst sind die Arbeitskosten mit einem monatlichen Durchschnittseinkommen von ungefähr € 128 und die Sozialversicherungsbeiträge mit 32 Prozent niedrig. Es gibt zuwenig Zuflüsse von ausländischen Investoren, und die Nachfrage übersteigt das Angebot bei weitem. Als ebenfalls hilfreich kann die Bereitschaft seitens der rumänischen Behörde für Förderung von betrieblicher Ansiedlung und seitens der Privatisierungsbehörden angesehen werden, potentielle Investoren zu unterstützen. Die Marktgröße, die relativ geringe Schwierigkeit für Ausländer, die rumänische Sprache zu erlernen, die Flexibilität und das praktische Denken der Arbeitskräfte runden das positive Bild ab.

Es gibt aber auch eine negative Seite. Risikofaktoren wie hohe und schwer prognostizierbare Inflation, bürokratische Amtswege und eine feindselige Einstellung der Angestellten der vor kurzem privatisierten Unternehmen müssen berücksichtigt werden!

Man erwartet, daß Rumänien beträchtliche Zuflüsse an Investitionen anlocken wird. Gegenwärtig ist der größte Investor Daewoo, das koreanische Mischunternehmen, mit einem Investmentwert von € 212 Mio. Es folgen Coca-Cola, Shell, New Holland, Molino Holding, Amoco und Credit Lyonnais.

Einfach zum Nachdenken:

- Wie können Sie das Modell des nationalen Diamanten von Porter anwenden, um Rumäniens nationale Wettbewerbsvorteile zu evaluieren?

- Wie wichtig sind Arbeitskosten als Entscheidungsgrundlage für ausländische Direktinvestitionen eines Automobilherstellers? Vergleichen Sie die für Arbeitskraft entstehenden Kosten mit anderen Faktoren, die eine derartige Entscheidung beeinflussen.

Quelle: „Romanian FDI Boom?", *Newsletter*, 17 (13), 20. Juni 1997, S.9

10.5.5 Andere Einflüsse auf den Diamanten

Zwei zusätzliche Elemente des Modells von Porter, die bei der Evaluierung des nationalen Wettbewerbsvorteils zu berücksichtigen sind, sind *zufällige Ereignisse* und die *Regierung*. Darüber hinaus gibt es *Nichtmarktkräfte*, die Teil der Umwelt sind, und die als Erweiterung oder Ergänzung von Regierung und zufälligen Ereignissen betrachtet werden sollten.

Zufall

Zufällige Ereignisse spielen eine Rolle bei der Gestaltung des Wettbewerbsumfelds. Zufällige Ereignisse sind Vorkommnisse, die jenseits der Kontrolle der Firmen, der Branchen und der Regierung liegen. In diese Kategorie fallen etwa Kriege und ihre Folgen, bedeutende technische Neuerungen, plötzliche dramatische Änderungen bei Faktor- oder Inputkosten (z.B. die Ölkrise), dramatische Änderungen in den Wechselkursen und dergleichen.

Zufällige Ereignisse sind wichtig, weil sie bedeutende technologische Diskontinuitäten bewirken, die Ländern und Unternehmen, die nicht wettbewerbsfähig waren, erlauben, mit einem Mal alte Wettbewerber hinter sich zu lassen. Unter den geänderten Bedingungen werden sie wettbewerbsfähig und vielleicht sogar Marktführer in einer Branche. Zum Beispiel erlaubte die Entwicklung der Mikroelektronik vielen japanischen Firmen, amerikanische und deutsche Firmen in Branchen zu überholen, die vorher auf elektromechanische Technologien ausgerichtet waren, also Bereiche, die traditionell von den Amerikanern und den Deutschen dominiert wurden.

Systematisch gesehen liegt die Rolle von zufälligen Ereignissen in der Veränderung der im Diamanten gezeigten Bedingungen (siehe Abbildung 10.1) Das Land mit dem günstigsten Diamanten wird aber am ehesten diese Ereignisse ausnützen und sie zu Wettbewerbsvorteilen machen. Die japanische Pharmaindustrie steht gegenwärtig vor beträchtlichen Veränderungen. Nicht nur sinkt die Bevölkerungsanzahl, es ändert sich auch die Verteilung der Krankheiten. Nationale Gesundheitsausgaben pro Kopf steigen, und das Produktsortiment wird breiter. Diese Änderungen stellen eine bemerkenswerte Chance für den nationalen und besonders den internationalen Wettbewerb dar. Die Hauptherausforderung für ausländische Unternehmen ist es aber zunächst, überhaupt Zugang zum japanischen Markt zu bekommen.[4] Es muß sich erst zeigen, ob diese Möglichkeiten von ausländischen Bewerbern genützt werden, oder ob der nationale Diamant günstig genug ist. Die deutsche Versicherungsbranche zwingt auch zu bedeutenden Änderungen im nationalen und internationalen Wettbewerb. Dieser spezielle Markt erlebt Druck durch wachsenden Wettbewerb, durch Deregulierung sowie durch sich verändernde Konsumentenpräferenzen, Produkte und Distribution. Bis jetzt stellten Länderversicherungsorganisationen die Hauptabsatzkanäle zu den Endverbrauchermärkten dar. Die Veränderung bietet nun eine Möglichkeit für nationale und ausländische Makler, für Banken und sich mit Realinvestitionen beschäftigende Unternehmen.[5] Welche Nation Erfolg haben wird, entscheidet sich durch den jeweiligen nationalen Diamanten.

Regierung

Obwohl oft behauptet wird, daß die Regierung ein bedeutender Bestimmungsfaktor des nationalen Wettbewerbsvorteils ist, so ist dies eher mittelbar der Fall. Die Regierung beeinflußt die Determinanten in ihrer Rolle als Käufer von Produkten und Dienstleistungen und durch ihren Einfluß auf die Bereiche Arbeit, Erziehung, Kapitalbildung, natürliche Ressourcen und Produktstandards. Auch als Gesetzgebungsinstanz spielt sie eine wichtige Rolle, beispielsweise im Wettbewerbsrecht, wo sie Banken und Telekomunternehmen Auflagen erteilt, was diese tun dürfen und was nicht.

Durch die Verstärkung von positiven Faktoren des Wettbewerbsvorteils in einer

Branche kann die Regierung die Wettbewerbsposition der Firmen in einem Land verbessern. Regierungen entwerfen Rechtssysteme, die Wettbewerbsvorteile durch Zölle
und nicht-tarifäre Handelsbarrieren und Gesetze beeinflussen, die lokale Wertschöpfung
und Arbeit ermöglichen. Anders gesagt kann eine Regierung einen Wettbewerbsvorteil
verbessern oder verkleinern, sie kann ihn aber nicht schaffen.

Andere Nichtmarktfaktoren

Zusätzlich zu Regierung und Zufall gibt es Nichtmarktfaktoren, die das Strategiesystem
beeinflussen. Nichtmarktkräfte beinhalten Interessensgruppen, Aktivisten und zusätzlich zur Regierung die Bevölkerung. Diese Nichtmarktfaktoren sind Teil eines nichtöko-
nomischen Strategiesystems, das auf der Basis von sozialen, politischen und gesetzlichen
Kräften, die im Nichtmarktumfeld der Firma zusammenwirken, operiert.[6] Das Verständnis dieser Kräfte ist besonders kompliziert und entscheidend für den Erfolg von
globalen Stategien, die in vielen verschiedenen Ländern und Kulturen umgesetzt werden. Die Nichtmarktumwelt unterscheidet sich in vielerlei Hinsicht vom Marktumfeld.
Beispielsweise ist die Marktumwelt prinzipiell von ökonomischen Austauschprozessen
bestimmt, wogegen das Nichtmarktumfeld Gesetzgebungsbehörden, Interessensverbän-
de und andere Teilnehmer umfaßt, deren Interesse nicht von ökonomischen Motiven
gelenkt sein muß, und bei denen oft rein politische Motive im Spiel sind. Umweltschutz-
gruppen haben in einigen Ländern Gesetze unterstützt, die Kapital- und Betriebsko-
sten für Betriebe mit Produktionsanlagen dramatisch erhöhen. In der Pharmaindustrie
haben religiöse Gruppen den Fortschritt in der Genforschung behindert. Wettbewerber, die in verschiedenen nationalen oder geographischen Märkten tätig sind und diese
Beschränkungen oder Kosten nicht haben, verfügen über einen Wettbewerbsvorteil.

10.5.6   Zusammenspiel der Einflußfaktoren

Es ist wichtig, daß die Determinanten des nationalen Wettbewerbsvorteils als interaktives System gesehen werden, wo eine Aktivität in einem der vier Punkte des Diamanten
auf alle anderen einwirkt und umgekehrt. Die Einflußfaktoren auf die Entwicklung
von verwandten und unterstützenden Industrien werden in Abbildung 10.2 gezeigt, der
Einfluß auf den heimischen Wettbewerb wird in Abbildung 10.3 dargestellt.

Andere Forscher haben Porters These in Frage gestellt, daß das Heimatland eines
Unternehmens die Hauptquelle von Kernkompetenzen und Innovation ist. Professor
Alan Rugman, Universität Oxford, argumentiert, daß der Erfolg von Unternehmen
mit Sitz in kleinen Volkswirtschaften wie Kanada und Neuseeland vom Diamanten in
einem bestimmten Gastland oder -ländern stammt. Ein Unternehmen mit Sitz in einem EU-Land kann sich bei der Erzielung eines Wettbewerbsvorteils durchaus auf den
nationalen Diamanten eines anderen EU-Landes stützen. In ähnlicher Weise nutzen
kanadische Firmen das nordamerikanische Freihandelsabkommen (NAFTA), indem sie
den US-Diamant für den Aufbau ihrer Kernkompetenz heranziehen. Rugman argumentiert, daß sich in solchen Fällen der Unterschied zwischen dem Heimat- und dem
Zielland verwischt. Er schlägt vor, daß kanadische Manager bei der Formulierung einer Unternehmensstrategie den dadurch entstehenden doppelten Diamanten, wie er in
Abbildung 10.4 gezeigt wird, einsetzen und die Eigenschaften von Kanada und den
Vereinigten Staaten in Betracht ziehen müssen.[7]

Abbildung 10.2: Einflußfaktoren auf die Entwicklung von verwandten und unterstützenden Industrien

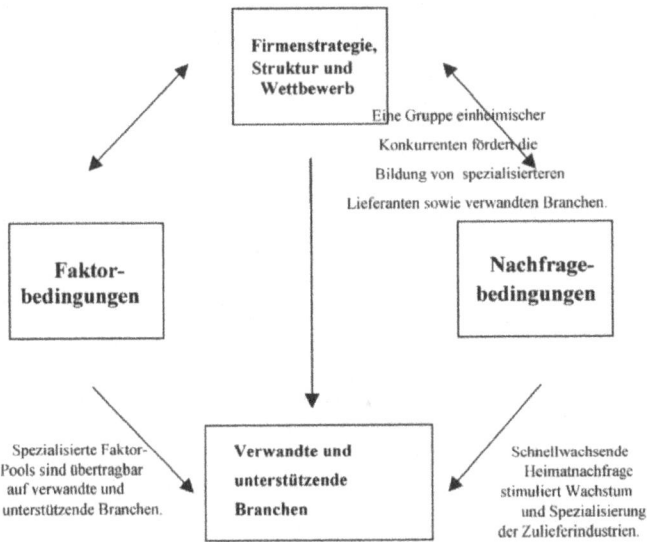

Firmenstrategie, Struktur und Wettbewerb

Eine Gruppe einheimischer Konkurrenten fördern die Bildung von spezialisierteren Lieferanten sowie verwandten Branchen.

Faktorbedingungen

Nachfragebedingungen

Spezialisierte Faktor-Pools sind übertragbar auf verwandte und unterstützende Branchen.

Verwandte und unterstützende Branchen

Schnellwachsende Heimatnachfrage stimuliert Wachstum und Spezialisierung der Zulieferindustrien.

Quelle: Michael E. Porter, *The Competitive Advantage of Nations* (New York: Free Press, 1990), S.139.

Abbildung 10.3: Einflußfaktoren auf den heimischen Wettbewerb

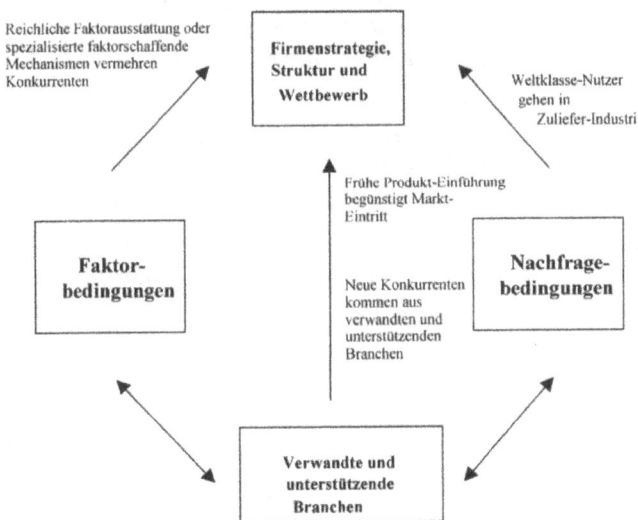

Reichliche Faktorausstattung oder spezialisierte faktorschaffende Mechanismen vermehren Konkurrenten

Firmenstrategie, Struktur und Wettbewerb

Weltklasse-Nutzer gehen in Zuliefer-Industri

Frühe Produkt-Einführung begünstigt Markt-Eintritt

Neue Konkurrenten kommen aus verwandten und unterstützenden Branchen

Faktorbedingungen

Nachfragebedingungen

Verwandte und unterstützende Branchen

Quelle: Michael E. Porter, *The Competitive Advantage of Nations* (New York: Free Press, 1990), S.141.

Abbildung 10.4: Das komplette System

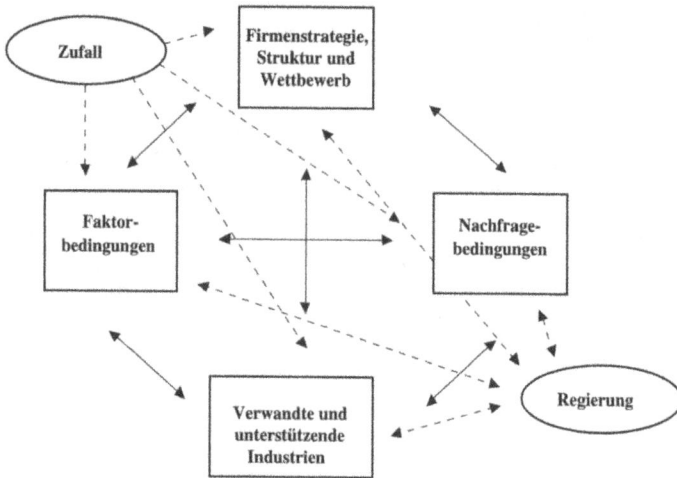

Quelle: Michael E. Porter, *The Competitive Advantage of Nations* (New York: Free Press, 1990), S.127.

AUF DEN PUNKT GEBRACHT

- Der Erfolg einer Firma in globalen Märkten wird in großem Maß vom nationalen Umfeld beeinflußt.

- Nach Porter wird das nationale Branchenumfeld durch vier Faktoren, dem sogenannten nationalen Diamanten, geformt: Faktorbedingungen, Nachfragebedingungen, verwandte und unterstützende Industrien sowie Firmenstrategie, Struktur und Wettbewerb.

- Außer diesen vier Faktoren sind zufällige Ereignisse, Regierungseinfluß und Nichtmarktfaktoren wie Interessensgruppen, Aktivisten und die Öffentlichkeit wichtige Determinanten des nationalen Wettbewerbsvorteils.

- Es ist wichtig zu erkennen, daß der nationale Diamant ein interaktives System ist, wobei jedes Merkmal auf alle anderen Einfluß hat und umgekehrt.

10.6 Branchenanalyse

Fünfkräftemodell

Eine nützliche Art, Einblick in das Wesen des Wettbewerbs zu bekommen, ist die Branchenanalyse. Als brauchbare Definition kann man eine Branche als eine „Gruppe von Firmen" bezeichnen, „deren Produkte direkte Substitutionsgüter füreinander sind".

Nach Michael E. Porter gibt es in einer Branche fünf Kräfte, die den Wettbewerb beeinflussen (siehe Abbildung 10.5): die Bedrohung durch neu eintretende Marktteilnehmer; die Bedrohung durch Substitutionsprodukte oder -dienstleistungen; die Verhandlungsmacht von Zulieferern; die Verhandlungsmacht von Käufern; und der Wettbewerb zwischen den aktuellen Branchenmitgliedern. In Branchen wie der Getränke-, Arzneimittel- und Kosmetikindustrie bewirkte eine günstige Kombination von fünf Kräften attraktive Profite für Wettbewerber. Druck durch eine der Kräfte kann aber die Profitabilität reduzieren oder begrenzen, wie das Schicksal einiger Wettbewerber in der PC-Branche oder der Halbleiterindustrie bezeugt. Es folgt eine Erörterung von jeder der fünf Kräfte.

Abbildung 10.5: Kräfte, die den Wettbewerb in einer Branche beeinflussen

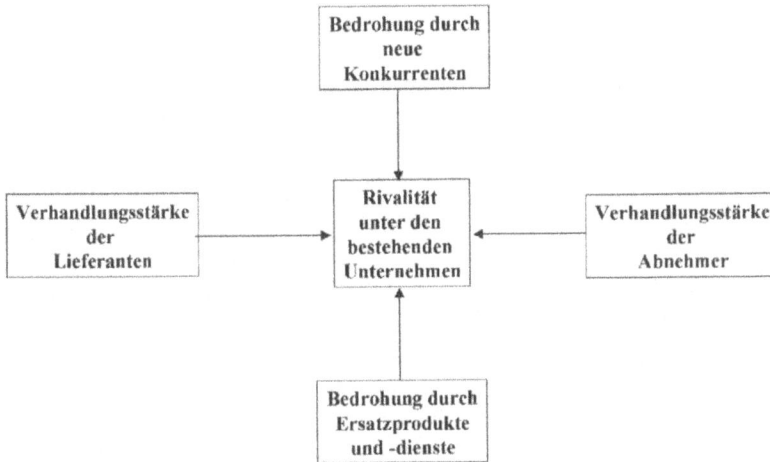

Quelle: Michael E. Porter, *Competitive Strategy*, (New York Press, 1980), S.4

Bedrohung durch neu eintretende Wettbewerber

Neue Wettbewerber in einer Industrie bringen neue Aktivitäten; den Wunsch, Marktanteil und Marktposition zu gewinnen, und sehr oft neue Zugänge zur Befriedigung von Kundenbedürfnissen. Die Entscheidung, neu in eine Branche einzutreten, wird oft von beträchtlichen Investitionen begleitet. Neue Marktteilnehmer drücken die Preise und verringern die Gewinnspannen mit dem Resultat einer geringeren Profitabilität in der Branche. Porter beschreibt acht Hauptquellen von Eintrittsbarrieren, von deren Existenz oder Nichtexistenz die Gefahr von neu eintretenden Wettbewerbern abhängt.[8]

Die erste Barriere, *Größenvorteile*, bezieht sich auf den Rückgang der Produktstückkosten, wenn das Gesamtvolumen pro Periode steigt. Obwohl das Konzept der Größenvorteile oft mit Produktion in Verbindung gebracht wird, ist es auch auf Forschung und Entwicklung (F&E), auf allgemeine Verwaltung, auf Marketing und andere Unternehmensfunktionen anwendbar. France Telecom und Deutsche Telekom haben eine Joint Venture-Vereinbarung namens ThinkOne abgeschlossen. Diese Zusammenarbeit erlaubt einen effizienten Einsatz von Synergien und Größenvorteilen mit dem Resultat innovativer Dienstleistungen für ihre Kunden und größere Überlebensfähigkeit in einem Markt mit immer intensiverem Wettbewerb.[9] Der chinesische und indische Markt für Kleinlastkraftwagen wird von einer großen Anzahl kleiner Produzenten überschwemmt, die ihre Produktion entweder schließen werden oder in Allianzen mit großen Partnern eintreten werden müssen, da sie nicht genügend Kostenersparnis durch Größe schaffen können.[10] Wenn existierende Firmen in einer Branche beträchtliche Größenvorteile erreichen, wird es für potentielle Bewerber schwierig, wettbewerbsfähig zu sein.

Produktdifferenzierung, die zweite wichtige Eintrittsbarriere, ist das Ausmaß der Wahrnehmung eines Produktes als einzigartig, in anderen Worten ob es sich um ein Standardprodukt handelt oder nicht. Ein hoher Grad an Produktdifferenzierung und Markentreue, gleich ob als Ergebnis von physischen Produktattributen oder effizienter Marketingkommunikation, legt die Latte für potentielle Branchenkonkurrenten höher. Das Fehlen dieser Barriere stellt andererseits eine große Gelegenheit für ausländische Konkurrenten dar. Gegenwärtig gehen Unternehmen wie Estée Lauder, L'Oréal, Beiersdorf, Unilever und Procter & Gamble in die osteuropäischen Märkte. Speziell im Hautpflegesektor hat sich die Branche als äußerst wettbewerbsintensiv erwiesen. Das zeigt sich in hohen Werbebudgets, in verschiedenen Produkteinführungen und Markenerweiterungen. Die gegenwärtige Situation erlaubt es diesen Unternehmen, Marktanteil und Markenloyalität in Märkten im Frühstadium aufzubauen.[11]

Eine dritte Eintrittsbarriere ist der *Kapitalbedarf*. Kapital wird nicht nur für Produktionsanlagen benötigt, sondern auch für die Finanzierung von Forschung und Entwicklung, von Werbung, Außendienst und Service, für Konsumentenkredite und Lagerhaltung. Der enorme Kapitalbedarf in solchen Branchen wie Pharma-, Großrechner-, Chemie- und Bergbauindustrie stellt eine ernst zunehmende Eintrittsbarriere dar.

Eine vierte Eintrittsbarriere sind einmalige *Umstellungskosten* durch die Änderung von Zulieferern und Produkten. Das können Umschulungen, zusätzliche Ausrüstungskosten, die Bewertungskosten für neue Zulieferer und dergleichen sein. Die für einen Kunden entstehenden Kosten beim Wechsel zu einem Konkurrenzprodukt können ein überwindbares Hindernis darstellen, das den Erfolg eines Branchennewcomers verhindert. Beispielsweise stellt die Verbreitung von Microsofts PC-Betriebssystems- und -Anwendungssoftware eine beachtliche Eintrittsbarriere in die Branche dar.

Eine fünfte Eintrittsbarriere ist der Zugang zu *Distributionskanälen*. Je nachdem, wie vielstufig, wie kostspielig oder wie schwer verfügbar sie sind, erhöhen sich die Eintrittskosten beträchtlich, da ein neuer Bewerber neue Kanäle schaffen und aufbauen muß. Westliche Unternehmen wurden mit diesem Hindernis z.B. in Japan konfrontiert.

Regierungspolitik ist oft eine bedeutende Eintrittsbarriere. In einigen Fällen beschränkt die Regierung den Eintritt von Bewerbern. Das gilt für eine Anzahl von Industrien, besonders jene mit niedrigen, leicht unter- oder überdurchschnittlichen Einkommenskategorien, die von den jeweiligen Regierungen als nationale Industrien definiert wurden. Japans Industrialisierungsstrategie nach dem Krieg basierte auf einer Politik der Erhaltung und des Schutzes der nationalen Industrien in ihren Entwicklungs- und Wachstumsphasen. China befolgt heute in vielen Industrien eine Politik, die von ausländischen Investoren eine Zusammenarbeit mit lokalen Partnern in ihren chinesischen Beteiligungen verlangt. Im Bereich der Telekommunikation ist es beispielsweise in China nicht möglich, ohne in einen Partner zu investieren.

Etablierte Firmen können auch *Kostenvorteile* genießen, die *nicht durch Größenvorteile verursacht wurden* und Eintrittsbarrieren darstellen. Zugang zu Rohstoffen, günstige Standorte und staatliche Subventionen sind einige Beispiele.

Schließlich kann die erwartete *Reaktion von Wettbewerbern* eine ernsthafte Eintrittsbarriere sein. Wenn neue Wettbewerber erwarten, daß die gegenwärtigen Konkurrenten heftig auf einen Markteintritt reagieren werden, wird das sicher ihre Erwartungen verändern. Die Überzeugung eines potentiellen Konkurrenten, daß ein Eintritt in eine Industrie oder einen Markt nicht besonders angenehm sein wird, kann stark abschreckend wirken. Bruce Henderson von der Boston Consulting Group, bezeichnete es als Politik des äußersten Risikos, Bewerber vom Markteintritt abzuschrecken. Diese tritt dann ein, wenn die Branchenführer potentielle Wettbewerber davon überzeugen, daß auf jeden Markteintrittsversuch mit sehr harten und unangenehmen Folgeaktionen reagiert wird.

Bedrohung durch Substitutionsgüter

Ein zweiter Faktor, der den Wettbewerb in einer Branche beeinflußt, ist die Bedrohung durch Substitutionsgüter. Die Verfügbarkeit von Substitutionsgütern beschränkt die Preise, die Marktführer in einer Branche verlangen können, hohe Preise können nämlich die Käufer veranlassen, zu dem Substitutionsgut überzuwechseln.

Beispielsweise genoß G.D. Searle dank des geschützten Patents und der in der Vergangenheit bewiesenen Qualität und Sicherheit annähernd Monopolgewinne auf Verkäufe ihres auf Aspartam basierenden Süßstoffs mit dem Markennamen Nutrasweet. Als die Patente auf der ganzen Welt ausliefen (das US-Patent im Dezember 1992), war Nutrasweet zu Preissenkungen gezwungen, um den Marktanteil zu halten. Neben der Bedrohung durch Hersteller von generischen Produkten steht eine neue Generation von künstlichen Süßstoffen bereit. Ein Produkt, Sucralose von Johnson & Johnson, hat den Vorteil, daß es wesentlich länger haltbar ist als Aspartam.[12] Zum ersten Mal stellte die Verfügbarkeit eines Substitutionsproduktes einen beträchtlichen negativen Wettbewerbsfaktor für Nutrasweet dar.

Verhandlungsmacht von Zulieferern

Wenn Lieferanten genügend Druckmittel gegenüber den Firmen in der Branche haben, können sie die Preise erhöhen und damit die Profitabilität der Branche wesentlich beeinflussen. Diverse Faktoren begünstigen den Einfluß auf die Verhandlungsmacht der Zulieferer.

- Lieferanten genießen einen Vorteil, wenn sie groß und relativ wenige sind.
- Falls die Produkte oder Dienstleistungen wichtige Inputs für die Produzenten bedeuten, falls sie sehr differenziert sind oder Kosten für einen Wechsel mit sich bringen, haben die Lieferanten einen beträchtlichen Einfluß auf die Käufer.

- Lieferanten genießen auch Verhandlungsmacht, wenn ihr Geschäft nicht von anderen Produkten bedroht ist.
- Die Bereitschaft und Fähigkeit von Lieferanten zur Entwicklung von eigenen Produkten und Markennamen, falls es ihnen nicht gelingt, zufriedenstellende Konditionen gegenüber den Firmenkunden durchzusetzen, erhöht ihre Macht.

Verhandlungsmacht der Käufer

Das höchste Ziel eines Firmenkunden ist es, einen möglichst niedrigen Preis für die als Inputs benutzten Produkte und Dienstleistungen zu bezahlen. Deshalb sind die Interessen der Käufer normalerweise am besten erfüllt, wenn sie die Profitabilität in der Zulieferbranche senken. Unter den folgenden Bedingungen können Käufer Macht über ihre Lieferanten ausüben.

- Wenn sie ihre Aufträge über so große Mengen tätigen, daß das wirtschaftliche Überleben der Zulieferfirmen vom Geschäft des Kunden abhängig ist.
- Wenn die Produkte der Lieferanten als Massengüter angesehen werden, das heißt als Standard- oder undifferenzierte Produkte. Dann ist es wahrscheinlich, daß Käufer hart um niedrige Preise verhandeln, weil viele Zulieferfirmen ihre Bedürfnisse erfüllen können.
- Wenn Produkte oder Dienstleistungen des Lieferanten einen beträchtlichen Anteil der Kosten für den Käufer ausmachen.
- Wenn der Käufer bereit ist, rückwärts zu integrieren.

Das Beispiel von Nutrasweet illustriert, daß die positiven und negativen Einflüsse die Dynamik zwischen Käufer und Verkäufer beeinflussen. Abfüllfirmen nicht alkoholischer Getränke, wie Pepsi-Cola und Coca-Cola, sind bedeutende Abnehmer von Nutrasweet, das historisch die teuerste Zutat in nicht alkoholischen Diätgetränken war. Als Nutrasweets Patente ausliefen, erhöhte sich die Verhandlungsmacht der Softdrinkgiganten, da sie drastisch niedrigere Preise für diese Schlüsselzutat verlangten. Während die Softdrinkhersteller große Mengen kaufen, wird Nutrasweet in mehr als 5.000 Produkten verwendet – eine Tatsache, die den Druck durch die Käufer wieder verringert. Umgekehrt wurde Coca-Colas Macht als Käufer dadurch gesteigert, daß es seine eigenen Niedrigkaloriensüßstoffe entwickelte und patentieren ließ.

Wettbewerb unter Konkurrenten

Wettbewerb unter Firmen bezieht sich auf alle Aktionen, die von Unternehmen in der Branche getroffen werden, um ihre Position zu verbessern und sich einen Vorteil vor den anderen zu verschaffen. Wettbewerb zeigt sich in Preiskonkurrenz, Werbeschlachten, Produktpositionierung und Differenzierungsversuchen. Soweit Wettbewerb unter den Firmen die Unternehmen zwingt, Innovationen zu tätigen und/oder Kosten zu reduzieren, kann es eine positive Kraft sein. Soweit er die Preise und folglich die Rentabilität drückt, schafft er Instabilität und verschlechtert die Attraktivität der Branche. Diverse Faktoren können intensiven Wettbewerb schaffen:

- Sobald eine Branche in ein späteres Stadium kommt, konzentrieren sich die Firmen auf Marktanteile, und wie man sie auf Kosten der anderen vergrößern kann.

- Von hohen Fixkosten charakterisierte Branchen sind ständig unter Druck, die Produktion auf voller Kapazität zu halten, um die Fixkosten zu decken. Sobald in der Industrie Überkapazität entsteht, werden die Preise und die Profitabilität aufgrund des Drucks, die Kapazität aufzufüllen, nach unten gedrückt.

- Ein Mangel an Differenzierung oder geringe Umstellungskosten bei einem Wechsel von einem Konkurrenten zum anderen bewirkt, daß die Käufer die Produkte und Dienstleistungen eher als Standardgüter behandeln, und daß sie sich nach den besten Preisen umsehen. Wieder gibt dies Druck auf Preise und Rentabilität.

- Firmen, von deren Strategieerfolg in einer Branche sehr viel abhängt, sind generell destabilisierend, da sie möglicherweise bereit sind, unvernünftig niedrige Gewinnspannen in Kauf zu nehmen, um sich zu etablieren, ihre Position zu halten oder auszuweiten.

10.7 Analyse von Industriegruppen

Bisher hat sich die Diskussion über einen Wettbewerbsvorteil auf den nationalen Kontext und die Branche als ganzes konzentriert. Wie die Flugbranche zeigt, verfolgen verschiedene Firmengruppen aber verschiedene Wettbewerbsstrategien in einer Branche. British Airways hat zum Beispiel seinen Verkaufsfokus von Economy-Reisenden auf First- und Businessclassreisende verlegt.[14] Lufthansa senkte die Verkaufsprovisionen in Großbritannien dramatisch. Diese Aktion ist Teil einer europaweiten Strategie, die Distributionskosten zu senken und die direkten Umsätze zu erhöhen.[15] Alitalia hofft den Marktanteil auf 33% auszuweiten, indem man das Flugnetz erweitert und das Service verbessert.[16] All diese Beispiele zeigen deutlich, daß Firmen, auch wenn sie zur selben Branche gehören, individuelle Strategien verfolgen.

Individuelle Strategien entstehen, indem Wettbewerbsstrategien in verschiedenen Dimensionen wahrgenommen werden. Die folgenden Dimensionen decken normalerweise die möglichen Unterschiede der strategischen Optionen einer Firma in einer bestimmten Branche ab.

- Spezialisierung ist eine wichtige Dimension und bezeichnet die Breite des Sortiments eines Unternehmens, die Zielgruppensegmente und die betreuten geographischen Märkte. Markenposition, Wahl der Absatzkanäle, Produktqualität und Kostensituation stellen weitere Dimensionen dar, die es Unternehmen erlauben, ihre Wettbewerbsstrategie aufzubauen. Einige Unternehmen versuchen, eine Markenposition direkt beim Endkonsumenten zu entwickeln, anstatt Distributionskanäle zu unterhalten.

- Technologieführerschaft, vertikale Integration, die Machtposition, sowie die Beziehungen zur Mutterfirma und zu den Regierungen im Heimat- und im Gastland stellen entscheidende Elemente bei der Entwicklung der Strategie einer Firma dar.

- Die strategische Position einer Firma kann eine Anzahl dieser miteinander verbundenen Dimensionen beinhalten.

Obwohl strategische Positionen individuell für jede Firma entwickelt werden, findet man wahrscheinlich Unternehmensgruppen, die die selbe Strategie in einer Branche verfolgen: sogenannte strategische Gruppen.

10.7.1   Strategische Gruppen

Eine strategische Gruppe ist eine Gruppe von Firmen in einer Branche, die in den wichtigsten Punkten die selbe oder eine ähnliche Strategie verfolgt.[17] Man nehme zum Beispiel Ricardo.de, ein Internetauktionshaus. Seit der Gründung am 25. August 1998 konnten mehr als 220.000 registrierte User gewonnen werden. Mit dem am 30. Juni 2000 endenden Geschäftsjahr erwartet das Unternehmen einen Umsatz von € 1,2 Mio.[18] Dieses äußerst erfolgreiche Geschäftsmodell hat seinen Vorläufer in den USA mit eBay, das 1995 gegründet wurde. eBay bietet ein Online-Forum für Webbenützer, persönliche Gegenstände auktionsmäßig zu handeln. Dieses Service erlaubt es Usern, die aufgelisteten Gegenstände in einer benutzerfreundlichen, vollautomatischen Umwelt abzurufen, und ist rund um die Uhr und sieben Tage die Woche verfügbar. Nach nur zwei Monaten Geschäftstätigkeit hatte die Firma mehr als eine Million registrierte User und mehr als 600.000 Auktionen in 1.085 Kategorien.[19] Es ist offensichtlich, daß Ricardo.de versucht, die Strategie von eBay in Deutschland nachzuahmen. Strategische Gruppen entstehen aus verschiedenen Gründen, seien das anfängliche Stärken oder Schwächen, die Wahl des Markteintrittszeitpunkts oder die Vorgeschichte einer Firma. Mitglieder einer strategischen Gruppe erreichen oft einen ähnlichen Marktanteil und reagieren auf Ereignisse in der Umwelt auf ähnliche Weise. Strategische Gruppen sind nicht gleichbedeutend mit Segmentierungsstrategien oder Marktsegmenten. Sie definieren sich eher auf Basis einer breiteren Auffassung einer strategischen Haltung.

Abbildung 10.6: Strategische Gruppen in einer fiktiven Branche

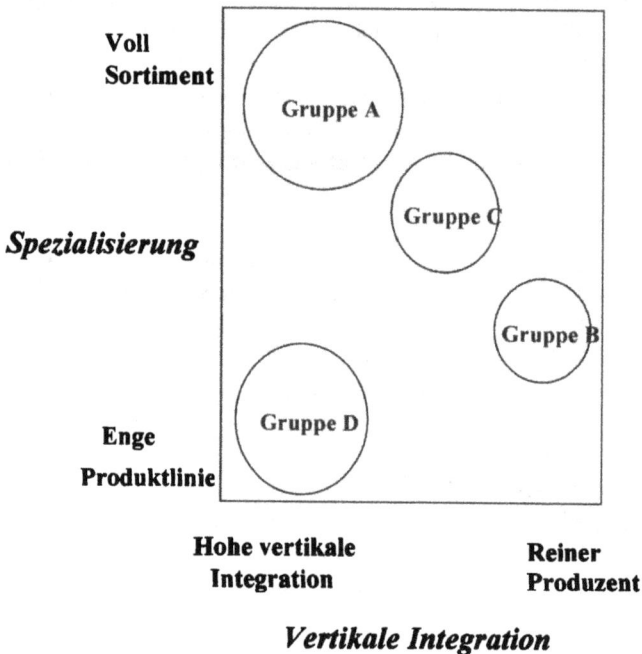

Quelle: Adaptiert von Michael E. Porter, *Competitive Strategy – Techniques for analysing Industries and Competitors* (New York: Free Press, 1980), S.131

Unter Berücksichtigung der dahinter liegenden strategischen Dimensionen und der Tatsache, daß diese Gruppen wahrscheinlich ähnlich auf Ereignisse in der Umwelt reagieren, können strategische Gruppen analysiert und überprüft werden. Abbildung 10.6 illustriert das und zeigt eine Positionierungsmatrix von strategischen Gruppen für eine fiktive Branche entlang der Dimensionen „Vertikale Integration" und „Spezialisierung". Gruppe A repräsentiert eine strategische Gruppe, die eine vollständige Produktpalette mit bescheidener Qualität anbietet. Diese Gruppe ist darüber hinaus charakterisiert durch einen hohen Grad vertikaler Integration, durch niedrige Produktionskosten sowie einen geringen Grad an Service. Gruppe B andererseits bietet nur ein enges Sortiment zu hohen Preisen, mit spezifischer Technologie und Produkten von hoher Qualität. Der Grad vertikaler Integration ist sehr gering. Gruppe C ist irgendwo zwischen diesen beiden Extremen positioniert. Sie beliefert die Konsumenten mit einer bescheidenen Produktlinie von geringer Qualität, niedrigpreisigen Produkten, hat aber einen sehr hohen Grad von Kundenservice. Gruppe D ist in puncto „vertikaler Integration" mit Gruppe A vergleichbar, hat aber nur wenige Produkte im Sortiment.

10.7.2 Charakteristika von Strategiegruppen

Bei der Definition von strategischen Gruppen ist es auch wichtig, die Beziehung eines Unternehmens zur Mutterfirma zu beachten (soweit es eine solche gibt), da jede dieser verschiedenen Firmentypen mit etwas unterschiedlicher Zielsetzung geführt wird. Dasselbe gilt für die Beziehung einer Firma zum Heimatland und zum Land der Geschäftsführung.

Mobilitätsbarrieren[20]

Obwohl bestimmte Eintrittsbarrieren wie der Zugang zu Distributionskanälen oder der Kapitalbedarf sich auf die gesamte Branche beziehen, wird jede strategische Gruppe auch durch eine spezielle Konstellation von Eintrittsbarrieren charakterisiert. Da diese Barrieren nicht nur den Zugang zu einer bestimmten Branche beschränken, sondern auch den Wechsel zwischen den strategischen Gruppen, werden sie als Mobilitätsbarrieren bezeichnet. Wieder soll Lufthansa als Beispiel dienen: Um auf den Kurzstrecken in Deutschland und Europa konkurrenzfähig zu sein, ist Lufthansa bereit, eine eigenen Fluglinie mit niedrigen Kosten und ohne Zusatzleistungen zu planen. Dieses spezielle Strategiemodell übernimmt sie von British Airways, welche eine eigene Fluglinie namens „Go" besitzt, und von KLM, die eine Niedrigpreisfluglinie mit dem Namen „Buzzaway" betreibt. Nicht nur British Airways verfolgt diese spezielle Strategie. Die mit günstigen Ticketpreisen operierenden Fluglinie Eurowings findet sich in der selben strategischen Gruppe. Die folgenden Aussagen zeigen aber klar die Mobilitätsbarrieren, mit denen Lufthansa es zu tun haben wird, wenn sie in genau diese Strategiegruppe eintreten will. Der Sprecher von Eurowings meint: „Falls die Fluglinie mit sehr niedrigen Kosten operiert, wäre sie eine ernste Bedrohung. Wir können aber nicht glauben, daß sie so flexibel ist." Der Sprecher der deutschen BA: „Wir sehen uns selbst mit unseren häufigen Flugterminen und unserem Service als der Hauptkonkurrent zu Lufthansa, und die neue Niedrigpreisfluglinie würde keinen großen Einfluß auf unsere Routen haben."[21]

Die obigen Zitate implizieren auch, daß es nicht nur riskant, sondern auch sehr kostenintensiv ist, Mobilitätsbarrieren zu überwinden. Die Kosten, die Mobilitätsbarrieren zu überwinden, können die zusätzlichen Profite eines Beitritts zu einer strategischen Gruppe übertreffen.

Insgesamt sind Mobilitätsbarrieren der Hauptgrund, warum einige Firmen in einer Industrie konstant profitabler sind als andere, und warum erfolgreiche Modelle nicht einfach von der Konkurrenz imitiert werden.

Verhandlungsmacht[22]

Ein anderes wichtiges Merkmal von strategischen Gruppen ist ihr unterschiedlicher Grad an Verhandlungsmacht gegenüber Konsumenten und Lieferanten. Zwei Gründe sind dafür verantwortlich: Die verfolgten Strategien können verschieden verwundbar sein gegenüber den gemeinsamen Lieferantenfirmen und Käufern; oder sie bringen vielleicht Kontakt mit verschiedenen Lieferanten und Käufern mit unterschiedlich hoher Verhandlungsmacht mit sich. Swissair war zum Beispiel dafür bekannt, Reisebüros und Reiseveranstaltern sehr reserviert gegenüberzustehen. Nun, da die Firma ihre neue Strategie von Kostensenkungen und engeren Kontakten mit anderen Fluglinien und Reisebüros durchführt, hat sich ihre Einstellung sehr stark verändert. Reisebüros und Reiseveranstalter erleben nun eine größere Bereitschaft für Verhandlungen und Gespräche von Seiten der Fluglinie. Darüber hinaus hat die Allianz mit Delta die Kommunikation zwischen Swissair und den Reisebüros verbessert und erleichtert.[23]

Gefahr von Substitutionsprodukten[24]

Strategische Gruppen sind je nach ihrer strategischen Ausrichtung der Gefahr von Substitutionsprodukten unterschiedlich stark ausgesetzt. Sich auf die Erfüllung von speziellen Konsumentenbedürfnissen konzentrierende Unternehmen sind weniger verwundbar durch Substitute als Unternehmen, deren Wettbewerbsvorteil nur niedrigere Preise sind. Swissair hat ein Image von Unabhängigkeit, von einem unbedingten Bemühen um hohe Qualität und gutes Essen, von teuren Flugpreisen und einer spezifischen Schweizer Note erworben. Das macht sie zu einer günstigen Fluglinie für international Reisende. Hinsichtlich des Geschäftserfolgs hat sich diese Strategie aber als nicht sehr vorteilhaft für Swissair erwiesen.[25] Man kann annehmen, daß Fluglinien mit billigeren Flugpreisen für Kunden von Kurzstreckenflügen attraktiver sind.

Wettbewerb unter Firmen[26]

Wie schon oben erwähnt (siehe Firmenstrategien, Struktur und Wettbewerb) hält der Wettbewerb im Inlandsmarkt eine Branche dynamisch und schafft ständigen Verbesserungs- und Innovationsdruck. Dasselbe gilt auch für Wettbewerb von Branchen. Das Vorhandensein von verschiedenen strategischen Gruppen hat oft einen Einfluß auf die Wettbewerbsintensität in einer Branche. Nicht alle strategischen Gruppen in einer Branche werden aber dem selben Grad an Wettbewerb ausgesetzt sein. Swissair war zum Beispiel in einem weniger kompetitiven Markt tätig als Fluglinien im restlichen Europa oder in den USA. Nun, da die Industrie immer globaler wird, kann sie sich hohe Kosten und inflexible Arbeit nicht mehr leisten.[27]

Die Intensität des Wettbewerbs zwischen strategischen Gruppen in einer Branche wird durch vier Faktoren bestimmt: Das Ausmaß der Überschneidung von Zielgruppen, den Grad an Produktdifferenzierung, die Anzahl der strategischen Gruppen und ihre relative Größe, sowie die Unterschiedlichkeit ihrer Strategien. Diese vier Bestimmungsfaktoren dürfen nicht unabhängig voneinander gesehen werden. Sie hängen zusammen und bestimmen so das Muster des Wettbewerbs um Konsumenten zwischen strategischen Gruppen in einer Branche.[28]

10.7.3 Grafische Abbildung von strategischen Gruppen

Strategische Gruppen können graphisch in einer zweidimensionalen Positionierungmatrix (Abbildung 10.6) abgebildet werden. Die als Achsen benutzten Dimensionen müssen mit Rücksicht auf die jeweilige Firma und Branche ausgewählt werden. Obwohl auf zwei Dimensionen beschränkt, stellt das Diagramm ein hilfreiches Analysewerkzeug dar. Die Aufstellung eines Diagramms der strategischen Gruppen erlaubt es dem Unternehmen, Mobilitätsbarrieren und Randgruppen zu identifizieren, Trends zu analysieren, Reaktionen vorauszusagen und, nicht zuletzt die Stoßrichtungen der strategischen Gruppen abzubilden. Diese Diagramme können außerdem die Auswahl unterstützen, in welcher strategischen Gruppe die Firma als Wettbewerber tätig sein und welche Wettbewerbsstrategie sie verfolgen soll.

AUF DEN PUNKT GEBRACHT

- Individuelle Strategien entstehen, indem Wettbewerbsstrategien anhand von verschiedenen Dimensionen eingenommen werden.

- Eine Gruppe von Firmen innerhalb einer Branche, die die selbe oder eine ähnliche Strategie in diesen Dimensionen verfolgen, nennt man strategische Gruppe.

- Strategische Gruppen werden durch vier verschiedene Faktoren bestimmt: dem Ausmaß der Mobilitätsbarrieren, die die strategische Gruppe des Unternehmens schützen, der Verhandlungsmacht der Firmen, ihrer Anfälligkeit für Substitutionsprodukte und dem Grad des Wettbewerbs durch andere Gruppen.

- Ein Diagramm strategischer Gruppen stellt ein nützliches Analysewerkzeug für Unternehmen dar.

10.8 Wettbewerbsvorteil von Unternehmen

Nach den wichtigsten nationalen Merkmalen, die den globalen Erfolg von Firmen bestimmen (der nationale Diamant), und nach der Analyse der Kräfte, die den Wettbewerb innerhalb einer Branche beeinflussen (Fünfkräfte-Modell), sowie der Wichtigkeit
und der Auswirkungen von strategischen Gruppen konzentrieren wir uns nun auf individuelle Unternehmen.

Strategie ist einheitliches Vorgehen, um sich einen Wettbewerbsvorteil zu verschaffen.[29] Eine erfolgreiche Strategie erfordert ein Verständnis des einzigartigen Werts,
der Ausgangspunkt eines Wettbewerbsvorteils sein wird. Firmen haben letzten Endes
Erfolg aufgrund ihrer Fähigkeit, bestimmte Aktivitäten besser als ihre Konkurrenz aus-
zuführen. Damit schaffen sie einzigartigen Wert für ihre Kunden. Es ist dieser Wert,
der entscheidend ist für das Erreichen und Verteidigen eines Wettbewerbsvorteils. Dieser einzigartige Wert muß etwas sein, das die Konkurrenten nicht leicht nachmachen
können. Die Einzigartigkeit und das Ausmaß des für den Kunden geschaffenen Wertes
wird letztlich durch die Wahrnehmung der Kunden bestimmt. Je größer der wahrgenommene Wert für Konsumenten, desto ausgeprägter ist der Wettbewerbsvorteil und
desto besser ist die Strategie. Eine Firma erzeugt vielleicht eine bessere Mausefalle, der
letztendliche Erfolg des Produkts hängt aber davon ab, daß die Kunden selbst entscheiden, ob sie es kaufen sollen. Werte wie Schönheit liegen im Auge des Betrachters. Ein
Wettbewerbsvorteil wird erreicht, indem man mehr Wert schafft als die Konkurrenten,
wobei dieser Wert in den Augen des Konsumenten entsteht.

Drei verschiedene Konzepte zur Erlangung von Wettbewerbsvorteilen haben besondere Aufmerksamkeit erregt. Die erste bietet Basisstrategien, das sind vier verschiedene
Positionen, die Organisationen anstreben können, um einen überlegenen Wert zu bieten
und einen Wettbewerbsvorteil zu erreichen. Nachdem diese Basisstrategien allein z.B.
den erstaunlichen Erfolg von vielen japanischen Unternehmen nicht erklären konnten,
wurde ein weiterer strategischer Ansatz entwickelt – das Konzept der strategischen
Intention. Darauf aufbauend wurde letztlich ein dritter, dynamischer Ansatz zur Entwicklung von Wettbewerbsvorteilen entwickelt – der Hyperwettbewerb.

10.8.1 Basisstrategien zur Schaffung eines Wettbewerbsvorteils

Zusätzlich zum Fünfkräfte-Modell des Branchenwettbewerbs hat Porter einen Rahmen von sogenannten Basisgeschäftsstrategien auf der Grundlage zweier Quellen des
Wettbewerbsvorteils, nämlich niedrige Kosten und Produktdifferenzierung, entwickelt.
Abbildung 10.7 zeigt, daß die Kombination dieser zwei Ansatzpunkte mit der Breite
des Zielmarktes (eng oder breit) oder des Produktmixes (eng oder weit) vier generi-
sche Strategien entstehen läßt: Kostenführerschaft, Produktdifferenzierung, fokussierte
Differenzierung und Kostenfokus.

Basisstrategien zur Erlangung eines Wettbewerbsvorteils verlangen von der Firma,
daß sie auswählt. Die Auswahl betrifft die Position, die sie erlangen will und von der
aus sie einzigartigen Wert bieten will (auf Basis von Kosten oder Differenzierung),
sowie den Marktumfang oder die Breite des Produktmixes, innerhalb dessen der Wettbewerbsvorteil erreicht wird.[30] Es liegt in der Natur einer Auswahlentscheidung zwischen Positionen und Marktumfang, daß sie spekulativ ist und Risiko mit sich bringt.

Abbildung 10.7: Basiswettbewerbsstrategien

		Kosten-Führerschaft	Differenzierung
Wett-bewerbs-bereich	Allg. Ziel	Kosten-Führerschaft	Differenzierung
	Enges Ziel	Kosten im Mittelpunkt	Gezielte Differenzierung

Niedrige Kosten	Differenzierung

Wettbewerbsvorteil

Quelle: Michael E. Porter, *The Competitive Advantage of Nations* (New York: Free Press, 1990), S.39.

Bei der Entscheidung für eine bestimmte Strategie läuft eine Firma immer Gefahr, die falsche Entscheidung zu treffen.

Vorteil einer Kostenführerschaft

Wenn der einzigartige Wert, den ein Unternehmen schafft, darin besteht, daß es für einen weiten Kundenkreis ein breites Sortiment zu niedrigen Kosten produziert, dann bezeichnet man das als Kostenführerschaft. Diese Strategie hat in den letzten Jahren als Resultat der Verbreitung des Konzeptes der Erfahrungskurve immer mehr an Popularität gewonnen. Ein Unternehmen, das seine Wettbewerbsstrategie auf Kostenführerschaft stützt, muß die effizientesten Produktionsanlagen bauen (bezüglich Größe oder Technologie) und den größten Marktanteil erreichen, so daß seine Stückkosten die niedrigsten in der Branche sind. Dadurch erhöht sich auch die Erfahrung mit relevanten Prozessen, wie Produktion, Lieferung und Service, die zur weiteren Verbesserung und damit wieder zu Kostenvorteilen führt.

Was auch immer sein Ursprung ist, der Vorteil des Kostenführers kann die Grundlage sein, den Kunden in den späteren, wettbewerbsintensiveren Phasen des Produktlebenszykluses niedrigere Preise (und damit mehr Wert) anzubieten.

Viele Unternehmen verfolgen die Strategie der Kostenführerschaft in ihren Märkten aktiv. Beispielsweise fusionierte der Konzern Unichem mit Sitz in Großbritannien mit der französischen Alliance Santé zur Alliance Unichem. Mit der Fusion wird das neue Unternehmen zum größten Medikamentengroßhändler in Großbritannien, Italien und Portugal und zum zweitgrößten in Frankreich. Europaweit hält Gehe noch die erste Position nicht nur hinsichtlich des Marktanteils, sondern auch bei der Kostenführerschaft. Sollte aber Alliance Unichem die Umstellungsschwierigkeiten einer Fusion hinter sich lassen und alle Kostensenkungen realisieren, wird Gehes dominante Position in Europa unter Druck geraten.[31] Ein anderes Beispiel ist Shell Chemicals, die ein strategisches

Kostenführerschaftsprogramm umgesetzt haben. Dieses spezielle Programm ist das Resultat einer Studie, die Shell Chemicals' Geschäft global prüfte und dabei herausfand, daß Shells Kosten höher sind als die der anderen großen Spitzenfirmen.[32]

Differenzierung

Wenn ein Produkt einer Firma aufgrund der tatsächlichen oder wahrgenommenen Einzigartigkeit in einem breiten Markt herausragenden Wert liefert, so besitzt sie einen Differenzierungsvorteil. Das kann eine äußerst effektive Strategie zur Verteidigung einer Marktposition und zur Erlangung von überdurchschnittlichen Gewinnen sein; für einzigartige Produkte wird oft ein Prämiumpreis verlangt.

Die führende französische Kurierfirma Jet Service hat mit der Übernachtlieferung von Dokumenten und Paketen bis zu 30 kg durch sein herausragendes Liefersystem ein Viertel des Marktes erobert. In Europa betreibt das Unternehmen mehr als 130 Sammel- und Lieferzentren, die als Jet Points bekannt sind. Um den Weg der Pakete zu verfolgen und die Auslastung der Fahrzeuge zu verbessern, werden tragbare Computer mit integriertem Strichcodescanner benutzt. Da Jet Services eine starke Position im Pharma- und medizinischen Sektor hat, benutzt es eigene Strichcodes zur Verfolgung von temperatursensiblen Paketen, um den Konsumenten einzigartigen und ausschlaggebenden Mehrwert zu bieten.[33]

Die vorhergehende Diskussion über Kostenführerschaft und Differenzierung behandelte nur den Einfluß auf breite Märkte. Im Gegensatz dazu zielen Strategien zur Erreichung eines Konzentrationsvorteils auf einen eng definierten Markt bzw. eine eng definierte Zielgruppe. Dieser Vorteil basiert auf der Fähigkeit, mehr Wert für die Konsumenten eines eng definierten Segments zu schaffen, und entsteht aus einem besseren Verständnis von Kundenbedürfnissen und -ansprüchen. Eine Strategie des engen Fokus kann entweder mit Kosten- oder Differenzierungsvorteilsstrategien kombiniert werden. Während Kostenfokus also bedeutet, einer neuen Zielgruppe niedrige Preise anzubieten, bietet eine Firma, die eine Strategie der gezielten Differenzierung verfolgt, einer eng definierten Zielgruppe wahrgenommene Produkteinzigartigkeit zu einem höheren Preis.

Gezielte Differenzierung

Firmen des deutschen Mittelstands waren äußerst erfolgreich in der Verfolgung einer gezielten Differenzierungsstrategie unterstützt von großen Exportanstrengungen. Die Welt der Qualitätsaudioprodukte bietet ein anderes Beispiel einer gezielten Differenzierung. Einige hundert Unternehmen in den USA und anderswo produzieren Lautsprecher und Verstärker und damit verbunden Hi-Fi-Geräte, die Tausende € pro Komponente kosten. Obwohl Audiokomponenten insgesamt einen Markt von € 17,8 Milliarden weltweit ausmachen, betragen die jährlichen Umsätze im hochpreisigen Segment nur € 848 Millionen. In Japan alleine kaufen audiophile Kunden jährlich um € 170 Millionen hochpreisige Audiogeräte. Zuwächse im verfügbaren Einkommen in Japan und anderen Pazifikstaaten haben Gelegenheiten für ausländische Erzeuger derartiger Produkte entstehen lassen.[34]

Kosten im Mittelpunkt

Die vierte strategische Option ist dann der Kostenfokus, bei der durch eine niedrige Kostenposition einer eng definierten Zielgruppe ein einzigartiger Vorteil in Form von niedrigeren Preisen als jenen der Konkurrenz geboten wird. In der Schiffsbauindustrie bieten polnische und chinesische Werften als Ergebnis der niedrigen Produktionskosten einfache Standardschiffstypen zu niedrigen Preisen an. [35]

Ausnützung der Gewinnspanne[36]

Der Rahmen von Porter wurde von Day weiterentwickelt, der argumentiert, daß die Wahl zwischen Differenzierung und den niedrigsten Kosten sich nicht unbedingt gegenseitig ausschließt. Die Strategie, in der verbesserte Produktqualität und verbesserter Wert für den Kunden zu niedrigeren Kosten führen können, kann man auch als *Ausnützung der Gewinnspanne* bezeichnen. Niedrigere Stückkosten aufgrund von Skaleneffekten entstehen aus einem höheren Marktanteil, der wiederum ein Ergebnis von verbesserter Produktqualität ist.

Abbildung 10.8 zeigt die drei dahinter liegenden Dimensionen des erweiterten Modells: Betonung des Werts für die Konsumenten, Betonung der Kosten und Betonung des Ausmaßes der Marktabdeckung. Day entwickelte seinen Rahmen anfänglich für inländische Märkte. Er kann aber auch auf internationale Märkte angewendet werden.

Abbildung 10.8: Basiswettbewerbsstrategie

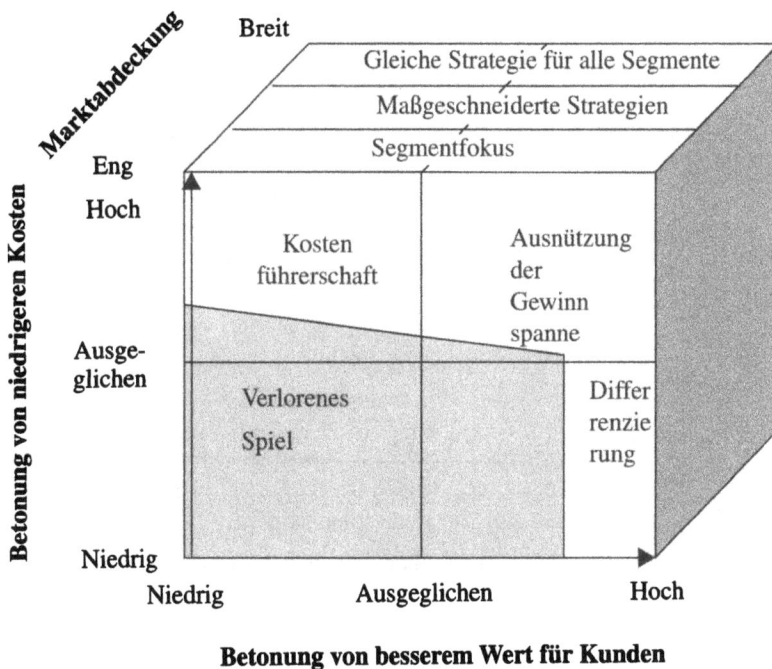

Betonung von besserem Wert für Kunden

Quelle: Susan P. Douglas, C. Samuel Craig, *Global Marketing Strategy* (New York: McGraw-Hill, 1995), S.112.

Die drei Dimensionen ermöglichen eine breite Anzahl von möglichen Strategien auf der Basis von Kernkompetenzen und ausgewählten Märkten. Einige Kombinationen sind aber günstiger als andere. Ein Unternehmen, das moderate Preise bietet, aber seine Produkte nicht klar differenziert, kann von Konkurrenten übertrumpft zu werden, die bei den Kosten oder in der Differenzierung besser sind.

AUF DEN PUNKT GEBRACHT

- Ein Wettbewerbsvorteil entsteht aus dem einzigartigen Wert, den Firmen ihren Kunden bieten.

- Nach Porter gibt es zwei Quellen des Wettbewerbsvorteils: niedrige Kosten und Differenzierung.

- Indem man diese beiden Aspekte mit dem Ausmaß des bedienten Markts oder der Produktmixbreite kombiniert, entstehen vier Basisstrategien: Kostenführerschaft, Produktdifferenzierung, fokussierte Differenzierung und Kostenfokus.

- Day erweiterte dieses Modell um eine strategische Option, die er *Ausnützung der Gewinnspanne* nennt.

- Dabei führt verbesserte Produktqualität und besserer Wert für den Kunden zu niedrigeren Kosten.

10.8.2 Strategische Intention

Ein alternativer Rahmen zum Verständnis von Wettbewerbsvorteilen konzentriert sich auf Wettbewerbsfähigkeit als Funktion der Geschwindigkeit, mit der ein Unternehmen neue Vorteile in seiner Organisation erwirbt. Dieses Modell identifiziert strategische Intention, das Streben nach Wachstum und die Absicht, erster zu sein, als Mittel, um Wettbewerbsvorteile zu erzielen. In ihrem Artikel im Harvard Business Review merken Hamel und Prahalad an:

Wenige Wettbewerbsvorteile sind von längerer Dauer. Existierende Wettbewerbsvorteile beizubehalten ist nicht das selbe wie neue aufzubauen. Das Wesen der Strategie liegt darin, den Wettbewerbsvorteil von morgen schneller aufzubauen als die Mitbewerber diejenigen nachahmen können, über die man jetzt verfügt. Die Fähigkeit einer Organisation, existierende Qualifikationen zu verbessern und neue zu erlernen, ist überhaupt der am besten zu verteidigende Wettbewerbsvorteil.[37]

Dieser Zugang gründet sich auf die Prinzipien von W.E. Deming, der betonte, daß ein Unternehmen sich um ständige Verbesserungen bemühen muß, um im Wettbewerbskampf siegreich zu bleiben.

EUROPÄISCHER BLICKWINKEL

FORMULE 1

Mitte der 1980er Jahre litt die französische Hotelindustrie bei preisgünstigen Hotels an Stagnation und Überkapazität. Um diese Situation zu ändern, forderte das Topmanagement von Accor seine Manager auf, alles zu vergessen, was sie über existierende Regeln, Gewohnheiten und Traditionen in der Branche wußten.

Im Jahre 1985 brachte Accor eine Produktlinie von preisgünstigen Hotels namens Formule 1 heraus. Zu dieser Zeit gab es nur zwei unterschiedliche Marktsegmente im Niedrigpreisbereich. Ein Segment stellten Hotels ohne Stern und mit einem Stern dar, deren Durchschnittspreis pro Zimmer zwischen € 9,15 und € 13,7 betrug. Kunden fanden diese Hotels ausschließlich aufgrund des niedrigen Preises attraktiv. Das andere Segment bestand aus Zweistern-Hotels mit einem Durchschnittspreis von € 30,5. Kunden, die eine bessere Schlafumgebung erwarteten, mußten dafür entsprechend bezahlen.

In einem ersten Schritt begannen Accors Manager festzustellen, was die Kunden der preisgünstigen Kategorien – ohne Stern, ein Stern und zwei Sterne – wollten: ein angenehmes Schlaferlebnis zu einem niedrigen Preis. Durch die Betonung dieses wesentlichen Kundenbedürfnisses sahen Accors Manager eine Gelegenheit, den Kompromiß, den die Kunden eingehen mußten, zu überwinden. Vier Fragen halfen bei der Entwicklung der neuen Geschäftsidee:

- Welche der von der Branche als selbstverständlich angenommenen Dienstleistungskomponenten sollten eliminiert werden?
- Welche sollten unter den Branchenstandard reduziert werden?
- Welche Faktoren sollten weit über den Branchenstandard angehoben werden?
- Welche Faktoren, die nie zuvor von der Branche angeboten wurden, sollten geschaffen werden?

Die erste Frage hilft dem Management bei der Entscheidung, ob die Dienstleistungskomponenten, die die Unternehmen als Verkaufsargument benützen, auch tatsächlich Wert für die Kunden darstellen. Firmen, die sich auf Benchmarking konzentrieren, nehmen diese Faktoren oft als selbstverständlich an, obwohl sie keinen Wertbeitrag liefern oder sogar den Wert mindern. Die zweite Frage hilft Managern zu bestimmen, ob Produkte und Dienstleistungen im Bemühen, mit den Wettbewerbern gleichzuziehen und diese zu übertreffen, neu gestaltet werden müssen. In einem dritten Schritt werden Kompromisse, mit denen der Kunde sich bis jetzt abfinden mußte, identifiziert und eliminiert. Die letzte Frage hilft Managern bei der Feststellung von neuen Ansatzpunkte für zusätzlichen Nutzen.

Nachdem Accors Management die verschiedenen Phasen durchlief, konnte es ein völlig neues Hotelkonzept entwickeln, welches zur Einführung von Formule 1 führte. Accor begann damit, Standardhoteleinrichtungen wie teure Restaurants und attraktive Gesellschaftsräume zu eliminieren. Obwohl das bewirken konnte, daß einige Kunden ausblieben, war Accor überzeugt davon, daß die meisten Leute ohne diese Einrichtungen auskommen würden.

Fortsetzung auf der nächsten Seite

FORMULE 1 (Fortsetzung)

Andere Dimensionen, die den Kunden unnötiges Service boten, wurden auch reduziert: die Rezeption ist nur zu den Spitzenzeiten und in der Zeit, in der die Kunden ihre Zimmer räumen geöffnetgewonnen. Elektronische Schalter stehen den Kunden zu den anderen Zeiten zur Verfügung. Die Zimmer sind klein und nur mit einem Bett ausgerüstet, ohne Schreibgelegenheit oder Dekoration. Es gibt lediglich ein Regal und einen Kleiderständer. Die Zimmer selbst bestehen aus industriell gefertigten Modulen, was niedrigere Produktionskosten durch die höhere erzeugte Anzahl, hohe Qualitätskontrolle und leichte Einrichtung zur Folge hat. Durch die Verfolgung dieser völlig neuen Strategie konnte Accor die Kosten dramatisch senken und, was noch wichtiger ist, seinen Marktanteil ausweiten. Mit Formule 1 wurde die Konkurrenz fast unbedeutend. Damit erreichte Accor einen Marktanteil, der so hoch war wie jener der fünf nächstgrößten Konkurrenten zusammengenommen.

Einfach zum Nachdenken:

- Welche Rolle spielt Benchmarking bei strategischen Entwicklungen? Diskutieren Sie Vor- und Nachteile dieses Ansatzes.
- Sollte Formule 1 neue Einsicht in mögliche Wettbewerbsstrategien gewinnen, indem sie sich andere Branchen als die Hotelindustrie ansieht? Welche Vergleiche würden Sie anstellen?

Quelle: W. Chan Kim und Renée Mauborgne, „Value Inovation: The Strategic Logic of High Growth" *Harvard Business Review*, Jänner-Februar 1997, S.103 – 112.

Verschiedene Ebenen von Wettbewerbsvorteilen

Ein Unternehmen ist im Wettbewerb weniger Risiko ausgesetzt, wenn es ein breites Portfolio von Wettbewerbsvorteilen hat. Erfolgreiche Firmen bilden ständig solche Portfolios, indem eine Schicht Wettbewerbsvorteil auf die andere gebaut wird. Komatsu ist ein sehr gutes Beispiel für diesen Zugang, ein anderes die TV-Industrie in Japan. Bis zum Jahre 1970 war Japan nicht nur der weltgrößte Produzent von Schwarzweiß-Fernsehgeräten, sondern auch gerade dabei, der größte Produzent von Farbfernsehgeräten zu werden. Der Hauptwettbewerbsvorteil solcher Firmen zu dieser Zeit waren niedrige Arbeitskosten. Da sie verstanden hatten, daß dieser Kostenvorteil nicht von Dauer sein würde, fügten die japanischen Firmen zusätzliche Schichten von Wettbewerbsvorteilen in Form von Qualität und Verläßlichkeit hinzu, indem sie Produktionskapazitäten für die Weltmärkte errichtete. Viele dieser Produkte liefen nicht unter dem Markennamen des Erzeugers. Beispielsweise verkaufte Matsushita Electric die Produkte an andere Unternehmen wie RCA, die sie unter ihren eigenen Markennamen vertrieben. Matsushita verfolgte eine einfache Idee: Ein verkauftes Produkt war ein verkauftes Produkt gleich unter welchem Markennamen.[38] Um die nächste Wettbewerbsvorteilsschicht aufzubauen, investierten die Japaner in den 1970er Jahre stark in Vertriebskanäle und japanische Markennamen, um vom schlechten Image wegzukommen. Diese Strategie fügte noch eine andere Schicht an Wettbewerbsvorteil hinzu: globale Marken und damit eine globale Kundenbasis. Ende der 1970er Jahre waren Vertriebskanäle und Markenbekanntheit etabliert genug, um die Neueinführung von Produkten zu unterstützen, die vom globalen Marketing profitieren konnten – Videorecorder und Fotokopierer zum Beispiel. Zuletzt investierten viele Firmen in regionale Produktionen, um ihre Produkte differenzieren und besser an Kundenbedürfnisse in individuellen Märkten anpassen zu können.

Der Prozeß, Schichten aufzubauen, zeigt wie sich ein Unternehmen entlang der Wertschöpfungskette bewegen kann, um Wettbewerbsvorteile zu verstärken. Die Japaner begannen mit der Produktion (eine vorgelagerte Wertschöpfungsaktivität), wechselten ins Marketing (ein Wertschöpfungsprozeß näher beim Kunden) und dann zurück zu Grundlagenforschung und Entwicklung. All diese Quellen des Wettbewerbsvorteils stellen komplementäre Schichten dar.

Schwachpunkte nützen

Eine zweite Methode nützt Schwachpunkte der Wettbewerber aus, deren Aufmerksamkeit sich eng auf ein Marktsegment oder einen geographischen Markt konzentriert. Man hat festgestellt, daß globale Distribution ein besonderer Schwachpunkt von vielen Firmen ist.[39] Das gilt im besonderen für vom Internet bestimmte Märkte. E-commerce stellt eine Bedrohung für traditionelle Einzelhändler dar, da es aggressiven Wettbewerb über Preis und bequemeres Einkaufen erlaubt. Waterstone's plant beispielsweise ein eigenes Online-Buchgeschäft zu eröffnen, um mit den schon etablierten Internet-Buchgeschäften wie Amazon.com in den Wettbewerb zu treten. Ein anderes Beispiel ist Marks & Spencer, das ein beachtliches Katalogversandsystem aufgebaut hat, um wettbewerbsfähig zu bleiben.[40]

Ändern der Regeln

Ein dritter Ansatzpunkt ist die Änderung und die Ablehnung der von Branchenführern gesetzten Regeln. Swatch ist ein Beispiel, das sehr erfolgreich war und viel Aufmerksamkeit erregt hat, indem es die Regeln der Schweizer Uhrenindustrie geändert hat (siehe Globale Perspektive).

GLOBALE PERSPEKTIVE

SWATCH – ÄNDERT ES DIE REGELN EIN ZWEITES MAL?

1967 war der Schweizer Weltmarktanteil, der 1952 noch 56% betragen hatte, auf lediglich 20% gefallen, während die weltweite Produktion sich von 61 Millionen auf 320 Millionen umgesetzte Stück jährlich gesteigert hatte. Die Schweizer, einst die Innovationsführer der Branche waren zurückgefallen, obwohl sie als erste das Modell einer elektronischen Armbanduhr eingeführt hatten. Sie taten die neue Technologie aber als vorübergehende Modeerscheinung ab und verließen sich weiterhin auf ihre mechanischen Uhren, wo der Großteil ihrer Forschungsaufwendungen konzentriert war.

Eine Firma schaffte es aber, aus diesem Teufelskreis auszubrechen, indem sie ein völlig neues und bisher in der Uhrenindustrie noch nicht dagewesenes Konzept anwandte: ETA mit ihrem Plan der Swatch Uhren.

Fortsetzung auf der nächsten Seite

SWATCH – ÄNDERT ES DIE REGELN EIN ZWEITES MAL? (Fortsetzung)

Im Gegensatz zur gängigen Praxis war es nicht das Produkt, sein Design oder technischer Wert, worauf man sich konzentrierte, sondern der Markenname. Anders als andere Uhren positionierte sich Swatch als Accessoire für modebewußte Leute zwischen 18 und 30 Jahren. Es stellte sich aber heraus, daß auch viele verschiedene Leute außerhalb dieser Zielgruppe Swatch kauften. Ein in Zürich lebender Designer, Jean Robert, zeigte für den innovativen Stil der Produkte verantwortlich.

Als Modegegenstand wurden Swatchuhren nicht über den konventionellen Einzelhandel vertrieben. Kaufhäuser, elegante Boutiquen und Schmuckgeschäfte dienten als Distributionskanäle. Umfassendes Training des Verkaufspersonals und attraktive Margen zusammen mit der innovativen Werbung sicherten die einzigartige Stellung des Produkts. Die für beide Geschlechter vorgesehenen Modelle unterschieden sich in den Farben des Gehäuses, den Armbändern und dem Design des Zifferblatts. All diese Teile basierten auf einem gleichbleibenden technischen Konzept.

Swatch hat den Ruf, innovativ zu sein, über die letzten zwanzig Jahre erworben. Das erfolgreiche Geschäftsmodell funktioniert aber nicht mehr so, und die Marke Swatch ist kein einzigartiges Phänomen mehr. Obwohl die Bilanz noch einen gesunden Umsatz aufweist – ein Anstieg von 7,5% auf € 210 Mio. im Jahre 1998 – kämpft Swatch darum, sich zu repositionieren, indem man in neue Technologien und eigene Geschäfte expandiert.

Es wird in der Branche im allgemeinen angenommen, daß der Swatch-Konzern mit seinen Marken einen Sättigungspunkt erreichen wird. Wie im Fall von vielen Innovatoren hat Swatch einiges von seinem Ruf verloren, in neue Bereiche vorzudringen. Obwohl kein Zweifel besteht, daß Uhren immer noch das Kerngeschäft des Unternehmens ausmachen werden, sieht sich der Swatch-Konzern in anderen Bereichen nach Wachstumschance um. Das Unternehmen expandierte ins Internet, in die Auto- und Telekomindustrie.

In Finnland hat Swatch ein gemeinsames Projekt mit Schlumberger, einer Fima für Smart Cards, initiiert. Hier geht es darum, Schlumbergers kontaktlose Smart-Card-Technologie in die nächste Uhrengeneration von Swatch zu integrieren. Buspassagiere können beim Einsteigen ihre Uhren zeigen, anstatt das Ticket mit Bargeld zu bezahlen. Ähnliche Projekte wurden in Australien unternommen. Die sogenannte „Swatch Access", die schon für Skilifte benützt wird, zeigt nicht nur die Zeit an, sondern kann auch benützt werden, um Geld abzuheben und Rechnungen wie Tickets für öffentlichen Verkehr zu bezahlen, oder als Zugang zu Stammkunden- und Kaufanreizprogrammen, als Ersatz für Mitgliedskarten und als Schlüssel für elektronisch gesicherte Türen zu fungieren.

Im Bereich Telekommunikation hat Swatch das neue Schnurlostelefon II Answer DECT entwickelt. Das Telefon beinhaltet einen digitalen Anrufbeantworter, der bis zu 22 Minuten Nachrichten speichern kann und in drei verschiedenen Farben erhältlich ist. Ein Luxusmodell wird auch angeboten. Diese Geräte folgen der sogenannten Beep Box, einem numerischen Pager in Form eines Kreises.

Einige der neuesten Zielmärkte entstehen aus dem E-commerce-Geschäft. Swatch hat die 'Swatch Internetzeit' entwickelt, mit Hilfe derer man die Schwierigkeit, im Internet unterschiedliche Zeitzonen beachten zu müssen, beseitigen will.

Fortsetzung auf der nächsten Seite

SWATCH – ÄNDERT ES DIE REGELN EIN ZWEITES MAL? (Fortsetzung)

Das neue System teilt einen Tag in sogenannte Beats und Features anstatt der Zeitzonen ein. Eines der letzten Produkte ist eine Uhr, die es dem Träger erlaubt, seine E-mail-Nachrichten abzurufen.

Zusätzlich öffnet das Unternehmen neue Läden oder kauft bisher von Franchisenehmern betriebene Geschäfte zurück. Swatch plant, weltweit 500 Geschäfte bis zum Jahr 2000 zu besitzen. Ob sich die neue Strategie auszahlt und die Erfolgsgeschichte Swatch wiederbelebt, bleibt abzuwarten.

Einfach zum Nachdenken:

- Was sind die wichtigsten Implikationen von Swatchs Positionierung als hochmodisches Accessoire?
- Welche potentiellen Probleme sollte Swatch beim Markentransfer auf andere Produktkategorien wie Telefone, Pager, Düfte oder Autos berücksichtigen?

Quellen: Arieh A. Ullmann „The Swatch in 1993" Casestudy (1993), State University of New York at Binghamton; Sylvia Dennis, „Finland Bus Travelers Use Watch-Based E-Ticketing" *Newsbytes News Network,* 18. Dezember 1998; Martyn Williams, „Swatch Redefines Time for Internet World" *Newsbytes News Network,* 22. November 1998; O.V., „Swatch Creates Round Flex-based Pager" RCR *Radio Communications Report,* 9. November 1998, S.34; Kristi Ellis und Wendy Hessen, „Swatch at 15: A New Identity" *Women's Wear Daily,* 176 (3), S.16; O.V., „Every Second Counts as Swatch gets Smart" *Electronic Payments International,* September 1997, S.9; Hank Kim, „Mercury Rising at Watch Shoot" *AdWeek East,* 25. August 1997, S.3; O.V., „The Future is DECT" *Mobile & Cellular Magazine,* August 1997, S.26; Paul Edwards, „Can Swatch keep up with Changing Times?", *Marketing Week,* 15. Juli 1999, S.21; Laura Randall, „Swatch Unveils Plans for E-Mail Watch", *Newsbytes News Network,* 12. Juli 1999; O.V., „Swatch Ticks toward Web, Telecoms, Cars", *Wall Street Journal Europe,* 5. Juni 1999, S.4; O.V., „Swatch Grows in U.S.", *Women's Wear Daily,* 1. März 1999, S.12; Keith Flamer, „Can Swatch Bring Back the Good Times?", *Jewelers' Circular-Keystone,* Dezember 1998, S.66+;

Zusammenarbeit suchen

Eine letzte Quelle eines Kostenvorteils ist, sich das Know-how, das von anderen Firmen entwickelt wurde, zunutze zu machen. Solche Kooperationen können in Form von Lizenzvereinbarungen, von Joint Ventures und gemeinsam gegründeten Betrieben stattfinden.

Der deutsche Strommarkt wird durch ein neues Energiegesetz, das freien Wettbewerb auf allen Ebenen einführen wird, von großen Umstrukturierungen betroffen sein. Vier Erfolgsfaktoren wurden identifiziert, die es den Elektrizitätsanbietern erlauben werden, in diesem sich schnell ändernden und entwickelnden Markt im Wettbewerb zu bestehen. Kenntnisse über den Markt und seine Teilnehmer, Effizienz auf allen Stufen der Wertschöpfungskette, ein auf den Markt zugeschnittener Marketingmix sowie Schnelligkeit und Flexibilität bei der Marktbearbeitung werden für wesentlich gehalten. Nach den Prognosen werden nur höchstens 100 der gegenwärtig 1.000 existierenden deutschen Versorger die erste Phase des Wettbewerbs überstehen. Andere Teile der Energiebranche versuchen nun ebenfalls, ihre Chancen durch verschiedenartige Zusammenarbeiten zu verbessern. Ein Beispiel sind projektbezogene Gemeinschaftsunternehmen wie eine Rohölraffinerie der Neustadt GmbH & Co. OHG, ein Joint Venture von Agip, BP, Mobil und Ruhr Öl. Ein anderes Beispiel liefert die europaweite ROUTEX, die die Ölfirmen Aral, BP, Mobil, Statoil und IP vereint.[41]

10.8.3   Hyperwettbewerb

In einem aktuellen Buch meint Richard D'Aveni, Professor am Dartmouth College, daß der Wettbewerbsrahmen von Porter die Dynamik des Wettbewerbs im 21. Jahrhundert nur unzulänglich behandelt.[42] D'Aveni merkt an, daß in der heutigen Geschäftsumwelt Marktstabilität von kurzen Produktlebenszyklen, von Produktdesignzyklen, von neuen Technologien und Globalisierung untergraben wird. Das Ergebnis davon ist eine Eskalation und Beschleunigung der Wettbewerbskräfte. Angesichts dieser Veränderungen glaubt D'Aveni, daß das Strategieziel sich vom Aufrechterhalten hin zur Zerstörung von Wettbewerbsvorteilen geändert hat. Die Grenze der Modelle von Porter, argumentiert D'Aveni, bestehe im gebotenen Querschnitt des Wettbewerbs zu einem bestimmten Zeitpunkt, womit es statische Modelle seien.

D'Aveni anerkennt, daß Hamel und Prahalad einen Erkenntnisgewinn gebracht haben, indem sie erkannten, daß wenige Wettbewerbsvorteile nachhaltig sind, und versucht ihre Arbeit weiterzuentwickeln, um „einen wirklich dynamischen Zugang zum Abbau und der Zerstörung der traditionellen Wettbewerbsvorteile" zu bilden. D'Aveni gebraucht den Ausdruck Hyperwettbewerb, um eine dynamische, wettbewerbsintensive Welt zu bezeichnen, in der keine Handlung oder kein Vorteil lange aufrechterhalten werden kann. In einer solchen Welt, argumentiert D'Aveni, „ändert sich alles" wegen der dynamischen Manöver und strategischen Interaktionen von hyperkompetitiven Firmen wie Microsoft und Gillette. Nach D'Avenis Modell entfaltet sich der Wettbewerb in einer Serie von dynamischen Strategieinteraktionen in vier Bereichen: Kosten-Qualitätsverhältnis, Timing und Know-how, Eintrittsbarrieren und bessere finanzielle Position. Jede dieser Arenen wird „ständig zerstört und wiederhergestellt durch die dynamischen Manöver der hyperkompetitiven Firmen". Nach D'Aveni ist die einzige Quelle eines wirklich nachhaltigen Wettbewerbsvorteils die Fähigkeit einer Firma, ihre dynamischen strategischen Interaktionen mit den häufigeren Aktionen der Konkurrenten zu managen, die eine relativ starke Position in jedem der vier Bereiche aufrechterhalten. Die Ironie und das Paradoxe an diesem Modell ist, daß Unternehmen, um einen nachhaltigen Wettbewerbsvorteil aufrechtzuerhalten, sich um eine Serie von nicht haltbaren Vorteilen bemühen müssen! D'Aveni stimmt mit Peter Drucker überein, der lange Zeit geraten hat, daß die Rolle des Marketings Innovation und die Schaffung von neuen Märkten ist. Innovation beginnt mit dem Verzicht auf Altes und Veraltetes. In Druckers Worten: „Innovative Organisationen wenden weder Zeit noch Ressourcen auf, um das Gestern zu verteidigen. Nur systematisches Verlassen der Vergangenheit kann die Ressourcen ... zur Arbeit am Neuen ... transferieren."[43]

D'Aveni rät Managern dringend, den Nutzen von Meinungen alter strategischer Werkzeuge und Maximen zu hinterfragen und neu einzuschätzen. Er warnt vor der Gefahr, sich auf eine bestimmte Strategie oder Handlungsweise festzulegen. Der flexible, nicht voraussagbare Marktteilnehmer hat wahrscheinlich einen Vorteil gegenüber dem inflexiblen, festgelegten Gegner. D'Aveni merkt an, daß im Hyperwettbewerb die Verfolgung von Basisstrategien bestenfalls einen kurzfristigen Vorteil ergibt. Erfolgreiche Unternehmen sind jene, die sich die Leiter des eskalierenden Wettbewerbs hinauf bewegen, und nicht jene, die sich selbst in eine bestimmte Position einsperren. D'Aveni ist auch dem Fünfkräftemodell gegenüber kritisch eingestellt. Nach ihm ist die beste Eintrittsbarriere ständig Initiativen zu setzen, anstatt in defensiver Weise zu versuchen, neue Wettbewerber auszuschließen.

☀ **AUF DEN PUNKT GEBRACHT**

- Der Rahmen von Hamel und Prahalad zum Verständnis von Wettbewerbsvorteilen betont Wettbewerbsfähigkeit als eine Funktion der Geschwindigkeit,
  mit der ein Unternehmen neue Wettbewerbsvorteile tief in seine Organisation
  einbaut.

- Vier Methoden, einen nachhaltigen Wettbewerbsvorteil zu gewinnen, werden vorgestellt: verschiedene Schichten von Wettbewerbsvorteil aufbauen,
  Schwachpunkte der Konkurrenten finden, die von den Branchenführern gesetzten Regeln ändern und zusammenarbeiten.

- D'Aveni argumentiert, daß der einzige wirkliche Wettbewerbsvorteil eines Unternehmens die Fähigkeit ist, ihre dynamischen strategischen Interaktionen mit
  den häufigen Wettbewerbsaktivitäten der Konkurrenten zu managen. Das gilt
  speziell für die vier Bereiche: Kosten-Qualitätsverhältnis, Timing und Know-
  how, Eintrittsbarrieren und die finanzielle Position.

10.9 Zusammenfassung

In diesem Kapitel konzentrieren wir uns auf die Faktoren, die Branchen oder Ländern
einen Wettbewerbsvorteil verschaffen.

Porter hat vier Bestimmungsfaktoren eines nationalen Wettbewerbsvorteils beschrieben. Faktorbedingungen beinhalten menschliche, physische, Wissens-, Kapital-
und Infrastrukturressourcen. Nachfragebedingungen umfassen die Zusammensetzung,
die Größe und Art des Wachstums der Nachfrage im Heimatmarkt. Die Wachstumsrate
im Heimatmarkt und die Mittel, mit denen die Produkte einer Nation in Auslandsmärkte gebracht werden, beeinflussen ebenfalls die Nachfragebedingungen. Die letzten
beiden Determinanten sind die Präsenz von verwandten und unterstützenden Industri-
en und die Art der Firmenstrategie sowie Struktur und Wettbewerb. Porter merkt an,
daß Zufallsfaktoren und die Regierung die Wettbewerbsvorteile einer Nation ebenfalls
verstärken oder reduzieren.

Das Fünfkräftemodell von Porter bezieht sich auf die Wettbewerbsintensität einer
Branche und sieht den Wettbewerb in einer Branche als eine Funktion der Bedrohung
durch neue Wettbewerber, durch Substitutionsprodukte, durch die Verhandlungsmacht
von Lieferanten und Käufern und durch Wettbewerb unter existierenden Konkurrenten.
Die Positionen von Porter können von Managern benutzt werden, um zu verstehen, wie
man Aktivitäten zur Schaffung von einzigartigem Wert, der Quelle des Wettbewerbsvorteils, kombinieren kann.

Innerhalb einer Branche können Gruppen von Unternehmen dieselbe oder eine in
den wichtigsten Dimensionen ähnliche Strategie verfolgen. Diese Gruppen werden als
strategische Gruppen bezeichnet. Strategische Gruppen innerhalb einer Branche werden oft in Form einer Positionierungsmatrix, das als nützliches strategisches Analysewerkzeug dienen kann, dargestellt.

Schließlich erweist es sich für die individuelle Strategie eines Unternehmens als äußerst wichtig, die einzigartige Quelle seines Wettbewerbsvorteils zu verstehen. Porters Modell des Wettbewerbsvorteils von Einzelunternehmen identifiziert vier verschiedene Basisstrategien, die Organisationen verfolgen können, um ihren Kunden besseren Wert zu bieten.

Hamel und Prahalad haben einen alternativen Rahmen zur Verfolgung eines Wettbewerbsvorteils vorgeschlagen, der aus der strategischen Absicht und dem Einsatz von wettbewerbsfähigen Innovationen einer Firma erwächst. Eine Firma kann Schichten von Wettbewerbsvorteilen aufbauen, die Schwachpunkte der Wettbewerber suchen, die vereinbarten Regeln ändern oder mit Wettbewerbern kooperieren und ihre Technologie und ihr Know-how nutzen. Dieser Rahmen ist nicht zwangsläufig unvereinbar mit den von Porter vorgeschlagenen Standpunkten. Die von Hamel und Prahalad sowie D'Aveni vorgeschlagenen Konzepte betonen das dynamische Umfeld. Strategische Positionen sind kurzlebiger als in der Vergangenheit und müssen vielleicht schneller als jemals zuvor ergänzt oder aufgegeben werden.

10.10   Diskussionsfragen

1. Wie kann ein Unternehmen seinen Wettbewerbsvorteil messen? Wie weiß ein Unternehmen, ob es seinen Wettbewerbsvorteil ausbaut oder reduziert?

2. Skizzieren Sie Porters „Fünfkräfte"-Modell des Wettbewerbs in einer Branche. Inwieweit sind die verschiedenen Eintrittsbarrieren für globales Marketing relevant?

3. Geben Sie ein Beispiel für Unternehmen, die die vier generischen Strategien, die zu Wettbewerbsvorteil führen können, repräsentieren: Gesamtkostenführerschaft, Kostenfokus, Differenzierung und gezielte Differenzierung.

4. Was sind die drei strategischen Positionen, die Michael Porter identifiziert hat? Finden Sie ein Unternehmensbeispiel für jede Position.

5. Läßt sich zwischen den vier generischen Strategien und den drei strategischen Positionen von Procter eine Verbindung herstellen? Wenn ja, welche?

6. Beschreiben Sie kurz Hamel und Prahalads Erklärungsrahmen für einen Wettbewerbsvorteil.

7. Wie kann ein Land einen Wettbewerbsvorteil erreichen?

8. Stimmen Sie mit D'Aveni überein, daß keine Aktion oder kein strategischer Vorteil lange aufrechterhalten werden kann? Warum? Warum nicht?

10.11   Webmistress's Hotspots

IKEA Homepage
Die IKEA Homepage bietet Ihnen die Gelegenheit, die Firma von verschiedenen Perspektiven aus kennenzulernen. Sie können wählen zwischen der internationalen und vielen nationalen Websites wählen. Letzteres ermöglicht Ihnen, den nächstgelegenen IKEA-Markt zu finden und Produkte, Spezialangebote und Neuigkeiten des jeweiligen Standorts kennenzulernen.
http://www.ikea.com/

VW Homepage
Beim Aufrufen der VW Homepage finden Sie Gags wie TURBONIUM, sowie nützliche Informationen über das Unternehmen, seine Produkte, Dienstleistungen und Geschäfte.
http://www.volkswagen.com/

Lufthansa
Besuchen Sie die Lufthansa Homepage, wählen Sie eine Sprache und die Seite Ihres Landes aus. Dadurch können Sie z.B. mehr über die Star Alliance herausfinden, oder Sie können sich vom Travel Assistant bei der Auswahl, Buchung und Zahlung für Ihren Flug helfen lassen... vielleicht zu Ihrer Lieblingsferiendestination?
http://www.lufthansa.com/

SWATCH Homepage
Die SWATCH Homepage bietet Ihnen nicht nur den aktuellen Produktkatalog, sondern erlaubt Ihnen auch, das nächstgelegene Geschäft mit Hilfe des sogenannten Store Locator zu finden. Darüber hinaus helfen Ihnen der €-Umrechner und die Internetzeit, in der globalen Welt des WWW einzukaufen und Geschäfte zu tätigen.
http://www.swatch.com/

Ricardo.de
Auf der Ricardo.de Homepage haben Sie Zugang zu drei verschiedenen Kategorein: Ricardo live, Ricardo nonstop und Ricardo privat. Via Ricardo live können Sie in einer Online Auktion mit Live-Moderation teilnehmen. Ricardo nonstop erlaubt es Ihnen, rund um die Uhr und sieben Tage die Woche einzukaufen und Ricardo privat bietet Ihnen die Möglichkeit, Ihre eigene Auktion zu eröffnen.
http://www.ricardo.de/

eBay
Noch eine Online Auktion! 3,456.220 Gegenstände in über 2.500 Kategorien sind hier ausgestellt... Sie können mitbieten, etwas verkaufen und etwas gewinnen. Versuchen Sie es, und sehen Sie selbst!
http://www.ebay.com/

10.12   Weiterführende Literatur

Aharoni, Yair. "The State-Owned Enterprise as a Competitor in International Markets." *Columbia Journal of World Business* (Frühjahr 1980): S.14-22.

Baron, David P. "The Nonmarket Strategy System." *Sloan Management Review,* 37, 1 (1995): S.73-85.

Bartmess, Andrew und Cerny. "Building Competitive Advantage through a Global Network of Capabilities." *California Management Review,* 35, 2 (1993): S.78-103.

Brouthers, Lancer Eliot und Steve Werner. "Are the Japanese Good Global Competitors." *Columbia Journal of World Business,* (Herbst 1990): S.5-11.

Calantone, Roger J. und C. Anthony DiBenedetto. "Defensive Marketing in Globally Competitive Industrial Markets." *Columbia Journal of World Business,* 23, 3 (1988): S.3-14.

D'Aveni, Richard. *Hypercompetition: Managing the Dynamics of Strategic Maneuvering.* New York: Free Press, 1994.

Day, George. *Market Driven Strategy: Processes for Creating Value.* New York: Free Press, 1990.

Dertouzos, Michael L., Richard K. Lester und Robert M. Solow. *Made in America: Regaining the Competitive Edge.* New York: HarperCollins, 1989.

Douglas, Susan P. und C. Samuel Craig. *Global Marketing Strategy.* New York: McGraw-Hill, 1995.

Egelhoff, William G. "Great Strategy of Great Strategy Implementation – Two Ways of Competing in Global Markets." *Sloan Management Review,* 34, 2 (1993): S.37-50.

Garsombke, Diane J. "International Competitor Analysis." *Planning Review,* 17, 3 (1989): S.42-47.

Ghoshal, Sumantra und D. Eleanor Westney. "Global Competition: Confront Your Rivals on Their Home Turf." *Harvard Business Review,* 71, 3 (1993): S.10.

Ghoshal, Sumantra und D. Eleanor Westney. "Organizing Competitor Analysis Systems." *Strategic Management Journal,* 12, 1 (1991): S.17-31.

Hamel, Gary und C.K. Prahalad. "The Core Competence of the Corporation." *Harvard Business Review,* (Mai/Juni 1990): S.79-91.

Hamel, G. und C.K. Prahalad. "Do You Really have a Global Strategy?" *Harvard Business Review,* (März-April 1985): S.73-93.

Hamel, Gary und C.K. Prahalad. "Strategic Intent." *Harvard Business Review,* (Mai-Juni 1989): S.69.

Henzler, Herbert A. "The New Era of Eurocapitalism." *Harvard Business Review,* 70, 4 (1992): S.57-68.

Jacquemin, Alexis. "The International Dimension of European Competition Policy." *Journal of Common Market Studies,* 31, 1 (1993): S.91-101.

Koch, A. "International Competitiveness and the Competence-Based Competition." Conference Proceeding: Third International Workshop on Competence-Based Competition, Ghent 1995.

Lorange, Peter und Johan Roos. "Why Some Strategic Alliances Succeed and Others Fail." *Journal of Business Strategy,* 12, 1 (1991): S.25-30.

Moore, Goeffrey A. *The Death of Competition: Leadership & Strategy in The Age of Business Ecosystems.* New York: HarperBusiness, 1996.

Porter, Michael E. *The Competitive Advantage of Nations.* New York: Free Press, 1990.

Porter, Michael E. *Competitive Advantage: Creating and Sustaining Superior Performance.* New York: Free Press, 1985.

Porter, Michael E. *Competitive Strategy – Techniques for Analysing Industries and Competitiors.* New York: The Free Press, 1980.

Porter, Michael E. "What is Strategy?" *Harvard Business Review,* (November/Dezember 1996): S.60-78.

Robert, Michel M. "Attack Competitors by Changing the Game Rules." *Journal of Business Strategy,* 12, 5 (1991): S.53-56.

Rugman, Alan M. und Alain Verbeke. "Foreign Subsidiaries and Multinational Strategic Management: An Extension and Correction of Porter's Single Diamond Framework." *Management International Review,* 33, 2 (1993): S.71-84.

Schill, Roland L. und David N. McArthur. "Redefining the Strategic Competitive Unit: Towards a New Global Marketing Paradigm?" *International Marketing Review,* 34, 1 (1992): S.5-24.

Literaturverzeichnis

[1] http://www.ikea.com/content/main.asp?tab=5.

[2] Information Online Ltd., "East European Component Developments: Findings at Idea Forum in Budapest," *Automotive Components Analysis*, 21, 9 (1995).

[3] Michael E. Porter, *The Competitive Advantage of Nations*, (New York: Free Press, 1990).

[4] Reed Maurer, "How to Crack the Japanese Pharma Market," *Marketletter*, 19. Oktober (1998).

[5] Sorcha Corcoran, "Backs to the Wall," *Life Insurance International*, August (1998): S.12.

[6] David P. Baron, "The Nonmarket Strategy System," *Sloan Management Review*, 37, 1 (1995): S.73-85.

[7] Alan M. Rugman und Alain Verbeke, "Foreign Subsidiaries and Multinational Strategic Management: An Extension and Correction of Porter's Single Diamond Framework," *Management International Review*, 33, 2 (1993): S.71-84.

[8] Michael E. Porter, Competitive Strategy – Techniques for Analysing Industries and Competitiors, (New York: The Free Press, 1980).

[9] Sylvia Dennis, "France Telecom, Deutsche Telecom Create ThinkOne Joint Venture," *Newsbytes News Network*, 2. Dezember (1998).

[10] Knight-Ridder, "Global Demand for Light Commercial Vehicles Tails Off," *The European*, 16. November (1998).

[11] O.V., "State of The Skin Care Industry in Eastern Europe," *Drug & Cosmetic Industry*, 163, 3 (1998): S.20+.

[12] Shapiro Eben, "Nutrasweet's Race with the Calendar," *The New York Times*, 8. April (1992): S.C1.

[13] Michael E. Porter, Competitive Strategy – Techniques for Analysing Industries and Competitiors, (New York: The Free Press, 1980).

[14] O.V., "BA Targets Premium Business," *Travel Trade Gazette UK & Ireland*, 9. Dezember (1998): S.3.

[15] O.V., "Lufthansa to Swing UK Axe," *Travel Trade Gazette UK & Ireland,* 9. Dezember (1998): S.1.

[16] James Ruggia, "A New Face," *Travel Agent,* 292, 11 (1998): S.56+.

[17] Michael E. Porter, *Competitive Strategy – Techniques for Analysing Industries and Competitiors,* (New York: The Free Press, 1980).

[18] O.V., "Kunden Billig Abzuholen," *Presse,* 5. Oktober (1999): S.21.

[19] Michael Gannon, "eBay Inc.," *Venture Capital Journal,* 1. November (1998).

[20] Michael E. Porter, Competitive Strategy – Techniques for Analysing Industries and Competitiors, (New York: The Free Press, 1980).

[21] Paul Needham, "Lufthansa Low-Cost Line will Threaten Eurowings," *Travel Trade Gazette Europe,* 26. Februar (1998): S.16.

[22] Michael E. Porter, Competitive Strategy – Techniques for Analysing Industries and Competitiors, (New York: The Free Press, 1980).

[23] Elaine X. Grant, "Swiss Skies Brighten," *Travel Agent,* 291, 5 (1998): S.30-31.

[24] Michael E. Porter, *Competitive Strategy – Techniques for Analysing Industries and Competitiors,* (New York: The Free Press, 1980).

[25] Elaine X. Grant, "Swiss Skies Brighten," *Travel Agent,* 291, 5 (1998): S.30-31.

[26] Michael E. Porter, *Competitive Strategy – Techniques for Analysing Industries and Competitiors,* (New York: The Free Press, 1980).

[27] Elaine X. Grant, "Swiss Skies Brighten," *Travel Agent,* 291, 5 (1998): S.30-31.

[28] Michael E. Porter, *Competitive Strategy – Techniques for Analysing Industries and Competitiors,* (New York: The Free Press, 1980).

[29] George Day, *Market Driven Strategy: Processes for Creating Value,* (New York: Free Press, 1990).

[30] Michael E. Porter, *The Competitive Advantage of Nations,* (New York: Free Press, 1990).

[31] O.V., "Alliance Unichem Poses Threat to Gehe's Position," *Newsletter,* 1. Dezember (1997).

[32] O.V., "New Asian Century (2)," *Japan Chemical Week,* 8. Juli (1999): S.7.

[33] Graham Look, "Portable Computers Enhance Logistics for French Courier," *Automatic ID News Europe,* 7, 8 (1998): S.16.

[34] Jared Sandberg, "High-End Audio Entices Music Lovers," *The Wall Street Journal,* 12. Februar (1993): S.B1.

[35] Michael E. Porter, *The Competitive Advantage of Nations,* (New York: Free Press, 1990).

[36] George Day, *Market Driven Strategy: Processes for Creating Value,* (New York: Free Press, 1990).

[37] Gary Hamel und C. K. Prahalad, "Strategic Intent," *Harvard Business Review,* Mai - Juni (1989): S.69, Gary Hamel und C.K. Prahalad, "The Core Competence of the Corporation," *Harvard Business Review,* Mai - Juni (1990): S.79-91.

[38] James Lardner, *Fast Forward. Hollywood, The Japanese, and the VCR Wars,* (New York: New American Library, 1987).

[39] G. Hamel und C.K. Prahalad, "Do You Really have a Global Strategy?," *Harvard Business Review,* März - April (1985): S.73 - 93.

[40] Stephen Burden, "Current Trends & Issues in the Retail Sector." *European Venture Capital Journal,* Oktober (1998): S.31+

[41] Peter Preusser, "Competition and the Structure of the German Electricity Market," *Power Economics,* 2, 7 (1998): S.23+.

[42] Richard D'Aveni, *Hypercompetition: Managing the Dynamics of Strategic Maneuvering,* (New York: Free Press, 1994).

[43] Peter Drucker, *On the Profession of Management,* (Boston, MA: Harvard Business School Publishing, 1988).

Kapitel 11

Globale Produkt- und Dienstleistungsentscheidungen

Die Aussichten für amerikanische Automobilhersteller in Europa wären sehr gut, wenn sie sich auf die Bedingungen und Anforderungen der einzelnen Länder einstellen würden, wenn man aber versucht, die Geschäfte wie in Amerika zu führen, wäre das ein sinnloses Unterfangen.
– JAMES COUZENS,FORD MOTOR COMPANY, 1907

Der Markt für IBM-Computer oder Toshiba-Laptops beschreibt sich nicht durch Landesgrenzen, sondern durch die Attraktivität des Produktes für den Anwender, gleichgültig, wo dieser lebt.
– KENICHI OHMAE, EX-MCKINSEY CONSULTANT, MANAGEMENT-GURU & JAPANISCHER POLITIKER

11.1 Zielsetzung des Kapitels

Nachdem Sie dieses Kapitel gelesen haben, wissen Sie mehr über:

- Unterschiede zwischen Dienstleistungen und Produkten sowie die strategischen Implikationen dieser Unterschiede im globalen Markt

- Wodurch sich globale Produkte und Dienstleistungen von globalen Marken unterscheiden

- Verschiedene Alternativen zur Positionierung von Produkten und Dienstleistungen auf weltweiter Ebene

- Die Relevanz von Marktsättigung in weltweiten Märkten

- Faktoren im Produkt- und Dienstleistungsdesign, die den Erfolg im weltweiten Marketing bestimmen

- Strategische Alternativen für geographische Expansion

- Warum die kontinuierliche Entwicklung und die Einführung neuer Produkte am weltweiten Markt der Schlüssel zum Überleben und Wachstum eines Unternehmens sind.

In welchen Situationen hilft ein besseres Verständnis dieser Inhalte?

- Sie treten in den asiatischen Markt ein und müssen zwischen der Anpassung von Produkten und Dienstleistungen an lokale Marktpräferenzen und den Kostenvorteilen abwägen, die dadurch entstehen, daß die Ressourcen auf eine begrenzte Anzahl von standardisierten Produkten und Dienstleistungen konzentriert werden.

- Ihr Unternehmen bietet erfolgreich weltweite Produkte und Dienstleistungen an. Diese Produkte und Dienstleistungen tragen allerdings nicht denselben Namen und sind in den jeweiligen Ländern unterschiedlich positioniert. Sie müssen nun entscheiden, ob die globalen Produkte und Dienstleistungen in eine globale Marke umgewandelt werden sollen oder nicht.

- Sie sind als Produktmanager für die weltweite Einführung eines neuen tragbaren CD-Players verantwortlich und müssen entscheiden, ob sie es als „high-touch" oder „high-tech"-Produkt positionieren.

11.2   Konzepte & Definitionen

Produkt: Ein Produkt ist eine Sammlung von materiellen, psychologischen und symbolischen Eigenschaften, die gemeinsam einen Nutzen für den Käufer oder Verwender darstellen bzw. einen Wunsch oder ein Bedürfnis des Käufers erfüllen.

Dienstleistung: Eine Dienstleistung ist ein immaterieller Nutzen, der vom Kunden erstanden werden kann, aber keinerlei Veränderung der Besitzverhältnisse mit sich bringt.

Charakteristika von Dienstleistungen:

- Immaterialität: Dienstleistungen werden in erster Linie konsumiert und nicht besessen.

- Vergänglichkeit: Dienstleistungen können nicht gelagert werden.

- Unterschiedlichkeit: Dienstleistungen entstehen oft durch Gewohnheit. Ihre Qualität hängt in erster Linie von den Menschen ab, die sie zur Verfügung stellen.

- Gleichzeitigkeit von Produktion und Konsum: Bei vielen Dienstleistungen ist der Zeitpunkt der Herstellung der Dienstleistung dem Zeitpunkt des Verbrauchs sehr nahe oder ident.

Nationale, internationale und weltweite Produkte oder Dienstleistungen:

- Nationale Produkte oder Dienstleistungen: Produkte und Dienstleistungen, die von einem Unternehmen auf einem einzelnen nationalen Markt angeboten werden.

- <u>Internationale Produkte und Dienstleistungen</u>: Produkte und Dienstleistungen, die in multinationalen, regionalen Märkten angeboten werden.
- <u>Globale Produkte und Dienstleistungen</u>: Produkte und Dienstleistungen, die am weltweiten Markt angeboten werden. Sie sind international und multiregional.

Globale Marken: Sowohl globale Produkte oder Dienstleistungen als auch globale Marken werden am globalen Markt angeboten. Globale Marken tragen jedoch denselben Namen und dasselbe Image in jedem einzelnen Land. Eine globale Marke ist daher immer ein globales Produkt oder eine globale Dienstleistung. Ein globales Produkt oder eine globale Dienstleistung ist hingegen nicht immer eine globale Marke, da sie auf unterschiedlichen Märkten unterschiedlich positioniert sind und einen unterschiedlichen Namen tragen.

Positionierung: Das Etablieren der eigenen Marke im Vergleich zu Konkurrenzprodukten in den Gedanken der Kunden in bezug auf Serviceeigenschaften und Nutzen, die es anbietet oder nicht anbietet, abzugrenzen.

Auswirkungen des Ursprungslands: Der Einfluß, den die Wahrnehmung des Konsumenten in bezug auf das Ursprungsland eines Produktes („Made in ...") auf die Einstellungen gegenüber der Qualität des Produktes ausübt.

11.3 Schnittstelle zur Praxis

Gegründet von Anita Roddick, die mit Produkten auf natürlicher Basis und mit minimaler Verpackung 1976 eine Marktlücke im Kosmetikmarkt erkannte, wurde „The Body Shop" zu einem weltweiten Netzwerk von mehr als 1.500 Geschäften in 47 Ländern.[1]

Im Jahr 1988 entschloß sich das Unternehmen in den 12 Milliarden US-$–Kosmetikmarkt einzutreten. Unter der Führung eines britischen Staatsbürgers, der davor Präsident einer Unilever-Tochtergesellschaft war, wurden an der Ostküste 12 Geschäfte in Firmenbesitz eröffnet. Mitte 1990 begann das Unternehmen Franchiselizenzen zu vergeben und mit Ende des Jahres waren 37 Geschäfte eröffnet.[2]

Der amerikanische Markt war für das Unternehmen und seine Produkte nie besonders einladend. Von Beginn an mußte sich „The Body Shop" unterschiedlichen Herausforderungen stellen. Ein besonders wichtiger Punkt war das Engagement des Unternehmens in Umweltfragen, das ein Schlüsselfaktor für das Produkt- und Dienstleistungsangebot ist, aber in den amerikanischen Medien weniger prominent behandelt wurde. Daher war nicht klar, ob das starke Markenimage des Unternehmens und die unorthodoxen Verkaufsmethoden die amerikanischen Konsumenten ansprechen würden. Anita Roddick war sehr erstaunt, wie schwer der amerikanische Markt zu bearbeiten war. Die Registrierungsvorschriften für Nahrungsmittel und Medikamente, die unterschiedliche Gesetzgebung auf nationaler und bundesstaatlicher Ebene, aber auch die Geschichten um juristische Auseinandersetzungen machten Anita Roddick bezüglich ihrer Entscheidung sehr nervös. Es wurde ihr in Hinblick auf Produkthaftung und der Möglichkeit von Rechtsstreitigkeiten angeraten, ihren Service für die Wiederbefüllung von Flaschen in den Vereinigten Staaten nicht einzuführen. Ihre Anwälte überzeugten sie auch, auf das „Against Animal Testing"-Logo zu verzichten, aus Angst vor Maßnahmen der Kosmetikindustrie. Letztlich war der weltweite Erfolg von „The Body Shop" dort nicht unbemerkt geblieben. In der Annahme einer wachsenden Zielgruppe „grüner Konsumenten" hatten mehrere führende Unternehmen wie Revlon oder Estée Lauder begonnen, „natürliche" Produktlinien einzuführen und erneuerten so das Design und Marketing ihrer Produkte.[3]

Der Verkauf von Kosmetikprodukten am US-Markt ist immer noch eine Herausforderung für „The Body Shop". 1999 mußte das Unternehmen drei Kaufhäuser und elf Geschäfte schließen. Es kaufte außerdem 28 Geschäfte von den Franchisenehmern zurück, organisierte die Zentrale neu und baute ein eigenes Produkt- und Marketingteam nur für den US-Markt auf. Patrick Gournay, der CEO meinte dazu: „Obwohl die Handelsumsätze 1999 in den USA nicht unseren Erwartungen entsprachen, haben wir uns sehr aggressive Ziele gesetzt. (...) wir arbeiten sehr hart daran, unser Produkt- und Marketingangebot dem US-Markt anzupassen."

In den folgenden Abschnitten wird die Komplexität von globalen Produkt- und Dienstleistungsentscheidungen im Detail diskutiert. Das Kapitel beginnt mit einer Beschreibung des Grundkonzepts von Produkten und Dienstleistungen. Danach werden verschiedene Strategien zur Positionierung von Produkten und Dienstleistungen am globalen Markt dargestellt. Zusätzlich werden wichtige Produkt- und Dienstleistungsüberlegungen präsentiert und strategische Alternativen für die geographische Expansion entwickelt. Das Kapitel endet mit einer Diskussion des Entwicklungsprozesses neuer Produkte und Dienstleistungen im globalen Marketing.

11.4 Grundkonzept von Produkt und Dienstleistung

Die Vorstellung von globalen Produkt- und Dienstleistungsentscheidungen beginnt mit einer kurzen Wiederholung von Produkt- und Dienstleistungskonzepten. Alle Grundkonzepte sind außerdem im globalen Marketing anwendbar. Weitere Konzepte, die sich ausführlicher auf globale Marketingalternativen beziehen, werden genauer besprochen.

11.4.1 Produkte: Definition und Klassifizierung

Was ist ein Produkt? Oberflächlich betrachtet scheint das eine einfache Frage mit einer offenkundigen Antwort zu sein. Ein Produkt kann durch seine materiellen Eigenschaften definiert werden wie z.B. Gewicht, Ausmaße und Material. So kann ein VW Golf beschrieben werden als 1.169 kg Metall und Plastik, das 4,15 m lang, 1,73 m breit und 1,43 m hoch ist. Trotzdem gibt eine rein auf Material und Größe beschränkte Beschreibung eines Produktes einen unvollständigen Überblick über den Nutzen, den dieses Produkt bietet.

Autokäufer erwarten von dem Wagen, den sie kaufen, Sicherheit und komfortablen Transport, was z.B. durch Airbags und anpassbare Sitze gewährleistet wird. Marketingfachleute können jedenfalls Dinge wie Status, Mythos und andere unangreifbare Produkteigenschaften, die ein bestimmtes Automodell hat, nicht ignorieren. Große Segmente des Automarktes werden rund um diese immateriellen Attribute entwickelt.

So betrachten Porschefahrer ihr geliebtes Auto nicht nur als reines Transportmittel. Ein Porsche ist ein Lifestyle-Produkt. Sogar Menschen, die mit ihrem Porsche zur Arbeit fahren, tun das, weil sie das als eine bestimmte Art zu leben betrachten.

Verständlicherweise gibt es daher eine Vielzahl von Unterschieden zwischen dem Nutzen, den ein Auto einem Lifestyle-Fahrer oder einem rein am Transport interessierten Fahrer bieten muß. Manche Unternehmen, wie etwa Porsche konzentrieren sich auf Lifestyle-Fahrer, andere aber, wie beispielsweise Daimler-Chrysler, verkaufen Wagen an Lifestyle-Fahrer und gleichzeitig am reinen Transportmarkt. Porsche verkauft ein soziales und persönliches Erlebnis. Wenn man einen Porsche kauft, berechtigt das den Käufer, Mitglied in einem der weltweit ungefähr 360 regional organisierten Porsche-Klubs zu werden. Neue Porsche-Klubs werden in großer Zahl gegründet, was zur Folge hat, daß durch zahlreiche Treffen, der positive Porsche-Klub-Geist weiter verbreitet wird.[4]

Honda ist ein Beispiel für ein Unternehmen, dessen Strategie auf Aktivität beruht. Welche Kraft ein Motor auch haben soll, Honda wird ihn herstellen, von 50 bis 5.000 ccm, von ein paar tausend bis € 75.000, vom Transportmarkt in den Entwicklungsländern bis zum Freizeitmarkt in jedem Land der Welt.

Ein Produkt kann daher als eine Sammlung von körperlichen, immateriellen und symbolischen Eigenschaften betrachtet werden, die dem Käufer oder Benützer Nutzen bringen oder dessen Bedürfnisse befriedigen.

Mehrere Modelle wurden entwickelt, um Produkte zu klassifizieren. Eine häufig verwendete Klassifizierung basiert auf der Benützung und unterscheidet zwischen Konsum- und Industriegütern. Beide Arten von Gütern können darüber hinaus auch durch andere Kriterien definiert werden, beispielsweise durch die Art der Kaufentscheidung und durch ihre Lebensdauer (haltbar, nicht haltbar, Einwegprodukt).[5] Diese und andere Definitionen und Kategorisierungen wurden zwar für nationales Marketing entwickelt, sind aber in allen Fällen auch im globalen Marketing anwendbar.

11.4.2 Dienstleistungen: Charakteristika und Kategorien

Dienstleistungen können als immaterieller Nutzen beschrieben werden, der von Kunden zwar erstanden wird, aber kein Eigentum darstellt. Neben der Immaterialität gibt es noch drei weitere Charakteristika, welche Produkte von Dienstleistungen unterscheiden: Mögliche Qualitätsschwankungen, da die Dienstleistung immer von Personen abhängt, fehlende Lagerfähigkeit und simultaner Vollzug und Konsum der Dienstleistungen.

Während man Produkte vor dem Kauf untersuchen oder sie auch mit anderen Angeboten vergleichen kann, kann der Kunde Dienstleistungen weder fühlen, sehen oder riechen, bevor er sie kauft. Beispielsweise kann man nicht wissen, wie angenehm es ist mit Virgin Airlines zu fliegen, bevor man nicht wirklich im Flugzeug sitzt.

Da Dienstleistungen in erster Linie von den Menschen abhängen, die sie zur Verfügung stellen, sind Dienstleistungen gewöhnlich sehr viel variabler als Produkte. Man kann an einem Tag einen perfekten Flug mit Virgin Airlines genießen und beim nächsten Mal Probleme mit verlorengegangenem Gepäck haben. Eine weitere Unterscheidung zwischen Dienstleistungen und Produkten ist ihre Vergänglichkeit. Wenn Dienstleistungen nicht bei Angebot konsumiert werden, verfallen sie sofort. Der leere Platz im Flugzeug kann nicht gelagert werden. Wenn er nicht besetzt wird, ist sein Wert verloren. Im Gegensatz zu Produkten, die produziert, verkauft und konsumiert werden, werden Dienstleistungen oft zuerst verkauft und dann zur gleichen Zeit produziert und konsumiert. Ein Konsument, der ein Flugticket oder eine Kinokarte kauft, wird diese Dienstleistung im selben Moment konsumieren, in dem sie produziert wird.

Die Risiken und Möglichkeiten im globalen Markt sind je nach Art der Dienstleistung sehr unterschiedlich. Aus diesem Grund ist es notwendig, Dienstleistungen weiter zu unterteilen, indem man ein Produkt-Dienstleistungskontinuum betrachtet, dem die Immaterialität zugrunde liegt. Donald Cowell schlägt vor: „Das Besondere an Dienstleistungen ist, daß obwohl sie als Objekt vermarktet werden, die Unangreifbarkeit des Objekts eine wichtige Rolle spielt. Dienstleistungen sind eine besondere Art eines Produkts. Sie verlangen besonderes Verständnis und besonderen Marketingeinsatz."[6] Abbildung 11.1 zeigt das Produkt-Dienstleistungskontinuum und unterscheidet Sachgüter, Sachgüter in Verbindung mit Dienstleistungen und reine Dienstleistungen.

Abbildung 11.1: Produkt-Dienstleistungskontinuum

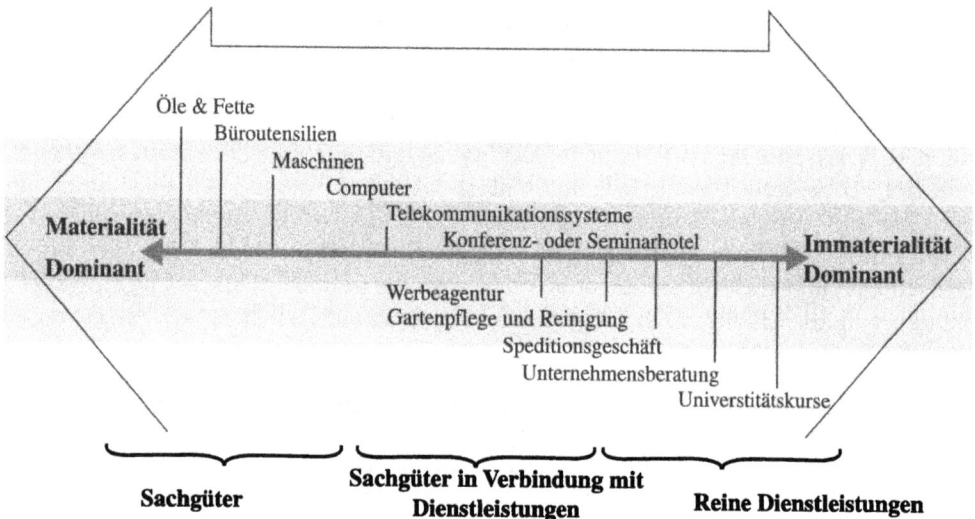

Öle & Fette
Büroutensilien
Maschinen
Computer
Telekommunikationssysteme
Konferenz- oder Seminarhotel
Werbeagentur
Gartenpflege und Reinigung
Speditionsgeschäft
Unternehmensberatung
Universtitätskurse

Materialität Dominant — **Immaterialität Dominant**

Sachgüter | Sachgüter in Verbindung mit Dienstleistungen | Reine Dienstleistungen

Quelle: Adaptiert aus: G. Lynn Shostack, „Breaking Free from Product Marketing;" Journal of Marketing 41 (April 1997): S.77

Je greifbarer Dienstleistungen sind, desto größer ist ihre Rolle in der Unterstützung von Produkten. Jeder neue Volkswagen in Großbritannien ist z.B. nicht nur von einer unbegrenzten 3-Jahres-Garantie, sondern auch mit einem Ein-Jahres-Pannenhilfe-Garantie ausgestattet. Dell's übliche 3-Jahresgarantie, um ein weiteres Beispiel anzuführen, bietet seinen Käufern einen kostenfreien Kundenservice per Post an. In einem wettbewerbsorientierten Umfeld kann Kundenservice ein ausschlaggebender Faktor für den Erfolg eines Produktes sein.

Darüber hinaus gibt es Dienstleistungen, bei denen materielle Produkte lediglich eine unterstützende Funktion haben. Ein Beispiel dafür ist T-Online, die Internettochter der Deutschen Telekom und Deutschlands größter Internetprovider, der im April 2000 an die Börse ging.

Personenorientierte Dienstleistungen sind vor allem Dienstleistungsangebote, die mehr von Personen abhängen als von der Ausstattung mit materiellen Produkten.

Ärzte, Anwälte, Unternehmensberater und Universitätsprofessoren sind typische Beispiele dafür. Das Konzept der Materialität ist sehr nützlich für globales Marketing, weil viele internationale Angebote aus Kombinationen von Produkten und Dienstleistungen bestehen. Die Hauptaufgabe für Manager besteht darin, sorgfältig abzuwägen, welche Elemente des Angebots aus dem Blickwinkel des Kunden wichtiger sind. Je mehr das Marktangebot durch unangreifbare Elemente definiert wird, desto schwieriger ist es, den üblichen Marketingprozeß, der für die Produkte entwickelt wurde, einzuhalten.[7]

11.4.3 Produkte und Dienstleistungen: national, international und global

Viele Unternehmen bemerken, daß sie als Resultat einer Expansion eines bestehenden Unternehmens oder durch den Ankauf eines neuen Unternehmens, plötzlich Produkte oder Dienstleistungen in einem einzelnen nationalen Markt anbieten. Kraft Foods war beispielsweise in einer Situation, in der das Unternehmen zur selben Zeit am französischen Markt mit Kaugummis, am brasilianischen mit Speiseeis und am italienischen Markt mit Nudeln vertreten war. Obwohl jede dieser voneinander unabhängigen Geschäftstätigkeiten einzeln betrachtet sehr profitabel war, waren die Skalenerträge allein zu gering, um hohe Ausgaben der Unternehmenszentrale im Bereich F&E oder gar in den Bereichen Marketing, Produktion und Finanzmanagement zu rechtfertigen. Eine wichtige Frage bei jedem Produkt ist, ob es das Potential für die Expansion in andere Märkte hat. Die Antwort auf diese Frage wird von den Zielen des Unternehmens und der Handhabung der Möglichkeiten abhängen.

Manager laufen Gefahr, zwei Arten von Fehlern bei Produktentscheidungen im globalen Marketing zu begehen. Der erste Fehler ist, ein Opfer des „NIH-Syndroms" (= not invented here, wurde nicht hier erfunden) zu werden, indem man Produkt- oder Dienstleistungsentscheidungen ignoriert, die von untergeordneten Managern oder von Managern in Schwesterunternehmen getroffen wurden. Manager, die sich in dieser Weise verhalten, vernachlässigen den Versuch, die Produkt- und Dienstleistungspolitik außerhalb des Heimatmarktes zu beeinflussen.

Ein anderer Fehler ist anzunehmen, die Produkt- und Dienstleistungspolitik sei auf alle verwandten Unternehmen übertragbar, und es davon auszugehen, daß das, was für die Kunden im Heimatland gut ist, auch für die Kunden anderswo gut sein müsse. Volkswagen hat aus einem solchen Fehler Konsequenzen gezogen. VW war am US-Markt mit einer Situation konfrontiert, in der das Unternehmen vom Marktführer unter den Autoimporteuren in die unteren Ränge abrutschte. Obwohl das Unternehmen früher mehr Autos als alle anderen ausländischen Hersteller zusammen verkaufte, hatte VW im Jahr 1990 weniger als 2% Marktanteil in den USA. Ein Beobachter der Industrie faßte den Hauptfehler des Konzerns folgendermaßen zusammen: „Volkswagen hat gedacht, was in Deutschland funktioniert, sollte auch in den USA funktionieren." Volkswagen eröffnete ein Designstudio in Los Angeles, und hoffte so, sich dem Geschmack der amerikanischen Autokäufer besser anpassen zu können. Der „New Beetle" wurde in diesem Studio entworfen und Volkswagens Importe in den US-Markt erhöhten sich um 43% im Jahr 1999. VW erreichte so wieder einen Marktanteil von 4,4%.[8]

Die drei Produkt- und Dienstleistungskategorien – national, international und global – werden im folgenden beschrieben.

11.4.4   Nationale oder lokale Produkte und Dienstleistungen

Ein nationales Produkt oder eine nationale Dienstleistung wird von einem bestimmten Unternehmen auf einem einzelnen nationalen Markt angeboten. Manchmal gibt es
auch nationale Produkte oder Dienstleistungen, wenn ein Unternehmen die Bedürfnisse
und Vorlieben einzelner Ländermärkte berücksichtigt. Zum Beispiel hat McDonald's
McAroni entwickelt, einen Salat mit Nudeln, der nur am schwedischen Markt angeboten wird.

Trotz solcher Beispiele gibt es verschiedene Gründe, warum nationale Produkte und
Dienstleistungen, sogar solche, die sehr profitabel sind, oft hohe Opportunitätskosten
für ein Unternehmen darstellen. Erstens bietet die Existenz eines einzelnen nationa-
len Geschäftszweigs nicht immer die Möglichkeit, weltweiten Einfluß in den Bereichen
Marketing, R&D und Produktion zu entwickeln und zu nutzen. Zweitens ist es nicht im-
mer möglich, die Erfahrungswerte eines Produktes oder einer Dienstleistung von einem
Markt auf einen anderen zu übertragen. Eines der wichtigsten Instrumente für einen
Anbieter in mehreren Ländern ist die vergleichende Analyse. Per Definition können
Anbieter für nur ein Land diese naturgemäß nicht anwenden. Ein drittes Problem der
Einzelmarktprodukte und -dienstleistungen ist die schlechte Übertragungsmöglichkeit
der Managementerfahrung in einem Einzelprodukt- oder Einzeldienstleistungsbereich.
Manager, die im Bereich eines lokalen Produkts oder einer lokalen Dienstleistung Erfahrung gesammelt haben, können ihr Know-How nur in dem Markt anwenden, in dem
das Produkt oder die Dienstleistung angeboten wird. Manager, die nicht aus dem Markt
kommen, auf dem das Einzelprodukt oder die Einzeldienstleistung verkauft wird, haben keinerlei Erfahrung in diesem Geschäftsbereich. Aus diesen Gründen werden rein
lokal angebotene Produkte und Dienstleistungen für gewöhnlich als weniger attraktiv
angesehen als Produkte mit internationalem oder globalem Potential.

11.4.5   Internationale Produkte und Dienstleistungen

Internationale oder regionale Produkte und Dienstleistungen werden in multinationalen, regionalen Märkten angeboten. Ein typisches internationales Produkt wäre ein
asiatisches Produkt, das in ganz Asien angeboten wird, aber nicht in anderen Teilen
der Welt. Ein Beispiel für ein asiatisches Produkt ist McDonalds „Nudelsuppe". Da sie
in den meisten asiatischen Märkten angeboten wird, ist sie eindeutig ein internationales
Produkt. Sie ist aber kein weltweites Produkt, wie beispielsweise der ‚Big Mac'.

MCCs Smart ist ein anderes Beispiel für ein internationales Produkt. Das kleine City-Coupé wird nur in Deutschland, der Schweiz, Österreich, Italien, Frankreich,
Spanien, Belgien, Luxemburg und den Niederlanden angeboten.

11.4.6   Globale Produkte und Dienstleistungen
und globale Marken

Globale Produkte und Dienstleistungen werden in globalen Märkten angeboten. Sie
sind international und multiregional. Wirklich globale Produkte oder Dienstleistungen
werden in jeder Region der Welt und in Ländern in jeder Entwicklungsphase angeboten.
Manche globalen Produkte wurden entworfen, um die Bedürfnisse des globalen Marktes

zu erfüllen, andere wurden entworfen, um die Bedürfnisse eines nationalen Marktes zu erfüllen, erfüllten aber glücklicherweise auch die Bedürfnisse des globalen Marktes.

Ein Produkt oder eine Dienstleistung ist allerdings keine Marke. So sind Change Management und Process Reengineering eine bestimmte Art von globaler Dienstleistung, Arthur Andersen und McKinsey sind aber globale Marken.

Oder nehmen wir beispielsweise tragbare Sound- und Stereogeräte – sie fallen in die Kategorie der globalen Produkte, Sony hingegen ist eine globale Marke. Eine globale Marke ist, wie eine nationale oder internationale Marke auch, ein Symbol, das beim Konsumenten eine bestimmte Wahrnehmung oder Einstellungen erzeugt.

Viele Firmen, einschließlich Sony, stellen tragbare Stereogeräte her. Sony hat diese Produktkategorie vor mehr als 10 Jahren erschaffen, als das Unternehmen den Walkman auf den Markt brachte. Es ist wichtig zu verstehen, daß globale Marken vom Anbieter entwickelt werden müssen. Ein globaler Markenname kann dann als Schirm benützt werden, unter dem neue Produkte und Dienstleistungen vorgestellt werden. Obwohl Sony eine Anzahl von lokalen Produkten anbietet, hat das Unternehmen zur selben Zeit auch eine herausragende Stellung als globale Marke und als Hersteller von globalen Produkten.

GLOBALE PERSPEKTIVE

DIE ENTWICKLUNG EINES „WELTAUTOS"...

Im Jahr 1993 brachte Ford sein Mittelklasse-„Weltauto" Mondeo in Europa auf den Markt, und im Sommer 1994 überholte dieser den Ford Tempo und Mercury Topaz in den USA. Der Mondeo symbolisiert ernsthafte internationale Bemühungen des Unternehmens, die ersten dieser Art in der Geschichte von Ford. Drei verschiedene Konstruktionszentren waren daran beteiligt. Detroit entwarf den V6-Motor und das automatische Getriebe sowie die Heiz- und Kühlungskonstruktionen. Dunton (Großbritannien) entwickelte die Innenausstattung, Lenkung, Federung, Elektronik sowie den 4-Zylinder-Motor. Das Produktdesign wurde von Köln (Deutschland) durchgeführt. Das Projekt wurde von einem Engländer geführt, der in Köln arbeitete, die Verantwortung lag aber in der Fordzentrale in Dearborn, Michigan.

Insgesamt investierte das Unternehmen drei Milliarden € in die Entwicklung des neuen Wagens, doppelt so viel wie in die vorangegangenen Erfolgsmodelle Taurus und Sable. Darüber hinaus betrug die Entwicklungszeit von der ersten Idee bis zum ersten Verkaufsmodell acht Jahre, doppelt so lang als allgemein üblich. Ford mußte unterschiedliche amerikanische und europäische Konstruktionsstandards miteinander verbinden und hunderte von Menschen über den Atlantik fliegen. Neben den hohen Koordinationskosten hatte das Unternehmen noch eine Reihe anderer Gründe für die hohen Ausgaben und die lange Entwicklungszeit: teure Anpassungsarbeiten in der Fertigung in neun großen Fabriken, späte Änderungen im Design und Sondervariationen, sowie teure Fehler in der Pilotproduktion.

Die Entwicklung des „Weltautos", eines der weltweit aufwendigsten Automobilprojekte, das jemals durchgeführt wurde, war jedenfalls ein Erfolg. Der Mondeo wurde von Experten der Branche gerühmt, wurde zum „Europäischen Auto des Jahres 1993" gekürt und verkaufte sich sehr gut.

Fortsetzung auf der nächsten Seite

DIE ENTWICKLUNG EINES „WELTAUTOS"... (Fortsetzung)

Ford ist überzeugt, daß es möglich ist, ein „Universaldesign" für Autos zu schaffen. Laut Fritz Mayhew von Ford Motor beeinflussen die Fahrbedingungen und die Art, wie die Konsumenten ihre Autos bedienen, das moderne Fahrzeugdesign mehr als ästhetische Designaspekte. Fahrzeugentwickler müssen auch die unterschiedlichen Verwendungsarten des Produktes, die Produktregulationen wie elektronische und ergonomische Standards rund um die Welt in ihre Arbeit mit einbeziehen.

Quellen: „Will the Third Time be the Charm?". *Forbes,* 15. Juli 1993, S.54; „Ford's $6 billion Baby." Fortune, 28. Juni 1993, S.76-81; „Ford's new Model T." Financial World, 9. November 1993, S.38-41; „Enter the McFord." *The Economist,* 23. Juli 1994 (322); „Ford Launches its Global Cars." *Production,* September 1994, S.62-64; „Machine Dreams." *Brandweek,* 26. April 1993, S.16-24

Eine globale Marke hat auf der ganzen Welt ein ähnliches Image, eine ähnliche Positionierung und wird von denselben strategischen Prinzipien geleitet. Der operative Marketing-Mix für globale Marken kann sich aber von Land zu Land unterscheiden. Das bedeutet, daß das Produkt oder die Dienstleistung, der Preis, die Kampagne und der Ort (Distributionskanäle) sich von Land zu Land unterscheiden.

Und tatsächlich, wenn man sich die Beispiele Marlboro, Coca-Cola, Sony, Mercedes und Avon genauer betrachtet, erkennt man, daß sich der Marketing-Mix dieser Produkte von Land zu Land unterscheidet. Ein Mercedes, der in den Vereinigten Staaten ausschließlich ein Luxuswagen ist, ist darüber hinaus ein starker Wettbewerber im europäischen Taximarkt.

Avon, in Japan in Preis und Verpackung ein Produkt der gehobeneren Preisklasse, wird in anderen Teilen der Welt preiswerter angeboten. Trotz dieser Unterscheidungen im Marketing-Mix ist jedes dieser Produkte eine globale bzw. Weltmarke.

In einem wichtigen Punkt unterscheiden sich ein globales Produkt oder eine globale Dienstleistung von einer globalen Marke: Sie tragen nicht in jedem Land den selben Namen und dasselbe Logo. Wie eine globale Marke werden sie von den gleichen strategischen Prinzipien geleitet, ähnlich positioniert und können aber in verschiedenen Ländern einen unterschiedlichen Marketing-Mix haben.

Immer wenn ein Unternehmen globale Produkte oder Dienstleistungen anbietet, ist es mit der Frage konfrontiert, ob das globale Produkt oder die Dienstleistung in eine globale Marke umgewandelt werden kann. Das bedeutet, daß der Name und das Image des Produktes oder der Dienstleistung standardisiert werden müssen. Eines der bekanntesten Beispiele für eine solche Umwandlung war Nissans Entscheidung, den Namen Datsun in Europa und den Vereinigten Staaten aus dem Programm zu nehmen und verschiedene Produktnamen für die weltweite Nissan-Produktlinie einzuführen. Abbildung 11.1 zeigt einige Beispiele der vielen Marken, die vor dieser Entscheidung in Verwendung waren.

Tabelle 11.1: Nissan Marques in verschiedenen Märkten

Modell / Type	Europa	Nordamerika	Japan	Lateinamerika
A 32	Maxima QX	Infiniti I30	Cefiro	Maxima
D 21	Pickup	Nissan Truck	Datsun	Nissan Pickup
H 41	Cabstar	-	Atlas	Cabstar Atlas
S14	200 SX	240 SX	Silvia	200SX
B 14	Sunny	Sentra Sedan	Sunny	Sentra

Tabelle 11.2 zeigt das Ranking der 60 globalen Marken, die von Interbrand, einer der führenden Markenberatungsunternehmen, zusammengestellt wurde. Interbrand ermöglicht es in Zusammenarbeit mit Citibank, daß Firmen und Investoren den Beitrag von Marken am Erfolg ihrer Geschäftstätigkeit und in weiterer Folge am *Shareholder Value* des Unternehmens einschätzen können. Unter den führenden Marken befinden sich sowohl produktbezogene Marken wie Coca-Cola oder Marlboro, als auch unternehmensbezogene Marken (Microsoft, Disney, AT&T). Man kann ebenfalls erkennen, daß eine immer größere Zahl an Unternehmen sich als beziehungsorientiertes und nicht als produktorientiertes Unternehmen sehen.[9]

Wenn sich ein Unternehmen weltweit engagiert, gerät es unter Druck, auch weltweit Produkte und Dienstleistungen anzubieten. Einer der Hauptgründe für die Globalisierung von Produkten sind die Kosten von Forschung und Entwicklung. Wenn der Wettbewerb stärker wird, bemerken Unternehmen, daß sie die Kosten für Forschung und Entwicklung für ein Produkt durch die Entwicklung eines weltweiten Produktdesigns

Tabelle 11.2: Rangreihung der globalen Top 60 Marken

1. Coca-Cola	31. Volkswagen
2. Microsoft	32. Pepsi-Cola
3. IBM	33. Kleenex
4. General Electric	34. Wrigley's
5. Ford	35. AOL
6. Disney	36. Apple
7. Intel	37. Louis Vuitton
8. McDonald's	38. Barbie
9. AT&T	39. Motorola
10. Marlboro	40. Adidas
11. Nokia	41. Colgate
12. Mercedes	42. Hertz
13. Nescafé	43. IKEA
14. Hewlett-Packard	44. Chanel
15. Gilette	45. BP
16. Kodak	46. Bacardi
17. Ericsson	47. Burger King
18. Sony	48. Moet & Chandon
19. Amex	49. Shell
20. Toyota	50. Rolex
21. Heinz	51. Smirnoff
22. BMW	52. Heineken
23. Xerox	53. Yahoo!
24. Honda	54. Ralph Lauren
25. Citibank	55. Johnnie Walker
26. Dell	56. Pampers
27. Budweiser	57. Amazon.com
28. Nike	58. Hilton
29. Gap	59. Guinness
30. Kelloggs	60. Marriott

verringern können. Sogar Produkte wie Gebrauchtwagen, die nationale Sicherheits- und Umweltschutzstandards einhalten müssen, stehen unter dem Druck weltweit anbietbar zu sein. Mit einem globalen Produkt oder einer globalen Dienstleistung, können Unternehmen eine Anpassung eines globalen Designs anbieten anstelle eines eigenständigen Designs in jedem Land.

Das Unternehmen Mars Inc. setzte sich bei seinem schokoladeüberzogenen Karamelriegel mit dieser Frage auseinander, der unter einer Vielzahl von unterschiedlichen nationalen Markennamen, wie beispielsweise „Snickers" in Deutschland und „Marathon" in den Vereinigten Staaten verkauft wird. Mars entschloß sich, den Schokoladeriegel, ein globales Produkt, in eine globale Marke zu verwandeln. Diese Entscheidung war nicht ganz ohne Risiko, beispielsweise wäre es möglich gewesen, daß die Konsumenten den Namen „Snickers" mit dem Wort „knickers" in Zusammenhang bringen könnten, was in der englischen Umgangssprache eine Bezeichnung für Damenunterwäsche ist. Mars änderte den Namen eines erfolgreichen europäischen Schokoladekeks von Raider in Twix, wie er auch in den USA genannt wird. In beiden Fällen, schafft eine Einheitsmarke für Mars die Möglichkeit, die gesamte Produktkommunikation über die Landesgrenzen hinaus zu erweitern. Manager müssen nun globaler über die Positionierung von Snickers und Twix nachdenken, was sie bislang, als alle Schokoladeprodukte unter verschiedenen nationalen Markennamen beworben wurden, nicht tun mußten.

Coca-Cola ist fraglos das wichtigste globale Produkt und die wichtigste globale Marke. Coca-Colas Positionierung und Strategie ist in allen Ländern dieselbe, es verspricht eine globale Idee von Spaß, Unterhaltung und Freude. Coca-Cola ist „the real thing." Es gibt nur ein Coca-Cola. Es ist ein brillantes Beispiel für Marketingdiffererenzierung. Der Zweck dieser Unterscheidung ist es, den Unterschied zwischen dem eigenen Produkt und anderen konkurrierenden Produkten und Dienstleistungen aufzuzeigen.

Diese Positionierung ist eine besondere Leistung, wenn man in Betracht zieht, daß Coke ein low/no-tech-Produkt ist. Es ist ein mit Geschmacksstoffen und Karbonaten versetztes, gesüßtes Wasser in einem Plastik-, Glas- oder Metallbehälter. Die Strategie des Unternehmens ist sicherzustellen, daß das Produkt immer, überall und umgehend erhältlich ist. Das Produkt selbst ist angepaßt an lokale Geschmäcker. Im Mittleren Osten beispielsweise wird Coca-Cola süßer gemacht, da die Kunden süßere Getränke bevorzugen. Auch die Preise unterscheiden sich je nach lokalen Wettbewerbskonditionen und auch die Distributionskanäle sind verschieden.

Die strategischen Grundprinzipien, die das Markenmanagement leiten, sind jedenfalls auf der ganzen Welt die selben. Nur ein Ideologe würde darauf bestehen, daß ein globales Produkt nicht lokalen Präferenzen angepaßt werden kann. Sicherlich muß sich kein Unternehmen zu absolutem Einheitsmarketing verpflichten. Es stellt sich auch nicht die Frage der Uniformität, sondern daß grundsätzlich derselbe Wert angeboten wird. Wie in den nächsten Kapiteln gezeigt wird, können auch andere Elemente des Marketing-Mix wie etwa Preis, Werbebotschaft und Medienstrategie sowie Distributionskanäle variieren.

Globale Marketingmanager sollten sich daher genau mit den Möglichkeiten, globale Marken zu entwickeln, auseinandersetzen und diese abwägen. Das Erschaffen einer globalen Marke benötigt eine besondere Art von Marketingaufwand. Es muß von Beginn an in globalerem Rahmen gedacht werden, was beim Entwickeln von einer oder mehreren nationalen Marken nicht notwendig ist.

Auf der anderen Seite ist es einfacher, das Markenbewußtsein für eine führende weltweite Marke zu bewahren, als für eine Anzahl von kleineren lokalen Marken. Welche Kriterien benützen Marketingmanager, um eine globale Marke zu etablieren? Ein Experte meinte, daß die Entscheidung durch „konsumentenorientierte Betrachtungen und nicht durch herstellerorientierte Annehmlichkeiten getroffen werden".[10]

Wichtig für den Erfolg dieser Entscheidungen ist die Frage, ob der Marketingaufwand bei Null beginnt, oder ob es die Aufgabe ist, eine Repositionierung oder Namensänderung bei einer schon existierenden Marke vorzunehmen, um eine globale Marke zu schaffen. Von Null zu beginnen ist sehr viel einfacher als bereits existierende Marken zu repositionieren. Dennoch waren Mars und viele andere Unternehmen erfolgreich darin, lokale Marken in internationale oder globale Marken umzuwandeln. Es gibt Tausende von globalen Marken und jeden Tag wird die Liste länger.

AUF DEN PUNKT GEBRACHT

- Dienstleistungen unterscheiden sich von Produkten durch ihre Immaterialität, ihre Vergänglichkeit, die Problematik gleichbleibender Qualitätssicherung und durch die Tatsache, daß ihre Produktion und ihr Konsum zur selben Zeit stattfinden.

- Produkte und Dienstleistungen können in einem einzelnen Markt, in multinationalen und regionalen Märkten, aber auch auf globalen Märkten angeboten werden.

- Mit einem globalen Produkt oder einer globalen Dienstleistung können Unternehmen Variationen eines einzigen globalen Designs anstatt unterschiedlicher nationaler Designs in jedem Land anbieten.

- Globale Marken werden von denselben strategischen Prinzipien geleitet, haben denselben Namen und ähnliche Logos. Für gewöhnlich haben sie auch eine ähnliche Positionierung (z.B.: BMW, Volvo, Coca-Cola).

11.5 Positionierung von Produkten und Dienstleistungen

Die Positionierung von Produkten und Dienstleistungen ist eine Kommunikationsstrategie, die auf der Vorstellung vom psychologischen Wahrnehmungsraum des Konsumenten beruht. Positionierung bedeutet, die Marke in den Gedanken der Kunden zu etablieren und gegen andere Produkte in Bezug auf Serviceeigenschaften und Nutzen, die sie anbietet oder nicht anbietet, abzugrenzen. Der Begriff, der in einem Artikel in der Zeitschrift „Industrial Marketing" zum ersten Mal von Ries und Trout im Jahre 1969 eingeführt wurde, beschreibt eine Möglichkeit, um in den Gedanken der Zielgruppe eine „Lücke zu füllen".[11]

Es gibt verschiedene Strategien, um Produkte und Dienstleistungen zu positionieren: Positionierung durch Eigenschaften oder Nutzen, Qualität/Preis, Nutzung oder
Anwendung und durch den Verwender.[12] Zwei zusätzliche Strategien, *high-tech-* and
high-touch-Positionierung, sind für globale Produkte anzuwenden.

11.5.1   Eigenschaften und Nutzen

Häufig benützen Positionierungsstrategien Produkteigenschaften, den Nutzen oder be-
sondere Merkmale des Produktes. Im globalen Marketing kann die Tatsache, daß ein
Produkt importiert wurde, die Positionierung zudem verbessern. Wirtschaftlichkeit,
Verläßlichkeit und Haltbarkeit sind andere häufig verwendete Themen für eine Positio-
nierung. Die Autos von Volvo sind bekannt für ihre Konstruktion, die im Falle eines
Autounfalls Sicherheit verspricht. In den laufenden Kämpfen um Kunden bezieht sich
VISAs Werbekampagne in erster Linie auf die weltweite Einsetzbarkeit der Kreditkarte.

11.5.2   Qualität/Preis

Diese Strategie deckt das Spektrum von Produkten mit hoher Qualität und hohem Preis
bis zu Produkten mit mittlerer Qualität zu einem niedrigen Preis ab.[13] Die American
Express Card beispielsweise wird traditionell als gehobenere Kreditkarte positioniert,
deren Prestige die höheren jährlichen Beiträge im Vergleich zu den Konkurrenten VISA
oder EUROCARD/MasterCard rechtfertigt.

11.5.3   Verwendung/Verwender

Positionierung kann auch dadurch beschrieben werden, wie ein Produkt oder eine
Dienstleistung verwendet wird oder dieselbe Verbindung zwischen dem Verwender oder
einer Gruppe von Verwendern hergestellt wird. So verwendet Benetton beispielsweise
dieselbe Positionierung für seine Kleidung, wenn es den globalen Jugendbekleidungs-
markt im Visier hat. Marlboros außergewöhnlicher Erfolg kann teilweise darauf zurückgeführt werden, daß das Produkt mit Cowboys, einem Symbol für wilde Unabhängigkeit, Freiheit und Amerika in Verbindung gebracht wird, und Werbung, die dieses
Image auf die Zielgruppe „urbane Raucher" überträgt.

Wie Clive Chajet, ein Unternehmens- und Markenidentitätsexperte erklärt: „Der
Cowboy ist die ausdauerndste Ikone, die man haben kann. Und je stärker das Markenimage ist, ganz gleich in welchem Umfeld man auch konkurriert, desto erfolgreicher
ist man."[14] Warum also Marlboro anstelle einer anderen Marke wählen? Marlboro zu
rauchen bedeutet, sein Bedürfnis nach Freiheit und Unabhängigkeit auszuleben.

Die Enge des Lebens in der Stadt verstärkt das Bedürfnis nach Freiheit und Unabhängigkeit. Die Nachricht wird durch Bilder verstärkt, die genau den Bedürfnissen
der Konsumenten angepaßt wurden, und die den Raucher dazu anregt den „wilden und
unabhängigen Cowboy im Wilden Westen" nachzueifern. Diese Werbung ist erfolgreich,
weil sie sehr gut gemacht ist und offensichtlich ein tiefes und sehr starkes Bedürfnis
rund um den Globus anspricht.[15] Es ist daher nicht überraschend, daß Marlboro die
beliebteste Zigarettenmarke in der ehemaligen Sowjetunion ist.

MCC Smart verwendete den Slogan „Reduced to the MAX", um ein neues Segment
von jungen und dynamischen Autokäufern anzusprechen. Harley Davidson hat mit

Erfolg sein Image erweitert und seine Zielgruppe auf ältere und erfolgreiche Manager ausgedehnt, die noch der Babyboomer-Generation angehören und sich am Wochenende gern das Gefühl geben, auf Seiten der Gesetzlosen zu stehen. Ein Plakat für einen Range Rover der gehobeneren Preisklasse zeigt einen Geländewagen auf einer Bergspitze mit der Überschrift: „Das ist der wahre Grund, warum viele CEOs für keinen Kommentar erreichbar sind."

Kann globale Positionierung für alle Produkte und Dienstleistungen angewendet werden? Eine Studie meint, daß globale Positionierung am effektivsten für Produkte oder Dienstleistungen ist, die sich am Ende des sogenannten *high-touch/high-tech*-Kontinuum befinden.[16]

Beide Extreme zeichnen sich durch ein höheres Engagement und eine gemeinsame Sprache der Kunden aus.

11.5.4 High-Tech-Positionierung

High-tech-Positionierung hat sich vor allem bei Produkten wie Computern, Video- und Stereoausrüstung sowie Fahrzeugen als besonders erfolgreich erwiesen. Solche Produkte werden gewöhnlich aufgrund von äußerlichen Eigenschaften des Produktes erworben, obwohl oft auch das Image des Produktes eine wichtige Rolle spielt. Die Käufer besitzen in den meisten Fällen bereits beträchtliches Know-how. Wenn das nicht der Fall ist, wollen sie es meist erwerben (oder sind daran interessiert). High-tech-Produkte teilen sich in drei Kategorien: Technische Produkte, „Special-interest"-Produkte und Produkte zu Repräsentationszwecken.

Computer, Chemikalien, Reifen und Finanzdienstleistungen werden als technische Produkte bezeichnet, weil sie spezielle Bedürfnisse der Käufer erfüllen. Diese Kunden brauchen eine ausführliche Produktinformation und sprechen eine gemeinsame Sprache. Computerkäufer in Rußland und Spanien haben das gleiche Wissen über Pentium-Prozessoren, Festplatten und Speichermodule und die gleichen Ansprüche wie Konsumenten in anderen Märkten. Die Marketingkommunikation für High-tech-Produkte sollte daher informativ sein und Produktmerkmale betonen.

„Special-interest"-Produkte zeichnen sich dadurch aus, daß sie ein gemeinsames Interesse und ein hohes Engagement von Seiten der Kunden hervorrufen, obwohl sie weniger technisch und mehr freizeit- und unterhaltungsorientiert sind. Auch hier kann die gemeinsame Sprache und Symbolik dieser Produkte Sprach- und Kulturschranken überwinden. Adidas- und Nike-Sportausrüstung, Canon-Kameras und Fernsehgeräte von Phillips sind Beispiele für erfolgreiche „Special-interest"-Produkte.

11.5.5 High-Touch-Positionierung

Das Marketing von High-touch-Produkten erfordert weniger Betonung von spezialisierter Information und mehr Fokus auf Image. High-touch-Produkte sind wie High-tech-Produkte mit sehr hohem Einsatz auf Seiten der Kunden verbunden. Auch die Käufer von High-touch-Produkten sprechen eine gemeinsame Sprache und haben gleiche Vorstellungen über Themen wie Reichtum, Materialismus und Romantik. Es gibt drei Kategorien von High-touch-Produkten: Produkte, die ein gemeinsames Problem lösen, „global village"-Produkte und Produkte, die ein universelles Thema behandeln. Ganz im Gegenteil zu teuren High-tech-Produkten können High-touch-Produkte oft in „den kleinen Momenten des Lebens" große Bedeutung erlangen. Werbeplakate, die Freunde beim Gespräch und einer Tasse Kaffee in einem Kaffeehaus oder beim Durstlöschen mit Limonade während eines Ausflugs am Strand zeigen, bringen das Produkt ins tägliche Leben und kommunizieren den Nutzen des Produktes auf eine Weise, die weltweit verstanden wird. Teure Parfums und Designermode sind Beispiele für Produkte, die grundsätzlich sehr kosmopolitisch positioniert werden. Parfums und Mode sind aufgrund des wachsenden weltweiten Interesses an qualitativ hochwertigen, repräsentativen und teuren Produkten, die auch sozialen Status vermitteln, äußerst bewegliche Produkte.

Produkte können aber auch aufgrund ihres Ursprungslandes hohe weltweite Attraktivität genießen. Produkte der Unternehmen Levi's, Marlboro und Harley-Davidson, die Amerika symbolisieren, erhöhen so ihre Attraktivität für Kosmopoliten in aller Welt und bieten Möglichkeiten sich durch eine andere Art von Nutzen zu positionieren. Bei elektronischen Produkten symbolisiert Sony die vielgerühmte japanische Qualität, und Mercedes verkörpert legendäre deutsche Ingenieurskunst.

Manche Produkte können auf mehr als eine Art positioniert werden, als High-tech-Produkt aber als auch als High-touch-Produkt. Eine technisch anspruchsvolle Kamera kann beispielsweise ein technisches aber auch ein Special-interest-Produkt sein. Andere Produkte können bipolar positioniert werden, als High-tech- und High-touch-Produkte. So wird Unterhaltungselektronik von Bang & Olufsen wegen ihres eleganten Designs und ihrer technischen Qualität als High-tech- und High-touch-Produkte betrachtet.

AUF DEN PUNKT GEBRACHT

- Bei der Positionierung von Produkten oder Dienstleistungen im Wahrnehmungsraum des Konsumenten werden bestimmte Eigenschaften, Nutzen oder Merkmale des Produktes (z.B. Volvo = Sicherheit) herangezogen.

- Produkte oder Dienstleistungen, die durch das Qualitäts-/Preisverhältnis positioniert werden, nutzen die allgemeine Annahme, daß ein hoher Preis auch hohe Qualität bedeutet (z.B. American Express Card = teuer, aber hohe Qualität, hohes Prestige).

- Produkte und Dienstleistungen, die durch die Verwendung oder den Verwender positioniert werden, verbinden das Produkt mit einem Verwender oder einer Gruppe von Verwendern (z.B. Marlboro = sei so frei und unabhängig, wie es Cowboys sind).

- Produkte oder Dienstleistungen, die „high-tech"-positioniert sind, werden aufgrund von materiellen Produkteigenschaften und Produktimage gekauft (z.B. WAP-fähige Mobiltelefone).

- Produkte und Dienstleistungen, die als „high-touch"-Produkte positioniert werden, haben eine gemeinsame Sprache und stellen Symbole für Reichtum, Materialismus und Romantik dar (z.B. Volkswagens New Beetle).

11.6 Marktsättigungsniveau in globalen Märkten

Das Marktpotential eines Produktes wird durch viele Faktoren bestimmt. Für gewöhnlich steigt die Marktsättigungsgrad oder der Prozentsatz von Haushalten, die ein Produkt besitzen, mit steigendem Pro-Kopf-Einkommen. In Märkten, in denen das Durchschnittseinkommen ausreicht, um ein bestimmtes Produkt zu kaufen, müssen jedenfalls noch weitere Faktoren beachtet werden. So hängt der Verkauf von Klimaanlagen von Einkommen und Klima ab. In vielen Ländern mit niedrigem Durchschnittseinkommen können sich viele Menschen keine Klimaanlage leisten, gleichgültig wie heiß es ist. Wohlhabendere Menschen in nördlicheren Ländern können sich sehr wohl eine Klimaanlage leisten, benötigen aber keine.

Während der 1960er-Jahre besaßen am europäischen Markt beispielsweise 95% der Haushalte in den Niederlanden, aber nur 7% der italienischen Haushalte einen Staubsauger. Diese Unterschiede können allerdings nur teilweise durch Einkommensunterschiede erklärt werden. Ein weit wichtigerer Faktor zur Erklärung dieses Unterschieds sind die Bodenbeläge in den jeweiligen Länder. In beinahe jedem Haus in den Niederlanden befindet sich ein Teppich, während das in Italien eher unüblich ist. Dieses Beispiel macht deutlich, wie wichtig die Konsumentenbedürfnisse bei der Festsetzung des Potentials für ein Produkt ist. Es spielt hier nicht nur die Einstellung der Kunden gegenüber Sauberkeit eine Rolle, sondern auch die Frage der Verwendung oder Nichtverwendung eines Begleitproduktes. Wenn Italiener mehr Teppiche hätten, wäre das Sättigungsniveau für Staubsauger um einiges höher.

Die großen Unterschiede in der Nachfrage nach einem Produkt in verschiedenen Märkten zeigen das mögliche Potential dieses Produkts in einem anderen Markt mit einer niedrigeren Marktsättigung an. Als Beispiel dafür kann man Fönschaum nennen, ein Haarpflegeprodukt, das weicher ist als trockener Haarspray, und das in den frühen 1980er-Jahren in den USA auf den Markt kam. Dieses Produkt war in Europa schon 25 Jahre vor der Markteinführung in den Vereinigten Staaten erhältlich. Der Erfolg des Produktes in Europa war ein klares Zeichen für das Marktpotential. Es ist anzunehmen, daß diese Möglichkeit auch schon früher hätte genutzt werden können. Jedes Unternehmen sollte ein globales Überwachungssystem haben, um potentielle Marktmöglichkeiten, die durch Nachfrageungleichheiten entstehen, erkennen zu können.

11.7 Designüberlegungen bei Produkten und Dienstleistungen

Produkt- und Dienstleistungsdesign ist ein wichtiger Faktor für erfolgreiches globales Marketing. Sollte ein Unternehmen ein Design an die Bedürfnisse verschiedener nationaler Märkte anpassen, oder soll es ein einziges Design für den globalen Markt anbieten? In manchen Fällen könnte ein verändertes Design die Verkaufszahlen erhöhen. Der Nutzen einer solchen möglichen Verbesserung muß jedenfalls gegen die Kosten einer Änderung des Produkt- oder Dienstleistungsdesigns und mit den nachfolgenden Markttests abgewogen werden. Globale Marketingmanager müssen vier Punkte berücksichtigen, wenn sie eine Produkt- oder Dienstleistungsdesignentscheidung treffen: Verbraucherpräferenzen, Kosten, Gesetze und Vorschriften sowie Kompatibilität.

11.7.1   Verbraucherpräferenzen

Bei Design und Geschmack gibt es eindeutige und wichtige Unterschiede in den Präferenzen weltweit. Marketingmanager, die diese Präferenzen ignorieren schaden sich in
erster Linie selbst. Der Chrysler Neon beispielsweise, der im Januar 1994 auf den Markt
kam, war in den USA außerordentlich erfolgreich. Automagazine bejubelten den Neon
als Amerikas besten Wagen seiner Klasse, und Autohändler hatten dreimal so viele
Bestellungen für den Neon, als Chrysler bauen konnte. Der gleiche Wagen schaffte es
aber nicht, den amerikanischen Erfolg beim Export nach Europa zu wiederholen, wo er
im Vergleich mit der Konkurrenz wie dem VW Golf teuer, laut und leistungsschwach
erschien.

Manchmal ist ein Design, das in einer Weltgegend sehr erfolgreich ist, im Rest der
Welt ebenso erfolgswirksam. BMW und Mercedes dominieren den Luxuswagenmarkt
in Europa und sind in der restlichen Welt starke Konkurrenten, obwohl sie das selbe
Design anbieten. Genaugenommen haben sie ein Weltdesign. Die anderen weltweiten
Hersteller von Luxuswagen sind japanische Hersteller, und diese bezeugen ihren Respekt für den großen Erfolg der Designs von BMW und Mercedes, indem sie das Design
der von ihnen hergestellten Wagen dem Design und der Philosophie der Mercedes- und
BMW-Linien anpassen. Wenn man Imitationen als ernsthafte Form der Schmeichelei
sieht, werden BMW und Mercedes von ihrer Konkurrenz so durchaus geehrt.

11.7.2   Kosten

In der Diskussion um Produkt- oder Dienstleistungsdesign müssen Manager auch die
Frage der Kosten berücksichtigen. Natürlich schaffen die aktuellen Kosten der Produktion oder der Erstellung einer Dienstleistung eine Preisuntergrenze. Andere Kosten, die
mit dem Design in Zusammenhang stehen, ob sie jetzt vom Produzenten oder vom Endverbraucher geschaffen werden, müssen auch in Betracht gezogen werden. Wie schon in
diesem Kapitel besprochen, sind die Kosten für die Reparaturdienstleistungen in der
ganzen Welt unterschiedlich und haben großen Einfluß auf das Design eines Produkts.
Ein klassisches Beispiel, wie Lohnkosten Produktentscheidungen beeinflussen können,
sind die unterschiedlichen Zugänge zum Flugzeugdesign in Amerika und Großbritannien. Die britische Lösung mit dem Resultat des Flugzeuges COMET war es, den
Motor in der Tragfläche des Flugzeuges unterzubringen. Dieses Design reduzierte den
Windwiderstand und brachte geringeren Treibstoffverbrauch. Ein Nachteil war jedoch
der erschwerte Zugang zum Motor im Vergleich zu außen angebrachten Motoren, was
bedeutet, daß es mehr Zeit kostet, diese Motoren zu warten und zu reparieren. Die
amerikanische Lösung der Frage der Motoreninstallation war es, die Motoren außen an
den Tragflächen aufzuhängen und so trotz geringerer Effizienz und höherem Treibstoffverbrauch eine leicht zugängliche Maschine und in weiterer Folge schnellere Wartungs-
und Reparaturmöglichkeiten zu schaffen. Beide Lösungsversuche waren rational. Die
Briten kalkulierten mit niedrigeren Lohnkosten in Großbritannien für mögliche Mo-
torreparaturen, während die Amerikaner mit hohen Lohnkosten in den Vereinigten
Staaten rechneten.

11.7.3 Gesetze und Vorschriften

Die Rücksichtnahme auf Gesetze und Vorschriften in verschiedenen Ländern hat direkten Einfluß auf Produkt und Dienstleistungsdesign und führt oft zu Designveränderungen, welche die Kosten erhöhen. Das ist besonders in Europa ein sehr wichtiger Punkt, wo Stein des Anstosses für die Schaffung eines einheitlichen Marktes Vorschriften und gesetzliche Schranken sind, die vor allem in den Bereichen von technischen, Gesundheits- und Sicherheitsstandards den Verkauf von standardisierten Produkten in ganz Europa behinderten. In der Nahrungsmittelbranche gab es beispielsweise 200 gesetzliche und regulative Schranken im grenzüberschreitenden Handel innerhalb der Europäischen Union in nur 10 Nahrungsmittelkategorien. Darunter waren Verkaufsverbote und Steuern auf Produkte mit bestimmten Inhaltsstoffen, unterschiedliche Verpackungs- und Beschriftungsgesetze. Der Abbau dieser Schranken hat die Notwendigkeit stark verringert, Produkt- und Dienstleistungsdesigns anzupassen, und ermöglichte die Schaffung von standardisierten Euro-Produkten.

11.7.4 Kompatibilität

Ein letzter Punkt, den Manager beim Design des Produktes beachten müssen, ist die Kompatibilität des Produktes oder der Dienstleistung mit dem Umfeld, in dem sie benutzt werden. Eine simple Angelegenheit, wie beispielsweise eine Gebrauchsanweisung, die nicht übersetzt wurde, kann die Verkäufe verringern. Elektronische Systeme können zwischen 50 und 230 Volt haben oder 50 bis 60 Umdrehungen. Ein Produkt, das mit Elektrizität betrieben wird, muß mit dem Stromsystem im Anwenderland kompatibel sein.

Hersteller von Fernsehern und Videoausrüstungen denken nicht nur aus Gründen der Elektrizität, daß die Welt ein recht inkompatibler Ort ist. Es gibt unterschiedliche Fernsehübertragungs- und Videosysteme: Das französische SECAM-System, das deutsche PAL-System und das amerikanische NTSC-System. Unternehmen, die weltweit Fernseh- und Videogeräte absetzen wollen, entwickeln Geräte, bei denen man nur einen Schalter umlegen muß, um das System zu wechseln. Unternehmen, die den Weltmarkt nicht im Auge haben, entwickeln Geräte, die nur mit der Technologie eines einzelnen Systems funktionieren.

Die Kompatibilität von Maßeinheiten (metrisch – nicht metrisch) kann Widerstand gegen ein Produkt verursachen. Dies ist z.B. besonders in den USA zu beachten, da Konsumenten dort nach wie vor in Maßeinheiten nach dem nicht-metrischen System, d.h. in Inches und Pfund, rechnen. Bei einer weltweiten Produktstandardisierung entstehen dadurch erhebliche Umwandlungs- und Harmonisierungskosten.

AUF DEN PUNKT GEBRACHT

- Produkt- und Dienstleistungsdesign ist ein kritischer Punkt im globalen Marketing. Die Schlüsselfrage ist, ob man die Gestaltung des Produktes verschiedenen Märkten anpaßt, oder ob man ein einziges Design am Weltmarkt anbietet.

Fortsetzung auf der nächsten Seite

- Die folgenden Faktoren müssen beachtet werden, wenn man Produkt- oder Dienstleistungsdesignentscheidungen trifft:

    - Präferenzen: Es kann wichtige Unterschiede in Verbraucherpräferenzen rund um den Globus bei Design- oder Geschmacksfragen geben.

    - Kosten: Anpassungen an nationale Besonderheiten führen zu höheren Kosten, die durch die Adaption verbesserten Absatzchancen wieder ausgeglichen werden müssen.

    - Gesetze und Regelungen: Designentscheidungen werden von gesetzlichen Vorschriften und Regelungen direkt beeinflußt.

    - Kompatibilität: Produkte und Dienstleistungen müssen dem (technischen) Umfeld, in dem sie verwendet werden, angepaßt werden.

11.8 Einstellungen gegenüber dem Herkunftsland

Stereotype Einstellungen gegenüber ausländischen Produkten und Dienstleistungen sind ein wichtiger Faktor im globalen Marketing. Stereotype Einstellungen können die Marketingaktivitäten unterstützen oder behindern. Der positive Effekt ist, wie ein Marketingexperte erklärt: „Deutsche Herkunft wird mit Technik von hoher Qualität gleichgesetzt, italienische mit Stil und französische mit Chic."[17] Kein Land hat jedenfalls ein Monopol auf den besten Ruf seiner Produkte oder Dienstleistungen oder eine generell schlechte Reputation. Desgleichen haben die Einwohner eines Landes natürlich auch individuelle Einstellungen zu verschiedenen Ländern und der Wichtigkeit, die sie dem Herkunftsland eines Produktes oder einer Dienstleistung zuschreiben. Wenn ein Land Qualitätsprodukte erzeugt, die trotzdem als Produkte von niedriger Qualität betrachtet werden, gibt es zwei Alternativen. Eine ist der Versuch, den ausländischen Ursprung der Produkte zu verdecken oder zu verkleiden. Verpackung, Beschriftung und Produktdesign können den ausländischen Ursprung maskieren. Eine Markenpolitik, die einen lokalen Namen verwendet, wird eine inländische Identität des Produktes unterstützen. Die andere Alternative ist, die ausländische Identität des Produktes beizubehalten und die Einstellung der Konsumenten gegenüber dem Produkt zu ändern. Nach einer Weile, wenn die Konsumenten die höhere Qualität erkannt haben, wird sich die Wahrnehmung gegenüber dem Produkt ändern und anpassen. Unglücklicherweise ist das ein sehr schwieriger Prozeß, weil die Wahrnehmung von Qualität oft stark von der Realität abweicht.

In einigen Marktsegmenten haben ausländische Produkte einen großen Vorteil gegenüber inländischen Produkten, weil sie einfach aus einem anderen Land stammen. Das ist beispielsweise mit Bier in den Vereinigten Staaten so. In einer Studie bewerteten Personen anhand eines Blindtests inländisches Bier besser als importiertes. Dieselben

Personen wurden dann in einem offenen Test befragt, bei dem man die Etiketten der Marken sehen konnte. In diesem Test bevorzugten die Probanden ausländisches Bier.

Es ist eine günstige Situation für den globalen Marketingmanager, wenn der ausländische Ursprung des Produkts einen positiven Einfluß auf die Wahrnehmung der Qualität hat. Eine Möglichkeit, die Präferenz für ausländische Produkte zu verstärken ist, das Produkt zu einem sehr hohen Preis anzubieten, um die Assoziation von Preis und Qualität auszunützen. Die relative Position im Vergleich zur Position zum Heimatmarkt von importiertem Bier im gehobeneren US-Biermarkt ist ein gutes Beispiel für diese Positionierungsstrategie. Auf ähnliche Weise feiert Anheuser-Busch großen Erfolg mit seiner Marke Budweiser in Europa. In Großbritannien, wo es als hochpreisiges Bier positioniert ist, wird Budweiser um den zweifachen US-Preis verkauft.

11.9 Geographische Expansion – Strategische Alternativen

Unternehmen können auf drei verschiedene Weisen wachsen. Die erste Möglichkeit besteht in der intensiveren Bearbeitung bestehender Marktsegmente (Marktpenetration), um Marktanteile zu erhöhen. Die zweite Alternative ist die Erweiterung des Produktsortiments, um neue Zielgruppen anzusprechen (Differenzierung bzw. Marktschaffung). Beide Strategien lassen sich im nationalen Markt anwenden. Darüber hinaus kann ein Unternehmen wachsen, indem es seine bereits existierenden Geschäftsbeziehungen in neue Länder und Gebiete der Erde ausweitet. Diese Methode der geographischen Expansion ist eine der Hauptmöglichkeiten des globalen Marketing. Um die geographische Expansion effektiv durchzuführen, kann man verschiedene Alternativen wählen. Grundsätzlich kann ein Unternehmen auf seiner bestehenden Produktpalette mit oder ohne Anpassungen aufbauen, oder komplett neue Produkte und Dienstleistungen für den globalen Markt entwickeln. Abbildung 11.2 zeigt verschiedene Alternativen auf.

Abbildung 11.2: Strategische Alternativen in der Produktpolitik bei der Expansion in globale Märkte

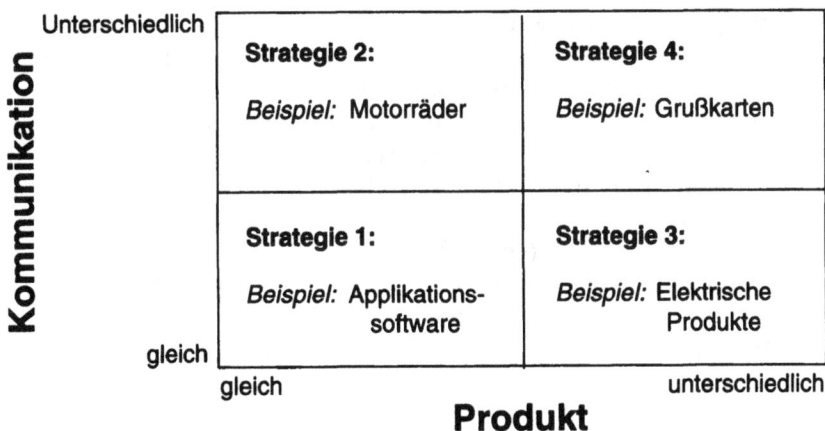

11.9.1   Strategie 1: Gleiches Produkt – gleiche Kommunikation (Duale Erweiterung)

Viele Unternehmen verwenden die Duale-Erweiterungs-Strategie, um Möglichkeiten außerhalb des Heimatmarktes zu verfolgen. Unter den richtigen Bedingungen ist das die einfachste Strategie und in vielen Fällen auch die profitabelste. Unternehmen, die diese Strategie verfolgen, verkaufen exakt dieselben Produkte oder Dienstleistungen in einigen oder allen Weltmarktländern oder -segmenten mit denselben Kommunikationsmaßnahmen, wie sie im Heimatland verwendet werden. Diese Strategie wird von Unternehmen in verschiedenen Phasen ihrer Internationalisierung angewendet. Für manche Unternehmen erwächst die Duale-Erweiterungs-Strategie aus einer ethnozentrischen Orientierung. Diese Unternehmen gehen von der Annahme aus, daß alle Märkte gleich sind. Erfahrenere Unternehmen treffen solche Annahmen nicht. Diese geozentrische Orientierung erlaubt ihnen, die Märkte im Ganzen zu verstehen und bewußt Vorteile aus den Ähnlichkeiten der Weltmärkte zu ziehen.

Manche Marketingmanager haben auf die harte Tour gelernt, daß der Duale-Erweiterungs-Ansatz nicht in jedem Land funktioniert. Als Campbell Soups versuchte, seine Tomatensuppe in England zu verkaufen, fand das Unternehmen erst nach großen Verlusten heraus, daß Engländer anders als Amerikaner einen bitteren Geschmack bei Suppen bevorzugen. Glücklicherweise lernte Campbell seine Lektion und war danach in Japan sehr erfolgreich, indem man dort sieben verschiedene Suppenarten, unter anderem auch eine Maissuppe, die speziell für den japanischen Markt entwickelt wurde, anbot. Eine andere amerikanische Firma investierte mehrere Millionen € in einen erfolglosen Versuch, sich am englischen Kuchenmixmarkt zu etablieren. Das Unternehmen bot Kuchen im amerikanischen Stil mit Zuckerguß an. Nach der Markteinführung des Produktes fand man heraus, daß die Briten ihren Kuchen zur Teezeit essen. Der Kuchen, den sie bevorzugen, ist trocken und kann gut mit der linken Hand gegessen werden, während die rechte eine Tasse Tee hält. Eine andere amerikanische Firma, die Kuchenmixprodukte in Großbritannien verkaufen wollte, versammelte ein Gruppe englischer Hausfrauen und bat sie, ihren Lieblingskuchen zu backen. So lernte man den britischen Kuchengeschmack kennen. Dieses Unternehmen entwickelte einen trockenen Kuchenmix und erreichte so einen großen Anteil am britischen Kuchenmarkt.

Diese Strategie ist für globale Unternehmen sehr interessant, weil sie sehr kostensparend ist. Die beiden besten Möglichkeiten, Geld zu sparen, sind Skalenerträge durch einheitliche Produktion und die Vermeidung von mehrfachen F&E-Kosten. Außerdem sind die wirtschaftlichen Überlegungen im Zusammenhang mit der Standardisierung von Marketingkommunikation sehr wichtig. Für ein Unternehmen mit weltweiter Geschäftstätigkeit können die Kosten für die Vorbereitung von unterschiedlichen Print- und TV-Spots enorm sein. Obwohl diese Kosteneinsparungen wichtig sind, sollten die Verantwortlichen nicht auf die wichtige Zielsetzung der Profitmaximierung vergessen, die oft eine Veränderung der Produkt- und Kommunikationspolitik erfordert. Wie wir gesehen haben, kann eine simple Übertragung des Produktprogrammes trotz der sofortigen Kostenersparnis in einem Versagen am Markt enden.

11.9.2 Strategie 2: Gleiches Produkt – angepaßte Kommunikation (Produkterweiterung, Kommunikationsanpassung)

Wenn ein Produkt oder eine Dienstleistung unterschiedliche Bedürfnisse erfüllt, unterschiedliche Segmente anspricht oder unterschiedliche Zweck verwendet wird als im Heimatmarkt, dann wird die Marketingkommunikation für den neuen Markt angepaßt. Motorräder sind ein Beispiel für Produkte, die mit diesem Ansatz vermarktet werden. Sie erfüllen Freizeitbedürfnisse in Europa, dienen aber als einziges oder urbanes Fortbewegungsmittel in vielen anderen Ländern. Auf dieselbe Weise werden Außenbordmotoren in Ländern mit hohen Einkommen auf dem Freizeitmarkt verkauft, in Ländern mit niedrigen Einkommen vor allem an Fisch- und Transportflotten. Ein anderes Beispiel sind Unternehmen, die sich entschlossen haben, ihre Garten- und Rasenprodukte in Entwicklungsländern als landwirtschaftliche Produkte zu vermarkten.

Wie diese Beispiele zeigen, resultiert diese strategische Option geplant oder zufällig in einer Veränderung des Produkts. Dasselbe Produkt wird letzlich anders als ursprünglich gedacht in einer neuen Funktion verwendet.

Die Attraktivität dieser Strategie erklärt sich durch die relativ geringen Kosten der Implementation. Da sich das Produkt in dieser Strategie nicht ändert, werden Kosten für F&E, Werkzeuge, Produktions- und Lagerkosten, die mit der Produktlinie in Verbindung stehen, vermieden.

Die einzigen Kosten, die diese Strategie verursacht, sind Kosten zur Identifizierung der unterschiedlichen Produktfunktionen und der Veränderung der Marketingkommunikation (inklusive Werbung, Verkaufsförderung und Verkaufsmaterial), um die neuen Funktionen zu kommunizieren.

11.9.3 Strategie 3: Verändertes Produkt – gleiche Kommunikation (Produktanpassung – Kommunikationserweiterung)

Ein dritter Ansatz zur geographischen Expansion ist es, die Kommunikationslinie vom Heimmarkt zu übernehmen, während man die Produkte und Dienstleistungen den lokalen Anwendungsgewohnheiten und Präferenzen anpaßt. Exxon/Esso wendet diese Strategie an. Das Unternehmen paßte seine Zusammensetzung von Benzin den Wetterbedingungen der verschiedenen Märkte an, während die Werbebotschaft ohne Änderungen übernommen wurde.

Es gibt sehr viele Beispiele für Produkte, die unter verschiedenen Bedingungen die gleiche Funktion rund um den Erdball erfüllen. Seife- und Reinigungsmittelhersteller haben ihre Produkte lokalem Wasser und unterschiedlichen Verwendungsumständen angepaßt, ohne ihre Grundkommunikation zu verändern. Haushaltsartikel werden unterschiedlichen Verwendungen angepaßt, ebenso wie Nahrungsmittel beispielsweise.

11.9.4 Strategie 4: Verändertes Produkt – veränderte Kommunikation (Duale Anpassung)

Manchmal bemerken Marketingmanager beim Vergleich eines neuen Marktes mit dem Heimmarkt, daß sich Umweltbedingungen oder Konsumentenpräferenzen unterscheiden. Dasselbe gilt für die Funktion, die ein Produkt oder eine Dienstleistung erfüllt oder die Empfänglichkeit der Konsumenten für Werbung. Im wesentlichen empfiehlt sich dann dies eine Kombination von Strategie 1 und 2.

Unilevers Erfahrungen mit einem Weichspüler in Europa sind ein gutes Beispiel für den klassischen, multinationalen Weg für Anpassung. Jahrelang wurde das Produkt in 10 verschiedenen Ländern unter 7 Markennamen mit unterschiedlichen Verpackungen und Marketingstrategien verkauft. Durch Unilevers dezentralisierte Struktur bedeutet das, daß Produkt- und Marketingentscheidungen den einzelnen Ländermanagern überlassen waren. Sie wählten Namen für das Produkt, die in der lokalen Sprache angenehm klangen, und Verpackungen, die die Konsumenten ansprachen. Der Konkurrent Procter & Gamble hingegen führte seine Konkurrenzprodukte mit einer paneuropäischen Strategie ein, standardisierte Produkte mit einheitlichem Namen, und ging davon aus, daß der europäische Markt in sich ähnlicher ist, als es Unilever annahm. Unilevers europäische Brandmanager reagierten auf diese Strategie, indem sie langsam eine Standardisierung ihrer Produkte vorantrieben.[18]

Hallmark, American Greetings und andere amerikanische Hersteller von Grußkarten haben sich ernsthaft mit den Marktchancen und den unterschiedlichen Präferenzen in Europa auseinandergesetzt. In Europa hat eine Grußkarte die Funktion, dem Sender der Karte die Möglichkeit zu geben, eine Nachricht zu verfassen und muß daher Platz für eine persönliche Mitteilung bieten. Im Gegensatz dazu sind in den USA Grußkarten mit vorgedruckten Nachrichten versehen. In europäischen Geschäften werden die Karten von den Kunden oft in die Hand genommen, was dazu führt, daß man sie in Zellophanhüllen verpacken muß. Aus diesem Grund haben amerikanische Hersteller, die eine Anpassungsstrategie durchführen wollten, ihre Produkt- und ihre Marketingkommunikation auf diese Umfeldunterschiede abgestimmt.

Manchmal wird ein Unternehmen alle vier Strategien zur selben Zeit anwenden, wenn es ein Produkt in verschiedenen Teilen der Welt vermarktet. So verwendet H.J. Heinz beispielsweise eine Mischung von verschiedenen Strategien im Marketing von Tomatenketchup. Während die Duale-Erweiterungs-Strategie in England angewendet wird, sind geschmacksintensivere, schärfere Produktvariationen in Zentraleuropa und Schweden beliebter. Die Werbeplakate in Frankreich zeigten einen Cowboy, der mit seinem Lasso eine Flasche Ketchup einfängt, und erinnerten den Kunden so an die amerikanische Abstammung des Produkts. Die schwedischen Werbeplakate übermittelten eine eher kosmopolitische Aussage, indem sie Heinz als den „Geschmack der großen Welt" vermarkteten. Sie zeigten bekannte Sehenswürdigkeiten wie den Eiffelturm und verschleierten so den Ursprung des Produkts.[19]

11.9.5 Strategie 5: Produktentwicklung

Anpassungsstrategien sind sehr wirkungsvolle Methoden für das internationale und das multinationale Marketing aber es kann sein, daß sie nicht mit globalen Marketingmöglichkeiten verbunden werden können. Sie lassen sich nicht in Situationen anwenden, in denen die Kunden nicht die Kaufkraft haben, das vorhandene oder ein angepaßtes Produkt zu erstehen. Das ist vor allem in Entwicklungsländern der Fall, die ungefähr drei Viertel der Weltbevölkerung ausmachen. Wenn potentielle Kunden nur über beschränkte Kaufkraft verfügen, muß ein Unternehmen möglicherweise ein völlig neues Produkt oder eine Dienstleistung entwickeln, das die Bedürfnisse und Wünsche des potentiellen Kunden auf einem für sie leistbaren Preisniveau befriedigt. Produktentwicklung ist eine aufwendige, aber oft sehr ertragreiche Produkt- und Dienstleistungsstrategie, um den Massenmarkt in Entwicklungsländern zu erreichen.

Die Gewinner im globalen Wettbewerb sind jene Unternehmen, die Produkte und Dienstleistungen entwickeln, die den größten Nutzen liefern und so in weiterer Folge dem Kunden den größten Wert bieten. In manchen Fällen wird Wert nicht durch Leistung definiert, sondern durch die Einschätzung des Kunden. Das ist für Produkte, wie beispielsweise teure Parfums oder Champagner, genauso wichtig wie für eine billige Limonade. Die Qualität von Produkten und Dienstleistungen ist sehr wichtig, aber ebenso entscheidend ist es, diese mit phantasievoller und wertschaffender Werbe- und Marketingkommunikation zu unterstützen. Viele Industrieexperten glauben, daß ein globaler Ansatz und globale Marketingkampagnen besser dazu geeignet sind, eine Werteinschätzung beim Kunden zu schaffen, als voneinander getrennte nationale Kampagnen.

Colgate verfolgte diese Strategie, indem es Total entwickelte, eine neue Zahnpasta, deren Zusammensetzung, Symbolik und letztlich Attraktivität für den Konsumenten von Beginn an darauf abzielte, nationale Grenzen zu überschreiten. Das Produkt wurde in 6 Ländern getestet, von denen jedes einzelne ein unterschiedliches Kulturprofil hatte: Philippinen, Australien, Kolumbien, Portugal, Griechenland und Großbritannien. Total wird heute in 75 Ländern verkauft und generiert € 80 Millionen an Einnahmen. Laut John Steel, verantwortlich für globale Geschäftsentwicklung bei Colgate, war der Erfolg von Total ein Ergebnis der Anwendung eines fundamentalen Marketingprinzips: „Es sind die Konsumenten, die eine Marke machen oder zerstören." „Es gibt keine Konsumenten in der Park Avenue, wo sich die Unternehmenszentrale befindet. Eine globale Marke bietet viel mehr Möglichkeiten als eine lokale Marke", erklärt Steel. „Man kann die besten Werbeleute der Welt mit einer Frage beschäftigen, die besten Forscher und die besten Fähigkeiten des Unternehmens auf etwas wirklich Globales konzentrieren. Dann rechnen sich die Kosten für Forschung und Entwicklung, die hohen Verpackungs- und Werbekosten, und man kann die Fähigkeiten des Unternehmens effektiver nützen."[20]

11.9.6 Auswahl der Strategie

Viele Unternehmen suchen eine Produkt- oder Dienstleistungsstrategie, um die Gewinne des Unternehmens langfristig zu optimieren. Welche globale Marktstrategie ist dafür die beste? Es gibt leider keine allgemeine Antwort auf diese Frage. Die Antwort hängt vom Produkt-Markt-Mix ab.

Kulturfragen sind insbesondere bei Konsumgütern und Dienstleistungen wichtiger als bei Industrieprodukten. Eine Faustregel ist die, daß bei Nahrungsmitteln kulturelle Unterschiede am wichtigsten sind. Das bedeutet für Manager, daß manche Produkte oder Dienstleistungen von Natur aus eine Anpassung verlangen. Manche benötigen nur eine teilweise Veränderung, und wieder andere sollten überhaupt nicht verändert werden.

Zusammenfassend ist zu sagen, daß die Wahl der Produkt- und Kommunikationsstrategie im internationalen Marketing durch drei Faktoren beeinflußt wird:

- Dem Produkt oder der Dienstleistung selbst, definiert durch die Funktion oder die Bedürfnisse, die sie erfüllen.

- Dem Markt, definiert durch die Bedingungen, unter denen das Produkt oder die Dienstleistung benützt werden, die Präferenzen von möglichen Kunden und deren Fähigkeiten, die besagten Produkte oder Dienstleistungen zu konsumieren.

- Den Kosten der Anpassung für das Unternehmen, um diese Produkt- und Kommunikationsansätze durchzuführen. Nur nach Analyse der Produkt- und Marktfähigkeit und der Möglichkeiten und Kosten, die dem Unternehmens entstehen, können die Verantwortlichen die gewinnträchtigste internationale Strategie wählen.

AUF DEN PUNKT GEBRACHT

- Wenn ein Unternehmen durch Marktexpansion wächst, bedeutet das, daß es bereits existierende Märkte bearbeitet, um seinen Marktanteil zu erhöhen, oder es erweitert die Produkt- oder Dienstleistungslinie in einem neuen Marktsegment in einem einzelnen nationalen Markt.

- Wenn ein Unternehmen durch geographische Expansion wächst, bedeutet das, daß die bereits existierenden Geschäftsbeziehungen des Unternehmens auf neue Länder und Gebiete erweitert werden.

- Die einfachste und gewinnträchtigste Strategie der geographischen Expansion ist die duale Erweiterung. Das Unternehmen verkauft exakt das gleiche Produkt oder die gleiche Dienstleistung im Ausland und verwendet dabei dieselbe Kommunikationsstrategie wie im Heimatland.

- Das Gegenteil der Dualen-Erweiterungs-Strategie ist die Duale-Anpassungs-Strategie. Sie wird verwendet, wenn die Umweltbedingungen, die Präferenzen der Konsumenten und die Empfänglichkeit der Konsumenten für Werbung und Promotion in neuen Märkten sich sehr von denen des Heimatmarktes unterscheiden. Hier müssen Unternehmen das Produkt oder die Dienstleistung sowie die Marketingkommunikation anpassen.

11.10   Neue Produkte und Dienstleistungen im globalen Marketing

Es ist bekannt, daß ein konstantes Angebot an neuen Produkten und Dienstleistungen und ihre erfolgreiche Einführung im Markt der Schlüssel zum Überleben und Wachstum eines Unternehmens sind. Studien belegen jedoch, daß 50% aller neuen Produkte und Dienstleistungen in ihrem Kommerzialisierungsprozeß fehlschlagen. Warum aber überleben so viele neue Produkte nicht?

In manchen Fällen ist der Produktentwicklungsprozeß fehlerhaft. In anderen Fällen ist das Produktkonzept schlecht durch die Marktforschung unterstützt. In wieder anderen Fällen sind der Markteinführungsprozeß und seine Durchführung für den Fehlschlag entscheidend.

Auf jeden Fall betont die Fehlerstatistik eindeutig den Bedarf nach genauer Überwachung des Produkt-, Dienstleistungsentwicklungs- und Kommerzialisierungsprozesses durch das Management.

Was ist ein neues Produkt oder eine neue Dienstleistung? Neuheit kann durch das Produkt selbst, das Unternehmen und den Markt definiert werden. Das Produkt oder die Dienstleistung kann beispielsweise eine komplett neue Entwicklung oder Innovation sein, wie der Videorecorder oder die Compact Disc. Es kann eine Erweiterung der Produktlinie sein (eine Veränderung eines schon existierenden Produktes) wie z.B. Coca-Cola Light. Neuheit kann auch organisatorisch sein, wenn ein Unternehmen ein Produkt oder eine Dienstleistung einsetzt, mit der es noch keinerlei Erfahrung besitzt. Letztlich kann ein Produkt, obwohl es für das Unternehmen nicht neu ist, einfach neu für einen bestimmten Markt sein.

11.10.1 Identifizierung von neuen Produktideen

Ein Informationssystem, das neue Produkte und Dienstleistungsideen in allen möglichen Quellen und Kanälen sucht, stellt den Ausgangspunkt eines effizienten weltweiten Neuprodukt- und Dienstleistungsprogramms dar.

Die für das Unternehmen in Frage kommenden Ideen werden in Entscheidungszentren innerhalb der Organisation überprüft. Es gibt sehr viele Quellen für neue Produkt- und Dienstleistungsideen, z.B. Kunden, Anbieter, Angestellte, Verkaufspersonal, Händler und Agenten, Angestellte von Tochtergesellschaften, Mitarbeiter der Unternehmenszentrale, Dokumente (z.B. Serviceberichte und Publikationen) und, nicht zu vergessen, Beobachtungen der Marktumwelt aus erster Hand.

11.10.2 Eine Abteilung für internationale Neuproduktentwicklungen

Wie schon angemerkt ist ein sehr großer Fluß an Information notwendig, um neue Produktmöglichkeiten zu untersuchen. Danach werden beträchtliche Anstrengungen erforderlich, um aus diesen Möglichkeiten Kandidaten für die Produktentwicklung herauszufiltern. Eine organisatorische Form, diese Anforderungen zu erfüllen, ist die Gründung einer Abteilung für neue Produkte. Diese Abteilung hat vier verschiedene Funktionen: Sie soll sicherstellen, (1) daß alle relevanten Informationsquellen auf neue Produktideen untersucht werden; (2) diese Ideen danach auf erfolgversprechende Kandidaten weiter einschränken, um (3) ausgewählte Produktideen zu finden und zu analysieren sowie (4) sicherzustellen, daß das Unternehmen vielversprechenden Produktideen Ressourcen zur Verfügung stellt und so ständig ein Programm für neue Produkteinführungen und -entwicklungen auf weltweiter Basis führt.

Mit der großen Zahl von möglichen neuen Produkten haben die meisten Unternehmen Ausleseverfahren eingeführt, um die Ideen, die sich für eine Weiterverarbeitung am besten eignen, herausfiltern zu können. Die folgenden Fragen sind von Bedeutung:

1. Wie groß ist der Markt für dieses Produkt mit unterschiedlichen Preisen?

2. Welche Schritte könnte die Konkurrenz als Reaktion auf die Produktaktivitäten setzen?

EUROPÄISCHER BLICKWINKEL

DAS GRÖSSTE FLUGZEUG DER WELT ...

Wenn es um die Einführung von neuen Produkten geht, sind wenige Geschäftsbereiche riskanter als die zivile Luftfahrt. Flugzeuge zu entwickeln, kostet Milliarden. Sie sollen zudem eine Generation lang im Dienst sein. Boeing riskierte das eigene Unternehmen, als es die 747 auf den Markt brachte. Das Projekt kostete € 1 Milliarde, 2,5 mal den Wert des Unternehmens.

Die Konkurrenz von Boeing, Lockheed und McDonnell Douglas, riskierte ebenfalls viel und verlor. Ihre Großraumjets Tristar und DC 10 brachten keinen Groschen ein. Lockheed gab das Zivilfluggeschäft auf, und McDonnell Douglas wurde von Boeing übernommen. 1970 gründete ein Konsortium von europäischen Unternehmen die Airbus Industrie und setzte damit den Wendepunkt in der internationalen Luftfahrtindustrie. In den vergangenen 20 Jahren beanspruchte das europäische Konsortium den mächtigen Marktanteil von Boeing. Boeing lukrierte für gewöhnlich zwei Drittel der Aufträge, aber 1999 erhielt Airbus 55% aller vergebenen Aufträge. Boeing liegt nur bei den größten 747 vorne. Bis vor kurzem genügte es Airbus, der 747 nur mit größeren Versionen des Langstreckenflugzeugs A340 Konkurrenz zu machen. Das neueste Modell, das nun bald in Produktion geht, kann 385 Passagiere befördern. Virgin Atlantic wird Flüge in einer A340 anbieten, die mit Schlafkojen im Hauptdeck ausgestattet ist, in denen Passagiere auf dem zukünftigen Nachtflug zwischen London und Buenos Aires schlafen können.

Aber auch Airbus ist entschlossen, im oberen Segment zu attackieren. Noel Forgeard, CEO von Airbus, schätzt, daß es in den nächsten 20 Jahren einen Markt für 1.400 Superjumbos geben wird, die 550 bis 660 Passagiere befördern können. Aus diesem Grund beginnt Airbus, das in Besitz von Aerospatiale (Frankreich), Daimler-Chrysler Aerospace (Deutschland), British Aerospace (Großbritannien) und CASA (Spanien) ist, an seinem Superjumbo A3XX zu arbeiten. Insgesamt arbeiten in den Partnerunternehmen und in der Firmenzentrale in Toulouse ungefähr 1.000 Personen am Design dieses großen Flugzeugs. Airbus-Lobbyisten bitten ihre Regierungen um Kredite, um das Flugzeug auf den Markt bringen zu können.

Von den € 5 Milliarden, die es kosten wird, um die A3XX abheben zu lassen, wird schätzungsweise ein Drittel von Airbus, ein Drittel von Partnern, wie Alenia (Italien), Saab Aircraft (Schweden) und einem japanischen Unternehmen, und das letzte Drittel von europäischen Regierungen aufgebracht. Laut einer Vereinbarung, die 1992 mit den USA unterzeichnet wurde, können sich Regierungen bis zu diesem Anteil an den Kosten eines neuen Flugzeugs beteiligen. Die Produktion des A3XX könnte Ende 2000 beginnen und 2005 wäre der frühestmögliche Zeitpunkt, an dem der A3XX fliegen könnte. Der Zeitplan für die Einführung hat sich jedoch verschoben, nachdem die Fluglinien aufgrund des Rückgangs der Asienreisen kalte Füße bekamen. Boeing schätzt solche Verspätungen, denn je später der A3XX auf den Markt kommt, umso länger kann Boeing Monopolgewinne genießen.

Quellen: „For their Next Trick: Airbus may be about to Challenge the Jumbo Jet's 30-Year-old Monopoly." *The Economist,* 27.März 1999; Airbus Industrie, „Another Record Year for Airbus Industrie." http://www.airbus.com/about.html; „How Airbus Could Rule the Skies." *Business Week,* 2. August 1999; „Up, up, and Away at Least for Airbus?", *Business Week,* 9. Februar 1998.

3. Kann das Produkt mit der existierenden Struktur vermarktet werden? Wenn nicht, welche Veränderungen und welche Kosten sind dafür notwendig?

4. Schätzungen der potentiellen Nachfrage für das Produkt mit spezifizierten Preisen auf Konkurrenzebene. Kann das Produkt noch zu Kosten hergestellt werden, die adäquaten Profit ermöglichen?

5. Paßt das Produkt in den strategischen Entwicklungsplan?

   - Stimmt das Produkt mit den Zielen überein?
   - Stimmt das Produkt mit den möglichen Ressourcen überein?
   - Stimmt das Produkt mit der Managementstruktur überein?
   - Hat das Produkt globales Potential?

11.10.3 Produkt- und Dienstleistungstests in nationalen Märkten

Die Hauptlektion einer neuen Produkt- oder Dienstleistungseinführung außerhalb des Heimatmarktes ist, daß bei einem Produkt, wann immer es mit menschlichen, mechanischen oder chemischen Elementen in Berührung kommt, die Möglichkeit für eine überraschende und unerwartete Reaktion besteht. Nachdem diese Beschreibung auf beinahe jedes Produkt zutrifft, ist es wichtig, das Produkt unter den aktuellen Marktbedingungen zu testen, bevor man es auf dem Markt einführt. Dieser Test inkludiert nicht notwendigerweise einen Marketingtest. Es kann auch nur eine Beobachtung der Produkt- oder Dienstleistungsanwendung im Zielmarkt sein.

AUF DEN PUNKT GEBRACHT

- Neue Produkte und Dienstleistungen können unterteilt werden in:
  - Neu für den Konsumenten und neu für das Unternehmen (Produkt- oder Dienstleistungsinnovation)
  - Neu für den Konsumenten, aber nicht neu für das Unternehmen (Erweiterung der Produktions- und Dienstleistungslinie)
  - Nicht neu für den Konsumenten, aber neu für das Unternehmen (Produkt- oder Dienstleistungsinnovation)

Fortsetzung auf der nächsten Seite

- Der Produktentwicklungsprozeß besteht aus vier kritischen Schritten: (1) die permanente Identifikation mit den neuen Produktideen, (2) die Auswahl dieser Ideen und die Identifizierung vielversprechender Kandidaten für eine weitere Untersuchung, (3) die genaue Untersuchung und Analyse der ausgewählten Produktideen, (4) eine Organisation mit ausreichenden Ressourcen.
- Der Test eines Produktes oder einer Dienstleistung unter realen Marktbedingungen vor einer generellen Markteinführung ist bei Produkten, die auf globalen Märkten eingeführt werden sollen, noch deutlich wichtiger und kritischer als bei einer Einführung auf einem lokalen/nationalen Markt.

11.11   Zusammenfassung

Produkte und Dienstleistungen sind die wichtigsten Elemente eines Marketingprogramms. Globale Marketingmanager sehen sich mit der Herausforderung konfrontiert, eine einheitliche globale Produkt- und Dienstleistungsstrategie für ihre Unternehmen zu formulieren. Produkt- und Dienstleistungsstrategien verlangen eine Evaluierung der Grundbedürfnisse und Bedingungen ihrer Verwendung in den bestehenden und zukünftigen Märkten des Unternehmens. Wann immer es möglich ist, sollte der globalen Vermarktung von Produkten und Dienstleistungen gegenüber der Vermarktung von lokalen oder internationalen Produkten der Vorzug gegeben werden.

Marketingmanager müssen vier Faktoren beachten, wenn sie ein neues Produkt oder eine neue Dienstleistung für den globalen Markt entwickeln: Konsumentenpräferenzen, Kosten, rechtliche Regelungen und Kompatibilität. Einstellungen gegenüber dem Herkunftsland des Produkts müssen auch in Betracht gezogen werden. Es gibt fünf Strategien, um eine geographische Erweiterung durchzuführen:

1. Produkt- / Kommunikationserweiterung
2. Produkterweiterung / Kommunikationsanpassung
3. Produktanpassung / Kommunikationserweiterung
4. duale Anpassung
5. Produktentwicklung

Globaler Wettbewerb zwingt Unternehmen, im Bereich der Produkt- und Dienstleistungsentwicklung Höchstleistungen zu erbringen. Es gibt unterschiedliche Ansichten, was ein neues Produkt oder eine neue Dienstleistung ausmacht. Die schwierigste Art, ein neues Produkt oder eine neue Dienstleistung einzuführen, ist sicher die, mit einem Produkt oder einer Dienstleistung einen Markt zu betreten, auf dem das Unternehmen wenig oder gar keine Erfahrung hat. Erfolgreiche globale Produkt- und Dienstleistungseinführung benötigt interne Kommunikation und den Austausch von Ideen. Ein erfolgreiches Unternehmen muß Wissen über vergangene Aktivitäten, erfolgreiche und erfolglose, sammeln und weitergeben. Die Durchführung von vergleichenden Analysen verstärkt die Effektivität von Marketingaktivitäten in der ganzen Welt.

11.12 Diskussionsfragen

1. Was sind die Unterschiede zwischen Dienstleistungen und Produkten? Welches sind die strategischen Auswirkungen dieser Unterschiede?

2. Was ist der Unterschied zwischen einem Produkt oder einer Dienstleistung und einer Marke?

3. Was sind die Unterschiede zwischen lokalen, internationalen und globalen Produkten oder Marken? Nennen Sie Beispiele.

4. Welche Kriterien sollten globale Marketingfachleute beachten, wenn sie Produkt- oder Dienstleistungsentwicklungsentscheidungen treffen?

5. Wie kann die Einstellung der Käufer bezüglich des Ursprungslands eines Produkts die Marketingstrategie beeinflussen?

6. Nennen Sie verschiedene globale Marken. Welches sind die Gründe für den globalen Erfolg der Marke, die Sie gewählt haben?

7. Beschreiben Sie kurz die verschiedenen Kombinationen von Produkt-/Kommunikationsstrategien, die von globalen Marketingfachleuten angewendet werden? Wann sollten sie eingesetzt werden?

11.13 Webmistress's Hotspots

Netscape Yellow Pages
Hier kann man Unternehmen in 144 Ländern und Links zu den Gelben Seiten fast aller Länder finden.
http://www.netscape.com/netcenter/yellowpages.html

Europages: The European Business Directory
Diese Seite bietet Information über 500.000 Unternehmen in 30 europäischen Ländern. Man kann nach Produkt/Dienstleistung oder nach dem Firmennamen suchen. Man kann auch Kataloge geordnet nach Industrien durchsehen.
http://www.europages.com/

Homepage von Trade Show Central
TSCentrals Homepage bietet eine gute Zusammenfassung von Handelsmessen und Ausstellungen in der ganzen Welt.
http://www.tscentral.com/

Webpage von USITC – Industry Information (United States International Trade Commission)
Gute Linksammlung nach Industrie oder Produkten sortiert, beispielsweise Regierungsquellen, Industriedatenbanken, Patentinformationen und Industrie- oder produktbezogene Publikationen und Querverweise.
http://www.usitc.gov/tr/INDUSTR2.HTM

Homepage von KOMPASS
Diese Business-to-Business-Suchmaschine bietet Information über 1,5 Millionen Unternehmen, 23 Millionen Kernprodukte und Dienstleistungsreferenzen und 2,9 Millionen Namen von Entscheidungsträgern, sowie 600.000 Handels- und Markennamen in nahezu 70 Ländern.
http://www.kompass.com/

11.14   Weiterführende Literatur

Anderson, Kym und Richard Blackhurst (Hrsg.) Regional Integration and the Global Trading System. New York: Harvester/Wheatsheaf, 1993.

Atkinson, Glenn und Ted Oleson. "Europe 1992: From Customs Union to Economic Community." *Journal of Economic Issues*, 28 (Dezember 1994): S.977-995.

Axline, W. Andrew. The Political Economy of Regional Cooperation. London: Pinter, 1994.

Bakos, Gabor. "After COMECON: A Free Trade Area in Central Europe?" *Europe-Asia Studies*, 45, 6 (1993): S.1025-1044.

Banks, Philip. "India: The New Asian Tiger?" *Business Horizons*, 38 (Mai 1995): S.47-50.

Bernal, Richard L. "From NAFTA to Hemispheric Free Trade." *The Columbia Journal of World Business*, 29 (Herbst 1994): S.22-31.

Cosgrove, Carol. "Has the Lomé Convention Failed ACP Trade?" *Journal of International Affairs*, 48 (Sommer 1994): S.223-249.

Curry, Robert L., Jr. "A Case for Further Collaboration between the EU and ASEAN." *ASEAN Economic Bulletin*, 11 (November 1994): S.150-157.

Czinkota, Michael R. "The World Trade Organization—Perspectives and Prospects." *Journal of International Marketing*, 3, 1 (1995): S.85-91.

De Melo, Jaime und Arvind Panagariya. New Dimensions in Regional Integration. Oxford: Oxford University Press, 1993.

Granell, Francisco. "The European Union's Enlargement Negotiations with Austria, Finland, Norway and Sweden." *Journal of Common Market Studies*, 33 (März 1995): S.117-141.

Healey, Nigel M. "The Transition Economies of Central and Eastern Europe: A Political, Economic, Social and Technological Analysis." *The Columbia Journal of World Business*, 29 (Frühjahr 1994): S.62-70.

Koch-Weser, Caio. "Economic Reform and Regional Cooperation: A Development Agenda for the Middle East and North Africa." *Middle East Policy*, 2, 2 (1993): S.28-36.

Krum, James R. und Pradeep A. Rau. "Organizational Responses of U.S. Multinationals to EC-1992: An Empirical Study." *Journal of International Marketing*, 1, 2 (1993): S.49-70.

Kurus, Bilson. "The ASEAN Triad: National Interest, Consensus-Seeking, and Economic Cooperation." *Contemporary Southeast Asia*, 16 (März 1995): S.404-420.

Mascarehas, B. "The Founding of Specialist Firms in a Global Fragmenting Industry." *Strategic Management Journal*, 27 (1. Quartal 1996): S.27-42.

Miyoshi, Masao. "A Borderless World? From Colonialism to Transnationalism and the Decline of the Nation-State." *Critical Inquiry*, 19 (Sommer 1994): S.726-751.

Paribatra, Sukhumbhand. "From ASEAN Six to ASEAN Ten: Issues and Prospects." *Contemporary Southeast Asia*, 16 (Dezember 1994): S.243-258.

Ohmae, Kenichi. The End of the Nation State: The Rise of Regional Economies. New York: Free Press, 1995.

Rao, C. P. und Srivatsa Seshadri. "Industrial Buyers' Expectations of Supplier Attributes Across Developing Countries: Implications for Marketing Strategies." *The International Executive*, 38 (September/Oktober 1996): S.671-689.

Robson, Peter und Ian Wooton. "The Transnational Enterprise and Regional Economic Integration." *Journal of Common Market Studies*, 31 (März 1993): S.71-90.

Shaw, Timothy M. und Julius Emeka Okolo, (Hrsg.) The Political Economy of Foreign Policy in ECOWAS. London: Macmillan/St. Martin's Press, 1994.

Tuan, Hoang Anh. "Vietnam's Membership in ASEAN: Economic, Political, and Security Implications." *Contemporary Southeast Asia*, 16 (Dezember 1994): S.243-258.

Tyler, Gus. "The Nation-State vs. the Global Economy." *Challenge*, 36 (März 1993): S.26-32.

Wu, Friedrich. "The ASEAN Economies in the 1990s and Singapore's Regional Role." *California Management Review*, 34 (Herbst 1991): S.103-114.

Literaturverzeichnis

[1] http://www.int.the-body-shop.com/aboutus/ra99.pdf, (Mai 2000).

[2] Christopher A. Barlett, Kenton Elderkin und Krista McQuade, "The Body Shop International," *Harvard Business School Case Study,* (1991):S.2-4.

[3] Ibid.: S.3, Christina Robb, "Whole-Earth Beauty," *The Boston Globe,* 15. September 1990, S.15, Tara Rummell, "What's new at The Body Shop?," *Global Cosmetic Industry,* 165, 5 (1999): S.16-18.

[4] http://www.porsche.com/german/veranstaltungen/clubs/default.htm, (April 2000).

[5] Warren J. Keegan, Sandra Moriarty und Tom Duncan, *Marketing,* (Upper Saddle River, NJ: Prentice Hall, 1995).

[6] Donald Cowell. "The Marketing of Services.", S.35. London: Heinemann, 1984.

[7] Henry Assael, *Marketing: Principles & Strategies,* (Fort Worth: Dryden Press, 1993).

[8] Steven Greenhouse, "Carl Hahn's East German Homecoming," *The New York Times,* 23. September 1990, S.6, http://www.volkswagen-ir.de/deutsch/01/index.html, (Mai 2000).

[9] http://www.interbrand.com/valuebrands.html, (Mai 2000).

[10] A. E. Pitcher, "The Role of Branding in International Advertising," *International Journal of Advertising,* 4, (1985): S.244.

[11] Al Ries und Jack Trout. "Positioning: The Battle for Your Mind.", 44. New York: Warner Books, 1982.

[12] David A. Aaker und Gary Shansby, "Positioning Your Product," *Business Horizons,* Mai-Juni (1982): S.18-23.

[13] Ibid.

[14] Stuart Elliot, "Uncle Sam Is No Match for the Marlboro Man," *The New York Times,* 27. August 1995, S.11.

[15] Jagdish N. Shet. "Winning Back Your Market.", S.158. New York: Wiley, 1985.

[16] Teresa J. Domzal und Lynette Unger, "Emerging Positioning Strategies in Global Marketing," *Journal of Consumer Marketing*, 3 (1987): S.27-37.

[17] Dana Milbank, "Made in America Becomes a Boast in Europe," *The Wall Street Journal*, 19. Jänner 1994, S.B1.

[18] E. S. Browning, "In Pursuit of the Elusive Euroconsumer," Ibid. 23. April 1992, S.B2.

[19] Gabriele Stern, "Heinz Aims to Export Taste for Ketchup," Ibid.: S.B1,B9.

[20] P. Weisz, "Border Crossings: Brands Unify Image to Counter Cult of Culture," *Brandweek*, 31. Oktober 1994, S.24.

Kapitel 12

Globale Preispolitik

Der wahre Preis einer Sache ist die Mühe und Anstrengung sie zu kaufen.
– ADAM SMITH, WEALTH OF NATIONS, 1776

12.1 Zielsetzung des Kapitels

Nachdem Sie dieses Kapitel gelesen haben, wissen Sie mehr über:

- Die Komplexität der internationalen Preispolitik.
- Den Einfluß externer und interner Faktoren auf die Preisentscheidung.
- Die unterschiedlichen Methoden der Preisfestsetzung im internationalen Kontext.
- Faktoren, die die internationale Preisstandardisierung fördern bzw. hemmen
- Unterschiedliche Reaktionsmöglichkeiten auf Preisdumping eines Konkurrenten
- Die Kernfragen bei der Festsetzung konzerninterner Verrechnungspreise (Transferpreise) und die Rolle, die Steuerbehörden in verschiedenen Ländern in diesem Zusammenhang spielen.

In welchen Situationen hilft ein besseres Verständnis dieser Inhalte?

- Sie agieren auf einem internationalen Markt mit hohem Inflationsniveau und müssen Ihre Preise so festlegen, daß diese sowohl den Kundenerwartungen als auch Ihren eigenen Unternehmenszielen entsprechen.
- Sie steigen ins internationale Geschäft oder in einen bestimmten Auslandsmarkt ein. Deshalb wollen Sie wissen, welche unterschiedlichen Verfahren es gibt, Preise für internationale Märkte zu kalkulieren.
- Sie koordinieren die Finanzströme zwischen verschiedenen Niederlassungen eines multinationalen Unternehmens. Sie müssen daher sich mit Fragen eines „fairen" Transferpreises und der Einstellung der Steuerbehörden in den einzelnen Ländermärkten dazu beschäftigen.

12.2   Konzepte & Definitionen

Starres Kostenaufschlagsverfahren bedeutet, daß alle Kosten die beim internationalen Vertrieb eines Produktes entstehen, diesem Produkt zugerechnet werden.
Diese Praxis wird von Unternehmen angewandt, die neu im Exportgeschäft sind
und dieses kostendeckend führen wollen.

Flexibles Kostenaufschlagsverfahren: Preise werden ebenso wie im starren Verfahren bestimmt, allerdings sind Preisvariationen unter bestimmten Umständen,
wie Kundeneigenheiten oder lokale Besonderheiten, vorgesehen.

Dynamisches Zuschlagsverfahren: Dieses Preisberechnungsverfahren beruht auf
dem Gedanken, daß fixe Kosten unabhängig davon anfallen, wo ein Produkt
verkauft wird. Aus dem Grund werden Preise für internationale Märkte vorerst
nur auf der Basis variabler Kosten der internationalen Aktivitäten festgelegt.
Fixkosten werden je nach Maßgabe und spezifischer Situation im Ländermarkt
aufgeschlagen.

Preiskorridor: In Zeiten sich international annähernder Preise dient ein Preiskorridor
Unternehmen als mögliche Alternative, Preise über Ländergrenzen hinweg zu
differenzieren. Von einem Preiskorridor spricht man, wenn in einer geographischen
Region der maximale bzw. der minimale Preis für ein Produkt nur bis zu einem
Ausmaß differieren, daß Parallelimporte (d.h. das Ausnützen von internationalen
Preisdifferenzen durch Bezug eines Produktes im günstigeren Auslandsmarkt)
für Kunden unattraktiv werden. Preiskorridore werden in der EU verstärkt an
Bedeutung gewinnen, sobald der € als effektives Zahlungsmittel präsent ist.

Dumping: Von Dumping spricht man, wenn ein Unternehmen Produkte zu einem
Preis exportiert, der niedriger ist, als der Preis, der in seinem Ursprungsland
angesetzt wird.

Parallelimporte: Als Parallelimport bezeichnet man das Ausnutzen von Preisunterschieden in unterschiedlichen Märkten, indem man Produkte aus Ländern, wo
sie zu einem günstigen Preis angeboten werden, in Märkte reimportiert, wo das
Preisniveau für diese Produkte deutlich höher ist.

Graue Märkte herrschen vor, wenn man Produkte mit eingetragenen Warenzeichen
über Distributionskanäle verkauft, die vom Inhaber dieses Warenzeichens nicht
genehmigt sind.

Transferpreise sind interne Verrechnungspreise, die für den Kauf und Verkauf von
Halb- oder Fertigerzeugnissen bzw. Dienstleistungen zwischen Tochterunternehmen eines Konzerns verrechnet werden.

***Dealing-at-arm's-length*-Prinzip oder marktorientierter Transferpreis:** Die-
ses Prinzip beschreibt, wie man zur Höhe eines „fairen" Transferpreises gelangt.
Als Preis wird dabei jener Wert angesetzt, der auch im Falle der Transaktion
zwischen zwei unabhängige Wirtschaftseinheiten zustande kommen würde.

12.3 Schnittstelle zur Praxis

Viele Bekleidungshersteller wie Hennes & Mauritz und The Gap haben das Internet als Möglichkeit entdeckt, mit Kunden in Kontakt zu kommen. Kaum eines dieser Unternehmen vertreibt jedoch seine Waren international über das Internet. Der Grund dafür ist die Preispolitik! Preise unterscheiden sich durch unterschiedliche Bedingungen in den Ländermärkten, wie beispielsweise verschieden hohe Steuersätze oder Transportkosten. Man kann annehmen, daß sich durch das Internet diese Unterschiede immer weiter verringern und schließlich zu einer Standardisierung führen werden. Sieht man sich beispielsweise den Buch- und Musikhandel an, stellt man fest, daß viele europäische Konsumenten, die über das Internet einkaufen, vor allem von den hohen Preisunterschieden zwischen Europa und den Vereinigten Staaten angezogen werden. Auch bei Bekleidung würden die Preise im Internet jene der Gap-Filialen in Großbritannien um 30-50% unterbieten, da auch die Preise für Bekleidung in den USA wesentlich niedriger als in Europa sind.[1]

Brioni, der berühmte italienische Hersteller hochwertiger Männermode, macht sich über diese Entwicklungen keine Sorgen. Als vor einigen Jahren die italienische Lira abgewertet wurde, resultierten daraus erhebliche Preisunterschiede zwischen den Märkten. Anstatt alle Preise zu standardisieren, entschloß sich Brioni nichts zu unternehmen. Da Brionis Kunden entweder die enormen Preisunterschiede nicht bemerkten oder ihre Waren nicht aus anderen Ländern bezogen, hat Brionis Entscheidung weder seinem Ruf geschadet noch seine Verkaufszahlen beeinträchtigt.[2]

Eine der herausforderndsten Aufgaben im internationalen Geschäft ist das Ermitteln und das Festsetzen von Preisen für internationale Märkte. Eine genauere Betrachtung deckt die Komplexität der globalen Preisfestsetzung auf. Preissysteme und Preispolitik müssen gegen internationale Barrieren ankämpfen. Externe Faktoren, wie schwankende Wechselkurse, internationale Transportkosten, Zwischenhändler in verlängerten Distributionskanälen und die Anforderung, internationalen Kunden unabhängig von ihrem Standort die gleichen Preise zu bieten, müssen in Betracht gezogen werden. Zusätzlich zu den Unterschieden nationaler Märkte, die sich vor allem in den Dimensionen Kosten, Konkurrenzsituation und Nachfrage bemerkbar machen, müssen sich Manager auch mit der unterschiedlichen Steuergesetzgebung in verschiedenen Ländern und unterschiedlichen Arten von Preiskontrollen auseinandersetzen. Diese beinhalten Anti-Dumping-Regelungen, vertikale Preisbindung, Preisobergrenzen und allgemeine Kontrollen des Preisniveaus.

Außerdem darf man abgesehen von den Kosten nicht auf wichtige interne Überlegungen vergessen. In einem Unternehmen gibt es typischerweise verschiedene Interessengruppen und daher auch divergierende Vorstellungen über die internationale Preispolitik. Vorstände von Geschäftseinheiten, regionale und nationale Manager müssen auf der jeweiligen Unternehmensebene auf die Rentabilität Bedacht nehmen. Während internationale Marketingmanager konkurrenzfähige Preise für die Weltmärkte erzielen wollen, steht aus Controlling- und Finanzsicht der Gewinn im Mittelpunkt. Der Produktionsleiter strebt lange Produktzyklen an, um eine optimale Produktionseffizienz zu erreichen. Die Rechtsabteilung muß sich Gedanken machen, ob man gegen die gesetzlichen Vorschriften für Transferpreise verstößt oder die Auswirkung des Kartellgesetzes berücksichtigen, wenn man internationale Preispolitik betrieben wird. Die Dynamik

auf den Auslandsmärkten und die oft ungenauen Informationen über Märkte verschärfen die Probleme bei der Preisfestsetzung noch zusätzlich, da die Informationsbasis für
die optimale Preisgestaltung nicht gewährleistet werden kann.

Gleichzeitig haben suboptimale Preisentscheidungen aber eine verheerende Wirkung auf andere Aspekte des Marketing. Unterschiedliche Preisniveaus in einzelnen
Ländern können dazu führen, daß Konsumenten Schwierigkeiten haben, den tatsächlichen Wert eines Produktes richtig einzuschätzen. Das Verkaufspersonal könnte die
Motivation verlieren, die Werbeausgaben müßten eingeschränkt werden usw. Darüber
hinaus würde eine Fehlentscheidung in der Preisfestsetzung die Rentabilität des Unternehmens deutlich beeinträchtigen.[3] Ein Unternehmen muß also nicht nur eine Vielzahl
von Variablen bei der Preisfestsetzung in Betracht ziehen. Diese Variablen sind noch
dazu einer ständigen Veränderung unterworfen. Unter diesen Bedingungen sind einfache Entscheidungsregeln nicht mehr ausreichend.

Zahlreiche empirische Studien haben gezeigt, das sich Manager über die Sensibilität von Preisentscheidungen im internationalen Marketingmix durchaus bewußt sind.
Auf die Frage, was als schwierigstes Problem im globalen Marketing zu betrachten
sei, nannten 81% der U.S.-amerikanischen und 78% der europäischen Manager die
Preisfestsetzung als eines der komplexesten Probleme, gefolgt von der Bestimmung
der adäquaten Produktqualität.[4] Nur in wenigen Studien wurde die Erreichung einer
adäquaten Produktqualität als noch wichtiger eingeschätzt.[5]

Nachfolgend werden die vielschichtigen internationalen Preisentscheidungen eingehender behandelt. Zu Beginn dieses Kapitels wird ein Überblick über die Umweltfaktoren, die die Preisentscheidungen beeinflussen, gegeben. Es wird in Grundzügen
erklärt, in welcher Weise Währungsschwankungen, Inflation, Staatseinfluß und Subventionen, aber auch der Wettbewerb und die Marktnachfrage die Preisbestimmung
eines Unternehmens beeinflussen. Anschließend werden die verschiedenen Preisfestset-
zungsmethoden vorgestellt. Grundsätzlich kann zwischen starren oder flexiblen Kostenaufschlagsverfahren sowie dem dynamischen Zuschlagsverfahren unterschieden werden,
die je nach Erfahrung und Zielsetzung des Unternehmens eingesetzt werden. Eine weitere Entscheidung besteht darin, ob man Preise über internationale Märkte hinweg
standardisiert oder differenziert. Vor- und Nachteile der jeweiligen Strategie werden
umrissen. Das Kapitel endet mit der Auseinandersetzung spezifischer Probleme der
internationalen Preispolitik, wie Dumping, Graue Märkte und Transferpreise.

12.4 Umwelteinflüsse bei Preisentscheidungen

Global tätige Unternehmen müssen viele Umwelteinflüsse in ihre Überlegungen mitein-
beziehen, wenn sie Preisentscheidungen treffen. Dazu zählen unter anderem Wechselkursschwankungen, Inflation, Staatseinfluß und Subventionen, der Wettbewerb und die
Marktnachfrage. Zum Teil treten diese Faktoren auch im Verbund auf, wie Inflation,
die üblicherweise staatliche Regulierungen nach sich zieht. Im folgenden werden die
einzelnen Einflußfaktoren näher beleuchtet.

12.4.1 Wechselkursschwankungen

Schwankende Wechselkurse sind eine allgegenwärtige Erscheinung im internationalen Geschäft. Der Marketer muß entscheiden, wie er damit umgeht. Sind Preisanpassungen sinnvoll, wenn Währungen an Wert gewinnen oder verlieren? Hier lassen sich zwei entgegengesetzte Extrempositionen unterscheiden: einerseits kann man den Preis in der Währung der jeweiligen Zielmärkte fixieren. Dann führt eine Aufwertung bzw. eine Abwertung der Länderwährung zu Gewinnen oder Verlusten für den Verkäufer. Andererseits kann man die Preise in seiner nationalen Währung fixieren. Dann wird eine Aufwertung oder eine Abwertung dieser Währung zu Preiserhöhungen oder zu Preissenkungen für die Kunden führen und keine direkten Auswirkungen auf den Verkäufer nach sich ziehen.

Tatsächlich sind diese Extrempositionen in der Praxis kaum verbreitet. Preisentscheidungen müssen mit der bestehenden Geschäfts- und Marketingstrategie konsistent sein. Wenn man eine langfristige Strategie verfolgt, macht es nicht viel Sinn, Marktanteile aufzugeben, nur um die Preisspannen im Export aufrecht zu erhalten. Wenn sich Wechselkursschwankungen in einer Aufwertung der Währung des Exportlandes äußern, dann bieten sich vorausschauenden Unternehmen zwei Ansatzpunkte: zum einen hinzunehmen, daß die Währungsschwankungen ihre Spannen zu ihrem Nachteil beeinflussen, und zum anderen die Anstrengungen zu erhöhen, Kosten zu reduzieren. Kurzfristig gesehen gewährleisten die geringeren Spannen, daß die Preise in den Märkten stabil gehalten werden können, und langfristig kann man durch Kostensenkungen die Gewinnspannen wieder verbessern.

Unternehmen mit einer starken Wettbewerbsposition können die Preiserhöhungen auf die Kunden abwälzen, ohne viel Umsatzvolumen zu verlieren. In Märkten mit starker Konkurrenz werden Unternehmen aus Hartwährungsländern versuchen, Preiserhöhungen zu absorbieren, indem sie die internationalen Marktpreise auf dem Niveau vor einer Umwertung halten. In der Praxis werden der Produzent und seine Distributionspartner zusammenarbeiten, um die Marktanteile im internationalen Markt aufrecht zu erhalten. Entweder einer oder beide akzeptieren einen geringeren Gewinnanteil. Der Großhändler hat auch die Wahl, größere Mengen zu kaufen, um so einen Mengenrabatt zu erhalten. Wenn Hersteller *just-in-time* liefern können, dann bietet sich als Alternative auch eine geringe Lagerhaltung an. Mit Hilfe dieser Möglichkeiten kann man in Märkten wettbewerbsfähig bleiben, wo Währungsabwertungen zu Preisänderungen führen.

Tabelle 12.1 gibt einen Überblick über die möglichen Reaktionen eines Unternehmens, wenn es auf internationalen Märkten von Währungsschwankungen betroffen ist.

Wenn in einem Land die Währung im Vergleich zur Landeswährung des Handelspartners relativ gesehen weniger wert wird, so kann der Hersteller eines Landes mit schwacher Währung seine Exportpreise senken, um seinen Marktanteil aufrechtzuerhalten, oder er hält die Preise stabil, um höhere Gewinnspannen zu erzielen. BMW war 1980 mit diesem Problem konfrontiert, als sich die Wechselkurse zwischen DM und $ erheblich veränderten. Tabelle 12.2 zeigt dieses klassische Dilemma auf.

Bei vielen Geschäften handelt es sich um Verträge, die die Lieferung von Gütern oder Dienstleistungen über längere Zeit festlegen. Wenn diese Verträge zwischen Vertragspartnern in zwei unterschiedlichen Ländern abgeschlossen werden, so müssen Probleme wie Wechselkursschwankungen und -risiken mit einbezogen werden. In diesem Fall kann eine spezifische Wechselkursklausel im Vertrag hilfreich sein.

Tabelle 12.1: Internationale Preisstrategien bei instabilen Wechselkursverhältnissen

Die heimische Währung ist schwach	Die heimische Währung ist stark
Preisvorteile hervorheben	Nicht preislichen Wettbewerb forcieren; Qualität, Lieferzeiten und Kundenservice hervorheben
Produktlinie erweitern und teurere Produktmerkmale hinzufügen	Produktivität steigern und Kosten senken
Beschaffung/Produktion ins Inland verlegen	Beschaffung und Produktion in Ausland verlegen
Exportmöglichkeiten in allen Märkten ausschöpfen	Exporte in Länder mit starker Währung bevorzugt behandeln
Prinzipiell Vollkostenansatz wählen; sollen neue oder wettbewerbsintensive Märkte erschlossen werden, Grenzkosten ansetzen.	Gewinnspannen verkleinern und Grenzkostenansatz anwenden
Gewinnrückflüsse aus dem Ausland beschleunigen	Auslandsgewinne im Ausland belassen, Rückfluß nicht forcieren
Minimieren von Ausgaben in nationaler und Fremdwährung	Maximieren der Kosten in nationaler und Fremdwährung
Dienstleistungen, wie Werbung, Versicherungen oder Transport, im Inland zukaufen	Dienstleistungen, wie Werbung, Versicherungen oder Transport, im Ausland zukaufen und in lokaler Währung zahlen
Rechnungen in Fremdwährung ausstellen	Rechnungen in heimischer Währung ausstellen

Quelle: S.Tamer Cavusgil, „Pricing for Global Markets", *Columbia Journal of World Business*, Winter 1996: S.69.

Tabelle 12.2: Wechselkurse und Preisentscheidungen

BMW in den U.S.A			
	1986 BMW 528i	1992 BMW 528i	Änderung in %
Wechselkurs	3,59 DM	1,59 DM	(56%)
Preis	$ 30.000	$ 42.500	+42%
Verkaufspreis in DM	107.700 DM	67.575 DM	(37%)

Um das Ertragsniveau von 1986 erreichen zu können, hätte das Auto $ 67.800 kosten müssen (also um 226% mehr!)

Diese Klausel ermöglicht dem Käufer bzw. dem Verkäufer Waren zu festgesetzten Preisen in der heimischen Währung zu kaufen bzw. verkaufen. Wenn sich der Wechselkurs innerhalb festgesetzter Schranken verändert, beispielsweise +/- 5%, so beeinflußt diese Veränderung die Preisabmachung nicht. Geringe Wechselkursschwankungen sind für die meisten Käufer und Verkäufer keine große Belastung. Gehen die Schwankungen darüber hinaus, so ist in der Wechselkursklausel eine Preisanpassung vorgesehen. Damit wird sowohl der Käufer als auch der Verkäufer vor unvorhersehbar starken Wechselkursänderungen geschützt.

Das Festlegen einer Wechselkursklausel ist einfach: die Wechselkurse werden regelmäßig beobachtet (die Intervalle werden von den Vertragsparteien festgelegt, die meisten Klauseln legen eine monatliche oder vierteljährliche Prüfung fest). Dann vergleicht man den täglichen Mittelkurs während des festgesetzten Intervalls mit dem Basiswert. Wenn der Vergleich Abweichungen außerhalb der vereinbarten Schranken ergibt, dann wird eine Anpassung der Preise an den neuen Wechselkurs vorgenommen bzw. Verhandlungen darüber kommen in Gang.

12.4.2 Inflation

Inflation, oder der ständige Anstieg des Preisniveaus, ist eine Erscheinung, die weltweit zu beobachten ist. Inflation macht periodische Preisanpassungen notwendig. Die durch die Inflation steigenden Kosten müssen durch höhere Verkaufspreise wettgemacht werden. Wenn man Preise in einem inflationären Umfeld festsetzt, so ist das Aufrechterhalten der Gewinnspannen ein wesentlicher Aspekt. Wenn ein Unternehmen – abgesehen von der vorherrschenden Kostenrechnungspraxis – seine Spannen aufrecht erhält, kann es sich erfolgreich gegen die Auswirkungen der Inflation schützen. Um beispielsweise die Inflationseffekte in Peru auszugleichen, hat Procter & Gamble seine Preise für Waschmittel zweimal pro Woche um 20 bis 30 % erhöht.[6]

Im Rahmen dieses Kapitels kann nur eingeschränkt auf kostenrechnerische Maßnahmen eingegangen werden, die in inflationären Situationen bei der Preisfestsetzung getroffen werden können. Besonders zu betonen ist, daß das häufig verwendete FIFO-Verfahren (*first-in, first-out*) in Situationen mit hoher Inflation nicht angebracht ist. Viel eher sollte man hier die Methode des LIFO (*last-in, first-out*) anwenden, die den Preis des zuletzt eingekauften Materials als Basis hernimmt, um den Verkaufspreis für die Produkte zu berechnen. Bei besonders hoher Inflation sind historische Kostenansätze weniger angebracht als Ansätze, die auf Wiederbeschaffungspreisen basieren. Letzterer bedient sich das *Next-in, First-out*-Verfahren. Obwohl dieses Verfahren eigentlich den allgemein anerkannten Kostenrechnungsprinzipien (GAAP) widerspricht, wird es zur Abschätzung von zukünftigen Preisen für Rohstoffe und Komponenten angewandt. Die Wiederbeschaffungspreise können dann zur Festsetzung der Preise herangezogen werden. Diese Methode ist bei einer schwierigen Entscheidungsfindung hilfreich, sie darf jedoch bei der Erstellung des Jahresabschlusses nicht angewandt werden. Unabhängig von der verwendeten Kostenrechnungsmethode sollten die Spannen trotz inflationärer Bedingungen aufrecht erhalten werden. Manager können Maßnahmen treffen, um die Spannen zu erhalten, auch wenn folgende Einschränkungen zu berücksichtigen sind.

12.4.3 Staatseinfluß und Subventionen

Die Aufrechterhaltung von Gewinnspannen ist erheblich beeinträchtigt, wenn der staatliche Einfluß die Freiheiten bei der Preisanpassung einschränkt. Unter bestimmten Bedingungen kann dieser staatliche Einfluß eine wahre Belastung für die Rentabilität einer Tochtergesellschaft sein. In einem Land, das eine schwierige wirtschaftliche Phase durchläuft und sich inmitten einer finanziellen Krise befindet (z.b. wegen Devisenmangels, der zum Teil durch eine galoppierende Inflation hervorgerufen wurde) kommt die nationale Regierung unter Druck, Maßnahmen dagegen zu ergreifen.

Zum Beispiel sah sich Procter & Gamble (P&G) in den späten 80er Jahren von strengen Preiskontrollen in Venezuela betroffen. Trotz der steigenden Rohmaterialpreise wurden P&G Preiserhöhungen im Ausmaß von lediglich 50% der ursprünglichen Forderung gestattet. Auch dann dauerte es noch Monate, bevor die Preise letztlich angehoben werden durften. Das war auch der Grund, warum 1988 Waschmittelpreise in Venezuela weitaus niedriger waren als in anderen Ländern.[7]

In manchen Fällen trifft die Regierung lediglich Notmaßnahmen, anstatt die eigentlichen Gründe für Inflation und Devisenmangel zu beseitigen. Solche Maßnahmen schließen die Anwendung von allgemein gültigen oder selektiven Preiskontrollen ein. Wenn selektive Kontrollen eingesetzt werden, dann sind ausländische Unternehmen eher davon betroffen als inländische, speziell wenn sie keinen politischen Einfluß auf Regierungsbeschlüsse haben.

Staatseinfluß kann sich aber auch in Form von bestimmten Forderungen, z.b. einer Bareinlage durch den Importeur, bemerkbar machen. So hat ein importierendes Unternehmen die Pflicht, einen gewissen Geldbetrag für bestimmte Zeit auf einem Konto zinsenfrei zu hinterlegen. Solche Anforderungen sollen Unternehmen anspornen, ihre Preise klein zu halten, da geringere Preise niedrigere Einlagen bedeuten. Andere gesetzlichen Regelungen, die Preisentscheidungen beeinflussen können, sind Regelungen über den Transfer von Gewinnen. Sie legen fest, unter welchen Bedingungen Gewinne aus einem Land transferiert werden können. Im Rahmen solcher Bestimmungen könnte ein hoher Transferpreis, der von einem Konzernunternehmen für importierte Ware bezahlt wird, als Mittel zum Transfer von Gewinnen ins Ausland interpretiert werden.

Staatliche Subventionen können ein Unternehmen unter Umständen zwingen, diese Unterstützung strategisch so zu nützen, daß sie bei einem Preiswettkampf mithalten können. In manchen Ländern wird es ausländischen Anbietern von Lebensmitteln durch Subventionen im Agrarsektor schwer gemacht, bei der Preiskonkurrenz mitzuhalten. Im Falle eines ausländischen Produzenten, dessen Produkte in seinem Heimatland nicht subventioniert werden, und der in eine Region, wie z.b. die EU, exportieren will, wo diese Produkte sehr wohl subventioniert werden, werden Preise nicht wettbewerbsfähig sein. Ein Ausweg aus diesem Dilemma wäre, die Rohmaterialien im jeweiligen Exportmarkt zu kaufen. In der EU beispielsweise könnte man ein Produkt in Frankreich einkaufen und in den Niederlanden wiederverkaufen. So kann das Unternehmen die Preisvorteile einerseits durch die Subventionen und andererseits durch die Einschränkungen von Preiseskalation, die aus Einfuhrsteuern resultieren kann, ausnützen.

12.4.4 Wettbewerb und Marktnachfrage

Preisentscheidungen werden aber nicht nur auf Grund von Kostenüberlegungen getroffen, sondern selbstverständlich auch auf der Basis von Nachfrage und Wettbewerb. Wenn ein Unternehmen ein einzigartiges Produkt erzeugt, oder ein Produkt, das technologisch fortgeschrittener ist als Konkurrenzprodukte, so kann es Preise viel flexibler festsetzen als in einem starken Wettbewerbsumfeld. Preispolitik wird dann innerhalb des Marketingmix als eher statisches Element angesehen. Das Gegenteil ist der Fall, wenn einem Unternehmen starke Konkurrenz gegenübersteht. Mitbewerber können versuchen, durch eine aggressive Preispolitik andere Hersteller aus dem Markt zu drängen.[8] Verdrängungswettbewerb im engeren Sinn ist allerdings selten, da man dabei von dem höchst unwahrscheinlichen Fall ausgeht, daß ein Hersteller durch diese Art der Preispolitik den gesamten Weltmarkt dominieren kann. Nichtsdestotrotz wird der Vorwurf, durch aggressive Preispolitik auf Verdrängung des Wettbewerbs zu setzen, nicht selten als Entschuldigung für Anti-Dumping Sanktionen herangezogen. Wenn Preise als wettbewerbsverdrängend verstanden werden, kann der Staat billige Importe unter dem Vorwand des Anti-Dumping mit Steuern belasten. In den 90er Jahren war die kanadische Niederlassung des amerikanischen Herstellers von Babynahrung Gerber Inc. von solchen staatlichen Maßnahmen betroffen, als man dem Unternehmen zu aggressive Preispolitik vorwarf. Kanadas Internationales Handelsgericht zwang Gerber seine Preise stark anzuheben, nachdem das Unternehmen Babynahrung um etwa 33 Cents pro Glas verkauft hatte – etwa 10 Cents günstiger als der größte Konkurrent HJ Heinz Canada Ltd. Dieser Preis wurde als zu aggressiv angesehen, sodaß das Gericht eine Preisanhebung in der Höhe von 60% forderte. Die Folge war, daß Gerber einen Großteil seiner Kunden an seinen Konkurrenten verlor. Opfer dieser Maßnahme waren hauptsächlich die kanadischen Konsumenten, welchen man den Zugang zu preisgünstiger, qualitätvoller Babynahrung verweigerte.[9]

Wenn Mitbewerber ihre Preise nicht an steigende Kosten anpassen, so wird es einem Unternehmen schwerfallen, die eigenen Preise anzuheben, um die Auswirkung von steigenden Kosten auf die Gewinnspannen zu berücksichtigen. Wenn andererseits Konkurrenten in Billiglohnländern produzieren oder ihre Waren dort beziehen, dann müssen Unternehmen nicht selten ihre Preise herabsetzen, um wettbewerbsfähig zu bleiben.

Das Zusammenspiel dieser verschiedenen Einflußfaktoren spiegelt sich in der preispolitischen Praxis von Unternehmen wider. Die zunehmende Globalisierung führt jedoch zu immer stärkerem Wettbewerbsdruck und damit dazu, daß Firmen Preiserhöhungen immer seltener an den Markt weitergeben können. In einer globalen Brache müssen sich Unternehmen gegen Konkurrenten aus der ganzen Welt behaupten. Die Autoindustrie ist hierfür ein gutes Beispiel: der harte Kampf um Marktanteile von amerikanischen, europäischen, japanischen und koreanischen Unternehmen macht es für alle diese Unternehmen schwierig, die Preise anzuheben. Wenn ein Hersteller seinen Preis anhebt, so muß sichergestellt sein, daß diese Verteuerung sein Produkt nicht aus dem Markt drängt.[10]

AUF DEN PUNKT GEBRACHT

- Internationale Preispolitik wird von vielen externen und internen Variablen beeinflußt.

- Zu den externen Variablen zählen insbesondere Wechselkursschwankungen, Inflation, Staatseinfluß und Subventionen, Wettbewerb und Marktnachfrage.

- Wechselkursschwankungen können zu einem zusätzlichen Gewinn, aber auch zu Verlust führen. Wenn die Währung im Heimmarkt schwächer als die Währung des ausländischen Handelspartners wird, so kann der Hersteller entweder seine Preise senken, um seinen Marktanteil zu halten, oder die Preise halten, um damit größere Gewinnspannen zu nutzen. Wenn die Währung stärker wird, so findet das Gegenteil Anwendung.

- Inflation – oder der ständige Anstieg des Preisniveaus – kann periodische Preisanpassungen in einem Unternehmen notwendig machen. Die Aufmerksamkeit sollte dabei auf Aufrechterhaltung der Gewinnspannen gerichtet sein.

- Unter bestimmten Umständen wird die Kontrolle über den Markt den Unternehmen abgenommen. Dies ist vor allem in jenen Ländern der Fall, wo Regierungen aufgrund der allgemeinen, wirtschaftlich schwierigen Situation Preiserhöhungen einschränken oder Fixpreise vorschreiben.

12.5 Unterschiedliche Ansätze zur Preisfestsetzung auf internationalen Märkten

Grundsätzlich haben international tätige Unternehmen drei Möglichkeiten, ihre Preise für den Auslandsmarkt festzulegen: (i) die Methode des starren Kostenaufschlagsverfahrens, (ii) des flexiblen Kostenaufschlagsverfahrens und (iii) des dynamischen Zuschlagsverfahrens.

Die Auswahl der Methode hängt hierbei stark sowohl von der Einstellung des Management zum internationalen Geschäft als auch von der Erfahrung auf internationalen Märkten ab. So wird der unerfahrene Exporteur oder derjenige, der nur hin und wieder exportiert, nicht seine ganze Energie in die genaue Preiskalkulation seiner Produkte für den internationalen Markt investieren, sondern versuchen, den maximalen Erlös aus jedem Exportvorhaben zu erzielen. Ein solches Unternehmen wird wahrscheinlich die Methode des starren Kostenaufschlagsverfahrens verwenden. Sobald Manager mehr Erfahrung im internationalen Geschäft haben, beziehen sie meist auch jene Faktoren wesentlich stärker mit ein, die als Einflußfaktoren auf die internationalen Preise im obigen Abschnitt beleuchtet wurden. Meist wenden sie dann das flexible Kostenaufschlagsverfahren und in weiterer Folge das dynamische Zuschlagsverfahren an.

12.5.1 Starres Kostenaufschlagsverfahren

Unternehmen, die im internationalen Geschäft noch wenig Erfahrung haben, wenden oft die Strategie des starren Kostenaufschlagsverfahrens an. Das starre Kostenaufschlagsverfahren besteht darin, jene Kosten, die beim Export entstehen, wie Transport- und Nebenkosten, sowie ein Gewinnzuschlag, zu addieren. Der offensichtliche Vorteil dieser Methode ist ihre leichte Anwendbarkeit: sind die Daten aus der Kostenrechnung vorhanden, so ist es relativ leicht, nach dieser Methode zu internationalen Preisen zu gelangen. Der Nachteil des starren Kostenaufschlagsverfahrens besteht jedoch darin, daß man die Marktnachfrage und die Konkurrenzsituation in den Zielmärkten völlig außer acht läßt. Für im Auslandsgeschäft noch relativ unerfahrene Unternehmen stellt dies insofern kein Problem dar, da sie in dieser Entwicklungsphase eher reaktiv, denn proaktiv auf internationale Marktgegebenheiten eingehen.

Vergleicht man die Preise, die durch das starre Kostenaufschlagsverfahren zustande kommen, mit jenen der Konkurrenz, so können sich durch diese Methode der Preisfestsetzung beträchtliche Differenzen zum jeweiligen Marktpreisniveau ergeben. Die Preise liegen unter oder über dem Marktniveau. Letzteres nennt man auch Preiseskalation. Unter Preiseskalation versteht man jenen im Vergleich zu den Konkurrenzpreisen überhöhten Preis, der durch das Summieren von Transportkosten, Einfuhrsteuern, Sonderkosten des Exports und Handelsspannen zusätzlich zu den Herstellkosten entsteht. Abbildung 12.1 soll den Mechanismus der Preiseskalation in internationalen Märkten illustrieren.

Ein europäischer Hersteller von Haushaltsreinigern wollte seine Produkte nach Südamerika exportieren. Die Eskalation des C.I.F. Preises (Kosten, Versicherung, Fracht), verursacht durch Transport, Einfuhrsteuern, Handelsspannen, Verkaufsspannen und Umsatzsteuer, bis die Produkte in den Verkaufsregalen lagen, ergaben einen Preisanstieg von 300%! In vielen Fällen ist dieser Preis für den Markt zu hoch und verurteilt das Exportvorhaben zum Scheitern. Ein globales Unternehmen hat mehrere Möglichkeiten, dem Problem der Preiseskalation zu begegnen. Die Handlungsalternativen werden dabei durch das Produkt bzw. die Konkurrenzsituation im jeweiligen Markt vorgegeben. Unternehmen können überlegen, die Herstellung von Produktkomponenten oder sogar Fertigerzeugnissen in Länder mit niedrigeren Lohnkosten zu verlegen, um Kosten und Preise wettbewerbsfähig zu halten. Die Sportschuhindustrie ist ein Beispiel für eine Branche, die ihre Produktion in Billiglohnländer verlagert hat. Trotzdem soll diese Möglichkeit nicht als die einzige angesehen werden. Das Problem dabei ist, daß die Verlagerung der Produktion in diese Länder einen einmaligen Vorteil darstellt. Sie ist daher kein Ersatz für Kreativität, um auf andere Weise kontinuierlich Mehrwert zu kreieren. Es gibt jedoch auch sehr bekannte Erfolgsbeispiele von Unternehmen, die ihren Standort in einem Land mit hohem Lohnniveau beibehalten haben. Sie haben es geschafft, die anteiligen Lohnkosten zu senken und einen herausragenden Mehrwert für die Kunden zu schaffen. Die Schweizer Uhrenindustrie, die das weltweite Geschäft mit Luxusuhren dominiert, hat sich ihre weltumspannende Führungsposition nicht durch billige Lohnkosten erarbeitet, sondern dadurch, daß sie sich darauf konzentriert, für ihre Kunden einen einzigartigen Wert zu schaffen.

Eine andere Möglichkeit, der Preiseskalation zu entgehen, besteht darin, die Produkte gänzlich auf nahegelegenen ausländischen Märkten einzukaufen. Der Produzent kann eine Lizenzvereinbarung oder ein Joint Venture eingehen oder Abkommen zum

Abbildung 12.1: Ein Beispiel internationaler Preiseskalation

	Marktpreis auf Auslands-märkten	Marktpreis auf dem Inlands-markt
Fabriksabgabepreis	100	100
+ Transport, Steuern und Abgaben (10% für internationale Geschäfte, +5% für nationale Geschäfte)	+ 10	+ 5
Zwischensumme	110	105
+ Handelsspanne – Generalimporteur (30%)	35	
Zwischensumme	145	
+ Handelsspanne – lokaler Großhändler (30%)	45	30
Zwischensumme	190	135
+ Handelsspanne – lokaler Einzelhändler (30%)	60	40
Zwischensumme	250	175
+ Ust (20%)	50	35
MARKTPREIS	300	210

Transfer von Schlüsseltechnologien abschließen. Mit dieser Option erhält der Produzent auf dem ihn interessierenden Markt eine gewisse Präsenz, und Preiseskalation auf Grund von hohen Produktions- und Transportkosten im Heimatmarkt ist kein Thema mehr. Diese Strategie wird von vielen internationalen Unternehmen erfolgreich eingesetzt. Im Vergleich zu 1989, wo IKEA, „das unmögliche Möbelhaus aus Schweden", lediglich 10% seiner Produkte im Ausland bezog, erhöhte sich dieser Wert 1992 bereits auf 50%.[11] Auch die Automobilindustrie setzt auf Produktion im Ausland, um Preiseskalation zu verhindern. DaimlerChrysler baute eine Produktionsstätte in Tuscaloosa, USA, um sein neues Sportwagenmodell zu produzieren. BMW betreibt ein Werk in Spartanburg, USA, wo zweisitzige Sportwägen für den Weltmarkt hergestellt werden.[12]

Eine weitere Möglichkeit, Preiseskalation zu verhindern, zielt auf eine genaue Analyse der Distributionsstruktur in den Zielmärkten ab. Eine Rationalisierung der Distributionsstruktur kann die zusätzlichen, internationalen Vertriebskosten erheblich reduzieren. Rationalisierungsschritte können in Form von neuen Zwischenhändlern, der Zuweisung von neuen Verantwortungsbereichen an alte Zwischenhändler, aber auch im Aufbau von Direktverkauf, z.b. über das Internet, stattfinden. Toys 'R' Us hat den japanischen Markt dadurch erobert, daß es lange Distributionskanäle vermieden und wie in anderen Märkten in großen Warenhäusern verkauft hat. Toys'R'Us war somit ein Beispiel für westliche Anbieter, ihre eigenen Vertriebsstrukturen in Japan zu überdenken.

12.5.2 Flexibles Kostenaufschlagsverfahren

Mit Hilfe dieses Verfahrens, werden die Preise genauso wie beim starren Kostenaufschlagsverfahren kalkuliert. Der Unterschied besteht jedoch darin, daß Preisänderungen unter bestimmten Umständen zugelassen werden. Wenn es das Nachfrageverhalten am Auslandsmarkt erfordert, die Bestellgrößen oder die Intensität der lokalen Konkurrenz mehr Flexibilität verlangen, dann sollten Preise dementsprechend angepaßt werden. Obwohl diese Preisstrategie größere Freiheit bei der Anpassung an lokale Eigenheiten erlaubt, wird das oberste Ziel, eine gewisse Gewinnspanne zu halten, nach wie vor weiterverfolgt.[13]

Diese Methode wird von Unternehmen angewandt, um Marktanteile im Auslandsmarkt zu halten. Im nationalen Kontext setzt man diese Strategie meist ein, um auf Preisanpassungen durch die Konkurrenz zu reagieren. Wenn eine Luftlinie spezielle Billigtarife anbietet, so werden die meisten Mitbewerber ebenso reagieren, oder sie riskieren, Passagiere zu verlieren. Im globalen Marketing werden Preisanpassungsprozesse häufig von Währungsschwankungen ausgelöst. Mitte der 80er Jahre waren viele Währungen weltweit stärker als der US-$. Unternehmen mit Sitz in Japan, Deutschland, Frankreich und anderswo mußten versuchen, mit amerikanischen Preisen mitzuhalten. Selbstverständlich ist eine Anpassung an Konkurrenzpreise meist auch gleichbedeutend mit geringeren Gewinnspannen. Als der Vertriebsleiter des Schuherzeugers Charles Jourdan für die USA, Max Imgruth, sich 1992 gegen die zweistelligen Preiserhöhungen aussprach, meinte er dazu: „Die amerikanischen Konsumenten werden diese Preiserhöhungen nicht länger ertragen." Als er über sein Unternehmen sprach, beklagte er sich, „Wir riskieren einen schlimmen Rückschlag. Wir leben von Luft und Inspiration". Jetzt wo der US-$ im Vergleich zu anderen Währung stark angezogen hat, leiden amerikanischen Firmen an einem umgekehrten Problem. Wenn amerikanische Unternehmen ihre Produkte international auf demselben Preisniveau wie bisher verkaufen, dann erhöht sich durch das ungünstige Währungsverhältnis der Preis vieler amerikanischer Produkte ohne Zutun der Hersteller. Für die betroffenen Unternehmen bedeutet das nicht selten, daß sie sich aus den internationalen Märkten „hinauspreisen". Um eine derartige Entwicklung zu verhindern, sollten Unternehmen ihre Preise nicht ausschließlich am Heimmarkt orientieren und lediglich zum aktuellen Wechselkurs in andere Währungen übertragen. Vielmehr ist es angebracht, bei der Preisfestsetzung auf die Konkurrenzsituation im jeweiligen Markt und die Zahlungsbereitschaft der Konsumenten einzugehen.

12.5.3 Dynamisches Zuschlagsverfahren

Dieses Preisverfahren beruht auf der Überlegung, daß fixe Kosten unabhängig von der Tätigkeit auf internationalen Märkten anfallen. Aus dem Grund werden Preise für internationale Märkte vorerst nur auf der Basis variabler Kosten der internationalen Aktivitäten angesetzt. Fixkosten werden je nach Maßgabe und spezifischer Situation

im Ländermarkt aufgeschlagen. Damit gelingt es Unternehmen, zu sehr wettbewerbsfähigen Preisen anzubieten.

Aus diesem Grund wird diese Strategie auch manchmal als Marktpenetration bezeichnet. Marktpenetration nützt den Preis als Waffe, um trotz Konkurrenz eine starke
Marktposition zu erlangen. In den letzten Jahrzehnten haben asiatische Konzerne diese Preisstrategie erfolgreich angewandt, um den europäischen oder den amerikanischen
Markt zu bearbeiten. Es sollte hier jedoch erwähnt werden, daß es eher unwahrscheinlich ist, daß dieses Verfahren zur Preisfestsetzung bei den ersten Exportbemühungen
eines Unternehmens Anwendung findet. Der Grund dafür ist sehr einfach. Bei dieser
Methode werden Produkte während der Einführungsphase oft mit einem Verlust verkauft. Manchmal kommt daher das dynamische Zuschlagsverfahren in den Geruch des
Dumping, was in den meisten Ländern zu rechtlichen Sanktionen führt. Unternehmen,
die erst seit kurzem exportieren, können solche Verluste nicht tragen. Vermutlich haben
sie noch kein gut funktionierendes Marketingsystem (Transport, Distributionskanäle
und Verkaufsstellen miteingeschlossen) welches globalen Unternehmen wie Sony ermöglicht, die Marktpenetration effektiv auf unterschiedlichen internationalen Märkten
einzusetzen. Diese Preisfestsetzungsstrategie bietet sich darüber hinaus auch für jene
Unternehmen an, die ihre Produkte nicht patentiert haben. Durch attraktive Preise
können sie die Marktnachfrage befriedigen, bevor Konkurrenten die Produkte nachahmen können.

Als Sony Mitte der 80er Jahre den tragbaren CD-Spieler entwickelt hat, belief
sich der Stückpreis bei den anfänglichen Absatzmengen auf über € 500. Da dies aus
Sicht von Sony einen für die internationalen Zielmärkte prohibitiven Preis darstellte,
beauftragte Akio Morita das Management, den Preis bei etwa € 250 anzusetzen, um
den Markt penetrieren zu können. Sony nahm an, daß bei den hohen Absatzmengen
in diesen Märkten Skaleneffekte und damit niedrigere Kosten entstehen würden, um
trotz des niedrig angesetzten Preises noch Gewinne zu machen.

Das dynamische Zuschlagsverfahren wirkt jedoch auch in eine andere Richtung.
Während bei der Marktpenetration die Preise anfänglich niedrig angesetzt und dann
langsam angehoben werden, wird bei der Marktabschöpfung das Produkt zu einem
hohen Preis eingeführt, welcher dann über einen gewissen Zeitraum hinweg gesenkt
wird. Die Marktabschöpfung ist dazu gedacht, eine Kundengruppe zu erreichen, die
bereit ist, einen hohen Preis für ein Produkt zu zahlen. Diese Strategie bietet sich
jedoch nur an, wenn das Produkt für den Konsumenten einen hohen Wert darstellt.
Sie wird daher oft in der Einführungsphase des Produktlebenszyklus angewandt, wenn
die Produktionskapazität und die Konkurrenz noch beschränkt sind. Wenn man bewußt
einen hohen Preis ansetzt, so reduziert sich die Nachfrage auf Innovatoren und frühe
Nachahmer, die bereit und in der Lage sind, den Preis zu zahlen. Ein wesentliches Ziel
dieser Preisstrategie ist die Maximierung der Einkünfte bei begrenztem Absatzvolumen
und die Abstimmung der Nachfrage mit dem Angebot. Durch die Marktabschöpfung
wird weiters auch die Wahrnehmung der Konsumenten geschärft, daß es sich bei diesem
hochpreisigen Produkt um ein Qualitätsprodukt handeln muß. Wenn dies gelungen ist,
dann hat der Preis zur gesamten Produktpositionierung beigetragen.

Als Sony in den 70er Jahren als erstes Unternehmen mit dem Verkauf von Betamax Videorecordern (VCRs) begann, bediente es sich der Marktabschöpfung. Bei der
Bekanntgabe des Preises in der Höhe von € 1.099 erinnert sich ein Manager:

„Es war wirklich phantastisch. Wenn man ein Produkt verkauft, das so modern wie ein Videorecorder ist, dann kannst du tatsächlich den höchsten Preis in der Konsumwelt abschöpfen. Der Betamax verkaufte sich für über € 1.000. Aber es gab so viele wohlhabende Leute, die die ersten in ihrer Nachbarschaft mit einem Betamax sein wollten. Er hat sich nahezu von selbst verkauft.“[14]

12.6 Standardisierung versus Differenzierung bei der internationalen Preisfestsetzung

Abgesehen von den unterschiedlichen Methoden, die bereits behandelt wurden, muß man überlegen, ob man Preise über alle Märkte hinweg standardisiert, oder ob man differenziert vorgeht. Preisdifferenzierung läßt sich durch unterschiedliche Produktions- bzw. Vertriebskosten rechtfertigen. Auch strategische Überlegungen können ein Unternehmen dazu bewegen, verschiedene Preise in internationalen Märkten zu verlangen. Um zum Beispiel Unterschiede in der Wettbewerbsintensität oder dem Steuersystem auszugleichen, macht es durchaus Sinn, die Preise zwischen verschiedenen internationalen Märkten zu differenzieren.[15]

In der Praxis verfahren Unternehmen durchaus unterschiedlich. Samli und Jacobs untersuchten die Praxis amerikanischer multinationaler Konzerne bei der Preisfestsetzung.[16] Basierend auf einer Befragung ergab sich, daß 70% der Firmen ihre Preise international standardisierten, während rund 30 % auf den internationalen Märkten differenziert vorgingen. Die Grundgesamtheit umfaßte dabei die besten 350 Unternehmen der Fortune 500 und die 100 größten amerikanischen Konzerne. Eine andere Studie erbrachte jedoch ein ganz anderes Bild. Eine Untersuchung über deutsche Unternehmen zeigte, daß etwa 70% differenzierte Strategien anwenden.[17]

Unter bestimmten Umständen nützen Firmen die Preisfestsetzung, um Quersubventionen zwischen Märkten zu ermöglichen. Quersubventionierung bedeutet, daß ein Unternehmen finanzielle Ressourcen, die es in einem Markt generieren konnte, verwendet, um auf einem anderen Markt zu investieren und damit wettbewerbsfähig zu sein. Ein klassisches Beispiel hierfür ist der Preiskampf zwischen Michelin und Goodyear in den 70er Jahren. Der französische Reifenhersteller Michelin nutzte seine gute Gewinnsituation in Europa aus, um seinen großen Konkurrenten Goodyear in seinem Heimatmarkt, den USA, zu attackieren. Verglichen mit Goodyear und seiner führenden Marktposition, hatte Michelin nicht viel zu verlieren, als es die Preise in den USA senkte. Es nutzte die hohen Gewinne zur Unterstützung der Aktivitäten in den USA. Darauf schlug Goodyear auf die gleiche Weise am europäischen Markt zurück, was den Preiskampf rasch beendete.[18]

Abbildung 12.2 zeigt eine Reihe von Faktoren auf, die die Entscheidung erleichtert, ob man international standardisierte Preise festlegen soll oder nicht. Laut Simon und Dolan sind im wesentlichen vier Faktoren zu berücksichtigen. Eine eingehende Betrachtung jedes einzelnen Faktors und seiner Anwendbarkeit bei der aktuellen Preisentscheidung führt letztendlich zur optimalen Alternative.[19] Gegenwärtig ist ein starker Trend in Richtung Preisharmonisierung zu beobachten. Alle Einflüsse, die dafür sprechen, werden in der Zukunft noch weiter an Bedeutung gewinnen. Besonders innerhalb von Wirtschaftsregionen, wie der EU, werden Preisunterschiede nur schwer aufrecht-

Abbildung 12.2: Einflußfaktoren bei Preisstandardisierung vs. Preisdifferenzierung

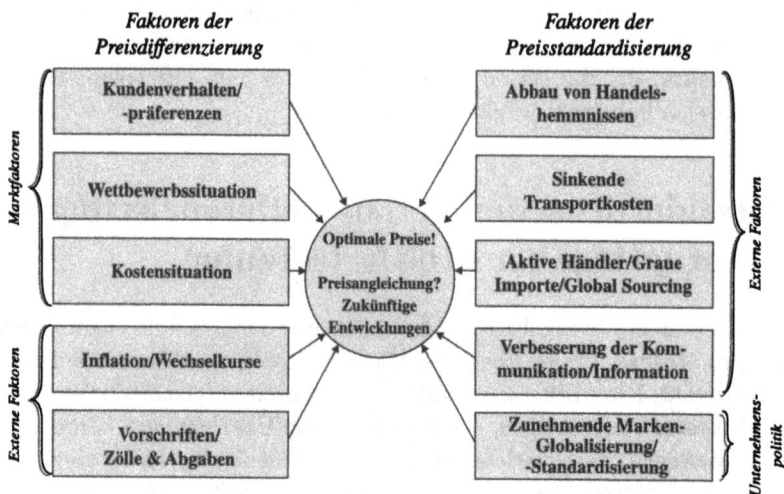

Quelle: Hermann Simon und Robert J. Dolan, *Profit durch Power Pricing*, Campus, Frankfurt, 1997: S.168.

erhalten zu sein. Während Preisunterschiede in der EU heutzutage noch beträchtlich sind, sind Experten sich sicher, daß diese bald der Vergangenheit angehören werden. Kürzlich ergab eine Studie, daß der Preis eines Warenkorbes mit 53 Produkten innerhalb der EU um bis zu 24% vom Mittelwert abwich, das ist etwa doppelt soviel wie in den USA. Experten betonen, daß die Preisharmonisierung innerhalb der EU eine logische Entwicklung in den nächsten Jahren sein wird.[20]

Unternehmen finden sich nicht selten in einer schwierigen Situation wieder: während Produktions- und Vertriebskosten je nach Ländermarkt variieren und damit Preisunterschiede rechtfertigen würden, geht die Tendenz immer stärker in Richtung Preisstandardisierung. Wie können Unternehmen nun sicherstellen, daß sich die Preise nicht am niedrigsten Auslandspreis einpendeln? Eine mögliche Anwort bietet der sogenannte internationale Preiskorridor. Preiskorridore funktionieren gut in Regionen mit starker wirtschaftlicher Aktivität, wo die Markttransparenz hoch ist, und wo ein freier Güterverkehr vorherrscht, wie beispielsweise in der Europäischen Union.

Abbildung 12.3 zeigt, wie ein Preiskorridor funktioniert.

Ein internationaler Preiskorridor kann als Kompromiß zwischen wenig profitablen, niedrigen Einheitspreisen und länderspezifisch differenzierten Preisen dienen. Der Preiskorridor soll Arbitrage, d.h. das Ausnützen von Preisunterschieden für ein Produkt zwischen verschiedenen Märkten, unattraktiv werden lassen. Arbitrage führt zu sogenannten grauen Märkten oder Parallelimporten, wo Händler einen Vorteil daraus ziehen, billige Produkte in einem Markt einzukaufen und in hochpreisigen Märkten wieder zu verkaufen.[21]

Um Unternehmen bei der internationalen Preisfestsetzung zu unterstützen, dient Abbildung 12.4 als Hilfestellung für den internationalen Preisfindungsprozeß. Durch das schrittweise Vorgehen erleichtert dieser Entscheidungsrahmen die Identifikation von internationalen Preisen.

Abbildung 12.3: Ein internationaler Preiskorridor

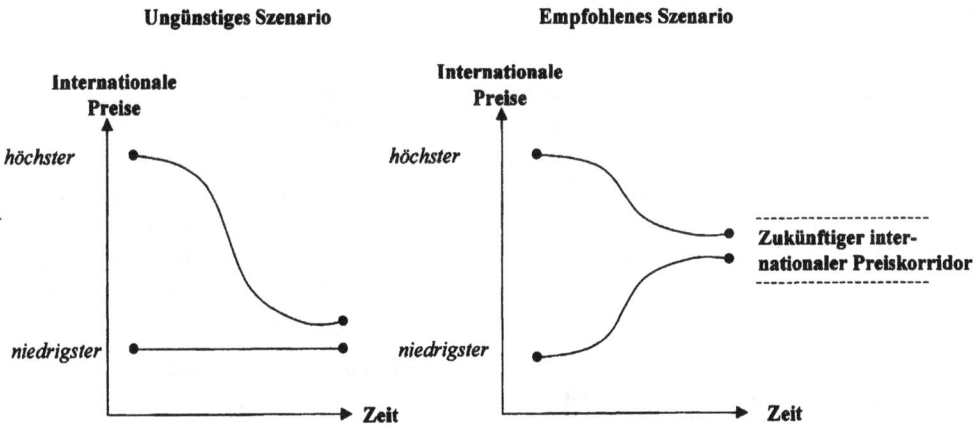

Quelle: Hermann Simon und Robert J. Dolan, *Profit durch Power Pricing*, Campus, Frankfurt, 1997: S. 176.

Abbildung 12.4: Entscheidungsrahmen für die internationale Preisfestsetzung

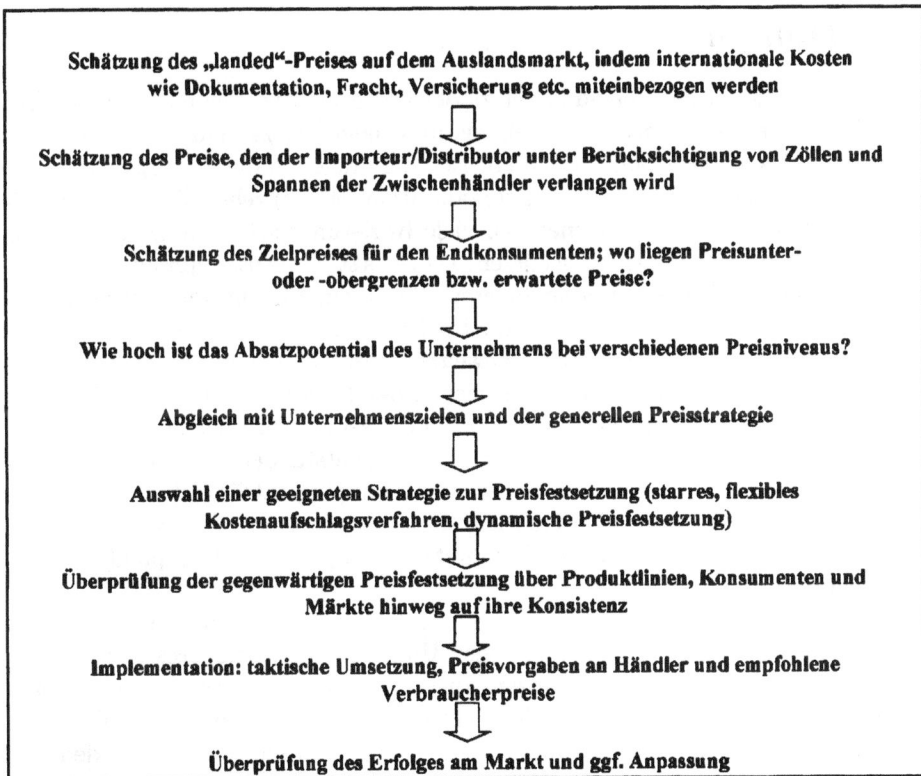

Quelle: S. Tamer Cavusgil, „Pricing for Global Markets", *Columbia Journal of World Business*, Winter 1996: S. 73.

> ### AUF DEN PUNKT GEBRACHT
>
> • Wenn ein Unternehmen internationale Preise festlegt, hat es grundsätzlich drei
>   Möglichkeiten: (i) das starre Kostenaufschlagsverfahren, (ii) das flexible Ko-
>   stenaufschlagsverfahren und (iii) das dynamische Zuschlagsverfahren. Die drei
>   Alternativen können durch die Flexibilität, die sie zulassen, und die Kosten,
>   die sie miteinbeziehen, unterschieden werden. In den Zeiten von zunehmender
>   Markttransparenz, die durch die neuen Kommunikationstechnologien wie das
>   Internet oder durch den € hervorgerufen wird, wird es zunehmend schwieriger,
>   Preisdifferenzierung über einzelne Märkte hinweg aufrechtzuerhalten.
>
> • Um eine Preisangleichung auf einem zu niedrigen Niveau zu vermeiden, haben
>   Unternehmen die Möglichkeit, einen Preiskorridor anzustreben. Ein Preiskor-
>   ridor bestimmt die Schwankungsbreite, in denen sich die Preise auf den je-
>   weiligen Auslandsmärkten bewegen sollten. Der Preiskorridor muß dabei so
>   festgelegt werden, daß er Arbitrage, also das Ausnutzen von den Preisunter-
>   schieden zwischen verschiedenen Märkten, verhindert.

12.7 Dumping

Dumping ist ein wichtiges Thema in der globalen Preispolitik. Wenn ein Unternehmen
ein Produkt zu einem niedrigeren Preis als in seinem Heimatland exportiert, so bezeichnet man das als Dumping. Nun stellt sich die Frage, ob dieses Vorgehen unfairen
Wettbewerb darstellt. Laut Welthandelsorganisation (WTO) gehen die Meinungen darüber auseinander. Dennoch unternehmen viele Regierungen Schritte gegen Dumping,
um ihre heimische Wirtschaft zu schützen. Dabei läßt das Anti-Dumping-Abkommen
der WTO eigentlich keinen Entscheidungsspielraum zu. Es gibt vor, welche Reaktionen Regierungen bei Dumping zustehen. Im Rahmen dieses Abkommens kann eine
Regierung Sanktionen setzen, wenn sie beweisen kann, daß Dumping tatsächlich stattfindet. Das Ausmaß des Dumping (um wieviel der Exportpreis niedriger ist als der
Preis, den der Exporteur in seinem Heimatland ansetzt – also der normale Wert des
Produktes) muß kalkuliert, und ein durch Dumping entstandener Schaden nachgewiesen werden. Wenn Untersuchungen zeigen, daß Dumping tatsächlich stattfindet und
die heimische Industrie beeinträchtigt wird, kann das exportierende Unternehmen eine
Preiserhöhung vornehmen, um einer Einfuhrsteuer aufgrund von Dumping(vorwürfen)
zu entgehen.[22]

Es liegt in der Natur dieser Regelungen, daß manche Staaten Dumping-Gesetze
als legitimes Mittel zum Schutz heimischer Unternehmen vor aggressiver Preispolitik durch ausländische Firmen einsetzen. In anderen Ländern werden diese Bestimmungen als protektionistische Maßnahme eingesetzt, um ausländische Konkurrenz in
einem Markt zu beschränken. Begründet werden Anti-Dumping-Gesetze mit dem Schaden, den derartige Praktiken in einer Volkswirtschaft anrichten. Gegen kontinuierliches
Dumping hätten allerdings nur wenige Ökonomen etwas einzuwenden. Würde dies tatsächlich passieren, wäre das eine Gelegenheit für ein Land, bestimmte Produkte billig

einzukaufen und sich selbst in anderen Produktbereichen spezialisieren. Kontinuierliches Dumping findet allerdings nur selten statt. Vielmehr wird es von Unternehmen nur sporadisch praktiziert. Damit betrifft es eher einzelne heimische Unternehmen und nicht ganze Volkswirtschaften.

In den letzten Jahren hat es in der EU, den USA, Kanada und Australien eine Vielzahl von Untersuchungsverfahren und Sanktionen basierend auf Dumpingvorwürfen gegeben. Derartige Verfahren sind meist überaus langwierig, so daß mitunter verheerende Auswirkungen für das klagende Unternehmen zu befürchten sind. Ein gutes Beispiel dafür ist der amerikanische Hersteller von Büromaschinen Smith Corona, der 1974 eine Klage wegen Dumpings gegen die japanischen Brother Industries eingebracht hat. Das Ende des Prozesses erlebte Smith Corona nicht mehr – es mußte bereits vorher Konkurs anmelden. Es kann also mitunter Jahre dauern, bis die *International Trade Commission* (ITC) Rechtsbeistand leistet. Smith Corona mußte die ursprüngliche Klage, die schließlich von der ITC 1980 behandelt wurde, nochmals einbringen. Die *International Trade Commission* kam zu dem Schluß, daß eine Einfuhrsteuer in der Höhe von 48,7% auf portable Schreibmaschinen gerechtfertigt sei. Diese Steuer bezog sich jedoch ausschließlich auf Schreibmaschinen. Brother Industries reagierte mit der Erfindung von neuen Produkten, sogenannten *word processors*, die durch einen integrierten Mikrochip Speicherfunktionen übernehmen konnten. Diese neuen Geräte waren viel eher als Textverarbeitungsgeräte, denn als Schreibmaschinen zu bezeichnen. Damit waren die Geräte auch nicht mehr von den hohen Importzöllen betroffen. Darüber hinaus begann Brother die Endmontage von Schreibmaschinen und -prozessoren in Tennessee vorzunehmen. Dieses Beispiel zeigt, welche Umwege Firmen nehmen können, um Dumping-Regelungen auszuweichen. Ironischerweise wurde am Ende Smith Corona von Brother des Dumping bezichtigt. Die Begründung: Smith Corona würde günstige Schreibmaschinen aus Singapur importieren. Für Brother bot sich damit ein Grund mehr, sich mit seiner amerikanischen Produktionsstätte als der eigentliche amerikanische Produzent darzustellen![23]

Unternehmen, die befürchten, mit Anti-Dumping-Gesetzen in Konflikt zu geraten, haben eine Reihe von Methoden entwickelt, um diese Schwierigkeiten zu vermeiden. Eine Möglichkeit besteht darin, das auf Auslandsmärkten verkaufte Produkt von jenen im Heimmarkt zu differenzieren. Ein Hersteller von Autozubehör verpackte Ersatzteile für den internationalen Markt mit einem Schraubenschlüssel und einer Bedienungsanweisung. Damit wurde aus einem Zubehörteil ein Werkzeug. Nicht nur, daß in dem gewählten Exportmarkt die Steuersätze für Werkzeug deutlich niedriger als für Zubehör waren, das Unternehmen schützte sich mit dieser Vorgangsweise auch gegen einen Verstoß von Anti-Dumping-Bestimmungen. Aufgrund der unterschiedlichen Verpackung war das Produkt nicht mehr mit jenen der Konkurrenz im Zielmarkt vergleichbar. Ein weiterer Ansatzpunkt, Wettbewerbsvorteile zu erzielen, sind nicht preisliche Maßnahmen. So kann ein Kreditrahmen, der von einer Tochtergesellschaft oder Vertriebsorganen im Zielmarkt eingeräumt werden, für den Kunden einen ähnlichen Effekt wie eine Preisreduktion haben.

12.8   Graue Märkte und Parallelimporte

Wenn man den Begriff Schwarzmarkt hört, löst dies bei vielen Leuten die Vorstellung von dunkler Schattenwirtschaft aus, wo Güter eingekauft und in Hinterhöfen ohne Wissen der Behörden wiederverkauft werden. Ob besser oder schlechter, das globale Marketing hat dafür eine andere Farbe auf der Farbpalette reserviert: grau. Als grauen Markt bezeichnet man den Verkauf von Markenprodukten in einem Land über Vertriebskanäle, die vom Markeninhaber nicht dazu autorisiert sind. Anders ausgedrückt verkaufen derartige Händler ohne Zustimmung des Originalherstellers importierte Waren zu einem niedrigeren Preis als der autorisierte Fachhändler. Dabei nutzen sie Vorteile, die sich aus den Preisunterschieden zwischen den Märkten ergeben, indem sie Markenware aus Niedrigpreismärkten in Hochpreismärkte reimportieren.[24] Diese Praktik ist auch unter dem Begriff „Parallelimport" bekannt. Während es unterschiedliche Varianten von Parallelimporten gibt, sind die Auswirkungen doch immer die gleichen: Umsatzverluste und Kannibalisierung für den Hersteller in Hochpreismärkten und Probleme mit den autorisierten Vertriebskanälen.[25]

Der britische Automobilhandel beispielsweise mußte mit ansehen, wie im letzten Jahrzehnt eine steigende Anzahl von Autos durch Parallelimporte eingeführt wurde. Speziell Japan als größter Markt für linksgelenkte Autos war eine Quelle für Parallelimporte. Bei den nach Großbritannien „hineinverkauften", deutlich günstigeren Fahrzeugen handelte es sich entweder um Neuwagen, die von japanischen Händlern zur Erreichung ihrer Absatzziele verkauft wurden, oder um gebrauchte Fahrzeuge, die die nach drei Jahren erforderliche, äußerst strenge und kostspielige Fahrzeugüberprüfung nicht bestanden hatten. Schätzungen zufolge sollen 1998 etwa 80.000 der in Großbritannien angemeldeten Fahrzeuge auf diese Weise ins Land gekommen sein und etablierten Automobilhändlern das Leben schwer gemacht haben.[26]

Parallelimporte fanden auch bei französischem Champagner statt, der auf diesen Umwegen in die USA verkauft wurde, oder bei pharmazeutischen Produkten in der EU aufgrund der starken Preisdifferenzen zwischen einzelnen EU-Ländern.[27] In Großbritannien und in den Niederlanden wird etwa 10 % des gesamten Absatzes bei bestimmten Pharmaka Parallelimporten zugeschrieben. In Großbritannien wuchs der Markt für Parallelimporte von Medikamenten von € 280 Millionen im Jahr 1996 auf € 350 Millionen im Jahr 1997, das sind 5% des gesamten Medikamentenmarktes. Andere Schätzungen gehen sogar noch darüber hinaus. So sollen der 10-15% der 1999 in Großbritannien verkauften Medikamente aus Parallelimporten stammen, was einem Volumen von € 825 Millionen entspricht.[28] Der Pharmakonzern Glaxo Wellcome hat eigene Mittel und Wege gefunden, Parallelimporte einzuschränken. In Spanien, das als Pharmamarkt mit niedrigen Preisen bekannt ist, wurden zwei unterschiedliche Preislisten eingeführt: eine mit den niedrigen heimischen Preisen, und eine mit den höheren, für den Exportmarkt relevanten Preisen, die anhand wirtschaftlicher Kriterien kalkuliert wurden. Um, wie Glaxo es nannte „korrekte Vertriebspraktiken" zu gewährleisten, hat das Unternehmen seine Vertriebspartner dazu verpflichtet, sich an diese Preisregelungen zu halten. Eine Mißachtung würde dramatische Maßnahmen, wie etwa Liefersperren, nach sich ziehen. Die spanische Regierung warnte Glaxo vor einer Unterversorgung des spanischen Marktes. In diesem Fall würde es zu Konsequenzen kommen.[29] Wenig später wurde die Europäische Kommission in diesen Fall formal involviert. Sie wandte sich klar gegen Glaxos Vorgehensweise, weil dadurch der freie Güterverkehr in der EU gebremst würde.[30]

EUROPÄISCHER BLICKWINKEL

IM NAMEN DES VOLKES ...

... der Europäischen Union, hat der Europäische Gerichtshof ein richtungsweisendes Urteil zum Themenbereich Parallelimporte gefällt. Der Fall war bereits seit einiger Zeit bei Gericht anhängig und gab einigen Anlaß zu Kontroversen und Debatten. Zum Hintergrund: die österreichische Handelskette Hartlauer, die Unterhaltungselektronik und Brillen zu günstigen Preisen anbietet, kaufte 1995 21.000 Brillenfassungen in Bulgarien. Das Problem bestand darin, daß diese Brillenfassungen aus einer Vorjahreskollektion des Markenherstellers Silhouette stammten und aus diesem Grund zu günstigen Konditionen an ein Handelsunternehmen in Bulgarien verkauft wurden. Mit diesem Geschäft war jedoch die Bedingung verbunden, daß diese Fassungen nur in Bulgarien bzw. in der ehemaligen Sowjetunion verkauft werden dürften. Ein klassischer Fall von Parallelimport also! Silhouette sah sich gezwungen, seine Markenposition im Premium-Segment zu verteidigen, und klagte Hartlauer auf Unterlassung. Man wollte das Handelsunternehmen davon abhalten, weiterhin das Angebot von preisgünstigen Designerfassungen zu bewerben. Der Europäische Gerichtshof schließlich entschied zugunsten von Silhouette und untersagte Hartlauer den Verkauf dieser reimportierten Fassungen.

Dieses Urteil hatte weitreichenden Auswirkungen, da auch andere Produzenten auf Parallelimporteure Druck ausüben konnten. In Großbritannien wollte Honda Händler rechtlich belangen, falls sie nicht aufhören würden, Motorräder außerhalb der EU einzukaufen. Honda argumentierte damit, daß graue Importe die Sicherheit der Kunden gefährden würden. Unter den betroffenen Händlern war auch Granby Motors, bis vor kurzem selbst noch Honda-Vertragspartner. Ironischerweise war Granby Motors während der Tätigkeit für Honda für die Endmontage von Motorrädern verantwortlich, die üblicherweise in Einzelteilen nach Großbritannien geliefert werden. Das Sicherheitsargument war somit schwer aufrecht zu erhalten. Zudem gehören Granby Motors und die übrigen belangten Unternehmen der Vereinigung von Parallelimporteuren an, die die Einhaltung von hohen Sicherheitsstandards bei parallel importierten Produkten unterstützt. Während die rechtliche Argumentation durchaus stichhaltig war, tat sich Honda schwer, die Einwände in der Öffentlichkeit durchzusetzen, ohne als wettbewerbsfeindlich zu gelten.

Darüber hinaus lösten die Entscheidungen des EuGh eine Kontroverse rund um die größte britische Supermarktkette Tesco aus. Das Unternehmen kam unter Beschuß, als es Markenprodukte, wie das bekannte Modell 501 des Jeansherstellers Levi's um € 45 verkaufte, was etwa der Hälfte des Preises im autorisierten Fachhandel entspricht. Ein anderer amerikanischer Hersteller, Guess, plante rechtliche Schritte gegen Tesco, da es Guess T-Shirts aus nicht autorisierten Quellen verkaufte. Ein großes Unternehmen wie Tesco kann sich aufgrund seiner Marktmacht von solchen Anschuldigungen unbeeindruckt zeigen. Vielmehr stellen derartige Anwürfe eine billige und gleichzeitig überaus effektive Werbung dar. Nachdem sich die öffentliche Erregung gelegt hat, läßt sich hinter den Kulissen ein Vergleich erzielen.

Fortsetzung auf der nächsten Seite

IM NAMEN DES VOLKES ... (Fortsetzung)

Was die Auswirkungen auf den Markt anlangt, so gibt es geteilte Meinungen: während Kritiker fürchten, daß das Markenimage Schaden nehmen kann und Verluste für die Hersteller nach sich zieht, sehen andere in diesen Vorschriften wiederum eine Maßnahme, um auf Kosten der Konsumenten Gewinne zu erhöhen.

Einfach zum Nachdenken:

- Hat die Entscheidung des Europäischen Gerichtshofes negative Auswirkungen auf die Konsumenten? Welche Argumente lassen sich für bzw. gegen Parallelimporte finden?
- Aus der Sicht eines internationalen Markenartikelherstellers: welche Probleme können durch Parallelimporte entstehen?

Quellen: „Die weltweite Erschöpfung des Rechts aus einer Marke ist mit dem Gemeinschaftsrecht unvereinbar", *Pressemitteilung Nr., 49/98 des Europäischen Gerichtshofes*, 16. Juli 1998, http://curia.eu.int/de/cp/cp98/cp9849de.html; „Hartlauer verliert Streit um Silhouette-Fassungen." *Die Presse*, 17. Juli 1998; „A Grey Area: Parellel Imports in the EU." *The Economist*, 13. Juni 1998; Kevin Ash, „Honda's Legal Case for Higher Profits." *The Daily Telegraph*, 19. Dezember 1998; „When Grey is Good: The European Union should be Encouraging ‚Grey‘ Imports, not Banning them." *The Economist*, 22. August 1998; „A Grey Market: Shopping – Parallel Imports under Attack", *The Economist*, 5. Dezember 1998.

Wie der Urteilsspruch im Fall von Silhouette zeigt, geht die EU bei der Behandlung von grauen Märkten unterschiedliche Wege – nicht zuletzt abhängig davon, wie sich Hersteller dafür einsetzen. Um Parallelimporte zu bekämpfen, führen Hersteller viele Argumente ins Treffen. Besonders wichtig ist ihnen dabei, daß durch Parallelimporte das Vertrauen der Kunden in Markenprodukte verloren geht. Konsumenten würden damit nicht nur davon abgehalten, weiterhin Markenprodukte zu kaufen. Parallelimporte würden Konsumenten auch der Piraterie und dem Betrug aussetzen. Man kann jedoch durchaus auch einen anderen Eindruck gewinnen. Es gibt einige Märkte, wo Parallelimporte gestattet sind: in den USA und innerhalb der EU. Dort wird Konsumenten offenbar kein Schaden zugefügt. Im Gegenteil, verstärkter Wettbewerb führt zu niedrigeren Preisen. Darüber hinaus betonen jene Anwälte, die für eine Legalisierung von Parallelimporten sind, daß die Zulassung von Parallelimporten, z.B. von original Nike-Sportarktikeln nicht unbedingt bedeutet, daß man gleichzeitig den Import von Fälschungen zuläßt.[31]

12.9 Transferpreise

Der Begriff Transferpreis bezieht sich auf den Preis von Gütern und Leistungen, der beim Kauf und Verkauf zwischen Tochterunternehmen eines Konzerns verrechnet wird. Man bezeichnet ihn daher auch oft als konzerninternen Verrechnungspreis. Niederlassungen von Toyota beispielsweise verkaufen und kaufen innerhalb des Konzerns. Auf gleiche Weise geschieht dies in anderen global agierenden Unternehmen. Da Unternehmen zunehmend expandieren und dezentral operieren, werden Profit Centers zu einem wichtigen Bestandteil der konzernweiten Finanzgebarung. Es sind daher geeignete unternehmensinterne Transferpreisregelungen notwendig, um auf allen Unternehmensebenen Rentabilität zu gewährleisten. Wenn ein Unternehmen seine Aktivitäten auf das

Ausland ausweitet, so eröffnen Transferpreise neue Möglichkeiten, bringen aber auch Probleme mit sich. Bei der Festlegung von Transferpreisen müssen globale Unternehmen eine Menge von Faktoren mit einbeziehen, wie Steuern, Zollabgaben, Regelungen über den Gewinntransfer, konfliktäre Zielsetzungen von Joint Venture-Partnern und gesetzliche Regelungen. Tabelle 12.3 zeigt die Prinzipien der Transferpreise auf und erklärt, in welchem Ausmaß Gewinnsteigerungen durch Transferpreise generiert werden können.

Tabelle 12.3: Wie Transferpreise funktionieren

Land X (hohe Steuern)		Auswirkung von Transferpreisen	
Preis „ab Werk"	100		100
Marktorientierter Transferpreis an die Tochtergesellschaft im Land Z (*arm's length*)	120	Bewußt niedriger Transferpreis	105
Gewinn	20		5
Lokale Steuern (50%)	10		2.5
Gewinn nach Steuern	10		2.5
Land X (niedrige Steuern)			
Kauft von X	120		105
Zoll (20%)	24		21
Lagerkosten	144		126
Verkauft zu (Marktpreis)	160		160
Gewinn	16		34
Steuer (5%)	0.8		1.7
Gewinn nach Steuern	15.2		32.3
Unternehmensgewinn nach Steuern (2 Märkte)	25.2		34.8

Grundsätzlich können Transferpreise auf drei verschiedene Arten zustande kommen. Abhängig von der Art des Unternehmens, der Produkte, der Märkte und natürlich der historischen Hintergründe, kann man zwischen (1) kostenorientierten, (2) marktorientierten Transferpreisen und (3) ausgehandelten Transferpreisen unterscheiden.

12.9.1 Kostenorientierte Transferpreise

Unternehmen setzen bei der Preisbildung oft unterschiedliche Kosten an. Es kann daher vorkommen, daß bei Transferpreisen lediglich fixe und variable Produktionskosten angesetzt werden. Alternativ dazu könnte man jedoch auch Marketing-, F&E-Kosten bzw. Kosten aus anderen Bereichen mit einbeziehen. Je nachdem, welche Kosten herangezogen werden, ergeben sich deutliche Auswirkungen auf die Höhe der abzuführenden Zölle, die Niederlassungen globaler Unternehmen zu tragen haben.

Die sogenannte Kostenaufschlagskalkulation stellt eine Variante zur Festsetzung kostenorientierter Transferpreise dar. Sie wird dann angewandt, wenn ein bestimmter Gewinn für jedes Produkt unabhängig von der Unternehmensebene auf jeden Fall erwirtschaftet werden soll. Der Transferpreis stellt sich als Prozentsatz der Kosten, wie zum Beispiel „110% der Kosten", dar. Zwar läßt diese Art der Kalkulation die Wettbewerbs- und Nachfragesituation in den internationalen Märkten außer Acht, dennoch verwenden viele Unternehmen dieses Verfahren durchaus erfolgreich.

12.9.2 Marktorientierte Transferpreise

Marktorientierte Transferpreise werden von jenem Preis abgeleitet, der auf dem internationalen Markt als wettbewerbsfähig angesehen wird. Diese Art der Preisfestsetzung bietet sich dann an, wenn die zur Diskussion stehende Leistung auch auf dem externen Markt gehandelt wird. Als Richtschnur für die Verhandlung der Transferpreise dient das Prinzip des *dealing at arm's length*. Das bedeutet: der Preis für konzerninterne Lieferungen und Leistungen zwischen Tochtergesellschaften wird in jener Höhe angesetzt, die bei einer Transaktion zwischen unabhängigen Unternehmen zur Anwendung kommen würde. Die einzige Einschränkung in bezug auf diesen marktorientierten Preis stellen die Kosten dar. Wie vorhin bereits erwähnt wurde, gibt es wesentliche Unterschiede bei der Definition der Kosten. Da Kosten üblicherweise mit steigender Ausbringungsmenge sinken, muß eine Entscheidung getroffen werden, ob sich der festzulegende Preis auf gegenwärtige oder zukünftige Mengen bezieht. In Märkten, die zu klein sind, um den Aufbau einer eigenen Produktionsstätte zu rechtfertigen, können marktorientierte Transferpreise dann angewendet werden, wenn Produkte aus einem dritten Land bezogen werden. So kann das Unternehmen seinen Markennamen etablieren, ohne viel Kapital investieren zu müssen.

12.9.3 Ausgehandelte Transferpreise

Die dritte Alternative besteht darin, daß die Handelspartner die Preise frei unter einander verhandeln. In manchen Fällen reflektiert der endgültige Transferpreis Kosten und Marktpreise, dies ist aber keine unbedingte Voraussetzung.[32] Die Tabelle 12.4 faßt die Ergebnisse von unterschiedlichen Studien zusammen, die unterschiedliche Methoden der Festsetzung von Transferpreisen einzelnen Ländern untersuchten.

Tabelle 12.4: Transferpreismethoden in ausgewählten Ländern

Methode	USA	Kanada	Japan	UK
1. kostenorientiert	46%	33%	41%	38%
2. marktorientiert	35%	37%	37%	31%
3. ausgehandelt	14%	26%	22%	20%
4. Sonstige	5%	4%	0%	11%
	100%	100%	100%	100%

Quelle: in Anlehnung an Charles T. Horngren und George Foster, *Cost Accounting: A Managerial Approach* (Upper Saddle River, NJ: Prentice Hall, 1991), S.866.

12.9.4 Steuergesetzgebung und Transferpreise

Da globale Unternehmen in einer Welt mit unterschiedlich hohen Körperschaftssteuersätzen tätig sind, besteht ein großer Anreiz, Einnahmen in Ländern mit niedriger Körperschaftssteuer zu maximieren und in Ländern mit hoher Körperschaftssteuer zu minimieren. Die einzelnen nationalen Regierungen sind sich dieser Situation durchaus bewußt. In den letzten Jahren haben daher einige nationale Steuerbehörden versucht, die Steuereinnahmen zu maximieren, indem sie Unternehmen geprüft und daraufhin verlangt haben, Einnahmen und Ausgaben neu auszuweisen.

Joint Ventures sind ein Anreiz, Transferpreise höher als zwischen Tochterunternehmen anzusetzen, da der Gewinnanteil für ein Unternehmen in einem Joint Venture niedriger als 100% ist. Jeder Gewinn, der aus einem Joint Venture entsteht, muß geteilt werden. Es empfiehlt sich jedoch Regelungen vorzusehen, die auch von den Steuerbehörden im Rahmen von Steuerprüfungen anerkannt werden. Am ehesten ist in diesem Fall vermutlich das *arm's length*-Prinzip geeignet.

Um mögliche Konflikte zu vermeiden, sollten in Joint Ventures engagierte Unternehmen Preisabmachungen im vorhinein treffen, die für beide Seiten akzeptabel sind. Nachfolgend sind einige Überlegungen aufgelistet, die bei der Festlegung von Transferpreisen beachtet werden sollten:[33]

- Wie werden Transferpreise an Währungsschwankungen angepaßt?
- Wie spiegeln sich Kosteneinsparungen auf Grund des Erfahrungskurveneffekts in den Transferpreisen wider?
- Kommen andere Quellen als das Mutterunternehmen für den Bezug von Produkten und Komponenten in Frage kommen.
- Welchen Effekt hat die Konkurrenzsituation auf die Gewinnspannen?

GLOBALE PERSPEKTIVE

WENN DER STEUEREINTREIBER ZWEIMAL KLINGELT...

Entscheidungen rund um die Festsetzung von Transferpreisen kosten den Finanzverantwortlichen in vielen Unternehmen nicht selten den wohlverdienten Schlaf. Um so mehr als nationale Steuerbehörden weltweit wetteifern, einen fairen Anteil am Gewinn multinationaler Unternehmen zu erhalten! Wie Untersuchungen zeigen, gehört für Finanzabteilungen die Bestimmung von Transferpreisen zu den wichtigsten Anliegen auf ihrer Agenda. Ein Blick zurück in die Vergangenheit macht diese Probleme verständlicher: die gegenwärtigen Steuersysteme wurden nach dem Zweiten Weltkrieg entwickelt, als der Export von Gütern, Kapital und Arbeit noch eine geringe Rolle spielte. Heute sind Unternehmen und Menschen mobil und können die Steuerunterschiede über Ländergrenzen hinweg ausnützen.

International tätige Firmen können Produkte in einem Land entwickeln, in einem anderen Land herstellen und in einem dritten verkaufen. Dies öffnet die Türen zur Bestimmung von Transferpreisen für unternehmensinterne Verkäufe von Komponenten. So werden hohe Preise in Ländern mit hohen Steuersätzen verrechnet, um damit die steuerpflichtigen Gewinne in Ländern mit niedrigen Steuersätzen zu generieren.

Fortsetzung auf der nächsten Seite

WENN DER STEUEREINTREIBER ZWEIMAL KLINGELT... (Fortsetzung)

Aus diesem Grund sind Regierungen darauf bedacht, ihre Gesetze strenger zu gestalten, um inkorrekte Transferpreise zu verhindern. Großbritannien beispielsweise führte das sogenannte *Corporate Tax Self Assessment* (CTSA) ein. Diese Selbsteinschätzung der potentiellen Steuerlast bedeutet, daß Unternehmen stärker dazu gezwungen werden, genauer zu planen. Unternehmen müssen steuerpflichtige Gewinne, steuerrechtliche Abschreibungen, Begünstigungen auf Grund von Doppelbesteuerung und Konzernabgaben vorausberechnen. Die Last, genaue Rechnungen anzustellen, liegt damit beim Steuerschuldner. Um Unternehmen die Arbeit zu erleichtern, haben Deutschland und andere Länder begonnen, sogenannte *Advanced Pricing Agreements* (APAs) einzuführen. Dieses Abkommen sieht vor, daß Unternehmen ihre Steuerunterlagen vorher mit den Steuerbehörden abstimmen können, bevor sie sie endgültig einreichen.

Die Konsequenzen der Nichteinhaltung können sehr hart sein: In Japan verloren einige hoch angesehene Konzerne wie Monsanto, Baxter oder Ciba den Kampf gegen die lokalen Steuerbehörden. Folglich mußten sie hohe Strafen und Steuernachzahlungen leisten.

Auch die OECD hat sich für Regelungen über Transferpreise im Sinne des Prinzips marktorientierter Preise ausgesprochen. Nichtsdestoweniger – so befürchten Unternehmen – steckt der Teufel im Detail und in möglicherweise willkürlichen Urteilen lokaler Steuerbehörden. Die auferlegten Strafen können bis zu 10% der Steuerschuld ausmachen, was manche Unternehmen an den Rand des Ruins führen kann.

Die Diskussion ist aber lange noch nicht vorbei, denn jetzt zieht der Verkauf über das Internet und die Einführung des € die Aufmerksamkeit der Finanzbehörden auf sich.

Da das Internet die Mobilität von Kapital und finanzieller Aktivität exponentiell erhöht, suchen die Steuerbehörden intensiv nach Maßnahmen, ihre Steuergrundsätze anzupassen. Die traditionellen Steuergrundsätze, wo vor allem die örtliche Lage des Unternehmens als ausschlaggebend herangezogen wird, sind ungeeignet, virtuelle Steueroasen zu verhindern. Das Angebot von Produkten über das Internet wirft eine Menge von Fragen auf. Derzeit gibt es weltweit keine Einigkeit, wo und wie *e-commerce* besteuert werden soll. So müssen Unternehmen oft mehrmals Steuern für das gleiche Einkommen zahlen, um nicht in Schwierigkeiten zu geraten.

Die Einführung des € wird ebenfalls Auswirkungen auf Transferpreise haben. Er wird nicht nur die grundsätzlichen Preispraktiken innerhalb des Unternehmens und auf den Märkten verändern. Der € wird auch mehr Klarheit über aktuelle Unternehmenspraxis bei der Festlegung von Transferpreisen bringen. Finanzbehörden in ganz Europa werden es leichter haben, die bisherigen Annahmen von Unternehmen in Frage zu stellen und ihren gerechtfertigten Anteil an abzuführenden Steuern zu erhalten.

Fortsetzung auf der nächsten Seite

WENN DER STEUEREINTREIBER ZWEIMAL KLINGELT. . . (Fortsetzung)

Ein Aspekt wird sich jedoch nicht verändern: der „Steuerwettbewerb" zwischen Staaten und Transferpreise bleiben auf internationaler Ebene weiterhin Ausgangspunkt für Debatten und Auseinandersetzungen.

Einfach zum Nachdenken:

- Beschreiben Sie die drei Ansätze, die Unternehmen bei der Festsetzung von Transferpreisen wählen können. Welche Faktoren beeinflussen letztlich die Entscheidung für eines der drei Verfahren?
- Aus der Sicht eines Profit Centers, das Halbfertigerzeugnisse an eine andere Tochtergesellschaft des Konzerns in einem Land mit niedrigen Steuersätzen verkauft: würden Sie einen hohen oder einen niedrigen Transferpreis bevorzugen? Wie verändert sich der „ideale" Transferpreis (hoch oder niedrig), wenn diese Transaktion aus der Sicht (1) der einkaufenden Tochtergesellschaft, (2) der Konzernmutter, (3) der heimischen Steuerbehörden oder der (4) Steuerbehörden im Zielmarkt beurteilt wird?

Quellen: „The Tap Runs Dry: Disappearing Taxes." *The Economist,* 31. Juli 1997 (343/8019); „Time to Tackle the Most Taxing Issue: Transfer Pricing." *Financial Times,* 24. September 1998; Jim Kelly, „Company Tax Shake-Up finds Multinationals Ill-Prepared." *Financial Times,* 2. Juli 1998; Jim Kelly, „Cyberspace Threats to Fiscal Regimes." *Financial Times,* 24. September 1999; Paul Abrahams, „Taxing in the Extreme." *Financial Times,* 24. September 1999; Jim Kelly, „New Upheaval on the Way: Corporate Self-Assessment.", *Financial Times,* 20. November 1998; Brad Rolph und Jay Niederhoffer, „Transfer Pricing and E-Commerce", *International Tax Review,* September 1999, S.34-39; Conrad Young und Robert Tsang, „E-Commerce and EMU." *International Tax Review,* Dezember 1998/Jänner 1999, S.13-16.

Transferpreise, die der Steuerminimierung dienen sollten, können aber auch zu unerwarteten Verzerrungen führen. Ein klassisches Beispiel dafür ist ein großes amerikanisches Unternehmen, das dezentral in Profit Centers organisiert ist und seinem Schweizer Divisionsleiter regelmäßig eine Einkommenserhöhung gewährte. Als Basis für die rasante Gehaltserhöhung dienten die in der internen Konzernrechnung ausgewiesenen, hervorragenden Gewinne, die diese Division erwirtschaftete. Man hatte jedoch vergessen zu berücksichtigen, daß dieses Profit Center aus steuerlichen Gründen durch entsprechende Gestaltung der konzerninternen Transferpreise möglichst hohe Gewinne ausweisen sollte, die nun als Grundlage für die Prämienberechnung herangezogen wurden! Man benötigte gar ein externes Beraterteam, um diesen Umstand aufzudecken. In diesem Fall ergab die Gewinn- und Verlustdarstellung eine eindeutige Verzerrung der wahren Ergebnisse. Deswegen mußte man das Controlling anpassen und andere Kriterien anwenden, um die Leistung im Steuerparadies richtig zu bewerten.

Kosten und Gewinne werden aber auch von Einfuhrsteuern beeinflußt. Je höher die Steuern ausfallen, um so erstrebenswerter sind niedrige Transferpreise, da dadurch die absolute Steuerlast verringert wird. Viele Steuersätze wurden nach der Uruguay Runde der WTO herabgesetzt. Nicht selten tendieren Unternehmen dazu, den Einfluß von Steuern auf die Preisbildung als gering einzuschätzen. Dafür gibt es eine Reihe von Gründen. Erstens sehen Unternehmen Steuerersparnisse als relativ gering im Vergleich zu Einnahmen an, die durch entsprechende Motivation der Mitarbeiter und sinnvolle Verwendung von Ressourcen entstehen. Zweitens könnte die Führungsebe-

ne jeden Versuch von systematischer Steuerminimierung als unmoralisch ansehen. Ein
weiteres Argument ist, daß eine einfache, konsistente und kontinuierliche Preispolitik
jegliche Steuerprüfungen einschränkt, die bei der Anwendung aggressiver Preisstrategien häufiger auftreten können. Diesem Argument folgend gleicht jedes Ersparnis an
Managementleistung und Kosten für externes Beratungsservice die zusätzlichen Steu-
erzahlungen aus. Nachdem sich weltweit ein Trend zur Harmonisierung der Steuersätze
zeigt, haben viele Finanzverantwortliche in Unternehmen letztlich den Schluß gezogen,
daß jede Regelung, die auf unterschiedlichen Steuersätzen beruht, bald obsolet sein
wird. Deswegen haben sie Preisstrategien entwickelt, die für einen Weltmarkt geeignet
sind, in dem sehr bald ähnliche Steuersätze vorherrschen werden.

Obwohl eine genauere Betrachtung von Steuerproblemen über den Rahmen dieses
Buches hinausgeht, sollten Studenten verstehen, daß folgende grundsätzliche Fragen jeden global tätigen Marketer betrifft: „Was kann ein Unternehmen vor dem Hintergrund
der derzeitigen Steuergesetzgebung in seiner internationalen Preispolitik tun?"

AUF DEN PUNKT GEBRACHT

- Wenn ein Unternehmen ein Produkt zu einem niedrigeren Preis als in seinem
  Heimmarkt exportiert, dann spricht man von Dumping. Diese Vorgehenswei-
  se kann für die Konkurrenten im Exportmarkt zu dem Ergebnis führen, daß
  Konsumenten diese billigeren Produkte kaufen. Aus diesem Grund hat die
  WTO Richtlinien für den Umgang mit Dumping entwickelt. In manchen Fäl-
  len wird der Vorwurf des Dumping jedoch vorgeschoben, um Wettbewerb im
  Heimmarkt zu beschränken.

- Graue Märkte sind eine Konsequenz von Parallelimporten. Von Parallelimport
  spricht man, wenn nicht autorisierte Personen Markenprodukte über nicht
  autorisierte Vertriebskanäle importieren. Graue Marketer verkaufen die derart
  eingeführten Waren billiger als die autorisierten Händler und können so von
  Preisunterschieden zwischen den Märkten profitieren.

- Transferpreise werden für den An- und Verkauf von Gütern und Dienstleistungen zwischen Tochterunternehmen eines Konzerns verrechnet. Sie betreffen konzerninterne Geschäfte. Für die nationalen Steuerbehörden sind Transferpreise zunehmend von Interesse, da diese eingesetzt werden können, um
  Gewinne von Ländern mit hohen Steuersätzen in Länder mit niedrigen Steuersätzen zu transferieren. Deswegen verlangen die lokalen Behörden, daß die
  Transferpreise auf marktkonformer Basis festgelegt werden, d.h. in einer Höhe, die auch bei einer Transaktion zwischen zwei unabhängigen Unternehmen
  vereinbart würde.

12.10 Zusammenfassung

Preisentscheidungen sind ein kritisches Element im Marketingmix, da interne Faktoren wie Produktions- oder Vertriebskosten, aber auch externe Faktoren wie Währungsschwankungen, Inflation, Staatseinflüsse, Wettbewerb und Marktnachfrage genau in Betracht gezogen werden müssen. Jedes Unternehmen muß den Markt, die Konkurrenz, die eigene Kostenstruktur und die eigenen Ziele genau im Auge behalten. Gleichzeitig sollte der jeweilige Preis auf lokale und regionale Anforderungen und Gesetze abgestimmt sein und den Zielen der internationalen Marketingstrategie eines Unternehmens entsprechen.

Grundsätzlich stehen für Unternehmen drei Methoden bei der Preisfestsetzung zur Auswahl. Beim starren Kostenaufschlagsverfahren, das häufig von im Export eher unerfahrenen Unternehmen angewandt wird, werden alle beim Export entstehenden Kosten addiert. Zusammen mit einer entsprechenden Gewinnmarge ergibt sich daraus der internationale Verkaufspreis. Das flexible Kostenaufschlagsverfahren basiert auf den gleichen Annahmen, Preise können aber je nach Marktsituation variieren. Das dynamische Zuschlagsverfahren – eine Strategie für Unternehmen mit internationaler Erfahrung – basiert auf dem Gedanken, daß fixe Kosten unabhängig von internationaler Aktivität entstehen. Deswegen werden die variablen Kosten einschließlich der entstehenden internationalen Marketingkosten als Basis für die Preisfestsetzung herangezogen. Fixkosten werden nur dann aufgeschlagen, wenn die Situation im Auslandsmarkt dies zuläßt.

Dumping – d.h. der Verkauf von Produkten zu einem niedrigeren Preis als im Heimmarkt – und Parallelimporte sind zwei häufig diskutierte Problembereiche in der Preispolitik. Organisationen wie die WTO oder die OECD haben daher Richtlinien geschaffen, um mit solchen Problemen umzugehen. Manager, die Güter und Dienstleistungen zwischen internationalen Tochtergesellschaften eines Konzerns transferieren, müssen sich genau überlegen, welche Preise sie für solche unternehmensinternen Geschäfte festlegen. Da über derartige Transaktionen nicht selten versucht wird, Gewinne in Länder mit niedrigen Steuersätzen zu verschieben, sehen sich lokale Steuerbehörden zu Gegenmaßnahmen veranlaßt. Deswegen sind Unternehmen auch in zunehmenden Maße angehalten, Aspekte der internationalen Preispolitik mit den Vorschriften und Anliegen der jeweils lokalen Steuerbehörden in Einklang zu bringen.

12.11 Diskussionsfragen

1. Welche Faktoren beeinflussen die internationale Preispolitik?

2. Definieren Sie die verschiedenen Preisstrategien globaler Anbieter.

3. Was versteht man unter Dumping? Welche Bedeutung kommt Dumping im internationalen Handelsverkehr heute zu?

4. Wie würde man Graue Märkte beschreiben? Welche Möglichkeiten haben Hersteller Parallelimporte zu unterbinden?

5. Was ist ein Transferpreis? Was ist der Unterschied zwischen einem Transferpreis und einem regulären Preis? Welches sind die drei Methoden zur Festsetzung von Transferpreisen?

6. Nennen Sie drei alternative Methoden zur globalen Preisfestsetzung.

7. Stellen Sie sich vor, Sie sind für die Vermarktung von Computer-Axial-Tomogra-phie-(CAT) Scannern verantwortlich. Das Land, aus dem Sie diese Geräte bezie-hen, hat eine starke und an Wert gewinnende Währung im Verhältnis zu Ihrer Landeswährung. Welche Optionen stehen für eine Preisanpassung zur Verfügung, um auf diese Währungssituation zu reagieren?

12.12 Webmistress's Hotspots

Homepage der WTO Document Dissemination Facility
Wenn Sie feststellen wollen, wie hoch der Importzoll auf Polyesterfasern aus Weißrus-sland in die EU war, die aufgrund von Dumpingvorwürfen 1997 eingehoben wurden, dann finden Sie hier eine Antwort (übrigens – der Zollsatz belief sich auf 43,5%!). Zu-dem finden Sie hier viele brauchbare Informationen über Dumping im allgemeinen, und wie es von der WTO eingeschätzt und behandelt wird!
`http://www.wto.org/wto/ddf/ep/public.html`
unter dem Dokument #G/ADP/N/22/EEC

Homepage der OECD
Hier finden Sie die Richtlinien der OECD zum Thema Transferpreise.
`http://www.oecd.org//daf/fa/tr_price/transfer.htm`

Homepage der EAIVT (European Association of Independent Vehicle Tra-ders)
Für den Fall, daß Sie immer schon wissen wollten, was es braucht, um ein Auto aus einem EU-Land in ein anderes zu importieren, dann finden Sie hier einige grundlegende Informationen.
`http://www.eaivt.com/public/pigb.htm`

Homepage von Hartlauer
Diese Seite bietet Ihnen zahlreiche Informationen über jenes Unternehmen, das im Mit-telpunkt eines der richtungsweisendsten Erkenntnisse des EuGh gestanden ist.
`http://www.hartlauer.at`

Homepage des Europäischen Gerichtshofes (EuGh)
Hier finden Sie die Details der Entscheidung des EuGh im Fall Hartlauer vs. Silhouette.
`http://curia.eu.int/de/cp/index98.htm`

12.13 Weiterführende Literatur

Abdallah, Wagdy M. International Transfer Pricing Policies: Decision Making Guide-lines for Multinational Companies. New York: Quorum Books, 1989.

Belz, Christian. "Internationale Preisharmonisierung." *Thexis*, 2 (1997): S.26-30.

Cannon, Hugh M. und Fred W. Morgan. "A Strategic Pricing Framework." *Journal of Business and Industrial Marketing*, 6, 3-4 (Sommer/Herbst 1991): S.59-70.

Cohen, Stephen S. und John Zysman. "Countertrade, Offsets, Barter and Buyouts," *California Management Review*, 28, 2 (1986): S.41-55.

Coopers & Lybrand. International Transfer Pricing. Oxfordshire: CCH Editions Limited, 1993.

Diller, Hermann. "Die Preispolitik der internationalen Unternehmung." *WiST Wirtschaftswissenschaftliches Studium*, 16, 6 (1987): S.269-275.

Doorley, Thomas L., III und Timothy M. Collins. Teaming up for the '90s: A Guide to International Joint Ventures and Strategic Alliances. New York: Business One Irwin, 1991.

Eccles, Robert G. The Transfer Pricing Problem: A Theory for Practice. Lexington, MA: Lexington Books, 1985.

Faulds, David J., Orlen Grunewald und Denise Johnson. "A Cross-National Investigation of the Relationship Between the Price and Quality of Consumer Products, 1970–1990." *Journal of Global Marketing*, 8, 1 (1994): S.7-25.

Gaul, Wolfgang und Ulrich Lutz. "Pricing in International Marketing and Western European Economic Integration." *Management International Review*, 34, 2 (1994): S.101-124.

Glicklich, Peter A. und Seth B. Goldstein. "New Transfer Pricing Regulations Adhere More Closely to an Arm's-Length Standard." *Journal of Taxation*, 78, 5 (Mai 1993): S.306–314.

Lancioni, Richard und John Gattorna. "Strategic Value Pricing: Its Role in International Business." *International Journal of Physical Distribution and Logistics*, 22, 6 (1992): S.24-27.

Lutz, Ulrich. Preispolitik im internationalen Marketing und westeuropäische Integration, Frankfurt: Peter Lang Europäischer Verlag der Wissenschaften, 1994.

Marn, Michael V. und Robert L. Rosiello. "Managing Price, Gaining Profit." *Harvard Business Review*, 70, 5 (September/Oktober 1992): S.84-94.

Nagle, Thomas T. The Strategy and Tactics of Pricing: A Guide to Profitable Decision Making. Upper Saddle River, NJ: Prentice Hall, 1987.

Organization for Economic Cooperation and Development. Tax Aspects of Transfer Pricing Within Multinational Enterprises: The United States Proposed Regulations. Paris: OECD, 1993.

Paun, Dorothy A., Larry D. Compeau und Dhruv Grewal. "A Model of the Influence of Marketing Objectives on Pricing Strategies in International Countertrade." *Journal of Public Policy & Marketing*, 16 (Frühjahr 1997): S.69-82.

Robert, Michel. Strategy Pure and Simple: How Winning CEOs Outthink Their Competition. New York: McGraw-Hill, 1993.

Samli, A. Coskun und Laurence Jacobs. "Pricing Practices of American Multinational Firms: Standardization vs. Localization Dichotomy." *Journal of Global Marketing*, 8, 2 (1994): S.51-74.

Sander, M. Internationales Preismanagement, Heidelberg: Physica-Verlag, 1997.

Schuster, Falko. "Barter Arrangements with Money: The Modern Form of Compensation Trading." *Columbia Journal of World Business* (Herbst 1980): S.61-66.

Seymour, Daniel T. The Pricing Decision. Chicago: Probus Publishing, 1989.

Simon, Hermann. "Pricing Opportunities—and How to Exploit Them." *Sloan Management Review*, 33, 2 (Winter 1992): S.55-65.

Simon, Hermann und Carsten Wiese. "Europäisches Preismanagement." *Marketing ZFP*, 4 (1992): S.246-256.

Simon, Hermann und Eckhard Kucher. "The European Pricing Time Bomb and How to Cope with It." *European Management Journal*, 10, 2 (Juni 1992): S.136-145.

Simon, Hermann und Robert J. Dolan. Profit durch Power Pricing – Strategien aktiver Preispolitik, Frankfurt: Campus Verlag, 1997.

Sinclair, Stuart. "A Guide to Global Pricing." *Journal of Business Strategy*, 14, 3 (1993): S.16-19.

Williams, Jeffery R. "How Sustainable Is Your Competitive Advantage?" *California Management Review*, 34, 3 (Frühjahr 1992): S.29-51.

Literaturverzeichnis

[1] "The Gap Sees the Web as Global Retail Channel." *Newsbytes News Network*, 25. Mai 1998, Vanessa Thorpe. "Gap Takes to the Net in Move to Outsmart High-Street Rivalry." *The Independent*, 26. Mai 1998.

[2] Hermann Simon und Robert J. Dolan. *Profit durch Power-Pricing*. Frankfurt: Campus, 1997. S.171.

[3] S.T. Cavusgil. "Unraveling the Mystique of Export Pricing." *Business Horizons*, (1988): S.54-63.

[4] H. Simon. *Preismanagement: Analyse, Strategie, Umsetzung*. Vol. 2. Wiesbaden: Gabler Verlag, 1992, H. Simon. *Preismanagement kompakt – Probleme und Methoden des modernen Pricing*. Vol. 1. Wiesbaden: Gabler Verlag, 1995.

[5] N. Piercy. "British export market selection and pricing." *Industrial Marketing Management*, 10 (1981): S.287-297, J.C. Baker und J.K. Ryans, Jr. "Some Aspects of International Pricing: A Neglected Area of Management Policy." In *European Marketing: A Guide to the New Opportunities*, herausgegeben von R. Lynch, 264-270. London: Kogan Page, 1973, M.B. Myers. "The pricing of export products: why managers aren't satisfied with the results?" *Journal of World Business*, 32, 3 (1997): S.277-289.

[6] Alecia Swasy. "Foreign Formula: Procter & Gample Fixes Aim on Tough Market: The Latin Americans"." *Wall Street Journal*, 15. Juni 1990, S.A7.

[7] Alecia Swasy. "Foreign Formula: Procter & Gample Fixes Aim on Tough Market: The Latin Americans"." *Wall Street Journal*, 15. Juni 1990, S.A7.

[8] S. Tamer Cavusgil. "Pricing for Global Markets." *Columbia Journal of World Business*, Winter (1996): S.66-78.

[9] Peter Morton. "Ottawa Battles over Babies." *Financial Post*, 26. August 1998, S.3.

[10] Lucinda Harper und Fred R. Bleakley. "Like Old Times: An Era of Low Inflation Changes the Calculus for Buyers and Sellers." *The Wall Street Journal*, 14. Jänner 1994, S.A1.

[11] Joan E. Rigdon und Valerie Reitman. "Pricing Paradox: Consumers Still Find Imported Bargains Despite Weak Dollars." *Wall Street Journal*, 7. Oktober 1992, S.A1., S.A6

[12] Richard Wolffe. "Vision Remains More of a Blueprint than a Reality." *Financial Times*, 17. November 1998, Graham Bowley. "Braced For Tough Times Ahead." *Financial Times*, 17. Dezember 1998.

[13] S. Tamer Cavusgil. "Pricing for Global Markets." *Columbia Journal of World Business*, Winter (1996): S.66-78.

[14] James Lardner. *Fast Forward: Hollywood, The Japanese, and the VCR Wars*. New York: New American Library, 1987.

[15] Hermann Diller. "Preisgestaltung bei internationaler Tätigkeit." In *Handbuch der Internationalen Unternehmenstätigkeit*, herausgegeben von Brij Nino Kumar und Helmut Haussmann, S.685-702. München: C.H. Beck'sche Verlagsbuchhandlung, 1992.

[16] A. Coskun Samli und Laurence Jacobs. "Pricing Practices of American Multinational Firms: Standardization vs. Localization Dichotomy." *Journal of Global Marketing*, 8, 2 (1994): S.51-73.

[17] Hermann Diller. "Preisgestaltung bei internationaler Tätigkeit." In *Handbuch der Internationalen Unternehmenstätigkeit*, herausgegeben von Brij Nino Kumar und Helmut Haussmann, S.685-702. München: C.H. Beck'sche Verlagsbuchhandlung, 1992.

[18] Gary Hamel und C.K. Prahalad. "Do You Really have a Global Strategy." *Harvard Business Review*, Juli-August (1985): S.139-148.

[19] Hermann Simon und Robert J. Dolan. *Profit durch Power-Pricing*. Frankfurt: Campus, 1997.

[20] Wolfgan Gaul und Ulrich Lutz. "Pricing in International Marketing and Western European Economic Integration." *Managment International Review*, 34, 2 (1994): S.101-124, Hermann Diller. "Preisgestaltung bei internationaler Tätigkeit." In *Handbuch der Internationalen Unternehmenstätigkeit*, herausgegeben von Brij Nino Kumar und Helmut Haussmann, 685-702. München: C.H. Beck'sche Verlagsbuchhandlung, 1992, Brendan Menton. "Gambling on Europe." *Business and Finance*, 3. Dezember 1998.

[21] Eckhard Kucher und Hermann Simon. "Schwierige Balanceakte: Die Preispolitik in Europa." *Harvard Business Manager*, 4 (1993): S.46-57.

[22] http://www.wto.org/wto/about/agmnts7.htm, (8. Februar 2000).

[23] Eduardo Lachica. "Legal Swamp: Anti-Dumping Pleas Are Almost Useless, Smith Corona Finds." *Wall Street Journal*, 18. Juni 1992, S.A1, A8.

[24] L.P. Bucklin. "Modeling the International Gray Market for Public Policy Decisions." *International Journal of Research in Marketing*, 10 (1990): S.387-405, S. Tamer Cavusgil und Ed Sikora. "How Multinationals can Counter Gray-Market Imports." *Columbia Journal of World Business*, November/December (1988): S.27-33, Matthew B. Myers. "Incidents of Gray Market Activity Among U.S. Exporters." *Journal of International Business Studies*, 30, 1 (1999): S.105-126.

[25] Gert Assmus und Carsten Wiese. "How to Address the Gray Market Threat Using Price Coordination." *Sloan Management Review*, Frühjahr (1995): S.31-41.

[26] John Griffiths. "Auctioneer rejects Plan to Sell Grey Car Imports." *Financial Times*, 16. November 1999, Bethan Hutton. "Drivers chase the Bargains." *Financial Times*, 16. September 1999.

[27] Peggy E. Chaudry und Michael G. Walsh. "Managing the Gray Market in the European Union: The Case of the Pharmaceutical Industry." *Journal of International Marketing*, 3, 3 (1995): S.11-33.

[28] "Uniform EU Drug Pricing and Parallel Imports." *Marketletter*, 16. März 1998, "Parallel Trade in Europe: an Acceptable Aspect of the Future Market?" *Marketletter*, 12. April 1999.

[29] David White. "Spain warns Glaxo on Pricing." *Financial Times*, 8. April 1998, "Glaxo Wellcome Spain Takes on Wholesalers Over Pricing." *Marketletter*, 13. April 1998.

[30] "EC rejects Glaxo PI Barrier." *Chemist & Druggist*, 24. Juli 1999, "GW Spain Takes On Wholesalers Over Pricing." *Marketletter*, 13. April 1998.

[31] "Hardly the Full Monti." *The Economist*, 27. Februar 1999, S.78+.

[32] Charles T. Horngren und George Foster. *Cost Accounting: A Managerial Approach.* Upper Saddle River: Prentice Hall, 1991., S.856

[33] Timothy M. Collins und Thomas L. Doorley. *Teaming Up for the 90s: A Guide to International Joint Ventures and Strategic Alliances.* Homewood, IL: Business One Irwin, 1991., S.212-213

Kapitel 13

Globale Distributionspolitik

Mehr Flexibilität ist das Gebot der Stunde.
– HELMUT KOHL, DEUTSCHER POLITIKER

Eine lange Reise kennt keine leichten Lasten.
– CHINESISCHES SPRICHWORT

13.1   Zielsetzung des Kapitels

Nachdem Sie dieses Kapitel gelesen haben, wissen Sie mehr über:

- Die Komplexität globaler Logistik.

- Die Schlüsselentscheidungen, die im internationalen Beschaffungswesen zu treffen sind, sowie jene Faktoren, die diese Entscheidungen beeinflussen, wie Kosten von Produktionsfaktoren im jeweiligen Land, Transportkosten, die Infrastruktur eines Landes, politisches Risiko, Marktzugang und Währungsfragen.

- Die Aufgaben und Organisation in der internationalen Logistik.

- Einflußfaktoren auf die Gestaltung von Distributionssystemen auf internationalen Märkten.

- Neuere Entwicklungen, wie die Globalisierung im Einzelhandel oder E-Commerce.

In welchen Situationen hilft ein besseres Verständnis dieser Inhalte?

- Um Ihre Kunden zur richtigen Zeit mit dem richtigen Produkt zu versorgen, müssen Sie den Materialfluß für Ihre Produktionsstätten weltweit entsprechend koordinieren.

- Sie errichten eine Produktionsstätte im Ausland und überlegen sich, mit welchen Vertriebspartnern Sie die Produkte zu den Kunden bringen.

- Sie etablieren/verändern Ihr internationales Distributionssystem und fragen sich, welche Faktoren diese strategische Entscheidung beeinflussen, und welche globalen Trends sich auf Ihr Distributionssystem auswirken werden.

13.2   Konzepte & Definitionen

Wareneingangslogistik beschreibt den Prozeß der Material- und Güterbewegung
von den Lieferanten zur Produktionsstätte. Sechs Faktoren sind bei der Beschaffungsentscheidung zu berücksichtigen: Kosten und Verfügbarkeit von Produktionsfaktoren, Transportkosten, Infrastruktur eines Landes, politisches Risiko,
Marktzugang und Währungsfragen.

Electronic Data Interchange (EDI) ist ein IT (Informationstechnologie)-Netz-
werk, das Informationen wie Bestellungen, Produktionspläne, Prognosen und
ähnliche Daten zwischen Hersteller und Lieferanten koordiniert.

Warenausgangslogistik umfaßt jene Vorgänge, in denen Produkte von der Produktionsstätte zu den Konsumenten gelangen. Es beinhaltet Fragen des Transports,
der Lagerhaltung und der Bestellabwicklung.

Einflußfaktoren auf die Gestaltung von int. Distributionssystemen:
Verschiedene Charakteristika beeinflussen die Gestaltung eines Distributionssystems: (i) Eigenschaften der Kunden, wie ihre Zahl, ihre geographische Konzentration, Einkommen, Kaufgewohnheiten und ihre Reaktion auf unterschiedliche
Verkaufsmethoden, (ii) Produktcharakteristika wie Verderblichkeit, Serviceerfordernisse oder Stückpreis, (iii) Eigenschaften der Vertriebspartner, wie ihre Einstellung gegenüber dem Hersteller oder (iv) Umweltfaktoren wie wirtschaftliche,
soziale oder politische Komponenten.

E-Tailing beschreibt den wachsenden Trend der Globalisierung im Einzelhandel, vor
allem durch den Einsatz des Internet. In diesem Zusammenhang geht es jedoch
nicht nur um die Warenpräsentation im Internet, sondern um den Verkauf über
das Internet, der zunehmend an Bedeutung gewinnt.

Cybermediary: Als Cybermediary bezeichnet man einen Vertriebspartner, der ausschließlich über das Internet verkauft.

13.3   Schnittstelle zur Praxis

Mit 2.700 Geschäften und mehr als 100.000 Mitarbeitern in 13 Ländern ist Kingfisher
die britische Einzelhandelsgruppe, die international am stärksten vertreten ist. Geld
verdient Kingfisher in den Bereichen DIY (do-it-yourself), sowie im Elektro- und generellen Einzelhandel unter den Markennamen B&Q, Comet, Woolworth und Superdrug
in den USA oder Castorama und Darty in Frankreich. Aber Kingfisher hat nicht nur
seinen Verkauf internationalisiert, sondern auch das Beschaffungswesen!

Um auf Auslandsmärkten eine gute Marktposition zu halten, müssen das Produktangebot und die dafür angesetzten Preispunkte für die Konsumenten attraktiv sein.
Dies ist letztlich die Aufgabe von Dido Harding, Leiterin des internationalen Beschaffungswesens. Sie hat dafür gesorgt, daß Kingfishers Geschäfte ihren Einkauf gemeinsam
organisieren und diese Marktmacht nutzen, um weltweit mit den Lieferanten die besten
Konditionen auszuhandeln. Die dadurch erzielten Einsparungen können in Form von
niedrigeren Preisen an die Konsumenten weitergegeben werden. Für das laufende Jahr
sind dabei Einsparungen von € 42-58 Mio. prognostiziert. Bis 2004 sollten sie sich auf
bis zu € 290 Mio. belaufen.

Für Harding bedeutet ein internationales Beschaffungswesen mehr als nur die besten Preise zu erzielen. Kingfisher versucht verstärkt auch direkt einzukaufen, indem es Importeure und Großhändler ausschaltet. Dadurch kann ein Taschenmesser, das früher € 1,5 kostete, jetzt um € 0,66 verkauft werden. Im Zuge dieser Bemühungen wird Kingfisher auch die Zahl der Mitarbeiter in den asiatischen Einkaufsbüros von 58 auf 110 erhöhen. Langfristig denkt man sogar an die Entwicklung eigener Marken.

Experten sagen den Internationalisierungsbestrebungen des Handelsunternehmens im Beschaffungswesen eine glänzende Zukunft voraus. Während heute erst 10% der gesamten Produktpalette global eingekauft werden, kann diese Zahl innerhalb von fünf Jahren auf 30% ansteigen. Doch lokale Hersteller müssen deshalb nicht um ihre Marktchancen bangen – auch die Vorlieben heimischer Konsumenten müssen von Handelsunternehmen entsprechend berücksichtigt werden.

Zusätzliche Unterstützung erhalten globale Einkaufsaktivitäten durch die Informationstechnologie. In zunehmendem Maß werden die Geschäftsbeziehungen zwischen Hersteller und Lieferanten durch Computer und Internet erleichtert. Dies geschieht z.b. dadurch, daß Aufträge elektronisch ausgeschrieben werden und Lieferanten, die vorab bereits vom Unternehmen als solche zugelassen wurden, sich an dieser Ausschreibung beteiligen.[18]

Dieses Kapitel beginnt mit der Positionierung von Vertriebs- und Logistikentscheidungen im Rahmen der internationalen Wertkette eines Unternehmens. Im Anschluß daran werden die unterschiedlichen Aufgabenstellungen und Zukunftstrends in der internationalen Logistik beleuchtet. Der nächste Abschnitt widmet sich der Entwicklung von globalen Vertriebskanälen. Dabei kommen Einflußfaktoren auf die Gestaltung eines Distributionssystems ebenso wie zukünftige Entwicklungen im weltweiten Vertrieb von Produkten und Dienstleistungen zur Sprache.

13.4 Globale Logistik- und Vertriebsentscheidungen im Überblick

Wie auch im nationalen Umfeld umfaßt die internationale Distributionspolitik zwei Aufgabenbereiche: Vertriebsmanagement und Logistik. Vertriebsmanagement bedeutet die Auswahl und laufende Betreuung der Distributionsorgane. Dabei ist die Auswahl des „richtigen" Vertriebspartners ein wesentlicher Erfolgsfaktor im internationalen Geschäft. Die Distributionsorgane übernehmen eine wichtige Betreuungs- und Informationsfunktion gegenüber dem Kunden. Sie überbrücken die Distanz zwischen Hersteller und Kunden. Doch Hersteller und Distributionspartner werden nur dann ihre gemeinsamen Ziele erreichen, wenn der physische Warenfluß in Einklang mit ihren Verkaufsanstrengungen steht. Globale Logistik dient dazu, den entsprechenden Bedarf an Produkten sicherzustellen, indem die richtigen Produkte zur richtigen Zeit am richtigen Ort den Kunden zur Verfügung stehen.

Die Wertkette ist ein Konzept, mit dem man die internationalen distributionspolitischen Aufgaben in die Gesamtaktivitäten eines Unternehmens einbetten kann (siehe Tabelle 13.1).

Tabelle 13.1: Distributionsaufgaben im Rahmen der Wertkette

Einkauf
Wareneingangslogistik
F&E
Produktion
Warenausgangslogistik
Marketing
Marktforschung
Selektion des Zielmarkts
Produktpolitik
Preispolitik
Distributionspolitik
Kommunikationspolitik
Definition der Kernbotschaft
Mediaselektion
Werbeplanung
Einsatz verkaufsfördernder Instrumente
Persönlicher Verkauf
Direktmarketingaktivitäten
Installation und Kundendienst
Gewinnaufschlag

Historisch gesehen war die Verantwortung für Distributionsaktivitäten über die gesamte Wertkette verteilt. Der Einkauf kümmerte sich um die Beschaffung von Material für die Produktion, die Logistikabteilung beschäftigte sich mit dem Versand, und die Marketingabteilung war mit der Auswahl geeigneter Vertriebspartner betraut. Heute sind diese Aufgaben in zunehmendem Maß vernetzt.

Für viele Unternehmen stellen globale Beschaffungsaktivitäten den ersten Schritt in Richtung Produktion im Ausland oder Aufbau eines Distributionssystems in einem neuen Markt dar. So suchen die Beschaffungs- und Logistikexperten in einem Unternehmen nicht nur nach exzellenten Materialien und Dienstleistungen zu besten Preisen. Diese Hersteller-Lieferantenbeziehungen können auch für andere Zwecke genutzt werden. Sie können einen Punkt erreichen, wo Lieferanten und Produzent sich zu einer engeren Zusammenarbeit und der gemeinsamen Bearbeitung von Märkten entscheiden. In diesem Fall kann ein Joint Venture oder eine strategische Allianz zwischen den beiden Partnern als Basis für den Eintritt in einen fremden Markt dienen.[19]

Manche Unternehmen setzen Logistikinformationen sogar für Marketingzwecke ein. Einige Automobilhersteller informieren ihre Kunden laufend über den Stand der Produktion ihres neuen Fahrzeugs. Dies verringert nicht nur psychologisch die Wartezeit, sondern vertieft die Kundenbeziehung.

In der Folge sehen wir uns die unterschiedlichen Aufgaben der globalen Distributionspolitik näher an und untersuchen deren Implikationen für die gesamte internationale Marketingstrategie eines Unternehmens.

13.5 Wareneingangslogistik

In der Wareneingangslogistik geht es um den Prozeß der Bewegung von Gütern und Material vom Lieferanten zur Produktionsstätte. Für Beschaffungsentscheidungen gibt es keine einfachen Regeln. Vielmehr zählen sie zu den komplexesten und wichtigsten Entscheidungen, die in einem globalen Unternehmen zu treffen sind. Sechs Faktoren beeinflussen die Beschaffungsentscheidungen.

1. Faktorkosten und -bedingungen
2. Logistik (Bestellabwicklung, Sicherheitsfragen, Transportkosten)
3. Lokale Infrastruktur
4. Politisches Risiko
5. Marktzugang (tarifäre und nicht tarifäre Handelshemmnisse)
6. Wechselkurs, Verfügbarkeit und Konvertibilität lokaler Währungen

13.5.1 Faktorkosten und -bedingungen

Zu den Faktorkosten zählen Land, Arbeits- und Kapitalkosten. Arbeitskosten entstehen auf jeder Unternehmensebene, wie in der Produktion, der Entwicklung und im Management. Direkte Arbeitskosten in der Produktion schwanken heute zwischen € 0,40 pro Stunde in wirtschaftlich weniger entwickelten Ländern zu € 5-20 und mehr pro Stunde in industrialisierten Ländern. In einer Längsschnittanalyse zeigt Tabelle 13.2 eine Übersicht über Stundenlöhne in der Produktion für ausgewählte Länder und Regionen. Zu beachten ist, daß seit 1980 im Vergleich zu den USA die europäischen Löhne in der Produktion deutlich gestiegen sind.

Wie in der Tabelle ausgewiesen liegen die Stundenlöhne in der Produktion in Deutschland 60% über jenen in den USA, und jene in Mexiko betragen lediglich 15% Lohnniveaus in den USA. Diese Lohndifferenz zwischen Mexiko und Deutschland in Kombination mit der starken Deutschen Mark forderte Volkswagen geradezu heraus, eine Produktionsstätte in Mexiko zu errichten, die den amerikanischen Bedarf an den Modellen Golf und Jetta deckt. Heißt das also, daß ein niedriges Lohnniveau Unternehmen dazu bringt, ihre Produktionsstätten in diese Länder zu verlegen? Nicht notwendigerweise! In Deutschland versuchte VW-Chef Ferdinand Piëch, die Automobilindustrie durch eine Vereinbarung mit den Gewerkschaften über flexible Arbeitszeiten wettbewerbsfähig zu halten. Dieses Übereinkommen sieht vor, daß Arbeitnehmer in Spitzenzeiten 6 Tage in der Woche arbeiten, während die Fertigung in schwächeren Zeiten nur 3 Tage läuft.

Doch Löhne sind nur ein Teil der Produktionskosten. Viele andere Überlegungen müssen in die Beschaffungsentscheidung eingehen, wie die Zielvorgaben des Management. SMH beispielsweise führt die gesamte Endmontage und einen Großteil der Teilefertigung seiner Uhren selbst durch. Die Produktionsstätten liegen in einem der teuersten Länder der Welt, der Schweiz. Der Chef von SMH, Nikolaus Hayek, entschied sich für eine Produktion in der Schweiz, auch wenn dort eine Sekretariatskraft genau soviel verdient wie ein Entwicklungsingenieur in Thailand. Mit dieser Entscheidung ging aber auch der Entschluß einher, den Lohnkostenanteil an den Gesamtkosten um 10% zu senken. Auf diesem Niveau waren die Lohnkosten kein entscheidender Wettbewerbsfaktor mehr. Nach seinen Beweggründen gefragt meinte Hayek, ihm wäre es

Tabelle 13.2: Stundenlöhne in der Produktion für ausgewählte Länder (1980 – 1994)

Land/Region	1980	1990	1991	1992	1993	1994
USA	**100**	**100**	**100**	**100**	**100**	**100**
Insgesamt[a]	67	83	86	88	86	88
OECD[b]	77	94	97	99	96	99
Europa	102	118	117	123	112	115
Asiatische Schwellenländer[c]	12	25	28	30	31	34
Australien[d]	86	88	87	81	75	80
Belgien	110	129	127	138	129	134
Dänemark	110	120	117	124	114	120
Deutschland[ef]	125	147	146	157	154	160
Finnland	83	141	136	123	99	100
Frankreich	91	102	98	105	97	100
Griechenland	38	45	44	46	41	n.v.
Großbritannien	77	85	88	89	76	80
Hongkong[g]	15	21	23	24	26	28
Kanada	88	106	110	105	98	92
Irland	60	79	78	83	73	n.v.
Israel	38	57	56	56	53	53
Italien	83	119	119	121	96	95
Japan	56	86	94	101	114	125
Luxemburg	121	110	108	117	111	n.v.
Mexiko	22	11	12	14	14	14
Neuseeland	54	56	54	49	48	52
Niederlande	122	123	117	126	119	122
Norwegen	117	144	139	143	121	122
Österreich[h]	90	119	116	126	122	127
Portugal	21	25	27	32	27	27
Singapur	15	25	28	32	31	32
Spanien	60	76	78	83	69	67
Schweden	127	140	142	152	106	110
Schweiz	112	140	139	144	135	145
Sri Lanka	2	2	3	2	3	n.v.
Südkorea	10	25	30	32	33	37
Taiwan	10	26	28	32	31	32

n.v. = nicht verfügbar.

Die Stundenlöhne enthalten alle Direktzahlungen an Arbeitnehmer (arbeits- und arbeitsfreie Zeiten, wie Urlaubszeiten, ausgenommen Krankenstand), sowie andere Direktzahlungen, Arbeitgeberbeiträge für gesetzlich vorgeschriebene, vertraglich vereinbarte und private Sozialpläne, arbeitsbezogene Steuern. Die Daten wurden an Wechselkursschwankungen angepaßt.

[a] Jene 24 Staaten, für die die Zahlen von 1994 verfügbar waren.
[b] Kanada, Mexiko, Australien, Japan, Neuseeland und die europäischen Staaten
[c] Hongkong, Südkorea, Singapur und Taiwan
[d] Beinhaltet Arbeitnehmer, die nicht in der Produktion beschäftigt sind (ausgenommen mittlere und obere Führungsebene)
[e] Beinhaltet Arbeitnehmer im Bergbau und der Elektrizitätswirtschaft
[f] Früher Westdeutschland
[g] Durchschnitt ausgewählter verarbeitender Industrien
[h] Ausgenommen Arbeitnehmer in Handwerk und Gewerbe (beinhaltet alle Druck- und Verlagsunternehmen, sowie verschiedene produzierende Betriebe in Österreich).

gleichgültig, wenn die Arbeitnehmer seiner Mitbewerber gratis arbeiten würden! Er würde auch in einem derartigen Konkurrenzumfeld bestehen, denn der von seinem Unternehmen geschaffene Wert sei deutlich höher.[20]

Die anderen Produktionsfaktoren sind Land, Material und Kapital. Die Kosten dieser Faktoren hängen von der Verfügbarkeit und der vorhandenen Menge ab. Oft gleichen sich die Unterschiede der einzelnen Produktionsfaktoren in der Summe aus. Die USA haben beispielsweise beinahe unbeschränkt viel Land zur Verfügung, Japan hingegen entsprechende finanzielle Mittel. Diese Vorteile gleichen sich also gegenseitig aus. Wenn dies der Fall ist, dann ist die Unternehmensführung, die Professionalität und die Effektivität der Mitarbeiter der kritische Faktor.

Betrachtet man die Kosten von Produktionsfaktoren aus einer weltweiten Perspektive, so lassen sich die Länder in drei Kategorien einteilen. Das erste Drittel umfaßt die Industrieländer, wo Faktorkosten sich stark angeglichen haben. Das zweite Drittel umfaßt die sogenannten Schwellenländer, wie Singapur oder andere südostasiatische Länder, die sowohl günstigere Faktorkosten als auch eine zunehmend entwickelte Infrastruktur und politische Stabilität aufweisen. Das macht sie zu extrem attraktiven Produktionsstandorten. Das dritte Drittel enthält Rußland und andere Länder, die noch nicht zu bedeutenden Produktionsstandorten geworden sind. Sie bieten eine Kombination von niedrigen Faktorkosten (besonders bei den Lohnkosten), die jedoch durch eine wenig entwickelte Infrastruktur und politische Unsicherheit aufgewogen werden.

Die Anwendung computergesteuerter Produktionsanlagen und anderer neuer Produktionstechnologien hat den Anteil der Lohnkosten im Verhältnis zum Kapital für viele Unternehmen deutlich reduziert. Bei der Definition einer Beschaffungsstrategie sollten Manager auch die sinkende Bedeutung direkter Produktionskosten an den Gesamtproduktkosten mit einbeziehen. Aus diesem Grund verlagern erfolgreiche globale Unternehmen nicht mehr blindlings ihre Produktion in Niedriglohnländer.

Als BMW Rover übernahm, befürchteten die britischen Manager und Mitarbeiter, BMW würde die Produktion in Länder mit niedrigerem Lohnniveau verlagern. Bei genauerer Betrachtung stellte sich jedoch heraus, daß der Lohnanteil kein geeigneter Ansatzpunkt für eine nennenswerte Kostenreduktion ist. Der Grund liegt darin, daß Arbeitskosten mit nur 20% einen relativ geringen Anteil an den Gesamtkosten eines Automobils haben.[21] Nachdem allerdings die Restrukturierungsbemühungen bei Rover nicht den gewünschten Erfolg zeitigten, entschloß man sich bei BMW, einen Käufer für Rover zu suchen und das Unternehmen wieder abzustoßen.[22]

Nachdem die Bedeutung der Lohnkosten in vielen Industrien abnimmt, zahlt es sich möglicherweise nicht aus, die Kosten und Risiken einer weit entfernten Produktionsstätte in Kauf zu nehmen. Der US-amerikanische Computerhersteller Compaq mußte entscheiden, ob Produktionsstätten in Houston und Schottland geschlossen und die Montage in den Fernen Osten verlagert werden sollten. In eingehenden Analysen ergab sich ein Lohnkostenanteil von lediglich 15 Minuten an der gesamten Herstellzeit. Mit diesem Ergebnis im Hintergrund entschloß man sich, die Produktionsstätte in Houston aufrechtzuerhalten und in einem 24-Stunden-Schichtbetrieb zu operieren. Eine andere Entscheidung betraf die Frage, ob man die Basisplatinen (*motherboards*), eine Kernkomponente eines PCs, in Asien beschaffen sollte. Auch hier erwies sich die Produktionsstätte in Houston im Kostenvergleich als vorteilhafter. Man errechnete, daß die amerikanische Fabrik Basisplatinen, die ca. 40% der gesamten Produktkosten

ausmachen, um € 20 weniger als der asiatische Lieferant herstellen konnte. Darüber
hinaus sparte man sich zwei Wochen Lieferzeit, was wiederum zu geringeren Lagerkosten führte.[23]

Viele Unternehmen mußten zu ihrem Leidwesen zur Kenntnis nehmen, daß günstige Lohnkosten von heute durch das Gesetz von Angebot und Nachfrage und damit
einhergehende Lohn- und Immobilienkosten schon morgen verschwunden sein können.
Viele Unternehmen begannen in den 50er Jahren Teile in Japan zu beschaffen. Als
die Lohn- und Immobilienkosten anstiegen, wurde die Produktion nach Hongkong, von
dort nach Taiwan und Korea verlegt. Während der 70er und 80er Jahre verlagerte man
Produktionsstätten nach China, Indonesien, Thailand, Bangladesch und Singapur. In
der jüngeren Vergangenheit wurden Regionen wie der Ferne Osten, Costa Rica, die
Dominikanische Republik, Honduras und Puerto Rico immer interessanter für Produktionsstätten im Ausland.[24]

13.5.2   Transportkosten

Im allgemeinen gilt die Regel, daß je größer die Distanz zwischen der Produktionsquelle
und dem Zielmarkt ist, desto länger sind Lieferzeiten und desto höher Transportkosten. Doch Innovationen und neue Transporttechnologien reduzieren sowohl Zeit als
auch Kosten des Transports. Um globale Liefersicherheit zu gewährleisten, schließen
sich Transportunternehmen zu globalen Allianzen zusammen und werden damit zu einem wichtigen Bestandteil im Wertesystem einer Industrie. Hersteller können dadurch
vom sogenannten intermodalen Verkehr profitieren, d.h. davon, daß Container relativ leicht zwischen Schiene, Schiff, Flugzeug und Straßentransport verlagert werden
können. Heute belaufen sich die internationalen Transportkosten auf ungefähr 5% der
Gesamtproduktkosten.

Fiats internationales Produktionsnetzwerk bietet ein gutes Beispiel, wie Unternehmen ihre Wareneingangslogistik umgestalten, um das internationale Beschaffungswesen
zu unterstützen. Fiat unterhält Produktionsstätten in Venezuela, Brasilien, Argentini-
en, Marokko, der Türkei, Südafrika und Indien, ebenso wie in Italien. Das Ziel ist es,
Teile in Übereinstimmung mit den Produktionsplänen an die unterschiedlichen Standorte zu liefern. Um diese logistische Herausforderung zu meistern, gingen verschiedene
Logistikdienstleister eine strategische Allianz ein. Das italienische Logistikunternehmen
Serra, das mit Fiats Bedürfnissen und Philosophie bestens vertraut ist, schloß sich mit
dem deutschen Unternehmen Stute Verkehr zusammen, das spezifisches Know-how
in der Steuerung, Überwachung und Implementation von Warenverkehrssystemen besitzt. Das kombinierte Dienstleistungsspektrum beinhaltet alle Warenbewegungen, die
Eingangs- und Ersatzteillogistik. Um dieses Netzwerk zu unterstützen, kooperiert Serra
Stute auch mit lokalen Logistikunternehmen.[25]

GLOBALE PERSPEKTIVE

INTERNET – EIN JUWEL IM GLOBALEN BESCHAFFUNGSWESEN?

Das Internet hat unsere Sicht der Dinge in vielerlei Hinsicht revolutioniert. Diese Aussage stimmt für die moderne globale Logistik nur allzu gut. Sieht man sich an, wie Logistikentscheidungen bisher getroffen wurden, so dominierten Telefon, Fax und Papier, das tägliche Geschäft. Dann zogen Computer in die Büros ein und machten Dinge einfacher.

In der internationalen Beschaffung ist EDI (*electronic data interchange*), der elektronische Datenaustausch, nun ein häufig verwendetes Instrument, um Informationen, wie Bestellungen, Produktionspläne und ähnliche Daten zwischen Unternehmen auszutauschen.

Doch konventionelle EDI-Netzwerke haben einige entscheidende Nachteile: sie erfordern ausgefeilte technische Ressourcen, die anders als für kleine Lieferanten für große Hersteller kein Problem darstellen. Das britische Handelsunternehmen Sainsbury hat beispielsweise 1.500 Lieferanten, die statt des EDI-Systems nach wie vor auf Telefon und Post bei der Bestellabwicklung zurückgreifen. Die Auswirkungen sind beträchtlich: 75.000 Rechnungen auf Papier werden monatlich von 70 Mitarbeitern bearbeitet, um diese Transaktionen abzuwickeln.

Um diese Kosten zu reduzieren, entschied Sainsbury sich, ein Softwarepaket des britische E-Commerce-Spezialisten Kewill zu implementieren. Diese Software unterstützt alle Aspekte des Kaufprozesses über eine Internet-Website. Was ein Lieferant von Sainsbury jetzt nur mehr benötigt, ist ein Internet-Zugang zu monatlichen Kosten von ca. € 50. Toys 'R' Us hat ebenfalls angekündigt, ein ähnliches System für seine 500 Lieferanten in Großbritannien, Frankreich und Deutschland einzuführen. Der französische Einzelhändler Carrefour hat bereits ein globales Lieferantennetzwerk auf der Basis des Internet eingerichtet.

Was in manchen Branchen neu zu sein scheint, gehört in anderen bereits seit einiger Zeit zur täglichen Routine. Die Automobilindustrie und ihre Lieferanten haben ihr eigenes Extranet, die sogenannte Automotive Network Exchange, eingerichtet. Die Umsätze über dieses Internet-basierte Netzwerk überstiegen bereits € 3,2 Mrd. Die Voraussagen für die nächsten 12 Monate sehen ein Umsatzvolumen von € 8 Mrd. voraus.

Ein weiteres Beispiel ist die Zusammenarbeit zwischen dem deutschen Speditionsunternehmen Schenker und Ford. Die 200.000 Fahrzeuge, die jährlich in 14 Produktionsstätten weltweit produziert und in 100 Exportmärkte verkauft werden, stellen eine logistische Herausforderung dar. Ford teilt sich diese Herausforderung nun mit Schenker. Schenker koordiniert nicht nur den Informations- und Dokumentationsfluß für die Fahrzeugauslieferung. Es bietet den Fordhändlern auch die Möglichkeit, ihre Bestellungen via Internet direkt bei Schenker zu plazieren.

Fortsetzung auf der nächsten Seite

INTERNET – EIN JUWEL IM GLOBALEN BESCHAFFUNGSWESEN? (Fortsetzung)
Einfach zum Nachdenken:

- Wie könnte ein Internet-gestütztes globales Logistiksystem die Wettbewerbs-
fähigkeit von Einzelhändlern beeinflussen?
- Schwächt Ihrer Meinung nach das globale Beschaffungswesen die Rolle der
Zwischenhändler im internationalen Distributionssystem? Wenn ja, warum?
Wenn nein, warum nicht?

Quellen: Frook, John Evan und Richard Karpinski, „Poised For Critical Mass."*Internetweek,*
11. Jänner 1999 (747), S.14+.; Ginger Koloszyc, „Supplier/Buyer Extranet Simplifies Global Sourcing Process."*Stores,* Jänner 1999 (81/1), S.28-30; Rod Newing, „Leaner, Meaner – and More Agi-
le.", *Financial Times,* 20. Oktober 1999; Caroline Daniel, „Keeping the Wheels of E-Commerce
Turning Smoothly",*Financial Times,* 6. Jänner 2000; John G. Parker, „Schenker's Baby", *Traffic
World,* 31. Jänner 2000 (261/5): S.15+. André Versteeg, *Revolution im Einkauf,* Campus Verlag,
Frankfurt: S.170+.

13.5.3 Lokale Infrastruktur

Um als Produktionsstandort attraktiv zu sein, muß die Infrastruktur eines Landes entsprechend entwickelt sein. Die erforderliche Infrastruktur variiert von Unternehmen
zu Unternehmen, aber im Minimum muß es Elektrizität, Transport- und Straßensy-
steme, Kommunikationsmittel, Dienstleister und Teilelieferanten, einen Arbeitsmarkt,
zivile Ordnung und eine effektive Verwaltung mit einschließen. Darüber hinaus muß ein
Land auch einen zuverlässigen Zugang zu ausländischen Währungen für den Einkauf
von notwendigem Material und Komponenten aus dem Ausland ermöglichen. Ebenso
muß ein sicheres Arbeitsumfeld gewährleistet werden, von dem aus das Produkt zu den
Konsumenten transportiert werden kann.

Ein Land kann über preiswerte Arbeitskräfte verfügen, aber hat es notwendigerweise
auch die erforderlichen Dienstleistungen und Infrastruktur, um Produktionsaktivitä-
ten zu unterstützen? Viele Länder bieten diese Bedingungen, wie Hongkong, Taiwan
oder Singapur. Doch es gibt auch solche, die dies nicht gewährleisten, wie der Libanon,
Uganda oder El Salvador. Eine der Herausforderungen, die unternehmerische Aktivitäten in Rußland stellen, ist die Infrastruktur, die keineswegs für die Abwicklung von
umfangreicheren Sendungen ausreichend ist.

13.5.4 Politisches Risiko

Unter politischem Risiko versteht man den Wechsel der Regierungspolitik, die die Fähigkeit eines Unternehmens, effektiv und profitabel zu operieren, beeinträchtigen. Dieses Risiko kann eine Investition in lokale Beschaffung zunichte machen. Je geringer das
politische Risiko also ist, desto eher wird ein Investor diesen Markt für seine Aktivitäten
auswählen. Das politische Risiko ist umgekehrt proportional zur wirtschaftlichen Entwicklung eines Landes. Im Vergleich zu wirtschaftlich weniger entwickelten Ländern in
Afrika, Lateinamerika oder Asien, ist das politische Risiko in den Triadeländern extrem
gering.

13.5.5 Marktzugang

Ein Schlüsselfaktor bei der Suche nach ausländischen Produktionsstandorten ist der Marktzugang. Wenn ein Land oder eine Region den Zugang zum Markt durch lokale Wertschöpfungsauflagen, Zahlungsbilanzprobleme oder aus anderen Gründen beschränkt, dann ist es notwendig, eine Produktionsstätte in dem Land selbst zu errichten. China hat beispielsweise die Politik, zwar ausländische Direktinvestitionen zuzulassen aber nur unter der Bedingung, daß der Investor auch zu einem gewissen Grad in China produziert. Unternehmen wie Ericsson, Motorola, Nokia, Siemens und andere errichten Standorte, um mit diesen Regeln in Einklang zu bleiben. Mittlerweile haben diese Vorschriften eine neue Dimension bekommen. Da ihnen die ausländischen Unternehmen beim Transfer von Know-how und Technologie an ihre chinesischen Partner zu zögerlich erschienen, hat die Regierung die Regelungen verschärft. Man sagt, die Regierung würde alles tun, um eine chinesisch dominierte Telekommunikationsindustrie aufzubauen, indem es Importquoten für Mobiltelefone vorschreibt und den Anteil des lokalen Eigenkapitals in Joint Ventures anhebt. Im Lichte der chinesischen Beitrittsbemühungen zur WTO könnten diese Zugangsbeschränkungen bald obsolet werden.

13.5.6 Wechselkurse

Bei der Entscheidung, wo man Produktionsstandorte ansiedeln sollte, spielen die gegenwärtigen Wechselkurse für die lokale Landeswährung eine entscheidende Rolle. Wechselkurse sind heute so volatil, daß manche Unternehmen eine globale Beschaffungsstrategie als einen Weg zur Beschränkung des Wechselkursrisikos einschlagen. Was zu einem gewissen Zeitpunkt als attraktiver Produktionsstandort gegolten hat, kann durch Wechselkursschwankungen deutlich unattraktiver werden. Im Zeitraum zwischen November 1996 und 1997 sank der Wert der türkischen Lire um 89% im Vergleich zum €. Ein vorsichtiges Unternehmen wird die Volatilität des Wechselkurses in die Planungsannahmen mit einbeziehen. Es ist damit vorbereitet auf eine Vielzahl von Wechselkursverhältnissen.

Dramatische Veränderungen in den Preisniveaus von Produktionsstoffen und Währungen sind ein wesentlicher Bestandteil der Weltwirtschaft von heute. Diese Schwankungen sprechen für eine Beschaffungsstrategie, die alternative Länderoptionen für die Beschaffung vorsehen. Wenn der €, der Yen oder der $ stark überbewertet sind, dann kann ein Unternehmen mit mehreren Produktionsstätten einen Wettbewerbsvorteil erzielen, indem es die Produktion an andere Standorte verlagert.

Die Übernahme der Rovers Produktionsstätten in Großbritannien hat bei BMW ernste Bedenken ausgelöst, nachdem die Verluste immer mehr zunahmen. Eine mögliche Lösung war, Material und Teile im Ausland zu beschaffen, um von günstigen Wechselkursverhältnissen zu profitieren. Im Endeffekt jedoch mußte das Management diese Idee als kurzfristige Maßnahme verwerfen, da die Anforderungen eines Beschaffungswesens und der Qualitätskontrolle mehr Probleme als Vorteile bringen würden.[26] Wie bereits angemerkt zwangen die anhaltenden Verluste BMW einen Käufer für Rover zu finden.

13.6   Warenausgangslogistik

Als Warenausgangslogistik bezeichnet man die Bewegung des Produktes von der Produktionsstätte zu den Konsumenten. Dies beinhaltet Aspekte des Transports, der Lagerhaltung und der Bestellabwicklung.

13.6.1   Transport

Transportentscheidungen umfassen die Auswahl folgender Transportmittel, mit denen ein Unternehmen Produkte bewegt: Bahn, LKW, Luft- oder Seefracht, sowie Pipeline.

Wenn man eine Expansion über den Heimmarkt hinaus in Betracht zieht, dann neigt man oft dazu, diese Detailaspekte der Wertkette genau so zu konfigurieren wie am Heimmarkt. Das muß jedoch nicht immer die effektivste Lösung sein, denn ein Unternehmen verfügt nicht immer über die notwendigen Fähigkeiten und Erfahrungen, diese Aktivitäten auch im Zielmarkt umzusetzen. Ein Unternehmen, das am Heimmarkt Wettbewerbsvorteile sowohl in vor- und nachgelagerten Aktivitäten, wie Produktion und Distribution aufweist, sieht sich möglicherweise gezwungen, die Distributionsaktivitäten neu zu konfigurieren, um in einem neuen Markt erfolgreich zu sein. Wal-Marts Expansion nach Mexiko wurde dadurch erschwert, daß die meisten mexikanischen Lieferanten direkt an die Geschäfte statt an Lagerhäuser und Verteilzentren liefern. Damit verliert Wal-Mart die Kontrolle über diese Aktivitäten, die das Erfolgsrezept des Unternehmens in den USA sind. Sam Dunn, administrativer Leiter von Wal-Mart in Mexiko, bemerkte dazu: „Der Schlüssel zu diesem Markt ist die Distribution. Jenes Handelsunternehmen, das dieses Problem löst, wird den Markt dominieren.“[27]

3M ist höchst erfolgreich beim Management der physischen Distribution, um die globalen Exportmärkte zu unterstützen. In Europa errichtete 3M ein Distributionszentrum in Breda in den Niederlanden, um Container aus Norfolk, Virginia, und anderen Häfen zu übernehmen. Logistikmanager überzeugten 3M, mehr als € 850 Mio. pro Jahr für zusätzliche Lkws auszugeben, die ein tägliches Lieferservice für die 19 europäischen Tochtergesellschaften sicherstellen. Diese Ausgabe wurde genehmigt, nachdem man sich die dadurch möglichen Einsparungen ansah. Kostenreduktionen entstanden durch niedrigere Lagerstände und raschere Belieferung, selbst wenn die Lkws nicht voll beladen sind.[28]

Laura Ashley, der globale Einzelhändler von traditioneller Damenoberbekleidung in britischem Stil, gestaltete das Beschaffungswesen ebenfalls um. Das Unternehmen, das mehr als 500 unternehmenseigene Filialen weltweit betreibt, beliefert diese Geschäfte mit Produkten, die in 15 verschiedenen Ländern hergestellt wurden. In der Vergangenheit sandten alle Lieferanten ihre Produkte in das Verteilzentrum nach Wales. Dies bedeutete, daß in Hongkong hergestellte Blusen zuerst nach Wales geschickt wurden. Die für das Geschäft in Tokyo vorgesehenen Blusen wurden dann wieder in den Fernen Osten zurückgesandt. Wenig überraschend erwies sich diese Vorgehensweise als kaum effizient. Die Geschäfte waren im Schnitt bei 20% aller Produkte ausverkauft, während man im Lagerhaus auf volle Regale blickte. Um Kosten zu reduzieren und die Lagerhaltung zu verbessern, schloß Laura Ashley einen Vertrag mit Federal Express ab. Das FedEx Business Logistics Service sollte die physische Distribution übernehmen. Das Informationssystem von FedEx ist mit den Einzelhandelsgeschäften verbunden. Wenn ein Kunde von Laura Ashley in Hongkong Blusen bestellt, dann übernimmt FedEx den Versand vom Produzenten direkt zum Geschäft.[29]

13.6.2 Lagerhaltung

Vernünftige Lagerhaltung gewährleistet, daß ein Unternehmen weder zu viele noch zu wenige Komponenten oder Fertigprodukte auf Lager hat. Damit werden Kapitalbindungskosten durch zu hohe Lagerstände verhindert.

13.6.3 Auftragsabwicklung

Bei der Auftragsabwicklung handelt es sich um jene Informationen und Aktivitäten, die bei der Erfüllung einer Bestellung kritisch sind. Dazu zählen die Eingabe einer Kundenbestellung in das Informationssystem eines Unternehmens, die Weiterverarbeitung dieser Daten, das die Standortbestimmung und Weiterleitung der Produkte zum Transport, sowie die Bereitstellung der Produkte zum Kunden.

13.6.4 Lagerung

Lager werden verwendet, um Produkte bis zu ihrem Verkauf aufzubewahren. Dazu gehören aber auch Verteilzentren, die für die effiziente Übernahme der Produkte von den Lieferanten und eine ebenso effiziente Verteilung an die Einzelhandelsgeschäfte sorgen. Ein Unternehmen kann über eigene Lager verfügen oder einen Spezialisten für diese Leistungen bezahlen.

Was die Lagerung betrifft, so wird das Internet gegenwärtige Geschäftsprozesse deutlich verändern. Ein Beispiel für diese neuen Entwicklungen ist die E-Commerce-Website der britischen Regierung. Diese Website ist ein hervorragendes Beispiel für die Umwälzungen in der Logistik durch das Internet. Um das vielfältige Informationsmaterial landesweit zu verkaufen, ist das *Foreign Office* eine Kooperation mit dem Logistikunternehmen MSAS Global Logistics eingegangen. Statt nur ein Lagerhaltungs- und Zustellservice anzubieten, kann MSAS den Prozeß von der Produktion zur Auslieferung an den Konsumenten über das Internet überwachen. MSAS betreibt damit nicht einfach nur eine Website für die Regierung. Bestellungen gehen direkt an MSAS und werden dann an die Konsumenten versandt. Für den Einzelhandel sagen die MSAS-Manager eine zunehmende direkte Interaktion zwischen Herstellern, Logistikmanagern und Kunden voraus. Ihrer Ansicht nach wird die Bedeutung der Lagerhaltung in Zukunft zunehmen, während die Kosten für Standorte, Mitarbeiter und Transport gleichzeitig reduziert werden können.[30]

GLOBALE PERSPEKTIVE

EINE KISTE WEIN: MEHRFACH VEREDELT

Jedes Jahr werden Wein und alkoholische Getränke im Wert von mehr als mehr als €1 Mrd. aus Frankreich, Deutschland, Italien und anderen europäischen Ländern in alle Teile der Welt exportiert. Haben Sie sich schon einmal gefragt, wie eine Kiste Wein ihren Weg in Ihre Vinothek macht? Nachdem der Wein den Weinbaubetrieb verläßt, geht er durch die Hände von Zwischenhändlern, Spediteuren, Importeuren, Großhändlern und Distributoren, bevor er seine Reise bei Ihrem lokalen Geschäft beendet.

Die Struktur der französischen Weinindustrie ist ziemlich komplex. Ein Zwischenhändler, auch *Négociant* genannt, spielt je nach Region eine wichtige Rolle. *Négociants* agieren manchmal als Broker. Sie haben bestehende Verträge und kaufen bestimmte Mengen für Importeure in verschiedenen Ländern. Manchmal übernimmt der *Négociant* auch die Funktion einer Bank, indem er dem Produzenten bis zu 25% des Kaufpreises im voraus bezahlt. *Négociants* kaufen manchmal auch Trauben von Winzern, um ihren eigenen Wein zu keltern und unter ihrer eigenen Marke abzufüllen. Der Wein wird in Flaschen gefüllt und in Kisten verpackt – entweder durch den Winzer oder den *Négociant.*

Wein, der für den französischen oder andere europäische Märkte bestimmt ist, wird mittels LKW transportiert. Wenn er in weiter entfernte Länder gebracht wird, schickt ein Spediteur einen LKW zum Winzer, um die Ware abzuholen. Der Spediteur konsolidiert die verschiedenen Lieferungen, um einen Container vollzufüllen. Die Versanddaten und -kosten hängen von der Verfügbarkeit der Container ab. Im allgemeinen enthält ein 20-Fuß-Container 800 Kisten Wein, ein 40-Fuß-Container faßt bis zu 1.300 Kisten. Bei der Überlegung, wieviel Kisten ein Container fassen kann, spielt das Gewicht des Weins eine Rolle. Der Transport von Wein ist eine Herausforderung, weil es sich um ein verderbliches Gut handelt. Sachgemäße Lagerung und Transport sind extrem wichtig. Licht, Hitze und Temperaturschwankungen sind der größte Feind des Weins. Idealerweise sollte der Wein bei konstant niedriger Temperatur gelagert werden. Um Schäden durch unsachgemäßen Transport zu verhindern, werden sogenannte *reefers,* d.h. Container mit kontrollierter Temperierung, verwendet, auch wenn sich dadurch die Transportkosten um €2 erhöhen. Manche Importeure vermeiden zum Schutz des Weins auch einen Transport während der heißen Sommermonate. Weil das Eigentum an der Ware auf den Importeur übergeht, sobald der die französischen Lager verläßt, ist eine Transportversicherung sehr wichtig. Weintransporte können sogar gegen mögliche Verluste im Zusammenhang mit Krieg und Terrorismus versichert werden.

Der Transport von den USA nach Europa benötigt beispielsweise eine Woche und mehr. Sobald der Wein die amerikanische Grenze überschreitet, müssen Zollformalitäten erledigt werden. Dann wird der Wein in das Lager des Großhändlers gebracht, wo die Weinkisten für den Weitertransport an die Einzelhändler kommissioniert werden.

Fortsetzung auf der nächsten Seite

EINE KISTE WEIN: MEHRFACH VEREDELT (Fortsetzung)

Bei den Verkaufsstellen für Wein gibt es ähnlich viel Vielfalt wie bei den Weinproduzenten. Die Geschäfte reichen von sogenannten „Tante-Emma-Läden", über Weinabteilungen in großen Supermärkten zu großen Wein- und Schnapsdiskontern. In manchen Ländern wird Wein nicht sehr sachgemäß gelagert und präsentiert – in sonnigen Auslagen oder neben der Heizung. Andere Geschäfte wiederum nehmen große Mühen auf sich, um die Qualität des Weins nach seiner langen Reise im gekühlten Container zu bewahren.

Auch andere Faktoren haben einen wichtigen Einfluß auf den Verkauf. Einer davon ist das Marketinggeschick des Händlers: Empfehlungen eines informierten Händlers im Geschäft sind wichtig beim Verkauf teurer Weine. Auch die einschlägige Presse kann eine starke Wirkung haben. Ein positiver Bericht in einem Weinmagazin kann den Unterschied zwischen Ladenhüter und Bestseller ausmachen.

Einfach zum Nachdenken:

- Welche produktbezogenen Faktoren beeinflussen die Wahl des physischen Transportmittels? Stellen Sie Wein und Eiscreme einander gegenüber.

- Welche idealen Eigenschaften würde ein österreichischer Exporteur an einem amerikanischen Importeur schätzen?

AUF DEN PUNKT GEBRACHT

- Um eine zeitgerechte Versorgung des Konsumenten mit den richtigen Produkten zu gewährleisten, muß ein Unternehmen den Materialfluß in die Produktion und den Warenausgang der Fertigprodukte gut koordinieren.

- Wareneingangslogistik, d.h. die Bewegung von Material von Lieferanten zum Produzenten, wird von verschiedenen Faktoren beeinflußt: (i) Faktorkosten und -bedingungen, (ii) Transportkosten, (iii) lokale Infrastruktur, (iv) politisches Risiko, (v) Marktzugang und (vi) währungsbezogene Aspekte wie Wechselkurse, Verfügbarkeit und Konvertibilität der lokalen Währung.

- Warenausgangslogistik bedeutet die Bewegung der fertigen Produkte von der Produktion zum Konsumenten. Dazu gehören Fragen des Transports, der Lagerhaltung, der Auftragsabwicklung und der Standortplanung.

13.7   Internationale Vertriebsstrategien

Das Ziel eines Vertriebssystems ist die Generierung von Nutzen für den Konsumenten. Die wichtigsten Nutzeneffekte sind der Ort (die Verfügbarkeit eines Produktes oder einer Dienstleistung an einem für den potentiellen Konsumenten passenden Standort); Zeit (Verfügbarkeit zu einem dem Konsumenten genehmen Zeitpunkt); Form (das Produkt wird verarbeitet, vorbereitet und in einer adäquaten Qualität fertiggestellt); und Information (Antwort auf Kundenanfragen und allgemeine Information über nützliche Produktmerkmale und Vorteile). Weil diese Merkmale einen entscheidenden Wettbewerbsvorteil darstellen können, gehört die Wahl einer geeigneten Vertriebsstrategie zu einer Kernentscheidung im internationalen Marketingmix.

Die internationale Vertriebsstrategie muß zur Wettbewerbsposition und den generellen Marketingzielen eines Unternehmens in jedem nationalen Markt passen. Wenn ein Unternehmen in einen umkämpften Markt einsteigen möchte, dann hat es grundsätzlich zwei Alternativen:

1. Direkte Marktbearbeitung (mittels eigener Vertriebsmannschaft, Einzelhandelsgeschäfte, etc.)

2. Indirekte Marktbearbeitung (mittels unabhängiger Agenten, Distributoren und Großhändler)

Die erste Alternative erfordert vom Unternehmen die Errichtung eigener Handelsgeschäfte oder solche mit Unterstützung von Franchisenehmern. Bei der zweiten Alternative müssen Anreize für unabhängige Vertriebsagenten geschaffen werden, um die Produkte eines Unternehmens entsprechend zu verkaufen.

Entscheidungen über das Produktdesign, die Kommunikationsstrategien und die Preispolitik erfordern intensive Denkarbeit und Energie von jedem Unternehmen. Diese Strategien können allerdings nur dann umgesetzt werden, wenn sie vom Vertriebssystem entsprechend unterstützt werden. Doch nicht nur die Wahl des „richtigen" Kanals ist entscheidend, es stellt sich die Frage nach dem Zugang zu diesen Kanälen. Auch wenn ein brauchbarer Distributionskanal/-partner identifiziert ist, hat dieser möglicherweise bereits bestehende Beziehungen mit einem Konkurrenten. Wenn keine vertraglichen Vereinbarungen bestehen, dann kann ein Unternehmen den Distributionspartner möglicherweise zu einem Wechsel bewegen. Dieser Wechsel ist allerdings nur dann wahrscheinlich, wenn der Distributionspartner sich damit ein attraktiveres Produkt- und Marketingpaket einhandelt. Auch bislang unzugängliche Distributionskanäle können durch das Entstehen neuer Vertriebswege geöffnet werden. Softwareentwickler waren früher auf Vertriebskanäle angewiesen, die eingeschränkt zugänglich waren, um Konkurrenz vom Markt fernzuhalten. In Zeiten des E-Commerce können neue Mitbewerber die unbeschränkten Möglichkeiten des Internet für ihre Distributionsaktivitäten nutzen.[31] Der Gestaltungsprozeß eines internationalen Distributionssystems im Einklang mit den Unternehmenszielen wird durch verschiedene Faktoren beeinflußt: die Kunden, die Produkte, die Distributionspartner und das Umfeld. Jeder dieser Faktoren wird in der Folge genauer beschrieben.

13.8 Einflußfaktoren auf die Gestaltung eines internationalen Vertriebssystems

Wenn es um die Gestaltung eines internationalen Distributionssystems geht, dann müssen verschiedene Faktoren mit einbezogen werden. Zu diesen zählen die Kunden, das Produkt, die Distributionspartner und Umfeldbedingungen.

13.8.1 Eigenschaften der Kunden

Die Eigenschaften der Kunden sind ein wichtiger Einfluß auf die Gestaltung eines Vertriebssystems. Ihre Anzahl, geographische Verteilung, ihr Einkommen, das Kaufverhalten und die Reaktion auf unterschiedliche Verkaufsmethoden variieren von Land zu Land und erfordern daher unterschiedliche Ansätze. Dabei ist stets zu bedenken, daß Vertriebssysteme für den Kunden Nutzen generieren sollen.

Ungeachtet des Entwicklungsstandes in einem Land, nimmt der Bedarf an unterschiedlichen Vertriebspartnern mit der Anzahl der Kunden zu. Wenn es in einem Land z.b. nur zehn Kunden für ein Industrieprodukt gibt, dann müssen diese zehn Kunden entweder vom Hersteller direkt oder von einem Distributionspartner betreut werden. Für Massenprodukte, die von Millionen von Konsumenten gekauft werden, sind Einzelhandelsgeschäfte oder Versand erforderlich. In einem Land mit einer Vielzahl an kleinen Handelsgeschäften ist es üblicherweise günstiger, diese mittels Großhändler zu erreichen. Direkter Vertrieb unter Umgehung von Großhändlern kann die kostengünstigste Variante sein, um große Handelsketten zu bedienen. Diese generellen Aussagen sind unabhängig vom jeweiligen Entwicklungsstand eines Marktes für alle Länder gültig. Dennoch gibt es lokale Besonderheiten.

Doch auch die Einkaufsgewohnheiten von Konsumenten verändern sich. Die türkische Handelslandschaft im Lebensmittelbereich befindet sich stark im Umbruch, der in Spanien, Italien oder Frankreich bereits stattgefunden hat. Türkische Konsumenten, die bislang wie gewohnt im „Tante-Emma-Laden" an der Ecke eingekauft haben, fühlen sich in zunehmendem Maß von großen Supermärkten angezogen. Für die Hersteller stellt dies eine neue Entwicklung dar, die anhalten wird und Anpassungen erfordert. Der Marktanteil der Supermärkte stieg von 22% 1995 auf 31% 1998. Für 2003 wird ihr Marktanteil auf 43% zunehmen. Doch damit wird das Wachstum nicht abgeschlossen sein, betrachtet man den Marktanteil von Supermärkten in anderen Ländern: 76,4% in Spanien, sowie 93% in Frankreich und Deutschland.[1]

13.8.2 Produkteigenschaften

Bestimmte Produkteigenschaften, wie der Grad der Standardisierung, die Verderblichkeit, Größe, Serviceerfordernisse und der Stückpreis, haben einen wesentlichen Einfluß auf die Gestaltung eines Vertriebssystems. Produkte mit einem hohen Stückpreis werden oft durch unternehmenseigene Vertriebsorgane verkauft, weil die Kosten dieses teuren Vertriebsweges nur einen kleinen Teil des gesamten Produktpreises ausmachen. Die hohen Kosten solcher Produkte stehen üblicherweise in Verbindung mit der Komplexität oder den Produktmerkmalen, die detailliert erklärt werden müssen. Dies gelingt am besten durch unternehmenseigene Vertriebsorgane. Große EDV-Anlagen sind beispielsweise sehr teuer und komplex, so daß die notwendigen Informationen und die Implementation auf die Bedürfnisse der Kunden angepaßt werden müssen. Ein vom Unternehmen geschulter Verkäufer ist gut geeignet, um durch gezielte Information Nutzen für den Käufer zu schaffen.

EDV-Anlagen, Kopierer und andere Industrieprodukte erfordern Gewinnspannen, die diese hohen Vertriebskosten tragen. Andere Produkte wiederum benötigen diese Spannen, um als Anreiz für die Vertriebsmannschaft zu dienen. In vielen Teilen der Welt werden Kosmetika von Tür zu Tür verkauft. Die Vertreter müssen bei den Konsumenten Aufmerksamkeit für den Wert der Kosmetika und den Bedarf nach diesen Produkten erzeugen, die zu einem Kauf führen. Diese Verkaufsaktivität muß auch bezahlt werden. Unternehmen, die diesen Direktvertrieb einsetzen, sehen großzügige Spannen vor, um die Kosten für die Vertreter abzudecken. Amway und Avon sind zwei Unternehmen, die dieses Direktvertriebssystem global einsetzen.

Verderbliche Güter erfordern eine besondere Behandlung durch die Distributionspartner. Derartige Produkte bedingen üblicherweise relativ direkte Vertriebskanäle, um zum Kaufzeitpunkt entsprechende Qualität sicherzustellen. In wirtschaftlich weniger entwickelten Ländern verkaufen die Produzenten von Gemüse, Brot oder anderen Lebensmitteln typischerweise auf öffentlichen Marktplätzen. In entwickelten Ländern werden verderbliche Güter durch ein organisiertes Vertriebssystem verkauft. Das Lager wird von diesen Partnern laufend überprüft, um frische Ware beim Verkauf zu gewährleisten.

1991 unterstützte Andersen Consulting einen Moskauer Brotproduzenten beim Vertrieb seiner Produkte in Rußlands Hauptstadt. Für Russen ist Brot ein essentielles Grundnahrungsmittel, sodaß die Konsumenten sich täglich vor den Geschäften anstellen, um frisches Brot zu kaufen. Leider wird der Vertrieb oft durch ausufernden Papierkrieg behindert, sodaß nur mehr verdorbenes Brot zur Auslieferung gelangt. Andersen stellte fest, daß damit ein Drittel der gesamten Produktionsmenge verloren ging. Das Beratungsunternehmen gelang zu einer einfachen Lösung: Plastikbeutel sollten das Brot frisch halten. Während in westlichen Industrieländern 95% aller Produkte verpackt in den Handel gelangten, lag dieser Prozentsatz in der früheren Sowjetunion bei lediglich 2%. Russische Konsumenten begrüßten diese Änderung. Die Plastikbeutel garantierten nicht nur Frische, sondern verlängerten die Haltbarkeit um 600%. Auch die Beutel an sich boten zusätzlichen Nutzen. In einem Land, wo derartige Extras praktisch unbekannt sind, dienten die Beutel als wiederverwendbares „Geschenk".[2]

Massengüter erfordern Vertriebswege, die die Transportdistanz und den Wechsel zwischen Vertriebspartnern minimieren, bevor sie den Kunden erreichen. Antialkoholische Getränke und Bier sind derartige Beispiele, wo eine breite Verfügbarkeit einen wichtigen Aspekt einer effektiven Marketingstrategie darstellt.

13.8.3   Eigenschaften der Vertriebspartner

Die Gestaltung eines Vertriebssystems muß die Eigenschaften bestehender Vertriebspartner berücksichtigen. Distributionspartner betreiben ihr Geschäft, um ihren eigenen Gewinn zu maximieren und nicht jenen des Herstellers. Sie suchen sich daher genau aus, mit welchen Herstellern sie zusammenarbeiten wollen. Dies sind meist jene, die über stark nachgefragte Produkte und Marken verfügen, deren Vertrieb wenig Aufwand erfordert. Dies ist eine durchaus rationale Überlegung des Vertriebspartners. Für einen Hersteller kann das zu schwerwiegenden Hindernissen führen, wenn er mit einem neuen Produkt auf den Markt gehen will. Händler sind oft nicht daran interessiert, einen entsprechenden Markt aufzubauen. Aus diesem Grund sehen sich Hersteller mit einem neuen Produkt oder einem geringen Marktanteils gezwungen, andere Wege zu finden. Der Hersteller könnte ein eigenes, teures Vertriebssystem aufbauen, um Marktanteile zu gewinnen. Sobald ein entsprechender Marktanteil erreicht ist, könnte man das eigene System zugunsten eines kostenschonenderen Vertriebssystems mit Vertriebspartnern wechseln. Dieser Wechsel bedeutet jedoch nicht, daß ein Vertrieb mit Partnern automatisch besser als ein direktes Vertriebssystem ist. Dies ist lediglich eine Reaktion auf Kostenüberlegungen.

Eine andere Alternative, mit dem Problem von Vertriebspartnern umzugehen, die Hersteller wie beschrieben gezielt selektieren, erfordert kein teures Direktvertriebssystem. Ein Unternehmen kann nämlich auch folgendermaßen vorgehen: es sucht sich einen Distributionspartner und finanziert die Kosten für jenen Teil der Vertriebsmannschaft, der direkt mit den Produkten des Unternehmens zu tun hat. Mit diesem Ansatz wird es einem Unternehmen möglich, für ein Produkt Unterstützung beim Verkauf und Vertrieb bei gleichzeitig effizientem Einsatz einer unternehmensfremden Verkaufsmannschaft zu gewährleisten. Für den Absatzmittler liegt der Vorteil darin, daß das Unternehmen eine Verkaufskraft finanziert, für ihn daher keine Kosten anfallen, und daß dieser Mitarbeiter das Potential besitzt, zum Umsatz des Absatzmittlers beizutragen. Diese Kooperationsvereinbarung ist ein idealer Weg, um neue Produkte in einem fremden Markt zu etablieren.

GLOBALE PERSPEKTIVE

VERTRIEBSWEGE – EINE ETWAS ANDERE PERSPEKTIVE

In wirtschaftlich weniger entwickelten Ländern unterscheiden sich die objektiven Merkmale von Vertriebssystemen deutlich von jenen in Industrieländern. Eine Vielzahl von Personen ist mit dem Verkauf von sehr kleinen Mengen von Produkten beschäftigt. In Äthiopien oder anderen ostafrikanischen Ländern beispielsweise stellt ein offenes Fenster in einem Haus oft schon einen sogenannten *Souk* dar. Als *Souk* bezeichnet man ein kleines Geschäft, wo alles vom Toilettenpapier über Spielkarten bis zu Reis und Eiern verkauft wird. Um den Umsatz zu maximieren, sind diese *Souks* strategisch in den Wohnvierteln plaziert. Die Eigentümer wissen, was ihre Kunden benötigen. Sie verkaufen z.b. Räucherwerk und Kaffee in der Tüte, richtig portioniert für das morgendliche Frühstück. Am Abend sind es eher Zigaretten und Kaugummi, die nachgefragt werden, speziell dann, wenn sich der *Souk* in der Nähe des Vergnügungsviertels befindet. Ist der *Souk* geschlossen, so klopft man einfach ans Fenster. Schließlich ist das Geschäft auch gleichzeitig Wohnung. Manche Geschäftsleute bringen die Waren sogar an den Straßenrand, wenn die Kunden ihr Auto nicht verlassen wollen.

Im Vergleich dazu legen die regierungseigenen Warenhäuser in Ostafrika keine derartige Kundenorientierung an den Tag. Sie führen große Mengen an Waren, die sich

Fortsetzung auf der nächsten Seite

---

eher langsam verkaufen, wie Stapel von Dosentomaten, die frisch das ganze Jahr über am Markt zu kaufen sind. Kunden müssen einiges auf sich nehmen, um tatsächlich in den Besitz der dort gekauften Waren zu kommen. Man überprüft, was an Produkten gerade vorhanden ist, entscheidet sich für das eine oder andere, geht in eine andere Abteilung, um zu zahlen, und holt das Päckchen wieder anderswo ab. Dieser Vorgang erfordert normalerweise eine Menge von Papier, Stempeln und Marken, sowie den Kontakt mit zwei oder drei Angestellten. Der Job eines Angestellten ist viel wert in einem Land, wo fixe Anstellungen Mangelware sind.

Im Vergleich zu einem Geschäftsmann im *Souk*, der von Tagesanbruch bis Sonnenuntergang arbeitet, sind Regierungsangestellte von 9:00 – 17:00 tätig, mit einer zweistündigen Mittagspause.

In Costa Rica ist die sogenannte *pulperia* sehr populär. Sie ist vergleichbar mit dem Kolonialwarengeschäft, wie es zu Beginn dieses Jahrhunderts in unseren Breiten üblich war. Die Kunden kommen ins Geschäft, geben ihre Wünsche bekannt, und die Verkäufer holen das gewünschte aus den Regalen. Die Produktpalette reicht dabei von Hühnerfutter bis zu Nagelfeilen. Eine typische *pulperia* hat auch Grundnahrungsmittel, wie Zucker oder Mehl in 50 kg-Säcken im Sortiment. Wiederverkauft wird selbstverständlich dann in kleineren Mengen. Die meisten *pulperias* verfügen auch über Kühlmöglichkeiten, um die neuesten Eiskremespezialitäten zu verkaufen. In Gegenden, wo es keinen Strom gibt, verwendet der Besitzer der *pulperia* einen Generator für die Stromgewinnung. *Pulperias* ihrerseits werden durch verschiedene private Großhändler versorgt, die mit ihren Lastwägen Getränke, dann wieder Süßwaren und andere Produkte liefern. Die *pulperia* hat aber auch soziale Funktionen: sie ist beliebter Treffpunkt für die Nachbarschaft, und sie hat meist das einzige Telefon, von wo aus man gegen Geld seine Telefonate erledigen kann.

Beide, sowohl der *Souk* als auch die *pulperia,* bieten typischerweise ein informelles Kreditsystem. Kunden des Geschäfts wohnen üblicherweise in der Nachbarschaft und sind dem Eigentümer gut bekannt. Er wird ihnen daher die Möglichkeit bieten, erst später zu zahlen, wenn die private Situation der Kunden diesen Zahlungsaufschub erfordert.

Einfach zum Nachdenken:

- Haben *Souks* und *pulperias* eine Zukunft? Kommentieren Sie diese Entwicklung vor dem Hintergrund der kleinen Geschäfte asiatischer oder indischer Inhaber, die sich in vielen Stadtvierteln etabliert haben.
- Welche Implikationen haben derart fragmentierte Vertriebswege für das Marketing von Hygieneprodukten? Beschreiben Sie Ihre Antwort anhand von Seife.

Quelle: Gespräch mit Brian Larson von CARE Nigeria.

Auswahl und Betreuung von Vertriebspartnern

Die Auswahl von Vertriebspartnern in einem fremden Markt ist eine extrem erfolgskritische Aufgabe. Die Wahl eines guten oder schlechten Absatzmittlers kann den Unterschied zwischen Erfolg und Mißerfolg ausmachen. Um einen guten Partner zu finden, kann man damit beginnen, das Handelsministerium im Heimatland um Auskunft zu bitten. Auch die lokale Handelskammer kann Listen mit potentiellen Partnern zur Verfügung stellen. Dabei macht es oft wenig Sinn, diese Kontakte dann per Post zu verfolgen. Viel hilfreicher ist es, direkt in den Zielmarkt zu fahren und mit Kunden zu reden, welche Distributionswege die Kunden bevorzugen und warum. Diese Informationen kann man sich auch mit Hilfe eines Marktforschungsinstituts beschaffen. Wenn es sich um ein Produkt des täglichen Bedarfs handelt, dann zahlt es sich auch aus, bestehende Vertriebswege zu analysieren. Fragen, wie wo kaufen Konsumenten ähnliche Produkte und warum, sollten Sie beantworten. Dabei kommen zwei bis drei Unternehmensnamen zutage. Zu diesen Unternehmen können Sie nun gehen, um ihr Interesse an Ihren Produkten zu evaluieren. Bevor es zu einem Kooperationsvertrag kommt, sollten Sie sichergehen, daß es bei Ihrem Vertragspartner auch eine Person gibt, die für den Kontakt zu Ihnen verantwortlich ist. Diese Person sollte es auch als persönliches Ziel sehen, mit Ihrem Produkt erfolgreich zu sein.

Das ist der kritische Unterschied zwischen einem erfolgreichen und einem wertlosen Absatzmittler. Es muß ein persönliches, individuelles Engagement für das Produkt geben. Die zweite Bedingung für einen erfolgreichen Vertriebspartner, die damit zusammenhängt, ist, daß er das Produkt verkaufen kann und damit Gewinne erzielt. Ein Produkt muß so aussehen und bepreist sein, daß es im Zielmarkt wettbewerbsfähig ist. Der Absatzmittler kann in diesem Prozeß sehr hilfreich sein, indem er Informationen über Kundenwünsche, die Konkurrenz und Hinweise für die Vermarktung gibt.

Messung des Erfolgs von Vertriebspartnern

Die HF Division von Harris Corporation hat auf internationalen Märkten großen Erfolg mit Kurzwellenradios erzielt. Einer der Erfolgsfaktoren war die Qualität der Vertriebsmannschaft in Schlüsselmärkten und ihr Engagement für das Produkt. Diese Unterstützung ist darauf zurückzuführen, daß Harris ein Produkt hatte, das gleich gut oder besser als die Konkurrenzprodukte am Markt war. Zudem bot Harris eine Marge von 33% auf jeden Verkauf und lag damit um mindestens 15% höher als die Mitbewerber. Das war sicher einer der wichtigsten Faktoren, der Harris den Erfolg sicherte. Damit waren die Verkäufer stark motiviert, Produkte von Harris zu verkaufen. Aber auch die notwendigen Mittel für intensive Marketingunterstützung waren damit gewährleistet. Doch es gab natürlich auch Nachteile: die Preise für die Produkte von Harris erhöhten sich damit. Der höhere Preis wurde durch die erhöhten Verkaufsanstrengungen jedoch mehr als wettgemacht.

Beendigung eines Distributionsvertrags

Der einzige Weg, wie man mit einem guten Absatzmittler effizient kooperiert, ist durch eine enge Zusammenarbeit, um finanziellen Erfolg auf beiden Seiten sicher zustellen. Jeder Vertreter, der mit einem Produkt kein Geld verdient, wird es über kurz oder lang fallen lassen. So einfach ist das. Im allgemeinen macht es Sinn, einen Vertretungsvertrag zu kündigen, wenn man mit einem Vertriebspartner nicht zufrieden ist. Wenige Unternehmen sind groß genug, um einen mittelmäßigen Vertreter in einen effizienten umzuwandeln. Die zwei wichtigsten Klauseln in einem Vertrag sind daher jene über den zu erreichenden Erfolg und jene, in der eine Beendigung des Vertrages vorgesehen ist. Es zahlt sich aus, diese Klauseln genau auszuformulieren, denn es geht der Mythos um, daß die Beendigung eines Vertriebsvertrages extrem kostenintensiv und langwierig sein kann. Die einfachste Lösung ist jedoch die über den Erfolg des Absatzmittlers. Wenn der Vertreter nicht in dem gewünschten Ausmaß erfolgreich ist, dann muß er sich entweder anstrengen oder wird ersetzt.

Manchmal kommt es allerdings auch zu einem Rechtsstreit. In einigen Ländern werden Unternehmen dabei korrupten Praktiken ausgesetzt. In Ecuador beispielsweise haben Gerichte Vertretern, denen internationale Konzerne die Vertriebslizenz entzogen haben, Entschädigungen in der Höhe von 400 Jahresumsätzen zugesprochen!

Der japanische Importeur Mizwa von Porsche, der auch über die Exklusivvertriebs-rechte für den japanischen Markt besitzt, kündigte rechtliche Schritte gegen Porsche in Deutschland an, sollte das Mutterunternehmen den Vertriebsvertrag nach 45 Jahren kündigen. Mizwa argumentierte, daß eine Kündigung gegen das „Grundprinzip einer ehrlichen und fairen Zusammenarbeit" verstoße. Die Kündigung kam, nachdem Porsche mit Mizwas Erfolg im japanischen Markt unzufrieden war. Mizwa begründete dies damit, daß der wirtschaftliche Abschwung in Japan die Umsätze hatte sinken lassen, und daß die gegenwärtigen Umsätze die budgetierten überschreiten würden. Ein Verlust der Vertriebsrechte hätte Mizwa ziemlich hart getroffen. Vor kurzem hatte man die Vertriebsrechte für Saab, das üblicherweise unter einem Dach mit Porsche verkauft wurde, an ein anderes Unternehmen abgegeben und sich ausschließlich auf Porsche konzentriert. Mizwa brachte vor einem deutschen Gericht eine Beschwerde ein, die am Ende abgewiesen wurde. Die beiden Seiten setzten ihre Verhandlungen jedoch fort und erzielten eine neue Vereinbarung. Porsche würde den Import nach Japan über eine eigene Tochtergesellschaft abwickeln, wie dies auch in anderen Ländern der Fall ist. Auch Mizwa würde weiterhin Porsches verkaufen – neben anderen Händlern.[3]

Man darf also nicht meinen, daß die Beendigung eines Vertriebsvertrags immer einfach ist. Auch wenn es eine vertraglich vereinbarte Kündigungsklausel gibt, dann kann in manchen Rechtssystemen einem Vertreter der Distributionsvertrag nicht so einfach entzogen werden. Wenn ein Vertreter in dem guten Glauben handelt, daß sein oder ihr Vertrag als Absatzmittler von Dauer ist, dann kann auf Schadenersatz geklagt werden, sollte der Vertrag beendet werden.

Eine weitere Regel bei Vereinbarungen ist jene, daß man in der Lage sein sollte, den Vertrag auch zu lesen und zu verstehen. Falls dies nicht so ist, sollten Sie einen Rechtsanwalt beiziehen, der Sie berät. Sie sollten auf jeden Fall genau über die Bestimmungen im Vertrag Bescheid wissen, in denen Rechte und Pflichten der beteiligten Parteien geregelt sind.

13.8.4 Umweltbezogene Einflußfaktoren

Die generellen Umfeldbedingungen in einem Ländermarkt haben ebenfalls großen Einfluß auf die Gestaltung eines Distributionssystems. Aufgrund der enormen Unterschiede hinsichtlich des ökonomischen, sozialen und politischen Umfelds in vielen Märkten ist es erforderlich, dem lokalen Management oder Vertriebspartner ein hohes Maß an Unabhängigkeit zuzugestehen. Der Trend, daß Konsumenten eher in Supermärkten als in kleinen Geschäften an der Ecke einkaufen, ist nicht nur ein Effekt sich verändernder Kaufgewohnheiten, sondern hat auch etwas mit ökonomischen Bedingungen zu tun. Wenn Einkommen steigen, dann kann man sich größere Gefriergeräte und Autos leichter leisten. Viele Käufer können dadurch ihren Wochenbedarf an Lebensmitteln einfach in einer Fahrt zum Supermarkt decken. Sie haben das Geld, die Lager- und Transportmöglichkeiten, diese Mengen aus dem Geschäft auch nach Hause zu bringen. Aufgrund seiner Effizienz ist der Supermarkt in der Lage, die Wünsche der Konsumenten zu niedrigeren Preisen zu befriedigen, als dies beim konventionellen Fleischer oder kleinen Geschäft um die Ecke der Fall ist. Zudem bieten Supermärkte eine größere Vielfalt und Auswahl an Produkten, was ökonomisch besser gestellte Konsumenten durchaus anspricht.

In einigen Ländern beeinflussen politische und rechtliche Vorschriften die Gestaltung von Distributionskanälen sehr stark. China beispielsweise erlaubt es ausländischen Unternehmen nicht, eigene Vertriebsnetze aufzubauen bzw. zu operieren. Es ist daher erforderlich, den Import, den Transport und andere Vertriebsfunktionen mit lokalen Partnern durchzuführen. In den 90er Jahren hat die chinesische Regierung die Bestimmungen für Produktionslizenzen gelockert, um die Gründung von Kleinbetrieben zu fördern. Daraus ist eine neue Art von Zwischenhändlern auch in entlegenen Gebieten entstanden. Besonders für die PC-Industrie bauen diese neuen Unternehmer in den Hinterzimmern ihrer kleinen Geschäfte PCs zusammen und verkaufen sie. Um vernünftige Qualitätsstandards zu gewährleisten, trainieren die großen Unternehmen diese Zwischenhändler in Produktionsmethoden, Technologien und Systemen. Diese Kooperation könnte in Zukunft aber auch ihre Nachteile haben, wenn die neuen Unternehmer ihr Produktwissen und ihre technischen Fähigkeiten einsetzen, um für Mitbewerber zu arbeiten. Diese rechtlichen Vorschriften für ausländische Unternehmen könnten durchaus lockerer werden, nachdem China sich um Aufnahme in die WTO bemüht. Ein bilaterales Abkommen zwischen China und den USA garantiert ausländischen Unternehmen bereits jetzt den Zugang zu Verkaufs- und Vertriebsaktivitäten in China.[4]

AUF DEN PUNKT GEBRACHT

- Die Gestaltung des Vertriebssystems muß zur Wettbewerbsposition und zu den Marketingzielen des Unternehmens in jedem nationalen Markt passen, um Nutzen für den Kunden zu generieren.

- Verschiedene Merkmale beeinflussen die Gestaltung eines Distributionssystems: (i) Eigenschaften der Konsumenten, wie ihre Anzahl, die geographische Verteilung, Einkommen, Kaufverhalten und ihre Reaktion auf unterschiedliche Verkaufsmethoden, (ii) Produktcharakteristika wie Verderblichkeit, Serviceerfordernisse oder Stückpreis, (iii) Eigenschaften der Vertriebsorgane, wie ihre Einstellung zum Hersteller oder (iv) Umwelteinflüsse wie ökonomische, soziale und politische Dimensionen.

- Die Kunst, ein erfolgreiches Vertriebssystem aufzubauen, besteht in der Kombination aus lokalen Besonderheiten und der Notwendigkeit zu standardisieren, um die Vorteile der Globalisierung bestmöglich zu nutzen.

13.9 Globale Trends in der Gestaltung von Vertriebssystemen

In den letzten Jahren hat es kaum andere Marketingentscheidungen gegeben, die so dramatische Veränderungen erfahren haben wie die Distributionspolitik. Die zunehmende Globalisierung ebenso wie Informations- und Kommunikationstechnologien haben die Art und Weise, wie Produkte und Dienstleistungen verkauft werden, revolutioniert. Einige der wichtigsten Entwicklungen werden nachstehend beschrieben.

13.9.1 Globalisierung im Handel

Handel war bis zu einem gewissen Grad immer ein globales Thema. Seit Jahrhunderten haben geschäftstüchtige Händler ferne Länder bereist, um Waren einzukaufen und zu verkaufen. Im 19. und frühen 20. Jahrhundert haben britische, französische, holländische, belgische und deutsche Handelshäuser Wirtschaftsbeziehungen nach Afrika und Asien aufgebaut. Internationaler Handel und der anschließende Verkauf waren zwei wichtige Säulen im Kolonialsystem dieser Zeit. Die große Veränderung, die sich heute im internationalen Handel vollzieht, ist die schrittweise Auflösung der kolonialen Einzelhandelsstruktur und die Schaffung internationaler Handelsorganisationen, die in den Industrieländern tätig sind.

Der Status quo der Globalisierung im Handel

Handelsgeschäfte kann man je nach ihrer Größe in Quadratmetern, der angebotenen Dienstleistung oder der Sortimentsbreite- und tiefe in unterschiedliche Kategorien teilen. Diese Kategorisierung und Bezeichnung der unterschiedlichen Geschäftstypen variiert von Land zu Land. Eine Vielzahl von Begriffen wird verwendet, um große Handelsgeschäfte zu bezeichnen, wie Hypermarket, Diskonter, Massenmarkt, Supermarkt etc.

Während Frankreich, Belgien, Spanien, Brasilien oder Kolumbien relativ rasch zur Errichtung großer Supermärkte übergegangen sind, waren Länder wie Italien eher zurückhaltend bei dieser Entwicklung. Ein Grund dafür ist, daß die Öffnungszeiten von Supermärkten in Italien aufgrund des Drucks der Gewerkschaften erst schrittweise ausgedehnt wurden. Doch während Supermärkte in Italien vor einigen Jahren erst 25% Marktanteil besaßen, erhöhte sich diese Zahl in der letzten Zeit deutlich auf über 50%. In anderen Ländern existieren Supermärkte bereits seit über 20 Jahren. Einige kleinere Supermärkte haben mittlerweile wieder geschlossen, viele noch größere sind dafür eröffnet worden.

Die große Zahl an weniger erfolgreichen Expansionen im internationalen Einzelhandel legt jedoch nahe, daß jeder, der mit derartigen Expansionsgedanken spielt, sich dies genau überlegen sollte. Die kritische Frage ist: welchen Vorteil haben wir im Vergleich zur lokalen Konkurrenz? Oft wird die Antwort „keinen" lauten, vor allem dann wenn lokale Gesetze den Einzelhandel stark betreffen. In solchen Fällen gibt es keinen Grund, sich von einer internationalen Expansion hohe Gewinne zu erwarten.

EUROPÄISCHER BLICKWINKEL

CARREFOUR S.A – EIN GLOBALER EINZELHÄNDLER

Es war 1962, als Carrefour S.A. seinen ersten Supermarkt in Frankreich eröffnete. Teilweise als Lebensmittelgeschäft, teilweise als Kaufhaus eingerichtet, bot er den Kunden ein breites Spektrum an Produkten – von Lebensmitteln, Spielwaren, Möbeln, kleinen Speisen und Getränken zu Finanzdienstleistungen – alles unter einem Dach. Um dieses Pflänzchen am Leben zu erhalten, erließ die französische Regierung Gebietsbeschränkungen, damit kein Mitbewerber in die Nähe von Carrefour kommen konnte.

Der Rest ist Geschichte. Ende der 90er Jahre betrieb Carrefour über 1.000 Supermärkte in mehr als 20 Ländern, und die globale Expansion geht weiter. Die neue wirtschaftliche Freiheit in Zentral- und Osteuropa öffnete wie in anderen Regionen der Welt auch weitere Türen zu globalem Wachstum.

1994 eröffnete Carrefour Geschäfte in Indonesien. Chile, Kolumbien und Tschetschenien stehen kurz davor. In China, wo Supermarktketten bislang kein Begriff waren, war Carrefour das erste Unternehmen am Markt, das im Dezember 1995 einen großen Supermarkt in Peking betrieb. Bis dahin wurde der Einkauf von Lebensmitteln vorwiegend in kleinen Geschäften, die entweder in staatlichem oder privaten Besitz waren, beziehungsweise über die staatlichen Obst- und Gemüsemärkte gedeckt.

Doch die globale Expansion bereitete Carrefour einige Herausforderungen. Die lokale Regierung in Buenos Aires hat erst kürzlich eine Regelung erlassen, die das Expansionspotential für große Supermärkte einschränkt. Statt dessen unterstützt sie die bereits ansässigen Geschäfte.

In Korea mußte Carrefour seine Pläne für den Markteintritt hintanstellen, weil der Bau von Betriebsstätten durch die Bürokratie verzögert wurde. Und nicht nur im Ausland sieht Carrefour sich mit Problemen konfrontiert. Die Wettbewerbsbehörde der EU meldete Bedenken an, der Kauf von Promodes SA durch Carrefour könnte gegen kartellrechtliche Bestimmungen verstoßen. Trotz dieser Schwierigkeiten scheinen sich die internationalen Bemühungen auszuzahlen! Carrefour hat sich den Ruf erworben, „eine der stärksten Marken in Europa und dem Rest der Welt zu sein."

Einfach zum Nachdenken:

- Sollte die Ausbreitung von Supermärkten zugunsten kleiner Nahversorger stärker beschränkt werden? Was spricht dafür, was spricht dagegen?

- Welche Faktoren sollte Carrefour S.A. in die Entscheidung mit einbeziehen, wenn es neue Märkte für die internationale Expansion in Betracht zieht?

Quellen: „Carrefour Targets 25pc Rise in Sales for 1998." *Business Times,* 14. Oktober 1998; „Carrefour has entered the Czech Market.", *Hospordarske Noviny,* 16. November 1998, S.11; „Llegan los hard discount", *La Nacion,* 22. September 1998, S.3; „Carrefour's Jumbo to Test Appetite with Lean Pricing," *Euroweek,* 2. Oktober 1998, S.34+; „Carrefour and Makro Delay Plans for Opening New Outlets", *Korea Economic Daily,* 17. Juni 1998; „Carrefour Acquisition Hits Snag", *MMM,* 17 (3), 1999: S.19; Richard Bowles, „Food Retailing Takes Off", *China Business Review,* 25 (5), 1998: S.30+.

Andererseits kann die Antwort aber auch gegenteilig ausfallen. Grundsätzlich bietet ein Handelsunternehmen seinen Kunden zwei Dinge. Das eine ist eine Auswahl von Gütern zu einem bestimmten Preis. Das andere ist die Art und Weise, wie die Produkte angeboten werden. Dazu gehören Dinge wie Standort, Parkmöglichkeiten, Gestaltung des Geschäfts und Kundenservice.

Globaler Einzelhandel eröffnet nicht nur neues Marktpotential, sondern auch neue Ertragschancen. Bei ihrer globalen Expansion begegnen Handelsunternehmen wie Carrefour oder Wal-Mart in vielen Ländern denselben Herstellern. Ein weltweiter Erzeuger von schnelldrehenden Konsumgütern stellte fest, daß er 10% seines weltweiten Geschäfts mit Wal-Mart und 25% mit einer Handvoll weiterer globaler Handelsketten lukrierte. Mit einem ausgefeilten Beschaffungssystem können Einzelhändler auf Knopfdruck Preisunterschiede zwischen einzelnen Märkten identifizieren. Ihre globale Marktmacht bringt sie in eine gute Position für internationale Preisverhandlungen.[5]

Die Zukunft der Globalisierung im Einzelhandel

Ein bekanntes Fast-Food-Restaurant oder Hotel anzutreffen, wo immer man ist, ist für viele von uns keine große Überraschung mehr. Experten sagen voraus, daß dies bei Einzelhandelsketten auch bald der Fall sein wird. Schätzungen gehen davon aus, daß es im Handel zu einer massiven Konsolidierung kommen wird. Das Motto lautet: „Fressen oder gefressen werden". Die ersten Anzeichen lassen sich bereits erkennen. Der amerikanische Einzelhandelsgigant Wal-Mart kaufte die britische Kette Asda. Die holländische Ahold expandiert global und kooperiert dabei mit Safeway und/oder Sainsbury's. Carrefour und Promodes haben sich zusammengeschlossen, und Tesco überlegt noch. Im Vergleich zu anderen Branchen ist die Globalisierung im Einzelhandel noch nicht sehr weit fortgeschritten, doch sie beschleunigt sich zusehends. Während vor 10 Jahren die führenden Einzelhändler lediglich 20% ihres Umsatzes im Ausland lukrierten, ist dieses Verhältnis bis heute auf 50% gestiegen.

Tabelle 13.3: Die Superliga des internationalen Einzelhandels

Unternehmen (Standorte in)	Geschäfte im Ausland
Ahold (Spanien, Polen, Tschechische Republik, USA, Brasilien und Argentinien)	1.720
Wal - Mart / ASDA (Argentinien, Brasilien, Korea, Mexiko, Deutschland, China, Großbritannien)	947
Carrefour * (Spanien, Lateinamerika, Asien und Zentraleuropa)	234
Tesco (Irland, Ungarn, Polen, Slowakei, Tschechische Republik, Thailand, Korea, Taiwan)	109

* Wenn der Zusammenschluß mit Promodes akzeptiert wird, erhöht sich die Zahl der Geschäfte auf 9.000 in 26 Ländern.
Quelle: Alexandra Jardine, „Retailers Go on International Shopping Trip", *Marketing*, London, 20. Jänner 2000: S.15.

Experten sind der Meinung, daß in Zukunft die sogenannte Superliga des Einzelhandels von vier globalen Unternehmen dominiert sein wird.[6] Tabelle 13.3 bietet einen Überblick über diese „Superliga".

13.9.2 Direktmarketing

Direktmarketing beschreibt ein Distributionssystem, durch das die Kunden mittels Telefon, Post oder von Tür zu Tür angesprochen werden. Die Tage des klassischen Direktmarketing sind auch in Zeiten des Internet nicht vorbei. Wie eine Untersuchung unlängst zeigte, ist der Vertreter – heute in vielen Fällen eine Vertreterin –, die von Haustür zu Haustür geht, nach wie vor lebendig. Diese unmittelbare Beziehung zwischen Verkäufer und Konsument ist besonders effektiv bei Produkten, die umfangreiche Erklärung oder Präsentation erfordern, wie Kosmetika, Haushaltswaren oder neuere Produktkategorien, wie Nahrungsmittelzusätze oder Wäsche.[7]

Direktvertrieb öffnet auch Chancen für die Internationalisierung selbst kleinerer Unternehmen. An Bord Trachtala (ABT) – eine irische Genossenschaft von über 100 Unternehmen, die irisches Kunsthandwerk, Geschenke, Modeartikel und anderes erzeugen, – hat davon Gebrauch gemacht. Aufgrund ihres irischen Erbes sind viele US-amerikanische Konsumenten von irischen Produkten begeistert, vor allem rund um den Feiertag des irischen Nationalheiligen, St. Patrick. Bis vor kurzem verkaufte ABT seine Produkte über kleinere Brauchtumsläden in den USA. Ihre Marktpräsenz war jedoch beschränkt. Vor einiger Zeit entschloß sich ABT zu einer Kooperation mit QVC, dem größten amerikanischen Verkaufs-TV-Kanals. Auf einen Schlag erhielt ABT Zugang zu einer Seherschaft von 69 Mio. Haushalten amerikaweit, über den 1.600 Produkte pro Woche angeboten werden, 50.000 Anrufe pro Stunde eingehen und mehr als 14.000 Warensendungen täglich an Kunden verschickt werden. Die Verkaufszahlen für ABT sind beeindruckend. 1997 war der St. Patrick's Day ausschließlich für die Präsentation irischer Produkte vorgesehen, was zu Einnahmen in der Höhe von € 6 Mio. führte – eine Zahl, die mit dem bestehenden Vertriebsnetz unvorstellbar gewesen wäre![8]

13.9.3 E-Commerce und internationale Vertriebsstrategien

Kein Vorteil ohne Nachteil! Dieser Satz bewahrheitet sich für Hersteller und Händler auch in Zeiten des *e-commerce*. Der Einkauf über das Internet boomt. Experten schätzen, daß das Handelsvolumen über das Internet 2003 bei € 1 Trillion liegen wird.[9]

Dabei stellt sich die Frage, wie man Vertriebssysteme unter diesen neuen Rahmenbedingungen gestalten soll. Abbildung 13.1 gibt einen Überblick über mögliche Distributionsalternativen.

Grundsätzlich haben Hersteller unterschiedliche Möglichkeiten, wie sie ihre Distributionskanäle umstrukturieren können. Sie können sich dazu entscheiden, den Online-Handel zu ignorieren. Damit bleibt alles beim alten. Betrachtet man allerdings das Ertragspotential, das sich durch *e-commerce* bietet, dann erscheinen andere Alternativen vernünftiger. Eine Reaktion wäre, den gesamten Handel über den Hersteller laufen zu lassen. Ein erfolgreiches Beispiel für diese Strategie ist Dell Computer.

Ein anderer Ansatz ist es, durch bestehende Einzelhändler und ihre Websites zu agieren. Eine Erfolgsgeschichte im Lebensmitteleinzelhandel über das Internet ist die

Abbildung 13.1: Unterschiedliche Distributionsalternativen im Zeitalter des e-commerce

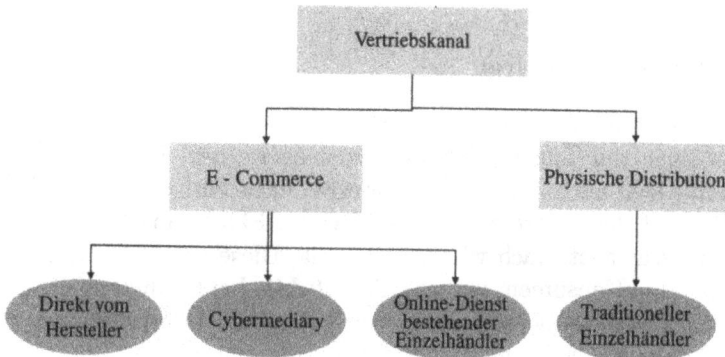

Quelle: angepaßt von Ward Hanson, *Principles of Internet Marketing*, South-Western College Publishing, 2000: S.376.

britische Supermarktkette Tesco, die es am besten verstanden hat, ihren Kunden dadurch Nutzen zu schaffen. Wenn Sie immer schon davon geträumt haben, Ihren Einkauf in Ruhe und Frieden zu erledigen, ohne endlose Runden am Parkplatz zu drehen oder an der Kasse Stunden zu verbringen, dann ist Ihre Zeit gekommen. Ein Vertriebskanal, den viele für nicht ersetzbar gehalten haben – das Lebensmittelgeschäft – bekommt nun Konkurrenz von seinem virtuellen Bruder im Internet. Der Lebensmitteleinkauf über das Internet ist nicht einfach. Während man die Auswahl auf Mausklick treffen kann, liegt die Herausforderung in der Zustellung. Aus diesem Grund ist das über das Internet generierte Umsatzvolumen extrem kritisch, wenn man ausgeglichen wirtschaften will. Einige Unternehmen verrechnen deshalb zusätzliche Spesen für die Lieferung von verderblichen Gütern, Tabak oder Alkohol, um ihr eigenes Risiko zu decken.[10]

Ein Lebensmittelhändler verdient den Titel „e-tailer" jedoch zu recht. Das britische Handelsunternehmen Tesco ist extrem erfolgreich mit seinem Internetgeschäft. 300.000 registrierte Kunden bringen Umsätze in der Höhe von € 3,5 Mio. pro Woche. Im Gegensatz zu seinen Konkurrenten, die hochtechnologische neue Lagerhäuser errichteten, kann Tesco auf seine bestehende Infrastruktur von beinahe 650 Geschäften landesweit zurückgreifen. Für die Konsumenten bedeutet das, daß sie eine Produktpalette wie im physischen Geschäft vorfinden, wo sie zu ihnen passenden Zeiten einkaufen gehen. Die Zustellung erfolgt rasch durch die kurzen Lieferdistanzen, die mit kleinen Lkws überbrückt werden. Ohne große Investitionen war Tesco als einer der wenigen sehr erfolgreich im Lebensmittelhandel über das Internet.[11]

Ein anderer Weg, e-commerce in ein bestehendes Vertriebssystem zu integrieren, besteht in der Auswahl eines sogenannten *cybermediary*. Ein *cybermediary* ist ein Zwischenhändler, der ausschließlich über das Internet agiert.[12] Als Beispiel kann man Drugstore.com nennen, ein elektronischer Zwischenhändler für Pharmaprodukte. Drugstore.com zielt auf jene Kunden ab, denen ein Besuch in ihrer lokalen Apotheke zu unangenehm wäre, wie bei Produkten für Empfängnisverhütung oder gegen Inkontinenz. Der Verkauf von Medikamenten über das Internet ist jedoch mit verschiedenen Herausforderungen konfrontiert: Konsumenten, die sich krank fühlen, wollen auf ihre

Medizin nicht bis zur Zustellung warten. **Drugstore.com** rät daher seinen Kunden, im akuten Krankheitsfall ihren lokalen Arzt aufzusuchen. Ein anderer Aspekt ist der Umgang mit rezeptpflichtigen Arzneien. Ihr Angebot bei **Drugstore.com** ist eingeschränkt und erspart daher den Kunden nicht den Weg zur lokalen Apotheke. Doch die Dienstleistungschancen für **Drugstore.com** sind vielfältig. Gegenwärtig bietet **Drugstore.com** ärztlichen Rat innerhalb von einem Tag, und dies ist noch lange nicht das Ende![13]

Ein weiteres Beispiel ist **Dressmart.com**, ein Internet-basiertes Geschäft für Herrenbekleidung im gehobenen Segment für Manager mit großer Brieftasche und wenig Zeit. Viele Unternehmen verkaufen ihre eigenen Produkte bereits an die eigenen Mitarbeiter. **Dressmart.com** nutzt derartige Intranets in Unternehmen für seine Zwecke aus. Es ist dazu eine Vereinbarung über die Benutzung des hauseigenen Intranets mit Ericsson, dem schwedischen Telekom-Unternehmen, eingegangen. Dadurch erhält Dressmart.com direkten Zugang zu 100.000 Mitarbeitern weltweit. Neben dem Angebot, günstig einzukaufen, sieht das Management von Ericsson auch noch einen pädagogischen Wert in dieser Kooperation: Mitarbeiter lernen, das Internet für ihre Zwecke zu nutzen. Das Produktangebot von **Dressmart.com** besteht aus Hemden, Krawatten, Schuhen und Accessoires weltbekannter Marken wie Tiger, Jockey und Van Heusen. Der Hintergrund: Dressmarts Kunden müssen vor dem Kauf nicht erst probieren, denn sie wissen genau, was sie wollen.[14]

Es versteht sich von selbst, daß diese Veränderungen im Zuge von e-commerce nicht von allen begrüßt werden. Besonders der traditionelle Einzelhandel und bestehende Vertriebspartner fürchten schwerwiegende Probleme durch Konflikte im Distributionskanal. Eine Frage in diesem Zusammenhang ist, ob das Internet neue Umsätze generiert oder schlichtweg bestehenden Vertriebspartnern das Geschäft wegnimmt. Was das nationale Verkaufsumfeld betrifft, so stimmt sicher letztere Aussage. Doch man muß festhalten, daß sich aus der Nutzung des Internets auch Chancen auf internationalen Märkten ergeben, die ansonsten für viele Unternehmen nicht zugänglich gewesen wären.[15]

Wie die folgenden Beispiele zeigen, kann der kreative Einsatz des Internet als Verkaufsinstrument sowohl Hersteller als auch bisherige Vertriebspartner bei ihrer Arbeit unterstützen. Hersteller und Händler von modischer Bekleidung haben das Internet als hilfreiches Instrument entdeckt. Karstadt, Esprit, Promodes und andere nutzen dreidimensionale Modezeichnungen als Basis für ihren Produktkatalog. Diese Zeichnungen können verändert und neu arrangiert werden, um zu zeigen, wie die Produkte im Geschäft aussehen werden. Im Geschäft können die Konsumenten dieses System nutzen, um nach speziellen Farben oder Schnitten zu suchen, die mit einem im Vorjahr gekauften Kleidungsstück zusammenpassen würden.[16]

Trotz des Konfliktpotentials zwischen traditionellen und elektronischen Vertriebswegen sind sich Experten einig, daß es keinen Weg zurück gibt. Weltweite Einnahmen aus dem e-commerce werden bis 2003 € 350 Mrd. und damit einen Marktanteil von 15-20% erreichen.

Ein Handelsexperte bringt die Entwicklungen auf den Punkt: „E-tailing wird eine marktbeeinflussende Kraft sein, einfach aus dem Grund, weil das Internet jeden Händler potentiell zu einem globalen macht. Doch die traditionellen Geschäfte haben einen einzigartigen Vorteil: sie können eine Online-Strategie entwickeln, die ihre Aktivitäten in den physischen Geschäften ergänzt."[17]

AUF DEN PUNKT GEBRACHT

- Die Gestaltung von internationalen Distributionssystemen hat über die vergangenen Jahre wesentliche Veränderungen erfahren. Verschiedene Entwicklungen lassen sich beobachten, wie ein Trend zur Globalisierung des Einzelhandels, die Wiedergeburt von Direktmarketing auch in Zeiten des Internet und die Auswirkungen von e-commerce auf traditionelle Vertriebssysteme.

- Während einige Branchen bereits seit einiger Zeit global sind, hinkt der Einzelhandel etwas hinter her.

- Doch die Zeiten ändern sich. Während vor 10 Jahren 20% der Handelsumsätze großer Unternehmen im Ausland erzielt wurden, ist dieser Anteil auf 50% gestiegen. Experten sehen einen anhaltenden Trend zur Internationalisierung und Konsolidierung im Handel. In naher Zukunft wird der Einzelhandel von einer sogenannten Superliga von international tätigen Handelsriesen dominiert sein.

- Diejenigen, die durch den Aufstieg von e-commerce einen Rückgang im traditionellen Direktmarketing vorhergesehen haben, sind eines Besseren belehrt worden. Der direkte Kontakt zwischen Verkäufer und Kunde ist nach wie vor besonders effektiv, wenn es um Produkte mit hohem Erklärungs- und Demonstrationsbedarf geht. Und es gibt neue Produktkategorien, die sich zunehmend über Direktmarketing verkaufen, wie Nahrungsmittelzusätze oder Wäsche.

- E-commerce ist das Schlagwort des Jahrzehnts, durch das traditionelle Vertriebswege revolutioniert werden. In vielen Fällen trifft dies auch zu. Doch es gibt durchaus auch Erfolgsgeschichten unter traditionellen Herstellern und Einzelhändlern, die es verstanden haben, dieses neue Instrument für ihren und den Nutzen der Kunden einzusetzen.

13.10 Zusammenfassung

Entscheidungen über die Gestaltung von Distributionswegen im globalen Kontext sind sehr schwer zu treffen, da die Einflußfaktoren von Land zu Land unterschiedlich sind. Nichtsdestotrotz lassen sich einige Veränderungsmuster, die mit der Stufe der wirtschaftlichen Entwicklung eines Landes einhergehen, feststellen. Die Charakteristika, die ein Distributionssystem beeinflussen, sind Merkmale der Konsumenten, der Produkte, der Vertriebspartner und das generelle Umfeld in einem Land. Vertriebswege können direkt verlaufen, über den Postweg, von Tür zu Tür, das Internet, über Verkaufsstellen des Herstellers, oder sie umfassen einen oder mehrere Zwischenhändler. Auch eine Kombination aus unternehmenseigenen Verkäufern mit fremden Distributionsorganen, wie Vertretern oder Großhändlern, kann zum Einsatz kommen.

In wirtschaftlich entwickelten Ländern lassen sich Distributionswege durch den Ersatz von Arbeit durch Kapital beschreiben. Dies wird deutlich anhand von Selbstbedienungsgeschäften, die ein weites Produktangebot zu geringen Preisspannen anbieten.

Genau das Gegenteil trifft für wirtschaftlich weniger entwickelte Länder zu, wo Arbeitskraft im Übermaß vorhanden ist. Solche Länder nehmen nicht selten versteckte Arbeitslosigkeit in Form von ineffizienten Handelsstrukturen in Kauf. Die Handelsspannen liegen teilweise 50% unter jenen der westlichen Selbstbedienungsläden. Im globalen Marketing steht man vor der Entscheidung, sich an diese Strukturen anzupassen oder neue Strukturen zu entwickeln.

In der nahen Zukunft wird es zu einer zunehmenden Globalisierung des Einzelhandels kommen. Experten sehen voraus, daß nur einige wenige transnational agierende Handelsunternehmen dominieren werden. Das Internet trägt zu dieser Konsolidierung das seine bei, wenn Händler in der Lage sind, den Kunden mittels Internet zusätzlichen Nutzen zu schaffen. Während das Internet zu einem gewissen Grad traditionelle lokale Distributionswege kannibalisiert, so bietet es zahlreiche Chancen zur Internationalisierung auch für kleinere Unternehmen zu in vielen Fällen geringen Kosten.

Transport und physische Verteilung von Gütern ist von kritischer Bedeutung für das globale Marketing aufgrund der geographischen Distanzen, die es bei der Beschaffung von Materialien und bei der Auslieferung von Produkten an Konsumenten in verschiedenen Teilen der Welt zu überwinden gilt. Heute gestalten viele Unternehmen ihr Beschaffungswesen um, um Kosten zu sparen und effizienter zu werden.

13.11 Diskussionsfragen

1. Wie können Zwischenhändler für die Konsumenten Nutzen schaffen?

2. Welche Faktoren beeinflussen die Gestaltung von internationalen Vertriebssystemen?

3. Was versteht man unter selektiver Auswahl von Herstellern durch Vertriebspartner? Wie kann man als Hersteller mit diesem Problem umgehen?

4. Diskutieren Sie kurz die Fragen, die sich im Zusammenhang mit physischer Distribution und Logistik im internationalen Kontext ergeben. Bringen Sie ein Unternehmensbeispiel, das Effizienzsteigerungen in diesen Bereichen erfolgreich bewirkt hat.

5. Entwickeln Sie ein Distributionssystem für ein neues Produkt (z.b. ein durch den Patienten verwendbares Blutzuckermeßgerät für Diabetiker) für verschiedene Märkte (Asien, Europa, etc.). Wie würden Sie an diese Aufgabe herangehen? Welche Entscheidungen sind zu treffen? Woher würden Sie relevante Informationen beziehen?

13.12 Webmistress's Hotspots

Homepage der britischen Regierung
Hier finden Sie Publikationen des britischen Außenministeriums, wie Bücher, Prospekte, Videos, CD-Roms und vieles mehr, die über Internet angeboten werden.
`http://www.informationfrombritain.com`

Homepage von Dressmart.com
Wenn Sie den Einkauf in überfüllten Geschäften hassen, dann finden Sie hier etwas für den schicken Mann von heute!
`http://www.dressmart.com`

Homepage von Drugstore.com
Sie suchen nach Produkten, um Ihren Medizinschrank zu komplettieren, ohne das Haus zu verlassen? Oder Sie wollen sich als Produkttester für neue Produkte in der Körperpflege registrieren lassen? Dann sind Sie hier richtig!
`http://www.drugstore.com`

Homepage von Tesco
Ein Becher Eiskreme mit Nüssen und Karamelstückchen – das wär's jetzt! Wenn Sie zu faul sind, um zum nächsten Supermarkt zu fahren, dann haben Sie Glück – vorausgesetzt Sie leben in Großbritannien, denn diese Website bietet Erste Hilfe! Falls nicht – so ein Pech! Sehen Sie sich trotzdem an, was Sie verpassen!
`http://www.tescodirect.com`

13.13   Weiterführende Literatur

Alexander, Nicholas. International Retailing. Oxford, UK. Blackwell Business, 1997.

Allen, Randy L. "The Why and How of Global Retailing." *Business Quarterly*, 57, 4 (Sommer 1993): S.117-122.

Bauer, P. T. West African Trade. Cambridge: Cambridge University Press, 1954.

Bello, Daniel C. und Ritu Lohtia. "Export Channel Design: The Use of Foreign Distributors and Agents." *Journal of the Academy of Marketing Science* 23, 2 (1995): S.83-93.

Bello, Daniel C., David J. Urban und Brohislaw J. Verhage. "Evaluating Export Middlemen in Alternative Channel Structures." *International Marketing Review*, 8, 5 (1991): S.49-64.

Carr, Mark, Arlene Hostrop und Daniel O'Connor. "The New Era of Global Retailing." *Journal of Business Strategy*, 19, 3 (1998): S.11-15.

Cavusgil, S. Tamer. "The Importance of Distributor Training at Caterpillar." *Industrial Marketing Management*, 19, 1 (Februar 1990): S.1-9.

Fernie, John. "Distribution Strategies for European Retailers." *European Journal of Marketing*, 26, 8-9 (1992): S.35-47.

Fields, George. From Bonsai to Levi's: An Insider's Surprising Account of How the Japanese Live. New York: Macmillan, 1983.

Frazier, Gary L., James D. Gill und Sudhir H. Kale. "Dealer Dependence Levels and Reciprocal Actions in a Channel of Distribution in a Developing Country." *Journal of Marketing*, 53, 1 (Jänner 1989): S.50-69.

Gentry, Julie R., Janjaap Semeijn und David B. Vellenga. "The Future of Road Haulage in the New European Union—1995 and Beyond." *The Logistics and Transportation Review*, 31, 2 (1995): S.145-160.

Hanson, Ward. *Principles of Internet Marketing.* Cincinnatti: South Western College Publishing, 2000.

Harvey, Michael G. und Robert F. Lusch (Hrsg.) Marketing Channels: Domestic and International Perspectives. Norman, OK: Center for Economic & Management Research, 1982.

Helsell, Tina. "China's Middlemen – New Paths to Market." *China Business Review*, 27, 1 (2000): S.64-70.

Hill, John S., Richard R. Still und Unal O. Boya. "Managing the Multinational Sales Force." *International Marketing Review*, 8, 1 (1991): S.19-31.

Kaikati, Jack G. "Don't Crack the Japanese Distribution System—Just Circumvent It." *Columbia Journal of World Business*, 28, 2 (Sommer 1993): S.34-45.

Kale, Sudhir und Roger P. McIntyre. "Distribution Channel Relationships in Diverse Cultures." *International Marketing Review*, 8, 3 (1991): S.311-345.

Klein, Saul. "Selection of International Marketing Channels." *Journal of Global Marketing*, 4, 4 (1991): S.21-37.

Klein, Saul und Victor Roth. "Satisfaction with International Marketing Channels." *Journal of the Academy of Marketing Science*, 21, 1 (Winter 1993): S.39-44.

Krokowski, Wilfried. *Globalisierung des Einkaufs.* Berlin: Springer, 1998.

Murphy, Paul R., James M. Daley und Douglas R. Dalenberg. "Doing Business in Global Markets: Perspectives of International Freight Forwarders." *Journal of Global Marketing*, 6, 4 (1993): S.53-68.

Novich, Neil S. "Leading-Edge Distribution Strategies." *Journal of Business Strategy*, 11, 6 (November/Dezember 1990): S.48-53.

Olsen, Janeen E. und Kent L. Granzin. "Economic Development and Channel Structure: A Multinational Study." *Journal of Macromarketing*, 10, 2 (Herbst 1990): S.61-77.

Raguraman K. und Claire Chan. "The Development of Sea-Air Intermodal Transportation: An Assessment of Global Trends." *The Logistics and Transportation Review*, 30, 4 (Dezember 1994): S.379-396.

Retail Marketing: International Perspectives. *The European Journal of Marketing*, 26, 8/9 (1992), Sonderausgabe.

Rosenbloom, Bert. "Motivating Your International Channel Partners." *Business Horizons*, 33, 2 (März-April 1990): S.53.

Sachdev, Harash J., Daniel C. Bello und Bruce K. Pilling. "Control Mechanisms within Export Channels of Distribution." *Journal of Global Marketing*, 8, 2 (1994): S.31-50.

Samiee, Saeed. "Retailing and Channel Considerations in Developing Countries: A Review and Research Proposition." *Journal of Business Research*, 27, 2 (Juni 1993): S.103-129.

Sherwood, Charles und Robert Bruns. "Solving International Transportation Problems." *Review of Business*, 14, 1 (Sommer/Herbst 1992): S.25-30.

Stern, Louis W. und Adel L. El-Ansary. Marketing Channels, 4th ed. Upper Saddle River, NJ: Prentice Hall, 1992.

Weigand, Robert E. "Parallel Import Channels—Options for Preserving Territorial Integrity." *Columbia Journal of World Business*, 26, 1 (Frühjahr 1991): S.53-60.

Literaturverzeichnis

[1] Leyla Boulton. "Big Groups go Shopping for Revenue-Rich Retailers." *Financial Times*, 22. November 1999.

[2] Andersen Consulting. *Case Study: Moscow Bread Company* 1993.

[3] "Subaru Dealers to Handle Porsche Sales." *Japan Industrial Journal*, 20. Jänner 1998, S.9, "Porsche to Control French Distribution." *Automotive News Europe*, 22. Juni 1998, S.30, Andrew Fisher. "Dealership Dispute Settled."*Financial Times*, 21. Jänner 1998, Michiyo Nakamoto. "Challenge to Porsche from Japan Importer." *Financial Times*, 16. Oktober 1997.

[4] Tina Helsell. "China's Middlemen – New Paths to Market." *China Business Review*, 27, 1 (2000): S.64-70.

[5] Mark Carr, Arlene Hostrop und Daniel O'Connor. "The New Era of Global Retailing." *Journal of Business Strategy*, 19, 3 (1998): S.11-15.

[6] Alexandra Jardine. "Retailers go on International Shopping Trip." *Marketing*, 20. Jänner 2000, S.15+, "Global Retailing in the Connected Economy." *Chain Store Age Executive*, Dezember 1999, S.69+.

[7] Richard Tomkins. "The Resurrection of a Salesman." *Financial Times*, 16. Oktober 1999, S.9.

[8] John Corrigan. "Shopping on the Box." *Business & Finance*, 24. April 1997.

[9] Sean Dugan. "The Revenue Factors: Strategies for Maximizing I-Commerce Success." *InfoWorld*, 4. Oktober 1999, S.70+.

[10] Andrew Edgecliffe-Johnson. "Groceries on the Net: Virtually Easy Shopping." *Financial Times*, 23. September 1999.

[11] "Tearaway Tesco." *The Economist*, 5. Februar 2000, S.68.

[12] Ward Hanson. *Principles of Internet Marketing*. Cincinnatti: South Western College Publishing, 2000.

[13] Andrew Edgecliffe-Johnson. "Online Drugstore Trades at 200% Premium in Latest Internet IPO." *Financial Times*, 29. Juli 1999.

[14] Ashling O'Connor. "Turn Your Office Into an Online Workshop." *Financial Times*, 21. Oktober 1999, S.28.

[15] Sean Dugan. "The Revenue Factors: Strategies for Maximizing I-Commerce Success." *InfoWorld*, 4. Oktober 1999, S.70+.

[16] Penelope Ody. "Retailers Keep an Eye on Business with New Systems." *Financial Times*, 1. September 1999, S.v.

[17] "Global Retailing in the Connected Economy." *Chain Store Age Executive*, Dezember 1999, S.69+.

[18] "Shopping all Over the World: Retailers are Trying to Go Global." *Business*, 19. Juni 1999, Susanna Voyle. "Kingfisher's Global Sourcing Aims." *Financial Times*, 21. Jänner 2000, David Pyke. "Strategies for Global Sourcing." *Financial Times*, 20. Februar 1998.

[19] Wilfried Krokowski. *Globalisierung des Einkaufs*. Berlin: Springer, 1998, Ulli Arnold. "Probleme der Beschaffung und Materialwirtschaft bei eigener Auslandsproduktion." In *Handbuch der Internationalen Unternehmenstätigkeit*, herausgegeben von Brij Nino Kumar und Helmut Haussmann, S.637-655. München: Beck'sche Verlagsbuchhandlung, 1992, David Pyke. "Strategies for Global Sourcing." *Financial Times*, 20. Februar 1998.

[20] William Taylor. "Message and Muscle: An Interview with Swatch Titan Nicolas Hayek." *Harvard Business Review*, 71, 2 (1993): S.99-110.

[21] Juliette Jowit und Haig Simonian. "BMW Deal may not Save Car Plant." *Financial Times*, 5. Dezember 1998.

[22] Uta Harnischfeger. "BMW Confirms Sale of Rover." *Financial Times*, 16. März 2000.

[23] Doron P. Levin. "Compaq Storms the PC heights from Its Factory Floor." *New York Times*, 4. November 1994, S.5.

[24] Peter C.T. Elsworth. "Can Colors and Stripes Rescue Shirt Makers from a Slump?" *New York Times*, 17. März 1991, S.5.

[25] David Tinsley. "Experts Unite to Target Sector." *Lloyds List*, 25. Oktober 1999.

[26] Juliette Jowit und Haig Simonian. "BMW Deal may not Save Car Plant." *Financial Times*, 5. Dezember 1998.

[27] Bob Ortega. "Tough Sale: Wal-Mart is Slowed by Problems of Price and Culture in Mexico." *The Wall Street Journal*, 28. Juli 1994, S.A1, A5.

[28] Robert L. Rose. "Success Abroad: 3M, by Tiptoeing into Foreign Markets, Became a Big Exporter." *Wall Street Journal*, 29. März 1991, S.A10.

[29] Jack G. Kaikati. "Don't Crack the Japanese Distribution System – Just Circumvent It." *Columbia Journal of World Business,* 28, 2 (1993): S.34-45.

[30] Susanna Voyle. "Distributors Deliver Government's First E-Baby." *Financial Times,* 8. Juli 1999.

[31] Allan Afuah. "Technology Approaches for the Information Age." *Financial Times,* 27. September 1999, Judith Chevalier. "The Pros and Cons of Entering a Market." *Financial Times,* 1. November 1999.

Kapitel 14

Globale Kommunikationspolitik

Achtzehnjährige in Paris haben mehr mit Achtzehnjährigen in New York gemeinsam als mit ihren eigenen Eltern. Sie kaufen die gleichen Produkte, sehen die gleichen Filme, hören die gleiche Musik, trinken die gleichen Colas. Globale Werbung funktioniert nur unter dieser Voraussetzung.
– WILLIAM ROEDY, DIREKTOR, MTV EUROPE

Der Werbestil eines Landes beschreibt die Kultur eines Landes.
– MARIEKE DE MOOIJ

Werbung ist die vielfältigste und mächtigste Kommunikationsform der Welt.
– OLIVIERO TOSCANI, KREATIVDIREKTOR, BENETTON

14.1 Zielsetzung des Kapitels

Nachdem Sie dieses Kapitel gelesen haben, wissen Sie mehr über:

- Die Elemente und Ziele globaler Marketingkommunikation
- Zwei gegensätzliche Positionen bezüglich lokaler Anpassung oder Globalisierung von Werbeinhalten
- Die Charakteristika verschiedener Werbemedien und wie Informationstechnologie (IT) globale Werbung beeinflußt
- Wichtige Punkte bei der Auswahl einer Werbeagentur und bei Entwicklung einer Kampagne für verschiedene kulturelle Umwelten

In welchen Situationen hilft ein besseres Verständnis dieser Inhalte?

- Sie sollen geeignete Instrumente der Marketingkommunikation für eine globale Unternehmung auswählen.
- Sie wollen eine Werbekampagne in länderübergreifenden Märkten starten und müssen eine oder mehrere Werbeagenturen auswählen.
- Sie sind für Public Relations in einem globalen Unternehmen verantwortlich.

14.2   Konzepte & Definitionen

Werbung ist jede geförderte, bezahlte Nachricht, die in einem Massenmedium plaziert wird.

Database-Marketing (Wissensmanagement) beschreibt einen interaktiven Marketingansatz, der individuell adressierbare Marketingmedien und Kanäle verwendet (wie E-mail, Telefon und die Verkaufskräfte). Die Medien und Kanäle bieten Information über die Zielgruppe eines Unternehmens, stärken die Nachfrage und aktualisieren die Bestände über Kundendaten in der elektronischen Datenbank, möglichen Kunden und allen Kommunikations- und kommerziellen Kontakten. Database-Marketing verbessert zukünftige Kontakte und sichert die realistische Organisation von Marketingaktivitäten.

Direktmarketing ist ein Marketingsystem, das einzelne Marketingmixelemente beinhaltet, um direkt ohne Einzelhändler und persönliche Verkaufsgespräche sowohl an Konsumenten als auch an Unternehmen zu verkaufen. Direktmarketing verwendet ein breites Spektrum an Medien, darunter Post, Telefon, Fernsehen und Radio und Printmedien, wie Zeitungen und Magazine.

Globale Werbung ist das Verwenden der gleichen Werbebotschaft, Nachricht, künstlerischen Gestaltung, Anzeigen, Bilder, Geschichten und Videoteile in länderübergreifenden Märkten.

Marketingkommunikation bezieht sich auf alle Kommunikationsformen, die von Organisationen zur Information, Erinnerung, Erklärung, zur Überzeugung und Beeinflussung von Einstellungen und Kaufverhalten von Konsumenten und anderen Personen verwendet wird.

Persönlicher Verkauf: Der Verkaufsprozeß kann typischerweise in mehrere Stufen gegliedert werden: Identifikation potentieller Kunden, Vorkontakt, Kontakt, Präsentation, Problemlösung, Erledigung von Einwänden, Verkaufsabschluß und Kundenservice.

Public Relations (PR) beschreibt eine nicht bezahlte Form der Kommunikation. Die Aufgabe von PR ist es, eine schnelle Reaktion auf externe Medienberichte vorzunehmen, um die Sichtweise des Unternehmens darzulegen. Die Grundwerkzeuge der PR sind Veröffentlichung von Nachrichten, Pressekonferenzen, Fabriksbesichtigungen und Führungen durch andere Einrichtungen, Artikel in Wirtschaftsjournalen, Firmenbroschüren, Auftritte von Mitarbeitern in Fernseh- und Radiosendungen, Events und der Einsatz von Internet-Homepages.

Verkaufsförderung ist jedes zeitlich beschränkte Kunden- oder Handelsprogramm, das einen materiellen Wertzuwachs für das Produkt oder die Marke bedeutet.

14.3   Schnittstelle zur Praxis

Benetton, bekannt für seine kontroversen und oft als geschmacklos bezeichneten Anzeigen, die aber ebenso oft gelobt werden, gibt nur 4% des Umsatzes für Marketing aus.[1] Die Schlagzeilen, die Benetton produziert, sind genau das gewünschte Ergebnis. Das Unternehmen hat es geschafft, Kontroversen in eine unglaublich erfolgreiche

Marketingstrategie zu verwandeln. Die Werbekampagnen der 80er Jahre, die von der Harmonie zwischen verschiedenen Hautfarben gehandelt haben, trugen dazu bei, das Unternehmen in eine starke, globale Marke umzuwandeln. Als soziale Themen in den 90er Jahren in den Vordergrund gestellt wurden, wuchs der Umsatz 1990 um 25% (€ 1,44 Milliarden) und ein Jahr darauf um weitere 15%.[2] Heute erreicht der jährliche Umsatz von Benetton ungefähr € 2 Milliarden.

Benetton ist das führende Textilunternehmen Italiens und wurde von Luciano Benetton und seinen Geschwistern 1965 gegründet. „Die Kampagne mußte anders sein, und sie mußte international sein", kommentierte er seine Werbeentscheidung. Luciano Benetton wollte den Menschen auch den Geist seines Unternehmens bewußt machen.[3] Die Kommunikationsphilosophie des Benetton-Konzerns zielt darauf ab, ein differenziertes Image zu entwickeln, das an einen globalen Kundenstamm gerichtet ist und das meiste aus den beschränkten Geldmitteln zu machen versucht. Keine Kleidungsstücke, sondern soziale Themen spielen die größte Rolle in der Kommunikationsstrategie. Ziel ist es, Diskussionen zu entfachen. Diese Strategie provoziert fast immer Reaktionen des Abscheus oder des Lobes. Das Bild eines sterbenden AIDS-Opfers wurde von britischen Magazinherausgebern wie IPC und EMAP obszön, widerlich genannt, und viele Verlage weigerten sich, das Bild in ihr Magazin aufzunehmen. Andere wieder veröffentlichten es mit Artikeln, die über die Obszönität der Werbebranche berichteten. Auf der anderen Seite meinten einige amerikanische Homosexuellen-Aktivisten, die Anzeige gäbe diesen Themen ein breiteres öffentliches Profil.

Weitere Kommunikationsaktivitäten des Benetton-Konzerns sind Sponsoring (Formel 1-Team); ein großformatiges Magazin, das in sechs zweisprachigen Ausgaben in über 100 Ländern verkauft wird und der Integration von Rassen gewidmet ist, sowie eine unternehmenseigene, internationale Designschule („Fabrica'). Um den 50. Jahrestag der Erklärung der Menschenrechte zu feiern, lud die UNO Benetton dazu ein, ein weltweites Kommunikationsprogramm zu starten. Das ist eine bemerkenswerte Anerkennung für Benettons bisherige Arbeit.

Die Industrieholdinggesellschaft 21 Investimenti, die von Bennetton kontrolliert wird, verdreifachte ihre Gewinne 1998 mit einem Jahresüberschuß von € 19,83 Milliarden. Benetton investiert auch in Onlineshopping, zum Beispiel in die schwedische Firma Boo.com, die sich als das „erste globale Sportbekleidungsgeschäft" sieht. Der Onlineshop Boo.com ist zu jeder Tages- und Nachtzeit geöffnet und liefert die Bestellungen (eine Auswahl von bis zu 35 Marken) gratis innerhalb von fünf Tagen. In zwei Jahren will man hier 61 Millionen User in Europa anlocken.[4]

Es ist klar, daß Werbung, PR und andere Formen der Kommunikation entscheidende Mittel im globalen Modekrieg sind. Marketingkommunikation bezieht sich auf alle Formen der Kommunikation, die von Organisationen zur Information, Erinnerung, Erklärung, zur Überzeugung und zur Beeinflussung von Einstellungen und Kaufverhalten von Konsumenten und anderen Personen verwendet wird. Die Hauptaufgabe der Marketingkommunikation ist es, den Kunden über Vorteile und Werte eines Produkts oder einer Dienstleistung zu informieren. Die Elemente der Kommunikationspolitik sind Werbung, PR, persönlicher Verkauf und Verkaufsförderung.

Alle diese Elemente können im globalen Marketing entweder alleine oder in unterschiedlichen Kombinationen verwendet werden. Das Umfeld, in dem Marketingkommunikationsprogramme und -strategien angewendet werden, ist von Land zu Land verschieden. Die Herausforderung einer effektiven grenzüberschreitenden Kommunikation ist ein Grund, warum Nike, Nestlé, Microsoft und andere Unternehmen das Konzept der Integrierten Marketingkommunikation (IMC) einzusetzen begannen. Festhalten an der Integrierten Marketingkommunikation bedeutet, daß die verschiedenen Elemente der Kommunikationsstrategie eines Unternehmens sorgfältig aufeinander abgestimmt sein müssen.[5] In diesem Kapitel werden Werbung, PR, Verkaufsförderung und persönlicher Verkauf aus der Perspektive eines globalen Marketers untersucht.

14.4 Globale Werbung und Markenbildung

Innerhalb verschiedener kultureller Umwelten muß der Marketer auf die gegenseitigen Abhängigkeiten zwischen den Elementen des Kommunikationsmix achten. Er muß sicherstellen, daß alle möglichen Einschränkungen (z.B. kulturelle Unterschiede, Medienbeschränkungen, gesetzliche Probleme) in die Überlegungen mit einbezogen werden, damit die richtige Botschaft kommuniziert werden kann und vom potentiellen Kunden empfangen wird. Abbildung 14.1 zeigt, wie die Elemente des Kommunikationsprozesses von verschiedenen kulturellen Hintergründen beeinflußt werden (Kontext A und Kontext B). Außerdem kann das Modell Gründe für einen Mißerfolg aufzeigen, wie zum Beispiel: Wahl des falschen Mediums (die Botschaft dringt nicht durch, Scheitern in Stufe 3); verschiedene kulturelle Interpretationen (Botschaft von der Zielgruppe nicht verstanden, Scheitern in Stufe 4); oder die Bedürfnisse und Wünsche der Kunden werden nicht richtig eingeschätzt (Botschaft zeigt keinen Effekt bei der Zielgruppe, Scheitern in Stufe 5).

Abbildung 14.1: Der Kommunikationsprozeß

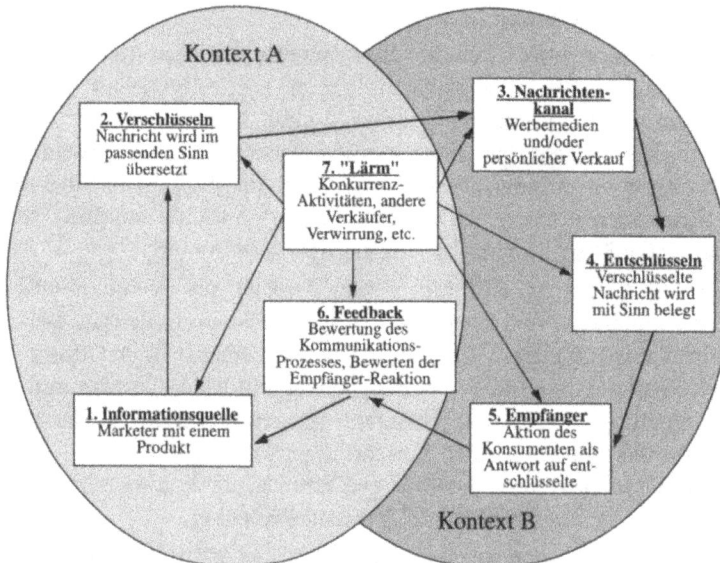

Quelle: Cateora, P.C. *International Marketing*. Homewood: Irwin, 1993, S.522.

Werbung kann als jede lancierte, bezahlte Nachricht, die in einem Massenmedium plaziert wird, definiert werden. Globale Werbung bezieht sich auf die Verwendung der gleichen Werbebotschaft, Nachricht, künstlerischen Gestaltung, Anzeigen, Bilder, Geschichten und Videoteile in länderübergreifenden Märkten. Ein globales Unternehmen mit der Fähigkeit, eine lokale Kampagne in eine weltweite umzuwandeln oder eine globale Kampagne komplett neu zu starten, hat einen entscheidenden Wettbewerbsvorteil. Es gibt gewichtige Gründe zu versuchen, eine effektive globale Kampagne zu starten. Der kreative Prozeß wird ein Unternehmen dazu zwingen zu entscheiden, ob es einen globalen Markt für sein Produkt gibt. Das erste Unternehmen, das einen globalen Markt für ein Produkt findet, hat für gewöhnlich einen Vorteil gegenüber seinen Konkurrenten, die diese Entdeckung erst später machen. Die Suche nach einer globalen Werbekampagne kann ein Meilenstein bei der Suche nach einer kohärenten globalen Strategie sein. Diese Suche sollte alle jene zusammenbringen, die mit dem Produkt in irgendeiner Weise involviert sind, um Informationen auszutauschen und von ihren Erfahrungen zu profitieren.

Werbung wird in vielen Fällen eingesetzt, um dem Produkt einen zusätzlichen psychologischen Wert zu verleihen. Deshalb spielt sie in Konsumgütermärkten eine wichtigere Kommunikationsrolle als bei Industriegütern. Häufig gekaufte Niedrigpreis-Produkte bedürfen im allgemeinen einer starken Werbunterstützung, um die Konsumenten an das Produkt zu erinnern. Es ist daher nicht überraschend, daß konsumgüterproduzierende Firmen die Liste der Unternehmen mit den höchsten Werbeausgaben anführen. Procter & Gamble, Unilever und Nestlé sind nur einige der Unternehmen mit erheblichen globalen Werbeausgaben. Die Rangliste der globalen Marketer mit den höchsten Werbeausgaben ist in Tabelle 14.1 dargestellt. Die Top 25-Unternehmen gaben 1997 weltweit insgesamt € 34,9 Milliarden aus.

Es gibt verschiedene Gründe für die wachsende Popularität der globalen Werbung. Globale Kampagnen belegen die Überzeugung des Management, daß einheitliche Themen nicht nur kurzfristig die Umsätze anheben, sondern auch dabei helfen, langfristige Produktidentitäten zu schaffen und zu Kosteneinsparungen zu führen.[7] Europa erlebt eine Internationalisierung von Marken und Unternehmen, die andere Firmen aufkaufen und ihre Produktions- und Preispolitik für ganze Regionen organisieren. Von der Marketingperspektive aus gibt es im Moment hier eine sehr hohe Aktivität, die in kurzer Zeit zu wirklich pan-europäischen Marken führen wird.

Das Potential für effektive globale Werbung steigt auch an, wenn das Unternehmen länderübergreifende Marktsegmente erkennt und ausnützen kann, wie zum Beispiel die Jugendkultur anstelle einer ethnischen oder nationalen Kultur. Sportschuhe und andere Bekleidungsprodukte können dem männlichen, 18- bis 25-jährigen Segment zum Beispiel weltweit verkauft werden. Wie schon im Zitat am Beginn des Kapitels erwähnt, sieht William Roedy, Direktor von MTV Europe, klare Auswirkungen von solchen Produktkulturen für die Werbung. MTV ist nur eines der vielen Medien, die es den Leuten fast überall ermöglichen kennenzulernen, wie der Rest der Welt lebt, und welche Produkte in anderen Kulturen populär sind. Viele menschliche Bedürfnisse und Wünsche sind sehr ähnlich, wenn sie innerhalb wieder erkennbarer Situationen gezeigt werden. Die Leute wollen überall Wert, Qualität und die jüngste verfügbare Technologie, jeder will geliebt und respektiert werden, egal wo.[8]

Globale Werbung bietet den Unternehmen auch Größenvorteile sowohl bei der Wer-

Tabelle 14.1: Top 25 der globalen Marketer, 1997 (€ Mio.)[6]

Reihung			Weltweit	Europa	U.S.	Afrika	Asien	Län-der-an-zahl
1997	1996	Unternehmen						
1	1	Procter & Gamble Co.	4,881.63	1,624.66	2,327.06	9.25	477.76	63
2	2	Unilever	2,913.40	1,280.42	771.02	27.74	414.48	62
3	3	Nestle	1,511.76	737.94	390.98	9.42	198.33	63
4	4	Toyota Motor Corp.	1,786.77	254.83	722.67	11.11	739.38	52
5	8	Coca-Cola Co.	1,473.67	371.22	602.97	4.24	209.28	61
6	10	General Motors Corp.	3,421.96	520.52	2,619.04	0.59	68.54	46
7	6	Volkswagen	935.76	628.00	173.82	5.77	35.12	44
8	5	PSA Peugeot Citroen	738.45	693.74	0.00	1.02	1.10	39
9	7	Nissan Motor Co.	1,198.65	220.39	463.26	5.17	476.41	50
10	12	Mars Inc.	1,255.31	615.27	521.70	0.00	81.95	38
11	11	Ford Motor Co.	1,786.52	491.08	1,087.35	4.07	87.21	47
12	17	Sony Corp.	1,312.40	322.10	659.55	0.51	258.65	53
13	20	L'Oreal	1,193.73	576.00	551.99	2.63	23.58	44
14	9	Philip Morris Cos.	2,450.74	440.18	1,813.50	0.51	86.10	52
15	13	Renault	593.73	550.55	0.00	0.00	0.00	36
16	19	Fiat	555.89	456.56	1.95	1.19	0.00	26
17	22	Honda Motor Co.	1,021.35	150.06	490.40	0.00	329.48	39
18	14	Henkel	525.18	524.25	0.00	0.00	0.93	25
19	18	McDonald's Corp.	1,396.05	243.89	883.67	0.42	189.09	49
20	15	Kao Corp.	525.10	0.00	29.61	0.00	495.49	9
21	16	Ferrero	481.16	448.84	16.46	0.00	6.96	31
22	23	BMW	599.15	373.93	136.49	2.80	76.60	39
23	21	Colgate-Palmolive	774.75	192.56	317.77	3.73	55.56	55
24	29	Danone Group	482.85	380.55	81.35	0.00	0.00	21
25	31	Johnson & Johnson	1,120.01	201.64	780.61	2.46	65.83	55

Quelle: Advertising Age, Ad Age Dataplace – Top 100 global marketers 1997, (http://adage.com).

bung selbst als auch durch einen verbesserten Zugang zu Distributionskanälen. In Fällen, in denen Regalfläche hohe Wichtigkeit besitzt wie etwa bei Lebensmitteln, muß das Unternehmen die Einzelhändler überzeugen, ihre Produkte anstatt die der Konkurrenz zu führen. Eine durch globale Werbung unterstützte Marke kann sehr attraktiv sein, weil sie aus der Sicht des Einzelhändlers weniger wahrscheinlich in den Regalen liegenbleibt. Landor Associates, ein Unternehmen das sich auf Markenidentität und -design spezialisiert hat, hat vor kurzem festgestellt, daß Coca-Cola in Bezug auf Markenbewußtein und -achtung in den USA die Nummer eins, in Japan die Nummer zwei und in Europa die Nummer sechs ist. Standardisierung ist jedoch nicht immer notwendig oder sogar angeraten. Nestlés Nescafé wird als eine globale Marke vermarktet, obwohl die Werbebotschaften und Produktformeln unterschiedlich sind, um den kulturellen Unterschieden zu entsprechen.

14.5 Globaler Werbeinhalt: Standardisierung versus Anpassung

Kommunikationsexperten stimmen im allgemeinen darin überein, daß die Anforderungen an eine effiziente Kommunikation und Überzeugungsarbeit feststehen und sich zwischen den Ländern nicht unterscheiden. Das gleiche gilt für die einzelnen Komponenten des Kommunikationsprozesses: Die Nachricht des Marketers/Senders muß verschlüsselt, durch einen geeigneten Kanal übertragen und vom Konsumenten/Empfänger entschlüsselt werden. Kommunikation findet nur statt, wenn eine Botschaft übertragen wird. Es gibt vier Hauptschwierigkeiten, die die Kommunikation von Unternehmen mit ihren Kunden auf der ganzen Welt beeinträchtigen können:

1. Die Nachricht kommt nicht beim für sie bestimmten Empfänger an. Dieses Problem kann das Ergebnis eines Wissensmangels des Werbers über geeignete Medien sein, um bestimmte Konsumenten zu erreichen. Zum Beispiel wird sich die Wirksamkeit des Fernsehens als Massenmedium proportional zum Fernsehkonsum in einem Land verhalten.

2. Die Nachricht erreicht die Zielgruppe, wird aber von ihr nicht verstanden oder sogar mißverstanden. Das kann das Ergebnis einer falschen Einschätzung der Reife einer Zielgruppe oder eine ungeeignete Verschlüsselung sein.

3. Die Nachricht erreicht die Zielgruppe und wird von ihr verstanden, veranlaßt aber den Empfänger trotzdem nicht, die vom Sender beabsichtigte Handlung zu setzen. Das könnte die Folge eines Mangels an kulturellem Wissen über die Zielgruppe sein.

4. Die Wirksamkeit der Nachricht wird durch „Lärm" beeinträchtigt. Lärm bedeutet in diesem Zusammenhang einen externen Einfluß wie zum Beispiel Werbung der Konkurrenz, anderes Verkaufspersonal oder Verwirrung auf der Seite der Empfänger, die von der ultimativen Wirksamkeit der Kommunikation ablenken können.

Die wichtigste Frage für den globalen Marketer ist, ob die spezifische Werbebotschaft und Medienstrategie von Region zu Region wegen der Umwelterfordernisse unterschiedlich sein muß. Befürworter des „eine Welt, eine Stimme"-Zugangs zur globalen Werbung glauben, daß die Ära des ‚globalen Dorfs' schnell näher kommt, und daß Geschmäcker und Vorlieben weltweit konvergieren. Entsprechend diesem Standardisierungsargument können Unternehmen dadurch, daß die Menschen überall die gleichen Produkte aus den selben Gründen kaufen wollen, durch Vereinheitlichung der Werbung weltweit erhebliche Größendegressionen erreichen. Werber, die dem lokalen Ansatz folgen, sind skeptisch gegenüber dem Argument des ‚globalen Dorfs'. Statt dessen betonen sie, daß sich die Konsumenten von Land zu Land immer noch unterscheiden und mit einer für ihr Land maßgeschneiderten Werbung erreicht werden sollen. Befürworter der Lokalisierungsstrategie führen an, daß die meisten groben Fehler deshalb passieren, weil der Werber es nicht geschafft hat, fremde Kulturen zu verstehen und sich ihnen anzupassen. Nick Brien, Vorstandsmitglied bei Leo Burnett, erklärt die Situation so:

„Da das Potential der traditionellen Medien täglich geringer wird, wird es immer teurer, lokales Markenbewußtsein zu schaffen, und internationales Branding wird immer kosteneffizienter. Die Herausforderung für Werber und Agenturen besteht darin, Werbung zu kreieren, die in verschiedenen Ländern und Kulturen gleich funktioniert. Neben dieser globalen Tendenz beobachten wir wachsende lokale Tendenzen. Es wird immer wichtiger, die Anforderungen von beiden zu verstehen."[9]

In den 1950er Jahren war die weitverbreitete Meinung der Werbefachleute, daß effektive internationale Werbung das Beauftragen einer lokalen Werbeagentur mit der Erstellung der Werbekampagne erfordere. Anfang der 1960er Jahre wurde diese Vorstellung von der lokalen Bearbeitung wiederholt in Frage gestellt. Zum Beispiel schrieb Eric Elinder, Chef einer schwedischen Werbeagentur, folgendes: „Warum sollen drei Künstler in drei verschiedenen Ländern das gleiche Bügeleisen zeichnen und drei Werbetexter im großen und ganzen die gleiche Anzeige für dasselbe Bügeleisen verfassen?"[10] Elinder meint, daß die Unterschiede zwischen Kunden verschiedener Länder rückläufig seien, und daß er Kundeninteressen effektiver vertreten könnte, wenn er Top-Spezialisten mit der Erstellung einer durchschlagskräftigen internationalen Kampagne beauftragen würde. Die Kampagne würde dann mit kleineren Abänderungen präsentiert werden, die sich hauptsächlich auf die Übersetzung in die jeweiligen Sprachen beschränken würden.

Anfang der 1980er Jahre sagte der frühere Vorstandsvorsitzende von Nestlé, Pierre Liotard-Vogt, in einem Interview mit Advertising Age:

Advertising Age: „Sind Geschmäcker und Vorlieben bei Lebensmitteln in den Ländern, in denen Sie Geschäfte machen, verschieden?"

Liotard-Vogt: „Die beiden Länder, in denen wir wahrscheinlich am meisten Instantkaffee verkaufen, sind England und Japan. Vor dem Krieg wurde in diesen Ländern kein Kaffee getrunken, und es gab Leute, die sagten, daß es keinen Sinn hätte, den Engländern Instantkaffee zu verkaufen, weil sie nur Tee trinken und noch weniger den Japanern, weil sie nur grünen Tee trinken und an nichts anderem interessiert wären. Als ich sehr jung war, lebte ich in England, und wenn man zu jener Zeit mit einem Engländer darüber sprach Spaghetti oder Pizza zu essen, sah er dich nur schief an und dachte wohl, das wäre vielleicht etwas für Italiener. Jetzt gibt es an jeder Ecke in London Pizzerias und Spaghettirestaurants. Deshalb glaube ich nicht an ‚nationale Geschmäcker'. Das sind ‚Gewohnheiten', und sie sind nicht gleich. Wenn man einer Gesellschaft ein für sie neues Essen bringt, wird sie es genauso genießen, wenn sie sich daran gewöhnt hat, selbst wenn es am Anfang ungewohnt ist."[11]

Die Standardisierungs- und Lokalisierungsdebatte hat nach der Publikation des Harvard Business Review Artikels „Die Globalisierung der Märkte" von Ted Levitt im Jahr 1983 eine große Dynamik erfahren. Im Gegensatz zur Ansicht von Levitt und Liotard-Vogt sagt jedoch ein Teil der jüngeren Lehre, daß der Trend in Richtung einer gesteigerten Anwendung von lokal angepaßter Werbung geht. Das folgerte auch Kanso in einer Studie, in der er zwei Gruppen von Werbemanagern untersuchte, nämlich eine lokal angepaßt vorgehende und die andere, die standardisiert vorging.[12] Eine zweite Schlußfolgerung war, daß Manager, die an kulturübergreifenden Themen interessiert sind, eine lokale Strategie bevorzugen, während Manager mit weniger Verständnis für diese Themen die Standardisierungsstrategie bevorzugen. Bruce Steinberg, Werbeverkaufsmanager bei MTV Europe, hat entdeckt, daß Leute, die für die Ausführung von globalen Kampagnen auf lokaler Ebene verantwortlich sind, oft starken Widerstand gegen eine globale Kampagne ausüben können. Steinberg muß manchmal mehr als 20 Marketingmanager der gleichen Firma besuchen, um die Zustimmung für einen paneuropäischen MTV-Werbespot zu erhalten.[13]

Kanso fügt richtigerweise auch hinzu, daß die Kontroverse über die unterschiedlichen Zugänge zur Werbung wahrscheinlich noch viele Jahre andauern wird. Lokal angepaßte und standardisierte Werbung haben beide ihre Anwendungsbereiche und werden beide angewandt werden. Kansos Schlußfolgerung: Was man für erfolgreiche internationale Werbung braucht, ist die globale Entschlossenheit zu einer lokalen Vision. In einer anschließenden Analyse ist die Entscheidung für eine globale oder eine lokale Kampagne von der Einschätzung der Manager der dabei auftretenden Trade-offs abhängig. Auf der einen Seite wird eine globale Kampagne zu beträchtlichen Kosteneinsparungen, höherer Kontrolle und einem möglichen höheren kreativen Potential eines globalen Images führen. Auf der anderen Seite haben lokal angepaßte Kampagnen den Vorteil, daß sie die wichtigsten Produkteigenschaften in jedem Land oder jeder Kultur hervorheben können. Die Frage, wann man welchen Zugang wählt, hängt vom Produkt und von den Zielen des Unternehmens in einem bestimmten Markt ab.

In Japan hat PepsiCo zum Beispiel großen Erfolg mit einer lokalen Kampagne gehabt, die einen „Pepsiman" beinhaltete, einen Action-Superhelden. Bis zum Jahr 1996 wurden in Japan die gleichen Werbespots gezeigt wie überall sonst auf der Welt. Im € 20,3 Milliarden schweren japanischen Markt lag Pepsi jedoch weit hinter Coca-Cola. Pepsi hatte nur 3% Marktanteil im Vergleich zu 30% von Coca-Cola. Die Figur des Pepsiman wurde von lokalen japanischen Künstlern entworfen, dann von Industrial Light & Magic, der Special-Effects-Firma von Star-Wars-Schöpfer George Lucas, nachbearbeitet, um den Fernsehspots ein typisch amerikanisches High-Tech-Image zu geben. In Folge dieses Durchbrechens seiner traditionellen Strategie der globalen Werbespots und der damit einhergehenden Erhöhung des Werbebudgets um 50% gegenüber 1995 konnte Pepsi seinen Umsatz 1996 um 14% steigern.[14]

Die Popularität der McDonald's-Werbung in Japan ist auch stark angestiegen, dies aber aus dem gegenteiligen Grund: McDonald's schließt Japan in seine globale Werbestrategie mit ein, die den Konsumenten einlädt, das Restaurant mit Familienmitgliedern in verschiedenen Situationen zu assoziieren. Seit 1996 streicht die McDonald's-Werbekampagne verschiedene Aspekte der Vaterschaft hervor. Ein Spot zeigte einen Vater mit Sohn beim Radfahren mit Hamburger und Pommes Frites; ein anderer zeigte einen Vater, der mit einer Gruppe von Kindern zu McDonald's fährt, um Milkshakes zu kaufen. Diese Spots kommen genau zu einer Zeit, in der japanische „salarymen" das Gleichgewicht zwischen Arbeit und Familienleben neu bewerten. Diese Kampagne zeigt den Sinn einer lokal angepaßten Werbung; japanische Schauspieler spielen in den Spots und lokale Musiker komponieren Musik – sie erinnern an japanische Fernsehshows im Hauptabendprogramm.[15]

GLOBALE PERSPEKTIVE

GLOBALE KAMPAGNEN FÜR GLOBALE PRODUKTE

Bestimmte Konsumgüter eignen sich für globale Werbung. Wenn ein Produkt die gleiche Verwendung auf der ganzen Welt hat, besteht die Möglichkeit, es überall zu verkaufen. Die Liste mit Produkten „going global", früher nur eine Reihe von Luxusgütern, wächst. Globale Werbung ist teilweise die Ursache für erhöhten globalen Verkauf von Wegwerfwindeln, Diamantenuhren, Shampoos und Sportschuhen. Manche der älteren globalen Firmen gewinnen durch neue Kampagnen. Jeans-Produzent Levi Strauss & Company schaffte Rekordumsätze in Europa im Jahr 1991 durch eine erfolgreiche Kampagne, die unverändert in Europa, Lateinamerika und Australien lief. Der grundlegende Aspekt ist, ob es einen globalen Markt für das Produkt gibt. Wenn der Markt global ist, kann das Produkt unverändert verkauft werden. Soft drinks, schottischer Whiskey, Schweizer Uhren und Designerkleider sind Beispiele für Produktkategorien, deren Märkte global sind. Seagram hat beispielsweise eine globale Kampagne mit dem Schlüsselthema gestartet: „There will always be a Chivas Regal." Die Kampagne lief in 34 Ländern und wurde in 15 Sprachen übersetzt. 1991 führte Seagram eine globale Plakatkampagne durch, um die globale Nachfrage für Chivas zu erhöhen. Die Theorie: Die Reichen werden Chivas trinken, egal wo sie ihr Vermögen gemacht haben.

Gillette hat einen globalen und standardisierten „ein Produkt/ein Name/eine Strategie"-Zugang gewählt, als der Sensor-Rasierer 1990 eingeführt wurde. Der Slogan der Kampagne war: „Gillette. The Best A Man Can Get" – eine Aussage, die erwartungsgemäß Grenzen ohne Probleme überschreiten konnte. Peter Hoffman, Marketing Vice President der North Atlantic Shaving Group, sagte in einer Presseveröffentlichung: „Wir haben glücklicherweise ein Produkt, mit dem wir Rasiersysteme über multinationale Grenzen verkaufen können, als handelte es sich um ein Land. Gillette Sensor ist der Auslöser für eine totale Gillette-Megamarken-Strategie, die den ganzen Rasierermarkt verändern wird." Im japanischen Markt ist die standardisierte Werbekampagne für Gillette erstaunlich anders als die vom Erzrivalen Schick. Vor der Einführung der Sensor-Kampagne hatte Gillette eine rein auf den japanischen Markt abzielende Werbung; jetzt ist nur „The Best A Man Can Get" auf Japanisch übersetzt, die Werbung ansonsten in Japan die gleiche wie in den USA und auf der übrigen Welt. Schick engagiert unterdessen japanische Schauspieler für seine Werbung.

Einfach zum Nachdenken:

- Welche Faktoren könnten ein Unternehmen dazu bewegen, die Werbung lokalen Gegebenheiten anzupassen, auch wenn es sich um eine globale Marke handelt?
- Entwerfen Sie eine Liste von kulturellen Aspekten, die gegen eine standardisierte Werbelinie sprechen könnten.

14.6 Auswirkungen von Informationstechnologie auf Werbung

Die Fragmentierung der Medien ist charakteristisch für die heutige Werbung: Sergio Zyman, früher Marketingchef von Coca-Cola, sagte: „Die Technologie hat uns viel mehr Möglichkeiten gegeben als früher", und „Marketer müssen verstärkt Wege finden, um Konsumenten individuell oder in immer kleiner werdenden Gruppen anzusprechen."[16] Den Kunden einzeln über Telefon, Post oder Internet zu erreichen, ermöglicht eine Zielgruppenansprache, die durch Massenmedien nicht mehr gewährleistet ist. Die folgende Tabelle vergleicht (Tabelle 14.2) und diskutiert einige Medien und richtet besondere Aufmerksamkeit auf die Auswirkungen von IT.

Tabelle 14.2: Charakteristika verschiedener Werbemedien

Medium	Arten	Preisfaktoren	Vorteile	Nachteile
Fernsehen	Terrestrisch, Satellit, Kabel	Tageszeit, Einschaltquoten, Länge des Spots, Volumen- und Häufigkeitspreisnachlässe	Erreicht großes Publikum, geringe Kosten pro Kontakt, hohe Sichtbarkeit, Hohes Prestige, geographische und sozio-ökonomische Selektierbarkeit	Hoher Geldaufwand, schnell vergängliche Nachricht, Größe des Publikums nicht garantiert, „Prime time" ist limitiert.
Radio	AM, FM	Tageszeit, Einschaltquoten, Länge des Spots, Volumen- und Häufigkeitspreisnachlässe	Low-cost Breitband-Medium, Nachrichten können schnell ausgetauscht werden, geographische und sozioökonomische Selektierbarkeit	Reine Audio-Nachrichten, schnell vergängliche Nachricht, Aufmerksamkeit des Zuhörers nicht ungeteilt, da ggf. anderweitig beschäftigt.
Internet	Website, E-mail		Botschaft schnell veränderbar, interaktiv, visuelle Präsentation.	Schwierigkeit, Surfer auf die Website zu locken.
Zeitung	National-, Lokal-, Morgen-, Abend-, Wochenendausgabe, Wochenmagazine, Sondernummern	Umfang und Erscheinungsart, Farbzuschläge, Positionierung, Auflagenhöhe	Fast jeder liest Zeitung, selektiv für sozioökonomische Gruppen, geographische Flexibilität, häufige Publikation, Merchandising Service	Kurzfristig, beschränkte Reproduktionsqualität, großes Anzeigenaufkommen beschränkt u.U. die Werbemöglichkeiten.
Magazin	Konsumenten, Special Interest, Business, etc.	Auflagenhöhe, Herstellungskosten, Art der Zielgruppe, Umfang und Erscheinungsart, Größe und Positionierung, Farbzuschläge, Regionalausgaben.	Sozioökonomische Selektivität, gute Reproduktionsqualität, längere Dauer, Prestige, gelesen in Freizeitumgebung	Hoher Geldaufwand, langfristig.

Direkt-marketing per An-schrei-ben	Briefe, Kataloge, Preislisten, Kalender, Broschüren, Kupons, Newsletters, Postkarten, Proben und Muster	Kosten für Adressen, Postgebühr, Herstellungskosten.	Hoch selektiv, wenig verschwendete Auflage, Verbreitung kontrolliert der Werber, persönlich, stimuliert Aktion, Erfolg relativ einfach zu messen, vor Konkurrenz verborgen	Teuer, keine redaktionellen Inhalte, um Leser anzuziehen, von vielen als Wegwerfpost angesehen, als Angriff auf Privatsphäre kritisiert.
Außen-werbung	Anzeigen, Displays, Galas, Werbefahrzeuge	Örtlichkeit, Zeitliche Dauer, Ortsmieten. Produktionskosten. Verkehrsaufkommen	Wiederholung möglich, geringe Kosten, Nachricht kann nahe dem Point-of-sale plaziert werden, geographische Selektierbarkeit, Rund-um-die-Uhr.	Nachricht muß kurz und prägnant sein, keine sozioökonomische Selektierbarkeit, zieht selten volle Aufmerksamkeit an, kritisiert für Störung des öffentlichen Verkehrs und Verschandelung der Landschaft.
Öffentl. Verkehrs-mittel innen	Busse, U-Bahn	Zahl der Passagiere, Größe und Plazierung.	Geringe Kosten, eingesperrte Zielgruppe, geographische Selektierbarkeit	Sichert keine schnellen Ergebnisse
Öffentl. Verkehrs-mittel außen	Busse, Taxis	Anzahl der Schaltungen, Größe und Positionierung	Geringe Kosten, geographische Selektierbarkeit, erreicht breite Masse und unterschiedliche Zielgruppen.	Kaum sozioökonomische Selektierbarkeit, keine starke Wirkung auf Leser.

Quelle: O'Connor, J. und Galvin, E. Marketing and Information Technology. London: Pitman Publishing, 1997, S.213-215.

Der Einsatz von Direktmarketing steigert sich in vielen Teilen der Welt schnell durch die vermehrte Anwendung von Datenbanken, Kreditkarten, gebührenfreien Rufnummern sowie aufgrund der sich ändernden Lebensstile. Direktmarketing ist ein Marketingsystem, das getrennte Marketingmixelemente verbindet, um unter Ausschaltung von Einzelhändlern und persönlichen Verkaufstelefonaten direkt an den Konsumenten oder an andere Unternehmen verkaufen zu können. Es verwendet ein breites Spektrum an Medien, darunter Direktmarketing per Anschreiben, Telefon, Fernsehen und Radio sowie Printmedien wie Zeitungen und Magazine. Verkäufe über das Internet sind eine Ausweitung des Direktmarketings. Buitoni, eine italienische Nudelfirma in Besitz von Nestlé, wandte Direktmarketingmethoden an, um einen Grundstock loyaler Konsumenten zu schaffen: Der Casa Buitoni Club. Die Strategie war, den Kunden nützliche Ratschläge in Bezug auf italienische Nudeln anzubieten. Um eine Kundendatenbank über Konsumenten zu erlangen, die an italienischer Küche interessiert waren, bot Buitoni gratis Rezeptbücher in der Presse und im Teletext an. Es wurde eine Datenbank mit insgesamt mehr als 200.000 Kunden aufgebaut. Anschließend wurden die in der Datenbank vertretenen Haushalte kontaktiert und eingeladen, dem Casa Buitoni Club beizutreten. Anreize für eine Mitgliedschaft waren gebührenfreie Rufnummern, Lotteriespiele, Gourmet-Kochwochenenden usw. Durch Mundpropaganda und weitere Marketinganstrengungen erhöhte sich die Mitgliederanzahl ständig.[17]

Die Verwendung von Direktmarketing per Anschreiben, dem häufigsten Typ des Direktmarketings, ist weltweit sehr uneinheitlich und hängt von Analphabetenrate,

Akzeptanz, Infrastruktur und Kultur ab. In Ländern mit einer hohen Analphabetenrate ist ein Medium, das Lesen erforderlich macht, freilich nicht effektiv. In anderen Ländern, wo die Analphabetenrate vielleicht niedriger ist, kann es wiederum passieren, daß die Konsumenten nicht an Direktmarketing per Anschreiben gewöhnt sind, und Produkten, die sie nicht in der Realität sehen können, mißtrauisch gegenüberstehen.

Die Infrastruktur eines Landes muß ausreichend entwickelt sein, um für Direktmarketing per Anschreiben in Frage zu kommen. Das Postsystem muß die Post pünktlich ausliefern und frei von Korruption sein. Zusätzlich zur physischen Infrastruktur ist ein System zur Entwicklung von Datenbanken, Einholung von Adressen und zur Kontrolle der Ergebnisse notwendig. In einer ehemaligen Sowjetrepublik waren Händler negativ gegenüber der Veröffentlichung ihrer Namen in Telefonverzeichnissen eingestellt. Sie hatten Angst, daß die lokale Mafia diese Information dazu benützen könnte, um Schutzgeldforderungen an ihre Firma zu stellen.

Auch Kulturfragen sind bei der Entscheidung über Direktmarketing per Anschreiben bedeutend. In Thailand spielt der lokale Astrologe eine wichtige Rolle für viele Geschäftsentscheidungen. Falls der Tag, für den die Kampagne geplant ist, verdächtig erscheint, kann es passieren, daß der Marketer die Aussendung der Briefe verschiebt. Viele Entwicklungs- und Schwellenländer werden für Direktmarketing per Anschreiben überhaupt nicht in Betracht gezogen, obwohl sie ein großes Potential dafür haben. Mexikaner erhalten zum Beispiel immer noch sehr wenig Direktmarketing per Anschreiben und sind noch nicht so übersättigt wie Konsumenten in den USA oder Europa. Mexikaner lieben Angebote, sind markenbewußt und markentreu. Ein zusätzlicher Anreiz für den Marketer ist, daß Porto- und Erledigungskosten sehr niedrig sind. In einer kürzlich durchgeführten Kampagne verschickte die Autofinanzierungsgesellschaft Grupo Financiero Serfin 8.000 Angebotsbriefe, hatte eine 10%ige Rücklaufquote und konnte 33% der Rückläufe zu einem Geschäftsabschluß bringen.[18]

Direktmarketing erfolgt nicht nur durch Anschreiben, sondern auch mittels Medien, wie zum Beispiel Fernsehen, Radio, Zeitungen oder Magazine. Der Kunde wird gewöhnlich aufgefordert, direkt (über Telefon) zu antworten. Die vermehrte Verwendung des Telefons für die direkte Antwort der Kunden im Anschluß an Fersehwerbespots und im Rahmen von gedruckten Anzeigen führte zur Einrichtung von sogenannten Call Centers, die die Telefongespräche abwickeln. Vom Standpunkt eines internationalen Marketers ist es interessant, daß solche Call Centers auch außerhalb eines Marktes eingerichtet werden können, solange die Telefonisten die Sprache der Anrufer beherrschen. Auf diese Weise wird es möglich, von niedrigeren Lohnkosten zu profitieren.

Database-Marketing verwendet Listen von möglichen Kunden und ihren relevanten demographischen und psychographischen Informationen, um Zielmärkte abzugrenzen und um dann das Angebot auf die Kundeninteressen abstimmen zu können. In der Autoindustrie ist Porsche für sein intensives Database-Marketing sowohl bei potentiellen als auch bei aktuellen Kunden bekannt. Die folgenden zwei Beispiele illustrieren, wie Datenbanken mit detaillierter Kundeninformation entwickelt werden können. In Japan bot ein Fahrradhersteller ein exakt auf die Maße des Konsumenten abgestimmtes Fahrrad an. Es war ein großer Vorteil für dieses Unternehmen, von Einzelhändlern die Maße sowie Namen und Adressen der Kunden zu erhalten. Eine ähnliche Methode wurde von Levi's angewandt. Zusätzlich zur Schaffung eines positiven Images unter den Jeans-Konsumenten erhielt Levi's eine Reihe von Kundendaten wie zum Beispiel Adressen, Namen und Maße.[19]

Die Anwendung von Informationstechnologien ist bei Database-Marketing am offensichtlichsten. In letzter Zeit hat Data Warehousing besonders an Attraktivität gewonnen. Die Aufgabe eines Data Warehouses ist es, die gesamte verfügbare Information über Konsumenten aus unterschiedlichen Quellen zu sammeln. Das Data Warehouse ist die Basis für e-business und Customer Relationship Management (CRM).

Beziehungsmarketing, oft auch als die stärkste Ausprägung des Database-Marketing angesehen, baut eine Reihe von persönlichen, langfristigen und gewinnbringenden Beziehungen mit Konsumenten auf. „Je länger ein Kunde gehalten werden kann, um so profitabler wird er."[20]

IT hat auch die Fernsehwerbung beeinflußt. Die Haupttrends sind zielgerichtetere Botschaften, Advertising-on-demand und Pay-per-view. Je zielgerichteter die Botschaften sind, desto eher erreichen sie spezifische Konsumentengruppen. Entwicklungen bei der Signalkompression ermöglichen, daß Werbespots im Kabelfernsehen spezifische Konsumentengruppen erreichen. Advertising-on-demand erlaubt den Zusehern, ihre Werbespots individuell auszusuchen und sie auch auszublenden. Zum Beispiel könnte ein Konsument, der sich ein Auto kaufen will, alle verfügbaren Werbespots für Autos ansehen. Schließlich wird es auch möglich sein, daß sich die Zuseher ihr individuelles Programm aus einer digitalen Videothek selbst zusammenstellen. Das schließt auch die Auswahl von Werbespots mit ein und kann mit dem Lesen eines Magazins verglichen werden.

Technologie ermöglicht es auch, daß Werbebotschaften immer zielgenauer in Zeitungen und Magazinen eingesetzt werden können. Weniger kostspielige und einfachere Drucktechniken ermöglichen zum Beispiel die Produktion von unterschiedlichen Ausgaben, die jeweils an bestimmte Zielgruppen adressiert werden können. Ein Service, das von Printmedien angeboten wird, ist das Faxen von Zusammenfassungen oder Themen an Kunden. Die sogenannte „elektronische Zeitung" erlaubt den Konsumenten, sich ihre persönliche Zeitung zusammenzustellen indem sie Artikel, Informationen, Themenkreise usw. am Computer auswählen. Viele Artikel von Zeitungen und Magazinen sind bereits über das Internet verfügbar.

Das Internet ist ein globales Medium und es wird vorausgesagt, daß es das Marketing für immer verändern wird. Das Internet bietet den Konsumenten neue Produkte und Dienstleistungen weltweit gleichzeitig an und beeinflußt die Art und Weise, in der Waren gekauft, angeboten und entwickelt werden. Schrittweise Einführung von neuen Produkten nach geographischen Gebieten ist nicht mehr möglich, wenn man über das Internet vermarktet. Es wurde argumentiert, daß ein Unternehmen, das eine Website einrichtet, automatisch ein multinationales Unternehmen wird.[21] Das Internet ermöglicht kleinen Unternehmen, sich leichter der weltweiten Konkurrenz stellen zu können, und bietet direkten Zugang zu Konsumenten in entstehenden Märkten. Wenn man wissen will, wo auf der Welt Autos von Ford gekauft werden, besucht man einfach die Website (`www.ford.com`). Wenn man mehr über die jüngsten Innovationen beim Mobiltelefonhersteller Nokia wissen will, besucht man seine Website (`www.nokia.com`). Wenn man sich gerade in Japan befindet und einige L.L. Bean-Hemden braucht, bestellt man sie über den elektronischen L.L. Bean-Katalog, anstatt die teuren Produkte in japanischen Einkaufszentren zu kaufen. Das Produkt wird vom Hersteller direkt mit Hilfe eines internationalen Zustellservices geliefert. Das wird die Bedeutung von Zwischenhändlern drastisch verringern.

Das Internet stellt nicht nur ein Produkt im engeren Sinn dar, das verschiedene elektronische Services wie Home Banking bietet. Es kann aber auch für Marktforschung, Werbung, PR und zum Verkauf eingesetzt werden. Marktforscher und Studenten können Datenbanken durchsuchen und finden Informationen über die Marktsituation auf den jeweiligen Webpages. Auch Umfragen können über den Computer durchgeführt werden. Werbung und PR-Informationen erscheinen häufig auf dem Bildschirm. In einigen Produktkategorien kann der Computer sogar Verkaufsräume und -personal ersetzen.

Mit der vermehrten Verwendung des Internet wird auch die Standardisierung von Preisen vorangetrieben. Das gilt vor allem für im Internet verfügbare Industriegüter. Preisstrategien für Märkte rund um die Welt variieren je nach wirtschaftlicher Entwicklung eines Landes, der Einkommensverteilung und einer Reihe weiterer Faktoren. Wenn der Preis von einem weltweit standardisierten Produkt wie einem Compaq Laptop in Indonesien niedriger ist, warum sollten Konsumenten ihn dann in ihrem Heimatmarkt kaufen? Die Preise werden transparenter, weil Konsumenten viel einfacher die weltweiten Angebote vergleichen können.

Einer der Hauptvorteile des Internet ist die Möglichkeit eines schnellen Informationszugangs, der billiger ist und direkter als die bereits bestehenden Kommunikationssysteme wie Telefon, Fax, Post und Direktmarketing per Anschreiben ist.[22] Das Internet hat die Kosten, die mit dem Erreichen von Konsumenten weltweit verbunden sind, stark reduziert. Es bietet eine direkte Zwei-Weg-Kommunikation mit dem Kunden, egal in welchem Land er wohnt. Das ist besonders hilfreich bei internationaler Produktentwicklung, bei der Entwicklung von Markennamen und bei der Einführung von Produkten in neuen geographischen Märkten.

Es gibt auch eine Reihe von Konkurrenzinformationen im Internet. Webpages können Information über neue Produkte, Preise und sogar gratis Kundenlisten beinhalten.

Eine verläßliche Schätzung der Anzahl an Personen, die Computer besitzen oder einen anderen Zugang haben und das Internet verwenden, ist durch die explosionsartige Verbreitung der Computer zu Hause und bei der Arbeit kaum zu erhalten. Um die Jahresmitte 1998 nutzten über 100 Millionen Menschen das Internet. Die Anzahl der Hosts ist am höchsten in den USA, gefolgt von Großbritannien, Deutschland, Kanada und Australien. Bezüglich der Hosts pro 1.000 Einwohner liegt Finnland vor den USA, Australien und Neuseeland. 1999 lag die Nutzungsrate in den USA zum Beispiel bei 33%, in Großbritannien lag die Rate bei ungefähr 20%, während sie in Deutschland und Italien bei unter 10% lag (Deutschland 8,4%; Italien 6,1%).[23] Viele Unternehmen sind bereits in ihrer zweiten oder dritten Generation von Websites, während andere Firmen eben erst online gehen.

Die steigende Verwendung des Internet hat auch zu einer neuen Marketingterminologie geführt. Evan I. Schwartz verwendet zum Beispiel den Begriff „webonomics", den er als „die Lehre der Produktionsverteilung und Verwendung der Waren, Dienstleistungen und Ideen über das World Wide Web" definiert[24]

AUF DEN PUNKT GEBRACHT

- Marketingkommunikation dient dazu, den Konsumenten die Vorteile und Werte, die ein Produkt oder eine Dienstleistung bietet, näherzubringen.

- Werbung ist ein Element der Marketingkommunikation und bezieht sich auf jede bezahlte Botschaft. Globale Werbung verwendet die gleiche Werbebotschaft, Nachricht, künstlerische Gestaltung, Anzeigen, Bilder, Geschichten und Videoteile in länderübergreifenden Märkten.

- Die Entscheidung über eine globale oder eine lokal angepaßte Kampagne hängt von der Einschätzung der Manager der Trade-offs, des Produkts und der Unternehmensziele ab.

- Informationstechnologie (IT) ermöglicht dem globalen Marketer Personen zu erreichen, die über Massenmedien nicht mehr erreichbar sind.

14.7 Auswahl einer Werbeagentur

Ein anderer Aspekt der Überlegungen ist, ob die Werbung direkt im Unternehmen produziert wird, eine Werbeagentur beauftragt oder eine Mischform aus beidem gefunden wird. Zum Beispiel haben Chanel, Benetton und Diesel ihre eigenen Marketing- und Werbeabteilungen. Coca-Cola hat seine eigene Werbeagentur, Edge Creative, aber auch externe Agenturen wie Leo Burnett beauftragt. Wenn eine oder mehrere externe Werbeagenturen verwendet werden, können sie das multinationale oder globale Marketing verbessern. Es ist denkbar, je eine lokale Werbeagentur in jedem nationalen Markt oder eine Werbeagentur mit lokalen und ausländischen Filialen auszuwählen. Heute wählen die meisten Unternehmen mit steigender Tendenz globale Werbeagenturen aus, um damit die Integration von Marketing- und Werbefunktionen zu unterstützen. Zum Beispiel konsolidierte Colgate-Palmolive 1995 seine globalen € 424,16 Kommunikationsmillionen bei Young & Rubicam. Desgleichen konsolidierte die Bayer AG den Hauptteil ihrer € 254,5 Millionen Konsumgüterwerbung bei BBDO Worldwide. Bayer hatte früher Verträge mit bis zu 50 Werbeagenturen weltweit. Die Werbeagenturen kennen diesen Trend und versuchen durch internationale Kontakte und Joint Ventures, ihre globalen Angebote zu verbessern. Die 25 größten globalen Werbeagenturen, gereiht nach Umsatz von 1998, sind in Tabelle 14.3 angeführt.

Die in Tabelle 14.3 aufgelisteten Organisationen können reine Werbeagenturen sowie Firmen sein, die auf Direktmarketing, PR oder Marktforschung spezialisiert sind. Der Stammbaum der Werbeagentur der Adidas AG zeigt die heute typische Besitzstruktur einer Werbeagentur. Leagas ist Teil der Abbott Mead Vickers/BBDO, die wiederum eine Tochterfirma von BBDO Worldwide ist, deren Muttergesellschaft der Omnicom Group-Konzern ist.

Bei der Auswahl einer Werbeagentur sollten die folgenden Punkte berücksichtigt werden:

- Organisation des Unternehmens. Dezentralisierte Unternehmen wollen die Auswahl vermutlich der Filiale überlassen.

Tabelle 14.3: Die weltweit Top 25 – Werbeorganisationen 1998 (€ Mio.)

Reihung 1998	Reihung 1997	Werbeorganisation	Hauptquartier	Umsatz (weltweit)
1	1	Omnicom Group	New York	4,082.02
2	2	Interpublic Group of Cos.	New York	3,651.51
3	3	WPP Group	London	3,526.21
4	4	Dentsu	Tokyo	1,515.06
5	5	Young & Rubicam	New York	1,408.09
6	7	Havas Advertising	Paris	1,101.01
7	6	True North Communications	Chicago	1,053.84
8	8	Grey Advertising	New York	1,052.23
9	9	Leo Burnett Co.	Chicago	805.72
10	12	Publicis	New York	788.92
11	13	Snyder Communications	Bethesda. Md.	767.03
12	11	MacManus Group	New York	728.86
13	10	Hakuhodo	Tokyo	623.33
14	14	Saatchi & Saatchi	New York	578.63
15	15	Cordiant Communications Group	London	511.69
16	17	TMP Worldwide	New York	294.70
17	16	Asatsu-DK	Tokyo	291.31
18	18	Carlson Marketing Group	Plymouth. Minn.	277.22
19	26	USWeb/CKS	Santa Clara	193.92
20	21	MA-LQ	Miles. Ill.	190.02
21	20	Daiko Advertising	Tokyo	143.11
22	19	Tokyo Agency	Tokyo	141.75
23	22	Dentsu, Young & Rubicam Partnerships	Singapore	123.43
24	28	Cyck-Simon	Gloucester. Mass.	116.98
25	27	Nelson Communications	New York	136.41

Quelle: "World's top 50 advertising organizations." *Advertising Age*, 19. April 1999, S.18.

- Nationale Anpassung. Sind der globalen Agentur die lokale Kultur und die Kaufgewohnheiten im jeweiligen Land bekannt, oder soll eine lokale Agentur beauftragt werden?
- Käuferwahrnehmung. Welche Art von Markenbewußtsein strebt die Firma an? Wenn das Produkt eine starke nationale Identifikation braucht, wäre eine nationale Agentur besser.
- Gebietsabdeckung. Deckt die Agentur alle relevanten Märkte ab?

Trotz eines eindeutigen Trends in Richtung globaler Agenturen um globale Marketingaktionen durchzuführen, werden Unternehmen mit einer geozentrischen Orientierung sich den globalen Marktanforderungen anpassen und die besten Agenturen auswählen. Colgate hat zum Beispiel vor kurzem die Kolynos-Linie für Mundpflege-produkte in Lateinamerika erworben. McCann-Erickson Worldwide wird für den Etat verantwortlich sein, obwohl Young & Rubicam den Großteil der Colgate Geschäfte in den anderen Regionen betreut.[25] Westliche Agenturen finden Märkte wie zum Beispiel Südkorea oder Japan noch immer sehr komplex, genauso wie es für japanische und koreanische Agenturen schwierig ist, sich in westlichen Ländern zu etablieren. Es ist daher nicht überraschend, daß die Saturn-Geschäftseinheit von General Motors für ihren Markteintritt in Japan 1997 die Agentur Dai-Ichi Kikaku in Tokio beauftragte.

GLOBALE PERSPEKTIVE

ADIDAS

Amerikanische Sportschuhhersteller sind fähige globale Marketer. Reebok ist Markt-führer in Frankreich, Spanien und England, und Nike ist die Nummer eins in vielen anderen europäischen Ländern. Obwohl Werbeslogans wie „Just Do It" und „Planet Reebok" in Englisch präsentiert werden, werden andere Teile der Botschaft den kulturellen Unterschieden angepaßt. In Frankreich ist Gewalt in Spots zum Beispiel nicht erlaubt, und deshalb ersetzte Reebok Boxszenen mit Bildern von Frauen, die am Strand laufen. Auch ist in Europa die Ausübung von Sport weniger verbreitet als in Amerika. Deshalb gehen Europäer nicht so oft in Sportgeschäfte. In Frankreich werden Reebok-Schuhe heute in fast 1.000 regulären Schuhgeschäften verkauft.

Sogar in diesem Umfeld starker und wachsender Konkurrenz genießt Adidas noch immer eine hohe Markenloyalität unter den älteren europäischen Konsumenten. Die Firma stellt junge Leute ein und bezahlt sie dafür, daß sie Adidas-Schuhe in der Öf-fentlichkeit tragen. Sie werden auch bezahlt, um in Sportgeschäften zu arbeiten und Adidas-Produkte auf andere Weise zu forcieren. Adidas hat auch sein Image unter jüngeren Konsumenten erneuert, indem es den neuen Sport „Streetball" eingeführt hat. Werbespots bei MTV-Europe zeigen Spieler, die mit der neuen Bekleidungs-linie des Unternehmens ausgestattet sind. Im Gegensatz zu seinen Konkurrenten verwendet Adidas keine globale Werbekampagne.

Das Unternehmen hat aber nur eine einzige Werbeagentur, die Londoner Leagas De-lany für alle seine globalen Märkte. Bruce Haines, der Chef der Agentur sagt: „Adidas ist nach geographischen Territorien und Sportart-basierten Einheiten strukturiert. Wir bemühen uns sicherzustellen, daß es eine Person für jede Sache gibt, egal wel-cher Arbeitsbereich und welche Sportart." Von einer prosperierenden Zukunft des Unternehmens überzeugt, erhöhte der Dreyfus-Konzern seine Unternehmensbeteili-gung und übernahm das gesamte Eigentum an Adidas. Währenddessen arbeitete Adidas hart an einem revolutionären neuen Barfuß-Produkt. Wie Dreyfus in einem CNN-Interview erklärte, gibt es kein besseres Laufinstrument als den Fuß. „Das ein-zige Problem ist der Abrieb. Deshalb ist es ein sehr revolutionärer Schuh und wird eine massive Kampagne hinter sich haben."

Die Adidas-Kampagne von 1999, eine globale Kampagne erstellt von der Amsterda-mer Agentur 180, präsentierte Sport als etwas, das alle – vom Kind bis zum Pro-fisportler – erleben und genießen können. Die Kampagne widersprach unterschwellig der „personal glory ethic" von Nike.

Fortsetzung auf der nächsten Seite

ADIDAS (Fortsetzung)

1998 erzielte Adidas-Salomon trotz stagnierenden Marktes hohe Wachstumsraten. Die finanziellen Ausgaben, die durch den Kauf von Salomon Worldwide im gleichen Jahr entstanden sind (das frühere Hauptquartier und die Holdinggesellschaft der drei Marken Salomon, Taylor Made und Mavic), konnten durch die Erträge der neuerworbenen Marken jedoch nicht ausgeglichen werden. Robert Louis Dreyfus hatte höhere Erträge für 1999 erwartet.

Einfach zum Nachdenken:

- Warum ist es erforderlich, Kommunikationsbotschaften für derart universal verwendete und akzeptierte Produkte wie Sportschuhe an unterschiedliche Ländermärkte anzupassen?
- Sollte Nike seinen Markenname auch für andere Produkte nutzen? Könnten Sie sich Produkte wie Nike Jeans, Uhren oder Erfrischungsgetränke vorstellen? Welche Gefahren und Einschränkungen gelten bei derartigen Markentransfers?

Quellen: Dagmar Mussey, „Adidas Strides on Its Own Path", *Advertising Age*, 13. Februar 1995: S.6; Kevin Goldman, „Adidas Tries to Fill its Rivals' Big Shoes", *The Wall Street Journal*, 17. März 1994, S.B5; Joseph Pereira, „Off and Running: Pushing U.S. Style, Nike and Reebok Sell Sneakers to Europe", *The Wall Street Journal*, 22. Juli 1993, S.A1, A8; Stephen Barr, „Adidas on the Rebound", *CFO*, September 1991: S.48-56; Igor Reichlin, „Where Nike and Reebok Have Plenty of Running Room", *Business Week*, 11. März 1991: S.56-60; Patrick Allossery, „Adidas, the brand without attitude: A focus on sportsmanship takes on Nike's success-at-any-cost philosophy", *Financial Post*, 12. April 1999.

14.8 Die werbliche Umsetzung von Produktvorteilen

Werbung muß eine Anziehungskraft (Appeal) kommunizieren, die im Zielmarkt relevant und effektiv ist. Weil sich Produkte in verschiedenen Märkten oft in verschiedenen Phasen des Produktlebenszyklusses befinden, und weil es grundlegende Unterschiede in kulturellen, sozialen und wirtschaftlichen Eigenschaften zwischen den Märkten gibt, muß auch der Appeal von Markt zu Markt unterschiedlich sein. Trotzdem sollten globale Marketer versuchen, Situationen zu identifizieren, in denen es (1) potentielle Kosteneinsparungen aufgrund von Größendegressionen gibt, (2) Hindernisse für eine Standardisierung aufgrund von kulturellen Unterschieden nicht wesentlich sind und (3) Produkte ähnliche funktionale und emotionale Bedürfnisse in verschiedenen Kulturen befriedigen.

Green, Cunningham und Cunningham führten eine kulturübergreifende Studie durch, um das Ausmaß zu bestimmen, in dem Konsumenten verschiedener Nationalitäten die gleichen Kriterien zur Evaluierung von zwei häufig verwendeten Konsumgütern anwenden: Soft Drinks und Zahnpasta. Studenten aus den USA, Frankreich, Indien und Brasilien wurden für die Studie herangezogen. Im Vergleich zu Frankreich und Indien legte die Stichprobe aus den USA mehr Wert auf subjektive und weniger auf funktionelle Produktattribute. Die brasilianische Stichprobe schien sogar noch mehr Wert auf subjektive Faktoren zu legen. Die Autoren kamen zu dem Schluß, daß Werbebotschaften nicht in allen Ländern die gleichen Anreize verwenden sollten, wenn der Werbemanager die wichtigsten Produktattribute in jedem Markt kommunizieren will.[26]

Effektive Werbung verlangt auch die Entwicklung von verschiedenen kreativen Umsetzungen, die den Grundanreiz des Produktes als Ausgangspunkt verwenden. Das heißt mit anderen Worten, daß es Unterschiede geben kann zwischen dem, was man sagt, und wie es gesagt wird. Wenn die kreative Ausführung in einem Schlüsselmarkt sich nah an den vorherrschenden kulturellen Attributen orientiert, muß die Ausführung in anderen Märkten vielleicht angepaßt werden. Zum Beispiel ist der einzigartige Produktvorteil (USP, unique selling proposition) für viele Produkte und Dienstleistungen Spaß oder Vergnügen. Die kreative Präsentation soll den Leuten eine Art zeigen, wie man in diesem Land und in dieser Kultur Spaß hat. Club Med versucht eine einheitliche globale Werbekampagne zu führen, die schöne Fotos von Urlaubern in Badeanzügen verwendet. Viele Amerikaner, für die Zurückhaltung in der Öffentlichkeit wichtig ist, sahen die Anzeigen als gewagt und erregend mit einem Appeal nur für „schwimmende Singles". Europäer sind gewöhnt, viel Haut an öffentlichen Stränden zu sehen und fanden die Anzeigen nicht unpassend.

In einer Umfrage gaben erfahrene Werbemanager an, daß ein starker USP in mehr als 50% der Fälle transferiert werden kann. Ein Beispiel für ein USP, das sich leicht transferieren läßt, ist hohe Qualität. Das Versprechen eines niedrigen Preises oder eines preiswerten Produkts überwindet meistens auch nationale Grenzen. In der gleichen Umfrage sagten die meisten Manager, daß sie nicht glaubten, daß sich kreative Umsetzungen ebenso leicht übertragen ließen. Die Hindernisse sind kulturelle Barrieren, Kommunikationsbarrieren, gesetzliche Probleme (zum Beispiel können in Frankreich keine Kinder für die Vermarktung von Produkten herangezogen werden), Konkurrenzsituation (die Werbestrategie für ein führendes Produkt unterscheidet sich für gewöhnlich stark von der einer kleineren Marke) und Durchführungsprobleme.

Lebensmittel stellen eine Produktkategorie dar, die besonders kultursensibel ist. Deshalb müssen sich Marketer für Lebensmittel immer der Notwendigkeit von lokaler Anpassung bewußt sein. Ein gutes Beispiel ist der jüngste Versuch von H. J. Heinz, in den Überseemarkt zu expandieren. Die Strategie von Heinz war es, sowohl das Produkt als auch die Werbung den jeweiligen Ländern anzupassen.[27] In Griechenland zeigen die Werbespots zum Beispiel wie Ketchup über Pasta, Eier und Fleischstücke gegossen wird. In Japan wird vorgeschlagen, Ketchup als Teil von westlichem Essen wie Omeletten, Würstel und Nudeln zu verwenden. Barry Tilley, der Londoner Manager von Heinz sagt, daß Heinz Fokusgruppen verwendet, um festzustellen, was ausländische Konsumenten in Bezug auf Geschmack und Image wollen. Amerikaner bevorzugen ein relativ süßes Ketchup, Europäer hingegen eine schärfere, pikantere Variante. Die Marketingaktivitäten von Heinz in ausländischen Märkten sind am erfolgreichsten, wenn das Unternehmen sich schnell an lokale kulturelle Präferenzen anpaßt. In Schweden wird das Made-in-America Thema so verändert, daß „die Schweden gar nicht merken, daß Heinz amerikanisch ist. Sie halten es wegen des Namens für ein deutsches Produkt", sagt Tilley. Im Gegensatz dazu funktionieren amerikanische Themen noch gut in Deutschland. Kraft und Heinz versuchen sich gegenseitig mit starken amerikanischen Images zu übertrumpfen. In einem Heinz-Fernsehwerbespot werden amerikanische Football-Spieler sehr wütend, weil die 12 bestellten Steaks ohne Ketchup geliefert werden. Der Spot hat natürlich ein Happy-End mit genügend Heinz-Ketchup für alle.[28]

Allgemein kann gesagt werden, daß je weniger Käufer es für ein Produkt gibt, desto weniger wichtig wird Werbung als Element der Kommunikationspolitik. Zum

Beispiel erfordert erfolgreiches Marketing für ein teures und technisch kompliziertes Industriegut im allgemeinen einen gut eingeschulten Verkauf. Bei solchen Produkten hat es nicht viel Sinn, nationale Agenturen ihre Aktivitäten gegenseitig kopieren zu lassen. Werbung für Industrieprodukte, Computer und Telekommunikationsausrüstung spielt eine wichtige Rolle bei der Unterstützung der Arbeit des Verkaufs. Eine gute Werbekampagne kann für den Verkäufer eine entscheidende Hilfe sein, um den Fuß in die Tür zu bekommen und das Geschäft abzuschließen.

AUF DEN PUNKT GEBRACHT

- Bei der Auswahl einer Werbeagentur sollen die Unternehmensorganisation, nationale Anpassung, Gebietsabdeckung und Käuferwahrnehmung berücksichtigt werden.
- Der effektivste USP für ein Produkt kann in mehreren Märkten aufgrund von kulturellen, sozialen und ökonomischen Unterschieden differieren.
- Globale Werbung kann die Entwicklung von verschiedenen kreativen Umsetzungen erforderlich machen.

14.9 Die Konzeption globaler Werbung

14.9.1 Die Kreativ-Abteilung

Die Kreativ-Abteilung kümmert sich um die visuelle Präsentation, die Ausdrucksform von gedruckter und gesendeter Werbung. Einige Formen der visuellen Präsentation werden universal verstanden. Die US-Kosmetikfirma Revlon hat zum Beispiel einen französischen Produzenten beauftragt, Werbespots in Englisch und Spanisch für internationale Märkte zu produzieren. Diese Spots, die in der Umgebung von Paris gedreht wurden, kommunizieren den universalen Appeal und die spezifischen Vorteile von Revlon-Produkten. Mit der Produktion in Frankreich erhält Revlon wirksame Spots zu einem viel niedrigeren Preis, als es in den USA der Fall wäre. PepsiCo hat vier Basisspots verwendet, um seine Werbethemen zu kommunizieren. Sie zeigen junge Leute am Strand, die Spaß haben. Sie wurden angepaßt, um die generellen physischen Umweltcharakteristika von Nord- und Südamerika, Europa, Afrika und Asien zu reflektieren. Die Musik in diesen Spots wurde ebenfalls angepaßt, um den regionalen Geschmäckern von Rock'n Roll in Nordamerika über Bossa Nova in Lateinamerika bis High Life in Afrika zu entsprechen.

Der internationale Werber muß sicherstellen, daß die visuelle Aufbereitung nicht unpassend ausgeweitet wird. Benetton hatte ein Problem mit der „United Colors of Benetton"-Kampagne (Abbildung 14.2). Die Kampagne erschien in 77 Ländern hauptsächlich in Printanzeigen und auf Plakaten. Die Kreativ-Abteilung konzentrierte sich auf die provokante Nebeneinanderstellung von Rassen, zum Beispiel eine weiße und eine schwarze Hand in Handschellen aneinandergekettet. Eine andere Version der Kampagne, die eine schwarze Frau beim Stillen eines weißen Kindes zeigt, gewann Werbe-

Abbildung 14.2: Benettons Kampagnen für Gleichheit der Rassen

Oliviero Toscani fotografierte eine schwarze Frau mit einem weißen Baby, was gleichermaßen Auszeich-
nungen wie Proteste hervorrief. Das Foto erhielt den International Andy Award of Excellence in den
USA.
Quelle: http://www.benetton.com/wws/aboutyou/ucdo. Copyright: Benetton Group SpA.

auszeichnungen in Frankreich und Italien. Weil das Bild jedoch Erinnerungen an die
Geschichte der Sklaverei in Amerika weckt, wurde es im U.S.-Markt nicht verwendet.

14.9.2   Werbetext

Werbetext oder der geschriebene Teil einer Anzeige war Gegenstand heftiger Debatten
in Werbekreisen. Werbetexte sollen relativ kurz sein und Umgangssprache vermeiden.
Da andere Sprachen z.T. mehr Platz für die gleiche Botschaft brauchen, werden vermehrt Bilder und Illustrationen verwendet. Mehr und mehr europäische und japanische Anzeigen sind nur noch visuell, übertragen eine spezifische Botschaft und bringen
den Namen des Unternehmens.[29] Hohe Analphabetenraten in vielen Ländern schrän-
ken die Verwendung von geschriebenem Text als Kommunikationsmittel ebenfalls ein
und erfordern höhere Kreativität bei der Verwendung von audio-orientierten Medi-
en.

Ein wichtiger Aspekt ist die Verwendung der gleichen Sprache in verschiedenen
Ländern (z.B. in der EU, Latein- und Nordamerika). Dadurch ergibt sich für den globalen Marketer die Möglichkeit, starke Kostendegressionseffekte zu erzielen, wenn für
diese Märkte Anzeigen mit den gleichen Botschaften und in der gleichen Sprache produziert werden. Natürlich hängt der Erfolg dieser Strategie teilweise auch davon ab,
ob unbeabsichtigte Doppeldeutigkeiten im Werbetext vermieden werden können. Auf
der anderen Seite müssen Texte in einigen Situationen in die jeweilige Landessprache
übersetzt werden. Werbeslogans stellen oft schwierige Übersetzungsprobleme dar. Die
Herausforderung der Ver- und Entschlüsselung von Slogans in verschiedenen nationalen
und kulturellen Kontexten kann zu gravierenden Fehlern führen. Zum Beispiel wurde
die „finger-lickin' good"-Kampagne von Kentucky Fried Chicken in Chinesisch mit „eat

your fingers off" übersetzt; die asiatische Version von Pepsi's „Come Alive"-Text wurde als Aufruf zur Wiederauferstehung von Ahnen verstanden.

Werbemanager können sich entscheiden, den Originaltext in die Sprache des Landes zu übersetzen oder einen neuen Werbetext für einen ausländischen Markt zu produzieren. Eine dritte Option ist es, einige (oder alle) Elemente der Anzeige in der Originalsprache zu belassen. Bei der Auswahl aus diesen Alternativen muß der Werber berücksichtigen, ob eine übersetzte Botschaft von den Konsumenten im Zielmarkt empfangen und verstanden werden kann. Jeder mit Fremdsprachenkenntnissen weiß, daß die Fähigkeit, in dieser Sprache denken zu können, die Kommunikation wesentlich erleichtert. Man muß die Zusammenhänge von Wörtern, Phrasen und Satzstrukturen sowie ihre übersetzten Bedeutungen verstehen, um sicherzugehen, daß eine Botschaft richtig verstanden wird, nachdem sie empfangen wurde. Das gleiche Prinzip, vielleicht sogar in einem größeren Ausmaß, gilt für Werbung. Ein Werbetexter, der in der Zielsprache denken kann und die Konsumenten im Zielland versteht, wird in der Lage sein, die effektivsten Appeals zu kreieren, Ideen zu organisieren und die spezifische Sprache zu gestalten, speziell wenn es um umgangssprachliche Formen, Idiome oder Humor geht. In Südchina ist McDonald's zum Beispiel sehr vorsichtig mit Preiswerbung, in der die Zahl vier mehrfach vorkommt. Der Grund ist einfach: Auf kantonesisch ist die Aussprache des Wortes „vier" dem Wort „Tod" sehr ähnlich.[30] Citicorp entdeckte im Zuge seiner Bemühungen um die Entwicklung eines globalen Markenimages, daß der Slogan „Citi Never Sleeps" die Bedeutung von Schlafstörungen bei Citibank transportierte. Das Management entschied, den Slogan beizubehalten, aber weltweit nur auf Englisch.[31]

Wenn Fernsehwerbespots und Anzeigen für industrialisierte Länder wie Nordamerika, Japan und die EU konzipiert werden, muß der Werber die Hauptstil- und Inhaltsunterschiede berücksichtigen. Spots, die von Zusehern in einigen Ländern als störend empfunden werden, müssen nicht unbedingt gleich auf die Zuseher anderer Länder wirken. In amerikanischen Spots kommen häufig Sprecher und direkte Produktvergleiche vor. Es werden logische Argumente verwendet, um den Kunden zu überzeugen. Japanische Werbung ist eher imageorientiert und richtet sich emotional an die Kunden. In Japan werden die wichtigsten Dinge häufig nicht explizit erwähnt, sondern angedeutet. Nikes U.S.-Werbung ist legendär für ihren respektlosen „in your face"-Stil. In anderen Teilen der Welt, wo Fußball der beliebteste Sport ist, werden einige Nike-Spots als geschmacklos betrachtet. Nike hat darauf geantwortet und seine Strategie angepaßt, sagt Geoffrey Frost, globaler Werbedirektor: „Wir müssen uns den Leidenschaften in anderen Ländern anpassen. Das ist Teil unseres Erwachsenwerdens."[32]

14.9.3 Kulturelle Aspekte

Das Wissen um kulturelle Unterschiede und die Bedeutung kultureller Symbole ist entscheidend in der Werbung. Lokale Ländermanager können wichtige Informationen beisteuern sowie bei allzu kreativer Werbung zur Vorsicht mahnen. Die Verwendung von Farben oder die Darstellung von Mann-Frau-Beziehungen kann oft zum Stolperstein werden. In Asien ist Weiß die Farbe des Todes. In Japan werden intime Szenen zwischen Männern und Frauen als geschmacklos angesehen; in Saudi-Arabien sind sie überhaupt verboten. Erfahrene Werbeproduzenten wie John O'Toole bieten folgende Einsicht in globale Werbung:

„Verpflanzte amerikanische Kreative wollen immer europäische Männer fotografie-ren, die Frauen die Hand küssen. Aber sie wissen selten, daß die Nase die Hand nicht berühren soll, oder daß dieses Ritual meistens verheirateten Frauen vorbehalten ist. Und wie weiß man auch, daß die Frau auf diesem Foto verheiratet ist? Wegen des Rings auf ihrer linken Hand natürlich. Aber in Spanien, Dänemark, Holland und Deutschland tragen katholische Frauen den Ehering auf der rechten Hand.

Wenn man ein Paar fotografiert, das ein Restaurant oder ein Theater betritt, so läßt man die Frau vor dem Mann hineingehen, oder? Nein. Nicht in Deutschland und Frankreich. Und in Japan wäre das lächerlich. Wenn man in einer Werbung jemanden zeigt, der seine Hand mit der Rückseite zum Beobachter hochhält und seine Finger bewegen sich in seine Richtung, dann signalisiert er: ‚Komm her'. In Italien bedeutet es ‚Tschüß'.[33]

Das kulturelle Milieu beeinflußt die Werbung. Die wichtigen Aspekte sind Werte und Motive, die Art der Werbung und die Durchführung von Kampagnen. Tabelle 14.5 bringt Beispiele für Werbestile in verschiedenen Ländern, die klar kulturelle Werte widerspiegeln.

Tabelle 14.5: Länderspezifische Werbestile

Land	Stil
USA	Direkte Ansprache. Vortrags- oder Unterrichtsstil. Konkurrenzdenken. Argumentation mit Statistiken. TV: verbal. Übertreibung. Aggressiver Verkauf. Verwendung von Kraftausdrücken (neu, verbessert, das Beste, jetzt, weltweit). Überzeugungskommunikation (Fakten, Begründungen). Direkter und indirekter Vergleich (auch konkurrenzierender Marken).
Groß-britannien	Zeigt Einzelpersonen oder Paare. Junge Menschen erziehen ihre Eltern. Klassenunterschiede. Direkte Kommunikation. Überredung. Direkte Ansprache (Vergleich). Starke Rollenunterscheidung (Trend zu umgekehrtem Sexismus). Humor und Parodie. Unterrichtsstil (Vorführung, Zeugnis).
Deutschland	Bedürfnis nach Struktur. Explizite Sprache. Stark an Information orientiert (direkt, Fakten). Unterrichtsstil (Vorführung, Zeugnis). Wichtige Anreize sind Qualität, Technologie und Design, aber auch Geschichte und Tradition. Liebe zum Detail. Gewinnen ist wichtig. Hohe Achtung vor Autorität. Großes Ausmaß an Freiheit wird nicht akzeptiert.
Italien	Anreize sind Technologie, Design und Qualität. Konzept-Denken. Starkes charakteristisches Design, große Ideen und Hang zum Theatralischen. Respekt für Ältere und ‚Lehrer'. Sinnlichkeit und Gefühle sind wichtig. Starke Rollenunterscheidung. Gestaltung der Werbung ist wichtig (Produkte als Kunstwerke).
Spanien	Visuelle Metaphern (konkret und abstrakt). Design- und kunstorientierte Anreize. Paradox von Innovation/Stabilität (Sehnsucht nach Modernisierung bei gleichzeitigem Festhalten an Traditionen). Gehorsam und Respekt gegenüber Älteren. Beziehungen bauen auf Freundschaft und Familie auf. Tendenz zum Verfall von Autoritäten. Menschen erscheinen in Gruppen. Bedeutung von Kleidung (Rang in der Gesellschaft). Frauenbewußtsein (Rolle der Expertin, sichert die Einheit der Familie). Würde und Stolz. Essen als Ausdruck des besseren Lebens. Kreativität (nicht harte Arbeit) als Mittel zum Erfolg.

Frankreich	Bedürfnis nach Anderssein. Theatralische und bizarre Elemente in der Werbung. Dramatik. Bildorientiert. Phantasie. Theater und Unterhaltung. Bedürfnis, theatralisch Gefühle zu zeigen. Ansprache oder Vortrag in Geschichtenform. Lieder und Wortspiele. Unterhaltung durch Symbolismus. Humor und Drama. Anreize sind Schönheit. Ästhetik. Image. Stil. Extravaganz. Ältere belehren die Jüngeren.
Belgien	Wie Frankreich; direkte Ansprache. Moderator und Testimonial kombiniert mit Vorführung. Professionalität.
Niederlande	Moderator überzeugt als Autorität (Uniformen, laute Sprache, Experten). Direkte Art der Präsentation. Moderatoren treten parodisierend auf. Paradox Konformität/Abenteuer: ausgeglichene Einstellung und Sehnsucht nach Abenteuer. Gebrauch weniger Kraft- oder Magiewörter. Geringe Rollenunterscheidung. Gebrauch des Wortes „frei". Erfolg wird nur unterschwellig gezeigt. Kleine Kinder sind unabhängig. Soziales Bewußtsein (Gefühl der Fürsorge, Wärme, Zusammensein mit Freunden und geliebten Menschen). Unterhaltungsform (Humor).
Schweden	Gleichberechtigung (Männer werden bei Hausarbeit gezeigt). Unterhaltungsform. Kein Respekt vor Autoritäten. Tendenz zu Treffen (Kaffee wird immer serviert).
Polen	Respekt gegenüber den Älteren. Starke Familienwerte. Starke Rollenunterscheidung. Ausrichtung auf Präsentation und Resultat. Humor. Bedürfnis nach Tradition (Folklore, historisches Drama).
China	Indirekte Ansprache. Werte sind Modernität, Qualität, Technologie, Höflichkeit, Respekt gegenüber den Älteren etc. Spezialeffekte. Graphik- und Computeranimationen. Spiel mit Worten, Charakteren und Ton.
Korea	Unternehmen ist wichtiger als die Marke. Konfrontation wird vermieden. Starkes Bedürfnis nach Harmonie. Zusammengehörigkeit geht vor Konkurrenzdenken.

Quelle: adaptiert aus Marieke K. de Mooij. *Global Marketing and Advertising.* Thousand Oaks: Sage Publications, 1998.

Tamotsu Kishii hat sieben Eigenschaften definiert, die wesentlich die Strategie der japanischen Kreativen von jener der amerikanischen unterscheidet.

In Botschaften wird eine indirekte anstelle einer direkten Ausdrucksform bevorzugt. Diese Vermeidung des direkten Ausdrucks ist überall in Japan üblich, auch im Marketing. Viele Fernsehwerbungen nennen beim Produkt nicht dessen Vorteile, sondern überlassen es dem Zuseher, seine eigene Entscheidung zu treffen.

- Es gibt selten einen direkten Zusammenhang zwischen Werbeinhalt und beworbenem Produkt.

- In Fernsehspots kommen nur kurze Dialoge oder Monologe vor und immer nur mit minimal erklärendem Inhalt. In der japanischen Kultur ist unglaubwürdig, wer viel spricht. Ein 30-Sekunden-Spot für modische Herrenbekleidung zeigt fünf Modelle in je nach Jahreszeit wechselndem Outfit und endet mit der knappen Botschaft: „Our life is a fashion show!"

- Humor schafft ein Gefühl der Gemeinsamkeit. Humorvolle Dramatisierung involviert Familienmitglieder, Nachbarn und Bürokollegen besser als Slapstick.

- Prominente treten als Familienmitglieder und gewöhnliche Menschen auf.

- Priorität gilt der Unternehmenstreue mehr als der Produktqualität. Japaner glauben, daß die Produkte eines Unternehmens eine besondere Qualität haben, wenn das Unternehmen groß genug ist und einen guten Ruf hat.

- Der Produktname wird dem Zuseher eindrücklich in 15-Sekunden langen Spots verkündet.[34]

14.9.4 Überlegungen zur globalen Medienwahl

Die Entscheidung für bestimmte Medien

Obwohl sich die Märkte in den industrialisierten Ländern immer ähnlicher werden, gibt es immer noch große Unterschiede bei der Verbreitung von Medien (siehe auch Tabelle 14.6). Das kann sich stark auf die Medienentscheidungen auswirken. Zum Beispiel decken Reichweitenzahlen von Zeitungen auf Pro-Kopf-Basis einen großen Bereich ab. In Japan, wo es viele Leser gibt, kommt eine Zeitung auf zwei Leser. Es gibt ungefähr 65 Millionen Tageszeitungen in den USA, der Pro-Kopf-Schlüssel liegt bei ungefähr 4 zu 1. In Lateinamerika liegt der Schlüssel bei 10 bis 20 Lesern pro Zeitschrift und in Nigeria und Schweden bei einer auf 200.

Auch wenn die Verfügbarkeit an Medien groß ist, kann ihre Verwendbarkeit eingeschränkt sein. In einigen europäischen Ländern wie Dänemark, Schweden und Norwegen ist zum Beispiel Fernsehwerbung stark beschränkt. Die erlaubte tägliche Werbezeit auf öffentlichen Kanälen variiert von 12 Minuten in Finnland bis zu 80 in Italien. In Österreich und Deutschland sind 20 Minuten erlaubt. Auch die Regelungen über Inhalte von Werbespots sind unterschiedlich, und in einigen Ländern gibt es lange Wartezeiten, bis ein Werber Sendezeit erhält.

In Saudi-Arabien, wo alle Marketingaktivitäten der Zensur unterliegen, gibt es viele Verbote, darunter folgende:

- Werbung für Horoskope oder weissagende Bücher, Magazine und ähnliche Publikationen ist verboten.

- Werbung, die Kinder verängstigen oder beunruhigen könnte, muß vermieden werden.

- Werbung darf nicht wie eine Nachrichtensendung oder eine offizielle Stellungnahme präsentiert werden.

- Vergleichende Werbung ist verboten.

- Noch nicht zensurierte Filme dürfen nicht beworben werden.

- Frauen dürfen in der Werbung nur in familiärem Zusammenhang vorkommen, der Anstand und die Würde der Frau müssen gewahrt bleiben.

Tabelle 14.6: Penetration der Informationswirtschaft (je 1.000 Einwohner)

Länder	Tages-zeitungen [35]	Radios [36]	TV-Geräte	Kabel-TV-Anschlüsse	Mobil-telefone [37]	PCs [38]	Internet Hosts* [39]
	1996	1996	1997	1997	1997	1997	1998
Argentinien	123	677	289	156.3	56	39.2	15.92
Australien	297	1385	638	38.1	264	362.2	400.17
Österreich	296	740	496	132.0	144	210.7	163.45
Belgien	160	792	510	361.8	95	235.3	150.65
Kanada	157	1078	708	261.4	139	270.6	335.96
China (Hong Kong)	739	695	412	61.5	343	230.8	108.02
Dänemark	309	1146	568	238.6	273	360.2	358.85
Finnland	455	1385	534	170.0	417	310.7	996.13
Frankreich	218	943	606	27.7	99	174.4	73.33
Deutschland	311	946	570	210.5	99	255.5	140.58
Griechenland	153	477	466	-	89	44.8	37.98
Irland	150	703	455	147.4	146	241.3	121.85
Italien	104	874	483	0.0	204	113.0	55.69
Mexico	97	324	251	15.2	18	37.3	8.75
Niederlande	177	963	541	371.8	110	280.3	327.85
Norwegen	588	920	579	160.2	381	360.8	705.28
Portugal	75	306	523	38.5	152	74.4	45.34
Rußland	105	344	390	78.4	3	32.0	8.88
Saudi Arabien	57	319	260	-	17	43.6	0.02
Spanien	99	328	506	10.8	110	122.1	61.9
Schweden	446	907	531	218.1	358	350.3	429.86
Schweiz	330	969	536	346.0	147	394.9	289.32
Türkei	109	178	286	8.1	26	20.7	4.30
Großbritannien	332	1445	641	40.2	151	242.4	0.01
USA	215	2115	847	245.9	206	406.7	975.94

*... je 10.000 Einwohner
Quelle: http://www.worldbank.org/data/wdi/pdfs/tab5_11.pdf

- Mädchen unter 6 Jahren dürfen nur dann in der Werbung vorkommen, wenn ihre Rollen strikt auf ‚kindliche Aktivität' begrenzt sind.

- Frauen müssen lange, anständige Kleidung tragen, die ihren Körper vollständig bedeckt, ausgenommen sind nur Gesicht und Hände. Sweaters oder ähnliches sind nicht erlaubt.[40]

Medien und Kosten

Genau wie bei Marketingentscheidungen müssen Werber auch zwischen globalen und lokalen Medien unterscheiden. Globale Medien bestehen vor allem aus Kabelfernsehen, wie zum Beispiel MTV, ITN und CNN, die sehr schnell expandieren, sowie regionalen Ausgaben von Printpublikationen. Ein explodierendes neues globales Werbemedium ist

das World Wide Web. Jedes Unternehmen, jede Organisation und jeder Einzelne kann
ins Netz gehen und sich globale Präsenz zu verschaffen!

Lokale Medien variieren von Land zu Land und bestehen aus Fernsehen, Radio,
Zeitungen und der Außenwerbung. Die höchsten Pro-Kopf-Werbekosten entstehen erwartungsgemäß in den entwickelten Ländern. Länder mit hohem Einkommen geben
rund 1,5 bis 2,5 Prozent ihres Bruttonationalprodukts (BNP) für Werbung aus. In den
wirtschaftlich weniger entwickelten Ländern liegen die Ausgaben zwischen 0,5 und 1
Prozent. Die USA sind mit Abstand der größte Werbekonsument der Welt.

Ein Schlüsselthema ist die Medienselektion. Gedruckte Werbung ist weiterhin Werbemittel Nummer eins in den meisten Ländern. Jedoch gingen die Ausgaben für Printmedien in den USA zurück. Der Einsatz von Printwerbung ist weltweit auch höchst
unterschiedlich. In Mexiko könnte ein Werber, der für ein ganzseitiges Inserat bezahlen
kann, auch die erste Seite bekommen, während es in Indien aufgrund von Papiermangel
notwendig ist, 6 Monate im voraus zu buchen.

In einigen Ländern und speziell in jenen, wo die elektronischen Medien in der Hand
der Regierungen sind, können Fernseh- und Radiostationen nur eine beschränkte Zahl
an Werbebotschaften übertragen. In Saudi-Arabien war kommerzielle Werbung bis Mai
1986 überhaupt verboten; noch immer sind Werbeinhalte und die visuelle Präsentation
eingeschränkt. In solchen Ländern ist der Anteil der Werbemittel, die für Printmedien
aufgewendet werden, sehr hoch. Im April 1995 verbot der russische Sender Kanal 1
jede kommerzielle Werbung; das Verbot wurde später wieder aufgehoben.

Weltweit ist Radio weiterhin ein weit weniger wichtiges Werbemedium als Printmedien und Fernsehen. Beim Anteil der gesamten gemessenen Werbeausgaben liegt
Radio weit hinter Printmedien, Fernsehen und direkter Werbung. Jedoch kann Radio
in Ländern, wo Werbebudgets limitiert sind, durch seine enormen Reichweiten ein ko-
stengünstiges Kommunikationsmittel mit einem großen Konsumentenmarkt sein und
in Ländern mit hoher Analphabetenrate effektiv eingesetzt werden.

Wenn Länder ihre öffentlichen Verkehrsmittel ausbauen und ihre Infrastruktur verbessern, verwenden Werbemanager vermehrt Plakate im Innen- und Außenraum, um
die Konsumenten zu erreichen. Transitwerbung wurde vor kurzem in Rußland eingeführt und die Busse dort mit den grellen Farben westlicher Marken tapeziert.

🎈 AUF DEN PUNKT GEBRACHT

- Die Ausweitung der visuellen Ausführung sollte in internationalen Märkten
  angepaßt sein.

- Die Schlüsselanliegen internationaler Werbung in unterschiedlichen kulturellen
  Umwelten sind Werte und Motive, die Werbeform und die Ausführung der
  Werbung.

- Die Medienpenetration und -regulation in verschiedenen Ländern hat Auswirkungen auf die Medienentscheidungen.

14.10 Public Relations (PR)

Die PR-Aktivitäten eines Unternehmens sollen den Unternehmenswert und das Verständnis sowohl innerhalb als auch außerhalb des Unternehmens fördern. PR-Manager versuchen eine vorteilhafte Publicity zu erzeugen, die eine nicht bezahlte Form der Kommunikation ist. In der PR-Welt wird Publicity manchmal als unbezahlte Kommunikationsform bezeichnet, während Werbung als die bezahlte Form bezeichnet wird. Die PR-Abteilung spielt auch eine Schlüsselrolle bei der Reaktion auf wenig schmeichelhafte Medienberichte und Streitigkeiten, die aus den Aktivitäten des Unternehmens in verschiedenen Erdteilen entstehen. In solchen Fällen ist es Aufgabe der PR sicherzustellen, daß das Unternehmen schnell reagiert und seine Seite der Geschichte erzählt. Die Grundwerkzeuge der PR sind Presseveröffentlichungen, Newsletter, Pressekonferenzen, Fabriksbesichtigungen, Artikel in Wirtschaftsjournalen, Firmenmitteilungen und Broschüren, Auftritte von Mitarbeitern in Radio- und Fernsehsendungen, spezielle Events und Homepages im Internet. Die Medien erhalten typischerweise viel mehr Presseveröffentlichungen und PR-Material als sie verwenden können. Generell gesagt hat ein Unternehmen wenig Kontrolle darüber, wie die Pressearbeit verlaufen wird. Das Unternehmen kann den Ton, Verlauf und die Richtung einer Geschichte nicht direkt beeinflussen. Zusätzlich zu den unten angeführten Beispielen stellt Tabelle 14.7 einige Fälle von globaler Medienwirkung bekannter Unternehmen vor.

Auch bei Public Relations gibt es nicht selten Unterschiede zwischen Theorie und praktischer Umsetzung. Häufig diskutiert wird dabei die Definition und Umsetzung von PR als „symmetrisches Zwei-Weg-Modell" der Kommunikation, die zwischen zwei gleichen Einheiten stattfinden soll. Dieses Modell besagt, daß PR-Aktivitäten auf so-

Tabelle 14.7: Beispiele globaler Medienwirkung

Unternehmen	Art der Medienwirkung
Bruno Magli (Italien)	Schuhe dieser Marke wurden angeblich von O.J. Simpson in der Nacht getragen, als Nicole Simpson ermordet wurde; die breite Aufmerksamkeit in Wochenschauen und Printmedien wird auf den Gegenwert von € 84,83 Millionen geschätzt. Schuhverkauf stieg während des Prozesses um 50%.
Nike (USA)	Opfer der Heaven's Gate-Selbstmord-Sekte trugen Nike-Schuhe, als sie starben.
Mitsubishi (Japan)	Urteile wegen sexueller Belästigung in Fabrik in Illinois erhielten breite Berichterstattung in den Medien.
McDonald's (USA)	Klage im längsten Zivilstrafverfahren der britischen Geschichte. McDonald's verklagt zwei vegetarische Aktivisten wegen Verleumdung, da sie Schriften verteilten, die McDonald's als „multinationale Bedrohung" darstellten wegen Tiermißbrauchs und Ausbeutung der Angestellten. Die Angeklagten erreichten weltweite Publicity für ihren Fall.

ziale Verantwortung und Problemlösungen hin ausgerichtet sein sollen und sich durch
Dialog und eine Harmonisierung von Interessen charakterisieren. Als solches führt das
symmetrische Modell die PR über die „Verteidigungsrolle" zum Wohl eines Unternehmens hinaus. Dieses Modell läßt sich auch als „konsensorientierte PR" bezeichnen. Es
besagt, daß eine symmetrische Zwei-Weg-Kommunikation wünschenswerter und erfolgreicher ist als asymmetrische PR. Diese Ansätze sind besonders effektiv in Situationen,
wo es ein hohes Konfliktpotential zwischen den Parteien gibt. Streitigkeiten, wie sie oft
bei der Planung einer Mülldeponie für gefährliche Stoffe entstehen, wären ein Beispiel.
Wie ein Experte bemerkt, sehen die Modelle in der Theorie einfacher aus, als sich das
in der Praxis dann erweist.[41]

PepsiCo verwendete diese integrierte Marketingkommunikation, als es ein ambi-
tioniertes globales Programm startete, um die Verpackung seines Flaggschiffes Cola
aufzupolieren. Um die Aufmerksamkeit für die neuen blauen Dosen zu steigern, leaste
Pepsi eine Concorde und bemalte sie in der neuen Farbe. Pepsi bewahrte noch ein wenig
„gratis Tinte" auf, indem es € 4,24 Millionen ausgab, um einen Spot mit zwei russischen Kosmonauten zu drehen, die eine riesige Nachbildung der neuen Dose hielten,
während sie die Erde in der MIR-Station umrundeten. Massimo d'Amore, Chef von
PepsiCos internationaler Marketingabteilung, erzählte Reportern: „Der Weltraum ist
die ultimative Grenze des globalen Marketings. Die Cola-Kriege wurden bereits überall
auf dieser Welt ausgetragen, jetzt ist es Zeit, sie in den Weltraum zu verlagern." Es wird
sich herausstellen ob sich diese Aktivitäten in Bezug auf eine gesteigerte Markentreue
bezahlt machen.

IBM gab ungefähr € 4,24 Millionen aus, um 1996 ein Schachspiel zwischen Gary
Kasparov und dem Computer Deep Blue auszutragen. Das Spiel, das in New York City stattfand, wurde als eines der Publicity-Glanzstücke der letzten Jahre gefeiert. Um
Präsenz und Interesse zu steigern, schaltete IBM ganzseitige Zeitungsinserate, sendete
zahlreiche Pressemitteilungen aus, startete eine Internet-Site und kaufte Busplakate in
Manhattan. Diese Aktivitäten waren wie aus einem Lehrbuch für integrierte Marketingkommunikation; die Medien in aller Welt berichteten über das Spiel. Peter Harleman
von der Corporate-Identity-Firma Landor Associates erzählte dem Wall Street Journal, daß „die Werbung, die IBM davon bekommt, mit Geld fast nicht zu bezahlen ist."
John Lister, ein internationaler Markenexperte, meinte ähnliches: „Sie arbeiten großartig, um ihr Markenimage zu verbessern. Sie haben nicht nur den Namen IBM mit fast
jedem Nachrichtenbericht in Verbindung gebracht, sondern unterstrichen auch die Un-
ternehmensfarbe blau." Branchenexperten schätzen, daß diese Aktion ungefähr € 84,83
Millionen in Form von positiver Berichterstattung einbrachte. IBMs Internetseite über-
trug das Turnier live und verzeichnete eine Million Besucher während eines einzigen
Spiels, eine Zahl, die wahrscheinlich einen Rekord für das World Wide Web darstellt.
Die Medienwirkung war besonders erfreulich, nachdem IBM Probleme mit seinem viel
gepriesenen Informationssystem bei den olympischen Spielen 1996 hatte, was zu zahlreichen negativen Berichten geführt hatte.[42]

Manchmal wird Medienwirkung schon erzeugt, wenn ein Unternehmen nur seine globalen Marketingaktivitäten durchführt. Nike und andere Marketer erhielten viel nega-
tives Medienecho, das sich auf angeblich schlechte Arbeitsbedingungen in den Fabriken
der Zulieferer bezog. Bis jetzt hat Nike's PR-Team noch keine effektiven Gegenmaßnahmen gegen diese Kritik setzen können, indem es zum Beispiel die positiven Effekte

herausgestrichen hätte, die Nike auf jene Nationen hatte, wo seine Sportschuhe erzeugt werden. Volkswagen hatte monatelang eine Serie von negativen Berichten, nachdem der neu eingestellte Einkaufsmanager der Industriespionage verdächtigt wurde.

Einmal mehr war McDonald's das Ziel von Anschuldigungen der „People for the Ethical Treatment of Animals" (PETA), einer amerikanischen Organisation, die verlangt, daß McDonald's höhere Standards für Tierhaltung von seinen Zulieferern einfordert. Deshalb warb PETA mit dem Slogan „Do you want your fries with *that*? McDonald's. Cruelity to go" und unterstützte ihn mit erschreckenden Bildern wie dem Kopf einer gehäuteten Kuh, von dem Blut tropft. Fast alle Medien verweigerten den Druck dieser Anzeige, und die Protestgruppe organisierte eine weltweite Aktion gegen McDonald's. Die offizielle Internetseite erklärte, daß McDonald's nur ein „Symbol aller multinationalen Unternehmen ist, die ihr Gewinnstreben auf Kosten von allem, das im Wege steht, durchziehen will." [43]

Der härteste Test für die PR-Fähigkeiten einer Organisation tritt bei Umweltproblemen auf, speziell in Fällen einer möglichen oder tatsächlichen Krise. Wenn es ein Desaster gibt, kann ein Unternehmen oder eine Branche sehr schnell in die Schlagzeilen kommen. Die prompte und effektive Ausführung einer Kommunikationsstrategie hat in solchen Situationen große Wichtigkeit. Die beste Reaktion ist es, aufrichtig und direkt zu sein und sicherzustellen, daß nur richtige Informationen an die Öffentlichkeit und die Medien weitergegeben werden.

EUROPÄISCHER BLICKWINKEL

DER ELCH-TEST

„Der Elch stand plötzlich mitten auf der Straße", berichtete 1959 ein Testfahrer von Mercedes-Benz unmittelbar nach einem Ausweichmanöver. Dank der schnellen Reaktion des Fahrers und der Technik des Wagens geschah dem Tier nichts. Aber der Zwischenfall gab dem Test seinen Namen: der Elch-Test war geboren.

Viele Jahre später, 1997, war die Existenz des Elchs bedroht, als nämlich Mercedes-Benz seine A-Klasse vorstellte. Robert Collin, Korrespondent eines schwedischen Automobilmagazins, entdeckte den Schwachpunkt der A-Klasse. Bei einem Elch-Test kippte der Wagen um. Die A-Klasse, ein Symbol des strategischen Wagemuts von Mercedes-Benz in einem neuen Produktsegment, war von da an immenser Publicity ausgesetzt. In den Medien war der Zwischenfall die Meldung des Tages. Die erste Reaktion des Unternehmens war eher schwach. In einer Pressekonferenz versprachen die Verantwortlichen nur, das elektronische Stabilitätsprogramm EPS standardmäßig einzubauen und andere Reifen zu verwenden. Experten prophezeiten einen Imageverlust für die Marke, und daß es Jahre dauern würde, bis der Ruf wiederhergestellt wäre.

Im November 1997 gab Daimler-Benz eine Auslieferungsverzögerung von zwölf Wochen bekannt, weil das Fahrgestell vollständig neu entworfen werden mußte. Daimler-Benz investierte € 1,27 Milliarden in die A-Klasse, und Geschäftsführer Jürgen Schrempp erwartete weiterhin, das Ziel von 200.000 verkauften Fahrzeugen pro Jahr zu erreichen. Nachdem die Verkäufe für drei Monate ausgesetzt waren, wurden die Händler im Februar mit der verbesserten A-Klasse beliefert.

Fortsetzung auf der nächsten Seite

DER ELCH-TEST (Fortsetzung)

In einer Kampagne warb das Unternehmen mit Elchen: zum Beispiel wurden die Mercedes-Benz-Verkaufsräume mit Stofftieren dekoriert, und die Werbung zeigte Elche und Autos zusammen. Um der Öffentlichkeit die Anstrengungen vor Augen zu führen, die man in die Verbesserung der Sicherheitsstandards investiert hatte, lud Daimler-Benz Journalisten von Automobilmagazinen zu Testfahrten ein. Der schwedische Journalist, der die Sicherheitsmängel entdeckt hatte, und der ehemalige Formel-1-Pilot Niki Lauda testeten den Wagen und bestätigten sein Sicherheitssystem.

Einfach zum Nachdenken:

- Hat Mercedes aus Ihrer Sicht die „Elch-Test"-Krise in geeigneter Form behandelt? Haben die Werbemaßnahmen, die Elche beinhalteten, unnötige Aufmerksamkeit auf das technische Problem gelenkt?
- Wählen Sie eine Unternehmenskrise der jüngeren Vergangenheit, und beschreiben Sie, wie darauf in Werbe- und PR-Maßnahmen reagiert wurde.

Quellen: Mercedes: Rekord trotz Elchtest-Affäre", *Der Standard*, 14. Jänner 1999, S.26; Öffentlichkeitsarbeit: Nach dem Elch-Test kommt der PR-Test für Mercedes-Benz", http://www.Horizont.net, 5. November 1997; Mercedes kapituliert vor dem Elchtest", *Der Standard*, 12. November 1997, S.19; http://www.mercedes-benz.com/d/cars/a-class/facts1.htm.

Jedes Unternehmen, das Geschäfte außerhalb seines Heimatmarktes betreibt, kann PR verwenden, um Konflikten mit Angestellten, Gewerkschaften, Aktionären, Kunden, den Medien, Finanzanalysten, Regierungen und Lieferanten vorzubeugen. Obwohl viele Unternehmen ihre eigenen PR-Abteilungen haben, gibt es auch einige, die sich für das Beauftragen von externen PR-Agenturen entscheiden. Einige PR-Firmen sind Teile von Werbeorganisationen. Burston-Marsteller, zum Beispiel, ist eine PR-Abteilung von Young & Rubicam, während Fleishman-Hillard mit D'Arcy Masius Benton & Bowles verbunden ist. Andere PR-Firmen wie Shandwick PLC und Edelman Public Relations Worldwide oder Kanadas Hill & Knowlton sind unabhängig. Viele unabhängige PR-Firmen in Großbritannien, Deutschland, Italien, Spanien, Österreich und den Niederlanden haben sich im Netzwerk Globalink zusammengeschlossen. Ziel ist es, die Mitglieder mit Pressekontakten, Eventplanung, Textentwürfen und Vorschlägen für globale Kampagnen zu unterstützen.[44]

14.10.1 Sponsoring

Durch Sponsoring wird der Zielgruppe ein Produkt, eine Marke oder ein Firmenname vorgestellt. Sponsoren wollen den Eindruck, den Konsumenten von einem Unternehmen oder von Marken haben, etablieren oder konsolidieren. Es wird versucht, ein bestimmtes Image zu transferieren und ein Bewußtsein zu bilden.[45]

Typische Events, die gesponsert werden, sind Sport-Events (75% der Sponsoringbudgets) und Kulturveranstaltungen. Sport-Events wie die olympischen Spiele werden für die Marketer immer attraktiver. The Times schrieb 1996: „Die Olympischen Spiele sind weltweit anerkannt als das globale Medien- und Marketingereignis. Für Top-Marketer bieten sie Markenwerte und unschlagbares Image."[46] Rupert Murdochs

Angebot für die Übertragungsrechte an den Spielen in Sydney 2000 (erwartete 3,6 Milliarden Zuseher) ist ungefähr viermal so hoch als für die Spiele 1996. Vor 20 Jahren hatte das Internationale Olympische Komitee noch große Schwierigkeiten, Sponsorgelder zu erlangen. Heute steht Olympia für universell anerkannte Werte wie Leistung, Erfolg, internationale Kooperation und Frieden.

Ein Marketer, der Werte eines gesponserten Events auf sein Unternehmen übertragen will, muß genau überlegen, welche Veranstaltung er sponsern soll. Es ist besonders wichtig Ähnlichkeiten zwischen dem Event und dem Unternehmen oder Produkt zu finden. Die Eismarke Häagen-Dazs wurde von Grand Met in Europa zu einem Preis eingeführt, der 30% bis 40% über seinen engsten Konkurrenten lag. Neben der unüblichen Strategie (wenig Werbung, aber Eröffnung von einigen luxuriösen Eisgeschäften an teuren Orten) wurde Häagen-Dazs mit Kunstsponsoring verbunden. Bei der Premiere von Don Giovanni in London wurde das teure Eis sogar in die Aufführung miteinbezogen: „Als der Don nach Sorbet verlangte, erhielt er eine Box Häagen-Dazs." Innerhalb von wenigen Monaten lag die Markenbekanntheit in Großbritannien bei 50%.[47]

14.10.2 Die wachsende Rolle der PR in der globalen Marketingkommunikation

PR-Manager mit internationaler Verantwortung müssen über Medienbeziehungen hinausgehen und mehr als nur Sprecher für das Unternehmen sein; sie müssen gleichzeitig für Konsens und gegenseitiges Verstehen sorgen, Vertrauen in das Unternehmen aufbauen, öffentliche Meinung artikulieren und beeinflussen, Konflikte vorhersehen und Dispute lösen.[48] Da Unternehmen immer mehr in globales Marketing involviert sind, ist es wichtig, daß das Management den Wert internationaler PR erkennt. Eine kürzlich durchgeführte Studie zeigte, daß PR-Ausgaben international jährlich um durchschnittlich 20 Prozent wachsen.

Die Zahl an internationalen PR-Verbänden wächst auch. Die neue Austrian Public Relations Association ist ein Beispiel dafür. Viele europäische PR-Verbände sind Teil der Confédération Européenne des Relations Publiques und der International Public Relations Association. Ein weiterer Faktor, der das Wachsen der internationalen PR beschleunigt, sind vermehrte Beziehungen zwischen Ländern auf Regierungsebene. Regierungen, Organisationen und Gesellschaften kümmern sich um weiträumige Themen wie Umwelt und Weltfrieden. Schließlich hat die technologiegetriebene Kommunikationsrevolution aus Public Relations eine Tätigkeit mit globaler Erreichbarkeit gemacht. Fax, Satelliten, Hochgeschwindigkeitsmodems und das Internet erlauben PR-Managern mit Medien rund um die Welt in Verbindung zu treten.

Trotz dieser technologischen Vorteile müssen PR-Manager noch immer gute persönliche Beziehungen zu Journalisten und anderen Medienvertretern aufbauen und pflegen. Deshalb sind Soft Skills wie zwischenmenschliche Kommunikationsfähigkeiten gefragt. Eines der Grundkonzepte der Praxis ist, gute Kontakte zu haben. Für den globalen PR-Praktiker bedeutet dies, Entscheidungsträger sowohl im Heimmarkt als auch in den Gastländern zu kennen. Besondere Fähigkeiten sind weiters, in der Sprache der Gastländer kommunizieren zu können und lokale Gewohnheiten zu kennen. Ein PR-Manager, der die Sprache des Gastlandes nicht beherrscht, kann auch mit dem Großteil der wichtigen Leute nicht direkt kommunizieren. Genauso muß der im Ausland arbeitende PR-Manager sich auch der non-verbalen Kommunikation im Gastland bewußt sein. Internationale PR-Fachleute, so sagt man, haben die Fähigkeit, als Brückenbauer eine wichtige Rolle in Richtung des globalen Dorfs zu spielen.[49]

14.10.3 Wie sich PR rund um die Welt unterscheidet

PR-Praktiken in einzelnen Ländern können von kulturellen Traditionen, sozialen und politischen Kontexten und wirtschaftlichen Gegebenheiten beeinflußt sein. Wie erwähnt sind Massenmedien und das geschriebene Wort wichtige Hilfsmittel für die Informationsverbreitung in vielen Ländern. In wirtschaftlich weniger entwickelten Ländern ist der beste Kommunikationsweg jedoch oft über Marktschreier, den Hauptplatz oder ähnliches. In Ghana sind Tanz, Lieder und Geschichten wichtige Kommunikationskanäle. In Indien, wo die Hälfte der Bevölkerung nicht lesen kann, sind geschriebene Pressemitteilungen nicht die effektivste Art der Kommunikation.[50]

Sogar in Industrieländern gibt es einige wichtige Unterschiede bei den PR-Praktiken. In Kanada bedeutet der Mangel an kleinen, lokalen Zeitungen, daß das Aussenden von auf kleinere Regionen zugeschnittenen Nachrichten fast nicht existent ist.[51] In den USA wird PR immer mehr als eine separate Managementfunktion gesehen. In Europa ist diese Ansicht noch nicht sehr verbreitet. PR-Manager werden eher als Teil der Marketingaktivitäten gesehen und nicht als eigenständige Spezialfunktion im Unternehmen. In Europa bieten weniger Colleges und Universitäten Kurse in PR an, als dies in den USA der Fall ist. Auch sind die Kursinhalte in Europa eher auf theoretische Inhalte konzentriert. In den USA sind PR-Programme oft Ausbildungsschwerpunkt der Massenkommunikations- oder Journalismusschulen. Dort wird mehr Wert auf praktische Fähigkeiten gelegt.

Ein in Bezug auf PR ethnozentrisches Unternehmen wird seine PR-Aktivitäten vom Heimatland in die Zielländer ausdehnen. Die Idee hinter dieser Strategie ist, daß Menschen in allen Ländern auf die gleiche Art motiviert und informiert werden können. Offenkundig berücksichtigt diese Strategie keine kulturellen Unterschiede. Ein Unternehmen mit einem polyzentrischen PR-Zugang gibt den Ländermanagern mehr Freiheiten, um lokale Gewohnheiten und Praktiken zu berücksichtigen. Obwohl dieser Zugang den Vorteil hat, daß man mit mehr lokaler Verantwortung handeln kann, kann der Mangel an globaler Kommunikation und Koordination zu einer Schwächung der PR-Arbeit führen.[52]

Im Herbst 1994 zeigte der Computerchiphersteller Intel ein mangelndes Verständnis für PR, nachdem ein Universitätsprofessor einen technischen Defekt beim Pentium-Chip entdeckt hatte. Professor Thomas Nicely kontaktierte Intel und bat um einen Ersatzchip. Seine Anfrage wurde jedoch abgelehnt. Intel gab zu, daß der Pentium einen Fehler hatte, sagte aber zugleich, daß dieser nur einmal in 27.000 Jahren zu Problemen führen würde. Nachdem er vom Halbleiterhersteller, der 80% des Marktes dominierte, nicht zufriedengestellt wurde, stellte Nicely seine Beschwerde ins Internet. Die Geschichte vom Pentiumfehler und der Intel-Reaktion verbreitete sich schnell. Der CEO von Intel, Andrew Grove, goß zusätzlich Öl ins Feuer, indem er eine Entschuldigung über das Internet veröffentlichte. Grove sagte: „Kein Chip ist jemals perfekt". Er bot an, daß Intel die fehlerhaften Chips ersetzen würde, falls der Konsument beweisen konnte, daß er seinen Computer für komplizierte mathematische Kalkulationen verwendete. Groves Mangel an Zurückhaltung kombiniert mit Enthüllungen, daß der Chiphersteller von dem Fehler schon monatelang gewußt hatte, verschlechterte das Bild nur noch. Nach Wochen der negativen Medienwirkung rund um die Welt kündigte Intel schließlich an, daß neue Pentium-Chips für jeden zur Verfügung stünden, der sie verlangte. Die Aufregung legte sich schließlich ohne dauerhaften Schaden für Intels Ruf.

AUF DEN PUNKT GEBRACHT

- Das Hauptziel der PR ist es, positive Medienwirkung zu erzeugen, die eine nicht bezahlte Form der Kommunikation ist.
- Im Idealfall funktioniert PR als „symetrisches Zwei-Weg-Modell" der Kommunikation zwischen zwei gleichen Einheiten. Dabei zielen PR-Aktivitäten auf soziale Verantwortung und Problemlösungen ab und sind durch Dialog sowie eine Harmonisierung von Interessen charakterisiert.
- Durch Sponsoring wird der Zielgruppe ein Produkt, eine Marke oder ein Firmenname vorgestellt. Sponsoren wollen den Eindruck, den Konsumenten von einem Unternehmen oder von Marken haben, etablieren oder konsolidieren. Es wird versucht, ein bestimmtes Image zu transferieren und ein Bewußtsein zu bilden.

14.11 Verkaufsförderung

Verkaufsförderung bezieht sich auf jedes Kunden- oder Handelsprogramm mit beschränkter Dauer, das den materiellen Wert eines Produkts oder einer Marke erhöht. Dieser materielle Wert kann in verschiedenen Formen wie zum Beispiel Preisnachlässen oder Sonderangeboten liegen. Gutscheine, Muster oder Kupons sind ebenfalls sehr verbreitet. Der Sinn der Verkaufsförderung ist es, Kunden zum Test eines Produktes zu bewegen oder die Nachfrage danach zu erhöhen. Handelsgerichtete Verkaufsförderung soll die Verfügbarkeit des Produktes in den Distributionskanälen erhöhen. Tabelle 14.8 listet häufig verwendete Instrumente der Verkaufsförderung und ihre Ziele auf.

Viele internationale Manager haben über Verkaufsförderungsstrategien und -taktiken in Seminaren gelernt. Manchmal ist die Anpassung an länderspezifische Bedingungen notwendig. Laut Joseph Potacki, einem Verkaufsförderungsexperten, ist der größte Unterschied zwischen Verkaufsförderung in den USA und in anderen Ländern der Umgang mit Kupons. In den USA machen Kupons 70% der Verkaufsförderungsausgaben aus. Dieser Prozentsatz ist außerhalb der USA viel geringer. Laut Potack sind Kupons „in anderen Ländern fast nicht existent, weil die Kulturen es einfach nicht akzeptieren."[53] Verkaufsförderung ist in Europa sehr stark reguliert, wie in Tabelle 14.9 gezeigt wird.

In Skandinavien ist Verkaufsförderung populär, weil Fernsehwerbung sehr stark geregelt und eingeschränkt ist. Auf der anderen Seite ist die Verkaufsförderung selbst Gegenstand zahlreicher gesetzlicher Regelungen. Wenn solche Gesetze im Zuge des

Tabelle 14.8: Instrumente der Verkaufsförderung

Mittel	Ziele							
	Kaufan-regung	Ermunte-rung zu wieder-holtem Kauf	Aufbau eines Vertriebs	Steigerung von Bestel-lungen	Steigerung der Attrakti-vität	Aufmerk-samkeit erregen	Information bereit-stellen	Verbesse-rung der Verkaufs-möglich-keiten
Gutscheine	X	X						
Preisnach-laß		X						
Waren-muster	X		X	X				
Beige-packte Produkte					X			
Einmalige Prämien	X	X						
Treue-prämien		X						
Zusatz-packungen		X						
Gewinn-spiele	X			X				
Displays						X	X	
Training						X		X
Veranstal-tungen						X	X	
Verkaufs-ausstel-lungen	X		X			X	X	
Produkt-vorführun-gen	X		X			X	X	

Quelle: adaptiert aus Muehlbacher, H., Dahringer, L. und Leihs, H. (1999). *International Marketing. A Global Perspective.* London: Business Press, S.769.

einheitlichen Marktes gelockert werden, wird es für die Unternehmen leichter werden, pan-europäische Verkaufsförderungsprogramme zu erstellen.

Unternehmen müssen extrem vorsichtig sein, wenn sie Verkaufsförderungsprogramme entwickeln. Im Jahr 1992 war eine Verkaufsförderungskampagne des Haushaltsgeräteherstellers Hoover ein Riesenerfolg, der sich später als finanzielles und PR-Fiasko herausstellte. Über eine Zeitspanne von mehreren Monaten bot Hoover den Käufern von Staubsaugern oder anderen Hoover-Geräten gratis Flugtickets in Europa und in die USA an. Mit der Aktion wollte man Vorteile aus billigen Restplatztickets zu ziehen. Die Manager hofften, daß die Kosten für die Tickets durch Provisionen ausgeglichen würden, die an Hoover gezahlt würden, sobald die Kunden Autos oder Hotelzimmer mieten würden. Schließlich wurde auch erwartet, daß nicht alle Kunden, die Staubsauger kauften, die Tickets nützen würden.

Tabelle 14.9: Gesetzliche Regelungen für Verkaufsförderung in Europa

	GB	IR	SP	P	GR	F	I	NL	DK	B	D	LUX
Beigepackte Produkte	E	E	E	E	E	B	E	B	B	B	B	N
Angebote bei Mehrfachkauf	E	E	E	E	E	E	E	E	B	B	B	N
Warenmuster	E	E	E	E	E	E	E	E	E	B	E	E
Prämien beim Kauf	E	E	E	E	E	E	E	B	B	B	B	N
Kombinations-angebote	E	E	E	E	E	E	E	B	B	N	N	N
Sammlerstücke	E	E	E	E	E	B	E	B	B	B	N	N
Wettbewerbe	E	E	E	E	E	B	E	B	B	E	B	B
Verlosungen	E	E	E	E	E	E	E	N	N	N	N	N
Verteilungen	E	E	E	E	E	B	B	N	N	N	N	N
Gewinnspiele	B	B	B	B	B	B	B	B	N	B	B	N
Kupons	E	E	E	E	E	E	B	E	B	E	N	B
Boni	E	E	E	E	E	E	N	E	E	E	B	N

E = Erlaubt, B = bedingt erlaubt, N = nicht erlaubt.
Quelle: „Europe's Promotion Maze", *Advertising Age*, 30. April 1990: S.11.

In Großbritannien steht das Wort Hoover nicht nur für die Marke, sonder ist schon zum Begriff für die damit verbundene Tätigkeit geworden („hoover the carpet"). Die Anzahl der Menschen, die die Tickets nützten, übertraf mit 200.000 alle Erwartungen der Firma, während die Zahl der Auto- und Hotelzimmervermietungen dahinter zurück blieb. Hoover war vom Volumen der Anfragen überwältigt. Viele Kunden wurden durch die langen Wartezeiten auf die Tickets verärgert. Schließlich konnte Hoover die Kosten für die Verkaufsförderung nicht mehr tragen, und der Mutterkonzern Maytag mußte für Kosten von € 64,98 Millionen geradestehen. In einem Versuch, die Hoover-Konsumenten wieder zu besänftigen, kaufte Maytag einige tausend Plätze bei verschiedenen Fluglinien. „Der Name Hoover ist in Großbritannien wertvoll und daher ist diese Investition in unseren Kundenstock essentiell für unsere Zukunft", sagte Hadley, CEO von Maytag.

Hadley feuerte den Präsidenten und Marketingdirektor von Hoover Europe und den Vizepräsidenten für Marketing bei Hoover Großbritannien. Der PR-Alptraum setzte sich fort, als Schlagzeilen in der Londoner Daily Mail folgendermaßen lauteten: „Hoover fiasco: Bosses sacked" und „How Dumb Can You Get?" Inzwischen gingen im Hauptquartier von Maytag Beschwerden von verärgerten Kunden ein. Im Mai 1995 warf Hadley schließlich das Handtuch. Er beschloß, Hoover Europa an die italienische Candy SpA für € 144,21 Millionen zu verkaufen. Hadley beabsichtigte, sich wieder auf den Markt von Maytag in Nordamerika zu konzentrieren.[54]

Obwohl nicht alle Aktivitäten soviel Echo erzeugen wie die von Hoover, bleibt Verkaufsförderung doch ein wichtiges Element im Marketing-Mix. Sie diente in der Vergangenheit vor allem dazu, Umsätze zu erhöhen. Da man den Konsumenten nicht wirklich kannte, wurden die Kampagnen an ein großes Publikum ohne besondere Differenzierungen gerichtet. Mit verfügbaren Informationen über den Kunden in Form von Datenbanken können Marketer nun zielgerichtetere Verkaufsförderungen anbieten. Die moderne Verkaufsförderung ist effektiver, weil sie sich direkt auf die Vorlieben und Lebensstile der Kunden bezieht. Ein neuer Aspekt ist der Start von Loyalitätsprogrammen, um enge Beziehungen mit bestehenden Kunden zu bilden. Die meisten der heutzutage verteilten Mitgliedskarten sind ein Mittel, um diese Kundenloyalität zu schaffen.

Amazon.com Inc., das größte virtuelle Buch- und Musikgeschäft der Welt, trat im Oktober 1998 in den europäischen Markt mit Websites in Deutschland (www.amazon.de) und Großbritannien (www.amazon.co.uk) ein. Amazon.com war nicht nur Vorläufer beim Verkauf von Büchern, CDs oder elektronischen Grußkarten, sondern erfand auch ein neues Marketingkonzept, das man *Affiliate Marketing* oder *Associates Programme* nannte. Das *Associates Programme* versetzt Besitzer von Websites in die Lage, zusätzlich Geld zu verdienen, indem sie über Links zu Amazon Bücher verkaufen. Im Juli 1999 übertraf die Zahl der Mitglieder beim UK Associates Programm 10.000 Websites, darunter einige wohltätige Seiten wie das Royal National Institute for the Blind oder die Children's Society.

14.12 Persönlicher Verkauf

Persönlicher Verkauf ist ein weiteres Instrument der Marketingkommunikation. Verkaufen ist eine zweiseitige, persönliche Kommunikation zwischen dem Vertreter eines Unternehmens und einem potentiellen Kunden. Die Aufgabe des Verkäufers ist es, die Bedürfnisse der Kunden richtig einzuschätzen, diese mit den Produkten des Unternehmens zu verknüpfen und dann den Konsumenten zum Kauf zu bewegen. Effektiver persönlicher Verkauf im Heimatland des Verkäufers erfordert eine Beziehung zu den Kunden. Globales Marketing hält zusätzliche Herausforderungen bereit, weil der Käufer und der Verkäufer aus verschiedenen Ländern kommen können. Die Wichtigkeit der Rolle von persönlichen Kontakten kann nicht genügend betont werden. 1993 holte ein malaiischer Entwickler, die YTL Corp., Angebote für einen € 600 Mio.-Vertrag für Stromgeneratoren ein. Die deutsche Siemens AG und General Electric (GE) waren unter den Anbietern. Datuk Francis Yeoh, der Generalsekretär von YTL, bat um Treffen mit den Top-Managern beider Firmen. „Ich wollte ihnen in die Augen sehen und dann entscheiden, ob wir Geschäfte machen könnten", sagte Yeoh. Siemens erfüllte diese Forderung, GE nicht, und Siemens erhielt den Zuschlag.[55]

Der Verkaufsprozeß ist typischerweise in mehrere Stufen gegliedert: Identifikation potentieller Kunden, Vorkontakt, Kontaktierung, Präsentation, Problemlösung, Erledigung von Einwänden, Abschluß des Verkaufs und Kundenservice. Die relative Wichtigkeit jeder Stufe variiert von Land zu Land. Erfahrene Verkäufer wissen, daß Hartnäckigkeit eine für den Verkaufsabschluß häufig notwendige Taktik ist. In einigen Ländern bedeutet dies Ausdauer und den Willen, oft einige Monate oder Jahre in den Kunden zu investieren, bevor es dann zum tatsächlichen Verkauf kommt. In Japan müssen Unternehmen darauf vorbereitet sein, daß Verhandlungen zwischen 3 bis 10 Jahren dauern können.

Der erste Schritt ist der Prozeß der Identifizierung von potentiellen Käufern und die Abschätzung der Kaufwahrscheinlichkeit. Wenn VW in neue Länder Busse verkaufen will, muß geklärt werden, an welche Firmen diese Busse verkauft werden könnten, und ob diese Firmen die finanziellen Ressourcen dazu haben. Firmen, die sowohl den Bedarf als auch die Ressourcen haben, sind potentielle Kunden. Eine erfolgreiche Vorgangsweise erfordert Problemlösungstechniken, die das Verständnis für den Konsumenten beinhalten.

Die nächsten zwei Stufen, Kontaktaufnahme und Präsentation, erfordern ein oder mehrere Treffen zwischen Käufer und Verkäufer. Im globalen Verkauf ist es essentiell, daß der Verkäufer kulturelle Normen versteht. In einigen Ländern bedeutet dies, daß der Käufer den Verkäufer auf einer persönlichen Ebene kennenlernt und am Beginn noch gar nicht über das Geschäft gesprochen wird. In solchen Fällen folgt die Präsentation erst, nachdem eine Beziehung fest etabliert ist.

Während der Präsentation muß sich der Verkäufer auch um Einwände kümmern. Einwände kann es auf geschäftlicher oder persönlicher Ebene geben. Ein wichtiger Punkt im Verkaufstraining ist das aktive Zuhören. Natürlich stellen verbale und nonverbale Kommunikation zusätzliche Herausforderungen für den Verkäufer auf globaler Ebene. Wenn Einwände erfolgreich erledigt werden können, geht der Verkäufer zum Verkaufsabschluß über. Ein erfolgreicher Verkauf endet aber nicht hier. Die letzte Stufe ist das After-Sales-Service und die Sicherstellung, daß der Kunde auch weiterhin mit dem Produkt zufrieden ist.

Technologische Veränderungen beeinflussen den Prozeß des nationalen und globalen Verkaufs. Einige der oben beschriebenen Techniken (Datenbank-Marketing, Internet) verbessern die Erfolgsaussichten des Verkaufsprozesses. Viele Verkäufer verwenden Softwareprogramme.[56] Bei Bell South, einem US-Telekommunikationsunternehmen, erhalten Verkäufer, die einen Kunden zum ersten Mal treffen, eine Reihe von Verkaufsvorschlägen über ihren PC.[57]

Verkäufer in einer globalen Umgebung benötigen auch besonderes Wissen über die Charakteristika des anderen Landes wie Sprache und Kultur. Hier wird oft Training von der Unternehmenszentrale angeboten, um die Effizienz der Verkaufsmannschaft zu erhöhen.

Das Integrieren aller Aktivitäten der Marketingkommunikation (Direktmarketing, persönlicher Verkauf, PR, Werbung und Verkaufsförderung) liefert Synergien in der Überzeugungsarbeit, sowie Kosteneinsparungen: „Die richtige Botschaft an den richtigen Entscheidungsträger zur richtigen Zeit." In den USA hat Johnson & Johnson zum Beispiel Acuvue-Wegwerfkontaktlinsen eingeführt und eine Anzeige mit einer Direct-Response-Anfrage geschaltet. Gleichzeitig wurden Optiker kontaktiert, weil sie eine wichtige Zwischenstufe im Verkauf sind. Bei Erhalt einer Kundenanfrage gab Johnson & Johnson diese an den Optiker weiter, der einen Termin mit dem Kunden vereinbarte. Dann informierte der Optiker Johnson & Johnson über das Treffen, die dem Kunden wiederum einen Rabatt-Kupon für eine Erstbestellung schickten. Nach dem Verkauf mußte das Unternehmen noch Aufzeichnungen über Kundendaten und Optiker machen.[58]

AUF DEN PUNKT GEBRACHT

- Verkaufsförderung bezieht sich auf jedes Kunden- oder Handelsprogramm mit beschränkter Dauer, das den materiellen Wert eines Produkts oder einer Marke erhöht.

- In einigen Ländern ist die Verkaufsförderung sehr stark reguliert.

- Der persönliche Verkaufsprozeß ist in mehrere Stufen gegliedert. Deren Wichtigkeit variiert von Land zu Land.

- Integrierte Marketingkommunikation beinhaltet alle Elemente des Marketingkommunikations-Mix. Sie liefert Synergien und Kosteneinsparungen, wenn alle Elemente sorgfältig koordiniert werden.

14.13 Zusammenfassung

Marketingkommunikation beinhaltet Instrumente wie Werbung, PR, Verkaufsförderung und persönlichen Verkauf. In Zeiten zunehmender Globalisierung ergibt sich für Marketer die Möglichkeit globaler Werbekampagnen. Dies bietet sich vor allem bei globalen Produkten und Marken an. Dabei ist es erforderlich, globale Appelle und Nutzen zu identifizieren bzw. globale Grundbedürfnisse und Kaufmotive zu entdecken. Dennoch sind in manchen Fällen lokale Anpassungen oder eigene lokale Kampagnen nötig. Bei internationalen Kommunikationsaktivitäten ist es wichtig, daß die kreative Arbeit und Texterstellung auf die jeweilige Zielgruppe des Landes abgestimmt ist. Dies kann durch eine einzige globale Agentur im Rahmen eines weltweiten Vertrages geschehen. Es können aber auch eine oder mehrere Agenturen regional oder lokal beauftragt werden.

Die Werbeintensität ist von Land zu Land unterschiedlich. Die USA erwirtschaften beispielsweise ca. 25% des weltweitem Bruttonationalprodukts. Auf sie entfallen jedoch 50% der weltweiten Werbeausgaben. Auch die Verfügbarkeit an Medien ist von Land zu Land stark unterschiedlich. Fernsehen ist das führende Medium in den meisten Märkten, seine Verfügbarkeit für Werbezwecke ist aber oft stark eingeschränkt bis gar nicht vorhanden. Public Relations ist ein weiteres wichtiges Werkzeug im globalen Marketing. Die Unternehmenskommunikation soll den Wert des Unternehmens nach außen erhöhen, sowie Information schnell und richtig bereitstellen. Dies gilt besonders für Krisen-PR.

Verkaufsförderung muß mit den Regulationen des jeweiligen Ländermarktes konform gehen. Schlecht geplante Promotion kann unerwünschte Medienwirkung bringen und zu Kundenverlust führen. Der persönliche Verkauf mit direkter Kommunikation muß mit Firmenrepräsentanten stattfinden, die mit der Kultur des Landes bestens vertraut sind, in dem sie Geschäfte machen. Das Verhalten auf jeder Stufe des Verkaufsprozesses muß möglicherweise an die jeweiligen Anforderungen des Landes zugeschnitten werden.

Neuere Entwicklungen im internationalen Kommunikationsmix sind Direktmarketing, Database-Marketing und das Internet. Jede dieser Techniken gewinnt schnell an Akzeptanz rund um die Welt und kann die Marketingstrategie eines Unternehmens noch deutlicher zur direkten Konsumentenansprache hinführen.

14.14 Diskussionsfragen

1. Auf welche Weise können globale Marken und globale Werbekampagnen einem Unternehmen nützen?

2. Wie wirkt sich die Debatte um Standardisierung bzw. Anpassung auf die Übertragung von Werbekonzepten aus?

3. Welche Punkte müssen Kreative und Werbetexter beachten, wenn sie Werbung für globale Märkte entwerfen?

4. Worin unterscheiden sich die Medienoptionen für Werber in verschiedenen Teilen der Welt? Wie können Werber die Medienbeschränkungen in bestimmten Ländern meistern?

5. Welche Rolle spielen Public Relations im globalen Marketing?

6. Welche Rolle spielt die Verkaufsförderung im globalen Marketing-Mix? Wodurch unterscheidet sie sich von Land zu Land?

7. Worin bestehen die Unterschiede im persönlichen Verkauf auf internationalen Märkten?

8. Welche Überlegungen muß man anstellen, wenn man in einem bestimmten Land eine Direktmarketingstrategie per Anschreiben wählt?

9. Welche Auswirkung wird das Internet auf die internationale Marketingkommunikation haben?

14.15 Webmistress's Hotspots

Homepage der Omnicom Group
Das Unternehmensmotto eines der weltweit führenden Werbeunternehmens ist: „strategische und finanzielle Unterstützung bereitstellen, damit unsere Firmen die Marktführerschaft in ihren Wettbewerbsarenen erreichen können". Mehr Information dazu bei Omnigroup:
`http://www.omnicomgroup.com/`

Homepage von Ogilvy Public Relations Worldwide
Ogilvy Public Relations Worldwide ist ein globales Netzwerk an Ressourcen, Talenten und Visionen zur Erreichung der Kundenziele: "Wir glauben an einen informierten, integrierten und effektiven Zugang zur Kommunikationsstrategie, der anhaltenden Erfolg

produziert. Es ist eine Höchstleistungsphilosophie, die beständige Ergebnisse schafft."
Mehr dazu:
http://www.ogilvypr.com/

Verzeichnis der Public Relations-Agenturen
Das Marktforschungsinstitut Impulse Research hat eine Liste wichtiger weltweiter PR-Agenturen erstellt:
http://www.impulse-research.com/prlist.html

Netdictionary
Netdictionary ist ein alphabetischer Ratgeber über technische, kulturelle und humorvolle Begriffe, die mit dem Internet zu tun haben. Haben Sie sich schon einmal gefragt, was der eine oder andere Ausdruck bedeutet? Hier sind Sie an der richtigen Stelle!
http://www.netdictionary.com

Olympische Spiele und Marketing
„Marketing wurde immer für den olympischen Gedanken ein immer wichtigeres Instrument" – Juan Antonio Samaranch (Präsident, Internationales Olympisches Komitee). Hier finden Sie Zahlen und Fakten zu dieser Aussage.
http://www.olympic.org/ioc/e/facts/marketing/mark_index_e.html

14.16   Weiterführende Literatur

Alden, Dana L., Wayne D. Hoyer und Chol Lee. "Identifying Global and Culture-Specific Dimensions of Humor in Advertising: A Multinational Analysis," *Journal of Marketing*, 57, 2 (April 1993): S.64-75.

Andrews, J. Craig, Srinivas Durvasula und Richard G. Netemeyer. "Testing the Cross-National Applicability of U.S. and Russian Advertising." *Journal of Advertising*, 23 (März 1994): S.71-82.

Banerjee, Anish. "Transnational Advertising Development and Management: An Account Planning Approach and Process Framework." *International Journal of Advertising*, 13 (1994): S.95-124.

Botan, Carl. "International Public Relations: Critique and Reformulation." *Public Relations Review*, 18, 2 (Sommer 1992): S.149-159.

Bovet, Susan Fry. "Building an International Team." *Public Relations Journal* (August/September 1994): S.26-28.

Duncan, Thomas R. und Stephen E. Everett. "Client Perception of Integrated Marketing Communications." *Journal of Advertising Research* (Mai/Juni 1993): S.119-122.

Epley, Joe S. "Public Relations in the Global Village: An American Perspective." *Public Relations Review*, 18, 2 (Sommer 1992): S.109-116.

Grunig, Larissa A. "Strategic Public Relations Constituencies on a Global Scale." *Public Relations Review* 18, 2 (Sommer 1992): S.127-136.

Hanni, David A., John K. Rynas Jr. und Ivan R. Vernon. "Coordinating International Advertising—The Goodyear Case Revisited for Latin America," *Journal of International Marketing*, 3, 2 (1995): S.83-98.

Harris, Greg. "International Advertising Standardization: What Do the Multinationals Actually Standardize?" *Journal of International Marketing*, 2, 4 (1994): S.13-30.

Haskett, James L., W. Earl Sasser Jr. und Leonard A. Schlesinger. *The Service Profit Chain.* New York: Free Press, 1997.

Hiebert, Ray E. "Advertising and Public Relations in Transition from Communism: The Case of Hungary, 1989–1994," *Public Relations Review*, 20, 4 (Winter 1994): S.357-372.

Hill, John S. und Alan T. Shao. "Agency Participants in Multicountry Advertising: A Preliminary Examination of Affiliate Characteristics and Environments." *Journal of International Marketing*, 2, 2 (1994): S.29-48.

Johansson, Johny K. "The Sense of 'Nonsense': Japanese TV Advertising." *Journal of Advertising*, 23, 1 (März 1994): S.17-26.

Josephs, Ray und Juanita W. Josephs. "Public Relations, the U.K. Way." *Public Relations Journal* (April 1994): S.14-18.

Kruckeberg, Dean. "A Global Perspective on Public Relations Ethics: The Middle East." *Public Relations Review*, 22, 2 (Sommer 1996): S.181-189.

Leong, Siew Meng, Sween Hoon Ang und Leng Lai Tham. "Increasing Brand Name Recall in Print Advertising among Asians." *Journal of Advertising*, 25, 2 (1996): S.65-81.

Leslie, D. A. "Global Scan: The Globalization of Advertising Agencies, Concepts, and Campaigns. *Economic Geography*, 71, 4 (Oktober 1995): S.402-426.

Lohtia, Ritu, Wesley J. Johnston und Linda Aab. "Creating an Effective Print Advertisement for the China Market: Analysis and Advice." *Journal of Global Marketing*, 8, 2 (1994): S.7-30.

Luqmani, Mushtag, Ugur Yavas und Zahir Quraeshi. "Advertising in Saudi Arabia: Content and Regulation." *International Marketing Review*, 6, 1 (1989): S.59-72.

Martin, Chuck. *The Digital Estate.* New York: McGraw-Hill, 1997.

Mathiesen, Michael. *Marketing on the Internet,* 2. Auflage, Gulf Breeze, FL: Maximum Press, 1997.

McCullough, W. R. "Global Advertising Which Acts Local: The IBM Subtitles Campaign." *Journal of Advertising Research*, 36, 3 (1996): S.11-15.

Mooij, Marieke K. De. *Advertising Worldwide: Concepts, Theories, and Practice of International, Multinational and Global Advertising*, 2. Auflage, Upper Saddle River, NJ: Prentice Hall, 1994.

Mueller, Barbara. *International Advertising: Communicating Across Cultures*. Belmont, CA: Wadsworth Publishing Company, 1995.

Mueller, Barbara. "Standardization vs. Specialization: An Examination of Westernization in Japanese Advertising." *Journal of Advertising Research*(1991): S.7-18.

Nessmann, Karl. "Public Relations in Europe: A Comparison with the United States." *Public Relations Journal*, 21, 2 (Sommer 1995): S.151-160.

Newsom, Doug und Bob Carrell. "Professional Public Relations in India: Need Outstrips Supply." *Public Relations Journal*, 20, 2 (Sommer 1994): S.183-188.

Parameswaran, Ravi und R. Mohan Pisharodi. "Facets of Country of Origin Image: An Empirical Assessment." *Journal of Advertising*, 23, 1 (März 1994): S.43-56.

Pattinson, Hugh und Linden Brown. "Chameleons in Marketspace: Industry Transformation in the New Electronic Marketing Environment." *Journal of Marketing Practice*, 2, 1 (1996): S.7-29.

Quelch, John A. und Lisa R. Klein. "The Internet and International Marketing." *Sloan Management Review*, 37, 3 (1996): S.60.

Roth, Martin S. "Depth versus Breadth Strategies for Global Brand Image Management." *Journal of Advertising*, 21, 2 (Juni 1992): S.25-36.

Schwartz, Evan I. <*Webonomics*>. New York: Broadway Books, 1997.

Sharpe, Melvin L. "The Impact of Social and Cultural Conditioning on Global Public Relations." *Public Relations Review*, 18, 2 (Sommer 1992): S.103-107.

Shaver, Dick. *The Next Step in Database Marketing: Consumer Guided Marketing*. New York: Wiley, 1996.

Tansey, Richard und Michael R. Hyman. "Dependency Theory and the Effects of Advertising by Foreign-Based Multinational Corporations in Latin America." *Journal of Advertising*, 23, 1 (März 1994): S.27-42.

Taylor, Charles R., R. Dale Wilson und Gordon E. Miracle. "The Effect of Brand Differentiating Messages on the Effectiveness of Korean Advertising." *Journal of International Marketing*, 2, 4 (1994): S.31-52.

Wells, Ludmilla Gricenko. "Western Concepts, Russian Perspectives: Meanings of Advertising in the Former Soviet Union." *Journal of Advertising*, 23, 1 (März 1994): S.83-95.

Zandpour, Fred. "Global Reach and Local Touch: Achieving Cultural Fitness in TV Advertising." *Journal of Advertising Research*, 34, 5 (September/Oktober 1994): S.35-63.

Zavrl, Frani und Dejan Vercic. "Performing Public Relations in Central and Eastern Europe." *International Public Relations Journal*, 18, 2 (1995): S.21-23.

Zhou, Nan und Russell W. Belk. "China's Advertising and the Export Marketing Curve: The First Decade." *Journal of Advertising Research*, 33, 6 (November/Dezember 1993): S.50-66.

Literaturverzeichnis

[1] "The Next Era: Benetton." *The Economist,* 23. April 1994.

[2] "More Controversy, Please, We're Italian – Benetton' Latest Outrage." *The Economist,* 1. Februar 1992.

[3] Kennedy, F. "How We Met; Luciano Benetton & Oliviero Toscani." *Independent on Sunday,* 22. August 1999.

[4] "Bernard Arnault and Benetton Invest in Online Shopping." *Les Echos,* 16. Juli 1999. "21 Investimenti: Benetton Triples Profit." *La Stampa,* 29. Mai 1999.

[5] Duncan, Thomas R. und Stephen E. Everett. "Client Perception of Integrated Marketing Communications." *Journal of Advertising Research,* Mai-Juni (1993): S.119-122.

[6] Die Rangreihung von 1996 basiert auf Daten aus dem Jahr 1998. Die Anzahl der Länder umfaßt jene Länder, von denen Daten über Ausgaben aus dem Jahr 1997 zur Verfügung waren. Asien beinhaltet Austrialien und Neuseeland. Die Ausgangsdaten stammen von ACNielsen und seinen Partnern.

[7] Wells, Ken. "Selling to the World: Global Ad Campaigns after Many Missteps Finally Pay Dividends." *The Wall Street Journal,* 27. August 1992, S.A8.

[8] Peebles, Dean M. "Executive Insights: Don't Write Off Global Advertising." *International Marketing Review,* 6, 1 (1989): S.73-78.

[9] Carter, Meg. "Think Globally, Act Locally." *Financial Times,* 30. Juni 1997, S.12.

[10] Elinder, Eric. "International Advertisers Must Devise Universal Ads, Dump Separate National Ones, Swedish Ad Man Avers." *Advertising Age,* 27. November 1961, S.91.

[11] "A Conversation with Nestlé's Pierre Liotard-Vogt." *Advertising Age,* 30. Juni 1980, S.31.

[12] Kanso, Ali. "International Advertising Strategies: Global Commitment to Local Vision." *Journal of Advertising Research,* Jänner-Februar (1992): S.10-14.

[13] Wells, Ken. "Selling to the World: Global Ad Campaigns after Many Missteps Finally Pay Dividends." *The Wall Street Journal,* 27. August 1992, S.A8.

[14] Yumiko, Ono. "PepsiCo's Pitch in Japan Has New Twist." *The Wall Street Journal*, 23. Mai 1997, S.B10.

[15] Yumiko, Ono. "Japan Warms to McDonald's Doting Dad Ads." *The Wall Street Journal*, 8. Mai 1997, S.B1, B12.

[16] Tomkins, R. "Commercial breakdown." *Financial Times*, 5. August 1999, S.11.

[17] Joachimsthaler, E. und D.A. Aaker. "Building Brands without Mass Media." *Harvard Business Review*, Jänner-Februar (1997): S.39-50.

[18] Steven Soricillo, "Mexico: Direct Mail Marketing Across Our Border," *Direct Marketing* (August, 1996): S.39.

[19] Schmittlein, D. "Mastering Management – Part 8 (5) – Customers as Strategic Assets." *Financial Times*, 15. Dezember 1995.

[20] O'Connor, J. und E. Galvin. *Marketing and Information Technology*. London: Pitman Publishing, 1997.

[21] Quelch, John A. und Lisa R. Klein. "The Internet and International Marketing." *Sloan Management Review*, 37, 3 (1996): S.60.

[22] Ibid.

[23] Advertising Age – Ad Age Dataplace (`http://adage.com/dataplace/`).

[24] Schwartz, Evan I. *Webonomics*. New York: Broadway Books, 1997.

[25] Beatty, Sally Goll. "Young & Rubicam is Only One for Colgate." *The Wall Street Journal*, 1. Dezember 1995, S.B6.

[26] Green, Robert T., William H. Cunningham und Isabella C.M. Cunningham. "The Effectiveness of Standardized Global Advertising." *Journal of Advertising*, (1975): S.25-30.

[27] Levin, Gary. "Ads Going Global." *Advertising Age*, 22. Juli 1991, S.4, 42.

[28] Stern, Gabriella. "Heinz Aims to Export Taste for Ketchup." *The Wall Street Journal*, 20. November 1992, S.B1.

[29] Terpstra, Vern und Ravi Sarathy. *International Marketing*. Orlanda, FL: The Dryden Press, 1991.

[30] Whalen, Jeanne. "McDonald's Cooks Worldwide Growth." *Advertising Age International*, Juli-August (1995): S.I4.

[31] Frank, Stephen E. "Citicorp's Big Account is at Stake as it Seeks a Global Brand Name." *The Wall Street Journal*, 9. Jänner 1997, S.B6.

[32] Thurow, Roger. "Shtick Ball: In Global Drive, Nike Finds Its Brash Ways Don't Always Pay Off." *The Wall Street Journal*, 5. Mai 1997, S.A10.

[33] O'Toole, John. *The Trouble with Advertising.* New York: Chelsea House, 198, S.209-210.

[34] di Benedetto, Anthony C., Mariko Tamate und Rajan Chandran. "Developing Creative Advertising Strategy for the Japanese Marketplace." *Journal of Advertising Research,* Jänner-Februar (1992): S.39-48; Gilly, Mary C. "Sex Roles in Advertising: A Comparison of Television Advertisements in Australia, Mexico, and the United States." *Journal of Marketing,* April (1988): S.75-85; Weinberger, Marc G. und Harlan E. Spotts. "A Situation View of Information Content in TV Advertising in the U.S. and U.K." *Journal of Advertising,* 53, Jänner (1989): S.89-94.

[35] zumindest vier Veröffentlichungen pro Woche.

[36] Anzahl der Radiogeräte im Besitz privater Haushalte.

[37] Anzahl der Mobiltelefone, die einen Zugang zum öffentlichen Telefonnetz haben.

[38] Computer in privaten Haushalten.

[39] Aktive IP (Internet Protocol)-Adresse, mit dem Internet verbunden. Alle *hosts* ohne identifizierbaren Ländercode werden den USA zugerechnet.

[40] "National Trade Data Bank: The Export Connection, USDOC, International Trade Administration." *Market Research Reports,* 2. Oktober 1992.

[41] Nessmann, K. "Public Relations in Europe: A Comparison with the United States." *Public Relations Journal,* 21, 2 (1995): S.155-158.

[42] Ziegler, Bart. "Checkmate! Deep Blue Is IBM Publicity Coup." *The Wall Street Journal,* 9. Mai 1997, S.B1.

[43] Tomkins, Richard. "When Global Leaders become Global Targets." *Financial Times,* 15. Oktober 1999, S.24-25.

[44] Mullich, Joe. "European Firms Seek Alliances for Global PR." *Business Marketing,* 79, August (1994): S.4, 31.

[45] Kolarz-Lakenbacher, J. und G. Reichlin-Meldegg. *Sponsoring.* Wien: Orac, 1995.

[46] Mitchell, A. "How the Olympics won the Big Prize. An Amazing Sponsorship Rebirth." *The Times,* 24. Jänner 1996.

[47] Joachimsthaler, E. und D.A. Aaker. "Building Brands without Mass Media." *Harvard Business Review,* Jänner-Februar (1997): S.39-50.

[48] Nessmann, K. "Public Relations in Europe: A Comparison with the United States." *Public Relations Journal,* 21, 2 (1995): S.151-160.

[49] Grunig, Larissa A. "Strategic Public Relations Constituencies on a Global Scale." *Public Relations Review,* 18, 2 (1992): S.130.

[50] Botan, Carl. "International Public Relations: Critique and Reformulation." *Public Relations Review,* 18, 2 (1992): S.150-151.

[51] Sharpe, Malvin L. "The Impact of Social and Cultural Conditioning on Global Public Relations." *Public Relations Review,* 18, 2 (1992): S.104-105.

[52] Botan, Carl. "International Public Relations: Critique and Reformulation." *Public Relations Review,* 18, 2 (1992): S.155.

[53] Ryan, Leslie. "Sales Promotion: Made in America." *Brandweek,* 31. Juli 1995, S.28.

[54] Jost, Rick. "Maytag Wrings out after Flopped Hoover Promotion." *The Des Moines Register,* 5. April 1993, S.3B. Jost, Rick. "Mail Flying in from Britons Upset by Maytag Promotion." *The Des Moines Register,* 11. Juli 1994, S.B3.

[55] Brauchli, Marcus W. "Looking East: Asia, on the Ascent, is Learning to Say No to 'Arrogant' West." *The Wall Street Journal,* 13. April 1994, S.A1, A8.

[56] Czinkota, M. und I.A. Ronkainen. *Global Marketing.* Orlando: Dryden Press, 1996.

[57] Schmittlein, D. "Mastering Management – Part 8 (5) – Customers as strategic assets." *Financial Times,* 15. Dezember 1995.

[58] Schmittlein, D. "Mastering Management – Part 8 (5) – Customers as strategic assets." *Financial Times,* 15. Dezember 1995.

Kapitel 15

Globale Organisationsstrukturen

Es erscheint erstaunlich, dennoch ist es Hunderte Male vorgekommen. Truppen haben sich aufgrund des bloßen, undefinierbaren Gefühls der Konvention auseinanderbringen lassen, ohne einen klaren Grund dafür angeben zu können.
– CARL VON CLAUSEWITZ, (1780–1831)

Es gibt keine Wahl, außer in einer Welt tätig zu sein, die durch Globalisierung und Informationstechnologie revolutioniert wurde. Es gibt zwei Optionen: Anpassung oder Untergang. Man muß wie bei der Feuerwehr planen. Feuer lassen sich nicht voraussehen, es braucht daher eine flexible Organisation, die in der Lage ist auf unvorhersehbare Ereignisse zu reagieren.
– ANDREW S. GROVE, INTEL CORPORATION

15.1 Zielsetzung des Kapitels

Nachdem Sie dieses Kapitel gelesen haben, wissen Sie mehr über:

- Die Organisationsstruktur, mit der man ein globales Unternehmen am besten den Anforderungen der unterschiedlichen Märkte anpassen kann.

- Die Beziehung zwischen Struktur, Produktdifferenzierung und Unternehmensgröße.

- Warum Nebenaufgaben immer öfter outgesourct werden, damit Unternehmen die Stärken ihrer Wertschöpfungskette noch besser ausnützen können.

- Die Bedeutung der Kernkompetenzen in Organisationsnetzwerken – vor allem in virtuellen Organisationen

In welchen Situationen hilft ein besseres Verständnis dieser Inhalte?

- Bei der Gestaltung globaler Unternehmensaktivitäten sind Entscheidungen über eine passende Organisationsstruktur zu treffen.

- Ein nationales Unternehmen möchte international expandieren und muß deshalb seine Organisationsstruktur anpassen.

- Um am Markt bestehen zu können, muß ein globales Unternehmen seine Kernkompetenzen erkennen und neue Formen der Zusammenarbeit entwickeln.

15.2 Konzepte & Definitionen

Matrixorganisation: Eine Matrixorganisation kombiniert funktionale und produktorientierte Organisationsstrukturmerkmale. Es ist die Aufgabe des Management, ein Gleichgewicht zwischen den verschiedenen Ideen einerseits und den Fähigkeiten andererseits herzustellen, um die Ziele des Unternehmens zu erreichen.

Kernkompetenzen lassen sich als besondere Fähigkeiten eines Unternehmens definieren, durch die ein Zugang zu einer größeren Anzahl an Märkten ermöglicht wird, die zu einer entscheidend besseren Beurteilung durch die Kunden führt und von Konkurrenten nur schwer nachzuahmen ist. Kernkompetenzen sind jene Ressourcen, welche den jeweiligen Wettbewerbsvorteil gegenüber der Konkurrenz ausmachen.

Netzwerkorganisation: Netzwerke innerhalb eines Unternehmens haben das Ziel einer grenzenlosen, schnellen und offenen Kommunikation. Es handelt sich dabei um eine allgemeine Vorgabe, die die Vorgehensweisen und Kulturmuster einer Organisation bestimmt.

Horizontale Organisation: Horizontale Unternehmen organisieren sich rund um wechselseitig funktionelle Kernprozesse und Manager, die die Verantwortung für die Gesamtheit dieser Prozesse übernehmen. Teams und nicht Individuen sind die Eckpfeiler des Unternehmensdesigns und der -leistung. Die Koordination, die für eine Verbesserung des Kundendienstes, der Leistung und der Flexibilität erforderlich ist, kann oft besser durch ein Unternehmen mit einer flachen Organisationsstruktur erreicht werden. Horizontal organisierte Unternehmen reagieren schneller und flexibler auf die sich ändernden Marktbedingungen.

Virtuelle Organisation: Ein virtuelles Unternehmen ist ein temporäres Netzwerk oder eine lose Verbindung von Produktion und administrativen Aufgaben, die spezifisch für ein bestimmtes Projekt geschaffen wird.

Virtuelle Teams: Der Wechsel von traditionellen zu virtuellen Teams hängt von mehreren Faktoren ab:

- der immer stärker werdenden Dominanz flacher oder horizontal organisierter Unternehmen

- einer Umwelt, die sowohl Zusammenarbeit als auch Wettbewerb zwischen Unternehmen, wie z.B. strategische Kooperationen und Outsourcing, erfordert.

- den steigenden Erwartungen der Mitarbeiter hinsichtlich ihrer Beteiligung an Unternehmensentscheidungen

- dem Wechsel vom Produktions- zum Dienstleistungs- und Know-how-Sektor

- sowie der zunehmenden Globalisierung von Handel und Unternehmensaktivitäten.

15.3 Schnittstelle zur Praxis

Über viele Jahre sind europäische Manager Umstrukturierungen aus dem Weg gegangen. Jetzt schlagen viele von ihnen einen anderen Weg ein.[1] Siemens-Generaldirektor H. von Pierer entwickelte einen Umstrukturierungsplan, der darauf abzielt, den deutschen Technologiekonzern in ein zweigeteiltes Unternehmen umzuwandeln. Dieses Projekt orientiert sich an einem globalen 10-Punkte-Plan auf der Basis der Ertragsziele des Unternehmens, der im Sommer 1998 beschlossen wurde und Kennzahlen über Produktprogramm, Management und Finanzen enthält. Siemens' Finanzchef H. J. Neubürger hat den Finanzmärkten klar signalisiert, daß der Umstrukturierungsprozeß noch nicht beendet ist, und daß mit weiteren Veränderungen im Unternehmensportfolio zu rechnen ist. Obwohl sich die Marktkapitalisierung von Siemens allein im 2. Halbjahr 1999 auf € 100 Milliarden verdoppelt hat, hat der Kauf von Mannesmann durch Vodaphone die Dringlichkeit für Siemens erhöht, Rentabilität und Aktienpreis zu steigern.[2] Von Pierer meinte zu den Entwicklungen in Deutschland: „Die Übernahme von Mannesmann durch Vodaphone hat die Wirtschaftswelt in Deutschland für immer verändert. Es wird Jäger und Gejagte, Gewinner und Verlierer geben. Was im weltweiten Wettbewerb entscheidet, sind die richtige Strategie und Erfolg."[3]

Viele Analysten und Investoren haben eine Zeitlang von Siemens gefordert, ein stärkeres Augenmerk auf Informationstechnologien und das Industriegeschäft zu legen, um seine Chancen am Weltmarkt zu wahren. Obwohl Siemens es geschafft hat, seine Gewinne vor Steuern 82% auf € 2,97 Milliarden zu steigern, lag es damit noch immer weit hinter dem weltweiten Branchenführer General Electric. Bei Siemens ist man bereit jahrzehntelange Tabus zu brechen, wie der Börsegang von Epcos und Infineon, sowie eines Unternehmensbereiches mit einem Umsatz von € 6,14 Milliarden beweisen. „Wir haben klar gesagt, daß Informationstechnologie und Kommunikation mit Schwerpunkt Internet sowie das Industriegeschäft mit dem Schwerpunkt Prozeßautomatisierung den Kern unserer strategischen Überlegungen darstellen."[4]

Dabei war Siemens lange Zeit typisch für Europa. Der deutsche Riese war ein Vorzeigeunternehmen mit Schwerpunkt auf Entwicklungsleistungen, das alles von Eisenbahnlokomotiven bis zu Kraftwerken, von Telefonen bis zu Mikrochips herstellte. Das Unternehmen war stark zentralisiert, um Synergieeffekte des enormen Tätigkeitsspektrums ausnützen zu können. Forschung und Entwicklung standen im Zentrum des gesamten Unternehmens. Verkauf und Kundenservice wurden dem Produkt und nicht dem Kunden angepaßt. Auch in der Nachkriegszeit funktionierte dieses System noch gut. Erst in den 1980er Jahren wurde Zeit zu einem relevanten Faktor. Die Lebenszyklen japanischer Produkte waren typischerweise halb so kurz wie die der deutschen. Zur selben Zeit wurde die Kostenstruktur von Siemens zu einer immer größeren Schwäche der Deutschen. Heutzutage kostet ein Facharbeiter im Bereich Elektronik in Frankreich oder England 40-60% weniger als in Deutschland, in Osteuropa überhaupt 80-90% weniger. H. von Pierer begann mit Firmentraditionen zu brechen. Er sprach davon, Barrieren innerhalb des Unternehmens niederzureißen, ein Klima für ehrlichen, offenen Dialog zu schaffen und die gesamte Wertschöpfungskette zu optimieren. Das Unternehmen begann sich im Rahmen von Benchmarking-Prozessen mit seinen Konkurrenten zu vergleichen. In einer Untersuchung widmete man sich anderen Branchen, wie Einzelhandelsunternehmen und Finanzdienstleistern, um Anregungen für die Optimierung von Logistik und Kundenzufriedenheit zu erhöhen. Auch legte Siemens vermehrtes Augenmerk auf Gewinnoptimierung. Man kreierte im Zuge dessen ca. 250 strategische Geschäftseinheiten und trennte sich von einigen Unternehmensbereichen, wie der Herstellung von Herzschrittmachern und Hochleistungsdruckern. Im Wissen, daß Einsparungen ohne Expansion zu keinem Erfolg führen, wurde 1993 ein firmenweites Innovations- und Wachstumsprogramm, namens „time-optimised-processes" (TOP), eingeführt: Im Gegensatz zu früher, wo alles zentral restrukturiert worden wäre, waren bei TOP die einzelnen Unternehmensbereiche selbst für einen Wechsel der Unternehmenskultur verantwortlich. TOP stellte Siemens auf den Kopf. Angestellte wurden von nun an nach ihren Ergebnissen und nicht mehr nach der Position bezahlt. Von den Mitarbeitern wird erwartet, daß sie ihre Vorgesetzten evaluieren, wie das auch mit ihnen geschieht. Führungspositionen stehen nur mehr Mitarbeitern mit internationaler Erfahrung offen. Es gibt bereits Anzeichen, daß diese Veränderungen positive Wirkung zeigen. Im Moment spricht man zwar nicht davon, daß das Unternehmen sich weiter aufspalten könnte. Langfristig erscheint es jedoch ein logischer Schritt zu sein, den auch AT&T und ITT gegangen sind, nämlich zu „defusionieren". Siemens schneidet nach wie vor schlecht ab, wenn es um, wie Managementgurus es nennen, einen klaren Unternehmensfokus geht.[5]

Unternehmen versuchen Bürokratie und Hierarchie zu reduzieren, um an Reaktionsfähigkeit zu gewinnen und Kosten zu senken. Wie schon Tom Peters sagte: „In einer Umwelt, wo Zeit ein entscheidender Erfolgsfaktor ist, kann ein Unternehmen mit einer Organisationsstruktur von sechs bis acht Ebenen nicht überleben, geschweige denn florieren. Ein Unternehmen, das die Zeit als kritischen Faktor für sich erkannt hat ist flach, ohne Hindernisse zwischen den einzelnen Unternehmensfunktionen und ohne Grenzen zur Außenwelt."[6]

P.J. Quigley, Präsident und CEO von Pacific Bell, sieht zwei Formen von Unternehmen: die große und mächtige, aber dafür schwerfällige Organisation, die einem Elefanten ähnelt, und die schnellere, flexiblere, damit aber schwächere, kleinere Organisation, die an einen Hasen erinnert. Keine von beiden ist allerdings optimal, um den Anforderungen des globalen Marktes gerecht zu werden. Die Antwort muß in einer neuen Organisationsform liegen, dem „Hasifant", der die Vorzüge beider Organisationsformen, Stärke und Agilität vereint.[7]

Dieses Kapitel beginnt mit der Beschreibung der klassischen Organisationsformen und setzt mit neuen Typen fort, welche der Wettbewerbsstruktur des späten 20. und des 21. Jahrhunderts angepaßt sind. Unternehmensnetzwerke, Outsourcing und das Konzept der Kernkompetenzen stellen die Basis für flacheren Organisationsstrukturen dar. Im folgenden werden zunächst horizontale und vertikale Organisationsstrukturen besprochen. Das Kapitel endet mit der Beschreibung virtueller Teams.

15.4 Organisation

Das Ziel beim Design globaler Organisationsstrukturen besteht darin, eine Struktur zu finden, die folgendes ermöglicht. Während sie eine rasche Antwort auf die unterschiedlichen Bedingungen in einzelnen Märkten zulassen soll, muß diese Organisationsstruktur auch die Diffusion von Wissen und Erfahrung aus nationalen Märkten im gesamten Konzern erlauben. Die Balance zwischen dem Wert von zentralisiertem Know-how und

Koordination sowie dem Bedarf an individueller Reaktionsfähigkeit im Hinblick auf lokale Besonderheiten führt zu einem konstanten Spannungsverhältnis innerhalb globaler Unternehmen. Ein Schlüsselpunkt ist dabei das Gleichgewicht zwischen Autonomie und Integration. Tochterunternehmen brauchen die Selbständigkeit, um sich den örtlichen Gegebenheiten anzupassen. Die Umsetzung einer einheitlichen, globalen Strategie erfordert jedoch zentrale Integration.[8]

Sobald sich das Management eines heimischen Unternehmens entscheidet, international zu expandieren, stellt sich sofort die Frage nach der geeigneten Organisationsform. Wer soll für die Expansion verantwortlich sein? Sollen die einzelnen Produktgruppen direkt international agieren, oder soll es eine eigene internationale Division geben? Sollen die einzelnen internationalen Ländergesellschaften direkt an den Vorstand berichten, oder soll es eine eigene Führungsposition für das internationale Geschäft geben? Auch wenn erste Strukturentscheidungen gefallen sind, so muß man sich über optimale Organisationsformen im Laufe des Internationalisierungsprozesses immer wieder Gedanken machen. Soll das Unternehmen seine internationale Abteilung auflösen? Welche Organisationsform soll es statt dessen wählen? Soll es Regionalorganisationen geben? Wie sollen die Kompetenzen und die Zusammenarbeit zwischen den einzelnen Abteilungsleitern auf Konzern-, regionaler und lokaler Ebene geregelt sein? Wie sollen Marketingaktivitäten organisiert werden? Inwieweit sollten Marketingführungskräfte auf regionaler und Konzernebene in die Marketingaktivitäten einzelner Tochterunternehmen eingreifen können?

Wichtig ist zu erkennen, daß es keine „richtige" Organisationsstruktur gibt. Selbst innerhalb einer einzelnen Branche haben Unternehmen unterschiedliche Strategien entwickelt, um sich den Marktgegebenheiten anzupassen.[9] Dennoch kann man einige generelle Empfehlungen abgeben. Führende globale Unternehmen haben eines gemeinsames: ihre Organisationsstruktur ist einfach und flach, statt mehrstufig und komplex. Der Grund dafür ist leicht zu erkennen: die Welt ist kompliziert genug. Es macht daher keinen Sinn, mit einer komplexen internen Struktur zusätzlich Verwirrung zu stiften. Einfache Firmenstrukturen erhöhen die Geschwindigkeit und Klarheit von Kommunikation und ermöglichen es, die Ressourcen und Energie für den Lernprozeß zu verwenden, statt sie an Kontrolle und Steuerung zu verschwenden.[10] D. Whitwam, CEO Whirlpool: „Man muß ein Unternehmen so strukturieren, daß die Erfahrungen, Ideen und Prozeßabläufe grenzenlos innerhalb des Konzerns weitergegeben werden; dies erfordert keine Mitarbeiter mit dem „Nicht-hier-erfunden" (not-invented-here)-Syndrom, sondern solche, die andauernd nach der optimalen Lösung für Probleme suchen."[11]

Ein geographisch weit verbreitetes Unternehmen kann seine Kenntnisse über das Produkt und dessen Vertrieb nicht nur auf den Heimatmarkt beschränken. Die Mitarbeiter müssen Kenntnisse über das gesamte komplexe System erlangen, im speziellen über das soziale, politische und wirtschaftliche System eines internationalen Marktes. Die meisten Unternehmen gründen daher nach anfänglichen Kompromißlösungen eine internationale Abteilung. Diese ist klarerweise ein unsicheres Element in der Organisationsstruktur. Sobald die Unternehmen expandieren, ändern sie auch oft ihre ursprüngliche Organisationsstruktur.[12]

In der heutigen, sich so rasch ändernden Zeit müssen Unternehmen ständig an neuen Organisationsformen arbeiten. Schnelligkeit, Effizienz und Flexibilität sind erforderlich, um den Ansprüchen des Marktes gerecht zu werden. Um konkurrenzfähig zu sein, gehört es zu den Alltagsanforderungen kostengünstig, kundenorientiert, qualitativ hochwertig und schnell zu liefern.

Einige Autoren haben bereits neue Organisationsformen vorgestellt, die die Wettbewerbsfähigkeit in der Wirtschaftswelt des neuen Jahrtausends gewährleisten sollen. Diese neuen Modelle fordern Flexibilität, eine flache Firmenstruktur und Arbeit in Teams. Weiters gibt es Trends zur Entwicklung von Netzwerken, intensiveren Beziehungen mit Partnern und zur besseren Nutzung der Technologie. Am Ende des 19. Jahrhunderts behauptete F. Taylor, daß alle Manager die Welt von der selben Warte aus sehen. Spätere Theoretiker behaupteten, daß effiziente Organisationen unter den gegebenen Bedingungen von selbst entstehen. Diese zwei Theorien beherrschen die heutige Literatur und Lehre. Während M. Porter die Strategie selbst in den Vordergrund stellt, zählt für T. Peters die Umsetzung der Strategie.[13] Wir glauben, daß ein weltweit erfolgreiches Unternehmen beides benötigt: die erfolgreiche Umsetzung einer erfolgreichen Strategie.

GLOBALE PERSPEKTIVE

OLD VS. NEW ECONOMY

Gillette und Akamai sind beide Unternehmen, deren Ziel Gewinn ist, um die Rendite der Aktionäre, die gleichzeitig Eigentümer sind, zu maximieren. Beide werden von je einem Vorstand geleitet, der die Interessen der Gesellschafter vertreten soll und über enorme Summen an Kapital verfügen kann.

Trotz vieler Parallelen gibt es doch einige Unterschiede. Das eine Unternehmen zählt zur „New Economy", das andere zur „Old Economy". Das eine beschäftigt 39.000 Personen, das andere 400. Akamai ist nur $1^1/_2$ Jahre, Gillette 100 Jahre alt. Ein weiterer Unterschied ist die Einstellung zu den Aktionären. Unternehmen, die ihre Aktionäre in den Vordergrund stellen, werden im nächsten Jahrhundert eher Erfolg haben als solche, die es nicht tun. Für G. Conrades, CEO von Akamai, sind die Interessen des Unternehmens mit denen der Aktionäre gleichzusetzen. Gillettes M. Hawley leugnet diese Tatsache zwar nicht, ist jedoch viel zurückhaltender.

Akamai, eine der großen Internet-Erfolgsstories, wurde 1998 in Cambride Mass. von einem MIT-Professor und seinen Doktoratsstudenten gegründet. Sie wollten ein System entwickeln, das den Ladevorgang beim Öffnen einer Webpage deutlich verkürzen würde. Akamai, was auf Hawaii soviel bedeutet wie intelligent, clever oder einfach cool, verhindert Überlastungen bei Mega-Events wie z.B. NetAid, wo 1999 2,5 Millionen Netzbesucher gezählt wurden. Eine der größten Herausforderungen ist das Management des raschen Wachstums. Ende 1999 hatte Akamai seine Mitarbeiterzahl von wenigen Dutzend auf über 400 vergrößert, unter ihnen mehr als 100 im Bereich Forschung und Entwicklung, darunter 40 Akademiker. Wie bei jedem Internet-Newcomer ist die zukünftige Entwicklung schwer vorauszusagen, so daß Conrades sagte: „Es geht alles so schnell, daß wir bei keiner Strategie länger als 90 Tage im voraus planen." Im Jänner 2000 hatte das Unternehmen bereits einen Marktwert von € 22,03 Milliarden, obwohl der Umsatz bei nur € 1,11 Millionen lag und der Verlust € 25,71 Millionen ausmachte.

Fortsetzung auf der nächsten Seite

OLD VS. NEW ECONOMY (Fortsetzung)

Gillette, gegründet 1901, belegte in Fortune 500 im Jahr 1999 den 159. Rang. Das Unternehmen betreibt Fabriken in 25 Ländern. Trotz der weltweiten Vormachtstellung in seiner Branche, Rasierklingen und Toiletteartikel hat das Unternehmen Probleme. Im Jänner 2000 verlautbarte Gillette ein schlechtes Ergebnis für das IV. Quartal, was zeigte, daß die Krise auch das Kerngeschäft mit Toiletteartikeln angriff. Während Gillette bis 1997 Jahre mit zweistelligen Wachstumsraten lebte, bedeutete die Asienkrise einen ernsthaften Schaden für das globale Unternehmen. Die immer stärker werdenden Schwächen, wie z.B. eine allgemeine Ineffizienz, unkoordinierte Lager- und Inventurhaltung, viele offene Forderungen und über 30 Jahre alte Abteilungen, die immer ineffizienter arbeiteten, ließen keinen anderen Ausweg als die Reorganisation zu. Es bestand kein Zweifel, daß die Investoren eine „schlankere Linie" bevorzugten. So wurden in Folge weltweit 14 Fabriken und 12 Vertriebszentren geschlossen, 30 Büros zusammengelegt und 4.700 Arbeitsplätze eingespart, was zu einer Kostensenkung in Höhe von € 171,42 Millionen führte.

Einfach zum Nachdenken:

- Warum erreichen Unternehmen der New Economy oft eine deutlich höhere Marktkapitalisierung als Unternehmen der Old Economy?

- Ist strategische Planung in der New Economy nicht mehr so wichtig?

Quellen: „The Corporation comes Home", *Fortune*, 6. März 2000, S.F-72-F-75; Poe, Robert „Akamai Dishes it Out", *UpsideToday*, 17. Jänner 2000; `http://www.upside.com/texis/mvm/people/story?id=387e33d00`; Kahn, Jeremy „Gillette Loses Face" *Fortune*, 8. November 1999, S.147-152.

15.4.1 Entwicklungsmodelle internationaler Organisationsformen

Unternehmen unterscheiden sich in bezug auf Größe und Potential der globalen Zielmärkte sowie in der Managementkompetenz in den verschiedenen Ländern und Märkten. Das nötige Produkt- und Technikknow-how, Erfahrung im Marketingbereich, der Finanzierung und das erforderliche Wissen über die Region und das Land führen sehr oft zu Konflikten. Da diese Konflikte in unterschiedlichen Unternehmen nie gleich sein können, sind weder die verschiedenen Stufen im Rahmen einer Reorganisation ähnlich noch treten sie zum selben Zeitpunkt auf, erscheinen aber dennoch in vergleichbarer Form.

Die meisten Unternehmen starten ihre internationale Expansion mit einer Organisationsstruktur ähnlich den Abbildungen 15.1 und 15.2. Bei dieser Art der Unternehmensorganisation sind die ausländischen Tochterunternehmen direkt dem Generaldirektor der Konzernleitung oder einem, eigens für den internationalen Bereich bestellten und von der Zentrale unabhängigen Leiter unterstellt, dem sie auch Bericht erstatten müssen. Dies sind typische Formen, um die internationale Expansion eines Unternehmens zu beginnen.

Abbildung 15.1: Funktionale Unternehmensstruktur, am Heimatland orientiertes Unternehmenspersonal, Vorstufe der internationalen Abteilung

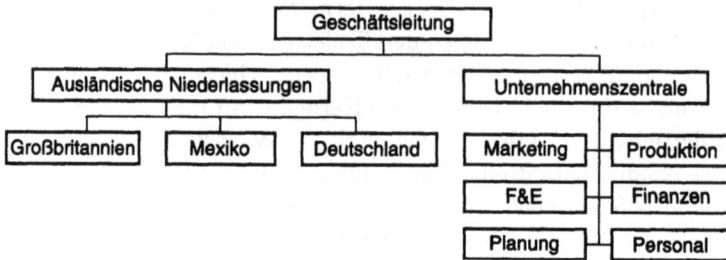

```
                          Geschäftsleitung
          ┌──────────────────────┴──────────────────────┐
  Ausländische Niederlassungen            Unternehmenszentrale
  ┌──────────┼──────────────┐          ┌────────────┬────────────┐
Großbritannien  Mexiko   Deutschland   Marketing    Produktion
                                        F&E          Finanzen
                                        Planung      Personal
```

Abbildung 15.2: Divisionale Unternehmensstruktur, am Heimatland orientiertes Abteilungspersonal, Vorstufe der internationalen Abteilung

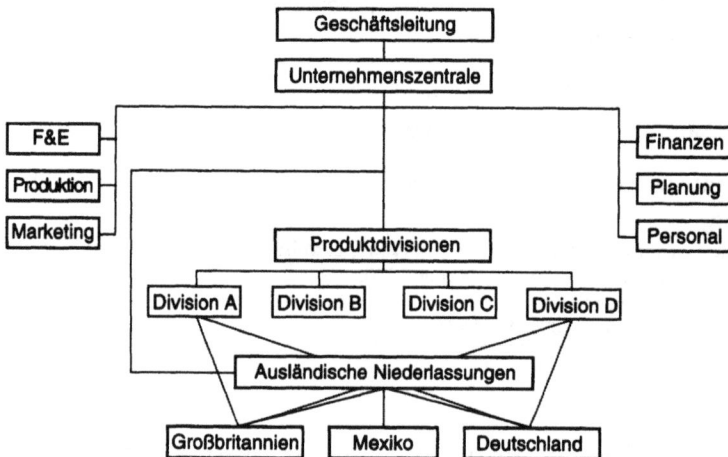

```
                          Geschäftsleitung
                       Unternehmenszentrale
  F&E                                                  Finanzen
  Produktion                                           Planung
  Marketing                                            Personal
                       Produktdivisionen
          ┌──────────┬──────────────┬──────────┐
      Division A  Division B     Division C   Division D
               Ausländische Niederlassungen
          Großbritannien   Mexiko   Deutschland
```

15.4.2   Internationale Division

Sobald der internationale Handel eines Unternehmens ein gewisses Maß übersteigt und so die Koordination und Leitung der Vorgänge immer komplexer wird, ist es einer einzelnen Person nicht mehr möglich, all diese Aufgaben zu bewältigen. Daher kommt es meist zur Gründung eines Teams, welches für die internationalen Tätigkeiten des Unternehmens zuständig ist. Schließlich führen die immer größeren Anforderungen zur Gründung einer eigenen Abteilung, wie in den Abbildungen 15.3 und 15.4. Der deutsche Konzern Henkel besteht beispielsweise aus mehr als 330 Firmen in über 60 Ländern. Der Großteil der Tätigkeit in Europa beschränkt sich auf den EU-Bereich. In Übersee sind vor allem USA, Brasilien, Mexiko und Asien die Schlüsselmärkte. Heute werden mehr als 70% des Umsatzes im Ausland erwirtschaftet. 1998 wurde die österreichische Niederlassung als Zentrale für Osteuropa bestimmt. Die in Wien ansässige Henkel Central Eastern Europe GmbH ist für über 3.500 Angestellte in 14 Ländern verantwortlich.[14]

Vier Faktoren sprechen für die Gründung einer internationalen Division. Erstens

Abbildung 15.3: Funktionale Unternehmensstruktur, am Heimatland orientiertes Unternehmenspersonal, internationale Division

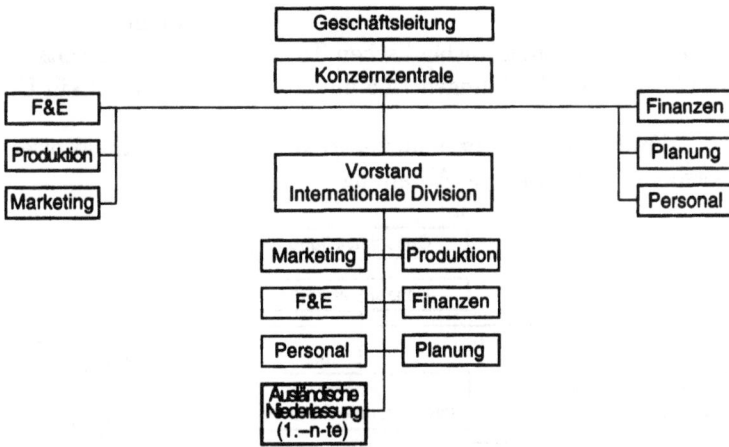

Abbildung 15.4: Divisionale Unternehmensstruktur, am Heimatland orientiertes Unternehmenspersonal und Produktabteilungen, internationale Division

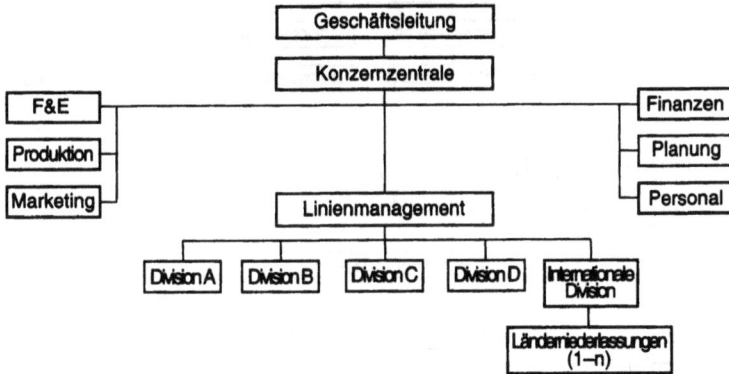

erachten Topmanager die globale Tätigkeit des Unternehmens für immer wichtiger, so daß die Gründung einer eigenständigen Abteilung unter Führung eines Topmanagers mehr als gerechtfertigt erscheint. Zweitens erfordert die Komplexität des internationalen Handels eine eigene Instanz innerhalb des Unternehmens, deren Leiter genug Kompetenzen haben, um entscheidende Fragen, wie etwa eine Markteintrittsstrategie, selbständig entscheiden zu können. Drittens führt oft der ständig wachsende Bedarf an Fachpersonal und -wissen, der die bestehenden Kapazitäten regelmäßig übersteigt, zur Gründung einer eigenen Abteilung. Der vierte Grund liegt in einer späteren Phase, in der das Management beginnt, neue Marktchancen zu entdecken und selbst Akzente zu setzen, statt nur auf die Entwicklungen des Marktes zu reagieren.

15.4.3   Regionale Managementzentren

Eine weitere Form ist die Gründung einer Zentrale für eine bestimmte Region, was organisatorisch zwischen den beiden Grundformen, einer Abteilung für internationale Aktivitäten einerseits und einer ausländischen Tochterfirma andererseits, einzuordnen ist. Diese Form ist in den Abbildungen 15.5 und 15.6 dargestellt. Ist ein Unternehmen

Abbildung 15.5: Funktionale Unternehmensstruktur, am Heimatland orientiertes Unternehmenspersonal, internationale Abteilung

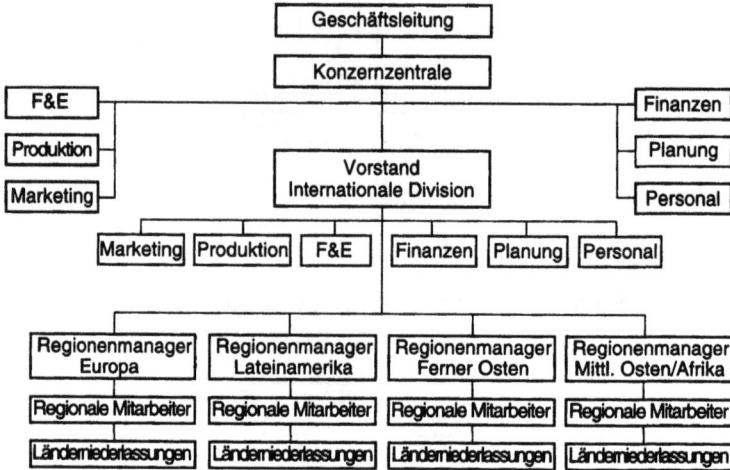

Abbildung 15.6: Divisionale Unternehmensstruktur, am Heimatland orientiertes Unternehmenspersonal, internationale Division

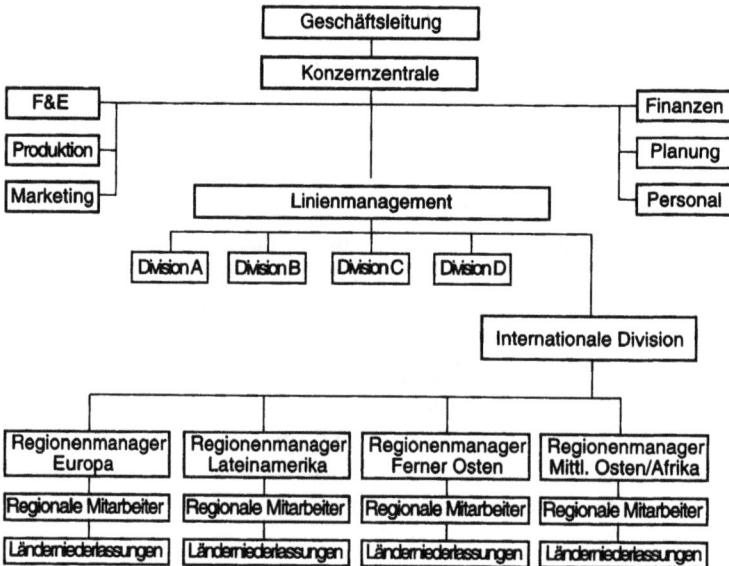

in einer Region tätig, in der sich die wirtschaftlichen, sozialen, geographischen und politischen Bedingungen sehr ähnlich sind, erscheint eine regionale Zentrale nicht nur gerechtfertigt, sondern auch erforderlich. Diese Zentrale trifft dann selbständig Entscheidungen, wie z.b. die Preis- und Beschaffungspolitik. Die Leiter dieser regionalen Zentrale nehmen auch an Entscheidungen im Bereich der Planung und Kontrolle der einzelnen Länderzentralen teil, um die globalen Ressourcen und Erfahrungen des Unternehmens in der gesamten Region bestmöglich ausnützen zu können. Das Wolford-Partner-System ist ein Beispiel für ein Vertriebssystem ohne starke Abhängigkeiten. Wolford und seine Kooperationspartner treten weltweit unter dem selben Firmenwortlaut auf, ohne jedoch, wie bei Franchisesystemen üblich, ein einheitliches Auftreten zu fordern. Vielmehr paßt man sich den lokalen Gegebenheiten an. Die Zentrale sowie einzige Produktionsstätte ist in Bregenz, Österreich. Weltweit besteht der Wolford-Konzern aus 11 Tochterunternehmen in London, Paris, Mailand, München, Madrid, St. Margarethen, Kopenhagen, N.Y., s'Hertogenbosch, Tokyo und Hongkong.[15]

Das Management einer ganzen Region kann einem Unternehmen erhebliche Vorteile bringen. Viele Leiter internationaler Abteilungen haben erkannt, daß ein vor Ort ansässiges Management die für diese Region besonderen Probleme besser lösen kann. Geregelte Planung und Kontrolle auf regionaler Ebene wird immer wichtiger, da die einzelnen Länderzentralen immer mehr an Bedeutung verlieren. Regionales Management kann wahrscheinlich den besten Ausgleich zwischen den geographischen und produktspezifischen Überlegungen einerseits sowie deren Implementierung andererseits schaffen und so am effizientesten die Konzernstrategie umsetzen. Werden die Entscheidungen auf regionaler Basis getroffen, ist es für das Unternehmen leichter, den „Einheimischen-Bonus" ausnützen zu können.[16]

Einer der Hauptnachteile ist der Kostenfaktor. Schon ein 2-Personen Büro könnte jährlich mehr als € 500.000 kosten. Die Dimension einer regionalen Zentrale muß daher in einem sinnvollen Zusammenhang mit dem Ausmaß der dortigen Tätigkeit stehen. Es wäre nicht gerechtfertigt, eine regionale Zentrale zu errichten, wenn die dortigen Tätigkeiten nicht die Kosten des regionalen Management decken würden. Man muß sich daher die Frage stellen: „Verbessert die regionale Zentrale unsere Effizienz und Marktstellung, so daß sowohl die Mehrkosten als auch der administrative Mehraufwand gerechtfertigt sind?"

15.4.4 Geographische Struktur

Bei der geographischen Struktur sind Linienmanager für die einzelnen geographischen Einheiten (z.B. Kontinente) verantwortlich. Die Konzernzentrale bleibt weiterhin für die gesamte Planung und Kontrolle weltweit verantwortlich, während alle geographischen Einheiten, selbst der Heimatmarkt, einander gleichgestellt sind. Für eine aus Frankreich stammende Firma wäre Frankreich nur einer von vielen Märkten im Tätigkeitsbereich. Am häufigsten kommt diese Organisationsform bei Unternehmen zum Einsatz, die verwandte Produktgruppen an ähnliche Endverbraucher verkaufen. Die geographische Struktur wird beispielsweise häufig in der internationalen Ölbranche, wie sie in Abbildung 15.7 dargestellt ist, verwendet. BP Amoco bedient durch diese Organisationsform Europa, Nord- und Südamerika, Australien und Teile Afrikas.

Abbildung 15.7: Geographische Unternehmensstruktur, weltweites Unternehmenspersonal, weltweite Gebietsabteilungen

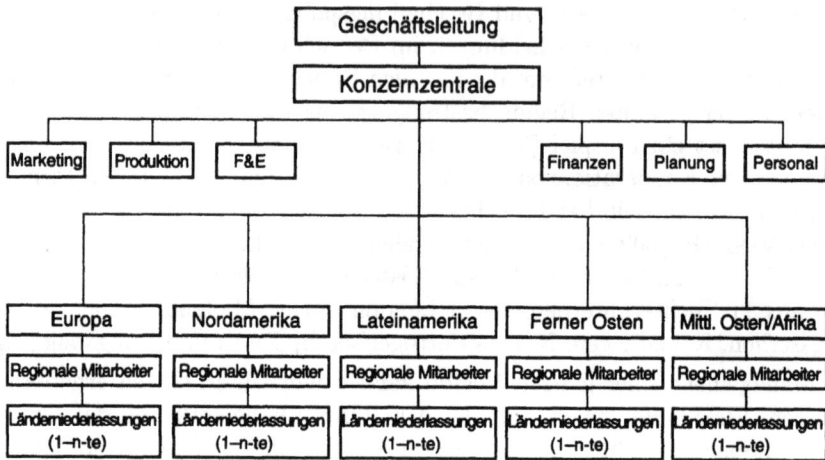

15.4.5 Globale Produktdivision

Wenn ein Unternehmen seinen Produktdivisionen die weltweite Verantwortung für ein bestimmtes Produkt überträgt, so liegt es an ihnen, ob sie zwischen heimischem und ausländischem Markt differenzieren und so eine internationale Abteilung einrichten, oder aber alle mittels Gebietsabteilungen gleichwertig behandeln. Beim Wechsel eines Unternehmens von der Strukturform einer internationalen Division zu einer globalen Produktdivision treten folgende zwei Stufen regelmäßig auf: In der 1. Stufe übernimmt die globale Produktdivision die Aufgaben der früheren internationalen Division, während in der 2. Stufe erstere die Verantwortung für ausländische Tätigkeiten einer eigenen Abteilung innerhalb der Produktdivision überträgt. Im Ergebnis bedeutet das die Anwendung der geographischen Struktur innerhalb des Systems der globalen Produktdivisionen. Die Struktur einer weltweiten Produktdivision mit integrierter internationaler Abteilung ist in Abbildung 15.8 dargestellt. Besonders gut eignet sich die produktorientierte Struktur dann, wenn sich sehr unterschiedliche Produkte im Programm befinden, bzw. wenn das Unternehmen auf stark unterschiedlichen Endverbrauchermärkten tätig ist und daher hochspezialisierte Kenntnisse erforderlich sind. Goodyear, der weltweit größte Reifenproduzent ist auf sechs Kontinenten tätig und erwirtschaftet einen Jahresumsatz von mehr als € 12,86 Milliarden. Neben den Markenreifen Goodyear produziert und vertreibt das Unternehmen aber auch bekannte Marken wie z.B. Dunlop, Kelly, Fulda, Lee, Sava und Debica. Abseits des Reifenhandels werden Gummiprodukte und Kunststoffe für Automobil- und diverse andere Industriebranchen gefertigt. Goodyear beliefert mit seinem Dunlop Joint Venture mehr als 185 Länder, produziert seine Produkte in 90 Fabriken in 27 verschiedenen Ländern und beschäftigt über 100.000 Mitarbeiter.

Abbildung 15.8: Geographische Unternehmensstruktur, weltweites Unternehmenspersonal, weltweite Gebietsabteilungen

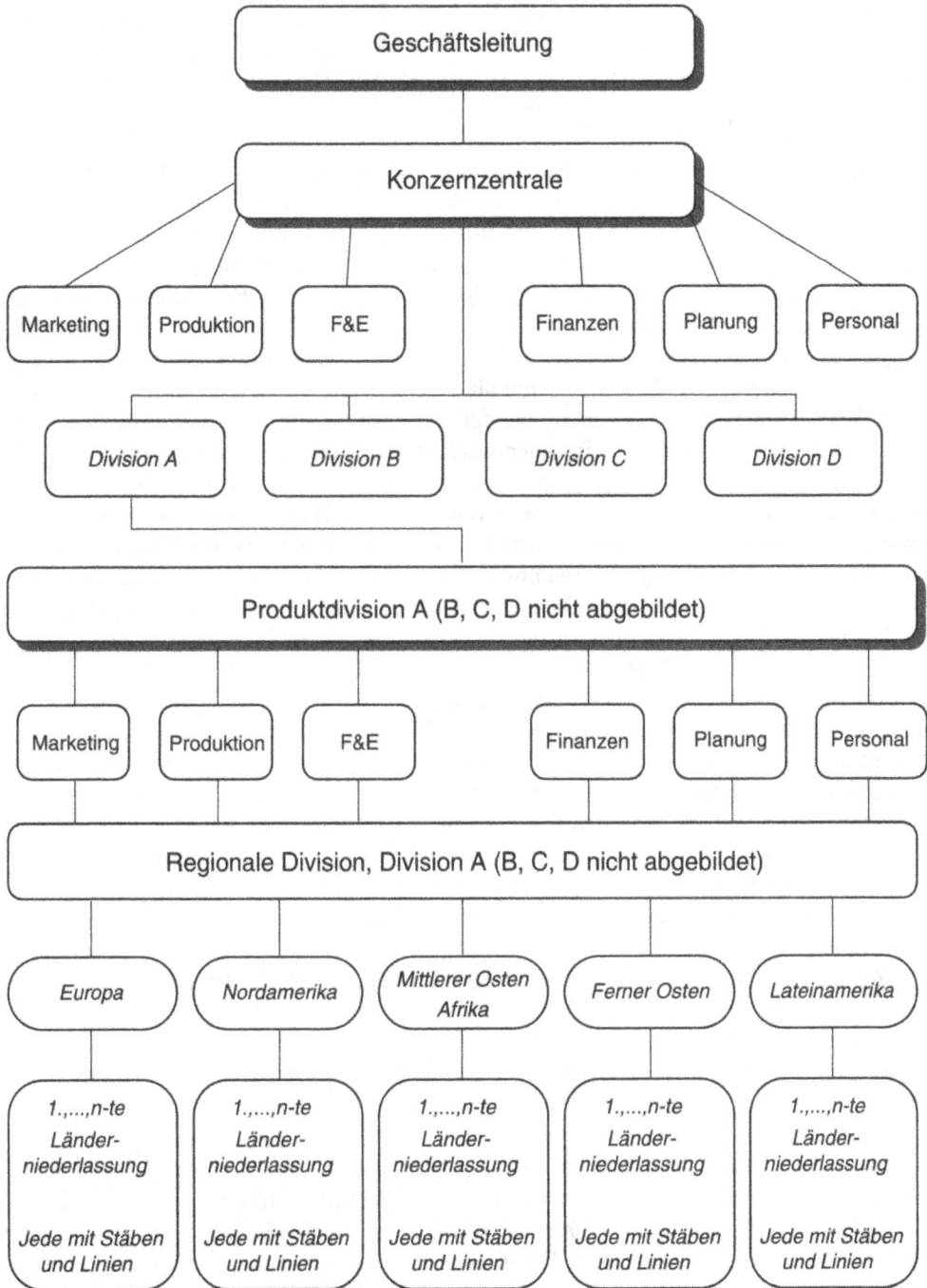

15.4.6   Die Matrix-Struktur

Die am weitesten entwickelte Organisationsform bringt vier grundlegende Kompetenzen auf weltweiter Basis zur Geltung:

Geographische Kenntnisse: die Kenntnis der grundlegenden wirtschaftlichen, sozialen, kulturellen, politischen und staatlichen Gegebenheiten in einem Land ist essentiell. Die Länderniederlassung ist das wichtigste Strukturelement, das einem Konzern die Erlangung von lokalem Know-how ermöglicht.

Produktkenntnisse und Know-how: Produktmanager mit einer weltweiten Produktverantwortlichkeit können dieses Kompetenzniveau auf einer globalen Basis erlangen. Ein weiterer Weg, um globale Produktkompetenz zu erlangen, ist einfach die Duplizierung des Produktmanagements in nationalen und internationalen Divisionen, um in beiden organisatorischen Einheiten hohe Kompetenz zu erlangen.

Funktionale Kenntnisse in Bereichen wie Finanzen, Produktion und vor allem Marketing: Mitarbeiter der Konzernzentrale mit weltweiter Verantwortung tragen zur Entwicklung funktionaler Kompetenz auf globaler Basis bei. In einer Handvoll von Firmen wird die Bestellung von länderverantwortlichen Bereichsmanagern von jenen Konzernmanagern überprüft, die für die Entwicklung dieser Funktionen weltweit zuständig sind. Was sich in einer wachsenden Zahl von Unternehmen etabliert hat, ist eine indirekte Beziehung zwischen Konzern-, regionalen und lokalen Mitarbeitern. Diese indirekte Beziehung kann von einfachen Ratschlägen, die zwischen den unterschiedlichen Unternehmenshierarchien ausgetauscht werden, bis hin zu strikteren Beziehungen, bei denen Aktivitäten auf unteren Unternehmensebenen von höheren gesteuert und genehmigt werden. Diese Beziehungen können durchaus spannungs- und konfliktbeladen sein, wenn die Konzernzentrale nicht ein Klima der organisatorischen Integration unterstützt. Wenn es beispielsweise bei Marktforschungsaktivitäten keinen Willen zur Koordination gibt, dann wird es der Konzernzentrale nie gelingen, verschiedene Märkte miteinander zu vergleichen. Wenn das Linienmanagement, statt das Potential einer weltweit integrierten Vorgehensweise anzuerkennen, lieber so autonom als möglich agieren will, dann ist der Einfluß der Konzernzentrale unerwünscht. In einer derartigen Situation setzt sich die stärkere Kraft durch. Diese Machtkämpfe können dadurch entschärft werden, daß die übergeordneten Managementebenen sowohl Linienals auch Stabsmanagern klarmachen, daß sie Kooperation erwarten und die Verantwortung der beteiligten für unterschiedliche Aspekte der internationalen Marktbearbeitung anerkennen.

Kenntnisse über Kunden, ihre Bedürfnisse und die Branche insgesamt: in einigen, sehr weit entwickelten Unternehmen gibt es Stabsstellen mit der Verantwortung für bestimmte Branchen, die auf einer globalen Basis den jeweiligen länderspezifischen Linienmanagern bei ihren Aktivitäten, in bestimmte Branchen einzudringen, behilflich sind.

In einem voll entwickelten, in großem Umfang tätigen Unternehmen sind Produkt-, funktionales, regionales und Kundenknow-how gleichzeitig auf die weltweiten Marketingziele des Unternehmens gerichtet. Dieser Typ der globalen Kompetenz wird auch als Matrixorganisation bezeichnet. Bei dieser Unternehmensstruktur ist es Aufgabe des Managements, das optimale Gleichgewicht zwischen den beschriebenen unterschiedlichen Perspektiven zu schaffen und so die Ziele des Unternehmens zu erreichen. Statt

Abbildung 15.9: Die Matrixorganisation

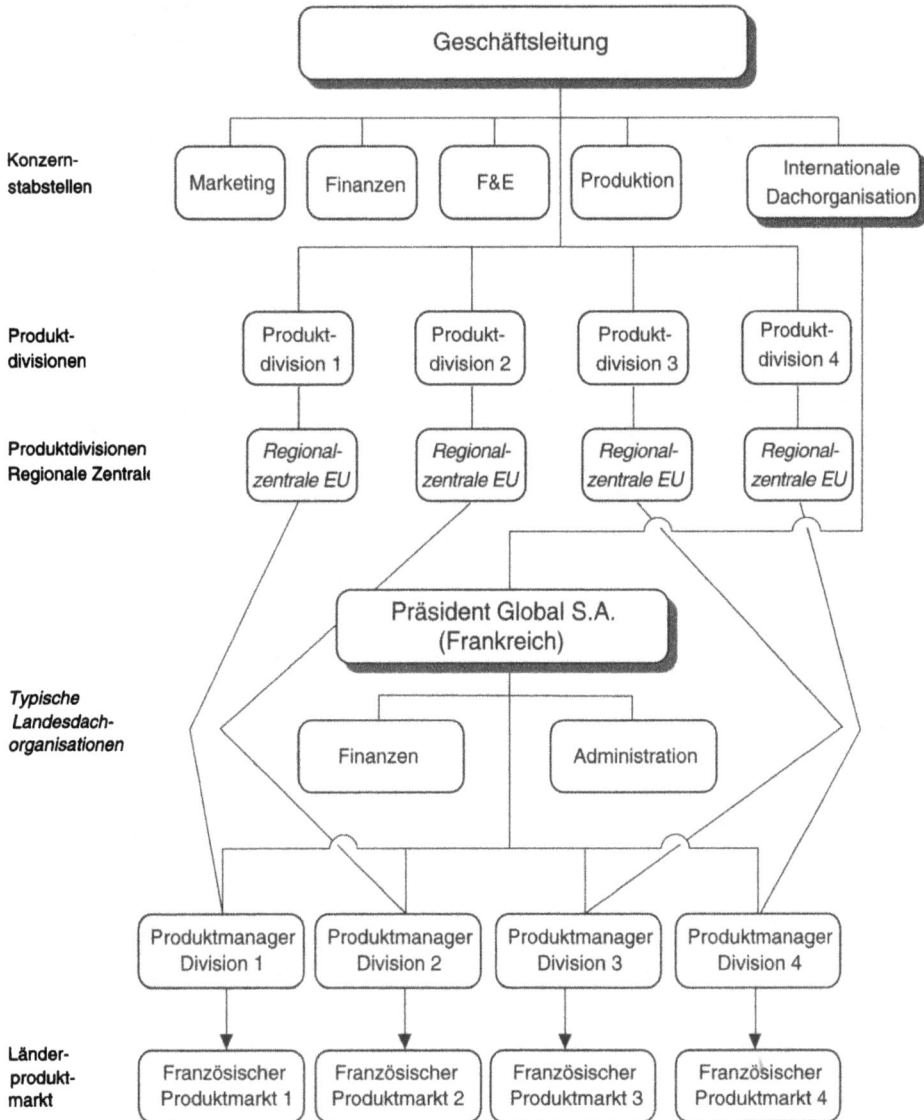

nationale Organisationen oder Produktdivisionen als Profitcenter zu bestimmen, sind in dieser Organisationsform beide für die Profitabilität zuständig. Die nationale Organisation ist für die Ländergewinne und die Produktdivisionen für die nationale und weltweite Produktprofitabilität verantwortlich. Abbildung 15.9 zeigt eine Matrixorganisation. Philips hat bei seiner Produktion durch Etablierung von acht Produktdivisionen (unterteilt in 60 Produktgruppen) Kosten eingespart. Dadurch können die einzelnen Produkte weltweit angeboten werden. Philips hat drei Arten von Länderorganisationen: In Schlüsselmärkten wie den USA, Frankreich und Japan sind sie für Marketing und Produktion verantwortlich. In lokalen Märkten wie Nigeria oder Peru treten sie als Importeur für die Produktdivisionen auf. Eine Mischform ist in großen Märkten wie Brasilien, Spanien oder Taiwan zu finden. Die Produktabteilungen kooperieren mit den Tochterfirmen in einer Matrixform, wobei erstere für weltweite Aufgaben zuständig sind, während letztere lokale Präsentation und Administration, wie z.B. das Personalwesen, übernehmen.

Dieses Organigramm startet ganz unten auf Länderebene und führt über eine internationale Ebene zu einer globalen, für alle Länder verantwortlichen Ebene. Weiters führt es von Produktabteilungen zu Stabsformen bis hinauf zum Generaldirektor an der Spitze des Unternehmens.

Der Erfolg bei Verwendung einer Matrixform hängt vor allem von der Fähigkeit der Manager ab, Konflikte zu vermeiden und Kooperation zu fördern. Das Konzept der Matrixform alleine ist also nicht genug. Die Matrixform erfordert eine grundlegende Veränderung der Managementart, der Organisationskultur und des technischen Systems. In der Matrix hängt Einfluß von zwischenmenschlicher Kompetenz und nicht von formeller Autorität ab. In der Matrixform erkennen Manager, daß Entscheidungen besser auf möglichst niedriger Ebene getroffen werden.

EUROPÄISCHER BLICKWINKEL

DIE LOGIK EINES GLOBALEN UNTERNEHMENS: ABB

Göran Lindahl ist Percy Barnevik als Präsident und Direktor von ABB am 1.1.1997 gefolgt. Lindahls Aufgabe war es, die Synergien, die durch die von Barnevik geleitete Umgestaltung des Konzerns erzielt worden waren, zu erhalten und auszubauen. Es soll eine Umgebung geschaffen werden, in der das Produkt aus einem Unternehmensbereich mit der Idee aus einem anderen in Verbindung gebracht und durch die Ressourcen eines dritten Bereichs als integriertes Gesamtsystem optimiert auf den Markt kommt.

Auf der Basis der weltweiten Präsenz und des guten Rufs in bezug auf die technische Exzellenz verfolgt Lindahl das Ziel, in den Bereichen industrielle Regeltechnik, Hochseeöl- und Gasförderung sowie intelligente Steuerungssysteme und Dienstleistungen eine weltweite Führungsrolle zu erlangen. „Wir haben das Gleichgewicht in unserer Managementstruktur verschoben. Es war unser Bestreben, global zu denken und lokal zu handeln. Jetzt sagen wir: denkt noch globaler und agiert noch lokaler." sagte Lindahl bei einem Kongreß zur Entwicklung der Weltwirtschaft im September 1999. Abgesehen von der gravierenden Repositionierung hat Lindahl auch Geschäftsbereiche, wie die Herstellung von Kühltruhen, eingestellt, da sie nicht im entferntesten etwas mit den Kernkompetenzen des Unternehmens zu tun hatten.

ABB ist ein Technik- und Technologieunternehmen, das über 1.000 Tochtergesellschaften in 100 Ländern dieser Erde betreibt. Das Unternehmen wurde 1987 durch die Fusion von zwei europäischen Firmen unter der Leitung von Percy Barnevik geschaffen, zu dieser Zeit Direktor des 1883 gegründeten schwedischen Paradeunternehmens Asea. Brown Boveri war das zweitgrößte Unternehmen und hatte in der Schweiz seit 1891 einen ähnlichen Status.

Fortsetzung auf der nächsten Seite

DIE LOGIK EINES GLOBALEN UNTERNEHMENS: ABB (Fortsetzung)

Hinter der Fusion stand die Vorstellung, einen neuen Typ von Unternehmen zu schaffen, der den Anforderungen des 21. Jahrhunderts entsprechen würde. In einem Interview erklärte Barnevik, daß ABB eine Organisation mit drei internen Widersprüchen ist: gleichzeitig global und lokal, klein und groß, stark dezentralisiert mit einem zentralisierten Berichts- und Kontrollsystem. Das war der Grund für die Anwendung einer Matrixstruktur. Es ist jene Struktur, die es erlaubt, die weltweiten Tätigkeiten zu intensivieren und gleichzeitig die lokalen Aktivitäten in den einzelnen Ländern zu optimieren.

Auf der einen Seite ist das Unternehmen ein globales Netzwerk. Führungskräfte weltweit treffen Entscheidungen über die Produktstrategie und -erfolg, ohne sich um nationale Grenzen zu kümmern. Auf der anderen Seite ist ABB eine Ansammlung traditionell organisierter, nationaler Unternehmen: es gibt 1200 lokale Unternehmen, von denen jedes für den eigenen Gewinn und Verlust verantwortlich ist, und jedes eine getrennte legale und Handelseinheit ist.

Die durchschnittliche Zahl der Mitarbeiter in diesen Einheiten liegt bei lediglich 200. Vor dem Hintergrund dieser 1200 „Bausteine" hat ABB eine Reihe unterschiedlicher Strukturen, Rollenzuteilungen und Prozesse kreiert, um diese Unternehmen miteinander zu verbinden, um einen effektiven Ressourceneinsatz sowohl auf lokaler als auch auf globaler Ebene zu gewährleisten. Im Zentrum des globalen Netzwerks befindet sich eine kleine Gruppe von Managern, meist fünf bis zehn, die einzelne Geschäftsfelder leiten.

Die ca. 50 Geschäftsfelder sind in acht Geschäftsbereiche zusammengefaßt, für die jeweils ein Mitglied der Geschäftsleitung bestehend aus Schweden, Schweizern, Deutschen und Amerikanern verantwortlich ist. Die zweite Netzwerkplattform besteht auf der Ebene der einzelnen Länder. Die Länderchefs müssen alle Ressourcen von ABB auf Länderebene im Blickfeld haben, um innerhalb des jeweiligen Landes eine optimale Kombination aller Ressourcen zu gewährleisten. In Österreich wird ABB von Robert Petsche geleitet. Seine Rolle ist vergleichbar mit der eines jeden anderen Firmenchefs in Österreich. Gleichzeitig treffen sich auf Landesebene die beiden Netzwerkplattformen – Geschäftsbereich und nationale Ebene.

Einfach zum Nachdenken:

- Wie ist das Verhältnis zwischen Strategie und Struktur? Soll ein multinationales Unternehmen zuerst die Strategie festlegen und daran seine Struktur orientieren, oder seine Strategie nach der Struktur und den Ressourcen ausrichten?
- Gibt es so etwas wie eine optimale Organisationsform für ein multinationales Unternehmen? Nach welchen Kriterien soll die Organisationsstruktur gewählt werden?

Quellen: McClenahen, John S. „CEO of the Year" *Industry Week*, 15. November 1999; Hastings, Colin (1993). The New Organization. Berkshire: McGraw-Hill; Taylor, Willem „The Logic of Global Business: An Interview with ABB's Percy Barnevik", *Harvard Business Review*, März-April 1991.

15.4.7　Zusammenhang zwischen Struktur, Produktdifferenzierung und Größe

J. Stopford und L. T. Wells haben über diese Zusammenhänge eine Hypothese aufgestellt (dargestellt durch den Umsatz einer Firma mit einem außerhalb der Hauptproduktgruppen liegenden Produkt gemessen am Gesamtumsatz). Diese Formel postuliert, daß mit wachsendem Unternehmensumfang im Ausland weitere regionale Divisionen entstehen, so daß bei einer Auslandstätigkeit über 50% bereits eine Vielzahl an regionalen Divisionen entstanden sein muß. Andererseits steigt durch die stärkere Produktdifferenzierung die Wahrscheinlichkeit, daß Produktabteilungen auf weltweiter Basis arbeiten. In einem Unternehmen, in dem sowohl weltweite Produktdifferenzierung als auch die internationale Tätigkeit im Vordergrund stehen, spielen immer mehr Auslandsfaktoren in der Matrix mit. Ein Unternehmen mit geringer Produktdifferenzierung (unter 10%) und einem geringen Anteil an internationalen Geschäften, gemessen am Gesamtumsatz, wird die internationale Struktur wählen. Diese Formel ist in Abbildung 15.10 dargestellt.

Abbildung 15.10: Die Beziehung zwischen Struktur, Differenzierung ausländischer Produkte und der Unternehmensgröße im Ausland (gemessen an der Gesamtgröße)

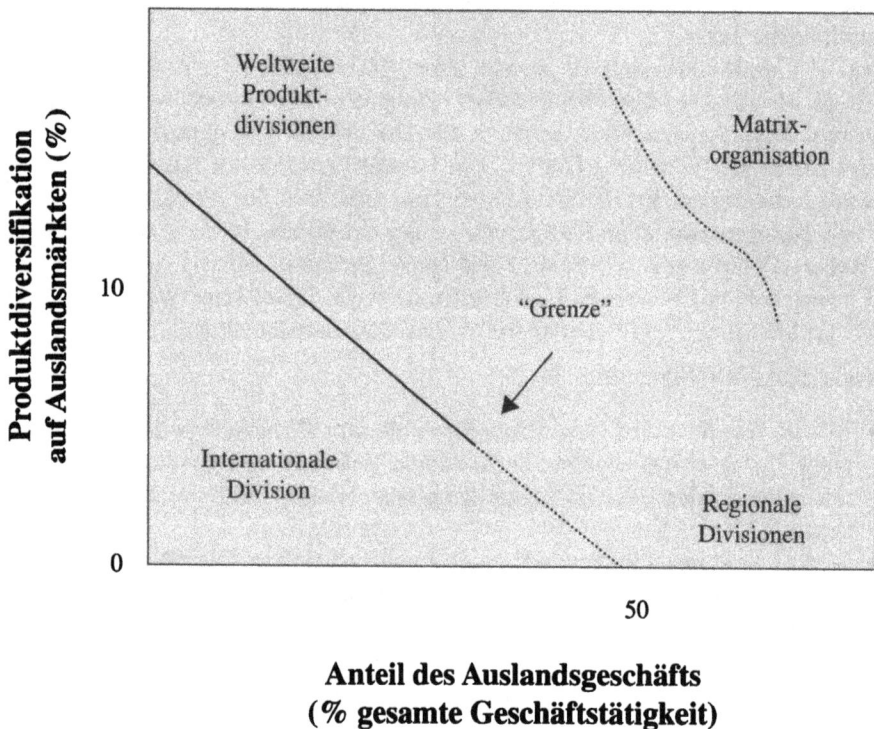

Quelle: Adaptiert von John M. Stopford und Louis T. Wells, Jr., „Managing the Multinational Enterprise" (New York: Basic Books, 1972

15.4.8 Organisationsstruktur und nationale Herkunft

Vor 1960 konnte man die typisch amerikanische, multidivisionale Struktur selten außerhalb Amerikas finden. Diese Struktur wurde bereits 1921 von A.P. Sloan bei General Motors eingeführt und hatte drei charakteristische Merkmale. Erstens wurde die Gewinnverantwortung für operative Entscheidungen den Leitern der einzelnen, unabhängigen Wirtschaftseinheiten übertragen. Zweitens gab es eine eigene Zentrale, die sich mit strategischer Planung, Leistungsbeurteilung und mit der Verteilung von Mitteln unter den Geschäftsbereichen befaßte. Drittens wurden die einzelnen Manager in der Konzernzentrale nicht in das operative Geschäft involviert, um sich psychologisch dem ganzen Unternehmen statt nur den einzelnen Bereichen verpflichtet zu fühlen.[17] In den 1960iger Jahren erlebten europäische Unternehmen eine Periode noch nie dagewesener Umgestaltung. Im wesentlichen übernahmen sie die divisionale Struktur von den Amerikanern. Heute ist kaum mehr ein Unterschied zwischen amerikanischen und europäischen Unternehmen erkennbar.

Die Organisationsformen japanischer und anderer asiatischer Unternehmen unterscheiden sich stark vom US-Modell. Die Japaner vertrauen eher Generalisten als funktionalen Spezialisten. Sie stellen die Bedeutung von Projektteams zur Entwicklung und Produktion von Produkten in den Vordergrund. Darüber hinaus unterscheiden sie sich durch die viel intensivere Beziehung zu ihren Lieferanten, durch die unterschiedliche Beziehung zu Kapitalgebern und eine grundlegend andere Leitungsstruktur. Der Erfolg der japanischen Unternehmen hat ihre Organisationsstruktur interessant gemacht, welche in weiterer Folge von einigen nicht-japanischen Unternehmen eingesetzt wurde.

AUF DEN PUNKT GEBRACHT

- DIE korrekte Organisationsstruktur für globale Aktivitäten eines Unternehmens gibt es nicht.

- Die Entwicklung von Organisationsformen in einem Unternehmen laufen nach einem Stufenmodell ab, das jedoch zeitlich gesehen stark von der jeweiligen Unternehmensentwicklung beeinflußt wird. Die Grundmuster sind jedoch immer ähnlich.

- Die komplexeste Organisationsform ist die Matrixorganisation, welche eine wesentliche Änderung im Verhalten des Managements, der Unternehmenskultur und der Kooperations- und Kontrollmechanismen erfordert.

15.5 Organisationale Netzwerke und virtuelle Organisationen

Firmen müssen sich auf ihre Kernkompetenzen konzentrieren, weil immer mehr Konkurrenz auf dem Markt entsteht. Geschäftsbereiche, die nicht zu den Kernkompetenzen eines globalen Unternehmens gehören, werden outgesourct. Darüber hinaus gibt es noch weitere Gründe, wie Risiko, F&E-Kosten, etc., die dazu führen, daß Firmen organisationale Netzwerke eingehen. Sowohl das Outsourcing als auch organisationale Netzwerke erfordern eine flache Organisationshierarchie, die letztlich bis zu virtuellen Unternehmen führen kann.

15.5.1　Kernkompetenzen

Kernkompetenzen sind ein Konzept, das die Experten auf dem Gebiet globaler Strategien C.K. Prahalad und Gary Hamel entwickelten. In den 1980igern wurden viele Geschäftsführer nach ihrer Fähigkeit, ihre Unternehmen zu reorganisieren, beurteilt. In den 1990igern glaubten Prahalad und Hamel, daß Geschäftsführer nach der Fähigkeit zu bewerten sind, wie sie Kernkompetenzen erkennen, pflegen und verwerten, und so in weiterer Folge Wachstum ermöglichen. Kernkompetenzen müssen Zugang zu einer breiten Vielfalt von Märkten ermöglichen, einen signifikanten Beitrag zu den Kundenvorteilen liefern und für Konkurrenten schwer zu imitieren sein. Im 21. Jahrhundert werden die Kernkompetenzen Quelle des Vorsprungs gegenüber der Konkurrenz sein. Vor dem Hintergrund der steigenden Umweltdynamik, die durch eine Reihe von Innovationen und technischen Änderungen am Markt entstanden sind, bilden Kernkompetenzen die Basis, auf der Unternehmen ihre Strategie aufbauen. Zum Beispiel werden bei Philipp Morris die Fähigkeiten im Bereich Marketing generell, in der Kommunikations- und Markenpolitik im speziellen als Kernkompetenzen bezeichnet, die von strategischen Führungskräften zum Gewinn des Unternehmens eingesetzt werden.[18] Wenigen Unternehmen gelingt es, ihre Vormachtstellung auf mehr als fünf oder sechs Kernkompetenzen aufzubauen.

Die französische Computerfirma Bull bereitet sich auf eine tiefgreifende Reorganisation vor. Kleinere Beteiligungen und Abteilungen sollen abgebaut werden. Bull versucht, eine führende Rolle im Internet bzw. im e-business zu erlangen. Das Unternehmen wird sich auf seine Kernkompetenzen konzentrieren müssen, da die Entwicklung dieser Märkte eine Organisation erfordert, die zur Spezialisierung in bestimmten Geschäftsbereichen ermutigt, um so den Bedürfnissen der Kunden optimal zu entsprechen und umfassende Lösungen finden zu können. In Europa organisiert Bull sein Verkaufspersonal in mehreren Abteilungen, die auf unterschiedliche Geschäftsbereiche spezialisiert sind wie Infrastruktur, Systemintegration, Outsourcing, Hilfs- und Sicherheitsdienste.[19]

Auf lange Sicht wird ein Unternehmen seine globale Konkurrenzfähigkeit dadurch erhalten, daß es hochentwickelte und gleichzeitig preisgünstige Produkte schneller als die Konkurrenz auf den Markt bringen kann. Dabei werden Unternehmen in Zukunft eher als Portfolio von Kernkompetenzen denn als Portfolio von Geschäftsbereichen angesehen werden. Viele Unternehmen haben die technischen Mittel, um Kompetenzen aufzubauen. Jedoch fehlt es den Führungskräften nicht selten an der Vision zur Umsetzung. Laut Bartlett und Ghoshal ist es nicht die Rolle des Topmanagements, Kernkompetenzen zu definieren, zu kontrollieren bzw. für deren Allokation zu sorgen. Sie sollen vielmehr ein Klima zu schaffen, in dem sich Kernkompetenzen aus dem Unternehmen heraus entwickeln können, sich horizontale Verbindungen herausbilden, damit diese Kernkompetenzen voll integriert werden und so die Fähigkeiten des Unternehmens um ein Vielfaches erhöhen.[20] Das Konzept der Kernkompetenzen und ihrer

Verknüpfungen erfordert von den Führungskräften, das Konzept der Zusammenarbeit zu überdenken. Die Aufgaben des Managements müssen neu definiert werden, konkret Kompetenzen aufgebaut sowie administrative Tätigkeiten aufgeteilt werden, um die verteilten Ressourcen vereinen zu können.[21]

15.5.2 Outsourcing und Partnerschaft

Durch den wirtschaftlichen Erfolgsdruck konzentrieren sich viele Unternehmen auf das, was sie am besten können. Outsourcing wurde immer populärer, da Unternehmen immer stärker ihre Stärken in der Wertschöpfungskette auszubauen. Wenn Marriott besondere Fähigkeiten im Betrieb von Firmenrestaurants hat, warum sollte man sie dann nicht damit beauftragen? Wenn Pitney Bowes Post- und Kopierdienste besser erledigen kann, dann macht es eher Sinn, dieses Unternehmen damit zu beauftragen als diese Tätigkeiten im eigenen Haus durchzuführen. Wenn IBM Computersysteme besser administrieren kann, warum sollte dann nicht IBM diese Leistung durchführen?

Das österreichische Unternehmen Steyr Daimler Puch-Fahrzeugtechnologie hat beispielsweise eine zentrale Anlaufstelle für EDV-Probleme eingerichtet, die den ca. 2.300 Anwendern in den steirischen Niederlassungen zur Verfügung steht. Die Hotline startete im Jänner 1999 und ist seitdem von Montag bis Freitag zwischen 07:00 und 17:00 Uhr verfügbar. Schon im ersten Monat erreichte das Team eine Problemlösungsquote von 72%, welche in der Zwischenzeit auf über 80% gesteigert werden konnte. Die Akzeptanz war so groß, daß die Anzahl der Anrufe auf das doppelte der Schätzung anstieg.[22]

Die österreichische Wienerberger Ziegelindustrie AG erzeugt Dach-, Mauer- und Deckensysteme in 120 Produktionsstätten in 12 Ländern. Momentan geht die Expansion hauptsächlich in Richtung Osten, wie z.B. nach Rumänien und Slowenien. Mit den steigenden Anforderungen an ein globales Unternehmen stießen vorhandene Softwarelösungen bald an ihre Grenzen. „Wir wollen Ziegel erzeugen und nicht mit EDV-Problemen kämpfen“, sagt Thomas Kleibl, Vorstandsmitglied, befragt nach der Partnerschaft mit Hewlett Packard. „Jeder soll das tun, was er am besten kann. Und Wienerberger verfügt eben nicht über Know-how in Bereichen wie Kommunikation, Hardware und dergleichen. Durch Partnerschaften kann ein Unternehmen seine ureigensten Kernkompetenzen bewahren.“, meinte er dazu.[23]

Je mehr Unternehmen Leistungen, wie beispielsweise das Bestellwesen, die Geschäftsprozesse unterstützen, outsourcen, desto mehr entwickelt sich die Beziehung zu den Outsourcing-Unternehmen von projektbezogener Zusammenarbeit hin zu einer Partnerschaft. Das Konzept der Partnerschaft basiert auf der Annahme, daß Ergebnisse durch gemeinsames Zusammenwirken profitabler sind, als wenn es nur fallweise zu einer Kooperation kommt. Die langfristige Beziehung zueinander läßt sich an den Prozessen ablesen, die diese Verbindung in Gang halten. Sechs Faktoren definieren eine derartige Partnerschaft:[24]

1. *Beiderseitige Vorteile:* Eine Partnerschaft muß Sinn machen. Das Risiko und die Investition sollten zu gleichen Teilen getragen werden. Wenn eine Innovation das Resultat der Partnerschaft ist, sollten beide Partner gleichmäßig daran teilhaben.

2. *Engagement:* Ein häufiger Grund für das Versagen einer Partnerschaft ist das Fehlen gemeinsamer Ziele sowie fehlender oder falsch gesetzter Anreize. Verpflichtun-

gen definieren die Beziehung zwischen einem Unternehmen und dem Outsourcer. Vor der Unterzeichnung eines Vertrages sollte sich das Unternehmen über seine zukünftige Flexibilität und deren potentielle Kosten im klaren sein.

3. *Positive Einstellung:* Die Einschätzung der Outsourcer als Gegner oder aber als wertvolles Teammitglied sowie das gegenseitige Vertauen der Partner, entscheiden über Dauer und Bestehen der Partnerschaft.

4. *Geteiltes Wissen:* Wenn Unternehmen Dienste outsourcen, bei denen es zu einem direkten Kontakt mit den Kunden kommt, wie etwa Hotlines, kommt es vor allem auf ein gemeinsames Verständnis der Unternehmenskultur an. Ein Outsourcer, der die Geschäftsvorgänge sowie die Kultur eines Unternehmens versteht, kann seine Tätigkeit noch besser erfüllen.

5. *Spezifische Ressourcen:* Der Hauptgrund, warum viele Unternehmen Outsourcing betreiben, ist, daß sie auf diese Art sehr schnell erfahrene Mitarbeiter gewinnen können. Die Einführung neuer Technologien geht so rapide vor sich, daß viele Unternehmen nicht im Stand sind, Schritt zu halten. Outsourcing erlaubt es auch, das vorhandene Personal durch Fachkräfte zu ergänzen.

6. *Informationsfluß:* Die Triebkraft vieler Outsourcingvereinbarungen ist der Austausch von Information innerhalb der Abteilungen sowie zwischen Distributions- partnern und Lieferanten. Es ist eine Kernkompetenz der Outsourcer, die internen und externen Abteilungen durch einen nahtlosen Austausch von Information zu verbinden. Obwohl es oft ignoriert wird, ist der Aufbau eines sozialen Netzwerkes ein entscheidender Faktor für den Erfolg.

Gemäß einer Studie des Outsourcing Institute haben 1997 80% der Fortune 500- Unternehmen einige oder alle Aufgaben des Informationsmanagments outgesourct. Ein Hauptmotiv für den Einsatz von Outsourcing ist die Freisetzung von Ressourcen, die dann auf das Kerngeschäft konzentriert werden können. Die Partner bringen Wissen ein und geben damit dem Management Zeit zurück. Damit steigt die Qualität des unter- nehmerischen Outputs, da sich die Manager auf die Aktivitäten konzentrieren können, die zu den Stärken des Unternehmens gehören. Überdies sind Unternehmen, die Out- sourcing in Anspruch nehmen, finanziell stabiler. Die Studie belegt, daß Outsourcing zu einer durchschnittlichen Kostenreduktion in Höhe von 9% und einer Steigerung der Kapazitäten und Qualität um 15% führt. Auf Informationstechnologie, die den am schnellsten wachsenden Bereich für Outsourcing ist, entfallen etwa 30% der Gesamt- ausgaben für Outsourcing.[25]

EUROPÄISCHER BLICKWINKEL

MANAGEMENT-BUYOUT BEI ERICSSON

Als 1998 der schwedische Telekom-Hersteller Ericsson bekanntgab, seine Produktionsstätten im österreichischen Kindberg nicht mehr länger zu betreiben, war das nicht das Ende für die Arbeitnehmer in Kindberg. Vielmehr markierte dieser Schritt den Weg in ein neues Zeitalter. Dovatron kaufte die Ericsson-Anteile am Kindberger Werk und hat seitdem den schwedischen Telekom-Riesen mit Teilen beliefert. Dovatron ist ein Unternehmen der internationalen DII-Gruppe, die einen Umsatz von € 919 Millionen im Jahr erzielt. Die Strategie von DII ist klar: das Unternehmen kauft Produktionsstätten auf, die zuvor von Elektronik- oder Telekom-Konzernen betrieben wurden, und verkauft im Gegenzug Teile an diese.

Der Vorteil ist beiderseits erkennbar: Ericsson kann sich auf das konzentrieren, was es am besten kann, nämlich komplexe Kommunikationslösungen entwerfen, entwickeln und vermarkten, während DII von seinen Stärken als Komponentenhersteller profitiert, der Kunden der Weltspitze beliefert.

In ähnlicher Weise verkaufte Ericsson seine Produktionsstätten im schwedischen Östersund und im französischen Longuenesse an Selectron. Ähnliches wird sich auch mit der Produktionsstätte im schwedischen Katrineholm ereignen, wo derzeit 100 Angestellten beschäftigt sind. Flextronic hat ein entsprechendes Angebot abgegeben. Nicht immer ist es jedoch so, daß die Entscheidung zur Fremdvergabe auch gleichzeitig zu neuen Eigentumsverhältnissen durch Übernahme durch den Outsourcer führt. Im Jänner 1999 wagten sich zwei junge Österreicher, ehemals bei Ericsson beschäftigt, auf neues Terrain. Sie übernahmen in einem klassischen Management-Buyout einen Teil von Ericssons Verkaufsaktivitäten.

Das neu gegründete Unternehmen, Austrian BusinessCom System AG, hat den Verkauf und das Service für Klein- und Mittelbetriebe übernommen. Einem branchenweiten Trend folgend werden der Verkauf und die Verkaufsunterstützung bei Kommunikationssystemen für Klein- und Mittelbetriebe immer stärker an spezialisierte Verkaufsunternehmen ausgegliedert. Der Nutzen für die Kunden von einem derartigen Outsourcing ist eindeutig: bessere und individuellere Unterstützung durch einen Verkäufer vor Ort, der seine ganze Aufmerksamkeit dieser Kundengruppe zukommen läßt. Outsourcing, Management-Buyout,... wir werden in Zukunft sicher mehr davon sehen! Sobald Unternehmen es für wichtig empfinden, zu ihren Stärken zurückzukehren, werden sie die Notwendigkeit sehen, daß jemand sich erfolgreich um den Rest ihres Geschäfts kümmert.

Einfach zum Nachdenken:

- Sind die Veränderungen, die Produktion auszulagern, auf die Strategie von Ericsson zurückzuführen?
- Nach welchen Kriterien sollte ein Unternehmen die Bereiche festlegen, die outgesourct werden?

Quellen: Erdmann, Heinz „Söldner des Fließbandes" *Industriemagazin Spezial*, Vol. 2, Februar 2000; „Management-buy out stärkt Ericssons Vertrieb" *Die Presse*, 14. Oktober 1998.

15.5.3 Organisatorische Netzwerke

Während sich hierarchische Strukturen durch auf- und absteigende Linienverantwortung von Einzelpersonen charakterisieren lassen, sind Netzwerke sich selbst organisierende Strukturen, die durch Beziehungen und Vertrauen aufrecht erhalten werden. Weiters schaffen diese Verbindungen Muster für Kommunikation und Austausch, die größtenteils durch persönliche Interaktion zustande kommen.[26]

Die Zusammenarbeit im Rahmen von Netzwerken innerhalb eines Unternehmens hat das Ziel, Grenzen aufzulösen und rasche, offene und persönliche Kommunikation zu ermöglichen. Es ist eine allgemeine Strategie, die den Stil und die Kultur eines Unternehmens bestimmt. Weiters werden spezifische Netzwerke von Mitarbeitern verschiedener Abteilungen des Unternehmens aufgebaut, um Aktivitäten oder Know-how zusammenzubringen. Diese internen Netzwerke sind bestimmt und benannt nach dem gemeinsamen Interesse, das die Netzwerkmitglieder teilen, wie z.B. Anwendungsgebiete für einen neuen technischen Prozeß zu identifizieren.

Die Entstehung von Netzwerken zwischen Unternehmen resultiert zumeist aus einem gewissen Druck zur Zusammenarbeit. Dieser Druck entsteht durch die enormen Kosten für technologische Entwicklungen gerade in Branchen wie Gesundheit, Pharma- und Flugzeugindustrie. Selbst die größten Unternehmen können sich das Risiko nicht leisten, allein in Forschung und Entwicklung zu investieren.[27]

15.5.4 Horizontale Organisation

Beim Wandel einer heimmarktzentrierten Firma in ein multinationales Unternehmen ist eine Veränderung der Organisationsform unvermeidlich. Im Zuge dessen entwickeln sich neue Strategien, die sich auf die verschiedenen Produkte, Dienstleistungen, geographischen Märkte und die Belegschaft beziehen. Die Koordination, die für eine Verbesserung des Kundendienstes, der Leistung und der Flexibilität erforderlich ist, kann oft besser durch eine flachere Organisationsstruktur erreicht werden. Horizontal organisierte Unternehmen reagieren schneller und flexibler auf die sich ändernden Marktbedingungen. Zusätzlich hat die Einführung neuer Technologien zu einer rascheren Verflachung beispielsweise von Kundenbeziehungsmanagement geführt.[28]

Frank Ostroff, Berater bei A.T. Kearney, stellt fest, daß es einem vertikal organisierten Unternehmen aufgrund der sich ständig ändernden Marktbedingungen nicht immer möglich ist, auf globaler Basis wettbewerbsfähig zu bleiben. Im heutigen globalen Umfeld wird es daher immer wichtiger, die Menschen und Abteilungen quer durch das Unternehmen miteinander zu verbinden.

Xerox mußte, als es 1982 mit der japanischen Konkurrenz konfrontiert wurde, grundlegende Änderungen vornehmen, um seine Stellung am Markt halten zu können. Das Unternehmen konzentrierte sich dabei auf die Veränderung der Unternehmensprozesse. Um expandieren zu können, entschied sich Xerox 1992, das Unternehmen stärker horizontal und prozeßorientiert zu gestalten. Wie Paul Allaire, Vorstand und Generaldirektor von Xerox, feststellte: „Auf der einen Seite sehen wir attraktive Märkte und haben überlegene Technologien. Auf der anderen Seite werden wir daraus solange keinen Vorteil ziehen können, solange wir nicht die aufwendige, funktionell gesteuerte Bürokratie überwinden und unsere Qualitätsprozesse zu einer Steigerung der Produktivität einsetzen." Das Unternehmen, welches sich von da an „Xerox – The Document

Company" nannte, formulierte sein Ziel als das Versprechen, einzigartigen Wert durch Produkte auf dem letzten Stand der Technik zu kreieren. Dieses Wertversprechen erforderte die Umstrukturierung in eine Reihe horizontal organisierter, funktionenübergreifender Teams, die rund um bestimmte Prozesse gruppiert wurden. Die neue Xerox besteht aus vier Divisionen, von denen jede einem Vorstandsmitglied unterstellt ist, der in weiterer Folge an die Geschäftsleitung berichtet.

Horizontale Unternehmen organisieren sich rund um funktionenübergreifende Kernprozesse und Manager, die die Verantwortung für die Gesamtheit dieser Prozesse übernehmen. Teams und nicht Individuen sind die Eckpfeiler der Unternehmensstruktur und -leistung. Ein weiteres Prinzip horizontaler Unternehmen ist der Abbau von Hierarchie, indem einerseits nicht wertsteigernde Tätigkeiten eliminiert werden und andererseits den Teammitgliedern Entscheidungsbefugnisse erteilt werden, die sich auf ihre Aufgaben innerhalb der Arbeitsprozesse beziehen. Ein horizontales Unternehmen bindet Kunden und Lieferanten in die Prozesse ein und bestärkt die Mitarbeiter, indem es ihnen Mittel, Fähigkeiten, Motivation und Autorität für wesentliche Entscheidungen gibt, die sich auf die Leistung des Teams auswirken. Die Verwendung der Informationstechnologie erleichtert die Erreichung der Leistungsziele und schafft Wert für die Kunden. Vielfältige Kompetenzen sind erforderlich. In denen werden die Mitarbeiter auch ausgebildet, um Aspekte und Arbeit in funktionsübergreifenden Teams einer horizontalen Organisation zu bewältigen. Dazu gehört kreatives Denken und die Fähigkeit, flexibel auf neue Herausforderungen einzugehen. Horizontale Unternehmen verändern funktionale Abteilungen derart, daß sie als Partner in Kernprozeßgruppen zusammenarbeiten. Letztlich bauen sie eine Unternehmenskultur voller Offenheit, Kooperation und Zusammenarbeit auf, die auf eine andauernde Leistungssteigerung abzielt und die Verantwortungsübertragung an die Angestellten sowie deren Bevollmächtigung als wichtig erachtet.[29]

15.5.5 Virtuelle Organisation

Ein virtuelles Unternehmen ist ein temporäres Netzwerk oder eine lose Kombination von Produktions- und administrativen Leistungen, die für ein bestimmtes Projekt kombiniert werden. Sobald der Zweck erfüllt ist, löst sich das Netzwerk wieder auf. Weitere Charakteristika sind seine kurze Lebensdauer, sowie seine Zielorientierung. Ein virtuelles Unternehmen braucht weder eine Zentrale noch ein Organigramm oder eine Hierarchie. Einige der Hauptvorteile sind die geringen Kosten (geringe Investitionen in den Bereichen Personal, Produktionskapazitäten, Werkzeuge und Entwicklungszeit), das Augenmerk auf die Kernkompetenzen der einzelnen beteiligten Unternehmen, die Flexibilität bei der Produktion (schnelle Reaktion auf Änderungen in der Produktion, die einen rascheren Output ermöglichen), die Flexibilität der Arbeitsprozesse, weil die Partner rasch wechseln können, und letztlich die Herstellung der besten Produkte und Dienstleistungen, weil die Kernkompetenzen der beteiligten Unternehmen integriert werden.

Um am Markt wettbewerbsfähig zu sein, muß die Leistung eines Unternehmens in Bereichen wie Marketing und Verkauf, Service, Technologie oder Personalmanagement hoch sein. Die hohen Anforderungen und die Forderung nach Flexibilität machen es fast unmöglich, daß ein Unternehmen all diese Aufgaben allein bewältigt. Deshalb ist Zu-

sammenarbeit, die den gezielten Einsatz der Kernkompetenzen nützt, erforderlich.[30]
Unternehmen, die sich ihrer Kernkompetenzen bewußt sind, können diese auch in der
Partnerschaft behaupten. Eine virtuelle Organisationsform besteht aus kooperierenden, rechtlich unabhängigen Unternehmen mit herausragenden Kernkompetenzen. Jedes Mitglied hat zu den vorhandenen Ressourcen im gesamten Netzwerk Zugang, was
Vertrauen als Grundlage dieses Modells voraussetzt. Eine virtuelle Organisation wird
nicht als Organisationsform neben anderen gesehen. Es handelt sich eher um eine Qualität, die sich auf eine Organisationsform bezieht.[31]

Die wesentlichen Faktoren, die zum Erfolg einer virtuellen Organisationsform führen, sind: Augenmerk auf die Kundenbedürfnisse, die richtige Wahl der Partner (auch
in bezug auf deren Kernkompetenzen), Vertrauen und offene Kommunikation, neueste Informationstechnologie, geeignete Mittel, um die Unternehmensinformationen zu
schützen, eine neue Art computergeschulter Manager und qualifizierter Mitarbeiter.

Da sich die virtuelle Organisation stark auf Informationstechnologie stützt, ist sie
oft flacher und schmäler als eine gewöhnliche Organisationsform. Überdies ersetzt die
Informationstechnologie das mittlere Management, das früher den Informationsfluß
aufrecht erhielt. Diese Änderungen führen zu einer flacheren Organisationsform, in der
die Manager über Kenntnisse auf dem Gebiet der Kommunikation verfügen müssen,
um so auch einen größeren Bereich kontrollieren zu können. Zusammenfassend gesagt
weisen sie den Kern gewöhnlicher Organisationsformen auf, jedoch ohne deren Struktur
und Grenzen.[32]

Tabelle 15.1 zeigt drei wesentliche Merkmale virtueller Organisationsformen und deren Auswirkungen auf die globale Wettbewerbsfähigkeit. Beispielsweise besitzen weder

Tabelle 15.1: Charakteristika virtueller Organisationsformen und
deren Auswirkungen auf die globale Wettbewerbsfähigkeit

Charakteristika	Auswirkungen auf die Wettbewerbsfähigkeit
Unterstützung durch Allianzen und Partnerschaften mit anderen Unternehmen	Unternehmensfunktionen können leicht mit jenen Funktionen integriert werden, die von den Partnern eingebracht werden. Sie erweitern und verbessern die weltweite Präsenz des Unternehmens.
Relative örtliche und zeitliche Unabhängigkeit	Geographische Grenzen können leicht überschritten werden. Damit erhöht sich die Präsenz auf globalen Märkten und erleichtert den Zugang zu natürlichen und Humanressourcen.
Flexibilität	Ressourcen können rasch umverteilt werden, um sich ständig an Veränderungen bei den Marktchancen anzupassen.

Quelle: Boudreau, Marie-Claude; Loch, Karen D.; Robey, Daniel und Straud Detmar „Going
Global: Using Information Technology to Advance the Competitiveness of the Virtual Transnational Organization." *Academy of Management Executive*, Vol. 12, No. 4, 1998, S.120-128.

Nike noch Reebok Produktionsstätten. Sie lagern die Produktion an Firmen in Taiwan oder in anderen asiatischen Ländern aus. Deshalb ist es das Ziel, mit minimalem eigenen Einsatz den maximalen Nutzen aus Partnerschaften zu ziehen. In Anbetracht der zeitlichen und örtlichen Unabhängigkeit bewältigt ein virtuelles Unternehmen solche Hürden, indem es örtlich getrennte Ressourcen verbindet und den Angestellten ermöglicht, an vielen Orten (z.B. zu Hause oder auf Reisen) zu arbeiten. Letztlich ist sie durch Flexibilität gekennzeichnet, welche für transnationale Unternehmen aufgrund der wechselnden Bedingungen auf globalen Märkten erforderlich ist. Flexibilität bedeutet, daß Teile eines globalen Unternehmens eingeführt, abgeschafft oder verändert werden.

15.5.6 Virtuelle Teams

Eine virtuelle Organisation arbeitet mit virtuellen Teams. Die Teamzugehörigkeit in einer virtuellen Organisation ist dynamisch und ändert sich regelmäßig. Die Rolle ein und derselben Person kann in einem Team den Charakter der Unterstützung oder in anderen die Führungsrolle haben. Ein Team mit der selben personellen Besetzung hat daher nur eine begrenzte Lebensdauer, in der es produktiv arbeiten kann.[33]

Der Einsatz sich selbst steuernder Arbeitsgruppen, die besser auf die Konkurrenz reagieren können, wird immer häufiger. Berichte darüber, wie oft solche Teams eingesetzt werden, kommen nicht immer zum gleichen Ergebnis. Eine Studie zeigt auf, daß 47% der Fortune 1000-Unternehmen zumindest teilweise Teamarbeit einsetzen. Durch die vermehrte Verwendung von E-mail können die Teammitglieder auch über Kontinente hinweg kooperieren.[34]

J. Katzenbach und D. Smith glauben, daß Teams die Hauptressource von herausragenden Unternehmen sind.[35] Die Einführung von sich selbst steuernden Arbeitsgruppen ist ein weiteres Beispiel, wo Innovationen in einer Organisation erforderlich sind, um die Wettbewerbsfähigkeit zu gewährleisten. Sie bedeuten eine weitere Antwort von Unternehmen auf die Notwendigkeit, Unternehmenshierarchien flacher zu machen, Kosten zu reduzieren und reaktionsschneller zu werden. Der Wechsel von traditionellen zu virtuellen Teams hängt von fünf Faktoren ab: (1) das vermehrte Vorkommen flacher bzw. horizontaler Organisationen, (2) die Notwendigkeit firmeninterner Kooperation aber auch firmeninternen Wettbewerbs, wie etwa in Form strategischer Partnerschaften oder „Outsourcing". Ein dritter Hauptfaktor sind die Erwartungen der Mitarbeiter, am Unternehmen beteiligt zu sein. Abschließend führen der Wechsel von Produktion zu Dienstleistung und Know-how sowie die wachsende Globalisierung des Handels und der Unternehmenstätigkeit zur Bildung von virtuellen Teams.[36]

Eastman Kodak setzte virtuelle Teams bei der Entwicklung der Einwegkamera für den europäischen Markt ein. Kodak wollte die Aufmachung sowie die Funktionen des Produktes auf die Bedürfnisse der europäischen Kunden abstimmen. Die Funktionen blieben größtenteils gleich wie beim weltweit vertriebenen Modell. Das virtuelle Team agierte unabhängig von Zeit und Ort und bestand aus zwei deutschen Ingenieuren, die zuerst mit dem Designteam in Rochester, New York, und später per Telekommunikation von Deutschland aus arbeiteten.[37] Ein weiteres Beispiel ist Intel mit seinen virtuellen Teams für die Entwicklung und Kommunikation von Verkaufsstrategien bei bestimmten Produkten, die Entwicklung neuer Produkte und bei der Herstellung von

Mikroprozessorelementen. Die Teammitglieder aus Irland, Israel, England, Frankreich und Asien trafen sich, erledigten ihre Arbeit und trennte sich schließlich wieder. Das Team schloß sich auch mit anderen Teams zusammen.[38]

Die entscheidenden Faktoren für den Erfolg eines virtuellen Teams sind:[39]

- Personalpolitik

- Schulung und Weiterbildung

- Standardisierte, organisationale Prozesse

- Neue Kommunikations- und Informationstechnologien

- Organisationskultur

- Führung

- Kompetenz

Tabelle 15.2: Führungsverhalten für erfolgreiche, virtuelle Teams

Verhalten	
Kommunizieren	die wirtschaftliche Notwendigkeit virtueller Teams
	daß virtuelle Teamarbeit anerkannt wird
	Wert der Verschiedenartigkeit und Optimierung von Fähigkeiten
	Nutzen und Ergebnisse virtueller Arbeit
Erwartungen schaffen	Definition, wie virtuelle Teams arbeiten, sowie klare Abläufe und Ziele
	Hohe Erwartungen an die Leistung von virtuellen Teams
	Über Kunden und andere wichtige Interessentengruppen
	Anfangskosten und Zeitressourcen
Ressourcen verteilen	Zeit und Kapital für die Ausbildung der Leiter und Mitarbeiter virtueller Teams
	Zeit und Kapital für Reisen und persönliche Meetings der Teamleiter und -mitarbeiter
	Ressourcen für neue Technologien
Verhaltensweisen einführen	Koordination funktionsübergreifender und regionaler Vorgaben und Ziele
	Zusammenarbeit im Managementteam über geographische und kulturelle Grenzen hinweg
	Vorschläge von Mitarbeitern aufgreifen und ihnen das Vertrauen aussprechen
	Flexibilität zeigen

Quelle: Deborah L. Duarte und Nancy Tennant Snyder, *Mastering Virtual Teams: Strategies, Tools, and Techniques that Succeed* (San Francisco: Jossey-Bass), 1999, S.22

In einer virtuellen Organisation ist die Rolle des Managements anders als beim klassischen Unternehmen, welches Planung, Organisation, Führung und Kontrolle umfaßt. Tabelle 15.2 zeigt vier Bereiche des Führungsverhaltens, welche die erfolgreiche Anwendung von virtuellen Teams ermöglichen.

AUF DEN PUNKT GEBRACHT

- Neue Organisationsformen sind die Antwort auf die Notwendigkeit, reaktionsschnellere und flexiblere Strukturen, flachere Organisation und den Einsatz von Teams zu ermöglichen.
- Hohe Anforderungen und die dafür notwendige Flexibilität machen es den Firmen unmöglich, alle Aufgaben selbst zu erfüllen. Kooperation vor allem über „Outsourcing" ist erforderlich, um sich auf die eigenen Kernkompetenzen zu konzentrieren.
- Überdies wird die Notwendigkeit zur Entwicklung von Netzwerken, von intensiven Beziehungen zwischen Partnern sowie der Ausnützung der Technologie immer stärker erkannt.

15.6 Zusammenfassung

Um auf die Chancen aber auch Gefahren in der globalen Marketingumgebung reagieren zu können, muß ein Unternehmen eine globale Vision und Strategie haben. Durch einen entsprechenden Führungsstil und weltweite Tätigkeit kann ein Unternehmen die globalen Chancen nützen. Bei der Organisation globaler Marketinganstrengungen ist das Ziel, eine Struktur zu finden, die einem Unternehmen die Reaktion auf relevante Unterschiede in den internationalen Marktbedingungen und die Erweiterung wertvollen Unternehmensknow-hows ermöglichen. Eine Balance zwischen Autonomie und Integration muß gewährleistet werden. Innerhalb dieser Organisation müssen Unternehmen Kernkompetenzen etablieren, um wettbewerbsfähig zu sein. Ein Weg, wie globale Unternehmen auf diese Erfordernisse reagieren können, besteht in der Einrichtung organisationaler Netzwerke und virtueller Organisationen.

15.7 Diskussionsfragen

1. Warum unterscheiden sich Unternehmen in der Form ihrer Organisationsstruktur voneinander?
2. Was sind die Vorteile einer Matrix als Organisationsstruktur?
3. Wie wirkt sich das Ausmaß der Auslandtätigkeit auf die Organisationsstruktur aus?
4. Was versteht man unter dem Konzept der Kernkompetenzen, und welche Rolle spielt es in virtuellen Organisationen?
5. Was sind die Auswirkungen einer virtuellen Organisation auf die Wettbewerbsfähigkeit?
6. Was versteht man unter virtuellen Teams?

15.8   Webmistress's Hotspots

Homepage des Outsourcing Institute
Das Outsourcing Institute bietet als globales Netzwerk Information, Rat und Netz-
werkangebote für alle Arten von Outsourcingaktivitäten.
http://www.outsourcing.com/

Homepage von Virtual Team Assistant
Diese Website bietet Unterstützung bei gruppendynamischen Kommunikationsprozes-
sen.
http://www.vta.spcomm.uiuc.edu/

Working By Wire
Diese Website bietet Lösungen für virtuelles „Teaming" und virtuelle Arbeit. Sie unterstützt Manager, Einzelpersonen und virtuelle Teams, um in dieser neuen Arbeitsform
höchste Leistungen und persönliche Zufriedenheit zu erreichen.
http://www.knowab.co.uk/wbw2c.html

15.9   Weiterführende Literatur

Bartlett, Christopher A. und Sumantra Ghoshal. Managing across Borders: The Transnational Solution. Boston: Harvard Business School Press, 1989.

Bennis, Warren. Organising Genius: The Secrets of Creative Collaboration. Reading,
MA: Addison-Wesley, 1997.

Cho, Namshin. "How Samsung Organised for Innovation." *Long Range Planning*, 29, 6
(1996): S.783-796.

Cohen, Susan G. "Designing Effective Self-Managing Work Teams." CEO Publication
– University of Southern California (1993): S.G93-9.

Davidow, William H. und Michael S. Malone. The Virtual Corporation. New York:
HarperBusiness, 1993.

Egelhoff, W. G. Exploring the Limits of Transnationalism, Fordham University. Report
90-6-2 (September 1990).

Florida, Richard. "The New Industrial Revolution." *Futures* (Juli/August 1991).

Gerlach, Michael L. Alliance Capitalism: The Social Organisation of Japanese Business.
Berkeley and Los Angeles: University of California Press, 1992.

Ghoshal, Sumantra und Christopher A. Bartlett. The Individualized Corporation. New
York: HarperBusiness, 1997.

Hammer, Michael und James Champy. Reengineering the Corporation. New York:
HarperCollins, 1993.

Hax, Arnoldo C. "Building the Firm of the Future." *Sloan Management Review*, 30, 3 (Spring 1989): S.75-82.

Johansson, Johny K. und Ikujiro Nonaka. Relentless, The Japanese Way of Marketing. New York: HarperBusiness, 1997.

Kashani, Kamran. "Beware the Pitfalls of Global Marketing." *Harvard Business Review*, 67, 5 (September/Oktober 1989): S.91-98.

Katzenbach, Jon R. und Douglas K. Smith. "The Discipline of Teams." *Harvard Business Review* (März/April 1993).

Katzenbach, Jon R. und Douglas K. Smith. The Wisdom of Teams: Creating the High Performance Organisation. Boston: Harvard Business School Press, 1993.

Kogut, Bruce und Udo Zander. "What Forms DD? Co-ordination, Identity, and Learning." *Organisation Science*, 7 (September/Oktober 1996): S.502-518.

Krugman, Paul. "Competitiveness: A Dangerous Obsession." *Foreign Affairs*, 73, 2 (März/April 1994): S.28-44.

Kuniyasu, Sakai. "The Feudal World of Japanese Manufacturing." *Harvard Business Review* (November/Dezember 1990): S.38-49.

Maruca, Regina Fazio. "The Right Way to Go Global: An Interview with Whirlpool CEO David Whitwam." *Harvard Business Review*, 72, 2 (März-April 1994): S.134-145.

McDonald, Malcolm und Warren J. Keegan. Marketing Plans That Work: How to Prepare Them, How to Use Them. Newton, MA: Butterworth Heinemann, 1997.

Mintzberg, Henry. "The Effective Organisation: Forces and Forms." *Sloan Management Review* (Winter 1991).

Moore, James F. The Death of Competition: Leadership & Strategy in the Age of Business Ecosystems. New York: HarperBusiness, 1996.

Morrison, Allen J., David A. Ricks und Kendall Roth. "Globalization versus Regionalization: Which Way for the Multinational?" *Organisational Dynamics* (Winter 1991).

Nakatani, Iwao. The Japanese Firm in Transition. Tokyo, Japan: Asian Productivity Organisation, 1988.

O'Reilly, Anthony J. F. "Leading a Global Strategic Charge." *Journal of Business Strategy*, 12, 4 (Juli/August 1991): S.10-13.

Peters, Tom. "Time Obsessed Competition." *Management Review* (September 1990).

Prahalad, C.K. und Gary Hamel. "The Core Competence of the Corporation." *Harvard Business Review*, 68 (Mai-Juni 1990): S.79-93.

Quelch, J. "Marketing Responsibilities of Country Managers in Multinational Corporations in the 1990s." Marketing Science Institute Report, 1992.

Thurow, Lester. "Who Owns the Twenty-First Century?" *Sloan Management Review*, 33, 3 (Frühjahr 1992): S.5-17.

Tuller, Lawrence W. Going Global: New Opportunities for Growing Companies to Compete in World Markets. Homewood, IL: Business One Irwin, 1991.

Webster, Frederick E. Jr. "The Changing Role of Marketing in the Corporation." *Journal of Marketing*, 56, 4 (1992): S.1-17.

Literaturverzeichnis

[1] Carr Edward, "A Survey of Business in Europe: Present pupils – A fortress against Change," *The Economist*, 23. November 1996.

[2] http://news.ft.com/ft/gx.cgi/ftc?pagename=View&c=Article&cid=FT40V3T2X4C&live=true&useoverridetemplate=IXLZHNNP94C, (21. Februar 2000).

[3] http://news.ft.com/ft/gx.cgi/ftc?pagename=View&c=Article&cid=FT40GZET25C&live=true&useoverridetemplate=IXLZHNNP94C, (25. Februar 2000).

[4] http://news.ft.com/ft/gx.cgi/ftc?pagename=View&c=Article&cid=FT40V3T2X4C&live=true&useoverridetemplate=IXLZHNNP94C, (21. Februar 2000).

[5] Edward Carr, "A Survey of Business in Europe: Wake up or die – New Ways to manage Old Companies," *The Economist*, 23. November 1996, S.

[6] Tom Peters, "Time Obsessed Competition," *Management Review*, September, (1990): S.18.

[7] Philip J. Quigley. "The Coming of the Rabbiphant: Towards Decentralized Corporations." In *Vital Speeches*, 535, 1990.

[8] George S. Yip, *Total Global Strategy*, (Upper Saddle River, NJ: Prentice Hall, 1992).

[9] Christopher A. Bartlett und Sumantra Ghoshal, *The Transnational Solution*, (Boston: Harvard Business School Press, 1989).

[10] Vladimir Pucik. "Globalization and Human Resource Management." In *Globalizing Management: Creating and Leading the Competitive Organization*, herausgegeben von V. Pucik, N. Tichy und C. Barnett, 70. New York: Wiley, 1992.

[11] Regina Fazio Maruca, "The Right Way to Go Global: An Interview with Whirlpool CEO David Whitwam," *Harvard Business Review*, 1994, S.136-137.

[12] John M. Stopford und Louis T. Wells, *Managing the Multinational Enterprise*, (New York: Basic Books, 1972).

[13] Henry Mintzberg, "The Effective Organization: Forces and Forms," *Sloan Management Review,* Winter, (1991): S.54-55.

[14] "Henkel legt im Osten stark zu und bündel Aktivitäten in Wien," *Die Presse,* 24. September 1998.

[15] http://www.wolford.com/.

[16] Allen J. Morrison, David A. Ricks und Kendall Roth, "Globalization versus Regionalization: Which Way for the Multinational?," *Organizational Dynamics,* Winter, (1991): S.25.

[17] Lawrence G. Franko, "The Move Toward a Multinational Structure in European Organizations," *Administrative Sciences Quarterly,* 19, 4 (1974): S.493-506.

[18] Duane R. Ireland und Michael A. Hitt, "Achieving and Maintaining Strategic Competitiveness in the 21st Century: The Role of Strategic Leadership," *Academy of Management Executive,* 13, 1 (1999): S.43-57.

[19] "Bull strukturiert um," *Der Standard,* 24. Februar 2000.

[20] Sumantra Ghoshal und Christopher A. Bartlett, *The Individualized Corporation,* (New York: HarperBusiness, 1997).

[21] C.K. Prahalad und Gary Hamel, "The Core Competence of the Corporation," *Harvard Business Review,* 1990, S.79-86.

[22] "Tech in Use: Wie Unternehmen neue Produkte in der Praxis einsetzen," *Das Österreichische Industrie Magazin Spezial,* 2000, S.24.

[23] "Stein für Stein," *output,* 2000, S.44-45.

[24] Marianne Kosits, "Outsourcing in the Spirit of Partnership," 18. Februar (2000).

[25] The Outsourcing Institute. "The Outsourcing Index.", 2000.

[26] Karen Stephenson und Stephan Haeckel, "Making a Virtual Organization Work,"

[27] Coling Hastings, *The New Organization,* (London: McGraw-Hill, 1993).

[28] Jeff Watkins, *Information Technology, Organisations and People,* (London: Routledge, 1998).

[29] Frank Ostroff, *The Horizontal Organization,* (New York: Oxford University Press, 1999).

[30] Bo Hedberg, Göran Dahlgren, Jörgen Hansson und Nils-Göran Olve, *Virtual Organizations and Beyond,* (Chichester: Wiley, 1998).

[31] Frank-O. Zimmermann. "Structural and Managerial Aspects of Virtual Enterprises." Konferenzbeitrag zur Éuropean Conference on Virtual Enterprises and Networked Solutions – New Perspectives on Management, Communication and Information Technology", Paderborn, Germany 1997.

[32] P. Maria Joseph Christie und Reuven R. Levary, "Virtual Corporations: Recipe for Success," *Industrial Management,* Juli-August, (1998): S.7-11.

[33] Richard Hale und Peter Whitlam, *Towards the Virtual Organization,* (London: McGraw-Hill, 1998).

[34] Nancy Austin, K., "Workers Unite!," *Incentive,* 1993, S.15, Susan G. Cohen. "Designing Effective Self-Managing Work Teams.", 3: University of Southern California, 1993.

[35] John R. Katzenbach und Douglas K. Smith, "The Discipline of Teams," *Harvard Business Review,* 1993, S.119.

[36] Anthony M. Townsend, Samuel M. DeMarie und Anthony R. Hendrickson, "Virtual Teams: Technology and the workplace of the future," *Academy of Management Executive,* 12, 3 (1998): S.17-29.

[37] Marie-Claude Boudreau, Karen D. Loch, Daniel Robey und Detmar Straud, "Going Global: Using information technology to advance the competitiveness of the virtual transnational organization," *Academy of Mangement Executive,* 12, 4 (1998): S.120-128.

[38] Ibid.

[39] Deborah L. Duarte und Tennant Nancy Snyder, *Mastering Virtual Teams: Strategies, Tools and Techniques that Succeed,* (San Francisco: Jossey-Bass, 1999).

Kapitel 16

Globales Marketingaudit und -controlling

Es ist einfacher, schlechte Gewohnheiten nicht erst aufkommen zu lassen, als sie zu regeln, wie es einfacher ist, sie nicht zuzulassen, als sie zu kontrollieren, wenn sie einmal vorhanden sind.
– SENECA

Hütet Euch vor denjenigen, die davon reden, Dinge in Ordnung zu bringen! Dinge in Ordnung zu bringen heißt immer, andere Leute der eigenen Kontrolle zu unterwerfen.
– DENIS DIDEROT, ERGÄNZUNG ZU BOUGAINVILLES „VOYAGE," 1796

Wer die Vergangenheit kontrolliert, kontrolliert die Zukunft. Wer die Gegenwart kontrolliert, kontrolliert die Vergangenheit.
– GEORGE ORWELL

16.1 Zielsetzung des Kapitels

Nachdem Sie dieses Kapitel gelesen haben, wissen Sie mehr über:

- Die Unterschiede zwischen den verschiedenen Controllingsystemen.
- Die Faktoren, die ein globales Controllingsystem unterstützen oder verhindern.
- Die wesentlichen Eckpunkte eines globalen Marketingaudits.

In welchen Situationen hilft ein besseres Verständnis dieser Inhalte?

- Sie sollen die Leistung des globalen Management messen und evaluieren.
- Sie sollen in Ihrem Unternehmen ein globales Marketingcontrollingsystem einrichten.
- Sie sollen ein globales Marketingaudit organisieren.

16.2   Konzepte & Definitionen

Controlling ist als jener Prozeß definiert, mit dem Manager sicherstellen, daß die
Ressourcen effektiv und effizient zur Erreichung der Unternehmensziele genützt
werden. Controllingaktivitäten richten sich auf Marketingprogramme und andere
Programme und Projekte, die durch die Planungsprozesse initiiert wurden.

Controllingsystem: Ein gutes Controllingsystem besteht aus der Entwicklung von
Standards, der Leistungsmessung und der Analyse von Abweichungen. In der
Praxis führt die Anwendung von Controllingsystemen nicht selten zu Spannun-
gen und Problemen. Probleme entstehen zum Beispiel dann, wenn übermäßiges
Vertrauen auf jedes der einzelnen Elemente die Illusion von Kontrolle schafft.
Außerdem können ineffektive oder unvollständige Controllingsysteme der Unter-
nehmensstrategie eher schaden als nützen.

Globales Marketingaudit: Ein globales Marketingaudit läßt sich als umfassende,
systematische und periodische Untersuchung der Marketingumwelt, der Ziele,
Strategien und Aktivitäten von Unternehmens- oder Geschäftseinheiten definieren. Das Audit wird mit dem Ziel durchgeführt, bestehende und potentielle Probleme und Chancen zu erkennen und einen Aktionsplan zu erstellen, der den
Marketingerfolg eines Unternehmens steigern kann.

Balanced Scorecard: Die Balanced Scorecard repräsentiert eine Methode, die die
strategischen Geschäftsziele in spezifische Meßgrößen hinsichtlich vier Schlüsseldimensionen umwandelt: Finanzen, Kunden, interne Abläufe sowie Innovation
und organisationales Lernen. Das Konzept der Balanced Scorecard basiert auf
der Annahme, daß es für jede Aktion eine gleichartige und eine entgegengesetzte
Reaktion gibt. Somit verhilft sie Unternehmen zu bestimmen, welche Auswirkungen eine potentielle Veränderung auf den Rest der Organisation haben wird.

16.3   Schnittstelle zur Praxis

Globales Marketing bringt erhebliche Herausforderungen für Manager mit sich, die
für das Marketingcontrolling verantwortlich sind. Jeder einzelne Markt unterscheidet
sich von den anderen. Entfernungen und Unterschiede in der Sprache, den Bräuchen
und Geschäftspraktiken schaffen Kommunikationsprobleme. In größeren Unternehmen
führen der Umfang der Tätigkeiten und die Anzahl der Länderniederlassungen oft zu
eingeschobenen Hierarchieebenen. Dies bringt eine weitere organisatorische Ebene in
das Controllingsystem.

PepsiCo, der US-Getränke- und Lebensmittelkonzern, kündigte Anfang 1997 an,
sein Fast-Food-Geschäft verkaufen und sich auf sein Softdrink-Geschäft konzentrieren
zu wollen. Der Geschäftsbereich Fast-Food umfaßt die Ketten Pizza Hut, Taco Bell und
KFC (früher Kentucky Fried Chicken). Mit etwa 29.000 Restaurants betreibt PepsiCo
damit mehr Restaurants als alle anderen Fast-Food-Unternehmen der Welt.

Nach 19 Jahren im Fast-Food-Geschäft lagen die Gründe für diesen Rückzug in
den Rückschlägen, die das Unternehmen im Wettbewerb mit Coca-Cola erlitten hatte
und dem schwachen Unternehmenserfolg bei Pizza Hut-, Taco Bell und KFC. PepsiCos
Spitzenmanager Roger Enrico sagte, daß mit dieser Bereinigung auch ein gewünschter

Nebeneffekt – die Konzentration auf das Kerngeschäft – möglich wurde. „Wenn man die merklich unterschiedliche Dynamik von Restaurants und Fertigprodukten vergleicht, so glauben wir, daß unser ganzes Geschäft mit zwei getrennten, unterschiedlichen Führungsteams und Unternehmensstrukturen besser florieren wird."

Das Beispiel von PepsiCo zeigt, daß Planung und Controlling oft unübliche oder innovative Antworten auf die Herausforderungen des Marktes fordern. Im Fall eines weniger positiven Unternehmensergebnisses, das durch die Controllingaktivitäten zutage gefördert wird, geht man bei der Planung von Marketingstrategien und -zielen implizit davon aus, daß sich an der Unternehmensstruktur nichts ändern wird. Dies erweist sich nicht selten als nachteilig für die Marketingabteilung, da die Zugehörigkeit zu einem Konzern in einer derartigen Phase auch oft mit der Beschränkung von Geld und Ressourcen einhergeht.

Dieses Kapitel stellt verschiedene Arten von Kontrollmechanismen dar und beleuchtet die verschiedenen Variablen, die das Controlling beeinflussen. In Folge werden die wichtigsten Faktoren beschrieben, die die Ausgestaltung eines globalen Controllingsystems beeinflussen. Schließlich wird näher auf das globale Marketingaudit sowie das Konzept der Balanced Scorecard eingegangen.

16.4 Verschiedene Arten der Kontrolle

In der Managementliteratur wird Kontrolle als jener Prozeß definiert, mit dem Manager sicherstellen, daß Ressourcen effektiv und effizient zur Erreichung der Unternehmensziele eingesetzt werden. Kontrollaktivitäten richten sich auf Marketingprogramme sowie andere Programme und Projekte, die im Rahmen des Planungsprozesses initiiert wurden. Die Meßergebnisse und Bewertungen, die sich aus dem Kontrollprozeß im Rahmen eines globalen Audits ergeben, stellen gleichzeitig auch einen wichtigen Input für weitere Planungsprozesse dar.

Um ergebnis- oder prozeßorientierte Meßgrößen (z.B. Bilanzen, Verkaufs- und Produktionsdaten, Produktlinienwachstum etc.) für die Leistung von untergeordneten Unternehmensbereichen zu etablieren, können zwei unterschiedliche Ansätze gewählt werden: (1) das bürokratische Modell, das vorwiegend von westlichen Unternehmen angewandt wird, und (2) das kulturelle Modell, das in japanischen Unternehmen vorherrscht. Tabelle 16.1 bringt einen Vergleich dieser beiden Ansätze und ihrer Ziele.

Tabelle 16.1: Vergleich der bürokratischen und kulturellen Kontrolle

	Art der Kontrolle	
Objekt der Kontrolle	**Bürokratische, formalisierte Kontrolle**	**Kulturelle Kontrolle**
Ergebnis	Formale Leistungsberichte	Geteilte Werte hinsichtlich des Unternehmenserfolgs
Prozesse	Unternehmensregeln in Form von Handbüchern	Geteilte Managementphilosophie

Quelle: Czinkota, Michael R. und Ilkka A. Ronkainen. *Global Marketing.* Fort Worth: The Dryden Press, S.285.

Bürokratische oder formalisierte Kontrolle umfaßt Budgets als kurzfristige Kontrollelemente in Bereichen wie Investitionen, Geldvermögen, Personal sowie langfristige Programme und Planung.[1] Neben Budgets gibt es Unternehmensrichtlinien, als Instrumente bürokratischer Kontrolle, die die Leistungen in den einzelnen Funktionsbereichen beeinflussen. In Ländern, in denen formale Kontrollmechanismen weniger wichtig sind, dienen Werte und Kultur als Kontrollmechanismen. Um Kontrolle zu erhalten, wird evaluiert, inwieweit Mitarbeiter kulturell zu einem Unternehmen „passen". Geteilte Unternehmenswerte und -philosophie werden durch intensive Sozialisationsprozesse, sowie persönliche und informelle Interaktionen gebildet.

Eine weitere hilfreiche Unterscheidung ist jene zwischen formaler und informeller Kontrolle. Üblicherweise beinhalten formale Marketing-Controllingsysteme Leistungsstandards, die Bewertung der aktuellen Leistung und korrigierende Maßnahmen, um Abweichungen auszugleichen. Als informelle Kontrollmechanismen gelten Selbstkontrolle, Kontrolle durch die Gruppe sowie kulturelle Kontrolle durch das Wertesystem eines Unternehmens.[2] Die häufigsten informellen Kontrollwerkzeuge sind Unternehmenskultur und Personalentwicklung. Man geht davon aus, daß in globalen Unternehmen gemeinsame Werte geeigneter sind, die verschiedenen Unternehmenseinheiten zu verbinden als formale Kontrollmethoden. Um eine gemeinsame Vision zu formen, sollten kulturelle Werte Eigenschaften wie Klarheit, Kontinuität und Stimmigkeit vermitteln. Was die Entwicklung kultureller Kontrollmechanismen betrifft, so lassen sich zwei Ansätze unterscheiden. Die clan-orientierte Kultur begründet sich auf einem langen Sozialisationsprozeß mit starken Normen und einem definierten Set von internalisierten Kontrollen. Dieser clan-orientierte Ansatz ist vor allem in globalen Unternehmen, in denen Integration einen großen Stellenwert hat, bedeutsam als Instrument zur Schaffung einer gemeinsamen Vision. Der zweite Ansatz ist die marktorientierte Kontrolle, der durch einen eingeschränkten Sozialisationsprozeß und lose Normen charakterisiert ist. Das Kontrollsystem in marktbasierten Kulturen beruht auf Leistungsmessung. Ein weiteres wichtiges informelles Kontrollwerkzeug sind die Führungskräftetrainings. Diese zielen darauf ab, den Managern weltweit dabei zu helfen, die Aufgabe und Vision ihres Unternehmens zu verstehen. Die Programme können auch die Übertragung neuer Werte sicherstellen und eine Plattform für Manager schaffen, ihre sogenannten *best practices* und Geschäftserfolge zu teilen.[3]

Eine andere Klassifikation des Marketingkontrollprozesses unterscheidet deutlich zwischen zwei komplementären Prozessen: strategischer und operativer Kontrolle. Strategische Kontrolle bezieht sich auf die impliziten und ausdrücklichen Vorgaben, Ziele, Strategien und Leistungsfähigkeit. Diese Variablen beeinflussen die Ausrichtung einer Organisation. Somit sichert strategische Kontrolle, daß die Vorgaben gut ausgeführt werden. Anders gesagt bedeutet dies „die richtigen Dinge zu tun". Schließlich dient strategische Kontrolle dazu, einen entsprechenden Abgleich von Fähigkeiten und den Zielen einer Organisation mit den Chancen und Risiken der Unternehmensumwelt zu schaffen. Der zweite Prozeß, die operative Kontrolle, beschäftigt sich mit der Frage, wie gut ein Unternehmen seine Marketingaktivitäten im Hinblick auf die geplanten Ziele durchführt. In anderen Worten geht es darum, „die Dinge richtig zu tun". Während sich strategische Kontrolle in erster Linie um die Ausrichtung der Organisation kümmert, geht die operative Kontrolle davon aus, daß die Richtung stimmt, und kümmert sich hauptsächlich um die Verbesserung der Fähigkeit der Organisation, die spezifische Aufgabe zu bewerkstelligen. Die Ergebnisse der beiden Prozesse unterscheiden sich fundamental voneinander. Unerwünschte Resultate wie zurückgehende Verkäufe, sinkender Marktanteil oder geringere Profite können sich in beiden Marketingkontrollsystemen ergeben. Der Unterschied zwischen strategischer und operativer Kontrolle liegt im Lösungsansatz. Strategisch orientierte Kontrolle befaßt mit der Erreichung des Unternehmensziels, seine Fähigkeiten effektiv auf die Chancen und Risiken der Marketingumwelt abzustimmen. Operativ orientierte Kontrolle läßt sich dadurch charakterisieren, daß als Antwort Marketinganstrengungen verstärkt werden oder die Effizienz und damit auch die Produktivität gesteigert werden.[4]

EUROPÄISCHER BLICKWINKEL

DIAGEO ENTSTAND AUF EINEM LEEREN BLATT PAPIER

Viele Unternehmen haben entschieden, daß sich konventionelle Budgetplanung nichts mehr bringt. Brian Lever, führender Berater bei PWC in London, stellt fest, daß diese Unternehmen sich weiter entwickeln wollen und auf Budgetplanung verzichten. Doch die Belegschaft hat sich so sehr an Budgets als Kontrollinstrument gewöhnt, daß sie ein Wegfallen verunsichern würde. Robin Fraser leitet das Forum „Beyond Budgeting Round Table", eine Initiative von rund 20 europäischen Unternehmen. Er meint, es ist weithin bekannt, daß Budgets zu Verzerrungen führen können. Wenn die Einschätzung des wahrscheinlichen Ergebnisses realistisch ist, kann es kein Prüfziel sein; das Budget kann zugleich Unter- und Obergrenze sein. Ein anderer Effekt ist die Beschränkung von Managern, die auf die Kundenbedürfnisse in einem sich schnell ändernden Markt antworten müssen.

Diageo ist ein weltweit führendes Konsumgüterunternehmen. Es kam 1977 durch die Fusion von GrandMet und Guinness zustande und hat ein umfangreiches Portfolio an weltbekannten Lebensmittel- und Getränkemarken, wie Smirnoff, Johnnie Walker, J&B, Gordon's, Pillsbury, Häagen-Dazs, Guinness und Burger King. Aufgrund der Fusion mußte Diageo radikal umstrukturieren. Durch den neuen Fokus auf Wertgenerierung erhielt die Rationalisierung des Planungs- und Budgetierungsprozesses vorrangige Priorität. Pavi Binning, Controller der Konzernfinanzen bei Diageo, sieht die Finanzfunktion als treibende und nicht als bremsende Kraft der Veränderung. Diageo mußte sich auf Konsumenten, Menschen, Marken und auf Leistung konzentrieren. Binning erklärt, daß im Spirituosengeschäft eine akribische wirtschaftliche Erfolgsanalyse durchgeführt wurde und die Märkte und Marken mit dem größten Wertschöpfungspotential ausgewählt wurden. Die spezifischen 'Wertehebel', die den Profit steigern würden, wurden identifiziert – das konnten Volumen, Preis, Kosten, Marketingausgaben oder andere Faktor sein." Im nächsten Schritt wurden Strategien und Pläne ausgeklügelt, die auf diese 'Hebel' wirken konnten. Es wurden Indikatoren vereinbart, die den Fortschritt im Vergleich zu den gesetzten Zielen verfolgen sollten, während die Überprüfung von Faktoren wie Markenbewußtsein und Marktdurchdringung beibehalten wurde. Dies bildet bis heute die Kontrollmechanismen bei Diageo. Auf Konzernebene konzentriert sich Diageo auf die Jahresergebnisse. Auf Bereichsebene überwacht man, ob die Entwicklungen konform zum Strategieplan verlaufen.

Fortsetzung auf der nächsten Seite

DIAGEO ENTSTAND AUF EINEM LEEREN BLATT PAPIER (Fortsetzung)

Auf Budgets zu verzichten ist jedenfalls nur dann möglich, wenn die Mitarbeiter bereit sind, Verantwortung zu übernehmen. Organisatorische Unterstützung ist nötig, um Verhalten zu verändern und entsprechende Fähigkeiten aufzubauen.

Einfach zum Nachdenken:

- Warum ist Robin Fraser der Meinung, daß Budgets zu Verzerrungen führen? Was sind die Nachteile der Budgetplanung?
- Glauben Sie, daß Diageo in seinem Bemühen, auf das Budgetieren zu verzichten, Erfolg haben wird? Was halten Sie von der Idee?

Quellen: http://www.diageo.com/, Lester, Tom. „Cutting the ties that bind". *Financial Times*, 9. Mai 2000, S.16.

16.5 Einflußfaktoren auf Kontrollsysteme

Ein Marketingkontrollsystem wird durch viele Faktoren beeinflußt. Besonders wichtig sind das Kommunikationssystem, die Verfügbarkeit entsprechender Daten und die Komplexität der Marketingumwelt.

16.5.1 Kommunikationssysteme

Ein bedeutender Aspekt der Kommunikation ist die Entfernung zwischen der Konzernzentrale und den einzelnen dezentralen Unternehmenseinheiten. Je größer die Entfernung, um so wahrscheinlicher ist es, daß Zeitbedarf, Kosten und Fehlerquellen zunehmen. Diese Gleichung bleibt trotz des Einsatzes elektronischer Kommunikationssysteme bestehen, die in Echtzeit arbeiten. Je näher die Tochtergesellschaft der Konzernzentrale sind, desto weniger Kontrollverlust entsteht. Abgesehen von der Entfernung spielt der Standort eine wichtige Rolle in der Kommunikation: je entwickelter die Telekommunikationsinfrastrukur eines Landes ist, desto einfacher ist der Kommunikationsprozeß.

Wie schon früher beschrieben hat die Informationstechnologie (IT) enorme Auswirkungen auf die Kommunikationssysteme. In den letzten 20 Jahren haben sich die technologischen Hilfsmittel immens weiterentwickelt. Global einsetzbare Instrumente beispielsweise, wie Telekonferenzen, Faxsendungen und e-mail, verbessern das Berichtswesen. Das Internet ermöglicht es, Computerbenutzer in globalen Netzwerken zu verbinden und ihnen unbeschränkten Zugriff auf Datenbanken zu erlauben. IT reduziert geographische Einschränkungen deutlich.[5]

16.5.2 Verfügbarkeit relevanter Daten

Informationen über die Wirtschaft, Branche und Konsumenten sind ein wichtiger Bestandteil der Kontrolle. In Ländern, in denen diese Daten fertig verfügbar und verläßlich sind, kann die Marketingplanung und -kontrolle auf Basis präziser externer Daten arbeiten. Wo solche Daten nicht in dem Ausmaß zur Verfügung stehen, wie es bei vielen wirtschaftlich weniger entwickelten Ländern der Fall ist, entstehen Probleme. 1996 wiesen beispielsweise die russischen Wirtschaftsdaten beim Bruttoinlandsprodukt einen Rückgang um 6% aus. Gleichzeitig nahm die Wirtschaftszeitung *Financial Times* russische Firmen in ihren „Index 500" der weltweit führenden Unternehmen auf. Man nahm an, daß die Wirtschaftsaussichten sich verbessern würden.[6] Bei genauerer Betrachtung ergab sich, daß die Einschätzungen der Ökonomen hinsichtlich des BIP den Dienstleistungssektor nicht berücksichtigt hatten und damit zu kurz griffen. Einige Unternehmen hatten darüber hinaus geringere Erträge gemeldet, um damit den Steuerbehörden zu entgehen.

16.5.3 Komplexität der Marketingumwelt

Die Komplexität der Marketingumwelt wird die Entwicklung des Marketingplans und seine Umsetzung beeinflussen. Die erfolgreiche Entwicklung und Kontrolle eines Marketingprogramms hängen von Einflußfaktoren ab, wie Wechselkursen, gesetzlichen Strukturen, politischen Systemen, Werbemöglichkeiten und kulturellen Faktoren. Die Anforderungen der lokalen Situation können daher Abweichungen von den allgemeinen Unternehmenszielen mit sich bringen, was in Betracht gezogen werden muß. Es überrascht nicht weiter, daß die Komplexität der Marketingumwelt in verschiedenen Märkten zu Konflikten zwischen den lokalen Erfordernissen und den Oberzielen des Unternehmens entstehen.

16.6 Einrichtung eines Kontrollsystems

Ein gutes Kontrollsystem besteht aus drei grundlegenden Elementen:

- Entwicklung von Standards
- Leistungsbeurteilung
- Abweichungsanalyse

Jedes dieser Elemente ist einfach zu verstehen und zu konzipieren, aber ihre Anwendung in der Praxis schafft Spannungen und Schwierigkeiten. Vielfältige Probleme entstehen zum Beispiel, wenn überzogenes Vertrauen in eines dieser Elemente die Illusion von Kontrolle entstehen läßt. Darüber hinaus kann der Unternehmensstrategie Schaden durch wenig effektive oder mangelhafte Kontrollsysteme entstehen.

16.6.1 Entwicklung von Standards

Zu Kontrollzwecken sind Standards ein notwendiger Bestandteil eines Kontrollsystems. Im allgemeinen werden diese Standards gemeinsam von Mitarbeitern der Konzernzentrale und der lokalen Marketingorganisation vereinbart. Sie müssen klar definiert und akzeptiert sein, um die Managementaktivitäten leiten zu können. Die Unternehmensziele, die die Festsetzung der Standards leiten, werden durch effektive und effiziente Implementierung einer Marketingstrategie erreicht. Aufgrund ihrer hohen Bedeutung sollten die Standards engstens an die Strategie und die spezifischen, langfristigen Wettbewerbsvorteile eines Unternehmens gekoppelt sein.

16.6.2 Leistungsbeurteilung

Das zweite grundlegende Element besteht aus Prozessen, mit denen Leistung überwacht wird. Die Beurteilung der Leistung im Vergleich zu den angestrebten Standards kann auf verschiedenen Ebenen der Organisation eingesetzt werden.

Um die internationale Performance zu evaluieren, werden üblicherweise drei finanzielle Meßgrößen eingesetzt. Diese sind die Rentabilität von Investitionen (Return of Investment), der Soll-Ist-Vergleich von Budgets, sowie Vergleiche mit der Vergangenheit. In einer Untersuchung gaben 95% der befragten Topmanager an, daß sie die gleiche Evaluationsmethode für ausländische und inländische Tätigkeiten einsetzen. Der Return of Investment wurde als wichtigstes einzelnes Maß angeführt. Aufgrund von Wechselkursschwankungen, unterschiedlichen Inflationsraten oder Steuergesetzen kann es bei der Ermittlung dieser Kenngröße allerdings zu Verzerrungen kommen, wenn sie in internationalen Unternehmungen angewendet wird. Sowohl die Nettoertragszahlen als auch die Investitionsbasis können ernsthaft verzerrt sein.

Der Einsatz von Kontrollstandards ist nicht unproblematisch. Eine offensichtliche Schwierigkeit besteht darin, welche Standards gewählt werden sollen. Globale Manager mögen sich hinsichtlich ihrer Kostenziele als erfolgreich einschätzen, aber feststellen, daß der Markt das Produkt ablehnt. Dazu kommt der Aspekt der Kompatibilität. Wie bei Unternehmenszielen kann es zu Konflikten zwischen den Standards kommen, die im Unternehmen Probleme bereiten. Eine Kostensenkung kann z.B. durch eine Reduktion der Kosten für Arbeit und durch eine Erhöhung der Arbeitsbelastung erreicht werden. Das kann den Druck auf die Mitarbeiter und ihre Abwesenheitsrate erhöhen, was sich wieder negativ auf die Produktivität auswirken wird. Kritisch für die Bewertung des Unternehmenserfolgs ist es daher, diese Beziehungen zwischen den Leistungsstandards zu erkennen.

In diesem Zusammenhang wurde argumentiert, daß die Kontroll- und Belohnungssysteme von globalen und multinationalen Unternehmen unterschiedlich sein sollten. Während das multinationale Unternehmen lose Kontrolle über seine ausländischen Einheiten ausüben sollte, benötigt das globale Unternehmen starke Kontrolle über seine vielen Einheiten. Dem Management jeder geographischen Einheit eines multinationalen Unternehmens sollte mit der Erwartung, daß die Ziele erfolgreich erreicht werden, erheblicher operativer Spielraum gelassen werden. Das Topmanagement sollte hier in gleicher Weise auf Budgets und nicht-finanzielle Leistungskriterien, wie Marktanteil, Produktivität, öffentliches Image, Moral der Mitarbeiter oder Beziehungen zur Regierung im Gastland, Wert legen, weil Gewinn und Return on Investment bei internationalen Aktivitäten unzuverlässige Meßgrößen darstellen. Um zwischen dem Wert der Niederlassung und der Managementleistung zu unterscheiden, müssen mehrfache Messungen durchgeführt werden. Das globale Unternehmen verteilt die Herstellungs- und Marketingaktivitäten von wenigen, sehr ähnlichen Produkten rund um die Welt, um Kosten zu senken und Wettbewerbsvorteile zu generieren. Daher müssen strategische Entscheidungen zentralisiert werden.[7]

16.6.3 Abweichungsanalyse

Wenn die aktuelle Performance hinter den erwarteten Standard zurückfällt, muß das Management Maßnahmen ergreifen. Um die Unternehmensziele zu erreichen und die

Diskrepanz zwischen den gesetzten Standards und aktueller Performance zu verringern, gibt es mehrere Möglichkeiten. Entweder verbessert man die aktuelle Leistung, oder man ändert den Leistungsstandard oder wendet beides an. In einem internationalen Gefüge kann sich dies wegen der geographischen und kulturellen Unterschiede als sehr schwierig gestalten.

AUF DEN PUNKT GEBRACHT

- Bei den Arten der Kontrolle unterscheidet man zwischen formaler und informeller Kontrolle. Während erstere Leistungsstandards, Evaluation der aktuellen Performance und korrigierende Maßnahmen zur Abwendung von Defiziten beinhaltet, besteht die informelle Kontrolle aus Eigenkontrolle, Gruppen- und kultureller Kontrolle.

- Formalisierte und kulturelle Kontrolle werden eingesetzt, um Niederlassungen zu lenken. Je nach Art der Kontrolle werden sich Ergebnis und Verhalten unterschiedlich gestalten.

- Das Managementkontrollsystem kann durch das Kommunikationssystem des Unternehmens, die verfügbaren, relevanten Daten und die Komplexität der Marketingumwelt beeinflußt werden.

- Ein Kontrollsystem besteht aus drei grundlegenden Elementen: (1) der Entwicklung von Standards, (2) der Leistungsbeurteilung und (3) der Abweichungsanalyse.

16.7 Das globale Marketing-Audit

Ein globales Marketingaudit kann als umfassende, systematische und periodische Untersuchung der Marketingumwelt, Ziele, Strategien und Aktivitäten von Unternehmens- oder Geschäftseinheiten definiert werden. Das Audit wird mit dem Ziel durchgeführt, bestehende und potentielle Herausforderungen und Chancen zu erkennen und einen Aktionsplan zu erstellen, der den Marketingerfolg eines Unternehmens steigern kann.

Das globale Marketingaudit ist ein Werkzeug zur Evaluierung und Verbesserung der globalen Marketingaktivitäten eines Unternehmens. Das Audit dient der Überprüfung der Effektivität und Effizienz von Marketingstrategien, -taktiken und -verfahren im Hinblick auf die Chancen, Ziele und Ressourcen des Unternehmens.

Ein vollständiges Marketingaudit weist zwei grundlegende Eigenschaften auf. Erstens ist es formalisiert und systematisch. Fragen nach dem Zufallsprinzip und je nach ihrem Auftreten zu stellen, mag nützliche Einsichten bringen, macht aber kein Marketingaudit aus. Die Effektivität eines Audits steigert sich üblicherweise bis zu einem Grad, wo es eine Reihe methodischer, diagnostischer Schritte miteinschließt, wie es bei der Durchführung einer öffentlichen Wirtschaftsprüfung der Fall ist.

Das zweite Charakteristikum eines Marketingaudits ist seine periodische Durchführung. Die meisten Unternehmen in schwierigen Situationen bewegen sich geradewegs auf das Desaster zu, bevor die Schwierigkeit vollständig aufgetaucht ist. Daher ist die periodische Durchführung des Audits ebenso wichtig wie, daß es auch in Zeiten durchgeführt wird, wenn den Unternehmensaktivitäten offenkundige Probleme und Schwierigkeiten innewohnen.

Das Audit kann eine breit oder eng angelegte Überprüfung sein. Ein vollständiges Marketingaudit ist umfassend. Es prüft die Marketingumwelt des Unternehmens, Wettbewerb, Ziele, Strategien, Organisation, Systeme, Verfahren und Praktiken in jedem Bereich des Marketingmix inklusive Produktion, Preisgestaltung, Vertrieb, Kommunikation, Kundenservice und Forschungsstrategie und -taktik.

Es gibt zwei Arten des Audits: unabhängiges und internes. Ein unabhängiges Marketingaudit wird von jemandem durchgeführt, der nicht im Einflußbereich der überprüften Organisation steht. Doch auch ein von Externen durchgeführtes Audit muß nicht immer objektiv sein, denn es ist durchaus möglich, einen externen Berater oder eine professionelle Firma, die man bezahlt, zu beeinflussen. Das Unternehmen, das ein wirklich unabhängiges Audit wünscht, sollte mit dem unabhängigen Auditor die Wichtigkeit der Objektivität besprechen. Eine potentielle Schwäche eines unabhängigen Marketingaudits ist ein mangelndes Branchenverständnis durch den Auditor. In vielen Branchen gibt es keinen Ersatz für Erfahrung. Wenn der Auditor diese nicht hat, wird er subtile Hinweise einfach nicht wahrnehmen, die jeder Profi leicht erkennt. Andererseits kann der unabhängige Auditor klare Anzeichen erkennen, die dem erfahrenen Profi nicht auffallen.

Ein internes oder Selbstaudit kann sehr wertvoll sein, da es von Marketern durchgeführt wird, die die Industrie verstehen. Es mag aber nicht die Objektivität eines unabhängigen Audits haben. Wegen der Stärken und Schwächen der beiden Auditmodelle empfehlen wir, daß beide regelmäßig mit demselben Ziel und für dieselbe Zeitspanne durchgeführt werden. Dann sollten die Ergebnisse verglichen werden. Der Vergleich kann zu Einsichten führen, wie die Performance des Marketingteams verbessert werden kann.

16.7.1 Zielsetzung und Zweck eines Audits

Der erste Schritt bei einem Audit ist ein Meeting der Führungskräfte des Unternehmens und des Auditors, um Ziele, Abdeckung, Tiefe, Datenquellen, Berichtsumfang und Zeitspanne des Audits zu vereinbaren.

Datensammlung

Eine der größten Herausforderungen bei der Durchführung eines Audits ist die Datensammlung. Ein detaillierter Plan der Interviews, sekundärer Forschung, Prüfung der internen Dokumente usw. wird benötigt. Dieser Aufwand wird üblicherweise in einem Team bewältigt.

Eine Grundregel für die Datensammlung ist es, sich nicht allein auf die Meinung der Leute zu verlassen, die auditiert werden. Bei dem Audit einer Vertriebsabteilung ist es von wesentlicher Bedeutung das Verkaufspersonal im Außendienst ebenso einzubeziehen wie die Verkaufsleitung. Selbstverständlich ist kein Audit vollständig ohne direkten Kontakt mit den Kunden und Lieferanten.

Dabei sollten kreative Auditierungsinstrumente vom Auditingteam unterstützt werden. Wenn ein Unternehmen beispielsweise ein kompliziertes Kundenbindungsprogramm entwickelt hat, das zu höheren Umsätzen führen soll, so sollte das Audit Kundenkontakt beinhalten, um die tatsächliche Effektivität des Programms zu testen.

Vorbereitung und Präsentation des Berichts

Nach der Datensammlung und Analyse ist der nächste Schritt die Vorbereitung und Präsentation des Endberichts. Diese Präsentation sollte Ziele und Zweck des Audits noch einmal vorbringen, die wichtigsten Ergebnisse beinhalten und grundlegende Empfehlungen und Schlußfolgerungen genauso aufweisen wie Stoßrichtung für weitere Studien und Untersuchungen.

16.7.2 Komponenten des Marketingaudits

Die sechs Hauptbestandteile eines vollständigen globalen Marketingaudits sind das Audit der Marketingumwelt, der Marketingstrategien, der Marketingorganisation, der Marketingprozesse, der Marketingproduktivität und der Marketingfunktionen. (siehe Tabelle 16.2).

16.7.3 Probleme, Fallen und Potential des globalen Marketingaudits

Das Marketingaudit weist eine Reihe an Problemen und Fallen auf. Die Zielsetzung kann eine Falle sein, wenn die Ziele tatsächlich blind gegenüber einem Hauptproblem sind. Für den Auditor ist es wichtig, offen für die Erweiterung oder Verschiebung der Ziele und Prioritäten während der Durchführung des Audits zu sein.

Ähnlich können sich im Laufe des Audits neue Datenquellen auftun. Der Auditor sollte bereit sein, diese Quellen auszuschöpfen. Der Zugang des Auditors sollte somit ebenso systematisch sein, einer vorbestimmten Linie folgen wie neue Richtungen und Quellen wahr- und annehmen können, wenn sie sich im Laufe der Auditierung auftun.

Präsentation des Berichts

Eines der größten Probleme beim Marketingaudit ist, daß die das Audit beauftragende Führungskraft höhere Erwartungen vom Effekt des Audits auf das Unternehmen haben kann, als dies die aktuellen Ergebnisse bieten können. Ein Audit ist auch dann wertvoll, wenn es keine grundlegend neuen Richtungen oder Wundermittel anzeigt. So ist es für alle Betroffenen schon einmal wichtig zu erkennen, daß Verbesserungen bei der Margensituation in Wirklichkeit den Unterschied zwischen Erfolg und Mittelmäßigkeit ausmachen. Marketer verstehen diese Tatsache und erkennen sie in einem Audit. Erwarten Sie keine dramatischen und revolutionären Ergebnisse und Wunderwaffen! Akzeptieren und erkennen Sie die Verbesserung an der Marge als das Spiel des Siegers im globalen Marketing.

Tabelle 16.2: Die sechs Hauptbestandteile eines vollständigen globalen Marketingaudits

Bestandteile	Auditierungsvariablen
1. Audit der Marketingumwelt	
– Weitere Umwelt	Demographie
	Wirtschaft
	Ökologie
	Technologie
	Politik
	Kultur
– Nähere Umwelt	Märkte
	Kunden
	Wettbewerber
	Vertrieb und Händler
	Lieferanten
	Unterstützende Marketingdienstleister
	Öffentlichkeit
2. Audit der Marketingstrategie	Unternehmensmission
	Marketingziele und -vorgaben
	Strategie
3. Audit der Marketingorganisation	Formale Struktur
	Funktionale Effizienz
	Effizienz an den Schnittstellen
4. Audit der Marketingprozesse	Marketinginformationssystem
	Marketingplanungssystem
	Marketingkontrollsystem
	System zur Neuproduktentwicklung
5. Audit der Marketingproduktivität	Profitabilitätsanalyse
	Kosteneffektivitätsanalyse
6. Audit der Marketingfunktionen	Produktpolitik
	Preis
	Vertrieb
	Werbung, Verkauf und Öffentlichkeitsarbeit
	Verkaufsteam

Quelle: Kotler, Philip. *Marketing Management. Analysis, Planning, Implementation, and Control.* London: Prentice-Hall, 1991.

Abbildung 16.1: Verhältnis zwischen strategischer Kontrolle und Planung

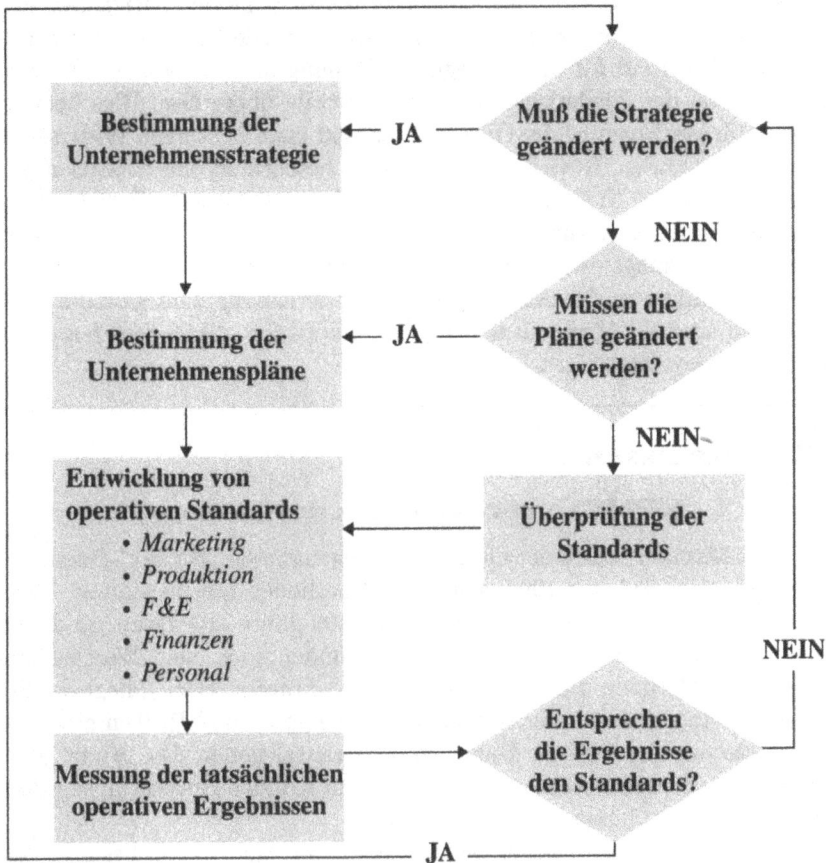

Bestimmung der Unternehmensstrategie

← JA — Muß die Strategie geändert werden?

↓ NEIN

Bestimmung der Unternehmenspläne

← JA — Müssen die Pläne geändert werden?

NEIN

Entwicklung von operativen Standards
- *Marketing*
- *Produktion*
- *F&E*
- *Finanzen*
- *Personal*

Überprüfung der Standards

NEIN

Messung der tatsächlichen operativen Ergebnissen

Entsprechen die Ergebnisse den Standards?

— JA —

Globale Marketer benötigen Marketingaudits mehr als ihre inländischen Gegenstücke, um weitreichende Anstrengungen in höchst unterschiedlichen Umwelten zu prüfen. Das globale Marketingaudit sollte an erster Stelle der Programme für Exzellenz in Strategie und Implementierung für ein siegreiches globales Unternehmen stehen. Das Verhältnis zwischen strategischer und operativer Planung und Kontrolle wird in Abbildung 16.1 illustriert.

Für Unternehmen, die global operieren, hält die Marketingkontrolle weitere Herausforderungen bereit. Der Grad an Veränderungen in der Umwelt liegt bei einem globalen Unternehmen in der Dimension jedes einzelnen nationalen Marktes, in dem es operiert. Zu Beginn dieses Buches haben wir diese Umwelten untersucht; jede verändert sich in einem anderen Maß und jede zeigt unverwechselbaren Charakter. Die Vielschichtigkeit nationaler Umwelten fordert das globale Marketingkontrollsystem heraus: die Heterogenität der Umwelt ist viel größer und daher auch komplexer zu kontrollieren. Globales Marketing kann schließlich besondere Kommunikationsprobleme schaffen, die mit den größeren Entfernungen zwischen den Märkten und Konzernzentrale zu tun haben und mit den Unterschieden von Managern mit anderen Sprachen, anderen Sitten und Praktiken.

Wenn das Management eines Unternehmens entscheidet, daß es eine globale Strategie entwickeln will, ist es entscheidend, daß die Kontrolle der Tätigkeiten der Tochtergesellschaften in die Konzernzentrale verlagert wird. Die Niederlassung wird weiterhin entscheidenden Input für die strategische Planung machen, aber die Kontrolle der Strategie muß von der Niederlassung an die Zentrale übergehen. Dies bedeutet eine Verschiebung im Machtgefüge der Organisation und kann in starken Widerstand gegen die Veränderung münden. In vielen Unternehmen beschränkt eine Tradition der Autonomie und Autarkie der Niederlassungen den Einfluß der Zentrale. Drei Arten von Mechanismen können der Unternehmenszentrale zur Kontrolle verhelfen: (1) Instrumente zum Informationsmanagement, (2) Instrumente zur Steuerung von Führungskräften, die den Schwerpunkt von der Autonomie der Niederlassung zum globalen Geschäftserfolg verlagern, und (3) Mechanismen zur Konfliktlösung, die in dem Zusammenhang auftauchende Zielkonflikte lösen helfen sollen.

GLOBALE PERSPEKTIVE

KPMGs NEUE AUDITIERUNGSMETHODE

KPMG, Peat Marwick, eines der ehemaligen, sogenannten „Big Six"-Buchprüfungsunternehmen, entschied sich 1994, seine Auditmethoden umzugestalten. Druck aus der Industrie und der Wettbewerb brachte die 100 Jahre alte Firma zu dieser Veränderung, um durch den Auditprozeß für die Kunden noch mehr Wert zu schaffen. Nach der neuen Methode, *Business Measurement Process* (BMP), liegt der Schwerpunkt des Audits auf den unternehmerischen Prozessen und Risiken statt der traditionell statischen Analyse der Unternehmenstransaktionen. Das Audit geht über eine Bewertung der reinen Zahlen hinaus, um dem Kunden Einsicht in sein Geschäft und seine Branche zu bieten.

Nachdem das Unternehmen die neue Methode entwickelt hatte, bestand die Herausforderung darin, sie weltweit einzusetzen. Da der neue Ansatz eine umfassende Änderung darstellte, war es nicht damit getan, den Mitarbeitern einfach nur ein neues Handbuch zu geben. Änderungen im Verhalten und in der Kultur mußten mitberücksichtigt werden.

Was ist BMP?

Der Business Measurement Process (BMP) bringt eine neue Dimension in den Auditierungsprozeß durch die Evaluation der Geschäftstätigkeit und -risiken. Fünf miteinander verwandte Prinzipien definieren den BMP-Ansatz: strategische Analyse der Unternehmenstätigkeit des Kunden, Analyse der Unternehmensprozesse, Risikoeinschätzung, Messung des Geschäftserfolges und kontinuierliche Verbesserung, um den Geschäftserfolg zu erhöhen.

Fortsetzung auf der nächsten Seite

KPMGs NEUE AUDITIERUNGSMETHODE (Fortsetzung)

1. **Strategische Analyse:** Während der Anfangsphase arbeitet das KPMG-Team mit dem Klienten daran, kritische Erfolgsfaktoren des Geschäfts und der Umwelt zu identifizieren und zu verstehen – inklusive Wettbewerb, Technologie, wirtschaftliche Bedingungen, Gesetzgebung, branchenbezogene Themen, Ziele und Strategien des Klienten und die zentralen Risiken, die die Erreichung dieser Ziele bedrohen.

2. **Analyse der Unternehmensprozesse:** Auf dieser Stufe untersucht das Team die Unternehmensprozesse des Klienten, die am stärksten zur Erreichung der Geschäftsziele beitragen. Information, die in dieser Phase gesammelt wird, dienen zur Erstellung eines Geschäftsmodells.

3. **Risikoeinschätzung:** In Zusammenarbeit mit dem Management identifiziert das KPMG-Team bestehende Geschäftsprozesse, um damit verbundene Risiken einzuschätzen und sie kontrollieren zu können. Weiters wird überlegt, wie sie systematisch überprüft werden können. Die Informationen aus dieser Phase werden herangezogen, um ein Risikomodell für die Unternehmenstätigkeit zu erstellen.

4. **Messung des Geschäftserfolges:** Nach der Risikoeinschätzung in der vorigen Phase wird das Audit mit der Messung des Geschäftserfolges abgeschlossen. Das Team konzentriert sich auf Prozesse und Variablen, die den größten Einfluß auf die finanziellen Ergebnisse haben. Vergleiche dieser Meßgrößen mit den finanziellen Ergebnissen, Benchmarking-Daten und anderen geeigneten Meßgrößen werden zur Entwicklung der Analyse sogenannter „strategischer Lücken" verwendet.

5. **Kontinuierliche Verbesserung:** Die Analyse der „strategischen Lücken" hilft dem Team, die Möglichkeiten zur Verbesserung des Unternehmenserfolges des Klienten auszumachen. In dieser Phase konzentriert sich das Team sowohl auf finanzielle als auch auf nicht-finanzielle Maßnahmen, die am ehesten die Verbesserungen schaffen könnten, die der Klient wünscht.

Laut Leslie A. Coolidge, Senior Partner im Centre for Leadership Development, sind KPMGs Klienten sehr positiv von der neuen Methode angetan, insbesondere was das Verständnis für das Geschäft des Kunden durch das Auditierungsteam betrifft. KPMG-Kunde Margaret Cass, Vorstand für Finanzen und Administration am Rocher Institute of Technology sagt: „BMP ist nicht einfach ein Audit, das einmal im Jahr stattfindet – es ist eine Beziehung das ganze Jahr hindurch. Es ist viel wertvoller als das Auditmodell, nach dem wir in der Vergangenheit gearbeitet haben."

Fortsetzung auf der nächsten Seite

KPMGs NEUE AUDITIERUNGSMETHODE (Fortsetzung)

Einfach zum Nachdenken:

- Was sind die wichtigsten Vorteile, die sich die Führungskraft eines international operierenden Unternehmens von einem Wechsel zu KPMGs Auditierungsmodell erwarten kann?
- Welche zusätzlichen Fähigkeiten müssen KPMG-Auditoren entwickeln, um wertorientiertes und effektives Auditing der Geschäftstätigkeit und des Risikos durchführen zu können?

Quelle: Kristine Mayer Brands, „KPMG Peat Marwick's Business Measurement Process – Implementing Change." *Management Accounting*, Jänner 1998, S.72.

AUF DEN PUNKT GEBRACHT

- Das globale Marketingaudit ist ein Werkzeug zur Evaluierung und Verbesserung der globalen Marketingaktivitäten eines Unternehmens. Es bezieht die umfassende, systematische und periodische Untersuchung der Marketingumwelt, der Ziele, der Strategien und Aktivitäten mit ein.
- Es gibt zwei Ansätze zum Marketingaudit. Das unabhängige Marketingaudit wird von einem externen Auditor durchgeführt, um Einflußnahme der Organisation bei der Auditierung zu unterbinden. Das Selbstaudit wird vom internen Management eines Unternehmens durchgeführt.
- Ein vollständiges Marketingaudit besteht aus sechs Hauptbestandteilen: dem Audit der Marketingumwelt, der Marketingstrategie, der Marketingorganisation, der Marketingprozesse, der Marketingproduktivität und der Marketingfunktionen.

16.8   Die Balanced Scorecard

Viele Unternehmen wie der schwedische Möbelkonzern Ikea, der Lagerhersteller SKF, der Erdölproduzent Schlumberger oder der dänische Petrochemiekonzern Borealis haben erkannt, daß die traditionellen Budgetierungssysteme auf der Basis von Vorgabe und Kontrolle wahrscheinlich die größten Hindernisse für Veränderung sind. Die Instrumente der Produktprofitabilität, der Kostenstellenrechnung, der Stückkosten oder der Effizienzgrößen des Kapitaleinsatzes wurden jahrzehntelang verwendet, um den Geschäftserfolg zu planen und zu messen. Doch im modernen Geschäftsleben sind sie in zunehmendem Maß nicht mehr ausreichend, da sie zum Beispiel intellektuelles und Wissenskapital ignorieren, beides Faktoren, von denen man sich eine Verbesserung des *Shareholder Value* erwartet. Darüber hinaus erzeugen Budgets und Planungsdaten eine Illusion von Kontrolle und erschweren es Managern, schnell auf Geschäftschancen zu reagieren. Um diese Probleme zu berücksichtigen, verwendet Borealis zur Festsetzung unternehmerischer Ziele den Prozeß der sogenannten *Balanced Scorecard*. Damit betont es die Leistungen des Management stärker als statische Ergebnisse des Geschäftsverlaufes. Fixkosten werden durch Berichte über ihre Entwicklung, durch aktivitätsbezogenes Management und Kostenziele gesteuert. Finanz- und steuerliche Planung auf übergeordneter Ebene beruht auf revolvierenden Finanzplänen. Bjarte Bogsnes, Vorstand für Unternehmenscontrolling, sagt: „Das neue System ist nicht nur einfacher – es liefert uns viel mehr Information und Kontrolle, als es das traditionelle Budget je tat."[8]

Der Ausdruck *Balanced Scorecard* wurde 1992 von Robert S. Kaplan und David Norton geprägt.[9] Das Konzept bietet einem Unternehmen eine breitere Perspektive für seine strategischen Entscheidungen, als die Fixierung auf rein finanzielle Meßgrößen des Unternehmenserfolges. Es repräsentiert eine Methode, die die strategischen Geschäftsziele in spezifische Meßgrößen hinsichtlich von vier Schlüsseldimensionen umwandelt: Finanzen, Kunden, interne Prozesse und Innovation sowie organisationales Lernen. Abbildung 16.2 zeigt, wie die *Balanced Scorecard* es Managern ermöglicht, die vier Managementprozesse einzuführen, die dazu beitragen, daß langfristige strategische Ziele mit kurzfristigen Aktionen verbunden werden.

Die *Balanced Scorecard* kann als Konzept gesehen werden, das auf der Annahme beruht, daß es für jede Aktion eine gleichartige und eine gegenteilige Reaktion gibt.

Abbildung 16.2: Umsetzung von Vision und Strategie

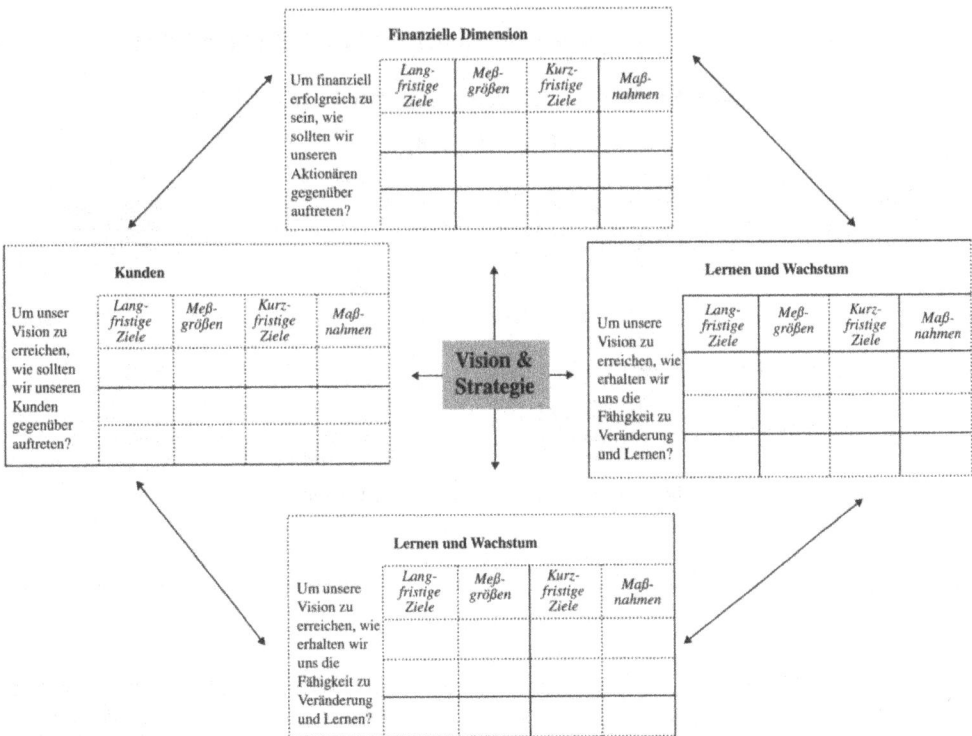

Quelle: Kaplan, Robert S. und Norton, David, P. „The Balanced Scorecard – Measures That Drive Performance." *Harvard Business Review*, Jän/Feb (1992)

Somit verhilft sie Unternehmen zu bestimmen, welche Auswirkungen eine potentielle Veränderung auf den Rest der Organisation haben wird. Der Nutzen und die Beliebtheit liegen in der Einfachheit mit klaren Beziehungen zwischen Ursache und Wirkung.[10]

Die *Balanced Scorecard* hat sich bereits in vielen Unternehmen etabliert und wird dies in Zukunft noch viel stärker tun. Das Beratungsunternehmen Gartner Group sagt beispielsweise voraus, daß bis Ende 2000 zumindest 40% der Fortune-1000-Unternehmen die *Balanced Scorecard* verwenden werden.[11] Eine andere Umfrage, die in den letzten Jahren von IMA's Cost Management Group durchgeführt wurde zeigt, daß 40% der befragten Unternehmen bereits daran arbeiten, ihr Instrumentarium zur Leistungsmessung umzustellen. Die befragten Manager sagten aus, daß die *Balanced Scorecard* ein besseres Verständnis für die nicht-finanziellen Bereiche ermöglicht, wie beispielsweise zeitgerechte Lieferung oder Ausschußraten, die sich letzten Endes auf den finanziellen Erfolg auswirken.

Durch Verwendung der *Balanced Scorecard* können die Manager Beziehungen zwischen Ursache und Wirkung feststellen. Abbildung 16.3 zeigt, wie jede sachliche Maßnahme, die Manager ergreifen, Teil einer Kette von Ereignissen wird, die zur Unternehmensaufgabe werden. Unternehmen entwickeln üblicherweise ihre Ziele und Meßgrößen für die internen Geschäftsprozesse, nachdem sie Ziele und Meßgrößen für die Kunden- und Finanzperspektive entwickelt haben. Die kritischsten Punkte für die Erzielung des Kundennutzens und *Shareholder Value* können ausgemacht werden.

Abbildung 16.3: Das allgemeine Modell der Wertschöpfungskette

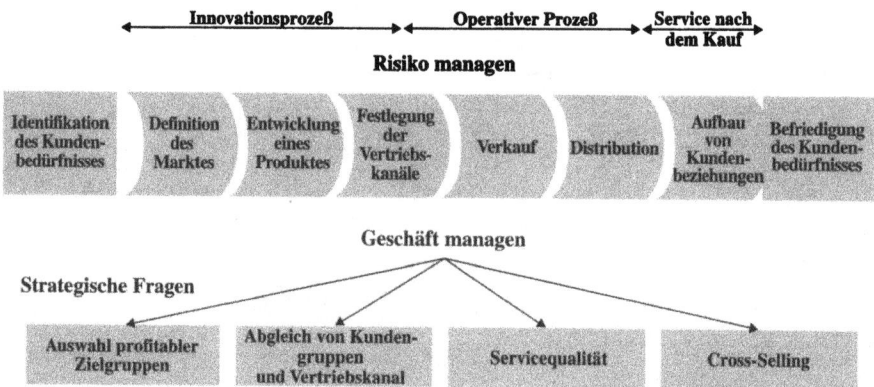

Quelle: angepaßt von „The Balanced Scorecard: Not Just Another Fad." *Executive Journal*, Jänner/Februar 2000, S.13.

Quelle: angepaßt von „The Balanced Scorecard: Not Just Another Fad." *Executive Journal*, Jänner/Februar 2000, S.13.

In Verbindung mit den strategischen Themen von Abbildung 16.3 werden folgende Meßgrößen herangezogen: Qualität des Marktanteils (segmentspezifische Profitabilität), Ertrag aus Neuprodukteinführungen, Aktivitäten in den Distributionskanälen, interne Kundenzufriedenheit, Cross-Selling-Raten, Verkaufskontakte pro Verkäufer und Neukunden pro Verkäufer.

Im wesentlichen versucht die Balanced Scorecard sechs grundlegende Fragen anzusprechen:

1. Wie gut treffen wir die Erwartungen unserer Kunden (Kundenperspektive)?
2. Wie gut entwickeln wir unsere Personalressourcen (Mitarbeiterperspektive)?
3. Wie gut erreichen wir unsere finanziellen Ziele (Finanzperspektive)?
4. Wie produktiv arbeiten wir in unseren operativen Prozessen (operative Perspektive)?
5. Wie effektiv arbeiten wir (Lern- oder Veränderungsperspektive)?
6. Wie gut gehen wir mit Regulierungen und Umweltkräften um, die unseren unternehmerischen Spielraum beeinflussen können (Umweltperspektive)?[12]

EUROPÄISCHER BLICKWINKEL

DIE BALANCED SCORECARD DER ROYAL BANK OF SCOTLAND

Die Royal Bank of Scotland mit Sitz in Edinburgh bietet hochqualitative Bank-
Versicherungs- und verwandte Finanzdienstleistungen. Ihr wichtigster Markt ist
Großbritannien. Doch die Royal Bank ist auch in Europa aktiv, um den britischen
Kundenstock zu bedienen und zu erweitern, sowie im Nordosten der USA, um durch
Diversifikation Einnahmen zu generieren.

Im Bemühen als Finanzdienstleistungsgruppe mit bester Performance in Großbritannien anerkannt zu werden, ist die Royal Bank of Scotland bedacht auf die Verantwortung gegenüber Aktionären, Kunden, Mitarbeitern und den Interessentengruppen,
mit denen sie arbeitet. Die primäre Herausforderung ist die Erfüllung dieses Zwecks
unter Aufrechterhaltung des Gleichgewichts dieser Verantwortlichkeiten.

Vertraut mit vielen Organisationen verwendete die Royal Bank of Scotland Finanz-
zahlen, um ihr Geschäft zu managen. Sie belohnte Leistung nach aktuellen Ergebnissen, anstatt in einem Ausgleich von gegenwärtigen und zukünftigen Werten. Dies
resultierte in Problemen in der Umsetzung und Kommunikation der strategischen
Pläne. Um das Problem zu beseitigen, wurde ein funktionsübergreifendes Team zu-
sammengesetzt, in dem sich auch interne Berater aus dem Finanz- und Personalwesen befanden. Dieses Team führte die klassische *Balanced Scorecard* mit den vier
Dimensionen ein.

Scott Fairburn, Mitglied des internen Beratungsbereiches der Bank, beschreibt die
Vorzüge des Berichts für jeden Geschäftsbereichsleiter folgendermaßen: „Die Hauptvorteile waren die Ermutigung des Top-Managements, sich auf Maßnahmen in allen
vier Dimensionen zu konzentrieren, um operative und strategische Entwicklungen
und Pläne zu überlegen."

Natürlich traten einige Schwierigkeiten bei der Implementierung der *Balanced
Scorecard* auf. Zunächst war das Team bei der Änderung des bestehenden
Managementinformations- und Berichtswesens mit Widerstand konfrontiert. Ein
weiterer Punkt war der Zielfestlegungsprozeß, ob dieser entweder von oben nach
unten oder umgekehrt erfolgen sollte. Es stellte sich heraus, daß die Festlegung von
Zielen schwierig werden kann, wenn sie mit finanziellen Konsequenzen verbunden
ist.

Fortsetzung auf der nächsten Seite

DIE BALANCED SCORECARD DER ROYAL BANK OF SCOTLAND (Fortsetzung)

Und dann schließlich die Frage: wo endet die *Scorecard*, und wo beginnt die Messung des individuellen Erfolgs der einzelnen Mitarbeiter?

Einfach zum Nachdenken:

- Was sind die potentiellen Vorzüge und Probleme einer auf dem *Balanced Scorecard* basierenden Erfolgsmessung?

- Sind *Balanced Scorecards* in verschiedenen Branchen und Ländern gleich nützlich? Welche Einschränkungen gibt es in der Verwendung der *Balanced Scorecard*?

Quellen: http://www.royalbankscot.co.uk/; Tuck, Michael und Clark, Ruki. „World Productivity Congress", *Management Services*, Jänner 2000.

AUF DEN PUNKT GEBRACHT

- Die *Balanced Scorecard* bietet einen Weg für ein Unternehmen, eine umfassendere Sichtweise auf ihre strategischen Entscheidungen zu entwickeln, als dies nur mit Verwendung von Finanzkennzahlen allein möglich wäre.

- Mit der Verwendung der *Balanced Scorecard* können Manager Ursache-Wirkungsbeziehungen erkennen.

- *Balanced Scorecards* konzentrieren sich auf vier Schlüsselbereiche: Finanzen, Kunden, interne Prozesse und Innovation sowie organisationales Lernen.

16.9 Zusammenfassung

Durch die Einrichtung von Kontrollprozessen kann ein Unternehmen globale Chancen nützen. Damit Kontrollinstrumente für das globale Marketing effektiv sind, müssen Unterschiede im reinen Ländercontrolling erkannt werden und in die Planung und Controllingpraxis implementiert werden. Das Marketingaudit, das verschiedene Komponenten inkludiert, dient als Werkzeug zur Evaluierung, und um die globalen Marketingaktivitäten zu verbessern. Da Unternehmen erkennen, daß die traditionellen Budgetierungssysteme auf der Basis von Vorgaben und Kontrolle nicht in dynamische Umwelten passen, reduzieren sie die Betonung des formalen Budgetierens und setzen die *Balanced Scorecard* ein. Dieser neue Ansatz scheint sehr populär zu werden, da er eine Methode repräsentiert, die die strategischen Geschäftsziele in spezifische Maßnahmen in den Bereichen Finanzen, Kunden, interne Prozesse und Innovation sowie organisationales Lernen verwandeln kann.

16.10 Diskussionsfragen

1. Beschreiben Sie die verschiedenen Arten der Kontrolle.

2. Was sind die wichtigsten Variablen, die Controlling in einem globalen Unternehmen beeinflussen?

3. Was sind die Schlüsselelemente eines guten Controllingsystems?

4. Was ist ein globales Marketingaudit, und was sind seine Hauptbestandteile?

5. Erläutern Sie die möglichen Vor-/Nachteile eines unabhängigen und eines internen oder Selbstaudits.

6. Warum sollten globale Unternehmen die *Balanced Scorecard* verwenden?

16.11 Webmistress's Hotspots

Homepage von Beyond Budgeting Round Table
Das BBRT wurde 1998 ins Leben gerufen, um Unternehmen zu untersuchen, die konventionelles Budgetieren durch neue Performance-Management-Prozesse ersetzt haben. Nehmen Sie teil, um Vorteile aus vergangener und gegenwärtiger Arbeit zu ziehen!
http://www.cam-i.org/bb

Homepage von KPMG
KPMG ist ein globales Beratungsunternehmen, dessen Absicht es ist, Wissen in Wert zum Vorteil ihrer Klienten, Mitarbeiter und Interessentengruppen zu verwandeln. Mit mehr als 100.000 Mitarbeitern weltweit bietet die Firma Unternehmens-, Steuer-, Rechts- und Finanzberatung sowie Versicherungsdienstleistungen in mehr als 820 Städten und 159 Ländern.
http://www.kpmg.com/

The Marketing Audit
Das Unternehmen The Marketing-Audit wurde im Dezember 1984 von Jonathan R. Lax als Industriemarktforschungsfirma gegründet. Es hat sich die Verbesserung der strategischen Entscheidungsfindung zum Ziel gesetzt in Fällen, in denen sich Unternehmen besonderen geschäftlichen Herausforderungen gegenüber sehen.
http://www.marketingaudit.com/

Die Homepage zur Balanced Scorecard (BSC)
Die BSC ist ein konzeptuelles Rahmenwerk zur Übersetzung der Vision einer Organisation in ein Set von Leistungsindikatoren, die nach vier Blickwinkeln aufgeteilt sind: Finanz, Kunde, interne Geschäftsprozesse und organisationales Lernen.
http://www.pr.doe.gov/bsc001.htm

Diskussionsforum zur Balanced Scorecard
Dieses Diskussionsforum kann zur Beobachtung aktueller Beiträge zur *Balanced Scorecard* genutzt werden.
http://webteach.ubalt.edu/Scorecard/index.html

Homepages mit Witzen über Buchhalter und Rechnungsprüfer
```
http://www.home.cybrnet.net/~bfinlay/account.htm
http://www.yonkers.org/engineersplace/Humor/TrainTickets.htm
http://www.execpc.com/~thorsten/FUNGUYS.HTML
```

16.12 Weiterführende Literatur

Epstein, M. J. und J. F. Manzoni. The Balanced Scorecard and Tableau De Bord: A Global Perspective on Translating Strategy into Action. Fontainebleau: INSEAD, The European Institute of Business Administration (1997).

Halal, William E. "Global Strategic Management in a New World Order." *Business Horizons* (November/Dezember 1993).

Kaplan, Robert S. und David P. Norton. The Balanced Scorecard: Translating Strategy into Action. Boston: Harvard Business School Press, 1996.

Schill, Ronald L. und David N. McArthur. "Redefining the Strategic Competitive Unit: Towards a New Global Marketing Paradigm?" *International Marketing Review*, 9, 3 (1992): S.5-24.

Stevenson, Howard H. und Jeffrey L. Cruikshank. Do Lunch or Be Lunch: The Power of Predictability in Creating Your Future. Boston: Harvard Business School Press, 1997.

Womack, James P. und Daniel T. Jones. Lean Thinking: Banish Waste and Create Wealth in Your Corporation. New York: Simon & Schuster, 1996.

Yip, George S. Total Global Strategy. Upper Saddle River, NJ: Prentice Hall, 1992.

Literaturverzeichnis

[1] Czinkota, Michael R. und Ilkka A. Ronkainen. *Global Marketing.* Fort Worth: The Dryden Press, 1996, S.285

[2] Dibb, Sally, Lyndon Simkin, William M. Pride und O.C. Ferrell. *Marketing.* European Edition. Boston: Houghton Mifflin Company, 1991.

[3] Kotabe, Masaaki und Kristiaan Helsen. *Global Marketing Management.* New York: John Wiley, 1998.

[4] Kerin, Roger A. und Robert A. Peterson. *Strategic Marketing Problems.* 6. Auflage, Boston: Allyn and Bacon, 1993.

[5] Jeannet, Jean-Pierre und H. David Hennessey. *Global Marketing Strategies.* Boston: Houghton Mifflin Company, 1998.

[6] "FT 500," *Financial Times,* 24. Jänner 1997.

[7] Wheelen, Thomas L. und David J. Hunger. *Strategic Management and Business Policy.* 5. Auflage, Reading, Massachusetts: Addison-Wesley, 1995.

[8] Jeremy Hope und Robin Fraser, "Technology & Management: Counting on a new measure of success," *Financial Times,* 25. Mai 1999.

[9] Robert S. Kaplan und David P. Norton. "The Balanced Scorecard – Measures That Drive Performance." *Harvard Business Review,* Jänner-Februar (1992).

[10] Robin Robinson, "Balanced Scorecard," *Computerworld,* 24. Jänner 2000: S.52. Cheenu Srinivasan, "From 'vicious' to 'virtuous' scorecards," *Australian CPA,* Oktober (1999): S.48-50.

[11] Mark L. Frigo und Kip R. Krumwiede, "The Balanced Scorecard," *Strategic Finance,* Jänner (2000): S.50-54.

[12] "The Balanced Scorecard: Not Just Another Fad," *Executive Journal,* Jänner/Februar (2000): S.12-16.

Kapitel 17

Die Zukunft des globalen Marketing

Die einzige Möglichkeit, die Zukunft vorherzusagen, liegt in der Macht, sie zu gestalten.
– ERIC HOFFER, THE PASSIONATE STATE OF MIND (1954)

Ich denke niemals an die Zukunft, sie kommt früh genug.
– ALBERT EINSTEIN

17.1   Zielsetzung des Kapitels

Nachdem Sie dieses Kapitel gelesen haben, wissen Sie mehr über:

- Einige der Hauptfaktoren, die die Zukunft des globalen Marketing bestimmen werden.
- Die Anforderungen, die die gestiegene Komplexität der Unternehmenswelt an globale Topmanager stellt.
- Die zur Wahl stehenden Möglichkeiten, falls Sie eine Karriere im globalen Marketing anstreben.

In welchen Situationen hilft ein besseres Verständnis dieser Inhalte?

- Sie wurden gebeten, einen langfristigen Plan für ein Handelsunternehmen auszuarbeiten, in dem Sie verschiedene Szenarien für die zukünftige Entwicklung entwerfen.
- Sie wurden von der Personalabteilung Ihres Unternehmens um Rat bei der Erstellung des Idealprofils für Neueinsteiger in eine internationale Marketingfunktion gebeten.
- Sie sollen jemandem die Perspektiven einer Karriere im globalen Marketing erläutern.

17.2   Konzepte & Definitionen

Paradigmawechsel beschreibt eine fundamentale und dramatische Änderung etablierter Muster. Dieser Begriff kann z.B. im Zusammenhang mit den dramatischen Veränderungen durch Informations- und Kommunikationstechnologien auf die Art, Geschäfte zu machen angewandt werden.

Weltbevölkerung: In den letzten 40 Jahren hat sich die Weltbevölkerung verdoppelt. Sie hält nun bei 6 Milliarden und wird mit abnehmender Wachstumsgeschwindigkeit bis zum Jahr 2050 voraussichtlich 8,9 Milliarden erreichen.

Nationalstaaten: Von 1950 bis heute hat sich die Zahl von Nationalstaaten mehr als verdreifacht. Im selben Zeitraum wurde immer mehr politische und ökonomische Macht an regionale und globale Institutionen übertragen.

„Fragvergenz" bezeichnet die widersprüchliche Koexistenz von konvergierendem Konsumentengeschmack und einer Fragmentierung der Lebensstile und Konsumgewohnheiten, die verschiedene kulturelle Identitäten und historische Hintergründe repräsentiert, die inkompatibel zu sein scheinen.

Verwischen von Branchengrenzen: Das Verwischen von Branchengrenzen wird ein ständiges Infragestellen von Kernkompetenzen herbeiführen und von steigender Unsicherheit begleitet sein.

Mushroom Companies sind Unternehmen, die quasi über Nacht entstehen, aber manchmal genauso schnell auch wieder verschwinden. Sie reflektieren eine der größten Herausforderungen für zukünftige Marketingmanager, nämlich den schnell abnehmenden Wert einer historisch erarbeiteten Marktposition versus zunehmender Bedeutung von *time-to-market*.

Globale Führung: Globales Marketing verlangt außergewöhnliche Führungsqualitäten. Laut Andersen Consulting kreiert der ideale Führer eine gemeinsame Vision, sichert Kundenzufriedenheit, lebt die Unternehmenswerte vor, baut Teamwork und Partnerschaften auf und denkt global.

17.3   Schnittstelle zur Praxis

Ein Beispiel für ein Ereignis in der Zukunft anzubieten ist so leicht, wie Pudding an die Wand zu nageln. Daher haben wir uns entschlossen, einfach zwei unterschiedliche Szenarien zu entwickeln, wie das Leben eines internationalen Marketers in Zukunft aussehen könnte. Sie entscheiden, welches Szenario realistischer ist:

Zuerst treffen Sie John Steiner, der ursprünglich aus Wien stammt, aber jetzt in Toronto lebt[1]. Er ist 38, ißt gerne Sushi und ist Executive Vice President eines kanadischen Beratungsunternehmens mit Niederlassungen in Toronto, Vancouver, Peking, Frankfurt und Singapur. Obwohl er in Toronto lebt, verbringt er zwei Drittel seiner Zeit mit Beratungen in ganz China. Zusätzlich hat er einige Kunden in anderen Teilen Asiens und Nordamerikas. Als er im Flugzeug neben einer sehr attraktiven britischen leitenden Angestellten sitzt, probiert er seinen neuen „Eisbrecher", um ein Gespräch in Gang zu bringen (... auf dieser Ebene erwarten wir eigentlich kaum Veränderungen!):

„Wo wird das Flugzeug landen?" fragt John. Siebzehn Flüge in zwei Wochen haben ihn etwas durcheinandergebracht. Dennoch scheint sein Annäherungsversuch Erfolg zu haben. Sie lächelt ihn an, und er fährt fort, ihr von seiner furchtbaren Woche zu erzählen, als er Singapur mit Grippe verließ, um zu Hause in Toronto festzustellen, daß ein eingefrorenes Rohr geplatzt war, er aber sofort einen Flug nach Chicago für einen zweitägigen Kundenworkshop nehmen mußte. Immer noch mit Jet Lag und Grippe kämpfend ging es weiter nach Detroit. Schließlich kam er zurück nach Toronto, um einen kurzen Blick auf sein überschwemmtes Haus zu werfen, entschied aber, daß da im Moment nichts zu machen wäre und fuhr zum Flughafen zurück, um die nächste Maschine nach China zu nehmen.

„Und was sind dann die Sonnenseiten Ihres Lebens?" fragt sie. „Ich erfahre, wie die Welt sich wirklich dreht", antwortet John. „Und der Vorteil einer erlesenen Seifensammlung sollte nicht unterschätzt werden." Mittlerweile ist seine Mitreisende leicht amüsiert und bereit, das Gespräch fortzusetzen. „Es gibt aber doch sicher auch Schattenseiten im Leben eines internationalen Marketers?" sagt sie. „Sicherlich, zieht man all die Jahre ab, die ich in Nanjing, Nairobi und New York gelebt habe, so stellt man fest, daß ich den sozialen Entwicklungsstand eines 16-Jährigen habe. Man wird zum Nomaden, der ökonomisch und spirituell von seiner Heimat getrennt ist – wo immer diese auch liegen mag."

Soll ich sie nach Toronto einladen, um ihr meine internationale Seifensammlung zu zeigen, fragt er sich...

Lassen wir nun das Bild von John, dem einsamen Krieger, hinter uns, und treffen wir Helen Kowatschek. Nachdem sie ihre Dissertation im Fernstudium bei CNN.com fertiggestellt hatte, hat sie sich für e-Tea entschieden, ein Unternehmen, das sich auf den Handel mit asiatischen Kräutertees spezialisiert hat. Da sie eine Affinität zu Schottland besitzt, entschied sie sich dafür, in Edinburgh zu leben. Zum gegenwärtigen Zeitpunkt bereitet sich Helen gerade auf ein Treffen mit einem chinesischen Lieferanten vor, dessen Hologramm in Lebensgröße in wenigen Minuten in ihrem Büro erscheinen wird.[2] Sie bewegt ihren Sessel zum Konferenzplatz in ihrem Büro und beauftragt den digitalen, in ihren Sessel eingebauten Assistenten, den Nebengeräuschfilter einzuschalten und die virtuellen Trennwände in ihrem Büro zu justieren. Die allgegenwärtige Technologie führt schon seit einigen Jahren die langweiligen Arbeiten in Helens Job aus, so daß sie sich fast ausschließlich auf den Aufbau von Beziehungen konzentrieren kann.

Das Hologramm erscheint. Ein gut aussehender junger Mann, Ende 20, etwa in ihrem Alter. Er lächelt freundlich und nimmt ihr gegenüber Platz. Aber was ist los, warum versteht sie ihn nicht? Die automatische Spracherkennung und Übersetzung scheinen defekt zu sein. Das chinesische Hologramm spricht italienisch – na ja, sogar im Jahr 2050 ist die Technik noch nicht perfekt...

Wird das Leben eines internationalen Marketers in der Zukunft Johns Lebensstil gleichen, dem eines hektischen Nomaden, der ein Restaurant sucht, das um Mitternacht Frühstück serviert, weil sich seine innere Uhr noch nicht an seinen gegenwärtigen Aufenthaltsort angepaßt hat? Oder wird es mehr das ruhige und gelassene Leben von Helen sein, die die Vorteile von Telekonferenzen genießt, keine große Notwendigkeit für Langstreckenflüge sieht und von unaufdringlichen Maschinen umgeben ist, die die alltäglichen Arbeiten erledigen?

Während es in diesem letzten Kapitel ganz heiter ist zu phantasieren, müssen wir zugeben, daß wir die Antwort einfach nicht kennen. Wie auch immer sie aber ausfallen mag, so wissen wir schon heute, daß bestimmte Trends existieren, die einen Einblick in die Zukunft des internationalen Marketing erlauben. Im folgenden werden wir einige dieser Trends identifizieren und die möglichen Antworten und voraussichtlichen Herausforderungen für Führungskräfte diskutieren. Das Kapitel endet mit einem kurzen Blick auf Karrieremöglichkeiten im internationalen Marketing.

17.4 Einflußfaktoren auf die Zukunft von globalem Marketing

Internationale Marketingexperten sind sich einig, daß das Tempo steigen wird, mit dem sich Veränderungen vollziehen. Diese Temposteigerung wird nicht nur im Bereich von technologischen Entwicklungen stattfinden, sondern auch in politischen und soziokulturellen Trends.[3] Aber auch bei ausschließlicher Betrachtung der Informationstechnologie ist eine weitere Steigerung der Geschwindigkeit von Veränderungen schwer zu begreifen. Schon jetzt versuchen Beobachter verzweifelt Ausdrücke zu finden, die das Tempo von Veränderungen adäquat beschreiben. Begriffe wie „Revolution" oder „Paradigmenwechsel" wurden geprägt, und Vergleiche mit der industriellen Revolution, der Entdeckung von Elektrizität oder gar der Erfindung des Rades sind an der Tagesordnung. Eine weitere Revolution, die der Spracherkennungstechnologie, steht vor der Tür. Computer- und andere Tastaturen werden großteils überflüssig. Die damit verbundene endgültige Verwirklichung der Science Fiction-Idee, eine Maschine mit der menschlichen Stimme zu steuern, wird den Einsatz von Computern erneut drastisch erhöhen und völlig neue Anwendungen von Informations- und Kommunikationstechnologie ermöglichen.[4]

Man erwartet, daß der „Technologieschock" die Art, in der Marketing betrieben wird, fundamental verändern wird.[5] In einer derartigen Umwelt werden Erfahrung, Produkte und Prozesse in einem atemberaubenden Tempo obsolet. Niemals zuvor war die Zeit für aggressive Markteintritte so günstig wie heute. Niemals zuvor war der Wert einer historisch erarbeiteten Marktposition so gering wie heute.

Im folgenden haben wir einige Faktoren ausgewählt, die wahrscheinlich die Zukunft des globalen Marketing bestimmen werden. Wie Sie sehen werden, kann man erwarten, daß die Zukunft voller Gegensätze, Widersprüche und Komplexität ist.

17.4.1 Wachstum und Wohlstand versus Armut und Verzweiflung

Eine ermutigende Entwicklung ist, daß die meisten der ärmsten Länder der Welt reicher werden. Der Aufstieg von neuen reichen Staaten aus dem Kreis der wirtschaftlich weniger entwickelten Länder bricht das lange aufrecht erhaltene Monopol reicher Nationen in Westeuropa, den USA, Kanada und Japan. Diese Länder beweisen, daß es nicht notwendig ist, Europäer, Nordamerikaner oder Japaner zu sein, um reich zu sein. Länder wie Singapur und Hongkong sind schon jetzt Länder mit hohem Einkommen; speziell in Ostasien finden sich viele Staaten, die in den letzten Jahren mit jährlichen Wachstumsraten von 7% und mehr gewachsen sind. Ein reales Wachstum von 7%

wird das Realeinkommen in einem Jahrzehnt verdoppeln. Zum Kreis der aufsteigenden Staaten gehören kleinere Länder wie Südkorea, aber auch die größten Staaten der Welt, China und Indien, in denen sich eine Mittelklasse zu entwickeln beginnt. Sogar in Afrika südlich der Sahara erfahren viele Länder zum ersten Mal seit Jahrzehnten ein Wachstum des Realeinkommens, welches das Wachstum der Bevölkerung übersteigt. In der Geschichte der Welt gibt es zum ersten Mal die sehr realistische Wahrscheinlichkeit eines breiter gestreuten globalen Wohlstandes. Für den internationalen Marketer verwandeln sich diese Entwicklungen in dramatische Wachstumsmöglichkeiten. Zum Beispiel haben 65% der Weltbevölkerung noch nie einen Telefonanruf erhalten, 75% haben noch nie ein Foto gemacht.[6]

Aber es gibt natürlich auch eine dunklere Seite der Globalisierung: die Kluft zwischen Reich und Arm nimmt zu. „Die Globalisierung und das Wachstum des internationalen Handels haben die Löhne von ungelernten Arbeitskräften gedrückt, und gesteigerte Mobilität hat sie im Topmanagement in die Höhe getrieben."[7] In Großbritannien hat die Kluft zwischen Reich und Arm beispielsweise das höchste Niveau seit dem Beginn der Aufzeichnungen vor 100 Jahren erreicht.[8] Neben dieser Kluft besteht auch die Gefahr, daß einige Länder oder ganze Regionen von den Vorteilen der Globalisierung abgeschnitten und marginalisiert werden. Auch heute noch verfügen viele afrikanische Kinder nicht über die notwendigen Ressourcen, um lesen und schreiben zu lernen, während ihre Altersgenossen in der entwickelten Welt Satelliten und Telefone, Computer und E-mail benutzen.[9] Der norwegische Ministerpräsident kommentierte das so: „Globalisierung wird, wenn sie nicht in einem demokratischen System mit politischer Überwachung und Balance abläuft, die Ungleichheit innerhalb und zwischen Nationen erhöhen. Sie verhilft denen zu Wohlstand, die die Möglichkeit haben, von den neuen Möglichkeiten zu profitieren, aber sie bestraft diejenigen, denen der Zugang zu den für den Wettbewerb notwendigen Ressourcen fehlt. Es wäre unaufrichtig, die Schuld für alle sozialen Probleme auf die Globalisierung abzuwälzen, aber es besteht der begründete Verdacht, daß die Globalisierung einige der negativen Seiten der modernen Gesellschaft verstärken könnte."[10]

17.4.2 Freie Märkte oder zunehmender Protektionismus

Nach beinahe einem Jahrhundert der weltweiten Debatte über die Vorzüge von Märkten und Marketing gegenüber dem staatlich kontrollierten System der Ressourcenallokation und Produktion hat sich das kapitalistische Marktmodell mit Ausnahme von Kuba und Nordkorea in vielen Ländern klar durchgesetzt. Die große Frage ist heute, ob ökonomische Demokratie (die Allokation von Ressourcen durch den Markt, der Euro, Dollar, Yen, oder Rupie je eine Stimme gibt) mit politischer Demokratie kombiniert werden muß. Diese Debatte wird fortgesetzt werden. Was hingegen nicht länger diskutiert wird, ist die globale Anerkennung von Märkten und Marketing.

Trotz der beinahe universalen Akzeptanz des Prinzips der freien Märkte scheint der Protektionismus auf dem Vormarsch zu sein. *The Economist* schrieb: „Weltweit kann die Unterstützung für freien Handel bestenfalls als schwach bezeichnet werden."[11] Die WTO steht im Brennpunkt des Widerstandes gegen die Globalisierung. Viele ärmere Länder, wie zum Beispiel Indien, argumentieren, daß die von der WTO geführten Verhandlungen nicht ausgeglichen wären. Während die wirtschaftlich entwickelten Länder sich in der Frage von geistigen Schutzrechten und des Anlegerschutzes einsichtig zeigten, sind sie nach wie vor nicht bereit, die Vorteile der Liberalisierung des Handels von landwirtschaftlichen Produkten und Textilien zu sehen. Die EU vertritt in der Agrarpolitik einen höchst protektionistischen Ansatz. Japan möchte seine Fischerei- und Forstprodukte nicht liberalisieren, und die USA haben das Tempo der Liberalisierung auf dem Textilsektor heruntergeschraubt. Bedenkt man dann den Wunsch Europas, der Vereinigten Staaten und Japans, diese Handelsthemen mit einer Diskussion der Arbeitsgesetzgebung zu verbinden (um sicherzustellen, daß die Handelsliberalisierung nicht zu einem Verlust von Arbeitsplätzen oder zu niedrigeren Löhnen führt) und den vehementen Widerstand der sich entwickelnden Länder diesen Themen gegenüber (weil man dies als Vorwand für den Protektionismus der reichen Länder empfindet), so kann man wohl kaum von einer weiteren sichtbaren Handelsliberalisierung sprechen.

17.4.3   Bevölkerungswachstum und Bevölkerungsknappheit

In den letzten 40 Jahren hat sich die Weltbevölkerung von drei auf sechs Milliarden verdoppelt. Im letzten Jahrhundert hat sie sich mehr als verdreifacht, wobei die Wachstumsraten stark variierten. In den letzten 100 Jahren stieg die Bevölkerung in Europa um 80% an. In der selben Zeit hat sie sich in Asien vervierfacht, in Afrika um das 5,5fache und in Lateinamerika um das siebenfache erhöht. Jetzt wird eine Verlangsamung des Wachstums prognostiziert. Im Jahr 2050 sollte die 8,9 Milliardenmarke erreicht werden. Signalisiert diese Verlangsamung des Bevölkerungswachstums nun ein Ende der befürchteten Bevölkerungsexplosion, die die Ressourcen der Erde zu überwältigen droht? Wird dies das Ende von Nahrungsmittelkrisen und Hunger sein?

Vielleicht, aber die neuen demographischen Entwicklungen stellen uns vor neue Probleme wie zum Beispiel die deutlich zunehmende Lebenserwartung sogar in den ärmeren Teilen der Welt. Die Konsequenzen sind laut The Economist folgende: „... wo das Bevölkerungswachstum vielleicht auch kein globales Problem sein muß, so kann es doch oft ein unangenehmes lokales sein, das Konflikte über lokale Ressourcen, speziell Wasser, und Entbehrung auslöst, wenn die Politik (regelmäßig) oder Naturkatastrophen (gelegentlich) lokale Knappheit oder Krankheitsepidemien verursachen, sogar in einer Welt des Überflusses und des sich verbessernden allgemeinen Gesundheitszustandes."[12]

In der wirtschaftlich entwickelten Welt bringt der Rückgang des Bevölkerungswachstums vielleicht noch Probleme anderer Art mit sich, denn durch die gestiegene Lebenserwartung werden Pensionisten immer älter. In beinahe ganz Westeuropa und Japan, bringt die durchschnittliche Frau im Laufe ihres Lebens weniger als 1,5 Kinder zur Welt. In den Vereinigten Staaten wird eine durchschnittliche Fertilitätsrate von 2,0 als gerade ausreichend erachtet, um die Bevölkerung langfristig stabil zu halten.[13] Die Hoffnung ist, daß die wenigen Kinder ihre geringere Anzahl durch höhere Produktivität kompensieren können. Nur wenn „Qualität" in Form von besserer Ausbildung den Mangel an „Quantität" ausgleichen kann, wird die arbeitende Bevölkerung die wachsende Zahl an Pensionisten unterstützen können.

Was sind die Folgen für internationale Marketer? Hermann Simon meint, daß die Kombination aus abnehmenden Geburtenraten und zunehmender Lebenserwartung wohl bei weitem die größte soziale Herausforderung der Zukunft sein wird. Der Wunsch, alt zu werden und dabei gesund zu bleiben, könnte zu radikalen Veränderungen für

Menschen jüngeren und mittleren Alters führen. Das betrifft alle Bereiche des Lebens: Konsum, Arbeit, Freizeit- und Pensionsplanung. Folglich sind fast alle Branchen eingebunden: Konsumgüter, Gesundheitsvorsorge, Finanzdienstleistungen und die Freizeitindustrie. Der Kampf gegen das Alter und seine Konsequenzen wird zu einem der größten Märkte im 21. Jahrhundert werden.[14]

17.4.4 Die Herrschaft globaler Institutionen und das Wiederaufleben von Nationalstaaten

In der politischen Arena sahen wir in relativ kurzer Zeit den Zusammenbruch des Kommunismus, die Auflösung der früheren Sowjetunion und die Wiedervereinigung Deutschlands. Wir beobachteten die Öffnung Chinas und die Probleme Japans. Gegenwärtig werden wir auch Zeugen des abnehmenden Einflusses von Nationalstaaten. Mehr und mehr politische und ökonomische Macht scheint auf regionale und globale Institutionen übertragen zu werden. Man bedenke nur die Macht der EU-Institutionen wie zum Beispiel des Europäischen Gerichtshofes, den Einfluß der Organisation Erdöl exportierender Länder (OPEC) beim Festlegen von Erdölpreisen, die Bedeutung von transnationalen Institutionen wie der Welthandelsorganisation (WTO) oder des Internationalen Währungsfonds (IMF).

Gleichzeitig existiert aber ein gegenläufiger Trend, nämlich eine Blüte des Nationalismus und das Entstehen von neuen Staaten. Alte, etablierte Nationen teilen sich und werden zu neuen Staaten. Es hat beinahe den Anschein, als würde die zunehmende Globalisierung den emotionalen Wunsch nach Untertanenpflicht und nationaler Identität fördern.

GLOBALE PERSPEKTIVE

SOLLTE KURDISTAN EINE NATION SEIN?

1950 gab es 58 Nationen in den Vereinten Nationen. Heute sind es 185. Wenn diese Zunahme ein weiteres Jahrhundert anhält, werden die Vereinten Nationen oder deren Nachfolger beinahe 2.000 Mitglieder haben. Man stelle sich nur einige der neuen Regierungen vor mit Flaggen, Nationalhymnen, Wappen und einem olympischen Bobteam: Schottland, Quebec, Palästina, Kosovo, Tibet, Kaschmir, Süd-Usezien, Kurdistan, Timor, Biafra und New York City.

Zwei Faktoren, von denen man erwartet hat, daß sie die Welt zusammenbringen, begünstigen die Zersplitterung von Ländern in neue Nationen: Das Internet und die globale Wirtschaft. Das Internet, das oft als eine Kraft der Einheit gesehen wird, erleichtert es tatsächlich, sich nationalistisch zu äußern und diese Ideen mit gleichgesinnten zu teilen. Gleichzeitig erlaubt die Globalisierung es noch so kleinen nationalen Einheiten, sich wirtschaftlich selbständig zu machen. In einem System mit freiem Handel können sich Länder, die etwas zu verkaufen haben, von größeren Nachbarn lossagen und ihren eigenen Weg gehen. Sie brauchen nicht einmal ihre eigenen Währungen. Sogar lange bestehende Großmächte wie Frankreich und Deutschland geben ihre nationalen Währungen auf. Und mit regionalen Sicherheitssystemen brauchen sich kleine Staaten nicht um eine eigene Armee zu kümmern.

Fortsetzung auf der nächsten Seite

SOLLTE KURDISTAN EINE NATION SEIN? (Fortsetzung)

Dennoch wird die Geburt neuer Staaten zu oft gewaltsam erfolgen. Das selbe Aufkommen an Nationalismus, das neue Staaten entstehen läßt, verursacht auch eine Reaktion von Mutterstaaten, die keinen Teil ihres Territoriums aufgeben möchten. China weigert sich Taiwan abzutreten, Israel hängt an der West Bank und Indonesien an Ost-Timor. Man stelle sich nur den Horror der Zersplitterung Jugoslawiens in endlosen Wiederholungen vor.

Das ganze Gerede um Blut und Heimatland scheint für „globetrotting multinationals", deren Welt sich um Konferenztische, Laptop-Computer, Vielfliegermeilen und Stock Options dreht, irrelevant zu sein. Diese global Denkenden sprechen die rationale Sprache des Geldes, aber solche Menschen sind in der Minderheit. Nationalisten sprechen von althergebrachter Treue. Ihre Sprache versetzt das Blut der Menschen, die ihre Untertanenpflicht als lokal und auf ihre Klasse bezogen empfinden, in Wallung.

Unter gewissen Umständen gelingt es, mit der nationalistischen Glut relativ zivilisiert umzugehen. Großbritannien hat beispielsweise den Schotten und Walisern eine Art „home rule" gewährt, ohne ein übertriebenes Trauma auszulösen. Sogar in England besteht aber die Angst, daß einer der Effekte dieser halben Abspaltung die Isolation Schottlands und Wales von der Weltwirtschaft sein könnte. Für andere Regionen ist dieses Risiko sogar noch höher. Da fortschrittliche Informationsgesellschaften wie die Vereinigten Staaten und Westeuropa transnationale Zusammenschlüsse bilden, werden sich Regionen, die nicht an diesen Zusammenschlüssen teilnehmen, in die entgegengesetzte Richtung entwickeln. Sie werden vielleicht sogar noch nationalistischer, noch zerrissener durch Gewalt, und schließlich werden sie in tausend kleine Stücke zerfallen.

Einfach zum Nachdenken:

- Deutet die wachsende Anzahl an Nationen auch auf ihre zunehmende Bedeutung hin? Warum? Warum nicht?
- Vergleichen Sie die relative Macht von kleinen und mittleren Nationen mit der Macht großer multinationaler Unternehmen? Welche wichtigen Unterschiede gibt es? Welche Schlüsse kann man ziehen?

Quelle: Adaptiert aus Stephen Baker, „21 Ideas for the 21st Century", Business Week, 23, 30. August 1999, S.42-44.

17.5 Konvergenz und Fragmentierung des Konsumentengeschmacks

Wenden wir uns nun den Konsumenten zu. Zukünftige internationale Marketer werden mit einer Reihe komplexer Trends konfrontiert. Einerseits scheint es eine Konvergenz von Geschmäckern und Konsumgewohnheiten rund um den Globus zu geben. Beinahe überall auf der Welt kann man Coca-Cola oder Perrier Mineralwasser kaufen, Mc Donald's Hamburger essen, CNN schauen, einen Sony Walkman kaufen, einen Toyota mieten oder Madonna hören, auch wenn man nicht immer Madonna hören möchte. Heute gibt es, mehr denn je zuvor, globale Kundensegmente. In einer Kategorie nach der anderen haben globale Konzepte Erfolg. Zum Beispiel hatte die Soft Drink-Branche als erste erfolgreich ein globales Cola-Segment erreicht und wendet sich jetzt dem schnell wachsenden Fruchtsaftsegment zu. Es gibt globale Segmente für Luxusautos, Wein und Spirituosen, jede Art von medizinischen und industriellen Produkten, Teenager, Senioren, und Begeisterte jeder Art, von Sporttauchern bis Snowboardern.

Die zunehmende Verbreitung von Internetzugängen, kombiniert mit der expandierenden Bandbreite und Kapazität des Internets, wird eine Hauptrolle bei der Unterstützung von globalen Märkten und globalem Marketing spielen. Amazon.com, der Pionier unter den Internet-Buchläden, kann Kunden in Taiwan und Tokio genauso leicht erreichen wie Kunden in London, Frankfurt oder Wien. Leseratten auf der ganzen Welt sind nur einen Mausklick entfernt vom Buch ihrer Wahl. Mit Expreßversand werden Kunden in nur zwei Tagen beliefert, wo immer sie auch leben. Per Kreditkarte können sie für die Waren und Dienstleistungen in jeder Währung bezahlen.

Parallel zu dieser weltweiten Konvergenz des Konsumentengeschmacks scheint auch ein offensichtlich gegensätzlicher Trend in Richtung Fragmentierung von Geschmäckern und Konsumgewohnheiten zu existieren. Konsumenten auf der ganzen Welt zeigen keine klar umrissenen, leicht zu interpretierenden Geschmackspräferenzen und Konsumgewohnheiten mehr. Statt dessen ist ein und derselbe Konsument bereit, einen Gucci Anzug zur Arbeit zu tragen, Italienisch zu Mittag und Chinesisch am Abend zu essen und danach in Levi's Jeans eine japanische Ausstellung zu besuchen. Was sich hier zeigt, ist die gleichzeitige Präsenz von verschiedenen und grundsätzlich unvereinbaren Mustern und Lebensmodellen, die durch eine Vielzahl an Produkten, Lebensstilen und Erfahrungen repräsentiert werden, die nicht zueinander passen, aber verschiedene kulturelle Identitäten und historische Entwicklungen repräsentieren.[15] Einer der Autoren hat den Begriff *fragvergence* („Fragvergenz") geprägt, um dieses Phänomen zu beschreiben[16].

Die widersprüchliche Koexistenz von Konvergenz und Fragmentierung wurde durch die Globalisierung von Information ermöglicht. Tatsächlich hat die Globalisierung von Information nicht nur nationale und kulturelle Grenzen zum Einsturz gebracht, sondern auch neue aufgebaut. Es handelt sich dabei um Grenzen, die nicht aus traditioneller ethnischer oder religiöser Zugehörigkeit entstehen, sondern auf Subkulturen basieren, zum Beispiel „Techies" oder „Grüne". Daher werden Schranken innerhalb der Landesgrenzen wichtiger als Unterschiede zwischen den Ländern.

Fragvergenz von kulturellen Unterschieden wird tiefgreifende Auswirkungen auf die Definition von internationalem Marketing haben. Wenn Zielgruppen in verschiedenen Ländern rund um den Globus leben, wird die Mehrheit der Marketingaktivitäten auf internationaler Ebene durchgeführt werden müssen. Daher müssen Marketingmanager ein tiefgreifendes Verständnis für die Eigenarten von globalem Marketing entwickeln. Unternehmen können sich nicht länger auf von einer einzigen Kultur dominierte, geographische Märkte verlassen (z.B. die spanische Kultur). Kulturelle Unterschiede, die auf ethnischen basieren, wie z.B. Eßgewohnheiten, sind auch oft außerhalb ihres ursprünglichen Kontextes zu beobachten. Kultur selbst wird zu einer Ware, die durch ihre handelbaren Artefakte repräsentiert wird. Daher werden Marketingmanager in einer Umwelt globaler Information und kultureller und sozialer Nähe die Bedeutung von kulturellen Unterschieden noch einmal überdenken müssen, denn Gefühle von „Nähe" und „Vertrautheit" werden durch die Medien erzeugt.

17.5.1 Branchenkonzentration und das Verwischen von Branchengrenzen

Die Zukunft wird wahrscheinlich von Megaakquisitionen dominiert werden. Bis vor kurzem schienen multinationale Unternehmen sicher zu sein, aber jetzt sehen auch sie sich der Gefahr einer Übernahme ausgesetzt. In den Vereinigten Staaten wurde Bankers Trust, das noch vor einem Jahr auf Platz 53 der Forbes Top 100-Unternehmen lag, von der Deutschen Bank erworben. Amoco, auf Platz 28 der gleichen Forbes-Liste, ist jetzt ein Teil der britischen BP Amoco. Und Chrysler, Platz 23, mit einem außerhalb der Vereinigten Staaten erwirtschafteten Umsatz von € 6,5 Milliarden, wurde von der Deutschen Daimler Benz AG gekauft.[17] Die Top 50-Unternehmen der Welt, gemessen an einer Mischung aus Umsätzen, Nettogewinnen, Vermögen und Marktwert, beschäftigen 7,3 Millionen Menschen. Tabelle 17.1 zeigt die Top 20-Aktiengesellschaften der Welt [18], Tabelle 17.2 listet die europäischen Topunternehmen auf.[19]

Tabelle 17.1: Die Top 20-Unternehmen der Welt

Platz	Unternehmen	Branche	Land	Umsatz (€ Mio.)	Markt- wert (€ Mio.)	Beschäf- tigte (in 1000)
1	General Electric	Elektronik	USA	85.227	282.188	284,5
2	Citigroup	Versicherung	USA	64.836	126.605	173,7
3	Bank of America	Bank	USA	43.074	95.750	176,1
4	HSBC Group	Bank	UK	36.739	79.669	136,4
5	DaimlerChrysler	Automobil	D	124.252	73.987	433,9
6	Ford Motor	Automobil	USA	121.023	55.239	345,2
7	Exxon	Energie	USA	85.421	164.510	79,5
8	Nippon Tel & Tel	Telekommuni-kation	Japan	64.468	135.505	216,8
9	IBM	Computer	USA	69.278	178.584	280,2
10	American International Group	Versicherung	USA	28.244	120.133	40,0
10	ING Group	Finanz-dienstleistungen	NL	48.549	43.540	82,8
12	General Motors	Automobil	USA	112.684	42.889	397,0
13	AT&T	Telekommuni-kation	USA	45.149	149.814	119,3
14	Fannie Mae	Finanz-dienstleistungen	USA	26.720	160.911	3,7
14	Toyota Motor	Automobil	Japan	84.473	90.009	183,9
16	BP Amoco	Energie	UK	57.429	148.494	99,0
16	Wal-Mart Stores	Einzelhandel	USA	116.754		867,5
18	Allianz Worldwide	Versicherung	D	55.019	52.442	105,7
19	Chase Manhattan	Bank	USA	27.467	51.895	70,9
20	Philip Morris Cos	Getränke & Tabak	USA	49.042	78.928	148,0

Quelle: Eric S. Hardy, „Almost Perfect World", Forbes Magazine, 26. Juli 1999, (http://www.forbes.com/forbes/99/0726/6402160a.htm).

Tabelle 17.2: Die größten Unternehmen Europas (€ Milliarden)

Platz	Unternehmen	Land	Marktwert
1	Vodafone Airtouch	Großbritannien	247,6
2	Nokia	Finnland	204,6
3	Deutsche Telekom	Deutschland	169,4
4	Royal Dutch/Shell	Niederlande/Großbritannien	166,0
5	BP Amoco	Großbritannien	162,1
6	Ericsson	Schweden	140,3
7	France Telekom	Frankreich	134,8
8	British Telecom	Großbritannien	96,8
9	Glaxo Wellcome	Großbritannien	95,6
10	Total Fina Elf	Frankreich	88,9
11	Novartis	Schweiz	86,0
12	HSBC Holding	Großbritannien	81,3
13	Roche	Großbritannien	80,0
14	Allianz	Deutschland	78,8
15	Siemens	Deutschland	72,0

Quelle: „Größte Unternehmen Europas", *Kurier*, 5. Mai 2000, S. 22

Während Unternehmen in Zukunft wahrscheinlich immer größer werden, wird die Antwort auf die Frage, in welcher Sparte sie eigentlich tätig sind, immer komplexer. Unternehmen der chemischen Industrie verlassen sich mehr und mehr auf Elektronik, um ihre Produktionsprozesse zu managen, und große Einzelhändler müssen über ein entsprechendes Datenbankmanagement verfügen, um den Produktfluß zu verwalten. Wir hatten uns natürlich schon lange daran gewöhnt, daß Autohersteller auch Finanzdienstleistungen anbieten, Tankstellen sich zu Supermärkten verwandelt haben, und daß Softwareunternehmen jetzt auch in die Beratungsbranche vordringen. Jetzt bieten Kabelgesellschaften auch Zugang ins Internet über Kabel-TV an, und Computerfirmen verkaufen Gateway-Server, mit denen man übers Netz telefonieren kann. Gleichzeitig haben Computermodellierungstechniken die Notwendigkeit von 'nasser' Chemie beim Design von neuen Medikamenten reduziert. Die Anwendung von Computertechnologie in der biologischen Forschung, „Bioinformatik", wird rasch zu einer Schlüsselkomponente in der pharmazeutischen Forschung.[20] Auch in der Medizin führen neue Technologien zu einem Verwischen der Branchengrenzen. Der Bedarf an diagnostischen Leistungen an entfernten Orten – Telemedizin – verlangt nach einer Neudefinition der notwendigen Fähigkeiten von medizinischem Personal.

Das Verwischen von Branchengrenzen wird Hand in Hand mit steigender Unsicherheit gehen. Die Auswirkungen für zukünftige internationale Marketingmanager werden daher in zwei Richtungen laufen. Erstens werden Manager die Fähigkeit entwickeln müssen, sich schnellen und fundierten Einblick in neue, ungewohnte Technologien verschaffen zu können. Zweitens werden sie, um Unsicherheit zu reduzieren, neue Wege der Unterstützung ihrer strategischen Entscheidungsfindung beschreiten müssen. Aus diesem Grund wird die Anwendung von anspruchsvollen Modellierungstechniken vermutlich zunehmen, um die Konsumentenakzeptanz von neuen Unternehmenskonzepten vorherzusagen. Zudem wird die Nutzung des Internets zur Durchführung von Produkttests und -entwicklungen sich weiter steigern.

17.5.2 Virtuelle Unternehmen und elektronische Märkte

Virtuelle Unternehmen und elektronische Märkte machen den Wandel von der traditionellen zur elektronischen Wirtschaft oder kurz *e-economy* wohl am deutlichsten. Im speziellen demonstrieren sie die Entwicklung des Internets von einem Unterhaltungs- und Informationsmedium zu einem Marktplatz. Um das reibungslose Funktionieren solcher virtueller Unternehmen oder Firmenkooperationen zu ermöglichen, ist die Nutzung und optimale Konfiguration der unternehmerischen Ressourcenplanung (*Enterprise Resource Planning*) notwendig. Für das internationale Marketing, das sich traditionell auf das Beziehungsmanagement zwischen einem Unternehmen und seinen Kunden und in geringerem Ausmaß zu seinen Lieferanten konzentriert hat, verändert diese Situation die Definition der eigenen Rolle. Nicht länger wird Informationstechnologie verwendet, um fest definierte Aufgaben, die Informationstechnologieexperten überlassen werden, in einer Organisation zu automatisieren, sondern Informationstechnologie ist der Rahmen und das Schlüsselinstrument zum Design und Management der externen Beziehungen des Unternehmens. Folglich wird die treibende Kraft zum Erfolg von virtuellen Unternehmen – nämlich das Verständnis am Markt vorherrschender technologischer Möglichkeiten und die Fähigkeit zur Koordination mit Informationstechnologieexperten im eigenen und mit kooperierenden Unternehmen von zukünftigen internationalen Marketingmanagern erwartet.

Da das neue Informations- und Kommunikationsumfeld viele neue Ideen und Knowhow liefert und weniger vom Anlagevermögen abhängig sein wird, entstehen Unternehmen aus dem Nichts, um neue Geschäftsmöglichkeiten zu nutzen, die sich durch den technologischen Fortschritt eröffnen, und sich oft sogar als führend auf diesem Gebiet etablieren. Ein Hinweis auf künftige Entwicklungen ist Yahoo Inc., ein Unternehmen, das die größte Suchmaschine im Internet zur Verfügung stellt. Vor ein paar Jahren noch war David Filo, ein Mitgründer des Unternehmens, ein armer Student. Heute ist sein Online-Service führend, was Zugriffe und Werbeeinnahmen betrifft.[21] Wir haben solche Unternehmen *mushroom companies* genannt, da sie über Nacht aus dem Boden schießen, aber manchmal genauso schnell auch wieder verschwinden. Yahoo wird vermutlich überleben. Das Unternehmen hat einen dreimal höheren Marktanteil als all seine Konkurrenten.

Mushroom companies stellen eine der störendsten und schwierigsten Herausforderungen für zukünftige internationale Marketingmanager dar, nämlich den schnell abnehmenden Wert von etablierten Positionen versus steigender Bedeutung von Geschwindigkeit und time-to-market. Scheinbar starke Positionen am Markt können über Nacht verlorengehen, und neue Könige errichten mit atemberaubender Geschwindigkeit ihr Reich. Für internationale Marketer wurde eine effiziente und schnelle Förderung von Ideen, Unternehmenskonzepten und Dienstleistungen zu einem Schlüssel des Erfolges. Um dies zu erreichen, verlagert sich der Schwerpunkt der Kommunikationspolitik von den traditionellen Medien zum Internet. Während die interaktive Natur des Internets eine breite Palette von Kommunikationsmöglichkeiten bietet, wie die Integration von

Text, Video und Ton, müssen die meisten Marketer erst die notwendige Erfahrung und das notwendige Wissen erlangen, um alle Facetten dieses neuen Mediums nutzen zu können.

Im Rennen um Bekanntheit hat auch die Markenpolitik (Branding) eine neue Dimension erreicht. Ein wichtiger Weg, um sich von Mitbewerbern zu unterscheiden, ist das Angebot einer www-Adresse (dem so genannten ‚URL‘, d.h. unique resource locator), die leicht zu merken ist und dem vertrauten Firmennamen gleicht. Obwohl es nützlich sein mag, bestimmte ‚lokale‘ Internet-Seiten entsprechend dem Heimatland des Surfers zur Verfügung zu stellen, registrieren sich viele kommerzielle Verkäufer doch eher mit ‚.com‘ als mit der Domäne des entsprechenden Landes (zum Beispiel: ‚.uk‘ für Großbritannien, ‚.de‘ für Deutschland oder ‚.at‘ für Österreich), da dies eben einen Schwerpunkt globaler Präsenz signalisiert und „globales Branding" darstellt.

AUF DEN PUNKT GEBRACHT

- Die zukünftige Geschäftsumwelt wird durch steigende Komplexität und eine Vielzahl scheinbar gegensätzlicher Entwicklungen charakterisiert.

- In den letzten 40 Jahren hat sich die Weltbevölkerung auf 6 Milliarden verdoppelt. Bei abnehmender Wachstumsgeschwindigkeit wird 2050 die 8,9 Milliardengrenze erreicht werden.

- Von 1950 bis heute hat sich die Anzahl von Nationalstaaten mehr als verdreifacht. Im selben Zeitraum wurde mehr und mehr politische und ökonomische Macht an regionale und globale Institutionen übertragen.

- Zukünftige internationale Marketingmanager werden den schnell abnehmenden Wert von etablierten Positionen versus der steigenden Bedeutung von time-to-market bewältigen müssen.

17.6 Führungsherausforderungen

Der Versuch, zukünftige Trends im internationalen Marketing zu identifizieren, wäre ohne den Bereich der Personalentwicklung nicht vollständig. Bedenkt man die zu erwartenden Schwierigkeiten und Gegensätze, ist es von größter Bedeutung, über die Anforderungen an Manager nachzudenken. In einer auf Wissen basierenden Gesellschaft wird der Wettbewerb um die besten Manager hart. Das Wall Street Journal meint dazu: „... globale Unternehmen ziehen in den Krieg zur Eroberung der Nachwuchsführungskräfte des 21. Jahrhunderts. Die Weltklasse anzuziehen wird immer schwieriger. Große und kleine Firmen müssen talentierten Leuten Gründe liefern, um sich für sie zu entscheiden und bei ihnen zu bleiben."[22] Im folgenden prüfen wir kurz die Anforderungen, die an zukünftige globale Manager gestellt werden.

17.6.1   Anforderungen an globale Führungskräfte

Globales Marketing verlangt nach außergewöhnlicher Führung. Wie wir im Laufe dieses Buches schon gesagt haben, besteht das Gütezeichen eines globalen Unternehmens in der Fähigkeit globale Strategien zu formulieren und zu implementieren. Sie sollen weltweites Lernen bewirken, lokalen Bedürfnissen und Wünschen entsprechen und die Talente und Energie jedes Mitgliedes der Organisation mit einbeziehen. Das ist eine heroische Aufgabe, die globale Vision und Sensibilität für lokale Bedürfnisse verlangt. Die Mitglieder jeder operativen Einheit müssen ihren täglichen Pflichten nachkommen und gleichzeitig mit funktionalen, Produkt- und Länderexperten an verschiedenen Standorten kooperieren. Weiters erwartet man von Top Managern Verständnis für die Unsicherheit, die die globale Wirtschaft nicht nur bei Menschen in höheren Positionen, sondern bei allen Mitarbeitern einer Organisation hervorruft.

C.K. Prahalad identifiziert vier Kräfte, die eine gesteigerte Nachfrage nach Führungskräften auslösen werden, und sie dazu zwingen werden, einer außerordentlichen Bandbreite von Mehrdeutigkeiten und Unsicherheiten entgegenzutreten.[23] Die Führungsrolle in einer Umwelt des Wettbewerbs liegt in erster Linie in der Fähigkeit, dem neuen Druck nach globaler Effizienz standzuhalten. Eine zweite Kraft leitet sich von der Veränderung des Geschäftsmodells ab, das verschiedene Anforderungen an das Management stellt. Auf dem Telekommunikationssektor zum Beispiel müssen Manager von

Abbildung 17.1: Führungsstile

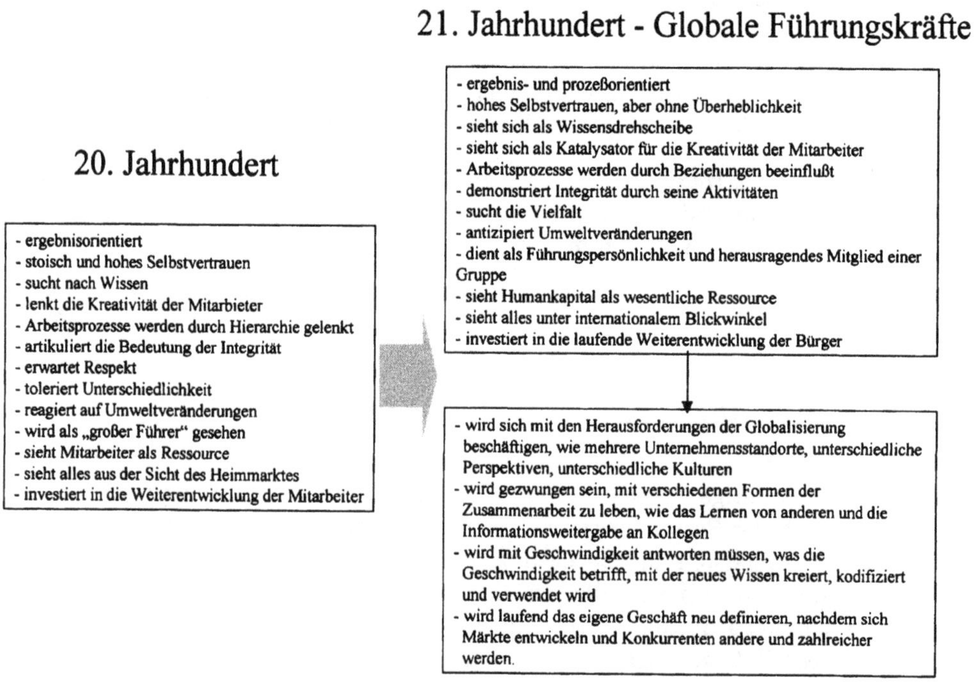

21. Jahrhundert - Globale Führungskräfte

20. Jahrhundert

- ergebnis- und prozeßorientiert
- hohes Selbstvertrauen, aber ohne Überheblichkeit
- sieht sich als Wissensdrehscheibe
- sieht sich als Katalysator für die Kreativität der Mitarbeiter
- Arbeitsprozesse werden durch Beziehungen beeinflußt
- demonstriert Integrität durch seine Aktivitäten
- sucht die Vielfalt
- antizipiert Umweltveränderungen
- dient als Führungspersönlichkeit und herausragendes Mitglied einer Gruppe
- sieht Humankapital als wesentliche Ressource
- sieht alles unter internationalem Blickwinkel
- investiert in die laufende Weiterentwicklung der Bürger

- ergebnisorientiert
- stoisch und hohes Selbstvertrauen
- sucht nach Wissen
- lenkt die Kreativität der Mitarbieter
- Arbeitsprozesse werden durch Hierarchie gelenkt
- artikuliert die Bedeutung der Integrität
- erwartet Respekt
- toleriert Unterschiedlichkeit
- reagiert auf Umweltveränderungen
- wird als „großer Führer" gesehen
- sieht Mitarbeiter als Ressource
- sieht alles aus der Sicht des Heimmarktes
- investiert in die Weiterentwicklung der Mitarbeiter

- wird sich mit den Herausforderungen der Globalisierung beschäftigen, wie mehrere Unternehmensstandorte, unterschiedliche Perspektiven, unterschiedliche Kulturen
- wird gezwungen sein, mit verschiedenen Formen der Zusammenarbeit zu leben, wie das Lernen von anderen und die Informationsweitergabe an Kollegen
- wird mit Geschwindigkeit antworten müssen, was die Geschwindigkeit betrifft, mit der neues Wissen kreiert, kodifiziert und verwendet wird
- wird laufend das eigene Geschäft neu definieren, nachdem sich Märkte entwickeln und Konkurrenten andere und zahlreicher werden.

Quellen: Ireland, Duane R. und Hitt, Michael A. „Achieving and maintaining strategic competitiveness in the 21st century: The role of strategic leadership." *Academy of Management Executive*, Vol.13., No.1, 1999, S.54; Prahalad, C.K. „Emerging Leaders." *Executive Excellence*, Nov.1999, S.3-4.

einem oder mehreren passenden Märkten mit eingeschränkter oder nicht vorhandener Konkurrenz ein Geschäftsmodell entwickeln, welches auch in einem offenen globalen Markt funktionieren kann. Die daraus folgenden Aktivitäten sind Fusionen und Akquisitionen. Als dritte Kraft nennt Prahalad Anforderungen des Wettbewerbs, die sich von der Konvergenz von Computereinsatz, Kommunikation, Elektronik und Unterhaltung ableiten. Schließlich ermöglicht das Internet neue Arten der ökonomischen Transaktion, die eine Fülle neuer Chancen eröffnet.[24]

Tabelle 17.2 faßt einige Unterschiede zwischen effizientem strategischem Führungsverhalten im 20. Jahrhundert und globaler Führung im 21. Jahrhundert zusammen. „Die Fähigkeit eines Menschen, zu antizipieren, eine Vision zu haben, Flexibilität zu erhalten, strategisch zu denken und mit anderen zusammenzuarbeiten, um eine Veränderung herbeizuführen, die ein Überleben der Organisation in der Zukunft ermöglicht" definiert strategische Führung.[25] Gemäß einer von Andersen Consulting durchgeführten Studie stellt ein erfolgreicher Manager eine gemeinsame Vision her, sichert die Kundenzufriedenheit, lebt die Werte, baut Teamarbeit und Partnerschaften auf und denkt global. Daraus kann man schließen, daß der Bedarf an geteilter oder teambasierter Führung wachsen wird.[26] Eine andere Untersuchung, die von Personnel Decisions International (PDI) durchgeführt wurde, zeigte, daß 37,3% der Antwortenden die Bedeutung von Führungsfähigkeiten, wie Kommunikationsfähigkeit und die Fähigkeit, zwischenmenschliche Beziehungen aufzubauen, als sehr hoch einschätzten.[27]

17.6.2 Die angesehensten Führungskräfte der Welt

Führung besteht aus den Prinzipien, Fähigkeiten und Einstellungen, die das Wissen der Triadeländer, Vertrauen und Macht nutzbar machen und integrieren[28]. Führungspersönlichkeiten wie Jürgen Schrempp von Daimler Chrysler, Jorma Ollila von Nokia, Richard Branson von Virgin Atlantic oder Fred Newman von Omnibank werden durch Weisheit, Integrität und Mut charakterisiert, die Wissen, Vertrauen und Macht fördern und zusammenfügen, aber sie sind auch Führungspersönlichkeiten, die fähig sind, massive Veränderungen zu managen. Wo eine radikale Transformation das Ziel ist, ist eine absolut neue Definition unternehmerischen Handelns notwendig, die von einer Person mit einer neuen und inspirierenden Vision der Zukunft des Unternehmens geleitet wird.[29] Führung bedeutet Veränderung und Innovation. Dabei handelt es sich um ein Verhalten, das erlernbar und zu managen ist. Führung ist ein systematischer, zielgerichteter und organisierter Prozeß der Suche nach Veränderung, der systematischen Analyse und der Fähigkeit, Ressourcen von Gebieten mit geringer Produktivität in solche mit höherer Produktivität zu verlagern.[30]

Sogar wenn Führung nur eine von vielen Variablen ist, die die Leistungsfähigkeit einer Firma beeinflussen, so haben Führungskräfte von multinationalen Unternehmen doch die Fähigkeit, das Leistungsniveau höher anzusetzen als ähnliche Unternehmen der selben Branche. Erfolgreiche Führung in multinationalen Unternehmen beinhaltet neben Marketingorientierung die Fähigkeit, Produktinnovationen anzuregen und ein ausgeprägtes Gefühl für die in allen Mitgliedern der Organisation steckenden Fähigkeiten zu haben. Multinationale Führungspersönlichkeiten in den 1990iger Jahren kümmerten sich um Kunden, so wie Paolo Cantarella, Chef des italienischen Autoproduzenten Fiat, der sich für die Entwicklung eines „Weltautos" für Schwellenländer

eingesetzt hat. Michael Dell, der CEO von Dell Computers, hat sich der Produkt- oder
Prozeßinnovationen angenommen. Er hat ständig die neuesten Produkt- oder Prozeß-
verfeinerungen eingesetzt, um einen beeindruckenden Teil des weltweiten Marktes zu
erobern. Schließlich haben multinationale Führungspersönlichkeiten auch Menschen an
das Unternehmen gebunden und dafür gesorgt, daß die organisatorische Flexibilität,
die diese Menschen brauchten, erhalten blieb. Diese drei Schlüssel zum Erfolg konsti-
tuierten ein neues Managementparadigma.[31] Tabelle 17.3 zeigt 10 der angesehensten
Führungskräfte der Welt.

Tabelle 17.3: Die 10 angesehensten Führungskräfte 1999

Platz 1999	Platz 1998	Name	Unternehmen
1	(1)	Jack Welch	General Electric
2	(2)	Bill Gates	Microsoft
3	(4)	Lou Gerstner	IBM
4	(3)	Jürgen Schrempp	DaimlerChrysler
5		Michael Dell	Dell
6	(8)	Warren Buffet	Berkshire Hathaway
7	(15)	Hiroshi Okuda	Toyota
8	(7)	Nobuyuki Idei	Sony
9	(10)	John Browne	BP Amoco
10	(6)	Percy Barnevik	Investor

Quelle: „World's most respected business leaders",
`http://www.ft.com/specials/sp41d2.htm`.

17.7   Karrieren im globalen Marketing

Niemals gab es eine bessere Zeit, um sich auf eine Karriere im globalen Marketing
vorzubereiten. Da Sie nun zum Ende dieses Buch kommen, würden die Autoren gerne
einige Vorschläge machen, wie man eine Karriere im globalen Marketing starten könnte.

An erster Stelle steht globale Erfahrung. Nur die wirklich verlorenen Schafe bemerken nicht, daß wir uns in einem globalen Markt mit globalem Wettbewerb befinden,
und daß diejenigen mit globaler Erfahrung einen definitiven Vorteil haben. Folglich
sollten Sie versuchen, solche Erfahrungen so früh wie möglich zu machen. Wenn Sie
es verpaßt haben, während Ihrer Schulzeit einige Zeit im Ausland zu verbringen, dann
sollten Sie auf jeden Fall versuchen, während Ihres Studiums ein oder zwei Semester
im Ausland einzuplanen. Die meisten europäischen Universitäten beteiligen sich an
Austauschprogrammen, die es ermöglichen, im Ausland zu studieren und sich danach
wieder an der Heimatuniversität zu integrieren, ohne die Studienzeit zu verlängern. Die
besseren Universitäten ermöglichen auch einen Aufenthalt in China, Thailand oder Osteuropa. Wenn Sie in Großbritannien studieren, sollten Sie genau darauf achten, ob ihr
Auslandsstudium in Westeuropa oder den Vereinigten Staaten verbracht werden soll.

Wenn Sie in Westeuropa studieren, sollten Sie vielleicht auch andere Ziele als Großbritannien oder die Vereinigten Staaten in Betracht ziehen, da die Wahl eines exotischeren Landes eine reichere Erfahrung bringen kann.

EUROPÄISCHER BLICKWINKEL

KENNTNISSE OHNE GRENZEN

Die Arbeitslosigkeit in Deutschland, wo 10 Prozent der Arbeiterschaft ohne Job ist, wird vermutlich ein ernstes Problem bleiben, aber die deutsche Regierung bietet zeitlich begrenzte Arbeitsmöglichkeiten für 30.000 Nicht-EU-Bürger an. Man hofft Arbeitskräfte mit Kenntnissen aus dem Hochtechnologiebereich aus Gebieten wie Bangalore, dem „Silicon Valley" Indiens, gewinnen zu können.

Die Regierungen Kanadas, Australiens und Schwedens wählen einen ähnlichen Ansatz. Sogar in Großbritannien sucht die Regierung nach Anreizen, die Schlüsselpersonal anlocken, um kurzfristig Lücken zu schließen, die aus dem Mangel an Talenten im eigenen Land entstanden sind. Hier zeigt sich auf sehr schmerzvolle Weise, daß es einfach nicht genug „knowledge workers" auf der Welt gibt, um die Nachfrage zu befriedigen.

Auf der obersten Managementebene hat der Wettbewerb um Toptalente schon zugenommen. Nicht-britische Führungskräfte stacheln die Ambitionen von britischen Managern im Kampf um die Tob Jobs der Nation an. Die Zahl von Managern nicht-britischer Abstammung, die die führenden Unternehmen Großbritanniens leiten, hat sich von 11 Prozent 1990 auf 23 Prozent am Ende des Jahrzehnts mehr als verdoppelt.

„Briten sollten nicht damit zufrieden sein, daß die Dauer der Unternehmenszugehörigkeit ihnen helfen könnte, sich im Kampf um den CEO-Job gegen die wachsende Zahl von Experten aus Kontinentaleuropa und den Vereinigten Staaten durchzusetzen", sagte Andrew Simpson, ein britischer geschäftsführender Partner von TMP Worldwide Executive Search.

Diese Situation wurde teilweise durch grenzüberschreitende Fusionen und Akquisitionen verursacht. Der Däne Bart Beecht, zum Beispiel, ist der Leiter des vor kurzem fusionierten Haushaltsreiniger-Konzerns Reckitt Benckiser. Außerdem haben einige führende Unternehmen mehr als einen Topmanager, nämlich ein Team aus verschiedenen Nationalitäten. Der Brite John Bryant und Fokko van Duyne aus den Niederlanden führen gemeinsam Corus, den Konzern, der aus der Fusion von British Steel und Hoogovens entstand. Die Zahl der Führungskräfte aus Südafrika hat schlagartig zugenommen, als Unternehmen wie Billiton, der diversifizierte Bergbaukonzern, an der Londoner Börse notierten, um ihren Zugang zu den Kapitalmärkten zu verbessern.

Nicht-britische Führungskräfte sind vor allem auf dem Finanzsektor stark vertreten. Der Kanadier Matthew Barrett wurde Chef von Barclays, der britischen Bank, der Amerikaner Bob Mendelsohn leitet Royal & Sun Alliance, den Versicherungskonzern.

Fortsetzung auf der nächsten Seite

KENNTNISSE OHNE GRENZEN (Fortsetzung)

Am deutlichsten stieg der Anteil der Amerikaner von 2,5 Prozent 1990 auf 8 Prozent zu Beginn des Jahres 2000. EU-Bürger machen 6 Prozent der nicht-britischen Führungskräfte aus, verglichen mit 1 Prozent von vor einem Jahrzehnt.

Einfach zum Nachdenken:

- Sollte der europäische Arbeitsmarkt stärker reguliert werden, um Arbeitsplätze für europäische Bürger zu sichern? Was wären die Vor- und Nachteile stärkerer Regulierung?

- Was sind die Auswirkungen von zunehmend grenzüberschreitenden Fusionen und Akquisitionen auf dem europäischen Markt für (1) mittlere Manager, (2) ungelernte und Arbeiter mit mittelmäßiger Ausbildung und (3) Führungskräfte?

Quellen: Adaptiert aus Robert Taylor, „Skills without Frontiers", *Financial Times*, 28. April 2000, S.13; Alison Maitland, „US and Europe Muscle in on British CEO Jobs", *Financial Times*, 30. März 2000, S.9.

Wenn Sie zu den Glücklichen gehören, die sich auf einer Universität wiederfinden, die zur Community of European Management Schools (CEMS) gehört, einer Vereinigung von Top Business Schools in Europa, sollten Sie vielleicht das Erlangen eines CEMS-Degrees parallel zu Ihrem Studium in Erwägung ziehen. CEMS-Studenten verbringen zumindest ein Semester an einer der Partneruniversitäten im Ausland und machen ein Praktikum bei einem der Kooperationspartner. Weiters spricht jeder CEMS-Absolvent drei Sprachen fließend.

Eine Möglichkeit, die es auch wert ist, während Ihres Studiums verfolgt zu werden, sind Praktika. Die von Studenten geführte International Association of Students

Tabelle 17.4: Die führenden internationalen Businessprogramme

Rang	Businessprogramm
1.	Thunderbird Graduate School (AZ)
2.	University of South Carolina (Moore)
3.	University of Pennsylvania (Wharton)
4.	Columbia University (NY)
5.	Harvard University (MA)
6.	New York University (Stern)
7.	University of Michigan–Ann Arbor
8.	Stanford University (CA)
9.	University of California–Los Angeles (Anderson)
10.	University of California–Berkeley (Haas)

Quelle: *U.S. News & World Report*,
„America's Best Graduate Schools 2000." S.24. oder
http://www.usnews.com/usnews/edu/beyond/gradrank/gbmbasp5.htm

of Economics and Commercial Sciences (AIESEC) stellt einen guten Ausgangspunkt
dar. Sie ist die weltgrößte Studentenorganisation, die aus einem globalen Netzwerk von
50.000 Mitgliedern in mehr als 87 Ländern und mehr als 741 Universitäten weltweit
besteht. Diese großartige Organisation erleichtert jährlich den Austausch von Tausenden Studenten und jungen Absolventen. Sie stellt sowohl bezahlte Praktika als auch
freiwillige Mitarbeit in Non-Profit-Organisationen zur Verfügung.

Speziell für jene unter Ihnen, die nicht Wirtschaft studieren, sondern vielleicht einen
Studienabschluß einer technischen Studienrichtung haben, stellt ein MBA-Programm
einen Weg zu einer internationalen Management-Karriere dar. Idealerweise nach einigen Jahren praktischer Erfahrung gestartet, verbessert der Abschluß eines MBA-
Programms Ihre Jobaussichten entscheidend. Wegen ihrer Konzentration auf internationale Unternehmensaktivitäten, haben einige Business Schools einen besonders guten
Ruf. Thunderbird's Master of International Management (MIM)-Programm und der
Internationale MBA, der in einer Zusammenarbeit der University of South Carolina
und der Wiener Wirtschaftsuniversität angeboten wird, gehören im Moment zu den
besten auf diesem Gebiet (siehe Tabelle 17.4).

Wie auch immer Sie sich auf eine Karriere im internationalen Marketing vorbereiten,
ein Aspekt steht fest: der Wettbewerb um die besten Jobs wird zunehmend nationale
Grenzen ignorieren. Führungskräfte im internationalen Marketing sind Personen, die
nicht nur über das technische Wissen, sondern auch über Sprachkenntnisse, Flexibilität
und kulturübergreifende Kompetenz verfügen, um an unterschiedlichen Orten auf der
ganzen Welt zu arbeiten.

AUF DEN PUNKT GEBRACHT

- Globales Marketing verlangt nach außergewöhnlicher Führung. Gemäß Andersen Consulting schafft die ideale Führungspersönlichkeit eine gemeinsame Vision, sichert Kundenzufriedenheit, lebt die Werte, baut Teamarbeit und Partnerschaften auf und denkt global.
- Globale Erfahrung zählt. Sie sollten danach streben, diese so früh wie möglich
  zu sammeln, indem Sie einen Teil ihrer Studienzeit im Ausland verbringen,
  indem Sie Praktikas machen oder ein MBA-Programm mit internationaler
  Ausrichtung absolvieren.
- Der Wettbewerb um die besten Jobs wird zunehmend nationale Grenzen ignorieren.

17.8 Zusammenfassung

Die Zukunft des globalen Marketing wird durch steigende Umweltkomplexität und
scheinbar gegensätzliche Trends charakterisiert. Unter den bemerkenswertesten Entwicklungen sind eine dramatische Steigerung der Geschwindigkeit von Veränderungen,
speziell im Bereich technologischer Entwicklungen, aber auch in Bezug auf politische
und soziale Trends zu nennen. Nach einem Jahrhundert der Debatte über die Verdienste

von freien Märkten versus der staatlich kontrollierten Allokation von Ressourcen verspricht die Zukunft eine beinahe universelle Akzeptanz des Prinzips der freien Märkte. Trotz des weiteren Wachstums der Weltbevölkerung existiert die reale Wahrscheinlichkeit breiteren Wohlstands, da die meisten armen Länder der Welt reicher werden. Für globale Marketer wird sich dies in dramatische Wachstumsmöglichkeiten verwandeln.

Aber Globalisierung hat auch eine dunkle Seite. Wir werden Zeugen einer Blüte des Nationalismus und des Sprießens von neuen Staaten. In einigen Ländern wächst die Kluft zwischen Reichen und Armen, sodaß protektionistische Maßnahmen angewendet werden, um durch die Globalisierung ausgelöste Arbeitsplatzverluste und sinkende Löhne abzuwenden. Dadurch entsteht eine Gefahr für die weitere Liberalisierung des Handels. Was immer die Zukunft auch für uns bereithalten wird, gestiegene Komplexität und gegensätzliche Trends werden außergewöhnliche Anforderungen an die Führungsfähigkeiten von globalen Marketingmanagern stellen. Der Wettbewerb um die besten Managertalente wird immer härter und zunehmend nationale Grenzen ignorieren. Der Wert globaler Erfahrung von Managern wird wachsen. Beginnen Sie, mehr über globales Marketing zu lernen und internationale Erfahrungen zu sammeln, und Sie werden sich in einer herausfordernden, lohnenden und erfreulichen Karriere im globalen Marketing wiederfinden.

17.9   Diskussionsfragen

1. Glauben Sie, daß ökonomische Demokratie (freie Märkte) unvermeidlich auch zu politischer Demokratie führen wird? Warum? Warum nicht?

2. Wird die starke Zunahme von Nationalstaaten zu einer Verstärkung des Protektionismus führen? Welche Rolle spielen transnationale Organisationen wie die Welthandelsorganisation (WTO) in diesem Zusammenhang?

3. Wie würden Sie die durch die zunehmende Globalisierung der Wirtschaft ausgelöste Veränderung der Anforderungen an Führungskräfte charakterisieren?

17.10   Webmistress's Hotspots

Homepage von AIESEC
Das Online Zentrum der weltgrößten Studentenorganisation. AIESEC ist ein globales Netzwerk von 50.000 Mitgliedern in mehr als 87 Ländern und Regionen an weltweit mehr als 741 Universitäten.
http://www.aiesec.org/

Liste von Business Schools
Wenn Sie eine Business School aussuchen wollen und wissen möchten, welche die beste ist und Zugang zu Artikeln über MBA-Programme suchen, dann sind Sie hier richtig.
http://www.usnews.com/usnews/edu/beyond/bcbiz.htm

Homepage von Global Careers in Commerce
Es gibt viele Seiten im Web, die Ihnen die Möglichkeit bieten, Ihren Lebenslauf zu hinterlegen und nach globalen Karrieremöglichkeiten zu suchen. Global Careers in Commerce veranschaulicht diese Art von Webpages.
`http://www.globalcareers.com/commerce/index.html`

Homepage des Journal of International Marketing (JIM),
Die Web-Seite des Journal of International Marketing (JIM), der herausragenden Publikation auf dem Gebiet des internationalen Marketing. Ziel des Journals ist es, einen Beitrag zu Fortschritt in Theorie und Praxis des internationalen Marketing zu leisten. JIM bringt seinen Lesern eine Auswahl interessanter Fachartikel und Kommentare von Führungskräften.
`http://www.wu-wien.ac.at/imm/jim/`

17.11 Weiterführende Literatur

Albers, S. und K. Peters, "Die Wertschöpfungskette des Handels im Zeitalter des Electronic Commerce." *Marketing ZFP*, 2, 2. Quartal, (1997): S.69-79.

Baker, Stephen, "21 Ideas for the 21st Century." *Business Week*, 30. August 1999: S.42-44.

Darling John R. und Thomas M. Box, "Keys for Success in the Leadership of Multinational Corporations, 1990 through 1997." *S.A.M. Advanced Management Journal*, Herbst (1999): S.16-24.

Deighton, John, "Commentary on Exploring the Implications of the Internet for Consumer Marketing," *Journal of the Academy of Marketing Science*, 25, 4 (1997): S.347-351.

Doyle, Peter. "Marketing in the New Millennium." *European Journal of Marketing*, 29, 13 (1995): S.23-41.

Firat, Fuat, "Globalization of Fragmentation – A Framework for Understanding Contemporary Global Markets." *Journal of International Marketing*, 5, 2 (1997): S.77-86.

Handy, Charles, The Age of Unreason. Boston, Harvard Business School Press, 1989.

Hoffman, Donna L. und Thomas P. Novak, Marketing in Hypermedia-Computer-Mediated Environments: Conceptual Foundations." *Journal of Marketing*, 60 (Juli 1996): S.50-68.

Ireland, Duane R. und Michael A. Hitt, "Achieving and Maintaining Strategic Competitiveness in the 21st Century: The Role of Strategic Leadership," *Academy of Management Executive*, 13, 1 (1999): S.43.

McKenna, R. Real Time: Preparing for the Age of the Never Satisfied Customer. Boston, Harvard Business School Press, 1997.

Peterson, R.A., S. Balasubramanian und B.J. Bronnenberg, "Exploring the Implications of the Internet for Consumer Marketing." *Journal of the Academy of Marketing Science*, 25, 4, (1997): S.329-346.

Prahalad,C.K. "Emerging Leaders," *Executive Excellence,* November, (1999): S.3-4.

Schlegelmilch Bodo B. und Rudolf Sinkovics, "Marketing in the Information Age: Can we Plan for an Unpredictable Future?" *International Marketing Review*, 15, 3 (1998): S.162-170.

Simon, Hermann. Trends und Herausforderungen für das 21, Jahrhundert, Wien, Simon Kucher & Partners, September 1999.

The Economist, "Survey 20th Century," (September 11, 1999): S.6.

Watkins, Jeff. Information Technology, Organisations and People. London, Routledge, 1998.

Literaturverzeichnis

[1] Adaptiert von Business Week, "The Nomads shall inherit the Airport Lounge," 30. August 1999, S.80-81.

[2] Adaptiert von Fortune, "Office Fantasies of the Future," 6. März 2000, S.F-44-F-48.

[3] Susan P. Douglas und Samuel G Craig. Global Marketing Strategy, (New York: McGraw-Hill, Inc. 1995), S.372-373.

[4] Business Week, "Special Report: Let's Talk." 23. Februar 1998, S.44-56; Financial Times, "Smitten with the Written Word." 12. Februar 1998, S.21.

[5] John Deighton, Commentary on Exploring the Implications of the Internet for Consumer Marketing," Journal of the Academy of Marketing Science, 25, 4 (1997), S.347-351.

[6] Simon, Hermann. Trends und Herausforderungen für das 21, Jahrhundert, (Wien: Simon Kucher & Partners), 5. September 1999, S.5.

[7] Julian Le Grand, "Social Exclusion : Problems that just Won't Go Away, " *Financial Times – The Millennium 21*, 6. Dezember 1999, S.21.

[8] Julian Le Grand, "Social Exclusion : Problems that just Won't Go Away, " *Financial Times – The Millennium 21*, 6. Dezember 1999, S.21.

[9] Michael Holman, "Hope Springs from Marginalisation," *Financial Times – The Millennium 21*, 6. Dezember 1999, S.12.

[10] Prime Minister of Norway, Mr. Kjell Magne Bondevik, "The Social Side of Globalisation, "Rede beim Weltwirtschaftsforum, Davos, 31. Jänner 1999 (http://odin.dep.no/smk/taler/1999/990131.html).

[11] The Economist, "Storm over Globalisation,", 27. November 1999, S.13.

[12] The Economist, "Survey 20th Century," 11. September 1999, S.6.

[13] Peter Coy, "The Little Emperors Can Save the World's Aging Population," *Business Week*, 30. August 1999, S.72.

[14] Hermann Simon, "Trends und Herausforderungen für das 21. Jahrhundert," (Wien: Simon Kucher & Partners), September 1999, S.28.

[15] Fuat Firat, "Globalization of Fragmentation – A Framework for Understanding Contemporary Global Markets. *Journal of International Marketing*, 5, 2 (1997) 77-86.

[16] Bodo B. Schlegelmilch und Rudolf Sinkovics, "Marketing in the Information Age: Can we Plan for an Unpredictable Future?" International Marketing Review, 15, 3 (1998) 162-170.

[17] Brian Zajac, "Spanning the World," *Forbes Magazine*, 26. Juli 1999 (http://forbes.com/Forbes/99/0726/6402202a.htm).

[18] Eric S. Hardy, "Almost Perfect World," *Forbes Magazine*, 26. Juli 1999 (http://www.forbes.com/forbes/99/0726/6402160a.htm).

[19] "Telekom führt EU-Firmen-Hitliste," *Kurier*, 9. Mai 2000.

[20] Financial Times, "Smitten with the Written Word." 12. Februar 1998, S.21.

[21] Konrad, "Monitor: Blick in die digitale Welt." Jänner (1998), S.1. http://www.pathfinder.com/money/hoovers/corpdirectory/y/yahoo.html, 2. April 1998.

[22] "World-Class Talent," The Wall Street Journal, 23. Februar 1999.

[23] C. K. Prahalad, "Emerging Leaders," *Executive Excellence,* November, (1999): S.3-4.

[24] C. K. Prahalad, "Emerging Leaders," *Executive Excellence,* November, (1999): S.3-4.

[25] Duane R. Ireland und Michael A. Hitt, "Achieving and maintaining strategic competitiveness in the 21st century: The role of strategic leadership," *Academy of Management Executive,* 13, 1 (1999): S.43.

[26] "Global Leader of the future," *Management Review,* Oktober 1999, (1999): S.9.

[27] "What makes a good Boss?," *HRFocus,* März 2000, (1999): S.10-11.

[28] Dale E. Zand, *The Leadership Triad,* (New York: Oxford University Press, 1997), S.4.

[29] Jeff Watkins, *Information Technology, Organisations and People,* (London: Routledge, 1998).

[30] Noel M. Tichy und Mary Anne Devanna, *The Transformational Leader,* (New York: John Wiley & Sons, 1990), S.xii

[31] John R. Darling und Thomas M. Box, "Keys for Success in the Leadership of Multinational Corporations, 1990 through 1997," *S.A.M. Advanced Management Journal,* Herbst (1999): S.16-24.

Anhang A

Fallstudien

Teil 1: Einführung und Überblick

Welches Unternehmen ist global?

Teil 2: Das globale Marketingumfeld

Swatchmobile/Smart Car
Euro Disney (A), (B)
Coca-Cola: *just for the taste of it* jetzt auch für China und Indien?

Teil 3: Die Analyse und Nutzung globaler Marktchancen

Die Integration zweier Marken nach einer Akquisition: Schwarzkopf & Henkel
Cosmetics
Oriflame
Rocking the Boat at MTV: ist, was gestern erfolgreich war, heute noch gut genug?

Teil 4: Globale Marketingstrategien

Tschechisches Bier erobert die Welt
Markteintritt in einen stark umkämpften Markt – Norsk Hydro Düngemittel in
den USA (A), (B)

Teil 5: Globale Marketingprogramme

Die Einführung von GSM-Mobiltelefonen in Südafrika
Nokia und die Telekommunikationsindustrie
BASF in China: Marketing für Styropor

Teil 6: Die Umsetzung globaler Marketingprogramme

Benetton: Bewußtseinsbildung oder Kontroverse – Unterschiedliche Wirkung einer globalen Werbelinie
Sicom GmbH und CD-Piraterie

A.1   Welches Unternehmen ist global?

Vier Führungskräfte von international tätigen Unternehmen kommen im folgenden zu
Wort:

Unternehmen A

Wir sind ein globales Unternehmen. Wir verkaufen unsere Produkte in über 80 Ländern
und verfügen in 14 Ländern über Produktionsstätten. Unsere internationalen Tochtergesellschaften kümmern sich um das Geschäft vor Ort. Sie haben für diese Märkte
volle Verantwortung auch hinsichtlich strategischer Entscheidungen. Die meisten Führungskräfte in diesen Ländern kommen aus dem Land selbst, wenngleich wir für die
Spitzenposition des Geschäftsführers und meist auch des Finanzvorstandes auf Manager aus unserem Stammland vertrauen. Erst jüngst haben wir die Welt in Regionen
eingeteilt, wobei unser Heimmarkt eine eigene Region bildet. Jede der regionalen Organisationen berichtet an die Auslandsabteilung in der Konzernzentrale, die für alle
Aktivitäten außerhalb unseres Heimatmarktes zuständig ist.
Die internationalen Tochtergesellschaften sind für die Anpassung unseres Produktsortiments an die spezifischen Markterfordernisse in den einzelnen Ländermärkten oder
Regionen verantwortlich. Dabei können sie völlig autonom und eigenständig entscheiden. Wir sind stolz auf unsere internationale Ausrichtung: Wir produzieren heute nicht
nur in unserem Heimmarkt, sondern auch auf allen anderen Kontinenten.
Wir waren international bislang sehr erfolgreich, besonders in jenen Ländern, wo unter der Bevölkerung ein gewisser Wohlstand herrscht. Der einzige Markt, wo wir noch
Potential sehen, ist Japan. Aber ehrlich gesagt, muß man einfach zur Kenntnis nehmen, daß Japan ein sehr geschützter Markt ist. Während ausländische Unternehmen
auf dem japanischen Markt keinen Zugang finden, nutzen die Japaner diese Chance
des geschützten Heimmarktes, operieren von hier aus weltweit und machen uns das
Leben in anderen Märkten und auch in unserem Heimmarkt denkbar schwer. Aus diesem Grund haben wir bei unserer Regierung intensives Lobbying betrieben, um der
japanischen Konkurrenz Einhalt zu gebieten.

Unternehmen B

Wir sind ein globales Medienunternehmen. Wir haben zwar keine marktbeherrschende
Stellung, aber wir haben eine beachtliche Präsenz im Zeitschriften- und TV-Markt
auf drei Kontinenten etabliert. Wir verstehen uns als globales Kommunikations- und
Unterhaltungsunternehmen mit einer globalen Strategie. Wir wollen Menschen weltweit
über eine breite Palette an Themen informieren. Wir wissen, wie wir die Wünsche und
Ansprüche unserer Leser, Seher und Inserenten befriedigen können. Wir transferieren
Mitarbeiter und Finanzströme über Grenzen hinweg. Und wir haben auch genug Know-
how über den Erwerb von Liegenschaften bzw. den erfolgreichen Start und Betrieb von
neuen Unternehmen. Begonnen haben wir als australisches Unternehmen, haben dann
nach Großbritannien expandiert und heute den Schwerpunkt unserer Aktivitäten in
die USA verlegt. Wir gehen dorthin, wo die Chancen am größten sind, denn wir sind
marktorientiert.
Selbstverständlich gibt es viele Australier im Top Management des Unternehmens. Das

kommt daher, daß wir in Australien groß geworden sind, und unsere Leute verstehen unser Geschäft von der Picke auf. Doch wenn Sie sich umsehen, werden Sie immer mehr Engländer und Amerikaner in Führungspositionen finden. Wir bleiben jedoch auf den englischen Sprachraum fokussiert, denn ich glaube nicht, daß wir in einer fremden Sprache tatsächlich erfolgreich wären. Wir kennen den englischsprachigen Raum gut und wissen, daß er groß genug für uns ist. Die Welt wird ohnehin immer rascher zum globalen Dorf. In der Kommunikationsbranche zu sein heißt dabei, im Zentrum von allem zu sein. Das ist das Spannende an unserer Arbeit und auch das Wichtigste!

Unternehmen C

Wir sind ein globales Unternehmen. Wir wollen weltweit Marktführer in unserer Branche werden. Alle unsere Produkte werden in unserem Heimmarkt gefertigt, da wir dort die höchste Qualität zu günstigsten Kosten erzielen können. Gleichzeitig ist das Entwicklungs- und Produktionsknow-how an einer Stelle vereint. Der ständig steigende Wert unserer Heimatwährung veranlaßt uns jedoch, in ausländische Produktionsstätten zu investieren, um unseren Kostenvorteil weiterhin zu behalten. Wir sehen dem jedoch mit gewisser Skepsis entgegen. Dennoch sind wir davon überzeugt, daß der entscheidende Faktor bei globalen Unternehmensaktivitäten die weltweite Dominanz ist. Wir planen daher alles zu tun, was notwendig ist, um diese Vormachtstellung zu erhalten bzw. auszubauen.

Es stimmt, daß alle unsere Führungskräfte in unserem Stammsitz und in den Länderniederlassungen aus dem Heimatland kommen. Wir fühlen uns wohler damit, da sie unsere Sprache sprechen und die Geschichte und Kultur unseres Unternehmens besser verstehen. Es wäre schwierig für einen Außenstehenden, dieses Wissen und Verständnis aufzubauen, das für die Zusammenarbeit doch so entscheidend ist.

Unternehmen D

Wir sind ein globales Unternehmen. Wir haben Mitarbeiter aus 24 verschiedenen Nationen in der Konzernzentrale. Wir produzieren in 28 Ländern und verkaufen unsere Produkte in 92 Ländern der Welt. Wir streben die Marktführerschaft in unserer Branche weltweit an. Es stimmt allerdings, daß wir uns aus den Ländern der Dritten Welt zurückziehen werden. In der Vergangenheit ist es uns extrem schwergefallen, in diesen Ländern nennenswerte Umsätze zu erzielen. Darüber hinaus sind wir für unsere aggressiven Marketingaktivitäten unter Beschuß gekommen. Es stimmt auch, daß nur Mitarbeiter aus dem Stammland Aktien mit Stimmrecht besitzen. Also, auch wenn wir ein globales Unternehmen sind, haben wir nationale Wurzeln und eine nationale Geschichte, die wir schätzen und respektieren.

Wir wollen unsere Marktführerschaft in Europa behalten und schrittweise unsere Position in den wichtigen Märkten Nordamerika und Japan ausbauen. Gleichzeitig behalten wir die wirtschaftlich weniger entwickelten Länder im Auge. Sobald wir dort Tendenzen zu einer wirtschaftlichen Weiterentwicklung sehen, werden wir auf diesen Märkten wieder aktiv werden bzw. unsere Position stark ausbauen. Nachdem unser erklärtes Ziel die Marktführerschaft in unserer Branche ist, können wir es uns nicht leisten, in jedem wachsenden Markt der Welt tätig zu sein. Wir müssen selektiv vorgehen.

Wir hatten jedoch immer einen europäischen Geschäftsführer, und das wird sich wahrscheinlich auch nicht ändern. Führungskräfte, die aus Europa stammen, waren vorher üblicherweise schon in vielen Länderniederlassungen aktiv. Amerikanische und japanische Manager bleiben eher in ihren Heimmärkten. Sie sind sehr fähige und wertvolle Mitarbeiter, aber es fehlt ihnen eine gewisse weltweite Perspektive, die für Führungsaufgaben im Konzern erforderlich ist.

Diskussionsfragen

1. Welches Unternehmen ist global?

2. Welche Eigenschaften weist ein globales Unternehmen auf?

3. Was ist der Unterschied zwischen einem heimmarktorientierten, internationalen, multinationalen, globalen/transnationalen Unternehmen?

4. In welcher Entwicklungsphase befinden sich die einzelnen Unternehmen? Was sollten sie tun, um global/transnational zu werden?

A.2 Swatchmobile/Smart Car

Nicolas Hayek, einer der bekanntesten Unternehmer der Schweiz, gilt als der Architekt des neuen Aufschwungs der Schweizer Uhrenindustrie zu Beginn der 80er Jahre. Sein Plan einer *Swiss Corporation for Microelectronics and Watchmaking Industries* (SMH) umfaßte die Entwicklung und Markteinführung der weltbekannten Swatch
(Swiss Watch). Das Konzept für das Swatchmobil basierte auf Hayeks Überzeugung,
daß Konsumenten eine ähnliche emotionale Bindung an ein Auto wie an eine Uhr
entwickeln. Seine Vision beinhaltete einen hohen Sicherheitsstandard, ökologische Ver-
träglichkeit und hohen Komfort. Wie auch die Uhr, sollte das Swatchmobil erschwinglich, langlebig und modisch sein. Hayek war überzeugt, daß die Sicherheit ein zentrales
Verkaufsargument sein würde, und deklarierte daher: „Dieses Auto wird die Sicherheit eines Mercedes besitzen." Weiters sollte das Auto aufgrund seines Elektromotors
kaum schädliche Abgase erzeugen. Das Auto sollte zusätzlich über einen hoch effizienten, optimierten Benzinmotor verfügen. Hayek prognostizierte eine Million verkaufte Stück weltweit, wobei die USA die Hälfte des Weltmarktanteils ausmachen sollten.

Die erste Version des Autos mit einem Verbrennungsmotor, bekannt unter dem
Namen Smart (Swatch, Mercedes Benz, und „art") wurde 1998 auf dem europäischen
Markt eingeführt. Das 2,5 Meter lange, 1,5m hohe und ebenso breite, zweisitzige Auto
(für 2 Erwachsene, oder 1 Erwachsenen und 2 Kinder) sollte einen durchschnittlichen
Kraftstoffverbrauch von 5 Litern/100 km aufweisen und zwischen €7.700 und 10.000
kosten. Fred Heiler, Unternehmenssprecher von Mercedes-Benz in den USA, meinte
dazu: „Das Auto ist so klein, daß man bereits versucht, die europäischen Parkord-
nungen zu ändern, damit man drei Smarts nebeneinander in einen Parkplatz stellen
kann."

Die leicht austauschbaren Außenteile, die jederzeit in weniger als einer Stunde gewechselt werden können, ermöglichen nicht nur ein farblich individuell abgestimmtes
Auto nach den eigenen Wunschvorstellungen, sondern haben ebenfalls einen praktischen Wert. Sie erleichtern im Bedarfsfall die Servicierung. Wollten Sie übrigens schon
immer einmal sehen, wie Ihr Traum-Smart in aqua green oder mad red mit boomerang
blauer Innenausstattung aussieht, dann sehen Sie sich doch Ihr Traumauto virtuell unter http://www.smart.com/ an! Die Vorstellungen Nikolaus Hayeks dazu: „Man kann
Teile der Türen und die Farbe je nach Lust und Laune wechseln. Im Inneren wird das
Auto ein moderner, neuer und junger Mercedes sein. Sie werden sich nie wie in einem
Kleinwagen fühlen."

Einige Beobachter schrieben das Medienecho um den Smart allein der charisma-
tischen Persönlichkeit von Nikolaus Hayek zu. Einige meinten, seine Zukunftsvor-
stellungen zum Thema Auto seien übertrieben optimistisch. Sie wiesen darauf hin,
daß frühere Versuche, die Marke Swatch auf neue Produktkategorien wie farbenfrohe Unisex-Bekleidungslinien zu übertragen, gescheitert waren. Andere Produkte wie
Swatch-Telefone, Pager und Sonnenbrillen wurden von den Konsumenten ebenfalls nur
mit sehr gedämpftem Interesse aufgenommen. Industriebeobachter warnten auch davor,
daß die Marken Swatch und Mercedes Schaden erleiden könnten, falls das Swatchmobil
durch technische Probleme oder Sicherheitsfragen in Verruf käme.

Diskussionsfragen

1. Was halten Sie vom Konzept des Swatchmobil bzw. des Smart?

2. Welchen Nutzen kann Mercedes aus einem derartigen Gemeinschaftsprojekt ziehen? Erscheint ein derartiges Projekt aus Ihrer Sicht für Mercedes sinnvoll?

3. Worin bestehen die Vorteile für SMH? Macht ein derartiges Projekt für SMH Sinn?

4. Ist der Smart ein internationales oder ein globales Produkt? Halten Sie es für sinnvoll, daß der Produktlaunch auf Europa beschränkt wurde?

Im Herbst 1999 zog sich Swatch aus dem gemeinsamen Projekt zurück. Seit der Zeit ist DaimlerChrysler mit anderen Automobilherstellern wie Peugeot, Citroen oder Fiat in Kooperationsgesprächen involviert.

Quellen: „Crunch Time: DaimlerChrysler's Disappointments." *The Economist,* 25. September 1999. Daphne Angles. „Swiss Watchmaker Joins the Auto Game." *The New York Times,* 7. Juli 1991, S.3-10. Mary Lu Carnevale. „BellSouth Unit and Swatch to Introduce Wristwatch Pager, Joint Marketing Plan." *The Wall Street Journal,* 4. März 1992, S.B5. Andy Dworkin. „San Marcos Firm Designing ‚Swatchmobil' Battery Hybrid European Car Aiming for Efficiency." *The Dallas Morning News,* 22. April 1997, S.4d. Kevin Helliker. „Swiss Movement: Can Wristwatch Whiz Switch Swatch Cachet to an Automobile?" *The Wall Street Journal,* 4. März 1994, S.A1, A3. Diana T. Kurylko. „One Wacky City Car May Rattle Auto Industry." *The San Diego Union-Tribune,* 21. Dezember 1996, S.2-5. Tony Major. „DaimlerChrysler in Small-Car Hunt." *Financial Times,* 29. Februar 2000. Ferdinand Protzman. „Off the Wrist, Onto the Road: A Swatch of Wheels." *The New York Times,* 4. März 1994, S.C1. William Taylor. „Message and Muscle: An Interview with Swatch Titan Nicolas Hayek." *Harvard Business Review,* März-April (1993): S.99-110.

A.3 Euro Disney (A)

Michael Eisner, Vorstandsvorsitzender bei Walt Disney Comp., saß 1993 am letzten Abend vor den Weihnachtsfeiertagen in seinem Büro in Los Angeles und wartete auf sein letztes Meeting. Zu diesem Meeting hatte sich eine Gruppe von erfahrenen Beratern aus dem Finanzwesen, Marketing und Strategischer Planung aus ihren Büros in New York und Paris angesagt. Diese Sitzung konnte auch nicht mehr bis nach Weihnachten warten, denn die Angelegenheit war dringend: was sollte mit Euro Disney geschehen? Die Unternehmensberater waren vom Konsortium der Geldgeber gebeten worden, ihre Sicht der Dinge zu den Problemen von Euro Disney darzustellen, und an Eisner und Disney Empfehlungen abzugeben, welche Veränderungen das Management vornehmen sollte.

In den 10 Jahren, seit denen Eisner und sein Führungsteam das Unternehmen leitete, verwandelte er das Unternehmen von einem mit € 850 Mio. Einnahmen im Jahre 1984 zu einem Unternehmen mit jährlichen Einnahmen von € 7,2 Mrd. Eisners Erfolge waren unbestritten. „Seit dem Zeitpunkt, an dem er und sein Team die Leitung übernommen hatten, gab es keine einzige Fehlentscheidung, keinen Flop", sagte ein ehemaliger Disney-Manager. „Man hatte den Glauben, daß alles was er anrührte, ein Erfolg wird." Besonders stolz war Eisner auf das extrem erfolgreiche Disneyland Tokyo, in das 1993 mehr Besucher als in den beiden Parks in Kalifornien und Florida strömten. Mit dem Erfolg in den USA und Japan im Hintergrund war Eisner fest entschlossen, Euro Disney in der Umgebung von Paris zum großartigsten Projekt werden zu lassen, das Disney je etabliert hatte. Er bestand felsenfest auf Disneys Bekenntnis zu Qualität. Er hörte auf die Designer, die ihm sagten, Euro Disney müsse durch Detailgenauigkeit glänzen, um im Wettbewerb mit den großen Bauwerken und Kathedralen Europas bestehen zu können. Eisner war überzeugt, daß die Europäer anders als die Japaner nicht durch eine schlichte Kopie zu begeistern waren. Die Baukosten (ohne Hotels) allein erreichten € 2,4 Mrd. Eisner lernte auch aus den Fehlern der Vergangenheit. Zum Beispiel ließ Disney in Kalifornien die Hotelanlagen von Fremdfirmen errichten, und in Japan erhielt man lediglich Lizenzgebühren statt einen Eigenkapitalanteil zu halten.

In Vorbereitung auf das Meeting mit den Beratern ging Eisner noch einmal die Unterlagen auf seinem Schreibtisch durch. In der jüngsten Ausgabe eines französischen Nachrichtenmagazins fand er seine Aussage wieder: man werde Euro Disney zusperren, falls bis 31. März kein Übereinkommen mit den Gläubigerbanken über einen Sanierungsplan erzielt werden könne. Der Geschäftsbericht des Jahres 1993 sprach davon, daß „Euro Disney die erste wirkliche finanzielle Enttäuschung für Disney sei", seit Eisner das Unternehmen 1984 übernommen hatte. Eisner verteidigte sich, in dem er öffentlich externe Faktoren wie die tiefe wirtschaftliche Rezession in Europa, die hohen Zinssätze und den starken französischen Francs dafür verantwortlich machte. Er nahm sich nochmals die wichtigsten Ergebnisse der ersten beiden Jahre von Euro Disney (siehe Tabelle A.1) zur Hand und legte sie nach kurzer Durchsicht sofort beiseite. Die Situation verschlimmert sich zusehends, dachte er, bevor er sich den Besucherzahlen zuwandte, die ebenfalls einen Abwärtstrend signalisierten. (siehe Tabelle A.2).

Tabelle A.1: Euro Disneys Gewinn und Verlustrechnung
(in €; Halbjahresergebnisse zum 30.9.)

	1993	1992
Umsätze	274,5 Mio.	472,8 Mio.
Gewinn/Verlust	-167,8 Mio.	106,7 Mio.

Tabelle A.2: Jährliche Besucherzahlen

	1993	1992
Besucherzahlen	9.5 Mio.	10.5 Mio.

A.3.1 Die Revision der Prognosen/Der ursprüngliche Plan

Eisner ging zu seinem Büroschrank und nahm die gebundene Kopie des Euro Disney-
Business Plans für die nächsten 30 Jahre heraus. Ganz im Stile Disneys war der Plan
sehr detailliert und methodisch fundiert. Das Inhaltsverzeichnis war sehr umfassend
und schien jedes Detail wiederzugeben. Über 200 Standorte wurden in Europa untersucht, bevor man sich für genau jenen in der Umgebung von Paris entschied, da Paris
Europas größter Tourismusmagnet war. Dies sollte eine große Anzahl an potentiellen
Besuchern für Euro Disney gewährleisten (siehe Tabelle A.3).

Tabelle A.3: Bevölkerungszahlen im Einzugsgebiet von Euro Disney

Einwohnerzahl (in Mio.)	Dauer der Anreise zu Euro Disney
17	2-stündige Autofahrt
41	4-stündige Autofahrt
109	6-stündige Autofahrt
310	2-stündiger Flug

Man untersuchte auch die europäischen Urlaubsgewohnheiten. Während Amerikaner zwei bis drei Wochen Urlaub pro Jahr zur Verfügung hatten, waren dies in Frankreich und Deutschland typischerweise fünf Wochen. Man ging davon aus, daß diese
längeren Urlaubszeiten sich in eine längere Aufenthaltsdauer in Euro Disney umlegen
ließen.

Die französische Regierung stellte enorme finanzielle Unterstützungen zur Verfügung, um einen Bahnanschluß und andere Infrastruktureinrichtungen bereitzustellen.
Besucher sollten Euro Disney in 35 Minuten von Paris aus erreichen können. Die Eröffnung des Eurotunnels würde Euro Disney von London aus innerhalb von etwas mehr
als drei Stunden erreichbar machen.

Nachdem das Wetter in Frankreich nicht so warm und sonnig wie in Kalifornien ist,
errichtete man überdachte Wartezonen und Gehsteige, um die Besucher vor Schlecht-
wetter zu schützen. Disneyland Tokyo wurde unter ähnlichen klimatischen Bedingungen
wie Euro Disney errichtet, und das Unternehmen hat aus diesen Erfahrungen gelernt.

Die Attraktionen selbst sollten ähnlich jenen in den amerikanischen Parks sein allerdings mit einigen Modifikationen, um dem europäischen Geschmack entgegenzukommen. Discoveryland würde zum Beispiel die Zukunftsvisionen des Franzosen Jules Verne zum Inhalt haben. Die europäische Geschichte würde in einem Kino mit einer 360° Leinwand zu sehen sein. Zwei offizielle Sprachen, englisch und französisch, sollte es geben. Zusätzlich würden Angestellte mit darüber hinaus reichenden Sprachkenntnissen wie holländisch, deutsch, italienisch und spanisch behilflich sein. Im Grunde genommen jedoch blieb Euro Disney eine weitgehende Kopie der amerikanischen Parks. Der Amerikaner Robert Fitzpatrick, der über intensive Beziehungen zu Frankreich verfügte und Euro Disney leitete, meinte „es wäre höchst unvernünftig gewesen, Mickey Mouse so lange zu verändern, bis ein hybrides Wesen, halb Franzose, halb Amerikaner, daraus entstünde."

Andere Attraktionen wurden ebenfalls direkt aus Amerika „importiert", wie u.a. Main Street U.S.A., Frontierland oder Michael Jacksons Captain EO 3-D Film. Wie in den amerikanischen Parks wurde auch in Euro Disney weder Wein noch sonstige alkoholische Getränke serviert.

Fitzpatricks größte Angst war, „zu erfolgreich zu sein". Er fürchtete, daß zu viele Besucher zu Spitzenzeiten kommen würden und der Park daher gezwungen sei, die Pforten zu schließen.

Eisner sah sich den Finanzierungsplan an, den sein Finanzvorstand Gary Wilson erstellt hatte. Wilson war als harter Verhandler gefürchtet und für seine komplexen, stark fremdfinanzierten Finanzgeschäfte bekannt. Bei vielen Projekten verlagerte er ein hohes Risiko auf Subunternehmer, während Disney selbst relativ wenig Risiko trug. Wilson hatte mittlerweile das Unternehmen verlassen, um Finanzvorstand bei Northwest Airlines zu werden.

Der Finanzplan sah eine Finanzierungsgesellschaft vor, die Eigentümerin des Parks war und ihn an eine Betriebsgesellschaft vermietet. Nach diesem Plan hielt Disney einen Anteil von 17% an diesem Unternehmen, gerade hoch genug, um Steuervorteile geltend zu machen und Kapital zu günstigen Zinssätzen zu erhalten. Disney würde hohe Einnahmen durch Eintritts- und Lizenzgebühren erhalten, obwohl es nur mit 49% Eigenkapital an der Betriebsgesellschaft Euro Disney SCA beteiligt war. Die restlichen Anteile wurden dem Publikum zum Kauf angeboten, und überwiegend an kleine europäische Privatinvestoren verkauft. € 3 Mrd. Fremdkapital wurden von Banken, die sich mehr als interessiert an der Finanzierung dieses Projekts zeigten, für die Errichtung des Parks bereitgestellt.

Euro Disney war nur ein Teil eines enormen Immobilienprojekts, das Disney in dieser Region plante. Ursprünglich sollte ein Hotel mit 5.200 Zimmern entstehen, was mehr als das gesamte Angebot in der Mittelmeerstadt Cannes repräsentiert. Man erwartete, daß das Angebot an Hotelzimmern sich verdreifachen würde, nachdem ein zweiter Park in der selben Gegend eröffnen würde. Weiters sahen die Planungen Bürogebäude vor, die in der Größenordnung des größten französischen Komplexes dieser Art in Paris-La Defense sein würden. Auch an Einkaufszentren, Golfplätze, Appartements und Ferienwohnungen war gedacht. Der zentrale Faktor für den Erfolg dieses Projekts war dabei, daß Euro Disney das Design der Anlagen genau überwachen und die Anlagen selbst bauen würde, um dann alles nach der Fertigstellung mit hohem Profit zu verkaufen.

A.3.2   Das japanische Beispiel

Eisner wandte sich einem anderen Bericht zu, der den unglaublichen Erfolg von Disneyland Tokyo dokumentierte. Um mögliche Parallelen zwischen den europäischen und japanischen Erfahrungen zu identifizieren, hatte er diese Untersuchung in Auftrag gegeben.

Disneyland Tokyo zog seit der Eröffnung vor nunmehr 11 Jahren mehr Besucher an als die amerikanischen Parks. 1993 besuchten über 16 Mio. Besucher aus ganz Asien den 10 Meilen außerhalb von Tokyo angesiedelten Park. Disneyland Tokyo war eine beinahe exakte Kopie des amerikanischen Originals: die meisten Hinweistafeln waren in englisch, statt der japanischen Fahne sah man vorwiegend „Stars and Stripes" in verschiedenen Variationen. Eisner fand eine Studie von Masako Notoji, einem Professor an der Universität Tokyo, der das Phänomen „Disneyland Tokyo" untersuchte. Notoji kam zu der Aussage, daß „die Japaner in Disneyland Tokyo ihren eigenen japanischen – nicht den amerikanischen – Traum ausleben wollen. Der Park sei klinisch rein und vom „Bösen" befreit, damit er ein nicht bedrohliches Phantasieamerika darstellt. Genauso wie Japaner Amerika sehen wollen!" Das Disneyland Tokyo wurde mit einem japanischen Garten verglichen, der eine kontrollierte und beschränkte Version der Natur ist, und damit zufriedenstellender und perfekter als die Natur selbst geworden ist. Das japanische Disneyland, meinen einige, übertrifft die amerikanischen Parks, weil es durch die Besessenheit der Japaner mit Sauberkeit noch reinlicher ist.

Notoji merkte auch an, daß Disneyland Tokyo 1983 eröffnet wurde in einer Periode, in der Japan wirtschaftlich sehr stark war. In dieser Zeit wurden die USA als eine Gesellschaft im Überfluß gesehen. Zur gleichen Zeit näherte sich Japan immer mehr diesem Überfluß und begann sich damit als Teil der Weltkultur zu fühlen. Disneyland Tokyo wurde daher für viele ein Symbol für Japans Eintritt in diese Weltkultur.

Hinsichtlich der Unterschiede zwischen Tokyo und Frankreich vermutete Notoji, daß die Nachahmungen der Wirklichkeit im Disneyland (Tokyo) in Japan keine Auswirkungen habe, da die Japaner zuvor ohnehin nur Phantasiebilder zu den dargestellten Themen hatten. Die Europäer jedoch seien hier wesentlich kritischer, weil sie ihre eigenen Burgen und Schlösser haben und viele der Disneyfiguren aus europäischen Märchen stammen.

Mittlerweile waren die Unternehmensberater im Konferenzraum eingetroffen. Eisner begann die Besprechung mit einer Einschätzung der Lage und dem knappen Zeitplan, der für eine Lösung zur Verfügung stehen würde.

A.3.3   Die Probleme von Eurodisney

Anfang Februar meldeten sich die Berater nach Abschluß der ersten Projektphase bei Eisner. Aufgrund der Komplexität des Projekts hatte man es in drei Abschnitte unterteilt. Die erste Phase war eine Einschätzung der Lage auf höchster Ebene, die im ersten Monat durchgeführt wurde, und aus der noch keine konkreten Handlungsempfehlungen hervorgehen sollten. Die zweite Phase sollte kritische Probleme ermitteln, die sofort angegangen werden müßten, und entsprechenden Handlungsempfehlungen entwickeln. In der dritten Phase sollten weniger kritische Punkte mit Verbesserungsmöglichkeiten erhoben werden.

Der Bericht der Berater identifizierte sechs wichtige, kritische Problembereiche.

1. Überheblichkeit des Managements
2. Kulturelle Unterschiede
3. Standort- und Umfeldfaktoren
4. das französische Arbeitsrecht
5. die Finanzierung und der ursprüngliche Business Plan
6. Wettbewerb durch die amerikanischen Disney Parks

Die Überheblichkeit des Managements

Der erste Punkt betraf den Zutritt des Disney Managements zu diesem Projekt und die vielen taktischen Fehler, die gemacht wurden. Um dieses heikle Thema zu präsentieren, hatte das Beratungsunternehmen den Leiter ihres europäischen Headquarters aus Paris eingeladen. Umfangreiche Interviews mit Mitgliedern des Top Managements von Disney- in den USA und Frankreich waren durchgeführt worden. Ebenso wurden Wissenschafter, die sich mit kulturellen Unterschieden zwischen Frankreich und den USA beschäftigen, zu Rate gezogen. Auch Vertreter der europäischen Geldgeber sowie Mitarbeiter im Vergnügungspark wurden befragt.

Die Präsentation begann mit folgendem Statement: „Euro Disney ist Mitte der 80er Jahre mit der Idee gestartet, daß der europäische Hunger nach amerikanischen Importen nach den Erfolgen von Big Macs, Coke und Hollywood grenzenlos ist". Diese Annahme hat jedoch in keiner Weise berücksichtigt, daß „die Franzosen ganz besonders stolz darauf sind, daß sie dem amerikanischen Kulturimperialismus bislang widerstanden haben." Die „hermetisch abgeschlossene Welt des Vergnügungsparks gab den Franzosen keine Möglichkeit, Euro Disney ihren eigenen Stempel aufzudrücken. Disney exportierte amerikanische Managementmethoden, die sich als harsch und oft unsensibel herausstellten." Die Amerikaner waren überaus ehrgeizig und betonten immer, daß das Projekt ein Erfolg würde, weil schließlich der Name Disney dahinter stehe. Und in der Vergangenheit hat sich dies immer bewährt! Auf dieser Basis entwickelte sich Euro Disney rasch zu einem „kulturellen Tschernobyl" und erzeugte eine ablehnende Haltung bei der französischen Öffentlichkeit. Die Arroganz des amerikanischen Managements demoralisierte die Mitarbeiter und verstärkte die Spirale der negativen Stimmung, was sich in sinkenden Besucherzahlen niederschlug.

Diese Überheblichkeit erzeugte Spannungen und eine feindliche Atmosphäre im Management Team. Der Geschäftsführer, der Amerikaner Robert Fitzpatrick, sprach französisch und war mit einer Französin verheiratet. Jedoch vertrauten ihm nicht alle amerikanischen und französischen Führungskräfte. Aufgrund mangelnder Branchenkenntnisse bezüglich der französischen Bauindustrie passierten zahlreiche kritische Fehler bei der Auswahl der Baufirmen. Einige gingen sogar in Konkurs. Glücklicherweise wurde Fitzpatrick mittlerweile durch einen Franzosen an der Unternehmensspitze abgelöst.

Kulturelle Unterschiede

Der führende Marketingstratege des Beratungsunternehmens präsentierte den zweiten Teil des Reports, der sich mit den kulturellen Marketingunterschieden zwischen den USA und europäischen Märkten beschäftigte.

Die erste Analysephase hatte zahlreiche offensichtliche Probleme ans Licht gebracht. Einige davon waren bereits beseitigt. Vom Beraterstandpunkt war die Absicht hinter der Identifikation dieser Probleme, Sensibilität zu entwickeln, um möglicherweise subtilere kulturelle Unterschiede aufzudecken.

Während die Besucherzahlen zu Beginn relativ hoch waren, unterschied sich die durchschnittliche Besuchsdauer deutlich von jener in den U.S. Parks. Die Verweildauer in Euro Disney war durchschnittlich zwei Tage und eine Nacht, während dieser Wert in den USA bei vier Tagen lag. Zu einem Großteil war das auf die Nähe anderer Vergnügungsparks in Florida und Kalifornien zurückzuführen. Euro Disney konnte nichts Vergleichbares bieten.

Der Besucherzustrom war darüber hinaus stark saisonabhängig mit Spitzenzeiten in den Sommermonaten während der Schulferien und schlechter Auslastung außerhalb der Urlaubszeit. Im Vergleich zu amerikanischen Eltern, die ihre Kinder für einen Urlaub aus der Schule nehmen, waren europäische Eltern in dieser Hinsicht nicht so offen. Europäer waren im Gegensatz zu Amerikanern auch gewohnt, einen oder mehrere längere Urlaube zu planen.

Die Einnahmen in der Gastronomie lagen bei Euro Disney ebenfalls deutlich niedriger als in anderen Parks. Drei Gründe waren dafür ausschlaggebend: fälschlicherweise wurde angenommen, daß Europäer kein großes Frühstück zu sich nehmen. Aus diesem Grund wurden die Restaurants so geplant, daß sie nur eine geringe Zahl an Sitzplätzen zum Frühstück vorsahen. Dies stellte sich als Fehler heraus, denn eine große Zahl der Besucher kam, um sogar ein relativ umfangreiches Frühstück einzunehmen. Der Fehler wurde durch eine Änderung der Speisekarten und eine Erweiterung des Platzangebots in den Cafeterias behoben. Weiters wurde auch Fast Food im Park angeboten, allerdings zu einem Preis, der viele Kunden abschreckte. Auch hier reagierte man mit einer Preissenkung. Um die Familienorientierung wie in den USA unter Beweis zu stellen, wurde kein Alkohol ausgeschenkt. Man übersah dabei, daß Alkohol als Bestandteil des täglichen Lebens und eines gewöhnlichen Essens gesehen wurde. Hier kam es ebenfalls zu Anpassungen.

Erträge aus Souvenirgeschäften waren deutlich hinter jenen aus anderen Parks zurückgeblieben, besonders im Vergleich zu Disneyland Tokyo. In Japan legte man großen Wert darauf, in einem Souvenirgeschäft ein Andenken zu kaufen und es nach der Rückkehr einem Familienmitglied oder Freunden zum Geschenk zu machen. Die Europäer zeigten sich wesentlich desinteressierter daran.

In der ursprünglichen Projektplanung war man davon ausgegangen, daß die Europäer ähnliche Vorstellungen im Bezug auf den Transport zu den Attraktionen im Park und zu den Hotels hatten. In den USA standen den Besuchern aus diesem Grund zahlreiche Züge, Schiffe und Straßenbahn als Fortbewegungsmittel zur Verfügung. Im Gegensatz zu den Amerikanern, die den Transport einem Fußmarsch vorzogen, gingen die Europäer lieber zu Fuß. Dies führte zu einer deutlichen Minderauslastung der Verkehrsmittel. Obwohl dies keine direkten Auswirkungen auf die Einnahmen hatte, wurde das investierte Kapital nicht optimal genützt.

Auf der Basis der Automobilzulassungsstatistiken vermutete man auch, daß der Großteil der Besucher mit dem eigenen Auto nach Euro Disney anreisen würde, und daß nur ein relativ kleiner Teil mit dem Bus kommen würde. Dementsprechend wurden auch die Parkplatzanlagen ausgerichtet. Auch hier kam es zu krassen Fehleinschätzungen. Der Anteil der Busreisenden war deutlich höher als angenommen, was zu einer Überlastung der vorgesehenen Busparkflächen führte. Auch hier konnte man nach einiger Zeit Abhilfe schaffen.

Der Berater beendete seine Ausführungen, indem er hervorhob, daß die angesprochenen Punkte lediglich Beispiele für die Mißverständnisse kultureller Unterschiede waren.

Umwelt- und Standortfaktoren

Als nächstes war ein Vertreter eines Standortplanungsbüros an der Reihe. Seine Präsentation würde kurz ausfallen, denn die identifizierten Probleme in diesem Bereich würden in dieser Projektphase wohl unmöglich gelöst werden können.

Er begann mit der Einleitung, daß der Standort mitten in Nordeuropas mit nur sechs Monaten gemäßigten Klimas so gewählt war, daß er nicht für eine Auslastung das ganze Jahr hindurch attraktiv war. Obwohl man bestimmte Vorkehrungen in dieser Hinsicht getroffen hatte, wie überdachte Gehwege, reduzierte Sonderangebote außerhalb der Hochsaison und spezielle Gruppenreiseangebote, war die mangelnde Auslastung nach wie vor ein drängendes Problem. Ganz gleich ob durch Preisänderungen oder ein verändertes Angebot an Attraktionen, es stand fest, daß die Auslastungen in den schwachen Monaten gesteigert werden müsse.

Ein zweites Problem, das ebenfalls nicht mehr behoben werden konnte, war der Standort im Osten, statt im Westen von Paris. Auch dieses Problem ließ sich auf das überzogene Selbstvertrauen des ursprünglichen Planungsteams zurückführen, das davon ausging, daß die meisten Pariser, auch wenn sie im Westen der Stadt lebten, den Park besuchen würden. Darüber hinaus war man überzeugt, daß Paris langfristig stärker im Osten wachsen würde. Gegen den Rat der französischen Mitarbeiter plazierte man den Standort im Osten.

Die französischen Arbeitsgesetze

Den nächsten Vortrag hielt ein europäischer Experte für Arbeitsrecht. Probleme, die durch die grundlegenden Unterschiede zwischen den USA und Europa entstanden waren, würde sich lösen lassen. Er meinte, daß Disney keine Ahnung von den Unterschieden im Arbeitsrecht habe. In den USA erfolgte die Regelung der Arbeitszeiten je nach Auslastung und Saison auf einer Tagesbasis. Dies bot dem amerikanischen Management den Vorteil hoher Flexibilität in der Personalplanung und erlaubte die Anpassung an Spitzenzeiten und geringe Frequenzen. Das französische Arbeitsrecht hingegen kannte keine derartige Flexibilität. Aus diesem Grund konnte Euro Disney auch keine derart ökonomische Personalpolitik betreiben, und die Lohn- und Gehaltskosten waren deutlich höher als in den USA.

Die Finanzierung und der ursprüngliche Geschäftsplan

Das Beratungsunternehmen hatte eine große Investmentbank eingeladen, den Finanzplan zu untersuchen, die Probleme zu analysieren und Lösungsvorschläge zu erarbeiten.

„Die Finanzierung ebenso wie der ursprüngliche Business Plan haben die größten Probleme für das Unternehmen gebracht", sagte der Finanzierungsexperte. Die Sanierung dieser Defizite würde daher auch kritisch für das ökonomische Überleben des Projektes sein. Vor allem wäre man hier unter einem großen Zeitdruck.

Seine Präsentation betraf folgende Problembereiche:

1. Der ursprüngliche Plan war bei weitem zu optimistisch und komplex. Es gab wenig Spielraum für Abweichungen, was daraus resultierte, daß man finanziell von den Einnahmen der Büroeinrichtungen und Hotels in der Umgebung abhängig war und nicht nur von den Einnahmen des Parks. Dazu kamen die außerplanmäßig hohen Errichtungskosten, die einen finanziell positiven Start noch zusätzlich erschwerten. Disney selbst hatte sich ein Ultimatum (31. März) für das Refinanzierungspaket gesetzt. Damit wurde der Druck, ein glaubwürdiges und tragfähiges Refinanzierungskonzept zu erarbeiten, deutlich erhöht. Ein anderes Team hatte schon mit diesem Auftrag begonnen.

2. Der ursprüngliche Plan wurde als wenig risikoreich dargestellt. Die Aktien wurden an Kleinanleger mit geringer Risikotoleranz verkauft. Der Plan wurde Mitte der 80er Jahre erstellt, einer Zeit, indem in den USA die Finanzierung über den freien Kapitalmarkt einen Höhenflug erlebte. Europäische Investoren konnten mit solchen Geschäften jedoch nur wenig anfangen.

3. Eine schwere Rezession in Europa, ein Einbruch am französischen Immobilienmarkt und eine Aufwertung der europäischen Währungen gegen den französischen Franc durchkreuzte alle Annahmen, die den Plan zum Erfolg führen sollten.

4. Bei dem Versuch, den unrealistischen Finanzplan zu erfüllen, machte das Management von Euro Disney schwerwiegende Fehler in der Preispolitik. Dazu zählte ein Eintrittspreis von € 35,90 pro Tag im Vergleich zu € 25 in den USA und Tokyo. Die Hotelpreise waren mit € 290 pro Übernachtung von ähnlich hoch angesetzt, vergleichbar mit den Pariser Hotelpreisen in der Spitzenkategorie. Die Preise für Verpflegung waren ebenfalls deutlich überhöht.

Konkurrenz durch die U.S. Disney Parks

Vor dem Hintergrund des im Vergleich zum US-$ starken französischen Francs und anderen europäischen Währungen war es für Europäer oft günstiger, in die USA, speziell nach Florida, zu reisen und dort den Disney Park zu besuchen. Nicht nur, daß ihr Geld dort mehr wert war, sie konnten dort bei herrlichem Wetter zusätzliche Attraktionen in der Umgebung von Orlando genießen. Darüber hinaus versprach der amerikanische Park das wirkliche Erlebnis im Vergleich zur Kopie in Europa.

A.3.4   Was sollte nun geschehen?

Die erste Projektphase war nun abgeschlossen. Nachdem die Probleme identifiziert waren, hatten sich verschiedene Teams bereits mit möglichen Lösungen beschäftigt. Die Finanzierungsexperten arbeiten bereits an Optionen zur Restrukturierung. Obwohl ein funktionierender Betrieb über den 31. März hinaus von eminenter Bedeutung für das gesamte Projekt war, schienen die wirklich fundamentalen Probleme im Marketingbereich zu liegen. Besonders die Verweildauer und die Einnahmen pro Besucher mußten erhöht werden. Dies würde nur gelingen, wenn den Besuchern ein entsprechender Gegenwert geboten würde und auf ihre Erwartungen Rücksicht genommen würde.

Das Meeting wurde bis zum 15. März vertagt, nachdem man sich auf die zweite Projektphase geeinigt hatte, in der Handlungsempfehlungen für die kritischen Aspekte gegeben werden sollten.

Diskussionsfragen

1. Was hat Disney in seinen Planungen für Euro Disney falsch gemacht?

2. Welche Empfehlungen würden Sie abgeben, um mit diesen Problemen fertig zu werden?

3. Welche Lehren kann man aus diesen Problemen ziehen?

Diese Fallstudie wurde von James L. Bauer, Vice President, Consumer Market Management, Chemical Bank und Doktorand an der Pace University Lubin School of Business unter der Supervision von Dr. Warren J. Keegan, Professor of International Business and Marketing und Director of the Institute for Global Business Strategy erstellt. Sie soll zur Diskussion in Lehrveranstaltungen dienen, wobei effektives oder ineffektives Management nicht im Vordergrund steht. © 1998 by Dr. Warren J. Keegan.

A.4   Euro Disney (B)

A.4.1   Die ersten zwei Jahre. Kernschmelze im kulturellen Tschernobyl

In den ersten 24 Monaten seit der Eröffnung 1992 hatte Euro Disney mit einer Vielzahl von externen- und internen Problemen zu kämpfen. Auf der einen Seite wurde es durch die Rezession in Europa und durch den starken französischen Franc in Kombination mit den hohen Eintrittspreisen für viele Europäer unerschwinglich, nach Euro Disney zu fahren, bzw. dort viel Geld auszugeben. Auch wurde das finanzielle Ergebnis stark durch den hohen Schuldenberg beeinträchtigt. Diese Schulden waren hauptsächlich auf die überzogenen Baukosten und den Verfall des französischen Immobilienmarktes zurückzuführen, der Euro Disney mit fertiggestellten Hotelanlagen zurückließ, die mit Fremdkapital finanziert wurden und die ursprünglich bei Eröffnung des operativen Betriebes hätten verkauft werden sollen. Allein die Zinszahlungen im Finanzjahr 1993 beliefen sich auf ca. € 850.000 pro Tag.

Obwohl das Stammhaus, die Walt Disney Company, rasch mit der Entschuldigung zur Stelle war, die ungünstigen Bedingungen auf den europäischen Märkten seien schuld, so wurden diese Probleme in der Realität durch die arrogante Haltung und kulturelle Naivität des amerikanischen Managements verstärkt. Durch finanzielle Rekorde in den 80er Jahren wurde Disney zu dem Glauben verleitet, das perfekte Erfolgsrezept zu besitzen. Bei der Umsetzung dieses Rezepts in Europa enttäuschte Disney jedoch zumeist die unterschiedlichen Interessentengruppen an diesem Projekt, wie Gläubigerbanken, Kleinanleger, Gewerkschaften und – am wichtigsten von allen – die Öffentlichkeit.

Man muß Disney jedoch auch zugute halten, daß es sich proaktiv und entschlossen zeigte, nachdem die Fehler aufgedeckt waren. Um dem Problem der Überheblichkeit des Managements zu begegnen, förderte man aktiv den Aufstieg von Europäern ins Top Management. Robert Fitzpatrick, der frankophile Geschäftsführer, wurde durch Philippe Bourguignon, einen Franzosen mit 10 Jahren Arbeitserfahrung in den USA ersetzt. Der neue Geschäftsführer initiierte zahlreiche Maßnahmen, um den Vergnügungspark als preiswert und effizient geführt zu repositionieren. Die Eintrittspreise für Einheimische wurden gesenkt, das Produktangebot in den Geschäften des Parks wurde von 30.000 auf 17.000 gesenkt. In den Hotels wurden die Essensbons durch arbeitssparende Magnetkarten ersetzt. Die Zahl der angebotenen Lebensmittel wurde von 5.400 auf 2.000 gesenkt. Ein Zentraleinkauf für das Catering wurde geschaffen, der die Einzelaktivitäten der Hotels ersetzte. Zu Jahresende 1993 wurden 950 Mitarbeiter in der Verwaltung (d.h. 8,6% aller Beschäftigten) entlassen.

Zur selben Zeit verbesserten sich die wirtschaftlichen Rahmenbedingungen in Europa. Nicht nur, daß Europa sich von der Rezession erholte, die Eröffnung des Eurotunnels und das 50-jährige Jubiläum der Invasion in der Normandie versprachen ein touristisch erfolgreiches Jahr 1994.

Trotz dieser Maßnahmen und der konjunkturellen Veränderungen war die Zukunft von Euro Disney äußerst düster. Die Besucherzahlen im Finanzjahr 1994 beliefen sich auf nur 8,8 Mio., den niedrigsten seit Bestehen des Parks. Die Gesamteinnahmen des Parks und der fünf Hotels sanken um 21% auf € 177 Mio. Ein französischer Analyst kommentierte die Situation folgendermaßen: „Sie ziehen weniger Besucher zu geringeren Preisen an. Das ist ganz sicher nicht gut."

Warum sind die Besucherzahlen zurückgegangen? Größtenteils weil Gerüchte ein nahes Ende des Parks voraussagten. Ende 1993 hatte sich die finanzielle Situation von Euro Disney so dramatisch verschlechtert, daß der üblicherweise optimistische Michael Eisner sich von dem Projekt, das er einmal als „das beste, das wir je errichtet haben" distanzierte und im Jahresbericht dazu schrieb:

Wir sind selbstverständlich daran interessiert, Euro Disney SCA zu Hilfe zu kommen, jenem Unternehmen, das unseren Namen und unseren Ruf trägt. Wir werden in gutem Glauben handeln. Aber eines muß klar sein: ich verspreche allen Aktionären der Walt Disney Company, daß wir nichts unternehmen werden, was Disney selbst schaden würde.

Aussagen wie diese waren zweifellos dazu angetan, der Welt mitzuteilen, daß der Mutterkonzern nicht bereit war, die wachsenden finanziellen Probleme von Euro Disney auf sich zu nehmen.[1] Durch diese Distanz zur Tochtergesellschaft hoffte Disney die weitverbreitete Meinung bei den an Euro Disney Beteiligten zu zerstreuen, daß man sich durch die finanzielle Konstruktion einen Vorteil für Disney selbst verschafft hatte. Als Euro Disney SCA 1989 gegründet wurde, kaufte Walt Disney 49% der Unternehmensanteile für 1,5 €/Stück. Im Vergleich dazu zahlten die übrigen Investoren 11 €/Stück. Später, als der Park 1992 eröffnet wurde, stieg der Preis auf € 25.

Insgesamt hatte Walt Disney zur Errichtung des Parks ein Finanzpaket von € 3,4 Mrd. geschnürt. Davon brachte es lediglich € 144 Mio. auf, nämlich für den 49%-igen Eigenkapitalanteil. Die übrigen Investoren stellten € 850 Mio. bereit (für die verbleibenden 51%), und der Rest des Kapitals (fast € 2,5 Mrd.) war fremdfinanziert. Ebenfalls im ursprünglichen Paket enthalten war eine Managementumlage von 3% der Bruttoeinnahmen und eine steigende Managementprämie von 30 – 50% des Cash Flow vor Steuern, sowie Lizenzgebühren von 5% auf die Einnahmen aus der Gastronomie und 10% der Eintrittsgebühren. Dies bedeutete, daß das Mutterunternehmen auch dann Erträge erzielen konnte, wenn Euro Disney Verluste produzierte. Die Analysten sagten sogar voraus, daß der Gewinn/Besucher sogar zurückgehen würde, wenn mehr Besucher nach Euro Disney kämen, denn der Anteil an Gebühren für Walt Disney würde damit stark steigen.

Als die Verluste von Euro Disney jedoch die € 3 Mrd.-Grenze erreichten, bedeutete dieser sichere Deal für Walt Disney, daß die Banken nicht länger gewillt waren, finanzielle Mittel zur Unterstützung der französischen Unternehmung bereitzustellen, ohne eine Garantie des Mutterunternehmens zu erhalten. Euro Disney wurde also zur Achillesferse für Disney, indem es zum ersten negativen Quartalsabschluß (September 1993) beitrug, seit Michael Eisner 1984 Geschäftsführer wurde.

Die Lage spitzte sich zu, als Euro Disney schlichtweg das Geld ausging. Disney stellte finanzielle Mittel zur Verfügung, aber setzte gleichzeitig auch ein Ultimatum für einen Sanierungsplan der Tochtergesellschaft. Disney hatte nicht die Absicht, über

---

[1] Ein Artikel der Zeitschrift „The Economist" (5. Februar 1994) kam zu dem Schluß, Michael Eisner würde das Unternehmensergebnis in Euro Disney bewußt dramatisch darstellen, um im Fall einer eventuellen neuen Aktienemission, den Kurz der Aktie zu minimieren. Im nachhinein betrachtet erscheint diese Vermutung durchaus plausibel.

März 1994 hinaus finanzielle Mittel zuzuschießen. Euro Disneys Schicksal war damit
besiegelt.

Alle Beteiligten waren gezwungen, einen Sanierungsplan zu entwerfen, der entweder
die drückende Zinsenlast reduzierte, Schulden in Eigenkapitalanteile umwandelte oder
anderweitig finanzielle Mittel erbrachte. Die Frage war, wer, wann und wieviel zahlen
würde.

A.4.2   Der Sanierungsplan

Zahlreiche Faktoren beeinflußten die Restrukturierungsaktivitäten und Verhandlungs-
positionen der wichtigsten Beteiligten. Die 63 Gläubigerbanken und Teilhaber waren
sich einig, daß Disney einen großen Teil der Last für die Refinanzierung tragen sollte,
um die Verbindung mit der französischen Gesellschaft zu untermauern. Disneys rechtliche Verbindung bestand jedoch mit Euro Disney SCA, der Betriebsgesellschaft, und
nicht mit dem ins Schlingern geratenen Vergnügungspark selbst, der im Besitz einer
Finanzierungsgesellschaft war und an die Betriebsgesellschaft geleast wurde. (Disney
hatte lediglich einen Anteil von 17% an der Finanzierungsgesellschaft). Dennoch argumentierten die Banken, daß der Park Disneys Kreation und Verantwortung sei, und
daß Disney nicht zuletzt das Top Management bei Euro Disney installierte. Aus diesem
Grund forderte man eine „asymmetrische Verteilung der Lasten".

Disney hingegen forderte von den Banken einen teilweisen Verzicht auf die aus-
ständigen Summen oder deren Umwandlung in Eigenkapital. Obwohl Disney nicht aus
einer starken Position zu verhandeln schien, hatte es immer noch die Möglichkeit, Euro Disney in Konkurs gehen zu lassen. Aus dieser Position heraus konnte Disney die
Bedingungen der Refinanzierung bestimmen.

Obwohl Michael Eisner diesen Schritt andeutete, gab es einige gute Gründe, warum
Disney nicht soweit gehen würde, insbesondere aufgrund des ohnehin schon geschädig-
ten Unternehmensimage in Frankreich. Einige französische Banken, darunter die kürzlich privatisierte Banque Nationale de Paris, waren besorgt über das Risiko substanti-

Tabelle A.4: Euro Disneys Stakeholders und ihre finanziellen Interessen

Walt Disney Co.	Investitionen in der Höhe von € 300 Mio., bestehend aus Anfangsinvestitionen in der Höhe von € 144 Mio. für den 49%igen Eigenkapitalanteile und nachfolgende Finanz-spritzen
Aktionäre	Finanzvolumen in der Höhe von € 850 Mio. in Form von Aktien
63 Gläubigerbanken	Darlehen in der Höhe von € 2,2 Mrd.
Französische Regierung	Darlehen in der Höhe von € 640 Mio. zu niedrigen Zins-sätzen, Infrastrukturinvestitionen (Schienen- und Straßen-verbindungen), Immobilien zu günstigen Konditionen
Anleger	Wertpapiere mit einem Volumen von € 610 Mio.

eller Verluste und die daraus entstehenden Folgen für ihre Ratings. Andere Beteiligte (wie die französische Regierung) hatten ebenfalls schlechte Karten, denn ein Bankrott des Parks würde über 40.000 direkte und indirekte Arbeitsplätze kosten. Es gab daher Spekulationen, wonach die staatliche *Caisse de Depots et Consignations*, mit € 671 Mio. Euro Disneys größter Gläubiger, gezwungen sein würde, die Zinssätze zu senken. Trotz der gemeinsamen Interessen an einer Erhaltung von Euro Disney (Tabelle A.4) erschien die Erstellung eines für alle Seiten zufriedenstellenden Sanierungsplans eine schwierige Aufgabe.

Kurz vor dem Ultimatum Ende März waren die Finanzen von Euro Disney auf einem absoluten Tiefpunkt angelangt und näherten sich einem Schuldenberg von € 3,7 Mrd. Kurioserweise tauchte jenseits des Atlantiks ein Hoffnungsschimmer in Form des wachsenden Interesses an sogenannten *vulture funds* auf. Diese hatten begonnen, Euro Disney-Aktien zu 60% des Nennwerts zu kaufen. Diese Aktivitäten auf dem Sekundärmarkt reflektierten die wachsende Vermutung, daß die Schulden bald erheblich mehr Wert sein würden, als sie gekostet hatten.

Endlich, zwei Wochen vor Ablauf der Frist, wurde der Sanierungsplan veröffentlicht. Im wesentlichen enthielt er zwei Elemente: zum einen sah der Plan eine Verschiebung der Zins- und Lizenzzzahlungen vor. Die Gläubigerbanken verzichteten 18 Monate lang auf Zinszahlungen und verschoben die Rückzahlung der Kreditsumme um 3 Jahre. Diese Aktion ersparte Euro Disney € 290 Mio. Im Gegenzug sagte Disney zu, es würde die Managementumlage (€ 68,6 Mio. p.a.) abschaffen und die Lizenzgebühren auf Eintrittskarten und Souvenirs für einen Zeitraum von 5 Jahren aussetzen. Nach wie vor würde Disney jedoch seine Erfolgsbeteiligung an den Einnahmen von Euro Disney behalten. Darüber hinaus sagte Disney zu, einige der suboptimal eingesetzten Kapitalwerte in Höhe von € 213,5 Mio. zu kaufen und zu günstigen Bedingungen an Euro Disney zurück zu leasen.

Der zweite Teil des Plans bestand in einer Kapitalerhöhung durch die Ausgabe von Aktien, um die Schulden zu eliminieren. Die bestehenden Anteilseigner erhielten das Recht eine bestimmte Zahl an Aktien unter dem Marktpreis (€ 1,5) zu kaufen und zwar im Verhältnis zu ihrem gegenwärtigen Eigenkapitalanteil. Für jeweils zwei Aktien erhielt man die Möglichkeit, sieben neue Aktien zu zeichnen. Dies bedeutete, daß Disney etwas unter € 457,5 Mio. für 49% der Emission zahlen würde. Dieser Aufstockung des Eigenkapitals wurde von den Anteilseignern am 8. Juni 1994 zugestimmt. Diese Zustimmung war angesichts des Unternehmensanteils von Disney jedoch reine Formsache. Daraufhin fiel der Preis für Euro Disney Aktien sofort. Nichtsdestotrotz konnten dadurch insgesamt € 907,4 Mio. lukriert werden, was die Schulden von Euro Disney letztlich auf € 2,5 Mrd. reduzierten.

Bei der Beurteilung der Effizienz dieses Sanierungsplans stellt sich die interessante Frage nach Gewinnern und Verlierern. Obwohl der Plan eine substantielle Erhöhung des finanziellen Anteils an Euro Disney durch den Mutterkonzern vorsah (zusätzliche € 640 Mio. zu den bereits € 300 Mio. investierten Kapitals), zog Disney eindeutig Vorteile aus diesem Plan, denn die Gebühren, die man vorstreckte, wären im Falle eines Konkurses ohnehin verloren. Darüber hinaus verbesserten diese Konzessionen das angekratzte Unternehmensimage in Frankreich deutlich. Die Banken waren zufrieden mit dem Plan, denn sie waren letztlich nicht gezwungen, ihre Beteiligungen auszuüben und den Park zu führen. Die Besitzer von Disney-Schuldverschreibungen waren zufrieden, denn sie waren von diesem Plan nicht betroffen. Zuguterletzt kann man auch davon ausgehen, daß die Gewerkschaften und die französische Regierung von dem Plan profitierten.

Die einzigen klaren Verlierer waren die Kleinanleger. Mit 770 Mio. Aktien im Markt – viermal soviel wie ursprünglich ausgegeben – sank unweigerlich der Gewinn ebenso wie der Preis pro Aktie. Am Tag, an dem die Kapitalaufstockung veröffentlicht wurde, sank der Gesamtkurswert um 8% € 5,2 pro Aktie. Mit Monatsende waren die Aktien gar nur mehr € 1,96 wert. Noch immer konnte der freie Fall nicht gestoppt werden, und nach weiteren zwei Monaten lag der Kurswert nur mehr € 1,15.

Trotz der Kursverluste konnte der vollständige Verfall des Gesamtkurswerts von Euro Disney durch das Auftreten eines neuen Akteurs minimiert werden. Im Frühjahr 1994 kündigte Prinz Al-Waleed bin Talal bin Abdulaziz Al Saud, der 37-jährige Neffe des Saudi Arabischen Königs Fahd, seine Absicht an, einen wesentlichen Eigenkapitalanteil an dem Unternehmen zu übernehmen. Mitte Oktober erwarb der Prinz 74,6 Mio. Aktien, was einem Eigenkapitalanteil von 24,6% entsprach (Kaufpreis: € 300 Mio.). Einige dieser Anteile kaufte er Disney ab, was wiederum deren Anteil von 49% auf 39% reduzierte.

A.4.3 Die zweiten zwei Jahre: Eurodisney erhält eine Gnadenfrist

Der Sanierungsplan gab Euro Disney eine Gnadenfrist von 3 bis 5 Jahren vor den Zins- und Lizenzzahlungen. Gleichzeitig bedeutete dies jedoch auch, Euro Disney so rasch wie möglich in die Gewinnzone kommen mußte. Philippe Bourguignon und seine Mitarbeiter verloren keine Zeit bei der Umsetzung der überarbeiteten Marketingstrategie, um die neuen Ziele zu erreichen.

Die vielleicht wichtigste Änderung im Marketingprogramm war die Umbenennung des Parks selbst. Der Name „Euro Disney" war in der Zeit vor 1992 im Lichte der bevorstehenden Vereinigung Europas entstanden. Die Geschehnisse der letzten Jahre hatten jedoch Kommentatoren veranlaßt, Euro Disney mit Euro Desaster gleichzusetzen. Um den Neuanfang auch symbolisch zu setzen, wurde Euro Disney in „Disneyland Paris" umbenannt. Damit wurde gleichzeitig Kapital aus der Nähe zu Europas bedeutendstem Touristenmagnet Paris geschlagen (Der Name der Betriebsgesellschaft blieb weiterhin Euro Disney SCA). Durch eine günstige Fügung des Schicksals erhielt der neubenannte Park viel öffentliche Aufmerksamkeit, als Michael Jackson und Lisa Marie Presley Disneyland Paris auf ihrer Hochzeitsreise besuchten.

Ende 1994 wurde eine Senkung der Eintrittspreise um 22% für die Hochsaison 1995 angekündigt (siehe Tabelle A.5). Gleichzeitig wurden weitere effizienzsteigernde Maßnahmen gesetzt. Die Zahl der Mitarbeiter im Park wurde von 17.000 auf 12.000 re-

Tabelle A.5: Veränderungen in den Eintrittspreisen (in €; Preis einer Eintrittskarte für Erwachsene)

	Hochsaison (1 April–1 Oktober)	Nebensaison
Preis vorher	38	27–34
Preis ab 1995	30	23

duziert, wovon 4.000 auf saisonaler Basis beschäftigt wurden. Neue Mitarbeiter mußten sich einem Training zwischen 6 und 12 Monaten unterziehen. Früher war lediglich ein Tag für die Einschulung vorgesehen. Verhandlungen mit den Gewerkschaften brachten flexiblere Arbeitsverträge, um Auslastungsschwankungen berücksichtigen zu können. Mitarbeiter würden an Wochenenden und in den Sommermonaten, wenn der Bedarf am größten war, länger arbeiten, und dafür mehr Freizeit während weniger frequentierter Zeiten erhalten.

Weitere Änderungen beinhalteten die Dezentralisierung von Entscheidungen in Form der Delegation an sogenannte *small world*-Einheiten von 30 bis 50 Mitarbeitern. Jede dieser Einheiten erhielt die Verantwortung hinsichtlich der Erreichung von Management- und Kundenzufriedenheitszielen. Die Manager dieser autonomen Einheiten erhielten einen erfolgsabhängigen Bonus, während den übrigen Mitarbeiter andere Anreize wie bessere Aufstiegschancen in Aussicht gestellt wurden.

Ende 1995 wurden die Auswirkungen dieser Veränderungen und des Sanierungsplans sichtbar. Der Park verzeichnete nicht nur Rekordbesucherzahlen von 10,7 Mio. Besuchern (siehe Tabelle A.6), sondern Euro Disney SCA wies auch seinen ersten Gewinn seit Bestehen des Unternehmens (siehe Tabelle A.7) aus. Dabei muß jedoch berücksichtigt werden, daß dieser Gewinn von € 17,4 Mio. aufgrund der verschobenen Lizenz- und Zinszahlungen zu hoch angesetzt wurde. Nach der Bereinigung um diese Effekte blieben noch € 0,3 Mio.

Obwohl die Zahlen 1995 einen Umschwung bei Euro Disney SCA anzeigten, wartete in den nächsten Jahren noch viel Arbeit, bevor ein langfristiges Bestehen als gesichert gelten konnte. Disneyland Paris wurde zu Europas führender Touristenattraktion, die gegen Eintrittsgeld besichtigt werden konnte. Dennoch mußte die Erhöhung der Besucherzahlen weiterhin ein erklärtes Ziel sein. Nach Einschätzung von Philippe Bourguignon würde der Park 12,5 Mio. Besucher pro Jahr benötigen, um den Break-Even-Punkt zu erreichen, vor allem im Hinblick auf die ab 1998 wieder zu zahlenden Gebühren. Diese Zahl zu erreichen schien vor 1995 unmöglich. Auch zu diesem Zeit-

Tabelle A.6: Besucherzahlen pro Jahr
(Finanzjahr endet am 30. September)

	Besucherzahlen pro Jahr
1993	9,8 Mio.
1994	8,8 Mio.
1995	10,7 Mio.

Tabelle A.7: Euro Disneys Gewinn- und Verlustrechnung
(in € Mio.; das Finanzjahr endet am 30. September)

	Umsätze	Gewinn/Verlust
1993	747	-808
1994	625	-275
1995	732	17

punkt galt das Ziel als sehr optimistisch, denn der Wettbewerb und Konkurrenzkampf wurden durch viele neue Projekte immer härter.

Während in den frühen 90er Jahren vor allem die U.S. Parks eine Bedrohung darstellten, waren es nun die zahlreichen neuen Parks in Europa, wie Spaniens Port Aventura, der im Mai 1995 eröffnete. Auch Deutschlands Warner Brothers Movie World schien eine große Gefahr zu werden. Europa wurde als Entwicklungsgebiet für neue Vergnügungsparks entdeckt. Während in den USA ein Park auf 5,4 Mio. Einwohner kommt, lag dieses Verhältnis in Italien bei 57,75 Mio., in Großbritannien bei 8,3 Mio., in Frankreich bei 19 Mio., in Deutschland bei 13,5 Mio. und in Spanien bei 19,4 Mio. Trotz der hohen Einstiegsbarrieren wurden daher viele neue Parks errichtet, und die bestehenden investierten in die Erweiterung ihres Angebots. Ein Großteil der neuen Projekte wurde durch die Marketingaktivitäten von Euro Disney stimuliert. 1993 gaben geschätzte 58 Mio. Besucher rund € 1,3 Mrd. in europäischen Vergnügungsparks aus. Der Geschäftsführer des britischen Thorpe Parks kommentierte dies so: „Wir haben 1993 von Disneys Werbemaßnahmen profitiert, aber es ist immer noch ein hartes und kompetitives Geschäft."

Mit 30-40 Vergnügungsparks wurde Westeuropa dem amerikanischen Markt immer ähnlicher, wo Disney der wichtigste Anbieter unter einer Fülle von Mitbewerbern (z.b. Six Flags, Universal Studios, und Sea World) war. Im Gegensatz zu den USA, wo die Parks typischerweise in unmittelbarer Nähe zu einander errichtet wurden, wie in Orlando oder Südkalifornien (was die Besucher dann dazu bewog, eine Woche oder länger zu bleiben), waren die Vergnügungsparks in Europa überall verteilt.

Zusätzlich zur direkten Konkurrenz von Parks wie Alton Towers, Großbritanniens größtem Vergnügungspark, erhielt Disneyland Paris auch indirekte Konkurrenz durch Vergnügungsparks mit einem unterschiedlichen Angebot wie Blackpools Pleasure Beach oder Göteborgs Liseberg mit ihren zahlreichen Hochschaubahnen und sonstigen Attraktionen. Eine weitere Gefahr drohte in Form der computergestützten, interaktiven Unterhaltung, die zu Touristenattraktionen wurden, wie Segas neuem Virtual World Center, das in Londons populärem Trocadero-Komplex angesiedelt ist.

Der Konkurrenzdruck in der Branche wird anhand der Einführung neuer Attraktionen am deutlichsten sichtbar. Euro Disneys Rekordbesucherzahlen 1995 waren zum Teil auf die Eröffnung von Space Mountain zurückzuführen, einer Achterbahn gestaltet nach Jules Vernes' Buch „Von der Erde zum Mond". In Großbritannien verzeichnete Alton Towers 1995 ebenfalls Rekordbesucherzahlen durch die Publikumsmagneten Nemesis und Energiser. In Barcelona zog Port Aventura die Besucher mit einer neuen Hochschaubahn an, die als erste 8 180 °-Schleifen anbot.

Diskussionsfragen

Um die Besucherzahlen in Disneyland Paris weiter zu erhöhen und die Profitabilität des Unternehmens über 1998 hinweg zu gewährleisten, muß Philippe Bourguignon sich mit einer Vielzahl an Fragestellungen auseinandersetzen.

1. Wie soll sich der Park von der steigenden Zahl an Mitbewerbern in Europa differenzieren?

2. Welche Marketingstrategie soll vor dem Hintergrund des geänderten Wettbewerbsumfelds verfolgt werden?

3. Welche Entscheidungen in bezug auf die Marke müssen getroffen werden?

4. Wie kann man die nicht optimal genutzten Ressourcen (wie Hotels) besser auslasten, während man die Profitabilität von attraktiven Angeboten noch weiter erhöht?

Quellen: „Big Stakes in a Small World." *The Financial Times,* 13. Januar 1995, S.12. „Bourguignon, Into the Black and off for a Break in Tahiti." *The Financial Times,* 31. Juli 1995, S.7. „Disney Records Loss on Charge for Europe Park." *The Wall Street Journal,* 11. November 1993, S.A3. „Disney's Eisner Gives 'D' Grade to Euro Disney." *The Wall Street Journal,* 30. Dezember 1993, S.A2. „Euro Disney Makes Communication Its Theme." *The Financial Times,* 16. November 1995, S.20. „Euro Disney Mulls Renaming Park to Highlight Paris." *The Wall Street Journal,* 13. September 1994, S.A14. „Euro Disney Posts First Annual Profit, Stock Slides 14%." *The Wall Street Journal,* 16. November 1995, S.A15. „A Faint Squeak from Euro Mickey." *The Economist,* 29. Juli 1995, S.44. „The Future of the Past." *New Statesman and Society,* 29. Mai 1992, S.31-31. „Introducing Walt d'Isigny." *The Economist,* 11. April 1992, S.53. „Investors Sing the Theme Song: The Park Market Is Becoming Increasingly Crowded." *The Financial Times,* 16. August 1995, S.15. „The Kingdom Inside a Republic." *The Economist,* 13. April 1996, S.68-69. „Meltdown at the Cultural Chernobyl." *The Economist,* 5. Februar 1994, S.65-66. „Mickey Goes to the Bank." *The Economist,* 16. September 1989, S.78-79. „The Not-So-Magic Kingdom." *The Economist,* 26. September 1992, S.87-88. „Restructuring of Euro Disney Hits Bond Snag." *The Wall Street Journal,* 1. Februar 1994, S.A11. „Step Right up, Monsieur." *The New York Times,* 23. August 1995, S.C1/1. „Theme Parks Expect Thrills and Spills." *The Financial Times,* 1. Mai 1995, S.2. „With a variety of markets, Europe holds great potential." *Amusement Business,* 17. August 1998, S.16. Diese Fallstudie wurde von Paul D. Ellis, Assistant Professor an der Hong Kong Polytechnic University erstellt und mit seiner Zustimmung hier verwendet.

A.5   Coca-Cola: *just for the taste of it* jetzt auch für China und Indien?

Am 15. April 1996 war Douglas N. Daft, Geschäftsführer von Coca-Cola in der Region Mittlerer und Ferner Osten, in einer schwierigen Situation. Er kam gerade aus einer Sitzung mit seinen Führungskräften, in der es um zusätzliche Investitionen in Indien und China ging. Er war erstaunt über die Bedenken, die in dieser Sitzung gegenüber den Investitionsplänen geäußert wurden. Coca-Colas Strategie war es immer, in neuen Märkten Risiken einzugehen. Es herrschte Einverständnis, daß man versuchen sollte, als erster in den Markt zu kommen und so einen Wettbewerbsvorteil aufzubauen. Auch

Tabelle A.8: Pro-Kopf-Verbrauch und Einwohnerzahl

Konsum[a] Pro-Kopf	Ländermarkt	Einwohnerzahl (in Mio.)
179	Argentinien	35
30	Ägypten	63
292	Australien	18
169	Benelux/Dänemark	31
122	Brasilien	162
181	Canada	29
248	Chile	14
4	China	1221
201	Deutschland	82
71	Frankreich	58
114	Großbritannien	56
2	Indien	936
8	Indonesien	198
232	Israel	6
87	Italien	58
136	Japan	125
107	Kolumbien	35
71	Korea	45
45	Marokko	27
322	Mexiko	94
256	Norwegen	4
105	Philippinen	68
65	Rumänien	23
6	Rußland	147
60	Simbabwe	11
179	Spanien	40
147	Südafrika	41
60	Thailand	59
125	Ungarn	10
343	Vereinigte Staaten	263

[a] 1 Einheit = Packungsgröße à 0,25l (exkl. Produkte, die durch Coca-Cola Food vertrieben werden.)

in schwierigen Märkten gewann Coca-Cola letztendlich damit Marktanteile. Während der Zeit der Apartheid in Südafrika beispielsweise blieb das Unternehmen im Land, während Pepsi sich zurückzog. Coke dominiert heute den Markt.

Daft konnte das Zögern seines Teams bei der Investitionsentscheidung nicht verstehen. Chinas Marktpotential war enorm. Mit einer Bevölkerung von 1,2 Mrd. Menschen und einem Pro-Kopf-Konsum von nur 4 Einheiten ergaben sich unendliche Wachstumschancen (siehe Tabelle A.8). Das Investitionsvolumen in China sollte 1996 in fünf neue Produktionsstätten und 1997 in zwei weitere fließen. Dies würde die Gesamtzahl auf 23 erhöhen. Eine jüngst durchgeführte Untersuchung wies Coke und Sprite als die zwei führenden alkoholfreien Getränkemarken in China aus. Das Verkaufsvolumen war im letzten Jahr um 30% gewachsen.

Indiens Marktpotential war jenem Chinas ähnlich. Mit einer Bevölkerung von 936 Mio. Einwohner und einem Pro-Kopf-Verbrauch von 2 Flaschen Coca-Cola erschien Indien ebenfalls als attraktiver Markt. Obwohl 1995 die Umsätze um 21% gestiegen waren, gab es Bedenken wegen der feindlichen Gesinnung gegen multinationale Konzerne. Das Unternehmen verfügte bereits über eine hohe Präsenz am Markt. Angesichts der negativen Stimmung war man der Meinung, ein weiteres finanzielles Engagement wäre zum gegenwärtigen Zeitpunkt zu riskant.

Daft setzte sich sofort mit John Farrell, dem Chef der chinesischen Niederlassung, und Andrew Angle, Leiter der Division Südost- und Westasien, telefonisch in Verbindung, um die neuesten Entwicklungen zu diskutieren. Er benötigte Informationen und wollte Lösungen entwickeln, bevor er sich mit Empfehlungen an die Runde wenden würde. Wie hoch sind das politische und das wirtschaftliche Risiko in diesen beiden Ländern, und wie könnte sich das auf Coca-Cola auswirken? Wenn Coca-Cola das Investitionsvolumen in diesen Ländern nicht ausweiten würde, würde es eine Gelegenheit verpassen, sich stärker in diesen Märkten zu etablieren und Marktanteile zu gewinnen?

Coke bekannte sich im Geschäftsbericht zu seiner Vision: „Uns beschäftigt eine unveränderliche Tatsache – der Körper benötigt durchschnittlich 2 Liter Flüssigkeit pro Tag, nur um zu überleben. Von dieser Menge decken unsere Produkte knapp 3% ab. Für die Menschen auf diesem Planeten ist die Flüssigkeitsmenge von 2 Litern keine Option. Wie dieser Bedarf gedeckt wird, bleibt jedoch sehr wohl in der Entscheidung des einzelnen".

A.5.1 Die Produktion

Während der 80er Jahre kaufte Coca-Cola ganz massiv kleinere Familienbetriebe auf, die in den USA die Abfüllung übernommen hatten. Zwischen 1980 und 1984 wechselten viele Abfüllbetriebe, die 50% des US-Gesamtvolumens ausmachten, ihren Eigentümer. Sie wurden entweder von Coca-Cola selbst oder von großen regionalen Abfüllern übernommen. Das Ziel war eine bessere Kontrolle, damit Coca-Cola nationale Werbekampagnen durchführen und sich der werblichen und preislichen Unterstützung der Abfüller sicher sein konnte.

Während der 90er Jahre begann ein Konsolidierungsprogramm und Investitionen im Rest der Welt. Derzeit konsolidiert Coca-Cola seine Zulieferer weltweit.

Heute investiert Coca-Cola intensiv in die Abfüllung, um seine Stärken und Effizienz in Produktion, Distribution und Marketing zu maximieren. Die Strategie besteht darin, in die Abfüllung einzusteigen, um so die Nachfrage nach Sirup zu erhöhen. Das Unternehmen legt drei Kriterien bei der Investition in eine Abfüllanlage an:

- Die Möglichkeit eines raschen Markteintritts in einen neuen Markt zu erzielen
- Bei Fehlen ausreichender Ressourcen eines Partners, um die Unternehmensziele zu erreichen
- Zur Erreichung langfristiger strategischer Ziele gemeinsam mit den wichtigsten Partnern in der Abfüllung

A.5.2 Der Markenwert

Die Marke Coca-Cola ist von unschätzbarem Wert. Wenn heute alle Vermögenswerte des Unternehmens untergehen würden, hätte es keine Schwierigkeiten, Finanzmittel für den Wiederaufbau zu erhalten. Dies ist allein der Stärke des Markennamens zuzuschreiben. Tabelle A.9 zeigt, wie stark die Marke Coca-Cola in einzelnen Märkten ist.

Tabelle A.9: Wie stark ist die Marke Coca-Cola?

Land	Marktführer	Abstand im Vergleich zur zweitplazierten Marke	2.Rang
Australien	Coca-Cola	3.9 : 1	Diet Coke
Belgien	Coca-Cola	7.7 : 1	Coca-Cola Light
Brasilien	Coca-Cola	3.3 : 1	Brasilianische Marke
Chile	Coca-Cola	4.6 : 1	Fanta
Frankreich	Coca-Cola	4.3 : 1	Französische Marke
Deutschland	Coca-Cola	3.1 : 1	Fanta
Großbritannien	Coca-Cola	1.9 : 1	Diet Coke
Griechenland	Coca-Cola	3.8 : 1	Fanta
Italien	Coca-Cola	3.1 : 1	Fanta
Japan	Coca-Cola	2.3 : 1	Fanta
Korea	Coca-Cola	2.1 : 1	Koreanische Marke
Norwegen	Coca-Cola	3.3 : 1	Coca-Cola Light
Südafrika	Coca-Cola	4.1 : 1	Sparletta
Spanien	Coca-Cola	3.0 : 1	Spanische Marke
Schweden	Coca-Cola	3.8 : 1	Fanta

Quelle: Unternehmen/Handelsstatistiken

Die Strategie des Unternehmens, um diesen Wert aufrechtzuerhalten, sind die drei *P's*:

- *place*: Permanente Marktdurchdringung
- *product:* Dem Kunden das beste Preis-/Leistungsverhältnis anbieten
- *promotion:* Coca-Cola zum bevorzugten Getränk auf allen Märkten machen

Zusätzlich dazu versucht Coca-Cola neue Wege zu finden, um den Markenwert von Coke und den anderen Marken zu erhöhen, indem man sie weiter differenziert

und dadurch eigenständig und einzigartig macht. Vor drei Jahren ging man davon
ab, alle Werbe- und Marketingaktivitäten einer einzelnen Werbeagentur zu überlassen.
Nun werden Agenturen danach ausgewählt, wieviel Erfahrung sie in den Aufbau einer
bestimmten Marke einbringen können. In diesem Jahr wurden die Agenturhonorare
mit den Erfolgen der produzierten Kampagnen verknüpft.

Darüber hinaus belebte Coca-Cola die Symbole wieder neu, die die Quintessenz
der Marke widerspiegeln: die Kontur der Flasche, den Schriftzug, die Farbgebung. Der
neuen Flaschenform, die im April 1994 auf den Markt gebracht wurde, werden Umsatzzuwächse in der Höhe von 500 Mio. Kisten weltweit zugeschrieben. Allein im Juni 1995
stiegen die Umsätze um 45% in den USA, 23% in Japan und 30% in Spanien. Weiters
wird die Marke mehr und mehr mit einzigartigen Veranstaltungen in Zusammenhang
gebracht, wie mit den Olympischen Spiele 1996. Zusätzlich wurden verstärkt Verkaufs-
förderungsmaßnahmen eingesetzt, vor allem im eher langsam wachsenden Markt USA.

Coca-Colas Entschlossenheit, seine Marken weiter aufzubauen, läßt sich auch am
Investitionsvolumen für Marketingaktivitäten ablesen. 1995 lag die investierte Summe
bei € 3,2 Mrd. Davon entfielen € 1,1 Mrd. auf Werbung, die noch immer als das effi-
zienteste Instrument zur Markenbildung gesehen wird. Der Hauptkonkurrent PepsiCo
gab mit € 1,5 Mrd. mehr Geld für Werbung aus, mußte diese Gelder jedoch auch für
seine Gastronomie- und Nahrungsmittelbereiche verwenden.

A.5.3   Finanzielle Kennzahlen

Coca-Cola ist der größte und profitabelste Hersteller von alkoholfreien Getränken der
Welt. Über einen Zeitraum von 10 Jahren sind die Einnahmen mit einer Wachstumsrate
von 11,9% gestiegen. 1995 überschritten die Einnahmen die € 15 Mrd.-Grenze, und
der Gewinn nach Steuern belief sich etwas unter € 2,5 Mrd. (siehe Tabelle A.10). Die
Gewinnspannen waren deutlich höher als jene des schärfsten Konkurrenten PepsiCo.
Während PepsiCos Margen im Getränkesektor bei 10% lagen (1995), erreicht Coca-
Cola 23%. Das enorme Leistungspotential läßt sich auch an der Eigenkapitalrendite
ablesen, die 1995 56% erreichte, und einem Aktienwert zu Jahresende von € 63, was
einer Wertsteigerung von 44% gleichkommt.

Während der letzten Jahre ist Coca-Colas starke finanzielle Position vor allem auf
die zunehmenden Auslandsaktivitäten speziell im Hinblick auf die Abfüllung zurückzuführen. Die internationalen Firmenstandorte tragen den Großteil zu den Einnahmen
und operativen Gewinnen bei. 1995 wurden 71 % der Einnahmen und 82 % der operativen Gewinne außerhalb der Vereinigten Staaten erzielt (siehe Abbildung A.1 und A.2).
Coke ist in 200 Ländern tätig und beschäftigt 32.000 Mitarbeiter weltweit.

A.5.4   Aktuelle Branchenentwicklungen und Trends

Der U.S. Markt für alkoholfreie Getränke kann mit jährlichen Wachstumsraten von
3-4% als gesättigt betrachtet werden. Dies ist eine deutliche Senkung gegenüber einem
Wachstum von 6,5% im Jahr 1985. 1994 beliefen sich die Einzelhandelsumsätze in
den USA auf € 44 Mrd., 2,6% mehr als im Vergleichszeitraum des Vorjahres. Coca-
Cola hielt einen Marktanteil im Einzelhandel von 41%, Pepsi von 31%. Coca-Colas
Wachstum übertraf das generelle Branchenwachstum um 7% und deckte damit 80%
des jährlichen Zuwachses ab.

Tabelle A.10: Konsolidierte Konzernbilanz (in Mio. €)*

	1995	**1994**	**1993**
Nettobetriebsergebnis	**15,283**	13,725	11,843
Wareneinsatz	5,887	5,232	4,377
Bruttogewinn	**9,396**	8,493	7,467
Vertriebs-, Administrations- und sonstige Kosten	5,926	5,341	4,830
Ertrag aus gewöhnlicher Geschäftstätigkeit	**3,470**	3,152	2,636
Zinsertrag	208	153,524	122,141
Zinsaufwand	231	168,792	142,498
Ertrag aus Eigenkapital	143	113,659	77,186
Andere Erträge (minus Abzüge)	17	-88,213	-1,696
Erträge aus der Aktienausgabe von Coca-Cola Amatil	63	—	10,178
Erträge vor Steuern und vor Umstellung der Rechnungslegungsprinzipien	**3,671**	3,162	2,702
Steuern auf Erträge	1,138	0,996	845,655
Erträge vor Umstellung der Rechnungslegungsprinzipien	**2,533**	2,166	1,856
Übergangseffekte durch die Umstellung der Rechnungslegungsprinzipien für Abfertigungsansprüche	—	—	(10,2)
Nettoertrag	**2,533**	2,166	1,846
Ertrag pro Aktie			
Vor der Umstellung der Rechnungslegungsprinzipien	**€ 2,01**	€ 1,68	€ 1,43
Übergangseffekte durch die Umstellung der Rechnungslegungsprinzipien für Abfertigungsansprüche	—	—	(.008)
Nettoertrag pro Aktie	**€ 2,01**	€ 1,68	€ 1,42
Umlaufende Aktien (im Durchschnitt)	**1,262**	1,290	1,302

* Geschäftsjahr endet am 31.12. (in Mio. ausgenommen jene Werte, die auf eine Aktie bezogen sind)

Obwohl Wettbewerb durch Substitutionsprodukte herrschte, blieben alkoholfreie Getränke nach wie vor die erste Wahl amerikanischer Konsumenten. Koffeinhältige Getränke wie Colas sind nach wie vor die führende Produktkategorie in diesem Bereich, sie verlieren jedoch langsam an Marktanteil. Gegenüber 1990 mit 70% machten sie 1994 nur mehr 66% des Marktes aus. Diese Trends spiegelten sich auch auf den internationalen Märkten wider.

Mit Wachstumsraten zwischen 8% und 10% waren die internationalen Märkte *die*

Abbildung A.1: Nettoerträge nach Regionen

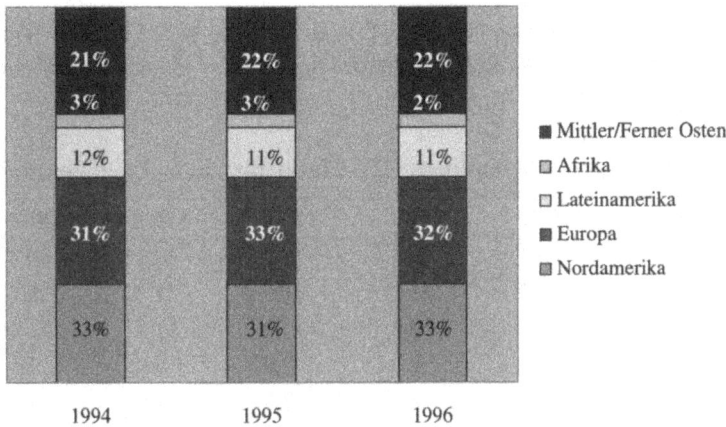

	Mittler/Ferner Osten
	Afrika
	Lateinamerika
	Europa
	Nordamerika

1994   1995   1996

Die Übersicht sowie die Prozentsätze beziehen sich ausschließlich auf Konzernaktivitäten.

Abbildung A.2: Betriebsergebnis nach Gebieten

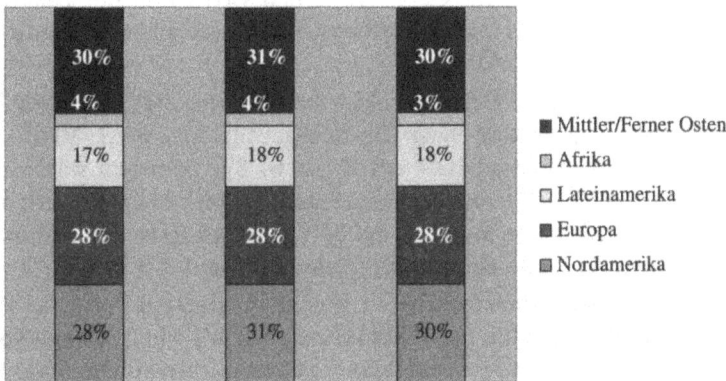

	Mittler/Ferner Osten
	Afrika
	Lateinamerika
	Europa
	Nordamerika

Die Übersicht sowie die Prozentsätze beziehen sich ausschließlich auf Konzernaktivitäten.

Wachstumsmärkte der Getränkeindustrie.[2] 1996 stiegen die Umsatzzahlen von Coca-Cola um 8% und erreichten damit 47% des Weltmarktes. Wachstumsraten schwankten weltweit doch deutlich. Einige neue Märkte wuchsen dramatisch. Die Umsätze in China stiegen um 32%, jene in Brasilien um 52%. Für 1997 erwartete man sich ein weltweites Wachstum von 6-7%. Das höchste Wachstum wurde dabei von den asiatischen Entwicklungsländern wie China, Indien, Korea und Indonesien erwartet. Darüber hinaus wurden von Südamerika anhaltende Zuwächse erwartet. International gesehen werden für jede Flasche Pepsi drei Flaschen Coca-Cola verkauft.

---

[2]Timothy J. Muris, David T. Scheffman und Pablo T. Spiller. *Strategy, Structure, and Antitrust in the Carbonated Soft Drink Industry.* Westport, CT: Quorum Books, 1993.

A.5.5   Wettbewerb

Coca-Colas größter Mitbewerber ist PepsiCo (siehe Tabelle A.11). PepsiCo deckt drei
Bereiche ab: den Markt für alkoholfreie Getränke (35% der Gesamteinnahmen), Snacks
(28%), und Gastronomie (37%).

Tabelle A.11: Marktanteile auf dem U.S.-Markt für alkoholfreie Getränke in %

	1989	1990	1991	1992	1993	1994
Coca-Cola	40,1	40,4	40,7	40,4	40,4	40,7
PepsiCo	31,8	31,8	31,5	31,3	30,9	30,9
Dr. Pepper/7Up[a]	9,9	9,9	10,6	11,2	11,4	11,6
Cadbury Schweppes	5,0	5,0	5,0	5,0	4,9	4,8
National Beverage	2,2	2,1	2,1	2,0	1,9	2,0
Royal Crown	2,7	2,6	2,4	2,3	2,2	2,0

[a] Cadbury Schweppes erwarb am 2.3.1995 Dr. Pepper/7Up.)
Quelle: S&P Branchenradar, 24. August 1995, S.F26.

Über einen Zeitraum von 10 Jahren sind die Einnahmen um 15% gestiegen. 1995
wurden Umsätze in der Höhe von € 25,8 Mrd. und Erträge in der Höhe von € 1,35
Mrd. erzielt (siehe Tabelle A.12). Das Wachstum wurde vor allem durch die Erfolge im
Getränke- und Snacksegment erzielt.

PepsiCos Umsätze auf dem Getränkesektor beliefen sich 1995 auf € 8,9 Mrd. 1995,
und das Unternehmen generierte einen Betriebsgewinn von € 1,1 Mrd. Obwohl die
Gesamtumsätze bzw. Betriebsgewinne um 9% bzw. 8% gestiegen waren, kamen die
Wachstumsraten mit 13% aus den Überseemärkten. Dennoch beliefen sich die internationalen Umsätze und Gewinne lediglich auf 34% der Gesamteinnahmen und 12% der
gesamten Einnahmen im Getränkesegment (siehe Tabelle A.13).

Um international mehr Marktanteile zu gewinnen, startete Pepsi ein Projekt zur
Erneuerung namens *Project Blue* (geschätzte Kosten € 424 Mio.). Es sah vor, die Produktion und Distribution so zu gestalten, daß weltweit mittels einheitlicher Marketing-
und Werbemaßnahmen ein Produkt mit einem einheitlichen Geschmack verkauft würde. Der riskanteste Aspekt dabei war, die rot-weiß-blaue Verpackung zugunsten einer
blitzblauen aufzugeben. Darüber hinaus plante Pepsi-Cola neue Frischestandards und
Qualitätskontrollen einzuführen.

Mit diesem neuen Marketingprogramm sollten die Abstände zum Mitbewerber
Coca-Cola überbrückt werden. Im Jahr 2000 sollten für jede Flasche Coca-Cola zwei
von PepsiCo verkauft werden. Diese Strategie wurde vielfach für riskant gehalten, nachdem Pepsi die Konsumenten jahrzehntelang vom alten Packungsdesign überzeugen
konnte. Image ist eine heikle Angelegenheit. Durch die farblichen Veränderungen könnten Konsumenten den Eindruck gewinnen, man will sie unter allen Umständen davon
überzeugen, diese Marke zu konsumieren. Dieser empfundene Druck könnte gegenteilige Effekte haben und in den Augen der Konsumenten als „Marketingtrick" abgetan
werden.[3]

---
[3] „Turning Pepsi Blue." *The Economist,* 13. April 1996, S.15.

Tabelle A.12: PepsiCola – Konsolidierte Bilanz (in Mio. €)*

	1995 52 Wochen	1994 53 Wochen	1993 52 Wochen
Nettoerträge	25,806	24,153	21,225
Kosten und Aufwendungen			
Verkaufskosten	12,627	11,634	10,134
Administrative und allgemeine Kosten	9,935	9,538	8,368
Amortisation des immateriellen Anlagevermögens	268	265	258
Wertminderung des Anlagevermögens	441	-	-
Betriebsergebnis	2,534	2,715	2,466
Erträge aus Kapitalerhöhung	-	15,268	-
Zinsaufwand	(579)	(547)	(486)
Zinsertrag	108	76	76
Ergebnis vor Steuern und kumulativen Effekten durch Rechnungslegungsänderung	2,063	2,260	2,055
Steuerrückstellung	701	745	708
Ergebnis vor kumulativen Effekten durch Rechnungslegungsänderung	1,362	1,513	1,347
Kumulative Effekte durch Rechnungslegungsänderung			
Rückstellungen für Abfertigungen	-	(47)	-
Pensionsrückstellungen	-	20	-
Nettobetriebsergebnis	€ 1,362	€ 1,486	€ 1,347
Ertrag pro Aktie			
Vor den kumulativen Effekten der Rechnungslegungsänderung	€ 1,69	€ 1,883	€ 1,662
Kumulative Effekte der Rechnungslegungsänderung			
Bei Abfertigungsrückstellungen	-	(0.06)	-
Bei Pensionsrückstellungen	-	0.03	-
Nettoergebnis pro Aktie	€ 1.69	€ 1.88	€ 1.66
Umlaufende Aktien (im Durchschnitt)	804	804	810

* Geschäftsjahr endet am 30.12.1995, 31.12.1994, 25.12.1993 (in Mio., ausgenommen jene Werte, die auf eine Aktie bezogen sind)

Tabelle A.13: PepsiCo – Erträge und Betriebsgewinn

	Wachstumsraten				
	1995	1994	1993	1995	1994
	(Mio. €)	(Mio. €)	(Mio. €)	%	%
Nettoergebnis					
In den USA	5,918	5,548	5,019	7	11
International	3,029	2,668	2,307	14	16
	8,947	8,216	7,326	9	12
Betriebsergebnis					
Ausgewiesen					
In den USA	971	866	795	10,2	7,6
International	139	165	146	(13,6)	11
	1,110	1,031	940	6,8	8,5
Laufend					
In den USA	971	866	795	10,2	7,6
International	192	165	146	13,6	11
	1,163	1,031	940	11	8,5

A.5.6 Internationale Märkte

Coca-Colas weltweite Philosophie stellt sich folgendermaßen dar:

Unserem Verständnis nach ist das Universum unendlich, nur wir sind es, die Grenzen setzen bzw. den Anteil bestimmen, den wir ausschöpfen.[4]

Coca-Cola sieht den täglichen Flüssigkeitsbedarf von 2 Litern als Chance. Gegenwärtig deckt das Unternehmen 2% des weltweiten täglichen Flüssigkeitsbedarfs ab. In den neuen Märkten ist das Wachstumspotential nach wie vor hoch, denn 60% der Weltbevölkerung lebt in Märkten, wo die durchschnittlich konsumierte Menge von Coca-Cola bei weniger als 10 Einheiten pro Jahr liegt.

Jahrzehntelang hat Coca-Cola erfolgreich versucht, sich eine Position in ausländischen Märkten aufzubauen. Die erste Auslandsniederlassung wurde 1926 gegründet. In den 40er Jahren war man international bereits fest verankert. 1950 schrieb das Magazin Time: „Cokes friedvolle Eroberung der Welt ist ein Phänomen unserer Zeit. Es plaziert sich damit in Reichweite der Konsumentenwünsche."[5]

Heute ist der internationale Bereich so stark gewachsen, daß er 71% zum Gesamtumsatz beiträgt. Aufgrund ihrer Bedeutung für Cokes zukünftiges Wachstum wurde die ursprüngliche Zweiteilung in die internationale und die heimische Division aufgegeben. Man etablierte statt dessen fünf regionale Divisionen: Nordamerika, Lateinamerika, Europa, Mittlerer und Ferner Osten, sowie Afrika. Die Absatzverteilung findet sich in Abbildung A.3. Wie in dieser Abbildung erkennbar erwirtschaftet Nordamerika (mit den USA und Kanada) 32% und damit den größten Umsatz des Konzerns. Lateinamerika folgt mit 24%, Europa sowie der Mittlere und Ferne Osten folgen mit 21% bzw. 18%. Die Umsätze in Afrika belaufen sich auf 5%.

---

[4]„Annual Report.": Coca-Cola, 1995.
[5]Beverage World. *Coke's First 100 Years.* Kentucky: Keller International Publishing Company, 1986.

Abbildung A.3: Weltweiter Absatz nach Regionen (1995)

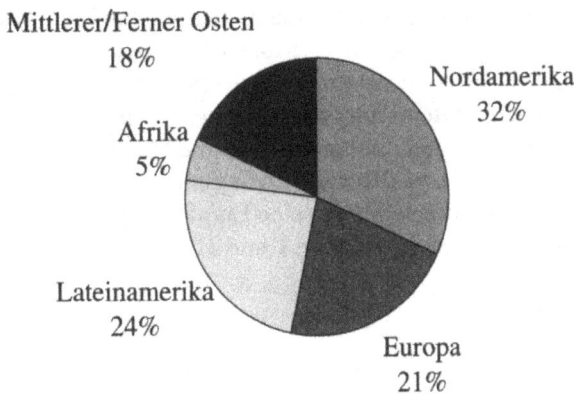

Die heißesten Gefechte zwischen Coca-Cola und PepsiCo werden in der Zukunft auf den internationalen und hier vor allem den neuen Märkten stattfinden. Der Vorteil, als erster auf den jeweiligen Markt einzutreten, wird dabei ein kritischer Erfolgsfaktor sein. Die strategische Herausforderung besteht in der Etablierung einer höheren Markenbekanntheit und -präferenz durch ähnlich hohe Werbeausgaben wie am Heimmarkt. Eine weitere Aufgabe besteht darin, die Marke so leicht zugänglich und erhältlich zu machen, wie dies in den USA bereits der Fall ist. Diese Herausforderung ist schwierig und erfordert nicht selten das direkte Eingreifen der jeweiligen Länderniederlassung, um Verbesserungen in der Effizienz, Kooperation und Wettbewerbskraft der ausländischen Abfüller zu erreichen. 1995 erwarb Coca-Cola beispielsweise Abfüllkapazitäten in Italien und Venezuela und unternahm Schritte, um sie mit dem deutschen System zu integrieren. Obwohl Coca-Cola die reicheren europäischen Märkte dominiert, war PepsiCo erfolgreicher bei neuen Märkten wie Indien, den arabischen Staaten des Mittleren Ostens und Rußland. Der Markteintritt auf neuen Märkten hat den Länderniederlassungen oft Kreativität und Flexibilität abverlangt.

Durch den zunehmenden Wettbewerbsdruck zwischen Coca-Cola und PepsiCo werden die Länderniederlassungen in Zukunft gezwungen sein, ein höheres Risiko einzugehen. Das Unternehmen PepsiCo wird 50 Jahre nach Coca-Cola global aktiv und kann daher dem Markführer Coca-Cola nicht einfach nur folgen. Es muß den Markt ändern, wie dies bereits im *Project Blue* versucht wurde. PepsiCo hat die *Pepsi Challenge* für die internationalen Märkte wieder entdeckt. 1994 kam PepsiCo international mit diesem Konzept zum ersten Mal in Mexiko auf den Markt. Das Ergebnis: 55% der Konsumenten bevorzugten Pepsi gegenüber Coke. PepsiCo plant diese *Challenges* in Märkten wie Singapur, Malaysien und Portugal einzusetzen. Das internationale Engagement von PepsiCo ist langfristig und aggressiv. Zu Beginn des Jahres 1994 zeigte sich dies an Investitionsvorhaben von € 1,7 Mrd. für die nächsten fünf Jahre im internationalen Getränkemarkt.

Coca-Cola sah dieser aggressiven Offensive natürlich nicht tatenlos zu. Coca-Cola wird zurückschlagen, wie sie dies auch bei der *Pepsi Challenge* getan haben. Man reduzierte Preise, kaufte Abfüller auf und bestach durch kreative Werbekampagnen.

A.5.7   Dafts Bericht an das Management

Douglas Daft traf unlängst mit John Farrell zusammen, der für China verantwortlich ist, sowie Andrew Angle, Geschäftsführer der indischen Niederlassung. Sowohl Farrell als auch Angle wollten die geplanten Investitionen für ihre Ländermärkte vorantreiben. Douglas Daft war jedoch nicht sicher, ob er genügend Information über die politischen und ökonomischen Risiken in den Ländern hatte, um zu einer fundierten Entscheidung zu gelangen. Aus diesem Grund bat er Farrell und Angle, ihm einen Statusreport über die politischen und wirtschaftlichen Bedingungen in ihren Märkten zu geben. Nach Durchsicht dieser Berichte würde er seine Empfehlungen an das Top Management geben. Ihre Berichte finden sich in Anhang I und II.

Diskussionsfragen

1. Wie sieht Coca-Colas internationale Strategie aus?

2. Welchen Wettbewerbsvorteil hat Coca-Cola gegenüber seinem schärfsten Konkurrenten PepsiCo?

3. Worin bestehen die Vor- und Nachteile einer weiteren Investition in Indien?

4. Worin bestehen die Vor- und Nachteile einer weiteren Investition in China?

5. Was sollte Douglas Daft dem Management in bezug auf die Investitionsentscheidung in diesen beiden Märkten raten? Warum?

ANHANG I

Der Bericht über den Ländermarkt Indien von Andrew Angle, Geschäftsführer Südost- und Westasien

1994 wuchs die indische Wirtschaft um 6%. 8 Mio. neue Arbeitsplätze wurden kreiert, und amerikanische Unternehmen investierten € 694 Mio. direkt in diesem Markt. Trotz all dieser positiven Anzeichen deutet jedoch auch einiges darauf hin, daß das seit 5 Jahren betriebene, wirtschaftliche Reformprogramm ins Stocken geraten ist. So leben 190 Mio. Inder unter der Armutsgrenze, und an ihrer Situation hat sich seit 5 Jahren nichts geändert. Viele meinen daher, daß nur die Elite des Landes von den Reformen profitiert hätte. Weiters haben die stark steigenden Zinssätze für kurzfristige Darlehen und die zunehmende Konkurrenz aus dem Ausland die Entwicklung der lokalen Wirtschaft beeinträchtigt. Ihr Enthusiasmus für Neuerungen hält sich daher in Grenzen. Da ausländische Unternehmen ihren Eigenkapitalanteil in vielen Branchen auf 51% oder sogar 100% steigern können (früher waren es 40%), befürchten viele lokalen Unternehmer eine ausländische Invasion.

Weiters sind Indiens rechtsgerichtete Parteien angeführt von der Bharatiya Janata Party (BJP) gespalten, in welchem Ausmaß ausländische Direktinvestitionen zugelassen werden sollten. Die BJP prägte den viel zitierten Slogan – „Mikrochips, nicht Kartoffelchips" – um zu beschreiben, welche Art von Investitionen erlaubt sein sollten.[6] Aus diesem Grund schien die BJP amerikanischen Herstellern von Konsumgütern wie PepsiCo, McDonald's, Colgate, und auch Coca-Cola gegenüber skeptisch zu

---

[6]Sharon Moshavi. „Get the ‚Foreign Devils'." *Business Week*, 23. Oktober 1995, S.48-50.

sein. Sie sind aktiv in Proteste involviert. Pepsis Kentucky Fried Chicken widersetzte sich den Protesten und sah sich mit der kurzfristigen Schließung eines ihrer Restaurants konfrontiert. Die Stimmung gegen multinationale Unternehmen, wohl aufgrund der indischen Befürchtungen über einen kulturellen Imperialismus, war größtenteils gegen amerikanische Unternehmen gerichtet. Im Gegensatz dazu hatten japanische und deutsche Unternehmen mit deutlich geringeren Schwierigkeiten zu kämpfen.

Zuguterletzt stehen Wahlen an, die das feindliche Klima eher anheizen als beruhigen. Die regierende Partei unter Premierminister P. V. Narasimha Rao tat die Proteste als Wichtigtuerei von Splittergruppen ab. In Wirklichkeit sieht sich Rao und seine Regierung deutlicher Konkurrenz durch die BJP ausgesetzt und wollte die Wähler nicht durch ausländerfreundliche Parolen abschrecken. Die bestehende Regierung tat daher nur wenig, um ausländische Unternehmen im Lichte der Öffentlichkeit zu verteidigen.

Auch wenn dies nur sehr schleppend vor sich geht, läßt Indiens Rechtssystem Rekursmaßnahmen bei Vertragsbruch zu. Indien stieg beispielsweise aus einem € 2,4 Mrd. schweren Energieprojekt mit dem amerikanischen Hersteller Enron aus. Die Verhandlungen wurden dennoch wieder aufgenommen, nicht zuletzt weil Enron ausgezeichnete Chancen für eine Kompensation auf dem Rechtsweg eingeräumt werden.

Das fundamentalste Problem jedoch ist, daß die feindliche Stimmung aufgetreten ist, bevor Indien noch die schmerzhaftesten Veränderungen hat vollziehen können. Die Regierungen hat bislang noch nicht am Arbeitsrecht angesetzt, das es Unternehmen mit mehr als 20 Mitarbeitern nahezu unmöglich macht, Entlassungen vorzunehmen. Zusätzlich muß Indien sich noch Ansätze überlegen, wie mit dem staatlichen Sektor umgegangen werden soll. Etwa 200 der insgesamt 220 staatlichen Unternehmen sind chronisch in den roten Zahlen. Der daraus resultierende heftige Fremdfinanzierungsbedarf – € 51 Mrd. allein von der zentralen Regierung – treibt die Zinssätze in die Höhe.

Ungeachtet des Wahlausgangs werden die Reformen nicht wieder rückgängig gemacht werden. Einige ausländische Investoren zeigen sich investitionsfreudig und haben im 1. Quartal € 1 Mrd. in die Börse von Bombay investiert. Unternehmen wie McDonald's, Baskin–Robbins und PepsiCo investieren trotz dieser Schwierigkeiten. Das Risiko dabei ist, daß die Reformen in Indien nicht rasch genug voranschreiten, um die wachsende Unzufriedenheit in weiten Teilen der Bevölkerung zu verhindern. Darüber hinaus gibt es viele Beispiele von Investoren, die in China sehr erfolgreich waren, jedoch nur relative wenige, denen in Indien dasselbe gelungen ist.

ANHANG II

Der Bericht aus China von John Farrell, China Division

In einem Bericht der Zeitschrift *Business Week* mit dem Titel „Rethinking China" hieß es:

In überraschend kurzer Zeit ist China als Weltmacht emporgekommen. Mit seiner Wirtschaftskraft hat es einen entscheidenden Einfluß auf den globalen Wettbewerb und diktiert in manchen Fällen sogar die Regeln.[7]

China blickt auf einen Handelsbilanzüberschuß mit den USA in der Höhe von € 29,7

---

[7]Joyce Barathan, Stan Crock und Bruce Einhom. „Rethinking China." *Business Week,* 4. März 1996, S.57-58.

Mrd., während die eigenen Märkte dort, wo amerikanische Konkurrenz bedrohlich werden könnte, verschlossen bleiben. China ist nach wie vor für seine nicht immer fairen Geschäftspraktiken bekannt. Es verlangt von amerikanischen und europäischen Unternehmen, die den Markt bearbeiten wollen, Zugeständnisse hinsichtlich des Transfers von Technologie oder Arbeitsplätzen. Obwohl China einige Mißstände in bezug auf den Schutz geistigen Eigentums beseitigt hat, blüht die Markenpiraterie zu lasten amerikanischer Unternehmen nach wie vor. Experten schätzen, daß den Unternehmen dadurch Verluste in Höhe von € 2,1 Mrd. an entgangenen Umsätzen entstehen, und die Tendenz ist stark steigend.

Steuervorteile für ausländische Investoren wurden reduziert. Derzeit ist sogar in Diskussion, ob ausländische Unternehmen steuerlich nicht so eingestuft werden sollten, daß sie gegenüber lokalen Unternehmen benachteiligt sind. Darüber hinaus müssen sich ausländische Unternehmen mit ständig wechselnden Vorschriften der Zentralregierung, lokalen Amtsträgern oder kapriziösen lokalen Geschäftspartnern herumschlagen. Die Zentralregierung beschränkt z.b. Joint Ventures, die von lokalen Behörden bereits genehmigt wurden. Darüber hinaus sind diese Verträge nicht immer vor chinesischen Gerichten durchsetzbar.

Es gibt jedoch vermehrt Anzeichen dafür, daß Unternehmen solche Hindernisse in Kauf nehmen, um eine wirtschaftlich erfolgreiche Präsenz in China aufzubauen. Obwohl die Bedingungen für ausländische Unternehmen nicht gerade günstig sind, sind heimische Unternehmen noch nicht wirklich eine ernstzunehmende Konkurrenz. In einem offeneren Wirtschaftsklima können die heimischen Firmen, die bereits am Wettbewerb teilnehmen, sich nicht so stark auf ihre Beziehungen, ihre Informationskanäle und Netzwerke verlassen. Der Kampf um den chinesischen Markt wird daher nach wie vor unter den ausländischen Unternehmen ausgetragen.

Dies trifft vor allem auf schnelldrehende Konsumgüter mit Bruttomargen zwischen 18% und 25% zu, da Chinesen Markenprodukte lieben. Procter & Gamble hat daher, wie in den USA, auch in China Unilever als Hauptkonkurrenten. Viele multinationale Unternehmen sehen den Transfer von Technologie als nicht sehr stark risikobehaftet. Viele Pioniere auf dem chinesischen Markt haben die Früchte geerntet, ohne sich neue Konkurrenten heranzuziehen. Dennoch sind die Bestrebungen der Chinesen, mehr aus den multinationalen Unternehmen herauszuholen, sehr ernst zu nehmen. Die Forderungen an ausländische Konzerne, die chinesische Industrie wettbewerbsfähig zu machen, lassen nicht nach. Microsoft beispielsweise wurde mit einem Verkaufsverbot bedroht, sollte es die chinesische Version von Windows 95 nicht mit einem lokalen Partner entwickeln und an der Steigerung der Wettbewerbsfähigkeit der chinesischen Softwareindustrie mitwirken.

Um die chinesische Wirtschaft zu kontrollieren, nehmen die kommunistischen Führer von riskanten, wirtschaftspolitischen Maßnahmen Abstand. Das bedeutet: Es gibt keine größeren Reformen in staatlichen Betrieben oder im Bankensektor – beide Bereiche werden als kritisch für die endgültige Transformation des chinesischen Wirtschaftssystems gesehen. Dafür gibt es zwei Gründe: um die wirtschaftliche Entwicklung und die daraus resultierende Inflation im Zaum zu halten, startete der stellvertretende Premierminister Zhu Rongji 1993 ein erfolgreiches Sparprogramm. Die Wachstumsrate sank 1995 von 12,5% auf 10%, während die Steigerungsraten bei den Einzelhandelspreisen von 21,7% auf 15% zurückgingen. Weiters fürchtet die Zentralregierung, daß die ärmeren Provinzen im Landesinneren in ihrer wirtschaftlichen Entwicklung zurückfallen. Viele der 700 Mio. Bauern leben unter feudalistischen Bedingungen, 100 Mio. Einwohner haben Zuflucht und Arbeit in den Städten gesucht. Man befürchtet daher, daß hohe Arbeitslosigkeit die steigende Kriminalität und Korruption noch weiter anheizen könnte.

Diese Rückkehr zur Zentralisierung ist ein Versuch der Zentralregierung, die Geschwindigkeit der ökonomischen Entwicklung selbst zu kontrollieren, anstatt die Macht den Provinzen an der Küste zu überlassen. Die Reformen, die am dringendsten benötigt werden, sollten beim staatlichen Sektor ansetzen. Er ist einer der größten Hemmschuhe der wirtschaftlichen Entwicklung. Da jedoch 50% der städtischen Bevölkerung in staatlichen Betrieben arbeitet, wird man diese Unternehmen nicht in Konkurs gehen lassen. Diese Betriebe erzeugen jedoch massenhaft Produkte, die niemand mehr kauft. Damit steigt ihre Nachfrage nach Krediten staatlicher Banken, und dies treibt wiederum die Inflation nach oben.

Nichtsdestotrotz gehen die ökonomischen Reformen weiter, wie etwa eine konvertible Währung, die an ausländische Finanzmärkte gebunden ist, oder die Schutzbestimmungen für geistiges Eigentum. Den größten Fortschritt für China erhofft man sich aus einem Beitritt zur *World Trade Organization* (WTO). Als Mitglied wäre China gezwungen, nach einem festgelegten Zeitplan die Wirtschaft zu liberalisieren und Handelsbarrieren abzubauen.

Unter dem Strich gesehen kann erwartet werden, daß Chinas Wirtschaft sich in den nächsten 8 Jahren verdoppeln wird und China damit die sechstgrößte Wirtschaftsmacht der Welt wird. Aus diesem Grund sind die Unternehmen, die auf dem chinesischen Markt einsteigen wollen, nur zu gern bereit, Risiken einzugehen.

Diese Fallstudie wurde von Donna Cristo, Doktorandin an der Pace University, Lubin School of Business, erstellt.

A.6   Schwarzkopf & Henkel Cosmetics: Die Integration zweier Marken nach einer Akquisition

1997 besaß Henkel insgesamt 330 Unternehmen mit beinahe 55.000 Mitarbeitern in über 60 Ländern. Damit wurde ein Umsatz von € 10 Mrd. durch die acht Produktkategorien Kleber, Haushaltsreiniger, Kosmetika, Oberflächentechnologie, chemische Produkte sowie Industriehygiene.

Der Kosmetikbereich generierte 1997 € 1,5 Mrd. Die Aktivitäten wurden hier durch die Integration des früheren Mitbewerbers (Hans Schwarzkopf GmbH) eingebracht. Die Anteile von Schwarzkopf (einem Nachkommen des Unternehmensgründers) kamen von ursprünglich von der Hoechst AG (1995). Dann wurde Schwarzkopf von Henkel 1996 gekauft. In den letzten Jahren als eigenständiges Unternehmen erzielte die Hans Schwarzkopf GmbH weltweit über DM 1 Mrd. Umsatz und hatte mehr als 4000 Mitarbeiter.

Nach der Akquisition von Schwarzkopf durch Henkel wurde das Markenartikelprogramm im Kosmetik- und Toiletteartikelbereich, das die strategischen Geschäftsbereiche Körperpflege, Mundhygiene, Hautpflege und Düfte beinhaltete, zu Schwarzkopf & Henkel Cosmetics (SHC) umorganisiert. Das Geschäft mit den Friseuren wurde durch die Schwarzkopf Professional übernommen. SHCs internationale Ausrichtung zeigt sich in über 50 affiliierten Unternehmen in 40 Ländern.

Im Anschluß an die Akquisition erfuhr SHC Problem im Bereich Haarpflege. Man mußte das Marketing für die drei Hauptmarken reorganisieren: die eine, Poly Kur, gehörte zu Henkel, die beiden anderen, Gliss Kur und Schauma, waren Teil des Schwarzkopfportfolios. Es galt gegenseitige Kannibalisierung am Markt zu vermeiden und das Marktpotential bestmöglich auszuschöpfen. Die notwendigen Entscheidungen wurden Mitte 1997 (d.h. ca. sechs Monate nach Abschluß der Akquisition) getroffen und drehten sich um die zukünftige Marketingstrategie. Dazu gehörten die Umsetzung der Marketingstrategie und die Überlegungen zur internationalen Marktbearbeitung. Die Markenpolitik beschäftigte sich mit der Positionierung der drei Produkte und um Empfehlungen für die Umsetzung auf der Basis dieser Überlegungen.

- Positionierung einer Marke läßt sich als Position einer Marke im Wahrnehmungsbereich des Konsumenten im Vergleich zu einer idealen und den Konkurrenzmarken.
- Die Analyse der gegenwärtigen Position beinhaltet die Identifikation der Position von realen und idealen Marken in bezug auf die wichtigsten Kaufentscheidungskriterien. Dabei wird die subjektive Einschätzung der Konsumenten herangezogen.
- Dann erfolgt die Entscheidung über die Zielposition. Wichtig dabei ist es, die Position der idealen Marke aus Sicht der Kunden zu kennen.
- Abhängig vom Verhältnis zwischen realer zu idealer Markenposition können die Marketingbemühungen verstärkt, fokussiert oder verändert werden.
- Prinzipiell wäre es auch vorstellbar, die Positionierung der idealen Marke zu beeinflussen und sie so nahe an die reale Positionierung wie möglich zu bringen.

Was die Konkurrenten betrifft, so kann dieses Entscheidungsproblem als Wahl zwischen einer Profilierungsstrategie (d.h., sich selbst vom Mitbewerb durch ein einzigartiges Verkaufsversprechen abzuheben und eine Nische zu besetzen), und einer Nachahmungs- oder sogenannten „Me-Too"-Strategie gesehen werden.

Abbildung A.4 illustriert die Positionierung von Gliss Kur, Poly Kur und Schauma 1997 im Vergleich mit Konkurrenz- und idealen Marken hinsichtlich der unten genannten Dimensionen. Die Idealpositionen wurden durch das SHC-Management geschätzt. Zu beachten ist dabei, daß sich in der Marktforschung der Leistungsaspekt weniger wichtig für die Kaufentscheidung herausstellte als die anderen beiden Dimensionen. Dies ist durch die unterschiedliche Schattierung in der Abbildung dokumentiert.

- Die erste Dimension betrifft die Preispositionierung.
- Die zweite ist der Leistungsaspekt. Auf der einen Seite steht die „natürliche Qualität", d.h. wenn Haarprobleme durch sanftere Produkte und pflanzliche Bestandteile gelöst werden. Auf der anderen Seite stehen „High-Tech"-Produkte, die ausdrücklich eine „technologische" Wiederherstellung der Haare auf der Basis wissenschaftlichen Know-hows einsetzen.
- Die dritte Dimension ist der wahrgenommene Grad der Markenspezialisierung. Diese wird als Differenzierung von anderen Marken bezeichnet. Auf der einen Seite läßt sich diese durch die Breite des Sortiments, d.h. die Zahl und Typen verschiedener Varianten für unterschiedliche Haartypen und -probleme (z.B. feines, trockenes/strapaziertes, gefärbtes Haar) beschreiben, auf der anderen durch die Tiefe des Sortiments durch die Intensität der verschiedenen Produkte (wie sofortige Reparatur der Haare, Packungen, Wärmepackungen, Revitalisierung etc.). Marken, die die Position eines Spezialisten einnehmen, sind jene, die nicht nur

Abbildung A.4: Gegenwärtige Markenposition von Henkel und anderen Kosmetika (Mitte 1997)

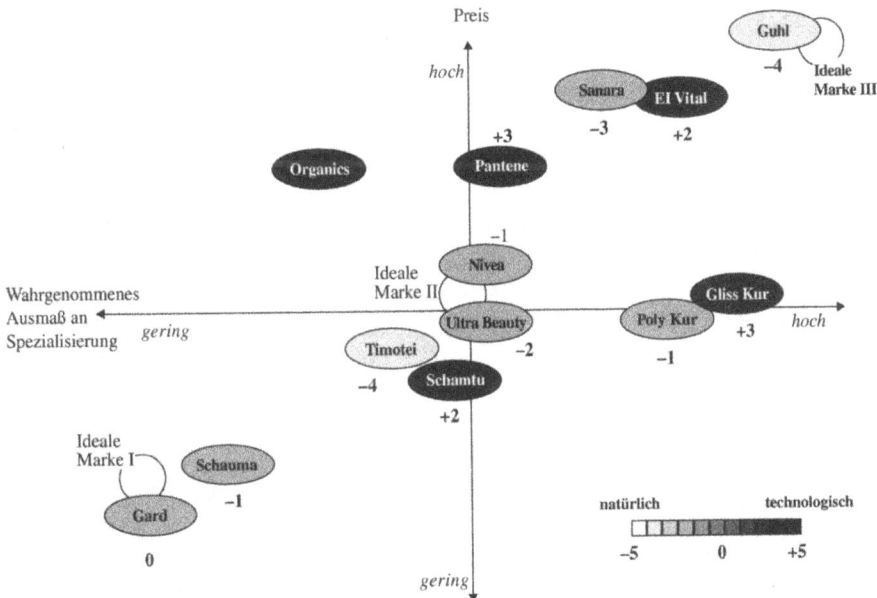

Produkte für viele verschiedene Haartypen und -probleme bieten, sondern auch eine große Zahl an differenzierten Anwendungsoptionen für strapaziertes Haar. Die Marken, die als Generalisten verstanden werden können, konzentrieren sich auf normale Haarpflege (z.B. Produkte für die ganze Familie) mit einer kleinen Zahl an Produkt- und Anwendungsvarianten.

Abbildung A.4 zeigt eine klare Beziehung zwischen der Quelle und der wahrgenommenen Qualität. Konsumenten sind grundsätzlich dazu bereit, hohe Preise für aus ihrer Sicht spezielle Produkte zu zahlen. Die verschiedenen Positionen der drei idealen Marken beziehen sich auf verschiedene Marktsegmente als mögliche Zielgruppen.

- In der Zone rund um die ideale Marke I umfaßt Konsumenten, die nach einem Produkt für sich selbst oder die Familie zu einem vernünftigen Preis suchen.
- Die ideale Marke II wird von Konsumenten, vorwiegend Frauen, im Alter zwischen 20 und 40 mit mittlerem Einkommen gewählt, die unkomplizierte, aber effektive Haarpflege suchen.
- Die ideale Marke III spricht überwiegend Frauen mit höherem Einkommen an, die höhere Anforderungen an ihre Haarpflege stellen. Das Alter dieser Frauen läßt sich zwischen 20 und 55 festmachen.

Die ideale Marke II ist besonders interessant, weil demographische Studien in den meisten europäischen Ländern zeigen, daß der Anteil der Bevölkerung über 40 in Zukunft deutlich ansteigen wird. SHCs Marktforschungsuntersuchungen deuten darauf hin, daß diese Altersgruppe eine hohe Kaufkraft aufweist und in Zukunft wahrscheinlich eine steigende Aufmerksamkeit dem Äußeren und der Gesundheit entgegenbringen wird. Vielversprechende Produkte in diesem Segment werden sich den speziellen Problemen älterer Leute, wie dünneres Haar oder Haarausfall, widmen müssen. Klar erscheint auch, daß Konsumenten nun bereit sind, High-Tech-Produkte zu verwenden.

Was SHCs Marken betrifft, so zeigt Abbildung A.4, daß Henkel nach der Akquisition nun zwei Marken mit einer ähnlichen Positionierung hat: Gliss Kur und Poly Kur. Schauma ist deutlich anders positioniert. Aus diesem Grund wird sich die Fallstudie vor allem auf die Probleme hinsichtlich der Marken Gliss Kur und Poly Kur konzentrieren.

Was die Produktleistung betrifft, so besetzen Gliss Kur (die ursprüngliche Marke von Schwarzkopf) und Poly Kur (die ursprüngliche Marke von Henkel) unterschiedliche Positionen, nachdem sich Gliss Kur auf die eher technologischen Aspekte des Produktes fokussierte, während Poly Kur durch die natürliche Qualität charakterisiert ist. Es soll jedoch auch in Erinnerung gerufen werden, daß durch die verschiedenen Relaunches und Repositionierungskampagnen in den Jahren vor der Akquisition – einige setzten verstärkt auf die technologische Kompetenz – die Poly Kur-Produkte nicht klar als natürliche Haarpflegeprodukte gesehen werden. Poly Kur ruft nach wie vor technologische Assoziationen hervor. Gliss Kur auf der anderen Seite ist eine hoch spezialisierte Marke, die konsistent als „High-Tech"-Produkt dargestellt wurde, die den Konsumenten hohe Kompetenz auf der Basis herausragender, wissenschaftlich fundierter Reparatur von Haarschäden bietet.

Was die Preispolitik betrifft, so finden sich beide Marken im mittleren Preisbereich, obwohl die Kunden Poly Kurs Preis-/Leistungsverhältnis nicht so herausragend wie jenes von Gliss Kur beurteilen. Experten bei SHC schätzen, daß Konsumenten Gliss Kur mit einem hohen Niveau an Behandlungskompetenz assoziieren, und daß sie dadurch eher bereit sind, einen höheren Preis zu akzeptieren, ohne gleich die Marke zu wechseln. Diese Bereitschaft ist nicht so prononciert im Fall von Poly Kur.

Der sehr ähnliche Grad der Spezialisierung ist auf die Ähnlichkeit in der Sortimentsstruktur von Gliss Kur und Poly Kur in den Bereichen Shampoo, Pflegeprodukte (z.B. Conditioner), konventionelle Haarbehandlung (z.B. Packungen) und spezielle Behandlungen (z.B. Haarspitzengel) zurückzuführen. Die enorme Breite und vor allem die Tiefe des Sortiments bedeutet für beide Marken eine Position als Haarspezialist im Behandlungssegment. Poly Kur hat eine etwas weitere Produktauswahl für normales Haar und eine eingeschränktere Palette bei Spezialprodukten. Gliss Kurs Produktauswahl beinhaltet hoch differenzierte Produkte für verschiedene Haartypen und konzentriert sich auf spezielle Anwendungen für verschiedene, aber hauptsächlich Haarprobleme. Der USP von Gliss Kur besteht in dieser Differenzierung. Poly Kur ist eher als unkomplizierte Pflege für eine große Bandbreite an Haartypen positioniert.

Zusammengefaßt als Ergebnis einer konsistenten Markenpolitik wird Gliss Kur als deutlich kompetenter in der Reparatur und Spezialbehandlung von unterschiedlichen Haarproblemen gesehen. Seit einiger Zeit überlegt man bei SHC die Einführung spezieller Produkte für ältere Personen. Abbildung A.5 beleuchtet das Sortiment von Gliss Kur und Poly Kur graphisch in seiner Struktur nach der Akquisition von Schwarzkopf. Wie die Abbildung zeigt, überschneiden sich die beiden zu einem Großteil.

Wenn man auf den Marketingmix sieht, dann werden bei Poly Kur die natürlichen Ingredienzen hervorgestrichen, ohne daß sie sich jedoch konsistent auch auf den Verpackungen niederschlagen.

Über einen langen Zeitraum waren die Flaschen für die Pflegeprodukte rechteckig.

Abbildung A.5: Sortimentsstruktur von Gliss Kur und Poly Kur nach der Henkel/ Schwarzkopf-Akquisition (1997)

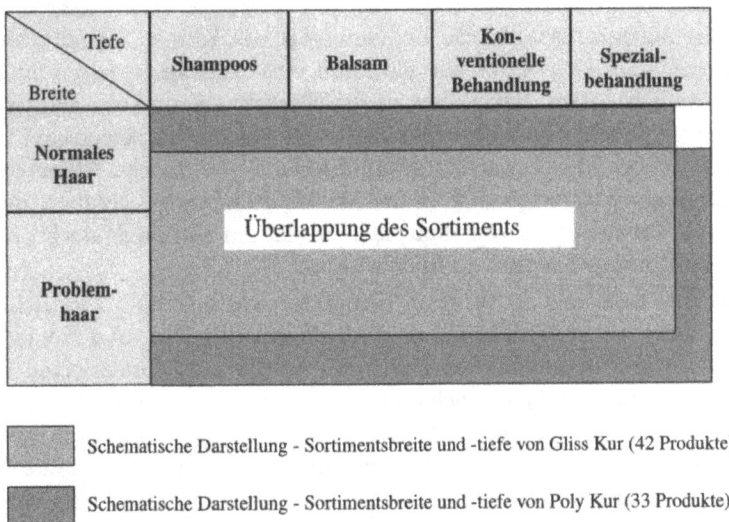

Quelle: Schwarzkopf & Henkel, Unternehmensinformationen

Erst seit kurzem gab es Versuche, den Flaschen durch das Bild eines Blattes einen na-
türlicheren Charakter zu geben. Im Gegensatz dazu beinhaltete Gliss Kur chemische
Substanzen zur Reparatur angegriffener Haare, was seit 1996 auch durch die Schlüssel-
worte „Hair Repair Complex" unterstützt wurde. Die Verpackung für Gliss Kur trägt
durchgehend ein bildliches Motiv für die Haarreparatur.

Die Idee Produkte einzuführen, die sich speziell den Haarproblemen von Konsumenten in der Altersgruppe 40+ widmen, wurde gegenwärtig überlegt. Im Kontext eines
neuen Konzepts mit dem Namen „Age Repair 40+" wurden Produkte entwickelt, die
Proteine und Vitamine enthalten. Marktforschungsergebnisse zeigten ein hohes Maß
an Akzeptanz für diese Pflegelinie.

Bei der Kommunikation für Poly Kur-Produkte konzentrierte man sich auf die natürlichen Pflegeeigenschaften. Die Marke Gliss Kur spricht in zunehmendem Maß anspruchsvolle Konsumenten mit einem hohen Interesse an kosmetischen Produkten. Die
Intention ist es, die Aufmerksamkeit der Konsumenten auf den Aspekt zu lenken, daß
der „Hair Repair Complex" bei schwierigem Haar die einzige Alternative zu Haarschnitt
ist. Dies wird in der Kommunikation durch eine verbale Botschaft kommuniziert – eine
Schere als Symbol der drastischen Problemlösung.

Wie bereits beschrieben ist die Preispolitik im Grunde genommen für beide Marken
ähnlich, wobei Gliss Kur leicht teurer ist. Die Erklärung, die für die Akzeptanz einer
höherpreisigen Produktlinie für ältere Konsumenten spricht, ist deren hohe Kaufkraft
und ihre Tendenz, mehr für besondere Leistungen zu zahlen. Die Distributionspolitik
für Gliss Kur und Poly Kur ist für beide Produkte sehr breit angelegt mit einem
Schwerpunkt auf Drogerien und den spezialisierten Einzelhandel.

Auf internationaler Ebene wurden Gliss Kur und Poly Kur vor allem in Westeuropa mit ersten Erfolgen auch in den osteuropäischen Ländern verkauft. Bis auf wenige
Länder wie Rußland und Polen, wo sich aufgrund der wirtschaftlichen Bedingungen
spezifische Umstände herrschten, waren die Zielländer im großen und ganzen ähnlich hinsichtlich der wirtschaftlichen Faktoren, wie Bruttoinlandsprodukt, Kaufkraft,
Wettbewerb und Mediensituation, rechtliche und politische Überlegungen, wie Gesetze und Regulierungen, geographische Bedingungen, wie Klima, Topographie, Produktionstechnologien und sozio-kulturelle Faktoren, wie Konsumentengewohnheiten und
Einstellungen zu Kosmetika. Beispielsweise die Einstellung zur Verwendung von Haarpflegeprodukte ist üblicherweise eher unkompliziert was die Nutzenaspekte betrifft, die
man von diesen Produkten erwartet (gesundes Haar, persönliche Attraktivität, etc.)
In diesem Zusammenhang zeigte sich in der Marktforschung jedoch auch, daß das Bild
eines erfahrenen Konsumenten von Haarpflegeprodukten eher in deutschsprachigen als
in französischsprachigen Ländern zu finden waren.

In der Periode nach der Akquisition bemerkte man bei SHC, daß sich Gliss Kur
und Poly Kur nicht wie erwünscht auf dem Markt entwickelten, und daß es eine Inter-
dependenz in der unternehmerischen Planung und der marktorientierten Umsetzung
gab. Das Produktmanagement sah sich damit konfrontiert, daß sie eigentlich das gleiche
Konzept für zwei ähnlich positionierte, aber praktisch sich konkurrenzierende Marken
zu entwerfen hatten. Im Verkauf konnte man nicht genügend Argumente finden, um
die Distribution im Handel für beide Produkte zu forcieren. Dies trifft vor allem das
Segment der Spezialprodukte, wo die Produkte der beiden Marken im wesentlichen
ähnlich waren.

Gliss Kur und Poly Kur konkurrenzierten sich auch bei den Konsumentenpräferenzen, nachdem die Positionierung als Spezialist eine wichtigere Rolle bei der Kaufentscheidung als die natürliche Qualität oder die wissenschaftlich nachgewiesene Leistung spielte. Kannibalisierungseffekte zulasten von Poly Kur waren zu beobachten und verschärften sich durch die Ansprache von ähnlichen Zielgruppen der beiden Marken noch. SHC entschied sich dennoch, beide Marken weiterzuführen. Dabei stellte sich das Problem, wie eine neue Strategie für beide Marken aussehen könnte.

Diskussionsfragen

1. Entwickeln Sie ein Konzept für die Neupositionierung der beiden neuen Marken, indem Sie sich auf die drei oben genannten Positionierungsdimensionen beziehen.

2. Erklären die Sie Auswirkungen einer Neupositionierung auf das Sortiment von Gliss Kur und Poly Kur. Machen Sie Vorschläge für die geeignete Sortimentsbreite und -tiefe (mit Bezug auf das beabsichtigte Maß an Spezialisierung).

3. Welche Schlußfolgerungen kann man aus der vorgeschlagenen Positionierung für die Marketingmaßnahmen ziehen?

Quelle: Phillips, C., Pruyn, A., Kestemont, M.P. (2000): Understanding Marketing, A European Casebook, Wiley

A.7 Oriflame

A.7.1 Einleitung

Diese Fallstudie bietet Ihnen einen allgemeinen Einblick in das schwedische Kosmetikunternehmen Oriflame International SA, das sich in eindrucksvoller Weise auf dem zentral- und osteuropäischen Markt etablieren konnte. Spezielles Augenmerk gilt dabei den Aktivitäten Oriflames in Polen.

A.7.2 Unternehmensprofil

Oriflame wurde 1967 von den Brüdern Jonas und Robert af Jochnick und Bengt Hellsten in Schweden gegründet. 1972 wurde eine Konzernmutter, Oriflame International S.A. (OISA) in Luxemburg etabliert. Seit 1982 notiert OISA an der London Stock Exchange.

Oriflames spezifisches Marktbearbeitungskonzept, das sich auf Direktverkauf stützt, ermöglichte eine rasche Expansion außerhalb Skandinaviens. Das Unternehmen ist derzeit in 42 Ländern von Europa, dem Fernen Osten, Australien sowie Nord- und Südamerika vertreten. 1987 wurde nach der Einführung der Marke Vevay auch der Postversand ausgeweitet. 1992 wurde der Hersteller von Naturkosmetik Fleur de Santé in das Unternehmen aufgenommen. 1992 wurde ACO Hud, eine der führenden Hautpflegemarken in Schweden gekauft. Deren Produkte werden über Apotheken in Schweden, Norwegen und Island verkauft.

Oriflame entwickelt und produziert in Irland eigene Kosmetika auf natürlicher Basis. Oriflame Osteuropa (ORESA), das von Brüssel aus geleitet wird, wurde 1990 mit dem Ziel gegründet, den osteuropäischen Markt zu durchdringen. 1994 belief sich der Umsatz durch Direktverkauf auf 83% des Konzernumsatzes (ORESA und OISA). Oriflame ist in 42 vorwiegend europäischen Ländern vertreten, wobei in 29 Ländern eigene Tochtergesellschaften gegründet wurden. In weiteren 13 Ländern bestehen Verträge mit Lizenznehmern. Die organisatorische Struktur einer Länderniederlassung findet sich in Abbildung A.6.

Abbildung A.6: Organisatorische Struktur einer Handelsorganisation

A.7.3 Der Markt

Der Markt für kosmetische Produkte entwickelt sich sehr positiv mit Wachstumsraten von durchschnittlich 4% pro Jahr. Dies ist vor allem vor dem Hintergrund der eher schrumpfenden Märkte in vielen Konsumgüterindustrien aufgrund der allgemeinen wirtschaftlichen Rezession zwischen 1992 – 1993 beachtlich.

Die Verkaufszahlen des Unternehmens sind seit der Gründung 1967 kontinuierlich gestiegen. Im Juni 1994 beliefen sich die Gesamtumsätze des Konzerns auf € 195 Mio. Die Zuwächse waren gerade in Europa durch die neuen Unternehmen in Zentral- und Osteuropa höchst erfreulich. Das Umsatzwachstum läßt sich auch dadurch erklären, daß Konsumenten in zunehmendem Maß darauf achten, wie sie einkaufen. Viele Konsumenten finden den Besuch in einem Warenhaus unpersönlich und anstrengend. Der Trend geht immer mehr in Richtung persönliches Service und Aufmerksamkeit. In Kombination mit der „10%-Geld-Zurück-Garantie", die Oriflame bietet, läßt sich der Verkaufserfolg von Oriflame erklären.

Zusätzliches Wachstum kommt aus Süd- und Zentralamerika. Die Aktivitäten werden in Südamerika von Chile aus gelenkt, das anhaltend erfolgreich ist.

Der weltweite Markt für Kosmetika und Körperpflegeprodukte ist gesättigt, die prognostizierten Wachstumsraten liegen bei 3% pro Jahr. Dabei ist Europa mit einem Weltmarktanteil von 37% der größte Markt. Die Wachstumsraten sind in dieser Region ebenfalls höher als in anderen, was auf die gute Marktentwicklung in Osteuropa zurückzuführen ist. Im Gegensatz dazu ist der amerikanische Markt gesättigt und das Wachstum sehr langsam.

Im bezug auf Produktkategorien ist die Hautpflege der wichtigste Produktbereich außer in den USA, wo die Verwendungshäufigkeit eher geirnger ist.Ein Trend bei der Einführung neuer Produkte ist die Definition eines Produktnutzens, der nicht nur kosmetischer Natur ist. Vielfach werden diese Produkte über gesundheitliche Wirkung verkauft. Diesen Trend kann man über die verschiedenen Märkte hinweg beobachten, was auch auf einen höheren Reifegrad der Märkte schließen läßt. Diese therapeutischen Kosmetika, sogenannte *cosmeceuticals*, werden die Wachstumsbringer im Hautpflegemarkt werden. Die Kosmetikindustrie war daher in den letzten Jahren sehr aktiv bei der Entwicklung derartiger Produkte. Man hat Unsummen für Forschung und Entwicklung ausgegeben und oft medizinische Forschungsergebnisse für die Produktentwicklung herangezogen.

Obwohl es eine ständige Suche nach Innovationen gibt, sind diese mit einem rechtlichen Risiko behaftet. Diese Neuerungen können nicht in Form von Patenten geschützt werden, was das Potential für Erträge aus den Produktneuheiten einschränkt.

Der europaweite Umsatz mit Hautpflegeprodukten ist 1992 um 8-10% gestiegen. Der Wachstumsbereich sind dabei die sogenannten Anti-Aging-Produkte, die frühzeitige Hautalterung verhindern sollen, was hohe Anforderungen an die Produktqualität bedeutet. Die zunehmende öffentliche Besorgnis über Umweltverschmutzung und die Verbindung zu schädlichen Effekten von ultravioletten Strahlen ist ebenfalls von großer Bedeutung für die Industrie.

Körperpflegeprodukte erzielten nach wie vor gute Markterfolge in Europa, aber die Marktpenetration im Vergleich zum Markt für Sonnenschutzmittel ist eher gering.

Der Anteil des Direktverkaufs von Kosmetika beläuft sich in nachstehenden Ländern auf folgenden Prozentsatz: Schweden (20), Großbritannien (15), Finnland (13),

Frankreich (7), Dänemark (11), Osteuropa (11), Spanien (7), Holland (6), Norwegen (4), andere (13). Insgesamt gesehen beträgt der über Direktverkauf vertriebene Anteil in der Kosmetikindustrie 10-15%.

A.7.4 Der Direktverkauf

Direktverkauf, der bereits in den 20er Jahren in den USA eine wichtige Bedeutung hatte, wird von der amerikanischen *Direct Selling Association* wie folgt definiert:

Als Direktverkauf bezeichnet man den direkten Verkauf von Konsumgütern an einzelne Konsumenten, an ihrer Wohn- oder Arbeitsstätte, der durch einen Verkäufer initiiert nd agschlossen wird. Direktverkauf hat nicht nur für den Hersteller, sondern auch für den Konsumenten viele Vorteile gegenüber konventioneller Distribution über ein Einzelhandelsgeschäft. Der Kunde ein Produkt im Servicezentrum aussuchen oder sich gleich direkt liefern lassen. Der Hersteller muß seine Produkte nicht durch hohe Werbekosten unterstützen, um sie den Kunden anzubieten. Der Vertreter spielt eine zweifache Rolle, indem er selbst Kunde und Verkäufer auf der Suche nach neuen Kunden ist.

Im Juli 1994 errechnete die *World Federation of Direct Selling Association*, daß über Direktverkauf weltweit Geschäfte in der Höhe von € 50 Mrd. abgewickelt und 30 Mio. Personen damit beschäftigt werden pro Jahr. In den USA arbeiten ca. 5-7 Mio. Personen, in Japan mehr als 2 Mio. im Direktverkauf. Die meisten Mitarbeiter im Direktverkauf tun diesen Job nicht nur, weil sie die Produkte gerne mögen oder ihr Einkommen erhöhen wollen, sondern auch weil sie der Direktverkauf als gute Chance zur Selbständigkeit entwickelt hat. Direktverkauf ist nun eine globale Aktivität mit vielen neuen Marktteilnehmern aus traditionellen Unternehmen.

Die meisten im Direktverkauf erfolgreichen Unternehmen verwenden heute ein Verkaufssystem, das sich Network Marketing oder Multilevel Marketing nennt. In einem Artikel beschreibt das Wall Street Journal Network Marketing wie folgt:

Network marketing ist ein Verkaufkonzept, das auf Geschäfte ganz verzichtet. Über das Netzwerk wird eine Vielzahl von Produkten, wie Schreibwaren, Zahnpasta, Computer, Autos oder sogar Immobilien, verkauft. Diese Produkte sind zwischen 15-50% billiger als in traditionellen Geschäften. In naher Zukunft werden 50-60% aller Produkte und Dienstleistungen auf diesem Weg verkauft werden.

Die Regeln sind ungefähr überall die gleichen. Ein autorisierter Händeler liefert die Produkte direkt ins Haus des Kunden. Seine ersten Kunden sind Familienmitglieder und Freunde. Ein Distributor kauft die Produkte zu einem Preis, der ca. 20-30% unter dem Endverbraucherpreis liegt. Diese Differenz stellt seinen Profit dar. Wenn er mehr verdienen möchte, kann er das über die Gewinnung neuer Distributoren. Abhängig von der Zahl an neuen Vertretern und dem dadurch erzielten Verkaufsvolumens erhält er eine Kommission und einen Bonus. Manchmal kann es sich dabei um einen Preis, wie eine schöne Auslandsreise, oder um Pensionszahlungen handeln. Je mehr neue Vertreter man rekrutiert, desto mehr erhöht sich das eigene Einkommen. Das Unternehmen erzielt dadurch ebenfalls Gewinne, denn es muß keine Mietkosten für Geschäfte tragen.

Oriflame ist eines der größten Unternehmen im Direktverkauf. In Skandinavien, sowie in Zentral- und Osteuropa ist es damit sogar Marktführer.

A.7.5   Oriflame

Direktverkauf

Der konventionelle Verkauf beihaltet eine Güterbewegung durch eine Hierarchie von Zwischenhändlern auf dem Weg vom Hersteller zum Endverbraucher. Diese Mittelsmänner, Groß- und Einzelhändler, erhalten für ihre Tätigkeit eine finanzielle Gegenleistung. Beim Direktverkauf werden diese Dienstleistungen nicht benötigt. Die Gewinne werden vielmehr zwischen den Vertretern geteilt. Damit ergibt sich für Oriflame auch die Möglichkeit, hochqualitative Produkte zu geringeren, wettbewerbsfähigen Preisen zu verkaufen.

Oriflame hat die Aufgabe für die Verpackung der Produkte zu sorgen. Das Unternehmen kümmert sich weiters um die Finanzierung und Datenverarbeitung, die Lagerhaltung, das Marketing, die Entwicklung und Durchfürhung von Verkaufstrainings, sowie die Erstellung der Produktunterlagen für den Verkauf.

Die Oriflame-Vertreter bieten den Kunden ein einmaliges Service. Sie bieten Produktberatung direkt an der Wohn- oder Arbeitsstätte der Konsumenten. Die Unternehmenspolitik lautet wie folgt: zukünftige Kunden (1) dürfen nicht durch harte Verkaufsmethoden zum Kauf genötigt oder verpflichtet werden, (2) erhalten eine kostenfreie Hautanalyse und einen persönlichen Pflegeplan, und (3) werden nach dem Kauf laufend ohne zusätzliche Kosten persönlich betreut.

Oriflame beschäftigt 300.000 Vertreter weltweit. Diese Vertreter haben üblicherweise einen Hauptberuf, mit Oriflame-Produkten beschäftigen sie sich daher vorwiegend in ihrer Freizeit. Historisch gesehen wurden die Vertreter streng auf Kommissionsbasis entlohnt. Ihr Hauptverkaufsinstrument war der Verkaufskatalog, den Oriflame bereitstellte. Mehr als 12 Mio. Verkaufskataloge in 17 Sprachen werden pro Jahr verteilt.

Oriflames Verkaufsmethode besteht aus dem Verkauf einer breiten Palette hochwertigster Kosmetika an Konsumenten auf der Basis eines persönlichen Verkaufsgesprächs, das durch einen einzigartigen Multilevel-Marketing-Plan unterstützt wird.

Die Vertreter bekommen ihre Kataloge alle 2-4 Wochen. Sie verwenden ihn, um Freunden, Verwandten und Kollegen die neuen Produkte vorzustellen. Die Vertreter bestellen die Produkte und erhalten sie in größeren Lieferungen von Oriflame. Diese werden dann auf die einzelnen Kundenbestellungen aufgeteilt.

Oriflame ist nun gerade dabei, eine für das Unternehmen neue Marketingmethode einzusetzen. Dazu gehört, daß der Vertreter ein Verkaufsnetzwerk aufbaut und für jeden durch einen von ihm rekrutierten Vertreter vermittelten Verkauf einen Bonus oder eine Kommission erhält. Dieses System, das man auch oft als Multilevel-Marketing bezeichnet bietet Geschäftsmöglichkeiten für nebenberuflich tätige Vertreter ebenso, wie solche die damit den Hauptteil ihres Einkommens verdienen. Diese Methode hat für Oriflame besonders gut in Lateinamerika und Osteuropa funktioniert. Die Vertreter in diesen Ländern verdienen ein Einkommen, das deutlich über dem nationalen Durchschnitt liegt. Kataloge sind ein integraler Bestandteil dieses Systems, sie werden aber zunehmend weniger verwendet. In Zukunft will Oriflame diese Methode auch für die traditionellen westeuropäischen Märkte anwenden. Oriflame war trotz mehrerer Versuche in Deutschland und den USA wenig erfolgreich.

Vom Vorstand des Unternehmens gab es eindeutige Vorgaben, daß Oriflame in

Zukunft verstärkt in en Direktverkauf gehen sollte. Dort hat das Unternehmen das höchste Potential (s. Anhang für nähere Details zum Marketingplan).

Weitere Aktivitäten

Der Postversand bei Oriflame kann in zwei Bereiche gegliedert werden. Der erste umfaßt den direkten Verkauf von Produkten aus dem Katalog an Endkonsumenten. Dies wird auch als positive Option bezeichnet.

Der zweite Bereich von postalischen Aufträgen basiert auf einem System, das jenem von Buchklubs ähnlich ist. Mitglieder dieses Klubs erhalten ein spezielles Produktangebot, über das sie mittels einer Broschüre informiert werden. Das Produktpaket wird automatisch an den Konsumenten verschickt, außer er bestellt es aktiv ab (negative Option).

Der Postversand beläuft sich auf ca. 5% des gesamten Kosmetikmarktes. Der Markt expandiert jedoch vor allem in den skandinavischen Ländern. Die Aktivitäten in Osteuropa weisen ebenfalls ein hohes Potential auf. Die Zeit scheint reif für die Einführung dieses Konzepts. Man erwartet sich dadurch eine positive Geschäftsentwicklung. Der Markt ist jedoch mit dem Hauptkonkurrenten Yves Rocher heftig umkämpft.

Der Postversand innerhalb von Oriflame wird von Dänemark aus gelenkt, wo der Kosmetikclub von Vevay und Fleur de Santé aus operieren. 1992 wurden die Aktivitäten des Postversands zu einer eigenen Division zusammengefaßt. Der Postversand startete 1978 in Dänemark mit dem ersten Kosmetikclub. Mittlwerweile hat dieser in Dänemark rund 100.000 Mitglieder und erzielt einen Umsatz von € 4,5 Mio. pro Jahr.

Vevay wurde 1987 in Schweden gegründen. Seit damals entstanden Niederlassungen in Norwegen, Finnland und Dänemark gegründet. Seit 1993 gründetet ORESA Unternehmen in Polen, Ungarn und der tschechischen Republik. Vevay hat rund 120.000 Mitglieder und erzielt einen Umsatz von ca. € 3,5 Mio.

Fleur de Santé ist seit Mai 1992 ein Teil von Oriflame (36%-Anteil am Unternehmen). Das Unternehmen mit Sitz in Malmö weist einen Umsatz von mehr als € 12,8 Mio. in Schweden, Norwegen und finnland auf. Im August 1992 erwarb Oriflame die Vertriebsrechte für Fleur de Santé in Osteuropa. Im Februar 1993 wurde ein Unternehmen in der tschechischen Republik gegründet.

1994 trug der Postversand 7% zum Gesamtumsatz von Oriflame bei.

A.7.6   ACO

ACO entwickelte sich aus einem schwedischen Pharmaunternehmen, das bereits seit 1939 am Markt aktiv war. Im zuge der Verstaatlichung schwedischer Apotheken 1972 ging ACO an das staatliche Pharmaunternehmen Kabi Vitrum über. Am 1. Jänner 1992 kaufte Oriflame ACO. ACOs Hauptmarkt ist Schweden, wo die Produkte über Apotehken vertrieben werden. ACO ist dabei einer der bekanntesten Markennahmen für Hautpflegeprodukte in Schweden. Zur Produktpalette gehören Cremen, Lotionen, Sonnenschutz- und Handpflegeprodukte. Die ACO-Produkte sind im mittleren bis unteren Preisbereich angesiedelt, während Produkte von Nordlicht als Prestigemarke positioniert sind. Das Umsatzwachstum während der letzten Jahre ist auf die neuen Produkte ebenso wie Sonnenschutzmittel zurückzuführen. Umsätze stiegen auf € 20 Mio., d.h. ca. 10% des gesamten Umsatzes von Oriflame.

Produktion

Ende 1977 entschied sich das Management eine Produktionstätte in der Nähe von Dublin zu errichten, die dann zwei Jahre später fertiggestellt war. Das Gebäude dehnte sich auf 2.800 m^2 aus und beherbergte Produktion, die Forschungsabteilung und die Qualitätskontrolle. Erweiterungen wurden 1980, 1989, 1991-1992 und 1992-1993 durchgeführt. Heute umfaßt die Produktionskapazität zwischen 22 und 40 Mio. Produktionseinheiten. Das Werk ist eines der modernsten Produktionsunternehmen Europas für Konsmetikprodukte und mit hochtechnologischen Anlagen ausgestattet.

Alle Oriflame-Produkte werden einer strikten physikalischen, chemischen und mikrobiologischen Kontrolle unterzogen, bevor sie an die Konsumenten ausgeliefert werden. Das Ziel ist, daß die Konsumenten sich auf ein Produkt und seine langfristige Qualität verlassen können, gleichgültig wann es gekauft wurde.

Um dieses Ziel zu erreichen, werden alle Rohmaterialien und die Verpackungen nach strikten Spezifikationen getestet, bevor sie in den Produktionsprozeß eingehen. Höchste Sicherheits- und Qualitätsstandards sind oberste Priorität. Das verwendete Wasser wird täglich auf mikrobiologische Reinheit getestet.

Forschung und Produktentwicklung in der Dubliner Produktionsstätte konzentrieren sich auf die Entwicklung neuer Kosmetika, die sich an den Marktbedürfnissen und -erwartungen orientieren. Die Produktionsphilosophie ist, sich auf neue Konsumentenbedürfnisse, wie biologische Abbaubarkeit, Recycling und der Verzicht auf tierische Produktbestandteile, Rücksicht zu nehmen.

1994 entwickelte die F&E-Abteilung über 100 neue Produkte für Oriflame, Vevay, Fleur de Santé und ACO.

Die wirtschaftlichen Ergebnisse Oriflames

1993 und 1994 konnte Oriflame folgende Ergebnisse berichten:

Tabelle A.14: Die wirtschaftlichen Ergebnisse 1994/1995 (in Tsd.€)

	1994	1993
Umsätze	196,952	163,218
Betriebsergebnis	30,702	26,663
Gewinn vor Steuern	37,206	26,769
Gewinn nach Steuern	31,562	19,954
Kapitalausgaben	17,262	11,725
Gewinnspanne %	16	16.4
Eigenkapitalquote (%)	57	55
Kapitalrendite (%)	32	36
Verschuldungsgrad (%)	14	31
Mitarbeiter	1,328	1,148

A.7.7   Oriflame in Osteuropa

Die Entscheidung des Markteintritts

Als Oriflame 1990 entschied, ein Engagement in Osteuropa einzugehen, berief Jonas af Jochnick Sven Mattsson, bislang Geschäftsführer auf den Philippinen, nach Europa zurück. Ein Jahr zuvor hatte sich af Jochnick aus der operativen Geschäftsführung zurückgezogen, um mehr Zeit für neue Marktchancen speziell in Osteuropa zu haben. Gemeinsam mit Mattsson und einer Sekretariatskraft eröffnete Af Jochnick ein Büro für das neue Unternehmen ORESA. Ziel war es, Geschäftschancen im Direktverkauf von Kosmetika in Osteuropa (beginnend in der damaligen Tschechoslowakei, Ungarn und Polen) zu lukrieren. Zu einem späteren Zeitpunkt sollten die Märkte in Bulgarien, Rumänien, der Sowjetunion und Jugoslawien bearbeitet werden.

Am 10. Juli 1990 wurde af Jochnick zum Vorstand von ORESA bestellt. In einem Brief an die Aktionäre von Oriflame schrieb er:

Die Öffnung osteuropäischer Märkte bietet neue Chancen für Entwicklungsmöglichkeiten. Von den neuen, demokratisch gewählten Regierungen gibt es starke Ambitionen, die Märkte in diesen Ländern im Stil westlicher Marktwirtschaften aufzubauen. Die Grundlagen der Gesetzgebung, die ausländische Direktinvestitionen ermöglichen, sind bereits in Enststehung.

Das Management von ORESA sieht große Entwicklungschancen für Unternehmen, die

1. im Konsumgüterbereich tätig sind;

2. die bereit sind, Geld und Gewinnen in die lokalen Märkte zu investieren, und die durchaus einige Zeit warten können, bis Gewinne rückfließen;

3. über Ressourcen verfügen, die sie in lokale Niederlassungen investieren wollen;

4. in die Entwicklung und das Training lokaler Mitarbeiter und zukünftigen Führungskräfte investieren wollen.

Derzeit gibt es ein hohes Maß an Unsicherheit, wohin und wie rasch sich diese Marktchancen entwickeln werden, denn die endgültigen rechtlichen Rahmenbedingungen sind noch nicht in allen Ländern umgesetzt. Es ist daher zum gegenwärtigen Zeitpunkt nicht möglich, genauere Aussagen über die zeitliche und quantitative Dimension der finanziellen Rückflüsse zu treffen.

Investitionen in diesen Ländern müssen sich vielmehr auf das Vertrauen stützen, daß die politischen Veränderungen irreversibel sind, und daß es ein klares Bekenntnis zur Entwicklung der neuen Märkte nach westlichen Standards geben wird. Ich glaube, daß Unternehmen, die bereits am Anfang Initiative zeigen und eine langfristige Perspektive haben, in Zukunft überdurchschnittliche Gewinne erwirtschaften werden.

Das ursprüngliche Ziel von ORESA war es, Verkaufsorganisationen in der damaligen Tschechoslowakei, Ungarn und Polen zu etablieren, die das in bestehenden Märkten bewährte System des Direktverkaufs umsetzen sollten. Diese Verkaufstechnik erschien besonders geeignet für diese Märkte, da die Distributionssysteme zu dem Zeitpunkt noch stark unterentwickelt waren.

ORESA überlegte sich auch einen Markteintritt in Form von Joint Ventures mit bestehenden Kosmetikherstellern, um eine lokale Beschaffung der Produkte in diesen

Ländern zu ermöglichen. Längerfristig sollte dort auch die Produktion für den Export nach Osteuropa abgewickelt werden.

Die Entwicklung von 1990 bis 1994

Das erste Land, das Oriflame bearbeitete, war die ehemalige Tschechoslowakei. Eliska Wescia, einer Frau mit tschechischen Wurzeln, die in Malmö lebte, wurde das Angebot gemacht, nach Prag zurückzukehren. Sie akzeptierte und realisierte im Dezember 1990 die ersten Umsätze. Von einem Büro mit 100 m² aus erzielte sie nach drei Monaten einen Umsatz von € 250.000. Die Umsätze stiegen so rasant an, daß das Unternehmen den aktiven Verkauf kurzfristig einschränkten mußte, um ein neues Lager und Büroflächen zu organisieren. 1994 verfügte Oriflame über ein Büro in Prag mit 600 m²und ein Lager mit 1000 m², sowie 15 Servicecentern landesweit.

In Polen rekrutierte das Unternehmen die ersten 12 Vertreter. Sie bestellten nach zwei Wochen bereits Waren im Wert von € 17.000 und gehören heute noch zu den führenden polnischen Vertretern. Ein Pole, der mehr als zwei Jahre im Iran verbracht hatte und fließend englisch sprach, wurde als Geschäftsführer engagiert.

In Ungarn, wo Konkurrenten wie Avon und Amway bereits etabliert waren, wurde

Tabelle A.15: Verkaufszahlen in ausgewählten Ländern

Tschechische Republik	Start: Dezember 1990			
	1991	1992	1993	1994
Gesamtumsatz (in 1000 €)	3,839	10,760	10,846	11,622
Aktive Kundenkonten	2,320	7,629	12,494	18,804
Aktivitäten %/Monat (Durchschnitt)	74%	81%	68%	61%
Verkäufe/aktiv/Monat (€ Durchschnitt)	415	117	106	95
Mitarbeiter	9	33	51	61
Bürofläche (in m²)	300	300	450	600
Lagerfläche (in m²)	600	660	700	1,000
Anzahl der Servicecenter		16	17	21
Werbeausgaben (in 1000 €)		12	320	340

Hinweis: Die Tschechoslowakei spaltete sich am 1.1.1993 in zwei Nationen – die Tschechische Republik und die Slowakei. 1993 und fast das gesamte Jahr 1994 wurde die Lagerhaltung durch die tschechische Vertriebsmannschaft übernommen.

Slowakei	Start: Jänner 1993	
	1993	1994
Gesamtumsatz (in 1000 €)	2,712	5,429
Aktivte Kundenkonten	3,795	9,090
Aktivitäten %/Monat (Durchschnitt)	66%	59%
Verkäufe/aktiv/Monat (€ Durchschnitt)	153	76
Mitarbeiter	10	30
Bürofläche (in m²)	280	550
Lagerfläche (in m²)	0	600
Anzahl der Servicecenter	0	6
Werbeausgaben (in 1000 €)	20	75

Ungarn	Start: Mai 1991			
	1991	1992	1993	1994
Gesamtumsatz (in 1000 €)	1,188	5,510	8,058	11,452
Aktivte Kundenkonten	3,602	13,442	18,933	23,285
Aktivitäten %/Monat (Durchschnitt)	65%	62%	53%	50%
Verkäufe/aktiv/Monat (€ Durchschnitt)	113	85	69	79
Mitarbeiter	14	35	60	75
Bürofläche (in m²)	60	180	280	400
Lagerfläche (in m²)	50	700	1,200	1,200
Anzahl der Servicecenter	0	1	4	9
Werbeausgaben (in 1000 €)	0	17	233	212

Türkei	Start: April 1992			
	1991	1992	1993	1994
Gesamtumsatz (in 1000 €)		1,084	8,426	10,943
Aktivte Kundenkonten		2,523	16,224	28,550
Aktivitäten %/Monat (Durchschnitt)		83.7%	61.7%	47.4%
Verkäufe/aktiv/Monat (€ Durchschnitt)		245	142	83
Mitarbeiter		11	37	74
Bürofläche (in m²)		350	450	750
Lagerfläche (in m²)		100	800	1,500
Anzahl der Servicecenter		1	4	9
Werbeausgaben (in 1000 €)		7.4	38	60

Griechenland	Start: Mai 1993			
	1991	1992	1993	1994
Gesamtumsatz (in 1000 €)			554	1,845
Aktivte Kundenkonten			819	3,048
Aktivitäten %/Monat (Durchschnitt)			89%	66%
Verkäufe/aktiv/Monat (€ Durchschnitt)			218	196
Mitarbeiter			11	26
Bürofläche (in m²)			280	480
Lagerfläche (in m²)			200	300
Anzahl der Servicecenter			1	3
Werbeausgaben (in 1000 €)			22	50

Bulgarien	Start: August 1994			
	1991	1992	1993	1994
Gesamtumsatz (in 1000 €)				688
Aktivte Kundenkonten				2,450
Aktivitäten %/Monat (Durchschnitt)				93%
Verkäufe/aktiv/Monat (€ Durchschnitt)				170
Mitarbeiter				15
Bürofläche (in m²)				400
Lagerfläche (in m²)				600
Anzahl der Servicecenter				0
Werbeausgaben (in 1000 €)				1.7

Sven Mattsson Geschäftsführer, bis man einen Schweden mit ungarischem Hintergrund, Thomas Grünwald, für diese Position gewinnen konnte. Er nahm seine Tätigkeit im Mai 1991 auf, als die ersten Produkte in Ungarn verkauft wurden. Am Beginn entwickelten sich die Umsätze nicht so rasch wie in Polen und der Tschechoslowakei. Doch drei Jahre später hat sich das Bild umgekehrt: in Ungarn verzeichnete man Umsatzzuwächse in der Höhe von 38%, in der Tschechischen Republik von + 15%, während der polnische Markt nur langsam wuchs. Mattsson sagte: „Diese Entwicklung kann teilweise dadurch erklärt werden, daß Oriflame das beste Service rund um die Hauptstadt des jeweiligen Landes bietet. Ca. 25% der Ungarn leben im Großraum Budapest. Dies ist deutlich höher als in den benachbarten Gebieten. Zudem war das lokale Management extrem erfolgreich in der Zusammenarbeit mit den Vertriebspartnern." 1994 hatte Oriflame 75 Mitarbeiter in Ungarn.

Im April 1992 startete Oriflame das Geschäft in der Türkei. Das Unternehmen hatte große Hoffnungen für diesen eher westlich orientierten Markt, wo man gut ausgebildete Führungskräfte finden konnte und alles einfacher erschien trotz der vielen Bürokratie und Administration. Die Initialinvestition rentierte sich bereits nach drei Monaten. Im Dezember 1992 setzte Oriflame € 380.000 um. Die türkischen Vertreter schienen den entsprechenden Unternehmergeist und Kooperationswillen zu haben.

Die Geschäfte wurden durch die gut entwickelte Infrastruktur (Bankwesen, Telekommunikation etc.) unterstützt. Wegen der Wirtschaftskrise konnte Oriflame seine gesteckten Ziele jedoch nicht erreichen. Im März fiel der Wert des Dollar von 14.000 auf 40.000 türkische Lira in wenigen Tagen. Die Umsätze lagen 40% hinter den Planungen, aber Sven Mattsson blieb bezüglich der mittel- bis langfristigen Perspektiven optimistisch. Im Jänner 1995 eröffnete Oriflame Türkei ein neues Büro mit 1.200 m^2 und ein Lager mit 2.000 m^2 nahe des Istanbuler Flughafens.

Im Mai 1993 startete Oriflame Geschäfte in Griechenland, einem Mitgliedsstaat der EU ohne Handelsbeschränkungen. In der Tschechischen Republik mußte Oriflame 12% Einfuhrzölle zahlen, in Ungarn 10-50% und in der Türkei 20%. Das griechische Unternehmen erreichte 1994 die Gewinnschwelle.

Im August 1994 eröffnete Oriflame ein Büro in Bulgarien mit 400 m^2 und ein Lager mit 600 m^2. Der Erfolg stellte sich unmittelbar ein, und das Unternehmen erzielte sein höchstes Anfangswachstum. Die Vertreter plazierten Aufträge mit einem monatlichen Durchschnittswert von € 210 in einem Land, wo das durchschnittliche Monatseinkommen € 68 betrug.

In Rußland, der Ukraine und Lettland verkaufte ORESA seit 1991 seine Produkte im Großhandel an Einzelhändler, da die hohe Inflation, der wenig entwickelte Bankensektor und die schwach ausgeprägte Infrastruktur es als schwierig erschienen ließen, daß bisherige Oriflame-Konzept des Direktverkaufs einzusetzen. Mittlerweile ist das Unternehmen jedoch bereit, diesn Schritt zu tun, indem es den gleichen Marketingplan wie in anderen osteuropäischen Ländern installierte. Ein schwedischer Manager, Fredrik Ekman, übersiedelte im Oktober 1993 nach Moskau.

Von 1991 bis 1995 erhöhte ORESA seine Mitarbeiterzahl und seine Bürofläche in Brüssel. 1995 arbeiteten 30 Leute in der Zentrale und kümmerten sich um wichtige Aufgaben, wie Marketing, Finanzen, Logistik und Lagerhaltung, Marktentwicklung und rechtliche Angelegenheiten (siehe Abbildung A.7).

1995 plante ORESA die Eröffnung einer Vertriebsfirma in Rumänien und Litauen.

Der Neustart in Duetschlad erfolgte 1995, wobei der Markt von Brüssel aus bearbeitet wurde.

Eine 10.000 m² große, ultramoderne Produktionsstätte nahe Warschau sollte Mitte 1995 in Betrieb gehen. Das Investitionsvolumen betrug € 17 Mio.

Wie Sven Mattsson zu sagen pflegte: „Unser ursprüngliches Ziel war es, mit der Tschechoslowakei zu starten und dann nach Polen, Ungarn und die anderen Märkte zu gehen, sobald sich der Erfolg in diesen Märkten konsolidiert hatte und genügend personelle Ressourcen zur Verfügung standen. Unser Ziel ist es Marktführer zu werden, im Dirketverkauf, wie auch in der Kosmetikindustrie. Zudem wollen wir aus unserer Pionierrolle auf diesen Märkten Kapital schlagen."

A.7.8 Oriflame in Polen

Die Entscheidung zum Markteintritt

Im Dezember 1990 wurde Edward Zieba, der für ein staatliches Chemieunternehmen in Polen gearbeitet und drei Jahre im Iran bei einer Baufirma verbracht hatte, von Oriflame eingestellt mit dem Ziel, das Geschäft in Warschau aufzubauen. Während dieser Zeit hatte er umfangreiche Diskussionen mit der Brüsseler Zentrale von ORESA und besuchte die Produktionsstätte in Irland, sowie die im Entstehen begriffene Vertriebsfirma in der Tschechoslowakei. Anfang 1991 wurde Zieba sehr skeptisch, was die Entwicklung von Oriflame in Polen betraf. Der Direktverkauf und der Multilevel-Ansatz waren nie zuvor in Polen zum Einsatz gelangt.

„Zu diesem Zeitpunkt glaubte ich wirklich, daß dieses System in Polen nicht funktionieren würde. Unsere Mentalität is so unterschiedlich, und was wir in den letzten Jahren erlebt haben, scheint nicht dazu angetan, daß es ein Erfolg werden kann. Ich habe diesen Job angenommen, weil ich das Neue und Aufregende daran geschätzt habe, aber ich war skeptisch," kommentierte Zieba bei einem Besuch in Warschau im Mai 1994.

Oriflame begann die Marktbearbeitung in Polen im März 1991. Zu diesem Zeitpunkt versammelte Zieba ca. 20 Freunde und ihre Ehegatten zu einer Party, während der er nicht über Oriflame sprach, sondern nur einige Produkte auf dem Küchentisch präsentierte. Nach einiger Zeit begannen die Gäste, Fragen zu stellen. Am Ende des Abends gab er einige Proben an diejenigen (eigentlich alle!), die sich dafür interessierten und erklärte ihnen die Möglichkeiten bei Oriflame. Obowohl man die Qualität der Produkte anerkannte, war jeder der Gäste über die Verkaufsmethode beunruhigt. Drei Jahre später waren acht von ihnen bei Oriflame eingestiegen und verkauften die Produkte hauptberuflich. Sie waren das Zentrum eines landesweiten Netzwerks von mehreren Tausend Vertretern.

Produkte und Preispolitik

Zu Beginn wurde ein Sortiment von über 100 Produkten angeboten. Ein Jahr später führte man bereits 150 Produkte. Die Kosmetika von Oriflame sind sanft aber effektiv. Sie werden aus hautfreundlichen Pflanzenextrakten hergestellt und schützen die Haut gegen schädliche Einflüsse durch Umweltverschmutzung und Stress. Oriflame Produkte

Abbildung A.7: Oriflames Organisation in Osteuropa

verbinden das beste der Natur mit dem besten aus der Wissenschaft, um höchste Qualität zu erreichen.

Eine erste Produktauswahl wurde durch die Marketingabteilung in Brüssel gemacht. Eine von Ziebas ersten Aufgaben war die lokale Preispolitik Oriflame fakturiert üblicherweise in lokaler Währung. Zu einem späteren Zeitpunkt erhalten die partner die Möglichkeit, nach ihrer Maßgabe neue Produkte aufzunehmen oder andere Produkte aufzulassen. Unsere Intention war und ist es, die umfangreichste Produktpalette bei Hautpflege, dekorativer Kosmetik und Düften am polnischen Markt anzubieten. Die ersten Monate zeigten deutlich, daß die Kaufgewohnheiten der Konsumenten in Polen von denen in westlichen Märkten deutlich abwichen.

Seit Beginn war die Produkt-/Preispositionierung einer der wichtigsten Erfolgsfaktoren, und auch weiterhin werden umfangreiche Marktstudien zu diesem Thema durchgeführt: „Es ist notwendig, stets am Puls der raschen wirtschaftlichen Veränderungen zu sein. Zu Beginn hat man sich entschieden, zu sehr wettbewerbsfähigen Preisen anzubieten, um möglichst viele neue Kunden anzuziehen, statt an wenige eine geringe Zahl von Produkten zu den üblich hohen Preisen zu verkaufen."

Verkaufsfördernde Maßnahmen

Zweimal jährlich legt Oriflame 380.000 Stück Verkaufskataloge auf, die die 250 Produkte folgendermaßen kategorisieren: Hautpflege, Körperpflege, Produkte für die ganze Familie, dekorative Kosmetik, Gesichtspflege, Düfte für Frauen und Männer. Die Preise finden sich nicht direkt im Katalog, sondern auf einem getrennten, losen Blatt. Die Kataloge, die für alle Ländermärkte gleich sind, werden in Schweden gedruckt.

Die Übersetzung und das Setzen des Textes werden in jedem Land vor dem Druck vorgenommen. Eine der Schwierigkeiten, mit denen Oriflame konfrontiert ist, sind die Prognosen der Verkaufszahlen, die 15 Monate im voraus erfolgen müssen.

Drei Kataloge, Produktbeschreibungen, Informationen zum Marketingplan, Produktproben und einige Produkte finden sich im sogenannten „Starter Kit", den jeder neue Absatzmittler zum Preis von € 25 zu Beginn seiner Tätigkeit beziehen kann. Weitere Kataloge können zu Selbstkosten vom Großhändler bezogen werden.

Aus der Sicht von Oriflame hat der Katalog folgende Bedeutung:

Wir sehen den Katalog als wichtiges Marketinginstrument. In jede einzelne Ausgabe wird viel Energie investiert. Man kann die Bedeutung dieses Instruments für das Image des Unternehmens, das Bewußtsein für die Produkte und letztlich den Verkauf kaum überschätzen. Wir investieren nach wie vor viel Geld in die Kataloge, in die optische Aufmachung und den Inhalt. Es ist eine unserer besten Investitionen.

Operative Abwicklung

Als Oriflame sein Geschäft in Warschau von einer gemieteten Villa aus startete, wartete eine lange Schlange von Menschen auf der Straße, um Produkte zu kaufen. In kürzerster Zeit waren 70% aller Produkte ausverkauft. Man mußte daher die Aufnahme von neuen Vertretern für drei Monate einstellen. Diese Zeit verwendete man, um die gesamte Distribution zu reorganisieren und einige Servicecenter einzurichten.

Im März 1992 erwarb Oriflame Polen Kamelia, eine Produktionsgenossenschaft für kosmetische Produkte in Ursus, einem Vorort von Warschau. Später stattete man die Produktionsstätten mit Verpackungseinheiten aus. Im April 1992 stieß Bozona Karpinska zum Unternehmen und übernahm die Verantwortung für die Zwischenhändler, die Lager und das Kundenservice.

1993 wurden 12 Servicezentren geöffnet. Die meisten davon waren in gemieteten Wohnhäuseren landesweit untergebracht, wo die Händler die Ware abholen konnten. 1994 war man bereits bei 18 Verteilzentren angelangt, von denen 10 im Besitz von Oriflame waren. Die anderen wurden externen Partnern betrieben. Zudem hatte man ein neues Lager erreichet, das über ein modernes Kommissionierungssytem für mehrere 1000 Aufträge pro Tag verfügte.

1994 beschäftigte Oriflame Polen 150 Mitarbeiter überwiegend polnischer Herkunft. Das Vertriebssytem zählte über 50.000 registrierte Mitglieder.

1995 verkaufte Oriflame ein Sortiment von 200 Produkten. 60% davon wruden in Ursus abgefüllt und verpackt. Die verbleibenden 40% wurden aus Irland angeliefert.

Am 31. Jänner 1995 konnte man in einer Warschauer Tageszeitung folgende Schlagzeile lesen: „Das schwedische Unternehmen Oriflame war das erste Unternehmen, daß mittels Direktverkauf den polnischen Markt bearbeitete (1991). Nach Angaben von Oriflame sind das Ausmaß der Umsatzsteigerungen und die Entwicklung des Verkaufsnetzwerks in Polen einzigartig in der 27-jährigen Unternehmensgeschichte."

Werbung und Öffentlichkeitsarbeit

Als 1993 wurde klar, daß Oriflame sich mit seinem Umsatzvolumen auf den Massenmarkt abzielte, entschied man sich zur Stärkung der Markenbekanntheit Werbe- und PR-Maßnahmen einzusetzen. Die erste erfolgreiche Werbekampagne wurde im

Herbst 1993. Man verwendete häuptsächlich Fernsehwerbung und Anzeigen in Frauenzeitschriften. Das Werbebudget belief sich 1994 auf € 600.000, von dem 70% für Fernsehwerbung investiert wurde.

Nicht-klassische Werbeaktivitäten beinhalteten nicht nur traditionelle PR, sondern auch Ausstellungen und Aktionstage in den großen Städten landesweit, wobei man eine geschätzte Reichweite von 300.000 Personen erzielte. Häufige Pressekontakte führten zu umfangreichen Presseberichten mit überwiegend positiver Berichterstattung.

Das Oriflame-Vertriebsnetzwerk

Wenn ein neuer Vertreter bei Oriflame einen Vertrag unterzeichnet, dann kann er oder sie im allgemeinen Aufträge bis zu einem Kreditlimit von € 425 plazieren, wobei sich die durchschnittliche Auftragshöhe um die € 85 bewegt. Vor dem Hintergrund des staatlichen Bankwesens, das 1994 noch nicht sehr weit entwickelt war, wurden Zahlungsstellen in allen Servicecentern landesweit eingerichtet.

Im Dezember 1994 war das Vertriebsnetzwerk auf 50.000 aktive Vertreter angewachsen, die in den letzten drei Monaten zumindest einen Auftrag platziert hatte. Dazu kammen 30.000 nicht aktive Vertreter (keine Aufträge in den letzten drei Monaten). Ein Vertreter, Jerzy Ruggier, Student an der Warschauer Universität, erklärte: „Ich weiß, daß ich für meinen Job eine Berechtigung schaffen muß. Ich habe gelernt, Verantwortung zu übernehmen. Es ist wichtig für mich, ein hochwertiges Produkt zu verkaufen, ehrlich zu sein und die Regeln einzuhalten. Es ist ein Weg, ein kleines Unternehmen zu starten und den Leuten zu helfen, wie die neuen Gesetze und Regeln funktionieren." Eine andere Vertreterin, Joanna Szablinska, hat sich selbst ein Ziel gesetzt: „Ich wollte den Rang eines *Sapphire Director* erreichen und ein neues Auto kaufen, einen Alpha Romeo. Oriflame ist eine Möglichkeit, mit anderen Menschen in Kontakt zu kommen. Diese Chance ist ein sicherer Weg, neue Leute kennen zu lernen und sich einen gewissen Luxus zu leisten."

Von den 573 Vertretern, die den Status eines *Directors* erreicht haben, arbeiteten 90% davon vollbeschäftigt für Oriflame. Eine große Zahl der übrigen Vertreter konnten sich einen Lebensstandard leisten, der weit über dem polnischen Durchschnitt lag. Das Oriflam-Netzwerk bestand zu 75% aus Frauen und 25% Männern in einer Altersgrup-

Tabelle A.16: Verkaufszahlen

Polen	1991	1992	1993	1994
Gesamtumsatz (in 1000 €)	1,909	18,295	30,022	32,066
Aktivte Kundenkonten	1,782	24,101	38,925	45,020
Aktivitäten %/Monat (Durchschnitt)	84	65	58	53
Verkäufe/aktiv/Monat (€ Durchschnitt)	301	244	137	100
Mitarbeiter	14	81	130	154
Bürofläche (in m^2)	130	600	800	1,000
Lagerfläche (in m^2)	100	900	1100	2,400
Anzahl der Servicecenter	0	2	14	18
Werbeausgaben (in 1000 €)	0	17	272	594

pe zwischen 25 und 35 Jahren. Bert Wozciech, der nach drei Jahren bei Benetton in
Polen zu Oriflame wechselte, übernahm den gesamten Trainingsbereich für das Vertre-
ternetzwerk. Seit 1993 organisierte er Trainings für die Direktoren. Jeden Montag um
16:30 hielt er in Warschau ein Seminar über Motivation, das kostenlos allen aktiven
und potentiellen Vertretern angeboten wurde.

Im Mai 1994 kommentierte Edward Zieba die Situation von Oriflame in Polen
folgendermaßen:

Wir wollen unsere Unterstützung verstärken nicht nur, weil wir unser Geschäft
fördern wollen, sondern auch um ein soziales Leben und unsere Vertreter zu fördern.
Wir wollen ihnen nicht nur Geld geben. Wir wollen eine Gemeinschaft bieten, in der
die Vertreter andere Leute treffen können und sich als Teil eines großen Ganzen fühlen.

Die Jahre des raschen Wachstums sind vorbei, aber ich bin überzeugt, daß wir in
drei Jahren von heute an mindestens 100.000 aktive Vertreter haben werden.

Konkurrenz

Man schätzte 1994, daß über eine Million Polen in verschiedenen Direktverkaufssyste-
men bei Unternehmen wie Avon, Amway, Zepter, Oriflame oder Herbalife arbeiteten.
Zwei von diesen, Amway und Zepter, werden in der Folge beschrieben:

Amway, eines der weltweit größten und dynamischsten Unternehmen mit einem
Direktverkaufssystem, war in Polen seit 1992 aktiv. Obwohl Amway relativ spät nach
Polen kam, rühmte es sich eines der größten Netzwerke von Vertretern. Nach Ansicht
der Unternehmensspitze war Polen der beste Markt für Amway. Dies galt sowohl, was
die Zahl der Vertreter als auch den Umsatz betrifft. Weltweit arbeiteten über 2 Millionen Vertreter für Amway, die über 400 unternehmenseigene Produkte und einige
tausend Produkte anderer Hersteller verkauften. Der jährliche Umsatz belief sich 1994
auf € 3,5 Mrd. In Polen erzielte man monatliche Umsätze von ca. 25 Mio. Zloty. Zwischen 1992 und 1993 konnte Amway ein Netzwerk von 100.000 Vertretern aufbauen.
Ein Manager von Amway sagte dazu: „Polen ist unser bester Markt sowohl umsatzmäßig als auch, was das Verhältnis an Vertretern zu Gesamtbevölkerung betrifft." Die
Vertreter sind nicht bei Amway angestellt, sondern freie Unternehmer, die ihr eigenes
Geschäft haen. In Polen verkauft Amway ungefähr 20 Produkte: Waschmittel, Geschirr-
spülmittel, Körperpflege und Hygieneprodukte. Der große Vorteil der Produkte liegt
darin, daß sie retourniert werden könne, auch wenn sie bereits aus der Verpackung
genommen sind.

Amway bedeutet nicht nur Kosmetika. Das Unternehmen zeichnet auch für eine
TV-Serie, Bliznes Start, verantwortlich. Diese Sendung befaßt sich nicht nur mit den
Grundlagen des Unternehmertums und der freien Marktwirtschaft, sondern präsentiert
auch polnische Geschäftsleute.

In Schweden unterscheidet sich Amway von seinem schwedischen Mitbewerber dadurch, daß Amway keine Pläne zur Entwicklung einer eigenen Produktion hat. Die
einzigen Produkte, die Amway von polnischen Unternehmen zukauft, sind Werbege-
schenke: Taschen, Luftballons, etc. Der Gesamtumsatz belief sich 1994 auf € 24 Mio.
Zepter ist ein schweizerisch-österreichisches Unternehmen, das in den vergangenen Jahren Küchengeräte verkauft hat. Die Produktvorführung fand in privaten Haushalten
statt. Bei der Präsentation wurden Produkte verwendet, die die Hausfrau/Hausmann

erworben hatte, um die Vorteile der für polnische Verhältnisse teuren Töpfe und Pfannen von Zepter zu demonstrieren. Die Produkte konnten auch auf Raten bezahlt werden. Eigentümer der Chrom-Nickel-Pfannen und Töpfe, des Bestecks oer des 24-Karat-vergoldeten Kaffeeservices wird man jedoch erst nach Bezahlen der letzten Rate. 1993 arbeiteten 25.000 Vertreter für Zepter in Polen. Nach Angaben des Unternehmens konnte der Umsatz stetig gesteigert werden.

Die Produktion von Oriflame in Polen

Die große Nachfrage nach natürlicher Hautpflege und dekorativer Kosmetik in Polen ließen Oriflame über Investitionen in Ursus nachdenken. „Wir sehen Polen als einen sehr großen und wichtigen Markt für unsere Produkte, einen Markt, der nach wie vor wächst. Wir denken, es ist eine weise Entscheidung, unsere Aktivitäten durch die Errichtung einer höchst modernen Produktionsstätte zu unterstützen", sagte Jonas af Jochnick, Unternehmensgründer und Präseident, während einer Pressekonferenz am Firmensitz von Oriflame.

Der Bau der € 17 Mio. Produktionsstätte sollte 1995 begonnen werden. Es handelt sich um eine Anlage auf dem letzten Stand der Technik mit einer kompletten Forschungs- und Laboreinrichtung, die es zum modernsten Kosmetikunternehmen in Polen machen würde. Die Produkte werden mit den gleichen Zutaten und unter den selben strengen Qualitätsrichtlinien wie in allen anderen Produktionsstätten von Oriflame hergestellt. Alle Produktionsprozesse sind umweltverträglich.

Polen ist das zweite Land, wo Oriflame Kosmetika herstellt. Ein Teil der Produktion wird in die umliegenden Ländern exportiert werden. Mehr als 300 Personen finden in dieser Produktionsstätte eine Beschäftigung.

A.7.9 Strategische Erfolgsfaktoren von Oriflame

Auf die Erfahrung von Oriflame in Osteuropa seit 1990 zurückblickend identifizierte Sven Mattsson folgende Erfolgsfaktoren:

- *Lokales Management*: Von Beginn an verfolgte Oriflame die Politik eines lokalen Managements. Ausländische Führungskräfte, auch wenn sie über solides Wissen und Erfahrung mit den Produkten und der lokalen Kultur verfügten, wurde nie als geeignete Lösung empfunden. In jedem Land rekrutierte man daher lokale Manager und Mitarbeiter, denen man in langen Gesprächen das Funktionieren und die Idee der freien Marktwirtschaft und des Direktverkaufs, sowie des Oriflame Marketingplans näher brachte.

- *Marketingplan*: Der Marketingplan wurde als einer der wichtigsten Erfolgsfaktoren des Unternehmens bezeichnet. Die Unterstützung, Anleitung und das Training wurde von Brüssel aus erledigt. Viel Zeit und Aufwand wurde in die Unterstützung der lokalen Märkte investiert. Der Marketingplan, den man auch „Erfolgsplan" nannte, war in jedem Land gleich, bis auf kleinere Anpassungen falls erforderlich. Mattsson faßte das Oriflame-Konzept folgendermaßen zusammen: „Oriflame versteht sich als Unternehmen, das zwei Arten von Produkten anbietet. Das erste sind konkrete, die aus dem Sortiment von 200 Produkten in unserem Katalog besteht, die sich durch eine auf Volumen und nicht auf Margen abgezielte Preispolitik auszeichnen. Das zweite, immaterielle Produkt ist jenes der Chance, mit einer guten Produkt- und Marketingidee zum selbständigen Unternehmer zu werden."

- *PR und Werbung:* Die Investitionen in PR wurden immer als wichtig angesehen. Die ist nur zu sehr relevant in den ehemals kommunistischen Ländern, die seit langem nicht mehr mit dem Wissen und den Praktiken der freien Marktwirtschaft vertraut sind. Oriflame investierte durchschnittlich € 40.000 pro Jahr in jedem Land in PR und plant für die kommenden Jahre eine Ausweitung dieser Budgets. Ein beachtlicher Betrag wurde in klassische Werbung investiert, um die Unerfahrenheit des Marktes zwischen 1991 und 1993 auszunutzen. „Oriflame hat einen Bekanntheitsgrad von 80% in Polen, der Tschechischen Republik und Ungarn erreicht, was sicher auf die erfolgreichen Werbekampagnen der letzten Jahre zurückzuführen ist," sagte Mattsson. Oriflame setzte eine Mischung aus TV-Werbung, Zeitungsinseraten und Plakatwerbung ein.

- *Produkt und Preispolitik*: Von den ca. 200 Produkten stellte das Unternehmen 65% selbst her, die restlichen 35% wurden von Lieferanten bezogen. Die Oriflame Kosmetika sind aus natürlichen Bestandteilen. Jonas af Jochnick erklärte dazu: „Das Unternehmen sieht seine Aufgabe darin, den Kunden Produkte von höchster Qualität zu einem attraktiven Preis-/Leistungsverhältnis zu liefern, jedesmal, wenn sie Oriflame Kosmetika kaufen." „Unser Ziel ist es Produkte anzubieten, deren Preis unter jenem der internationalen Mitbewerber liegt und die zur gleichen Zeit als Alternative zu billigen, lokalen Produkten dienen können," sagte Mattsson.

- *Distribution*: Um die Aktivitäten der Vertreter zu erleichtern, hat das Unternehmen in jedem Land mehrere Servicecenter errichtet. Darüber hinaus verbessert dies die Zeit zwischen Bestellung und Lieferung. 1994 betrieb Oriflame in Polen 18 Servicezentren, in der Tschechischen Republik und der Slowakei 20, in Ungarn 9, in der Türkei, 9 und in Griechenland 3. Man hat sich zum Ziel gesetzt, innerhalb von 48 Stunden liefern zu können, in den Ballungszentren sogar innerhalb von 24 Stunden. „Unsere Vertriebsstrategie hat sich als sehr erfolgreich erwiesen. Wie in allen Lebensbereichen ist Geschwindigkeit und Genauigkeit sehr wichtig. Dies trifft gerade im Direktverkauf umso mehr zu."

A.7.10   Strategische Fragen

Nach vier Jahren der Tätigkeit in Osteuropa übertrafen die Ergebnisse die anfänglichen Erwartungen bei weitem. Sven Mattsson muß sich jetzt mit mehreren Fragen befasssen, die seine Empfehlungen an Jonas af Jochnick und den ORESA-Vorstand für die Zukunft machen soll.

Wie weit soll das Unternehmen seine Dienstleistungen an die Vertreter ausdehen, die die Produkte natürlich so rasch als möglich haben wollen? Die Produkte rascher zu liefern bedeutet höhere Kosten. Wieviel Wert soll dieser Dienstleistung zukommen? Sollen alle Oriflame-Produkte in den Servicezentren gelagert werden?

Sollte das Unternehmen in Werbekampagnen investieren? Wie wichtig ist die Werbung für ein Unternehmen, das direkt verkauft, um die Aufmerksamkeit hoch zu halten? Zahlen sich diese Investitionen auch bei gestiegenen Werbekosten noch aus?

Einige Länder, in die Oriflame investieren will, und wo es nach wie vor Marktforschung betreibt, weisen hohe Inflationsraten auf. Welche Preis- und Produktstrategie sollte das Unternehmen wählen, um ein möglichst geringes Risiko einzugehen?

Sollte das Unternehmen weiterhin auf lokale Manager oder ausländische Führungskräfte vertrauen? Welche Art von Management muß man installieren, um ein neues, weiterverzweigtes Vertriebssystem zu installieren? Welches Management ist gefordert, wenn das Unternehmen in die Reifephase eintritt?

Anhang: Der Marketingplan in der Übersicht

Um ein Vertreter für Oriflame zu werden, sollte ein potentieller Kandidat durch einen bestehenden Vertreter vorgeschlagen werden. Die Produkte werden direkt an die Kunden über einen unabhängigen Vertreter verkauft, der nicht bei Oriflame angestellt ist.

Es gibt keinen Gebietsschutz für die Vertreter. Jeder Vertreter kann sein oder ihr Geschäft in jedem Gebiet ausüben.

Kein Vertreter soll die Oriflame-Produkte in einem Handelsgeschäft verkaufen, vorstellen oder ausstellen.

Oriflame empfiehlt eine Marge von 30% für alle Produkte auf den Großhandelspreis. Das Einkommen des Vertreters basiert auf der monatlichen Abrechnung von Punkten. Alle Produkte werden mittels zwei Kategorien von Punkten bewertet: Bonuspunkte (BP), die üblicherweise konstant sind, und Volumenpunkte (VP), die einen monetären Wert darstellen, der an Preisanpassungen gekoppelt ist. Im allgemeinen entspricht der VP dem Abgabepreis an den Vertreter, exklusive Umsatzsteuer.

Die Summe aller Bonuspunkte für Produkte, die ein Vertreter innerhalb eines Monats kauft und verkauft, bestimmen seinen Rabatt. Dieser Rabatt basiert nicht nur auf seinem eigenen Umsatzvolumen, sondern auf dem Umsatzvolumen, das von jedem von ihm/ihr rekrutierten Vertreter generiert wird.

Der monatliche Leistungsrabatt wird zu der Marge von 30% hinzuaddiert. Zudem können Vertreter 1-4% Bonus dazuverdienen, wenn sie verschiedene Kriterien erreichen. Geldprämien zwischen € 2.500 und € 17.000 können ebenfalls bei deutlichen Umsatzsteigerungen lukriert werden. Als Kredit konnten € 425 gewährt werden. Alle Außenstände müssen von der nächsten Lieferung oder innerhalb von 30 Tagen der

Monatliche Bonuspunkte	Leistungsrabatt
10.000+	21%
6.600 – 9.900	18%
4.000 – 6.599	15%
2.400 – 3.999	12%
1.200 – 2.399	9%
600 – 1.199	6%
200 – 599	3%

Rechnungslegung beglichen werden. Die Zahlungen können in der Oriflamezentrale, in einigen Servicezentren, bei der Post oder mittels Banküberweisung getätigt werden. Bestellungen können in den Servicezentren, per Post, Fax oder über den Vertreter aufgegeben werden.

Diese Fallstudie wurde von Nathalie Rouvier und Vahid Bafandi unter der Supervision von Professor Dominique Xardel, ESSEC, Cergy Pontoise, Frankreich. Sie ist als Basis für die Diskussion im Hörsaal. Sie soll nicht die effektive oder ineffektive Behandlung administrativer Aktivitäten behandeln. © D.Xardel 1998.

A.8 Rocking the Boat at MTV: ist, was gestern erfolgreich war, heute noch gut genug?

Es gibt zwei Dinge, die man über MTV wissen muß. Das erste ist, und das ist die gute Nachricht, daß MTV vielleicht das beste Sendekonzept hat, das je erfunden wurde. In seiner Originalversion füllt MTV Stunden um Stunden mit Musikvideos, mit denen die Musikindustrie ihre Künstler fördert. Was für eine Idee! Ein Netzwerk von Werbung, unterbrochen durch noch mehr Werbung und ab und zu Werbung (...). Die schlechte Nachricht: der Sender muß sich stetig selbst erneuern, um seine jugendliche Strahlkraft zu erhalten, denn die Popmusik verschlingt ihre Kinder mit atemberaubenden Tempo (...).

Um jung zu bleiben, unterzieht sich MTV einer der umfassendsten Reformen dieses Jahrzehnts. Die Einnahmen sollen durch die Ausdehnung der Marken MTV und Nickelodeon in mehr als 12 neue Kabelnetze, Filme, CDs, Spielwaren, Kleidung, Bücher und insbesondere durch die Expansion in andere geographische Märkte erfolgen. Die Ergebnisse können sich sehen lassen. Doch es besteht nach wie vor die Gefahr, daß das Management überfordert wird, Konsumenten sich mit dem Produkt nicht mehr identifizieren, und die schlimmste Folge von allen: diejenigen, die bei MTV arbeiten, sehen sich nicht mehr als Mitarbeiter eines „trendigen" Unternehmens, sondern eines geldverschlingenden Monsters, so wie Fox oder Disney, oder wie sie heißen. Jeff Dunn, Manager bei Nickelodeon, formulierte dies so: "Wie kann man dieses Untergrundflair aufrechterhalten, wenn wir das große Geld scheffelnde Unternehmen geworden sind.SSogar Dunn, ein Absolvent der Eliteuniversität Harvard, sagt: „Wenn die „Krawattenträger" das Ruder übernehmen, dann bekommt MTV ein Problem." (Marc Gunther, *Fortune*, 27. Oktober 1997)

In den 80er Jahren sang Mark Knopfler von der Band „Dire Straits" noch „I want my MTV." Seit damals haben sich Millionen von Zusehern weltweit diesen Wunsch ebenfalls erfüllt. 1981 in den USA zum ersten Mal auf Sendung war MTV der erste Musiksender mit einem 24-stündigen Programm. MTV war ebenfalls der erste Sender, der auf fünf Kontinenten präsent war. 298 Mio. Haushalte in 82 Ländern weltweit können MTV mittels Kabel- oder Satellitenfernsehen genießen.

MTVs erster internationaler Expansionsschritt war 1987 die Einführung von MTV Europe. Während der ersten zehn Jahre verfolgte das Unternehmen eindeutig eine globale Philosophie. Bill Roedy, Chef von MTVs internationaler Expansion, war fest von einem international standardisierten Produkt überzeugt und kreierte ein Netzwerk, das den gesamten Kontinent von London aus überzog. Seiner Meinung nach unterschied sich das MTV-Kernsegment – die 18-24-jährigen – nicht signifikant von einem Land zum anderen. Sie würden sich durch die von MTV geschaffene globale Jugendkultur anziehen lassen. Doch es dauerte nicht lange, bis lokale Konkurrenz, wie Viva in Deutschland oder Video Music in Italien, entstand. Diese Sender knabberten merklich an MTVs Marktanteil. Auch die Werbewirtschaft sah nicht notwendigerweise Vorteile in der länderübergreifenden Erreichbarkeit von Zusehern. Viel stärker war das Interesse an nationalen Zielgruppen. Beide Aspekte bewogen Roedy letztlich dazu, von seinem europaweiten Sendekonzept Abstand zu nehmen. Ab 1996 nahm man stärkere lokale Anpassungen vor. Man richtete fünf regionale Sendekonzepte ein: MTV für Großbritannien und Irland, MTV Central (Österreich, Deutschland und Schweiz), MTV Southern

(Italien), MTV Nordic (Schweden, Finnland, Norwegen und Dänemark), sowie MTV
Europe (35 Länder, inkl. Spanien, Frankreich, Belgien, die Niederlande, Griechenland,
Israel und Osteuropa). In jeder dieser fünf Regionen kann das Programm weiter aufge-
gliedert werden, um eine Fokussierung von Werbeausgaben auf noch kleinere geographische Einheiten zu ermöglichen. Im Jänner 1999 erreichte MTV ca. 62 Mio. Haushalte,
ähnlich viele wie in den USA.

Nachdem man in Europa viel Erfahrung gesammelt hatte, begann MTV mit MTV
Brasil ein portugiesisch sprachiges Programm. Der nächste Schritt war die Expansion
in den Rest des Kontinents, indem man MTV Latin America installierte. Von Mexiko
City aus wurden die nördlichen Regionen, wie Bolivien, Kolumbien, Ecuador, Vene-
zuela, Zentralamerika, die Karibik, Mexiko und Teile der USA bedient. Die südlichen
Regionen, wie Argentinien, Chile, Paraguay, Peru und Uruguay, wurden von Buenos
Aires aus versorgt. Insgesamt erreichte MTV 25 Mio. Haushalte in Lateinamerika.

Der nächste Schritt war 1995 die Einführung von MTV Asien mit der Zentrale in
Singapur. Die ersten Sendungen von MTV Mandarin in chinesischer Sprache wurden
via Satellit nach China, Taiwan, Brunei, Singapur und Südkorea ausgestrahlt. Das
englisch sprachige MTV Southeast Asia wurde zur gleichen Zeit gestartet, um die
Philippinen, Malaysien, Brunei, Hongkong, Indonesien, Papua Neuguinea, Singapur,
Südkorea, Thailand und Vietnam zu erreichen. 1996 wurde das Angebot um MTV India
erweitert, das Indien, Bangladesch, Nepal, Sri Lanka, Pakistan und den Mittleren Osten
erreichte. Insgesamt konnten mehr als 100 Mio. Haushalten in Asien das Programm
empfangen.

In letzter Zeit kamen die Einführung von MTV Australia 1997 und MTV Russia
1998 hinzu. Letzteres ist besonders bemerkenswert, denn MTV war der erste westliche
Fernsehsender, der ein für den russischen Markt spezifisch zugeschnittenes Programm
ausstrahlte. Produziert in Moskau war es „frei wie die Luft" in den meisten größeren
Städten des Landes zu empfangen.

Ein Großteil des Erfolges von MTV läßt sich darauf zurückführen, daß man es
im Gegensatz zu anderen Sendern verstand, dem rasch ändernden Lebensgefühl von
Teenagern und Twens nachzuspüren, ja es sogar selbst zu beeinflussen. MTV gelang
es immer wieder, auf sich verändernde, als nicht prognostizierbar eingeschätzten Konsumentenwünsche einzugehen. An vorderster Front bei vielen Trends wurde MTV ein
Gradmesser für alle, die „in" sein wollten. Das machte MTV zu mehr als nur einem Fernsehsender – zu einem Teil der Jugendkultur. Während man sich auf das Segment der
18-24-jährigen konzentrierte, erreichte man auch viele Seher unter den 12-17-jährigen,
die es kaum erwarten konnten, 18 zu werden. Dieser Trend zeigte sich auch bei den
25-34-jährigen, die so lang als möglich jung sein wollten. In den meisten Ländern sprachen nur wenige Konkurrenten diese spezifischen Zielgruppen an, was MTV eine Tür
in viele Märkte öffnete.

Doch ein gutes Sendekonzept und ein aufnahmefähiges Publikum garantieren noch
keinen Erfolg. Dieser hängt sehr stark auch von den Fähigkeiten eines Senders ab, die
Beziehung zu einer Vielzahl von externen Interessentengruppen zu pflegen:

- *Ein Sender benötigt Lieferanten – irgend jemand muß MTV mit Videos versorgen!* Zum gegenwärtigen Zeitpunkt produziert die Musikindustrie extrem teure Videos, um die Umsätze bei Tonträgern anzukurbeln. Diese Videos erhalten
  Musiksender kostenlos zur Verfügung gestellt. Obwohl beide Seiten von dieser

Kooperation profitieren, ist die Musikindustrie doch in der schwächeren Position. Wenn MTV sich entschließt, ein neues Video nicht zu senden, dann bleiben den Musikunternehmen nur wenig Alternativen. Nicht weiter überraschend würden sich viele Hersteller weitere Konkurrenz wünschen. Bei MTV läuteten die Alarmglocken, als die Plattenfirmen PolyGram, EMI Music, Sony und Time Warner mit dem Sender Viva einen ernst zunehmenden Konkurrenten in Deutschland ins Leben riefen.

- *Die Werbeindustrie ist für das ökonomische Überleben von MTV entscheidend.* Viele Privatsender heben von ihren Sehern keine Gebühren ein, sondern finanzieren sich durch Werbeeinnahmen. Dies trifft auch auf MTV zu, das sich stark über die erzielten Werbeeinnahmen finanziert. Manche Werber sind enthusiastische Partner von MTV geworden. Pepsi ist eine langfristige Beziehung mit MTV eingegangen, um die beiden Marken gemeinsam zu bewerben und die internationale Wettbewerbsposition zu stärken. Doch es gibt nicht viele Unternehmen, die die internationale Reichweite von MTV in Anspruch nehmen wollen. Zudem wären in den USA manche Unternehmen froh, wenn MTV im Sinne attraktiver Werbepreise mehr Konkurrenz bekommen würde.

- *Ein weiterer Erfolgsfaktor für Fernsehsender ist die Distribution.* Programme müssen die Fernsehgeräte der Zuschauer erreichen, entweder über Satellit, Kabel oder über Sendestationen. Der Einsatz von Satelliten ist relativ einfach. Sendezeit bei Satelliten kann gemietet werden, und die Zuseher können die Sendungen mittels Satellitenschüsseln empfangen. In den meisten Ländern ist die Zahl der Haushalte, die über ein Satellitenempfangsgerät verfügen, gering, wenn man die Initialkosten von ca. € 1.000 in Betracht zieht. Aus diesem Grund bevorzugen die meisten kommerziellen Sender die Ausstrahlung via Kabelfernsehen, das in den meisten Industrieländern weit verbreitet ist. Einen Kabelnetzbetreiber dazu zu bringen, einen neuen Kanal ins Sendenetz aufzunehmen, ist jedoch alles andere als einfach. Die meisten Betreiber haben kleine, regionale Monopole und müssen erst von der Notwendigkeit überzeugt werden, einen zusätzlichen Kanal aufzunehmen. Viele Kabelnetzwerke sind technisch auf eine geringe Zahl von Sendern beschränkt, sodaß sie für einen neuen Sender einen alten eliminieren müssen. Damit erhalten die Kabelbetreiber auch eine gewissen Marktmacht. Dies führt in einigen Ländern dazu, daß TV-Sender für den Zugang zu einem Kabelnetz zahlen müssen.

Obwohl MTV sich auf der Beliebtheitsskala die letzten 15 Jahre ganz oben wiedergefunden hat, sind andere Sender stetig an MTV herangekommen und haben die Marktführerschaft im Jugendsegment angegriffen. In den USA hat sich der Wettbewerb erst unlängst entwickelt. 1994 brachte der kanadische Sender MuchMusic ein Programm in den USA auf den Markt. Seit 1997 ist es ebenso in Mexiko, Argentinien und Finnland verfügbar. Der Sender The Box, der es den Zusehern ermöglicht, anzurufen und Videos für die Ausstrahlung auszuwählen, hat sich ebenso einigermaßen gut am Markt etabliert. Es expandierte von den USA aus nach Großbritannien, in die Niederlande, nach Argentinien, Peru und Chile. MOR Music Television ist ein Sender, der Musik und Einkauf kombiniert, indem er die Ausstrahlung von Videos mit Verkaufssendungen ergänzt. Neben diesen allgemeinen Musikkanälen ist MTV mit einigen Mitbewerbern konfrontiert, die sich auf Musikrichtungen spezialisiert haben. BET an Jazz, Black Entertainment Television, The Nashville Network, Country Music Television, The Gospel Network und Z Music ziehen alle Seher von MTV ab.

Außerhalb des Heimmarktes gibt es unterschiedliche Konkurrenten in den einzelnen Ländern. Doch der Wettbewerb wird auf den reifen Märkten immer heftiger. In Deutschland hat MTV stark an Viva verloren, das deutschsprachige Präsentatoren einsetzte und internationale mit lokaler Musik mixte. Ähnliches gilt auch für die Niederlande, wo der lokale Konkurrent, The Music Factory, MTV vom ersten Platz verdrängte. In Großbritannien schob The Box sich 1997 vor MTV, und der Neueinsteiger UK Play ist ebenfalls zum Angriff übergegangen. In allen diesen Fällen liegt die Stärke der Mitbewerber in einem auf lokale Bedürfnisse zugeschnittenen Produktangebot.

Diese Entwicklungen stellen MTV vor schwierige Probleme. Je stärker der Markt gesättigt ist, desto stärker scheint er sich auch in Richtung Fragmentierung zu bewegen. Der Markt scheint entlang musikalischer und geographischer Linien in Marktnischen zu zerfallen. Im Gegensatz zum Generalisten MTV konzentrieren sich die Mitbewerber entweder auf eine spezielle Musikrichtung oder auf einen Ländermarkt.

Die Antwort von MTV bislang war es, dem Trend zu schmaleren Kundensegmenten zu folgen und mehr spezifischen Programminhalt anzubieten. In der internationalen Arena scheint sich MTV immer stärker von der Standardisierung weg zu bewegen und lokalisiertes Programm mit internationalem Flair anzubieten. Was die Segmentierung nach Musikrichtungen betrifft, so versucht MTV mit einem breiten Spektrum unterschiedlicher Formate unterschiedliche Geschmäcker abzudecken. MTVs „ältestes Baby" ist der 24-Stunden-Musikkanal VH-1, der sich an die Zielgruppe der 25-40-jährigen wendet und einen Mix aus Klassikern und leichter zeitgenössischer Musik bietet. VH-1 ist in den USA sehr erfolgreich und expandierte in den letzten Jahren international. Heute ist es in Großbritannien populärer als MTV. Ein weiterer Schritt war im August 1996 der Start von „M2" in den USA. M2 ist eine Sendeleiste, die sich sehr stark an die Anfänge von MTV anlehnt, wo das Programm vorwiegend aus Musikvideos und wenig Moderation bestand. Auch wenn M2 möglicherweise kein kommerzieller Erfolg ist, so hält er Konkurrenten vom Markt fern und begegnet den Klagen der Industrie, MTV würde nicht mehr genug Zeit für die Promotion von neuen Musikprodukten zur Verfügung stellen.

MTVs letzter Schritt war die Entwicklung neuer Produktideen. MTV Extra wurde mit der Intention auf den Markt gebracht, sich auf *independent rock* zu konzentrieren. MTV Base widmet sich *Soul* und *Rap*, und VH1 Classics spielt *Pop* und *Rock* aus den späten 70er und frühen 80er Jahren. Einer der kritischen Erfolgsfaktoren wird sein, ob die Werbeindustrie in Werbezeiten investieren wird. Die Reichweitenzahlen des Marktforschungsinstituts Nielsen sind sehr wichtig, wenn es um die Bestimmung von Werbeausgaben geht. Doch diese Ratings waren einfach nicht in der Lage, das Konsum- und Wechselverhalten der jungen Musikkonsumenten genau zu bestimmen. Die Werbeindustrie mußte daher auf MTVs Fähigkeiten vertrauen, diese Zielgruppe zu erreichen und anzusprechen.

Mittel- bis langfristig wird es wieder an MTVs Fähigkeit liegen, sich selbst permanent zu erneuern und jung zu bleiben. Am Puls der Zeit zu sein, ist harte Arbeit. Es bedeutet ein permanentes In-Frage-Stellen von dem, was sich etabliert hat. MTV ist zu einem Bestandteil des Musikestablishments geworden. Doch genau das kann es eigentlich nicht zulassen! Es muß auf er nächsten Welle der Jugendkultur surfen. Der Kampf geht also weiter. Im Moment ist der durchschnittliche MTV-Angestellte 28 Jahre alt, und es gibt mehr Mitarbeiter mit Piercings als mit Krawatte. Die einzige Bekleidungsvorschrift, witzelt Chef Tom Freston, ist „Kein-Oben-Ohne". Doch das Unternehmen wächst und neue Kanäle werden initiiert. Die Gefahr, zu einem „normalen" Unternehmen zu werden, ist jedoch allgegenwärtig und um so spürbarer, wenn man sich die Forderungen von MTVs Eigentümer, dem Mediagiganten Viacom, ansieht. Er fordert die Vermarktung der Marke MTV durch Filme, CDs, Spielwaren, Kleidung, Bücher und andere Artikel. Dies führt zurück zu den Statements am Beginn dieser Fallstudie: „Wie kann man dieses Underground Flair aufrechterhalten, wenn wir das Geld scheffelnde Unternehmen geworden sind?"

Ob MTVs Entwicklung in Richtung lokale Anpassung und Vermarktung der Marke sich als bestmögliche Antwort auf die Fragmentierung des Musik-TV-Marktes erweist, wird sich herausstellen. Und ob MTV eine rebellische und kreative Unternehmenskultur aufrechterhalten kann, ebenso!

Kurz gefaßt, MTV hat einige schwierige Nüsse zu knacken, was nicht genau dem entspricht, was Mark Knopfler meinte, als er sang: „Money for nothing and chicks for free."

Diskussionsfragen

1. Worin bestehen die Vorteile, die sich MTV als globales Unternehmen erarbeitet hat?

2. Wie groß schätzen Sie den Druck in Richtung zunehmende Lokalisierung auf die Produkte von MTV ein?

3. Wie kann MTV die Balance zwischen einem globalen Unternehmen und der lokalen Anpassung halten?

4. Welche „Musiksegmente" erkennen Sie auf Ihrem Heimmarkt?

5. Bei welchen Zielgruppen ist MTV durch neue Musiksender besonders angreifbar?

6. Wie kann MTV die Werbewirtschaft angesichts der wenig aussagekräftigen Nielsen-Daten von seiner Reichweite überzeugen?

7. Wie sollte MTV auf die Fragmentierung des Marktes und die spezialisierten Konkurrenten eingehen?

8. Wie sollte MTV auf die neuen Medien, wie die Übertragung mittels Internet, reagieren?

9. Wie sollte sich MTV organisieren, um auf all diesen Märkten, in den verschiedenen Segmenten und Medien jung, rebellisch und innovativ zu agieren?

Quelle: übernommen von Phillips, C., Pruyn, A., Kestemont, M.P. (2000): Understanding Marketing, A European Casebook. Wiley & Sons.

A.9   Tschechisches Bier erobert die Welt

Tschechien hatte immer schon eine ausgeprägte Bierkultur. Ein Ausschnitt aus der Tageszeitung *Hospodarske noviny*, 24. September 1997, belegt dies eindrucksvoll:

Ceske Budejovice (Budweis) – In vier Jahren hat Budweiser Budvar seine Produktion von 590 000 hl 1992 auf 1,026 Mio. hl im Jahr 1996 beinahe verdoppelt. Die Exporte stiegen von 362 000 auf 495 000 hl. In der ersten Jahreshälfte produzierte die Brauerei 531 710 hl Bier, was einer Steigerung von 6,2% im Vergleich zur Vorjahresperiode entspricht. Im gleichen Zeitraum sind die Exporte um 12,9% gestiegen. Insgesamt wird Budweiser 600 000 hl (Gesamtkapazität 1.150 Mio. hl) exportieren. Im ersten Halbjahr stiegen die Umsätze um € 17 Mio., um 17% als im Vergleichszeitraum des Vorjahres. Der Gewinn belief sich auf € 5 Mio.

Der Geschäftsführer der Brauerei Budweiser, Petr Jansky, ist überzeugt, daß dieses Wachstum auch in Zukunft anhalten wird, auch wenn der Europäische Markt für Bier als gesättigt gilt. Zu Beginn der 90er Jahre exportierte das Unternehmen in 18 Länder, heute sind es 48. Das Unternehmen exportierte in den letzten Jahren pro Jahr beispielsweise 220.000 hl Bier nach Deutschland. Damit lag es bei den Importbieren hinter den dänischen Marken Tuborg und Fax an dritter Stelle. Tuborg (460.000 hl) erwirtschaftete die meisten seiner sogenannten Exporte durch die eigene Brauerei in Mönchengladbach. Jansky rät zur Geduld, denn Ergebnisse sind keine rasche Sache. „Nach Großbritannien verkaufen wir heute über 100.000 hl, während wir vor einigen Jahren mit ein paar Tausend hl begonnen haben. Eine ähnliche Situation manifestiert sich in Rußland. Letztes Jahr verkauften wir weniger als 4.000 hl, doch im nächsten Jahr werden es schon 100.000 hl sein."

Jansky erzählt stolz von der Auszeichnung, die Budweiser vor kurzem erhalten hat: dem Giovanni Marcora Preis für 1996, verliehen von der Agrarkommission der EU, als fortschrittlichstes Unternehmen im Bereich Lebensmittel, Landwirtschaft und Ökologie. „Vor dem Hintergrund der Entwicklung dieses Preises in den letzten Jahren hebt sich der heurige Preisträger doch deutlich ab. Das Unternehmen hat den Preis nicht wie die Preisträger der vorangegangenen Jahre für die Qualität seines Produkts, sondern für seine Unternehmensaktivitäten allgemein und den dynamischen Fortschritt erhalten." meinte Jansky. Ebenso bemerkenswert sei, daß bis zu diesem Zeitpunkt alle Preisträger aus der EU stammten.

Die Herstellung von Bier hat eine lange und interessante Geschichte in der Tschechischen Republik. Die erste Erzeugung des „Pilsner Typs", jenes Bieres, das weltweit als Pils bekannt ist und seinen Namen der Stadt Pilsen (Plzen) verdankt, wurde 1842 hier produziert. Seit damals hat das Pilsener sich den Ruf der Spitzenklasse erworben. Eine andere bekannte Marke wurde hier geboren. 1895 wurde die sogenannte Brauerei Budweiser Budvar in der Stadt Budweis (Ceske Budejovice) gegründet. Das Unternehmen vertreibt seine Produkte unter den international geschützten Marken Budweiser und Budweiser Budvar.

Obwohl sich an der Erzeugung des tschechischen Weltklassebiers nichts geändert hat, befand sich die Bierindustrie doch einige Zeit unter dem Einfluß des kommunistischen Erbes und der zentralen Planwirtschaft. Zentrale Planwirtschaft bedeutete, daß die Bierindustrie, wie andere Branchen auch, von geringen Investitionen und Ressourcenfehlplanung geplagt wurden. Pilsner Urquell und Budvar waren die einzigen

Produkte, für die die zentrale Planungsstelle Exportunterstützung bot. Ende der 80er brach der Markt für tschechisches Bier in Zentral- und Osteuropa unter dem Druck von Zöllen und Handelsbarrieren gänzlich zusammen.

Doch die tschechische Bierindustrie befindet sich mitten in einer dramatischen Übergangszeit und Renaissance. Produzenten haben große Investitionen in neue Produktionsanlagen und Technologien gesteckt. Marketing- und Vertriebsausgaben steigen stetig und gewinnen vor dem Hintergrund sich ändernder Konsumentenwünsche zunehmend an Bedeutung. Um Marktanteile im Heimmarkt wird heftig gekämpft. Der Wettbewerbsdruck wird immer größer. In Zeiten des Umbruchs haben sich daher einige Hersteller entschlossen, dem Verdrängungswettbewerb am Heimmarkt durch internationale Expansion zu entgehen.

Generell hat sich die Rentabilität in der Bierindustrie durch den Trend weg vom Prämiumbier, der Stagnation heimischer Umsätze, künstlich niedriger Preise und des geringen Exportanteils verschlechtert. Heftiger Wettbewerb, geringe Gewinnspannen und Handelsbarrieren haben Brauereien dazu gezwungen, kostengünstige Produktionsstätten zu bauen. Ironischerweise hat gerade diese Wettbewerbssituation die tschechischen Bierhersteller international preislich gesehen wettbewerbsfähig gemacht. Der Restrukturierungs- und Konsolidierungsprozeß wird weitergehen. Für kleinere und mittlere Brauereine wird es zunehmend schwieriger, sich am Markt zu behaupten.

1996 belief sich die gesamte Bierproduktion in der Tschechischen Republik auf 18,24 Mio. hl. Der heimische Verbrauch lag bei etwas mehr als 16,5 Mio. hl und Exporte bei 1,8 Mio. hl. Die sechs größten Unternehmen produzierten mehr als 12,7 Mio. hl Bier, was einen Anteil von 69,8% der gesamten Produktionskapazität und einen Marktanteil von 67,4% bedeutet.

Der Pro-Kopf-Verbrauch bei Bier in der tschechischen Republik gehört mit 160 l pro Jahr nach wie vor zu den höchsten weltweit. Tabelle A.17 gibt einen Überblick über internationale Verbrauchszahlen. Obowohl Länder wie Dänemark oder Deutschland einen sehr hohen Pro-Kopf-Verbrauch aufweisen, können sie mit den Tschechen nicht mithalten! Einige Länder wie China und Italien haben einen extrem geringen Verbrauch.

Die Prognosen für die Zukunft sind jedoch weniger positiv: der heimische Verbrauch wird als Folge sich ändernder Lebensstile stagnieren oder leicht zurückgehen. Darüber hinaus erwartet man durch die wachsende Kaufkraft einen Trend weg vom mittle-

Tabelle A.17: Durchschnittlicher Pro-Kopf-Verbrauch pro Jahr in ausgewählten Ländermärkten (1998)

Land	Liter
Tschechische Republik	160
Deutschland	137
Dänemark	125
Großbritannien	101
Italien	25
China	12

Quelle: Bass 1998

ren Preissegment zu Prämiumbier. Weniger einkommensstarke Konsumentenschichten
werden nach wie vor bei preisgünstigerem Bier bleiben, sie gelten als preissensibel. Die
Tschechen trinken ihr Bier meist am Wochenende, doch im internationalen Vergleich
ist der Konsum während der Woche bereits höher als in anderen Ländern. Ca. 50%
aller Erwachsener (über 18 Jahre) trinken mehr als ein Bier (0,5 l) pro Tag.

Drei große Brauereien haben Exportpotential (siehe Tabelle A.18): Budweiser Budvar, Pilsner Urquell und die Prager Brauereien. Letztere hat einen starken ausländischen Investor hinter sich (seit 1994 in Form eines Joint Ventures mit dem britischen
Bierhersteller). Die Exportumsätze der tschechischen Bierindustrie steigen stetig. Budweiser Budvar ist dabei der größte Exporteur. Es konnte seine Exporte in den ersten
sechs Monaten (1997) um 13% im Vergleich zum Vorjahr steigern. Pilsner Urquell verzeichnete ebenfalls einen Anstieg des Exportgeschäfts. Ihr Ziel ist es, Exporte jährlich
um 1/5 zu steigern. Die Prager Brauereien ist der am schnellsten wachsende Exporteur
in der Tschechischen Republik mit einer Wachstumsrate von 23% pro Jahr.

Tabelle A.18: Exportvolumen nach Unternehmen (1997)

	Hektoliter
Budweiser Budvar	540.262
Pilsner Urquell	457.871
Prager Brauereien	419.239

Quelle: Prager Brauereien 1998.

Wenn man sich die Situation der tschechischen Brauereien auf ausländischen Märkten ansieht, dann erkennt man deutlich diese Expansionswelle. Im deutschen Markt ist
die dänische Marke Tuborg die Nummer Eins unter den Exportmarken mit 460.000
hl, gefolgt von Fax (Dänemark) und Budvar mit 220.000 hl. Pilsner Urquell und Staropramen (eine Marke der Prager Brauereien) teilten sich den 8. Platz mit 60.000 hl.
Insgesamt haben Exportmarken einen Marktanteil am deutschen Biermarkt von 10%.
Alle ausländischen Marken haben mit einer Herausforderung zu kämpfen: die starke Markentreue der deutschen Konsumenten zu ihrem Bier, das sich in Tabelle A.19
manifestiert.

Ein Weg, wie man mit diesem „Ethnozentrismus" bei Konsumenten umgehen kann,
ist auf neue Märkte zu expandieren. Dabei haben die tschechischen Brauereien Rußland

Tabelle A.19: Anteil von Importbieren am gesamten Bierkonsum in ausgewählten Ländern

	1996	1998	2000
Belgien	5,6	5,9	6,0
Tschechische Republik	0,4	0,4	0,4
Ungarn	1,9	1,8	2,4
Deutschland	2,8	3,5	4,2
Polen	0,5	0,4	0,9
Österreich	4,8	5,2	5,6
Slowakei	13,2	9,6	9,3

Quelle: Canodead Ltd in Hospodarske Noviny 17.2.1998

als potentiellen Markt ausgewählt. Die Russen gehören zu jenen Konsumenten, die weltweit den höchsten Konsum an harten Alkoholika aufweisen. Also möglicherweise lassen sie sich zu einem Wechsel zu Bier bewegen. Nach wie vor bevorzugen sie Wodka, doch schrittweise könnten sich neue Konsumgewohnheiten festsetzen. Derzeit ist ein leichter Trend zu Getränken mit geringerem Alkoholgehalt festzustellen. Dies könnte eine große Chance für tschechisches Bier darstellen.

Die Bierpreise für tschechisches Bier waren Mitte der 90er Jahre im internationalen Vergleich extrem niedrig. Als Erbe der Planwirtschaft wurden sie künstlich niedriggehalten. Die üblichen Preissteigerungen der Brauereien lagen unter der jährlichen Inflationsrate von 10% pro Jahr. Dies verändert sich jedoch gegen Ende der 90er Jahre. 1998 lag die Preissteigerung bereits 3% über der Inflationsrate.

Seit der Samtenen Revolution ist der tschechische Bierexport hinter den Erwartungen zurückgeblieben. Doch nach und nach haben sich die Märkte in Zentral- und Osteuropa wirtschaftlich erholt. Experten gehen von konservativen Zuwachsraten beim Bierexport in der Höhe von mindestens 10% in den nächsten Jahren aus. Exporte sollten damit die 3,6 Mio hl erreichen. Abbildung A.8 zeigt die Zielländer für tschechische Bierexporte 1996.

Abbildung A.8: Tschechische Bierexporte nach Regionen (1996)

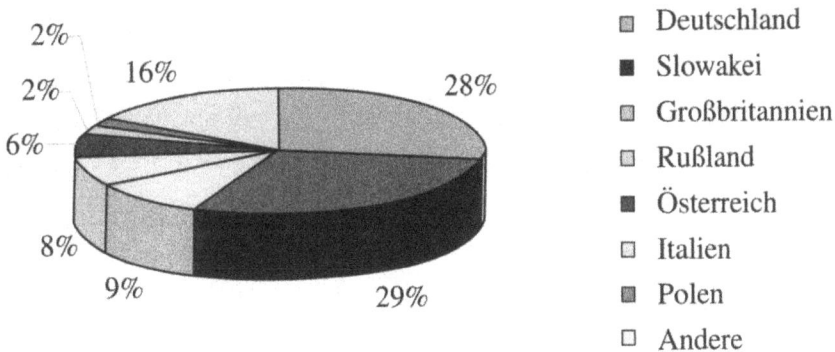

Quelle: Vyzkumny ustav pivovarsky a sladarsky, 1997

Der Einsatz von Export als Markteintrittsalternative kann durch Handelsbarrieren (Zölle, Verbrauchsabgaben, Mengenbeschränkungen, etc.) erschwert werden. Die slowakische Regierung hat beispielsweise Importbeschränkungen auf tschechisches Bier eingesetzt, um die heimische Wirtschaft zu schützen. Die tschechische Brauwirtschaft muß daher andere Verkaufstechniken einsetzen, um in fremde Ländermärkte zu expandieren.

Dank ihres Erfolges in den letzten Jahren werden die tschechischen Brauereien mit der Produktion eigener Markenbiere in Auslandsmärkten beginnen. Bei Pilsner Urquell und Budweiser Budvar denkt man laut über eine Verlegung der Produktionsstätten ins Ausland nach. Damit sollen Handelsschranken, wie sie derzeit für die Slowakei oder Rußland existieren, umgangen werden.

„Ursprünglich waren wir natürlich stolz darauf, daß unser Bier nur aus Ceske Budejovice (Budweiser) kommt. Jetzt überlegen wir jedoch, Produktionslizenzen im Ausland zu verkaufen," meint Robert Chart, Verkaufsdirektor bei Budweiser.

Pilsner Urquell hat bereits Erfahrungen mit Produktionsstätten im Ausland. Im Juli 1997 begann mann die Lizenz für die Marke Gambrinus an die litauische Brauerei Ragutis zu vergeben. Ein ähnliches Projekt in Saransko (Rußland) und Zlaty Bazant (Slowakei) ist bereits in Vorbereitung. Pilsner Urquell überlegt sogar, auf den südamerikanischen Markt einzusteigen.

Die Brauerei Pilsner, die ca. 10% ihrer Produktion exportiert, hat sich zu einer Allianz mit einem weiteren heimischen Produzenten Radegast entschieden.

Die Prager Brauereien haben sich ebenfalls für einen ausländischen Partner entschieden. Die britische Brauerei Bass, Hauptaktionär der Prager Brauereien, ist dabei, die marken Staropramen und Vratislavice in Großbritannien zu etablieren. Unter dem Namen *Czech Lager* ist Vratislavice 12° gegenwärtig in allen Tesco-Filialen erhältlich. Und auch Staropramen ist sehr erfolgreich am britischen Markt. Im ersten Halbjahr 1997 stieg der Umsatz um 23% (MF Dues, September 1997).

Diskussionsfragen

1. Was sind die Hauptgründe für tschechische Brauereien, auf Auslandsmärkte zu expandieren?

2. Analysieren Sie den Biermarkt in Ihrem Heimatland. Beschreiben Sie die gegenwärtige Wettbewerbssituation und entwerfen Sie eine Positionierungsmatrix.

3. Wo würden Sie ein tschechisches Produkt positionieren? Entwickeln Sie eine Marktbearbeitungsstrategie, die für dieses Produkt geeignet wäre.

4. Was sind Erfolgsfaktoren für einen neuen Mitbewerber? Welche Markteintrittsstrategie könnten die tschechischen Brauereien wählen?

Quelle: angepaßt von Phillips, C., Pruyn, A., Kestemont, M.P. (2000): Understanding Marketing, A European Casebook, Wiley.

A.10 Markteintritt in einen stark umkämpften Markt – Norsk Hydro Düngemittel in den USA (Fall A: 1970 – 1975)

Zu Beginn der 70er Jahre erkannte man bei Norsk Hydro einen dringenden Bedarf für effizientere Marketingaktivitäten für Kalziumnitrat in den USA. Eine vorläufige Markteinschätzung ergab ein beachtliches Wachstumspotential, während die Umsätze seit einigen Jahren stagnierten. Kontakte mit Landwirten und den Distributionspartnern verwiesen auf die ungenügende Kenntnis des Unternehmens, ihrer Vertreter und der Marke „Viking Ship". Das Problem war extrem dringend, da die Bestände von Kalziumnitrat immer mehr zunahmen und die USA der wichtigste Markt dafür war.

Im Fall A, einer Marktpotentialstudie, werden die US-amerikanische Marketingpraxis und die Aktivitäten der Distributionspartner als Hintergrund für die Diskussion des Marktauftritts und des Distributionssystems sowie des Kommunikationsprogramms beschrieben.

A.10.1 Unternehmenshintergrund

Norsk Hydro wurde 1905 zum Zweck der Produktion und des Verkaufs von Düngemitteln gegründet. Die grundlegende Idee war es günstige Wasserkraft aus den norwegischen Wasserfällen zu nutzen, um Stickstoff aus der Luft zu binden. Ein führender Osloer Geschäftsmann, Sam Eyde, hat dazu Kontakte zu Wissenschaftern in verschiedenen Ländern eingerichtet, insbesondere zu Professor Kristian Birkeland in Trondheim. Basierend auf einer Idee eines britischen Wissenschafters entwickelten einen Prozeß der für eine industrielle Produktion als sehr vielversprechend erschien. Das Projekt wurde aus Schweden, Deutschland und Frankreich finanziert. Die technologische Unterstützung kam hauptsächlich aus Deutschland.

Durch Zeiten heftiger Konkurrenz, internationaler Überkapazitäten, Konflikte mit den Kapitaleignern, den zwei Weltkriegen etc., reifte Hydro zu einem der führenden Industrieunternehmen in Norwegen. Besonders nach 1950 versuchte Hydro in neue Bereiche zu diversifizieren. Eine Alternative war es, sich Produkte anzusehen, die billige Wasserkraft zu einem Wettbewerbsvorteil nutzen könnte, wie z.B. die Produktion von Aluminium und Magnesium. Eine weitere Alternative war die Nutzung des generellen chemischen Know-how, das bislang z.B. in der Produktion von Plastik gesammelt wurde.

In den 60er Jahren schloß sich Hydro mit beachtlichem Erfolg der Suche nach Öl in der Nordsee an. Dies machte das Unternehmen zu einem wichtigen Bestandteil der petrochemischen Industrie.

Zu diesem Zeitpunkt war Hydro für Norwegen zu einer fixen Größe in der Wirtschaft geworden. Daher kaufte der Staat einen Großteil der Aktien auf, die sich damals in französischem Besitz befanden.

A.10.2 Organisationsentwicklung

In den Jahren, in denen sich das Geschäft auf Düngemittel konzentrierte, hatte Hydro eine funktionale Organisationsstruktur. Die neuen Projekte wurden durch Projektgrup-

pen mit direkter Verantwortung dem Topmanagement gegenüber geleitet. Als die neuen
Aktivitäten an Größe und Komplexität zunahmen, waren drastische organisatorische
Veränderungen notwendig. 1965 entschied man sich für eine divisionale Struktur, bei
der jede Produktgruppe als eigener Geschäftsbereich betrieben wurde. Dies erfolgt im
Rahmen genereller Leitlinien, die durch ein zentrales Management mit Unterstützung
eines eingeschränkten Stabs an Spezialisten festgelegt.

Die Düngemittel wurden mit Futtermitteln und anderen Produkten kombiniert in
der „Nitrogen-Division" zusammengefaßt. Um 1970 war die NDivision nach wie vor die
Goldgrube des Unternehmens. Die Produktion der Düngemittel erfolgte an verschiedenen Standorten an der norwegischen Küste und in Telemark. Hydro überlegte auch, in
Produktionsstandorte in anderen Ländern, vor allem in Quatar, zu investieren. Man
erwartete sich daraus eine erfolgversprechende Expansion.

Der Verkauf in der NDivision wurde auf regionaler Basis in fünf Verkaufsregionen
geteilt. Die drei wichtigsten waren Norwegen, Dänemark und Schweden. Sie wurden als
Teil des Heimmarktes angesehen und generierten 80% des Umsatzes. Die zwei restlichen
Gebiete waren Märkte jenseits des Suez-Kanals und Resteuropa/USA.

A.10.3   Exportaktivitäten

Von Beginn an orientierte sich Hydro an den internationalen Märkten. Der Umfang
von Investitionen und Produktion überschritt das Markpotential von Norwegen allein
bei weitem. Doch Düngemittel erwiesen sich als international schwer zu verkaufen. Die
meisten Länder wollten ihre eigenen Produktionsstätten, was zu bestimmten Zeiten
zu starken Überkapazitäten führte. In Kriegszeiten wurden Düngemittel als strategische Güter angesehen, so daß politische Interessen mit einbezogen werden mußten.
Düngemittel erwiesen sich auch als besonders sensibel gegenüber der wirtschaftlichen
Entwicklung.

Aus diesen und anderen Gründen etablierten die wichtigsten Produzenten in Europa Methoden zur „Verkaufszusammenarbeit". Gegenüber zentralistisch ausgerichteten
Ländern versucht man, als Gruppe zu verhandeln. In anderen Fällen wollten die Unternehmen die Kosten zur koordinierten Lagerhaltung, Transport, etc. zu reduzieren. Eine
derartige Kollaboration wurde durch langfristige Vereinbarungen geregelt, die den Teilnehmen einen bestimmten Marktanteil garantierten und die Expansion dynamischerer
Firmen verhinderte.

Der amerikanische Markt war etwas verschieden und erlaubte mehr Möglichkeiten
für Unternehmensaktivitäten. Die amerikanischen Landwirte haben ihren Düngemit-
telverbrauch von Jahr zu Jahr gesteigert. Die lokale Produktion war zu bestimmten
Zeiten zu gering. Darüber hinaus wurden einige Arten von Düngemitteln überhaupt
nicht produziert, wie etwa Kalziumnitrat. Im allgemeinen wurden landwirtschaftliche
Geräte und Produkte in einer „modernen" Art mit einem Schwerpunkt auf Produktin-
novation und aktive Verkaufsunterstützung durch eine Vielzahl von Distributionswegen
und Medien verkauft.

A.10.4   Hintergrund zu den Produkten

Die nordischen Märkte verlangten hauptsächlich sogenannte „komplexe" Düngemittel,
die Nährstoffe, wie Stickstoff, Phosphor und Pottasche, kombinierten. Ein derartiges

Produkt war teuer in der Anschaffung, aber brachte gute Resultate und sparten Arbeitskosten. Die Produktion erfolgte nach dem sogenannten „Odda-Prozeß", der durch den hohen Ausstoß von Kalziumnitrat als Nebenprodukt charakterisiert war. Eigentlich war die Profitabilität der Düngemittelproduktion zu einem gewissen Grad von guten Preisen für dieses Beiprodukt abhängig.

Für viele Jahre bot sich in den nordischen Ländern ein guter Markt für Kalziumnitrat. Doch die Nachfrage war zurückgegangen, und die Lagerstände gingen nach oben. Es gab die Möglichkeit, Kalziumnitrat in andere Arten von Düngemitteln zu verändern, doch das hätte große Investitionen erfordert, die Produktionskosten erhöht und mindestens eines oder zwei Jahre erfordert.

Kalziumnitrat war ein relativ einfaches Düngemittel mit Sandstein als wesentlichem Bestandteil. Forschung in verschiedenen Ländern hat gezeigt, daß es viele wichtige Effekte hatte. Die Qualität des Bodens konnte durch die Veränderung seiner chemischen Zusammensetzung verändert werden, in dem er ihn poröser und damit für Feuchtigkeit durchlässiger machte. Was die Auswirkungen auf die Frucht betrifft, so konnte Kalziumnitrat unter günstigen Bedingungen die Ausbringungsmenge so hoch wie mit „komplexen" Düngemitteln bringen. Es konnte auch Pflanzenkrankheiten verhindern, die zu braunen Blättern, gefleckten Früchten und verdorbenem Geschmack führten.

Ein ähnlicher Typ von Düngemitteln war der sogenannte Chilesalpeter, der aus natürlichen Ablagerungen in Südamerika stammte. Es gab jedoch einen entscheidenden Unterschied: statt Kalzium hatte es Natrium als Grundlage. Forschungsergebnisse wiesen weniger positive Effekte speziell auf die Qualität des Bodens dafür aus.

A.10.5 Marketing in den USA

Die Exporte von Düngemitteln in die USA begannen 1947 über einen Distributionspartner namens Wilson & Geo. Meyer & Co (WGM) in San Francisco. WGM verkaufte bereits seit 1850 Chemikalien an der Westküste. Man hatte sich auf was man Spezialchemikalienverkauf vorwiegend an Landwirte spezialisiert. WGM wies das Management von Hydro darauf hin, daß man Düngemittel per Schiff aus Norwegen so günstig transportieren könnte, daß man zumindest in den zentralen Küstengebieten wettbewerbsfähig war. Hyrdo entschloß sich, es zu versuchen, und eine eher lose Vereinbarung wurde geschlossen, die Kalziumnitratlieferungen für die westlichen Regionen abdeckte.

WGM beeindruckte Hydro mit seinem aktiven Marketing. WGM war Repräsentant für acht bis zehn Firmen (keine direkten Wettbewerber zu Hydro) und schien gut geplante Verkaufsaktivitäten für alle seine Hersteller entwickelt zu haben. Sie bauten 10 gut ausgebildete Verkäufer aus, die Groß- und Einzelhändler regelmäßig besuchten, sowie falls zeitlich möglich auch Landwirte und ihre Organisationen. Die interne Administration und die physische Distribution der Produkte schienen mit 50 Mitarbeitern gut zu funktionieren. Seit 1964 waren die Absätze mit rund 30.000 t Kalziumnitrat pro Jahr relativ stabil. Hydro stellte rund 40% des gesamten Umsatzes von WGM dar.

An der Ostküste begann man 1968 durch ein eigenes Büro zu verkaufen. Aufgrund der beschränkten Personalressourcen wurden die meisten Verkäufe durch lokale Distributoren in den wichtigsten landwirtschaftlichen Gebieten realisiert. Doch man erzielte mit 6.000 t pro Jahr bescheidene Erfolge, so daß einige Agenten ausgetauscht wurden.

WGM hatte Interesse angemeldet, auch die Aktivitäten an der Ostküste zu übernehmen. Als Versuchsgebiet wollte man Florida zuerst übernehmen.

Eine erste Marktstudie, die vom New Yorker Büro durchgeführt wurde, schätzte ein Potential von 150.000 t Kalziumnitrat in den WGM-Gebieten. Es gab keine US-Produktion, da die Hersteller andere Typen von Düngemitteln wählten als Hydro. Der Hauptkonkurrent war zweifelsohne Chilesalpeter, das seit 30 Jahren unter der Marke „Bulldog" etabliert war. Die jährlichen Importe von Chilesalpeter in die USA beliefen sich auf ungefähr 300.000 t.

A.10.6 WGMS Kommunikationsaktivitäten

Die ersten zwanzig Jahre agierte WGM relativ unabhängig. Überdies waren die Exporte von Kalziumnitrat in die USA kein vorrangiges Ziel für Hydro, nachdem die wenigen Marketingleute sich um andere Dinge kümmern mußten. WGM hatte eine Philosophie entwickelt, wo sie spezialisierte Segmente mit geringer Konkurrenz auswählten und sich dort eine starke Position aufzubauen versuchten. Für Kalziumnitrat konzentrierte man sich auf Landwirte, die Gemüse, Obst oder Tabak anbauten.

WGM versicherte, daß der Verkauf eines Düngemittels in vielerlei Hinsicht „eine Markenstrategie" darstellt, wo man bei den Konsumenten Kaufpräferenzen schaffen muß. Die starke Position der Marke Bulldog schien diese Ansicht zu bestätigen. WGM hatte den Namen „Viking Ship" gewählt, was dem von Hydro verwendeten visuellen Symbol entsprach. Der volle Produktname war „Viking Ship Kalziumnitrat". In allen gedruckten Medien wurde Hydro als Hersteller und WGM als Distributor angeführt.

Um Markenbekanntheit und Präferenzen aufzubauen, wurden verschiedene Medien verwendet. Das Hauptinstrument waren Brancheninformationen für Landwirte, vor allem diejenige, die sich an Gemüse-, Obst- und Tabakbauern wandte. Während der Saison wurden ganzseitige Anzeigen in fast jeder Ausgabe der drei größten Magazine gestaltet. Lokales Radio war ebenfalls wichtig, wo kurze Botschaften in den Abendstunden, wenn die Landwirte Zeit hatten, gesendet wurden.

WGM hatte auch bunte Broschüren und Displaymaterial hergestellt, die vorwiegend durch die Verkäufer und ihre Kontakte verteilt wurden. Die Verkäufer waren instruiert, aktiv für die WGM-Produkte gegenüber dem Handel zu werben. Auf regelmäßigen Verkäufertreffen wurden sie mit den Produktneuheiten in Kontakt gebracht und informiert.

Was den Inhalt der Werbung betrifft, versuchte WGM eine kurze und klare Botschaft für Hydros Düngemittel zu entwickeln. Landwirte waren dafür bekannt, daß sie nur wenig Zeit für das Lesen von Fachmagazinen aufwenden konnten. Sie waren nicht immer gut ausgebildet und scheute sich vor technischen Informationen.

Die Werbekosten mußten durch die WGMs Provision gedeckt werden. WGM beschwerte sich, daß sich dadurch der Aktionsradius für Marketingaktivitäten einschränkte. Sie deuteten an, daß man entweder die Provision erhöhen, oder daß Hydro einen Werbekostenzuschuß leisten müßte. Gemäß dem Vertrag fand Hydro, daß WGM für alle Marketingaktivitäten verantwortlich sei. Innerhalb des Hydro-Managements waren überdies Zweifel aufgekommen, „ob man Düngemittel wirklich wie Seife verkaufen sollte".

Ein größeres Problem für WGMs Repräsentanten war der reibungslose Fluß von Gütern durch die Distributionskanäle. Amerikanische Düngemittelhersteller hatten einen großen Einfluß über die Groß- und Einzelhändler durch ihre langfristigen Kredite erlangt. Deshalb, und weil die Viking Ship-Düngemittel ein kleines Produkt darstellten, waren die Händler zögerlich, das Produkt in ausreichenden Mengen zu lagern. WGMs Vertreter mußten hart arbeiten, um eine Art „Transitabsatz" aufrecht zu erhalten, und Händler so zu helfen, bereits bestellte Ware an die Landwirte zu liefern. Die Verkäufer hatten weniger Probleme in Gebieten, wo man konzentriert Werbung einsetzte.

A.10.7 Marketinginformation

In seinen 15 Jahren mit Hydro war der Verkaufsmanager Hans Hansen in sporadischem Kontakt mit dem amerikanischen Markt. Seit der Divisionalisierung im Unternehmen hatte er WGM in kürzeren Abständen mehrmals besucht. In Übereinstimmung mit dem größeren Interesse des Unternehmens an den Handelsfunktionen wollte Hansen ein tieferes Verständnis für den amerikanischen Markt entwickeln. Hansen kam selbst aus dem Verkauf und sah die Notwendigkeit für mehr landwirtschaftliche Kompetenz bei seinen Mitarbeitern. Ein junger Landwirtschaftsexperte, Jens Jensen, wurde 1969 eingestellt und nach einer Einarbeitungsphase für drei Monate in die USA gesandt. Er sollte eine allgemeine Studie über den Markt für Düngemittel erstellen und auf Hydros Position im speziellen eingehen. Jensen reiste mit WGMs Vertretern mit, machte aber auch selbständig intensive Kontakte vor allem mit Landwirtschaftsexperten.

Was die Landwirte betraf, so fand Jensen, daß der Bekanntheitsgrad von Hydro und des Produktes Kalziumnitrat gering war. Die Marke „Viking Ship" war eher als Quelle für Stickstoff bekannt, und dieser konnte anders billiger gekauft werden. Besser informierte Landwirte bevorzugten Chilesalpeter, weil sie das Produkt kannten und ihm vertrauten. Jensen hatte auch verschiedene Beschwerden über Hydros Düngemittel in bezug auf dessen Hygroskopie, d.h. das Klumpen bei normaler Luftfeuchtigkeit, erhalten. Es gab auch Beschwerden, daß sich Schläuche und Pumpen wahrscheinlich aufgrund ungenügender Reinigung verstopften.

Die Handelspartner waren durch persönliche Kontakte mit den WGM-Mitarbeitern besser informiert. Doch sie zeigten geringe Motivation, diese an die Landwirte weiterzugeben. Es schien ziemlich klar, daß sie den amerikanischen Produkten den Vorzug gaben. Und wer war eigentlich WGM und Hydro? Was sollten Wikinger aus dem kalten Norden über Landwirtschaft im warmen Süden der USA wissen? Wenn man bei den Verkäufen für eine unbekannte Marke erfolgreich wäre, würde sofort jemand anderer sofort die Preise senken und den Nutzen daraus ziehen. Darüber hinaus bot WGM allen die gleichen Preise an. Sollte es nicht einige Extras für jene Händler geben, die wirklich versuchten, die Marke zu unterstützen und daher große Mengen kauften?

Was die Berufsorganisationen (Forscher, Lehrer, Berater, etc.) betraf, so wurde Jensen an Universitäten und bei landwirtschaftlichen Vereinigungen gut aufgenommen. Er hatte den Eindruck, daß man dieselbe Sprache sprach, und daß er Neuigkeiten aus der europäischen Landwirtschaft bringen könnte. Er sah, daß es wenig Kontakt zwischen den amerikanischen Gruppen, und daß er mit wenig Aufwand helfen könnte, diese Informationslücken zu schließen. Jensen fand einige Berichte über Kalziumnitrat, die zum Teil unveröffentlicht waren, und die sich mit Hydros eigenen Ergebnissen deckten.

Doch diese Art von Düngemittel wurde als relativ unwichtig erachtet und erhielt wenig Forschungsgeld. Andere Publikationsalternativen schienen beschränkt, und Forscher waren nicht interessiert, Populärwissenschaftliches für landwirtschaftliche Magazine zu schreiben.

Jensen bestätigte die Schätzung des Umsatzpotentials. Doch er machte auch klar, daß eine größere Umsatzsteigerung nur durch einen drastischen Bewußtseinswechsel bei den Kunden über dieses Produkt erreicht werden kann.

Diskussionsfragen

1. Sollte Hydro sein Düngemittelgeschäft an der US-Westküste weiterführen?

2. Nehmen Sie an, die Exporte von Kalziumnitrat an kleine und spezialisierte Landwirte werden fortgesetzt: welchen Marktauftritt und welches Distributionsnetz sollte entwickelt werden?

3. Wie sollte ein Kommunikationsprogramm, daß sich an Landwirte an der Westküste wendet, gestaltet sein?

Quelle: Larsen, H.H. (1997): Cases in Marketing, Sage Publishers

A.11 Markteintritt in einen stark umkämpften Markt – Norsk Hydro Düngemittel in den USA (Fall B: 1980 - 1995)

Aus Fall A wissen wir über die Anfangsprobleme, die man während der 70er Jahre an der amerikanischen Westküste bewältigen mußte. Wir wenden uns wieder dem amerikanischen Markt zu und betrachten die strategischen Herausforderungen seit den 80er Jahren. Für jede dieser strategischen Fragen werden der Markthintergrund und Hydros strategische Wahl kurz beschrieben. Wir lassen absichtlich Details weg, da das Lehrziel auf dem strategischen Kern einer langfristigen Internationalisierung eines Unternehmens liegt.

In der Konzernzentrale von Hydro war man 1993 durchaus zufrieden. In den letzten 20 Jahren hat sich Hydro von einem unbedeutenden Exporteur zu einem der wichtigsten Lieferanten von Düngemitteln am nordamerikanischen Markt entwickelt. Zu diesem Zeitpunkt sollte Gerd Petersen, die seit 10 Jahren für das Unternehmen arbeitete, die Aktivitäten Hydros auf diesem Markt zusammenzufassen und analysieren. Was ist gut gelaufen? Was hätte man anders machen können? Das Unternehmen war auch an einer Einschätzung von Hydros gegenwärtiger Position in diesem Markt interessiert. Gäbe es andere Wege, die Unternehmensaktivitäten in den USA zu organisieren? Sollte man an der gegenwärtigen Position etwas ändern, wenn ja, was könnte man in Zukunft tun? Das Management wollte eine fundierte Analyse der getroffenen Entscheidungen und Hinweise, wie man das Wachstum in Zukunft sicherstellen könnte.

Gerd versuchte sich vorzustellen, welche unterschiedlichen Optionen Hydro in jeder Phase gehabt hatte. Sie sollte die Vor- und Nachteile abwägen, um die Hintergründe der Entscheidungen von Hydro zu durchleuchten. Um ihre Einschätzung zu unterstützen, schlug Gerd in ihren Lehrbüchern nach, was die zum Thema Internationalisierung von Unternehmen zu sagen hatten. Sie suchte auch Beispiele von lokalen Unternehmen, die die Entscheidungsstrukturen von Hydro bestätigen oder hinterfragen würden. Gerd wußte, daß die Unternehmensleitung sie für eine Führungsposition vorsehen wollte. Das Ergebnis dieser Entscheidung war daher teilweise von ihrer Analyse und ihren Empfehlungen abhängig.

Sie merkte, daß sie nicht alle Informationen zur Verfügung hatte, die sich benötigte, um Ihre Analyse vollständig durchzuführen. Doch zum gegenwärtigen Zeitpunkt wollte sie das beste aus der Situation machen. Sie erstellte eine Liste von Themen auf, zu denen sie zu einem späteren Zeitpunkt weitere Informationen einholen mußte.

A.11.1 Die Expansion an der Westküste

Während der 70er Jahre entwickelte sich das Geschäft an der Westküste zu einem großen Erfolg. Das Marktpotential von 150.000 Tonnen Kalziumnitrat wurde erfolgreich erschlossen, so daß sowohl Umsätze als auch Gewinne stiegen. Ein Vertriebssystem wurde entwickelt und die Partner durch bessere Information, Training und Lieferservice, etc. motiviert. Ein neues Preis- und Rabattsystem machte die Viking Ship-Produkte attraktiver.

Hinsichtlich der Kommunikation mit den Endverbrauchern – den kleinen und spezialisierten Landwirten – gab es zwischen Hydro und dem Distributionspartner WGM aus San Francisco ständige Konflikte, was die Werbelinie zwischen wissenschaftlicher Dokumentation und emotionalen Botschaften schwanken ließ. Der Name „Viking Ship" und das Markenzeichen wurden heftig kritisiert, mußten jedoch aufgrund der großen, weltweit von Hydro in den Markenaufbau getätigten Investitionen beibehalten werden. Trotz des Erfolges hatte man bei Hydro das Gefühl, daß ein entscheidender Aspekt ungelöst blieb: die eher schwache Kontrolle der langfristigen Strategie, die Marketingplanung und –implementierung und das Kundenfeedback. WGM war sicherlich kooperativ, mußte sich jedoch auch um andere Märkte und Produkte kümmern. Um 1970 sprach Hydro WGM an, was man von der Möglichkeit einer Unternehmensbeteiligung von ca. 50% durch Hydro halten würde. Dieser Vorschlag wurde von WGM rundweg abgelehnt. Der Unternehmenschef G. Meyer meinte dazu: „Ich habe seit 20 Jahren einen profitablen Markt aufgebaut, und jetzt versuchen Sie mich auszubooten. Sie sollten vielmehr Wertschätzung gegenüber meinem Unternehmen zeigen, indem Sie uns die Alleinvertretung für die USA übertragen!"

Bei Hydro hatte man sich einen derartigen Schritt in der Tat überlegt. Abgesehen vom Kontrollaspekt hatte man den Eindruck, daß die Unternehmensaktivitäten an der Westküste sich zu einer hoch professionellen Vermarktung entwickelt hatten, die sich auf ein tiefgehendes Verständnis der amerikanischen Landwirtschaft, der Vertriebskanäle, des Wettbewerbs und der Marketingpraxis stützten.

Schrittweise wandte sich WGMs Einstellung zu einem gemeinsamen Unternehmenseigentum zum Positiven. Man lernte sich besser kennen. G. Meyer wurde älter, seine Söhne wurde in Norwegen durch Hydro geschult und konnten einer teilweisen Übernahme durch Hydro durchaus für beide Seiten Positives abgewinnen.

1985 eignete man sich auf eine Übernahme von 50% der WGM-Anteile durch Hydro. Ein neuer, professioneller Vorstand wurde bestellt, der aus WGM- und Hydro-Mitarbeitern sowie lokalen Managern mit einschlägiger Erfahrung am amerikanischen Markt bestand.

Das neue Unternehmen behielt den Namen WGM, um auf den Unternehmenswert in der Agrarindustrie aufbauen zu können. Intern verwendete man die Formulierung „Hydro/WGM", um jeden an diese Veränderung zu erinnern. Nun war der Weg zur Expansion in andere amerikanische Regionen für WGM offen. Einige Veränderungen im Portfolio von Hydro-fremden Produkten mußten noch erfolgen. Das konnte jedoch durch die Umsätze mit Hydro mehr als kompensiert werden.

In allen neuen Regionen wurde WGMS „klassischem" Marketingansatz gefolgt. Die Zielgruppen – kleine und spezialisierte Landwirte – wurden ebenso genau untersucht wie die Distributionsstrukturen. Dann begann der langwierige Prozeß der Kontaktanbahnung. Nachdem der Vertrieb gesichert wurde, begann man in hoch spezialisierten Medien mit der bisher erfolgreichen Medienarbeit, um sowohl Händler als auch Endkunden zu erreichen. Meinungsführer in den landwirtschaftlichen Vereinigungen, in der landwirtschaftlichen Forschung, unter Journalisten und staatlichen Beratern wurden mobilisiert.

Heute ist WGM Hydros unumstrittene, nationale Marketingorganisation für kleine und spezialisierte Landwirte. Nachwuchsführungskräfte werden hier aufgebaut, um ihre wertvolle Erfahrung am amerikanischen Markt auch in anderen Märkten einzubringen. Die Erfahrungen mit WGM spielen auch eine zentrale Rolle in Hydros internationaler „Düngemittelakademie", die unten näher beschrieben wird.

A.11.2 Der Einstieg ins Massengeschäft am Düngemittelmarkt

Während der 70er Jahre gab es in der Konzernzentrale in Oslo wiederholte Diskussionen über die Für und Wider des Eintritts in den industriellen Düngemittelmarkt in den USA. Die Größe des Marktes erschien verlockend, denn es handelte sich schließlich um den größten und professionellsten Düngemittelmarkt der Welt. Doch der Wettbewerb war ebenfalls sehr heftig, sowohl durch lokale als auch durch internationale Produzenten, und die Margen waren bis aufs letzte reduziert. Eine Vielzahl von Produkttypen – andere als Kalziumnitrat – würden von den Produzenten von Mais, Sojabohnen, Weizen, Kartoffeln, etc. nachgefragt würden. Die Marketinginfrastruktur für große Massenlieferungen würde große Lade-, Entlade- und Lagermöglichkeiten in zentralen Häfen, regionale Verteilzentren, eine Flotte von Lastwagen, etc. erfordern.

Es erschien einleuchtend, daß diese Art von Geschäft außerhalb der Reichweite von WGMs Ressourcen und Kompetenzen lagen. Eine bessere Option wäre also ein anderer Typus von Organisation, die sich auf dieses „Massenmarketing" versteht. Der Aufbau einer derartigen Organisation von null weg erschien für Hydro als langsamer und steiniger Weg. Schneller und effizienter wäre es wohl ein bestehendes amerikanisches Unternehmen zu kaufen oder mit diesem zusammenzuarbeiten. Doch diese Eintrittskarte würde in diesem Fall einen hohen Preis erfordern und ein beträchtliches Risiko mit sich bringen.

Die Lösung kam 1988 als Nebeneffekt von Hydros europäischer Strategie. Seit einigen Jahren hatte Hydro versucht, in allen wichtigen Düngemittelmärkten eine bestimmende Rolle zu spielen, allen voran Westeuropa. Um dieses Ziel zu erreichen, startete Hydro eine Akquisitionskampagne und übernahm Mehrheitsanteile an führenden lokalen Herstellern.

Eine von Hydros Akquisitionen war die Nederlandse Stikstof Maatschappij (NSM) in Temeuzen nahe der niederländisch-belgischen Grenze. Dieses Unternehmen verfügte über etwas, was für Hydro besonders interessant war: eine gut eingeführte Niederlassung in den USA namens Transnitro, das sich auf die große, industrielle Landwirtschaft konzentrierte. Transnitro hatte eine effiziente Zentrale in New York und ein nationales Netzwerk von Lagern und Verteilzentren für große Mengen an Massendüngemittel.

Diese Tatsache brachte den Preis von NSM natürlich deutlich nach oben. Doch Hydro fand, daß Transnitro dem Unternehmen den gewünschten raschen und effizienten Einstieg auf den amerikanischen Massenmarkt ermöglichen würde. Zudem könnte man vom ersten Tag an die Führung in diesem Unternehmen übernehmen, die Strategie, die Marketingplanung und -implementierung, sowie den Kundenkontakt und –feedback kontrollieren zu können. Das könnte Hydros weltweite Wettbewerbsfähigkeit dadurch zusätzlich erhöhen, daß man in Märkten mit wirklich scharfer Konkurrenz und geringen Profiten erfolgreich ist.

Die Übernahme wurde relativ rasch abgewickelt, indem man auf das bestehende Management und deren Relation mit NSM setzte. Einige Hydro-Manager wurden nach und nach ebenfalls installiert, um Transnitro stufenweise in die Welt von Hydro zu integrieren.

Heute deckt Hydro den wichtigen amerikanischen Düngemittelmarkt mit zwei Tochtergesellschaften ab: WGM für die spezialisierte Landwirtschaft, wo Düngemittel in kleineren Mengen gekauft werden; Transnitro für die große, industrielle Landwirtschaft, wo Düngemittel in Massen gekauft werden.

Die Vermarktung der von Europa aus importierten Produkte war also gut abgedeckt. Doch andere strategische Fragen waren noch offen wie etwa Direktinvestitionen in lokale Produktion.

Als Hydro seine Internationalisierung startete, war die Produktion in Norwegen konzentriert und verwendete Wasserkraft. In den Nachkriegsjahren hatten sich die Wettbewerbskräfte geändert.

- Neue Technologie hat den Einsatz von Wasserkraft weniger bedeutsam gemacht.
- Die Produktionskosten wurden gesenkt, die Transportkosten hingegen sind gestiegen.
- Die Marktintegration, wie jene in der EU, hat ausländische Direktinvestitionen in Industrieanlagen akzeptabler gemacht.
- Die politischen Einstellungen in vielen Ländern favorisierte die lokale Produktion von „strategischen" Gütern wie Düngemitteln.

Hydros erster Schritt in Richtung internationaler Expansion fand in den 70er Jahren statt. Die arabischen Länder hatten durch die OPEC an Macht und Wohlstand gewonnen und sahen sich nach Investitionen um, die den langfristigen Wohlstand ihrer Bevölkerung sichern könnten. Das Scheichtum Quatar wollte im Rahmen eines Joint Ventures mit einem westlichen Unternehmen eine Produktion von Düngemitteln errichten. Als Partner wurde Hydro ausgewählt.

Trotz des politischen Risikos, der angespannten Personalsituation im Management etc. nahm Hydro die Herausforderung an. Man fand das Projekt in Quatar an sich sehr interessant, denn man sah es als zukünftigen Lieferanten für die Märkte östlich des Suezkanals. Es könnte sich auch als positiv für die Personalentwicklung herausstellen, bevor man weiter international expandieren würde.

Dieses erste Unternehmen in Quatar erbrachte positive Resultate und weckte Hydros Appetit auf weitere Direktinvestitionen im Ausland. Schrittweise entwickelte man eine Strategie, wodurch sich Hydro zum weltweit größten Produzenten und Exporteur von Düngemitteln entwickeln würde. Man entschied sich, stark in ein weltweites Netzwerk von im Ausland akquirierten Unternehmen als Markteintrittsalternative zu investieren.

Diese Strategie wurde zuerst in Westeuropa implementiert. In den wichtigsten Märkten wie Großbritannien, Frankreich, Deutschland und den Niederlanden (NSM) wurden Unternehmen und Produktionsstätten aufgekauft. Wie vorhin schon erwähnt war letzteres in den USA aufgrund des Massenmarktes für die „industrielle Landwirtschaft" (Transnitro) von besonderer Bedeutung.

Um 1990 wurde die Frage der Verfügbarkeit von Produktionsstätten in den USA immer dringender. Die zwei Marketingorganisationen funktionierten gut und verkauften jedes Jahr Rekordmengen. Die effiziente Belieferung war schwierig, weil sie lediglich auf großen transatlantischen Schiffslieferungen basierte. Mit den zunehmenden Tonnagen, die ins Land gelangten, müßte man auch die Be- und Entladungs-, sowie Lagerhaltungskapazitäten erhöhen. Schließlich zeigten die Kunden nach wie vor einige Präferenz für US-amerikanische Produkte.

Hydro überlegte für die Gründung einer Düngemittelproduktion in den USA mehrere Alternativen. Eine Unternehmensneugründung könnte die neueste Produktionstechnologie von Hydro nutzen. Eine raschere Lösung könnte die Akquisition eines bestehenden Unternehmens in den USA sein. Die systematische Suche nach geeigneten Unternehmen wurde anhand von Kriterien wie Größe, Standort, Technologie, umweltrelevante Aspekte, Profitabilität, Marktstellung, Managementressourcen, etc. geführt.

Schrittweise konzentrierte sich die Suche auf eine der größten regionalen Kooperative – Farmland Industries – mit der Zentrale in Kansas City. Farmland erzielte einen jährlichen Umsatz von € 3-3,5 Milliarden mit Düngemitteln, Ölprodukten, Futtermittel und Lebensmittel in 19 Bundesstaaten. Farmlands Produktionsstätten waren in Green Bay, Florida, angesiedelt. Sie wurden um 1970 errichtet und hatten später wesentliche Modernisierungen erfahren. Dadurch wurden einige Umweltprobleme reduziert oder eliminiert.

Die Verhandlungen führten zu einer Joint-Venture-Vereinbarung, bei der Hydro eine Beteiligung von 50% an Farmlands Düngemittelunternehmen übernahm. Farmland würde sich um die Produktion kümmern, während Hydro das Marketing übernehmen würde. Von spezieller Bedeutung für Hydro war die Tatsache, daß Farmlands Produkte phosphatbasiert waren und damit Hydros stickstoffbasierte Produktpalette komplementierte. Damit konnte man den Kunden ein breiteres Sortiment anbieten. Hydro erlangte auch Zugang zu den natürlichen Phosphatvorkommen nahe von Green Bay.

A.11.3 Die Koordination des US-Düngemittelgeschäfts

Wir haben nun gesehen, wie sich Hydros amerikanisches Düngemittelgeschäft über die letzten 45 Jahre entwickelt hat. Es erreichte einen Status, wo es sowohl große als auch kleine Landwirte abdeckte:

- in den meisten US-Bundesstaaten
- mit einer breiten Produktpalette
- in vielen Kanälen distribuiert
- durch viele organisatorische Einheiten,
- die in verschiedenen Gebieten angesiedelt waren
- mit unterschiedlichen Überschneidungen
- und sich überschneidenden Aktivitäten

Diese komplexe Situation, die typisch für diversifizierende und internationalisierende Unternehmen ist, erforderte Maßnahmen, die zu einer besseren Koordination und Effizienz führen sollten.

Die Führungsmannschaft von Hydros weltweitem Geschäft (Düngemittel, Leichtmetalle, Öl und Gas etc.) waren in Oslo angesiedelt. Die grundlegende Idee war es, ein schlankes, eng kooperierendes Management zur Entwicklung globaler Strukturen und Maßnahmen einzusetzen. Das operative Geschäft sollte soweit als möglich den nachgelagerten Unternehmensbereichen überlassen werden. Diese waren als Divisionen nach Produktgruppen mit globaler Verantwortung eingerichtet. Die Führungskräfte dieser Divisionen waren ebenfalls in Oslo angesiedelt, um einen engen Kontakt zwischen allen Bereichen und der Konzernspitze sicherzustellen.

Die Divisionen waren ebenfalls wieder unterteilt. Die Aluminiumdivision beispielsweise wurde nach Prinzipien der Weiterverarbeitung des Metalls aufgeteilt: eine Subdivision beschäftigte sich mit dem Walzen in Platten für Verpackungen. Eine andere kümmerte sich um die Extrusion in Bauprodukte, während eine dritte Aluminium für die Automobilindustrie vorbereitete. Die Sparte Aluminiumextrusion hatte eine neue Organisationsstruktur entwickelt, um die Internationalisierung voranzutreiben: man hatte die Zentrale von Oslo nach Lausanne in der Schweiz verlegt. Von dort aus konnte das Management mit allen Niederlassungen in Europa engeren Kontakt halten. Zudem war es auch einfacher, internationale Führungskräfte nach Lausanne statt nach Oslo zu rekrutieren. Dadurch konnte sich auch ein attraktives Unternehmensumfeld entwickeln, durch das sich leichter international orientierte Nachwuchsführungskräfte rekrutieren ließen.

Vor diesem Hintergrund diskutierte man bei Hydro den Aufbau der Agrarindustrie. Die nordischen und westeuropäischen Märkte waren nach wie vor dominant und stellten den „Heimmarkt" dar. Andere Märkte wurden unter dem Terminus „Hydro Agri International" zusammengefaßt. Das Topmanagement sollte weiterhin in Oslo bleiben, und die Delegation sollte an eine geographische/regionale Subdivision erfolgen.

Eine davon war „Hydro Agri North America", kurz HANA. HANA sollte in wesentlichen strategischen Fragen an Hydro Agri International in Oslo berichten. Für alle operativen Details, wie Beschaffung/Produktion, Logistik, Marketing, Administration etc. war es jedoch selbst verantwortlich. HANAs Zentrale war in Tampa, Florida angesiedelt. Der erste Geschäftsführer war ein Norweger mit umfassender Erfahrung in der Agrarindustrie in vielen Teilen der Welt. Die meisten seiner Mitarbeiter wurden jedoch in den USA hauptsächlich von anderen Hydro-Standorten rekrutiert, um ein beiderseitiges kulturelles Verständnis und Marktorientierung zu gewährleisten.

Von Beginn an mußte sich HANA um viele Dinge kümmern: die beiden Vertriebsorganisationen WGM und Transnitro mußten gestrafft und auf die neuen Produkte von Farmland und anderen trainiert werden. Hydros Einstieg in die Produktion und andere Beschaffungsalternativen erforderte eine bessere Logistik. Die Aktivitäten in einem Joint Venture erforderten ebenfalls die Aufmerksamkeit des Topmanagements.

Daraus entwickelte sich schrittweise eine neue Struktur für eine bessere Koordination des amerikanischen Geschäfts. Es wurde durch die sowohl lokalen als auch zentralen Personalentwicklungsanstrengungen unterstützt. Das zentrale Management in Oslo errichtete die „Hydro – Düngemittelakademie", die Lernprogramme für die kommerziellen Belange des Geschäfts anbieten sollte. Mitarbeiter aus allen Operationen weltweit, ebenso wie Vertriebspartner und ihre Mitarbeiter konnten zum Training kommen.

A.11.4 Die zukünftige Beziehung zwischen Zentrale und Tochtergesellschaften

Die Lehrbücher widmen der Entwicklung der Beziehung zwischen Konzernzentrale und Tochtergesellschaften relativ wenig Aufmerksamkeit. Dabei handelt es sich um einen extrem wichtigen Aspekt der Internationalisierung. Eine fehlende Übereinstimmung zwischen den „ausländischen" Aktivitäten und der „heimischen" Strategie und Struktur schafft oft Probleme, Konflikte und eine verzögerte internationale Expansion.

Ohne Anspruch auf Allgemeingültigkeit wollen wir einige Risiken herausstreichen. Sehen wir uns zuerst die Konzernzentrale an.

Das heimische Topmanagement hält die Zügel zu fest. Man ist skeptisch gegenüber den lokalen Managern „dort draußen". Haben sie wirklich einen ganzheitlichen Blick über das Unternehmen oder die Division? Kann man ihnen vertrauen, daß sie sich nicht in irgendwelche verrückten, lokalen Aktivitäten stürzen, die der zentralen Politik entgegenlaufen?

Als Kompromiß zwischen Zentralisierung und Delegation an die operativen Geschäftseinheiten kann man eine „regionale Konzernzentrale" für jene Gruppe von Märkten etablieren, die geographisch/kulturell/wirtschaftlich zusammenhängen. Doch nach wie vor muß sich die „heimische" Konzernzentrale als Kontrollinstanz wissen und alle Arten von Reports und auch direkte Besichtigungen vorsehen. Ein inoffizielles, duales Managementnetzwerk könnte sich entwickeln, das Verwirrung, Widerstand und mangelhafte Effizienz schafft.

Ein weiterer Kompromiß für die Konzernzentrale besteht in der Delegation in der Linie nach unten, sowie in der Schaffung von zentralen Dienstleistungs- und Beraterstäben, die den Tochtergesellschaften zur Seite stehen. Wenn diese Stäbe gut genug sind, um z.B. in Marketingangelegenheiten immer einen Schritt voraus zu sein, dann werden sie respektiert und angehört. Falls nicht, dann stellen sie eine Quelle der Irritation, Bürokratie und unnötige Kosten dar.

Wenden wir uns nun den Tochtergesellschaften zu. Auch dort lauern verschiedene Gefahren.

Wenn die Tochtergesellschaften neu eingerichtet werden, dann tendieren sie dazu, sehr „gehorsam" zu sein. Sie verdanken alles der Konzernzentrale – Ressourcen, Kompetenzen, Technologie, Managementsysteme etc. Oft stammen die ersten Manager in der Tochtergesellschaft vom Stammhaus. Sie bringen daher die „Regeln des guten Benehmens" von dort mit.

Sobald die Tochtergesellschaften reifer werden, dann tendieren sie dazu, das rebellische Verhalten eines „Teenagers" an den Tag zu legen: „Zu Hause vertrauen sie uns nicht wirklich. Sie bezweifeln, ob wir die Welt (unseren Markt) wirklich verstehen und selbständig eine vernünftige Planung machen können. Sie stellen unser wirtschaftliches Verantwortungsgefühl in Frage und zeigen sich jedesmal irritiert, wenn wir neues Kapital benötigen."

In einer späteren Phase werden die „heimischen" Manager durch lokal rekrutierte Personen ersetzt. Die „Opposition des Teenagers" kann nun durch kulturelle Mißverständnisse verschärft werden. Im lokalen Wirtschaftsumfeld kann es als Degradierung empfunden werden, wenn man zu viele Vorgaben von der Konzernzentrale bekommt, vor allem dann, wenn diese von einem hierarchisch untergeordneten, wie einem Mitarbeiter aus dem Verkauf oder einem noch weiter untergeordneten Kollegen, kommt. Das könnte ein angestrebtes „Macho-Image" bedrohen. Die Kontakte zur Zentrale werden daher minimiert.

Gerd Petersen dachte, diese Beschreibungen seien etwas überzeichnet. Dennoch nahm sie war, wie sich Kräfteverhältnisse über den Prozeß der Internationalisierung verändern. Sie realisierte, daß sie einen anderen Blick auf das Verhältnis zwischen Konzernzentrale und Niederlassung werfen mußte. Es war keine einfache Aufgabe, die auf sie wartete. Viele Dinge waren in den letzten Jahren geschehen, und ihre Informationen waren nicht vollständig. Doch gespannt auf die Herausforderung und in Erwartung einer Beförderung begann sie mit der Analyse der Vergangenheit, der Gegenwart und der Zukunft für Hydro in den USA. Mit harter Arbeit und etwas Glück hoffte sie in der Zukunft auf eine Position als Geschäftsführerin des amerikanischen Geschäfts.

Diskussionsfragen

1. Sollte Hydro ebenfalls die großen „industriellen" Landwirte ansprechen, die Düngemittel in großen Mengen kaufen? Sollten sie ihre Marktposition von Grund auf aufbauen oder sich in ein bestehendes Verkaufs- und Vertriebsnetz einkaufen?

2. In welcher Phase sollte Hydro in den USA Düngemittel produzieren?

3. Sollte Hydro ein neues Unternehmen gründen oder eine Akquisition eines amerikanischen Herstellers überlegen oder gar ein Joint Venture?

4. Nehmen wir an, das amerikanische Düngemittelgeschäft ist ein großer Erfolg geworden und sehr profitabel, jedoch stark diversifiziert. Wie kann man eine bessere Koordination erreichen?

Quelle: Larsen, H.H. (1997): Cases in Marketing, Sage Publishers.

A.12 Die Einführung von GSM-Mobiltelefonen in Südafrika

Auf der Fahrt zum Jan Smuts-Flughafen wieder einmal auf dem Weg nach Kapstadt dachte Vodacoms Geschäftsführer Alan Knott-Craig als Vorbereitung auf das morgige Managementmeeting über das nächste Geschäftsjahr nach. Der südafrikanische Markt konnte nicht nur beeindruckende Zahlen hinsichtlich der Neukundengewinnung nach dem Markteintritt aufweisen, sondern war der weltweit am stärksten wachsende Markt und wies in nur einem Jahr die weltweit zweitgrößte Kundenbasis auf. Eine derartige Leistung in Zeiten der politischen Wende zu Mandelas und De Klerks neuem Südafrika erstaunte selbst Branchenexperten weltweit. Mit einem geschätzten Marktanteil von 65% deutlicher Marktführer mußte Knott-Craigs Team nun die nächste Phase der Marktentwicklung und Wettbewerbsstrategie überlegen.

A.12.1 Die Telekommunikationsbranche

Die Telekommunikationsbranche in Südafrika setzte sich aus vier wichtigen Unternehmensgruppen zusammen: Netzwerkanbietern, Dienstleistungsunternehmen, Händlern und Geräteherstellern.

Netzwerkanbieter

Vodacom und Mobile Telephone Networks (MTN) erhielten die ersten beiden Lizenzen zum Betrieb von Netzwerken durch die staatlichen Behörden. Die Lizenzen ermöglichten es jedem Anbieter, die Infrastruktur zum landesweiten GSM-Netzabdeckung zu installieren und zu betreiben. Obwohl der europäische GSM Standard bei Mobiltelefonen durch den Einsatz der Digitaltechnik teurer als die etwa in den USA eingesetzte Analogtechnik war, erlaubte GSM viele höherwertige Möglichkeiten wie Fax- und Datenübertragung und setzte sich daher als weltweiter Standard immer mehr durch. Vodacom und MTN erhielten aus den verfügbaren Radiofrequenzen unterschiedliche Übertragungsfrequenzen zugeteilt. Einige Frequenzbänder wurden für ein mögliches drittes Netzwerk in der Zukunft freigehalten.

Die Eigentümerstruktur beider Netzwerkanbieter setzte sich aus internationalen Firmen, Regierungen oder staatsnahen Betrieben und lokalen schwarzen Firmenkonsortien zusammen. Vodacoms Beziehung zu Telkom, dem staatlichen Festnetzanbieter mit Monopolstellung, garantierte dem Unternehmen beinahe die Vormachtstellung auf dem Markt.

Die Lizenzen wurden Vodacom und MTN am 30. September 1993 erteilt, und beide begannen an der Infrastruktur zu arbeiten. Da Vodacom oder Telkom mit großer Wahrscheinlichkeit eine Lizenz erhalten würde, begann MTN erst etwas später mit dem Bau der Infrastruktur. Aus diesem Grund lag MTN deutlich hinter Vodacom in bezug auf die Infrastruktur, als am 1. April 1994 der eingeschränkte Testbetrieb für eine limitierte Kundenbasis begann. Obwohl MTN bis zum offiziellen Start am 1. Juni 1994 aufholen konnte, war klar, daß Vodacom in vielen geographischen Bereichen voranliegen würde.

Die Regulierungsbehörde glich den Unterschied aus, indem es beide Unternehmen verpflichtete, „roaming" während der Testperiode und den ersten drei Monaten Vollbe-

trieb zuzulassen. Mittels Roaming wurde es einem Kunden von MTN möglich, einen
Telefonanruf in ein Gebiet zu tätigen, das nur von Vodacom abgedeckt wurde, oder
wo MTN Kapazitätsengpässe hatte. Dies galt selbstverständlich auch für die Kunden
von Vodacom. Die beiden Netzwerke vereinbarten, das Roaming mit Ausnahme von
Notfallsanrufen frühzeitig im August 1994 einzustellen. Die Kunden beider Netzwerke
konnten unter der Nummer „112" Notrufe über jedes Netzwerk tätigen, auch ohne daß
sich eine sogenannte SIM-Karte (Subscriber Identity Module) im Telefon befand. Die
SIM-Karte war eine sogenannte Smart Card, die einen Mikrochip enthielt, der wiederum den Anrufer gegenüber dem Netzbetreiber zu Abrechnungs- und administrativen
Zwecken identifizierte.

Die Regulierungsbehörde erlaubte es den Netzwerkbetreibern, ihre eigenen Vertriebskanäle einzurichten und zu betreiben. Einem internationalen Trend folgend wählten die Netzbetreiber dazu eigene Dienstleister.

Dienstleistungsunternehmen

Dienstleistungsunternehmen vermarkten die Leistungen der Netzwerkanbieter und
kümmern sich um die Kundenkontakte. Die Dienstleister sind entweder durch einen Ex-
klusivvertrag an einen Netzbetreiber gebunden, oder stehen im Dienst mehrerer Betreiber. Gleichgültig welche Regelung getroffen wurde, müssen Kunden, die die Leistungen
eines Netzbetreibers in Anspruch nehmen wollen, einen Vertrag mit dem Dienstleister
eingehen. Die *South African Cellular Service Providers Association* (SACSPA) wurde gegründet, um die Interessen der Dienstleistungsunternehmen zu wahren, und um
gemeinsame Angelegenheiten wie Betrug oder Überschuldung der Kunden zu behandeln. Beide Netzwerkanbieter regten die Dienstleister dazu an, Mitglied bei SACSPA
zu werden.

Die Dienstleister waren verantwortlich für den Verkauf der Mobiltelefone und des
Zubehörs, sowie der Anschlußverträge, der Abrechnung und den laufenden Kundendienst. Die Kunden hatten keinen direkten Kontakt mit den Netzbetreibern. Die Netzbetreiber verrechneten den Dienstleistern die gesamten Gesprächsgebühren nach Kunden unter Abzug eines Rabatts von ca. 25-30% (je nach der Zahl der Kunden und
Kundentreue) sowie unter Hinzurechnung eines monatlichen Entgelts, die mit dem von
den Kunden gewählten Tarifschema in Verbindung standen. Zusätzlich wurden Bo-
nuszahlungen als Anreiz gewährt. Verbindungsboni wurden für jeden neu gewonnenen
Kunden gezahlt. Obwohl diese Zuschüsse vertraulich behandelt wurden, vermuteten
die Medien regelmäßig Nettobeträge in der Höhe von R500 und R2.000 für jeden neu
gewonnenen Kunden. Die meisten Medien wiesen darauf hin, daß die Dienstleister diese Unterstützungen zur Subventionierung der Mobiltelefone verwenden würden. Die
Loyalitätsboni sollten dem Zweck dienen, jene Dienstleister, die für mehrere Anbieter
arbeiteten, an ein Netzwerk zu binden. Sie variierten je nach Kundenbasis, die ein
Dienstleister für einen Netzbetreiber unterhielt.

Die Netzbetreiber erhielten und leiteten Anrufe der Kunden weiter. Jedes Mal,
wenn ein Mobiltelefon eingeschaltet wurde, registrierte das Vodacomsystem die nächst-
liegende Basisstation. Dadurch wurde die Verbindung zwischen jedem Festnetz- oder
Mobiltelefon über die erforderlichen Schaltverbindungen zu jedem Mobiltelefon möglich. Ein bestimmter Anruf kann so nicht nur Vodacoms Infrastruktur, sondern auch
jene der Telkom nutzen. Das Vodacom-Netzwerk zeichnete die SIM-Kartennummer,

ebenso wie die angerufene Nummer, die Identifikationsnummer des Mobiltelefons, die Beginn- und Endzeit des Anrufes und die Art des Anrufs auf. Der Netzbetreiber sendeten dann mehrmals täglich einen Bericht über die vermittelten Telefonanrufe in einem Format, so daß sie vom Abrechnungssystem des Dienstleisters weiterverarbeitet werden konnten.

Das Abrechnungssystem der Dienstleister übernahm dann den heikelsten Teil: die kundengenaue Zurechnung der Telefonanrufe. In manchen Abrechnungssystemen wurden Zusatzfunktionen integriert, wie die Ausstellung, Aktivierung und Deaktivierung von Mobiltelefonen und SIM-Karten im Netzwerk, ebenso wie die Aufzeichnungen für die Kundendienstzentren. Die verwendete Software war kompliziert. Die meisten Dienstleister verwendeten das von einem britischen Unternehmen entwickelte EPPIX Abrechnungssystem. Andere Dienstleister gingen strategische Allianzen mit ausländischen Dienstleistern ein und adaptierten deren administrative Systeme und Wettbewerbsstrategien für den lokalen Markt. Einige wenige entwickelten lokale Abrechnungs- und Verwaltungssystemen. Insgesamt war die Abrechnung wenig standardisiert. Selbst die EPPIX Installationen konnten sehr unterschiedlich konfiguriert werden. Vodacoms eigene IT-Abteilung hatte den Hauptsitz in Kapstadt.

Es bestand kein Zweifel, daß alle Dienstleister administrative und finanzielle Schwierigkeiten hatten. Diese wurden durch den kurzfristig angekündigten Vertragsabschluß mit einem Netzbetreiber noch verstärkt. Deshalb hatten einige Dienstleister noch kein Abrechnungssystem fertig installiert, als der Testlauf begann.

Die Dienstleister wurden auch von der raschen Marktexpansion getroffen – im speziellen das Rechnungswesen und die Informatikabteilungen. Sie hatten offensichtliche Schwierigkeiten, die Kosten unter Kontrolle zu halten. Die Ergebnisse des ersten Jahres von zwei börsennotierten Unternehmen zeigten die schwierige Situation deutlich auf. Knott-Craig hörte Gerüchte, daß die veröffentlichten Ergebnisse typisch, wenn nicht besser waren, als jene vieler privater Dienstleister. Doch er hatte auch Gegenteilige gehört. Auf jeden Fall manifestierten sich die hartnäckigen Gerüchte, daß die kleineren Dienstleister nicht länger als sechs Monate überleben würden, nicht. Nach dem ersten Jahr waren nach wie vor 17 Dienstleister am Markt aktiv – genauso viele wie zu Beginn des Jahres.

Vodacom besaß einen Dienstleister – VODAC. MTNs größter Aktionär kontrollierte einen anderen Dienstleister, M-TEL. Verdächtigungen, daß diese beiden von den Netzbetreibern bevorzugt würden, trübten das Verhältnis mit einigen Dienstleistern. Die Lizenzverträge der Netzbetreiber zwangen sie nicht, Dienstleister zu verwenden, doch Vodacom war der Ansicht, daß Dienstleister die Marktpenetration weltweit beschleunigen würden. Aus diesem Grund ging man Verträge mit 11 Dienstleistern ein.

Händler

Die Dienstleister beauftragten oft Händler, Telefonverträge in ihrem Auftrag abzuschließen. Vodacom verschaffte sich einen raschen Wettbewerbsvorteil, als Teljoy und Vodac Händlerverträge mit den wichtigsten Handelsketten und Händlern abschloß. Das führte zu raschem Wachstum. Teljoy, das führende nationale Miet-TV-Unternehmen mit Geschäften in Frequenzlagen, wurde der weltweit zweitgrößte GSM-Händler. Das Unternehmen erreichte über ein Drittel des südafrikanischen Marktes, was sich zum Großteil auf seine Handelspräsenz und intensive Werbung vor und während der Markt-

einführung zurückführen läßt. Teljoy investierte viel Geld in Werbung in nationalen
Fernsehstationen.

Viele Händler tauchten auf dem Markt auf und verschwanden ebenso schnell wieder.
Einige beabsichtigten dies sogar, um sich kurzfristig bietende Chancen durch die explosive Markteinführung auszunützen. Andere wiederum verfügten über zuwenig Kapital.
Es wurde vermutet, daß die Probleme bei den Abrechnungssystemen der Dienstleister
ebenfalls oft zu spät zu Zahlungen an die Händler führten, was diese wiederum in
finanzielle Turbulenzen stürzte.

Internationale und lokale betrügerische Netzwerke machten sich in den Händlernet-
zen breit. Die Polizei hatte bereits einige Verhaftungen vorgenommen. Die Dienstleister
verwendeten oft fast die gesamten Prämien, um den Preis der Geräte für Kunden mit
längerfristiger Bindung zu subventionieren. Dabei wurden Warenwerte in der Höhe von
R2.500 oft für einen geringen Betrag oder gratis abgegeben.

Betrügerbanden, die sich als Kunden ausgaben, kauften Mobiltelefone zu geringen
oder subventionierten Preise oder stahlen diese und exportierten sie in andere GSM
Länder. Der Mißbrauch von Telefonverbindungen stellte aber das bei weitem größere
Problem dar. Es wurden viele „Telefonshops" in den Großstädten entdeckt, in denen
lokale und internationale Telefonanrufe zu reduzierten Raten angeboten wurden. Bevor
sich die Dienstleister erst dessen bewußt waren, waren bereits Rechnungen in der Höhe
von mehreren Tausend Rand aufgelaufen. Kunden berichteten auch, daß Mobiltelefone aus Restaurants, Cafés und sogar von ihrem Nachtkästchen während des Schlafs
gestohlen wurden.

Die Betrügerbanden hatten Kontakte zu afrikanischen und asiatischen Drogenkar-
tellen, wie in der Presse berichtet wurde. Ein „Telefonshop" konnte rasch eine Rechnung
von R10.000 auf einer gestohlenen SIM-Karte anhäufen, was in etwa den Gesprächsgebühren von mehr als 65 durchschnittlichen Kunden bedeutete. SACSPA berichtete
über polizeiliche Informationen, nach denen internationale Betrüger das Land kurz vor
den Rugbyweltmeisterschaften 1995 infiltrierten (die Südafrika dann auch gewonnen
hatte). Ein klassisches Sportereignis, das von Millionen Zusehern weltweit beobachtet
wurde. Es war nicht zuletzt das erste Mal, daß der Weltcup in einem Land abgehalten
wurde. Die Experten waren sich daher nicht sicher, ob die Polizei diesen Betrügern
auch tatsächlich Herr werden würde.

Regulierungen

Der Generalpostmeister war der offizielle Regulator der Telekomindustrie. Pallo Jordan, Minister für Post-, Telekommunikation- und Nachrichtenwesen, war verantwortlich für die gesamte Kommunikationsstrategie der Regierung. Der Minister überdachte
die Telekommunikationspolitik und zirkulierte dazu ein umfangreiches Grünbuch in
der südafrikanischen Öffentlichkeit und allen anderen interessierten Gruppen. Dabei
stand die Fortführung der Monopolstellung des Festnetzanbieters Telkom zur Diskussion, doch Änderungen schienen unwahrscheinlich. Der Regulator genehmigte eine Zahl
von Vodacoms Tarifplänen. Die Dienstleister durften keine höheren als die regulierten
Tarife zu verlangen. Sie konnten die Tarife allerdings reduzieren.

Knott-Craig war sich der Kulturunterschiede zwischen Vodacom und Telkom bewußt, weil ihr Geschäft doch sehr unterschiedlich war. Er sah jedoch auch Gemeinsamkeiten. Er freute sich besonders, daß er auf technische Expertise und Geschäftserfah-

rung in beiden Unternehmen zurückgreifen konnte. Doch der Eindruck, daß Vodacom besonders bevorzugt wurde durch die Telkom oder den Regulator, war eine konstante Quelle der Irritation. Knott-Craig war der Dementis überdrüssig. Ebenso verabscheute er die ständigen Anschuldigungen, daß Vodacom Vodac oder Teljoy gegenüber anderen Dienstleistern bevorzugte.

A.12.2 Gerätehersteller

Die Gerätehersteller nahmen an zweifacher Hinsicht am Markt teil: sie lieferten die Basisstationen und die Infrastruktur an die Netzanbieter, sowie die Mobiltelefone und Zubehör an die Dienstleister und Händler. Nokia, Ericsson, Alcatel, Siemens, Panasonic und Motorola waren die wichtigsten Namen am Markt. Vodacom beschaffte die Basisstationen bei Siemens und Alcatel, während MTN sich der Ericsson-Infrastruktur bediente.

Die Dienstleister hatten den Eindruck, daß die Gerätehersteller zum Problem wurden. Die Unzufriedenheit der Konsumenten mit den Herstellern war ein ernsthaftes Problem in den Augen der SACSPA. Einige Hersteller benötigten bis zu sechs Monaten für die Reparatur von Mobiltelefonen innerhalb der Garantiefrist. Dies erforderte große Investitionen für Leihtelefone. Zweifellos würde Motorolas Entscheidung, große Einzelhändler als Vertriebspartner zu gewinnen, die Dienstleister beeinflussen, auch wenn die Einzelhändler einen Dienstleister benötigen würden, um ihre Kunden an ein Netz anzuschließen.

Darüber hinaus bestand ein dauernder Druck drohender Engpässe, nachdem immer mehr Länder den GSM-Standard einführten. Viele Hersteller übersandten erst dann Produkte, nachdem ein Akkreditiv eröffnet war. Darüber hinaus lieferten sie weniger als von den wichtigsten Dienstleistern bestellt. In der südafrikanischen Presse tauchten Meldungen auf, wonach ein chinesisches Konsortium GSM-Telefone herstellen würde. Die Hersteller waren ebenso in einer Vereinigung, der CTMIA, verbunden.

A.12.3 Das geschäftliche Umfeld

Die Telekommunikationsindustrie in Südafrika erlebte ihre Feuertaufe im ersten Jahr. Unruhen erschütterten das Land im Zuge der Amtsübernahme durch Präsident Nelson Mandela nach seiner Wahl am 29.4.1994. Als die Regierung ankündigte, daß zwei Netzanbieter zugelassen würden, wurde die Ernennung eines zweiten Anbieters zu einem hochpolitischen Thema und verzögerte damit die Zulassung dieses Betreibers.

Das erste Halbjahr 1994 wurde politisch sehr turbulent. Es gab Gerüchte, wonach rechte und linke politische Gruppierungen die Sabotage der Wahlen ins Auge faßten oder die Regierung stürzen würden, sollte der Afrikanische Nationalkongreß (ANC) von Nelson Mandela gewinnen. Viele gut ausgebildete Menschen verließen das Land, und paradoxerweise kehrten viele auch wieder zurück. Einige politische Parteien redeten davon, die staatlichen Monopole, wie die Telkom, und staatsnahe Betriebe im Bereich Transportwesen, Eisen- und Stahlindustrie und Stromwirtschaft zu privatisieren. Obwohl diese Unternehmen einen vergleichsweise hohen Prozentsatz des BIP erwirtschafteten im Vergleich zu anderen Ländern, sprachen sich die Anhänger des ANC, wie Gewerkschaften und die Kommunistische Partei Südafrikas, gegen die Privatisierungspläne aus. Einige politische Parteien waren der Ansicht, daß Wiederaufbau und Entwicklung eine zentral geplante Wirtschaft in marxistisch-leninistischem Stil erfordere.

Mobile Telefonkommunikation wurde von vielen Parteien mit Mißtrauen beobachtet, da sie hinter der geplanten Einführung einen schwach getarnten Versuch der weißen Minderheit vermuteten, die Kontrolle über den gesamten Telekommunikationsbereich zu behalten. Obwohl beide Lizenzen am 30. September 1993 vergeben wurden, konnte man sich mit dem ANC erst am 22. Oktober 1993 einigen. Die Beschaffung der Infrastruktur und die Wahl der Dienstleister konnte erst im Anschluß daran beginnen. Das Geschäftsleben in Südafrika kommt traditionellerweise zwischen Mitte Dezember und Mitte Jänner aufgrund der Weihnachtsferien zu einem Stillstand. Dies verursachte weitere Probleme. Einige Dienstleister wurden daher mit großer Verzögerung erst im April 1994 unter Vertrag für den beschränkten Testlauf genommen.

Beide Lizenzverträge verlangten, daß die Netzbetreiber Mobiltelefonie in historisch benachteiligten Gemeinden finanziell zu unterstützen haben. Beide Netzwerke installierten daher diesbezügliche Pläne und nahmen Dienstleister in schwarzem Eigentum unter Vertrag. Zusätzlich dazu engagierten sich Vodacom und MTN über fünf Jahre hinweg mit Investitionen von 1 Mrd. Rand an die Regierung in wirtschaftlichen Aktivitäten, die nichts mit dem Kerngeschäft der beiden Unternehmen zu tun hatten. Versuche, der historisch benachteiligten Bevölkerung den Zugang zu Telekommunikation zu ermöglichen, resultierten in sogenannten Telefonshops, in denen Vodacom bis zu 10 Mobiltelefone mit Wertkartenabrechnung zur Verfügung stellte. Diese Geschäfte schufen darüber hinaus die so viel benötigten Arbeitsplätze. MTN initiierte ähnliche Projekte.

Der Markt

Südafrika läßt sich sowohl als Land der Ersten als auch Dritten Welt charakterisieren. Einkaufszentren und Wirtschaftsparks wie in industriell entwickelten Ländern und Wellblechhütten wie überall in der Dritten Welt finden sich innerhalb weniger Kilometer. Die städtischen Regionen verfügen üblicherweise über hohe wirtschaftliche Aktivität und ein hohes Einkommensniveau. Doch die ländlichen Regionen sind deutlich ärmer. Tabelle A.20 bietet einige Indikatoren für die wirtschaftliche und Bevölkerungsentwicklung.

Knott-Craig machte sich Anfang 1995 Sorgen, daß die Gewalt im Land eskalieren würden. Die Gewalttätigkeiten hatten in manchen Regionen ein Niveau wie vor den Wahlen erreicht. Die Polizei hatte größte Mühe, die Gewalt zu bekämpfen. Der Sicherheitsaspekt wirkte sich sowohl positiv als auch negativ auf die Kaufmotive für Mobiltelefone aus. Die Sicherheit war ein beliebter Grund, sich ein Mobiltelefon zu kaufen. Die Werbung, die die Notruffunktion an Autopage Cellular und Teljoy beinhalteten, waren gut angekommen. Doch es war bei weitem noch zu früh, verläßliche Statistiken über Käufer mit Sicherheitsinteressen zu erstellen.

Die Regierung der Nationalen Einheit übertraf die in sie vor den Wahlen gesetzten Erwartungen bei weitem. Insbesondere Präsident Mandela war sehr populär. Doch das Wiederaufbau- und Entwicklungsprogramm des ANC ging weniger rasch voran als erwartet. Präsident Mandela wies daher das Kabinett an, die wirtschaftlichen Wachstumspläne mit verstärkter Kraft zu forcieren. Das Schulsystem bereitete den Menschen mit schulpflichtigen Kindern besondere Sorgen. Man konnte den Eindruck gewinnen,

Tabelle A.20: Entwicklungszahlen für ausgewählte Länder

	Bevöl-kerung (in Mio) (1992)	Brutto-inlands-produkt (in Mio. $) (1992)	Energie-verbrauch pro Kopf (in kg) (1992)	Telefon-anschlüsse (in Tsd.) (1990)	Zugang zu sauberem Trinkwasser (%)	Geburten-rate (in Tsd.) (1992)	Entwick-lungs-index
USA	255,4	5920.199	7.662	136.337		16	,925
Neuseeland	3,4	41.304	4.284	1.469	97	17	,907
Korea	43,7	296.136	2.569	13.276	93	16	,859
Chile	13,6	41.203	837	861	87	23	,848
Mexiko	85,0	329.011	1.525	5.355	89	28	,804
Südafrika	39,8	103.651	2.487	3.315		31	,650
Indonesien	184,3	126.364	303	1.069	34	25	,586
Kenia	25,7	6.884	223	183	49	37	,434
Pakistan	119,3	41.904	92	843	72	40	,393

Quelle: Weltbank, Weltentwicklungsbericht: Entwicklungsinfrastruktur. New York: Oxford, 1994; aus-genommen Entwicklungsindex (aus United Nations Development Program, Human Development Report 1994. New York: Oxford.)

daß Geschäftsleute mit Kindern in Scharen das Land verließen, obwohl die Emigrati-onsstatistiken dies nicht bestätigten. Vermutlich lag dies daran, daß es strenge Aus-fuhrbeschränkungen für finanzielle Mittel für Emigranten gab, so daß nur wenige diesen Status auch offiziell deklarierten.

A.12.4   Marketing

Um Wettbewerbsvorteile zu erzielen, mußte man den anderen Netzanbieter und die Dienstleister genau beobachten. Die Art der Regierungsbestimmungen machten es oft schwierig, sich sinnvoll von den Mitbewerbern zu differenzieren.

Produkt

Die Netzabdeckung, d.h. das Gebiet, in dem Telefonanrufe von den Kunden plaziert und empfangen werden konnten, war eine übliche Form, sich von den Konkurrenten abzuheben. Mit Ausnahme der schwierigen Zeit im August und September 1994, in denen das Netz durch die zahlreichen Kunden überlastet war, konnte Vodacom mit seinem Netzwerk eine deutlich größere Abdeckung mit höherer Qualität erreichen. Die Netzwerkqualität wurde nach der Zahl der unterbrochenen Gespräche gemessen (Die Unterbrechungen waren durch irgendein Netzwerkproblem zustande gekommen), oder die Kunden beschwerten sich über die schlechte Übertragungsqualität. Obwohl MTN mit dem Bau seines Netzwerks erst Monate später begonnen hatte, war klar, daß es Vodacom innerhalb kürzester Zeit erreichen würde.

Werbung

Der Vorteil bei der Netzabdeckung war der Schwerpunkt von Vodacoms Verkaufsan-strengungen. Es war auch der Grund, warum zwei von drei Kunden Vodacom wählten.

Der preisgekrönte Werbeauftritt im südafrikanischen Fernsehen bei der Markteinführung hatte die Netzabdeckung als Schwerpunkt. 21 Mio. Rand investierte man in die Werbung in Fernsehen, Presse und Radio, was das Unternehmen in die Top 20 Unternehmen hinsichtlich der Werbeausgaben brachte – gerade hinter MTNs 23 Mio. Rand. Die Dienstleister bewarben den Markennamen auch in ihren eigenen Werbeaktivitäten, so daß beide Netzwerke rasch einen hohen Bekanntheitsgrad erreichten. Genaue Zahlen waren nicht verfügbar, aber die gesamten Werbeausgaben der Dienstleister beliefen sich auf geschätzte 20 Mio. Rand.

In der Werbeabteilung bei Vodacom war man besonders stolz darauf, einen Sponsorenvertrag mit dem Rugby World Cup abgeschlossen zu haben. Die Anzeigen hatten einen hohen Erkennungswert und erhielten gute Beliebtheitswerte. Die Marktforschung ergab, daß die TV-Spots besonders gut ankamen, und daß die Kaufabsicht für Vodacom sich signifikant erhöht hat. Man war sich jedoch nicht ganz sicher, ob dies auf MTNs Probleme bei der Netzabdeckung oder die Kommunikationsstrategie oder beides zurückzuführen ist.

MTNs Werbung war ebenfalls sehr effektiv. Man setzte eine einzigartige und sehr humorvolle Stimme eines männlichen Sprechers ein, die den Kunden das Gefühl vermittelten, sie hätten die Magie von MTNs mobiler Kommunikation zu ihrer Verfügung. MTN positionierte sein Angebot als „die bessere Verbindung" und erzielte hohe Wiedererkennung und Markenbekanntheit.

Preispolitik

Die staatlichen Regulierungen wirkten sich am stärksten auf die Preispolitik aus. Die Konsumenten kümmerten sich üblicherweise um zwei Aspekte. Die Initialkosten beinhalteten üblicherweise den Preis für das Mobiltelefon und etwaiges Zubehör, wie eine Freisprecheinrichtung für das Auto, die Kosten für die SIM-Karte (65 Rand) und die Kosten für die Aktivierung der SIM-Karte für das Netzwerk (ein Verbindungsentgelt von 125 Rand). Die laufenden Kosten umfaßten eine monatliche Gebühr (125 Rand) und die Telefonkosten (1,10 Rand pro Minute während der Geschäftszeit und 0,65 Rand außerhalb dieser Zeiten). Der durchschnittliche Verwender erhielt eine Monatsrechnung zwischen 250 und 300 Rand.

Die Gesprächsgebühren, die monatlichen Grundentgelte, die Gebühren für SIM-Karten, sowie die Anschlußgebühren waren geregelt. Beide Netzbetreiber verrechneten dieselben Beträge. Die Netzbetreiber konnten um die Bewilligung neuer Tarifsysteme ansuche, doch das jeweils andere Unternehmen hatte die Wahl, dieselben Tarife sofort zu übernehmen oder nicht. Die Dienstleister durften die Telefontarife reduzieren, um Kunden zu gewinnen. Doch ein Abschlag von 10% des Gesprächstarifs würde direkt die 25-30%-ige Marge der Dienstleister reduzieren. SACSPA fürchtete, daß eine derartige Diskontpolitik das längerfristige Überleben der Dienstleister gefährden könnte. Es stellte sich daher die Frage, wie Rabatte eingesetzt werden könnten, ohne die staatlichen Stellen um Genehmigung dieser neuen Tarife ersuchen zu müssen. Ein Unternehmen, dem Rabattgewährung unterstellt wurde, kam umgehend in finanzielle Schwierigkeiten. Einige Dienstleister versuchten durch Produktpakete mit zusätzlichen Notrufdiensten oder anderen Leistungen ein Produkt anzubieten, das sich im legalen Bereich befand.

Beide Netzbetreiber subventionierten die Kosten für die Mobiltelefone. Zu Beginn machten diese Subventionen keinen großen Betrag aus. Am Ende des ersten Jahres hatten sie jedoch ein sehr beträchtliches Niveau erreicht.[1] Die großen Unterstützungen erlaubten es den Dienstleistern, 1.500 Rand teure, einfache Mobiltelefone fast gratis abzugeben und teure Mobiltelefone im Prämiumbereich um 2.000 Rand zu verkaufen. Autopage hatte den gesamten verfügbaren Bestand an neuen Alcatel-Mobiltelefonen aufgekauft, das mit einem Notrufpaket an Kunden gratis abgegeben wurde. Die kostenlosen Telefone heizten die Wachstumsraten an, führten jedoch auch zu den oben angekündigten Problemen.

Vertrieb

Die Strategie, über Dienstleister zu vertreiben, verursachte einiges Kopfzerbrechen. Vodafone versuchte es in Großbritannien mit der Direktvermarktung. Das amerikanische Modell funktionierte mit Netzbetreibern und Händlern. In den USA waren die Händler Marketingorgane, und die Netzwerke übernahmen die gesamte Verantwortung für Abrechnungs- und Kundendienstleistungen. Beide Ansätze erwiesen sich als erfolgreich.

Die meisten Branchenexperten schrieben Vodacoms beherrschende Marktstellung der überlegenen Netzabdeckung und -qualität, sowie der exklusiven Präsenz in führenden Handelsketten zu. Teljoy verkaufte Telefonverträge über die Einzelhandelsgeschäfte in den meisten Einkaufszentren des Landes. Darüber hinaus konnten die exklusiven Dienstleister ebenfalls Exklusivverträge mit wichtigen Handelsketten, Büroausstattern und anderen Händlern abschließen. MTN hatte auch exklusive Verträge, aber Knott-Craig war zuversichtlich, daß er die ersten Runden dieses Kampfes gewonnen hatte, als er sich einem Stau auf der R24 näherte.

A.12.5 Die gegenwärtige Situation

Als er über das morgige Strategiemeeting nachdachte, wurde Knott-Craig über den Stau vor ihm immer ärgerlicher. Normalerweise war um diese Tageszeit nicht so viel los auf der R 24, und als er von CDs auf den Verkehrsdienst auf Radio 702 wechselte, kehrten seine Gedanken wieder zu der morgigen Sitzung zurück. Die Zahl von 350.000 Kunden im ersten Jahr überstiegen die Prognosen von 100.000 bei weitem.

Ihm war klar, daß neue Probleme auch andere Lösungen in der Vergangenheit erfordern würden. Es war klar, daß das explosive Wachstum sich in Zukunft nicht so fortsetzen würde. Doch man konnte sich für die nächsten beiden Jahre eine Kundenzahl von 1 Mio. erwarten. Es war zu vermuten, daß sich die Qualität dieser neuen Kunden gemessen an der durchschnittlichen Gesprächsdauer und der Zahlungsbereitschaft sich im Zuge des Netzausbaus verschlechtern würde. Die Gewinnung von neuen Kunden hatte sich erheblich eingeschränkt, als beide Netzbetreiber die Verbindungsboni am 1. April 1995 reduzierten. Eine Balance zwischen Wachstumsraten und Profitabilität, um die Aktionäre zufriedenzustellen und erforderliche Rückzahlungen zu leisten, zu finden würde nicht einfach sein.

Technologisch wollte Knott-Craig mit Vodacom immer vorne bleiben. MTN hatte kürzlich eine Vielzahl an Zusatzleistungen angekündigt, mit denen man ein Mobiltelefon als Pager oder für viele andere Dienste wie rechtliche Beratung nutzen konnte. Beide Netzbetreiber brachten beinahe zeitgleich Fax- und Datenübertragungsleistungen auf den Markt. Die Identifikation des Anrufers würde ebenfalls bei beiden verfügbar sein.

Teljoy hatte bereits die Initiative zur Markteinführung eines Notrufs unter der Nummer 112 gesetzt. Faxdienstleistungen wurden ebenfalls verbessert. Ein Fax konnte ähnlich wie eine Nachricht gespeichert und später abgerufen werden.

Der Stau löste sich auf, als er an einem kleineren Unfall vorbeigekommen war. Knott-Craig sah bereits den Flugplatz und würde also zeitgerecht seinen Flug erreichen.

Die Fallstudie wurde von Professor Steve Burgess von der School of Economic and Business Studies an der Universität von Witwatersrand erstellt. Sie dient der Diskussion im Hörsaal und soll nicht auf effektive oder ineffektive Bearbeitung administrativer Fragen dienen.

A.13 Nokia und die Telekommunikationsindustrie

Im Frühjahr 1994 blickte Jorma Ollila, CEO der Nokia-Gruppe, auf ein erfolgreiches Jahr zurück, in dem die Umsätze seines Unternehmens mit Mobiltelefonen um mehr als 70% gestiegen waren und sich die Gewinne verdoppelt hatten. In einem wachsenden Markt hat das finnische Unternehmen seinen Marktanteil von 13% zu Beginn 1992 auf 20% Ende 1993 ausbauen können. Die rasch wachsenden Entwicklungskosten hatten viele von Nokias Mitbewerbern gezwungen, aus dem Geschäft auszusteigen oder an größere Konkurrenten zu verkaufen. Wie könnte Nokia sein Wachstum in der turbulenten Branche aufrecht erhalten? Wie könnte das Management im Licht einer derartigen Unsicherheit seine Entscheidungen treffen?

A.13.1 Die Entwicklung der Branche

Die Mobiltelekommunikation wurde aus der Notwendigkeit geboren, daß Geschäftsleute miteinander auch außerhalb ihres Büros miteinander in Verbindung stehen wollten. Nachdem nur eine limitierte Menge an Radiofrequenzen zur Verfügung stand, bedeutete das, daß ein offenes Übertragungssystem jedes Gespräch im Rahmen derselben Frequenzbreite übertragen müßte. Der Durchbruch kam erst, als es in AT&T Bell-Laboratorien 1979 gelang, dieselbe kleine Frequenzbreite für Tausende individuelle Nachrichten zu nutzen (s. Anhang). Zu Beginn 1993 war Mobiltelefonie in über 90 Ländern verfügbar.

Auf dem Markt für drahtlose Kommunikation waren verschiedenen Produktkategorien verfügbar. Mobile Kommunikation spielte sich neben Mobiltelefonen hauptsächlich über Pager ab. Man schätzte die Teilnehmerzahl solcher Netze 1993 weltweit auf 50 Mio. Kunden. Ähnlich wie Mobiltelefone können Pager kurze Nachrichten in Datenals auch Sprachformat übermitteln. Computerhersteller wie Apple, AT&T, IBM und AST Research führten sogenannte *Personal Digital Assistants (PDAs)* – elektronische Notizblöcke – ein. Diese handtellergroßen Computer, die mittels Schreibstift bearbeitet werden, konnten drahtlos Faxe und e-mail versenden. Man plante auch sprachbasierte Kommunikation irgendwann einzubauen. Die Art der eingesetzten Kommunikation war vorwiegend von der Dringlichkeit und Komplexität der Botschaft abhängig. E-mail, Pager, Computer oder Fax riefen keine unmittelbare Bestätigung herbei, daß die Botschaft angekommen war. Das gelang nur über das Telefon.

Die Mobiltelefonbranche bestand wie die Telekommunikationsindustrie generell aus der Herstellung der Telefone, der Infrastruktur und dem Betrieb der Infrastruktur. Zur Infrastruktur gehören die Übertragungsstationen und viele technologische Prozesse zur Vermittlung der Verbindungen. Motorola, Ericsson und Nokia waren Hersteller sowohl von Infrastruktur als auch Mobiltelefonen. Die Verbindung zwischen diesen beiden Bereichen ist sehr eng, nachdem ein Produktmerkmal eines Mobiltelefons nur dann funktioniert, wenn die Infrastruktur dies auch umsetzen kann (s. Anhang). Die Betreiber von Netzwerken für Mobiltelefonen waren oft ident mit den Festnetzanbietern in bestimmten Regionen, obwohl immer mehr neue Konkurrenten mit aggressiven Bemühungen in den Markt eintraten. Bekannte Unternehmen, wie Sprint, AT&T, McCaw und die meisten nationalen Telekomfirmen Europas waren auf dem Markt aktiv.

Die nordischen Regierungen hatten sich 1981 für den NMT-450 (Nordic Mobile Telephone) Analogstandard entschieden, als diese Region als eine der weltweit ersten

Mobiltelefonie einführte. Dünn besiedelte Gebiete erfordern zu hohe Investition bei der Verlegung eines Festnetzes, was zu einem weiteren Ansporn für die Entwicklung von Mobiltelefonie führte. Einzigartig waren die sogenannten Möglichkeiten zum „Roaming" (s. Anhang) zwischen den Ländern, was zu einem flächendeckenden System über alle nordischen Länder führte. Das Bestehen von Roamingvereinbarungen zwischen Dienstleistern/Netzbetreibern verschiedener Regionen verbreitert die geographische Netzabdeckung für die Kunden. 1994 zeigte diese Politik, früh in das Mobilkomgeschäft mit einem gemeinsamen Standard und den Roamingabkommen, erste Früchte. Die Penetrationsraten in dieser Region von bis zu 10% waren die höchsten weltweit. Der NMT-450 und der neuere NMT-900-Standard wurden auch in vielen anderen Ländern, wie den Niederlanden, Frankreich, Belgien, Spanien, Österreich und Thailand, übernommen. Doch das Roaming war nur innerhalb des nordischen NMT-Gebiets möglich, da nur in diesen Ländern Vereinbarungen zwischen den Regierungen bestanden.

In der nordischen Region gab es verschiedene Hersteller von Mobiltelefonen. Die dominanten Unternehmen waren die schwedische L. M. Ericsson und Nokia Mobile Phones mit Sitz in Finnland. Diese beiden Firmen waren auch Hauptlieferanten von Infrastruktur. Andere europäische Produzenten von Mobiltelefonen waren Siemens, das sich vorwiegend auf den deutschen Markt konzentrierte, und Technophone Ltd., dem wichtigsten Hersteller in Großbritannien. Einige kleine, innovative Unternehmen fanden sich zu Beginn am Markt wie Storno und Cetelco, sowie einige große multinationale Unternehmen – Philips und Bosch.

Vor der Implementation eines europaweiten digitalen Standards, wie sie unten beschrieben wird, gab es unterschiedliche analoge Standards. In Europa waren sieben, nicht kompatible, analoge Standards, die von NMT-450 und NMT-900 angeführt wurden, sowie dem in England entwickelten TACS-Standard.

Die meisten europäischen Telekommunikationsanbieter waren staatlich kontrollierte Unternehmen, was zu monopolartigen Situationen führte. Dadurch verlangsamte sich das Wachstum im Mobiltelefongeschäft und bei den Dienstleistungen ebenso wie durch die hohen Gesprächsgebühren. 1993 war die Penetrationsrate in Deutschland mit 2,47% extrem niedrig, nachdem die Netzabdeckung noch sehr gering war.

In den USA begann die kommerzielle Mobiltelefonie 1983 mit der Implementierung des AMPS (American Mobile Phone System)-Standards. Die Federal Communications Commission (FCC) setzt die Wettbewerbsregeln für den Telekom-Markt in den USA fest und hat Lizenzen an verschiedene regionale Anbieter vergeben.

Die amerikanische Struktur basierte auf regional tätigen Unternehmen, was das Netzwerk insgesamt sehr differenziert und inkohärent werden ließ. Möglichkeiten zum Roaming waren technisch machbar, doch Vereinbarungen zwischen den Anbietern bestanden nicht. Die kartellrechtlichen Bestimmungen in den USA verkomplizierten die Entstehung nationaler Vereinbarungen zwischen den verschiedenen Unternehmen ebenfalls. 1993 lag die Penetrationsrate bei ca. 6%. Der amerikanische Hersteller Motorola dominierte den Markt. Zu diesem Zeitpunkt hat der Erfinder der Technologie, AT&T, gerade erst mit der Produktion von Mobiltelefonen begonnen.

Japan war das erste Land, das 1981 eine Mobilfunklizenz vergab, doch die Entwicklung eines landesweiten Dienstes wurde nicht vor 1984 erreicht. Diese Dienstleistung wurde von der Nippon Telegraph and Telephone Corporation angeboten, die eine Monopolstellung auf dem japanischen Markt hatte. Nach 1985 sollte NTT über einen

Zeitraum von fünf Jahren privatisiert werden und andere private Unternehmen Zugang zum Markt bekommen. Die Struktur wurde durch die Regierung in einer Weise kontrolliert, daß NTT nationale Dienste anbot und die privaten Wettbewerber ihre eigenen Regionen zugeteilt bekamen, in denen NTT nur Mitbewerber war. Damit bewirkte man ein geringes Wachstum, weil die Verbindungsentgelte hoch und die geographische Abdeckung niedrig waren. Das zeigte sich auch an der geringen Zahl an Kunden mit 1,7 Mio. im Jahr 1993.

Die Länder des pazifischen Raumes mit Ausnahme von Japan hatten unterschiedliche Standards eingeführt, während die lateinamerikanischen Länder AMPS ausgewählt hatten. Das Wachstum in diesen Märkten war relativ gering verglichen mit anderen Regionen. Etwa nur 10% der weltweit gewonnenen Kunden für digitales und analoges Mobiltelefonieren kamen 1993 aus diesen Gegenden.

Mitte 1993 gab es geschätzte 27,3 Mio. Kunden im analogen System, wobei die USA 48%, Europa 25% und Asien (inkl. Japan) 15% ausmachten.

Der technologische Wandel

1991 wurden die technologischen Beschränkungen der analogen Standards aufgrund der ständig wachsenden Kundenzahl zu einem Problem, was zur Entwicklung digitaler Technologien führte. Die analogen Standards hatten weniger Kapazitäten innerhalb eines Frequenzbandes und waren auch stärker von Interferenzen betroffen.

Die ersten Standards, die digitale Technologie einsetzten, waren GSM in Europa und TDMA in den USA. Die neuen Systeme basierten auf der digitalen Übermittlung von Signalen (bits), die das Rauschen in der Übermittlung eliminierten. Digitale Signale benötigen eine geringere Bandbreite im Frequenzspektrum, was zu einer höheren Rate bei der Informationsübermittlung führen kann. Damit konnten mehr Kunden als bei der analogen Technologie das System verwenden. Mit dem digitalen Standard wurde auch die Übertragung von Fax und Computerdateien mit einer deutlich höheren Geschwindigkeit und Qualität möglich, was gute Aussichten für die Zukunft bot. Die digitalen Standards würden innerhalb eines gewissen Zeitraums wahrscheinlich die analogen ersetzen. Doch ebenso wie bei der analogen Technologie existierten bei der digitalen unterschiedliche Standards. Als Ergebnis wurde der globale Markt in immer kleinere Segmente geteilt je nachdem welcher Standard im jeweiligen regionalen Markt vorherrschte.

Einige drastische Änderungen ergaben sich mit dem technologischen Wandel. In der Anfangsphase der digitalen Ära gingen die Entwicklungskosten deutlich nach oben, da das Wissen zur Entwicklung eines digitalen Mobiltelefons deutlich höher als bei einem analogen ist. Die Entwicklung eines analogen Mobiltelefons erforderte grob 10 Mannjahre in der Entwicklung, während ein Modell nach dem neuesten digitalen Standard 150 Mannjahre benötigte. Das war das 15fache der Arbeit und stellte hohe Anforderungen an die Größe der Entwicklungsteams. Die Entwicklung der Software wurde ein entscheidender Arbeitsaufwand. Die Funktionalität der Telefone und die Netzwerke würden jetzt auf diesen Bestandteil aufbauen.

Ein entscheidender Unterschied zwischen analoger und digitaler Technologie war ein Wandel im Produktionsprozeß. Obwohl man für die Produktion von analogen Telefonen relativ geringes Produktionsknow-how benötigte, waren sie schwieriger in großen Stückzahlen herzustellen. Der digitale Standard erforderte ein hohes Maß an

Entwicklung, was die Fixkosten noch oben trieb, doch sie waren aufgrund der geringeren Grenzkosten besser für die Massenproduktion geeignet. Darüber hinaus erhöhte sich die Entwicklungsgeschwindigkeit, und die Zahl der am Weltmarkt vorhandenen Standards stieg ebenfalls. Wie bei den analogen Standards erweiterte die Entwicklung eines Produktmodells in einem der digitalen Standards die Wissensbasis im Unternehmen und erleichterte wie ein Sprungbrett den Einstieg in die nächste Generation von Standards. Ein weiterer Faktor, der große Stückzahlen erforderlich machte, waren die sich laufend verkürzenden Lebenszyklen der Produkte. Die Kurve des Lebenszyklus (siehe Abbildung A.9) kann als kumulierter Umsatz aller verkauften Mobiltelefone auf dem Markt zu einem gewissen Zeitpunkt angesehen werden. Er setzt sich zusammen aus den Lebenszykluskurven aller über die Zeit eingeführten Modelle.

Die durchschnittliche Lebenszeit am Markt der unterschiedlichen Topmodelle belief sich auf ungefähr ein Jahr. Anfang 1994 bewegte sich ein Spitzenmodell, das sechs Monate zuvor eingeführt worden war, bereits in Richtung Billigsegment und wurde durch ein besseres Modell ersetzt.

Viele der kleinen nationalen Hersteller wurden von dieser strukturellen Veränderung hart getroffen. Zu einem Zeitpunkt, als sie in der Lage waren, ein digitales Modell herzustellen, waren die drei großen Anbieter bereits dabei, ihre zweite Generation auf den Markt zu bringen. Einige der kleineren Mitbewerber verschwanden, während andere von Konkurrenten aufgekauft wurden. In der Zwischenzeit versuchten einige Neueinsteiger sich die erforderlichen Kompetenzen durch Übernahmen zu erkaufen. Ein harter Kampf war ausgebrochen.

Abbildung A.9: Produktlebenszyklus und Modellebenszeit

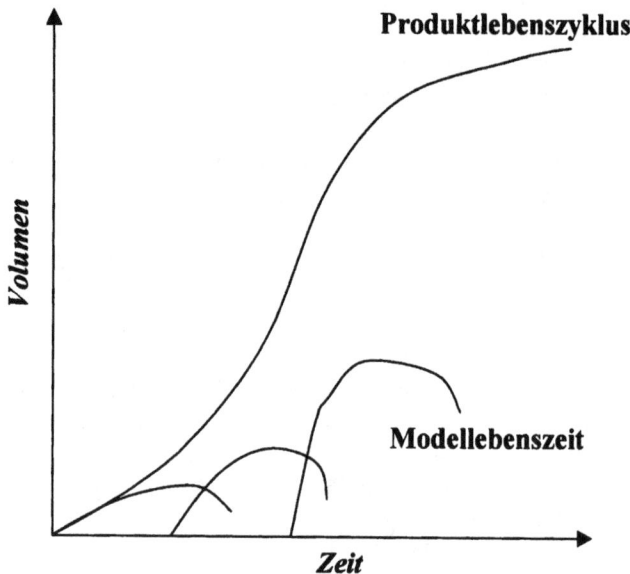

Die Implikationen des technologischen Wandels für den Markt

Das große Potential für Degressionseffekte führte jedoch nicht zu einer Konvergenz bei den Standards. Die Etablierung von Standards wurde nicht durch Regierungsintervention oder freiwillige Übereinkommen erreicht, sondern resultierte aus den Innovationen, die sich auf den einzelnen Märkten ergaben. Das war auch der Fall, als sich die digitalen Standards herausbildeten.

Europa hatte nun zwei digitale Standards, den Group Speciale Mobile (GSM), der von der Europäischen Union favorisiert wurde, und der DCS 1800, der unten erklärt wird. Als Grund für die Implementierung eines europaweiten digitalen Standards wurde vor allem die Förderung der Entwicklung einer europäischen Telekommunikationsindustrie angeführt. Darüber hinaus sollten die verbesserten Kommunikations- und Informationsmöglichkeiten auch anderen Industrien zugute kommen. Wie auch bei NMT war GSM als offener Standard zwischen den Regierungen und der Industrie entworfen. Er konnte damit von jedem Produzenten, der zur Entwicklung der Technologie in der Lage ist, verwendet werden. Die GSM-Technologie sollte aus Sicht der EU die existierenden analogen Standards ersetzen und 13 Mio. Kunden bis 1997 erreichen. Doch die analogen Systeme waren gute Geldquellen für die Netzbetreiber, so daß ihre Lebenszeit weit bis in das neue Millenium prognostiziert wurde.

Die GSM-Roamingvereinbarungen reichten über die Grenzen. Man konnte den GSM-Standard nutzen, um in und aus allen EU-Ländern und allen angrenzenden Ländern im Einzugsbereich der Basisstationen Telefonanrufe zu tätigen. Die Vision des GSM-Systems war die technische Kompatibilität kombiniert mit Roamingvereinbarungen, um innerhalb des Systems Zugang zu erlangen. Ein System konnte auch zwei Standards beinhalten, den die Infrastruktur dies unterstützt und entsprechende Roamingverträge abgeschlossen waren. Die GSM-Netzwerke in anderen Teilen der Welt griffen auf denselben GSM-Standard zurück, aber machten unterschiedliche Roamingsysteme. Um Zugang zu mobiler Kommunikation zu bekommen, waren ein Mobiltelefon und ein Servicevertrag notwendig. In den meisten Mobiltelefonen wurde der Dienstleistungsvertrag durch einen elektronischen Code im Gerät identifiziert. Dieser identifizierte den Anrufer und gab ihm Zugang zum Netzwerk. Für den GSM-Standard wurde diese Identifikation in einer elektronischen Karte von der Größe einer Kreditkarte gespeichert. Diese wurde in das Gerät eingeschoben, um es in Betrieb zu nehmen. Es konnten also die gleichen Telefone verwendet werden, sie erforderten allerdings unterschiedliche Dienstleistungsvereinbarungen (SIM-Karten). GSM war Ende 1993 bereits in 62 Ländern verankert. Ein anderes digitales System, dem Public Communication Network (PCN), kam auf den Markt, als man die Kapazitätseinschränkungen von GSM in dicht besiedelten Gebieten erkannte. PCN, das dem DCS-1800-Standard folgte, verwendete eine höhere Betriebsfrequenz als der GSM-Standard. Jede Verbindung benötigte nur die Hälfte der Bandbreite und ermöglichte damit eine höhere Kapazität. Jede Basisstation deckte ein Gebiet mit einem Radius von 500 Metern (oder weniger) ab. Die Kapazität erhöhte sich deutlich, denn jede der kleinen Zellen war in der Lage, zweimal so viele Verbindungen zu übertragen als eine größere, obwohl sie die gleiche Frequenzbreite nutzen. Die Kosten pro Verbindungen wurden ebenfalls deutlich niedriger geschätzt als bei Systemen mit einem größeren Radius. Dies sollte über die Zeit zu geringeren Telefongebühren führen. Aufgrund der geringeren, erforderlichen Reichweite der PCN-Terminals würde sich die Batteriedau-

er deutlich erhöhen. Insgesamt gesehen war das PCN-System für den Massenmarkt
ausgerichtet, das eine rasche Reduktion der Stückkosten und dabei geringere Preise ermöglichte. PCN-Systeme waren 1994 in Großbritannien und Deutschland installiert.

In den USA involvierte sich die FCC nicht in die Implementation der digitalen Stan-
dards. Es gab einen Kampf um die Vormachtstellung zwischen dem TDMA-Standard,
der vorwiegend von Ericsson favorisiert wurde, und dem CDMA-Standard, der von
Motorola forciert wurde. Diese beiden Standards konnten nebeneinander existieren,
waren jedoch nicht kompatibel. Die Implementation der digitalen Standards in den
USA basierte auf Koexistenz zwischen den vorherrschenden analogen Standards (im
Gegensatz zu Europa, wo man die analogen Standards durch GSM ersetzen wollte).
PCN-Systeme sollten auch in den USA als dritter digitaler Standard implementiert
werden.

Die analogen Standards waren nach wie vor profitabel und hatten freie Kapazitäten,
was gemeinsam mit dem freiwilligen Umstieg auf digitale Standards deren Implemen-
tationsgeschwindigkeit langsamer als in Europa werden ließ. Kritiker argumentierten,
daß diese Verzögerung problematisch für die Entwicklung internationaler Standards
sein würde, wo einige (möglicherweise weniger brauchbare) Technologien einen zeitlichen Vorsprung erhalten und damit die Einführung überlegener Technologien behindern würden.

In Japan hatte man mit Kapazitätsüberlastungen der analogen Systemen zu kämpfen. Mit der Implementation des digitalen Standards rechnete man 1994. Bis dahin
hatten zwei weitere Netzanbieter eine Lizenz erhalten. Doch diese waren nach wie vor
im Gegensatz zu NTT regional beschränkt. Deshalb gab es in Japan auch nur ein
dürftiges, nationales Netz mit einer geringen Penetrationsrate bei den Kunden.

**Marktwachstum und erwartete Veränderungen in den einzelnen Marktseg-
menten**

Die Wachstumsraten am Mobiltelefonmarkt von 1991 auf 1992 und 1992 auf 1993
beliefen sich auf 60% respektive 50%. Die Gesamtzahl der Kunden erreichte Ende 1993
33 Mio. Voraussagen für das Jahr 2000 ergaben eine geschätzte Kundenbasis von 100
– 170 Mio., was durch die erwarteten deutlichen Zuwachsraten zu bewerkstelligen sein
sollte (siehe Tab. A.21, Abb. A.10, Tab. A.22, Tab. A.23).

Tabelle A.21: Anzahl der Mobiltelefonkunden (in Mio. Kunden)

	Ende 1988	Ende 1992	Ende 1993
Europa[a]	1,5	6,0	8,3
USA	1,6	NA	15,0
Japan	0,4 [b]	0,9 [c]	1,7
Pazifischer Raum (ohne Japan)	K.A.	1,6	2,6
Lateinamerika	K.A.	K.A.	1,1
Andere	K.A.	K.A.	4,4
Summe	4,1	22,1	33,1

[a] inklusive EU und Schweiz   [b] Ende 1989   [c] Mitte 1991
Quellen: International Herald Tribune, 27. April 1994; Motorola Annual Report 1993.

Abbildung A.10: Szenarien über die Entwicklung der gesamten Mobiltelefonkundenbasis (in Mio. Kunden)

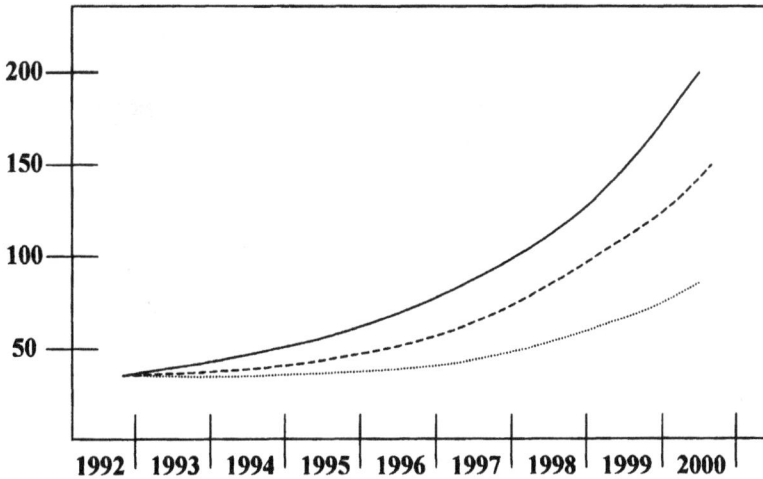

Tabelle A.22: Veränderungen in den Segmenten (Europäischer Markt)

Segment	1994	1998
Endkonsumenten	15%	40%
Geschäftskunden	80%	45%
Datenübertragung	5%	15%

Quelle: Nokia Mobile Phones.

Tabelle A.23: Entwicklung der weltweiten Absatzzahlen von Mobiltelefonen

Jahr	Stück (in Mio.)
1992	8,7
1993	11,0
1997	32,3[a]
2001	53,0[a]

[a]Schätzungen, *Quelle*: Nokia

Bis 1994 blieben die Schätzungen deutlich unter den tatsächlichen Entwicklungen. Es gab keinen Zweifel, daß die Zahl der Kunden sich in den nächsten Jahren deutlich erhöhen würde. Doch der Preis und damit die Marktgröße wurde von Faktoren bestimmt, die nach wie vor sehr unklar waren. Zu diesen Faktoren zählten die Kosten der Geräte, die Tarifsysteme für die Gesprächsgebühren, die Universalität der Produkte, ihre einfache Handhabung und die Marktabdeckung bei den Serviceverträgen.

Nokia sagte die wachsende Bedeutung des Endkonsumenten- und mobilen Daten-übertragungsmarktes voraus.

Das Niveau der Produktdifferenzierung war nicht hoch, obwohl bis zu einem gewissen Grad spezielle Produktmerkmale eingeführt wurden, um das höher preisige Geschäftskundensegment anzusprechen.

Aufgrund der hohen Investitionen in die Infrastruktur, die sich noch nicht rechneten, und einer nach wie vor geringen Kundenbasis erschien es den Netzbetreibern notwendig, die Umsätze anzukurbeln, um die adäquate Netzauslastung für entsprechende Investitionsrückflüsse zu erreichen. Dies geschah oft durch Subventionierung der Mobiltelefone bei der vertraglichen Bindung an einen Netzbetreiber durch die Kunden. Die Werbung verschob die Nachfrage von den Netzbetreibern zu den Geräteherstellern. Die Lieferfähigkeit war daher ein Schlüsselelement für die Netzbetreiber, so daß sie die Hersteller dazu drängten, die Lieferverträge ungeachtet der entstehenden Kosten einzuhalten.

Der größere Teil der Umsätze kam aus den USA und Europa, aber andere Märkte begannen sich ebenfalls zu entwickeln. Osteuropa, China und andere asiatische Länder begannen Infrastruktur und Geräte stark nachzufragen. Aufgrund des wirtschaftlichen Wachstums in diesen Ländern, stieg die Nachfrage nach Kommunikationsdienstleistungen, und die Mobiltelefontechnologie war eine kostengünstige und schnelle Alternative zur Installationen eines neuen Festnetzes.

A.13.2   Nokia

Nokia begann 1865 als Papier erzeugender Betrieb, wo die erste holzbearbeitende Mühle am Fluß Nokia in Finnland stand.

1967 erweiterte das Unternehmen sein Geschäftsfeld, indem es mit großen Gummi- und Kabelherstellern zusammenging. In den 70er und 80er Jahren erweiterte Nokia um Plastik, Metallprodukte, Chemikalien und Elektronik durch Zukäufe. 1994 war Nokia in vier Geschäftsbereiche gegliedert: Elektronik, Telekommunikation, Kabel und Maschinen, Mobiltelefone und Sonstiges (z.B. Reifen). Nach einer kurzen Zeit fokussierte man sich jedoch auf die Telekommunikation (s. Tab. A.24 und A.25), wo man sich auf Platz 9 der weltweiten Liste der Hersteller von Telekommunikationsprodukten befand.

Tabelle A.24: Finanzdaten für Nokia (1989-1993)

Nokia Group (in Mio. €)	1993	1992	1991	1990	1989
Umsatz	3,452	2.937	3,178	5,177	4,773
Kosten	3,286	2,963	3,112	5,001	4,647
Erträge vor Steuern	168	-25	67	166	126
Steuern	337	92	110	102	93
Erträge nach Steuern	-169	-117	-43	65	33

Quelle: Nokia Annual Report 1993.

Tabelle A.25: Die Ertragssituation nach Geschäftsbereichen (1989-1993, in Mio. €)

Erträge	1993	1992	1991	1990	1989
Telekommunikation	145	69			
Mobiltelefone	140	70			
Elektronik	-109	-126			
Elektronik gesamt[a]	–	–	–48	122	48
Kabel und Maschinen	38	19	20	90	85
Sonstige Bereiche[b]	–	–	44	58	73
Sonstiges	2,5	15	-36	-16	-1,7
Nokia (Konzern)	215	46	-19	254	204

[a] 1992-1993 Nokia Reifen und Nokia Energie wurden in die Gruppe „Weitere Geschäftsbereiche" dazugenommen.
[b] Nokia Data wurde 1989-1990 in die Elektronikgruppe aufgenommen.
Quelle: Nokia Annual Report 1993.

A.13.3 Der Geschäftsbereich Mobiltelefone

Der Bereich Mobiltelefone erzielte 26% des Konzernumsatzes, was in etwa € 940 Mio. entspricht (siehe Abbildung A.11). Forschungs- und Entwicklungsausgaben beliefen sich auf € 43 Mio. 1992 und € 62 Mio. 1993. Die Produktivität erhöhte sich nach 1990 dramatisch mit einem Zuwachs bei den Umsätzen pro Mitarbeiter um 138 %.

Abbildung A.11: Umsätze des Geschäftsbereichs Mobiltelefone (in Mio. FIM)

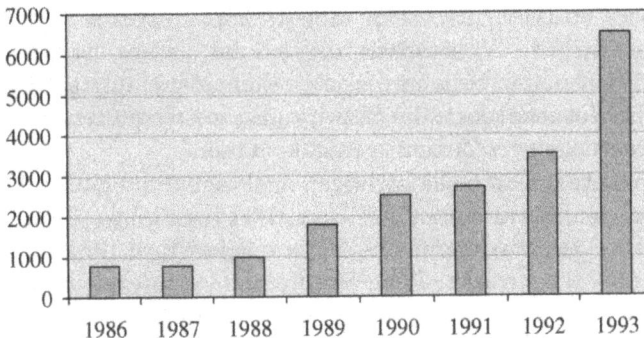

Quelle: Nokia Annual Report 1993.

Das Unternehmen war durch die starke Konkurrenz am Heimmarkt gefordert, denn Finnland hat einen der innovativsten und wettbewerbsintensivsten Telekommunikationsmarkt in Europa. Insgesamt gab es 1991 um die 50 Kommunikationsdienstleister.

Zu Beginn der 80er Jahre begann Nokia analoge Infrastruktur und Telefone für den NMT-450-Standard zu erzeugen. Der kleine Heimmarkt machte es für Nokia vom ersten Tag an erforderlich zu exportieren, um auf entsprechende Stückzahlen zu kommen. Bald produzierte man auch Geräte für andere Standards und erzielte so eine breite Wissensbasis und Degressionseffekte in einem frühen Stadium.

Das oberste Ziel des Unternehmens war es, die Kunden zufriedenzustellen. Auf dieses Leitmotiv wurden alle Aktivitäten ausgerichtet. Ein weiteres Ziel war es, durch einen Schwerpunkt auf die Expansion in alle Märkte bis 1995 einen Weltmarktanteil von 25% zu erzielen (siehe Tabelle A.26). Die Bedeutung, nicht sich nicht in der Produktion eines geringwertigen Massenprodukts zu verfangen, flexibel zu sein, um Mobiltelefone für viele verschiedene Standards zu erzeugen, und diese auch zu vermarkten standen an oberster Stelle. Priorität wurde dem Design, der Anpassung an Konsumentenwünsche und Benutzerfreundlichkeit mit einem Fokus auf Größe und Gewicht der Mobiltelefone gegeben.

Tabelle A.26: Marktanteile und Weltmarktposition von Nokia und seinen Mitbewerbern (1988, 1992 und 1993)

Marktanteile	Mai 1988	Februar 1992	Ende 1993
Motorola, Inc.	12,8% (2)	22,0% (1)	36,0% (1)
Nokia	13,4% (1)	13,0% (2)	20,0% (2)
L.M. Ericsson	3,9% (9)	k.A.	10,0% (3)
Panasonic	k.A.	k.A.	4,0% (4)

Marktanteile für NEC waren nicht verfügbar, wurden jedoch als sehr gering geschätzt.
Quellen: Keinala, Severi: Finnish High-Tech Industries & European Integration, 1989; Nokia, Motorola, and L.M. Ericsson.

Die Stärken des Unternehmens in der raschen Entwicklung erlaubten es Nokia, der erste Anbieter von GSM-Netzwerken in Europa und der erste mit einem portablen GSM-Telefon zu sein. Darüber hinaus konnte man Telefone und Netzwerkinfrastruktur für drei der vier PCN-Systeme liefern. Nokia entwickelt und vermarktet die gesamte Infrastruktur über den Geschäftsbereich Mobiltelefon. Insgesamt verfügte man über eine breite, gut entwickelte Wissensbasis, die sich auf die aus der Beschäftigung mit den vielen verschiedenen Standards entwickelten Kompetenz stützte. Dennoch erkannte man bei Nokia die Notwendigkeit, die Entwicklungsanstrengungen zu verstärken, um für die Herausforderungen der Zukunft gerüstet zu sein.

Die Produktpalette umfaßte alle wichtigen analogen und digitalen Standards. Außerdem hatte man den Status eines OEM-Herstellers bei Philips, Hitachi, Swatch und AT&T erreicht. Die Vereinbarung mit AT&T wurde im April 1994 abgeschlossen und brachte Nokia € 144 Mio. pro Jahr. Joint Ventures mit japanischen Herstellern wie Mitsui und Kansai für die Entwicklung von digitalen Mobiltelefonen für den japanischen Markt verbesserten den Marktzugang zu diesem Markt. Nokias globaler Marktanteil steigerte sich noch, als man 1991 den britischen Mobiltelefonhersteller Technophone Ltd. erwarb.

Die Produktionsstätten waren in Finnland, Deutschland, Großbritannien, den USA, Hongkong und Korea angesiedelt. Obwohl der größte Kostenblock bei der Produktion eines Mobiltelefons durch die Komponenten und die Entwicklung verursacht wurden, brachte die Fertigung in Niedriglohnländern dennoch Kostenvorteile. Die Attraktivität dieser Standorte wurde durch Subventionen der lokalen Regierungen zusätzlich noch erhöht.

Nokia war nicht vertikal integriert. Halbleiter wurden hauptsächlich von AT&T gekauft, das auch die wichtigen digitalen Systemprozessoren lieferte. Komponenten wurden auch bei Motorola beschafft. Nokia konzentrierte sich auf das Design der elektronischen Komponenten selbst und lagerte die Produktion an andere Unternehmen aus. Sie produzierten sowohl die Infrastruktur als auch die Telefone, was ihnen die Möglichkeit zum Angebot von Gesamtpaketen an die Netzbetreiber als auch technologische Synergieeffekte brachte.

Die Vertriebskanäle auf den Märkten waren jedoch noch nicht gut entwickelt. Nokia hatte jedoch einen relativen Vorteil aufgrund seines Geschäftsbereichs Elektronik, der Erfahrung mit dem Verkauf von Produkten an Endkonsumenten hatte und in den Distributionskanälen bereits verankert war. Die Markenerkennung wurde immer wichtiger, als sich der Übergang zum Massenmarkt vollzog. Das Unternehmen hatte nach wie vor mit einem geringen Wiedererkennungswert zu kämpfen, plante jedoch die Marketinganstrengungen zu erhöhen.

Eine Untersuchung zu diesem Thema ergab, daß die Konsumenten eine positive Einstellung zu Sonys Mobiltelefon hatten, obwohl es noch gar nicht auf dem Markt war. Zudem wurde klar, daß die wichtigsten Anbieter in der Mobiltelefonindustrie nicht annähernd denselben Wiedererkennungswert bei Konsumenten erzielten. Nokia wurde oft für eine japanische Marke gehalten, was sich als Problem herausstellte. Gerade auf dem amerikanischen Markt im Wettbewerb mit amerikanischen Firmen erwies sich diese Wahrnehmung als wenig hilfreich, da die Stimmung gegenüber japanischen Unternehmen eher negativ war.

Darüber hinaus war Nokia 1983 zahlreiche Allianzen und Vereinbarungen mit anderen Unternehmen in den USA eingegangen, vorwiegend um einige Marketinghürden zu bewältigen. Die Mobiltelefone von Nokia wurden unter den Markennamen Nokia, Technophone, Mobira und über zahlreiche OEM-Verträge verkauft. Sie wurden über Spezialgeschäfte, Handelsketten und Netzbetreiber vertrieben. Nokias Marktanteil bei GSM-Telefonen war höher als im analogen Segment. Die Umsätze in den USA stiegen um 73% 1993, was zu einem Marktanteil in den USA von 19% führte,[2] während sie sich in Europa „nur" verdoppelten. 1993 war die Zahl der Neukunden in beiden Regionen geringer, was für Nokia einen Zuwachs des Marktanteils insgesamt bedeutete. Die Zahl der potentiellen Verwender des digitalen TDMA-Standards nahm in den USA zu, was für Nokias Zukunft auf diesem Markt durchaus positiv war.

Bei Nokia war man der Ansicht, daß eine offene Kommunikation unerläßlich für die gemeinsamen Zielsetzungen ist, und jeder Mitarbeiter hatte in diesem Zusammenhang seine Verantwortung. Wissen bringt nur dann einen Nutzen, wenn es geteilt wird. Die Entwicklung der Produkte wurde nach dem Prinzip des sogenannten *concurrent engineering* gestaltet. Das bedeutete, wenn neue Produkte entwickelt wurden, daß Mitarbeiter aus Produktentwicklung, Marketing, Beschaffung und Produktion eng in einem Team zusammenarbeiten, um den Entwicklungsprozeß rascher, kosteneffizienter zu machen und damit die Zeit zur Markteinführung zu verkürzen.

Die Geschäftsprozesse waren auf dezentralen Strukturen aufgebaut und über Kontrollmechanismen überwacht. Rascher Wandel im Umfeld und bei Technologien brachte Chancen, die dem Unternehmen wiederum die Möglichkeit zur Entdeckung neuer Fähigkeiten und Ressourcen in der Organisation boten. Bei Nokia arbeiteten junge, flexible und kooperative Mitarbeiter. Doch der Druck auf sie war hoch, was das Risiko von organisatorischen Fehlern erhöhte. Sie waren jedoch mit hohem Kampfgeist – im finnischen Sisu – ausgestattet.

A.13.4 Nokias gegenwärtige und potentielle Konkurrenten

Motorola, Inc.

Motorola wurde 1928 als Galvin Manufacturing Corporation gegründet und war das führende Unternehmen in der Mobiltelefonindustrie (siehe Tabelle A.26).

Darüber hinaus hielt es eine starke Position im Bereich Infrastruktur, drahtlose Kommunikation, Halbleiter und hochtechnische, elektronische Systeme und Dienstleistungen. 54% des Gesamtumsatzes im Jahr 1993 entfielen auf die drahtlose Kommunikation (inkl. 2-Weg-Radios, etc.), die Zahlen für Mobiltelefonie können nicht getrennt ausgewiesen werden (siehe Tabelle A.27). Weltweit war Motorola der drittgrößte Hersteller von Telekomprodukten.

Tabelle A.27: Finanzkennzahlen für Motorola (1989-1993, in Mio. $)

Motorola, Inc.	1993	1992	1991	1990	1989
Umsatz	16,963	13,303	11,341	10,855	9,620
Kosten	14,438	12,503	10,728	10,219	8,974
Erträge vor Steuern	1,525	800	613	666	646
Steuern	503	224	159	167	148
Erträge nach Steuern	1,022	453	454	499	498

Quelle: Motorola Annual Report 1993.

Motorola konzentrierte sich auf die Erhöhung des Marktanteils und setzte sich als Ziel, mehr als 50% des gesamten Mobiltelefonmarktes zu erobern. Ein weiterer wichtiger Faktor war das Konzept der ständigen Erneuerung von Technologie und Prozessen. Motorola schenkte den vier, eng miteinander verknüpften Bereichen Kommunikation, Komponenten, Computer und Steuerung großes Augenmerk und war bestrebt, Synergieeffekte zwischen diesen zu nutzen. Das Unternehmen war durch eine enorme Ausstattung mit Venture Capital gekennzeichnet, das laufend Technologie und Kapital in neue Geschäfte investierte. Die F&E-Ausgaben des Konzerns beliefen sich auf € 1,3 Mrd. 1993. Ein Beispiel war Motorolas ehrgeiziges Projekt Iridium, ein Satellitensystem, mit dem man ab 1998 weltweit drahtlos telefonieren können sollte. 1994 hatte man bereits acht Jahre daran gearbeitet und € 85 Mio. in Iridium investiert. Doch einige Analysten waren skeptisch hinsichtlich der Erfolgsaussichten, nachdem das durchschnittliche Verbindungsentgelt $3 pro Minute und das Telefon $3.000 kosten würden. Motorola strebte bis 2002 eine Zahl von 1 Million Teilnehmern an, was etwa 2% der weltweit vorhergesagten 200 Mio. Kunden für Mobiltelefonie bedeuten würden. Die Verbindungsentgelte in den USA waren ca. 1/7 von jenen, die man für Iridium zahlen würde müssen.

Motorola hatte einen großen Heimmarkt, was zu Beginn einen Vorteil darstellte, als die Vorlaufzeiten zwischen Märkten noch enorm waren. Jedes Mal, wenn ein neues Produkt eingeführt wurde, konnte man höhere Stückzahlen als Unternehmen in kleineren Ländern erreichen. Mit der raschen Internationalisierung verringerte sich jedoch die Bedeutung dieses Vorteils.

Hohe Kompetenz im Bereich Massenproduktion war ein Kernelement von Motorolas Strategie. Ein Qualitätsprogramm mit dem Namen Six Sigma wurde eingeführt, das nur 3 bis 4 Fehler pro 1 Mio. Prozesse (nicht pro 1 Mio. produzierter Stück) erlaubte. Motorola stellte Infrastrukturkomponenten für alle wichtigen analogen und digitalen Standards her und lieferte GSM-Infrastruktur in sieben Ländern. Einige amerikanische Netzbetreiber hatten den von Motorola entwickelten CDMA-Standard für ihre Infrastruktur geordert. Das Unternehmen erzeugte im Gegensatz zu anderen Herstellern auch digitale Signalprozessoren (DSP). Die Konkurrenten mußten diese Teile extern beschafften. Weiters verfügte Motorola über Patente im Bereich des GSM-Standards. Man war jedoch nicht in der Lage, ein komplettes Produktpaket an Infrastruktur für das GSM-System zu liefern, da ein wesentlicher Bestandteil – die für das Roaming erforderliche Technologie – nicht zur Verfügung stand.[3] Die Übernahme des dänischen Unternehmens Storno Anfang der 90er Jahre war ein Schritt in Richtung mehr Knowhow in diesem Bereich.

Motorola verfügte über ein weltweites Vertriebsnetzwerk. Sie verkauften die Telefone über Netzbetreiber, spezialisierte Händler, Direktverkauf, Handelsketten und als Ausstattungsvariante in PKWs. Die Marketingaktivitäten erstreckten sich auf über 80 Länder unter dem Namen Motorola oder als Teil von OEM-Vereinbarungen mit Unternehmen wie Bosch und Pioneer. Motorola hatte keine Erfahrung im Endkonsumentenmarkt und konzentrierte sich vorwiegend auf Produktion und Marktanteile.

Motorola entschied sich für eine Politik der Dezentralisation. Organisationale Grenzen wurden niedergerissen, und Kooperation zwischen Mitarbeitern und Management wurde gefördert. Das resultierte in einer informellen Atmosphäre, wo sich Mitarbeiter über frühere Grenzen hinweg kontaktierten, was Flexibilität und einen besseren Informationsfluß kreierte. Das Ergebnis war eine Produktivitätssteigerung (Umsatz pro Mitarbeiter) von 126% zwischen 1986 und 1993.

L.M. Ericsson

L. M. Ericsson wurde 1876 als Hersteller von drahtgebundenen Netzwerkkomponenten. Das Unternehmen stellte Komponenten sowohl für drahtgebundene als auch mobile Kommunikation her. Zudem erzeugte man hochtechnologische, elektronische Verteidigungssysteme (siehe Tabelle A.28). Ericsson rangierte auf Platz 5 in der Liste der globalen Telekommunikationshersteller.

Tabelle A.28: Finanzkennzahlen L.M. Ericsson (1989-93, in Mio. €)

L.M. Ericsson	1993	1992	1991	1990	1989
Umsätze	6,472	5,743	7,121	6,534	6,130
Kosten	6,114	5,507	6,803	5,839	4,601
Erträge vor Steuern	359	236	319	694	415
Steuern	70	178	183	k.A.	k.A.
Erträge nach Steuern	289	58	1366	k.A.	k.A.

Quelle: Ericsson Annual Report 1993-1994.

Die Umsätze bei Mobiltelefonen beliefen sich 1992 auf € 275 Mio.[4] in 1992 und erhöhten sich 1993 um das 2,5fache. Im Bereich mobile Kommunikation kontrollierte das Unternehmen 40% des Weltmarktes für traditionelle analoge Telefoninfrastruktur. Man war in der Lage 60% des sich entwickelnden Marktes für digitale Mobiltelefoninfrastruktur zu erringen.

Das Ziel von L.M. Ericsson war es, seine starke Position im Mobiltelefongeschäft zu halten und einen Teil des erwarteten Marktwachstums vor allem im Bereich Infrastruktur in Zukunft zu gewinnen. Ein wichtiger Faktor bei der Realisierung dieser Ziele war die Produktentwicklung bei Ericsson. *Concurrent engineering* war ein wesentliches Merkmal, um kurze Zyklen von der Entwicklungsphase bis zur Markteinführung zu erreichen. Die Bedeutung von Forschung und Entwicklung manifestiert sich in € 1,1 Mrd. 1993.

Das Unternehmen produzierte Halbleiter, hatte aber auch Lieferanten wie General Electrics und Analog Devices, von dem die wichtigen digitalen Signalprozessoren gekauft wurden. Ericsson konzentrierte sich auf kleine Produktionseinheiten, wie es in der konventionellen Telekommunikation und Telefonen bekannt war.

Ericssons Heimmarkt war eher klein, was das Unternehmen zu Exporten zwang, um in größere Stückzahlen zu gelangen. Dies erforderte eine internationale Orientierung des Unternehmens von Beginn an. Man verfügte über ein weltweit integriertes Vertriebssystem ausgehend vom Verkauf der traditionellen Telefonsysteme. Ericsson hatte auch verschiedene Partnerschaften weltweit mit Alcatel und NEC und mit Nokia in China. Hohe Werbeausgaben in den ausländischen Märkten brachten dem Unternehmen ein gewisses Maß an Markenbekanntheit in den meisten Märkten.

Bei Ericsson spielten die Fähigkeiten der Mitarbeiter eine wichtige Rolle. Die Motivation der Mitarbeiter durch persönliche Verantwortung und ein hohes Maß an Freiheit bei der Arbeit kombiniert mit Kooperation und eine gewisse Unabhängigkeit waren einige der Erfolgsfaktoren der projektorientierten Organisation.

Die japanischen Mitbewerber

In Japan verkauften 1991 ca. 20 Unternehmen.[5] Einige hatten ihre eigene Produktion, wobei Matsushita (unter dem Markennamen Panasonic) und NEC die einzigen mit nennenswerten Umsätzen bei Mobiltelefonen außerhalb von Japan zu nennen sind. Diese beiden operierten im Vergleich zu Motorola, Nokia oder Ericsson (siehe Tabelle A.26) deutlich weniger aktiv auf den internationalen Märkten. Andere hatten OEM-Verträge mit den wichtigsten Produzenten außerhalb Japans wie Motorola und Nokia. Die bekanntesten Unternehmen in dieser Kategorie waren Sony, Pioneer und Hitachi.

Die Japaner versuchten sich auf dem rasch wachsenden Mobiltelefonmarkt zu etablieren. Sie waren durch das hohe Potential im Endverbrauchermarkt besonders angezogen, weil sie aufgrund ihrer bisherigen Tätigkeit ein hohes Wissen über den Endverbrauchermarkt hatten. Man betrachtet dies als eindeutigen Wettbewerbsvorteil.

Der japanische Heimmarkt war groß und stellte ein Potential für hohe Stückzahlen dar. Der Markt für Unterhaltungselektronik war jedoch durch Importbeschränkungen geschützt und durch heftigen Wettbewerb nationaler Unternehmen charakterisiert. Diese Firmen hatten aufgrund des günstigen Finanzumfelds Zugang zu günstigem Kapital. Dazu kam das kulturelle Klima, in dem langfristige Perspektiven und Kredite zwischen Unternehmen die Regel sind. Die japanischen Aktionäre waren traditionell weniger auf hohe und rasche Rückflüsse fokussiert.

Die Japaner hatten generell hohe Kompetenzen bei der kostengünstigen, hoch qualitativen Produktion in großen Mengen und einem umfassenden Vertriebsnetzwerk in der ganzen Welt, das sie mit ihren starken Markennamen verbinden konnten. Die Geschwindigkeit der Entwicklung und die Vielfalt bei den Standards waren für die traditionelle Herangehensweise des *reverse engineering*, das in Japan häufig verwendet wurde, nicht gerade günstig.

Bis 1994 hatte Matsushita noch immer kein global wettbewerbsfähiges Mobiltelefon für die digitalen Systeme auf den Markt gebracht. In dem damals herrschenden Wettbewerbsumfeld hatten die japanischen Unternehmen Schwierigkeiten, auf dem Markt aktiv zu werden. Außerdem hatten sie kein Know-how im Bereich Infrastruktur.

A.13.5 Zukünftige Entwicklung der Branche

1994 herrschten turbulente Zeiten in der Brache, doch man erwartete sich mit der Produktstandardisierung eine Beruhigung. Eine Vorhersage, wann dies geschehen sollte, und welcher Standard sich durchsetzen würde, war aufgrund der vielfältigen Innovationsmöglichkeiten nicht vorhersehbar.

Die Entwicklung könnte sich durch eine Stabilisierung der Technologien einbremsen, was für die GSM nicht lange nach 1994 der Fall sein sollte. Dies hat Unternehmen wie dem koreanischen Maxon eine Möglichkeit zum Markteinstieg gegeben. Maxon plante, ein preisgünstiges GSM-Modell für die Vermarktung in Europa und anderen Regionen mit GSM-Standard zu produzieren. 1994 hatten innovative Firmen nach wie vor einen Vorteil gegenüber später auf den Markt eintretenden Unternehmen vor allem bei der Produkttechnologie und der Fähigkeit, mehrere Standards abzudecken. Zwei Tendenzen wurden vorausgesagt: kurzfristig ein hohes Innovationsniveau und Turbulenz und mittelfristige Sättigung.

Das wichtigste Ziel von Nokia war die Verteidigung und der Ausbau ihrer Position. Dies erfordert, Umweltveränderungen zu erkennen und laufend Ressourcen und Fähigkeiten innerhalb des Unternehmens zu konzentrieren, um die Kapazitäten zur Bewältigung des erwarteten Wachstums auf dem Mobiltelefonmarkt zu etablieren.

A.13.6 Anhang: Wie funktioniert mobile Telekommunikation?

Ein Beispiel soll herangezogen werden, um die Funktionsweise der Mobiltelefonie zu erklären:

Um die unterschiedlichen Lösungen, die am Markt für Telekommunikation angeboten werden, unterscheiden zu können, ist es wichtig, den Unterschied zwischen System und Standard zu verstehen. Ein System ist in diesem Fall als ein Netzwerk zu verstehen, in dem eine persönliche Leistungsvereinbarung und ein Endgerät verwendet werden können. In anderen Worten ist es durch das Ausmaß existierender Roamingvereinbarungen (s. unten) definiert, und ob dasselbe Endgerät im gesamten System kompatibel ist. Ein Standard definiert eine spezifische Technologie für die Kontaktherstellung und -aufrechterhaltung. Um ein Endgerät verwenden zu können, muß es vom Standard her kompatibel sein, und der Verwender muß eine Leistungsvereinbarung mit einem Netzbetreiber in dem System haben.

Auf der Fahrt auf der Autobahn wählt eine Person mittels Mobiltelefon eine Telefonnummer. Das Telefon sendet ein Signal mit einer Reichweite zwischen 10 und 30

Abbildung A.12: Beispiel für eine mobile Telefonkommunikation

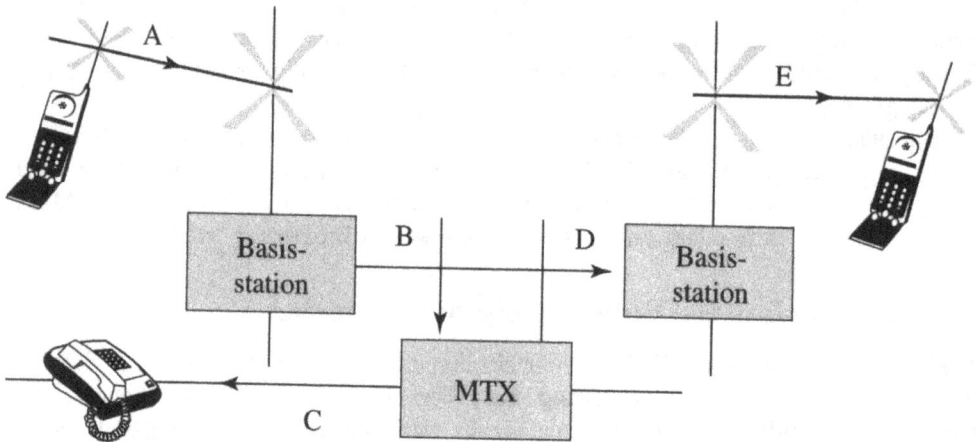

km, das von einer Basisstation (Tower) empfangen wird, wie dies im Schritt A in Abbildung A.12 dargestellt ist. Die Basisstation muß denselben technologischen Standard wie das Telefon verwenden. Die Basisstation mit dem besten Kontakt zum Mobiltelefon wird vom Netzwerk ausgewählt, und das Signal passiert ein öffentliches Festnetz zu einem MTX (Mobile Telephone Exchange, [B]). Das MTX ist das Herz des Systems, das dauernd Kontakt zum Mobiltelefon auf einer Stand-By-Basis hält, um es orten zu können. Das MTX sendet das Signal durch das Festnetz zurück, welches, wenn ein Anruf von einem Festnetzanschluß kommt, den Anruf an die gewählte Nummer weiterleitet (C). Wenn der Anruf an ein anderes Mobiltelefon geht, dann ortet das MTX das andere Endgerät (das MTX ortet dieses, wenn das Endgerät auf Bereitschaft gestellt ist und sich innerhalb der Reichweite der Basisstation befindet) und sendet das Signal an die Basisstation über ein fixes Netzwerk (D), das dem empfangenden Endgeräte am nächsten ist. Der endgültige Kontakt ist hergestellt (E). Das zweite Mobiltelefon muß nicht beim selben Netzbetreiber registriert sein, wie jenes von dem der Anruf getätigt wird. Wenn es sich um zwei verschiedene Netzbetreiber handelt, dann verbindet das MTX des ersten Netzbetreibers den Anruf einfach durch das Festnetz an das MTX des zweiten.

Kunden, die ein Mobiltelefon verwenden, bewegen sich während eines Telefonanrufs oft von einer Region (Zelle) in eine andere. Das MTX stellt einen nahtlosen Kontakt sicher, indem es die Übertragung von einer Basisstation zur nächsten weitergibt. Dieser Vorgang wird auch als Roaming bezeichnet und bietet dem Kunden einen umfangreicheren Empfangsbereich.

Die Frage, wie man einen Anrufer identifiziert, muß ebenfalls gestellt werden. Das anrufende Telefon ist durch ein Signal mit einem Zugangscode registriert, um den Anruf an den Eigentümer abrechnen zu können. Das Telefonsystem ist geschlossen, d.h. ein Endgerät ohne Zugangscode wird nicht erkannt und daher auch nicht freigeschaltet. Jeder Netzbetreiber bekommt für eine bestimmte Region ein Frequenzband für ein gesamtes System/Standard zugewiesen. Dieses Frequenzband ist in der Lage, gleichzeitig eine gewisse Zahl von Kontakten gleichzeitig abzuwickeln. Die Übertragungsfrequenz wird vom MTX für jeden Anruf einzeln ausgewählt. Jede Basisstation kann das gesamte zugeteilte Frequenzband nutzen. Das MTX muß nur sicherstellen, daß die angrenzenden Stationen nicht zwei getrennte Kontakte mit derselben Frequenz übertragen. Das würde zu Interferenzen zwischen den Signalen führen.

Diese Fallstudie wurde von Professor Steve Burgess von der School of Economics and Business Studies an der University of the Witwatersrand als Basis für die Diskussion im Hörsaal. Sie soll nicht die effektive oder ineffektive Behandlung administrativer Aktivitäten behandeln.

A.14 BASF in China: Marketing für Styropor

Die Neuigkeiten kamen nicht völlig überraschend. Anfang 1998 beschloß der größte Kunde von BASFs importiertem Verpackungsmaterial aus expandiertem Polystyren (EPS) zu einem lokalen Produzenten zu wechseln, der schneller und billiger liefern konnte. Christian Fischer, Abteilungsmanager des Bereichs Styrene bei BASF China in Hongkong und Alice Wong, Marketingmanagerin der Abteilung, hatten die dringliche Aufgabe, ein grundlegendes Problem zu lösen: wie könnten sie ihr Produkt in einem Markt, der im wesentlichen ein Rohstoffmarkt ist und unter enormem Überangebot leidet, differenzieren. Das Überangebot an Verpackungs-EPS (P-Klasse) war 1997 offensichtlich geworden und würde sich bis zum Jahr 2000 noch wesentlich verschärfen.

BASF selbst würde im Oktober 1998 eine Produktionsstätte für EPS in Nanjing eröffnen. Das importierte P-Klasse-Produkt, welches das Unternehmen bisher verkauft hatte, war speziell für Hochgeschwindigkeitsvakuumformgußmaschinen geeignet und wurde daher zu einem Prämiumpreis angeboten. BASF war klarer Marktführer in diesem Segment. Doch es gab das Problem, daß die meisten Formengießer in China, die EPS in Verpackungsmaterial für Konsumgüter umwandelten, immer noch händisch zu bedienende bzw. automatische Maschinen benutzten, welche kein Hochleistungsmaterial wie das von BASF benötigten. Konnte BASF diesen weniger hochentwickelten, jedoch viel größeren Markt bedienen, ohne die Positionierung seines EPS als Prämiumprodukt zu gefährden?

BASFs Fabrik in Nanjing würde ebenfalls schwer entflammbares (F-Klasse) EPS für Isolationszwecke in der Bauindustrie produzieren. Die Zukunft dieses Produkts in China war ebenso unsicher, da dieser Industriezweig 1998 nur wenig entwickelt mit geringer Nachfrage nach diesem Material war. Das BASF-Produkt bot erstklassigen Wert in einem Markt, in dem billigere Alternativen verfügbar waren. Wie könnte nun BASF sein EPS als Produkt der ersten Wahl für die Bauindustrie positionieren?

A.14.1 BASF in China

Die BASF-Gruppe mit Hauptniederlassung in Ludwigshafen, Deutschland, erzielte im Jahr 1997 einen Umsatz von € 28 Mrd. und einen Gewinn vor Steuern in der Höhe von € 2,7 Mrd. (siehe Tabelle A.29 und A.30). Die Produkte des Unternehmens reichen von Erdgas, Erdöl, Chemikalien in verschiedenen Verarbeitungsstufen bis hin zu Spezialchemikalien, Chemikalien mit hohem Zusatznutzen, Pflanzenschutzmittel und Pharmazeutika.

Die Hauptgeschäftsbereiche waren in fünf Segmente aufgeteilt (siehe Tabelle A.31; Abbildung A.13). Die langfristige Strategie von BASF stützte sich auf den sogenannten „Verbund", ein integriertes petrochemisches Gelände, auf dem Forschung, Produktion und Logistik verbunden werden. Der Ludwigshafener Verbund war der weltgrößte Chemiekomplex und auch in Belgien, Spanien, sowie in Nord- und Südamerika gab es einen derartigen organisatorischen Aufbau. Drei weitere in Asien (in Kuantan, Malaysien; Bangalore, Indien und Nanjing, China) waren in Planung oder in Bau. Die existierenden kleineren Unternehmen in Asien und die drei neuen Projekte machten BASF zu einem der größten westlichen Investoren in der Region, wobei die Asienkrise, welche im Juli 1997 ausbrach, keinen negativen Einfluß auf BASFs Expansionspläne zu haben schien.

Tabelle A.29: Der BASF Konzern – Finanzkennzahlen (in € Mio.)

	1992	**1993**	**1994**	**1995**	**1996**	**1997**
Umsatz	21,443	20,742	22,330	23,636	34,939	28,520
Einkommen aus Geschäftsbereich	670	527	1,098	2,057	2,195	2,731
Gewinn vor Steuern	633	541	1,079	2,111	2,257	2,726
Reingewinn	313	389	598	1,238	1,452	1,639
Anzahl der Mitarbeiter zu Jahresende	123.254	112.020	106.266	106.565	105.589	104.979
Reingewinn pro Aktie (in €)	5,52	7,62	10,99	20,71	2,32	2,67
Cashflow pro Aktie (in €)	40	41	46	53	5,66	6,06
Umsatzrendite vor Steuern und Zinsen (in %)	4,3	3,8	6,0	9,9	10,0	10,4
Gesamtkapitalrentabilität vor Steuern und Zinsen (in %)	4,7	3,9	6,5	11,2	11,4	12,6
Eigenkapitalrendite nach Steuern (in %)	4,2	5,2	7,6	14,3	14,8	14,6

Quelle: BASF Jahresberichte

Tabelle A.30: Umsatz nach Region 1997

	Umsatz (in € Mio.)	Jährliche Zuwachsrate %
Europa	17,442	10,6
Deutschland	7,352	10,9
NAFTA	5,966	22,2
Asien, Pazifischer Raum, Afrika	3,437	17,8
Südamerika	1,676	21,8

Quelle: BASF Zahlen und Fakten -Übersichten 1998

Tabelle A.31: BASFs Kerngeschäft

Geschäftsbereiche	Produkte (Beispiele)
Gesundheit & Ernährung	Pharmazeutika, Feinchemikalien wie Vitamine, Dünge- und Schädlingsbekämpfungsmittel
Farben & Lacke	Farbstoffe, Pigmente, Lackprodukte, Dispersionen, Druckfarben
Chemikalien	Grundchemikalien, Industriechemikalien, Lösungsmittel, Imprägnierungen, Spezialchemikalien, Waschmittelgrundstoffe, Lacke und Zusätze für die Automobilindustrie
Plastik & Faserstoffe	Styrenische Polymere, Polyurethane, PVC, Faserstoffe, Polyolefine
Öl & Gas	Rohöl, Erdölprodukte wie Heizöl und Treibstoffe, Erdgas

Abbildung A.13: BASFs Kerngeschäft

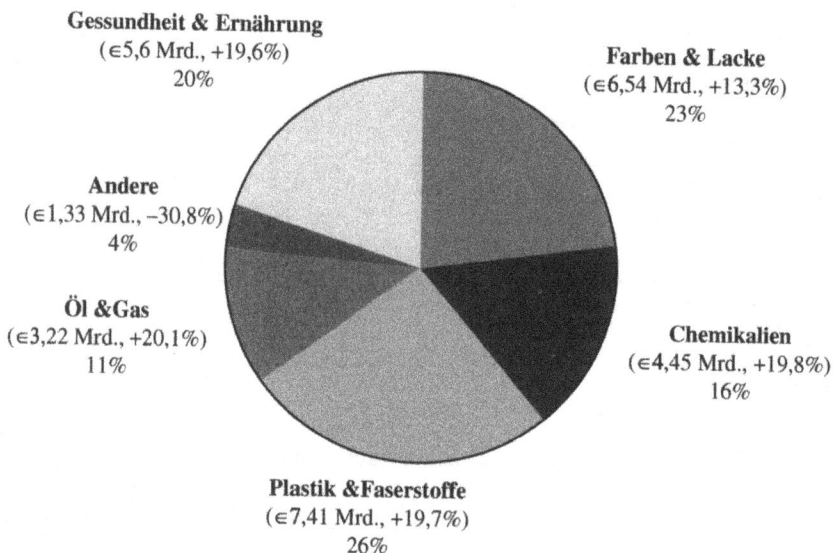

Gessundheit & Ernährung
(€5,6 Mrd., +19,6%)
20%

Farben & Lacke
(€6,54 Mrd., +13,3%)
23%

Andere
(€1,33 Mrd., −30,8%)
4%

Öl & Gas
(€3,22 Mrd., +20,1%)
11%

Chemikalien
(€4,45 Mrd., +19,8%)
16%

Plastik & Faserstoffe
(€7,41 Mrd., +19,7%)
26%

Quelle: BASF Daten und Fakten – Übersichten 1998

BASFs Nettoumsatz in der Asien-Pazifik-Region betrug 1997 € 2,7 Mrd., 9% des Gesamtumsatzes der Gruppe. Ungefähr 30% der dort verkauften Produkte wurden lokal produziert. BASF plante diesen Prozentsatz bis 2010 auf 70% anzuheben und den Marktanteil zu verdoppeln. In China belief sich der Umsatz 1997 auf € 560 Mio. Um die 10% davon waren auf Produkte von BASF-Joint Ventures vor Ort zurückzuführen. Es war zu erwarten, daß Umsätze und der Anteil von lokaler Produktion in China stark wachsen würden, da neue Unternehmen in Betrieb genommen worden waren. BASFs Anteile in China hatten sich in den 90er Jahren schnell vergrößert. Neben einer Firma in Hongkong, die in China für Marketing, Verkauf und Distribution von importierten BASF-Produkten aus aller Welt zuständig war, verfügte BASF 1988 über fünf Vertretungsbüros (in Peking, Shanghai, Guangzhou, Nanjing und Dalian), eine Holdingfirma in Peking mit Zweigstellen in Shanghai und Guangzhou, sowie zehn Joint Ventures (siehe Tabelle A.32). Der bei weitem größte Expansionsplan, 1998 noch in Verhandlung und um die € 2,5 Mrd. wert, hing mit dem gemeinsamen Bau des Verbunds in Nanjing in Partnerschaft mit Yangzi Petrochemical und Sinochem zusammen.

BASF hatte bereits einmal im Rahmen eines Joint Ventures in Nanjing, das 1994 gegründet worden war, den Namen Yangzi BASF Styrenics (YBS) trug und zu 60% BASF gehörte, eine Verbindung zu Yangzi Pretrochemical gehabt. Diese Fabrik begann

Tabelle A.32: BASF Joint Ventures in China

Name	Partner	seit	BASF (Anteil in %)	Produkte
Shanghai Gao Qiao-BASF Latex	Shanghai Gao Qiao Petrochemical Corp	1988	50	Styren-Butadien-Dispersionen für Tapeten und Teppiche
Shanghai Gao Qiao-BASF Dispersions	Shanghai Gao Qiao Petrochemical Corp	1993	50	Polymere Dispersionen
Shanghai BASF Colorants and Auxiliaries		1994	75	Organische Pigmente und kationische Textilfarben
Yangzi-Basf Styrencis	Yangzi Petrochemical Corp	1994	60	Äthylbenzene, styrene Polystyrene, expandierbare Polystyrene (1998)
NEGPF-BASF (Shenyang) Vitamins	North East General Pharmaceutical Factory	1995	70	Vitamine und Vitaminmischungen für Tiernahrung
BASF Shanghai Coatings	Shanghai Coatings Co	1995	60	Lacke speziell für Automobilindustrie
BASF-JCIC Neopentylglycol	Jilin Chemical Industrial Corp	1995	60	Neopentylglykol
BASF Hua Yuan Nylon	China Worldbest Group Corp	1996	70	Nylon 6 für Teppichfasern
Shanghai Interface Carpet	Interface Asia-Pacific, Shanghai China Textiles Internat. Science Technological Industrial City Dev't Co		5	Teppichfliesen
BASF Headway Poly-Urethanes (China)	Headway Group	1997	70	Polyurethane

gegen Ende 1997 mit der Produktion von Äthylbenzenen, Styren und Polystyren. Die EPS-Produktionsstätte, von der Fischer und Wong annahmen, sie würde im Oktober 1998 in Betrieb genommen, wäre ein Teil des YBS-Joint Ventures.

Der auf den Vertrieb von EPS zurückzuführende Umsatz, der 1997 im chinesischen BASF-Büro erzielt wurde, betrug € 30 Mio.

A.14.2   STYROPOR: BASFS expandierbares Polystyren

Expandierter Polystyrenschaum ist der bekannte, leichte Schaum, der z.B. als Stoß-dämpfer oder, um Haushaltsgeräte im Lieferkarton an einer bestimmten Stelle zu halten, benutzt wird. Die weltweite Verpackungsindustrie ist einer von den zwei Hauptver-wendern von EPS neben der Bauindustrie, die EPS als Isolationsmaterial gegen Kälte und Wärme einsetzt.

EPS wurde 1950 von BASF-Ingenieuren erfunden, vom Unternehmen patentiert, und es erhielt das Warenzeichen Styropor. 1980 war das Patent für den Produktions-prozeß ausgelaufen, und EPS wurde von mehreren, hauptsächlich europäischen, petro-chemischen Unternehmen erzeugt. BASF blieb weiterhin Weltmarktführer im Markt für EPS. Sein Styropor kam auf einen Weltmarktanteil von 25%. Das Unternehmen produziert das Rohmaterial EPS, aus welchem Formgießereien in zwei Schritten über die Herstellung von EPS-Schaumperlen EPS-Schaumerzeugnisse produzieren.

Um EPS herzustellen, werden Styrenmonomere unter Verwendung von fein zer-stäubtem Pentangas zu Polystyren polymerisiert. Durch Veränderung der chemischen Zusammensetzung und durch zusätzliche Arbeitsschritte werden unterschiedliche Ka-tegorien von EPS-Perlen für verschiedene Anwendungsgebiete erzeugt. In einem viel einfacheren Prozeß, wird Pentangas lediglich direkt dem erworbenen Polystyren beige-fügt. Diese Methode wird von den unzähligen Hinterhoffirmen in wirtschaftlich weni-ger entwickelten Ländern angewendet. Formgießereien kaufen die EPS-Perlen von einer dieser Quellen und expandieren sie physikalisch in einem Zwei-Schritt-Verfahren (ein wenig wie bei der Herstellung von Popcorn). In einem ersten Schritt expandieren sie das EPS mit Dampf, um vorgeschäumte Perlen zu erhalten. Im zweiten Schritt werden die vorgeschäumten Perlen im begrenzten Raum einer Gußform in jene Form gegos-sen, die der Endverbraucher benötigt. Bei diesen Endverbrauchern kann es sich um Haushaltsgeräteerzeuger, Computerhersteller oder um Baufirmen handeln.

Styropor ist so wie andere Verpackungs- und Baumaterialien brennbar. Deshalb wird F-Klasse-Styropor mit einem speziellen Mittel behandelt, um die Entflammbar-keit, sowie die Ausbreitung von Feuer zu reduzieren. Das unterscheidet F-Klasse-EPS, welches in der Bauindustrie verwendet wird, von der P-Klasse, welche üblicherweise von der Verpackungsindustrie eingesetzt wird.

A.14.3   Der EPS-Markt in China

Mitte der 80er-Jahre belief sich die Größe des EPS-Marktes in China (Verwendung nur für Verpackungszwecke) auf nur 20.000 Tonnen pro Jahr. BASF war Marktführer mit einem Anteil von 60-70%, wobei der Rest des Marktes von japanischen Produzenten beliefert wurde. BASF bot EPS in Tonnen mit einer sechsmonatigen Haltbarkeit an, da es 3 Monate dauerte, um das Produkt von Deutschland nach China zu bringen.

1988 begann eine taiwanesische Firma den chinesischen Markt zu beliefern. Obwohl das taiwanesische Produkt eine geringere Qualität aufwies, waren die Papiersäcke, in denen es geliefert wurde, billiger als die Wellpappetrommeln, in denen BASF lieferte. Andererseits besaß in Papier verpacktes EPS nur eine einmonatige, garantierte Haltbarkeit verglichen mit sechs Monaten bei den Trommeln. Gegen Ende der 80er Jahre geriet BASF in Europa unter Druck zu zeigen, daß EPS umweltverträglich war, was auch erfolgreich gelang. In China waren EPS-Formengießereien jedoch nicht bereit, einen Aufpreis für ein umweltverträgliches Produkt zu zahlen, obwohl deren Kunden sehr schnell begannen, Dokumente über die Wiederverwertbarkeit von EPS zu fordern, wenn sie langlebige Konsumgüter aus China exportierten.

Bis 1992 war die taiwanesische Qualität soweit nachgezogen, um BASFs Styropor-Geschäft ernsthafte Konkurrenz zu machen. Vier Jahre später war das taiwanesische Unternehmen Honest Marktführer in China.

1997 machte die Verpackungsindustrie 80% der chinesischen EPS-Nachfrage und die Bauindustrie 20% aus, was ein zu Europa genau entgegengesetztes Nachfrageverhalten zeigt.

In dem Jahr belief sich die Marktnachfrage in beiden Bereichen auf ungefähr 200.000 t, da das jährliche durchschnittliche Wachstum zwischen 1990 und 1996 12% betrug. Wong und Fischer glaubten, die Nachfrage in der Periode 1998 – 2000 würde beträchtlich zurückhaltender sein, da sich die Wirtschaft im Gefolge der Asienkrise verlangsamte, und zwischen 2000 und 2005 auf durchschnittlich 7% pro Jahr sinken. Innerhalb dieser 7% würde die Nachfrage in der Bauindustrie mit 10% schneller als der Markt wachsen, verglichen mit 6,5% in der Verpackungsindustrie, was grob mit dem BIP-Wachstum übereinstimmte.

Das Industriewachstum war höher als das gesamte BIP-Wachstum, doch Wongs Marktinformationen zeigten an, daß das Wachstum im Verpackungsbereich nicht mit dem BIP-Wachstum übereinstimmen würde, da EPS durch andere Verpackungsmaterialien, besonders bei kleinen Gegenständen, substituiert werden konnte, und multinationale Unternehmen versuchten, das Gewicht der eingesetzten Verpackungen zu reduzieren. Ein westlicher Konzern kalkulierte in China zum Beispiel damit, 1kg gegossenes EPS zu verwenden, um das neueste Modell seines Produkts zu schützen, während er für das vorhergehende Modell noch 2,5kg benötigt hatte. Es war zudem wahrscheinlich, daß EPS-Produzenten von Produzenten alternativer Verpackungsmaterialien, wie z.B. Papier, angegriffen werden würden, da diese behaupteten, ihr Material wäre umweltfreundlicher. Fischer und Wong wußten, daß EPS sich in Europa als zu 100% wieder verwertbar herausgestellt hatte, und daß weniger Chemikalien für die Herstellung benötigt wurden als für Papier. In China war die Erziehung der Konsumenten diesbezüglich jedoch noch nicht weit genug gediehen.

Wong hatte die Möglichkeit über eine Datenbank, die ihr Team im Laufe der vergangenen zwei Jahre angelegt hatte, und in welcher die Daten der chinesischen Formgießereien gespeichert waren, herauszufiltern, in welchen Regionen Chinas die Nachfrage nach EPS am stärksten war, um davon Schlüsse über die zukünftigen Nachfragemuster zu ziehen. Sie schätzte, daß es etwa 350 Formgießereien für die Verpackungsindustrie und 100 für Bauzwecke gab. Darunter gab es viele sehr kleine. Obwohl die Datenbank nicht jede Formgießerei im Land erfaßt hatte, war Wong zuversichtlich, die gesamte Marktgröße relativ präzise abschätzen zu können. Der Markt war trans-

parent, und daher blieben neue EPS-Anbieter für die Gießereien nicht lange unbemerkt.

Sie entnahm der Datenbank, daß die Hauptkonsumregionen für P-Klasse-Verpack-
ungen in den Provinzen Jiangsu und Shanghai, sowie in Guangdong um das Pearl
River Delta, das die Basis für viele exportorientierte Hersteller (zumeist mit Hauptsitz
in Hongkong und Taiwan) war, zu finden waren. Unternehmen in diesen südlichen und
östlichen Gebieten Chinas würden höchstwahrscheinlich weiterhin die Nachfrage nach
Verpackungsmaterialien vorantreiben.

Im Gegensatz dazu würde die Nachfrage nach der Isolationseigenschaft des F-Klasse
EPS in Nordchina am größten sein, gefolgt von Ostchina. Wong prognostizierte ein
13%iges Wachstum für im Bau verwendetes EPS in Nordchina zwischen den Jahren
2000 und 2005, allerdings von einer wesentlich niedrigeren Basis ausgehend als bei
P-Klasse-EPS.

A.14.4   Verpackungsindustrie: P-Klasse EPS

Gießereien in der Verpackungsindustrie wurden nach den Maschinentypen, die sie für
die Verarbeitung von EPS verwendeten, eingeteilt. Das bei weitem größte Segment,
welches 1997 3/5 der Produktionskapazität bedeutete, setzte hauptsächlich manuell
bediente Maschinen ein, welche in China hergestellt wurden und mit langsamer Geschwindigkeit arbeiteten. Arbeitskosten waren in China sehr niedrig, und die meisten
Gießereien mußten sich keine Sorgen darüber machen, wie lange es dauerte, um Aufträge abzuarbeiten. Automatische Maschinen waren schneller als die mit Hand zu be-
dienenden und machten 15% des Marktes aus.

Vakuummaschinen, welche das verbleibende Viertel des Marktes belegten, waren
technologisch am höchsten entwickelt. Dieser Bereich stellte das Zielsegment für BASF-
Produkte dar, da alle europäischen und nordamerikanischen Gießereien diese Maschinen einsetzten. Vakuummaschinen bedurften qualitativ hochwertiger EPS-Perlen, um
mit maximaler Effizienz und schnellen Zykluszeiten zu arbeiten, wodurch Energie
und Dampfkosten gespart werden konnten. Eine vakuumbetriebene Maschine konnte 20 mal mehr Volumen an EPS-Verpackungen produzieren als eine manuell betriebene.

Die meisten Vakuumgießereien waren Tochterfirmen von Unternehmen in Hongkong, die sich in Guangdong niedergelassen hatten. Nur einige wenige Verpackungsfa-
briken im Osten Chinas benutzten Vakuummaschinen, obwohl Veränderungen wahrzunehmen waren, je mehr Joint Ventures zwischen chinesischen und multinationalen
Unternehmen im Gebiet um Shanghai aufgenommen wurden. Im Norden gab es kaum
Verpackungsfirmen, die Vakuumgußmaschinen einsetzten. Der Markt in Hongkong war
15 Jahre zuvor ebenfalls stark von manuellen Maschinen abhängig gewesen, doch die
Mehrheit der Gießereien war innerhalb von 5 Jahren zu Vakuummaschinen gewechselt. Fischer und Wong erwarteten, daß Gießereien am chinesischen Festland ebenfalls
ihre Ausstattung verbessern würden, allerdings aufgrund der ziemlich schlechten finanziellen Lage der chinesischen Unternehmen und der allgemeinen Verlangsamung
von ausländischen Direktinvestitionen langsamer. Höchstwahrscheinlich würde es eine
längere Übergangsphase geben, da händisch betriebene Gießereien zunächst einmal zu
Automatikmaschinen wechseln würden.

BASFs Styropor war in China Marktführer für das hochpreisige Vakuummaschinensegment mit einem Marktanteil von 50%. Das Unternehmen verkaufte sehr wenig an Automatik- und Handgießereien. Im Vakuumsegment konkurrierte BASF mit koreanischen Importen, sowie dem taiwanesischen Unternehmen Honest und der Arco-Joint Venture, Jinling, welche beide EPS in China produzierten. Das Produkt, welches BASF den Verpackungsgießereien anbot, wurde von der 100%igen Styropor-Tochter in Malaysien importiert. Die Lieferung dauerte 30 Tage von dem Moment an, in dem das Dokumentenakkreditiv eröffnet wurde. Die Abnehmer in Guangdong waren darauf vorbereitet zu warten, da sie die Vorteile des BASF-Produkts zu schätzen wußten: überlegene Schmelzraten, Vorexpansion und Dichte, stabile Produktqualität, schnelle Zykluszeiten, die Energie und Investitionskosten zu sparen helfen. Da die Abnehmer in Guangdong das EPS für Exportmärkte verarbeiteten, zahlten sie keine Importzölle. Gießereien, die nicht für den Export produzierten, mußten jedoch Importzölle in der Höhe von 16% zahlen, was den Preis von Styropor im Vergleich zum EPS lokaler Produzenten unattraktiv machte. Auch die Transportkosten von Malaysien machten das Produkt nicht konkurrenzfähig und verhinderten, daß importiertes P-Klasse-Styropor an Gießereien in Nord- und Ostchina verkauft wurde.

Nur wenige Gießereien mit Automatikmaschinen waren bereit, Premium-Preise für das BASF-Produkt zu bezahlen. Nur diejenigen, die besonders geschickt im Umgang mit ihren Maschinen bei schnellen Zykluszeiten und innerhalb enger Verarbeitungsparametern waren, konnten den höheren Preis rechtfertigen. Es war sehr schwierig gegenüber staatlichen Unternehmen zu argumentieren, daß das BASF-Produkt auf lange Sicht billiger kommen würde, da diese Unternehmen in keinem Fall Marktpreise für Elektrizität zahlen mußten. „Nur modern denkende chinesische Gießer werden uns das mögliche Einsparungspotential bei Energie und Dampf glauben, und deshalb müssen wir nach solchen Kunden Ausschau halten," erklärte Andy Lu, der bis vor kurzem Verkaufsleiter für China gewesen war. Wenn die Gießer nicht bei voller Kapazitätsauslastung arbeiteten, waren sie an den schnellen Zykluszeiten des Hochleistungsproduktes von BASF nicht interessiert. Sogar Vakuumgießereien würden in einem solchen Fall billigere EPS-Perlen von anderswo kaufen und ihre Maschinen langsamer laufen lassen.

Es war klar, daß BASFs importiertes Styropor im Verpackungssektor auf ein limitiertes Segment beschränkt war: Vakuumgießereien mit Sitz im Süden Chinas. „Wir haben ein Ferrari-Produkt," meinte Fischer, „welches es uns sehr schwer macht andere Segmente zu penetrieren".

A.14.5 Produktionskapazität

Im Oktober 1998 hatte BASF geplant, in der Yangzi-BASF Styrenics Joint Venture in Nanjing mit der Produktion von P-Klasse EPS zu beginnen, jedoch hatte sich 18 Monate zuvor herauskristallisiert, daß der chinesische Markt unter einer ernsthaften Überkapazität litt.

Lokale Kapazitäten überstiegen die lokale Nachfrage mit annähernd 200.000 t im Jahr 1997. Es waren allerdings 90.000 t P-Klasse-EPS von BASF und einigen taiwanesischen sowie koreanischen Firmen importiert worden. Das bedeutete, daß die Kapazitätsauslastung lokaler Produktionsstätten unter 50% lag. „Es könnte in den nächsten paar Jahren sehr schwierig werden, EPS zu importieren," bemerkte Edmond Tam, Bereichsleiter für Plastik.

Zusätzlich zu den 40.000 t Kapazität von YBS planten weitere Unternehmen, mit lokaler Produktion zu beginnen oder die Kapazitäten auszuweiten. Basierend auf angekündigten Investitionsprojekten schätzte Wong, daß die lokale Produktion im Jahr 2000 die Nachfrage um 50-70% übersteigen würde, egal wie groß das Volumen der Importe wäre. Sie war sich zudem der regionalen Überkapazitäten äußerst bewußt. Die jährliche Produktionskapazität in Taiwan betrug 200.000 t, obwohl die einheimische Nachfrage sich nur auf 40.000 t belief. Zusätzlich exportierten auch noch koreanische Unternehmen nach China.

In China war der größte EPS-Perlen-Produzent die taiwanesische Firma Honest. Das Unternehmen hatte seine lokale Produktion 1995 gestartet und verfügte 1998 über zwei Produktionsstätten mit einer jährlichen Gesamtkapazität von 100.000 t, was Honest schließlich zum Marktführer machte. Honests Produkt war für nahezu alle Maschinentypen geeignet. Seit 1997 hatte das Unternehmen begonnen, das Vakuumsegment anzugreifen.

Als BASF 1995 beschloß, in eine EPS-Produktionsstätte in China zu investieren, hatte noch niemand die mögliche Gefahr, die von der taiwanesischen Firma drohte, bemerkt. Der Preis für Honests lokal produziertes EPS betrug 1200 RMB und lag damit 20% unter dem Preis des malaiischen BASF-Imports. Honest gelang es, BASFs größten Kunden an Land zu ziehen, der zwar zusätzliche Vakuummaschinen gekauft hatte, diese jedoch nicht bei voller Kapazitätsauslastung nutzte, was BASFs Vorteil der schnellen Verarbeitungszyklen reduzierte.

Andere lokale Produzenten umfaßten Xinghua (60.000 t Kapazität), Pacific Ocean (30.000 t), Mingda (eine weitere taiwanesische Firma, 40.000 t), Jiangmie (20.000 t) und eine Vielzahl kleinerer Betriebe. Alle diese Firmen verkauften an manuell betriebene Gießereien. Xinghua beherrschte das manuelle Segment in Ostchina. Es wurde gesagt, daß Arco vorhatte, die Produktion in seines Jingling Joint Venture 1999 um 28.000 t auszuweiten. Außer Mingda und Pacific Ocean, die in Guangdong ansässig waren, befanden sich alle anderen Produzenten inklusive BASF in der Umgebung von Shanghai und Nanjing in Ostchina. BASF rechtfertigte seinen Standort mit Kostenvorteilen durch die Integration der Produktionsstätte in den petrochemischen Verbund. Es bestand somit kein Zweifel, daß einige dieser Anbieter am chinesischen Markt nicht überleben würden.

A.14.6   Die Strategie des YBS Styroporwerks

Es war offensichtlich, daß aufgrund der Marktsituation in China die traditionellen Produkte von BASF nicht passen würden. Daher entschloß sich BASF, ein völlig neues Produkt für den chinesischen Markt zu entwerfen. Das ehemals importierte Styropor von Malaysien bot gute Schmelzergebnisse und schnelle Zykluszeiten. Das neue Produkt zeichnete sich durch eine glänzendere weiße Oberfläche nach dem Gießen, verbesserte Verschmelzung, sowie eine zeitlich flexiblere, weniger sensible Verarbeitung aus. Bis dahin hatten sich die deutschen Ingenieure immer nur auf die technologischen Leistungen des Produkts konzentriert.

Hohe Kapazitätsauslastung war wichtig, um konsistente Qualität zu erzeugen. Styropors momentane Positionierung im chinesischen Markt hatte den Schwerpunkt auf dem Vakuumsegment, welches hohe Margen versprach, und dessen gesamte Nachfrage sich 1997 auf 40.000 t belief. Um in YBS die nötigen Skaleneffekte zu erreichen, plante BASF, EPS-Perlen mit unterschiedlichen Qualitätsstandards für die Positionierung in anderen Marktsegmenten zu erzeugen. Diese würden einen niedrigeren Preis als das Premium-Produkt von YBS haben. Jedoch wäre der Preis immer noch oberhalb des EPS-Preises der Wettbewerber. Wong und ihr Team hofften, einen Pull-Effekt für ihr Produkt erzeugen zu können, indem sie sich an die Endverbraucher von EPS-Verpackungen– Unternehmen wie Sony und Philips – wandten, um diese zu überzeugen, daß sie die Verwendung von Styropor wegen der überlegenen Produktattribute bei ihren Gießereien verlangen sollten. Zur selben Zeit mußten sie vorsichtig sein, daß der Markt für die malaiischen Produkte nicht kannibalisiert würde, was BASFs regionale Produktions- und Marketingstrategie empfindlich stören würde. BASF China war dazu aufgerufen, eine bestimmte Menge P-Klasse-EPS von Malaysien zu beziehen und damit gewisse Verarbeiter mit der Zentrale in Hongkong zu bedienen. Andere Tochtergesellschaften sowie lokale Gießereien würden von der Betriebsstätte in Nanjing bedient werden.

A.14.7 Die Bauindustrie: F-Klasse-EPS

Fischer und Wong glaubten, daß Chinas Wirtschaft lange Zeit exportorientiert bleiben würde und deshalb die Bauindustrie die Nachfrage nach EPS nicht dominieren würde, wie sie es in westlichen Ländern tut. Sie meinten jedoch, daß die Aussichten in China für flammenretardierendes EPS positiv wären, solange seine Leistungen bei der Verwendung als Isolationsmaterial bei den richtigen Stellen beworben würden: beim Bautenministerium in Peking, bei Instituten für architektonisches Design, bei Immobilienmaklern und bei den Baufirmen selbst. Neu bebaute Fläche, die sich laut Regierungsdaten jährlich auf 130 Mio. Quadratmeter belief, war ein Weg, um die potentielle Nachfrage nach Isolationsmaterial zu schätzen. Der Verbrauch von EPS als Isolationsmaterial betrug 1997 weniger als 100g pro Kopf der städtischen Bevölkerung. In Korea, wo ein ähnliches Klima wie in Peking herrschte, betrug der pro Kopf Verbrauch 3kg. Isolation gegen Kälte war leichter zu vermarkten, daher würde sich BASF zunächst auf die nördlichen Provinzen konzentrieren.

Die chinesische Regierung achtete nun mehr auf Energie- und Investitionskosten, sowie auch auf Umweltanliegen. Ein Gesetz aus 1998 verlangte, daß alle neuen Gebäude im Jahr 2000 Energieeinsparungen von 50% im Vergleich zum Jahr 1986 erreichen sollten. Die Bauindustrie bereitete Bauregelungen vor, die gewisse Isolationsstandards festlegen sollten. China startete auch mit einer neuen, leistbaren Wohnungspolitik, um den Trend zu privatem Wohnungseigentum zu bewältigen. EPS-Platten waren allerdings nicht die einzigen existierenden Isolationsmaterialien. Steinwolle war eine Alternative zu F-Klasse-EPS. Darüber hinaus gab es auch noch eine Menge anderer billigerer Möglichkeiten der Isolation, wie z.B. Ytong oder einfache Schaumisolierung.

1997 brachte Fischer Experten aus Deutschland, die die Vorteile von F-Klasse-EPS bei einer Reihe von Seminaren für Architekten und Regierungsbeamte in Städten überall in China erklärten. BASF China entwickelte und verteilte eine Broschüre, in der verschiedene Anwendungsmöglichkeiten von EPS bei Böden, Wänden und Decken erklärt wurden. Der *EPS Association* gefiel diese Informationsunterlage so gut, daß sie begann, diese zu kopieren und an Baufirmen zu verkaufen. BASFs Bemühungen, Wissen zu vermitteln, nützte allen F-Klasse-EPS Anbietern. Ein Zivilingenieur des Vertretungsbüros in Peking, Jason Guan, erhielt den speziellen Auftrag, die Nachfrage nach F-Klasse-EPS anzukurbeln, indem er den Kunden Lösungen und nicht einfach nur Produkte anbot. Guan bemerkte jedoch: „Es ist schwierig, Kunden in China klarzumachen, daß sie für diese Art von Service zahlen sollen."

1998 war BASF der einzige bedeutende Importeur von F-Klasse-EPS, welches von einer 100%igen Tochter in Korea geliefert wurde. Andere Firmen hatten den chinesischen Markt aufgegeben und sich statt dessen Nordamerika zugewandt, wo die Nachfrage wesentlich entwickelter war. Für Importeure war es hart, gegen Produkte chinesischen Ursprungs zu konkurrieren. BASFs Position war bis 1995 ziemlich günstig gewesen, doch mit dem Markeintritt heimischer Produzenten begann der Marktanteil, der bereits auf 21% gesunken war, weiter zu erodieren. Unter den lokalen F-Klasse-Produzenten befanden sich Huada in der Provinz Shangdong, sowie Pacific Ocean und Dong Bei aus Shanghai. Honest führte im März 1998 ein F-Klasse-Produkt ein.

Der Markt für F-Klasse-EPS litt unter kurzfristigem Überangebot vor allem deshalb, weil die Nachfrage nach wie vor unterentwickelt war. Viele Bauunternehmen verwendeten P-Klasse-EPS für Isolationszwecke trotz des Risikos der höheren Entflammbarkeit. Weiters wurde in Ostchina teilweise F-Klasse-EPS für Verpackungen verwendet. Fischers und Wongs Problem war nun, wie sie BASFs F-Klasse-Perlen den Gießern gegenüber differenzieren sollten, und wie sie die Bauunternehmen so beeinflussen konnten, daß diese Styropor als Isolationsmaterial ihrer Wahl angeben würden.

A.14.8   Lokale Produktion

Ursprünglich hatte BASF vor, weiterhin F-Klasse-Styropor aus Korea zu liefern, doch fallende Preise aufgrund lokaler chinesischer Produktion hatten die Margen stark reduziert und bewirkt, daß BASF Marktanteile verloren gingen. Händler wollten das Produkt in China nicht für BASF auf Lager halten oder vertreiben, da sie die Preiserosion in der Zeit von der Aufgabe der Bestellung bis zur Lieferung in Nordchina 35 Tage später abschreckte.

Die Produktion im YBS Joint Venture in Nanjing konnte relativ leicht von P-Klasse auf F-Klasse-EPS adaptiert werden. Die Produktionsstätte würde mit der Herstellung von P-Klasse-Styropor beginnen und später die F-Klasse-Produktion dazunehmen. Auch die Kapazität des Werks konnte leicht von den ursprünglichen 40.000 t auf 50-60.000 t aufgestockt werden. Diese zusätzliche Produktionskapazität würde höchstwahrscheinlich für F-Klasse-Material verwendet werden. Unklar war, ob BASFs Bemühungen in China, die Nachfrage in der Bauindustrie anzukurbeln, ausreichen würden, den Markennamen BASF zu etablieren und den Marktanteil beizubehalten. Dies mußte unter der Voraussetzung geschehen, daß das lokale Angebot ausreichend sein würde. Sobald die Produktion von F-Klasse-Material begonnen hätte, würden die Importe nach Nord- und Ostchina aus dem koreanischen Werk eingestellt werden.

BASF verkaufte das F-Klasse-Styropor so wie auch das P-Klasse-Produkt nicht direkt an den Endverbraucher, d.h. die Bauunternehmen, sondern an die Zwischenstufen, die Gießereien, welche die Perlen zu Isolationsplatten oder -blöcken gossen. Nur sehr wenige Gießereien bedienten sowohl die Bauindustrie als auch die Verpackungsindustrie. Viele F-Klasse-Gießereien waren aufgrund der Schwierigkeit, sperrige Isolationsplatten über weite Entfernungen zu transportieren, klein und nahe an ihrem Markt plaziert. Wong konnte eine kleine Möglichkeit erkennen, das Geschäft mit importiertem F-Klasse-Material im Süden Chinas fortzusetzen, da das Produkt dort in den Häfen ankam. Grundsätzlich war die Nachfrage in Südchina jedoch eher niedrig. Mit Ausnahme eines Kunden, der 500 t F-Klasse-Styropor jährlich benötigte, war der Markt zu fragmentiert, um in anderer Weise als durch Händler bearbeitet werden zu können. Die größte F-Klasse-Gießerei des Landes, die jährlich 2.000 t erwarb, lag in Tianjin.

BASF mußte zudem auch noch die Produzenten von konkurrierenden Isolationsmaterialien beobachten. Owen Coming stellte bereits in mehreren Werken in China Steinwolle her und baute eine Produktionsstätte für XPS in Nanjing. XPS ist eine höchst einschlagresistente Form von expandiertem Polystyren, das besonders für Dächer geeignet, jedoch üblicherweise für Wände zu teuer ist (was die Marktnachfrage deutlich reduziert). BASF hatte aufgehört, XPS mit dem Namen Styrodur? aus Deutschland zu importieren, und auch die Idee aufgegeben, lokal zu produzieren. Der Preis einer XPS-Platte war fünfmal so hoch wie der einer EPS-Platte. Damit war das Marktpotential beschränkt. Der geeignetste Platz für den Bau wäre in Nordchina gewesen, was zu weit entfernt von der Rohmaterialquelle, dem BASF-Werk in Nanjing, läge.

A.14.9 Enersave

Die Enersave-Vereinbarung war für BASF ein Weg, um sich von anderen F-Klasse-Herstellern zu differenzieren. Enersave war eine amerikanische Firma mit einem patentierten Isolationssystem für Außenwände. Ein Bauträger, der das Enersave System spezifizierte, verlangte von den bauausführenden Unternehmen, flammenretardierende EPS-Platten zu erwerben und auf der Baustelle zu verbauen, wo dann Ingenieure von Enersave die Platten schließlich mit einem speziellen Überzugsmaterial einsprühten. Enersave garantierte nur für das System, wenn genehmigte, hochqualitative EPS-Platten – der einen wesentlichen Teil der Isolierung, welches das Unternehmen nicht herstellte – von der jeweiligen Baufirma verwendet wurden.

Enersave war in China ein Joint Venture eingegangen, um den Überzug zu erzeugen und aufzutragen. Doch aufgrund von Bedenken bezüglich der Qualität von lokal produziertem F-Klasse-EPS, beauftragte das Unternehmen BASF als Exklusivlieferant in China. BASF China würde eine Reihe von F-Klasse-Gießereien aussuchen und zulassen, welche die Platten unter Verwendung von Styropor herstellen sollten., Das Unternehmen würde außerdem als Schutz vor Fälschungen ein Testverfahren für den Output zur Verfügung stellen. Die Namen von Enersave und BASF würden von der Gießerei auf die Platten gedruckt werden, damit die Ingenieure auf der Baustelle sie vor Auftragen des Überzugs leicht überprüfen konnten. BASF fügte den EPS-Perlen zusätzlich noch einen unsichtbaren chemischen Indikator bei, welcher eine Laboranalyse des an das Bauunternehmen gelieferten Materials erlaubte.

Enersave erwartete, in den Vorschriften der Bauindustrie als zugelassener Lieferant für Isolationssysteme genannt zu werden. Im ersten Jahr der Durchführung 1998 wurde prognostiziert, daß die Enersave-Systeme 800 t F-Klasse-EPS benötigen würden. Möglicherweise könnte die Nachfrage im Jahr 2000 auf 2000 t anwachsen. Enersave und BASF konnten gemeinsam das Bautenministerium davon zu überzeugen, daß es das System in China genehmigen und in ihren eigenen Magazinen für Architekten und Bauunternehmen bewerben würde. BASF hatte nun die Aufgabe, Gießereien in allen großen Städten, besonders in Nordchina, auszuwählen. Im Interesse des Wettbewerbs und um ausreichende Kapazität zu schaffen, wählte Fischer zwei Gießereien in jeder Gegend. Er erwartete außerdem, ähnliche exklusive Liefervereinbarungen mit anderen Unternehmen im Bauisolationsgeschäft treffen zu können, da dies eine vielversprechende Methode war, den Markt auszuweiten und den Marktanteil anzuheben.

Für die Gießereien boten Geschäfte in Verbindung mit Enersave ebenfalls eine interessante Möglichkeit. Eine typische Enersave-Baustelle benötigte in etwa 50 t EPS-Platten, was in etwa der Hälfte der normalen jährlichen Produktion der Gießerei entsprach. Die Margen auf die Enersave-Platte waren ebenfalls ein wenig besser als für gewöhnliche F-Klasse-Platten. BASF hoffte, das Volumen an EPS-Perlen, welches das Unternehmen an die ausgewählten Gießereien liefern würde, über das Enersave-Geschäft hinaus ausweiten zu können. Fischer überlegte, auf welche andere Weise er die Gießereien an BASFs F-Klasse-Geschäft binden könnte.

A.14.10 Distribution

Sowohl für P-Klasse, als auch für F-Klasse-Styropor war Distribution ein Problem das kurzfristig gelöst werden mußte. BASF China konnte importiertes Material nur bis zur Grenze bringen, da das Gesetz verlangte, daß das Produkt von einer chinesischen Importfirma ins Land gebracht, vertrieben oder an einen Händler bzw. Großhändler weitergegeben wurde. Sobald die YBS Produktion im Oktober 1998 startete, würde das Joint Venture imstande sein, den Verkauf des Outputs selbst zu übernehmen, womit es keinen Bedarf mehr für Beziehungen zu Importfirmen mehr gäbe. Das würde bedeuten, daß BASF China mehr direkten Kontakt zu den Gießereien und letztlich zu den Kunden hätte.

1997 hatte BASF China acht Hauptkunden für EPS, die ungefähr 70% des Umsatzes ausmachten. Diese Kunden mußten verteidigt und neue akquiriert werden – besonders in Ostchina, wo das Unternehmen bisher nur potentielle Kunden besaß, z.B. Gießereien, die von der Größe, der Wertorientierung und dem Wachstum her attraktiv waren, und wo BASFs Position in bezug auf die Marktanteile Entwicklung benötigte. Eine Gießerei mit einer Nachfrage von 500 t pro Jahr war ein mittelgroßer Kunde für BASF China. Fischer und Wong wollten, daß ihre Angestellten solche Kunden direkt bedienten, obwohl in einigen Fällen ein Großhändler das Geschäft weiterführen würde. Es könnte in so einem Fall z.B. eine lang andauernde Beziehung zwischen der Gießerei und dem Großhändler geben, oder der finanzielle Stand der Gießerei könnte unsicher sein, so daß es für BASF besser wäre, das Risiko mit dem Großhändler zu teilen.

Die lokale Produktion würde es BASF erlauben, Vertriebsstellen in Hauptgebieten Nord- und Südchinas gut beliefert zu halten. Weiters könnten die Angestellten von BASF China das Produkt von den Vertriebsstellen aus vermarkten während Händler in die physische Handhabung des Produkts mit einbezogen wären. Es könnte sogar der Fall eintreten, daß Vertriebsstellen direkt neben Hauptkunden errichtet würden, um just-in-time-Lieferungen zu erlauben. YBS würde den Vertrieb in Ostchina übernehmen. Bezüglich Nordchina dachte Fischer darüber nach, loyale Großhändler auszuwählen, die eine gesamte Vertriebsstätte einrichten und mit regionalen Händlern zusammenarbeiten sollten, um Gebiete, welche die BASF Angestellten nicht erreichen konnten, abzudecken. Das Geschäft in Peking und Tiajin, die Hauptnachfragegebiete für F-Klasse-Styropor, würde direkt von BASF China übernommen werden.

Das war der Stand der Dinge im August 1998, einige Wochen, bevor die lokale Styroporproduktion anlaufen sollte. Überkapazitäten waren eine große Bedrohung. „Die größte Herausforderung für uns ist, andere aus dem Geschäft zu drängen. Die lokalen Produzenten bringen sich momentan gegenseitig um. Wir sind nicht so stark betroffen, obwohl es schwierig war zu importieren. Aber als Importeur können wir die Entwicklung des Marktes nicht beeinflussen. Daher haben wir keine andere Wahl als lokal zu produzieren. Je mehr wir verkaufen, desto profitabler können wir sein. Wir müssen Wege finden, um den Markt besser mit F-Klasse und P-Klasse-Styropor zu penetrieren. Und wir müssen das tun, ohne unsere Premium-Positionierung zu zerstören. Das ist unsere große Herausforderung!", reflektierte Fischer.

Diese Fallstudie wrude von H. Schutte und J. Probert, Insead, Fontainebleau, als Basis für eine Diskussion im Hörsaal dient. Es geht nicht um effektive oder ineffektive Behandlung administrativer Belange.

A.15   Benetton: Bewußtseinsbildung oder Kontroverse – Unterschiedliche Wirkung einer globalen Werbelinie

Auf den Benetton-Konzern, einen in Italien ansässiger globaler Textilhersteller, scheinen harte Zeiten zuzukommen. Bis vor kurzem waren die finanziellen Ergebnisse noch sehr erfreulich. Der weltweite Umsatz mit Benettons farbenfrohen Strickwaren und modischer Bekleidung verdoppelte sich zwischen 1988 und 1993 auf € 1,4 Mrd. Allein 1993 stiegen die Umsätze um 10% und der Reingewinn um 13%. Teilweise waren diese hervorragenden Ergebnisse 1993 auf die Abwertung der italienischen Lire, die Benetton Preissenkungen für seine Produkte weltweit ermöglichte.

Im Gegensatz dazu waren die Zahlen für 1994 wenig ermutigend. Die Umsätze stagnierten bei € 1,4 Mrd., der Betriebsgewinn sank 5% auf € 208 Mio. Die Spannen reduzierten sich von 14,7% auf 13,9% in der Dreijahresperiode zwischen 1991 – 1993. Dieser Umsatzrückgang war insofern erstaunlich, da Benetton Geschäfte in China, Osteuropa und Indien eröffnete und in neue Produktkategorien wie Schuhe und Kosmetika expandierte. Einige Branchenbeobachter waren der Meinung, daß Benettons Niedergang selbstverschuldet war. Gemäß dieser Ansicht wurden die Ergebnisse von 1994 als Reaktion auf die hoch kontroversielle Werbekampagne zurückgeführt, die seit einigen Jahren unter dem Leitmotiv „United Colors of Benetton" weltweit zum Einsatz gelangte.

Einige Anzeigensujets in Magazinen und auf Plakatwänden, hatten provokante, sogar schockierende Photos zum Inhalt, die die öffentliche Aufmerksamkeit auf soziale und politische Aspekte, wie die Umwelt, Terrorismus, Rassendiskriminierung und sexuell übertragbare Krankheiten zu richten. Das kreative Konzept dahinter spiegelte die Ansichten von Oliviero Toscani, Kreativdirektor und leitender Photograph für Benetton, wider. „Ich habe herausgefunden, daß Werbung das vielfältigste und mächtigste Medium von heute ist. Aus dem Grund fühle ich mich verpflichtet, mehr zu tun als zu sagen, „unsere Pullover sind schön", sagte er in einem Interview mit den New York Times. Der internationale Werbemanager Vittorio Rava meinte dazu: „Wir sind der Meinung, daß Werbung schockieren muß, ansonsten werden sich die Menschen nicht erinnern."

Eine der ersten Anzeigen, die kontroversielle Reaktionen auslöste, zeigte eine weiße und eine schwarze Hand, die durch Handschellen aneinander gekettet waren. Eine weitere Anzeige zeigte ein engelsgleiches weißes Kind, das ein schwarzes Kind umarmte, dessen Haare unmißverständlich wie die Hörner des Teufels gestylt waren. Eine Anzeige mit dem Bild einer schwarzen Frau, die ein weißes Baby stillte, erschien in 77 Ländern. Während es in den USA und Großbritannien nicht eingesetzt wurde, gewann diese Anzeige zahlreiche Preise in Frankreich und Italien. Im Herbst 1991 weigerten sich einige amerikanische Zeitungen, bestimmte Anzeigen zu schalten, darunter jene, auf der eine Nonne einen Priester küßt. Das Bild eines mit Blut der Plazenta beschmierten Neugeborenen wurde ebenfalls nicht akzeptiert. Ein Unternehmensvertreter meinte dazu: „wir hatten keine politische Motivation, als wir diese „Colors"-Strategie vor fünf Jahren begannen. Nachdem aber jetzt der Rassismus in jedem Land ein immer wichtigeres Thema geworden ist, hat sich daraus eine politische Dimension für uns ergeben."

Mit der nächsten Anzeigenserie begann Benetton Bilder zu verwenden, die einen Bezug zu Sexualität haben. Peter Fressola, Leiter der Unternehmenskommunikation, beschrieb die Botschaft dahinter so: „Wir meinen, daß man zwei wichtige Dinge dabei ansprechen muß – das enorme Bevölkerungswachstum und sexuell übertragbare Krankreiten wie AIDS. Ich glaube es ist an der Zeit, daß wir die Handschuhe abstreifen, die Kondome überziehen und diese Tatsachen ansprechen." In einem Interview mit Advertising Age meinte Oliviero Toscani: „Jeder verwendet Emotionen, um Produkte zu verkaufen. Wir wollen in diesem Fall menschliche Realität widerspiegeln, wie wir sie sehen." Die Anzeigen haben neue Maßstäbe gesetzt hinsichtlich der Bilder, die eingesetzt werden. Ein Mann, der von seiner Familie umgeben an AIDS stirbt, eine Collage aus vielfarbigen Kondomen, eine Gruppe von Menschen, die „HIV" auf ihren Arm tätowiert hat, Teströhrchen mit Blut, die mit den Namen von weltweit wichtigen Politikern beschriftet sind.

In Frankreich erzeugte die HIV-Anzeige großes Aufsehen. Ein Mann, der im Begriff war, an AIDS zu sterben, kreierte eine eigene Anzeige mit seinem Bild und folgendem Spruch: „während die Schmerzen in vollem Gang sind, gehen die Umsätze weiter." In den USA, wo die Anzahl der Benetton-Geschäfte langsam zurück ging, wurden die Anzeigen von vielen Konsumenten und Benetton-Vertragshändlern eher negativ aufgenommen. Der Manager eines Benetton-Geschäfts in Biloxi, Mississippi, erhielt Telefonanrufe von Konsumenten, die ihm mitteilten, sie würden sich weigern von einem „kranken" Unternehmen zu kaufen. In Florida mußte ein Franchisenehmer ein Dutzend Geschäfte schließen und bemerkte dazu: „Es ist nicht unsere Aufgabe als Geschäftsleute, das Bewußtsein der Menschen zu wecken. Ich hatte lange, harte Kämpfe mit Italien über die Werbelinie." Im Bestreben, die amerikanischen Lizenznehmer zu besänftigen, begann Benetton, ihnen lokal angepaßte Sujets zu liefern, die die Produkte statt sozialer Anliegen beinhalteten. Auf nationalem Niveau jedoch setzte Benetton seine kontroversielle Kampagne fort. Auf die Frage nach den potentiellen negativen Effekten dieses Konsumentenboykotts antwortete Luciano Benetton: „Es ist verrückt, die Richtung zu ändern, weil jemand am Markt denkt, es sei nicht richtig. Wir sind ehrlich, und wir sind konsistent in dem, was wir tun."

Im Frühling 1994 schien Benetton endgültig zu weit gegangen zu sein. Eine € 12,5 Mio. teure Kampagne, die in 25 Ländern eingesetzt wurde, zeigte die blutige Uniform eines kroatischen Soldaten, der im bosnischen Bürgerkrieg gestorben war. Während sich das Management von Benetton Kritik erwartete, waren sie auf die Wucht dieser Kritik nicht vorbereitet. Das Unternehmen wurde beschuldigt, den Krieg für seine Gewinnoptimierung auszunützen. In Frankreich wurden viele dieser kontroversiellen Plakate heruntergerissen oder übersprüht mit Slogans wie „Boykottiert Benetton" und „Das ist Blut für Geld". Der französische Minister für humanitäre Angelegenheiten forderte die Öffentlichkeit in einer Stellungnahme auf, die Benetton-Geschäfte zu boykottieren. Er ermutigte seine Landsleute, jenen, die Benetton-Pullover tragen, diese vom Leib zu reißen." In einigen Teilen Deutschlands und der Schweiz wurden die Produkte des Unternehmens verbannt. Einige Medienberichte in Europa stellten die Authentizität der Uniform in Frage. Man vermutete, daß es nicht dem in der Anzeige genannten, gefallenen Soldaten gehören würde. Die Tageszeitung des Vatikans beschuldigte Benetton des „Werbeterrorismus".

Luciano Benetton gestand ein, daß „dies nicht das ist, was eine Kommunikationskampagne erreichen sollte. Sie sollte Interesse wecken." Dennoch kündigte er an, das
Unternehmen würde „nach neuen Fakten und Emotionen suchen", um sie in seine Anzeigen zu integrieren. Als die in Sarajewo erscheinende Tageszeitung Oslo bodhenie
(„Befreiung") Kopien der Werbeplakate erbat, um sie in der Stadt zu affichieren, lieferte Benetton 10.000 Stück davon. In Frankreich jedoch verurteilte ein Gericht das
Unternehmen zu einer Zahlung von € 27.000 an HIV-Opfer, ein deutsches Gericht untersagte den Einsatz von fast allen kontroversiellen Anzeigen.

Diskussionsfragen

1. Wie reagieren Sie persönlich auf die kontroversielle Anzeigenkampagne von Benetton?

2. Glauben Sie, daß Benetton es mit seinen Kampagnen ernst meint, oder beutet
   das Unternehmen nur menschliches Leid aus?

3. Es gibt einen Ausspruch in der Marketingwelt, der lautet: „Schlechte PR gibt es
   nicht." Trifft das auch auf Benetton zu?

4. Wie sollte Benetton vom Marketingstandpunkt aus – ungeachtet Ihrer persönlichen Meinung – mit der Kommunikationskampagne weiter verfahren? Sollte man
   sie fortsetzen, ausweiten, ändern oder einstellen?

Quellen: John Rossant, „The Faded Colors of Benetton," Business Week (10. April, 1995): S.87,
90; Peter Gumbel, „Benetton Is Stung by Blacklash over Ad," The Wall Street Journal, 4. März 1994,
S A8; Gary Levin, „Benetton Ad Lays Bare the Bloody Toll of War," Advertising Age (21. Februar
1994); Judith Graham, „Benetton 'Colors' the Race Issue," Advertising Age (11. September 1989): S.3;
Kim Foltz, „Campaign on Harmony Backfires for Benetton," The New York Times, 20. November 1989,
S.32; Dennis Rodkin, „How Colorful Can Ads Get?" Mother Jones (Jänner 1990): S.52; Stuart Elliott,
„Benetton Stirs More Controversy," The New York Times, 23. Juli 1991, S.19; Gary Levin, „Benetton
Brouhaha," Advertising Age (17. Februar 1992): S.62; Teri Agins, „Shrinkage of Stores and Customers
in U.S., Causes Italy's Benetton to Alter Its Tactics," The Wall Street Journal, 24. Juni 1992, S.B1,
B10.

A.16 Sicom GmbH und CD-Piraterie

„Was mich betrifft, so ist das kein Grund, sich Sorgen zu machen", sagte Josef Radler im April 1997. Radler war Geschäftsführer der deutschen Sicom GmbH (Sicom). Sicom, das führende Unternehmen von Anlagen zur Herstellung von Compact Discs (CD), erzeugte CD-Vervielfältigungsanlagen. Derartige Anlagen wurden dazu verwenden, um von einem sogenannten Master CD-Kopien zu erzeugen.

Wir sind der weltweit führende Hersteller von CD-Vervielfältigungsanlagen. Wenn man der größte Anbieter ist, dann besteht auch die größte Wahrscheinlichkeit, daß man Leute beliefert, die anderer Leute Rechte verletzen. Ich werde nicht aufhören, Vervielfältigungsanlagen nach Asien zu verkaufen. Wie soll ich kontrollieren, wofür die Kunden unser Produkt verwenden. Was ist mit den Herstellern von Kopierern? Sie müssen ebenfalls wissen, daß einige dieser Maschinen dazu verwendet werden, illegal Bücher oder andere Drucksachen und sogar Geld kopiert werden.. Sollten diese Unternehmen ebenfalls für diese illegalen Photokopien zur Verantwortung gezogen werden?

Radler hatte erst kürzlich die Angelegenheit der CD-Piraterie in China mit Sicoms Geschäftsführer in Asien, John Thomson, besprochen. Thomson, der in Hongkong arbeitete, beharrte darauf, daß die CD-Piraterie nicht Sicoms Angelegenheit sei. Er meinte dazu:

„Ich bin nicht dazu da, Gesetze zu vollziehen. Mein Job ist Produkte zu verkaufen. Wenn Du ein Auto verkaufst, fragst Du dann auch nach einem gültigen Führerschein? Nein. Es ist nicht in unserer Verantwortung, ob unsere chinesischen Kunden eine Lizenz zum Import von Vervielfältigungsanlagen besitzen. Manchmal fragen wir sie und manchmal nicht. Wenn wir sie fragen, dann sagen sie nur, sie hätten eine Genehmigung beantragt und würden sie bald bekommen. Was sollen wir noch tun?

A.16.1 Sicom GmbH

CD-Verfältigungsanlagen werden zur Reproduktion von CDs von einem sogenannten Master eingesetzt. Vor einem Jahrzehnt erforderte die Produktion von CDs große Reinräume, die gegen Staub und anderen Substanzen abgedichtet wurden, um die Qualität des Endprodukts nicht zu gefährden. Die Ausstattung, die in diesen Reinräumen eingesetzt wurde, war äußerst kostenintensiv und erforderte große technische Kenntnisse im Betrieb. Die Kosten beliefen sich auf ca. € 25 Mio. 1987 entwickelte Josef Radler eine Technologie, die die Herstellung von CDs wesentlich vereinfachte. Diese Technologie erforderte Produktionseinheiten, die mit Glas umschlossen und wesentlich kleiner als Reinräume waren. Sie konnten als eigenständige Produktionsanlagen betrieben werden. Radlers Maschinen waren einfach zu bedienen, tragbar und – besonders wichtig – kosteten nur € 2 Mio. Auf der Basis dieser Technologie hat Radler ein erfolgreiches Unternehmen aufgebaut, das in Rosenheim, einer Stadt nahe München, angesiedelt war. Sicom wurde der weltweit größte Hersteller von CD-Vervielfältigungsanlagen. Die Umsätze beliefen sich 1996 € 100 Mio., 45% davon in Asien. Sicom hatte einen Ruf, hohe Qualität und zeitgerechte Lieferung sicherzustellen, und wurde in der Branche als Technologieführer anerkannt.

Die meisten Produkte von Sicom waren für den asiatischen Markt bestimmt. Sie wurden mittels Luftfracht an einen Agenten in Hongkong geschickt, der die endgültige Lieferung übernahm. Weil Hongkong ein freier Hafen war, gab es keine Import- oder

Exportrestriktionen auf Vervielfältigungsanlagen. Wenn diese Anlagen beim Kunden in China eingelangt sind, dann übernahmen Ingenieure von Sicom die Aufstellung der Anlage. Sie versuchten jedoch nicht festzustellen, ob die Produktionsanlage für legale oder illegale Zwecke zum Einsatz gelangte.

A.16.2   CD-Piraterie

Schätzungen zufolge wurden fast 200 Mio. CDs auf illegale Weise hergestellt, wobei 60% davon aus China stammten. Die sogenannte *International Federation of the Phonographic Industry* (IFPI) schätzt die dadurch entstehenden Verluste auf € 1,9 Mrd. Der größte Markt für diese CDs, die hauptsächlich aus China und Bulgarien importiert wurden, war Rußland. Trotz der neuen Gesetze, die zum Schutz geistigen Eigentums am 1. Jänner 1997 in Kraft traten, blühte in Rußland der Handel mit gefälschten Filmen, Computersoftware und CDs. In Westeuropa war Italien der größte Markt für raubkopierte CDs. In vielen Ländern, darunter Großbritannien, Südkorea und Thailand, sind die Verkäufe von raubkopierten CDs deutlich zurückgegangen.

Eine Maßnahme, um die Piraterie zu unterbinden, war ein Kodiersystem, das 1992 eingeführt wurde. Es ist eine gemeinschaftliche Initiative von Philips Consumer Electronics, das Lizenzen zur Verwendung seiner CD-Produktionstechnologie ausgab, und dem IFPI, das dieses Kodierungssystem überwachte. Das Kodiersystem umfaßte zwei Kodenummern, die auf den silberfarbenen Innenbereich der CD aufgebracht wurde. Eine Nummer identifizierte die Fabrik, in der der CD-Master hergestellt worden war, die andere Nummer jene Produktionsstätte, wo die CD vervielfältigt worden war. Die letzten Zahlen von IFPI ergaben, daß 68% aller Produktionsstätten weltweit dieses Kodiersystem verwendeten. In China wurde dieses Kodiersystem für alle CD-Produktionsstätten im August 1994 verpflichtend, nachdem der amerikanische Handelsdelegierte entsprechenden Druck ausgeübt hatte.

A.16.3   CD-Piraterie in China

Die chinesische Regierung bemühte sich sehr, die Piraterie zurückzudrängen, indem CD-Produktionsstätten geschlossen wurden, illegal gepreßte CDs zerstört wurden. Doch das Raubkopieren blühte nach wie vor. Man schätzte, daß 90% aller in China gekauften CDs Fälschungen waren. Viele der illegalen Fabriken sollen Joint Ventures mit taiwanesischen Firmen sein, die bei der Finanzierung der Produktionsausstattung behilflich waren. Man glaubte, daß die meisten illegalen Produktionsstätten im Süden Chinas in der Provinz Guangdong angesiedelt waren. Sie sollten oft in Kooperation und mit der Unterstützung der lokalen Behörden agieren. Bis zur Entwicklung von Vervielfältigungsanlagen wie jene von Sycom hatten die illegalen CD-Produzenten vor allem mit dem Umfeld und hier insbesondere der hohen Luftfeuchtigkeit in Südchina zu kämpfen. Die Pressung von CDs gleichgültig welcher Qualität erforderte sterile, temperatur- und feuchtigkeitsstabile Bedingungen, und diese waren schwer herzustellen. Das neue Equipment überwand dieses Problem durch in sich geschlossene Produktionssystme, die buchstäblich überall funktionieren würden. Ein Bericht kam zu dem Schluß, daß die CD-Piraten in naher Zukunft mit einer verläßlichen, portablen Stromversorgung CDs auf der Ladefläche eines Kleinlastwagens CDs produzieren könnten. Ähnlich jener in Zeiten des Kalten Krieges auf LKWs montierten sowjetischen Raketen könnten sie damit unaufhörlich und nicht ortbar im Land herumfahren.

Viele der in China raubkopierten CDs wurden von Hongkong aus in alle Welt verschickt. Angesichts der enormen Mengen an Gütern, die in Hongkong umgeschlagen werden, gab es wenig, was die Zollinspektoren gegen den Fluß illegaler Güter tun konnten. Jeden Tag kamen mehr als 15.000 LKWs und 300 Containerschiffe vom chinesischen Festland nach Hongkong. Zufallsstichproben wurden nur bei jenen Gütern durchgeführt, die für den Markt Hongkong bestimmt waren, bzw. jene, die abgeladen und mehr als 24 Stunden in Hongkong gelagert werden mußten.

Eine der Beschwerden der Musikindustrie war, daß die chinesischen Beschränkungen gegen den Import von legal hergestellten CDs das Raubkopieren zusätzlich förderte. Die Situation hinsichtlich der importierten Musikprodukte war dabei sich zu verändern. Nach Angaben des IFPI war die Zahl der für den Import nach China zugelassenen Titel von 150 1992 auf 450 - 600 1996 angewachsen. Nichtsdestotrotz, obwohl die offiziellen Importquoten für Tonträger beseitigt worden waren, bestanden nach wie vor enorme Hürden für jene Musikproduzenten, die versuchten den chinesischen Markt zu bearbeiten.

Die vielen Schritte, die für eine Handelslizenz für Tonträger erforderlich waren, waren: ein chinesischer Hersteller von Tonträgern als Geschäftspartner, eine Bestätigung über das Urheberrecht an den zu lizenzierenden Produkten, Geschäftsbedingungen, eine unterzeichnete Absichtserklärung, eine Kopie der Aufnahme, eine Übersetzung der Liedtexte für die Zensur, die Unterzeichnung eines Vertrags, die Registrierung des Geschäfts mit der nationalen Urheberrechtsbehörde und ein CD-Master, sobald die Genehmigung erteilt wurde. Um diese Schwierigkeiten der Lizenzvergabe noch auf die Spitze zu treiben, war die Lizenzgebühr mit 8 Cent pro Kassette oder 85 Cent pro CD extrem niedrig. Die Zahlungen ließen lange auf sich warten, es gab keine Verkaufsförderung, der Verkauf wurde lediglich zur ein Unternehmen zugelassen, und die Umsatzzahlen könnten nicht auf Richtigkeit überprüft werden.

Ein weiterer Aspekt, der mit dem Verkauf von legal hergestellten CDs verbunden war, war, daß nur etwa 10% der chinesischen Bevölkerung über das entsprechende frei verfügbare Einkommen verfügten, um es für Tonträger auszugeben. Nichtsdestotrotz repräsentierten diese 10% der Bevölkerung ein Marktpotential von 120 Mio., vorwiegend in den großen Städten des Landes. Mit dem Wachstum des Satellitenfernsehen kamen die chinesischen Konsumenten mit immer mehr Formen der Unterhaltung in Kontakt.

A.16.4 Die Politik hinter der Piraterie

Die Angelegenheit der Piraterie wurde zu einem politisch umstrittenen Thema. 1996 drohte die amerikanische Regierung China mit Handelssanktionen, falls die chinesische Regierung die illegale Produktion von US-Filmen, Musik und Computersoftware nicht unterbinden würde.

Im Rahmen eines im Juni 1996 zwischen den USA und China ausgehandelten Abkommens zum Schutz geistigen Eigentums stimmte China zu, daß der Import von CD-Vervielfältigungsanlagen eine Lizenz erfordern würde. Die chinesische Regierung sagte zu, keine neuen Lizenzen auszugeben. Die Regierung verpflichtete sich auch zur Strafverfolgung oder Untersuchung von mehr als 70 Personen, die in den Handel mit raubkopierten Produkten involviert waren. Zudem waren sogenannte zeitliche „Planquadrate" eingeführt, innerhalb derer Aktionen gegen illegale, am Markt befindliche Produkte vorgenommen wurden.

Im Jahr 1997 wurden nach Angaben der chinesischen Regierung keine neuen Lizenzen für den Import von Vervielfältigungsanlagen ausgegeben. Seit der Unterzeichung des Abkommens zum Schutz geistigen Eigentums hat die chinesische Rgierung Dutzende illegale CD-Kopierfirmen geschlossen und Hunderttausende von raubgepressent CDs zerstört.

Im Dezember 1996 wurden 20 illegale Produktionsstätten geschlossen. Die Regierung kündigte an, daß neue illegale Produktionsstätten geschlossen werden, sobald man sie entdeckt. Das amerikanische Außenministerium schätzte jedoch, daß mindestens 27 Produktionsstätten mit einer jährlichen Produktionskapazität von 150 Mio. CD in der zweiten Jahreshälfte 1996 errichtet wurden. Sobald die chinesische Regierung in einer Region restriktiv vorging, so schien es, die Piraten würden ihre illegalen und leicht transportierbaren Anlagen in andere Teile Chinas verlagern. Die Anlagen wurden ebenfalls aus China hinaus nach Macau und Hongkong verlegt.

Amerikanische Regierungsbeamte setzten ihre europäischen Kollegen unter Druck, das Problem der Piraterie an den Wurzeln zu packen. Damit war das Belangen der Hersteller von CD-Vervielfältigungsanlagen gemeint. Die meisten derartigen Unternehmen fanden sich in Deutschland, Holland und Schweden. Die EU-Beamten beharrten darauf, daß das Problem in China zu sehen sein und dort durch die chinesische Regierung gelöst werden müsse. Als Reaktion darauf äußerte sich die amerikanische Handelsbeauftragte Charlene Barshefsky folgendermaßen:

Der Schwerpunkt muß darauf gelegt werden, alles zu unternehmen, damit diese CD-Piraterie in China nicht mehr vorkommt. Trotz unserer wiederholten Bemühungen nimmt die EU und ihre Mitglieder eine „Vogel-Strauß-Politik" ein.

A.16.5   Die Situation von Sicom

Josef Radler erkannte, daß sein Unternehmen in diesem Kampf zwischen amerikanischen und EU-Behörden zwischen die Fronten geraten könnte. Offiziell war seine Position folgende:

- Sicom sollte nicht für die Handlungen anderer zur Verantwortung gezogen werden.

- Wenn CDs illegalerweise mit Geräten von Sicom hergestellt werden, dann muß es die Angelegenheit der verschiedenen Länder sein, rechtlich dagegen vorzugehen. In einem freien Markt sollte Sicom in der Lage sein, jedem Kunden, der das Produkt nachfragt und das Geld für dessen Bezahlung hat, auch zu verkaufen. Wir sind ein kleines Unternehmen mit beschränkten Ressourcen in einer hochkompetitiven Umwelt. Wenn ich Umsatzmöglichkeiten ausschlage, weil über die mögliche illegale Verwendung des Equipments beunruhigt bin, dann bin ich mir sicher, ein Konkurrent würde sich über diese Chance freuen. Ich muß meine Kosten niedrig halten und meine Technologie verbessern. Ich kann es mir nicht leisten, Umsätze zu reduzieren.Wenn ich das tue, kann ich gleich zusperren. Wie soll ich das meinen Mitarbeitern erklären? Ich habe hart an diesem Unternehmen gearbeitet. Meine Geräte sind die besten in der Branche. Warum sollte ich aufhören, an bestimmte Kunden zu verkaufen, nur weil es Gerüchte gibt, mein Kunde würde die Geräte nicht entsprechend einsetzen?

Diese Fallstudie wurde von Andrew Inkpen, Thunderbird – American Graduate School of International Management, Arizona, erstellt.

Index